中国年鉴精品工程
High Quality Project of China's Yearbook

北京朝阳年鉴

BEIJING CHAOYANG YEARBOOK

2016

北京市朝阳区地方志编纂委员会 编

方志出版社
Publishing House of Local Records

图书在版编目（CIP）数据

北京朝阳年鉴．2019 / 北京市朝阳区地方志编纂委员会编．
— 北京：方志出版社，2020.7
ISBN 978-7-5144-4248-9

Ⅰ．①北… Ⅱ．①北… Ⅲ．①朝阳区－2019－年鉴Ⅳ．
①Z521.3

中国版本图书馆CIP数据核字(2020)第131823号

北京朝阳年鉴（2019）

编　　者：北京市朝阳区地方志编纂委员会
责任编辑：丛　珺
出 版 者：方志出版社
地址　北京市朝阳区潘家园东里9号（国家方志馆4层）
邮编　100021
网址　http://www.fzph.org
发　　行：方志出版社图书经销中心
电话（010）67110500
经　　销：各地新华书店
印　　刷：北京中科印刷有限公司
开　　本：889×1194　1/16
印　　张：36
字　　数：1546千字
版　　次：2020年7月第1版　2020年7月第1次印刷
印　　数：0001～1500册
ISBN 978-7-5144-4248-9　**定价**：260.00元

北京市朝阳区地方志编纂委员会

《北京朝阳年鉴》编辑部

序 一

国务院办公厅2015年8月印发的《全国地方志事业发展规划纲要（2015—2020年）》（以下简称《规划纲要》）要求，到2020年要做到地方综合年鉴一年一鉴，公开出版，实现省、市、县三级综合年鉴全覆盖。《规划纲要》还要求，坚持存真求实，正确处理质量与进度的关系，将精品意识贯穿于年鉴编纂出版工作全过程。2015年12月，中国地方志指导小组办公室启动中国年鉴精品工程，将其与先期实施的中国志书精品工程视为姊妹工程，一道作为加强地方志质量建设的重要抓手。

实施中国年鉴精品工程有助于推动中华优秀传统文化传承发展。近年来，在党中央、国务院的高度重视和关心支持下，全国地方志事业发展迎来最好的发展时期。年鉴编纂发端于欧洲，鸦片战争后被引入我国，在我国走过了100多年的发展历史。在长期的编纂中，年鉴在内容和形式上不断发展，逐渐演变成为适合反映中国国情、具有鲜明中国特色的一种文化载体，并在改革开放后出现了快速发展的局面。2006年5月，国务院《地方志工作条例》颁布施行，明确将地方综合年鉴纳入地方志工作范畴，年鉴工作走上了有法可依的轨道。《规划纲要》出台，为从依法编鉴转变到依法治鉴指明了方向。2016年12月，中国地方志指导小组印发《全国年鉴事业发展规划（2016—2020年）》，更进一步明确了到2020年全国年鉴事业的任务书、时间表、路线图。经过多年的发展，年鉴工作已经成为地方志工作的重要组成部分，成为中华民族优秀文化传统的有机组成部分，其存史、育人、资政作用日益彰显。实施中国年鉴精品工程，是年鉴工作者紧扣时代脉搏、坚持创新发展的一项重要举措，对于坚定文化自信，传承弘扬好中华优秀传统文化意义重大。

实施中国年鉴精品工程有助于为全面建成小康社会提供更多智力支持和历史借鉴。党的十八大作出全面建成小康社会的战略部署。党的十八届五中全会提出到2020年如期实现全面建成小康社会的目标要求。完成《规划纲要》确定的目标任务是年鉴工作者的神圣使命，更是年鉴工作者以自身力量为全面建成小康社会献上的厚礼。一方面，可以更好地利用年鉴这种年度资料性文献，及时记录各地区在全面建成小康社会伟大征程中每年取得的新成绩和新经验、出现的新情况和新问题、涌现的优秀人物和典型事迹等；另一方面，可以更好地积累地情、国情资料，为推动经济社会发展和深化改革提供智力支持，为推进国家治理体系和治理能力现代化提供历史借鉴。

实施中国年鉴精品工程有助于全面推进地方志事业转型升级。地方志不是单纯修志编鉴工作，而是全体方志人“修志问道，以启未来”的一项事业，这项事业包含着巨大的时代担当与使命追求。地方志工作要在“五大建设”总体布局和“四个全面”战略布局中发挥与其自身价值、功能相匹配的作用，就要因时而谋、乘势而上、顺势而为，全面推进地方志事业转型升级。转型升级，当下最重要的目标就是完成“两全”目标，包括“年鉴全覆盖”目标；长远的目标就是基本形成地方志编修体系、理论研究和学科建设体系、质量保障体系、资源开发利用体系、工作保障体系“五位一体”的地方志事业发展综合体系，包括“五位一体”的年鉴事业发展综合体系。中国年鉴精品工程是一项探索工程，也是一项创新工程，是推进地方志事业转型升级的重要内容。通过实施中国年鉴精品工程，不仅有助于确保年鉴质量，不断编纂出版具有鲜明时代特征、年度特点和地域特色的精品年鉴，也有助于推动年鉴工作适应经济社会发展形势和时代需要，不断改革创新，与时俱进。

多年来，在中国地方志指导小组办公室的指导和全国各级地方志工作机构的共同努力下，年鉴种类数量快速增长，年鉴成果粲然可观，为实施中国年鉴精品工程奠定了坚实的基础。实施中国年鉴精品工程，就是要在全国地方志系统起到示范作用，进一步培育精品意识，打造精品年鉴，以点带面，在提高年鉴质量方面探索出一条切实可行之路，使这项探索工程和创新工程能够积累经验，发挥引领作用。

“万山磅礴，必有主峰；龙衮九章，但挈一领。”实施中国年鉴精品工程，是筑牢地方志事业特别是年鉴事业发展根基之举，其意义与价值不言而喻。但编修出年鉴精品佳作，绝非朝夕之功，需要付出长期艰辛的努力。希望通过实施中国年鉴精品工程，能够进一步推进年鉴质量建设，使年鉴真正成为传承中华民族优秀传统文化的重要载体，成为展示中国国情、地情的重要窗口，成为“为当代提供资政辅治之参考、为后世留下堪存堪鉴之记述”的资源宝库，在全面建成小康社会过程中作出更大贡献。

是为序。

中国社会科学院原副院长
中国地方志指导小组原常务副组长　李培林

序 二

地方志是中华优秀传统文化的根与魂，积淀着中华优秀传统文化最深层的精神追求，代表着中华民族独特的精神标识。新时代坚持和发展中国特色社会主义，更加需要深刻把握人类发展历史规律，更加需要编修出传承不辍的精品志鉴，才能使后代在对历史的深入思考中汲取智慧、走向未来。伟大的时代，为地方志发展提供了取之不尽、用之不竭的源泉，同时也为全国年鉴工作提供了极大的机遇。

党的十九大报告中明确提出“质量强国”，“努力实现更高质量、更有效率、更加公平、更可持续的发展”，这为年鉴事业高质量发展指明了方向。按时、保质完成《全国地方志事业发展规划纲要（2015—2020年）》规定的“两全目标”任务，打造一批资辅当前、存鉴后世、经得起历史检验的精品佳作，不仅是一种法定职责，而且具有重要的政治意义、现实意义和历史意义。中国特色社会主义进入新时代，年鉴事业也进入新时代，呈现快速、稳步发展态势，在各方面都取得了新的显著成绩，包括年鉴编纂进度大大加快，年鉴编纂范围不断扩大，年鉴资源优势得到充分发挥，年鉴开发利用水平全面提升，而且年鉴质量保障机制逐步完善、质量持续提升。因此，在全社会关注质量发展的黄金时期，尤其是在完成“两全目标”任务的关键期，在狠抓进度的时候，实施中国年鉴精品工程更是恰当其时。年鉴工作者要投身于时代，为时代放歌，书写复兴华章，把出品更多的精品年鉴使命落实在实现中国梦的恢宏大业中。

习近平总书记说，精品之所以“精”，就在于其思想精深、艺术精湛、制作精良。中国年鉴精品工程紧扣时代脉搏，拓宽视野，围绕人民群众的美好生活，用精品记录新时代，为新时代新气象新作为留下真实、鲜活、生动、翔实的记录。实施中国年鉴精品工程，既是全面贯彻落实《全国地方志事业发展规划纲要（2015—2020年）》的重要举措，也是培育精品意识和精品年鉴、提高年鉴质量的重要手段；既是发挥年鉴存史、资治、教化功能的根基所在，也是年鉴工作者坚持创新发展、传承弘扬中华优秀传统文化的关键步骤。这不仅有助于坚定文化自信，讲述好中国故事，传播好中国声音，更有助于为决胜全面建成小康社会提供更多智力支持和更大精神动力。

实施中国年鉴精品工程顺应地方志进入新时代的历史潮流。“充实之谓美，充实而有光辉之谓大。”党的十九大报告指出，我国的社会主要矛盾已经转化为人民日益增长的美好生活需要和不平衡不充分的发展之间的矛盾。党章修正案、宪法修正案把习近平新时代中国特色社会主义思想确立为我们党和国家的行动指南，我国的发展进入到新的历史方位。为适应这些重大变化，党和国家随之出台更多重大的举措、推出更多有力的措施。年鉴如何全方位地、开创性地记述这些历史性变化，如何充分记述我们党领导人民进行的伟大斗争、建设的伟大工程、推进的伟大事业、实现的伟大梦想，是新时代地方志工作需要深入思考探究的问题。中国年鉴精品工程正是呼应新时代新变化新要求，致力于在全国地方志系统进一步培育精品意识、打造精品年鉴，从而以点带面，在提高年鉴质量方面探索出一条切实可行之路，充分发挥中国精品年鉴的辐射效应，引领带动全国范围内年鉴质量的全面提高，切实推动年鉴事业转型升级。

实施中国年鉴精品工程要全面把握以人民为中心的发展理念。以人民为中心，贯穿于改革开放以来我们党推进中国特色社会主义文化建设的全过程。新时代把握新机遇，年鉴作为记录新时代地方年度历史的重要载体，应当以习近平新时代中国特色社会主义思想为指导，牢固确立以人民为中心的理念。中国年鉴精品工程始终坚持人民是历史的创造者和改革开放事业的实践主体，始终坚持文化发展为人民服务、为社会主义服务，充分记录人民的首创精神，凸显人民在文化建设中的主体作用，不断满足人民的精神文化需求。年鉴工作要深深扎根于人民之中，坚持以事系人，记载人民群众中的先进典型，内容充分体现社会民生和为民服务的举措。在此基础上，实施中国年鉴精品工程还要建立精品长效机制，逐步推进精品年鉴传播最优化和效益最大化，使精品年鉴能够不断满足人民群众对美好生活的新需要新期待，在铸就中华文化新辉煌的过程中更好地构筑中国精神、中国价值、中国力量的方向上不断努力。

实施中国年鉴精品工程是坚定文化自信的体现。习近平总书记说，文化兴国运兴，文化强民族强。没有高度的文化自信，没有文化的繁荣兴盛，就没有中华民族的伟大复兴。中华优秀传统文化是中华民族的文化根脉，其蕴含的思想观念、人文精神、道德规范，不仅是我们中国人思想和精神的内核，对解决人类问题也有重要价值。地方志是中华优秀传统文化的精神之脉，是中华优秀传统文化基因的真正传承者和发展者。精品年鉴正是从中华民族世世代代形成和积累的优秀传统文化中汲取营养和智慧，记录传承的文化基因，记录思想精华，展现精神魅力。实施中国年鉴精品工程，以时代精神激活中华优秀传统文化的生命力，推进中华优秀传统文化创造性转化、创新性发展，把传承和弘扬中华优秀传统文化同坚定文化自信统一起来，有助于引导人民树立和坚持正确的历史观、民族观、国家观、文化观，不断增强中华民族的归属感、认同感、尊严感、荣誉感。

用精品记录新时代，用奋斗铸就新辉煌。地方志植根于历史，内涵于历史，镌刻于历史之上，是中华民族在漫长历史中形成的区别于其他民族的独特精神标识，精品年鉴是地方志的“守护者”“传承者”，是地方志成果创造性转化创新性发展的“探路者”“先行者”。习近平总书记强调，凡是传世之作、千古名篇，必然是笃定恒心、倾注心血的作品。希望全国年鉴工作者齐心协力，坚持历史唯物主义立场、观点、方法，立足中国、放眼世界，立时代之潮头，通古今之变化，发思想之先声，推出一批有思想穿透力的精品力作，培养一批年鉴专家，充分发挥存史、育人、资政作用，为推动全国年鉴事业转型升级作出新的更大贡献。

是为序。

中国地方志指导小组秘书长

中国地方志指导小组办公室主任　冀祥德

编辑说明

一、《北京朝阳年鉴（2019）》坚持以马克思列宁主义、毛泽东思想、邓小平理论、“三个代表”重要思想、科学发展观、习近平新时代中国特色社会主义思想为指导，坚持辩证唯物主义和历史唯物主义的立场、观点、方法，求真务实，全面、客观、系统地记述区域发展情况。

二、《北京朝阳年鉴》是由北京市朝阳区地方志编纂委员会主持编纂，北京市朝阳区地方志编纂委员会办公室承编的地方综合年鉴。自2005年开始逐年编纂并公开出版，一年一卷，《北京朝阳年鉴（2019）》为第15卷。

三、《北京朝阳年鉴（2019）》全面记述朝阳区2018年政治、经济、文化和社会发展的基本情况。凡在文中直书月、日的，均指2018年内的日期，文中“年内”指2018年内。书中涉及其他年份的时间均标明年份。

四、本卷设有特载、大事记、区情概览、中共朝阳区委、朝阳区人民代表大会、朝阳区人民政府、政协朝阳区委员会、中共朝阳区纪委朝阳区监委、民主党派、人民团体、法治、军事、功能区建设、经济管理、工业　商务服务业、金融、农业与农村经济、旅游业、城乡规划与建设、城乡管理、生态文明建设、科技、教育、文化、卫生　体育、社会生活、街道　地区（乡）、人物与荣誉、统计资料、附录。除特载、大事记、区情概览、人物与荣誉、统计资料和附录外，其余均为条目体，条目标题统一加【 】表示。全书用规范的语体文、记述体，直陈其事，文字力求简洁、朴实。

五、文中除“民主党派”部分外，未标明党派的“市委”均指“中共北京市委”，“区委”均指“中共北京市朝阳区委”，“党员”均指“中共党员”，“党建”工作均指“中国共产党建设”工作。

六、为方便读者使用，本年鉴类目“街道　地区（乡）”内容，依据各街道、地区（乡）名称第一个字汉语拼音的英文字母顺序排列，第一个字相同的，按第二个字排列，以此类推。

七、《北京朝阳年鉴（2019）》配有双重检索系统：正文前有目录，后有索引。

八、入鉴的资料、图片均由各撰稿单位确定专人撰写或提供，并经主要负责人审核。部分资料由编辑部收集。主要数据和统计资料由朝阳区统计局提供，部分数据由各相关部门提供。由于统计口径等原因，相关部门的个别数据与统计资料不一致的，以统计资料为准。

数字朝阳

辖区面积	470.8 平方千米	银行储蓄存款	4999.2 亿元
年末户籍人口	211.7 万人	居民人均可支配收入	70746 元
年末常住人口	360.5 万人	居民人均消费支出	44849 元
地区生产总值	6093.5 亿元	城镇单位职工年平均工资	164048 元
第一产业增加值	2.1 亿元	幼儿园	270 所
第二产业增加值	404.2 亿元	小学	83 所
第三产业增加值	5687.2 亿元	中学	89 所
规模以上工业企业总产值	741.6 亿元	职业高中	5 所
一般公共预算收入	533.7 亿元	医疗卫生机构	1641 个
一般公共预算支出	563.2 亿元	每千人拥有医院床位	6.6 张
社会消费品零售总额	2797.6 亿元	房屋施工面积	2235.3 万平方米
外贸出口额	181.2 亿美元	房屋竣工面积	142.8 万平方米
银行人民币存款	24855.9 亿元	商品房销售面积	40.2 万平方米
银行人民币贷款	9909.0 亿元	开工建设保障房	4035 套

◀ 3 月 23 日，麦子店街道举行党支部百名“领头羊”培育项目启动仪式

（麦子店街道　供稿）

◀ 5 月 12 日，小关街道惠新北里社区召开在职党员建议征集及服务岗位认领会

（小关街道　供稿）

◀ 1 月 14 日，麦子店街道枣营北里社区议事代表团参加街道共商共治大会

（麦子店街道　供稿）

▶ 5月13日，常营地区开展“党员回家 引领公益”活动
（常营地区　供稿）

▶ 将台乡落实“社区吹哨科室报到”工作机制。8月15日，城管执法队拆除爱家大厦楼顶违规广告牌
（李　越　摄）

▶ 6月15日，和平街街道开展“邻里情”党员公益日活动
（和平街街道　供稿）

▲ 坝河东直门干渠枣营段改造前（摄于9月）
（麦子店街道　供稿）

▲ 坝河东直门干渠枣营段改造后（摄于10月）
（麦子店街道　供稿）

▲ 麦子店街道枣营北里社区海棠花园改造前（摄于8月）
（麦子店街道　供稿）

▲ 麦子店街道枣营北里社区海棠花园改造后（摄于10月）
（麦子店街道　供稿）

▲ 农展北路菜市场改造前（摄于 6 月）

（麦子店街道　供稿）

▲ 农展北路菜市场改造后（摄于 8 月）　（麦子店街道　供稿）

▲ 朝阳公园路改造前（摄于 4 月）

（麦子店街道　供稿）

▲ 朝阳公园路改造后（摄于 9 月）　（麦子店街道　供稿）

▲ 1月，团区委开展“好书伴成长”向新疆和田地区小学捐书活动　　（团区委　供稿）

▲ 7月8日，将台乡举行“一绿试点”回迁安置房项目将府锦苑小区交房仪式　　（将台乡　供稿）

▶ 8月，区水务局工作人员在雨中作业
（区水务局　供稿）

▲ 3月22日，高碑店地区举办“春风行动”招聘会（董文辉　摄）

▲ 5月16日，区房管局对辖区内楼房屋顶实施防水工程
（区房管局　供稿）

▲ 5 月 25 日，麦子店街道举办“百姓书场”启动暨第八届文化季开幕式。著名评书表演艺术家刘兰芳为“百姓曲艺团”授旗

（麦子店街道　供稿）

▲ 10 月 30 日，八里庄街道开设老年餐桌　（八里庄街道 供稿）

▶ 6 月 8 日，中华民族园举办少数民族非物质文化遗产展演活动　（中华民族园　供稿）

▶ 10 月 12 日，左家庄幼儿园举办小小中国娃爱国诗歌朗诵比赛　（区教委　供稿）

▶ 11 月 4 日，社区学院举办“各美其美　美美与共——‘一带一路’倡议五周年国际文化交流日”活动　（朝阳社区学院　供稿）

▲ 6 月 14 日，区文联举办朝阳区第十一届“旋舞朝阳”民族舞大赛

（孙玉芬　摄）

▲ 8 月 19 日，区举办"尊医重卫 共享健康"首个"中国医师节"主题活动

（区卫计委　供稿）

▲ 9 月 14 日，区红十字会举办全区应急救护技能大赛　（区红十字会　供稿）

▲ 7 月 27 日，区国资委与内蒙古自治区卓资县深度贫困村举行“万企帮万村”项目签约仪式
（赵雷拍　摄）

▲ 10 月 9 日，东坝乡与新疆生产建设兵团第十四师四十七团召开对口扶贫座谈
（东坝乡　供

▲ 11 月 14 日，区妇联举行“爱照角落　善行朝阳”精准扶贫对接活动
（区妇联　供稿）

▲ 12 月 26 日，朝外街道工作人员到河北省张家口市阳原县要家庄乡开展送温暖活
（朝外街道　供

▲ 1 月 9 日，法国总统马克龙（前排中）和夫人到 798 艺术区参观　　（季　昕　摄）

▲ 11 月 3 日，萨尔瓦多共和国总统萨尔瓦多 • 桑切斯 • 塞伦（前排左一）一行参观麦子店街道社区服务中心

（麦子店街道　供稿）

▲ 2月2日，麦子店街道举办第十四届中外居民过大年活动 （麦子店街道 供稿）

▲ 1月16日，2018“欢乐春节”北京9当代舞团以色列巡演之旅开启 （区文化委 供稿）

▲ 3 月 29 日，奥运村街道举办“民间奥林匹克体育大赛暨奔向 2022 系列活动之拔河友谊赛” （奥运村街道 供稿）

▲ 2 月 25 日，朝阳滑雪挑战赛开赛 （区体育局 供稿）

▶ 1月7日，第九届鸟巢欢乐冰雪季全面开放　　（奥管委　供稿）

◀ 10 月 24 日，朝阳区举办农村地区全民健身系列展示活动，近 7000 名群众参加　　　　　　　　　　（区农委　供稿）

▲ 5 月 30 日，管庄地区在地区文化广场举办第五届惠河体育节开幕式 （管庄地区　供稿）

▲ 国家速滑馆项目施工现场（摄于 12 月 12 日） （奥管委　供稿）

▶ 世贸天阶“我爱你中国”灯光秀（摄于10月1日）（袁 也 摄）

▶ 奥林匹克公园国庆景观（摄于10月1日） （奥管委 供稿）

▶ 常营体育公园（摄于8月31日） （常营地区 供稿）

▲ 日新月异的北京商务中心区（摄于 8 月 29 日）

（北京商务中心区管委会　供稿）

▲ 平房公园景观（摄于 6 月）

▲ 北小河绿化景观（摄于 6 月 26 日）　（区绿化局 供稿）

▲ 将台地区新建的将府锦苑小区（

（平房地区 供稿）

13 日）（将台地区 供稿）

▲ 莱太花卉城市公园景观（摄于 10 月 10 日）（太阳宫地区 供稿）

◀ 小红门乡新村二期 D 区绿化工程竣工（摄于5月13日）（李　康　摄）

◀ 大望京中央公园四至六区（摄于6月28日）（昆泰集团　供稿）

朝阳区地图

审图号：京S（2020）019号

目　录

特　载

大事记

区情概览

中共朝阳区委

综　述

重大决策

重要会议和活动

重点工作

组织建设

宣　传

统一战线

区直机关党建

老干部工作

保密管理

党校教育

党史编研

朝阳区人民代表大会

综　述

重要会议

信息化管理

政务服务

投资促进

外事及港澳台事务

信　访

政协朝阳区委员会

综　述

重要会议

协商议政

提　案

调研与视察

专门委员会

中共朝阳区纪委朝阳区监委

综　述

重要会议

纪检监察体制改革

党风政风监督

信访举报

纪律检查和案件审理

制度建设

反腐倡廉宣传教育

民主党派

民革朝阳区委

民盟朝阳区委

民建朝阳区委

民进朝阳区委

农工党朝阳区委

致公党朝阳区委

九三学社朝阳区委

朝阳区科学技术协会

朝阳区归国华侨联合会

朝阳区青年联合会

朝阳区工商业联合会

法　治

政法委工作

社会治安综合治理

维护稳定

流动人口和出租房屋管理

法治政府建设

公　安

检　察

法　院

司法行政

军　事

人武部

武警北京市总队

人民防空

功能区建设

北京商务中心区

北京奥林匹克公园

中关村朝阳园

温榆河生态走廊

金盏金融商务区

国家文化产业创新实验区

经济管理

经济社会发展与经济调控

财　政

税　务

统　计

审 计

价格管理

质量技术监督

安全生产监督管理

国有资产监督管理

食品药品监督管理

烟草专卖与管理

农村经济管理

种植养殖服务

农业综合执法

农村人才培训

旅游业

综　述

景区景点建设

旅游节庆活动

旅游公共服务

旅游监督管理

旅游宣传

旅游区域合作

城乡规划与建设

城乡规划

国土资源管理

建设工程

数字化城市管理

交通运输管理

水　务

知识产权保护

防震减灾

气象服务

教　育

综　述

教育管理

师资队伍建设

教育教学

学前教育

基础教育

高等教育

职业教育

继续教育

民办教育

特殊教育

教育督导

文 化

综 述

公共文化

群众文化

文化遗产保护

文化市场管理

文化创意产业

798 艺术区

北京潘家园国际民间文化发展有限公司

朝阳规划艺术馆

新闻传播

档　案

地方志

文联活动

卫生 体育

卫 生

综 述

公共卫生

医疗卫生

· 朝阳区妇幼保健院 ·

老龄事业

残疾人事业

慈善事业

精神文明建设

街道　地区（乡）

安贞街道

奥运村街道

八里庄街道

朝外街道

大屯街道

东湖街道

垡头街道

和平街街道

呼家楼街道

建外街道

劲松街道

酒仙桥街道

六里屯街道

麦子店街道

潘家园街道

三里屯街道

首都机场街道

双井街道

团结湖街道

常营地区（回族乡）

崔各庄地区（乡）

东坝地区（乡）

东风地区（乡）

豆各庄地区（乡）

高碑店地区（乡）

管庄地区（乡）

黑庄户地区（乡）

将台地区（乡）

金盏地区（乡）

来广营地区（乡）

太阳宫地区（乡）

王四营地区（乡）

小红门地区（乡）

人物与荣誉

先进个人

先进集体

统计资料

附　录

领导干部名录

文件目录

勘　误

索　引

CONTENTS

Special Records

Chronicle

Overview of District Conditions

Beijing Chaoyang District Committee of Communist Party of China

Chaoyang District People's Congress

Chaoyang District People's Government

Beijing Chaoyang District Committee of Chinese People's Political Consultative Conference

Chaoyang District Commission for Discipline Inspection and Supervision

Democratic Parties

People's Organizations

Rule by Law

Military Affairs

Construction of Functional Areas

Economic Management

Ecological Civilization Construction

Science and Technology

Education

Culture

Health Sports

Social Life

Sub-Districts and Areas (Townships)

People and Honor

Statistical Data

Appendix

Index

特 载

在朝阳区委十二届九次全体（扩大）会议上的报告

中共朝阳区委书记 王 灏

（2019 年 1 月 2 日）

一、2018 年工作回顾

2018 年是贯彻党的十九大精神的开局之年，是改革开放 40 周年，是决胜全面建成小康社会、实施“十三五”规划承上启下的关键一年。一年来，在市委的坚强领导下，区委坚持以习近平新时代中国特色社会主义思想为指导，深入贯彻党的十九大和十九届二中、三中全会精神，深入贯彻习近平总书记对北京重要讲话精神，深入贯彻党中央各项决策部署，围绕全市中心工作，紧扣减量精治优环境工作主线，团结带领全区广大党员干部群众，攻坚克难、创新作为，全面完成各项任务目标。预计全年地区生产总值突破 6000 亿元，不变价增速 6.5% 左右；一般公共预算收入全年实现 533.6 亿元，增长 5%；居民人均可支配收入增速预计继续高于经济增速。细颗粒物（$PM_{2.5}$）年均浓度为每立方米 52 微克，下降 10.3%。拆除腾退 1017 万平方米，实现“场清地净”645 万平方米，新增改造绿化面积 1000 公顷，常住人口继续保持负增长。工作呈现五方面特点：

（一）认真履行政治责任，保大局、抓落实

牢固树立“四个意识”，坚定“四个自信”，坚决做到“两个维护”，不折不扣落实党中央精神和市委决策部署。

一是加强思想理论武装。把深入学习贯彻习近平新时代中国特色社会主义思想和党的十九大精神作为首要政治任务，在学懂弄通做实上持续用力、层层推进。倡导“四坚”精神，明确“四位”要求，提出“四个一流”标准，强化“向前一步海阔天空”的认识，提振干部精气神。推进“两学一做”学习教育常态化制度化，开展区委理论学习中心组学习 22 次，完成处级干部学习贯彻党的十九大精神全员轮训。组织开展纪念改革开放 40 周年、建区 60 周年系列主题活动，组建“朝阳群众与改革开放”特色宣讲团，广泛开展四级宣讲，习近平新时代中国特色社会主义思想深入基层、入脑入心。出台《关于对意识形态领域问责的实施意见》，成立区委网信办，健全综合治网格局；建立区级融媒体中心，实现对党政宣传资源内容的全面统筹，营造健康向上的舆论环境。

二是扎实做好服务保障。始终把维护首都大局稳定作为重大政治责任，完善社会面精细化防控工作模式，强化重点使馆区安保，圆满完成中非合作论坛北京峰会服务保障任务。开发“鹰眼系统”，严密防范化解非法集资等金融风险，妥善处置 e 租宝、乐视等涉稳风险。强力推进扫黑除恶专项斗争，打掉涉恶因素团伙 99 个，群众安全感大幅度提升。全面启动安全隐患治理三年行动，创建食品安全示范区，安全生产执法检查各项指标位居全市第一，安全生产事故数、火灾事故数和死亡数持续下降。高位推进“社会矛盾化解年”，一批钉子案、重点案、疑难案得到化解，区级接访同比批次下降 57%、人次下降 64%，街乡、部门主动吸附化解的能力显著增强。

三是坚决落实重大决策。强化上下贯通、执行有力，推动党中央精神和市委部署落地生根。紧抓新版城市总规落地实施，形成 38 项专项规划成果，分区规划已首批上报市政府，完成 43 个街乡现状图层绘制，实现“两图合一”。制定扶贫协作工作计划和三年行动方案，在产业项目、经贸交流、吸纳就业、教育医疗、文化建设、人才培训、基础设施建设等方面，真心实意对口帮扶，带动受援地区贫困人口增收。高标准推进冬奥村等场馆和基础设施建设，国家速滑馆主体结构封顶，举办“全民健身、助力冬奥”系列活动 200 余场，20 余万人次参与。积极助力北京城市副中心、河北雄安新区建设，促进京津冀协同发展。

（二）全面从严管党治党，实基础、强引领

深入落实新时代党的建设总要求，层层压实各级责任，管党治党不断走向“严实硬”。

一是统筹领导班子和干部队伍建设。严格落实新时期好干部标准，培育“用人以长、容人以短、立人以严、责人以善、助人以难、聚人以宽”的干部队伍建设文化，区委常委会共讨论决定处级干部任免 336 人次。出台《关于建设新时代高素质专业化干部队伍的实施意见》，实施年轻干部发现培养计划、干部专业能力提升计划，统筹重点领域专业型干部人才资源，分层建立储备库，配齐配强街乡“三懂”干部。率先出台推进干部监督体系建设意见，推行处级干部提拔任用向社区（村）延伸考察。查核领导干部个人有关事项报告 285 人次，诫勉处理 19 人次。出台《加快建设具有国际影响力的人才集聚高地五年行动计划（2018年—2022年）》，建立处级干部直接联系服务专家机制，通过“凤凰计划”等引进人才127名，打牢区域发展的智力支撑。

二是加强基层组织建设。认真贯彻新时代党的组织路线，以提升组织力为重点，深化“一轴四网”区域化党建体系建设，成立区级党建工作协调委员会，整合505家党群阵地资源，大力推进商务楼宇、产业园区、商圈市场和互联网等新兴领域党建，打造出京师律师事务所等品牌。抓细抓实党支部规范化建设，建设“五有”党支部，落实五项配套保障制度，“一村一策”整顿提升软弱涣散党组织，被评为全国城市基层党建工作示范区。严把入口关，稳步推进村、社区“两委”换届工作。

三是深入推进党风廉政建设。严格落实全面从严治党主体责任，持续深化拓展监察体制改革，健全派驻机构工作机制，完成对44家单位的政治巡察，构建起纪律监督、监察监督、派驻监督、巡察监督全覆盖的权力监督格局。深入运用监督执纪“四种形态”，加强对重大决策部署落实情况的监督检查，紧盯脱贫攻坚、疏整促、重大项目推进、为民服务中不作为、慢作为、乱作为等问题，开展23项专项监督。坚持扫黑除恶与反腐、“拍蝇”相结合，深挖彻查黑恶势力“保护伞”。召开领导干部警示教育大会，组织“纪律教育在身边”警示教育展，以案为鉴、警钟长鸣。狠抓正风肃纪反腐，共立案351件，处分312人，其中处级干部43人，查处违反中央八项规定精神问题84人，形成有力震慑。

（三）总揽全局、协调各方，把方向、聚合力

始终坚持党是领导一切的，提高把方向、谋大局、定政策、促改革的能力和定力，集中精力谋大事、抓要事、解难事。

一是始终保持发展定力。引领全区追求卓越、争创一流，提出争当全市减量发展、改革开放、文化创新、精细治理、党建引领“五个排头兵”的工作目标。突出国际交往功能优势，积极配合推进第四使馆区、亚投行总部建设，望京国际人才社区建设在加强政策支持、营造创新创业氛围、完善国际化配套设施等方面取得一批成果，10项外籍人才新政实施效果显著，国际化氛围日益浓厚。稳步实施“十三五”规划，“一廊”地区“五大提升”工程和城乡发展“六个一百”工程完成总任务量的65%。

二是持续凝聚攻坚合力。充分发挥区委领导作用，完善科学决策机制，区委常委会研究议题271个，督促落实决策事项269项。加强四套班子之间的团结协作和紧密联动，领导和支持区人大及其常委会“构建格局、完善机制、提供支撑”，组建区人大地区工委，实现各街道（地区）派出机构全覆盖；领导和支持区政府依法行政，加快转变职能，提高政务服务水平；加强对政协党的建设工作的领导，推进政协党的组织和党的工作有效覆盖，支持区政协协商议政、开展调研、建言献策。完善大统战工作格局，开展宗教领域专项治理，政党关系、民族关系、阶层关系、海内外同胞关系更加和谐。深化“一统六联”，推进群团工作改革创新，联系社会群体的网络优势和资源优势充分发挥。坚持党管武装，深化军民融合，荣获全国双拥模范城“六连冠”。开展文明家庭、文明校园、文明街巷等系列创建活动，社会主义核心价值观在朝阳深耕厚植。

三是全面激发改革活力。健全区委深改组工作规则，加强分类督察检查，34项年度改革任务、13项重点推进改革事项落地见效。召开区委全会，专题审议机构改革方案。围绕赋权、明责、下沉、强基、聚能、增效，“街乡吹哨、部门报到”在构建社会治理责任链、解决基层治理“六无”问题上实现突破，累计解决安贞路拥堵等难题505个，整理制度成果143项，探索出整体性治理等理论成果和“七步工作法”等经验。建成全市首个文化金融服务中心，100亿元的文创产业引导基金正式运营，牵头成立全国首个老旧厂房保护利用与城市文化发展联盟，10家文创园区被认定为首批市级园区。提前完成服务业扩大开放两轮试点135项任务，10项体制机制创新成果、17个新兴业态全部落地，形成多个全国领先、北京首创的开放模式，“放宽服务业准入、助推区域高水平开放”被列入国务院第五次大督查发现的典型经验做法。“放管服”改革在审批提速、减税降费、商事制度改革等方面取得重要进展。加强国有资本经营预算管理，推进国资国企重组改革，推出全国首批员工持股试点企业。成立停车管理公司，7400余个路侧停车位实现电子收费。制定实施法治建设三年行动计划，深化司法体制改革，侦审一体化改革深入推进，刑事案件律师辩护全覆盖试点工作取得阶段性成果。

（四）全力推进减量发展，促转型、提质量

坚持以减重减负减量倒逼发展方式转变、产业结构转型升级、区域功能优化调整，不断提升发展的质量和效益。

一是坚定有序疏解非首都功能。加强统筹协同，强化风险防控，安排43亿元专项资金，叠图连片推进“疏解整治促提升”专项行动。累计疏解升级市场、一般制造业企业、教育培训机构等89家，整治“散乱污”企业72家、地下空间325处、“开墙打洞”1832户、无证无照单位5056家，11项量化任务完成量位居全市前三。成立全市首支区级控违拆违督察队，完成大棚类设施农业项目排查清理整治。建筑垃圾资源化处置能力达千万吨级，再生产品应用取得良好示范效果。统筹利用疏解腾退空间，“留白增绿”112公顷，建设提升便民服务网点159个，提升城市环境和服务功能。

二是推动经济发展提质增效。集中力量做好“菜心”，打造“高精尖”经济结构。加大政策支持力度，设立规模100亿元的科技创新引导基金，金融、商务服务、科技服务、信息服务等产业发展良好，跨国公司地区总部达121家，新认定“独角兽”企业23家。制定优化营商环境三年行动计划，率先实行“错峰、延时办公”，区级政务服务事项全部实现“一门办理、一窗受理、一网通办”。实施“三个一百”企业服务计划，建立区级领导包片走访联系企业机制，为企业量身定制“服务包”。制定促进民营经济健康稳定发展支持政策，设立支持优质上市公司发展基金，帮助民营企业纾困解难。重点功能区发展品质不断提升，CBD功能区外资机构突破1万家，税收过亿元楼宇达到140座，核心区北区建设进入招商入驻阶段；奥运功能区对高端会展、国际文体活动吸引力不断增强，国家会议中心二期等重点项目加快建设；中关村朝阳园战略性新兴产业加速聚集，阿里巴巴北京总部、“三国际一未来”等项目完成初步选址，国际研发特色进一步凸显；文创实验区引进培育一批国家文化出口重点企业。

三是加快推进农村城市化。坚持协调、均衡、优质，深化城乡综合配套改革。“一绿”第一批试点任务基本完成，东风、三间房乡1986名农民实现整建制转居，十八里店、王四营乡完成乡域规划编制。金盏“马沙雷”拆迁腾退全部完成。成立管庄乡咸宁侯村和郭家场村拆迁腾退专班，抽调精兵强将，集中精力攻坚，全面完成654个院落腾退。基本完成将台等4个乡31个村级产权制度改革，全面启动常营乡级产权制度改革。建设美丽乡村，完成5个环境标杆乡、20个市级挂账重点村和3个市级隐患问题突出重点村整治，农村环境品质明显提高。

（五）精益求精治理城市，优环境、建宜居

发扬工匠精神，下足绣花功夫，建设和谐宜居大美朝阳。

一是加强生态环境建设。以“六治一增”为抓手，全力打好蓝天保卫战、碧水攻坚战、突出问题歼灭战。推广精准治霾工作方法，完成3320万平方米较大地块裸地苫盖、治理，空气质量持续改善。全面建立河（湖）长制工作体系，完成33条黑臭水体治理，13处出境补偿断面基本达标，5处国考、市考断面全部达标。亮马河国际风情水岸项目探索出政府、企业共建经验，萧太后河治理成效被广泛报道。启动温榆河公园一期起步区建设，新建25个大中小微公园，完成1.5万余亩新一轮百万亩造林任务，一道绿隔初步实现公园环规划，得到市委“大尺度绿化看朝阳”的肯定。深化土壤污染防治，强化管控修复。

二是提高城市精细化管理水平。纵深治理“大城市病”，塑造高颜值城市环境。突出全民动员、全域“创卫”、共建共享，顺利通过国家级卫生乡验收、市级病媒生物防制专项验收和暗访验收等关键节点，完成174项“创卫”指标。启动围栏护栏综合性改造试点，推进电力架空线入地，建筑物屋顶牌匾标识拆除量位列中心城区之首。整治提升背街小巷336条，950条大街小巷设立街巷长，招募小巷管家4390名，打造出一批精品街巷。创新代征道路移交管理工作，道路排水管线实现统一专业化管理。70条重点道路纳入储备库，郭家庄路等32条道路竣工通车，10项疏堵工程全部完工，国贸区域交通乱象得到有效治理。积极推进长安街延长线和广渠路沿线夜景照明建设，武圣北路等74条道路“亮起来”。完成53座旱厕“真空排导”改造，高安屯餐厨垃圾处理厂实现升级，垃圾分类示范片区覆盖率达42%。开展周末、月末环境清洁行动，整治脏乱点3100余处。建立重点媒体反映问题处置和整改落实后续正面宣传机制，接诉即办、及时回应，群众满意度持续提升。

三是大力保障和改善民生。坚持以人民为中心的发展思想，千方百计办好民生实事。定向精准施策，提高就业服务质量。加强基础教育资源供给，新增学位1.7万余个，九成以上中小学生在优质学校就读，教育教学质量再上新高度。完善分级诊疗服务体系，推进紧密型医联体建设，开展医疗“四进”服务，社区卫生服务能力进一步提升。建设大运河文化带，实施百个基层文化品牌创建工程，建成11家城市书屋、57家流动美术馆，拓展惠民文化空间。构建“一键式”智慧养老体系，首创社区养老驿站内设护理站模式，养老驿站实现街乡全覆盖。开展老旧小区综合整治试点，加装电梯195部。保障房开工4035套，竣工12967套，酒仙桥、甜水园等危改项目稳步推进。

四是推进社会治理创新。深化党政群共商共治，推进网上议事厅、移动议事厅建设，新建135个居民议事厅，1400余件为民办实事解忧项目全部落地。推广“好管家”“物业联盟”经验做法，建成57个全要素小区、68个全景楼院，转型升级46个老旧小区物业管理，人防空间利用与基层治理相结合的做法得到各方好评。建成43个“社区之家”示范点和18个社区服务综合体，引入便民智能终端1800余处，打造众享生活圈。深化社区管理体制改革，有序调整社区规模，完成101个社区服务站改革，社区减负实现“四减三增两满意”。

回顾一年来的工作，有几点深切体会：一是必须从大处着眼，强化政治担当、开放思维、国际视野，主动站在战略和全局的高度思考问题、谋划思路，推动各项事业创新发展。二是必须从小处着手，像重视城市建设一样重视精细化管理，拿出搞经济建设的劲头抓精细化管理，当好“施工队长”，读懂题、答好卷、拿高分。三是必须从实处发力，发扬实干精神，扛起担当责任，沉下身子、脚步为亲，办好百姓关心的小事难事具体事。四是必须向难处攻坚，以改革创新的思维，以狭路相逢勇者胜的亮剑精神，顶在前面、干在难处，在破解难题中干出实实在在的业绩。五是必须从全局统筹，树立“一盘棋”思想，善于“弹钢琴”，打好“组合拳”，密切配合、协同作战，举全区之力攻坚夺隘、取得完胜。

各位委员，同志们，一年来，各项工作平稳有序推进，既把事情办好，又没闹出什么动静。成绩的取得，是市委市政府正确领导、悉心指导的结果，是市级各部门和社会各界鼎力支持的结果，是各级党组织和广大党员干部群众勠力同心、埋头苦干的结果。在此，我代表区委，向辛勤奋战在各条战线，特别是基层一线的同志们，表示衷心的感谢，并致以诚挚的慰问！

在肯定成绩的同时，我们也要清醒地认识到，工作中还存在很多需要改进的地方：一些单位抓党建工作责任落实能力不够、力度不大，一些党组织全面从严治党的螺丝扣拧得还不够紧，压力传导上紧下松、层层递减，“四风”问题禁而未绝，党风廉政建设和反腐败斗争形势仍不容乐观。城市精细化管理手段不多、水平不高、效果不明显，媒体曝光、群众投诉问题依然较多。一些单位力量下沉不够，发现、调度、解决问题的工作机制不够完善，举一反三、抓细抓小的能力有待提升。一些干部站位不高、担当不足，存在博弈心理，落实任务浮在面上，与上级要求存在较大差距。这些问题，制约着朝阳的发展进步，必须高度重视、严肃处置、认真解决。

二、当前面临的发展形势

2019年是大事、喜事之年，是全面建成小康社会关键之年。习近平总书记在中央经济工作会议上发表重要讲话，全面分析当前国内国际经济形势，系统阐述我国发展的重要战略机遇期，明确提出今年经济工作的总体要求、主要目标、政策取向和重点任务。市委十二届七次全会提出，要深入学习贯彻中央经济工作会议精神，主动服务大局，坚持稳中求进，保持战略定力，注重改善民生，加强工作统筹，抓好10个方面重点工作，推动全面从严治党向纵深发展。中央决策和市委部署，为我们做好今后工作指明方向。我们必须进一步坚定信心、凝聚共识，紧抓机遇、应对挑战，不断开拓发展新局面。

一要牢牢把握大事之年的特点和要求。今年，我们将迎来中华人民共和国成立70周年、第二届“一带一路”国际合作高峰论坛、北京世界园艺博览会、亚洲文明对话大会等一系列重大活动，面临一系列重要敏感节点。随着中国国际关注度、影响力不断提升，服务保障重大活动标准更严，反恐防暴风险更高，维护政治安全责任更大。要求我们进一步增强历史使命感、政治责任感和现实紧迫感，打起十二万分的精神，肩负最强担当，保持最实作风，拿出最高标准，做好万全准备，确保万无一失。

二要牢牢把握稳中有变、变中有忧的经济形势。当前，外部形势复杂严峻，经济下行压力加大，维持高基数下的稳定增长面临一系列挑战。突出体现在，我区经济增长的内生动力仍有不足，特别是高精尖产业聚集度不够、引领性不强，集体建设用地利用效益不高，“腾笼换鸟”任务艰巨，民营经济发展困难不少，营商环境还有提升空间。要求我们辩证看待国际环境和国内条件的变化，坚决扛起朝阳在首都发展大局中的使命担当，加快转方式、调结构、优环境，不断提升增长的质量和效益，确保经济平稳健康发展。

三要牢牢把握工作重点。今年全市工作的重中之重就是新中国成立70周年庆祝活动，是最重要的政治任务。全区各方面工作都要自觉服从服务这个大局，实现纲举目张。我们要紧扣这个契机，加强“四个中心”功能建设，提高“四个服务”水平，抓好“三件大事”，打好“三大攻坚战”，统筹做好改革发展稳定和改善民生各项工作，不断将全面从严治党引向深入。要坚持一张蓝图绘到底，继续在减量精治优环境上下功夫，抓出更大成效。

四要牢牢把握朝阳发展的主攻方向。一个时期以来，我区狠抓功能提升，放大特色优势，文化“双区”叠加效应凸显，国际化比较优势突出，绿色发展成效显著。市委对我区提出“重点抓好文化、国际化、大尺度绿化”的要求，这是对朝阳发展成绩的肯定，也是对未来主攻方向的精准定位。我们要牢牢把握“三化”要求，进一步找准工作方位，加快打造发展新优势、新名片。

五要牢牢把握人民对美好生活的现实期待。当前，群众对美好生活的需要日益增长。对照群众期待，城乡发展不协调问题依然突出，城市精细化治理水平不高，教育、医疗、居住、养老等公共服务供给还不够均等、优质，服务群众的响应机制不够健全，基层治理方式还有待创新。要求我们坚持“民有所呼、我有所应”，顺应民心、尊重民意、关注民情、致力民生，更好满足群众的便利性、宜居性、多样性、公正性和安全性需求，让人民享有更多更直接更实在的获得感幸福感安全感。

做好2019年工作，要突出“稳”的基调，坚持稳字当头，稳扎稳打、步步为营，讲究方法、依法办事，为当前攻坚突破、未来行稳致远夯实基础、创造条件。要坚定“进”的决心，深化“向前一步海阔天空”的认识，保持积极进取的精神状态，保持披荆斩棘的勇气，奋发砥砺前行的斗志，实现经济社会发展稳中有进。要保持“优”的态势，坚定时不我待、舍我其谁的政治担当，强化首善一流、精益求精的工作标准，狠抓责任落实、决策落地，推动各项事业走在首都发展前列。要强化“实”的作风，聚焦事关全区发展的重大问题、关系群众利益的难点问题、社会普遍关注的热点问题、群众需求“最后一公里”的问题，直面矛盾不回避，沉下身子解难题，真真切切出实招、办实事、见实效。

三、2019年工作重点

2019年全区工作的总体思路是：坚持以习近平新时代中国特色社会主义思想为指导，深入贯彻党的十九大和十九届二中、三中全会精神，深入贯彻习近平总书记对北京重要讲话精神，坚持稳中求进总基调，以高质量发展为根本要求，以文化、国际化、大尺度绿化为主攻方向，以改革开放为根本动力，全面提高发展品质、环境品质、管理品质和服务品质，不断开创朝阳发展新局面，以优异成绩庆祝中华人民共和国成立70周年。

全年工作要突出“五个一”，打造工作样板。一是“一园”，加快推进温榆河公园建设，打造生态环境样板。二是“一轴”，在长安街及其延长线、广渠路之间约25平方公里区域，建设“历史记忆”环境轴，打造城市景观样板。三是“一区”，统筹各领域、各部门、各要素，建设城市管理综合优化试点区域，打造城市精细化管理样板。四是“一治”，统筹党建、发展、管理、服务，打造城乡接合部综合治理和老旧小区综合整治样板。五是“一美”，高水平建设美丽乡村，推动产业兴旺、生态宜居、乡风文明、治理有效、生活富裕，打造乡村振兴战略实施样板。

（一）坚持党的领导，把稳方向强引领

坚持不懈用习近平新时代中国特色社会主义思想武装头脑、指导实践、推动工作，坚定有力引领改革发展。

一要坚决落实“两个维护”。把党的政治建设摆在首位，树牢“四个意识”，坚定“四个自信”，把牢正确前进方向。严格执行《关于维护党中央集中统一领导的规定》，坚决做到“两个维护”，自觉同以习近平同志为核心的党中央保持高度一致。始终把认真贯彻落实习近平总书记指示批示精神和党中央各项决策部署，作为重要政治责任、领导责任、工作责任和党内基本的政治规矩，不打折扣落实。保持政治定力，增强斗争精神，坚决同破坏政治纪律和政治规矩的行为做斗争，在大是大非和重大原则问题上旗帜鲜明。

二要夯实思想根基。持续深入贯彻落实党的十九大精神，强化创新理论武装，继续在真正学懂弄通做实上下功夫。深化“两学一做”学习教育常态化制度化，精心组织开展“不忘初心、牢记使命”主题教育。立稳意识形态工作责任制四梁八柱，进一步夯实网络意识形态和网络安全主体责任，清朗舆论空间，确保意识形态领域安全。围绕庆祝新中国成立70周年，行之有效开展主题宣传、成就宣传、典型宣传，广泛激发群众爱国热情。完善融媒体中心和基层分中心，统筹新媒体宣传平台，提高舆论引导、媒体舆情监测与应对、新闻应急处置水平，推动宣传思想工作守正创新。发挥社会文明指数导向作用，强化文明润心，用新风尚践行和弘扬社会主义核心价值观。

三要建强班子队伍。坚持正确选人用人导向，加大“三懂”干部培养力度，强化一线历练，打造高素质专业化干部队伍。完善干部选拔任用机制，抓好对优秀年轻干部的发现培养选拔，推进全国“双一流”高校毕业生选培计划。探索容错纠错机制和澄清正名机制，旗帜鲜明为干部担当作为撑腰鼓劲。深化干部综合监督体系建设，用好个人有关事项报告、提醒函询诫勉等措施，抓早抓小，防微杜渐。

四要抓实基层建设。开展“基层建设年”，健全向基层倾斜、向基层延伸、为基层聚能、让基层增效的体制机制，全面提升基层组织活力、干部能力、党建质量、治理效能和群众满

意度。发挥各级党建工作协调委员会作用，深化“一轴四网”区域化党建体系，推进全国城市基层党建示范区建设。高水平做好村、社区“两委”换届，选优配强“两委”班子。分类推进城市基层党建，推出一批园区、楼宇、行业党建品牌。加强党支部规范化建设，全面推行党支部评星定级，优化组织设置，理顺隶属关系，推广朝阳特色的党支部工作法，切实把基层党组织建设成为贯彻执行党的路线方针政策和决策部署的坚强堡垒。

五要全面从严治党。始终把主体责任牢牢抓在手上，持续深化正风肃纪反腐。全力配合市委巡视工作，扎实做好整改“后半篇文章”。加强纪律建设，严格落实新修订的纪律处分条例。用好监督执纪“四种形态”，加强“第一种形态”运用。深化监察体制改革，推动监察工作向基层延伸覆盖。深化派驻机构改革，发挥派驻监督优势和巡察监督利剑作用，深入探索向重点工作派驻监察专员机制，开展好一线监督。聚焦“四风”问题，锲而不舍落实中央八项规定精神，坚决克服形式主义、官僚主义。完善党领导反腐败的工作机制、决策机制和实施举措，严肃查处群众反映强烈、侵害群众切身利益的腐败问题，巩固发展反腐败压倒性胜利。

（二）坚持首善一流，稳字当头强保障

紧扣大事之年特点，守土有责、守土尽责，提高“四个服务”水平。

一要高水平做好重大活动服务保障。坚持精益求精、从严从细，统筹做好新中国成立70周年庆祝活动、第二届“一带一路”国际合作高峰论坛、北京世界园艺博览会、亚洲文明对话大会的服务保障工作。围绕奥林匹克公园、“窗口区域”、会场、住地、行车路线及周边地区，实施高水平景观布置，营造喜庆热烈的气氛。以“两区两线”为重点，实施景观靓丽工程，全面整治提升城乡环境，保障城市安全高效运行。

二要推动京津冀协同发展。坚持双向互动、优势互补、合作共赢，在项目招商、资源对接、利益共享等方面加强协同，积极助力城市副中心、雄安新区、津冀协作地区建设。瞄准建档立卡贫困人口，尽心竭力对口帮扶。高水平做好冬奥会和冬残奥会筹备工作，加快推进冬奥村等场馆和基础设施建设，实现国家速滑馆整体结构完工，速滑馆南北路竣工。

三要维护政治社会大局稳定。总结提升“社会矛盾化解年”经验，建立长效机制，把矛盾风险吸附化解在属地。筑牢反恐防暴防线，加强使馆区安保和重点区域巡查，加大技防、人防投入，提升应急处置水平。严厉打击非法集资，防范化解金融风险。纵深推进扫黑除恶专项斗争，织密筑牢社会面防控网络，做好综治中心建设运行工作，夯实平安建设基层基础。严格贯彻落实《地方党政领导干部安全生产责任制规定》，持续深化安全隐患专项治理，创建全国安全发展示范城市，健全城市安全发展体系，提升防灾减灾救灾能力，确保生产安全、消防安全、食品药品安全和农产品安全。

（三）坚持优质高端，稳中求进抓发展

牢牢把握“稳”和“进”的辩证统一，全力防风险、调结构、优服务，在首都高质量发展上走在前、作示范。

一要提升区域功能。主动对标中心城区功能定位，集中力量推动总规实施，强化规划刚性约束。围绕全国政治中心建设，抓好重点地区的规划管控和综合整治，建立常态化的重大国事活动服务保障机制，提升完善功能设施，做好空间、安全和环境保障，高效服务中央政务运行。围绕全国文化中心建设，培育百个文化产业特色园区，建设运河文化活力区、文化创意引领区、国际文化交流窗口区，建好“文化三里屯”，加快建成传统文化和现代时尚文化交融的国际创意名都，打造全国文化中心核心区。围绕国际交往中心建设，制定三年行动计划，用好用足资源特色，构建多层次多维度的国际交往空间格局。提升三里屯、麦子店、望京、使馆区周边等重点地区国际化水平，加快“三国际一未来”项目建设，发挥国际交往主阵地作用。围绕全国科技创新中心建设，发挥中关村朝阳园作用，强化科技服务与创新资本功能，推进科技、文化、商务融合，打造国际科技创新服务聚集地，成为联结全球科技网络的创新节点。

二要优化城市布局。紧密对接全市空间结构，打造“两轴两带三区”空间布局。强化朝阳廊道作用，建设主副联动发展轴，合理引导产业外溢，高效联通交通网络。加强与副中心交界地区空间管控，规划建设绿色生态共享带，构建生态保护屏障。抓好“一廊”地区“五大提升工程”和城乡发展“六个一百”工程实施，力争完成五年任务量的85%。加快东部和东南部产业疏解及整治提升，加大南部地区基础设施、公共服务和环境提升等方面投入，推动传统工业区改造为文化创意与科技创新融合发展区。

三要推动经济高质量发展。强化地均、人均产出导向，推动经济发展质量变革、效率变革、动力变革。出台构建高精尖经济结构的措施，调整实施重点产业支持政策，积极发展创新型总部经济、楼宇经济、研发经济。深化服务业扩大开放，探索具有朝阳特色的3.0方案，在金融、科技、文化、服务贸易等领域推进政策落地。深入实施优化营商环境三年行动计划，编制朝阳信用政府、法治政府白皮书，建立企业投诉平台，打造服务品牌。完善常态化企业“服务包”制度，打好惠企政策组合拳。出台支持民营企业发展的意见，当好民营企业发展的护航人、铺路人和知心人。稳定投资规模，争取更多项目纳入市级重点工程和绿色审批通道，加快推进土地上市，扩大在生态环境、基础设施、公共服务等领域投资。打造国际名牌旗舰店集聚地，拓展服务消费，推动消费升级。加强经济监测研判，抓好工作调度，确保主要经济指标平稳有序运行。提升产业空间使用效率，精准用好新增楼宇空间，推动低效楼宇、老旧厂房业态升级。CBD要优化发展规划，集中发展国际一流的现代服务业，发展高品质楼宇经济，吸引更多国际高端要素，打造北京对外开放高地。奥运功能区要抓实亚投行、国家会议中心二期、国学中心等重点项目，积极推进品牌化建设。文创实验区要出台“政策五十条”，丰富金融服务体系，引导老旧厂房保护利用。

四要强化高端人才引进。坚持人才是第一资源，加快五年行动计划落实，构建具有国际竞争力的人才服务保障机制，支持鼓励企业广纳贤才，吸引更多顶尖人才来朝阳创业发展。实施好“金凤凰”“凤凰计划”“鸿鹄计划”等政策，完善高层次人才认定体系，聚焦商务精英及青年英才，提升人才综合服务水平。系统推进望京国际人才社区建设，加快相关配套设施建设和改进升级，营造更加浓厚的国际化氛围。

（四）坚持破立并举，稳扎稳打疏功能

坚定有序打好疏整促组合拳，倒逼集约高效发展。

一要持续大力度疏解非首都功能。强化区级统筹、工作衔接、环节紧扣，加快重点区域大体量疏解，抓好农村地区低端低效用地腾退，确保拆除面积不少于570万平方米，创建一批无违建街乡。加强疏解区域管控，加快盘活存量、腾笼换鸟进度。积极推进建筑垃圾资源化处置和再生产品利用，支持鼓励企业和社会参与，力争8月底前全区建筑垃圾得到有效处置。

二要压茬做好后续提升工作。注重空间腾退与优化提升的紧密衔接，统筹考虑保障中央政务功能，预留重要国事活动空间。开展区属国企存量土地调查，推动央企、市属国企用地利用提升，整治市级公用设施周边环境，发挥国企用地转型示范作用。重视城市修补和生态修复，重塑街区环境。大力推进“留白增绿”，腾退还绿215公顷。细化生活性服务业设施规划，分社区（村）落实补建提升措施，织补105个便民商业网点，提升便民设施的品质和便利性。

三要突出城市精细化管理。开展城市体检，围绕洁化、序化、靓化，形成全闭环、快流转、多维度的环境管理长效机制，改善市容环境。严格对照各项指标要求，推进国家卫生区创建，巩固成绩，健全机制，狠抓整改落实，确保顺利通过市级全面验收和国家爱卫办验收。在京承高速、京藏高速、奥运中心区等重点区域打造一流城市夜景，及时解决影响群众生活出行的路灯、信号灯问题。强力整治待拆迁区、平房区、城中村甩项等区域环境乱象，规范广告牌匾设置，加速架空线入地和围栏治理，清理非法经营活动，实现“开墙打洞”、违规占道经营、群租房动态清零。结合绿隔建设抓好城乡接合部改造，同步规划服务配套设施，加强日常服务与管理。继续实施“厕所革命”，开展环卫作业“一把扫帚扫到底”试点，实现垃圾分类全覆盖。全面推行“街巷长”制，实现“全民小巷管家”管城市。推广政府、企业合作“共建模式”，发挥社区参与城市管理作用，用好“朝阳群众管城市”监督平台，推动人民城市人民管。关心关爱城市管理一线工作者，让他们安心美化城市、管好城市。

（五）坚持为民惠民，稳步务实促宜居

时刻牢记“民心是最大的政治”，从政府为民办事转向从市民诉求出发做事，让新时代的发展更有温度。

一要大尺度建生态。始终把良好生态环境作为最普惠的民生福祉，坚定不移走生态优先、绿色发展道路，提供更多优质生态产品。实施朝阳区蓝天保卫战三年行动计划，确保细颗粒物（$PM_{2.5}$）年均浓度继续下降。将“河长制”升级为“河长治”，构建水污染综合防治体系，全域消除黑臭水体，创新共商共建河道治理模式，高水平建成亮马河国际风情水岸项目。落实好新一轮百万亩造林绿化任务，新增改造绿化面积700公顷，建设7个郊野公园、18个城市公园，构建“两环六楔、五河十园”的绿色空间体系，提高公园绿地可达性。持续落实好中央、市委环保督察组反馈意见整改，建立健全党政干部生态环境损害责任追究制度，实施生态环境损害赔偿制度。

二要高品质增福祉。按照民生“七有”，紧扣“五性”需要，提高民生服务质量。精准做好就业指导服务，加强重点群体就业帮扶。落实立德树人根本任务，推进教育优质、均衡、高品质发展，持续增加学位供给，优化学校布局，提高学前教育普惠率，打造具有朝阳特色的体育学校和国内顶尖中学，推动优质教育资源全覆盖，建设教育强区。构建全民健康体系，加快垂杨柳医院改扩建等重点工程建设，打造“1122+N”医养联合体，推动公共卫生服务均等化、品牌化发展。完善公共文化设施服务网络，提高设施利用率，深化城市书屋品牌，实施好科普惠民工程，推进文化事业产业融合发展。传承乡村传统文化，培养文明乡风和新乡贤文化。发展全民健身事业，推动冰雪运动进校园、体育设施进公园。健全养老服务体系，扶持社会化、品牌化运营，提升养老服务智慧化、信息化和动态监管水平。抓好保障房建设，改善群众居住条件。

三要深层次优治理。坚持社会化、法治化、智能化、专业化，有机衔接整合“街乡吹哨、部门报到”行政化动员、党政群共商共治社会化动员两条路径，破解基层治理难题，提升社会治理水平。以众享生活圈为牵引，建设42个全要素小区、249个全景楼院和50个社区之家，打造“一刻钟社区服务圈”升级版，构建智慧物业综合管理体系，完成20个老旧小区物业管理转型升级。推进老旧小区综合改造提升，完善公共服务配套设施，做好加装电梯试点，改造棚户区5030户。制定交通建设“三个一百”计划，力争用三年时间，实施百条道路建设，开展百项疏堵工程，规范百个小区停车，畅通道路微循环。启动CBD、望京地区交通综合整治工程，完成CBD西北区整治任务。加强党对依法治区工作的集中统一领导，建设法治政府，提高司法公信力，全面推进法治社会建设。

（六）坚持动真碰硬，稳中有为抓改革

坚持问题导向，在更高起点谋划和推进各领域改革，增强发展活力。

一要持续深化“街乡吹哨、部门报到”改革。将成熟做法和经验转化为相关制度、规范和标准，推动“吹哨报到”改革向党建引领深化，向街乡改革深化，向社区治理深化，向受理市民诉求、解决群众身边的问题深化。完善基层治理的应急机制、服务群众的响应机制、打通抓落实“最后一公里”的工作机制，推广“社区吹哨、科室报到”“支部吹哨、党员报到”，推进基层党组织和在职党员“双报到”，持续在聚力强基、为民办事上下功夫。加快建设区级综合指挥中心，用好街乡级实体化综合执法平台和信息化手段，推动治理重心下移、力量下沉，打造环环相扣、无缝衔接的治理闭合圈。

二要高效完成机构改革。认真落实区级改革方案，扎实做好党政机构、街乡机构、企事业单位改革。统筹党政群机构改革，合理设置和配置各层级机构及职能，加强综合化、集中化的职能配置。深化街乡大部制改革，优化对基层的领导方式，构建简约高效的基层治理体系。推进干部人事制度改革，确保机构、职责、人员等按要求及时调整到位。

三要加快推进农村城市化。在全区层面推进功能重组、布局重整、资源重配、管理重构、力量重置，推动资金、管理、力量向农村地区倾斜，建设高水平城市化综合改革先行区。完成首批美丽乡村建设，推动第二批建设，改善农村人居环境。加快崔各庄黑桥南皋等棚改项目实施，推动5个乡安置房建设。抓住温榆河公园建设契机，整体谋划和推进二绿地区特色发展。开展农村社区建设试点，打造农村社区品牌。统筹集体产业用地使用，严格产业准入，促进产业升级。建设新型集体经济组织，全面完成资产清产核资，完成常营乡级产权制度改革和村级改革任务。

四要深化国资国企改革。加强国有资本监管顶层设计和布局结构调整，优化国企考核体系，探索国资监管和国企改革发展新路径，增强对区域发展和中心工作的保障和支撑作用。加快战略重组和资源整合，推动混合所有制改革，推进企业公司制改革，完成经营性事业单位改革，稳妥解决历史遗留问题。

五要深化其他领域改革。持续深化“放管服”改革，完善政务服务体系。加快构建权责统一的司法运行机制，科学组建审判团队，稳妥推进区法院、区检察院内设机构改革及公安机关人民警察职务序列改革。加强社会主义民主政治制度建设，落实好区政府向人大常委会报告国有资产管理情况制度。健全政党协商保障机制，细化知情明政、考察调研、工作联系、协商反馈工作机制。推进工会、共青团、妇联等群团组织改革。

区委将坚持把方向、管大局、作决策、保落实，大力支持人大提高监督质量、政府提高行政效能、政协深化协商民主，支持纪委监委、法院和检察院依法行使职权。进一步拓展统战工作平台和有效覆盖面，充分发挥各民主党派、工商联、无党派人士、党外知识分子、海外侨胞、新的社会阶层人士作用，加强对群团工作的领导，扎实做好民族、宗教、港澳、台侨工作，调动一切有利积极因素，形成推动朝阳发展得更广泛合力。

各位委员、同志们，鞍马犹未歇，战鼓又催征。让我们紧密团结在以习近平同志为核心的党中央周围，不忘初心、铁肩担责，奋力谱写朝阳发展新篇章，以优异成绩迎接中华人民共和国成立70周年！

朝阳区政府工作报告

——在朝阳区第十六届人民代表大会第五次会议上

朝阳区人民政府代区长　文　献

（2019 年 1 月 8 日）

一、2018 年工作回顾

2018 年，是贯彻党的十九大精神的开局之年，是改革开放 40 周年，也是朝阳区建区 60 周年。在市委、市政府和区委的坚强领导下，在区人大、区政协的监督支持下，我们以习近平新时代中国特色社会主义思想为指导，深入贯彻党的十九大精神和习近平总书记对北京重要讲话精神，紧紧围绕加强首都“四个中心”功能建设、提高“四个服务”水平、抓好“三件大事”、打好“三大攻坚战”，以“减量精治优环境”为工作主线，加快推进区域高质量发展，各项事业取得新成绩。预计地区生产总值突破 6000 亿元，增长 6.5% 左右，居民人均可支配收入增长 8.9%。城镇登记失业率控制在 1.5% 以内。完成一般公共预算收入 533.68 亿元，增长 5%。细颗粒物（$PM_{2.5}$）均浓度为 52 微克 / 立方米，下降 10.3%。新增改造绿化面积 1000 公顷。

（一）坚持规划引领，总规落地实施迈出坚实步伐

聚焦区域功能定位，深入谋划未来发展方向、目标和路径，扎实推动总规落地生根。

建立规划实施体系。成立党政主要领导任双组长的领导小组，制定区级实施方案，统筹推动规划任务落实。以 38 项专项规划与专题研究成果为支撑，精心编制分区规划，编制成果已通过市级联审，并第一批上报市政府。创新工作理念，把握整体时序，将近期重大项目、中期行动计划和远期发展规划紧密衔接、一体推进，有力确保一张蓝图绘到底。

着力优化空间布局。紧密对接全市空间结构，将空间布局调整优化为“两轴两带三区”，着力支撑主副联动发展、实现南北均衡发展、促进区域协同发展。初步明确“两环六楔、五河十园”的绿色空间格局，打造与副中心交界处的生态绿带，构建大尺度生态保护屏障。划定战略留白用地，为区域发展预留弹性空间。

加快落实规划重点任务。严格落实“双控”及“两线三区”要求，推动国企存量土地升级，加快疏解腾退和产业更新，为内涵集约式发展奠定坚实基础。完成“十三五”规划中期评估和调整，26 项纲要主要指标、32 个专项规划重点任务基本实现进度目标。“一廊”地区“五大提升工程”和城乡发展“六个一百”工程累计推进 412 项任务，完成五年总任务量的 65%。

（二）坚持系统推进，“疏解整治促提升”工作取得综合实效

突出坚定有序、以人为本，实施大体量疏解、大尺度绿化、大范围提升，专项行动各项任务全面完成，全社会支持疏解、参与疏解的氛围更加浓厚。

疏控结合持续发力。坚持决心不变、力度不减，构建“疏整促”信息系统和违法建设举报平台，成立全市首支拆违控违督察队，形成精准发力、多点突破的工作态势。聚焦金盏、管庄等重点区域，实施集中连片疏解，拆除腾退 1017 万平方米，实现“场清地净”645 万平方米。建成高安屯建筑废弃物资源化利用中心、8 处就地资源化处理设施，建筑垃圾年处理能力达到千万吨级。严格落实新增产业禁止和限制目录。全年共疏解一般制造业企业 36 家、商品交易市场 39 家、区域性物流基地 5 家，整治“开墙打洞”1832 处、无证无照经营 5056 户、地下空间 325 处。13 项市级量化考核任务中，10 项超额完成，11 项排名全市前三，3 项排名全市第一。

优化提升成效显著。以提升廊道地区服务功能为重点，加大环境综合整治力度。完成 7 条重要道路沿线 324 个问题点位集中整治以及广渠路、长安街延长线景观照明建设。全面完成 4399 块违规屋顶牌匾标识整治。实现 100 条道路、92 公里架空线入地。在全市率先开展并完成地铁站口周边环境治理，81 个站点、303 个站口周边环境达到“五无一加强”标准。设立 2067 名街巷长、招募 4390 名小巷管家，完成 336 条背街小巷整治，形成十里堡路等多条精品街巷。推进“拆一补一”，加快民生设施织补，建设提升便民商业网点 159 个，留白增绿 112 公顷。

协同发展力度全面加大。主动融入京津冀协同发展大局，与雄安新区、天津武清等地区在产业发展、文化创新、公共服务等领域开展交流活动百余次，北京市第八十中学、朝阳实验小学在雄安新区设立分校。积极做好扶贫协作，建立区、部门、街乡、企业四方联动机制，针对河北唐县、新疆墨玉县等地区的实际需求，实施全方位支持、多领域协作，全年投入各类资金 5.4 亿元，有效带动当地建档立卡贫困人口脱贫增收。

（三）坚持开放创新，经济高质量发展保持良好态势

全面提升开放程度和服务水平，聚焦重点产业布局，加快高精尖要素聚集，区域经济在转型发展中实现稳中提质。

营商环境改革成效显著。落实北京市“9+N”系列政策，制定实施三年行动计划，营商环境实现跨越式提升。完善总部及服务业、文创实验区等重点产业政策，实施楼宇空间、高精尖人才奖励等专项政策，制定金融业“开放 36 条”等创新政策，设立企业上市加速器、科技创新创业引导基金，产业促进体系全面优化。在全市率先建立常态化的政策“服务包”制度。首推政务服务中心错峰延时服务，实现区级政务服务事项 100%“一门办理、一窗受理、一网通办”，企业开办、获得电力、办理建筑许可、跨境贸易等方面的环节和时间有效压缩。出台建设人才集聚高地五年行动计划，建成国际人才交流服务中心、文化交流中心，“类海外”人才发展环境正在加快形成。

高精尖经济结构加快构建。消费结构持续优化，服务消费增长 6.8%，网上零售额增长 12.3%。服务业加快高端优质

发展。金融业财政收入增长22.3%。商务服务业增加值增长8.1%，高于全市5.2个百分点。科技服务业、信息服务业财政收入均增长15%。文化产业营业收入占全市21.3%。“独角兽”企业数量占全市33%。开放型经济水平持续提升。在全市率先发布外商投资发展报告，新设外商投资企业750家、增长19%，新增跨国公司地区总部5家、外资金融机构10家，新引进高精尖企业74家，标普等世界三大评级机构实现落户。服务业扩大开放两轮试点135项任务提前完成，累计推出外资审批登记一体化等10项创新政策措施，实现外商独资演出经纪机构等17个新兴业态落地。“放宽服务业准入、助推区域高水平开放”被列入国务院第五次大督查发现的典型经验做法。进出口总额、合同利用外资分别增长32%和108%。专利授权量和技术合同交易额分别增长14%和11%。国家高新技术企业超过3500家，占全市14%。未来科学大奖等系列活动的国际影响力进一步提升。

重点功能区建设发展加快推进。CBD核心区清华等6个项目结构封顶，正大等3个项目启动招商。制定实施CBD楼宇品质分级评价标准，推广企业信用监管平台，获得LEED金级以上认证的楼宇达到15座。奥林匹克公园国家速滑馆、亚投行主体结构封顶，国家会议中心二期、冬奥村等项目开工。中关村朝阳园北区城市设计方案国际征集工作完成，“三国际一未来”等项目完成初步选址。大望京中央公园建成开园。国家文化产业创新实验区建成全市首个文化金融服务中心，发起成立全国首个老旧厂房协同发展联盟，累计转型升级60个特色文创园区，形成文化产业融入城市发展的“朝阳实践”。

农村城市化取得积极成效。“一绿”试点乡建设进展顺利，6个棚户区改造项目全面启动，第一批试点任务基本完成。王四营成为全市首个在减量发展背景下探索“一绿”城市化路径的试点乡。金盏“马沙雷”项目拆迁腾退全部完成。实施乡村振兴战略，启动农村人居环境整治三年行动计划，建成5个环境标杆乡，10个美丽乡村建设主体工程完工，市级20个挂账重点村、3个隐患问题突出重点村环境秩序明显改观。完成“大棚房”问题专项排查整治。推动农村集体产业用地区级统筹，加快引入高精尖产业项目。全面启动常营乡级产权制度改革，基本完成31个村级改革任务。举全区之力，集中攻坚，用1个半月的时间，全面完成郭家场、咸宁侯村90余万平方米的拆迁腾退任务，打赢农村地区疏解转型的关键战役。

（四）坚持精细精准，城乡环境面貌呈现显著变化

深入贯彻“城市管理要像绣花一样精细”的要求，“六治一增”综合施策，高标准完成中非合作论坛北京峰会等重大活动服务保障任务，区域环境更加优美、更有特色、更具魅力。

生态环境质量持续提升。坚决做好中央、市级环保督察反馈问题的整改工作，聚焦重型柴油车、扬尘、挥发性有机物实施精准治霾，建成覆盖全部街乡的空气质量监测网络，淘汰高排放老旧柴油货车3500余辆，完成3320万平方米裸露地块苫盖和治理，实现“散乱污”企业动态清零。持续打好碧水攻坚战，建立三级河长制，建成高安屯再生水厂二期，完成33条段黑臭水体治理，5处国考、市考断面水质达到考核要求。亮马河国际风情水岸主体河道工程实现开工，萧太后河滨水绿色文化休闲廊道项目全面竣工。全力抓好区人大议案办理，启动新一轮百万亩造林，开工建设温榆河公园一期起步区，推进朝南万亩森林公园、黑庄户农业公园规划设计，新增改造桃蹊公园等25个大中小微型公园。

城市精细化管理水平持续提升。试点推进“街乡吹哨、部门报到”改革，建成街乡实体化综合执法平台、“朝阳群众管城市”监督管理平台，安贞路拥堵等500余个难题得到解决。全面启动国家卫生区创建工作，开展周末环境清洁行动，推进“厕所革命”，大力整治63个重点村环境，全区3100余处环境脏乱点得到有效治理，创建阶段性目标圆满实现。更新完善道路建设前期项目储备库，东八间房路、郭家庄路等32条主次支路竣工通车，朝阳公园路等10项疏堵工程完工。多种方式增加停车位1.8万余个。成立区停车管理公司，全区所有备案路侧停车位均实现电子收费。国贸地区交通秩序整顿取得阶段性成效。在全区开展“两灯”问题排查治理，武圣北路等74条道路实现“亮起来”。在全市率先制定代征道路用地移交管理意见，实现道路排水管线统一专业化管理。全面规范生活垃圾收集清运设施，创建18个垃圾分类示范片区，餐厨垃圾处理厂改造完成并投入试运行。深化智慧城市建设，进一步规范共享单车、快递物流等行业发展，建成54个绿色智慧平安社区。

安全保障能力持续提升。深化安全生产专项整治，启动隐患治理三年行动，消除各类隐患21万余项，人均检查量、处罚量、处罚额和职权履行率均位列全市第一，安全生产事故起数和死亡人数分别下降24.6%和13%，火灾事故起数下降37.9%。高标准通过食品安全示范区创建验收，食品药品抽检抽验合格率分别达到98.5%和99%。全面加强质量安全管理。全力防范和化解金融风险，率先成立工作专班，开发建设“鹰眼系统”，建立“一企一档”金融风险电子档案，实现各类涉稳风险平稳可控。建立覆盖全区的应急值守信息化平台，率先开展风险评估规范化和社区应急管理规范化试点，应急管理基础进一步夯实。健全立体化、信息化社会治安防控体系，深入开展扫黑除恶专项斗争，群众安全感指数及其在全市排名均大幅提升。

（五）坚持共治共享，群众生活品质实现明显提升

聚焦民生“七有”要求，持续扩大优质公共服务资源，扎实办好各类实事，群众福祉持续改善。

公共服务水平不断提高。精准服务困难群体就业，2万余名登记失业人员实现就业。积极应对学龄人口变化，新开办27所幼儿园、7所中小学，新增学位1.7万余个，全区90%以上的中小学生在优质学校就读，中高考成绩再创新高。加大学前教育监管力度，规范办园行为。完成校外培训机构专项治理。加快优质医疗资源均衡布局，第一中西医结合医院来广营院区、妇儿医院北院区结构封顶，垂杨柳医院改扩建工程进入收尾阶段，新增3个社区卫生服务中心。健全分级诊疗服务体系，新建皮肤科医联体。重点人群家庭医生签约率达到94%。完善三级养老服务体系，新增9个养老照料中心，实现街乡养老驿站全覆盖。率先推行养老机构、从业人员信用管理和诚信试点，首创社区养老驿站内设护理站模式，医养结合进一步深化。积极打造特色文化空间，社区流动美术馆实现全覆盖，城市书屋建设入选中宣部创新案例。“十三五”期间创建100个基层文化品牌的任务提前完成。深化大运河历史文脉研究，神木厂历史景观保护工程加快推进。举办“全民健身、助力冬奥”系列大型活动，冰雪运动持续升温。朝阳体育代表团在市运会上的金牌数量和团体总分实现双第一。开

工建设保障性住房4035套、竣工12967套。16个棚户区改造项目4260户完成征收和拆迁。为老旧小区加装电梯195部。

社会治理创新呈现新亮点。深化党政群共商共治，设立民生家园建设专项资金，办理区、街乡、社区（村）三级实事1400余件。打造57个全要素小区、68个全景楼院，完成46个老旧小区物业管理转型升级，为全市老旧小区有机更新探索有效路径。新建城乡社区20个，建成43个市级“社区之家”示范点，引入各类便民智能终端1800余处，“一刻钟社区服务圈”覆盖率达到90%。加强社会组织培育管理，政府向社会组织购买服务346项。积极推进“社会矛盾化解年”工作，创新“精准信访”工作模式，在全市率先引入第三方参与疑难信访案件化解评估，一批重点案、疑难案得到有效化解，群众上访总量、集体访量均大幅下降。村、社区“两委”换届选举工作全面启动。与此同时，妇女儿童、残疾人事业取得新发展，双拥共建、民族宗教、侨务对台、外事旅游、人防地震、档案区志等各项工作全面进步。

各位代表，一年来，区政府对标新时代新要求，深入学习贯彻党的十九大精神，切实加强政府自身建设，持续改进工作作风。认真执行区人大及其常委会决议和决定，自觉接受人大法律监督、工作监督和政协民主监督，全年办复全国、市、区人大代表建议、政协提案519件。落实法治建设三年行动计划，完成新一届政府法律顾问和行政复议委员会换届，建成区公共法律服务中心。加大政府信息公开和政务公开力度，主动接受群众监督。狠抓源头治理，严管财政资金、国有资产和公共资源，加强专项审计和跟踪审计，严肃查处违反中央八项规定精神的问题、发生在群众身边的不正之风和腐败问题。深入推进“督考合一”，聚焦市区重要决策、重点任务，建立周督月查制度，确保工作落实。针对群众反映、媒体报道的问题，完善响应和督办机制，推动群众身边事快速有效解决，努力做到民有所呼、我有所应。

各位代表，一年走过的路很不寻常，面对复杂多变的宏观形势、持续增加的经济下行压力、艰巨繁重的减量发展任务，全区上下紧紧拧成一股绳，创新突破、苦干实干，在主动服务国家和首都大局的生动实践中，在重温和追寻朝阳建区60周年的辉煌足迹中，进一步深化对朝阳使命、朝阳担当的认识，进一步坚定乘势而上、再谱新篇的信心和决心。成绩来之不易，这是市委市政府和区委坚强领导的结果，是区人大、区政协监督支持的结果，是全区干部群众团结奋斗的结果。在此，我代表区政府，向奋战在各条战线上的全区人民，向人大代表、政协委员、各民主党派、人民团体、社会各界人士，向大力支持我们工作的驻区中央、市属单位和解放军、武警部队，表示崇高的敬意和衷心的感谢！

在总结成绩的同时，我们也清醒认识到区域发展仍面临不少困难和问题：一是经济下行压力加大。经济运行稳中有变的宏观形势与区域经济正处于结构调整攻坚期形成叠加效应，主导产业支撑作用不足，构建高精尖经济结构的任务依然艰巨。二是城市化路径亟待创新。面对减量发展要求，在推动农村地区拆迁腾退、产业空间统筹利用等方面，还需进一步创新思路和机制。三是城市治理水平亟待提升。疏解非首都功能、治理“大城市病”任重道远，提升城市管理的科学化、精细化、智能化水平，还有大量工作要做。四是公共服务供给依然不足。特别是优质公共服务总量不够、配置不均衡，城市安全风险管理还需加强，不断满足群众对美好生活的新期待，还需付出更大努力。面对新的使命和要求，政府职能转变还不到位，干部队伍的专业素质和工作能力需要进一步提升。这些问题，我们将在今后工作中认真加以解决。

二、2019年工作任务

2019年，是新中国成立70周年，是全面建成小康社会关键之年。区域发展既有许多有利条件，也面临不少压力和挑战。随着国家和北京市进一步扩大开放战略的全面展开，随着北京城市总体规划的深入实施，随着“三件大事”“三大攻坚战”的持续推进，朝阳区已进入以新理念引领新常态、以减量发展促进高质量发展的新阶段。我们必须切实提高政治站位，保持战略定力，勇于担当作为，推动朝阳实现更高质量、更有效率、更加公平、更可持续的发展。

今年政府工作的总体要求是：坚持以习近平新时代中国特色社会主义思想为指导，深入贯彻党的十九大和十九届二中、三中全会精神，深入贯彻习近平总书记对北京重要讲话精神，坚持稳中求进总基调，以高质量发展为根本要求，以文化、国际化、大尺度绿化为主攻方向，以改革开放为根本动力，全面提高发展品质、环境品质、管理品质和服务品质，不断开创朝阳发展新局面，以优异成绩庆祝中华人民共和国成立70周年。经济社会发展主要预期目标是：地区生产总值增长6.3%左右，居民人均可支配收入增长6.3%以上，城镇登记失业率控制在1.5%以内，一般公共预算收入增长3.5%左右。

实现上述目标，必须把握“稳”的要求，坚定信心，精准施策，稳字当头，稳中有进，努力保持经济社会大局稳定。必须强化“开放”的思维，开拓国际视野，弘扬创新精神，持续推动发展转型、管理提升，打造发展新引擎、汇聚发展新动能。必须做好“精细”的文章，发扬工匠精神，专注精耕细作，突出“一园”“一轴”“一区”“一治”“一美”，打造工作样板，提升宜居品质，不断满足群众便利性、宜居性、多样性、公正性、安全性需求，推动朝阳发展乘风破浪、行稳致远。

（一）突出落实总规要求，加大疏解整治力度，促进减量发展

紧紧抓住疏解非首都功能这个“牛鼻子”，进一步优化空间布局，改善人居环境，提升区域功能。

落细落实规划任务。开展区域控制性详细规划编制，探索建立多规合一的规划实施及管控体系，推动各项指标任务落图落地。制定街区设计导则，实施责任规划师制度，注重“第五立面”塑造，做好城市设计和风貌管控。开展第三次全国国土调查工作。坚决守住城市发展的“天花板”和“红线”，理顺减量工作实施路径与机制，推进城乡建设用地增减挂钩，完成8.25平方公里的减量任务。加紧推进“一廊”地区“五大提升工程”和城乡发展“六个一百”工程，各项工程累计完成五年总任务量的85%。

坚定有序疏解整治。疏控并举、稳扎稳打，力争8月底前基本完成各项疏解任务。集中拆除腾退一批体量大、安全隐患突出的违法建设，确保拆除面积不少于570万平方米，创建一批无违法建设街乡。加强腾退、拆除、清理工作的衔接，确保存量和新增建筑垃圾得到有效处置。全年疏解一般制造业企业26家、商品交易市场9家、区域性物流基地2家，整治无证无照经营1945户，确保“开墙打洞”、违规占道经营动态清零。

多措并举提升品质。加强腾退空间管理和高效利用，推动雅宝路等区域全面转型升级，织补便民商业网点105个，实现留白增绿215公顷。强力整治待拆迁区、平房区、城中村等区域环境，巩固地铁站口周边环境整治成果。高效推进强弱电架空线同步入地，试点四线合一小型管廊建设。开展围栏护栏治理，逐步实现“拆栏见绿”。加强京承高速、奥林匹克公园等重点区域景观照明建设，打造国际一流的城市夜景。在长安街及其延长线、广渠路之间约25平方公里的区域，建设“历史记忆”环境轴。

主动作为促进协同。积极助力城市副中心、雄安新区、津冀协作地区建设，深入开展双向交流，促进优势互补、合作共赢。做好扶贫协作，针对各地区的资源禀赋和实际需求，加大产业、教育、医疗等方面的支持力度，助力受援地区10.7万人脱贫。

（二）突出构建高精尖经济结构，加快产业调整转型，促进稳中提质

坚定发展信心，优化企业服务，积极稳存量、促增量、防变量，加快新旧动能转换，促进经济高质量发展。努力保持经济平稳运行。建设“经济大脑”，加强对经济运行的全方位监测和分析。扩大有效投资。健全项目储备库，全面梳理征而未用、占而未用、批而未建、建而未完项目，加大生态建设、民生改善等领域投资力度，实现储备一批、开工一批、建设一批、竣工一批。积极推动土地整理和前期手续办理，加快土地上市。抓好消费结构升级，扩大教育、文化、体育、健康、养老、休闲旅游等消费热点，提升服务消费规模，努力将朝阳打造成为全球新品首发地、国际知名品牌旗舰店聚集地。深入推进互联网金融风险专项整治，守住不发生系统性风险的底线。

持续优化营商环境。更大幅度精简审批事项、简化审批流程。调整优化现有产业政策，出台精准支持科技创新构建特色高精尖经济结构、支持民营经济发展的若干措施。扩大政策“服务包”覆盖范围，建立反馈机制，做到全程跟踪服务。成立市场化招商和服务机构，提升为企业服务的专业化水平。实现区政务服务中心新址开工、北部工商和税务联合服务大厅投入使用，推进政务门户网站改版升级，构建高效、规范、透明、便捷的服务体系。

促进产业结构优化升级。探索具有朝阳特色的服务业扩大开放3.0方案。加快发展优势服务业，推动研发类创新型总部聚集，提升总部经济能级。大力吸引国际知名金融机构和专业服务机构，引导金融机构加大对实体经济的支持力度。发挥文创、科创基金的引导作用，加快聚集创新要素，培育和发展战略性新兴产业集群。搭建国际化知识产权服务平台，加大对高质量专利的支持力度。深化国资国企改革，推进绩效管理考核体系重构。

（三）突出打造文化强区，推动文化产业、文化事业融合并进，促进繁荣发展

文化是城市的灵魂和软实力。要系统谋划文化建设，发挥“双区”叠加优势，实施“文化+”战略，把朝阳建设成为文化底蕴厚重、创新活力迸发的全国文化中心核心区。

发挥文化引领作用。着力建设运河文化活力区、文化创意引领区、国际文化交流窗口区，打造传统文化和现代时尚文化交融的国际创意名都，提升文化的凝聚示范、辐射带动、展示交流和服务保障功能。系统梳理历史文化资源，开展古都风貌关键节点织补，延续历史文脉。建好“文化三里屯”，打造文化新地标。

提升国家文化产业创新实验区发展质量。积极争取国家、市级政策在实验区率先落地、先行先试，实施“政策五十条”，完善信用体系、文化投融资服务体系，打造政策高地。聚焦文化传媒、数字内容、创意设计等行业，培育一批企业做大做强。实施文化产业“百园”工程，推动一批老旧厂房转型利用，提升园区品质和贡献度。大力吸引和支持国际知名展览、大型演出剧目举办。加快文化与科技、金融、商务等产业融合联动发展。

深化国家公共文化服务体系示范区建设。按照市级创建指标要求，完善公共文化设施网络，发挥区文化馆辐射带动作用，建成一批示范性文化设施，扶持一批品牌文艺团队，培育一批特色精品活动，提升文化惠民品质。加强大运河文化带历史文化保护、传承和利用，启动永通桥修缮工程。实施国际文化传播工程，打造亮点品牌，讲好中国故事、传播朝阳声音。大力培育和践行社会主义核心价值观，推进思想道德建设，倡导文明新风尚。

（四）突出提升国际化水平，加快完善功能、优化服务，促进开放发展

立足区域资源优势，以CBD地区为重点，制定实施三年行动计划，全力打造北京对外开放新高地。

全面优化开放空间格局。对标伦敦、纽约等城市，以更加开放的视野，加快提高CBD的国际竞争力。编制CBD区域整体提升规划，加强街区公共空间功能、景观和风貌设计，优化交通组织，推进双语标识规范建设，补充餐饮、便利店、咖啡馆、城市书屋等服务设施，促进职住平衡。做好核心区项目集中竣工和入市，推动低效楼宇腾笼换鸟，将CBD打造成为全国营商环境最好的地区。用好奥林匹克公园新增产业空间，整体提升金融服务、商务服务、文化休闲功能。推进中关村朝阳园东区改造提升、北区规划建设，加快功能性项目引入，提高国际创新资源聚集能力。加强与亚投行等国际组织的对接，推动更高质量的“引进来”和更高层次的“走出去”。

全面增强国际交往服务能力。全力做好重大活动服务保障，高标准推进景观布置、环境整治、城市运行管理、安全稳定等各项工作。主动服务好第四使馆区、国家会议中心二期、冬奥会场馆等项目建设。以麦子店等街道为试点，高水平建设国际化社区。加快望京国际人才社区建设，实现国际人才公寓开工，推动国际医院、国际学校规划建设，在出入境、金融、教育、医疗、交通等方面，营造更加便利的工作和生活环境。

（五）突出大尺度绿化，坚持高标准建设、精细化管理，促进生态宜居

落实“大尺度绿化看朝阳”的要求，推动市容环境洁化、序化、靓化，建设“天蓝、水清、土净、地绿”的大美朝阳。

大幅增加绿色空间。持续推进百万亩造林，提高绿色空间连续性和公园绿地品质，新增改造绿化面积700公顷。高标准建成温榆河公园一期起步区，加快朝南万亩森林公园、黑庄户农业公园规划建设，新增改造25个大中小微型公园。完成15条重点道路绿化提升。充分利用零散地块、道路两旁等空间建设一批小微绿地，提高公园绿地500米服务半径覆盖率。促进路网、水网、绿网交织融合，提升生态系统的稳定性、有机性和多样性。

坚决打好蓝天保卫战。实施三年行动计划，细化落实目标任务，确保空气质量稳中向好。持续抓好重点领域减排，巩固“两散”治理成果，加强重型柴油车监管，推动扬尘管理全覆盖，一微克一微克地抠，一天一天去争取。健全联动机制，推动监管全覆盖、无遗漏，全力做好空气重污染天气应对。

加强河湖水系综合治理。建成河长制信息化管理平台，层层落实考核细则。完成77条小微水体治理，实现全域消除黑臭水体。开展河道水系循环调度工程，实现主要河道水系连通。推动三级河道、雨洪蓄滞区综合治理。开展海绵城市试点。加快实施坝河景观廊道工程，全面建成亮马河国际风情水岸。

全面改善农村地区环境面貌。有序推进“一绿”城市化建设，完成拆迁腾退130万平方米、绿化179公顷，加快东风等5个乡安置房建设。完成崔各庄黑桥村、黑庄户定东村等5个村拆迁腾退。加强集体“三资”监管，完成农村集体资产清产核资、常营乡级产权制度改革，基本完成全区村级产权制度改革任务。系统开展农村人居环境整治行动，高水平建设美丽乡村，实施34个人口倒挂村综合整治。

提升城市精治共治法治水平。坚持对标一流，以法律、制度、规范和标准管理城市。打造“城市大脑”，探索新型智慧城市建设。深化“街乡吹哨、部门报到”改革，加快建设区级综合指挥中心，构建部门协同、全域覆盖的综合管理体系。全面推进国家卫生区创建，确保获得推荐资格，迎接国家验收。完成背街小巷整治提升三年行动任务。启动交通建设“三个一百”计划，建成化工路、速滑馆南路等20条主次支路，推进望京西交通枢纽等重点工程实施。开展CBD、望京、青年路等区域交通综合整治，提高智能交通管理水平。加强交通信号灯、路灯维护和长效管理，解决好“两灯”问题。重构环卫作业体系，推行“一把扫帚扫到底”模式，提升基本环境卫生水平。完成全部旱厕改造任务。建成农村地区18座垃圾中转站，实现垃圾分类全覆盖。

全力维护区域安全稳定。健全安全隐患闭环体系、预防控制体系和信用体系，保持严管高压态势，全力保障公共安全、生产安全、消防安全、食品药品等领域安全，全力保障水电气热等城市生命线运行安全，坚决防止重特大事故发生。总结提升“社会矛盾化解年”经验，依法及时解决群众合理诉求。巩固深化立体化、信息化社会治安防控体系，推进扫黑除恶专项斗争向纵深开展。完善升级区应急指挥平台，健全各类突发事件的信息报送、防范和处置程序，全面提升应急管理能力。

（六）突出补齐民生短板，提升公共服务和社会治理水平，促进共享发展

始终坚持以人民为中心，强化统筹兼顾，兜底线、强基础、提品质，全力为群众办实事、办好事，提高民生保障和服务水平。

着力做好就业和社会保障工作。把稳就业放在更加突出位置，加大对高校毕业生、城乡就业困难人员等重点群体的帮扶力度。健全企业欠薪预防处置机制，有效遏制拖欠农民工工资问题。深入推进全民参保计划，实现应保尽保。推进医养联合体建设，开展医疗“四进”服务，实现街乡养老照料中心全覆盖、高龄老人“一键呼”服务全覆盖、独居老人家庭火灾报警器全覆盖。建设困难群众救助服务指导中心，实现街乡困难群众救助所全覆盖。加强残疾预防和残疾人康复服务。开工建设各类政策性住房约8000套。实现棚户区改造5030户。为老旧小区加装电梯650部。

着力提高教育卫生服务质量。把立德树人作为根本任务，深化教育综合改革，加快由教育大区向教育强区转变。着力满足入学需求，新建、改扩建9所幼儿园、5所中小学，新增学位1.3万个。推动学前教育更加普惠多元，将普惠性学位占比提升至72%。推动义务教育优质均衡发展，构建板块式布局、集团化办学、学区制管理格局，新增2所高校合作办学学校，中小学优质教育资源覆盖面达到98%。加快推进北京中学建设。持续推进“双名工程”，引进名优校长、特级教师、博士等人才100名左右。全力打造健康朝阳。优化医疗资源布局，力争垂杨柳医院改扩建项目、妇儿医院北院区投入使用，朝阳医院常营院区、安贞东方医院、北京中医医院垡头院区开工建设。推进紧密型和专科医联体建设。制定全民健身评价体系，推进体育设施进公园、冰雪运动进校园，打造有影响力的体育活动品牌。

着力深化社会治理创新。深化党政群共商共治，提升基层治理能力。推进社区服务站改革，提高服务效能。推进“朝阳众享生活圈”建设，“一刻钟社区服务圈”覆盖率达到100%。以甘露园、南湖西里为突破口，整治环境脏乱住宅小区，建设清洁美丽家园。建成42个全要素小区、249个全景楼院。大力培育社会组织，创新社会力量参与方式，丰富服务资源和载体。全面完成村、社区“两委”换届选举工作。

（七）突出党建引领作用，加强政府自身建设，促进效能提升

将旗帜鲜明讲政治体现到政府工作的全过程、各方面，提高政治站位，加快转变职能，切实展现新风貌、新气象、新作为。

坚定正确政治方向。坚决维护习近平总书记党中央的核心、全党的核心地位，坚决维护党中央权威和集中统一领导。全面落实党中央、市委市政府和区委决策部署，不打折扣、不搞变通。发挥督促检查“利器”和绩效考评导向作用，强化群众评议和第三方评估，确保各项任务全面落实。

全面推进依法行政。坚决执行区人大及其常委会的决议和决定，认真听取区政协、民主党派和人民团体意见，认真办理人大代表建议和政协提案。发挥法律顾问作用，广泛听取各方意见，促进科学民主决策。编制朝阳信用政府、法治政府白皮书。加大政府信息公开和政务公开力度。严格规范公正文明执法。落实普法责任制，推进公共法律服务体系建设。

持之以恒改进作风。严格执行中央八项规定及其实施细则精神，坚决防止“四风”反弹回潮。推动更多的资金、政策、人员向基层倾斜，为基层解决实际问题。深化廉政风险防控，严防严查重点领域腐败问题，加大对权力运行的规范和制约。大兴调查研究之风，察实情、解难题、办实事。

不断增强工作本领。稳妥实施机构改革。加强分级分类培训，进一步增强公务员的群众观点、法治思维、国际视野、创新意识和专业能力，建设高素质、专业化干部队伍。政府工作人员要与群众面对面、心贴心，多谋民生之利、多解民生之忧，努力使群众有更多、更直接、更实在的获得感、幸福感、安全感。

各位代表，使命重在担当，实干铸就辉煌。让我们更加紧密团结在以习近平同志为核心的党中央周围，在市委市政府和区委的坚强领导下，紧紧依靠全区人民，不忘初心、牢记使命，砥砺奋进、争创一流，努力把朝阳区打造成高质量发展的标杆，以优异成绩迎接中华人民共和国成立70周年！

大事记

1月

3日　区城市基层党建工作座谈会召开。会议下发《朝阳区贯彻落实城市基层党建工作会议精神实施方案》和《朝阳区贯彻落实城市基层党建工作会议精神重点任务分解表》。

5日　区第十六届人大常委会第九次会议举行。会议决定：接受张玉鲲辞去北京市朝阳区人民检察院检察长、检察委员会委员、检察员职务的请求。任命张朝霞为北京市朝阳区人民检察院副检察长、代理检察长、检察委员会委员、检察员。

8日至10日　召开中国人民政治协商会议北京市朝阳区第十三届委员会第二次会议。

9日至12日　召开朝阳区第十六届人民代表大会第四次会议。

16日　隶属于朝阳区文化馆的北京9当代舞团带着舞蹈作品《共·生》在耶路撒冷大剧院首演，正式开启为期8天的北京9当代舞团2018“欢乐春节”以色列巡演之旅。

18日　北京市劳动广场在奥林匹克森林公园南园国际区落成，万余名北京市劳动模范的姓名全部被刻在“劳模墙”上。

19日　区政府与中国建筑股份有限公司签署战略合作协议。

20日至3月20日　全区开展为期60天的安全生产“春晖”专项行动。

22日　召开2018年朝阳区安全稳定工作会。会议传达中央政法工作会议精神，总结2017年全区安全稳定工作，部署2018年任务和全国、北京市“两会”安保工作。

31日　中共北京市朝阳区纪委十二届三次全会暨全区党风廉政建设工作会议举行。总结2017年全区纪检监察工作，部署2018年工作任务。

是月　朝阳区社会工作者联合会成立。

是月　朝阳区获“2017中国年度文化影响力城市”称号。

是月　全国首家数字化村级档案馆在高碑店乡高井村建成。

是月　首家外商独资演出经纪企业落户朝阳区。

是月　北京师范大学三帆中学朝阳学校三年级学生范馨予及队友在2017—2018年度全国花样滑冰少年系列赛中获得队列滑项目全国冠军。

2月

6日　召开区2018年老干部工作会，贯彻落实全国老干部局长会议精神，总结2017年全区老干部工作，部署全年重点任务。

7日　召开区2018年军政领导迎新春座谈会，军地领导共商朝阳双拥共建大计。

24日　朝阳区籍体操小将杜思雨获得体操世界杯墨尔本站女子高低杠项目冠军。

24日　北京市第八十中学学生李叶琛、李冠辰的“斜翼飞机舵面控制问题的改进设计与实践”成果获得第五届全国青少年电子信息创新大赛总决赛唯一特等奖。

27日　区召开“深入推进‘疏解整治促提升’稳增长　促进朝阳区生态文明与城乡环境建设”工作会。

△　区政协召开党派联席会议。区委副书记、区长王灏到会通报区情并结合区政府2018年重点工作提出议政调研方向。

是月　朝阳区33家单位获40项市科学技术奖。

3月

12日　国务院安委会办公室第8督导组就做好全国“两会”期间安全生产工作对朝阳区进行督导检查。

△　区委第三轮巡察工作启动。

14日　河南省南阳市淅川县代表团一行到朝阳区，就机关党建工作进行座谈，交流工作经验。

22日　朝阳区实验小学雄安校区“朝实雄安书苑”揭牌成立。

28日　新加坡企业界代表团访问朝阳区。

29日　2018年朝阳区社会建设和农村城市化工作会暨“街乡吹哨、部门报到”工作部署会召开。

31日　来自中直机关、中央国家机关各部委、单位和北京市的151名部级领导干部，在位于十八里店乡的丹枫公园参加义务植树活动。

是月　张晓艳、殷金凤获第六届首都道德模范荣誉称号。

4月

4日　王灏任中共北京市朝阳区委书记。

10日　北京市规划和国土资源管理委员会朝阳分局挂牌成立。

10日至11日　召开区2018年宣传思想和精神文明建设工作培训会，部署2018年朝阳区宣传思想文化工作任务。

12日　区急救朝阳志愿者服务队成立。

14日　朝阳区“全民健身助力冬奥”群众体育系列活动启动。

16日　芬兰罗瓦涅米市议会议长海基·奥托率代表团访问朝阳区。

18日　最高人民法院党组书记、院长周强到区法院调研指导工作。

20日　中关村朝阳园成立博士后科研工作站。

22日　朝阳区图书馆小庄馆重装开放。

23日　24小时不打烊三联韬奋书店三里屯店开业。

25日　召开全区卫生计生事业发展大会暨创建国家卫生区推进会。

27 日，朝阳区召开 2018 年庆祝“五一”劳动节暨先进集体和个人座谈会，表彰获 2018 年度全国和首都劳动奖状、奖章、工人先锋号的先进集体和个人。年内，全区有 1 人获全国五一劳动奖章，1 个班组获全国工人先锋号；10 个集体获首都劳动奖状，40 人获首都劳动奖章，17 个班组获北京市工人先锋号。

是月　市首个集居家养老与社区助残服务于一体的“温馨助残养老驿站”在亚运村街道正式挂牌运营。

是月　区 5 家单位获评全国学雷锋志愿服务先进典型。

是月　朝阳图书馆率先在全市实现网络预借功能。

5月

5 日　由教育部基础教育司主办，中央电化教育馆、北京市教委、朝阳区人民政府承办的第三届全国基础教育信息化应用展示交流活动在朝阳区举办。

11 日至 21 日　“2018 北京书市”在朝阳公园举行。

12 日　区在朝阳公园举办防灾减灾日主题宣传活动，同时朝阳区领导干部应急管理培训中心揭牌。

△　泛海国际南社区获得“全国综合减灾示范社区”称号。

△　朝阳区 2018 年高校征兵工作全面启动。

15 日至 16 日　朝阳区党政代表团赴河北省张家口市阳原县、康保县，就扶贫协作工作进行沟通对接和考察。

18 日　第 42 个“国际博物馆日”，朝阳区近 40 家博物馆当天免费开放。

29 日　司法部部长傅政华到区调研律师党建工作。

△　召开朝阳区 2018 年防汛工作会。

是月　中国华侨公益基金会“朝阳区侨联公益基金”成立，成为中国华侨公益基金会旗下首个区级专项基金。

是月　朝阳区中医药医养结合联合体成立。

是月　朝阳区的傅腾龙、罗素兰、双彦等 3 人被文化和旅游部确定为第五批国家级非物质文化遗产代表性项目代表性传承人。

是月　“朝阳党群之家”手机软件（App）正式上线，329 家基层党群活动阵地随时可查询。

是月　区档案局馆藏档案实现数字化。

6月

1 日　朝阳区人民政府与湖南省湘潭市人民政府、湖南省教育厅、湖南省卫生计生委分别签订友好合作协议、教育合作框架协议，以及卫生与健康合作框架协议。

4 日　朝阳区应急志愿服务响应中心成立。

6 日　国务院副总理孙春兰视察南磨房社区卫生服务中心。

7 日　市委决定：文献任中共北京市朝阳区委员会委员、常委、副书记，市委同意提名文献为北京市朝阳区人民政府区长人选。

△　区档案局举行第十届“档案馆日”活动，市爱国主义教育基地红色旅游景区同时挂牌。

11 日　区第十六届人大常委会第十二次会议举行。会议决定：接受王灏辞去北京市朝阳区人民政府区长职务的请求，并报北京市朝阳区第十六届人民代表大会备案。决定文献为朝阳区人民政府代区长。

12 日　召开区委常委(扩大)会。区四套班子领导出席会议。区委书记王灏主持会议，区委副书记、代区长文献传达市委书记蔡奇在城市精细化管理调研座谈会上的讲话精神。

13 日　区政协和区委统战部联合召开议政会，围绕“坚持文化引领发展，建言产业融合提升”进行协商议政。

19 日　朝阳区融媒体中心挂牌。

21 日至 22 日　朝阳区党政代表团赴内蒙古自治区乌兰察布市卓资县，就扶贫协作工作沟通对接。

25 日　北京市公安局朝阳分局成立 60 周年纪念大会召开。

26 日　古巴外交部亚洲司司长白诗德率代表团到朝阳区人大常委会进行访问交流。

29 日　区直机关工委举行“共产党员献爱心”捐款活动，648 名党员干部捐款 10.4 万元。

是月　《高碑店村志》入选“中国名村志文化工程”，是北京市第一部且唯一一部入选该工程第一批“中国名村志丛书”的村志。

7月

3 日　朝阳区工会第十四次代表大会举行。

4 日　在朝阳区第十四届工会委员会第一次全体会议上，张永新当选朝阳区总工会主席。

△　区人大常委会组织市人大朝阳团代表进行集中视察活动，围绕全市中心工作，视察朝阳区“疏解整治促提升”工作落实情况。

5 日　国家税务总局北京市朝阳区税务局挂牌成立，标志着原北京市朝阳区国家税务局、北京市朝阳区地方税务局完成合并。

11 日　全国政协副主席、全国工商联主席、中国民间商会会长高云龙率领全国工商联第一联系调研组赴朝阳区调研。调研组先后察看朝阳区中小企业市场发展商会、区工商联机关和叶青大厦楼宇商会党员活动中心，并与企业家代表进行座谈交流。

△　区体育局召开北京市第十五届运动会朝阳区代表团誓师大会。区有 1182 名运动员参加市运会 27 个大项比赛。

13 日　北京市朝阳区设计服务业知识产权纠纷人民调解委员会成立。

24 日　市人大常委会主任李伟到朝阳区检查防汛工作。

26 日　区委理论学习中心组到中国国家博物馆，参观由中宣部等多部门共同主办的“复兴之路·新时代部分”大型主题展览和“真理的力量——纪念马克思诞辰 200 周年主题展览”。

△　北京奥林匹克公园迎来第 5 亿位游客。

27 日　湖南省湘潭市市长谈文胜、副市长傅军率湘潭市政府代表团到区考察。

是月　区获 20 项北京市基础教育教学成果奖。

是月　国内首家社交营销云计算平台——新媒体营销云平台落户位于朝阳区的国家文化产业创新实验区。

是月　区第四次全国经济普查工作全面启动。

是月　区律师行业党委揭牌。

8月

1日　区委十二届七次全体（扩大）会议召开。全会坚持以习近平新时代中国特色社会主义思想为指导，深入贯彻党的十九大精神和习近平总书记对北京重要讲话精神，传达学习市委十二届五次全会精神，全面总结上半年全区工作，深入分析当前面临的发展形势，研究部署下半年重点任务。

2日　区科协第七次代表大会召开。大会听取并审议区科协第六届委员会工作报告；选举产生区科协第七届委员会。

8日　区出现年内入汛以来最大降雨量，全区平均降水量87.8毫米。

9日　区女子篮球队首次夺得市运会冠军。

△　北京奥林匹克公园管委会发布北京奥林匹克公园“十八景”，正式命名包括鸟巢圆梦、奥运之光、水蕴方圆等在内的18个景观。

17日　区青联六届一次全会召开。来自朝阳区各族各界、各行各业的近300名青年代表汇聚一堂，共议朝阳青联发展大计。会议通过五届青联工作报告，选举产生六届青联领导集体。

△　广州市越秀区委书记王焕清率党政代表团一行到朝阳区，就“疏解整治促提升”专项行动、文化创意产业发展等方面进行考察。

18日　2018全国老旧厂房保护利用与城市文化发展论坛在朝阳规划艺术馆举办，活动以“工业记忆·文化传承·城市更新”为主题，来自北京、上海、天津、重庆、浙江、江苏、湖北、湖南、江西、四川、辽宁、吉林、山东、河北、陕西、甘肃、云南等17个省市的39个城市（城区），近100家老旧厂房改造转型的知名文创园区参加。

△　全国首个老旧厂房协同发展联盟在朝阳区成立。

19日　北京市第十五届运动会结束。朝阳区代表团以209枚金牌、153枚银牌和148枚铜牌居市运会金牌榜首位，以6669分位居市运会团体总分排行榜第一名。

△　区卫计委在朝阳公园举行以“尊医重卫，共享健康”为主题的首届“中国医师节”宣传活动。

23日　区召开党建工作协调委员会第一次会议，进一步贯彻落实中央、市委关于加强区域化党建工作的指示精神，努力构建“共建、共治、共享、共赢”的区域化党建新格局。

△　召开2018年党政群共商共治区级民主协商会，经过评议，最终确定5个实事项目。

28日　北京市首个文化金融服务中心在国家文化产业创新实验区正式投入使用。

是月　世界三大国际信用评级机构落户朝阳区。

是月　国内首家建筑全品类设计平台落户朝阳区。

是月　北京首家农村社区儿童中心落户高碑店地区半壁店村社区。

9月

5日　王灏、文献、陈宏志、陈涛等区四套班子领导赴石景山区及新首钢地区，学习考察石景山区和首钢集团在发展文化创意产业方面的好做法、好经验，进一步加强朝阳和石景山两区交流合作。

△　市人大常委会主任李伟到三里屯一中百子园校区，看望慰问一线教师。

6日　市委书记蔡奇就推进留白增绿工作到朝阳区调研。

8日　2018未来科学大奖新闻发布会暨未来人才高峰对话在朝阳区举行。

12日　“砥砺奋进六十载　再创朝阳新辉煌——朝阳区建区60周年发展成就展”在朝阳规划艺术馆开幕，全面展示改革开放40年来朝阳区的时代风貌，总结朝阳区建区60年特别是党的十八大以来取得的发展成就。

13日　“2018北京CBD国际论坛”在朝阳规划艺术馆举办。

14日　“2018北京CBD国际金融论坛”在朝阳举办。

15日　常营体育公园开园，占地面积13.6万平方米。

17日　瑞典皇家工程院副院长白瑞楠一行到朝阳区就固废治理技术、科技商务合作等方面进行访问交流。

20日　由朝阳区委主办，区纪委区监委、区委宣传部承办的“重整行装再出发——朝阳区‘纪律教育在身边’”宣教展在潘家园街道创享空间开幕。

25日　区组织工作会议召开。会议传达全市组织工作会议精神，公布《朝阳区关于建设新时代高素质专业化干部队伍的实施意见》，并就干部及人才相关工作进行部署。

△　以“推动公共文化服务体系建设、提升市民文化获得感”为主题的市政协文化讲堂活动在朝阳区文化馆举办。市政协主席吉林，副主席牛青山，秘书长严力强参加活动。

26日　殷金凤工作室正式挂牌，这是全市首个以社区工作者命名的工作室。

29日　市人大常委会主任李伟到区，看望慰问一线干部职工，检查节日市场供应和安全生产等工作。

30日　全国第五个烈士纪念日，朝阳区在日坛公园马骏烈士墓前举行以“缅怀先烈、不忘初心”为主题的公祭仪式。

是月　区社会组织联合会综合党委成立。

是月　区举办首届慈善“大集”。

10月

17日　区政协、区委统战部围绕“创新社会治理　增进民生福祉”议题召开议政会，为服务朝阳区改革发展、社会治理和民生改善献计出力。

△　河北省保定市唐县第一期领导干部培训班在区委党校开班，朝阳区以帮助贫困地区开展干部培训的方式，助力精准扶贫。

△　区中护航创客知识产权保护服务工作站成立。

18日　区委副书记、代区长文献带领朝阳党政代表团赴河北省保定市唐县开展实地考察，聚焦精准聚力脱贫坚决打赢脱贫攻坚战。

21日　第十届“大爱无国界”国际义卖活动在朝阳区举行。国务委员兼外交部部长王毅和夫人钱韦，外交部党委书记张业遂，副部长乐玉成、王超，部长助理张军、张汉晖和150余位驻华使馆、国际组织驻华机构代表及夫人出席开幕式，朝阳区领导王灏、文献、马继业参加活动。

22 日　日本东京都大田区议会代表团一行到区访问，区领导与代表团进行座谈，双方就未来合作进行交流。

23 日至 25 日　2018 中国数字创意与技术博览会在朝阳规划艺术馆举办。

25 日　第十三届中国北京国际文化创意产业博览会开幕。朝阳区主展区设在中国国际展览中心 4 号馆，以“北京朝阳——国家文化产业创新实验区”为主题，以“文化 +”产业融合、全新互动体验为特色，全面展示朝阳文化产业特色和亮点。

26 日　区召开市委第三巡视组巡视朝阳区工作动员会。市委第三巡视组组长王智慧，市委巡视工作领导小组成员、市委巡视办主任张才雄讲话，王灏主持会议并作动员讲话。

30 日　市委副书记、市长陈吉宁到孙河乡调研城市功能拓展区产业转型升级情况。

△　区政协成立 60 周年座谈会举行，新老委员、民主党派、工商联、无党派人士同政协老领导一道，共话朝阳政协发展历程，展望政协事业光明前景。

△　区召开优化营商环境在行动大会，现场颁发企业“服务包”，发布《北京商务中心区楼宇品质分级评价标准》。

31 日　上海市委组织部副部长、老干部局局长杨佳瑛率领上海市委老干部局一行到朝阳区，对区老干部工作进行考察交流。

是月　区成立首个商圈党建工作联盟。

是月　位于朝阳北路与黄杉木店路交叉口西北角的朝阳儿童主题公园正式开放。

是月　全市首家冬奥志愿助残服务基地在亚运村成立。

11月

3 日　萨尔瓦多共和国总统萨尔瓦多·桑切斯·塞伦及有关政府官员一行 20 人到麦子店街道社区服务中心，参观社区服务、基础设施配置等情况。

5 日　区委书记王灏带队赴密云区就结对协作、生态涵养区绿色发展工作开展调研座谈。

7 日　由区委副书记、代区长文献带队的首届中国国际进口博览会朝阳交易分团先后走访上海证券交易所和上海银行，重点围绕双方如何开展合作、对接企业服务和搭建平台等内容进行深入交谈。

10 日　市委书记蔡奇到团结湖街道调研“社区之家”服务开展情况并召开座谈会。

14 日　区委召开首次街乡党（工）委书记月度工作点评会。高碑店、东坝、太阳宫三个乡的党委书记，围绕全年工作开展情况及下一步工作思路进行汇报，并接受区委书记王灏的现场点评。

15 日　区启动村和社区“两委”换届工作。此次换届，涉及全区 144 个行政村、464 个社区和 4500 余名“两委”干部。

17 日　区首支党员民防志愿者服务队在甘露园南里二社区成立。

18 日　2018 年未来科学大奖颁奖典礼在朝阳区举行，7 位科学家获未来科学大奖。

20 日　区通过市水务局节水型区创建验收。

30 日　区首个集体土地租赁房项目开工。

是月　区开展辖区第三次全国国土调查。

是月　区开展退役军人信息采集工作。

是月　大望京中央公园开园。

是月　区毒品预防教育培训基地成立。

是月　区累计建成 181 个交通安全示范社区（村）。

是月　“书香朝阳”公共阅读发展智库成立。

12月

1 日　市委书记蔡奇到区调研北京商务中心区建设发展情况。

△　北京市首家经营药品、医疗器械的便利店正式落户朝阳区。

4 日　朝阳公共法律服务中心正式启用。

12 日　区委第十二届八次全会召开。会议审议通过《北京市朝阳区机构改革方案（送审稿）》，同意按程序上报市委。

21 日　国家文化产业创新实验区版权服务中心正式成立。

△　全市首个区级“互联网 + 全民义务植树”尽责基地在望和公园落成。

△　由中国文化产业协会、国家文化产业创新实验区管委会主办的“京津冀文化产业合作研讨会暨文旅精品项目推介会”在朝阳区举行。

28 日　区融媒体中心文化分中心挂牌。

29 日　区委理论学习中心组到中国国家博物馆参观“伟大的变革——庆祝改革开放 40 周年大型展览”。王灏、文献、陈宏志、陈涛等区四套班子领导参加。

31 日　区 2018 年“零点决算”会显示，2018 年，区财政一般公共预算收入完成 533.68 亿元，比上年增加 25.51 亿元，增长 5%，收入总量居北京市十六区首位。

是月　区首家园艺驿站成立。

区情概览

基本地情

朝阳区是北京市城六区之一，因位于朝阳门外而得名。地处北京市中南部，位于北纬 39° 49' 至 40° 5'，东经 116° 21' 至 116° 38'。北接顺义区、昌平区，东与通州区接壤，南连丰台区、大兴区，西同海淀区、东城区、西城区毗邻。面积470.8平方千米。辖域地貌平坦，地势从西北向东南缓缓倾斜，平均海拔 34 米，最高处海拔 46 米，最低处海拔 20 米。轮廓南北长，最长约 28 千米；东西窄，最宽约 17 千米。元代开凿通惠河流经辖区内，在元、明、清三朝曾是漕运的重要河道。境内有温榆河、清河、坝河、亮马河、萧太后河、凉水河、北小河等河流。根据《北京城市总体规划（2016 年—2035 年）》，朝阳区属于北京中心城区，功能定位是：东部、北部地区强化国际交往功能，建设成为国际一流的商务中心区、国际科技文化体育交流区、各类国际化社区的承载地；南部地区将传统工业区改造为文化创意与科技创新融合发展区。

建置沿革与区划设置　朝阳区境夏、商、周时属冀州地、幽州地。元、明、清时，分属大都路（中都路改）大兴府大兴县、宛平县和通州潞县、漷阴县等。1912—1928 年，北洋政府统治时，分属京北和京北所属之大兴县、通县等。1949 年 2 月，北平市政府临时划定全市为 32 个区，辖域分属第十三区、第十四区、第十五区、第十九区、第二十区和河北省顺义县、通县。1950 年 8 月，北京近郊 7 个区顺序改为第十区至第十六区后，辖域分属第十区、第十一区、第十四区和河北省顺义县、通县。1952 年 9 月，撤销北郊第十四区，第十区更名东郊区，第十一区更名南苑区，辖域分属北京市东郊区、南苑区和河北省顺义县、通县。1955 年 8 月，朝阳门关厢、东便门关厢、广渠门关厢区划调整，辖域分属北京市东郊区、东单区、东四区、南苑区和河北省顺义县、通县。1958 年 5 月，东郊区更名朝阳区。1959 年，辖域全部隶属朝阳区。1959 年，顺义区境的首都机场地区划入朝阳区管辖。1987 年，市政府将安贞里街道、安华里街道辖域内 0.6 平方千米及裕民路以南的裕中东里、裕中西里以及西黄寺西地区划归西城区管辖。1988 年 4 月，将农场局家委会等 6 个居（家）委会移交西城区德外办事处。其后辖域无变化。2018 年，朝阳区辖 24 个街道、19 个地区，设 466 个社区、144 个村。

历史文化　朝阳区历史文化资源丰富。有东岳庙，日坛，清净化城塔院，元大都城墙遗址（朝阳段），大运河（通惠河朝阳段）永通桥、平津闸，四九一电台旧址 6 个国家级重点文物保护单位；有十方诸佛宝塔、北顶娘娘庙、顺承郡王府 3 个市级文物保护单位。有“聚元号”弓箭制作技艺、小红门地秧歌、北京东岳庙庙会、罗氏正骨法、北京灯彩、傅氏幻术、北京兔儿爷、古琴艺术（九嶷派古琴艺术）、高跷秧歌、相声、老北京跤艺、“张三”功夫、八极拳、杨式太极拳、古彩戏法、北京宫廷补绣、京绣、内画鼻烟壶、北京点翠、京作硬木家具制作技艺、北刘动物标本制作技艺、孔伯华中医世家医术、同春堂皮肤病诊疗方法、蝴蝶手指穴疗法、东岳庙行业祖师信仰习俗、幡鼓齐动十三档、奶子房庙会等 27 项市级以上非物质文化遗产。有文字记载的历代名人墓、清代王爷坟、清代公主坟有 100 余座。

中华人民共和国成立后，特别是中共十一届三中全会以来，朝阳区日益成为资源丰厚的文化强区。驻区单位有：中国文联、中国作协、现代文学馆等国家级文化权威机构，中央美术学院、中国音乐学院、中国传媒大学等 20 余家文化艺术类院校；中国交响乐团、东方歌舞团、北京交响乐团、北京歌剧舞剧院等 40 余家专业文艺团体；人民日报社、中国日报社、农民日报社、中央电视台、北京电视台等 20 余家主流媒体；中国农业展览馆、中国电影博物馆等观展型公共建筑。北京奥运会的成功举办为朝阳区留下宝贵财富，直接提升了文化发展的吸引力和影响力，奥运文化成为朝阳区重要的、持久的软实力资源。并开展国际商务节、国际风情节、国际旅游节等大型时尚文化品牌活动，培育 798 艺术区、新三里屯、朝阳公园等特色文化园区。

人口　2018 年，境内常住人口 360.5 万人，比上年下降 3.6%。其中，常住外来人口 157.9 万人，比上年下降 6.5%，占常住人口的 43.8%。从性别构成看，男性人口 182.0 万人，占常住人口的 50.5%；女性人口 178.5 万人，占常住人口的 49.5%。从年龄构成看，0~14 岁人口 33.7 万人，占常住人口的 9.3%；15~64 岁人口 284.0 万人，占常住人口的 78.8%；65 岁及以上人口 42.8 万人，占常住人口的 11.9%。常住人口中：全年出生人数 33871 人，出生率 9.22‰；死亡人数 20212 人，死亡率 5.50‰；自然增长率为 3.72‰。户籍人口 211.7 万人，比上年增长 0.9%。

区情特色　朝阳区是北京市对外交往的重要窗口。聚集了近 100% 的外国驻华使馆、全市 90% 的国际传媒机构、80% 的国际组织和国际商会、70% 以上的国际投资性公司和地区总部、65% 以上的外资金融机构、50% 的外籍人口。辖区还拥有长城饭店、昆仑饭店、京广中心、中国大饭店等几十家涉外饭店，以及国际会议中心、国际贸易中心、国际展览中心、中日友好交流中心、燕莎购物中心、友谊商店等涉外机构（场所），是首都重要的外事活动区。朝阳区外籍人士集中，望京、麦子店、亚运村、三里屯、建外等街道均拥有国际化社区。

朝阳区是北京市的经济强区，具备以金融业、租赁业和商务服务业占主导，高新技术产业支撑、文化创意产业集群发展的多元化产业格局。CBD、奥运、中关村朝阳园三大功能区聚集在朝阳。汇聚中央电视台、中国国际贸易中心等一批标志性建筑，以及北京财富中心、北京电视中心、银泰中心等商务楼宇，成为北京地标性建筑展示区。拥有国贸、华贸、环球三大金融中心，秀水服装市场、雅宝路服装市场、三里屯酒吧街、潘家园旧货市场等一批特色街市，以及世贸天阶、三里屯太古里、蓝色港湾、赛特奥莱等一批时尚消费聚集区。

朝阳区是北京市的国际科技文化体育交流区。中关村朝阳园作为国家级高新技术园区，大力发展移动通信和信息服务、新能源、先进装备、生物医药等高端产业，是国际研发创新聚集地、战略性新兴产业增长极。工人体育场、奥林匹克体育中心、首都图书馆等一大批国家级体育文化设施，使朝阳区拥有丰厚的文化和体育资源。中央美术学院、中国音乐学院等20余家文化艺术类高等院校，中国交响乐团、北京交响乐团等40余家专业文艺团体，《人民日报》《中国日报》和中央电视台、北京电视台等20余家主流媒体繁荣地方文化。中国国际展览中心、中国国际贸易中心、全国农业展览馆等场馆每年举办的各种展览，使朝阳区成为全国会展文化的焦点。

经济建设

2018年，初步核算，实现地区生产总值6093.5亿元，不变价比上年增长6.5%。其中，第一产业增加值2.1亿元，比上年增长70.5%；第二产业增加值404.2亿元，比上年增长3.3%；第三产业增加值5687.2亿元，比上年增长6.7%。三次产业结构为0.03：6.63：93.34。社会消费品零售额2797.6亿元，比上年增长1.4%。全社会固定资产投资比上年下降7.5%。实现进出口总额1928.7亿美元，比上年增长33.3%。全区居民家庭人均可支配收入70746元，比上年增长9.1%；人均消费支出44849元，比上年增长7.9%。完成一般公共预算收入533.7亿元，比上年增长5.0%。

落实北京市“9+N”系列政策，制定实施三年行动计划，提升营商环境。完善总部及服务业、文创实验区等重点产业政策，实施楼宇空间、高精尖人才奖励等专项政策，制定金融业“开放36条”等创新政策，设立企业上市加速器、科技创新创业引导基金，产业促进体系全面优化。建立常态化的政策“服务包”制度。首推政务服务中心错峰延时服务，实现区级政务服务事项100%“一门办理、一窗受理、一网通办”，企业开办、获得电力、办理建筑许可、跨境贸易等方面的环节和时间有效压缩。出台建设人才集聚高地五年行动计划，建成国际人才交流服务中心、文化交流中心，加快形成“类海外”人才发展环境。

消费结构持续优化，服务消费增长8.8%，网上零售额增长11.3%。服务业加快高端优质发展。金融业财政收入增长22.3%。租赁和商务服务业增加值增长7.8%，高于全市5.9个百分点。科技服务业、信息服务业财政收入均增长15%。文化产业营业收入占全市21.2%。“独角兽”企业数量占全市33%。开放型经济水平持续提升。在全市率先发布外商投资发展报告，新设外商投资企业750家、增长18.9%，新增跨国公司地区总部5家、外资金融机构10家，新引进高精尖企业74家，标普等世界三大评级机构实现落户。服务业扩大开放两轮试点135项任务提前完成，累计推出外资审批登记一体化等10项创新政策措施，实现外商独资演出经纪机构等17个新兴业态落地。“放宽服务业准入、助推区域高水平开放”被列入国务院第五次大督查发现的典型经验做法。进出口总额、合同利用外资分别增长32%和108%。专利授权量和技术合同交易额分别增长14%和11%。国家高新技术企业超过3500家，占全市14%。未来科学大奖等系列活动的国际影响力进一步提升。

CBD核心区清华大学光华路校区等6个项目结构封顶，正大集团总部大厦等3个项目启动招商。制定实施CBD楼宇品质分级评价标准，推广企业信用监管平台，获得LEED（绿色建筑评价体系）金级以上认证的楼宇达到15座。奥林匹克公园国家速滑馆、亚投行主体结构封顶，国家会议中心二期、冬奥村等项目开工。中关村朝阳园北区城市设计方案国际征集工作完成，“三国际一未来”等项目完成初步选址。大望京中央公园建成开园。国家文化产业创新实验区建成全市首个文化金融服务中心，发起成立全国首个老旧厂房协同发展联盟，累计转型升级60个特色文创园区。

“疏解整治促提升”专项行动

构建“疏解整治促提升”信息系统和违法建设举报平台，成立全市首支拆违控违督察队。聚焦金盏、管庄等重点区域，实施集中连片疏解，拆除腾退1017万平方米，实现“场清地净”645万平方米。建成高安屯建筑废弃物资源化利用中心、8处就地资源化处理设施，建筑垃圾年处理能力达到千万吨级。全年疏解一般制造业企业36家、商品交易市场39家、区域性物流基地5家，整治“开墙打洞”1832处、无证无照经营5056户、地下空间325处。

以提升廊道地区服务功能为重点，加大环境综合整治力度。完成7条重要道路沿线324个问题点位集中整治及广渠路、长安街延长线景观照明建设。完成4399块违规屋顶牌匾标识整治。实现100条道路、92千米架空线入地。完成地铁站口周边环境治理，81个站点、303个站口周边环境达到“五无一加强”（无乱停放车辆、无非法运营、无违法经营、无垃圾渣土、无污渍污迹，加强管理力量）标准。设立2067名街巷长，招募4390名小巷管家，完成336条背街小巷整治，形成十里堡路等多条精品街巷。加快民生设施织补，建设提升便民商业网点159个，“留白增绿”112公顷。

京津冀协同发展

朝阳区与河北省雄安新区、天津市武清区等地区在产业发展、文化创新、公共服务等领域开展交流活动百余次，北京市第八十中学、朝阳实验小学在雄安新区设立分校。做好扶贫协作，建立区、部门、街乡、企业四方联动机制，针对河北省唐县等地区的实际需求，实施全方位支持、多领域协作，全年投入各类资金5.4亿元，带动当地建档立卡贫困人口脱贫增收。

城乡建设与管理

聚焦重型柴油车、扬尘、挥发性有机物实施精准治霾，建成覆盖全部街乡的空气质量监测网络，淘汰高排放老旧柴油货车3500余辆，完成3320万平方米裸露地块苫盖和治理，实现“散乱污”企业动态清零。建立三级河长制，建成高安屯再生水厂二期，完成33条段黑臭水体治理，5处国考、市考断面水质达到考核要求。亮马河国际风情水岸主体河道工程实现开工，萧太后河滨水绿色文化休闲廊道项目全面竣工。启动新一轮百万亩造林，开工建设温榆河公园一期起步区，推进朝南万亩森林公园、黑庄户农业公园规划设计，新增、改造桃蹊公园等25个公园。

试点推进“街乡吹哨、部门报到”改革，建成街乡实体化综合执法平台、“朝阳群众管城市”监督管理平台，安贞路拥堵等500余个难题得到解决。启动国家卫生区创建工作，开展周末环境清洁行动，推进“厕所革命”，整治63个重点村环境，全区3100余处环境脏乱点得到有效治理。更新完善道路建设前期项目储备库，东八间房路、郭家庄路等32条主次支路竣工通车，朝阳公园路等10项疏堵工程完工。多种方式增加停车位1.8万余个。成立区停车管理公司，全区所有备案路侧停车位均实现电子收费。国贸地区交通秩序整顿取得阶段性成效。制定代征道路用地移交管理意见，实现道路排水管线统一专业化管理。规范生活垃圾收集清运设施，创建18个垃圾分类示范片区，餐厨垃圾处理厂改造完成并投入试运行。深化智慧城市建设，规范共享单车、快递物流等行业发展，建成54个绿色智慧平安社区。

启动隐患治理三年行动，消除各类隐患21万余项，安全生产事故起数和死亡人数分别下降24.6%和13%，火灾事故起数下降37.9%。通过食品安全示范区创建验收，食品药品抽检抽验合格率分别达到98.5%和99%。防范和化解金融风险，成立工作专班，开发建设“鹰眼系统”，建立“一企一档”金融风险电子档案，风险平稳可控。建立覆盖全区的应急值守信息化平台，开展风险评估规范化和社区应急管理规范化试点。

社会服务管理和保障

服务困难群体就业，2万余名登记失业人员实现就业，就业困难人员实现就业1.61万人。为应届毕业生打造“才子朝阳”专场招聘活动，促进200名朝阳户籍大学生实现就业。扶持“招聘到社区”“送岗进家门”等“百姓就业超市”特色服务品牌，促进1200余名基层群众稳定就业。

完善三级养老服务体系，新增9个养老照料中心，实现街乡养老驿站全覆盖。推行养老机构、从业人员信用管理和诚信试点，首创社区养老驿站内设护理站模式。推动辖区内有住院床位的医疗机构全部实现直接结算，审核结算29个省、直辖市、自治区和新疆生产建设兵团的异地就医直接结算费用20余亿元。筹备建立困难群众救助指导中心，建立街道（地区）困难群众救助服务所12家，为430户552名困难群众开展精准救助个案帮扶。

开工建设保障性住房4035套、竣工12967套。16个棚户区改造项目4260户完成征收和拆迁。为老旧小区加装电梯195部。打造57个全要素小区、68个全景楼院，完成46个老旧小区物业管理转型升级。新建城乡社区20个，建成43个市级“社区之家”示范点，引入各类便民智能终端1800余处，“一刻钟社区服务圈”覆盖率达到90%。

科技　教育　文化　卫生　体育

年内，全区国内专利授权量22304件，同比增长15%。全区国内有效发明专利拥有量为50429件，占全市的21%。新增5家市级科普基地，包括融创空间、北京市方志馆、帕皮科技学院、中国国家地理（北京）科技文创基地等4家教育基地和中船蓝海星（北京）文化发展有限公司1家研发基地。全区拥有“独角兽”企业23家，总估值327.8亿美元，分别占全市的33%和12%，其中猫眼电影、阿里音乐、惠民网、人人贷、网信理财5家公司估值在20亿美元以上。

应对学龄人口变化，新开办27所幼儿园、7所中小学，新增学位1.7万余个。18所（址）中小学资源整合升级，全区90%以上的中小学生在优质学校就读。加大学前教育监管力度，规范办园行为。完成校外培训机构专项治理。落实北京市教育援助雄安项目，北京市朝阳区实验小学雄安校区、北京市第八十中学雄安校区挂牌成立。3所学校与通州区中小学建立手拉手关系。开展教育对口支援工作，54所学校、单位与6个地区的学校建立结对关系。

打造特色文化空间，社区流动美术馆实现全覆盖，城市书屋建设入选中宣部创新案例。全年开展各类文化活动8661场次，受益人群达2800余万人次。“十三五”期间创建100个基层文化品牌的任务提前完成。传承和保护文化遗产，举办“月圆京城情系中华”中秋系列、“文化和自然遗产日”等主题系列文化活动，全年开展节庆文化活动428场，惠及市民群众285.4万人。做好大运河文化带保护核心工作，编制《朝阳区大运河文化带保护建设规划》，制定大运河沿岸重点文物修缮计划，梳理完成大运河重点河流历史文脉研究，完成萧太后河展览馆主体工程建设、神木廊房及御碑亭主体建设和神木谣御碑迁址等。挖掘通惠河、坝河、温榆河和萧太后河等河流及沿线文化底蕴，创作现代京味话剧《白鹭归来》、歌曲《萧太后河》等文艺精品。

加快优质医疗资源均衡布局，第一中西医结合医院来广营院区、妇儿医院北院区结构封顶，垂杨柳医院改扩建工程进入收尾阶段，新增3个社区卫生服务中心。健全分级诊疗服务体系，新建皮肤科医联体。出台《朝阳区2018—2020年家庭医生签约服务工作方案》，重点人群家庭医生签约率达到94%。

健全全民健身体系，创建3个北京市全民健身示范街道和2个北京市体育特色乡。在20个街乡的疏解腾退场地和公园、绿地等，建成95片北京市全民健身专项活动场地和6家体质监测三级站。举办“全民健身、助力冬奥”系列大型活动，冰雪运动持续升温。朝阳体育代表团在市运会上的金牌数量和团体总分实现双第一。

农村城市化建设

“一绿”试点乡建设进展顺利，6个棚户区改造项目全面启动，第一批“一绿”试点城市化任务基本完成。王四营成为全市首个在减量发展背景下探索“一绿”城市化路径的试点乡。

金盏“马沙雷”（马各庄、沙窝、雷庄）项目拆迁腾退全部完成。实施乡村振兴战略，启动农村人居环境整治三年行动计划，建成5个环境标杆乡，10个美丽乡村建设主体工程完工，市级20个挂账重点村、3个隐患问题突出重点村环境秩序明显改观。完成“大棚房”问题专项排查整治。推动农村集体产业用地区级统筹，引入高精尖产业项目。启动常营乡级产权制度改革，基本完成31个村级改革任务。完成郭家场、咸宁侯村90余万平方米的拆迁腾退任务。

精神文明　民主法治建设

开展“中国好人榜”“北京榜样”“2018朝阳榜样”推荐选树活动。“6·15”朝阳见义勇为群体等3人（团体）入选“中国好人榜”。12人（团体）入选“北京榜样”周榜人物，6人（团体）入选月榜人物。推选产生“2018朝阳榜样”特别奖10名、年度人物10名、提名奖37名。深化“我是朝阳群众”故事会、榜样人物基层巡讲巡演、年度榜样电视访谈活动三大品牌活动。开展榜样人物基层巡讲巡演22场、“我是朝阳群众”故事会12场，举办“群众璀璨耀朝阳”年度榜样访谈、“核心价值观百场讲坛朝阳专场”活动。将文明城区建设目标任务纳入全年工作安排，开展“新时代·看朝阳”体验交流活动，选树三里屯西街等30条首批文明街巷及一批优秀小巷管家、优秀街巷长、优秀共建单位、优秀文明商户及优秀设计团队。建立志愿服务阵地，319个志愿服务站（岗）获评第三批首都学雷锋志愿服务站（岗）。推进文明校园创建活动，34所中小学校被评为“2018年北京市文明校园”。推选区级“美德少年”及“美德少年提名”50名，首都“新时代好少年”3名。

深化党政群共商共治，设立民生家园建设专项资金，办理区、街乡、社区（村）三级实事1400余件。加强社会组织培育管理，政府向社会组织购买服务346项。推进“社会矛盾化解年”工作，创新“精准信访”工作模式，引入第三方参与疑难信访案件化解评估，一批重点案、疑难案得到有效化解，群众上访总量、集体访量均大幅下降。村、社区“两委”换届选举工作全面启动。

执行区人大及其常委会决议和决定，自觉接受人大法律监督、工作监督和政协民主监督，全年办复全国、市、区人大代表建议、政协提案519件。落实法治建设三年行动计划，完成新一届政府法律顾问和行政复议委员会换届，建成区公共法律服务中心。加大政府信息公开和政务公开力度，主动接受群众监督。严管财政资金、国有资产和公共资源，加强专项审计和跟踪审计，严肃查处违反中央八项规定精神的问题、发生在群众身边的不正之风和腐败问题。推进“督考合一”，聚焦市区重要决策、重点任务，建立周督月查制度，确保工作落实。针对群众反映、媒体报道的问题，完善响应和督办机制，推动群众身边事快速有效解决。

中共朝阳区委

北京朝阳年鉴 Beijing Chaoyang Yearbook 2019

综　述

【概况】 2018年，中共朝阳区委以减量精治优环境工作为主线，履行政治责任，保大局、抓落实。加强思想理论武装。把深入学习贯彻习近平新时代中国特色社会主义思想和党的十九大精神作为首要政治任务，提出“四坚”（坚定、坚持、坚强、坚守）精神，明确“四位”（站位要高、定位要准、谋位要实、换位要真）要求和“四个一流”（一流视野、一流标准、一流发展、一流管理）标准，强化“向前一步海阔天空”认识，提振干部精气神。推进“两学一做”学习教育常态化制度化，开展区委理论中心组学习22次，完成处级干部学习贯彻党的十九大精神全员轮训。组织开展纪念改革开放40周年、建区60周年系列主题活动，组建“朝阳群众与改革开放”特色宣讲团，开展四级宣讲习近平新时代中国特色社会主义思想到基层。制发《关于对意识形态领域问责的实施意见》，成立区委网信办，健全综合治网格局；建立区级融媒体中心，实现对党政宣传资源内容全面统筹。做好服务保障。把维护首都大局稳定作为重大政治责任，完善社会面精细化防控工作模式，强化重点使馆区安保，完成中非合作论坛北京峰会服务保障任务。开发“鹰眼系统”，防范化解非法集资等金融风险，妥善处置e租宝、乐视等风险。推进扫黑除恶专项斗争，打掉涉恶因素团伙99个。启动安全隐患治理三年行动，创建食品安全示范区，安全生产执法检查各项指标位居全市第一，安全生产事故数、火灾事故数和死亡数持续下降。推进“社会矛盾化解年”工作，化解一批钉子案、重点案、疑难案，区级接访同比批次下降57%、人次下降64%。落实重大决策。紧抓新版城市总体规划落地实施，形成38项专项规划成果，分区规划首批上报市政府，完成43个街乡现状图层绘制，实现城市总体规划与土地利用规划“两图合一”。制定扶贫协作工作计划和三年行动方案。推进冬奥村等场馆和基础设施建设，国家速滑馆主体结构封顶，举办“全民健身、助力冬奥”系列活动200余场，20余万人次参与。助力北京城市副中心、河北雄安新区建设，促进京津冀协同发展。

政治建设　2018年，区委坚持党领导一切，谋大事、抓要事、解难事。始终保持发展定力。提出争当全市减量发展、改革开放、文化创新、精细治理、党建引领“五个排头兵”工作目标。突出国际交往功能优势，配合推进第四使馆区、亚投行总部建设，望京国际人才社区建设在加强政策支持、营造创新创业氛围、完善国际化配套设施等方面面建设，实施10项外籍人才新政。稳步实施“十三五”规划，推进“一廊”地区“五大提升工程”。持续凝聚攻坚合力。发挥区委领导作用，完善科学决策机制，常委会研究议题271个，督促落实决策事项269项。加强四套班子之间的团结协作和紧密联动，领导和支持区人大及其常委会“构建格局、完善机制、提供支撑”，组建区人大地区工委，实现各街道（地区）派出机构全覆盖；领导和支持区政府依法行政，加快转变职能，提高政务服务水平；加强对人民政协党的建设工作的领导，推进人民政协党的组织和党的工作有效覆盖，支持区政协协商议政、开展调研、建言献策。完善大统战工作格局，开展宗教领域专项治理，政党关系、民族关系、阶层关系、海内外同胞关系更加和谐。深化“一统六联”（“一统”指在党委统一领导下，“六联”指组织联建、工作联动、队伍联合、服务联办、保障联享、责任联查），推进群团工作改革创新，联系社会群体的网络优势和资源优势发挥。坚持党管武装，深化军民融合，区获全国双拥模范城“六连冠”。开展文明家庭、文明校园、文明街巷等系列创建活动，社会主义核心价值观在朝阳深耕厚植。全面激发改革活力。健全区委深改组工作规则，加强分类督察检查，完成34项年度改革任务、13项重点推进改革事项。召开区委全会，专题审议机构改革方案。完成服务业扩大开放两轮试点135项任务，10项体制机制创新成果、17个新兴业态全部落地，形成多个全国领先、北京首创的开放模式，“放宽服务业准入、助推区域高水平开放”被列入国务院第五次大督查发现的典型经验做法。“放管服”改革在审批提速、减税降费、商事制度改革等方面取得重要进展。加强国有资本经营预算管理，推进国资国企重组改革，推出全国首批员工持股试点企业。成立停车管理公司，7400余个路侧停车位实现电子收费。制定实施法治建设三年行动计划，深化司法体制改革，侦审一体化改革，刑事案件律师辩护全覆盖试点工作取得阶段性成果。

经济建设　2018年朝阳区实现GDP 6093.5亿元，不变价增速6.5%左右；一般公共预算收入全年实现533.6亿元，增长5%；居民人均可支配收入增速达9.1%。坚持以减重减负减量倒逼发展方式转变、产业结构转型升级、区域功能优化调整，提升发展的质量和效益。坚定有序疏解非首都功能。加强统筹协同，强化风险防控，安排43亿元专项资金，叠图连片推进“疏解整治促提升”专项行动。全年疏解升级市场、一般制造业企业、教育培训机构等89家，整治“散乱污”企业72家、地下空间325处、“开墙打洞”1832户、无证无照单位5056家，11项量化任务完成量位居全市前三。成立全市首支区级控违拆违督察队，完成大棚类设施农业项目排查清理整治。建筑垃圾资源化处置能力达千万吨级，再生产品应用取得良好示范效果。统筹利用疏解腾退空间，“留白增绿”112公顷，建设提升便民服务网点159个。推动经济发展提质增效，打造“高精尖”经济结构。设立规模100亿元科技创新引导基金，金融、商务服务、科技服务、信息服务等产业发展良好，跨国公司地区总部达121家，新认定“独角兽”企业23家。制定优化营商环境三年行动计划，实行“错峰、延时办公”，区级政务服务事项全部实现“一门办理、一窗受理、一网通办”。实施“三个一百”企业服务计划，建立区级领导包片走访联系企业机制，为企业量身定制“服务包”。制定促进民营经济健康稳定发展支持政策，设立支持优质上市公司发展基金，帮助民营企业纾困解难。重点功能区发展品质不断提升，北京商务中心（以下简称北京CBD）功能区外资机构突破1万家，税收过亿元楼宇140座，核心区北区建设进入招商入驻阶段；增强奥运功能区对高端会展、国际文体活动吸引力，加快建设国家会议中心二期等重点项目；中关村朝阳园战略性新兴产业加速聚集，完成阿里巴巴北京总部、“三国际一未来”等项目选址；文创实验区引进培育一批国家文化出口重点企业。加快推进农村城市化。坚持协调、均衡、优质，深化城乡综合配套改革。“一绿”第一批试点任务基本完成，东风、三间房乡1986名农民实现整建制转居，十八里店、王四营乡完成乡域规划编制。金盏“马沙雷”拆迁腾退全部完成。成立管庄乡咸宁侯村和郭家场村拆迁腾退专班，完成654个院落腾退。完成将台等4个乡31个村级产权制度改革，全面启动常营乡级产权制度改革。建设美丽乡村，完成5个环境标杆乡、20个市级挂账重点村和3个市级隐患问题突出重点村整治。

生态环境建设 加强生态环境建设。以“六治一增”（治脏、治气、治水、治堵、治违、治乱、增绿）为抓手，全力打好蓝天保卫战、碧水攻坚战、突出问题歼灭战。推广精准治霾工作方法，完成3320万平方米较大地块裸地苫盖、治理，空气质量持续改善。全面建立河（湖）长制工作体系，完成33条黑臭水体治理，13处出境补偿断面基本达标，5处国考、市考断面全部达标。亮马河国际风情水岸项目探索出政府、企业共建经验，萧太后河治理成效被广泛报道。启动温榆河公园一期起步区建设，新建25个大中小微型公园，完成1.5万余亩新一轮百万亩造林任务，一道绿隔初步实现公园环规划。深化土壤污染防治，强化管控修复。提高城市精细化管理水平。纵深治理“大城市病”，塑造高颜值城市环境。突出全民动员、全域“创卫”、共建共享，通过国家级卫生乡验收、市级病媒生物防制专项验收和暗访验收等关键节点，完成174项“创卫”指标。启动围栏护栏综合性改造试点，推进电力架空线入地，建筑物屋顶牌匾标识拆除量位列中心城区之首。整治提升背街小巷336条，950条大街小巷设立街巷长，招募小巷管家4390名，打造出一批精品街巷。创新代征道路移交管理工作，道路排水管线实现统一专业化管理。70条重点道路纳入储备库，郭家庄路等32条道路竣工通车，完成10项疏堵工程，治理国贸区域交通乱象。推进长安街延长线和广渠路沿线夜景照明建设，武圣北路等74条道路“亮起来”。完成53座旱厕“真空排导”改造，完成高安屯餐厨垃圾处理厂升级，垃圾分类示范片区覆盖率达42%。开展周末、月末环境清洁行动，整治脏乱点3100余处。建立重点媒体反映问题处置和整改落实后续正面宣传机制。拆除腾退1017万平方米，实现“场清地净”645万平方米，新增改造绿化面积1000公顷。细颗粒物（$PM_{2.5}$）年均浓度为每立方米52微克，下降10.3%。

文化建设 提前完成“十三五”期间创建100个基层文化品牌的任务。深化大运河历史文脉研究，神木厂历史景观保护工程加快推进。建成11家城市书屋、57家流动美术馆，拓展惠民文化空间。举办“全民健身、助力冬奥”系列大型活动，冰雪运动持续升温。朝阳体育代表团在市运会上的金牌数量和团体总分实现双第一。国家文化产业创新实验区建成全市首个文化金融服务中心，发起成立全国首个老旧厂房协同发展联盟，10家文创园区被认定为首批市级园区。转型升级60个特色文创园区，形成文化产业融入城市发展的“朝阳实践”。

社会建设 坚持以人民为中心的发展思想，千方百计办好民生实事。定向精准施策，提高就业服务质量。深化党政群共商共治，推进网上议事厅、移动议事厅建设，新建135个居民议事厅，1400余件为民办实事解忧项目全部落地。推广“好管家”“物业联盟”经验做法，建成57个全要素小区、68个全景楼院，转型升级46个老旧小区物业管理，探索人防空间利用与基层治理相结合的做法。建成43个“社区之家”示范点和18个社区服务综合体，引入便民智能终端1800余处。深化社区管理体制改革，完成101个社区服务站改革，社区减负实现“四减三增两满意”。加强基础教育资源供给，新增学位1.7万余个，九成以上中小学生在优质学校就读。完善分级诊疗服务体系，推进紧密型医联体建设，开展医疗“四进”服务。构建“一键式”智慧养老体系，首创社区养老驿站内设护理站模式，养老驿站实现街乡全覆盖。开展老旧小区综合整治试点，加装电梯195部。保障房开工4035套，竣工12967套，推进酒仙桥、甜水园等危改项目。

（任洪忠）

【蔡奇、陈吉宁到朝阳区调研】 2月3日，市委书记蔡奇、市长陈吉宁带队，围绕“深入学习宣传贯彻党的十九大精神和习近平总书记视察北京重要讲话精神，优化城市功能和空间布局，积极推进腾笼换鸟，推动传统产业转型升级”主题，到朝阳区塞隆国际文化创意园调研。王灏汇报朝阳区“腾笼换鸟”有关工作情况。3月27日，蔡奇、陈吉宁带队，围绕“深入学习贯彻习近平新时代中国特色社会主义思想，扎实推进冬奥会、冬残奥会筹办工作”主题，到区奥林匹克公园调研检查。6月23日，蔡奇、陈吉宁带队，到区出席“深入学习贯彻习近平新时代中国特色社会主义思想，营造稳定公平透明的营商环境，推进首都高质量发展”主题现场推进会，王灏汇报区优化营商环境工作情况。7月2日，蔡奇带队，围绕“推动市属文艺院团发展，推进全国文化中心建设”主题，到市属文艺院团调研。走访北京歌舞剧院、北京交响乐团、北京曲艺团、北京民族乐团，并主持召开座谈会，研究推动市属文艺院团的改革发展。8月27日，蔡奇带队到区调研检查中非合作论坛北京峰会服务保障工作。9月6日，蔡奇带队，围绕“落实城市总体规划，推进留白增绿工作，大幅度扩大城市绿色生态空间”主题到区调研。察看萧太后河马家湾湿地公园、温榆河公园一期起步区规划建设情况，在孙河乡政府主持召开座谈会。王灏汇报朝阳区“留白增绿”工作情况。9月7日，蔡奇带队，围绕“加快一流大学和一流学科建设，服务‘四个中心’功能建设”主题，到区中国音乐学院、北京舞蹈学院走访调研，召开座谈会，与学校负责人和教师代表座谈交流，听取学校改革发展和“双一流”建设情况。10月12日，蔡奇、陈吉宁带队，围绕“落实全国教育大会精神，推进义务教育均衡发展”主题到区调研。到广渠门中学、朝阳实验小学调研走访，与学校负责人和教师代表座谈。围绕“持续优化营商环境，促进经济高质量发展”主题到区外资企业调研。10月25日，蔡奇带队，到区参观第十三届中国北京国际文化创意产业博览会主会场展览。10月27日，蔡奇、陈吉宁带队，围绕“积极推进重点工程建设，扎实做好北京冬奥会、冬残奥会筹办工作”主题开展调研。到京张高铁清河站、国家速滑馆、北京冬奥村施工现场调研并召开座谈会，检查冬奥会重点工程建设情况。

（任洪忠）

【“疏解整治促提升”稳增长】 2月27日，召开深入推进“疏解整治促提升”稳增长促进朝阳区生态文明与城乡环境建设工作会。区委副书记甘靖中主持会议。区委常委、常务副区长马继业部署2018年“疏解整治促提升”稳增长工作，副区长王志勉部署2018年大气污染防治工作，副区长杨建海部署2018年水环境治理和园林绿化工作，副区长刘海涛部署2018年环境整治和城市管理工作，王灏与街乡领导代表签订“疏解整治促提升”稳增长等工作责任书并讲话。区四套班子领导、法检“两长”，区委区政府各部、委、办、局党政正职领导，各人民团体主要负责人，区人大、区政协各委（室）主要负责人，各街道、地区（乡）党政正职领导，农口各局党政正职领导，区属国有企业正职领导参会。年内，区实现地区生产总值6093.5亿元，不变价增速6.5%左右；一般公共预算收入全年实现533.6亿元，增长5%；居民人均可支配收入增速9.1%。拆除腾退1017万平方米，实现“场清地净”645万平方米，新增改造绿化面积1000公顷，常住人口继续保持负增长。

（牛菁源　任洪忠）

重大决策

【干部监督体系建设】 1月9日，区委制发《关于新形势下落实全面从严治党要求推进干部监督体系建设的意见》。年内，朝阳区拓展监察体制改革，健全派驻机构工作机制，完成政治巡察44家单位，构建起纪律监督、监察监督、派驻监督、巡察监督全覆盖的权力监督格局。

（牛菁源　任洪忠）

【“一廊”地区“五大提升工程”】 3月19日，区委、区政府制发《朝阳区推进“一廊”地区“五大提升工程”2018年度工作方案》，提出在连接首都功能核心区与市行政副中心的“现代都市景观与产业融合发展廊道（一廊）”，提升基础设施提升工程、环境建设提升工程、产业发展提升工程、公共服务提升工程和社会治理五大提升工程。明确工作任务、牵头领导、主要责任单位及责任人及协办单位。年内，完成“一廊”地区“五大提升”工程总任务量65%。

（牛菁源　任洪忠）

【“六个一百”工程】 3月19日，区委、区政府制发《朝阳区推进城乡发展“六个一百”工程2018年度工作方案》，提出新建及改扩建百条主次干路、支路和断堵头路，建设提升百条环境优美大街，新建和改造百个大中小微型公园，新升级百个“高精尖”功能性产业项目，建设百个绿色智慧平安社区，创建百个基层文化品牌“六个一百”工程。明确工作任务、牵头领导、主要责任单位及责任人、协办单位。年内，完成区城乡发展“六个一百”工程总任务量的65%。

（牛菁源　任洪忠）

【安全生产领域改革发展方案实施】 5月10日，区委、区政府制发《关于进一步推进朝阳区安全生产领域改革发展的实施方案》，提出五大方面33项主要任务，包括进一步健全落实安全生产责任制、完善安全监管体制、大力推进安全生产依法治理、推进安全预防控制体系建设和夯实安全基础保障能力。年内，区安全生产执法检查各项指标位居全市第一，安全生产事故数、火灾事故数和死亡数下降。

（牛菁源　任洪忠）

【“社会矛盾化解年”工作推进】 5月29日，区委、区政府制发《朝阳区2018年“社会矛盾化解年”工作方案》。年内，朝阳区一批钉子案、重点案、疑难案得到化解，区级接访同比批次下降57%、人次下降64%。

（牛菁源　任洪忠）

【推进法治建设第一责任人职责细则实施】 7月11日，区委、区政府印发《朝阳区党政主要负责人履行推进法治建设第一责任人职责的实施细则》，明确总体要求、区级党政主要负责人履行职责部门任务分工、全区各部门党政主要负责人工作职责、全区各街乡党政主要负责人工作职责、工作机制、工作考核和责任追究。年内，朝阳区深化司法体制改革，侦审一体化改革深入推进，刑事案件律师辩护全覆盖试点工作取得阶段性成果。

（牛菁源　任洪忠）

【落实食品安全党政同责意见实施】 7月27日，区委、区政府制发《朝阳区落实食品安全党政同责的实施意见》，提出提升食品安全治理能力和保障水平的六项举措：推进北京市食品安全示范区创建工作；加强执法监督，完善风险控制体系；坚持疏解整治提升，提高食品安全保障水平；加强重点业态规范提升，为群众提供更安全、更便捷的食品供应保障服务；构建区域间食品安全协同联动机制；加强食品安全应急保障能力建设。

（任洪忠）

【改革开放四十周年活动方案实施】 9月12日，区委制发《朝阳区庆祝改革开放四十周年活动实施方案》，在落实《中共中央关于庆祝改革开放40周年活动的通知》及《北京市庆祝改革开放40周年活动实施方案》精神，提出五方面工作要求：强化责任担当，把牢政治方向；加强教育引导，注重工作结合；做好统筹协调，精心组织策划；优化组织领导，抓好责任落实；坚持规范引导，严格活动管理。年内，组建“朝阳群众与改革开放”特色宣讲团，开展四级宣讲。

（牛菁源　任洪忠）

【建设新时代高素质专业化干部队伍意见实施】 9月19日，区委制发《关于建设新时代高素质专业化干部队伍的实施意见》。《意见》要求：把政治建设摆在首位，突出政治标准培养选拔干部；突出系统思维，拓宽视野渠道推动长远建设；坚持事业为上，着眼发展需求配优配强班子；坚持务实管用，着眼关键环节健全选任机制；突出递进式培养，“精准滴灌”提升履职能力；坚持严管与厚爱结合，强化干事导向激励担当作为；加强组织领导，层层压实责任保障任务落地。朝阳区落实新时期好干部标准，培育“用人以长、容人以短、立人以严、责人以善、助人以难、聚人以宽”干部队伍建设文化，实施年轻干部发现培养计划、干部专业能力提升计划，统筹重点领域专业型干部人才资源，分层建立储备库，配齐配强街乡“三懂”干部。

（牛菁源　任洪忠）

【优化营商环境行动计划实施】 12月6日，区委、区政府制发并实施《朝阳区进一步优化营商环境行动计划（2018年—2020年）》，完成营造更加开放的投资贸易环境、营造更加便利的政务环境、营造更具活力的创新创业环境和营造更加公平的诚信法治环境四项主要任务。年内，朝阳区率先实行“错峰、延时办公”，区级政务服务事项全部实现“一门办理、一窗受理、一网通办”。实施“三个一百”企业服务计划，建立区级领导包片走访联系企业机制，为企业量身定制“服务包”。制定促进民营经济健康稳定发展支持政策，设立支持优质上市公司发展基金，帮助民营企业纾困解难。

（牛菁源　任洪忠）

【人才集聚高地五年行动计划实施】 12月29日，区委制发《加快建设具有国际影响力的人才集聚高地五年行动计划（2018—2022年）》，提出实施“金凤凰”计划、继续实施“凤凰计划”、创新实施“鸿鹄计划”领军人才认定支持计划和实施优秀青年人才支持开发计划四大行动举措。年内，建立处级干部直接联系服务专家机制，通过“凤凰计划”等引进人才127名。望京国际人才社区建设在加强政策支持、营造创新创业氛围、完善国际化配套设施等方面取得一批成果，实施10项外籍人才新政。

（牛菁源　任洪忠）

重要会议和活动

【城市基层党建工作座谈会】 1月3日，区城市基层党建工作座谈会召开。区委常委、组织部部长何明作关于《朝阳区贯彻落实城市基层党建工作会议精神实施方案》说明。区委书记吴桂英讲话。区领导甘靖中、席成坡、黄晓伟出席会议。

（牛菁源　任洪忠）

【“街乡吹哨、部门报到”工作部署会】 3月29日，召开2018年朝阳区社会建设和农村城市化工作会暨“街乡吹哨、部门报到”工作部署会。甘靖中主持会议。何明部署区推进党建引领街乡管理体制机制创新实现“街乡吹哨、部门报到”工作，副区长刘海涛作《创新发展　共建共享　开创朝阳城乡统筹社会治理新局面》工作报告，杨建海作《牢记使命　奋发有为　全面开启农村城市化新征程》工作报告并部署朝阳区“实施乡村振兴战略，推进美丽乡村建设”工作，基层代表就落实“街乡吹哨、部门报到”工作表态发言，王灏与“一绿”试点乡、“二绿”乡代表和美丽乡村建设乡代表分别签订责任书并讲话。区四套班子主要领导、区委常委、区人大主管领导、副区长、区政协主管领导，区委、区政府各部、委、办、局党政正职领导，各人民团体主要负责人，区人大、区政协各委（室）主要负责人，各街道、地区（乡）班子成员，农村重点企业和民营企业负责人，区属国有企业正职领导等参加会议。

（牛菁源　任洪忠）

【党建工作电视电话会】 4月20日，朝阳区召开2018年党建工作电视电话会。甘靖中主持会议。区委常委、统战部部长、区直机关工委书记黄晓伟部署2018年宣传、统战工作，甘靖中部署2018年组织、工会、共青团、妇联工作。区委书记王灏讲话，区四套班子领导出席会议。区委区政府各部、委、办、局、公司党委（党组）书记、副书记，各人民团体主要负责人，区人大、区政协各委（室）负责人，各街道、地区工委（乡党委）书记、副书记，各街道纪工委书记（监察组组长）、各地区（乡）纪（工）委书记（监察办主任）、民主党派和工商联主要负责人、非公有制经济组织和社会组织党组织负责人，部分不担任处级以上领导职务的区党代表等参加会议。

（牛菁源　任洪忠）

【合作协议签署】 6月1日，北京市朝阳区人民政府与湖南省湘潭市人民政府、湖南省教育厅、湖南省卫生计生委签署合作协议活动举行。朝阳区委副书记甘靖中主持会议。湖南省人民政府副省长吴桂英、湘潭市委书记曹炯芳、朝阳区委书记王灏讲话。朝阳区委常委、区政府常务副区长马继业与湘潭市委常委、市政府常务副市长杨广签署朝阳区人民政府、湘潭市人民政府友好合作协议，朝阳区政府副区长李俊杰与湖南省教育厅副厅长夏智伦签署合作协议，李俊杰

▲ 6月1日，北京市朝阳区人民政府与湖南省湘潭市人民政府、湖南省教育厅、湖南省卫生计生委举行合作协议签约仪式　张正晔　摄

▲ 7 月 12 日，朝阳区举办第四届社会治理创新优秀案例展示活动　　张正晔　摄

与湖南省卫生计生委副主任龙开超签署合作协议。湖南省领导彭翔、蒋昌忠、夏智伦、陈小春、龙开超等，朝阳区领导王灏、陈宏志、陈涛出席活动。

（任洪忠）

【区委网络安全和信息化领导小组会议】 6 月 15 日，区委网络安全和信息化领导小组第一次会议召开。区委常委，区委网络安全和信息化领导小组组长、第一副组长、副组长出席会议，区委书记、区委网络安全和信息化领导小组组长王灏主持会议。区委网信办王海涛作汇报，研究《中共北京市朝阳区委网络安全和信息化领导小组工作规则》《中共北京市朝阳区委网络安全和信息化领导小组办公室工作细则》《朝阳区党（工）委（党组）网络意识形态工作责任制实施细则》及网信工作和全区网信工作会筹备情况。

（任洪忠）

【纪念建党97 周年座谈会】 6 月 29 日，区召开纪念建党 97 周年座谈会。与会领导集体观看《“党旗耀朝阳，初心永不忘”优秀党员典型事迹片》，党员代表交流发言。区四套班子领导，区委党的建设工作领导小组成员，区委各主管工委书记，部分委办局、国有企业党组织负责人，各街道、地区（乡）工（党）委书记，先进基层党组织负责人代表、优秀共产党员代表、优秀党务工作者代表、基层党代表出席会议。

（牛菁源　任洪忠）

【社会治理创新优秀案例展】 7 月 12 日，区第四届社会治理创新优秀案例展示活动举办。播放朝阳区社会治理成果展示片《共治共享　让人民生活更美好》，发布“一条主线，六个方面”社会治理创新实践方向，5 个街乡和部门进行项目展示，北京国际城市发展研究院党委书记、常务副院长朱颖慧对优秀项目进行统一点评，市委社会工委书记、市社会办主任宋贵伦肯定朝阳的社会治理工作并提要求，区委书记王灏讲话。中国社会工作联合会副会长王国英，市委社会工委书记、市社会办主任宋贵伦，区领导文献、何明、刘海涛，相关区级部门领导、各街乡班子成员及相关科室负责人出席活动。

（牛菁源　任洪忠）

▲ 8 月 11 日，朝阳区举办 2018 年海外学人创业大会　　区委组织部　供稿

【区委十二届七次全体（扩大）会】 8 月 1 日，区委十二届七次全体（扩大）会召开。王灏主持会议。文献传达市委十二届五次全会精神，王灏代表区委常委会做工作报告。同日，第二次全体会议增补中国共产党北京市朝阳区第十二届委员会委员，审议通过《中共北京市朝阳区委十二届七次全体（扩大）会议决议》。王灏要求，要坚持稳中求进工作总基调，围绕“减量精治优环境”主线，全面落实好全年各项目标任务，要坚持高站位，严格履行政治责任；要定标高质量，优化提升区域功能；要突出高效率，全面深化改革攻坚；要追求高品质，建设和谐宜居环境；要围绕高水平，加强党的建设。区四套班子领导出席会议。

（任洪忠）

【海外学人创业大会创新峰会】 8 月 11 日，2018 海外学人创业大会（OTEC）创新峰会举办。王灏代表朝阳区委、区政府，肯定 OTEC 在推进朝阳区人才强区战略的推进作用，OTEC 创办六年来，聚焦科技创新、科技成果转移转化等高新技术领域，严格把关参赛项目、邀请嘉宾各个环节，成为富有影响力的创新创业一站式服务平台，形成服务创新创业领域的“朝阳名片”。区领导文献、何明、刘军胜、王晰宁出席会议。

（任洪忠）

【全国老旧厂房保护利用与城市文化发展论坛】 8 月 18 日，2018 全国老旧厂房保护利用与城市文化发展论坛举办。市委常委、市委宣传部部长杜飞进，文化和旅游部文化产业司巡视员高政，市有关部门领导，区领导王灏、文献、刘军胜、黄晓伟、李俊杰出席论坛。王灏致辞。全区有 798、莱锦、郎园等 57 家老旧厂房转型升级改造为文创产业特色园区，改造建筑规模 281.7 万平方米。

（牛菁源　任洪忠）

【党建工作协调委员会第一次会议】 8 月 23 日，2018 年朝阳区党建工作协调委员会第一次会议召开。黄晓伟宣读《朝阳区党建工作协调委员会委员名单》，何明主持会议并作《关于朝阳区党建工作协调委员会章程（草案）》说明，会议表决通过《朝阳区党建工作协调委员会章程（草案）》，朝阳区党建工作协调委员会委员代表发言，王灏讲话。区领导刘军胜、史连雪、张维刚、席成坡、张永新出席会议。

（任洪忠）

【党政代表团学习考察】 9 月 5 日，区委书记王灏带领朝阳区党政代表团赴石景山区及新首钢地区学习考察文化创意产业发展工作，开展座谈交流。区领导文献、陈宏志、陈涛、甘靖中、黄晓伟、李俊杰出席，相关部门主要负责人参加考察。石景山区政协副主席、区发改委主任岳林华介绍石景山区老旧厂房改造及文化创意产业发展情况，首钢集团副总经理梁捷介绍老工业区转型升级情况。12 月 17 日，王灏带领朝阳区党政代表团赴通州区学习考察。代表团一行到北京城市副中心规划展厅，了解城市副中心规划建设情况；到“月岛闻莺”观景平台，了解通州区水环境整治、园林绿化、历史文化情况，俯瞰大运河及周边环境、城市建设情况。考察之后召开座谈会，会上通州区区长赵磊、朝阳区代区长文献分别介绍区情，两区进行交流发言。

（牛菁源　任洪忠）

【组织工作会】 9 月 25 日，区召开组织工作会。甘靖中主持会议并传达全市组织工作会议精神，何明作《朝阳区关于建设新时代高素质专业化干部队伍的实施意见》及《朝阳区加快建设具有国际影响力的人才集聚高地五年行动计划（2018—2022 年）》说明。区委区政府各部、委、办、局党政正职领导、副书记，各人民团体主要负责人，区人大、区政协办公室主要负责人，各街道工委书记等参加议会。

（牛菁源　任洪忠）

【区委汇报会】 10 月 26 日，区委召开汇报会。王灏汇报区基本情况和主要工作开展情况，剖析区委工作中存在的问题和原因，明确下一步工作思路和措施。市委第三巡视组有关领导王智慧、韩利，区领导王灏、甘靖中、何明、马继业、张维刚、黄晓伟等出席会议。

（任洪忠）

【街乡党（工）委书记月度工作点评会】 11 月 14 日，区开展区领导围绕推进农村地区重点工作调研暨街乡党（工）委书记月度工作点评会议。会前，王灏带队实地察看高碑店乡高井村史博物馆；考察东坝乡“红映坊”党群服务中心党建工作阵地建设情况；到太阳宫乡莱太花卉城市公园，实地察看使馆区周边环境整治及城市公园建设情况。王灏主持会议，点评高碑店、东坝、太阳宫乡党委书记围绕全年重点工作完成情况的发言，并作讲话。区四套班子主要领导、区委常委、副区长，全区各相关单位主要领导，各乡党委班子成员、社区（村）书记、主任分别在主会场和各乡分会场参加会议。12 月 20 日，区委召开区领导围绕推进城市地区重点工作调研暨街乡党（工）委书记月度工作点评会，小关、东湖、大屯、望京街道工委书记围绕全年重点工作完成情况、存在问题、下一步工作计划发言。王灏点评并讲话。区四套班子领导出席会议。

（牛菁源　任洪忠）

【明日之星颁奖盛典及高峰论坛】 11 月 20 日，德勤中国 2018 年度“高科技高成长 50 强暨明日之星颁奖盛典及高峰论坛”召开。王灏致欢迎词，副区长朱晟介绍年度朝阳区获奖企业情况及朝阳区科创行业趋势及创新环境打造，朝阳区领导和德勤会计师事务所领导为获奖企业颁奖。在此届中国 50 强榜单中，北京企业上榜 12 家，位居参选城市之首，区 5 家企业入围中国明日之星，贝壳找房（北京）科技有限公司、玩咖欢聚文化传媒有限公司、北京每日优鲜电子商务有限公司等企业榜上提名。作为首都功能的重要承载区和国际交往的重要窗口，朝阳区持续深化创新驱动，制定《关于深化科技体制改革加快朝阳区科技创新体系建设的实施意见》；设立 100 亿元规模科技创新创业引导基金，构建具有朝阳特色的创新创业投融资体系。

（牛菁源　任洪忠）

【领导干部警示教育大会】 12 月 4 日，区召开全区领导干部警示教育大会。文献主持会议。会上播放警示教育片《蝇蚁之祸——“发生在群众身边的不正之风和腐败问题”警示录》《重蹈覆辙——原朝阳区地税七所腐败案件警示录》。王灏讲话。区四套班子领导、法检“两长”、区长助理，区纪委区监委领导班子成员及各部室负责人，派驻纪检监察组组长，区委巡察办主任、巡察组组长，区委区政府各部、委、办、局、各人民团体领导班子成员，区人大、区政协各委室主要负责人，各街道、地区（乡）领导班子成员等参加会议。

（任洪忠）

【区委十二届八次全体会议】 12 月 12 日，召开中共北京市朝阳区委十二届八次全体会议。王灏主持会议。何明作《北京市朝阳区机构改革方案（审议稿）》的说明，审议《北京市朝阳区机构改革方案》，表决通过《区委十二届八次全体会议决议（草案）》。区四套班子领导出席会议。

（任洪忠）

【民主协商会】 12 月 29 日，召开中共朝阳区委、朝阳区各民主党派、无党派代表人士和各人民团体民主协商会。何明作关于朝阳区补选区人民政府区长候选人建议人选名单的说明。会议就建议人选进行协商讨论。王灏讲话。

（任洪忠）

【全面深化改革领导小组会议】 12 月 26 日，十二届区委全面深化改革领导小组第九次会议召开。传达北京市委深改委第三次会议精神，听取关于朝阳区 2018 年改革工作进展情况、关于朝阳区人才发展体制机制改革情况、关于朝阳区教育体制机制改革进展情况、关于区“放管服”改革情况的汇报。王灏讲话。区领导文献、陈涛、何明等参加会议。

（梁得天）

重点工作

【精准扶贫】 1 月 11 日，河北省唐县代表团到朝阳区考察交流。朝阳区和唐县相关负责人分别介绍基本情况和帮扶工作进展、下一步安排。唐县县委书记杜庆勇和朝阳区委书记吴桂英讲话。区领导王灏、何明、马继业出席会议。5月15日，王灏带领区党政代表团到张家口市阳原县考察，阳原县县长李德主持会议并介绍阳原县情况和脱贫攻坚情况。何明介绍朝阳区基本情况和扶贫协作工作进展及下一步工作考虑，朝阳区建外街道与阳原县东井集镇签署结对协议，区委常委、纪委书记、监委主任席成坡向阳原县授予扶贫协作帮扶项目专项帮扶资金。自两地确定扶贫协作对口关系以来，提供就业岗位近2000个。6月8日，区考察团围绕“落实市委市政府加强低收入农户帮扶工作决策部署，聚焦精准帮扶，精准施策，助力受援地区如期脱贫”主题，赴密云区考察低收入农户帮扶工作。实地察看村集体企业北京张泉达康科技发展有限公司。密云区副区长朱锡才汇报全区低收入农户增收、低收入村发展整体情况，朝阳区副区长杨建海与密云区副区长朱锡才签订《结对帮扶框架协议书》。区领导文献、何明、席成坡、李俊杰出席活动。6月21日至22日，王灏带队到内蒙古乌兰察布市卓资县开展“携手奔小康”考察活动。召开交流座谈会。实地考察德青源金鸡产业扶贫项目、易地移民搬迁项目、考察扶贫车间、冷凉蔬菜产业项目、林胡古塞旅游项目，慰问建档立卡贫困户。双方分别介绍脱贫攻坚工作进展、下一步安排，席成坡向卓资县授予扶贫协作帮扶项目专项帮扶资金。王灏指出，自两地建立帮扶结对关系以来，交流不断加深、机制不断完善、合作成效明显，新雅宝路商城自2016年底开业以来采购交易额达1600余万元，为卓资县提供就业岗位1.7万多个，接收8名卓资的医疗专业技术人员赴朝阳区参加为期90天进修，选派多名医疗专家前往卓资开展义诊，两地合作取得阶段性成果。针对未来两地合作，希望更加聚焦脱贫减贫，精准施策；围绕产业经贸等重点领域，共促发展；持续干部人才合作，深化交流；紧抓作风建设，增强实效。11月5日，王灏带领朝阳区党政代表团，赴密云区结对协作、共同调研生态涵养区绿色发展，召开座谈会。代表团到密云区生态商务区察看商务区规划沙盘，了解项目建设情况；察看密云水库主坝大坝运行管理，召开座谈会。自两区签订低收入农户结对帮扶协议以来，在教育、医疗、生态旅游、劳务协作方面进行深入合作，169名密云劳动力在朝阳区就业，880人在11月底前陆续上岗，年内完成安排1000名密云劳动力在朝阳实现转移就业目标。

（牛菁源　任洪忠）

【安全稳定工作】 1月22日，召开2018年朝阳区安全稳定工作会议。公安朝阳分局党委书记、局长牛国泉传达中央政法工作会议精神，张维刚作朝阳区委政法工作报告并部署北京市“两会”、春节期间及全国“两会”安保工作，马继业总结2017年食品药品安全工作并部署2018年工作，杨建海总结2017年信访工作并部署2018年工作，刘海涛总结2017年安全生产及消防工作并部署2018年工作，王灏与相关单位代表签订综治、维稳、信访工作责任书、安全生产工作责任书。区四套班子主要领导、区委常委、区人大常委会主管领导、副区长、区政协主管领导、法检“两长”、区长助理，区安委会成员单位班子成员等分别在主会场和各分会场参加会议。年内，推进扫黑除恶专项斗争，打掉涉恶因素团伙99个。启动安全隐患治理三年行动，安全生产执法检查各项指标位居全市第一，安全生产事故数、火灾事故数和死亡数下降。

（牛菁源　任洪忠）

【基层党建述职评议考核】 2月24日，区召开2017年街乡和系统党（工）委书记抓基层党建述职评议考核工作会。35名街乡党（工）委书记和7名系统党（工）委书记就抓基层党建工作进行述职，各位常委逐一点评，黄晓伟和席成坡分别对落实意识形态责任制情况和党风廉政建设工作情况作集中点评。区长王灏讲话。市委组织部徐颖、史扬，区领导甘靖中、何明、马继业、张维刚、王晰宁出席会议。区委党建工作领导小组成员，区纪委委员，各系统党（工）委书记，各街乡党（工）委书记，部分区党代表、区人大代表、区政协委员各街道、地区（乡）党（工）委副书记及组织委员等列席会议。

（牛菁源　任洪忠）

【“街乡吹哨、部门报到”】 3月28日，区委、区政府制发《朝阳区关于加快推进党建引领街乡管理体制机制创新实现“街乡吹哨、部门报到”的实施方案》，提出加强党的领导，深化党建引领；加强改革创新，厘清职能责任；加强平台建设，强化协同联动；健全工作机制，落实工作责任；加强综合保障，提供工作支撑五大方面工作任务。围绕赋权、明责、下沉、强基、聚能、增效，“街乡吹哨、部门报到”在构建社会治理责任链、解决基层治理管理无人、履责无权、治理无职、协调无力、运行无效、解决无策问题上实现突破，明确牵头单位、责任单位、目标要求、基本原则、组织体系、实施步骤、工作机制。年内，解决安贞路拥堵等难题505个，整理制度成果143项，探索出整体性治理等理论成果和“七步工作法”等经验。

（牛菁源　任洪忠）

【创建国家卫生区】 5月4日，朝阳区召开创建国家卫生区工作领导小组会。甘靖中主持会议。副区长李俊杰汇报创建国家卫生区工作进展及2018年工作计划，区卫生计生委主任师伟汇报提请审议《关于调整朝阳区创建国家卫生区工作领导小组成员的请示》《关于强化朝阳区创建国家卫生区工作组织领导体系有关问题的请示》等。王灏讲话。区领导何明、席成坡、王晰宁、李俊杰、张永新出席会议。区委办、政府办、组织部、宣传部、社会办、卫计委、文化委、广电新闻中心、朝外街道、烟草专卖局等创建国家卫生区工作领导小组成员单位主要领导等参加会议。年内，区突出全民动员、全域“创卫”、共建共享，顺利通过国家级卫生乡验收、市级病媒生物防制专项验收和暗访验收等关键节点，完成174项“创卫”指标。

（牛菁源　任洪忠）

【朝阳区融媒体中心成立】 6月19日，朝阳区融媒体中心成立大会召开。黄晓伟主持会议。基层代表发言，市、区领导讲话。市委宣传部常务副部长赵卫东，区领导王灏、文献、黄晓伟、朱春霞等出席会议。会议要求，要旗帜鲜明，坚持正确政治方向；要顺应变革，推进媒体深度融合；要融通你我，用心讲好朝阳故事。年内，朝阳区融媒体中心，实现对党政宣传资源内容全面统筹，营造健康向上的舆论环境。

（任洪忠）

【中非合作论坛北京峰会服务保障】 8月16日，中非合作论坛北京峰会服务保障动员部署会召开。文献主持会议。牛国泉部署社会治安和安全保卫工作，刘海涛部署城市安全运行、环境美化和奥林匹克公园服务保障工作。朝阳公安分局、城管委、奥管委和奥运村街道负责人作表态发言。区四套班子领导、法检“两长”出席会议。年内，区把维护首都大局稳定作为重大政治责任，完善社会面精细化防控工作模式，强化重点使馆区安保，完成中非合作论坛北京峰会服务保障任务。

（牛菁源　任洪忠）

【党政群共商共治区级民主协商会】 8月23日，区召开2018年党政群共商共治区级民主协商会。文献主持会议。何明介绍2018年区级民主协商会项目有关情况并宣布议事规则，2018年党政群共商共治区级民主协商会项目所在街乡介绍项目情况，责任部门发表所承担工作任务意见，议事代表发表意见并进行问询，责任部门、项目陈述人给予解答，三方讨论协商，议事代表就拟办共商共治项目进行评价打分，统计分数，监督人员宣布计分结果。王灏讲话。区领导马继业、刘军胜、黄晓伟、李俊杰、杨建海、刘海涛出席会议。

（任洪忠）

【乡村振兴战略实施】 10月18日，区委、区政府印发《朝阳区关于实施乡村振兴战略的实施方案》。实施方案分总体要求；强化美丽乡村建设，提升农村环境面貌；着力培育新动能，推动农村高质量发展；全面推动农村城市化建设，加快完善绿化空间格局；着力繁荣乡村文化，培育文明乡风民风；着力加强农村基层基础工作，构建乡村治理新体系；着力深化农村改革，不断推进体制机制创新；全面加强党的领导9个部分。年内，区深化城乡综合配套改革，“一绿”第一批试点任务基本完成。金盏“马沙雷”拆迁腾退全部完成。成立管庄乡咸宁侯村和郭家场村拆迁腾退专班，完成654个院落腾退。完成将台等4个乡31个村级产权制度改革。建设美丽乡村，完成5个环境标杆乡、20个市级挂账重点村和3个市级隐患问题突出重点村整治。

（任洪忠）

【优化营商环境在行动活动】 10月30日，朝阳区召开优化营商环境在行动大会，现场颁发企业“服务包”，发布《北京CBD楼宇品质分级评价标准》。区委书记王灏致辞。市投资促进局副局长安静，区领导李国红、朱晟出席大会。年内，朝阳区制定优化营商环境三年行动计划，率先实行“错峰、延时办公”，区级政务服务事项全部实现“一门办理、一窗受理、一网通办”。实施“三个一百”企业服务计划，建立区级领导包片走访联系企业机制，为企业量身定制“服务包”。制定促进民营经济健康稳定发展支持政策，设立支持优质上市公司发展基金，帮助民营企业纾困解难。

（牛菁源　任洪忠）

组织建设

【概况】 中共朝阳区委组织部是区委主管组织建设、干部队伍建设和人才队伍建设职能部门。内设干部科、干部监督科、人才科、组织科、党员教育管理科、干部教育培训科、调研室、党代表联络室、办公室等9个科室。年内，全区组织系统坚持以习近平新时代中国特色社会主义思想为指导，全面落实新时代党的建设总要求，践行新时代党的组织路线，坚持把旗帜鲜明讲政治要求融入组织工作各个方面，围绕朝阳争当“五个排头兵”目标，务实创新提质量。严把选人用人关，打造新时代干部队伍。统筹推进基层党建、干部、人才工作取得新成效、展现新作为。完成区检察院检察长补选工作。完成处级班子2017年度民主生活会，全区各党支部查摆问题198815条，支部书记带头查摆自身问题167887条。组织10余名基层党代表列席市委、区委重要会议，印发《朝阳区基层党员阵地地图》6872张，《朝阳区基层党群活动阵地服务手册》328册，推广“朝阳党群之家”手机软件（App）。启动“百才讲坛”。制发《加快建设具有国际影响力的人才集聚高地五年行动计划（2018—2022年）》《关于加强基层党务工作者队伍专业化建设的意见》及相关配套制度，《关于建设新时代高素质专业化干部队伍的实施意见》。开发高层次人才综合服务平台“凤凰之家”App。年内，区委组织部批复成立66个党组织。

（尹　聪）

【处级领导班子综合考核】 年初，区委组织部公布和反馈上年度综合考核结果，奖励优秀班子，对考核结果处于中间和靠后班子，采取书面、谈话谈心等方式进行深度反馈。年内，动态调整考核内容，将贯彻党的十九大精神作为重要内容，优化权重设置和评价标准，突出落实中央、市委和区委决策部署情况考核，加大对贯彻北京城市总体规划和“十三五”规划、服务保障中非合作论坛北京峰会、“街乡吹哨、部门报到”等重点工作考核力度。注重班子干部平时考核，开展干部分类考核、实绩考核，重点加强对党政正职履职情况的考核和参与重点工作的干部考核力度，在重大任务、关键事件中识别发现干部。强化考核结果应用，对干部年度考核、平时考核、专项考核等结果进行分析研判、综合应用，及时发现优秀干部，及时处理发现的问题，促进班子干部履职尽责。2018年对全区委办、街乡131个处级班子实施综合考核，其中58个班子为优秀，其他班子均为达标。

（范文瑶）

【城市基层党建工作座谈会】 1月3日，区委组织部召开朝阳区城市基层党建工作座谈会。八里庄街道工委、麦子店街道农展南里社区党委、王四营地区白鹿社区党委交流开展城市基层党建工作的经验，何明部署区贯彻落实城市基层党建工作会议精神的实施方案。吴桂英讲话。区委党建工作领导小组成员、相关部门正职和街乡党（工）委书记80余人参加会议。

（王晶晶）

【乡党代会年会】 1月16日至2月8日，区委组织部指导19个乡党委召开2017年度乡党代会年会。完成审议通过乡党委工作报告、乡纪委工作报告、党费收缴、使用及管理情况报告、上年度代表提案提议办结情况，对乡党委领导班子及其成员民主评议等常规性工作；受理和审议代表提案提议、依照程序补选乡党代表、党委班子成员等工作。以东坝、来广营2个乡为试点，探索开展代表述职评议工作；以太阳宫、平房2个乡为试点，开展代表询问试点工作。

（李　锋）

【望京国际人才社区建设工作推进】 1月22日至24日，区委组织部有关人员到上海市徐汇区、江苏省南京市、湖北省武汉市调研人才公寓建设、国际人才政务服务中心项目、人才安居工程相关情况。5月30日，区委组织部参加京交会新闻发布，介绍望京国际人才社区建设工作推进情况。11月，大望京中央公园正式对市民开放。电子城北区国际人才公寓项目按照“一会三函”流程推进；成立朝阳交通支队望京大队、区级停车管理公司，先行开展望京区域停车规范化管理试点，探索建设智能交通管理体系；建成“国际人才交流服务中心”，建设集人才服务、项目孵化、创业辅导、咨询服务于一体的区域国际化人才服务平台；建成4.1万平方米“国际人才文化交流中心”，承载文化交流、商业发布、时尚沙龙等高端功能，并提供配套文化商业服务。

（曹　原）

【干部选拔任用监督和重点监督】 1月，区委组织部对全区二级班子开展“一报告两评议”和对7名领导干部开展离任检查工作。结合区委巡察工作，对区委党史办、双井街道、三间房乡、蓝岛大厦等37家单位进行选人用人和担当作为情况专项检查，对问题整改情况跟踪落实。组织全区1199名处级领导干部开展2018年度个人有关事项报告集中填报工作。抽查核实领导干部个人有关事项报告284人次，对存在漏报情节严重和瞒报情形的19名干部进行诫勉处理。对处级领导干部在企业出资担任股东、兼职（任职）等行为进行专项查核，对因为个人原因经商办企业的人员全部移交区纪委监委处理，对于因为工作原因在企业兼职的人员加强清理规范，督促按时限完成变更。利用离任检查、经济责任审计、信访举报、因私出国（境）管理等信息，综合分析研判，把握干部政治品质、道德品行、履职尽责、勤政廉政等情况制发《关于新形势下落实全面从严治党要求推进干部监督体系建设的意见》，加强与区纪委、区审计局等部门的沟通协调，整合监督力量和资源，构建起职责清楚、重点突出，上下联动、层级负责，协同配合、科学有效的干部监督工作格局。

（范文瑶）

【党支部规范化建设】 2月12日，区委组织部召开朝阳区党支部规范化建设工作部署会，推进党支部规范化建设在全区有序开展。区领导甘靖中、何明参加会议。制发《朝阳区关于开展“建设‘五有’党支部自查整改”专项行动的实施方案》，编印《基层党务工作规范化指导手册》，制作20期党支部规范化建设业务指导片。6月，按照5%、10%的比例，评选出安贞街道安贞西里社区党委、小红门乡中海城社区党总支等30个五星级党组织和奥运村街道龙祥社区党委、常营乡福第社区党委等57个四星级党组织。推进叶青大厦商务楼宇党建规范课题研究，形成《朝阳区商务楼宇党建工作调研报告》，制发《朝阳区商务楼宇党建工作规范化建设指导手册》。

（王晶晶）

【基层党建述职评议考核】 2月24日，区委组织部召开2017年朝阳区街乡和系统党（工）委书记抓基层党建述职评议考核工作会。甘靖中主持会议。35名街乡党（工）委和7名系统党（工）委书记就抓基层党建工作进行述职，各常委逐一进行点评。王灏逐一点评各街乡和系统党（工）委书记述职情况，并从提高政治站位、压实主体责任、把握工作重点、强化基本保障等方面提出要求。市委组织部部务委员、组织处处长徐颖出席会议并讲话，肯定朝阳区基层党建工作的特色亮点，指出存在的问题，并从深入学习贯彻党的十九大、开展党支部规范化建设和整体提升各领域党建工作水平等方面提出意见。区领导王灏、甘靖中、何明、马继业等出席会议。区委党建工作领导小组成员、区纪委委员、街乡和系统党（工）委书记、“两代表一委员”和基层代表计240余人参加会议。

（王晶晶）

【国际高端商务人才认定】 5月14日，区委组织部组织举行2017年朝阳区“凤凰计划”暨国际高端商务人才认定仪式。认定第八批“凤凰计划”海外高层次人才26人（创业类10人、工作类16人）、资助人才团队4个、海外学人初创企业85家、引进留学人员单位10家、引进海外高层次人才单位1家。认定第三批高端商务人才71名（商务精英23名、青年英才48名）。

（曹　原）

【海外学人创业大会系列活动】 5月14日，区委组织部启动2018年海外学人创业大会（OTEC），吸引18个赛区2000余名海内外人才参加。7月21日，举行OTEC国际创业聚活动，50余个国家和地区200余名外国创业者参加，现场举行国际人才创新创业港揭牌仪式。8月，举办OTEC海归招聘会，超过150家国内外知名企业及世界500强公司及超过千名海归留学生、毕业生参加。举办OTEC诺贝尔奖成果转化高峰论坛，6位诺贝尔奖得主、1名院士及众多有卓越影响力科学家参加，推动最前沿、最尖端的科技成果在朝阳实现落地转化。举办OTEC全球创业大赛总决赛，从进入全球

▲ 5月14日，在国家会议中心举行2017年朝阳区“凤凰计划”暨国际高端商务人才认定仪式

区委组织部　供稿

总决赛12个项目中决出冠军1名（朋友保）、亚军1名（松鼠山）、季军2名（Anora、烯风科技）。举行"创新赢得未来"创新峰会开幕论坛以及"ABC科技论坛"。举办OTEC海创中国行，组织15位赛区冠军、12位赛区亚军赴朝阳区海归创业企业GrowingIO、真格基金参观学习，与相关单位负责人交流互动，了解北京、朝阳创业环境与政策。

（曹　原）

【突出贡献人才评选推荐】 5月15日，区委组织部组织开展第十三批"北京市有突出贡献的科学、技术、管理人才"评选表彰推荐工作，审核推荐47人。10月，市委组织部反馈6人通过通讯评审。

（曹　原）

【第四批国际高端商务人才评审】 5月25日，启动2018年国际高端商务人才申报评审工作。9月25日至29日，对符合申报条件的168人进行专家评审。10月至11月，对建议人选及所在企业开展背景核查、数据分析等工作，形成2018年朝阳区国际高端商务人才建议人选名单68人。

（曹　原）

【第九批"凤凰计划"评审】 6月1日，启动2018年"凤凰计划"申报评审工作。9月11日至14日，对符合条件141名人才进行专家评审。10月至11月，形成2018年"凤凰计划"建议认定与资助名单，包括海外高层次人才32人，青年人才27人，初创企业48家，引进人才企业13家。

（曹　原）

【纪念建党97周年系列活动】 6月15日，区委组织部制发《关于做好纪念中国共产党成立97周年有关工作的通知》，指导各级党组织结合推进"两学一做"学习教育常态化制度化，通过集中学习、理论研讨、专题辅导、网络学习等多种形式，组织专题学习；以"党旗耀朝阳，初心永不忘"为主题，组织开展党日活动；组织以"党旗汇聚爱心，慈善播撒朝阳"为主题的共产党员献爱心活动，6月29日在政府南广场组织启动仪式，至8月4日募集善款654.11万元，首次突破600万元；开展典型宣传和群众性纪念活动，营造"七一"节日氛围。

（姜思源）

【京张冰雪项目场馆人才联盟成立】 8月8日，举办"2018年首都专家张家口行暨学术休假"活动，成立京张冰雪项目场馆人才联盟，在张家口市崇礼区举行揭牌仪式。

（曹　原）

【党建工作协调委员会】 8月23日，组织召开2018年朝阳区党建工作协调委员会第一次会议。黄晓伟宣读《朝阳区党建工作协调委员会委员名单》；何明作《关于朝阳区党建工作协调委员会章程（草案）的说明》；表决通过《朝阳区党建工作协调委员会章程（草案）》；北京外企人力资源服务有限公司党委和链家集团党委作交流发言；王灏介绍区情，并从区域化党建理念、融入大局有为有位、共商共建共享三个方面提出要求。区领导刘军胜、张维刚、席成坡、张永新参加会议。有关驻区中央、市属单位，区属有关单位、相关非公经济组织和社会组织相关党组织负责人50余人参加会议。

（王晶晶）

【优秀人才培养资助审核推荐】 9月初，区委组织部开展朝阳区2018年优秀人才培养资助推荐工作，审核推荐186个青年骨干个人项目、12个拔尖个人项目、7个拔尖团队项目和3个集体项目。

（曹　原）

【村和社区"两委"换届选举】 11月15日，区委组织部召开村和社区"两委"换届选举工作领导小组第一次会议和全区动员部署会。文献主持动员部署会。领导小组第一次会议，由领导小组组长、区委书记王灏主持并进行动员，何明就朝阳区村和社区"两委"换届选举工作领导小组及各成员单位主要职责，以及下阶段工作有关安排作说明，高大中对严肃换届选举纪律有关工作安排作说明，领导小组副组长以及各成员单位主要负责人参加会议。11月，召开全区村和社区"两委"换届选举工作业务培训会和换届选举工作推进会。12月20日，组织开展村和社区党组织换届选举大会实战性模拟演练，分批演练3场，各街乡、村和社区党组织书记及区选办巡回指导组等1150余人参加。牵头15家区级单位对4747名村和社区党组织候选人初步人选进行资格联审。

（李　锋）

【未来科学大奖颁奖典礼】 11月17日，与未来论坛联合举办2018年未来科学大奖颁奖典礼暨F2科学峰会。为7位获奖科学家进行颁奖，邀请80余位世界级科学家参加12场专题研讨会。

（曹　原）

【"两委"换届选举】 11月21日，区委、区政府制发《关于认真做好朝阳区村和社区"两委"换届选举工作的实施意见》。提出准确把握指导思想和总体要求，切实抓好软弱涣散党组织整顿工作，选优配强村和社区"两委"班子，依法依规组织村和社区"两委"换届选举，营造风清气正的换届选举环境，加强换届工作的组织领导等六大方面要求。年内，完成村、社区"两委"换届工作。

（任洪忠）

【领导调研】 12月3日，中组部副部长齐玉调研朝阳区城市基层党建及党建引领"吹哨报到"工作。实地察看三里屯街道"脏街"环境整治、麦子店街道霞光里35号院平房区改造情况，了解朝阳区基层党建工作成果。召开工作座谈会，区委书记王灏从加强党的领导、突出协同联动、注重改革创新和立足群众满意四个方面汇报朝阳区城市基层党建及党建引领"街乡吹哨、部门报到"改革情况。

（王晶晶）

【党内年度统计】 年内，朝阳区委有党员206660名，其中新增党员12297名，比上年增长6.32%。党员中，女党员96326名，占总数46.6%；35岁及以下的青年党员34030名，占总数16.5%；少数民族党员10099名，占总数4.9%；离退休党员115714名，占总数56%；农民党员2230名，占总数1.08%；非公有制单位的党员40066名，占总数19.38%。有基层党组织7937个（不包括流动党员党支部或功能型支部），其中，党委587个，党总支415个，党支部6951个。全区有机关党组织868个，事业单位党组织797个，国有企业党组织165个，集体企业党组织159个。社区级党组织466个，其中，城市社区党组织249个，乡镇社区党组织217个。社区（委员会）基层党组织共2730，其中党委424个，党总支66个，党支部2240个。村级党组织154个。建制村基层党组织333个，其中党总支48个，党支部285个。全区非公企业党组织2245个（党委88个，党总支73个，党支部2084个）。有社会组织党组织3186个，其中党委444个，党总支114个，党支部2628个。

（王晶晶）

【党建研究】 年内，区委组织部承担中组部党建所重点课题“提高党的建设和组织工作质量研究”子课题调研任务，撰写完成《当前基层党的建设和组织工作质量问题分析及对策研究》子课题调研报告参加结题评审；牵头海淀、石景山和平谷区组建联合课题组，申请承担首都党建智库重点项目“党领导基层社会治理机制研究”，撰写完成总调研报告《党领导基层社会治理机制研究——以北京市“街乡吹哨、部门报到”改革为例》报送参加结项评审；承担北京市党建研究会重点立项课题“党建引领‘街乡吹哨、部门报到’相关机制研究”调研工作，撰写形成调研报告并被推荐参加全国党建研究会2018年度自选课题评选；完善《朝阳区基层党组织在城市基层治理中发挥作用问题研究报告》并报送市党建研究所，被收入《北京党建蓝皮书：北京党的建设报告》公开发表。2018年区党建研究会围绕律师行业党建、党支部工作法、网格党建等8个基层党建工作中的前瞻性、典型性问题，继续开展基层党建重点项目研究，引导基层以项目推动问题破解、借助智库力量研究党建工作规律，提炼和深化区域党建品牌。2018年，区党建研究会围绕“街道吹哨、部门报到”改革、新兴领域（行业）党建、深化“一轴四网”区域化党建工作体系等五个方向，指导基层单位继续开展课题研究，通过专家评审，最终立项课题38个，其中重点课题15个，指导课题23个。区党建研究会第六届自选课题评选收到投稿54篇，进入评审阶段。区党建研究会全年编发会刊《基层党建与社会》正刊4期，刊登稿件130余篇。

（王晶晶）

【“双报到”工作】 年内，区委组织部开展朝阳区基层党组织和在职党员“双报到”工作，制发《关于持续深化基层党组织和在职党员“双报到”工作的通知》。12月31日，完成报到在职党员44510名，在区完成报到在职党员105861名，在职党员做出承诺12627份，提出建议4833条，参与各类活动59471人次，办结实事3157件。

（王晶晶）

【处级班子干部调整】 年内，区委常委会讨论决定处级干部任免336人次。其中：提拔117人次，平职交流改任60人次，转任非领导职务28人次，辞职调出15人次，提前退休22人次，挂职兼职等其他任命94人次。建立组工干部蹲点调研制度，制发《关于处级干部提拔任用向社区（村）延伸考察的实施办法（试行）》。

（王晶晶）

【挂职干部】 年内，选派24名干部赴河北省、内蒙古自治区、河南省对口协作；选派11名干部赴香港特别行政区、云南省等地挂职交流；选派3名干部赴中央单位、中央金融机构挂职；选派15名干部赴基层乡（村）参与全区重点工作。接收中央国家机关和金融机构挂职干部9名，市级机关和企事业单位挂职干部5名，新疆、西藏、内蒙古、河南、河北、山西、湖南等外省、自治区挂职干部121名。在尊重派出单位及外人挂职意向基础上，按照“专业对口”原则拟定安置方案，将挂职干部分别安置在相关委办局及部分街乡等单位。

（范文瑶）

【外籍人才办理永久居留工作推进】 年内，开展朝阳示范区外籍人才申请办理在华永久居留工作。1月份，启动积分评估办理永久居留工作。12月底，34人获永居推荐函。

（曹　原）

宣　传

【概况】 中共北京市朝阳区委宣传部（简称区委宣传部）是主管全区意识形态、对外宣传的区委工作部门，代行宣传系统工委职能，并负责区文化创意产业领导小组办公室日常工作。内设10个科室。朝阳区文化创意产业发展中心为区委宣传部所属纳入工资规范管理事业单位。区委宣传部（文明办）编制60人，其中公务员编42人、纳入机关工资规范管理事业编14人、工勤编4人。2018年在编52人，其中公务员37人，包括部长1人、副部长6人（兼任文明办主任1人）、文明办副主任2人；纳入工资规范事业编11人，包括主任1人；工勤4人。2013年8月，北京市朝阳区规划艺术馆划入区委宣传部，为事业单位，经费形式、机构规格和人员编制不变；设有综合办公室、运营保障部、社会教育部、媒体宣传部、文创中心、展陈技术部、活动策划部、老厂房联盟秘书处8个部门；人员编制16名，实有9人，允许使用劳动合同制人员52人，实际聘用45人，以劳务派遣的方式聘用保安、保洁、监控人员30人，总计84人。年内，《朝阳区：“城市书屋”打造新时代全民阅读新空间》被纳入2018年全国《宣传思想文化工作案例选编》。制发《朝阳区创建国家卫生区迎检工作宣传方案》《朝阳区推动宣传思想工作守正创新工作方案》《关于开展宣传推选“最美志愿者、最美志愿服务社区、最佳志愿服务项目、最佳志愿服务组织、最佳志愿服务单位”活动的通知》《朝阳区开展扫黑除恶专项斗争宣传工作方案》。全年编发手机报47期、编发《中心组学习参阅》16期12800册，编发《理论与实践》24期1440册，“中心组学习园地”刊发各类信息500余条。“北京朝阳”政务微博在新浪网、腾讯网、人民网编发微博内容4596篇。“北京朝阳”今日头条号信息发布，编发新闻内容202篇。编辑出版《与新时代同行》案例集。

（孙　翀）

【全国文化中心建设领导小组会议】 1月3日，区委宣传部组织召开全国文化中心建设领导小组第一次会议，传达北京市推进全国文化中心建设领导小组第一次会议精神和市领导到朝阳调研文化建设时的讲话精神，制发《朝阳区全面加强文化建设的意见》《朝阳区培育和践行社会主义核心价值观行动计划》《朝阳区深化公共文化服务体系示范区建设行动计划》《朝阳区保护与传承优秀传统文化行动计划》《朝阳区推进国家文化产业创新实验区建设行动计划》《朝阳区推进对外文化交流行动计划》《朝阳区大运河文化带保护建设行动计划》的“1+6”制度文件。王灏主持会议。吴桂英参加会议并讲话，为朝阳区文化建设专家顾问团成员颁发聘书。区领导孙其军、黄晓伟出席会议。2月28日，组织召开推进全国文化中心领导小组办公室第二次例会，传达学习市推进全国文化中心建设领导小组第二次会议精神和市推进全国文化中心建设领导小组办公室第三次例会精神，听取相关单位工作汇报，安排部署2018年重点工作。黄晓伟出席会议并讲话。领导小组成员单位及相关部门参加会议。8月30日，组织召开推进全国文化中心建设领导小组办公室第三次例会。区委宣传部常务副部长毕重伟主持会议。区委常委、宣传部部长刘军胜出席会议并讲话。

（杨　帆　徐志浩　袁　也）

【“三下乡”活动】 2月1日，在全区开展“我们的中国梦”——文化进万家活动。区委宣传部联合“三下乡”活动领导小组各成员单位，在豆各庄地区文化中心开展2018年朝阳区文化、科技、卫生“三下乡”集中示范活动，惠及地区群众200余人，开展科普互动体验200余人次，医疗义诊280余人次，法律咨询30余人次，妇女儿童权益保护咨询20余人次，为村民写春联220余幅、剪窗花400余张，发放精神文明建设、医疗、计生、法律、妇女儿童和科普知识等各类图书400余册、宣传折页1400余册、其他宣传品1200余份。

（杨　帆　徐志浩）

【神木厂历史景观建设工作调度会】 9月7日，区委宣传部组织召开神木厂历史景观建设工作调度会。研究推进神木廊房建设、《神木谣》碑御碑亭建设、木文化博物馆建设、周边景观环境提升等工作，明确各项工作完成时限。区文化委党委书记、主任高春利主持会议。刘军胜出席会议，区文化委、区发改委、规土朝阳分局、区园林绿化局等单位主管领导参加会议。9月14日，刘军胜调研神木厂、萧太后河辽文化展览馆等地。

（杨　帆）

【纪念建区60周年发展成就展】 5月16日，区委宣传部召开朝阳区纪念建区60周年系列活动工作部署会，制发《朝阳区纪念建区60周年系列活动实施方案》。9月12日，由区委、区人大、区政府、区政协、朝阳区精神文明建设委员会主办，区委宣传部、区档案局、朝阳规划艺术馆承办“砥砺奋进六十载再创朝阳新辉煌——朝阳区建区60周年发展成就展”在朝阳规划艺术馆开幕。文献主持开幕式，王灏致辞。区四套班子领导、区法院院长、区检察院检察长、各界人士、群众代表参加活动。展览运用各类新媒体平台将文字信息、微视频、H5、VR视频、网络直播等传播方式融合，在“北京朝阳”政务网站开设“砥砺奋进60载再创朝阳新辉煌”主题动态网页，发布相关报道45篇。在网易新闻客户端制发《朝阳区建区60周年成就展预告》《朝阳区建区60周年8项重点活动预告》两款H5和全景式掌上发布厅。

（蔺　凯）

【“我爱你中国”大型主题灯光秀播出】 国庆节期间，朝阳区在世贸天阶、国贸三期B座、塞隆国际文化创意园三处点位播出“我爱你中国”大型主题灯光秀。国贸大厦B座灯光秀通过楼体外立面上安装40余万颗LED灯，在楼体东西两侧展示出“我爱你中国”的巨型汉字，在楼体南北两侧展示出冉冉升起的五星。通过世贸天阶亚洲首座、全球第三大规模的电子天幕播放“我爱你中国”五个大字。北京塞隆国际文化创意园运用洗墙灯与数字控制技术，将世界最大的46座水泥筒仓群点亮，在筒仓上打出“我爱你中国”字样激光投影。

（杨　帆　袁　也）

【百姓宣讲活动】 年内，组织开展百姓宣讲各项会议活动。4月26日，组织召开2018年朝阳区百姓宣讲工作会暨宣讲骨干培训会。业务培训全区各系统、各单位百姓宣讲负责人和宣讲骨干200余人，制定《2018年朝阳区百姓宣讲工作实施方案》。7月18日至19日，组织“新时代新气象新作为”2018年朝阳区百姓宣讲汇讲活动。市委讲师团副团长刘梅、宣讲处处长徐中煜、区委宣传部常务副部长毕重伟出席活动，全区各系统工委的8支宣讲团50余名宣讲员进行宣讲。组建“朝阳群众与改革开放”特色宣讲团，参加市级百姓宣讲汇讲，全区各系统、各单位开展宣讲近1100场，受众达8万余人。

（杨　帆　徐志浩　袁　也）

【组织开展区委理论学习中心组学习】 年内，区委宣传部制定《2018年朝阳区委理论学习中心组学习计划》，围绕习近平新时代中国特色社会主义思想的14条基本方略选取坚持以人民为中心、坚持全面深化改革、坚持总体国家安全观、中美贸易摩擦等主题，组织区委理论学习中心组集中学习22次，其中会前学法4次。组织区委理论学习中心组分别参观“真理的力量——纪念马克思诞辰200周年主题展览”“复兴之路·新时代部分”大型主题展览以及“伟大的变革——庆祝改革开放40周年大型展览”。配发《习近平谈治国理政（第二卷）》《论坚持推动构建人类命运共同体》等书籍26种1560册。

（徐祯卿　徐冬冬）

【意识形态工作落实】 年内，坚持将意识形态工作列入区委理论学习中心组和各二级班子理论学习中心组学习计划。区委召开常委会、党建工作例会，专题研究部署意识形态工作5次。调整区委意识形态工作领导小组领导成员和成员单位，成立区委网信办，强化意识形态、网络意识形态工作领导权。层层组织签订意识形态和网络意识形态工作责任书2510份，把意识形态工作纳入朝阳区全面从严治党主体责任检查考核指标体系，纳入全区处级领导班子综合考核评价，纳入民主生活会、领导干部个人述职报告以及全区党委（党组）书记述职评议考核等重要内容，推动“一岗双责”落到实处。每季度召开区意识形态领域情况和网络意识形态工作会商研判通气会。加强对意识形态各类阵地及平台管理，落实报备机制，严把活动主题和内容关。

（徐祯卿　徐冬冬）

【思想政治和理论宣讲典型选树】 年内，组织开展第十四届北京市思想政治工作优秀单位、优秀思想政治工作者推荐工作。推荐中共北京市朝阳区纪律检查委员会、北京市朝阳区监察委员会、北京市朝阳区人民法院奥运村人民法庭、中共北京市朝阳区紧急医疗救援中心支部委员会、北京市朝阳区垂杨柳中心小学等单位4个，王佼、赵益民、刘野、张健等个人4名。组织完成北京市2018年度“宣讲家杯”优秀报告（党课）征集展播活动的评审推荐工作，推荐《习近平新时代中国特色社会主义党建思想》《十九大精神解读》等作品23部。组织完成2017年度思想政治工作优秀研究成果评审推荐工作，推荐《坚定信念提升能力做好新时期的宣传思想政治工作》《朝阳区非公党建品牌建设研究》等优秀成果22项。

（徐祯卿　徐冬冬）

【宣传思想文化战线大调研】 年内，区委宣传部制定《朝阳区宣传思想文化战线大调研实施方案》，明确全区宣传思想文化战线36项调研课题，其中部机关10

项，各系统工委及宣传思想文化单位26项，围绕思想道德建设、文化三里屯建设、融媒体中心建设、舆情治理能力提升等专题全面开展基础性、专题性和系统性调研。形成基础台账9个，政策文件3个，课题报告23篇。

（张秋佳　李　尚）

【“创卫”宣传动员】 年内，区委宣传部牵头区“创卫”宣传动员指挥部工作，制定《朝阳区创建国家卫生区宣传动员指挥部组织机构工作方案》，成立综合协调组、新闻宣传与应急处置组等6个工作组。强化传统媒体宣传报道，《朝阳报》刊登专题报道50余篇；朝阳有线播出相关报道129条；北京电视台、《北京日报》、《法制晚报》等媒体刊登相关报道744篇；4月24日起，在朝阳有线滚动播出“创卫”宣传字幕，同时循环播出“创卫”宣传片。“北京朝阳”政务微博编辑发布相关信息233篇，阅读170.7万余人次。“北京朝阳”头条号发布文章23篇，阅读26.7万余人次。“北京朝阳”政务微信推送信息42条，“北京朝阳”App推送信息419条。“文明朝阳”微信公众号发布宣传文章21篇。

（张秋佳　李　尚）

【外媒采访服务保障】 年内，区委宣传部配合中央、北京市各相关部门做好欧洲媒体访问活动、“一带一路”国家记者拍北京活动、上合组织媒体北京行、“魅力科隆展”等4场涉外媒体参观采访保障工作，接待俄罗斯、英国、日本、乌兹别克斯坦、巴基斯坦等28个国家39家媒体的70余名记者。

（蔺　凯）

【“中外记者看朝阳”外宣活动】 年内，区委宣传部协调对接外交部和北京市相关部门以及区属各单位共同策划开展“一条古老运河的前世今生”和“北京老厂房的新故事”外国驻京记者主题采访活动，邀请23个国家33家媒体52位外媒记者实地走访参观，并通过人民网、千龙网等20余家媒体发布信息30余条，全方位、多角度对外宣传展示朝阳“疏解整治促提升”、水环境治理、文化创意产业发展、老厂房保护再利用等方面取得的发展成就。

（蔺　凯）

【青年干部成长“1+1星火工程”】 年内，宣传系统落实《关于选调宣传系统优秀青年干部到区委宣传部机关轮训的实施办法（试行）》，采用“以干代训”方式，2018年选拔系统四批16名优秀年轻干部到宣传部机关轮训锻炼，组织召开4次青年干部座谈会，听取青年干部的心声感想。围绕“讲述评论强本领，写摘查编夯基础”，举办主题征文、演讲辩论、座谈交流等，加大青年干部教育培养力度。10月22日至25日，举办2018年宣传系统年轻干部示范培训班，区委宣传系统“85后”年轻干部70余人参加培训。

（李　蕊　王　琮　李　晨）

【从严治党主体责任落实】 年内，区委宣传系统各单位层层签订责任书，建立各级党员干部责任清单400份，分层级、分类别签订责任书1625份。宣传系统各单位全年运用“第一种形态”约谈42次。多种方式学习贯彻落实《中华人民共和国宪法》《中华人民共和国监察法》《中国共产党纪律处分条例》，举办廉政主题党课，观看警示教育片，组织参观全区“纪律教育在身边”宣教展等，督促参加“清风朝阳”答题活动。7月4日，邀请区纪委常务副书记、区监委副主任高大中讲授“讲政治顾大局守纪律”主题讲座；9月6日，毕重伟围绕“不忘初心牢记使命做忠诚干净担当的好干部”主题，为卫计系统讲授主题党课；制发《关于深刻剖析林其楼、王芮严重违纪问题强化警示教育全面自查整改的通知》。

（李　蕊　王　琮　李　晨）

【宣传系统党的建设大调研大检查大提升】 年内，区委宣传部在宣传系统全面开展党的建设大调研大检查大提升工作。7月23日起，组建3支专题调研组，邀请第三方专家全程参与，对宣传系统（包含区文化委、区卫计委、区体育局、区广电中心、798管委会和区文联6家单位）70家基层单位、174个基层党组织逐一走访，开展为期5个月调研检查。查阅三年来各类党建工作材料2800余卷，与490名党员群众代表进行谈话，召开专题座谈会10次，组织填写调查问卷1868份，形成《宣传系统党的建设大调研大检查大提升工作情况报告》、3个调研组调研报告、70个基层单位党组织调研报告和调研组专项课题报告。12月召开集中反馈专题会，面向系统各单位党委（党组）、各级党组织“一对一”反馈调研情况及问题建议，集中推广一批典型经验，通过“回头看”形式进一步强化系统各单位主体责任，督促自查整改、做好长远谋划。

（李　蕊　李　晨　王　琮）

统一战线

【概况】 中共朝阳区委统战部、中共朝阳区委台湾工作办公室、朝阳区人民政府台湾事务办公室、朝阳区人民政府侨务办公室4个机构合署办公，在编人员21人。设部长1人，由区委常委兼任；常务副部长1人，协助部长落实各项工作；副部长、台办主任1人，负责区涉台事务工作；副部长、侨办主任1人，负责区侨务工作及海外联络；副部长、工商联党组书记1人（编制在工商联）负责区会员企业和非公经济领域的统战工作；副部长、区民宗办主任1人（编制在民宗办）。内设办公室、对台联络科、侨务办公室、党派工作科、综合科、新的社会阶层人士科。2018年，全区统战系统把握新时代统一战线工作新机遇，围绕“减量精治优环境”，坚持“贯穿一条主线（把深入学习贯彻习近平新时代中国特色社会主义思想和党的十九大精神作为贯穿全年工作的线）、牢牢把握两大主题（大团结、大联合）、坚持四个突出（突出政治引领，拓展统战工作平台，巩固共同思想基础；突出凝心聚力，找到最大公约数，画出最大同心圆；突出创新发展，开拓统战新领域，拓展有效覆盖面；突出发挥作用，放大法宝优势，服务区域发展），努力开创新时代统一战线各领域工作新局面，为朝阳区‘建设三区、建成小康’，为北京建设国际一流和谐宜居之都展现新作为、新贡献”工作思路，促进区域政党关系、民族关系、宗教关系、阶层关系、海内外同胞关系和谐。召开2018年区委统一战线工作领导小组（扩大）会。制发《朝阳区侨务工作联席会议制度（试行）》。中护航大厦被评为全国为侨公共服务示范单位。

（姚德文）

【民主协商会】 1月4日，区委召开民主协商会，征求各民主党派、人民团体、无党派人士区检察院检察长人选意见。

12月29日，区委召开民主协商会，征求各民主党派、人民团体、无党派人士、区长人选意见。王灏、何明、黄晓伟出席会议。

（姚德文）

【领导调研】 5月18日，市人大常委会民宗侨办主任孙杰率人大调研组一行15人，到朝阳区望京为民服务中心和中护航大厦调研区侨务工作。8月17日，市委统战部副部长严卫群、新的社会阶层处处长薛晏到朝阳区中护航大厦、京师律师事务所考察新社会阶层人士统战工作，中护航集团董事长刘峰介绍集团统战工作开展情况及整体业态情况，参观京师党建文化长廊、四合院、一站式服务大厅以及京师张丽芳家事调解中心等区域，京师律师事务所主任张凌霄随行汇报京师律师事务所统战工作开展情况。9月27日，市委常委、统战部部长齐静一行到朝外街道调研民族宗教工作。听取朝外街道及朝外街道雅宝里社区、三丰里社区开展民族团结工作的情况汇报，到芳草地国际学校民族校区、月盛斋直营店、京客隆超市等，实地考察朝外街道民族宗教工作开展情况。

（姚德文）

【台北市县市同乡会到朝阳区参访】 5月24日，由北京市台湾同胞联谊会组织的台北市台澎金马各县市同乡会总干事联谊会一行25人到朝阳区参访交流。参观北京莱锦文化创意产业园、朝阳规划艺术馆、侨福芳草地，开展两岸文创领域的交流，增进与台湾基层互动交流。市台联办公室主任钟正勇、市台联宣传部部长许俊章、朝阳区台办主任李波、国家文化产业创新实验区管委会负责人参加活动。

（姚德文）

【议政会】 6月13日，区政协、区委统战部在北京会议中心举行“坚持文化引领发展，建言产业融合提升”议政会。区政协主席陈涛主持会议。王灏、黄晓伟、李俊杰出席会议并讲话。胡杰华、李波等参加会议。10月17日，区政协、区委统战部举办“创新社会治理 增进民生福祉”议政会。黄晓伟主持会议。文献、陈涛、甘靖中、王志勉等出席会议。区政协常委会委员，部分政协委员，区各民主党派、工商联负责人，无党派人士代表、课题组成员，区委办、区政府办等19部门负责人参加会议。

（姚德文）

【悦动高雄·悦动高屏在台湾举办】 6月20日至28日，由北京市朝阳区文学艺术界联合会、北京海峡两岸民间交流促进会、高雄市青溪总会共同主办的京味文化走进台湾高雄市、屏东市，第四届“北京朝阳‘悦动高雄·悦动屏东’社区文化大舞台”交流活动举办。活动包括三场文艺演出、两场摄影展览及三次民间手工艺展示互动，数千台湾民众参加活动。40余名专业演员、民间艺术家、朝阳艺术团和街乡文艺工作者参加演出。

（姚德文）

【双奥之城华侨华人大联欢活动保障】 8月8日，区政府办、区侨办、区安监局、公安朝阳分局、朝阳消防支队等8个部门完成“文化中国·水立方杯”唱响双奥之城华侨华人大联欢活动属地保障工作。

（姚德文）

【律师事务所联谊会成立】 11月23日，北京京师律师事务所成立新的社会阶层人士联谊会。市委统战部新阶层处处长薛晏，市律师协会副会长邱宝昌，朝阳区委统战部常务副部长胡杰华，区律师行业党委委员、副会长蔡春雷出席仪式。第一届理事会会长由民建会员、京师律师事务所高级合伙人、招投标法律事务部主任、通州分所主任田晶鑫担任，设会长1名、副会长7名、秘书长1名，新一届理事会有理事45人。

（姚德文）

【困侨救助】 国庆节期间，为5户困难归侨低保家庭、低收入家庭，3名困难归侨孤寡老人，72名困难归侨侨眷，发放救助金20.9万元。

（姚德文）

区直机关党建

【概况】 中共北京市朝阳区委区直属机关工作委员会，是区委派出机构，主管区直属机关系统党的建设和思想政治工作，领导区直属机关纪律检查工作委员会，编制13人。内设办公室、组织科、宣教科、监察科（群团办）。年内，区直机关工委所辖67个基层党组织，其中4个基层党委、9个机关党委、25个直属党总支、29个直属党支部，有在岗党员6007人，离退休党员1273人。区直机关系统新发展党员53人，转正53人，27个党组织完成换届，9个党组织进行补选。举办组织委员培训班和科级及以下党员干部参加培训党员轮训班。

（孙新杰）

【“两节”送温暖慰问活动】 2月，区直机关工委组织开展春节、元旦送温暖慰问活动，走访慰问离退休老干部19名、市级生活困难党员2名、区级生活困难党员60名、区直机关系统生活困难党员94名、生活困难群众20名、“慈善助残”活动结对困难家庭115家。联合区总工会、区文联前往区人大、政协机关、机关大院等举办6场“迎新春送祝福”慰问活动，慰问一线党务工作者和党员干部职工，50余名书法家和民俗家参加慰问。

（孙新杰）

【推荐表彰先进】 3月，区直机关工委开展首都劳动奖状、奖章、北京市工人先锋号推荐工作。确定区直机关系统4家单位、6名个人为推荐对象。区信访办、区发改委被授予“首都劳动奖状”；区园林绿化局刘国中、区食药局代敏芝、国土朝阳分局李欣、区环卫中心魏超、区城管局章幸家、区环保局翁广达被授予“首都劳动奖章”；区国税局第一税务所、区房管局房屋征收中心被评为“北京市工人先锋号”。

（孙新杰）

【党员发展对象培训班】 5月，区直机关工委举办2018年区直机关系统党员发展对象培训班。42个单位127名党员发展对象参加培训。

（孙新杰）

【困难党员帮扶】 6月，区直机关工委完成区直机关系统区委领导走访慰问工作的推荐和困难党员的帮扶工作。区委领导走访慰问优秀党员3名、生活困难党员2名，为75名困难党员申请帮扶资金，发放帮扶资金96000元。11月，为75名困难党员申报困难党员帮扶，为2名困难党员申报市级帮扶，推荐2名优秀党员、2名困难党员作为春节、元旦期间区领导慰问对象。

（孙新杰）

【纪检干部培训班】 6月24日，区直机关工委在朝阳区社区学院举办2018年区直机关系统纪检干部培训班。68家单位纪检工作主管领导、纪检干部及纪检工作联系人、直属党组织纪检委员及区纪委、区监委派驻纪检监察组成员138人参加培训。区直机关工委常务副书记邵水平作动员讲话。区直机关工委纪工委书记李海波解读《关于进一步加强区直机关系统基层党支部纪律检查委员队伍建设意见（征求意见稿）》《区直机关系统党风廉政建设定期通报制度（征求意见稿）》。市委党校党史党建教研部韦磊围绕“十九大以来反腐倡廉建设”授课。区纪委常委、区监委委员、党风政风监督室刘敏围绕“落实全面从严治党主体责任的形势和任务”进行辅导。

（孙新杰）

【区直机关系统党建例会】 年内，区直机关工委分别于3月28日、7月18日、11月22日召开区直机关系统党建例会。组织区直机关系统基层党组织负责人述职，通报区直机关系统党风廉政建设情况，邀请专家解读《中国共产党纪律处分条例》和《中国共产党巡视工作条例》，黄晓伟对述职人逐个点评并提要求。

（孙新杰）

【基层故事会巡演活动】 年内，区直机关工委以“牢记使命，深耕基层”为主题，组织开展进机关、进社区、进农村、进学校、进企业“五进”基层故事会巡演活动。以优秀挂职干部事迹为素材原创7个节目，挑选挂职干部9名，与专业演员同台演出小品、西河大鼓、对口评书等节目。11月中旬至12月中旬，在农村、机关、街道、国资、教育系统组织5场演出，覆盖党员干部群众2000余人。

（孙新杰）

老干部工作

【概况】 中共北京市朝阳区委老干部局为区委直属的公务员法管理单位，隶属区委组织部领导，负责落实党的老干部政策，服务管理区离休和副处级以上退休干部。内设4个科室，编制41人，实有38人。全区有离休干部386人（含异地离休干部46人），副处级以上退休干部1648人。年内，区委老干部局加强离退休干部政治建设、思想建设和党组织建设，加强离退休干部服务管理，落实离退休干部政治待遇和生活待遇，引导离退休干部为党和人民事业增添正能量，举办局职离退休干部读书班、离退休干部党支部书记培训班、处级干部理论骨干学习班等9期，通过专题情况通报和形势报告等方式，解读和宣传中央、市委和区委重大决策部署，全年参加各类政治学习的老干部2311人次。组织离退休干部体检1869人次，走访慰问离退休干部及去世离休干部配偶5973人次，完成市和区为离休干部办实事5件。召开纪念改革开放40周年座谈会。

（冯兴国）

【慰问困难党员】 1月4日，区委组织部和区委老干部局制发《关于转发中央组织部〈关于在元旦春节期间开展走访慰问生活困难党员、老党员和老干部活动的通知〉的通知》，启动2018年“两节”走访慰问活动。慰问党员2141人，发放慰问金354余万元。“七一”前夕，对先进基层党组织，优秀党员、优秀党务工作者、新中国成立前老党员、生活困难党员、因公牺牲的党员家属、长期缴纳大额党费的党员、村（社区）老骨干及因病致贫的特困群众普遍开展走访慰问。通过座谈、走访看望等形式，了解基层党组织建设情况，市管党费划拨、区管党费配套慰问金45.8万元，解决实际困难。其中区领导慰问党组织3个、党员9人，组织部领导慰问党员7人，发放慰问金3.8万元。

（姜思源）

【老干部工作会】 2月6日，朝阳区召开老干部工作会。甘靖中传达全国老干部局长会议精神，何明作《深入学习贯彻党的十九大精神，认真做好新时代老干部工作》报告，王灏主持会议并讲话。市老干部局副局长宋永健，区领导王灏、陈宏志、陈涛、甘靖中等出席会议。区委老干部工作领导小组成员，原区四套班子老领导，区党建研究会老干部分会成员等300余人参加会议。

（冯兴国）

【专题报告】 3月27日，席成坡为老干部作《朝阳区党风廉政建设和反腐败工作》专题报告。区委组织部副部长、老干部局长蔺红主持会议。全区离退休干部党支部书记、老干部宣讲团代表等130人参加会议。

（冯兴国）

【理论骨干培训】 5月14日至30日，区委老干部党校举办三期老干部党校培训班，集中培训全区离退休干部理论骨干。培训班以“不忘初心，牢记使命”为主题，解读党的十九大精神，观看“北京城市总体规划”解读光盘，通报2017年朝阳区老干部工作情况和2018年工作要点，发放《习近平讲故事》等书籍。

（冯兴国）

【宣传骨干培训】 6月21日，区委老干部局举办2018年朝阳区老干部宣传骨干培训会。传达学习北京市老干部工作宣传重点，通报朝阳区宣传工作情况，介绍《朝阳老干部》报与“朝阳老干部之家”微信公众号有关情况。老干部宣传骨干等30余人参加会议。

（冯兴国）

【区情通报】 7月13日，区领导与离退休干部见面暨情况通报会召开。代区长文献主持会议。王灏通报区委班子成员调整变化情况和上半年朝阳区社会经济发展情况。区领导王灏、陈宏志、陈涛、甘靖中、何明、马继业出席会议，离退休干部代表等60余人参会。

（冯兴国）

【争创“双星”评审】 9月10日至11日，区委老干部局组织召开2018年度离退休干部争创“特色党支部之星”和“发挥作用党员之星”评审工作会。申报“双星”离退休党支部书记、区党建研究会老干部分会成员和相关工作人员50余人参加会议。区卫计委离退休干部党支部、六里屯街道退休干部第一党支部、和平街街道离退休干部党支部、潘家园街道离退休干部党支部等被评为“学习活动”党支部之星；垡头街道离退休干部党支部等被评为“规范建设”党支部之星；区委党校老干部第二党支部等被评为“发挥作用”党支部之星等。共评出“特色党支部之星”30个。区人大离退休干部党支部张泰、区政协离退休干部党支部李明、区民政局老干部第一支部杨俊亮、区教委离退休干部党支部杨轩荣、和平街街道离退休干部党支部丁兰欣等被评为“先锋表率”党员之星；团结湖街道离退干部休党支部朱玉芝等被评为“模范长辈”党员之星；区纪委区监委离退休干部党支部董洁等被评为“时代老人”党员之星等。共评出“发挥作用党员之星”76名。

（冯兴国）

【读书班举办】 年内，区委老干部局举办两期局职离退休干部读书班，学习贯彻党的十九大、全国“两会”精神，传达学习中央、市、区相关会议精神，观看《习近平总书记视察北京重要讲话与雄安新区设立的重大意义》《朝阳区十三五规划》等光盘学习资料。

（冯兴国）

【为离休干部办实事】 年内，区委老干部局落实提高全区生活不能自理及80岁以上离休干部护理费标准，落实去世离休干部无工作配偶困难补助费发放及加发离休干部1至3个月生活补贴工作，落实区委、区政府为离休干部办实事，为263名离休干部开展上门健康护理服务，为58名抗日离休干部办理市委市政府给离休干部送牛奶工作，为24名破产乡管企业、非公企业离休干部解决采暖补贴及住房物业服务补贴费用。

（冯兴国）

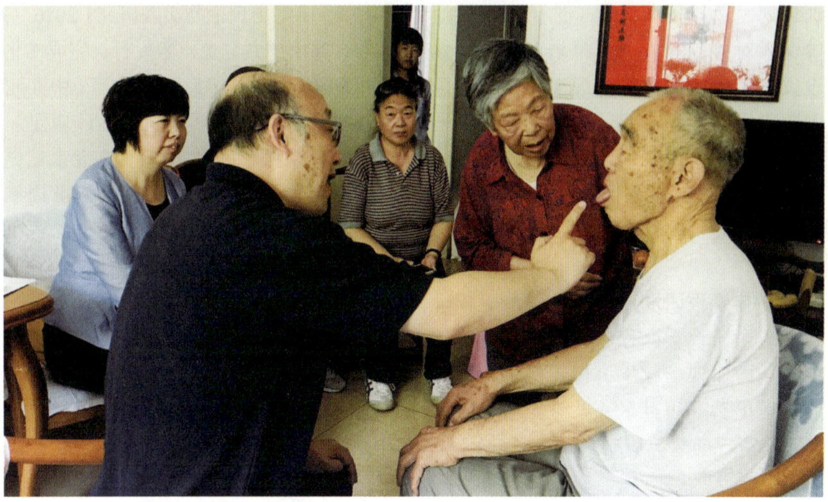

▲ 区委老干部局组织专家到离退休干部家诊疗　　区委组织部　供稿

【党建创新项目征集】 年内，区委老干部局运用项目化运作方式，在全区组织开展离退休干部党建工作创新项目征集活动。通过项目资助、培训指导、督导评估等工作方式，扶持离退休干部党建创新项目，促进各级党委（党组）落实离退休干部党建工作主体责任。全区老干部党校分校及社区课堂、离退休干部党支部、老党员先锋队等35个项目立项，垡头街道离退休干部党支部“2平台3联动3支撑体系”党建融合、八里庄街道离退休干部党支部“红色绘本”活动、三间房地区“美然动力社区”老党员先锋队参与社区治理等项目推广，推动离退休干部党组织建设。

（冯兴国）

【文化养老】 年内，区老干部大学开设各类教育学习班21个，组建舞蹈队、葫芦丝队、合唱队等活动队组，丰富文化养老，连续7年举办区离退休干部文化节。区离退休干部太极拳一队在市委组织部、市委老干部局组织的离退休干部太极拳团体赛和展示活动中获第一名。

（冯兴国）

保密管理

【概况】 中共朝阳区委保密委员会办公室和区国家保密局是一个机构、两块牌子，既是区委保密委员会的办事机构，又是区政府管理保密工作的职能部门，由区委办公室管理。设综合科和检查技术科。2018年，区保密局不断提高政治站位，进一步发挥党管保密作用，以增强“四个意识”统筹谋划保密工作，压实保密工作主体责任的总要求。不断强化保密管理，进一步规范保密工作开展，着重在服务保障、宣传教育、督导检查、“三大管理”上下功夫，使全区保密工作水平再上新台阶。

（郎春颖）

【社会面普法宣传】 4月15日，区保密局以“全民国家安全教育日”主题宣传活动为契机，宣传保密法律法规、强调公民的保密责任与义务。发放挂图50份，《国家安全宣传手册》400余册，宣传“保密无小事”“保守国家秘密人人有责”理念。

（郎春颖）

【中非合作论坛北京峰会保密服务保障】 6月至8月，区保密局全程参与中非合作论坛北京峰会筹备工作，制定《中非合作论坛服务保障工作保密管理规定》和相关工作方案。与区市政市容委对接，联合开展保密专题培训，检查和监管参与建设单位特别是有关城市建设企业保密工作，排查34个街道和办事处保密工作，完成中非合作论坛北京峰会服务保障工作。

（郎春颖）

【保密培训】 11月29日至30日，区保密局召开保密工作培训会。区各单位主管领导、涉密人员、保密干部200余人宣讲保密史专题党课。邀请北京交通大学保密学院老师讲授保密知识和防范技能，进行保密教育。年内，根据不同单位、不同特点采取量体裁衣备课方式，提供不同工作方法、研究不同工作环节、突出不同把控重点，分别对区委区政府四办工作人员、区委纪检监察系统干部、各派驻组、统战部、旅游委、机关后勤服务人员、外办、绿化局等单位开展保密培训，受众达1000余人。

（郎春颖）

【保密专项检查】 11月，区保密局按照简政放权放管结合工作要求，对辖区取得保密资质的武器装备科研生产单位和印刷复制企业等，采取随机抽取检查对象、随机选派检查人员“双随机”抽查方式，重点检查9家单位145台涉密计算机和移动存储介质使用管理情况，检查问题隐患4类32项，各单位均按照时间节点完成问题整改。

（郎春颖）

【保密自查】 6月，区保密局组织全区148家单位开展保密自查工作，各单位年度自评都在90分以上，考评结果100%符合要求，保密自查自评工作实现全域、全员、全过程覆盖。8月，市保密局对朝阳区开展专项督导检查，综合评定为优秀。

（郎春颖）

党校教育

【概况】 中共北京市朝阳区委党校是区委直接领导，培养领导干部、理论宣传干部和国家公务员的学校，兼有区行政学院、区社会主义学院职能，三块牌子一支队伍，内设10个科室。年内，落实《2018—2022年全国干部教育培训规划》《中共北京市朝阳区委关于加强和改进新形势下党校工作的实施意见》，围绕干部教育培训总体要求，坚持从区域发展和学员任职岗位需求出发，以学习贯彻习近平新时代中国特色社会主义思想和党的十九大精神为主线，设置针对性培训课程，完成处级领导干部、中青年后备干部、国家公务员、军转干部、基层党员和积极分子等培训任务。与市委党校、海淀区委党校、石景山区委党校、大兴区委党校、盐城市委党校等开展校际交流。

（樊志洁）

【党的建设研究会党校分会成立】 1月8日，区委党校召开朝阳区党的建设研究会区委党校分会成立大会。审议通过《北京市朝阳区党的建设研究会区委党校分会章程》及第一届理事会会长、副会长、秘书长建议名单。全体理事单位召开北京市朝阳区党的建设研究会区委党校分会第一届第一次理事大会。党校全体教职工及10家团体会员、58名个人会员参加会议。

（樊志洁）

【新闻联络员培训班】 11月27日，区委组织部、区委宣传部、区委党校联合举办的2018年朝阳区新闻发言人与新闻联络员培训班，刘军胜作开班动员并作专题授课。区委宣传部领导毕重伟、吕岚、张昱及各委办局、各街乡新闻发言人和新闻联络员160人参加培训。

（樊志洁）

【主体班培训】 年内，区委党校举办主体班15期。其中，处级干部进修班3期153人、中青年干部培训班2期83人、新任副处级干部培训班1期42人、正科任职培训班4期187人、副科任职培训班4期202人、军转干部培训班1期69人，培训学员736人次。主体班教学突出马列主义、毛泽东思想、中国特色社会主义理论教育和党性教育，在深化研究式教学、情景模拟演练教学、结构化研讨、法庭旁听、异地培训、拓展训练、警示教育、主题班会等培训方式基础上，新增读书活动、体会分享和红色观影等教学活动，实现课堂讲授与多种教学活动有机融合。

（樊志洁）

【专题班培训】 年内，区委党校举办专题培训班20期，培训学员2269人次。其中，区处级干部“学习贯彻党的十九大精神”专题研讨班5期1118人、2018年朝阳区处级女领导干部妇联执委培训班1期78人、2018年朝阳区文化创意产业高级经营管理培训班1期65人、朝阳区“90后”年轻党员示范培训班1期100人、区直机关工委入党积极分子培训班1期130人、朝阳区法治政府建设专题培训班1期95人、区处级干部生态环境保护专题研讨班1期100人、区处级干部科技创新培训班1期66人、区国资委系统企业领导人员领导力提升研修班1期150人等。根据专题班培训主题，对接培训需求，围绕主题制定培训计划、选择授课内容、选聘授课教师等深入对接，开发“订单培训”，科学设置培训内容和方式，最大程度上契合专题班培训知识需求，提升专题班学员满意度。建立以需求为导向的培训内容更新机制，依托首都优质教育培训资源，突出专题培训特色品牌。

（樊志洁）

【现场教学课程研发】 年内，区委党校研发4个现场教学课程和6个讲授式教学课程，增加现场教学讲授比例，为麦子店街道枣营北里社区、叶青大厦、殷金凤工作室现场教学基地挂牌。

（樊志洁）

【科研成果】 年内，区委党校报送决策咨询报告4篇。申报校外课题并获批立项8个，分别为：北京市委党校系统协作课题“新形势下的舆情研判与处置”、北京市党校系统“专题数据库建设研究”课题之“朝阳区红色教育资源开发利用研究”、北京市思想政治研究会课题“北京市城市副中心建设中基层干部思想状况研究”、区党建研究会课题“以场景化思维提升朝阳区社区党组织组织力”（重点课题）和“党校主体班学员党支部规范化建设研究”、区党史研究会课题“构建’品牌矩阵‘，推动基层党建工作升级——以朝阳区太阳宫乡为例”、区人才办课题“朝阳区党政机关人才流失问题探究”（重点课题）和“朝阳区非公企业青年经营管理人才企业家精神培育研究”、区委党建办公室和区委调研课题各1项。获北京市思想政治研究会良好等级1项，区党建研究会一等奖1项、二等奖1项、三等奖2项，区党史研究会二等奖2项。

（樊志洁）

党史编研

【概况】 中国共产党北京市朝阳区委员会党史工作办公室（以下简称区委党史办）为参照公务员法管理的区直属正处级事业单位，编制8人，实有8人。2018年，开展党史课题研究、党史资料征编和党史宣传教育等工作。组织完成并结项党史研究课题41个。完成《中国共产党北京市朝阳区历史大事记（2014—2015）》《党史理论与实践研究（2016）》编纂，并由中共党史出版发行；完成《北京市朝阳区2016年换届专辑》《中共北京市朝阳区第十一届委员会施政辑要》内部资料编纂。11月28日，在北京党史宣传月启动仪式暨庆祝改革开放40周年学术研讨会上作朝阳区开展党史课题研究经验典型发言。编发《党史工作信息》30期，“中国共产党历史网”采用2篇，《北京党史工作信息》采用10篇。开展党史宣传月活动，推进《辉煌朝阳》电视宣传片制作，组织召开朝阳区党史工作系统庆祝改革开放40周年培训会。接受区委第四巡察组专项政治巡察。撤销朝阳区中共党史研究会。

（张　茜）

【党史宣传教育】 1月2日、1月11日，区委党史办报送的“北京市朝阳区委党史办细化落实《中国共产党工作机关条例（试行）》”“《中共北京市朝阳区历史大事记（2014—2015）》出版发行”信息被“中国共产党历史网”党史工作动态栏目刊用。2月，利用朝阳党史网及《朝阳报》《老干部报》《朝阳兰台》报等，在全区范围内征集北平抗战健在亲历者名单及相关信息，开展纪念改革开放40周年暨建区60周年征文活动。6月，制发《朝阳区2018年党史宣传月活动方案》《朝阳区2018年党史工作要点》。7月9日，区委党史办与左家庄街道工委在左家庄街道文化服务中心联合举办“党史宣教进基层，传播红色正能量——党史宣传走进左家庄”主题活动。向左家庄街道赠送70类200余册党史书籍，并邀请北京工业大学马克思主义学院副院长、教授丁云作题为《“一带一路”与中国智慧》专题讲座。11月27日，区委党史办组织召开朝阳区党史工作系统庆祝改革开放40周年培训会。为中关村科技园区朝阳园党群活动中心等8个朝阳区第二批党史教育基地授牌。邀请中国社会科学院当代中国研究所处长周进作题为《改革开放以来中国共产党反对历史虚无主义的历史与经验》专题讲座。全区专兼职党史工作人员110余人参加会议。12月，区委党史办利用“朝阳党史网”，推出网上“讴歌新北京，唱响新时代——庆祝改革开放40周年图片展”。推进《辉煌朝阳》电视宣传片持续制作等。“党史宣教进基层，传播红色正能量”品牌项目，获朝阳区机关系统“支部活动最佳案例”评选活动典型案例奖。

（张　茜）

【党史资料征编】 1月至5月，区委党史办启动区抗日战争口述史料征研工作。报送市委党史研究室北平抗战健在者信息8份，纪念北京改革开放40周年相关资料，包括典型故事7篇、典型人物8篇、典型事例11篇、改革开放历史图片39张。向市委党史研究室报送改革开放40周年朝阳区相关补充材料，包括实录《奥运在朝阳》《北京商务中心区建设发展》和，典型事例《中关村科技园区朝阳园发展历程》。8月，组织完成区域红色遗存“红故事”文稿撰写、《北京改革开放实录》书稿审阅和反馈意见工作。完成组织核对《中国共产党北京历史大事记（2017）（征求意见稿）》。12月，启动《朝阳区历史大事记（2016—2018）》编纂工作。

（张　茜）

【图书编纂】 1月，区委党史办完成《中国共产党北京市朝阳区历史大事记（2014—2015）》编纂工作，并由中共党史出版社出版发行。4月，完成《党史理论与实践研究（2016）》编纂工作，并由中共党史出版社出版发行，全书26万字，收录2016年度朝阳区党史立项课题16篇研究文章。5月，完成《北京市朝阳区2016年换届专辑》编纂工作。11月，区委组织部、区委党史办共同编纂完成《中国共产党北京市朝阳区第十一届委员会施政辑要》，全书41万字。

（张　茜）

【课题研究成果】 年内，区委党史办邀请北京大学、中国人民大学、中国社会科学院、北京工业大学、《前线》杂志社等单位专家学者组成评审小组，评审立项朝阳区2017年度28个中共党史课题研究成果，评选出一等奖课题成果4篇，二等奖课题成果10篇，三等奖课题成果14篇。研究确定2018年党史研究立项课题17项，完成13项16篇报告。组织完成2017—2018年度党史立项课题41项，通过市以上单位转化区党史研究成果及获奖25篇次。其中，《朝阳区党政群共商共治模式的实践探索》被中央党史研究室著书《改革开放实录（第三辑）》选用。《〈习近平谈治国理政〉海外传播与影响》《党组织在企业搬迁转移和转型升级中发挥核心引领作用研究》2篇成果作为一等奖，和《非首都功能疏解中重点矛盾对策研究》1篇成果作为二等奖，一并被收入北京市思想政治工作研究会等出版的《“丹柯杯”优秀研究成果集2017》。《朝阳区委党校与全国“理论和实践问题讨论会”》《北京CBD核心区商务楼宇党建实践与成效》2篇研究报告，在《北京党史》发表。《北京市朝阳区党政群共商共治模式的形成和发展》《北京CBD核心区商务楼宇党建实践与成效》2篇报告，被市委党史研究室编纂出版的《北京改革开放实录（三）》一书收录。《关于1978年真理标准问题讨论的“北京会议”追忆》《改革开放以来朝阳区流动人口管理发展历程研究》2篇文章入选北京市庆祝改革开放40周年学术研讨会论文集。区党史研究会从2012年成立至2018年，组织完成立项课题109项，编撰出版课题研究文集4册、110余万字，转化研究成果40余篇。

（张　茜）

▲ 11月24日，在全区党史工作系统庆祝改革开放40周年培训会上，区委党史办向8个朝阳区第二批党史教育基地授牌　区委党史办　供稿

朝阳区人民代表大会

北京朝阳年鉴

Beijing Chaoyang Yearbook

2019

综　述

【概况】 北京市朝阳区人民代表大会常务委员会（简称区人大常委会）是朝阳区人民代表大会常设机构。年内，召开人民代表大会会议1次、常委会会议9次、主任会议10次。审议议题86项，其中“一府两院”专项工作报告21项，计划、预算、决算、审计等报告7项。开展环境保护法执法检查。围绕法治政府建设、“一绿”试点建设开展专题询问2次。围绕财政决算、代表补选等事项做出决议决定11项，推动市委、区委工作部署的落实。依法行使人事任免权，确保党委推荐的人选通过法定程序成为国家机关领导人员，全年任免201人次。区人大常委会会议听取和审议区政府关于国民经济和社会发展第十三个五年规划纲要实施情况的中期评估报告、2017年财政决算报告、2017年区级预算执行和其他财政收支审计查出问题整改情况、2018年国民经济和社会发展计划上半年执行情况和下半年工作安排的报告、2018年财政预算上半年执行情况等，并做出相关决议。

（徐华东）

【监督工作】 4月16日，区人大常委会在第十六次主任会议听取区政府关于区十六届人大四次会议财政经济委员会对国民经济、社会发展计划审查意见研究处理方案的汇报，听取区政府关于区十六届人大四次会议财政经济委员会对财政预算审查意见研究处理方案的汇报。6月19日，区人大常委会在第十八次主任会议听取区政府关于落实科技创新工作情况审议意见的汇报。8月23日，区人大常委会在区十六届人大常委会第十四次会议听取并审议区政府2018年国民经济和社会发展计划上半年执行情况的报告，听取并审议区政府2017年朝阳区预算执行和其他财政收支的审计工作报告，听取区政府《关于朝阳区2017年财政决算草案的报告》，审查和批准朝阳区2017年财政决算，听取并审议区政府2018年财政预算上半年执行情况的报告。9月20日，区人大常委会在区十六届人大常委会第十五次会议听取并审议区法院关于审判管理工作情况的报告，听取并审议区政府关于老旧小区综合整治工作情况的报告，听取并审议区政府关于“加快疏解非首都功能，推动区域功能定位的实现”情况的报告，听取并审议区政府关于学前教育“扩学位增普惠”情况的报告，书面审议区法院落实区人大常委会对《朝阳区人民法院关于执行工作情况的报告》审议意见的办理报告，书面审议区检察院落实区人大常委会对《朝阳区人民检察院关于民事、行政检察工作情况的报告》审议意见的办理报告。10月16日，区人大常委会在第二十二次主任会议听取区政府关于“七五”普法规划实施情况的汇报。10月25日，区人大常委会在区十六届人大常委会第十六次会议听取并审议《朝阳区分区规划（2017年—2035年）（草案）》，听取并审议区政府关于办理“加大绿化建设力度，构建绿色空间体系，推动大尺度生态环境示范区建设”议案情况的报告，听取并审议区政府关于“加快推进‘一绿’试点建设，促进城乡协同发展”情况的报告，听取并审议区政府关于国民经济和社会发展第十三个五年规划纲要实施情况的中期评估报告，书面审议区政府落实区人大常委会对《朝阳区人民政府关于贯彻实施〈北京市居家养老服务条例〉情况的报告》审议意见的办理报告，书面审议区政府关于加快“一廊”地区环境建设、提升区域环境水平的报告，书面审议区政府《关于推进文化融合发展情况的报告》的审议意见的办理报告。12月11日，区人大常委会在第二十三次主任会议听取区政府关于“七五”普法规划实施情况的汇报。12月25日，区人大常委会在区十六届人大常委会第十七次会议听取区政府关于朝阳区2017年度区级预算执行和其他财政收支审计查出问题整改情况的报告，听取关于落实区十六届人大第四次会议财政经济委员会计划审查意见及区人大常委会对2018年国民经济和社会发展计划上半年执行情况审议意见的报告，听取关于落实区十六届人大第四次会议财政经济委员会对财政预算审查意见及区人大常委会对2017年财政决算和2018年财政预算上半年执行情况报告审议意见的报告。

（徐华东）

【决定重大事项】 年内，区人大常委会审议议题86项，其中，“一府两院”专项工作报告21项，计划、预算、决算、审计等报告7项。开展环境保护法执法检查，围绕法治政府建设、“一绿”试点建设开展专题询问2次，围绕财政决算、代表补选等事项做出决议决定11项，推动市委、区委工作部署的落实。依法行使人事任免权，全年任免201人次。

（徐华东）

【代表工作】 年内，区人大常委会以学习贯彻党的十九大精神为主题，以宪法修正案和北京城市总体规划落实为重点，通过专题培训和经验交流相结合的方式组织代表开展学习培训。380余位代表、50余位人大工作者参加培训。召开3次街乡人大代表工作例会，对网上平台和代表履职管理系统的使用和管理等开展培训辅导。落实区人大常委会“双联系”（区人大常委会组成人员联系代表和代表联系群众）机制，制定主任、副主任接待代表制度。组织开展4次“双月”代表座谈会。赴常营乡、潘家园街道、来广营乡调研和座谈，结合区人大常委会年度议题，听取并收集人大代表关于老旧小区改造、环境绿化美化、议案办理、区人大工作、法治政府建设等议题的意见和建议76条。以“贯彻十九大、服务新发展”为主题开展代表联系选民活动。各街乡组织调研、座谈、驻室接待等活动481次，参加代表817人次，接待选民7044人次，收集意见建议1559件，其中属于街乡权限内自行解决691件。网上平台收集各类意见建议224条。改版人大代表工作室网上平台，增加发布“征求选民意见”栏目，实现代表直接联系选民功能。建立定期通报机制，每月向街乡反馈平台应用相关数据，并在季度例会上交流平台建设经验，推动网上平台应用推广工作。完善代表履职服务系统和代表议案建议提交系统。首次开展代表建议评估工作。制定《北京市朝阳区人民代表大会常务委员会代表建议、批评和意见办理评估工作办法（试行）》和《北京市朝阳区人民代表大会常务委员会2018年代表建议、批评和意见办理评估工作方案》，确定建议办理工作评估重点和评估部门、代表建议评估工作细则，制定评估评分表，制定城管委建议办理情况调查问卷，向提建议代表开展针对每一件建议的问卷调查，评估53件建议，涉及45位代表。制定《北京市朝阳区人民代表大会常务委员会优秀代表建议、批评和意见评选办法》，确定19条优秀代表建议条目，并在区人民代表大会会前活动全体代表会议上，表彰提出优秀代表建议的领衔代表，颁发荣誉证书。大会期间代表提出281件建议，交区政府办理220件，交区人大常委会办理3件，交区法院办理5件，转区有关部门工作参考2件，撤件10件。超出区职权范围转交市代表向有关部门反映的41件。区有关部门承办建议全部办复。创新代表会前视察形式，由以往固定点位的视察变成代表自选、订单式的视察。“一府两院”根据区全年中心工作提供视察点位，代表根据关注点选择调研点位，按照法制、财政经济、城建环保、教育科技文化卫生体育、农村5个方面，安排16个视察主题和视察点位。有约300名人大代表报名参加会前视察。组织90余名妇女人大代表参加纪念“三八”节活动。邀请区人大代表41人次参加区法院等有关部门组织的7次活动。街乡自行组织代表1251人次参加代表接待选民、调研等活动。有人大代表371名、2676人次报名参加常委会和各专门委员会的活动。市十五届人大代表履职第一年，围绕市区功能疏解、产业发展等重点，组织完成市人大朝阳团代表集中活动和小组视察活动5次，视察朝阳区“疏解整治促提升”等工作。有市人大代表144人次参加区人大常委会组织的活动。

（徐华东）

【信息宣传】 年内，区人大常委会研究室编发《人大信息》61期。其中，普刊4期、增刊20期、专报35期、参阅信息1期、业务通讯1期。被《北京人大》专刊等各类刊物采用23篇。代表工作、非京籍车辆管理、学前教育等信息被编发为市人大信息专版或增刊，部分信息得到市人大常委会副主任张清、刘伟，副市长杨斌的批示。超额完成区委下达全年信息工作指标，20条信息被区委采编，2篇信息被评为区委优秀信息，3篇信息被编发为区委专刊，1篇信息被编发为“调研与参阅”。区领导文献、李国红、刘海涛对《关于加强我区老旧小区综合整治工作的建议》做出批示。

（徐华东）

重要会议

【概况】 年内，区人大常委会召开区人民代表大会会议1次、人大常委会会议9次、主任会议10次。审议议题86项，其中“一府两院”专项工作报告21项，计划、预算、决算、审计等报告7项。开展环境保护法执法检查，围绕法治政府建设、“一绿”试点建设开展专题询问2次，围绕财政决算、代表补选等事项做出决议决定11项，推动市委、区委工作部署的落实。

（徐华东）

【主任会议】 1月4日，区十六届人大常委会召开第十四次主任会议，研究人事任免事项。研究区十六届人大四次会议有关事项。2月24日，召开第十五次主任会议，通过《区人大常委会主任、副主任接待代表制度（修订草案）》，通过《北京市朝阳区人大常委会代表建议批评和意见办理工作评估办法（试行）（草案）》和《北京市朝阳区人大常委会代表建议批评和意见办理工作2018年评估方案（草案）》，通过《北京市朝阳区人大常委会优秀代表建议批评和意见评选办法（草案）》和《北京市朝阳区人大常委会2017—2018年度优秀代表建议批评和意见评选方案（草案）》。研究区人大常委会第十次会议有关事项。决定区人大常委会第十次会议召开时间、地点、建议议题及列席人员等事项。4月16日，召开第十六次主任会议，听取区政府关于区十六届人大四次会议财政经济委员会对国民经济、社会发展计划审查意见研究处理方案的汇报。听取区政府关于区十六届人大四次会议财政经济委员会对财政预算审查意见研究处理方案的汇报。研究关于对区政府法治政府建设工作开展专题询问的工作方案。研究区人大常委会第十一次会议有关事项。决定区人大常委会第十一次会议召开时间、地点、建议议题及列席人员等事项。6月11日，召开第十七次主任会议，研究区人大常委会第十二次会议有关事项。决定区人大常委会第十二次会议召开时间、地点、建议议题及列席人员等事项。6月19日，召开第十八次主任会议，听取区政府关于落实科技创新工作情况审议意见的汇报。研究区人大常委会第十三次会议有关事项。决定区人大常委会第十三次会议召开时间、地点、建议议题及列席人员等事项。8月14日，召开第二十次主任会议，研究区人大常委会第十四次会议有关事项。决定区人大常委会第十四次会议召开时间、地点、建议议题及列席人员等事项。9月11日，召开第二十一次主任会议，研究区政府提请区人大常委会第十六次会议听取并审议朝阳区分区规划（2017年—2035年）（草案）有关事项。研究区人大常委会第十五次会议有关事项。决定区人大常委会第十五次会议召开时间、地点、建议议题及列席人员等事项。10月16日，召开第二十二次主任会议，听取区政府关于“七五”普法规划实施情况的汇报。研究对区政府“一绿”试点建设工作开展专题询问工作方案。研究区人大常委会第十六次会议有关事项。决定区人大常委会第十六次会议召开时间、地点、建议议题及列席人员等事项。12月11日，召开第二十三次主任会议，听取区政府关于“七五”普法规划实施情况的汇报。研究对区政府“一绿”试点建设工作开展专题询问工作方案。研究区人大常委会第十六次会议有关事项。决定区人大常委会第十六次会议召开时间、地点、建议议题及列席人员等事项。

（徐华东）

【区人大常委会第九次会议】 1月5日，区十六届人大常委会召开第九次会议。审议通过北京市朝阳区第十六届人民代表大会增加选举事项议程。审议通过区检察院代理检察长列席区第十六届人大第四次会议。审议通过人事任免事项。

（徐华东）

【区十六届人大四次会议】 1月8日至12日，召开朝阳区第十六届人民代表大会第四次会议。此次会议召开4次主席团会，3次全体会议。大会审议并通过《朝阳区人民政府工作报告》《朝阳区2017年国民经济和社会发展计划执行情况与2018年国民经济和社会发展计划》《朝阳区2017年财政预算执行情况和2017年财政预算》《朝阳区人大常委会工作报告》《朝阳区人民法院工作报告》《朝阳区人民检察院工作报告》并做出相应决议。依法选举张朝霞为区检察院检察长。

（徐华东）

【区人大常委会第十次会议】 3月1日，区十六届人大常委会召开第十次会议。决定补选乡人大代表事项。审议通过区人大常委会关于2018年代表建议、批评和意见办理工作的意见（草案）。听取并审议区政府关于承办区十六届人大四次会议代表建议、批评和意见工作方案的报告。审议通过《朝阳区人大常委会2018年工作要点（草案）》。决定人事任免事项，组织相关人员向宪法宣誓。

（徐华东）

【区人大常委会第十一次会议】 4月26日，区十六届人大常委会召开第十一次会议。审议通过区政府关于法治政府建设工作情况的报告。审议通过区政府关于创建国家卫生区情况的报告。审议通过北京市朝阳区国家工作人员宪法宣誓实施办法（修订草案）。决定人事任免事项，并组织相关人员向宪法宣誓。

（徐华东）

【区人大常委会第十二次会议】 6月11日，区十六届人大常委会召开第十二次会议。决定人事任免事项，并组织相关人员向宪法宣誓。

（徐华东）

【区人大常委会第十三次会议】 6月28日，区十六届人大常委会召开第十三次会议。审议通过区检察院关于金融检察工作情况的报告。审议通过区政府关于2017年度环境状况和环境保护目标完成情况的报告。审议通过区政府关于实施《中华人民共和国环境保护法》情况的报告、区人大常委会执法检查组关于检查《中华人民共和国环境保护法》实施情况的报告。审议通过《北京市朝阳区人民代表大会常务委员会讨论、决定重大事项规定（草案）》。审议通过金明秀辞去北京市第十五届人代表职务的请求，报北京市第十五届人大常委会备案、公告。审议通过张玉鲲、王毅、徐桂士、李贺清、孙玉辉等5名代表辞去区第十六届人民代表大会代表职务的请求。审议通过区人大常委会关于补选区第十六届人大代表的决定。审议通过区人大常务委员会关于同意补选乡第十七届人大代表的决定。审议通过区人大常委会任免决定。区人大常委会主任陈宏志向被任命人员颁发任命书，被任命人员向宪法宣誓。书面审议区人大常委会第十一次会议被任命人员就职报告。

（徐华东）

【区人大常委会第十四次会议】 8月23日，区十六届人大常委会召开第十四次会议。听取并审议区政府2018年国民经济和社会发展计划上半年执行情况的报告。听取并审议区政府2017年朝阳区预算执行和其他财政收支的审计工作报告。听取区政府《关于朝阳区2017年财政决算草案的报告》，审查和批准朝阳区2017年财政决算。听取并审议区政府2018年财政预算上半年执行情况的报告。决定区人大代表辞职事项，审议通过关于提请接受区人大代表黄凯辞职请求的报告决定。决定人事任免事项，并组织相关人员向宪法宣誓。书面审议区政府《关于继续办理“加快污水综合治理，提升我区水环境质量”议案情况的报告》审议意见的办理报告。

（徐华东）

【区人大常委会第十五次会议】 9月20日，区十六届人大常委会召开第十五次会议。听取并审议区法院关于审判管理工作情况的报告。听取并审议区政府关于老旧小区综合整治工作情况的报告。听取并审议区政府关于“加快疏解非首都功能，推动区域功能定位的实现”情况的报告。听取并审议区政府关于学前教育“扩学位增普惠”情况的报告。决定人事任免事项，并组织相关人员向宪法宣誓。书面审议区法院落实区人大常委会对《朝阳区人民法院关于执行工作情况的报告》审议意见的办理报告。书面审议区政府落实区人大常委会对《关于继续办理“加快污水综合治理，提升我区水环境质量”议案情况的报告》审议意见的办理报告。

（徐华东）

【区人大常委会第十六次会议】 10月25日，区十六届人大常委会召开第十六次会议。听取并审议《朝阳区分区规划（2017年—2035年）（草案）》。听取并审议区政府关于办理“加大绿化建设力度，构建绿色空间体系，推动大尺度生态环境示范区建设”议案情况的报告。听取并审议区政府关于“加快推进‘一绿’试点建设，促进城乡协同发展”情况的报告。听取并审议区政府关于国民经济和社会发展第十三个五年规划纲要实施情况的中期评估报告，审查和批准朝阳区国民经济和社会发展第十三个五年规划纲要部分指标调整方案。听取代表资格审查委员会关于代表资格的审查报告。决定人事任免事项。书面审议区政府落实区人大常委会对《朝阳区人民政府关于贯彻实施〈北京市居家养老服务条例〉情况的报告》审议意见的办理报告。书面审议区政府关于加快“一廊”地区环境建设，提升区域环境水平的报告。书面审议区政府落实区人大常委会对《关于推进文化融合发展情况的报告》审议意见的办理报告。书面审议区人大常委会第十四次会议被任命人员就职报告。

（徐华东）

【区人大常委会第十七次会议】 12月25日，区十六届人大常委会召开第十七次会议。听取区政府关于朝阳区2017年度区级预算执行和其他财政收支审计查出问题整改情况的报告。听取关于落实区十六届人大第四次会议财政经济委员会计划审查意见及区人大常委会对2018年国民经济和社会发展计划上半年执行情况审议意见的报告。听取关于落实区十六届人大第四次会议财政经济委员会对财政预算审查意见及区人大常委会对2017年财政决算和2018年财政预算上半年执行情况报告审议意见的报告。决定区十六届人大五次会议有关事项。讨论区人大常委会工作报告（草案）。听取并审议区十六届人大四次会议代表建议、批评和意见办理及督办情况的报告。听取市人大朝阳团代表述职。听取区人大常委会街道工作委员会工作报告。决定市人大代表补选事项。决定区人大代表辞职事项。决定乡人大代表补选事项。决定人事任免事项，并组织相关人员向宪法宣誓。

（徐华东）

人事任免

【概况】 年内，区人大常委会依法行使人事任免权，依法任免国家机关领导人员201人次。

（徐华东）

【任免事项】 1月5日，区人大常委会第九次会议，审议通过区检察院检察长张玉琨的辞呈。审议通过张朝霞为区检察院副检察长、检察委员会委员、检察员。4月26日，区人大常委会第十一次会议，审议通过孙其军辞去区政府副区长职务的请求，并报区第十六届人民代表大会备案。任命李小丽为区检察院副检察长。6月11日，区人大常委会第十二次会议，审议通过王灏辞去区政府区长职务的请求，并报区十六届人民代表大会备案。审议通过文献为区政府副区长，决定由文献代理区政府区长职务。6月28日，区人大常委会第十三次会议。决定任命：林琳为区人大常委会建外街道工委副主任，黄海燕为区人大常委会劲松街道工委副主任，张洪源为区人大常委会六里屯街道工委副主任，张立云为区人大常委会小关街道工委副主任。决定免去：李霄区人大常委会建外街道工委副主任职务，孙曙光区人大常委会六里屯街道工委副主任职务，张昱区人大常委会小关街道工委副主任职务，邢等超区人大常委会麦子店街道工委副主任职务。决定任命：李全胜为区法院执行第三庭庭长，王丽英为区法院亚运村人民法庭庭长，李自柱为区法院民事审判第三庭庭长，李增辉为区人法院金融审判庭庭长。决定免去：李宝贵区法院审判委员会委员、审判员职务，林子英区法院审判委员会委员、民事审判第三庭庭长、审判员职务，张维平区法院审判委员会委员、审判员职务，俞里江区法院南磨房人民法庭庭长职务，陈晓东区法院民事审判第一庭庭长职务，刘玉清区法院执行第三庭庭长职务，李全胜区法院亚运村人民法庭庭长职务，王丽英区法院金融审判庭庭长职务，李自柱区法院民事审判第三庭副庭长职务，李增辉区法院民事审判第二庭副庭长职务，曹风国区法院审判员职务。8月23日，区人大常委会第十四次会议。审议通过唐蔷为区人大常委会财政经济办公室（预算审查办公室）副主任决定，免去唐蔷区监察委员会委员职务。决定任命：陈庆华为区商务委主任，韦小萍为区统计局局长，李容珍为区信息办主任。决定免去：邵建云区商务委主任职务，陈庆华区统计局局长职务。决定任命：杨兵为区法院审判委员会委员、民事审判第一庭庭长，周维琦为区法院南磨房人民法庭庭长，吴彬为区法院酒仙桥人民法庭庭长，全军为区法院温榆河人民法庭庭长，苏亚宁为区法院民事审判第五庭庭长，杜宗杰为区法院审判监督庭副庭长，李轶凡为区法院刑事审判第二庭副庭长，赵鑫为区法院民事审判第二庭副庭长，胡莉芬为区法院双桥人民法庭副庭长，王乐为区法院王四营人民法庭副庭长，石海朝为区法院少年审判庭副庭长，寇天功为区法院行政审判庭副庭长。决定免去：杨兵区法院温榆河人民法庭庭长职务，周维琦区法院酒仙桥人民法庭庭长职务，全军区法院民事审判第五庭庭长职务，杜宗杰区法院刑事审判第二庭副庭长职务，李轶凡区法院少年审判庭副庭长职务，矫杨区法院双桥人民法庭副庭长、审判员职务，吴钢区法院王四营人民法庭副庭长、审判员职务，田跃光、郎团聚区法院审判员职务，王德正区法院人民陪审员职务。决定任命车浩为区检察院副检察长、检察委员会委员、检察员，决定免去栗峥区检察院副检察长、检察委员会委员、检察员职务。9月20日，区人大常委会第十五次会议，决定任命李懋为区政府副区长（挂职一年）。10月25日，区人大常委会第十六次会议，接受李俊杰辞去区政府副区长职务的请求，并报区第十六届人民代表大会备案。决定任命：李长萍为区政府副区长，朱晟为区政府副区长。12月25日，区人大常委会第十七次会议，决定任命李欣为区发展改革委主任，决定免去朱晟区发展改革委主任职务。

（徐华东）

议案办理和信访受理

【概况】 年内，区人大常委会确立“加大绿化建设力度，构建绿色空间体系，推动大尺度生态环境示范区建设”议案。区人大常委会确定“高标准督办、高质量推动”思路，成立工作小组，制订工作方案，扎实予以推进。督办过程中，着眼朝阳区生态环境根本性转变目标，加强内部机构统筹、人大政府统筹、专业力量统筹，构建起各工作机构全面参与、督办与办理衔接、社会智力资源支持的联动督办格局。市、区两级人大领导多次组织代表开展视察、调研，监督推进议案办理工作。全年受理各类信访301件次，比上年减少28.5%。

（徐华东）

【议案督办工作会】 5月3日，区人大常委会召开议案督办工作会。区人大常委会副主任胡良森，区政府副区长杨建海及区人大常委会有关委室负责人、议案领衔代表、部分区人大代表、议案办理有关部门负责人参加会议。会上，区政府汇报“加大绿化建设力度，构建绿色空间体系，推动大尺度生态环境示范区建设”议案办理实施方案。为推进议案办理，区政府成立由主管副区长任组长，区园林绿化局、区农委、市规划国土委朝阳分局、区社会办、区发展改革委等部门为成员的议案办理工作组。同时，区政府细化议案办理内容和各个成员单位的责任，明确工作安排与工作要求。区人大常委会通报议案督办工作方案。此次议案督办工作围绕朝阳区绿化建设和绿色空间体系构建过程中存在的问题，开展调研视察工作，加强综合分析力度，推动区政府在优化绿化建设布局、品质、管理、资金保障等方面发力。与会代表对议案督办及办理实施方案给予肯定，并就议案相关内容提出建议。

（徐华东）

【全国文化中心建设议案调研】 5月14日，市人大常委会副主任闫傲霜、侯君舒带队，就“聚焦‘一核一城三带两区’，推进全国文化中心建设”议案办理工作到朝阳区调研。区领导陈宏志、黄晓伟、李俊杰陪同调研。市人大常委会一行视察莱锦文化创意产业园，走访王开方工作室、央视娱乐传媒、蓝海电视等园区企业，并视察区文化馆。与会领导和市人大代表就文创产业发展、基层公共文化队伍建设等开展交流。市人大常委会领导对朝阳区推进全国文化中心建设工作给予肯定，希望朝阳继续探索实践，发挥引领示范作用，在人才、政策支持等方面聚焦公共文化服务体系建设，激发群众参与文化活动的内在积极性，构建政府规划、市民为主体、全社会参与的公共文化服务体系，让市民有更多的文化获得感。

（徐华东）

【乡村振兴暨美丽乡村建设情况调研】 8月2日，市人大常委会副主任张清就乡村振兴暨美丽乡村建设情况到朝阳区专题调研，陈宏志陪同调研。张清一行到黑庄户乡幺铺村基础设施建设施工现场，视察建设工地现状，了解工程改造项目进展情况和功能疏解情况，并听取电影小镇规划建设情况汇报。座谈会上，张清听取朝阳区乡村振兴工作情况汇报，并与黑庄户乡主要领导及幺铺村、郎辛庄村和郎各庄村的党支部书记交流，询问美丽乡村工程建设情况。张清指出，乡村振兴不但是维护国家长治久安的大政方针，更是提升百姓生活品质的好事实事，要结合北京农村地区特殊的发展特点，从文化、经济、环境等多方位多角度保有农村肌理和底色，让农民过上现代化新生活。张清强调：涉及群众利益的事情无小事，要在美丽乡村建设的过程中，充分尊重民意、吸纳民意，要让百姓充分参与进来；要认真总结经验，梳理典型经验，形成程序方法和工作流程；增强执法守法意识，基层干部要树立廉洁意识与法治思维，依法依规开展工作；调动更多的资本资源、人力物力，充分发挥“双报到”制度下流动党员的能力与作用，让更多的人参与到美丽乡村的建设中来。

（徐华东）

【信访受理】 年内，受理各类信访301件次，比上年减少28.5%。其中，来访166批次410人，比上年增加11.4%；来信135件，比上年减少50.4%。集体访6批次191人，比上年增加100%。重复访26件次37人，比上年增加23.8%。办理市人大常委会、区人大常委会领导及市区代表交办的信访件9件，比上年减少71.9%。

（徐华东）

代表活动

【概况】 年内，区人大常委会围绕功能疏解、转型发展、教育医疗等专题，组织代表开展会前视察活动、代表会前分团活动、年中集中活动接待选民、调研座谈等，组织代表对提请大会审议的各项报告提出意见建议，为群众意愿依法有序进入决策程序畅通渠道，为代表在会议期间履行职务和行使权力创造条件，为提高人民代表大会会议的质量奠定基础。

（徐华东）

【社会治理和公共文化建设情况视察】 5月15日，市人大朝阳团一组代表到麦子店街道枣营北里社区和朝阳区文化馆视察朝阳区社会治理和公共文化建设情况，区人大常委会领导陈宏志、朱春霞以市人大代表身份参加视察。在麦子店枣营北里社区，代表们首先到麦子店街6号院，实地查看社区楼门文化建设、居民议事厅和背街小巷治理等项目，了解党建引领下的楼院自治情况。随后代表们到社区居委会听取社区“两委一站”规范化社区建设工作情况的汇报，并就街道如何运用“街乡吹哨、部门报到”机制，通过共商共治解决社区老旧电梯更换难题听取汇报。在麦子店街道社区服务中心，代表们参观人大代表工作室、科普展厅、安全体验中心、活动教室等场所，了解社区文化建设和服务情况。在区文化馆，代表们重点听取区文化馆的整体情况介绍，并参观行动剧场、新民学堂、TNT剧场、老物件工作坊、排练厅、音乐厅等设施。代表们对朝阳区文化馆创新尝试“以市场手段繁荣公共文化”“以市场运作的文化产业反哺公共文化事业”新型发展模式表示肯定。

（徐华东）

【“双月”代表座谈会】 6月13日，区人大常委会举行“双月”代表座谈会。此次活动首次采取先视察调研、再座谈交流的方式。陈宏志参加活动并主持座谈会，朱春霞、胡良森参加活动。此次座谈主题是：围绕区人大常委会6月审议的“关于2017年度环境状况和环境保护目标完成情况”和“关于贯彻实施《中华人民共和国环境保护法》情况”议题，听取代表对朝阳区环境规划、建设、保护、执法、民生等方面工作的意见建议。座谈会前，代表们到常营公园、五里桥公园，实地查看常营半马赛道及朝阳区“东大门”环境改造情况，并调研常营体育公园建设情况，了解常营乡“一绿”试点建设，地区环境建设、改造及提升情况。座谈会上，常营乡主要负责人汇报常营乡环境建设工作相关情况。代表们围绕常委会工作及6月审议的环境保护议题和年度议案办理工作情况，从环境规划、建设、保护、执法、民生等角度提出意见建议。陈宏志指出，区人大常委会年内确定“加大绿化建设力度，构建绿色空间体系，推动大尺度生态环境示范区建设”的大会议案，环境建设要始终围绕大尺度生态环境建设这个长期的区域功能定位。陈宏志要求：一要通过改革深化带动问题解决，继续加强制度建设及资金投入，提高运营、维护、养护、管理水平。二要通过改革破解二元体制问题，加大政府在公共管理方面的投入，加强整体性的研究和安排，做出阶段性成果。三要通过改革带动群众反映强烈问题的解决。应处理好局部和整体的关系，解决好历史遗留问题，推动拆迁、规划、管理的衔接，实现高质量发展。

（徐华东）

【北汽集团发展情况视察】 6月20日，市人大朝阳团二组代表参观视察北汽集团发展情况，区人大常委会领导陈宏志、朱春霞以市人大代表身份参加活动。在北京奔驰公司总装二工厂，代表们听取奔驰公司负责人关于工厂整体情况的介绍，观看奔驰公司的宣传片，并实地参观北京奔驰总装车间生产线和展车。随后代表们到北汽新能源公司，试乘北汽无人驾驶电动车，了解无人驾驶的发展和应用情况，并参观北汽新能源展车、展厅、监控中心。代表们对北汽集团持续向高精尖、向绿色节能发展的模式给予肯定。

（徐华东）

【“疏解整治促提升”工作落实情况视察】 7月4日，区人大常委会组织市人大

▲ 7月4日，市人大朝阳团到双桥农场视察朝阳区“疏解整治促提升”落实情况

区人大常委会　供稿

朝阳团代表围绕全市中心工作，视察朝阳区“疏解整治促提升”工作落实情况。40余名市人大朝阳团代表参加视察活动。代区长文献，区人大常委会领导陈宏志、朱春霞、常树奇以市人大代表身份参加视察，常务副区长马继业陪同视察。代表们先后到萧太后河马家湾湿地公园、塞隆国际文化创意园、大望京科技商务创新区视察。

（徐华东）

【区人大代表年中集中活动】 7月13日，区人大常委会组织区人大代表年中集中活动。陈宏志主持会议并通报区人大常委会2018年上半年工作情况，区长王灏通报2018年上半年朝阳区经济社会发展情况。区人大常委会副主任朱春霞、常树奇、胡良森、牟燕东参加活动，区政协委员一同听取上半年朝阳区经济社会发展情况的通报。陈宏志指出，组织年中集中活动，是代表大会闭会期间一项重要工作。此次集中活动，有3个新特点：在时间安排上，体现学习贯彻市十二次党代会和区委十二届四次全会的有效衔接；在内容安排上，体现为代表履职服务的核心思想；在程序安排上，体现突出实效的目标导向。

（徐华东）

【学前教育“扩学位增普惠”情况调研】 7月17日，区人大常委会组织部分市、区人大代表就学前教育“扩学位增普惠”情况开展调研。区人大常委会副主任常树奇及50余名市、区人大代表参加调研，副区长王志勉陪同调研。代表们到国资中心幼儿园（东风苑园）和将台乡驼房营村中心幼儿园，了解幼儿园办园方式、师资力量、硬件设施等情况。座谈会上，代表们听取区教委关于学前教育“扩学位增普惠”情况汇报，区住房和城乡建设委关于学前教育配套设施情况汇报，以及区社会办、区农委关于落实第三期学前教育行动计划的情况汇报。会议强调，要提高站位，确保工作取得实效；要突出重点，抓住关键因素、摸清需求底数、做好任务分解，推动解决关键问题；要加强协调，保障任务顺利完成。

（徐华东）

【市人大朝阳团代表年中集中活动】 8月7日，市人大朝阳团开展代表年中集中活动，60余名市人大代表参加活动。市人大常委会主任李伟、副主任张清，区委书记王灏，区人大常委会主任陈宏志、副主任朱春霞、常树奇参加活动。王灏传达市委十二届五次全会精神，陈宏志通报市人大常委会2018年上半年工作情况。在分组讨论中，代表们围绕学习贯彻市委十二届五次全会精神展开讨论，并对北京市经济社会发展情况和市人大常委会工作情况提出意见和建议。李伟强调：要突出思想引领，鲜明政治属性；要立足法治思维，强化问题导向；要加强自身建设，严明纪律规矩。

（徐华东）

【会前集中活动】 12月27日，区人大常委会组织开展区第十六届人民代表大会第五次会议代表会前集中活动。陈宏志主持，区领导张维刚、黄晓伟、朱春霞、常树奇、胡良森、牟燕东、叶青、朱晟参加活动。代表们听取区政府关于2018年财政预算执行情况和2019年财政预算（草案）报告主要内容的汇报，以及朝阳区预算编制相关情况的说明；听取区政府关于办理区第十六届人大第四次会议议案情况及代表建议、批评和意见情况的汇报；听取市人大朝阳团代表述职。会议通报区人大代表优秀建议。各代表团按照会议安排推选团长，讨论区第十六届人大第五次会议议程（草案）、大会主席团和秘书长名单（草案）、议案审查委员会名单（草案），通报准备向区第十六届人大第五次会议提出议案及建议、批评和意见的注意事项，推荐参加专题座谈会的代表。代表们就大会选举办法（草案），区人大常委会、区政府、区法院、区检察院工作报告（草案）、区国民经济和社会发展计划报告（草案）、区财政预算报告（草案）开展讨论，并提出意见建议。

（徐华东）

专门委员会

【概况】 年内，区人大常委会各专门委员会根据工作职责，强化专委会督办功能，将建议督办与议题调研、代表视察、执法检查相结合，提高建议督办针对性和专业性。

（徐华东）

【内务司法工作委员会】 年内，区人大常委会内务司法工作委员会召开4次法制委员会全体会议。加强对“一府两院”专项工作的监督，促进依法行政、公正司法，依法开展区政府法治政府建设工作情况和“七五”普法规划实施情况、区检察院金融检察工作情况、区法院审判管理工作情况调研，为区人大常委会听取并审议相关工作报告做好准备。依法组织开展规范性文件备案审查工作，研究制定规范性文件备案审查工作流程，促进备案审查工作规范化建设。对区法院提请拟任命为审判员的28人、区检察院提请拟任命为检察员的4人、拟任命为副检察长的1人组织开展法律知识考试。协助市人大常委会开展立法工作调研，《北京市消防条例》执法检查和居家养老健康服务情况调研。配合完成《中华人民共和国法官法（修订草案）》《中华人民共和国人民陪审员法（草案）》和《中华人民共和国检察官法（修订草案）》征求意见工作。

（徐华东）

【财政经济工作委员会】 年内，区人大常委会财政经济工作委员会完成主任会和常委会议题11项。其中，主任会听取议题2项，常委会听取审议和审查批准的议题6项，常委会听取的议题3项。按照《朝阳区预算审查监督办法》规定，召开财政经济工作委员会初审会，组织财政经济工作委员会委员、财经代表小组成员、各专委会主任委员、财经顾问审议2018年上半年计划、预算执行情况，审议2018年计划、预算执行情况和2019年计划、预算草案，审议“十三五”规划中期评估报告，审查2017年财政决算草案和“十三五”规划调整方案草案。按照“议题课题化”工作要求，完成《全面实施预算绩效管理的思考》项目课题报告。

（徐华东）

【城建环保工作委员会】 年内，区人大常委会城建环保工作委员会组织委员和代表重点完成“加大绿化建设力度，构建绿色空间体系，推动大尺度生态环境示范区建设”议案督办工作。完成常委会法定审议议题“关于听取区政府2017年度环境状况和环境保护目标完成情况的报告”督办工作。完成对区政府实施《中华人民共和国环境保护法》情况的执法检查工作。完成常委会审议议题“加强老旧小区综合整治”督办工作。完成常委会审议议题“听取朝阳区人民政府关于《朝阳分区规划（2017年—2035年）（草案）》的报告及主要内容的说明”

督办工作。完成常委会审议议题“加快污水综合治理，提升我区水环境质量”督办工作。完成对联系部门“十三五”规划中期实施情况的评估工作。完成对区城管委、区房管局的预算初步审查工作，开展相关专项调研和代表建议督办工作。全年组织视察8次，现场调研4次，召开专题座谈会10次，累计参与代表近260人次。召开城建环保委员会暨专业代表小组会4次。协助市人大常委会视察“全要素小区”建设情况3次，接待上海市徐汇区调研城市精细化管理1次，协助研究室推进区人大常委会副主任苑文新牵头负责的“水污染治理”调研工作。

（徐华东）

【教科文卫工作委员会】 年内，区人大常委会教科文卫工作委员会围绕工作重点组织调研、视察和座谈等活动17次，组织委员和代表参加活动253人次，上报信息及专报13篇。发挥专业代表小组优势促进工作开展，加强常委会议题前期调研工作，围绕创建国家卫生区、学前教育“扩学位增普惠”、科技创新工作审议意见办理3项重点议题开展调研活动，并听取区政府专项工作报告。对照分类督办的53件代表建议开展调查研究，通过分别与区政府相关部门逐件研究沟通，实现建议办理全落实。

（徐华东）

【农村工作委员会】 年内，区人大常委会农村工作委员会完成“一绿”试点建设议题继续督办和“加快疏解非首都功能，推动区域功能定位的实现”议题督办工作。协助完成常委会关于“加大绿化建设力度，构建绿色空间体系，推动大尺度生态环境示范区建设”议案督办工作。针对6件区人大代表提出的涉农建议，分析并寻求突破，促进代表建议落实。组织乡人大主席、办公室主任召开研讨会，提高人大工作者能力素质；指导和帮助乡人大做好建章立制工作；指导各乡人大主席团依法履行好乡人大职能，提升乡人大工作整体水平。

（徐华东）

朝阳区人民政府

北京朝阳年鉴 Beijing Chaoyang Yearbook 2019

综　述

【概况】 2018年，是朝阳区建区60周年，区政府开展系列庆祝活动。年内，组织区政府常务会7次、区长办公会29次，接待中央和北京市领导调研11次，接待外省市领导及代表团考察11次。处理各类会议（活动）通知2373件。

规划引领总规划落地实施。聚焦区域功能定位，谋划未来发展方向、目标和路径，推动总规划落地。建立规划实施体系。成立党政主要领导任双组长的领导小组，制订区级实施方案。以38项专项规划与专题研究成果为支撑，精心编制分区规划并通过市级联审。优化空间布局。对接全市空间结构，明确“两环六楔、五河十园”绿色空间格局，打造与副中心交界处的生态绿带，构建大尺度生态保护屏障。划定战略留白用地，为区域发展预留弹性空间。落实规划重点任务。完成“十三五”规划中期评估和调整，26项纲要主要指标、32个专项规划重点任务基本实现进度目标。“一廊”地区“五大提升工程”和城乡发展“六个一百”工程推进412项任务，完成五年总任务量的65%。

疏解整治促提升，疏与控相结合。构建“疏整促”信息系统和违法建设举报平台，成立全市首支拆违控违督察队。聚焦金盏、管庄等重点区域，实施集中连片疏解，拆除腾退1017万平方米，实现“场清地净”645万平方米。建成高安屯建筑废弃物资源化利用中心、8处就地资源化处理设施，建筑垃圾年处理能力达到千万吨级。落实新增产业禁止和限制目录。全年疏解一般制造业企业36家、商品交易市场39家、区域性物流基地5家，整治“开墙打洞”1832处、无证无照经营5056户、地下空间325处。13项市级量化考核任务中，超额完成10项，11项排名全市前三，3项排名全市第一。优化风成效。完成7条重要道路沿线324个问题点位集中整治以及广渠路、长安街延长线景观照明建设。完成4399块违规屋顶牌匾标识整治。实现100条道路、92千米架空线入地。在全市率先开展并完成地铁站口周边环境治理，81个站点、303个站口周边环境达到“五无一加强”标准。设立2067名街巷长、招募4390名小巷管家，完成336条背街小巷整治，形成十里堡路等多条精品街巷。推进“拆一补一”，加快民生设施织补，建设提升便民商业网点159个，留白增绿112公顷。

京津冀协同发展。主动融入京津冀协同发展大局，与雄安新区、天津武清等地区在产业发展、文化创新、公共服务等领域开展交流活动百余次，北京市第八十中学、朝阳实验小学在雄安新区设立分校。做好扶贫协作，建立区、部门、街乡、企业四方联动机制，针对河北唐县、新疆墨玉县等地区的实际需求，实施全方位支持、多领域协作，全年投入各类资金5.4亿元，带动当地建档立卡贫困人口脱贫增收。

开放创新，经济高质量发展营商环境改革成效显著。完善总部及服务业、文创实验区等重点产业政策，实施楼宇空间、高精尖人才奖励等专项政策，制定金融业“开放36条”等创新政策，设立企业上市加速器、科技创新创业引导基金，产业促进体系全面优化。首推政务服务中心错峰延时服务，实现区级政务服务事项100%“一门办理、一窗受理、一网通办”。出台建设人才集聚高地五年行动计划，建成国际人才交流服务中心、文化交流中心，形成“类海外”人才发展环境。加快高精尖经济结构构建。消费结构持续优化，服务消费增长6.8%，网上零售额增长12.3%。服务业加快高端优质发展。金融业财政收入增长22.3%。商务服务业增加值增长8.1%，高于全市5.2个百分点。科技服务业、信息服务业财政收入均增长15%。文化产业营业收入占全市21.3%。“独角兽”企业数量占全市33%。开放型经济水平持续提升。在全市率先发布外商投资发展报告，新设外商投资企业750家、增长19%，新增跨国公司地区总部5家、外资金融机构10家，新引进高精尖企业74家，标普等世界三大评级机构实现落户。服务业扩大开放两轮试点135项任务提前完成，推出外资审批登记一体化等10项创新政策措施，实现外商独资演出经纪机构等17个新兴业态落地。“放宽服务业准入、助推区域高水平开放”被列入国务院第五次大督查发现的典型经验做法。进出口总额、合同利用外资分别增长32%和108%。专利授权量和技术合同交易额分别增长14%和11%。国家高新技术企业超过3500家，占全市14%。未来科学大奖等系列活动的国际影响力进一步提升。加快推进重点功能区建设发展。北京商务中心区核心区清华大学光华路校区等6个项目结构封顶，正大集团总部大厦等3个项目启动招商。制定实施北京商务中心区楼宇品质分级评价标准，推广企业信用监管平台，获得LEED金级以上认证的楼宇达到15座。奥林匹克公园国家速滑馆、亚投行主体结构封顶，国家会议中心二期、冬奥村等项目开工。中关村朝阳园北区城市设计方案国际征集工作完成，“三国际一未来”等项目完成初步选址。大望京中央公园建成开园。国家文化产业创新实验区建成全市首个文化金融服务中心，发起成立全国首个老旧厂房协同发展联盟，转型升级60个特色文创园区，形成文化产业融入城市发展的“朝阳实践”。农村城市化取得成效。“一绿”试点乡建设进展顺利，6个棚户区改造项目全面启动，第一批试点任务基本完成。王四营成为全市首个在减量发展背景下探索“一绿”城市化路径的试点乡。完成金盏“马沙雷”项目拆迁腾退。实施乡村振兴战略，启动农村人居环境整治三年行动计划，建成5个环境标杆乡，10个美丽乡村建设主体工程完工，市级20个挂账重点村、3个隐患问题突出重点村环境秩序明显改观。完成“大棚房”问题专项排查整治。推动农村集体产业用地区级统筹，加快引入高精尖产业项目。全面启动常营乡级产权制度改革，完成31个村级改革任务。举全区之力，集中攻坚，用一个半月的时间，全面完成郭家场、咸宁侯村90余万平方米拆迁腾退任务，打赢农村地区疏解转型的关键战役。

坚持精细精准，城乡环境面貌显著变化生态环境质量持续提升。坚决做好中央、市级环保督察反馈问题的整改工作，聚焦重型柴油车、扬尘、挥发性有机物实施精准治霾，建成覆盖全部街乡的空气质量监测网络，淘汰高排放老旧柴油货车3500余辆，完成3320万平方米裸露地块苫盖和治理，实现“散乱污”企业动态清零。持续打好碧水攻坚战，建立三级河长制，建成高安屯再生水厂二期，完成33条段黑臭水体治理，5处国考、市考断面水质达到考核要求。亮马河国际风情水岸主体河道工程实现开工，萧太后河滨水绿色文化休闲廊道项目全面竣工。全力抓好区人大议案办理，启动新一轮百万亩造林，开工建设温榆河公园一期起步区，推进朝南万亩森林公园、黑庄户农业公园规划设计，新增改造桃蹊公园等25个大中小微型公园。城市精细化管理水平持续提升。试点推进“街乡吹哨、部门报到”改革，建成街乡实体化综合执法平台、“朝阳群众管城市”监督管理平台，安贞路拥堵等500余个难题得到解决。全面启动国家卫生区创建工作，开展周末环境清洁行动，推进“厕所革命”，大力整治63个重点村环境，全区3100余处环境脏乱点得到有效治理，创建阶段性目标全部实现。更新完善道路建设前期项目储备库，东八间房路、郭家庄路等32条主次支路竣工通车，朝阳公园路等10项疏堵工程完工。多种方式增加停车位1.8万余个。成立区停车管理公司，全区所有备案路侧停车位均实现电子收费。国贸地区交通秩序整顿取得阶段性成效。在全区开展“两灯”问题排查治理，武圣北路等74条道路实现“亮起来”。在全市率先制定代征道路用地移交管理意见，实现道路排水管线统一专业化管理。全面规范生活垃圾收集清运设施，创建18个垃圾分类示范片区，餐厨垃圾处理厂改造完成并投入试运行。深化智慧城市建设，进一步规范共享单车、快递物流等行业发展，建成54个绿色智慧平安社区。安全保障能力持续提升。深化安全生产专项整治，启动隐患治理三年行动，消除各类隐患21万余项，人均检查量、处罚量、处罚额和职权履行率均位列全市第一，安全生产事故起数和死亡人数分别下降24.6%和13%，火灾事故起数下降37.9%。高标准通过食品安全示范区创建验收，食品药品抽检抽验合格率分别达到98.5%和99%。全面加强质量安全管理。全力防范和化解金融风险，率先成立工作专班，开发建设“鹰眼系统”，建立“一企一档”金融风险电子档案，实现各类涉稳风险平稳可控。建立覆盖全区的应急值守信息化平台，率先开展风险评估规范化和社区应急管理规范化试点，应急管理基础进一步夯实。健全立体化、信息化社会治安防控体系，深入开展扫黑除恶专项斗争，群众安全感指数及其在全市排名均大幅提升。

共治共享，群众生活品质提升公共服务水平不断提高。精准服务困难群体就业，2万余名登记失业人员实现就业。积极应对学龄人口变化，新开办27所幼儿园、7所中小学，新增学位1.7万余个，全区90%以上的中小学生在优质学校就读，中高考成绩再创新高。加大学前教育监管力度，规范办园行为。完成校外培训机构专项治理。加快优质医疗资源均衡布局，第一中西医结合医院来广营院区、妇儿医院北院区结构封顶，垂杨柳医院改扩建工程进入收尾阶段，新增3个社区卫生服务中心。健全分级诊疗服务体系，新建皮肤科医联体。重点人群家庭医生签约率达到94%。完善三级养老服务体系，新增9个养老照料中心，实现街乡养老驿站全覆盖。首创社区养老驿站内设护理站模式。积极打造特色文化空间，社区流动美术馆实现全覆盖，城市书屋建设入选中宣部创新案例。提前完成“十三五”期间创建100个基层文化品牌的任务。深化大运河历史文脉研究，推进神木厂历史景观保护工程。举办“全民健身、助力冬奥”系列大型活动，冰雪运动持续升温。朝阳体育代表团在市运会上的金牌数量和团体总分实现双第一。开工建设保障性住房4035套、竣工12967套。16个棚户区改造项目4260户完成征收和拆迁。为老旧小区加装电梯195部。社会治理创新呈现新亮点。深化党政群共商共治，设立民生家园建设专项资金，办理区、街乡、社区（村）三级实事1400余件。打造57个全要素小区、68个全景楼院，完成46个老旧小区物业管理转型升级，为全市老旧小区有机更新探索有效路径。新建城乡社区20个，建成43个市级“社区之家”示范点，引入各类便民智能终端1800余处，“一刻钟社区服务圈”覆盖率90%。加强社会组织培育管理，政府向社会组织购买服务346项。创新“精准信访”工作模式，在全市率先引入第三方参与疑难信访案件化解评估，有效化解一批重点案、疑难案，群众上访总量、集体访量均大幅下降。村、社区“两委”换届选举工作全面启动。

（梁得天）

【绩效管理】 年内，完成市政府绩效考评指标任务43项。依托信息化平台，精细管理，对标、对表紧抓任务落实，增强质量意识，邀请人大代表、政协委员综合评价政府工作业绩，加强社会各界监督，提升绩效考评导向作用。

（梁得天）

【政务督查督办】 年内，办理市、区领导批示专项件158件；完成市、区两级决策专项督查65件，督办市、区重大决策任务287项，其中市政府工作报告重点工作分工方案47项，市重要民生实事7项，市级责任书10项，市污染防治任务78项，区政府工作报告重点工作分工方案115项，区重要民生实事30项；督办2018年会议事项411项议定事项，其中区政府常务会、区长办公会36期371项、市区政府专题会2期40项；编发《督查专报》30期，涉及重点工作、热线办理、舆情、“创卫”、环保、河长制等七类，覆盖违法建设、黑臭水体、无灯路治理等27项工作；推进区公务用车制度改革各项后续任务，完成全区保留车辆车载信息化终端设备安装等工作。

（梁得天）

【建议和提案办理】 年内，办理区人大议案1件、区政协建议案2件，办理全国、市、区人大代表建议和政协提案519件。

（梁得天）

【政务信息】 年内，编发各种信息刊物559期（普刊145期、朝阳动态145期、特刊208期、专刊61期）。其中，区领导批示352条；采用基层信息8079条。报送市政府办公厅《朝阳情况》840期、舆情664期。其中，国办采用4条，市政府办公厅采用292条；中央领导批示2条，市领导批示30条。

（梁得天）

【文秘工作】 年内，制发公文787件，接收各类公文8307件。其中，处理中央、国务院、市委、市政府机要文件820件。撰写区政府工作报告、区政府领导讲话以及汇报材料等文稿270余篇，约140万字。

（梁得天）

【调查研究】 年内，完成“朝阳区营商环境需求调查”“朝阳区流动人口跟踪调查”等7项调研课题研究，《朝阳区“一绿”地区城市化试点的实践与思考》获北京市第十三届优秀调查研究成果一等奖。市委、市政府研究室到区调研10余次，到基层调研30余次。编制《工作热点研究》

8期、《在路上》刊物3期，撰写各类领导讲话、参阅材料200余篇。组织区政府决策专家咨询委员会专家参与党政群共商共治活动1次，开展课题研讨20余次，组织决策咨询活动4次。经办区政府党组会、民主生活会等会议14次，制发《中共北京市朝阳区人民政府党组工作规则》《朝阳区政府党组近年来工作汇报》《区政府党组领导班子对照检查材料》《关于区政府党组2017年以来工作情况及下一步工作思路的汇报》等20余篇。负责主办“不忘初心牢记使命518学习园地”微信公众号，全年刊发94期415篇文章。

（梁得天）

【应急管理】 年内，接报、处置各级各类突发事件1730件，比2017年的1332起增加398起。其中，社会安全类967件，占55.90%；事故灾难类675件，占39.01%；公共卫生类70件，占4.05%；自然灾害类18件，占1.04%。

（梁得天）

【应急演练】 年内，区政府强化京津冀三地联动，与天津市、河北省共同开展京津冀人民防空跨区协同训练和京张地区鼠疫疫情联防联控应急演练。组织全区开展反恐、消防、危化等3次区级综合实兵演练，开展地震、防汛、环保、群体性事件等专项应急演练，实现“区—街乡—社区村”三级应急演练全覆盖。

（梁得天）

【外联服务】 年内，区政府完成赴新疆和田地区墨玉县及新疆建设兵团第十四师四十七团调研考察、2018年朝阳区外联工作会、赴保定市唐县扶贫协作、与上海证券交易所签署战略合作备忘录等活动。走访调研驻区单位，强化双向沟通交流，对走访单位提出的问题和需求及时汇总，实地调研查勘，做到事事有回音、件件有结果。协调相关单位解决天津市驻京办电力保障工作，以及中央单位、防城港市、乌兰察布市、辽阳市驻京办和陕西大厦等驻区对口联系单位需求。

（梁得天）

【机关后勤服务保障】 年内，区机关后勤服务中心完成780辆公务车辆信息化管理车载终端设备的安装工作，检查封存车辆1200余台次。公开招聘财务人员1名和幼儿园教师2名。开展区属委办局80家单位办公用房自查整改工作，调整综合办公区部分办公用房。更新安全警示挂图216块，播放安全宣传片38988小时，张贴安全宣传海报130份。重大活动和节假日期间发布各类通知通告9次。收发全区编号文件26558件、无编号文件35万余件、外发文件4757件，转发中央、市委市政府文件10316件，转发市委内刊8万余册，发放报刊670余种、184万余份，收发各种信件16.2万余件。完成会议服务4278次，服务79940人次。区机关后勤服务中心获2017年度节能优秀单位、全市交通安全先进单位、首都控烟先进集体等荣誉。

（王晓蕾　梁得天）

重要会议

【安全稳定工作会】 1月22日，区召开2018年安全稳定工作会。会议传达中央政法工作会议精神，总结2017年全区安全稳定工作，部署2018年任务和全国、北京市“两会”安保工作，王灏作讲话。区领导陈宏志、甘靖中、何明、马继业、张维刚、席成坡等出席会议。

（梁得天）

【生态文明与城乡环境建设工作会】 2月27日，区召开深入推进“疏解整治促提升”稳增长促进朝阳区生态文明与城乡环境建设工作会。王灏要求，全区上下要提高政治站位，准确把握当前发展的形势要求，按照市委市政府的部署，坚持稳中求进工作总基调，保持定力、坚定有序，一步一个脚印地推动发展质量更高、区域品质更优、人民生活更好。区人大常委会主任陈宏志、区政协主席陈涛等区四套班子领导，区“两院”领导出席会议。

（梁得天）

【“街乡吹哨、部门报到”实施方案工作专题会】 3月13日，区召开“街乡吹哨、部门报到”实施方案工作专题会，传达全市落实“街乡吹哨、部门报到”实施方案工作部署会精神，听取有关部门和街乡《朝阳区关于加快推进党建引领街乡管理体制机制创新实现“街乡吹哨、部门报到”的实施方案》（征求意见稿）意见建议。王灏主持会议并讲话，区人大常委会主任陈宏志、区政协主席陈涛等区四套班子领导参加会议。3月29日，2018年朝阳区社会建设和农村城市化工作会暨“街乡吹哨、部门报到”工作部署会召开。王灏讲话。区四套班子领导出席会议，区委副书记甘靖中主持会议。

（梁得天）

【区政府常务会议】 年内，区政府召开常务会议7次。研究2018年区政府工作报告重点工作分工方案编制情况，区人大议案、区政协建议案和区十六届人大四次会议、区政协十三届二次会议代表建议政协提案办理意见。“疏解整治促提升”专项行动工作进展有关情况，朝阳区贯彻落实《中华人民共和国环境保护法》情况、2017年环境状况和环境保护目标完成情况，朝阳区行政机关涉诉。老旧小区综合整治工作，加强学前教育扩学位增普惠工作，加快疏解非首都功能推动区域功能定位实现工作，朝阳区分区规划（2017—2035年）（草案）编制工作有关情况，《北京市朝阳区人民政府工作规则》修订情况。创建国家卫生区工作进展情况，区人大“加大绿化建设力度构建绿色空间体系推动大尺度生态环境示范区建设”议案办理情况报告起草情况，区人大“加快推进‘一绿’试点建设促进城乡协同发展”议案办理情况报告起草情况，朝阳区“十三五”规划纲要中期评估报告有关情况，“十三五”规划纲要部分指标调整方案。2019年政府工作报告起草情况，朝阳区2018年国民经济和社会发展计划执行情况与2019年国民经济和社会发展计划草案报告有关情况，朝阳区2018年财政预算执行情况和2019年财政预算初步方案报告有关情况，朝阳区2017年度区级预算执行和其他财政收支审计查出问题整改情况报告有关情况，办理朝阳区十六届人大四次会议代表建议、批评和意见报告起草工作情况等议题。

（梁得天）

【区长办公会】 年内，区政府召开区长办公会29次。研究朝阳区第三期学前教育行动计划有关情况，构建政府主导下的学前教育多元供给体系情况，制定朝阳区城乡居民基本医疗保险有关补充保障政策。研究农村地区2017年城市功能疏解和人口调控工作情况，朝阳区美丽乡村建设专项行动实施方案，组建北京朝阳停车管理有限公司有关情况，农村地区垃圾中转站建设项目有关情况。研究召开2018年朝阳区疏功能调结构稳增长工作会有关情况，推进“一廊”地区“五大提升工程”及城乡发展“六个一百”工程2018年度工作方案，2018年市、区重点建设项目情况，2018年区政府基本建设专项投资计划安排，2018年全区安全生产工作有关事宜，进一步深化区属国有企业改革工作，公立医院薪酬制度改革试点工作情况，北京市朝阳区土地整治规划（2016—2020年）编制成果。研究2018年为群众拟办重要民生实事项目编制，北京市朝阳区第二次全国污染源普查工作实施方案，2018年大气污染防治相关措施，双桥医院改扩建项目相关工作。研究设立朝阳区公共法律服务中心，拨付“散乱污”企业关停取缔专项资金，安排2018年绿化美化项目资金。研究朝阳区2018年“社会矛盾化解年”工作方案，朝阳区外事工作有关情况，第五届中国（北京）国际服务贸易交易会筹备工作方案。研究《朝阳区教育培训机构专项治理行动方案》，管庄乡棚改项目及东坝北东南一期项目拆迁腾退工作。研究地铁14号线下穿南新园小区环保搬迁相关事宜，17号线潘家园西站工程、北京至沈阳铁路客运专线工程涉及的房屋征收，建立完善群众诉求办理长效机制，高安屯餐厨垃圾处理厂深化改造项目。研究《朝阳区进一步优化营商环境行动计划（2018—2020年）》。研究办理朝阳区政协十三届二次会议政协提案工作情况，区政协“聚焦大气污染治理强化环境执法监督”“推进知识产权城市建设”等建议案办理情况，酒仙桥消防中队改造工程有关情况，“十三五”规划纲要部分指标调整方案。研究元大都城垣遗址公园改造项目，河长制监督考核工作机制，调整核定社区工作者职数和待遇，军转干部安置工作等议题。研究《朝阳区打赢蓝天保卫战三年行动计划》，黑臭水体治理4个小型污水处理站拆迁（腾退）工程，《朝阳区集体土地上预拌混凝土搅拌站退出实施办法（暂行）》。研究《朝阳区关于加强街乡（园区）实体化综合执法平台建设实施方案》《朝阳区关于深入构建和谐劳动关系的实施意见》议题。

（梁得天）

主要工作和重大活动

【战略合作协议签署】 1月19日，区政府与中国建筑股份有限公司签署战略合作协议，双方将发挥各自优势，建立长期、稳定、共赢的全面战略合作伙伴关系，共同推动区域经济社会发展。中国建筑股份有限公司党组副书记、总经理王祥明，副总经理邵继江，朝阳区委副书记、区长王灏，副区长李俊杰出席签约仪式。6月1日，区政府与湖南省湘潭市人民政府、湖南省教育厅、湖南省卫生计生委分别签订友好合作协议、教育合作框架协议，以及卫生与健康合作框架协议。两地加强在经济建设、资源、技术、产业、科教文卫等领域优势互补，加深相互联系与交流，创新合作机制与方式，携手并进、共谋发展，开启全面交流合作发展新征程。湖南省人民政府副省长吴桂英，湖南省人民政府副秘书长彭翔，湘潭市委书记、市人大常委会主任曹炯芳，区领导陈宏志、陈涛、甘靖中、马继业等出席签约仪式。

（梁得天）

【领导调研】 3月27日，市委书记蔡奇围绕“深入学习贯彻习近平新时代中国特色社会主义思想，扎实推进冬奥会、冬残奥会筹办工作”主题到区调研。5月30日，王灏带领19个乡和相关部门主要负责人到南磨房、常营、将台、东风乡，围绕“加快推进‘疏解整治促提升’专项行动暨展现环境标杆乡建设成效”开展调研。8月2日，市委常委、北京卫戍区政委姜勇，北京卫戍区副司令员张洪波，副政委鲍泽敏，参谋长刘士胥等北京卫戍区领导到朝阳规划艺术馆、北京市轨道交通指挥中心进行参观调研。9月6日，蔡奇围绕“落实城市总体规划，推进留白增绿工作，大幅度扩大城市绿色生态空间”主题到区调研。10月30日，市领导陈吉宁、隋振江围绕“深入学习贯彻习近平新时代中国特色社会主义思想，推动产业转型升级、促提升，加快重点工程建设，实现经济高质量发展”主题到朝阳区调研。11月22日，文献带队，到南磨房乡、王四营乡、十八里店乡，查看“创卫”工作推进情况，调研“创卫”工作中存在的热点难点问题。区领导席成坡、李长萍、刘海涛、张永新参加调研。

（梁得天）

【庆“五一”暨劳模先进表彰大会】 4月27日，区举行庆“五一”暨劳模先进表彰大会。表彰2018年获全国五一劳动奖章和全国工人先锋号等荣誉的先进集体和个人。王灏、甘靖中、陈涛等领导参加表彰活动。

（梁得天）

【融媒体中心挂牌成立】 6月19日，朝阳区融媒体中心挂牌成立。在北京市朝阳区广播电视新闻中心加挂北京市朝阳区融媒体中心牌子，隶属于朝阳区委、区政府，是受区委宣传部直接领导的正处级全额拨款事业单位。朝阳区融媒体中心有“一报、一台、一网、一端、一抖、两微”的全媒体宣传平台，即《朝阳报》、朝阳有线电视台、朝阳新闻网、“北京朝阳”App、“朝阳群众”抖音号、“朝闻道”政务微信公众号、“北京朝阳”政务微信公众号7个媒体平台。通过融媒体指挥调度系统、全媒体稿件编辑系统、新闻大数据云服务系统和舆论热点分析系统，实现“策、采、编、发、存、评”全流程的一体化管理，平台、信源、产品、渠道、技术、人才、数据、媒资管理等方面实现深度融合。

（李　树）

【社会治理创新优秀案例展示会】 7月12日，区举行第四届社会治理创新优秀案例展示会，从党建区域化、自治单元化、动员社会化、服务精准化、管理精细化等五个方面评选出32个优秀案例，在全区进行经验推广。中国社会工作联合会副会长王国英，北京市委社会工委书记、市社会办主任宋贵伦，区领导王灏、文献、何明、刘海涛出席活动。

（梁得天）

【北京CBD国际论坛】 9月13日，以“开放促发展创新增动能建设国际一流商务中心区”为主题的“2018北京CBD国际论坛”在朝阳规划艺术馆举办。论坛汇聚200余位海内外嘉宾，解读和探讨进一步推动新时代对外开放与创新驱动活力。国务院发展研究中心主任李伟，市委常委、常务副市长张工，朝阳区四套班子领导王灏、文献、陈宏志、陈涛等出席会议。

（梁得天）

【中非合作论坛北京峰会服务保障工作总结大会】 9月19日，2018年中非合作论坛北京峰会朝阳区服务保障工作总结大会召开。深入贯彻落实全市总结大会精神，进一步传承经验、振奋精神、凝心聚力，切实把服务保障的丰富成果转化为建设国际一流和谐宜居之都的强大力量。区四套班子领导出席会议。

（梁得天）

【首届进博会朝阳交易分团举办主题活动】 11月6日，在上海举办首届中国国际进口博览会北京朝阳交易分团主题活动上发布《朝阳区外商投资发展报告》，举行签约仪式，发布服务业扩大开放、营商环境推介和功能区需求。市商务委员会主任闫立刚，区领导文献、陈宏志、朱晟、王文远参加活动。

（梁得天）

政府信息公开

【概况】 朝阳区政府信息公开办公室是朝阳区政府办公室内设机构，负责推进、指导、协调全区政府信息公开工作和区政府、区政府办政府信息公开具体工作。2018年，区各政府信息公开工作机构（以下简称公开机构）履行《中华人民共和国政府信息公开条例》法定义务，在完成常规工作任务的基础上，重点从深化主动公开，规范依申请公开，强化监督保障，推进业务研究等方面开展工作。年内，全区各公开机构（不包含垂直管理部门）通过政府信息公开专栏主动公开政府信息70430条，受理政府信息公开申请2064件，因政府信息公开申请行政复议167件，提起行政诉讼79件。开展政府信息咨询、主动公开及申请受理、办理、答复工作，各公开机构的组织管理、制度建设、渠道场所、教育培训等工作开展情况良好，全区政府信息公开工作有序运行。

（叶易棠）

【主动公开】 年内，全区主动公开政府信息70430条，全文电子化率100%。其中，主动公开规范性文件1506条，占全区主动公开政府信息数比例2.1%。重点领域公开政府信息9515条。其中，主动公开财政预算决算、“三公经费”和行政经费信息253条；主动公开保障性安居工程建设计划、项目开工和竣工情况，保障性住房的分配和退出等信息104条；主动公开食品安全标准，食品生产经营许可、专项检查整治等信息716条；主动公开环境核查审批、环境状况公报和重特大突发环境事件等信息117条；主动公开招投标违法违规行为及处理情况、国有资金占控股或者主导地位依法应当招标的项目等信息数6条；主动公开生产安全事故的政府举措、处置进展、风险预警、防范措施等信息295条；主动公开政府指导价、政府定价和收费标准调整的项目、价格、依据、执行时间和范围等信息数41条；主动公开本市企业信用信息系统中的警示信息和良好信息等信息389条；主动公开政府部门预算执行审计结果等信息40条；主动公开行政机关对与人民群众利益密切相关的公共企事业单位进行监督管理的信息4699条；主动公开市人民政府决定主动公开其他信息等信息2006条；主动公开其他信息849条。

（叶易棠）

【依申请公开】 年内，全区各公开机构受理申请2064件。从申请方式来看，当面申请626件，占总数30.33%；以互联网申请623件，占总数30.18%；以信函形式申请815件，占总数39.49%。全区受理2064件申请中，已到答复期1991件全部按期答复，其余未到答复期按照《中华人民共和国政府信息公开条例》时限规定在2019年答复。其中，“同意公开”547件，占27.5%；“申请信息不存在”753件，占37.8%；“不同意公开”214件，占10.8%；“不属于本行政机关公开”182件，占9.1%；“属于已主动公开范围”125件，占6.3%；“告知作出更改补充数”16件，占0.8%；“同意部分公开”34件，占1.7%；“告知通过其他途径办理”120件，占6%。

（叶易棠）

【因政府信息公开行政复议】 年内，对区政府信息公开行政复议申请167件。其中，维持行政机关具体行政行为74件，被依法纠错数56件，其他情形数37件。

（叶易棠）

【因政府信息公开行政诉讼】 年内，对区政府信息公开行政诉讼案79件。其中，维持行政机关具体行政行为或判决驳回原告诉讼请求35件，被依法纠错数12件，其他情形数32件。

（叶易棠）

【年度报告】 年内，按照《中华人民共和国政府信息公开条例》规定，全区各公开工作机构于2019年3月底前，统一向社会公布本单位2018年度政府信息公开工作年度报告。报告包括概述，主动公开政府信息情况，依申请公开政府信息情况，因政府信息公开申请行政复议、提起行政诉讼情况，2018年朝阳区政务公开工作要点落实情况，政府信息公开工作存在的不足及改进措施，附图附表。

（叶易棠）

【公开指南更新】 年内，更新编制《北京市朝阳区政府信息公开指南（2018版）》，在区域内的各级各类信息公开窗口免费向公众发放，在政府信息公开专栏中同步进行更新。

（叶易棠）

【公开渠道】 年内，在做好区档案馆、区图书馆、区行政服务大厅等3个查阅场所提供自助查询等服务基础上，加强指导全区各公开机构主动公开工作，深化主动公开意识，加大主动公开力度，推动民生保障和公共服务等方面政府信息公开工作。

（叶易棠）

信息化管理

【概况】 朝阳区信息化工作办公室（简称区信息办）是全区信息化主管部门，负责指导、组织和实施辖区内信息化建设。下设综合管理科、电子政务与社会信息化科、软件与信息服务业科和信息网络中心（正科级纳入工资规范管理事业单位）。编制29人，其中公务员编13人，在编工作人员12人；事业编16人，在编工作人员12人。年内，完成推进从严治党，风清气正政治生态；“吹哨报到”主动作为，五类资源扎根基层；营商环境持续优化，产业扶持明显增强；数据资源共融共享，疏解整治全力保障；机制体制逐步健全，信息安全牢守底线；服务保障扎实到位，项目管理细致周密。完成编制《区级综合指挥中心顶层设计》《北京市朝阳区街乡实体化综合执法平台软硬件技术规范》；“AI对话”政务服务平台上线试运行。完成全区社区（村）政务外网覆盖工作。完成执法检查364件，行政处罚4件。

（吕　洲）

【信息服务业】 1月至8月，区信息传输、软件和信息服务业实现收入853.6亿元，完成增速16%指标任务。

（吕　洲）

【网络安全和信息化工作会】 7月17日，区网络安全和信息化工作会召开。黄晓伟传达全国、北京市网信工作会议精神，部署网络意识形态工作，区委网信办、公安朝阳分局、区信息办负责人作交流发言，王灏与建外街道、金盏乡、798管委会签订《朝阳区委网络意识形态责任书》并讲话。区四套班子领导、法检“两长”出席会议，文献主持会议。

（吕　洲）

【中非合作论坛北京峰会信息化服务保障】 9月，区信息办完成“2018年中非合作论坛北京峰会”信息化服务保障任务。重点监控摄像头均可看可控，各级视频会议运行稳定，未发生重大信息网络安全事件，指挥部信息传输通畅，保证峰会期间信息系统零故障。创新引入交通、舆情、人口动态监测等智慧决策支持平台，使保障工作更加科学化。

（吕　洲）

【信息化发展现状和需求调研】 10月，区信息办完成朝阳区信息化发展现状和需求调研工作，收集全区近120家单位5419项问题，形成《全区信息化发展现状和需求调研报告》。

（吕　洲）

【人口大数据服务平台建成】 11月，区信息办编制完成《北京市朝阳区促进大数据发展行动计划（2019—2021年）》，完成“朝阳区人口大数据服务平台”搭建，在区内网办公平台进行发布，平台主要包括全区实时人口总量、街乡实时人口排行、人口走势分析、人口总量环比、24小时职住走势、人口流入/流出、驻留时长、人口来源分析等功能。建立街乡人口大数据分页面，对街乡实时人口总体情况和变化趋势进行细化分析和可视化功能展示。

（吕　洲）

【政府网站集约化】 11月30日，区信息办按照“一区一网”工作目标，完成全区87个政府网站的关停下线及集约整合工作。

（吕　洲）

【云享朝阳·感知互动体验中心搭建】 12月，区信息办完成搭建“云享朝阳·感知互动体验中心”，全方位宣传“智慧朝阳”，集中体现全区各部门、各街乡信息化优秀成果。

（吕　洲）

【高新技术产业资金】 年内，区信息办完成2017—2018年度高新技术产业发展引导资金（信息服务业方向）安排工作，支持企业项目49个，拨付资金3970万元。获北京市软件和信息服务业平稳发展奖励资金，确定奖励目标企业12家，拨付奖励资金1500万元。

（吕　洲）

【智慧物业】 年内，区信息办围绕“一站式服务、一网式监管”，构建“智慧物业”平台，覆盖43个各街乡、4个功能区管委会和176家重点商务楼宇，引入社会数据资源，实现全区人口总量、热力分布，以及重点地区人员聚集情况等实时监测。接入百度可视化交通监测平台，实时展示全区主次干道、重点区域实时路况等交通运行态势。

（吕　洲）

【地理信息系统升级】 年内，区信息办优化升级朝阳区地理信息系统，更新35万条兴趣点及地名地址数据，迁移100余个业务图层数据，形成全区地理信息数据承载的“一张图”。

（吕　洲）

【政务云平台】 年内，区信息办推进全区政务云平台迁移和维护工作，新增业务系统10余个，为9家单位超过80个业务系统提供全方位的云存储、云部署、云安全等方面的云服务，实现各类应用绿色低碳、安全可靠统一部署和使用。

（吕　洲）

【政务网建设】 年内，区信息办完成主干核心及92家单位政务外网迁移工作，达到千兆带宽级别，实现两套网络备份冗余，提升全区政务外网安全稳定服务能力；完成政务内网125家单位分级保护测评工作。政务外网核心网络、区政府门户网站通过三级等保测评。

（吕　洲）

政务服务

【概况】 朝阳区政务服务管理办公室（简称区政务服务办）为区政府派出机构，负责组织实施区级政务服务工作，并指导街道（乡）政务服务相关工作；负责指导推进政务服务体系建设和服务方式创新；负责本级政务服务中心建设运行和监督管理；指导、协调、监督同级专业大厅和下级政务服务中心的建设、运行和管理；协调推进“互联网＋政务服务”建设；负责政务服务体系标准化建设等。年内，北京市朝阳区行政服务中心更名为朝阳区政务服务管理办公室。围绕深化“放管服”改革，推进“互联网＋政务服务”，推动“一网一门一次”落地，营造一流营商环境。区级政务服务大厅受理各项业务733737件，办理各项业务732569件，满意率98.37%，试点事项网上受理3499件，网上办理2563件。开展错峰延时服务。区政务服务中心房管分中心挂牌。区政务服务中心综合窗口正式对外服务。探索“全网通”政务服务模式，制定《朝阳区推进政务服务“一网通办”建设方案》，开发单窗通办综合受理系统，完善政务服务网上办事平台功能，整合各部门互联网资源，融合行政审批、公共服务、政务信息、在线互动等服务内容。

（郭靖楠）

【领导调研】 3月14日，区人大常委会主任陈宏志围绕加快法治政府建设、全面推进深化改革到区政务服务办调研。副区长王志勉及区法制办、区发改委相关领导参加。6月26日，王灏到区政务服务中心检查指导优化营商环境工作落实情况，在麦子店街道办事处召开汇报会，王灏讲话。9月17日，副市长王红、市政府副秘书长王军率检查组一行5人，到区政务服务中心进行“四不两直”暗访检查。王红要求，要关注北京市出台的优化营商环境三年行动计划中298项任务。要出经验出亮点，要依托三级政务服务体系，在基层政务服务上下功夫。要从办事人的角度去考虑推动工作，推行“一窗通办、一网通办”。西城、海淀都有综合窗口为办事群众和企业服务，朝阳也要先行先试。

（王　寅）

【“一窗式”服务专区开设】 3月26日，区政务服务办化验室统筹协调区工商局、区国税局、朝阳公安分局等部门，在区政务服务中心二层南厅设立“新设企业一窗式服务区”。围绕企业开办照、章、票快速领取，优化办事流程，精简至“3个环节、1个窗口、5天办结”。

（王　寅）

【营商环境调度会】 4月20日，副市长卢彦在区政务服务中心主持召开营商环境工作调度会。王志勉汇报区政府优化营商环境政策措施落实情况和典型案例，市第八督导组讲评朝阳区政务服务中心开办企业实现“一窗式”服务等优化营商环境工作落实情况，指出在不动产登记、施工许可证办理等方面发现滞后事项和“堵点”问题。卢彦提要求。

（王　寅）

【“大排查、大整改”行动】 4月23日，区政务服务办公室在全区63个窗口单位开展“大排查、大整改”行动。区政务服务办结合部门管理、大厅服务、网上办事三个方面“信息孤岛”未消除、“证明”和“事项”网上办理率低等30个问题，逐条逐项开展排查和纠改工作。

（王　寅）

【基础设施“一站式”服务区设立】 4月26日，“水、电、气、热、通信”公共基础设施一站式服务区进驻区政务服务大厅，实现“五位一体”一站式办理。从企业申请受理到水电气热接入，除行政审批环节外，按现行规定企业办理时限为15个工作日内完成。开设“住建+规土”一站式受理窗口，办理施工许可、规划审批等业务。

（王　寅）

【政务服务微信公众号上线试运营】6月15日，区政务服务办开通“朝阳政务”微信公众号，设微资讯、微服务、微客服三个菜单，12月上线运营。

（田　伟）

【政务绩效考评工作会议】10月31日，区政务服务办组织召开2018年区级政务绩效考评工作会。通报2018年度市政府绩效考评中期满意度调查公众反映意见建议情况，部署开展自查自纠专项治理，为年底“回头看”检查做好准备。学习和培训政务绩效考评3个方面22项指标内容，全区28个管理服务部门、双管部门、43个街乡的相关负责人参加会议。

（王　寅）

【区公共资源交易服务中心成立】 11月30日，区住建委与区政务服务管理办公室完成建设工程发包承包中心人员机构和物理场所交接工作，新组建北京市朝阳区公共资源交易服务中心。公共资源交易服务中心隶属于北京市朝阳区政务服务管理办公室，为正科级全额拨款事业单位，编制30名，主要职责是加强进场交易的组织、服务和现场管理等任务。

（胡　瑾）

【三级政务服务体系标准化建设】 11月30日，区政务服务办完成调研走访全区43个街乡政务服务中心的任务。在三级政务服务体系下，区现有各级各类政务服务场所599个，其中包括1个区级政务服务中心、22个专业政务服务中心、43个街乡政务服务中心和533个社区村政务服务站。各级中心对外服务总面积60967.3平方米，服务窗口1222个，窗口人员2346名（不包含社区村服务站窗口、人员、面积）。三级政务服务体系标准化建设启动2016年。

（王　寅）

【新闻通气会】 12月6日，区政务服务办组织召开综合窗口运行工作媒体通气会，邀请中新社、北京电视台、《北京日报》、《朝阳报》等17家媒体，深度报道综合窗口及区政务服务办利企惠民措施。根据企业和群众关注的重点领域重点事项，选取区旅游委、区教委、区食药局、朝阳工商分局、区科委等33个试点单位346个高频事项作为综合窗口服务对象，设置包括专业类综合窗口、投资类综合窗口、服务类综合窗口三类综合窗口服务类别。三类综合窗口整合多级审批环节，推行“前台综合受理、后台分类审批、统一窗口出件”办理模式，简化和优化审批流程。

（郭靖楠）

投资促进

【概况】 朝阳区投资促进局（简称区投促局）是区政府直属事业单位，机构规格为正处级，负责全区招商引资和投资服务工作，承担区招商引资工作领导小组办公室的日常工作；协调落实对驻区重点企业的各项服务制度；负责宣传推介本区投资发展环境和招商引资政策，承担大型招商引资和投资促进活动的组织、协调工作；负责引进重点企业及产业化项目，并对重大项目进行全程跟踪；负责本区投资促进官方网站建设，统一发布招商信息；负责区“一站式”服务工作领导小组办公室的日常工作，做好招商引资“绿色通道”管理、“全程代办”和“集中办公区”的组织协调工作。设办公室、调研科、宣传推介科、项目促进科、联络科、项目统计科、企业服务科7个科室，人员编制31人。年内，区投促局引入注册资本5000万元以上（含5000万元）企业12家，分别为麦考特（中国）有限公司、葛洲坝京环科技有限公司、中国能源建设集团国际工程有限公司、北京长客自动化系统设备有限公司、华滴汽车服务有限公司、国科金控健康产业有限公司、北京天居园科技有限公司、惠誉博华信用评级有限公司、北京澎思智能科技有限公司、北京数衍科技有限公司、北京川发投资管理有限公司、优点互动（北京）信息咨询有限公司，累计注册资本金超过55亿元人民币、0.3亿美元。

（岳佳佳）

【投资促进活动】 年内，区投促局参加筹备第二十一届中国北京国际科技产业博览会系列活动，宣传朝阳区在首都科技创新中心建设中搭建国际创新合作，区域协同创新，“政产学研用成果”转化平台。组织北京释码大华科技有限公司、北京中电华大电子设计有限责任公司、北京即视互动科技有限公司等12家高科技企业参展。组织大疆北京研发中心项目、葛洲坝集团、瀚海控股、华滴汽车服务有限公司、北京长客自动化系统设备有限公司5个高端项目签约，签约总金额50.05亿元。区获科博会最佳展览展示和最佳组织奖。参加第十六届全国投资促进机构联席会议暨国际投资促进新趋势、新理念、新模式研讨会。参与一对一项目洽谈、项目推介会、跨国公司中国发展前景报告会、第十七届世界商业领袖圆桌会议“跨境电商发展与区块链应用”专业论坛等洽谈专场活动。参加京港洽谈会。促成香港惠誉评级有限公司投资设立惠誉博华信用评级有限公司、中国如意科技集团有限公司（香港）在京设立如意时尚创意总部、香港希玛国际眼科医疗集团（中国）有限公司投资设立眼科专科医院、北京凤凰文投置业有限公司投资凤凰国际文创时尚艺术中心等4个项目，签约总金额91.1亿元人民币。征集电子城·国际电子总部园区、电子城北广新媒体创新产业园、文心华策国际影视交流中心、伊莎文心广场等12个“引进来”项目。与《文汇报》、《北京月讯》、半月谈新媒体中心开展合作，宣传推介朝阳区良好的投资服务环境和发展机遇。参加京洽会、京台科技论坛京津冀协同发展分论坛。参加中国商务服务大会。商务世界·2018中国商务服务大会暨展览会是国内首个商务服务行业盛会。由市投资促进局、市金融工作局会同朝阳区人民政府，联合英国和法国驻华大使馆，共同举办“北京市金融政策宣传推介暨朝阳行”活动。邀请符合全区发展定位重要企业、机构到区考察、投资。与波兰、匈牙利、白俄罗斯等“一带一路”沿线国家参展团进行交流，鼓励和吸引对方到区设立在华总部、研究院、北京公司。

（岳佳佳）

【走访与服务企业】 年内，区投促局走访中国能源建设集团、施耐德电气、英中贸易协会、世邦魏理仕、中国数码港等政府部门和驻区企业。接待中国健康小镇投资有限公司、好巧网总部、中投发展责任有限公司、香港帮盟集团、人民网等企业到访，宣传区营商环境及区域产业政策，与企业加强沟通交流。联系区海外学人中心共同协助日本三菱日联信托服务有限公司申请办理在华永居工作；为施耐德电气中国区总部、正大集团、韩国现代集团、中国能源建设股份有限公司等企业提供政策咨询和服务；为日本松下电器集团申请企业股权构架重组后相关优惠政策；为中国能源建设集团组建中国能源建设集团国际工程有限公司完成工商税务登记工作；协调相关部门推进东易日盛集团迁入朝阳；聘请中介组织完成北京长客自动化系统设备有限公司企业办理工商、税务等入驻朝阳手续；形成《关于给予第一太平戴维斯物业顾问（北京）有限公司相关支持的请示》。

（岳佳佳）

【新载体宣传推介】 年内，区投促局开发完成局网站“全景朝阳”栏目，增加多媒体演播系统的网络化、云端化功能，设计完成网站下载模块，全年更新文章899篇，访问量89103人次；增设微信公众号节日祝福专题，全年审核推送文章329篇，订阅人数达到8426人。设计制作中英双语《魅力朝阳》宣传册，利用图片、数据和文字方式说明，内容涵盖区情、区貌、区位优势、主要经济指标、功能定位、三大功能区、四大支柱产业、招商引资政策等重要信息。制作《投资朝阳》小型折叠式宣传页。

（岳佳佳）

外事及港澳台事务

【概况】 朝阳区人民政府外事办公室（简称区外办），是负责朝阳区对外国际交往和处理涉外及港澳台事务的区政府工作部门，又是区委外事工作领导小组的办事机构。内设综合科、因公出入境管理科、国际交流科、涉外管理科，行政编制13人。2018年，着眼外交外事大局，以“一个提高，三个服务”（提高外事工作科学管理水平，服务党和国家的中心任务，服务国家总体外交和北京市外事工作大局，服务区域经济社会发展）为主线，完成奥地利总统、萨尔瓦多总统、美国国会代表团、俄罗斯索契市代表团等64团组800余人次参观接待及沟通联络工作。结合区年度重点工作和实际需要，全区统筹，主要聚焦友城建设、外经外贸、文化交流、社会治理与城市管理等方面，制定2018年因公临时出国计划，全年办理因公临时出国团组98个，308人次，党政干部人数指标使用86个，符合“零增长”要求。创新服务形式，助推企业发展，受理APEC商旅卡办理申请140批次220张，办结214张；受理外国人来华邀请确认函申请62批99人。

（李　祯）

【外宾接待】 1月9日，法国总统马克龙及夫人参观798艺术区，智利参议长代表团一行8人参观秀水市场。4月，接待奥地利总统和阿尔巴尼亚议会多党联合代表团参观798艺术区。7月，接待乌克兰基辅市议员、基辅市预算和社会经济发展常务委员会副主席雅洛沃伊·弗拉基米尔代表团访问朝阳区并参观798艺术区管委会，开展主题为“成立‘798’艺术区的各个阶段以及园区内举办的大型活动组织工作等”座谈交流活动。8月，协助中国国际技术股份有限公司做好毛里塔尼亚总统“2018年中非合作论坛北京峰会”期间访问该公司申报事宜，了解政策，对接服务。9月，2018年中非合作论坛北京峰会期间，区接待包括莫桑比克总统及夫人、塞内加尔总统夫人、联合国副秘书长、东部和南部非洲共同市场秘书长在内49个非洲国家和国际组织的元首及政要代表团，服务外宾400余人次。配合完成爱沙尼亚总统赴朝阳公园跑步及拉脱维亚总统参观秀水市场等接待安排事宜。10月，协调相关单位，完成安倍首相夫人一行参观访问求实职高及798艺术区接待任务，协调安排俄罗斯索契市代表团赴朝阳公园借鉴朝阳风情节活动成功经验并开展座谈等活动。10月，接待萨尔瓦多总统代表团参观麦子店街道国际社区服务中心。

（龚　舒）

【驻华使馆、企业走访调研】 1月，区外办主任谭林坤带队赴古巴驻华使馆交流，探讨与古巴首都哈瓦那下辖革命广场区建立友好联系等事宜。5月，谭林坤赴日本自治体国际化协会北京事务所调研，探讨双方在垃圾分类处理、人才培养等项目合作事宜。7月20日，谭林坤率领区商务委、区人力社保局、北京商务中心区管委会等部门业务骨干走访沙特阿美公司，与该公司亚洲首席财务官塔瑞克等人座谈交流，结合企业在用人和签证服务方面的实际需求和困难，答疑解惑。12月，李长萍、王晰宁拜访德国、以色列驻华使馆，对接国际科技创新中心建设、企业合作、人才交流等事宜。

（龚　舒）

【为使馆及涉外机构提供服务】 1月及11月，区外办牵头召开朝阳区与北京外交人员服务局工作对接会，组织外服局及外服局房屋服务公司和区涉外程度较高的街乡及管委会，对接使馆区内违章建筑拆除、卫生环境整治、交通拥堵纾解、安全生产核查、施工工程干扰、工程改造审批、重点项目保障等一批需属地配合待解决事项。2月，协调区交通委及麦子店街道办事处完成韩国驻华使馆领事部签证处道路指示牌拆除工作。对接区城管委实时掌握工期安排计划，协调外交部行政司、外服局及市外办等上级外事部门，向所涉及30余家驻华使馆通报工程情况，并开展协调沟通工作。5月，协调区房管局，完成支持朝鲜驻华使馆俯拍新建公寓楼事宜；6月，对印度驻华使馆在朝阳公园举办"国际瑜伽日"大型户外群众性活动给予政策咨询支持；8月及11月，对日本、韩国等驻华使馆提出所接对应国别投资企业在区相关地区应要求延期腾退并索取经济补偿事宜进行核实了解并向上级外事部门研提对外答复口径；11月，协调奥林匹克森林公园、智利驻华使馆与全国友协联合主办"中国—智利友谊迷你马拉松跑"活动场地减免费用事宜。

（刘良琼）

【国际交流与合作】 1月，王晰宁主持召开朝阳区与中国公共外交协会工作对接会。中国公共外交协会副秘书长、参赞霍颖、协会秘书处联络部以及朝阳区9家重点涉外部门领导出席会议。完成区友城奥地利萨尔茨堡市红牛体育中心教练到访交流接待工作，双方就加强青少年足球交流合作达成初步共识。对接友好交流渠道爱尔兰蒂伯雷里郡，对爱尔兰地面铺装材料情况进行全面梳理翻译，形成调研报告，服务区域环境建设工作。2月，美国亚拉巴马州最大城市伯明翰市2018中国新年联欢节活动在伯明翰鲍特维尔大礼堂成功举办。区政府由区文委、区文联和区外办组织选派专业演出团队参加演出。推进奥地利维也纳市西美林区学校与劲松四小、白俄罗斯明斯克第十一中学与华师一附中朝阳学校建立友好校事宜。对接人大附中朝阳学校，落实德国圣凯瑟琳文理高中联系人到访并洽谈合作等事宜。3月，完成老挝、柬埔寨友城援助项目，组织相关单位召开协调会，推进捐车协议签署等工作。对接区商务委等单位，为市主要领导会见苹果集团CEO蒂姆·库克提供相关材料及表态口径。协助宜信集团，做好邀请世界银行前行长、美国前副国务卿佐利克出席其集团年会报批事宜。组织白俄罗斯、匈牙利、希腊、古巴、印度驻华使馆20余名外交官及亲友，与朝外社区居民共同参加文化节开幕式。4月，完成推进区与俄罗斯、白俄罗斯、乌克兰、波兰等国友好交流工作的报告。5月，对接北京商务中心区管委会、区规划国土委，了解Z3地块情况，为市主要领导出访及会见中金集团领导提供谈话依据和参考。配合外交部，开展"一条古老运河的前世今生"外国驻京记者主题采访活动，来自19个国家22家媒体25位外媒高管、核心记者体会北京朝阳生态文明和城乡建设的美好环境。6月3日至10日，应中欧企业家峰会组委会邀请，区政府代表团访问法国巴黎以及瑞士安德马特，出席中欧企业家峰会。继续做好老挝、柬埔寨友城援助项目，设计捐赠标志，对接捐车细节及签署协议事项。举办2018年"老北京新朝阳"驻华使节及外国友人京剧专场体验活动。组织近20家使馆和国际组织以及北京国际汉语学院"发展中国家政府官员汉语研修班"学员近100名驻华使节、外国官员及家属，参加京剧知识及实物展示、脸谱化妆及服饰体验、京剧折子戏演出等环节，展示传统文化。7月至8月，推进朝阳区—东京都港区青少年、老年书画交流展览工作；完成韩国友城首尔市江南区新任区长致函区领导沟通友好交流事宜相关工作。区外办邀请友城美国亚拉巴马州伯明翰市、比利时布鲁塞尔市圣皮埃尔区4名青少年参加在北京国际汉语学院举办的汉语夏令营活动。配合推进建区60周年相关工作，协助北京商务中心区管委会办理创新发展年会审批手续，并邀请奥地利、爱尔兰、芬兰、摩洛哥、日本等国友城及友好交流渠道出席2018北京商务中心区创新发展年会活动。10月，配合并协助做好区商务委领导出席中国—拉丁美洲和加勒比地区投资交流机构2018北京峰会相关工作。配合外交部，开展"北京老厂房的新故事"外国驻京记者主题采访活动，来自20个国家23家媒体的29位外媒高管、核心记者走访郎园Vintage文化创意产业园、莱锦文化创意产业园、朝阳规划艺术馆，了解北京朝阳对老旧厂房保护再利用。配合市外办，举办2018年北京外语游园会。配合外交部，在国家体育场（鸟巢）室外热身场成功举行"大爱无国界——听见世界的爱"国际义卖活动，90家驻华使馆、国际组织驻华机构及60余家中资企事业单位参加，现场参加活动人数超过万人，筹得善款600余万元，将通过中国扶贫基金会，为甘肃省贫困地区听障儿童捐赠人工耳蜗。11月，区向老挝友城万象市占塔布里县捐赠的台式电脑100台全部到位。12月，区外办组团访问摩洛哥，参加中非企业家峰会。落实市、区领导批示，配合市外办，牵头协调各有关单位，对接雅宝路商会，做好莫斯科市外办及北京市外办在朝阳公园联合主办"莫斯科市新年集市"活动属地服务保障工作。马继业率代表团在赴老挝、柬埔寨友城出席捐赠仪式并签署捐赠协议。向柬埔寨友城金边市七玛卡拉区捐赠清洁车辆3辆及垃圾桶100个全部到位。

（龚 舒）

【涉外应急及领事保护知识宣传】 1月15日，区外办与市外办领保处、区教委共同配合，在北京市第八十中学等辖区学校举行"领事保护进万家"系列学校专场宣教活动。5月12日，配合区应急办，参与"5·12"防灾减灾日主题宣教活动，发放《中国领事保护和协助指南》500余册，现场解答境外安全相关问题。

（刘良琼）

【参观交流活动】 3月1日，区政协港澳台侨委员会举办参观交流活动。委员们到中国科学院遥感与数字地球研究所参观交流。委员们听取该所党委书记赵忠明和副所长顾行发院士关于遥感科学、航天遥感论证、国家遥感应用、遥感卫星应用等科研机构动作情况介绍，观看专题片《观天测地，遥感中国》，全面了解遥感与数字地球研究所发展情况；参观高分辨率对地观测应用技术中心，了解遥感辐射传输、遥感定标、遥感图像处理、环境遥感应用等相关情况。

（王 源）

【海外留学归国人员就业创业软环境建设课题开题会】 3月30日，区政协港澳台侨委员会在区政协机关召开"关于打造朝阳区海外留学归国人员就业创业软环境建设"调研课题开题会。专委会三室负责人阐述调研课题立项背景，中关村朝阳园创新处负责人介绍朝阳国际人才社区建设情况，课题组负责人说明课题调研重点、调研方向、调研方式。

（王 源）

【区领导会见】 3月，王灏会见澳大利亚塔姆沃思市市长科尔·默里一行和国际行动理事会联席主席、爱尔兰前总理、爱尔兰中国合作理事会终身名誉主席伯蒂·埃亨一行。区委常委王晰宁会见新加坡中国商会、新加坡中国协会代表团一行。双方就“一带一路”背景下，如何加强双方企业界的合作交流座谈；会见乌克兰法斯蒂夫市市长米克海利欧·捏提亚兹克一行，就朝阳区与乌克兰拓展友好合作进行交流。5月，王灏会见日本信号株式会社社长塚本英彦一行。双方就人工智能、物联网、信号系统安全性等方面加强合作达成初步共识；会见亚美咨询公司董事长尼尔·布什先生一行。6月，古巴外交部亚洲司司长白诗德大使率团到访朝阳区人大常委会，双方探讨人大相关工作。7月，王灏会见沙特国家石油公司（阿美）亚洲总裁安沃·何加齐一行。双方就加强合作交流、促进共同发展达成共识。8月，文献会见日本东京都区市町村代表团。双方就在多领域交流合作事宜进行深入讨论。参观北京商务中心区管委会、东岳庙及奥运塔等。9月，文献会见韩亚银行（中国）行长林荣虎一行，双方就进一步深化合作，为驻区企业提供更便捷金融服务，营造良好投资环境等进行交流。9月，王晰宁会见出席北京商务中心区创新发展年会的城市和地方政府联盟非洲分会代表团，并就进行拓展电子科技、清洁能源等新兴领域务实合作，加强金融和投资领域合作进行交流；会见出席北京商务中心区创新发展年会的爱尔兰蒂伯雷里郡代表团，并就未来在经贸、人文、高科技等领域务实合作进行交流。王灏会见出席北京商务中心区创新发展年会的日本丰岛法人会会长南山幸弘一行，就加强双方多方面合作及赛事保障和环境治理的经验等内容进行交流。文献会见出席北京商务中心区创新发展年会的芬兰罗瓦涅米市市长埃斯科·洛特弗纳一行，双方希望进一步加强各领域合作特别是在冬季体育活动举办、体育场馆运营管理等方面进行交流。李俊杰会见奥地利萨尔茨堡州中国事务特使沃尔夫冈·艾瑟尔一行。双方就进一步加强沟通交流，在更多领域开展合作达成共识。10月，王灏会见澳大利亚前贸易和投资部部长、罗伯集团董事长、中外企业家联合会顾问委员会委员安德鲁·罗伯一行，双方就加强农业、生鲜、医疗健康等领域合作进行交流；与保时捷（中国）销售有限公司总裁及首席执行官严博禹博士一行进行会谈。11月，王灏与太古地产中国区总裁彭国邦先生一行进行会谈，探讨该公司在京发展及与朝阳区开展相关领域交流合作。区委常委、副区长李长萍与麻省理工学院教授布鲁斯·蒂多尔会谈，探讨在科技创新领域的深度合作。区委常委、常务副区长马继业与美国纽约市布鲁克林区代表团会谈，就加强双方务实合作交换意见，探讨牌楼项目。12月，文献会见日本佳能股份有限公司董事长兼首席执行官小泽秀树一行，探讨该公司在京发展及与朝阳区开展相关领域交流合作。李长萍会见法国博比尼市市长斯蒂芬·德·保利一行，讨论与博比尼市加强文化、教育、体育等领域合作。

（龚　舒）

【台北市台澎金马各县市同乡会总干事联谊会】 5月24日，由北京市台湾同胞联谊会组织的台北市台澎金马各县市同乡会总干事联谊会一行25人到区参访交流。参观北京莱锦文化创意产业园中的王开方工作室及BON蓝海电视独栋办公楼。参观朝阳规划艺术馆，听取介绍，观看3D影片《朝阳最美24小时》《国家文化产业创新试验区宣传片》，体验国内首创的数字沙盘。参观侨福芳草地的怡亨酒店、购物中心和当代美术馆。市台联办公室、市台联宣传部有关人员，朝阳区委统战部有关人员，国家文化产业创新实验区有关人员参加相关活动。

（王　源）

【重点项目调研】 7月至12月，区外办开展“外国人眼中的朝阳”调查研究项目。通过线上线下2种渠道以及中、英、法、日、韩5个语种形式开展问卷调查，覆盖区100余个国家与地区的外籍人士，收集各类相关数据，并形成分析报告。

（刘良琼）

【海归就业创业软环境课题座谈会】 7月26日，区政协港澳台侨委召开海外留学归国人员就业创业软环境调研课题座谈会，研讨课题初稿。听取课题组调研情况汇报，海外学人中心负责人介绍朝阳区海外人才相关政策、培训、论坛等相关工作情况。会议讨论调研报告初稿。与会人员就课题提出修改意见，建议要加强对朝阳区海外留学归国人才创新创业现状的分析，总结海外留学归国人员创新创业的主要做法，针对存在问题提出对策建议。

（王　源）

【港澳台和海外嘉宾到朝阳调研】 9月29日，市政协党组副书记、副主席杨艺文率领港澳台和海外嘉宾60余人，到区调研文化创意产业发展建设情况。区政协副主席王文远、区政协经济科技委员会主任陪同调研。考察区751时尚设计广场。双方表示今后要进一步加强友好往来，共同为推进海峡两岸暨香港、澳门经济、科技和文化建设做出贡献。

（王　源）

【规范外语标识】 9月，区外办组织北京市民讲外语活动组织委员会专家顾问团专家至辖区内论坛峰会会场周边公共区域、商业设施、驻地酒店及公园进行外语标识检查及整改推动工作，向奥管委及奥林匹克森林公园等部门提出外语标识调整建议900余条；协助论坛峰会会场所在属地街道规范外围公共区域内如公安、城管联合文明执法岗等公共服务设施外语译法；协助秀水市场等将承担论坛外宾服务接待任务的重点涉外接待单位规范各项外宣及导购标识外语译法。

（刘良琼）

【区委对台工作领导小组（扩大）会】 10月30日，区委召开对台工作领导小组（扩大）会议。黄晓伟传达中央和市委对台工作会议有关精神并部署全区对台工作，李国红作关于调整区委对台工作领导小组和区台胞权益保障协调小组情况的说明，区委书记王灏讲话。区领导文献、黄晓伟、牟燕东、王文远出席会议，文献主持会议。

（任洪忠）

【两岸青年参访团到朝阳学习交流】 12月6日，区外办参加由国台办组织的“理律杯”两岸优秀辩手，包括台北大学法学系学生、清华大学法学院学生，组成的参访团一行30人到区参访交流。参观铜牛电影产业园区、铜牛电影艺术空间及入园企业者尼传媒、克诺影视。参观北京莱锦文化创意产业园，听取负责人介绍园区整体情况，并观看园区宣传片。参观王开方工作室及BON蓝海电视独栋办公楼。在国家文创实验区文化金融服务中心2层会议室，参访团与朝阳区文创实验区企业信用促进会副秘书长、京都律师事务所高级合伙人律师等知识产权领域专业人员就互联网、文创领域知识产权保护问题座谈交流。

（王　源）

信　访

【概况】 中共北京市朝阳区委、朝阳区人民政府信访办公室（简称区信访办），挂北京市朝阳区社会矛盾调处中心牌子。内设综合办公室、来信受理科（北京市朝阳区人民政府人民建议征集办公室）、来访接待科、排查科、矛盾调处室（重大矛盾研究室）、督查督办科、信访事项复查科、法规宣传科，应有行政编制31人，其中主任1名、副主任4名，2018年有行政编制28人。全区信访总量持续下降，信访总体形势明显好转，维护社会和谐稳定。区信访办获“首都劳动奖状”。

（牛雨辰）

【领导调研】 1月19日，市信访办主任韩耕带队到朝阳区调研。市信访办副主任申泽宝、市信访办信访督查专员邓正佳、市人大信访办主任董立柱、朝阳区区长王灏、区委常委张维刚、副区长杨建海等参加调研。9月18，张维刚到党风廉政建设联系点区信访办参加调研座谈会，听取区信访办汇报近期党风廉政建设和反腐败工作开展情况、个人党风廉政建设责任制落实情况和“一岗双责”落实工作情况。韩耕参观区信访办新接待大厅，查看信访群众现场接待情况并讲话。

（牛雨辰）

【参加区人代会人大代表询问活动】 1月9日，区信访办在望京昆泰酒店会议厅参加区十六届人大四次会议代表询问活动。区信访办现场接受人大代表对信访工作专题询问并进行回应。

（牛雨辰）

【信访群众接待大厅改造升级】 2月26日，区信访群众接待大厅改造工程完成并启用。新增的候访等候区及引导台、智能取号机、无障碍通道等设施设备。

（牛雨辰）

【工作汇报】 5月21日，张维刚到区信访办听取2018年上半年党风廉政建设和反腐败工作开展情况汇报。区纪委区监委驻区政府办公室纪检监察组组长秦涛、区信访办主任王春增、党组书记胡铁闽及班子全体成员参加会议。听取区信访办关于2018年上半年区信访办党风廉政建设和反腐败工作开展情况和王春增2018年上半年个人落实党风廉政建设责任制落实和“一岗双责”履职情况汇报。会议强调，要提高站位，全面扎实落实好党风廉政建设责任制和全面治党主体责任。要落实责任，深入持续推进党风廉政建设和反腐败工作。要坚持问题导向，针对存在问题，强化措施抓好落实。要定期分析问题、完善针对性措施，推动中心工作的落实。要健全制度，创新机制，建立不能腐的长效机制。抓好“2018年社会矛盾化解年”工作。

（牛雨辰）

【信访条例宣传月活动】 6月21日，区信访办协同各相关部门启动信访条例宣传月活动。各街乡分会场围绕“坚持以人民为中心，推动法治信访建设”这一主题，联合社区、村，通过设置展板、张贴海报、发放宣传材料、提供咨询及法律服务、组织宣传演出活动等方式开展宣传活动。全区设立宣传站点400余个，参与活动的领导及党员干部5300余人，悬挂横幅500余条，张贴宣传海报1200余张，发放宣传材料5万余份，发放各类信访条例3.1万余份，其他宣传品6.9万件。现场为群众提供咨询5000余人次，入户宣传2000人次。现场参加活动的群众达4.9万余人。全区43个街乡同时开展宣传活动。

（牛雨辰）

▲ 6月21日，区信访办开展信访条例宣传月活动　　牛雨辰　摄

政协朝阳区委员会

综　述

【概况】 中国人民政治协商会议北京市朝阳区委员会（简称区政协）是朝阳区地方政协组织。主要职能是政治协商、民主监督、参政议政。区政协第十三届委员会有委员408人，全年委员出席区政协组织的各类会议及活动3450人次。区政协第十三届委员会设提案委员会、学习与文史委员会、教育卫生与体育委员会、文化委员会、经济科技委员会、城建环保委员会、社会法制与民族宗教委员会、港澳台侨委员会等8个专门委员会。机关设办公室、研究室、专委会工作一室、专委会工作二室、专委会工作三室、专委会工作四室、专委会工作五室等7个处室。年内，区政协召开党的建设工作会议，为区政协自成立60年来首次。全年组织各类学习教育培训112次，占委员活动总数的31%，委员的参与率达到90%以上。有66个区委区政府职能部门和街乡，分别在区政协主席会、常委会、委员读书班、集体调研、集中视察、民主监督、座谈研讨、委员进社区等会议和活动中，向委员介绍情况、阐明政策。委员提交建言202份，开展21次协商议政，分类组织提案协商活动25次，参与委员483人次。提出有针对性的意见建议75条，提出协商监督意见建议62项。成立财政预算、生态环境、民生建设3个专项民主监督组。制定《民主监督组实施方案》《民主监督组工作简则》等相关文件。以视察、督查、走访等形式开展专项监督12次，提出提高社会参与、建立长效机制、防止问题反弹等工作建议。从区政协委员中向区监委推荐特约监督员、向区法院推荐人民陪审员、组织参加党政群共商共治区级民主协商会、组织参加市政府绩效管理公众评价和对区政府部门的社会评价考评等103名。开展集体调研24项，委员个人调研99项，委员依托自身专业机构力量开展的调研19项，参与委员达到989人次。加强联络联谊，扩大民间交流，安排52位香港青年学生到朝阳区开展社会实践活动，接待港澳知名人士35人考察学习。委员们就城市社会治理方面的提案立案122件，议政建言93份。民生问题方面提交提案132件，建言113份。开展对口帮扶贫困地区等活动152次，参与委员626人次。有204名委员走进基层、贴近群众，与相关部门共同在基层开展协商共治，推动问题的解决。委员们报送社情民意信息320条，参加委员读书班、报告厅等各类培训活动的委员达到1549人次。在各类媒体上宣传展示“委员风采”26名。组织各类会议活动175次，向市政协和区委区政府报送信息288条，建设政协网络平台和微信公众号，扩大信息交流与沟通。组织开展纪念区政协成立60周年的展览、笔会、征文、座谈会等系列活动。

（李吉安）

【2018年委员报告厅】 4月25日，区政协在委员活动中心举办2018年委员报告厅。邀请区政协副主席、北京国际城市发展研究院院长、京津冀协同发展研究基地首席专家连玉明以《未来之城——雄安新区的战略定位与创新之路》为题作专题报告。区政协主席班子成员、部分区政协委员、区各民主党派代表、区政协机关全体干部150余人参加。10月9日，区政协在委员活动中心举办2018年下半年委员报告厅。邀请市委党校教授董晓宇以“习近平全面深化改革的思想”为主题作专题报告。区政协主席班子成员，部分区政协委员，区各民主党派成员，区政协、区委统战部机关干部约200人参加报告会。区政协副主席王文远主持报告会。

（李吉安）

【2018年委员读书班】 7月18日至20日，区政协举办2018年委员读书班。区政协主席陈涛，副主席杨树旗、张永新、王文远，秘书长王玉华与120余名委员学习交流。读书班邀请全国政协社会和法制委员会原驻会副主任顾伯平为委员们作《习近平总书记关于加强和改进人民政协工作的重要思想》专题报告。顾伯平结合朝阳区实际，就怎样运用文化内涵不断提高新时代政协委员的履职能力为委员们作阐述。国务院发展研究中心市场经济研究所所长王微围绕改革开放40周年来的经济发展作《经济形势与高质量发展》专题报告。读书班邀请区环保局、卫计委、统战部相关负责人介绍朝阳区相关工作情况。参加读书班的委员们自学《习近平总书记关于加强和改进人民政协工作的重要思想专题摘编》，参观2022年北京冬奥会重要的赛区承载地延庆地区的规划展览馆、世园会、世葡园。

（李吉安）

【纪念区政协成立60周年系列活动】 年内，为纪念区政协成立60周年，区政协举办系列活动，总结区政协60年来的发展历程，反映不同时期的政协委员和各界人士为推进朝阳区经济社会发展和民主政治建设建言出力的精神风貌，扩大人民政协的社会影响，促进政协事业发展。举办“砥砺奋进　同心筑梦”区政协成立60周年展览，展览分为发展历程、领导关怀、履行职能、团结民主、委员风采、自身建设等部分。编纂《记忆政协60年》一书，重点记述各党派团体和各族各界人士以及历届政协委员对人民政协事业的真实情感。以“翰墨志同舟　丹青画共圆——庆祝朝阳政协成立六十周年”为主题，举办书画活动。突出“朝阳政协成立60周年”“朝阳城市风貌”和“人民幸福生活”的主题，展示朝阳区的发展变化和各项事业取得的成就。

（李吉安）

重要会议

【概况】 年内，区政协召开常委会议、主席会议、秘书长工作会议、区政协区委统战部联席会议、协商议政会议、党派联席会议等22次。

（李吉安）

【区政协十三届二次会议】 1月8日至10日，政协朝阳区第十三届委员会第二次会议召开，市政协副主席马大龙、区四套班子领导出席开幕式。会议期间，分组讨论区政协常委会工作报告和提案工作报告、2018年度协商计划（讨论稿）、朝阳区人民政府工作报告、朝阳区2017年国民经济和社会发展计划执行情况与2018年国民经济和社会发展计划草案报告、朝阳区2017年财政预算执行情况和2018年财政预算草案报告、大会决议（草案），并围绕社会事业发展专题、“疏解整治促提升”与城市管理专题和经济科技专题开展座谈。闭幕式上，区委书记吴桂英强调，迈进新时代、展现新作为，要把好“方向舵”，增强政治自觉；要当好“智囊团”，服务发展大局；要架好“连心桥”，增进民生福祉；要练好“真本领”，提升履职能力。

（李吉安）

【常务委员会会议】 1月9日，召开政协朝阳区第十三届委员会常务委员会第七次会议，审议通过政协朝阳区第十三届委员会第二次会议决议，审议通过政协朝阳区第十三届委员会常务委员会2018年工作要点，听取政协朝阳区十三届委员会第二次会议提案审查委员会关于十三届二次会议期间提案审查情况的报告。3月28日，政协朝阳区第十三届委员会常务委员会第八次（扩大）会议召开。会议传达学习全国“两会”精神，张永新传达全国“两会”基本情况和会议精神。通报2018年区政协重点工作安排及区政协、区委统战部议政会工作方案。7月10日，政协朝阳区第十三届委员会常务委员会第九次（扩大）会议召开。会议围绕推进农村城市化、加快“二绿”地区建设开展专题议政。会议传达全国政协系统党的建设工作座谈会及北京市政协系统开展习近平总书记关于加强和改进人民政协工作的重要思想学习研讨活动动员会会议精神。会议部署区政协学习贯彻习近平总书记关于加强和改进人民政协工作的重要思想工作。书面通报区政协2018年上半年工作情况。10月11日，政协朝阳区第十三届委员会常务委员会第十次（扩大）会议召开。通报区政协十三届二次会议提案办理情况。在区政协十三届二次会议上，交由区政府办理的政协提案215件，全部办复。会议听取区政府落实区政协《关于聚焦大气污染治理强化环境执法监督》《关于推进我区知识产权示范城市建设》《关于优化萧太后河沿岸人文环境》3份建议案的情况通报。会议审议通过《关于朝阳园建设国际科技研发集聚区的建议案（草案）》和《关于加强水污染治理力度，提升朝阳区水环境质量的建议案（草案）》，会议同意作进一步修改后提交区委区政府决策参考。会议传达学习《关于加强新时代人民政协党的建设工作的若干意见》精神。12月27日，政协朝阳区第十三届委员会常务委员会第十一次（扩大）会议召开。区委常委、区纪委书记、区监委主任席成坡到会通报2018年朝阳区党风廉政建设情况。审议通过关于召开政协朝阳区第十三届委员会第三次会议的决定，审议通过政协朝阳区第十三届委员会第三次会议建议议程和日程，审议通过政协朝阳区第十三届委员会常务委员会工作报告和提案工作报告。会议通报区政协2018年委员履职情况。会议听取区政协各专门委员会2018年工作述职报告，审议通过有关人事任免事项。

（李吉安）

【党派联席会议】 2月27日，区政协召开党派联席会议。区委副书记、区长王灏到会通报区政府2018年重点工作并提出议政调研方向，区政协主席陈涛主持会议。区领导黄晓伟、王志勉、张永新、王文远、连玉明、张兴凯、战春燕与各民主党派、工商联负责人出席会议。各民主党派、工商联负责人分别介绍2018年重点工作和重点调研课题，就朝阳区如何进一步疏解非首都功能、京津冀协同发展、城市管理科学化、推进全国文化中心建设、生态环境改善等工作建言献策。

（李吉安）

【秘书长工作会议】 3月14日，区政协召开十三届六次秘书长会议。会议通报区政协2018年重要会议及活动安排，研究区政协十三届八次常委（扩大）会议议程（草案），安排部署2018年度议政会工作方案。4月17日，区政协召开第十三届七次秘书长会议。会议研究区政协2018年度信息工作会方案，并就开好信息会征求意见建议。6月7日，区政协召开第十三届八次秘书长会议。会议学习传达区委书记王灏到政协调研工作的讲话，专题研究主题为“坚持文化引领发展，建言产业融合提升”的议政会工作安排。11月9日，区政协召开第十三届九次秘书长会议。对《关于加强新时代政协党的建设工作的实施意见（代拟稿）》征求意见，组织与会人员参观大兴新机场建设情况。12月17日，区政协召开第十三届十次秘书长会议。会议讨论政协朝阳区第十三届委员会第三次会议建议日程（草案），研究大会发言和提交党派团体提案工作。

（李吉安）

【党的建设工作会议】 12月7日，区政协党的建设工作会议召开。区委常委、组织部部长何明宣布区委关于成立区政协机关党组及任命机关党组成员的决定、区委组织部关于同意区政协专门委员会设立分党组的批复，区政协副主席杨树旗宣布区政协党组关于任命专门委员会分党组组成人员的决定，王灏和杨树旗讲话。区领导陈涛、席成坡、黄晓伟等出席会议。

（任洪忠）

协商议政

【概况】 年内，区政协从建言资政和思想政治引领两方面发力。委员提交建言202份。落实区委下达的年度协商计划，开展协商议政21次。加大提案协商力度，分类组织提案协商活动25次，参与委员483人次。通过提案督办、委员视察、特约监督员、民主监督组等形式，提出协商监督意见建议62项。

（李吉安）

【专题协商议政会】 6月13日，区政协、区委统战部在北京国际会议中心召开聚焦“坚持文化引领发展，建言产业融合提升”议政会。区政协主席陈涛主持会议，区领导王灏、黄晓伟、李俊杰出席会议并讲话。区政协主席班子，区政协常委会委员，部分政协委员，区各民主党派、工商联负责人，无党派人士代表、课题组成员，区政府各部门负责人参加议政会，建言献策。王灏强调，新时代、新任务给新时期的政协工作提出更高标准，要更加注重把协商民主贯穿始终，更加注重发挥优势增添活力，更加注重凝聚共识形成合力，更加注重创新方式激发热情，并希望坚持围绕中心、服务大局，坚持问题导向、民生优先，坚持创新引领、深化改革，做好议政工作。

（李吉安）

【2018年度议政会】 10月17日，区政协、区委统战部召开“创新社会治理　增进民生福祉”议政会。区领导文献、陈涛、甘靖中、王志勉、李懋、杨树旗、王文远、战春燕出席会议。区委常委、区委统战部部长、区直机关工委书记黄晓伟主持会议。区政协常委、部分政协委员、区各民主党派、工商联负责人、无党派人士代表及课题组成员到会，与区委办、

区政府办等19部门负责人共谋朝阳创新发展。区政协委员、民主党派代表和无党派人士代表梁鑫华、金峰俶、方德英、程伟佳、周凯作、赵黔鲁、李秋玲、刘俊华分别发言。左朝晖等13位委员和党派成员围绕“创新社会治理 增进民生福祉”主题提出意见建议。区各民主党派、区政协各专委会开展调查研究工作，形成调研成果和议政建言103份。

（李吉安）

提 案

【概况】 年内，区政协征集提案348件，经审查立案300件，其中各界别和专委会集体提案25件，委员提案275件。立案提案全部办理完毕，办复率100%。有41名委员围绕文化产业创新引领、推动科技创新发展、供给侧结构性改革、推进国际化发展等方面提出提案。先后形成《关于推进我区科技创新和知识产权工作的建议》《关于进一步优化营商环境的建议》《关于推进区域民营经济发展的建议》等综合专报。

（李吉安）

【提案办理方案座谈会】 3月1日，区委办和区政协提案委员会联合召开民主党派、工商联提案办理方案座谈会。会上听取民主党派、工商联提案所确定承办单位的意见建议，协商办理方案。区委督查室就年内19件民主党派、工商联提案拟定的初步办理方案，向各党派、工商联领导做说明。

（李吉安）

【督办重点提案】 6月6日，区政协副主席张永新、战春燕带队重点督办台盟区工委提出的《关于做好我区街景文化规划和建设的建议》提案。6月14日，区政协副主席王文远带队重点督办《关于进一步优化营商环境的建议》提案。

（李吉安）

调研与视察

【概况】 年内，区政协开展集体调研24项，委员个人调研99项，委员依托自身专业机构力量开展的调研19项，参与委员989人次，形成一批调研成果。组织委员围绕城市管理、社会事业、经济科技、文化发展、功能区建设等专题开展集中视察，让政协委员进一步了解区情，体察民情，知情议政。

（李吉安）

【“疏解整治促提升”情况视察】 3月16日，市政协城建环保委员会主任周正宇带队，组织市政协委员就“疏解整治促提升”和精细化管理工作到朝阳区视察。区领导陈涛、刘海涛、张永新陪同视察。视察组先后实地视察萧太后河马家湾湿地公园和十八里店乡拆迁现场，观看萧太后河治理专题片和十八里店乡拆违展板介绍，委员们与朝阳区有关人员交流互动。

（李吉安）

【城市治理体系专题调研】 5月29日，区政协召开“强化街道在城市治理体系中的基础地位、构建具有首都特点的超大城市治理体系”专题调研工作会。区政协主席陈涛出席会议。市政协调研组成员、部分区政协委员参加会议，区委社工委、区委区政府研究室、区编办、区城管委、区法制办、区信息办、区城管监督中心等单位到会介绍相关情况，交流研讨。

（李吉安）

【营商环境改善调研】 7月3日，区政协主席陈涛带队就改善营商环境走访调研北京国际信托有限公司。座谈会上，北京信托公司介绍公司发展情况并就相关问题提出意见建议。有关政府部门及属地街道就相关问题现场给予答复。区政协秘书长、相关部门及属地街道领导参加走访调研。

（李吉安）

【城市治理体系建设调研】 年内，区政协到21个街乡开展调查研究，梳理涉及街乡职能的法律、法规、规章330余份，形成题为《强化街乡在城市治理中的基础地位、构建具有首都特点的超大城市治理体系》的调研报告，提出包括顶层设计、体系构建、队伍建设、资源整合、技术支撑、法治保障等一系列城市治理的建议，并提出实施“城市治理信息畅通工程”和大数据治理城市等具体措施。

（李吉安）

专门委员会

【概况】 年内，区政协本着尊重委员意愿的原则，调整专委会设置，健全专委会组织机构和人事调整及安排，搭建委员活动平台，激发委员履职活动。

（李吉安）

【提案委员会】 年内，区政协提案委员会征集提案348件，经审查立案300件。其中，各界别和专委会等集体提案25件，委员提案275件。立案提案全部办理完毕，51%的提案转化为区委区政府相关工作措施。

（李吉安）

▲ 5月29日，区政协召开“强化街道在城市治理体系中的基础地位、构建具有首都特点的超大城市治理体系”专题调研工作会 肖 烨 摄

【学习与文史委员会】 年内，区政协学习与文史委员会举办委员报告厅，邀请专家作《雄安新区的战略定位与创新之路》《习近平全面深化改革的思想》专题报告，传达中共中央《关于加强新时代人民政协党的建设工作的若干意见》精神。组织委员参观考察2022年北京冬奥会重要赛区交通枢纽八达岭长城站、北京世园会、延庆世葡园。全年各街乡组织委员进社区活动345次，参与委员204人、610余人次。制定《关于保护传承朝阳文化名片提升朝阳文化影响力的意见建议》调研工作方案，提交《努力做好文化遗产的保护与传承工作》建言。报送履职工作信息28篇。在区政协网站推送15位“委员风采”。纪念区政协成立60周年，编纂出版《一届委员一生情——记忆政协60周年征文选编》，做好《朝阳文化地图》编纂出版工作。

（李吉安）

【文化委员会】 年内，区政协文化委员会开展“文化三里屯”“公共文化和区文化馆辐射带动作用”两个课题的调研，形成课题报告。关于“文化三里屯”课题，文化委员会到三里屯街道、中国传媒大学实地考察，召开“文化三里屯”课题研讨会，听取文化专委会委员的建议，丰富课题研究工作。关于“公共文化和区文化馆辐射带动作用”课题，文化委员会到香河园地区文化中心等基层文化单位考察，区政协主席陈涛带队到文创园视察调研，推动“文化委员会”调研工作。9月底，市政协在朝阳区文化馆举办文化大讲堂活动，区政协文化委员会在“文化大讲堂”以《朝阳区公共文化实践路径新探索》为题作汇报，汇报朝阳区公共文化运营管理新模式、体制改革新实践、基层文化自治新探索、社会资本融入新载体、线上公共文化服务新空间、资源协作的创新平台等6个专题。

（李吉安）

【教育卫生与体育委员会】 年内，在区政协教育卫生与体育委员会设立分党组，形成党员委员组织关系一方隶属、参加双重组织生活的管理模式。召开“坚持文化引领发展，建言产业融合提升”“创新社会治理，增进民生福祉”两次议政座谈会，按照要求，专委会组织委员对相关重点议题加强调研，征集相关稿件。宣传发动委员参加议政座谈会，每次有30名以上委员参加，保证会议效果。在纪念区政协成立60周年活动中，按照工作部署，举办“翰墨志同舟，丹青画共圆”书法笔会活动，完成50余幅书画作品，委员捐赠《团结前进》主题雕塑作品。为保障市政协举办的“文化大讲堂”活动，专委会协调区文化委、区文化馆、朝阳宾馆，保证市政协“文化大讲堂”活动顺利进行。鼓励委员撰写委员提案、社情民意信息，支持委员参加委员进社区活动。年内报送相关工作信息12篇，委员撰写社情民意信息55篇。

（李吉安）

【城建环保委员会】 年内，区政协城建环保委员会围绕朝阳区“加强水环境治理与保护工作”到区水务局开展2次专题调研，召开专题座谈会，参加活动委员43人次。区政协、区委统战部两次召开“坚持文化引领、建言产业融合提升”和“创新社会治理，增进民生福祉”议政会，城建环保委员会委员45人次参加，4名委员作大会发言，收到议政建言材料18篇。为进一步加强人民政协民主监督职能履行，成立18人组成的生态环境民主监督组，注重发挥民主党派和党外人士作用，涵盖环保、绿化、水务、法律等专业领域的委员。年内，接待市政协城建环保委员会主任周正宇带领的市政协委员就“疏解整治促提升”和精细化管理工作2次到区视察；接待通州区政协，以及上海市奉贤区政协、福建省厦门市思明区政协、四川省成都市成华区政协、广东省广州市越秀区政协到区考察。

（李吉安）

【社会法制与民族宗教委员会】 年内，区政协社会法制与民族宗教委员会设立“强化街道在城市治理中的基础地位，构建具有首都特点的超大城市治理体系”“朝阳区社区基层民主建设情况调研”两个调研课题。围绕调研课题，组织开展一系列视察调研活动。就“强化街道在城市治理中的基础地位，构建具有首都特点的超大城市治理体系”课题，组织调研活动10次，委员参与105人次。市政协调研课题调研组在朝外街道办事处召开调研座谈会，区政协领导陈涛、张永新出席，北京市政协委员、区政协委员参加，区社会办和朝外、麦子店、酒仙桥、三里屯、建外5个街道到会介绍情况。专委会组织部分委员到区检察院就公益诉讼工作开展视察监督。区检察院领导张朝霞、孙长柱、孙伟等陪同视察。专委会接待6批市内外政协考察团到朝阳区学习考察，就社会治理、社区建设、养老、城市管理等工作交流经验做法，互为借鉴。

（李吉安）

【经济科技委员会】 年内，区政协经济科技委员会组织委员到中关村朝阳园、铜牛电影产业园，中护航集团等15家企业调研，组织课题研讨会8次，参与委员80余人次，形成3个调研报告。其中《关于朝阳园建设国际科技研发集聚区的调研报告》形成常委会建议案。与港澳台侨委员会一道，围绕“文化引领发展，产业融合提升”“创新社会治理、增进民生福祉”议政主题，征集议政建言36篇，提出意见和建议120余条。形成《关于推进我区科技创新和知识产权工作的建议》《关于进一步优化营商环境的建议》及《推进区域民营经济发展的建议》。贯彻落实中央和市区关于加强和改进人民政协民主监督工作的意见精神，筹备成立区政协财政预算民主监督组。加强与党政部门、各党派团体之间的联系合作，建立专委会委员微信群，搭建委员交流平台。完善委员履职档案，做好委员履职情况统计和评价，征集“委员风采”，激发委员履职活力。

（李吉安）

【港澳台侨委员会】 年内，区政协港澳台侨委员会与北京市政协港澳台侨和外事委员会联合接待50余位香港青年学生到朝阳区开展“香港青年学生北京社会实践活动”，组织他们到798艺术区、铜牛电影产业园和凤凰卫视等参观了解文化创意产业发展情况。接待市政协组织的港澳35位知名人士到朝阳区751北京时尚设计广场考察北京设计周活动。参与协商议政活动，围绕“文化引领发展，产业融合提升”“创新社会治理、增进民生福祉”议政主题，征集议政建言12篇，提出意见和建议36条。围绕朝阳区港澳台青少年和海外留学归国人员现状开展专题调研，重点摸底分析港澳台同胞在朝阳学习、创业、就业、生活情况，以及朝阳区海外留学归国人员创业情况，并就相关问题提出意见和建议。

（李吉安）

中共朝阳区纪委
朝阳区监委

综　述

【概况】　中共北京市朝阳区纪律检查委员会（以下简称区纪委）是主管全区党的纪律检查工作的专责机关；北京市朝阳区监察委员会（以下简称区监委）是全区行使国家监察职能的专责机关。区纪委与区监委合署办公。区纪委、区监委在市纪委市监委和区委的双重领导下开展工作。设办公室、组织部、宣传部、研究室、党风政风监督室、信访室、案件监督管理室、案件审理室、第一至八纪检监察室、信息技术保障中心和后勤服务保障中心。年内，围绕形式主义、官僚主义等问题，开展监督检查。围绕新版城市总规实施和“减量精治优环境”工作，开展100余次监督检查，推进工作落实。开展廉洁办奥监督检查，开展区承建道路工程项目专项监督，督促责任单位建立健全资金、项目监督管理制度，强化廉政风险防控。监督检查对口扶贫工作，建立与6个县（团场）联系机制和挂职干部述职述廉制度，区纪委监委主要领导带队开展调研督导，为打赢精准脱贫攻坚战提供纪律保障。实地督查“大棚房”治理，组织抽查72宗1281栋大棚房整治验收情况，督促属地落实整改。开展双向挂职锻炼机制，建立纪检干部信息管理系统，制发《朝阳区纪检监察干部意识形态行为规范》《朝阳区纪委监委派驻机构及干部考核评价实施办法（试行）》和《朝阳区街乡纪检监察组织考核评价实施办法（试行）》。

（于　濛）

【党纪政务处分干部和立案查处】　年内，区纪委区监委审批处置区管干部问题线索50件，审批采取留置措施13人，区委常委会研究决定党纪政务处分区管干部24人次，发挥区反腐败协调小组作用，研究论证22起在区域影响较大复杂案件。全年接待群众来访5667人次，受理群众信访举报2059件次；处置问题线索1225件，立案351件，立案数比上年增长20.6%，其中处级干部43人；处分312人，比上年增长15.1%；挽回经济损失1.1亿元。每季度通报全区第一种形态运用情况，对“零”报告的及时约谈提醒，运用第一种形态批评教育、谈话函询2337人次，比上年增长72.47%，澄清反映失实问题867件。纪律轻处分250人，纪律重处分64人，严重违纪涉嫌违法35人。

（于　濛）

【20个派驻纪检监察组设置】　年内，区纪委区监委下设20个派驻纪检监察组，实现派驻监督78家区级党和国家机关全覆盖。成立区委巡察工作领导小组及其办公室，组建巡查组6个，开展两轮巡察12个区属单位工作，开展“画像式”“融入式”调研，取消不规范议题92个，发现问题线索64个，立案审查112件。开展政治巡察，全面政治体检单位44家，开展“回头看”2家单位，发现问题989个，提出整改意见和建议374个。通过主动监督发现问题线索立案81件。实施专项监督和日常监督相结合，开展煤改电、惠民政策落实、农村经济合同治理等专项监督23个。建成全区监督档案信息系统，完成对单位、个人党风廉政情况查询和画像。

（于　濛）

【党风廉政宣传教育】　年内，区纪委监委组织开展“纪律教育在身边”警示教育展，接待230余家单位300余场次、近2万人参观学习。与北京电视台共同拍摄《问责如何问出担当和实效》等8部专题片，制作《瓦砾下的黑金》等4部警示片。召开全区党员干部警示教育大会，举办警示教育展。

（于　濛）

重要会议

【区纪委十二届三次全会】　1月31日，朝阳区第十二届纪律检查委员会第三次全体会议暨2017年全区党风廉政建设工作会议召开。学习贯彻中央纪委、市纪委全会精神，总结2017年纪检监察工作，部署2018年工作任务。区委常委、区纪委书记席成坡代表朝阳区第十二届纪律检查委员会常务委员会向第三次全体会议做工作报告，总结2017年党风廉政建设和反腐败工作取得的成效，部署2018年工作任务。王灏提出要求。

（王亚克）

【区纪委常委（扩大）会】　10月8日，区纪委区监委召开区纪委常委（扩大）会。学习中央纪委《关于与12个联系地区纪委书记开展谈话式调研的情况报告》精神。区纪委监委领导班子成员、各部室负责人对照文件精神，查找问题、提出改进措施及工作思路。会议明确工作重点问题、重点工作思路。席成坡主持会议并点评。

（于　濛）

【反腐败防逃工作意见试点部署会】　10月19日，区纪委区监委召开落实反腐败防逃工作意见试点部署会。传达区委关于加强反腐败防逃工作的精神，在区住房和城乡建设委、劲松街道、孙河乡3个试点单位，部署和讨论如何落实“健全对党员和公职人员的出国（境）证件的集中保管机制”规定。会议要求，试点单位根据情况，明确重点防控人员和岗位，确定集中保管出国（境）证件人员范围，制定相应制度。区追逃办主任高大中主持会议，区委组织部、区人力社保局等单位相关负责人参加会议。

（沈　倩）

【深化拓展监察体制改革工作方案部署会】　10月24日，区纪委区监委召开落实区深化拓展监察体制改革工作方案部署会。介绍《朝阳区深化拓展监察体制改革工作方案》制定背景、内容及落实工作安排。高大中主持会议并讲话，区纪委区监委办公室、区委组织部、区委宣传部、党政政风监督室、案件监督管理室、案件审理室主要负责人参加会议。

（沈　倩）

【全区领导干部警示教育大会】　12月4日，区纪委区监委召开全区领导干部警示教育大会。学习贯彻全市领导干部警示教育大会精神，落实新时代全面从严治党新要求，剖析问题，压实管党治党责任。大会剖析违反政治纪律和组织纪律、顶风违反中央八项规定精神、利用职权谋取私利、侵害群众利益、生活腐化道德沦丧、履职尽职不力、基层单位党的建设弱化等7个方面突出问题。通报全年受处分和被问责的奥运村街道原工委书记徐桂士、街道办原主任韩军等处级干部29人。会议要求，全区各级党组织和广大党员干部要警钟长鸣、严守党的政治纪律政治规矩，推动全面从严治党向纵深发展。王灏讲话，文献主持会议，四套班子领导及区法院院长、区检察院检察长出席会议。全区处级以上领导干部、各单位重点科室负责人及社区（村）党组织主要负责人600余名参加会议。

（于 濛）

▲ 12月4日，区纪委区监委召开全区领导干部警示教育大会 宋瑞敏 摄

纪检监察体制改革

【概况】 2018年，是朝阳区纪检监察工作的改革深化年，朝阳区深化对改革的认识，坚持稳中求进的工作方针，努力将改革部署落到实处。国家监察法公布实施以来，区纪委监委落实市委《关于继续深化监察体制改革试点工作的意见》要求，制定《朝阳区深化拓展监察体制改革工作方案》，把党的领导贯穿到纪检监察工作的全过程。聚焦监督第一职责、首要职责，构建以监督为中心的工作机制，初步构建“1+3+N”即党风室统领三个监督检查室，下设多个街乡纪（工）委和派驻组的大监督工作体系，构建纪律监督、监察监督、派驻监督和巡察监督四个全覆盖的权力监督格局。深化流程再造，推进纪法贯通、注重法法衔接，把改革的制度优势转化为治理效能。与中国政法大学国家监察与反腐败研究中心建立“学术—实务”互促共建机制，围绕关键问题开展联合调研。成立信息技术与安全保障中心，形成“16室1中心”内设机构格局，推进纪检监察信息化建设，建成电子数据取证室和情报分析室。制定《朝阳区纪检监察机关合署办公中审查调查程序运作规范》《朝阳区纪委监委监督检查审查调查措施使用规范》《朝阳区进一步加强反腐败防逃工作的意见》。

（沈 倩）

【“学术—实务”共建互促协议签订】 3月26日，区监委与中国政法大学国家监察与反腐败研究中心签订“学术—实务”共建互促协议。双方同意建立“学术—实务”共建互促机制，确定“联合调查研究、建设实验基地、监察学科建设、监察人才培养”四项共建方式。中国政法大学终身教授应松年、中国政法大学副校长马怀德，中国政法大学副教授曹鎏，区监委席成坡、高大中等参加会议。

（沈 倩）

【法法衔接】 年内，区纪委监委落实市委办公厅《关于在查办党员和公职人员涉嫌违纪违法犯罪案件中加强协作配合工作的实施办法》，制定《朝阳区党政、人大、政协机关向纪检监察机关移送党员和公职人员涉嫌违纪违法犯罪问题线索的实施细则》，在线索移送机制层面实现“全覆盖”，在执法部门和监察机关建立行政执法与职务违法犯罪的衔接机制；公安朝阳分局、区检察院、区法院、区司法局4家单位分别制定同区纪委监委在查办党员和公职人员涉嫌违纪违法犯罪案件中加强协作配合的工作办法，纪检监察与刑事司法、完善行政违法“法法衔接”机制；落实中央纪委国家监委下发关于进一步做好审查调查工作系列文件精神，让法法衔接落到实处。应用职务犯罪案件“检察院提前介入、法院咨询会商、联席会议机制”，确保案件能够顺利起诉、审判。

（沈 倩）

【联合调查研究】 年内，区监委与中国政法大学国家监察与反腐败研究中心签订“纪检监察机关的监督职责、职务违法调查职责研究”委托课题合同。召开课题研讨会，交流研讨新形势下纪检监察机关如何有效履行监督职责、职务违法调查职责。双方到广东、湖南、湖北、重庆调研新形势下纪检监察机关履行监督职责、职务违法调查职责相关问题，以及信息化建设、廉洁文化建设和警示教育宣传、改革以来纪检监察工作思路。形成两份如何履行监督职责及职务违法调查职责的专项考察报告。

（沈 倩）

党风政风监督

【概况】 2018年，区纪委区监委开展监督执纪问责工作。建立健全“1+3+N”大监督格局，绘制监督工作流程图；制定专题会议、廉情分析、督查督办、结果反馈等四项内部流转机制；制定专项监督工作规则、问责工作程序、制发建议书工作办法、谈话函询工作规则及突发事件快速反应处置办法等五项业务制度。围绕“三大攻坚战”“三件大事”开展48个专项监督。贯彻落实中央八项规定精神，紧盯关键少数，持续纠正“四风”问题。建立监督档案，为政治生态精准画像。协助区委落实全面从严治党主体责任，开展民意调查，运用廉政谈话、听取汇报、制发建议书等手段层层压实责任。年内，实地检查全区200余家二级单位。聚焦“四风”问题新表现，整治形式主义、官僚主义问题纳入2019年工作重点。对违反中央八项规定精神的典型问题严查快办，查处并通报曝光问题64起84人。开展北京冬奥会冬残奥会筹备情况、营商环境、“街乡吹哨、部门报到”落实情况、扶贫领域工作等

23项专项监督，立案查处86起86人。成立区纪委区监委突发事件快速反应处置工作领导小组。制发《朝阳区纪委监委执纪监督专题会议制度》。全年召开9次执纪监督专题会。朝阳廉情分析经验材料编入中纪委《新时代纪检监察监督工作实践探索》一书。

（那珊珊）

【协助区委落实全面从严治党主体责任】 1月31日，区纪委区监委制发《关于落实区纪委十二届三次全会精神的通知》，逐级签订责任清单、责任书2.3万余份。6月，联合各系统工委、各派驻纪检监察组开展全面从严治党主体责任年中督查工作。召开7个系统工委、13家处级单位党（工）委专项工作督查会，并现场提问点评。9月28日，委托第三方调查公司对全区150家单位进行党风廉政建设民意调查，采集体制内有效样本6765人、体制外受访人民群众1297人。全区运用监督执纪“第一种形态”1997人次，占“四种形态”总数85.67%，问责党组织2个，问责61人，其中处级干部14人。制发建议书153件，其中纪律检查建议书66件，监察建议书87件。

（张　骥）

【监督档案信息系统研发】 10月至12月，区纪委区监委研发建立监督档案信息系统，运用科技化手段，对近3年全区信访、案件、巡察、日常监督、民意调查、主体责任考核等8类近万条信息进行整理汇总、分析研判、查找比对。录入1466家单位44587名监督对象基础信息，匹配相关信息3万余条，实现监督板块数据共享。

（张　骥）

【扶贫协作监督执纪问责工作机制建立】 年内，区纪委区监委制发《关于2018年至2020年开展扶贫领域腐败和作风问题专项治理的实施方案》《加强扶贫协作监督执纪问责工作方案》。与对口支援地区6个县团纪委监委建立日常沟通机制。与新疆墨玉县、新疆建设兵团第十四师四十七团纪委监委签订共同建立协同推进扶贫协作工作机制备忘录。通过发函、电话联系方式，与5个县1个团场纪检监察部门沟通扶贫协作领域执纪监督问责工作中存在问题并要求提供2018年扶贫领域案件台账，梳理有关情况。督促区发展改革委梳理排查全市扶贫攻坚考核中，涉及全区问题以及扶贫协作任务事项，建立问题清单和责任清单。建立挂职干部每半年向区纪委区监委述责述廉机制，汇总5省区20名援派干部的述责述廉报告，对援派挂职干部培训和监督。

（王　静）

【扫黑除恶专项斗争】 年内，区纪委区监委制发《关于在扫黑除恶专项斗争中强化监督执纪问责的实施方案》《关于在扫黑除恶专项斗争中进一步聚焦黑恶势力“保护伞”加强监督执纪问责的意见》。成立区纪委区监委扫黑除恶专项斗争工作领导小组，“扫黑除恶”与“基层拍蝇”同部署同落实。建立包案、专案机制，上级领导包案督导。建立线索排查、快速处置机制，成立线索排查专班。会同公安朝阳分局制发《关于在扫黑除恶专项斗争中进一步加强协作配合的实施办法》，建立线索双向移送机制。建立同步上案机制，与公检法机关协作配合，同步上案、同步调查。全年查办专案3起立案审查24人，其中处级干部6人。

（秦培奇）

信访举报

【概况】 年内，区纪委区监委畅通“信、访、网、电”信访举报渠道，以监察体制改革为契机，探索健全完善信访举报工作机制、部门联动应急处置机制、完善信息通报、情报汇总、责任追究等工作机制。配合市委巡视工作，梳理提供2015年以来信访台账2377条并同步备卷待查，提交近3年信访综合分析，陪同巡视组接待群众来访100余批次，协助区委组织部迎检梳理“为官不为、为官乱为”信访举报台账50余条。

（王晓丽）

【信访举报受理】 年内，区纪委区监委处理信访举报5667件次，受理信访举报2059件次，比上年增长43.7%，其中检举控告类1788件次，初信初访811件次；接待群众来访1489批次2761人次（受理96批次），比上年增长120%，接听群众来电2240件次（受理25件次）。全部在要求时限内完成转办。

（王晓丽）

【重点督办任务】 年内，区纪委区监委为评优评先、提拔使用、两委换届等专项廉政情况查询9369件次。摸排2017年以来区纪委区监委自收信件，建立重点信访举报督办工作台账，重点督办任务42件次。为“扫黑除恶”专项工作开启绿色通道，快速移送黑恶势力相关信访举报问题线索，复查2016年来40件次涉黑类信访举报件。复查违反中央八项规定精神等问题60件次；信访问题线索转立案106件次。

（王晓丽）

纪律检查和案件审理

【概况】 年内，朝阳区围绕市、区中心工作，聚焦重点领域和关键环节，加大审查调查力度，查处涉及土储拆迁、房产交易、农村“三资”管理等方面违纪违法问题。整治群众身边腐败问题，将扫黑除恶专项斗争工作与打击黑恶势力犯罪“保护伞”同步推进，与政法机关配合打掉李罗营村“贾三”王四营乡村霸恶势力团伙，查处“达人俱乐部案”“大洋路市场案”涉黑恶案件背后“保护伞”等典型案例。处置问题线索1225件次，比上年增长60.76%。其中，采取核实和谈话函询方式了结问题线索867件次，比上年增长83.37%；立案351件次，比上年增长20.6%；职务犯罪案件42件，留置案件39件。结案335件，比上年增长20.5%。给予党纪政务处分312人，增长15.13%。制发《关于对意识形态领域问责的实施意见》。

（沈　倩）

【案件质量评查】 6月，区纪委区监委全面梳理2013年1月至2018年5月区办理的各类党纪政务（政纪）案件。采取专项检查、定期抽查等方式，选取部分重点单位，开展案件质量评查工作。以自查和抽查相结合方式，自查自纠全区833件党纪政务（政纪）案件以及处分执行情况。立查立改部分单位在处分执行中存在送达不到位、归档不及时等问题。对照市纪委《党纪和政务处分执行工作规程（试行）》要求，完善党纪政务处分执行工作的综合性制度，统一现行标准要求，修订《处分执行情况报告表》、制发《处分执行事项清单》。

（王凤祥）

【案件审理】 年内，区纪委区监委案件审理室受理违纪违法和职务犯罪案件362件。其中，受理党纪政务案件334件，职务犯罪案件35件（其中市监委指定管辖11件）。审结363件，比上年增长23.5%，给予党纪政务处分312人，比上年增长15.1%，审结职务犯罪案件35件（留置31人，不留置直诉4人），比上年增长66.7%。

（王凤祥）

制度建设

【概况】 2018年，是全面深化监察体制改革的关键一年，朝阳区纪委区监委结合区发展实践，制发规范性制度18项，内容包括执纪监督、执纪审查等主责工作，涵盖朝阳区意识形态领域建设、纪检监察组织管理等方面。

（王亚克）

【制度文件制发】 1月29日，区纪委区监委制发《朝阳区纪委监委在监督执纪过程中开展同步录音录像工作的暂行规定（试行）》《朝阳区纪检监察机关一般性谈话工作办法（试行）》《朝阳区纪委监委执纪审查（调查）专题会实施办法（试行）》《朝阳区纪检监察机关合署办公中审查调查工作程序规范（试行）》《朝阳区纪委监委专项监督工作规则（试行）》《朝阳区纪委监委关于落实意识形态工作责任制的工作方案》《朝阳区纪检监察干部意识形态行为规范（试行）》《朝阳区纪委监委专案办理工作规范（试行）》《朝阳区纪检监察组织制发纪律检查建议书和监察建议书的工作办法（试行）》《关于对意识形态领域问责的实施意见》《朝阳区纪委监委突发事件快速反应处置办法》《朝阳区纪委监委执纪监督专题会议制度》《朝阳区纪委监委机关谈话函询工作规定》《朝阳区纪委监委机关部室及干部考核评价实施办法（试行）》《朝阳区纪委监委派驻机构及干部考核评价实施办法（试行）》《朝阳区街乡纪检监察组织考核评价实施办法（试行）》《朝阳区纪委监委监督检查审查调查措施使用规定（试行）》《朝阳区纪委监委机关制式法律文书管理和使用办法》。

（王亚克）

【法规制度调研】 年内，区纪检监察系统开展45项调研课题，其中联合调研课题2项、独立调研课题40项、改革专项调研课题3项。其中，“留置措施的证据标准研究”“监察体制改革背景下涉案款物管理方面相关规定初探”等课题在监察体制改革时代背景下，研究新颁布的法律法规中具体规定，把研究成果转化为相关工作机制。完成45项调研课题，成果汇编成册下发。

（秦天鸿）

反腐倡廉宣传教育

【概况】 年内，朝阳区纪委区监委围绕“不想腐”，开展区纪委书记对百名新任转任处级干部集体廉政谈话、新任转任干部任前廉政测试、“纪律教育在身边”宣教展、制作系列警示片等工作。朝阳区纪委区监委开展党的十九大代表为纪检监察干部学习宣传十九大精神专题辅导班、十九届中央纪委二次全会学习宣传工作、“不忘初心·崇洁尚廉”廉政文艺作品征集活动、编印《廉政法规知识汇编》、学习宣传宪法和监察法、开展学习宣传新修订《中国共产党纪律处分条例》、以案为鉴助青年干部走好“廉之路”等系列宣传教育活动。编印《廉政法规知识汇编》。开展“朝阳青年行走廉之路”活动。

（赵国强）

【廉政文艺作品征集活动】 2月，区纪委区监委、区文化委联合举办“不忘初心·崇洁尚廉”廉政文艺作品专题征集活动。全区100余家单位参加活动。收到书法、绘画、漫画、剪纸、摄影等各类作品500余件，分类评选征集作品汇编成册，发放全区。

（赵国强）

【新任转任干部任前廉政测试】 5月、12月，区纪委区监委组织新任转任处级干部参加任前廉政法规知识测试，100余名新任转任处级干部参加测试并全部通过。指导60余家基层单位开展新任科级干部任前廉政测试，在全区新任转任处级干部任前廉政测试全覆盖同时，还将任前廉政测试向全区科级干部延伸，实现凡提必考，以考促学、以考促廉。

（赵国强）

▲ 5月30日，朝阳区开展2018年第一次处级干部任职前廉政测试 陶涌伟 摄

【“纪律教育在身边”宣教展】 9月至12月，区纪委区监委举办“重整行装再出发——朝阳区‘纪律教育在身边’”宣教展。宣教展将警示教育与普法宣传、弘扬优良家风密切结合，以“一正一反”教育形式强化效果。区直机关系统、街道系统、农村系统、政法系统、宣传系统、教育系统、国资系统、非公系统等八大系统各单位党员干部参展，接待区内230余家单位，实现区内党员干部参展接受

▲ 9月20日，朝阳区举行"重整行装再出发"宣教展开幕仪式　　宋瑞敏　摄

纪律教育全覆盖。接待外交部、审计署、市属国有企业等区外单位参展，接待参展总人次20000余人次。

（赵国强）

【系列警示片制作】 年内，区纪委区监委把查处典型违纪违法案件，拍摄制作为警示教育片发放全区200余家单位。拍摄《蝇蚊之祸》和《瓦砾下的黑金》等。制发《关于进一步加强警示教育工作的实施办法（试行）》。

（赵国强）

民主党派

北京朝阳年鉴
Beijing Chaoyang Yearbook
2019

民革朝阳区委

【概况】 中国国民党革命委员会北京市朝阳区委员会（简称民革朝阳区委）下设参政议政、祖国统一、社会服务、信息、青年、宣传、老龄、妇女、教科文卫体和中山书画研究会等10个专门工作委员会。有基层支部19个、民革党员1032人。民革党员中有市人大代表1人，区人大代表3人（其中常委1人）；全国政协委员2人（常委1人），市政协委员5人（其中常委1人），区政协委员25人（其中副主席1人、常委3人）；区政府特约工作人员9人。全年召开主委会议2次、全委会议2次，召开学习贯彻中共十九大精神会议、纪念改革开放40周年大会、参政议政调研工作会、扶贫交流会、新党员交流会、理论学习会以及双向恳谈会等30余次。年内，民革朝阳区委紧紧围绕民革北京市委和中共朝阳区委区政府的中心工作，筑牢思想根基，加强组织建设和人才队伍建设，在参政议政、民主监督、社会服务、祖国统一等各项工作中发挥作用。团结带领民革党员，紧密团结在以习近平同志为核心的党中央周围，坚持以习近平新时代中国特色社会主义思想为指导，在服务朝阳区经济、文化、社会、科技和生态等建设方面，为服务京津冀协同发展献策出力。民革党员隗冬梅、吕淑然获民革中央庆祝改革开放40周年主题征文三等奖。

（于升豪）

【参政议政】 年内，民革朝阳区委组织信息工作人员参加各类培训活动，提高信息工作水平。全年完成调研报告23篇，向区政协和区委统战部联合举办的议政会选送11篇。其中《关于发挥文化馆辐射带动作用推动朝阳区公共文化服务体系示范区建设的建议》《关于朝阳区进一步促进文化与科技融合发展的调研报告》和《朝阳区文化企业营商环境的优化与政策创新研究》等3篇调研报告被选作大会重点发言，4篇调研报告作即席发言。民革朝阳区委向区政协提交党派提案2件，其中《关于优化创业环境大力推进民营经济快速发展的建议》获优秀提案奖。信息专委会向民革北京市委报送信息111条，采用39条，采用率35%。信息员刘俊卿报送的关于《我市交通一卡通充值发票获得困难亟待改进》的信息得到北京市副市长殷勇批示。

（于升豪）

【主题教育活动】 年内，民革朝阳区委组织民革党员参观"伟大的变革——庆祝改革开放40周年大型展览"；以纪念中共中央"五一口号"发布70周年为契机，组织民革党员开展"观故居、走多党合作之路"活动；组织骨干党员赴云南省昆明市，河北省阜平县、平山县西柏坡，广东省广州市、佛山市、中山市等地开展学习实践活动；组织党员参观"真理的力量——纪念马克思诞辰200周年主题展览"。各支部以不同形式组织民革党员开展纪念改革开放40周年活动等。

（于升豪）

【参政议政人才培养】 年内，民革朝阳区委以吸收新党员为契机，培训提升新党员参政议政能力，引导其结合社会发展需求，深度关注各自领域内课题研究，逐渐融入参政议政人才队伍；对参政议政热情高、表现优秀的民革党员，推荐其利用区政协、区委统战部等平台，以信息、提案、撰写理论文章等形式发挥参政议政作用。民革党员岳运生、龚龑获民革中央参政议政全国先进个人荣誉称号，姜永海获得国家科技进步成果奖。

（于升豪）

【助力学生交通安全】 年内，民革朝阳区委牵头联合国道路安全十年行动驻中国办公室与朝阳区教委、朝阳交通支队，将"联合国道路安全十年行动·中国安全小公民计划"引入朝阳区，并于"12·2"全国交通安全日开展主题宣传教育活动。

（于升豪）

【助力精准扶贫】 年内，民革朝阳区委主委张兴凯带队实地考察结对帮扶对象——云南省昆明市禄劝县转龙镇锅盖山村及石林县水塘铺村精准扶贫项目，捐赠价值100万元物资和价值近20万元的医疗设备；与中华志愿者协会联合，开展对吉林省白城市大安市精准扶贫工作，向其捐赠价值130万元的医疗器械和物资；赴国家级贫困县河北省保定市阜平县，向贫困地区村民捐赠农业生产、健康及医疗物资，组织医疗团队开展义诊服务。

（于升豪）

【专委会活动】 年内，民革朝阳区委文体专委会举办第二期"摄影开启别样生活"手机摄影知识讲座，讲座由著名时尚摄影师、民革党员王晓东主讲，从摄影的诞生等多方面阐释手机摄影的便利和实用性，针对高科技技术为大家释疑解惑。民革朝阳区委妇委会举办纪念"三八"国际妇女节活动，会同民革密云支部联合开展女性民革党员参观北京中医药博物馆活动。民革朝阳区委中山书画研究会举办多场书画古琴艺术欣赏讲座。民革朝阳区委青年委员会组织青年党员赴西柏坡参观学习。

（于升豪）

【宣传工作】 年内，发挥民革朝阳区委微信公众号宣传阵地作用，开展主题宣传、成就宣传、典型宣传，践行和弘扬社会主义核心价值观。为民革党员订阅《团结报》，民革朝阳区委获《团结报》全国发行征订工作先进集体一等奖。

（于升豪）

民盟朝阳区委

【概况】 中国民主同盟北京市朝阳区委员会（简称民盟朝阳区委）有基层组织37个，基层委员会3个（各辖3个支部），基层支部34个，盟员1916人。年内，发展盟员116人（平均年龄37.46岁，其中博士16人、硕士38人），年发展率6.46%。下设参政议政、文化、教育、经济、科技、法制、社会服务、青年、妇女、医卫、老龄等11个专门工作委员会和统战理论研究会。盟员中有市、区两级人大代表7人，政协委员34人，各级政府特约工作人员20余人。全年召开主委会议4次，全委会议1次，召开调研工作会议、各专委会会议、统战理论研究会议、参政议政沙龙、组织工作会等30余次。

（葛春艳）

【主题教育活动】 年内，民盟朝阳区委组织区委委员、基层组织和专委会负责人前往西柏坡、李家庄中共中央统战部旧址，开展纪念中共中央“五一口号”发布70周年主题教育实践活动。组织盟员参观“真理的力量——纪念马克思诞辰200周年主题展览”和“伟大的变革——庆祝改革开放40周年大型展览”等。

（葛春艳）

【参政议政】 年内，民盟朝阳区委在区政协十三届二次会议上提交的《关于坚持国际标准，提升朝阳区生态环境质量的建议》集体提案，被评为优秀提案并作大会发言。民盟委员提交的《关于朝阳区文化创意保护的建议》等31件委员提案，内容涉及文化建设、产业升级、交通管理、社区医疗、市政市容、统战、政法等方面，其中《关于加速北京市老旧楼加装电梯进度的建议》等2件委员提案被评为优秀委员提案；在区政协、区委统战部举办的“坚持文化引领发展，建言产业融合提升”和“创新社会治理、增进民生福祉”议政会上，民盟朝阳区委提交党派议政建言12篇，全部被采用。其中《国家文化产业创新试验区，企业促进机制调研》《关于朝阳区养老服务品质的建议》2篇议政建言作为大会主题发言。

（葛春艳）

【调查研究】 年内，民盟朝阳区委各调研组前往南水北调工程团城湖管理处、区民政局、区信息办、北京工业大学、北京化工大学、朗园、北汽齿轮厂和望京创业园等处实地调研，完成《大力扶持实体书店健康发展打造朝阳最美城市生活空间》等调研文章28篇，其中《关于我区建设城市大脑的建议》在区委书记与各民主党派主委联席会上作为主题发言。

（葛春艳）

【信息工作】 年内，民盟朝阳区委向民盟北京市委、区委统战部、区政协报送信息128条。其中《关于加强来华留学生指导工作的建议》等40条信息被区政协采纳。民盟朝阳区委被区政协评为社情民意信息工作先进单位，盟员穆军升被评为优秀信息员。

（葛春艳）

【社会服务】 年内，民盟朝阳区委与民盟云南省昆明市委、昆明寻甸县政府、东川区政府联合举办2018年全学科教师培训活动；民盟朝阳区委医卫专委会与民盟朝阳医务支部、民盟北京中医药大学委员会、民盟中日友好医院支部等基层组织，先后前往北京中学等地为教职员工、建筑工人、空巢老人开展系列公益讲座和义诊服务；民盟朝阳社会服务委员会赴河北省尚义县开展帮扶与调研；民盟北京中医药大学委员会赴河北省安国市中医院义诊、调研；民盟北京第二外国语学院支部赴张家口市康保县开展精准教育帮扶；民盟朝阳区第一支部、第四支部坚持资助河北省肃宁县贫困学生；民盟朝阳第三支部与河北大学驻河北省赤城县龙关镇椴木沟村扶贫工作组携手扶贫共建等。

（葛春艳）

【“盟员之家”建立】 年内，民盟朝阳区委医务支部在安贞街道安华里社区建立支部“盟员之家”。

（葛春艳）

【新媒体平台运营】 年内，民盟朝阳区委运营“北京朝阳民盟”微信公众号，发布消息26条，公众号关注用户562人，公众号阅读量3700余人次。

（葛春艳）

民建朝阳区委

【概况】 中国民主建国会北京市朝阳区委员会（以下简称民建朝阳区委），按功能设立1个监督委员会，参政议政、组织、社会服务、宣传、信息、理论、三员和青年等8个工作委员会，文化、法治、经济、体育、科技、教育、医药卫生、企业、妇女、老龄、环境资源等11个专门委员会。有34个支部，会员1843人。年内发展会员73人（其中研究生以上文化程度的43人，占59%；具有中、高级职称的24人，占33%；企业高级管理人员及在单位任中高层以上职务者42人，占57%）。有全国工商联副主席1名，全国人大代表2名，全国政协委员3名；北京市人大代表5名，北京市政协委员5名（其中常委1名）；区人大代表11名（其中常委会副主任1名、常委1名），区政协委员30名（其中常委4名）；北京市政府特约工作人员3名，朝阳区政府特约工作人员12名。年内，修订并完成《民建朝阳区委十一项规章制度（试行）》。协助民建北京市委开展民主监督工作并配合做好实地考察调研工作。

（李佳君）

【思想建设】 年内，民建朝阳区委开展纪念中共中央“五一口号”发布70周年系列活动。青年工作委员会赴西柏坡参观学习；各支部、专委会参加纪念“五一口号”发布70周年健步走活动；组织区委委员观看中共中央庆祝改革开放40周年大会直播、参观改革开放40年成就展并撰写心得体会；组织区委委员、专委会主任与支部主委赴广东省汕尾市海丰县交流学习。

（李佳君）

【理论研究】 年内，民建朝阳区委成立理论工作委员会文史工作组，由现场调研组、外联组、信息组、理论组、撰稿组、资料组、顾问组和秘书组构成。采取组长负责制，分工合作，发挥团队优势，做深做实民建文史工作。

（李佳君）

【参政议政】 年内，民建朝阳区委整理中共北京市委、民建北京市委、朝阳区统战部和区政协、民主党派专项、朝阳区发改委5大类129个调研课题方向，为2018年参政议政调研工作提供参考。在坚持参政议政联席会议制度、双向联系人制度、主委课题制度的基础上，首次将参政议政调研报告纳入基层组织考核中。全年形成调研报告133篇，其中涉及朝阳区经济社会发展16篇、北京市经济社会发展61篇、全国经济社会发展56篇。按照分类统计，涉及城市建设37篇、法制建设22篇、民主党派建设19篇、经济发展10篇、营商关系9篇、养老产业6篇、体育和美丽乡村各5篇，涉及科技、教育、文化的各3篇；涉及扶贫、环保、农村电商、新社会阶层的各2篇，涉及医疗和人工智能的各1篇。

（李佳君）

【社会服务】 年内，民建朝阳区委组织会员赴河北省承德市丰宁满族自治县贫困村开展对口帮扶工作。继续开展“民建朝阳区丰宁春华助学金”项目（已连续7年），帮助丰宁一中在读的20名优秀贫困学生顺利完成学业；开展“思源工程——巾帼关爱活动”，为百名以上来自北京远郊区的基层妇女和民建会员进行全面、高品质的免费体检；组成“民建北京朝阳医疗专家团队”，赴津、冀、蒙等省市自治区义诊、示教；连续10年开展“教师节”慰问北京安华学校（打工子弟学校）特殊教育教师活动；连续6年承办民建北京市委“为爱而走”慈善健走活动；成立“民建朝阳法律流动咨询服务站”，深入社区服务百姓；开展关心关爱“一老一小”活动，先后到打工子弟学校、朝阳区儿童福利院慰问帮扶，到养老机构走访调研，为养老事业健康持续发展建言献策。

（李佳君）

【服务经济建设】 年内，民建朝阳区委就文化融合、文化创意产业发展暨相关政策问题赴醉库国际文化创意园调研；赴安徽省凤阳县小岗村开展“站位新时代、改革再出发”——纪念改革开放40周年主题教育实践活动暨企业家进凤阳科技交流活动；调研诺安资产管理有限公司、凤凰旅游集团公司、北京电子城投资开发集团有限公司、中国建筑材料科学研究总院等会员企业；召开“关于跨境电商发展的相关问题”讨论会，举办“中国风险投资行业现状”专题讲座、留学归国人员交流座谈会、“进口博览会的影响力”专题座谈会及“当前经济大环境下的消费供应链管理与运营”报告研讨会等。

（李佳君）

【基层组织建设】 年内，民建朝阳区委成立民建朝阳区五星支部。完成6个支部的届中调整工作。

（李佳君）

民进朝阳区委

【概况】 中国民主促进会北京市朝阳区委员会（以下简称民进朝阳区委）有支部36个，会员1166人。年内，新增会员393人，其中区委新发展会员及市委会安排会员36人，市委会划拨357人，新增支部7个。2018年有全国和北京市人大代表2人，全国政协委员3人，市政协委员2人（其中常委1人），区人大代表5人（其中常委1人），区政协委员19人（其中常委4人），区政府特约工作人员8人。

（张　纯）

【五届七次全委（扩大）会】 3月10日，民进朝阳区委召开五届七次全委（扩大）会。学习习近平总书记《坚持多党合作发展社会主义民主政治，为决胜全面建成小康社会而团结奋斗》的重要讲话；总结民进朝阳区委2017年工作、通报2018年工作要点，表彰2017年度7个先进支部和56名优秀会员。

（张　纯）

【同心统战工作室活动】 5月9日，民进朝阳区委参加团结湖街道一二条社区同心统战工作室成立一周年活动。区委统战部常务副部长胡杰华作《草创之初——从社会组织的角度看中国共产党的诞生》主题讲座。团结湖街道全体机关干部、社区统战干部、一二条社区同心统战工作室代表100余人参加活动。

（张　纯）

【五届八次全委（扩大）会】 7月15日，民进朝阳区委召开五届八次全委（扩大）会议。学习民进中央主席蔡达峰在民进中央省级兼职副主委培训班上的讲话精神，总结并通报民进朝阳区委2018年上半年工作和下半年工作要点。各专委会、各支部汇报上半年工作和下半年工作计划。

（张　纯）

【主题参观活动】 7月22日，民进朝阳区委组织10余名会员前往国家博物馆，参观“真理的力量——纪念马克思诞辰200周年主题展览”。9月15日，民进朝阳区委组织会员中的30余名教师，到延庆区大庄科乡革命老区参观革命遗址、重走革命路，开展“不忘合作初心，继续携手前进”主题教育活动。11月，组织部分会员前往国家博物馆参观“伟大的变革——庆祝改革开放40周年大型展览”活动。

（张　纯）

【市属7个支部划归民进朝阳区委管理】 8月8日，民进朝阳区委召开属地化工作欢迎会。原隶属于民进北京市委的经济企业联合支部、大学联合支部、新闻出版联合支部、中国图书进出口总公司支部、少年儿童出版社支部、中国美术出版总社支部和人民音乐出版社等7个支部的288名会员，以及其他支部的69名会员，分两批划归民进朝阳区委管理。

（张　纯）

【市委统战部慰问党外干部】 10月16日，市委统战部常务副部长周开让带队看望慰问区政协副主席、区审计局局长、民进朝阳区委主委战春燕，区统计局局长、民进会员韦小萍等党外干部。了解党外干部的工作状态，协助解决工作中的困难。区委常委、统战部部长、区直机关工委书记黄晓伟一同慰问。

（张　纯）

【民进区委成立20周年座谈会】 12月14日，民进朝阳区委副主委刘敬疆主持召开民进朝阳区委成立20周年座谈会。民进北京市委常委林安杰、民进朝阳区委主委战春燕，以及历届民进朝阳区委老

▲8月12日，民进朝阳区委团结湖捐资助学仪式　　张　纯　摄

领导和会员代表15人出席。与会人员共叙民进朝阳区委20年来发展历程，展望新时代美好愿景。

（张　纯）

【捐资助学活动】 年内，民进朝阳区委向团结湖街道一二条社区6户困难家庭捐赠价值1200元的米、面、油等生活用品；向4名贫困学生捐赠现金5000元；向团结湖街道一二条社区助老机构捐赠价值1979元的理发用品；向团结湖社区暮年颐乐园养老院捐赠米、面各750千克和色拉油150千克。由民进会员徐威组织开展的“心计划”公益活动，分别在内蒙古自治区和青海省等地开展捐资助学活动。其中，在内蒙古自治区助学行动中，向林东和林西地区的18所学校捐助贫困高中生16名、初中生16名、小学生113名，捐助助学金9.8万元。向赤峰市喀喇沁旗十家满族乡头道营子小学图书室捐助图书3000册，图书价值1.5万元。在青海省助学行动中，捐助循化县和同仁县的5所学校的贫困高中生54名、初中生和小学生99名，捐助助学金11.34万元。

（张　纯）

【调研提案工作】 年内，民进朝阳区委参政议政专委会向民进北京市委、区委统战部、区政协提交调研报告20篇，向区政协提交党派提案2件，其中1件被评为优秀提案。上报社情民意信息102篇、工作信息18篇。

（张　纯）

农工党朝阳区委

【概况】 中国农工民主党北京市朝阳区委员会（简称农工党朝阳区委）有23个支部，党员1037名，主要由医药卫生、人口资源和生态环境领域高中级知识分子组成。农工党朝阳区第四届委员会有委员19名。内设办公室和组织部。有参政议政、社会服务、信息宣传、青年工作、老龄工作等5个委员会。党员中，有享受政府特殊津贴的2人，全国政协委员3人，北京市政协委员4人，区人大代表7人（其中常委1人），区政协委员15人（其中常委5人），北京市政府特约工作人员3人，朝阳区政府特约工作人员10人，农工党中央委员2人，农工党北京市委委员10人（其中副主任委员1人、常委3人）。年内，学习贯彻落实中共十九大精神和习近平总书记系列重要讲话精神，开展坚持和发展中国特色社会主义学习实践活动。结合朝阳区医药卫生事业改革发展大局，关注民生、参政议政、建言献策、服务社会，促进人口资源环境协调发展。

（张胜男）

【组织青年党员活动】 4月，农工党朝阳区委青年工作委员会组织青年党员参加纪念中共中央“五一口号”发布70周年长走活动。6月至12月，青年工作委员会先后组织青年党员到东坝乡东泽园社区慰问孤寡老人并送去生活必需品，参加农工党北京市委举办的“不忘合作初心，继续携手前进”健步行活动，到昌平区新源学校开展健康知识公益讲座，参观“真理的力量——纪念马克思诞辰200周年主题展览”和“伟大的变革——庆祝改革开放40周年大型展览”等。

（张胜男）

【助力京津冀协同发展】 6月7日至8日，农工党朝阳区委携北京乐予慈善基金会及首都儿科研究所的医学专家赴国家级贫困县——河北省秦皇岛市青龙满族自治县，开展“情系满乡，助力脱贫”——服务京津冀协同发展主题社会服务活动。活动第一站：农工党朝阳区委一行到娄杖子镇寄宿制完全小学为2017年捐建落成的希望工程快乐音乐教室和快乐美术教室揭牌。来自首都儿科研究所和朝阳医院的7位专家，为小学生、家长及教师开展儿童健康知识讲座。活动第二站：农工党朝阳区委一行到草碾中学举行爱心捐助和义诊。向青龙县贫困学生捐赠助学金12万元、135套总价值8万余元的校服以及为2所小学捐建图书室。来自首都儿科研究所附属儿童医院、首都医科大学附属北京朝阳医院和秦皇岛市妇幼保健院的13位医学专家为该中学生开展健康体检和义诊。2天的帮扶活动，为当地2所学校近千名学生和贫困山区群众开展健康知识普及和义诊咨询服务。

（张胜男）

【议政建言】 6月、10月，区政协、区委统战部先后召开“坚持文化引领发展，建言产业融合提升”和“创新社会治理，增进民生福祉”专题议政会。农工党朝阳区委向议政会提交建言文章15篇，其中《关于完善朝阳区生态文明绩效评价考核机制的建议》作大会重点发言，《关于加强文化智库体系建设的建议》《关于促进朝阳区文化创意产业投资的建议》和《尽快构建朝阳区再生资源及低值可回收物循环利用体系，进一步提升城市宜居环境》作即席发言，其余建言文章均编入议政会建言成果汇编。

（张胜男）

【纪念农工党成立88周年主题学习教育活动】 8月7日至8日，农工党朝阳区委与农工党河北省秦皇岛市委在北京联合举办为期两天的纪念农工党成立88周年“不忘合作初心，继续携手前进”主题教育学习班。秦皇岛市委主委王建文作开班动员，北京市委秘书长江欣参加开班仪式并讲话。两地农工党组织的主委班子成员、市委委员、区委委员、支部负责人和骨干党员80余人参加学习班。学习班邀请全国政协原副秘书长、文史和学习委员会原副主任卞晋平作学习贯彻习近平总书记关于加强和改进人民政协工作的重要思想的专题报告，农工党中央参政议政部副部长耿丽丽以“凝心聚力献良策、履职建言谋发展”为题，讲解农工党员如何更好地发挥优势参政议政、撰写和反映社情民意信息。学员参观农工党中央党史陈列室、考察北京寸草春晖养老院学知园和北京闽龙陶瓷艺术馆。

（张胜男）

【专题调研工作】 9月，农工党朝阳区委向区委统战部提交调研报告4篇，分别是《深化医疗体制改革，推进朝阳区专科医联体建设》《建议将朝阳区大型购物中心资源转化为普及和传播文化的新优势，大力建设国家级公共文化服务体系示范区》《充分发挥中国共产党领导的多党合作和政治协商制度优势，构建具有朝阳特色的共建共治共享的超大城区治理格局》和《北京市医药分开综合改革对朝阳区社区卫生服务机构运行的影响及对策建议》。

（张胜男）

【跨党派跨地区专家义诊活动】 11月29日，农工党朝阳区委与民建大兴区工委在“北京—福寿山福海养老服务中心”联合举办义诊活动（此为在大兴区连续

▲ 11 月 29 日，农工党朝阳区委连续七年举办跨党派跨地区义诊活动　农工党朝阳区委　供稿

7 年举办的“跨党派、跨地区”专家义诊帮扶活动）。双方选派包括中医科、西医内科、眼科和骨科在内的 10 名专家，为养老院 80 余位老人诊治。

（张胜男）

【第三届前沿医学科普论坛暨出生缺陷救助公益活动】 12 月 14 日至 15 日，农工党朝阳区委联合首都儿科研究所以“防治出生缺陷，感悟医者初心，共铸健康中国”为主题，共同举办第三届前沿医学科普论坛暨出生缺陷救助公益活动，北京市卫计委及首都儿科研究所的相关领导出席活动并讲话，活动由农工党朝阳区委主委马立霜主持。活动邀请国内 20 多位儿科、产科等相关领域知名专家，为京、冀两地及全国儿科、产科医务人员创造学习前沿医学知识的机会，加强出生缺陷综合防治。活动中，专家们围绕北京市新生儿出生缺陷相关专题开展现场培训。390 余名医护人员参加公益论坛和培训活动。

（张胜男）

【信息工作】 年内，农工党朝阳区委向市、区有关部门提交社情民意信息 92 篇，其中《关于北京市所有社区医院建立过期药回收箱的建议》和《北京市新医改后药品方面存在的问题和建议》获得市领导批示。在区政协召开的 2018 年社情民意信息工作会议上，农工党朝阳区委获 2017 年度信息先进单位表彰。

（张胜男）

【提案工作】 年内，农工党朝阳区委向区政协十三届三次会议提交《深化医疗体制改革，推进朝阳区专科医联体建设》《建议将朝阳区大型购物中心资源转化为普及和传播文化的新优势，大力建设国家级公共文化服务体系示范区》和《加强生态文明建设，率先打造全域公园城区》3 件党派提案。其中《关于利用购物中心资源普及和传播文化的建议》被选为大会发言。农工党朝阳区委向区政协十三届二次会议提交的《发挥优势，开拓引领，建议在朝阳区内打造首个国家级医药卫生文化创意产业园》集体提案、农工党界别委员提交的《关于推进朝阳区紧密型医联体建设的建议》个人提案均获得优秀提案奖。

（张胜男）

【理论研究】 年内，农工党朝阳区委向农工党北京市委、北京市政协和朝阳区政协理论与实践研究会等单位提交《充分认识提案监督的地位和独特作用》《充分发挥人民政协在推进国家治理体系和治理能力现代化中的独特作用，助力提升社会治理精细化水平》《坚持新发展理念，通过持续加强自身建设，切实提高民主党派参政议政能力》和《提高人民政协经常性工作质量》共 4 篇理论文章，均被收录在北京市和朝阳区政协理论与实践研究会文集中。其中 1 篇在区政协召开的“习近平总书记关于加强和改进人民政协工作的重要思想理论研讨会”上作大会发言。

（张胜男）

【“农工党名医工作室”挂牌】 年内，农工党朝阳区委开展“健康京郊行——美丽乡村建设”定点帮扶活动，在密云区西邵渠村建立“农工党名医工作室”。5 月 31 日，农工党北京市委、农工党朝阳区委和农工党密云支部联合在密云区西邵渠村举行“农工党名医工作室”挂牌活动，6 名党内专家现场开展义诊活动，当天服务群众 100 余人次。6 月至 12 月，农工党朝阳区委坚持每月组织党内专家为密云区西邵渠村村民义诊和健康咨询，累计服务村民 500 余人次。11 月 7 日，农工党朝阳区委与农工党昌平支部联合在昌平区流村镇菩萨鹿村开展“2018 金秋健康行”义诊咨询活动，8 位党内医学专家为 100 多名村民提供义诊服务。

（张胜男）

致公党朝阳区委

【概况】 中国致公党北京市朝阳区委员会（以下简称致公党朝阳区委）有 17 个支部，致公党员 583 人。年内，发展党员 25 人。致公党员中，有全国政协委员 2 人，北京市人大代表 2 人、北京市政协委员 3 人（其中常委 1 人），区人大常委 1 人、区政协委员 13 人（其中常委 4 人），致公党中央委员 3 人（其中常委 1 人），致公党北京市委委员 8 人（其中常委 3 人），国土资源部特约监察专员 1 人，市级特约工作人员 4 人，区级特约工作人员 7 人。

（李　旭）

【骨干党员和新党员学习班】 5 月 16 日，致公党朝阳区委举办 2018 年骨干党员和新党员学习班。学习班邀请中央社会主义学院教授王小鸿主讲“新时代民主党派的职能与使命”，阐释民主党派的历史发展、在新时期的政治职能及使命等内容。致公党中央原秘书长邱国义主讲“中国致公党党史和党章”，详细讲解致公党的发展历程、重要历史节点和新修订的党章等内容。部分支部负责人和 20 多名党龄不足两年的新党员参加学习班。

（李　旭）

【参加议政】 6 月 13 日，致公党朝阳区委在区政协、区委统战部召开的“坚持文化引领发展，建言产业融合提升”议政会上，致公党朝阳区委委员李晟执笔的《推进艺术品交易市场改革，建立更完善的税收制度的建议》、区委委员宋汉晓执笔的《充分发挥“一核”在全国文化中心建设中的作用研究》和信息工作专委会委员郑少华执笔的《弘扬戏曲艺术，助力文化朝阳建设的建议》等 3 篇调研建言，被编入大会发言材料汇编。李晟代表致公党朝阳区委发言。10月17日，致公党朝阳区委在区政协、区委统战部召开的“创新社会治理，增强民生福祉”议政会上，致公党员周凯代表致公党朝阳区委作重点发言，李云燕作即席发言。会前，致公党朝阳区委向会议提交建言报告4篇，分别是周凯撰写的《对朝阳区城乡接合部疏解腾退空间再利用的建议》、李云燕撰写的《关于加强水污染治理力度，提升朝阳区水环境质量的对策建议》、刘华撰写的《依托社区机制建设，完善居家养老的建议》和宋超撰写的《建立完善朝阳区志愿服务褒奖激励机制的建议》。

（李　旭）

【纪念“五一口号”发布70周年主题教育】 5月30日，致公党朝阳区委专职副主委刘伟带领20余名致公党员赴中国政协文史馆参观“大道同行——从‘五一口号’到协商建国重要史事回顾展”。6月28日至30日，致公党朝阳区委组织部分副主委、区委委员及支部负责人等19人赴重庆市开展“不忘合作初心，继续携手前进”——纪念中共中央“五一口号”发布70周年主题教育活动。在中国民主党派陈列馆，党员们参观“不忘合作初心，继续携手前进”——纪念中共中央“五一口号”发布70周年展览，详细了解各民主党派以及中国共产党领导的多党合作和政治协商制度形成和发展历史。参观后，与致公党重庆市委交流开展纪念“五一口号”发布70周年活动情况以及服务脱贫攻坚工作。

（李　旭）

【文化教育扶贫活动】 7月16日至21日，致公党朝阳区委在贵州省黔西南州贞丰县开展文化教育扶贫活动。北工大支部党员王慧梅和十三支部党员毛古丽为贞丰县124名小学教师开展业务培训。致公党朝阳区委向参训学员赠送200本《小学英语示范教材》。

（李　旭）

【援藏医疗工作】 7月，致公党朝阳区委应西藏自治区洛扎县人民政府邀请，致公天露乡村医疗工程派遣第5批援藏医疗队2名医疗专家在洛扎县开展为期3个月的援藏医疗工作。致公天露乡村医疗工程于2014年7月28日启动后，已有10名优秀的999医护人员先后赴西藏自治区拉萨市城关区和洛扎县开展医疗帮扶工作，累计接诊5500余人次。医疗队赴藏期间，遵循由“输血式”支援向“造血式”支援转变的思路，在国家卫计委医疗规范基础上建立一套适合西藏自治区乡级卫生院医疗配置和管理标准的医疗流程规范，编制包括乡级卫生院总体制度、操作流程、医疗规范以及职责在内的4个大项、170多个小项的《拉萨市城关区乡卫生院工作标准化指导手册》，帮助拉萨市城关区纳金乡、娘热乡、夺底乡、蔡公堂乡等乡镇卫生院完成标准化建设，向当地卫生院捐赠全血细胞分析仪、心电图机等价值20余万元的医疗设备。医疗队为当地医护人员进行医疗培训和西医用药、医疗护理工作指导，开展专业讲座50余次。医疗队随同当地医务人员每月前往海拔3800米以上的寺庙、村庄，为驻寺人员和村民做诊疗和B超检查，为当地卫生室医护人员提供指导和应急救援培训，4年累计巡诊32次，举办应急救援公开课讲座和培训40余次。

（李　旭）

【美育送教活动】 12月7日至8日，致公党朝阳区委赴重庆市酉阳土家族苗族自治县开展美育送教活动。区委专职副主委刘伟和中央美术学院支部主委、教授强勇带领中央美术学院的“高参小”项目组，赴重庆市酉阳土家族苗族自治县实施2018年定点精准帮扶计划，举办“巴蜀酉阳，最美课堂”主题活动。主题活动分别在酉阳县桃花源中学和酉阳实验小学举办，课堂内容包括“开门见山”“年年有余”“我的自画像”“面面相‘趣’”等，为酉阳县的师生带来中央美术学院特色美术教育课程。酉阳土家族苗族自治县成人教育中心（教师进修学校）、酉阳四中、桃花源中学、酉州中学、实验中学、民族小学、实验小学、桃花源小学、龙潭希望小学的30余名美育老师和100名中小学生参加活动。课程把培育和践行社会主义核心价值观融入美育课堂，引导学生树立正确的审美观念，陶冶高尚的道德情操，培养深厚的民族情怀，激发同学们的想象力和创新意识。课后，中央美术学院的专家与当地美育教师开展课程交流。

（李　旭）

九三学社朝阳区委

【概况】 九三学社北京市朝阳区委员会（简称九三学社朝阳区委）下设9个工作机构，分别为组织部、宣传部、参政议政第一委员会、参政议政第二委员会、社会服务委员会、青年工作委员会、老龄工作委员会、妇女工作委员会和办公室。有支社27个，社员1272人。社员中，60岁以上社员占社员总数的36.3%，女性社员占社员总数的49.7%，社员平均年龄57岁。具有高级职称的社员占社员总数的69.6%，硕士以上学历的社员占社员总数的44.3%，社员中有博士225人。科技界社员占39.8%，高教界社员占26.5%，医药卫生界社员占16.5%，其他界别社员占17.2%。有厅（局）级干部13名，县（处）级干部

▲12月7日至8日，致公党朝阳区委赴重庆酉阳开展美育送教活动　田丽华 摄

69名，11人担任九三学社中央各专委会相关职务。年内，农业部支社李恒德获国家技术发明奖二等奖，北京化工大学支社蔡中华获十届全国知识产权优秀软课题研究成果一等奖，安贞医院支社苏俊武获“首都民族团结进步先进个人”荣誉称号，蒋先玲、许亦平获2018年国家级教学成果奖二等奖。5名社员为省（部）级重点以上学科带头人，曾获省（部）级重大奖项和荣誉称号的有22人，有知名新社会阶层代表人士5人，其他领域有较大影响的代表人士15人。年内，发展新社员51人，组织发展率为4.1%。新发展社员中，有高级职称和研究生以上学历的分别占发展社员总数的54%和88%，新社员中有博士15人。新社员平均年龄39.6岁。增补张瑞、周俊、黄卫国、蔡中华为九三学社朝阳区第五届委员会委员，增补张瑞为副主任委员。

（孙庆林）

【民航总医院支社成立】 3月21日，九三学社朝阳区委民航总医院支社召开成立大会，选举第一届支委会，黄卫国任支社主委。

（孙庆林）

【参政议政】 6月、10月，九三学社朝阳区委分别向区委统战部、区政协举办的“坚持文化引领发展，建言产业融合提升”议政会和“创新社会治理、增进民生福祉”议政会提交调研报告8篇、6篇，均被采用。在议政会上，社员蔡中华、霍超、赵黔鲁、周莉颖分别代表九三学社朝阳区委作大会发言。9月18日，在中共朝阳区委召开的政党协商座谈会上，主委张明森作《改善朝阳区营商环境》专题发言。10月30日，在区政协成立60周年座谈会上，主委张明森代表朝阳区各民主党派作《与政协一起成长》的发言。在区政协十三届二次会议上，九三学社朝阳区委提交的《关于黑臭水体还清效果长期维持的建议》的党派提案被评为优秀提案，社员王静提交的《关于积极发展学前教育，着力解决我区“入园难”问题的建议》的提案被评为优秀委员提案。副主委柳学信代表九三学社朝阳区委作题为《优化知识产权管理机制提升科技创新活力》的大会发言。会议期间，九三学社的区政协委员提交委员提案27件。九三学社朝阳区委全年完成党派调研报告22篇。刘军撰写的《提高政策供给精准性，推动朝阳区国家文化产业创新试验区建设》、闫言撰写的《关于以公交站牌为载体宣传北京历史与地名文化的建议》调研报告得到媒体关注，《人民周刊》《朝阳政协》等杂志作专题报道。九三学社朝阳区委向中共朝阳区委统战部、社市委和区政协提交信息305篇。

（孙庆林）

▲3月21日，九三学社朝阳区委民航总医院支社成立　孙庆林　摄

【与建外街道永东社区党委签署共建协议】 6月14日，九三学社朝阳区委与建外街道永安里东社区党委签署共建共享协议。中共朝阳区委统战部常务副部长胡杰华，建外街道纪工委书记陈泽新、武装部部长袁庆武，九三学社朝阳区委专职副主委霍超、秘书长刘军，永东社区党委书记蔡霞出席签约仪式。年内，九三学社朝阳区委、朝阳区疾控中心、永安里东社区党委联合开展职业人群健康干预社会服务活动。

（孙庆林）

【科普活动】 9月1日，九三学社朝阳区委与九三学社北京市委和九三学社海淀区委在中国科技馆联合举办“开学第一课”大型青少年科普活动。由社员担任主讲人，在中国科技馆举办中国科技馆大讲堂活动2场；与九三学社北京市委、北京中医药学会生殖专业委员会、垂杨柳医院联合举办“关注女性健康，建立全人群及全生命周期呵护体系”大型科普活动。引入中国科技馆和北京奥运博物馆的科普资源，在朝阳区部分社区开展“趣味科普讲座”3场。

（孙庆林）

【参政党理论研究】 年内，九三学社朝阳区委首次组织课题组参加九三学社北京市委参政党理论研究工作。九三学社朝阳区委社员路洪洲、胡珂珲申报立项并完成“九三学社青年社员思想观念及价值观研究”课题。

（孙庆林）

【医疗服务】 年内，九三学社朝阳区委先后到山东省潍坊市、门头沟区妙峰山镇、中国藏语系高等佛学院等地及朝阳区部分街乡，开展医疗咨询、义诊、免费救助等活动9次，服务群众500余人次。

（孙庆林）

台盟朝阳区工委

【概况】 台湾民主自治同盟北京市委员会朝阳区工作委员会（简称台盟朝阳区工委）成立于1998年10月12日，是台盟北京市委员会派出机构。台盟朝阳区工委有委员7人（其中主任委员1人、副主任委员3人），有3个支部（经济科技支部、文教医卫支部和退休支部），有盟员79人。年内，发展盟员1人，去世2人，保留盟籍1人。盟员中有全国政协委员1人，市人大代表1人、市政协委员1人，区人大常委1人、区政协委员5人（其中常委2人）、区政府特约工作人员4人。有台盟北京市委委员6人（其中副主委1人、常委2人）。年内，重点开展自身建设、参政议政、学习培训和社会服务等工作。

（徐婉利）

【盟员大会】 1月，台盟朝阳区工委召开台盟朝阳区工委2017年总结表彰会。区工委主任高峰、中共朝阳区委统战部党派科负责人、台盟北京市委组织处领导等出席会议。40余位盟员参加会议。会议总结区工委2017年工作，传达区人大十五届二次会议精神和区政协十三届二次全会精神，通报区工委在区政协全会上提交的党派提案情况。会议表彰2017年9名撰稿积极分子和20名优秀信息员。会后，与会盟员为盟市委开展的2018年“助梦启航”捐资助学活动捐款。

（徐婉利）

【参政议政】 1月，台盟朝阳区工委向区政协十三届二次会议提交《关于做好我区街景文化规划和建设的建议》和《关于提升我区养老驿站建设》2件党派提案。6月，在区委统战部和区政协联合举办的“坚持文化引领发展，建言产业融合提升”议政会上，李秋玲代表台盟朝阳区工委作《关于建设“城市书屋”推动文化事业和产业融合发展的建议》重点发言。9月，在中共朝阳区委召开的政党协商座谈会上，高峰代表台盟朝阳区工委作《提升国际人才工作生活便利化，进一步促进招商引资》的发言。10月，在区政协、区委统战部联合举办的“创新社会治理、增进民生福祉”议政会上，李秋玲代表台盟朝阳区工委作《关于进一步做好“街乡吹哨、部门报到”试点的建议》重点发言。台盟朝阳区工委全年完成调研报告4篇，分别是《强化监督检查，推动街景文化建设工作落实》《关于进一步做好吹哨报到试点的建议》《关于提升国际人才工作生活便利化、进一步促进招商引资的调研报告》和《关于加强我区未成年人网络保护工作的建议》。全年报送社情民意信息36篇。在台盟北京市委2018年参政议政总结表彰会上，台盟朝阳区工委报送的关于《强化监督检查，推动街景文化建设工作落实》和《关于加强我区未成年人网络保护工作的建议》分别获得优秀调研报告二等奖、三等奖；台盟朝阳区工委2人获参政议政工作先进个人、9人获信息工作先进个人称号。

（徐婉利）

【五届六次工委（扩大）会】 4月，台盟朝阳区工委主任高峰主持召开五届六次工委（扩大）会议，工委委员、支部主任、参政议政委员会委员及骨干盟员参加会议。会议传达台盟北京市委2018年工作要点；讨论台盟朝阳区工委2018年工作计划以及举办纪念改革开放40周年骨干盟员学习班事宜；通报关于调整文教医卫支部负责人等事宜。

（徐婉利）

【骨干盟员学习班】 5月，台盟朝阳区工委举办“不忘合作初心，携手继续前行暨纪念改革开放40周年”主题学习活动骨干盟员学习班。主任高峰带领工委委员、支部主任、骨干盟员和机关专职干部赴广东省广州市、深圳特区学习交流。其间与台盟广东省委座谈交流并先后到黄花岗七十二烈士陵园、黄埔军校和位于深圳特区的改革开放博物馆参观学习。9月，台盟朝阳区工委与台盟北京市委联合举办“2018年中青年骨干盟员培训暨‘学盟章读盟史做合格盟员’专题学习班”。

（徐婉利）

【重要纪念日活动】 5月，台盟朝阳区工委完成台盟北京市委纪念“五一口号”发布70周年征文5篇。6月，完成台盟北京市委纪念改革开放40周年“我与改革开放40年征文”2篇。组织盟员参观在国家博物馆举办的“真理的力量——纪念马克思诞辰200周年主题展览”。11月，组织盟员参加台盟北京市委“纪念台盟成立71周年暨台盟北京市委区级组织成立20周年座谈会”。潘迎代表台盟朝阳区工委作交流发言，于英等11位盟员获“台盟北京市委区级组织建设贡献奖”。组织盟员参观在国家博物馆举办的“伟大的变革——庆祝改革开放40周年大型展览”。12月，台盟中央在北京召开纪念改革开放40周年表彰大会。台盟朝阳区工委文教医卫支部获“台盟中央纪念改革开放40周年先进盟组织”称号，盟员何标、陈宏、郭理、潘迎获“台盟中央纪念改革开放40周年优秀盟员”称号，盟员于英获“台盟中央纪念改革开放40周年优秀盟务工作者”称号。

（徐婉利）

【五届七次工委（扩大）会】 8月，台盟朝阳区工委主任高峰主持召开五届七次工委（扩大）会议。工委委员、支部主任、各专委会委员参加会议。中共朝阳区委统战部党派科负责人出席会议。会议传达台盟北京市委主委陈军在台盟北京市委区级组织联席会上的讲话精神和中共朝阳区委十二届七次全会精神；研究部署区工委落实《台盟北京市委关于开展“学盟章、读盟史，做合格盟员”专题学习实践活动方案》和《台盟北京市委纪念区级组织成立20周年活动工作方案》的工作措施；讨论并通过报送盟市委纪念区级组织成立20周年“区级组织建设贡献奖”推荐名单和征文撰稿人员名单；总结区工委上半年工作和下半年工作安排，并通报发展新盟员等事宜。

（徐婉利）

▲10月29日，台盟朝阳区工委在将台乡义诊 徐婉利 摄

人民团体

北京朝阳年鉴

Beijing Chaoyang Yearbook

2019

朝阳区总工会

【概况】 朝阳区总工会（简称区总工会）内设办公室、财物和资产管理部、基层指导部、宣传教育部、职工发展部、权益工作部、职工服务（帮扶）中心、职工服务中心、工人文化宫和服务业工会、高新技术产业工会、文化创意产业工会。全区有建会单位3.9万余家，会员72万余人。9月，区总工会党总支换届，姬文革当选党总支书记，王慧珏、李清福、宋慧青、张立华当选党总支委员。年内，完成全区“职工之家”建设工作，区级职工之家数量累计707家；创建市级“示范职工之家”6家，建成工会服务站56家，全区投入使用“暖心驿站”1656家、“妈咪屋”141家；组织49支职工志愿服务大队开展“暖心伴考”“职工子女托管班”“情暖太阳村”等具有工会特色的志愿服务活动200余次；推进“互联网+工会”建设，完成职工动态实名制服务需求数据库建设，实现工会工作线上线下互动；投入300余万元慰问一线干部职工和参与中非合作论坛北京峰会等重大活动服务保障人员；投入6480万元，为全区近4.7万名职工购买重大疾病医疗保险、住院津贴和意外伤害互助保障以及医疗互助二次报销，年内赔付出险及补助医疗报销款惠及16余万人次，支付金额2400万元；全年开展会员服务活动394批次，普惠职工30余万人；全年通用能力提升参训职工19644人次，农民工技能素质提升工程参训职工24470人次；在职职工职业发展助推计划覆盖职工291名，涉及资金28.3万元；全区累计签订集体合同3912份（年内签订196份），覆盖企业18959家、覆盖职工45万余人，集体合同覆盖率88.5%，工资专项合同覆盖率87.37%，女职工专项集体合同3912份；职代会和厂务公开建制率均达95%以上；参与处理安全生产事故10起，主张伤亡职工赔偿1272万元；调解成功案件671件；完成61家直属基层工会和区总工会本级收支审计以及产业工人队伍建设状况调查等工作。区总工会2018年获得全国“安康杯”竞赛优秀组织单位、全国互助保障优秀单位、全国文明单位、全国群众体育工作先进单位和全市工会年度考核第一名。

（任　梦）

▲ 9月19日，区总工会举行纪念朝阳区建区60周年健步走活动　　武卫华　摄

【北京市劳动广场揭幕】 1月18日，北京市劳动广场揭幕仪式在奥林匹克森林公园南园国际区举行，市人大常委会副主任、市总工会主席牛有成，中华全国总工会劳动和经济工作部部长王俊治，区委副书记甘靖中，区人大常委会副主任牟燕东，区总工会党组书记、主席王文军以及市总工会、区总工会领导班子成员，北京市劳模代表和职工代表等230人出席活动。劳动广场位于奥林匹克森林公园南园国奥村的进门处，占地面积23300余平方米，由21块镌刻劳模姓名的青白石组成，其中主题石1块，长14.6米、高2.8米，周围20块名录石围绕广场组成半圆形，名录石上刻有自1952年至2015年共1.2万名市级劳模的姓名。

（任　梦）

【“五送”活动】 1月至2月，区总工会坚持“一线和重点工作在哪里，工会的服务就覆盖到哪里”，开展“五送”活动迎新春。一送慰问。为全区646名劳模、114名困难职工发放春节慰问金、慰问品合计200万元。二送服务。开展“瑞狗迎春　工会相伴”系列活动，为全区劳模、困难职工、街乡一线职工、基层一

▲ 1月18日，北京市劳动广场在奥林匹克森林公园南园揭幕　　武卫华　摄

线单位送福袋3.3万人次，开展服务项目11项，发放票券5.45万张。三送温暖。区总工会领导班子成员带队，慰问公检法、工商、国地税、环保、环卫、城管、安监、绿化、消防等全区20家一线单位职工，把党和政府的关怀送到广大职工心坎上。四送政策。为全区43个街乡总工会、3个功能区工会、8个产业工会、78个委办局工会和30名机关干部发放采购管理办法、经费使用、招标采购、经费审查、合同审批等“一办法四指南”，号召全区各级工会开展送温暖活动，促进依法办会、廉洁办会。五送祝福。联合机关工委、文联开展“迎新春、送祝福”系列活动，为区委大院和环卫、循环产业园等7家一线单位职工送春联、福字、电影票，激励广大职工立足岗位、建功朝阳。

（任　梦）

【区领导慰问一线执勤人员】 2月13日，区委常委、组织部部长何明，区总工会党组书记、主席王文军等一行到朝阳交通支队慰问全体干警，送去慰问品和慰问金。随后，何明听取交通支队在党建、队伍建设、缓堵治乱、事故预防、望京地区区域交通管理情况以及2018年做好“六抓好，六强化，六确保”交通管理工作思路等方面汇报，观看朝阳交通支队2017年缓堵工作视频短片。对朝阳支队在交通管理方面提出利用地区优势，加强与区政府职能部门合作，综合治理交通乱象，落实规范管理，创新交通科技手段等方面要求。

（任　梦）

【全市劳模植树活动】 4月4日，区总工会在奥森公园“劳动广场”举办全市劳模植树活动，并开展“寻找自己的名字”活动，邀请专业摄影团队为劳模拍照留念。朝阳区劳模代表90人参加。

（任　梦）

【“百个项目”联名卡启动】 4月19日，区总工会“百个项目”暨中信银行与朝阳工会联名卡启动仪式在区政府南门广场举行。区总工会领导、中信银行领导、中商惠民（北京）电子商务有限公司董事长、各基层总工会和各产业工会领导、百个会员优惠服务项目商户代表应邀参加活动。与会领导现场向职工代表颁发朝阳区“百个项目”工会会员专属联名服务卡，为联名卡揭幕。

（任　梦）

【“中国梦·劳动美”心连心特别节目】 4月24日，全国总工会和中央广播电视总台在亚洲基础设施投资银行总部永久办公场所建设工地联合举办“中国梦·劳动美”——2018年庆祝“五一”国际劳动节心连心特别节目（北京会场）。全国总工会领导及中宣部、文化和旅游部、中央广播电视总台等单位出席活动。活动邀请朝阳区130名劳模代表参加。

（任　梦）

【庆祝“五一”劳动节暨先进集体和个人座谈会】 4月27日，区总工会召开2018年庆祝“五一”劳动节暨先进集体和个人座谈会，表彰获得2018年度全国和首都劳动奖状、劳动奖章和工人先锋号的先进集体和个人。区领导王灏、陈涛、甘靖中、牟燕东、王文军向获奖集体代表和个人以及全区广大劳动者致以节日问候和崇高敬意。28日上午，朝阳区新评选的全国及首都奖章个人和部分先进集体代表50人参加全国总工会在人民大会堂金色大厅召开的2018年庆祝“五一”国际劳动节暨“当好主人翁、建功新时代”劳动和技能竞赛推进大会。

（任　梦）

【培训工作】 4月至6月，区总工会下发《关于开展2018年公益大讲堂活动的通知》《关于开展2018年通用能力培训工作的通知》《关于开展2018年职工岗位技能竞赛的通知》，协助、服务、指导基层工会开展岗位练兵技能素质提升活动；向各地区总工会下发《关于开展2018年朝阳区农民工技能素质提升工程的通知》，开展农民工、农转工技能培训。组织全区工会系统90余名工会干部参加市总工会集体协商、民主管理、法律服务等维权工作业务培训；组织100名社会工作者参加在区京剧文化艺术中心举办的专场京剧观赏培训活动。举办区机关工会联合会主席培训班和区基层工会主席培训班，全区委办局、街乡、功能区、产业共128个单位的工会主席、副主席、常务副站长、副站长250人参加培训。培训班系统讲授工会经费使用、工会法、工会章程、职工之家建设、“互联网+背景”下的工会工作等方面工会专业知识。

（任　梦）

【互助保障工作情况调研】 5月23日，中国职工保险互助会北京办事处主任张晖和承保部部长黄鹏、总会计师孙齐、财务部部长李楠、信息技术部部长何刚等一行7人，到朝阳代办处调研互助保障工作情况。职工帮扶中心主任孟峰、副主任王海霞介绍朝阳区开展互助保障工作情况，反映在互助保障工作中出现的困难和基层工会反映的问题。双方研究投续保和理赔工作未来的发展方向和工作构架，沟通如何更好地开展投续保工作和理赔工作并探讨操作系统升级改造工作。

（任　梦）

【组织劳模疗休养】 5月至9月，落实劳模服务工作，组织7批次201名劳模参加疗休养活动。组织10批次607名优秀先进职工参加北戴河疗休养；组织29名首都劳动奖章获得者参加北戴河疗休养。

（任　梦）

【“劳动光荣”主题演讲比赛】 6月29日，区总工会推荐李晔、梁会兰参加北京市首都职工“劳动光荣”主题演讲比赛决赛，并分别获得金奖和银奖。8月22日，区总工会组织10名劳模参加中华全国总工会“中国梦·劳动美”学习贯彻习近平新时代中国特色社会主义思想和党的十九大精神全国职工演讲比赛决赛。李晔代表北京市参加演讲比赛决赛。

（任　梦）

【“送保障”活动】 6月，区总工会开展“送保障”活动，为患病职工及遭受意外的职工送保障，为全区近4.7万名职工投保重大疾病、住院津贴和意外伤害三种互助保障。

（任　梦）

【中国工会第十七次全国代表大会代表候选人推荐】 6月，区总工会开展中国工会第十七次全国代表大会代表候选人推荐工作。市总工会分配给朝阳区总工会第十七次全国代表大会代表候选人名额4名，按照代表条件和代表结构要求，经过自下而上、上下结合、反复酝酿、逐级遴选，最终确定张永新、刘政华、季顺花、史超齐作为代表候选人并报市总工会。

（任　梦）

【区工会第十四次代表大会】 7月3日，朝阳区工会第十四次代表大会召开。市总工会党组书记、副主席郑默杰，区领导王灏、文献、陈宏志、陈涛、甘靖中、何明、李国红出席开幕会。会上，与会代表观看工会工作专题片《启航新时代聚力促发展》，区妇联主席蒋东燕代表群团组织向大会致贺词，区总工会第十三届委员会主席王文军代表朝阳区总工会第十三届委员会作题为《凝心聚力改革创新团结带领全区职工为推动朝阳“建设三区，建成小康”做出新贡献》的报告。郑默杰、王灏分别讲话。7月4日，大会选举出朝阳区工会第十四届委员会委员、第十四届经审委员会委员，推选第十四届女职工委员会委员。

（任　梦）

【夏日“送清凉”活动】 7月23日，区政协副主席、区总工会党组书记、主席张永新带队，到区税务局和区创卫办、环卫中心、公安分局、法院、检察院、交通支队、消防支队、城管监察局等141家单位，为正在工作的会员送清凉，送出矿泉水13114箱。

（任　梦）

【餐饮企业调研】 7月，朝阳区集体协商指导员调研餐饮企业。调研选择大、中、小不同规模的餐饮企业5家，发放调查问卷80份，召开座谈会5场，了解掌握企业/职工基本情况和需求，为全市餐饮行业工资、集体协商提供参考依据。

（任　梦）

【中非合作论坛北京峰会期间督导】 8月至9月，中非合作论坛北京峰会期间，区总工会负责督导将台地区。区总工会落实区委相关工作要求，成立督导工作领导小组并建立与将台地区安保督导工作联络机制，做到重要时期每天现场督导，与将台地区共同做好峰会期间安保工作。

（任　梦）

【劳模体检和职工体质体测】 9月7日，区总工会组织机关干部及41家单位约1000名职工参加体质测试活动。9月7日至8日，组织168名退休劳模赴首都医科大学附属北京康复医院参加健康体检。9月10日至10月底，完成全区300名劳模体检工作。

（任　梦）

【区总工会第十四届女职工委员会第三次全体（扩大）会】 9月18日，区总工会第十四届女职工委员会召开第三次全体（扩大）会议。总结2018年上半年区总工会女职工委员会工作，部署下半年工作。姬文革主持会议并讲话。区总工会第十四届女职工委员会委员，各街道、地区、功能区总工会，各产业工会，机关工会联合会所属各单位女工会主席、女工会干部参加会议。会后，区总工会女职工委员会举办2018年女工素质提升活动。邀请资深珠宝玉石鉴定师，为女工干部讲授鉴定知识，组织全体女工干部参观“真理的光辉——纪念马克思诞辰200周年红色收藏展览”。

（任　梦）

【微信订阅号“朝阳工会”启用】 9月21日，区总工会微信订阅号“朝阳工会”正式启用。平台主要用于发布工作信息，受众对象为全区各级工会干部。10月，区总工会微信订阅号正式上线。吸引全区各级工会主席和工会干部1649人关注。充分利用新媒体时效快、覆盖广的优势，及时发布工会十七大、党建、双沟通、劳模事迹、志愿服务、文体活动等重点领域工作信息、新闻报道、典型经验、业务知识等60次160篇。

（任　梦）

【“2018年北京职工幸福家庭”评选推荐】 9月，区总工会开展“2018年北京职工幸福家庭”评选推荐活动。经基层上报，6户家庭由区总工会推荐为候选对象并申报市总工会。

（任　梦）

【“双沟通会”活动】 10月起，区总工会将每月12号确定为“职工沟通日”。区总工会机关干部深入基层，推进“双沟通会”建会机制和工会组织宣传模式。召开双沟通会1100场次，职工咨询人数31014人，申请入会职工5354人，会员采集数量4664人，有建会意向企业263家。10月至12月，区总工会每周将“双沟通会”活动内容信息编辑为简报《工会组织建设》，编辑简报15期。

（任　梦）

【“一站一家一律师”工作会】 10月15日，区总工会召开“一站一家一律师”工作推进会，6家服务律所和8家基层工会参加会议，双方充分沟通，提高法律服务的针对性和实效性。

（任　梦）

【“尊法守法·携手筑梦”普法宣传】 10月16日，区总工会在朝阳公园开展“尊法守法·携手筑梦”服务农民工普法宣传活动，为近20名农民工提供现场法律咨询，解答关于工伤、病假、社保等问题，发放普法宣传品300余套。

（任　梦）

【“朝阳工匠”寻访工作】 11月2日，区总工会下发《开展“朝阳工匠”寻访活动的通知》，启动“朝阳工匠”工作。全区各级工会寻访到37名候选人。

（任　梦）

【劳模慰问金申请】 11月至12月，区总工会完成40名全国劳模春节慰问金、10名全国劳模生活困难补助帮扶金、7名全国劳模特殊困难帮扶金的申报工作。完成598名市级劳模市总工会春节慰问金、33名市级劳模生活困难补助金、88名市级劳模特殊困难帮扶金的申报工作。为23名住院劳模申请劳模住院补贴4.6万元，为3名去世劳模家属申请抚恤金9000元。完成1名劳模认定工作，转接市总工会劳模2名，同步完成新增劳模的信息采集工作。

（任　梦）

【创新工作室审核认定】 12月3日，朝阳区2个已建立的市级职工创新工作室（中科宇图天下科技有限公司刘锐创新工作室、北京市陈经纶中学王苹创新工作室）接受市总工会的复评审核。年内，朝阳区高新技术产业工会宋亚勋创新工作室被认定为市级职工创新工作室。

（任　梦）

【“大国工匠”参展】 12月14日至16日，区总工会组织参加2018国际创新创业博览会，在“大国工匠”职工创新创业展区参展。此次展览，区总工会以“匠心，引领卓越”为主题，通过“文化与传承体现匠人匠心”“科技与生活体现智慧引领”和“创新与未来体现追求卓越”三个层面，展示朝阳区职工创新创造成果。区总工会组织100名职工参加“大国工匠论坛”活动。

（任　梦）

【“助力城市副中心建设”志愿服务】 12月，区总工会选派劲松职工志愿服务驿站、和平街“情暖太阳村”职工志愿服务队、“链家”集团职工志愿服务队共45人，参加全市“助力城市副中心建设”志愿服务工作启动仪式，对市民推介朝阳区的服务志愿服务项目，与通州区中仓街道对接对口服务项目。当月完成首都职工志愿服务岗创建申报工作，申报职工志愿服务岗53家。

（任　梦）

【职工技能提升活动】 年内，区总工会开展各类职工技能提升活动。举办技能竞赛34场、公益大讲堂48场、读书沙龙6场，通用能力提升参训职工19644人次，农民工技能素质提升工程参训职工24470人次；在职职工职业发展助推计划覆盖291名职工，涉及资金28.3万元。

（任 梦）

共青团朝阳区委

【概况】 共青团北京市朝阳区委员会（简称团区委）内设办公室、基层组织部、全媒体宣传部、人才统战部，下辖青少年指导服务中心（事业单位）。全区有区属团员1.7万人，二级团组织121个（其中街道系统24个，地区系统19个，青工系统55个，非公系统23个）。年内，推动推优荐才工作，1人获2018年度"北京青年榜样·奋斗好青年"荣誉称号，3个团委获评2017年度北京市五四红旗团委，3个团支部获评2017年度北京市五四红旗团支部。完善社区青年汇建设，打造形成旗舰店14家、重点地区店17家、普通店48家、计79家社区青年汇的布局体系；组织活动2636次，服务青年53000人次。全区建立青年就业创业见习基地62家，2017年第四季度至2018年第3季度有5485人次参与见习，见习人数2033人，累计发放见习补贴409.486万元，面向驻区高校、企业、基地、社区精准投放"朝YOUNG课堂"课程94节，服务青年3276人次。成立全国首支青少年权利监督员队伍，编写全市首套区级法治副校长教材；举办青少年自护课程、家长课堂公益巡讲、禁毒宣传教育等活动374场，覆盖社区学生及家长1万余人次，策划"聚爱筑梦"朝阳区困境青少年精准帮扶项目，投入资金60余万元，帮扶困境青少年4000余人次；开展"共青团与人大代表、政协委员面对面"活动，完成43份调研报告。

（茅文青）

【"朝阳青年学习十九大"专题培训班】 1月6日，联合区委组织部、清华大学举办"以身许国·青春无悔——朝阳青年学习践行十九大"主题活动之"朝阳青年学习十九大"专题培训班，培训分为讲授和参观两个环节。邀请国家级教学名师、清华大学航天航空学院党委书记李俊峰授课。清华大学教务处副主任苏芃，团区委书记郭勋等参加培训。参观清华大学校史馆和艺术博物馆，了解"两弹一星"元勋精神和新时代"以身许国"精神。全区各系统团干部、青年代表、一线青年社工、区青联委员以及驻区中央单位中信集团、人民日报社的团员和青年等210人参加培训班。

（茅文青）

【寒暑期成长营地活动】 1月29日至2月9日，团区委联合区民宗办、区体育局、区青少年社工协会以及多家专业青少年教育机构共同研发课程，开展为期10天的儿童寒假成长营地活动。活动落地区内5家社区青年汇，服务300余名小营员及家长。团市委社区青年汇运营支持中心、市民族文化交流中心、团区委以及大屯街道团工委等单位领导出席结营仪式并为小营员们颁发结营证书。7月16日至8月3日，团区委举办2018年朝阳共青团红领巾暑期成长营地项目。项目包含7类课程，依托社区青年汇开设营地10家，招募志愿者40余名，服务少先队员及家长200名。驻区某部副团长邱海、北京市民族文化交流中心副主任步应华以及区民宗办和团区委的相关领导出席结营仪式。

（茅文青）

【"两节"慰问】 2月，团区委带领43个街乡团工委、10家养老机构共同开展"两节"慰问工作，对困难团干部43人，困难家庭青少年672人，"五需"青少年、服刑人员未成年子女、未成年社区矫正对象等43人，孤寡老人200人，养老院老人100人，打工子弟小学学生500人，共8类群体开展慰问。团市委副书记郭文杰，区领导甘靖中、牛国泉、牟燕东、战春燕参与入户慰问5名困难青少年。

（茅文青）

【"世界水日""中国水周"主题宣传活动】 3月22日，团区委在亮马河启皓段与区水务局共同承办第二十六届"世界水日"、第三十一届"中国水周"主题宣传活动——"节水护水，你我同行"暨2018年朝阳群众小河长项目。市政府副秘书长陈蓓，市水务局局长潘安君，团市委副书记李健，副区长杨建海，市水务局副巡视员任杰，区水务局、团区委、左家庄街道、三里屯街道的主要领导出席活动。

（茅文青）

【第十二届常务委员会（扩大）会】 4月12日，召开共青团北京市朝阳区第十二届常务委员会（扩大）会，选举朝阳区出席共青团十八大代表候选人初步人选3名、团市委委托选举出席北京共青团代表会议代表1名，团中央委托选举出席共青团十八大代表候选人初步人选1名。

（茅文青）

【纪念"五四"青年节主题活动】 5月3日，团区委在朝阳规划艺术馆举行"以身许国·青春无悔"2018年朝阳区纪念"五四"青年节主题活动。第十届全国人大常委会副委员长、中国关工委主任顾秀莲，教育部关工委常务副主任、教育部语言文字应用管理司原司长姚喜双，教育部关工委副秘书长、教育部离退休干部局党委书记、局长于虹，外交部机

▲ 5月3日，团区委举办纪念"五四"青年节主题活动 茅文青 摄

关党委（国外局）副书记蔡革，北京团市委副书记袁慧，区领导甘靖中、牟燕东、张永新和各相关单位领导与全区各系统百余名青年代表共同参与活动。《人民日报》、北京电视台、中国青年网、《北京青年报》官网、《朝阳报》和朝阳有线等媒体报道活动。

（茅文青）

【香港保良局胡忠中学师生到访】 5月7日，香港保良局胡忠中学128名师生到访陈经纶中学嘉铭分校，两地学生“相聚经纶，相约成长”，共同参加升旗仪式、参访校园、体验特色科体艺课程和文化展示课程，领略百年经纶、特色紫藤卓越办学品质，增进京港青少年友谊。香港保良局教育事务部顾问张慧贤、香港保良局胡忠中学校长曾建强、嘉铭分校校长李升华等参加活动。

（茅文青）

【《团区委改革实施方案》制定】 5月11日，团区委提交区委常委会审议《共青团北京市朝阳区委员会改革实施方案》。方案围绕“强三性”“去四化”，推进新形势下朝阳共青团组织和共青团工作改革创新，从组织体系、干部队伍、重点任务、工作方式、支持保障等5方面提出20条具体举措。

（茅文青）

【青年禁毒骨干志愿者培训】 6月11日，团区委举办2018年朝阳区“禁毒我在行”国际禁毒日主题系列活动之青年禁毒骨干志愿者培训班。街乡、驻区高校、职业院校团组织以及重点地区青年汇的近80名青年禁毒志愿者参加培训。

（茅文青）

【社区青年汇“知行力”培训】 6月26日至28日，团区委组织社区青年汇工作负责人员、3家事务所负责人、12个片区专职督导及85家社区青年汇专职社工160人赴河北省雄安新区安新县，举办2018年朝阳区社区青年汇第一期“知行力”培训班。培训班走进白洋淀革命老区开展红色教育，深入雄安新区实地参观学习，感受新区“千年大计、国家大事”的历史意义。

（茅文青）

【纪念北京奥运会十周年主题活动】 8月3日，团区委举办“志愿朝阳拥抱冬奥”纪念北京奥运会十周年主题活动暨北京奥林匹克公园团工委成立仪式。区委常委、宣传部部长刘军胜，市志愿服务指导中心研究培训部部长陈永伟，区文明办、区体育局、团区委、北京奥林匹克公园管委会、北京奥林匹克博物馆等主办单位负责人出席活动。来自朝阳区各街乡团组织代表、北京奥林匹克公园园内及周边单位的团员代表、优秀志愿服务组织代表、优秀志愿者代表和新闻媒体记者160余人参加活动。

（茅文青）

【预防青少年违法犯罪工作会】 9月20日，团区委召开2018年预防青少年违法犯罪、未成年人保护工作会暨兼职法制副校长培训会。全区29个委办局和43个街乡的预青、未保工作主管领导，以及来自公、检、法的兼职法制副校长160余人参会。

（茅文青）

【“朝阳青年走进外交部”活动】 10月12日，团区委联合外交部团委组织开展“以身许国·青春无悔——朝阳青年学习践行十九大”主题活动之“朝阳青年走进外交部”活动，区内青年干部、青联委员等35名青年走进外交部，参观“新中国外交发展历程展”并同外交部青年交流学习。

（茅文青）

【“不忘初心·追根溯源”专题班】 11月8日，团区委联合浙江嘉兴学院南湖干部学院举办两期“不忘初心追根溯源”朝阳共青团学习习近平总书记“7·2”重要讲话精神和团十八大精神专题班。来自朝阳区各系统的团干部和对口帮扶单位及“以身许国”青年代表112人参加。

（茅文青）

【温榆河湿地公园巡河活动】 11月4日，团区委联合区河长制办公室、区水务局、孙河地区办事处共同举办“朝阳群众小河长·爱水护水在行动”之走进温榆河湿地公园巡河活动。区水务局、团区委相关领导及区水务局河长制工作科室负责人等出席活动。朝阳群众小河长志愿者家庭、清华附中将台校区小河长实验班代表、社区青年汇专职社工代表近400人参加活动。

（茅文青）

【第六届“朝阳青年行走廉之路”主题教育活动】 11月10日，团区委联合区纪委区监委在潘家园创享空间共同主办“慎独慎微·心存敬畏——第六届朝阳青年行走廉之路”主题教育活动，并以此为契机组建“朝阳青年廉洁文化志愿者队伍”。区内各街乡、委办局、青联、北京工业大学等各界青年代表70余人参加活动。

（茅文青）

【朝阳共青团大学生理论调研成果展示会】 12月1日，团区委举办2018年朝阳共青团大学生理论调研成果展示会暨共青团与人大代表、政协委员面对面活动。2018年大学生社会实践调研项目，有北京大学、清华大学、北京工业大学和中国传媒大学4所高校的24支团队和120余名师生参与其中，针对新时代青少年思想特点、共青团改革，结合时下热点及城乡治理难点问题，设置15类调研题目，编印24篇近40万字的调研报告，形成《调研成果汇编》。

（茅文青）

【中韩青少年友好访问团赴韩国交流】 12月18日至22日，团区委组织2018年中韩青少年友好访问团赴韩国首尔江南区开展为期5天的交流。访问团由团区委基层组织部部长孙鸿艳、陈经纶中学团委书记吴敏带队，陈经纶中学9名学生代表组成。团组一行通过与江南区世宗高中的面对面交流活动结下深厚友谊。

（茅文青）

【“以身许国·青春无悔”主题活动】 年内，团区委联合人民日报社团委、外交部团委、中信集团团委，联合策划开展“以身许国·青春无悔——朝阳青年学习践行十九大”主题活动。以传统和新媒体相融合等多种形式，传递、引导、弘扬新时代“以身许国”精神，展现朝阳青年学习践行党的十九大精神过程中“青春无悔”的故事和历程，挖掘采写20期“许国青年故事”，开展线上线下活动3000余场，受益青年5万人次，网络点击量900万次。

（茅文青）

【朝阳共青团新媒体建设】 年内，团区委全力打造“青春朝阳”新媒体矩阵，形成微信、抖音、微博三个平台的联动，扩大工作影响力和传播力。全年“青春朝阳”微信公众号推文261次，发布文章536篇，内容涵盖共青团重点工作、榜样人物故事、区域发展建设、公益服务信息、历史人文介绍、热点深度解析等方面。“青春朝阳”抖音号自2018年

7月开通后，累计发布短视频15条，平均播放量4万次，粉丝307人，获得点赞1239个。“青春朝阳YOUNG”微博配合微信公众号发布相关信息，累计粉丝2.6万人。

（茅文青）

【宣传报道】 年内，团区委重要宣传报道7次。分别是：4月13日，《北京青年报》刊发题为《青年药剂师王军：踏遍深山十七载青春结缘草药情》，采访报道“许国青年”王军。4月26日，团中央未来网以《脱下绿军装穿上白大褂中药药剂师以另一种方式以身许国》为题，报道“许国青年”王军。5月4日，《人民日报》11版刊发题为《北京朝阳区纪念“五四”青年节主题活动举办》的文章。5月4日，《朝阳报》第4版“榜样人物”报道“许国青年”陈喆和吴国来。5月，朝阳有线电视台对“许国青年”大飞机工作组邓宇鹏做专访。6月12日，央视新闻频道播放《简简单单两个字，为什么他们愿意用一生来诠释》公益视频，报道“许国青年”王军，播放近1个月时长。11月5日，《人民日报》刊发题为《北京朝阳团区委帮扶卓资县》的报道。

（茅文青）

朝阳区妇女联合会

【概况】 朝阳区妇女联合会（简称区妇联）内设办公室、组联部、事业发展部、维权部、妇女儿童工作委员会办公室（内设科室）和朝阳区妇女发展服务中心。2018年，区妇联在区委和市妇联领导下，深入贯彻落实党的十九大精神，结合朝阳区实际，以“回归家庭、巾帼创业、妇女维权、关爱帮扶”为主线，以“部门联动、主动服务”为抓手，以“改革创新、智慧妇联”为支撑，以“更好地服务妇女群众，发挥党的桥梁纽带作用”为目标，积极推进妇联各项工作，涌现出一批全国、市级先进集体和先进个人，其中23户家庭获“首都最美家庭”，2户获“全国最美家庭”，1人获全国三八红旗手称号。

（常　君）

【优秀典型推介宣传】 1月至5月，区妇联推选区级“最美家庭”191户，并从中推荐首都最美家庭23户、全国最美家庭2户，评选区直机关妇工委等12家单位为寻找“最美家庭”活动优秀组织奖。举办《最美家庭》话剧演出活动，引领广大家庭争当“最美家庭”，以好的家风支撑起整个社会风气。3月至8月，推选出各层面、各领域的“朝阳巾帼之星”172名、“朝阳巾帼文明岗”50个、“朝阳巾帼建功先进集体”50个，注重各类优秀女性集体、优秀个人的典型事迹宣传。6月至8月，开展“示范妇女之家”评选工作，评选出27个朝阳区示范“妇女之家”，发挥基层阵地作用，激发基层妇联组织的工作积极性和创造力。8月，打造“继承传统滋养童心”等项目，吸引朝阳年轻家庭广泛参与，让孩子与家长一起传承与弘扬优秀传统文化。

（常　君）

【主题文化交流活动】 3月，区妇联开展“融·九州巾帼 汇·八方姿彩”主题活动，邀请20余个国家的驻华使节夫人，通过开展文化交流，展示各界妇女自身魅力，带领各界妇女为朝阳区在“建设三区、建成小康”中发挥作用。3月21日，接待白俄罗斯代表团一行15人到区回访，开展女性创业及项目合作等交流座谈。

（常　君）

【区妇联常委会和执委会议】 9月21日，区妇联党组书记、主席蒋东燕主持召开区妇联第十三届第四次常委会、执委会。区妇联全体执委出席会议。会议审议通过区妇联执委替补人选和常委增补人选事项；审议通过区妇联第十三届第四次执委会议程；第十三届第四次执委会替补执委3名，增补常委1名。会上，5名执委代表分别结合自身实际进行执委述职，总结履职情况。

（常　君）

【妇女组织和基地建设】 年内，区妇联在两新领域新增妇女组织66家，进一步扩大妇女组织覆盖面。打造3家“巾帼创业创新基地”，评选出10名创业导师，培育和指导妇女创业就业。

（常　君）

【巧娘品牌打造】 年内，区妇联实施巧娘品牌打造项目。累计在基层开展妇女手工技能培训300场。举办以“甲子变迁丹凤朝阳”等为主题的手工艺品展览，让巧娘骨干讲好新时代朝阳女性发展故事。

（常　君）

【巾帼志愿玫瑰公益活动】 年内，区妇联围绕精准扶贫赴河北省康保县、唐县，新疆维吾尔自治区墨玉县开展扶贫对接活动。与康保县、唐县签订对口帮扶协议，捐赠现金及物资价值40余万元，并通过“微心愿”品牌活动，为单亲特困母亲、困境儿童、对口支援帮扶地区的贫困两癌患病妇女和贫困女中学生筹集善款36万余元。争取多项资金帮扶困难群众，全年为1109户单亲特困母亲和1926户女性低收入家庭送去慰问金151.75万元。

（常　君）

▲ 3月6日，区妇联举办“巾帼之星 花耀朝阳”活动　　万　丽　摄

【维护妇女儿童权益】 年内，区妇联实施“朝阳家长课堂”项目，开展120节涉及家庭关系指导、防性侵教育、隔代教育、家庭情绪管理等内容的课程，维护儿童合

法权益，促进和谐家庭关系建设和家庭文明建设。推进婚姻家庭纠纷多元化解机制，在43个街乡建立婚姻家庭调解室。借助“爱心工作室”公益女律师资源，通过“12338”妇女维权热线、区妇联信访热线、维权讲堂等为广大家庭提供法律咨询、心理疏导服务，全年接待群众来信来访来电300余件次。做好妇女儿童舆情的监测、研判和应对，在俞敏洪发表对女性的错误言论、虐童等涉及妇女儿童舆情事件中，及时表明态度、发出声音、采取行动。

（常　君）

【引导社会组织参与社会管理创新】 年内，区妇联推选区级最美志愿者2人，最佳志愿服务组织2个，最佳志愿服务项目2个，其中1人获得区级10个最美志愿者、1个项目获得10个最佳志愿服务项目，1个志愿服务队获得10个最佳志愿服务组织。指导社会组织申请政府购买服务项目，推荐5个社会组织参加区级政府购买服务，分别从家庭关系维护、家庭教育、精准扶贫、社区社会组织培育、儿童成长等角度关注妇女儿童发展，在9个街乡落地实施，对接益家行项目、送服务进社区项目，帮助15个社会组织在5个街乡开展家庭教育、家庭文化、绿色家庭活动85场。

（常　君）

【妇女儿童发展规划监测】 年内，区妇联制定朝阳区“十三五”妇女儿童规划中期评估方案，完成规划自评估工作和统计监测工作，朝阳区在妇女儿童规划重点监测的34个指标中，达标32个，达标率94.1%。

（常　君）

朝阳区科学技术协会

【概况】 北京市朝阳区科学技术协会（简称区科协）有12个区属学会、2个协会、43个街乡科协、33个企业科协（其中2018年新成立13个），有1个朝阳区院士专家服务中心和10个企业院士专家工作站（其中2018年新成立4个）。8月，区科协召开第七次代表大会，选举产生区科协第七届委员会主席、副主席、秘书长和常委，明确未来五年工作思路。年内，区科协坚持“四服务”职能定位和“大联合、大协作”工作方式，发挥科协优势，围绕中心，服务大局，开拓创新，务实进取，在服务科技工作者、促进创新驱动发展、提高全民科学素质、服务党和政府科学决策等方面发挥重要作用。区科协完成《全民科学素质行动计划纲要》实施工作“十三五”中期评估，依托北京陶瓷艺术馆建立北京科技中心朝阳分中心。

（刘　婷）

【“三下乡”活动】 2月1日，区科协与区委宣传部、区文明办、区农委等全民科学素质成员单位在豆各庄乡文化中心举办文化、卫生、科技“三下乡”集中示范活动。区科协组织丰富多彩的科普体验活动，200余名居民参与现场科普互动体验。

（刘　婷）

【朝阳科技周活动】 5月20日，区科协与区科委等单位共同在元大都遗址公园举办2018朝阳科技周系列活动，活动涵盖科普展览、现场体验等多种形式，累计受众超过2000人次。

（刘　婷）

【中国科学家主题展巡展】 5月30日至6月15日，区科协在中关村朝阳园党群活动中心举办“走在建设世界科技强国征程上的中国科学家主题展”巡展朝阳区站。北京科技咨询中心副主任王晖主持启动仪式，区科协主席齐建宗致辞，北京市科协党组成员、副主席刘晓勘致辞并宣布展览启动。来自将台乡和酒仙桥街道的部分居民和中小学生、媒体记者及相关单位工作人员等200余人参加启动仪式并参观展览。

（刘　婷）

【2018系列科普活动】 5月，区科协举办的“金葵花·2018年北京海洋馆科普研究活动”在北京海洋馆启动。全年，5批近200位小朋友和他们的家长在专业老师的带队指引下，畅游北京海洋馆，感受海洋科普知识的无穷魅力。6月2日至3日，由区科协、区教委、六里屯街道办事处主办，红领巾公园承办的第十八届红领巾科普游园会暨2018年“六一”科普玩具欢乐汇活动在红领巾公园银杏广场举办，活动通过科普知识展示及互动体验、讲解、科普讲座等形式宣传科普知识，受益超过2万人次。7月6日至8月30日，区科协举办2018年朝阳区“科学嗨翻天”暑期活动，实现科学教育走进社区，为社区孩子们送上生动有趣的科学主题课堂。将171场科学课送到128个社区，受益5600人。7月21日，区科协在中日青年交流中心国际友谊厨房举办“金葵花·我是厨房小能手，亲子厨房体验课堂”园区科技工作者之家活动，活动就食品安全和如何去除果蔬农残等知识向家长和小朋友们进行科普宣传。近30名科技工作者和孩子们制作橄榄茄子、菌菇豆腐夹、拔丝香蕉三道菜品，学习食品安全知识和厨艺技能。9月21日，区科协、六里屯街道和红领巾公园共同举办“创新引领时代，智慧点亮生活”2018年全国科普日朝阳区主场活动暨“航空强国，圆梦蓝天”航空科学嘉年华活动。活动分为航空科普区、航空爱国教育区、航空互动体验区和模拟飞行教学区等4个展区，为期2天，2000余名居民受益。12月22日至23日，区科协组织河北省张家口市康保县土城子镇中心小学50名师生到京参加“启航——康宝学子 科学追梦 走进北京”科普研学活动。师生们参观中国科学技术馆、汉能清洁能源展示中心、北京海洋馆，观看天安门升国旗仪式，登上北京奥林匹克塔，近距离接触体验科学和科技，探秘海洋世界的丰富多彩，饱览冬日京城的美景与繁华，激励孩子们广泛学习科学知识，通过自己的努力改变命运，改变家乡贫穷落后的面貌。年内，区科协开展“走进科技殿堂、共享文明生活”主题科普活动。组织各街乡居民、机关公务员、中小学生、科技企业代表等走进各类科技场馆，全年累计受众近3000人次。

（刘　婷）

【区科协第七次代表大会】 8月2日，北京市朝阳区科学技术协会第七次代表大会召开，市科协党组成员、副主席刘晓勘，区领导王灏、马继业、常树奇、王文远等出席大会开幕式。区科协第七次代表大会216名代表、北京市其他15个兄弟区科协领导、朝阳区科普联席会成员单位的分管领导和部分新闻媒体共250多人参加大会开幕式。区科协副主席玉红主持大会。区科协主席齐建宗受第六届委员会委托作题为《践行新思想奋进新时代砥砺新作为团结带领广大科技工作者为朝阳区建设“三区”建成小康而努力奋斗》的工作报告。刘晓勘、王灏分别讲话。大会审议通过北京市朝阳区科学技术协会第六届委员会工作报告和《北京市朝阳区科学技术协会管理办法（修改草案）》，选举齐建宗为第七届区科协主席，玉红、孙迅、伏巍、刘星川、吴镝、袁志宁为区科协副主席，赵早为区科协秘书长。

（刘　婷）

【科技工作者亚健康咨询及义诊活动】 9月7日，区科协在751D·PARK北京时尚设计广场时尚回廊艺术空间举办“金葵花·强健身体为创新发展做贡献——科技工作者亚健康咨询及义诊活动”。多位中医专家为园区科技工作者做义诊咨询。

（刘　婷）

【野生动植物摄影作品征集评选活动】 9月至11月，区科协举办第三届朝阳区中小学师生野生动植物摄影作品征集评选活动，收集学生作品687件，教师作品118件，涵盖51所小学，26所中学。

（刘　婷）

【院士专家服务科技创新大讲堂活动】 10月16日，区科协在朝来科技园举办以“知识产权转移转化与企业知识产权运营”为主题的院士专家服务中心科技创新大讲堂活动，为园区科技企业厘清当前对知识产权概念和功能的误解，深化企业家对知识产权概念、功能及其制度机制的理解，清除企业运用知识产权制度和知识产权资产的观念和现实障碍。园区内相关企业的80名科技工作者参与大讲堂活动。10月24日，区科协、区工商联在北汽双井文创园举办以“大数据技术及其应用”为主题的院士专家服务中心科技创新大讲堂活动，活动为大数据技术的实际应用提供理论基础和经验借鉴。工商联系统相关企业的近100名科技工作者参与大讲堂活动。

（刘　婷）

【青少年科技创新大赛】 11月17日，区科协和区教委共同主办的2018年北京市朝阳区青少年科技创新大赛在中国传媒大学附属小学举行，竞赛分为发明创造和论文研究两大项目，均设有小学组、初中组和高中组。全区有83所中小学的1081人参与。竞赛项目中，13名个人和6所学校获得高中组一等奖，21名个人和7所学校获得初中组一等奖，28名个人和18所学校获得小学组一等奖。展示项目中，3个项目获得科技实践活动一等奖，102幅作品获得少儿科幻画一等奖，15个项目获得学生科技创新比赛一等奖。6位教师获得优秀科技教师一等奖。

（刘　婷）

【科技扶贫赠书活动】 12月10日至11日，区科协全体人员到河北省张家口市康保县扶贫，区科协为康保县土城子镇中心小学、康保县第三中学赠送科普图书，与康保县科协、教育局等相关部门就扶贫项目对接。

（刘　婷）

【6家企业创新簇获市科协批准】 12月21日，北京光华纺织集团有限公司、北京中材人工晶体研究院、北京华大九天软件有限公司、华润紫竹药业有限公司、北京城建八建设发展有限责任公司、北京中煤矿山工程有限公司等6家企业创新簇获北京市科协批准。

（刘　婷）

【学习考察】 12月24日至28日，区科协组织机关干部和区科委、街、乡、企业科协及北京科学朝阳分中心的11位有关人员赴上海、广州学习考察科普和科技创新工作。学习考察组先后与上海市科协、上海市长宁区科协、广州市科协座谈交流，分享各自的工作经验；到上海科技馆、广州科学中心两大科技场馆实地体验；参观徐汇区枫林街道（邻里汇）、上海市科协院士墙、上海市科协一门式服务中心和华阳街道社区文化中心等基层科普示范点；考察广州市开发区园区内广电运通金融电子股份有限公司和广州海格北斗产业集团两大科技企业，就如何发挥企业科协和院士工作站作用交流座谈；参观中山大学科技园区极地国际创业园、中大咨询、天涯社区、中山大学科技成果转化中心、中山大学管理学院，与中大咨询和中山大学科技成果转化中心领导交流科技成果转化等内容。

（刘　婷）

【院士专家进企业活动】 年内，区科协组织院士专家进企业进园区，走进明树数据科技有限公司、汉唐信通（北京）咨询股份有限公司、光合世界智慧教育综合体、北京时代凌宇科技股份有限公司、北京涛思数据科技有限公司等多家企业，解决企业技术难题，开展讲座、座谈、对接等各类活动7场。

（刘　婷）

【科教进社区活动】 年内，区科协组织“科教进社区”活动，全年开展119场活动，涵盖全区39个街乡的117个社区，活动内容涉及健康医疗、公共安全、家居生活、基础科学、科学养生等，活动形式以科普讲座、互动体验、动手制作为主，受益人数超过5000人次。

（刘　婷）

【4家企业成立企业院士工作站】 年内，北京市科协批复，同意在中铁十六局集团有限公司、北京嘉韵楷达气象科技有限公司、本农科技有限公司、北京讯腾智慧科技股份有限公司等4家企业设立企业院士工作站。

（刘　婷）

▲ 12月22日，区科协举办“启航康保学子科技之旅”活动　　赵　早　摄

【11家企业成立企业科协组织】 年内，区科协批复中铁十六局集团有限公司、北京嘉韵楷达气象科技有限公司、北京城建八建设发展有限责任公司、岛津企业管理（中国）有限公司、北京帕皮教育科技有限公司、中国葛洲坝集团国际工程有限公司、中国北京中煤矿山工程有限公司、北京讯腾智慧科技股份有限公司、欧蒙医学诊断（中国）有限公司、中国葛洲坝集团房地产开发有限公司、北京国创国际生物科学技术研究有限公司等11家企业成立科协组织。

（刘　婷）

朝阳区归国华侨联合会

【概况】 朝阳区归国华侨联合会（简称区侨联）下设街道侨联组织24家、乡侨联组织1家，商务楼宇和商务楼宇群侨联组织2家，社区侨联组织16家。形成了“街道系统全覆盖、农村地区和企业楼宇有组织”的基本服务网络和建成“区—街乡—社区三级组织体系”。年内，区侨联以大事为引领，按照区委“疏解、增绿、上水平”要求，紧紧围绕“建设三区，建成‘小康’”目标，通过党建带侨建，不断加强自身建设，提升六项职能履职能力。区侨联获“全国侨联系统先进组织”称号；曾旭、刘峰、杨碧君、岳鸿声等获全国归侨侨眷先进个人称号；张璐、黄河清等获全国侨联系统先进个人称号。

（杨粤宁）

【市侨联领导调研】 1月16日，市侨联党组成员、副主席苏泳率调研组到朝阳区侨联调研指导工作。4月19日，市侨联党组书记赵宏生率党组成员、秘书长李登新等一行调研朝阳区侨联工作及“侨之家”建设，与区委常委、统战部部长、区直机关工委书记黄晓伟就贯彻落实《北京市侨联改革方案》《中国侨联基层侨联组织工作条例（试行）》等工作沟通情况、交换意见。7月20日，赵宏生就进一步推进侨联基层组织建设工作到朝阳区专题调研并走访考察叶青大厦和望京为民服务中心。12月18日，市侨联党组成员、副主席苏泳率市侨联海外联谊部部长曹江河、文化交流部部长赵勤等一行，调研朝阳区基层侨联工作。区侨联党组书记、主席曾旭，八里庄街道工委书记张福来、三里屯街道办事处主任刘晓玲及八里庄、三里屯、东湖、望京、麦子店街道侨联负责人和部分侨务干部参加调研和座谈。

（杨粤宁）

【侨界新春书画送福活动】 1月18日，“迎新春·送吉祥·福到侨家”侨界新春书画送福活动在望京街道为民服务中心举行。活动由区侨联、望京街道办事处主办，望京街道侨联承办，望京街道诗书画社、北工大常青藤书画协会协办。朝阳侨界新春书画送“福”活动通过组织党政机关以及社会各界书法家和书法爱好者走进社区一线，交流书画心得，丹青会友，为社区群众送“福”字、写春联，进一步体现侨联组织服务基层、服务侨胞的宗旨。

（杨粤宁）

【“送福下乡”活动】 2月7日，在来广营乡京旺家园举行“传承文化不忘初心——北京印社研究会、朝阳区侨联送福下乡”活动。来自北京印社研究会、区侨联的8位书法家挥毫泼墨，为当地居民写春联和福字，送给他们新年祝愿。中国侨联组织人事部部长李杰，北京印社研究会会长达庆、秘书长康晏如，区侨联常委李晶参加活动。送福下乡活动是北京印社研究会和区侨联宣传贯彻落实党的十九大精神、弘扬传统文化的体现，为加强农村精神文明建设助力。

（杨粤宁）

【护航计划项目调研】 3月20日，区委常委、组织部部长何明到中护航大厦调研区侨界人才工作。区侨联副主席、中护航集团董事长刘峰及其团队介绍所承担的“护航计划”项目、创建海外学人创新创业基地孵化器与国际人才创新创业港以及少年公益学院等情况，介绍侨界人才在京发展，归国留学人才驱动国际化和科技、文化、资本的一体化发展以及构建留学前中后的全产业链模式等。何明在讲话中对中护航大厦的规划功能定位予以肯定，希望中护航团队在今后发展中充满民族情怀、拓展国际视野、立足高端定位、加强系统安排，为朝阳区国际人才服务做出更大贡献。4月13日，中国侨联副秘书长、经济科技部部长赵红英到中护航大厦调研“护航计划”以及新侨创新创业情况。调研中，赵红英表示要进一步加强中护航项目与侨联的联系合作，将“护航计划”为出国少年学子保驾护航、引领新侨创新创业等方面优势与中国侨联特聘专家委员会、侨商会、创新创业联盟、创新创业基地、“创业中华”品牌活动等平台活动相结合，产生良性化学反应，切实提高服务新侨创新创业水平，让新侨回得来、留得住、发展得好。

（杨粤宁）

【侨界春季植树及认建认养活动】 4月9日，由区侨联、区园林绿化局、北京商务中心区华商会在望和公园联合举办“公益植树·绿色成长”——2018侨界春季植树及认建认养活动。这是区侨联连续第三年举办义务植树活动，旨在号召侨界群众倡导低碳绿色的生活方式，为首都美化绿化事业贡献力量，共建美好家园。市侨联、侨界友好社团、区基层侨联组织、区社会组织联合会以及在京商协会、侨资企业等单位260余人参加。

（杨粤宁）

【“朝阳区侨联公益基金”成立】 5月21日，中国华侨公益基金会“朝阳区侨联公益基金”成立仪式在中国侨联新闻发布厅举行。该基金是为推动社会慈善公益事业发展，根据《中华人民共和国公益事业捐赠法》《基金会管理条例》等法律法规，由朝阳区侨联发起并通过中护航云科技（北京）有限公司自愿捐资100万元人民币，在中国华侨公益基金会设立专项基金。为完善专项基金的日常运行管理工作，成立管理委员会，由区侨联负责人、捐赠机构主要负责人组成。管理委员会根据中国华侨公益基金会对专项基金的规定，在中国华侨公益基金会的指导和支持下，募集、管理和使用基金。借助基金会的平台，发动海内外更多的社会力量参与，开展诸如生活帮扶、事业发展、国内国际交流、艺术教育、科技卫生、福利慈善、涉侨纠纷调解与争议解决等各类公益慈善活动。

（杨粤宁）

【中国侨联三地侨联系统干部培训班走进798】 6月7日，中国侨联三地侨联系统干部培训班走进朝阳798现场教学。中国侨联干部培训中心培训处处长王晖，内蒙古自治区侨联副主席、秘书长宝日胡日嘎，重庆市侨联党组成员、办公室主任王巍，北京798艺术区管理委员会副主任屈福来及内蒙古自治区、重庆市、浙江省三地130名学员参加活动。

（杨粤宁）

【区侨联七届四次全委（扩大）会议】 6月21日，区侨联召开七届四次全委（扩大）会议暨基层组织工作培训会。会议由区侨联副主席、中科院侨联主席、中科院遥感数字与地球研究所副所长顾行发主持，区侨联委员、基层侨联主席及骨干、侨务干部近100人参加。会议以贯彻落实中国侨联《基层侨联组织工作条例（试行）》及市侨联基层组织工作会议和区党建工作会议精神为主题，动员部署全区侨联系统基层组织工作。会议还邀请中央和国家机关侨联副主席、中国侨联常委、全国人大华侨委法案室原主任毛起雄作“以习近平新时代中国特色社会主义侨务思想为指导，推进侨联工作取得新发展”专题讲座。

（杨粤宁）

【公益基金“阳光护航”项目启动】 6月27日，区侨联公益基金“阳光护航”项目启动仪式在中护航大厦举行。中国侨联公益事业管理服务中心主任、中国华侨公益基金会副理事长、秘书长何继宁，市侨联党组成员、副主席李冬娟，区委宣传部副部长、区文明办主任张爽以及区侨联委员、区侨青会成员、侨界代表人士等100余人参加。活动以推出区侨联公益基金支持下的第一个品牌项目——“阳光护航”项目为主题，贯彻落实《北京市侨联改革方案》和北京市侨联基层组织工会精神，推动开展朝阳区“侨之家”和“侨志总”（侨联志愿服务总队）工作。

（杨粤宁）

【涉侨多元化解工作专题研讨会】 7月4日，区侨联党组书记、主席曾旭主持召开涉侨多元化解工作专题研讨会。活动由朝阳区侨联和平谷区侨联联合发起，京师律师事务所具体承办。区法院副院长龙云斌，区司法局副局长潭水华，区侨联副主席、区侨联法顾委主任白涛，平谷区侨联主席、朝阳区侨联青年委员会荣誉理事郑连发，京师律师事务所创始合伙人、CEO杨建华，京师律师事务所创始合伙人、朝阳区侨联青年委员会秘书长封跃平及朝阳区侨联法顾委委员、基层侨联主席代表、从事调解工作的律师等近20人出席会议。为贯彻落实最高人民法院和中国侨联联合印发的《关于在部分地区开展涉侨纠纷多元化解试点工作的意见》精神，会议就涉侨法律纠纷呈现的特征和解决争议过程中的困境等多个方面展开研讨，为开展朝阳区涉侨多元调解中心建设工作起好步，是切实履行侨联职能、依法维护侨益的一项具有重要意义的工程。

（杨粤宁）

【“亲情中华·汉语桥”北京情思夏令营开营】 7月8日至21日，“亲情中华·汉语桥”北京情思夏令营开营。活动由中国侨联、国家汉办主办，北京市侨联、朝阳区侨联承办，由北京国际汉语研修学院具体实施，北京市奥林匹克公园管理委员会、朝阳区外事办、美国新英格兰文化交流中心、美国密苏里北京人协会、1898商务俱乐部、加拿大蒙特利尔阳光画苑、莫斯科华侨华人联合会、底特律中文学校协办。活动由汉语基础教学、中华传统文化课程和文化体育访问体验活动组成，来自美国、加拿大、俄罗斯、意大利、越南、奥地利和澳大利亚等国的60名师生参加。

（杨粤宁）

【区侨联赴北京林业大学交流】 7月11日，区侨联应北京林业大学侨联邀请赴北京林业大学交流侨联工作。北京林业大学党委副书记全海，校党委常委、统战部部长张勇，侨联主席林震等与区侨联主席曾旭一行座谈交流。区侨联委员胡嘉斌及区侨联机关干部参加活动。座谈中，双方互相介绍各自的工作情况和优势，北京林业大学表示在支持首都生态文明建设方面有着独特的学科优势，希望双方借助侨联联谊优势，搭建合作平台，共同为首都及朝阳区域建设贡献力量。

（杨粤宁）

【归侨侨眷和归国留学生事务受理窗口开设】 7月，为更好地服务国际人才社区建设，进一步推进“侨之家”规范化服务，为侨界群众提供便捷服务，望京街道在望京为民服务中心一层服务大厅开设归侨侨眷和归国留学生事务受理窗口，实现一站式简洁、便利服务，打通为侨服务“最后一小步”。

（杨粤宁）

【侨界人士走进区政务服务中心】 8月7日，区侨联组织10余名侨联委员及侨界人士走进朝阳区政务服务中心参观并与相关负责人座谈交流。区政务服务管理办公室主任吴景刚介绍政务服务中心概况，政务服务中心工商、税务、食药、文化、卫计委、海外学人等各窗口负责人介绍分管业务情况，与会侨界人士咨询关心的问题并对政务服务工作提出意见建议。

（杨粤宁）

【澳大利亚澳亚总商会到访交流】 8月22日，澳大利亚澳亚总商会代表团李燕菱会长一行到朝阳区访问交流。区侨联领导曾旭、岳鸿声等会见考察团一行。在华商会会员企业酷车小镇，双方就共同关心的海内外侨商企业发展问题座谈并达成战略合作意向，推进各项会务及项目对接，共同构建中澳民间外交的桥梁和纽带。

（杨粤宁）

▲ 6月27日，区侨联公益基金阳光护航项目启动　　谢　宾　摄

【市侨联志愿服务总队成立暨志愿服务周启动】 9月16日，由市侨联主办、区侨联承办的北京市侨联志愿服务总队成立暨志愿服务周启动仪式在朝阳公园举行。首都侨界群众300余人参加活动。来自区侨联、区侨青会和各街（乡）侨联的30余支志愿队伍，提供医疗保健、养老养护、法律咨询、政务政策咨询、扶贫成果展示、金融安全咨询、美容美发、政策宣讲等多门类志愿服务，充分展示侨界志愿服务力量。

（杨粤宁）

【“海外侨界高层次人才为国服务团”到区考察】 9月19日，“创业中华·牵手京津冀——第十八届海外侨界高层次人才为国服务团”到朝阳区参观考察。中国侨联副秘书长、经济科技部部长赵红英，市侨联副主席苏泳，区委常委、区委组织部部长何明以及天津市、河北省侨联等相关负责人出席活动。区侨联主席曾旭主持交流活动。考察团一行到中护航大厦，实地察看朝阳区人才工作和新侨创新创业情况。

（杨粤宁）

【海外华文学校负责人到区考察交流】 9月27日，参加北京市侨联第七届海外华文教育论坛的20余位海外华文学校负责人到朝阳区考察交流。先后到白家庄小学望京新城校区、北京国际汉语研修学院，就华文教育发展交流探讨。

（杨粤宁）

【2018朝阳华商发展大会】 9月27日，由区侨联、区华商会共同主办的“互联互通共谋发展——2018朝阳华商发展大会”在北京凯迪克格兰云天大酒店举行。活动旨在纪念改革开放40周年和朝阳区建区60周年，贯彻落实第十次全国归侨侨眷代表大会精神，落实朝阳区委《关于切实加强和改进朝阳区侨联工作的实施意见》要求，发挥侨联组织独特优势，结合区域特点，建立华商组织，完善华商服务机制，加强国际交流与合作，吸引更多的华商力量参与祖国建设和区域发展。

（杨粤宁）

【段昭南戏画暨美国马力京剧文化节回京汇报展览】 9月30日，段昭南戏画暨美国马力京剧文化节回京汇报展览在望京为民服务中心正式开展。展览由美国硅谷美术馆、中国国粹文化艺术交流协会、望京街道侨联主办，区侨联和望京街道办事处提供支持，正值北京市侨联“华诞中国·亲情北京——2018年海外侨胞故乡行”活动举办期间，吸引120余名到北京参加故乡行的海外侨领参观。展期至10月中旬，旨在呈现戏画在当代的人文精神，让更多的人了解这一与中国传统文化深度结合的当代艺术，推动戏画和中国传统文化发展。

（杨粤宁）

【区党政干部研修班】 10月15日至24日，2018年区党政干部研修班在浙江大学完成各项教学任务。区党政干部研修班与辽宁、湖北、广东江门等省市的侨联系统干部培训班共同组成中国侨联四省市侨联系统干部培训班。研修班由区委组织部、区委统战部、区侨联联合举办，通过中国侨联干部培训中心组织，借助地方的资源和支持，为各级党委系统、侨联系统组织培训、增进交流提供平台，来自区各涉侨部门、各功能区、各街乡的侨务主管领导、干部、侨联主席近80名学员参加学习。培训班课程有交流分享、专家授课、现场和案例教学，涉及党的十九大精神解读、习近平有关侨务工作系列论述解读、侨联工作思考，以及新技术、电子商务、“一带一路”等热点问题。授课教师有张国雄、王曙光等一批专家学者，也有直接从事侨务工作的领导和实践者，使课程内容既有理论又有实践，具有很强的指导性。

（杨粤宁）

【叶青大厦商务楼宇侨界联合会成立】 11月23日，区侨联召开叶青大厦商务楼宇侨界联合会成立大会。中国侨联基层建设部部长张毅，市侨联党组书记赵宏生，区领导黄晓伟、叶青，区政协港澳台侨委员会主任曾旭，东湖街道工委书记倪东新等领导及侨界代表出席会议。叶青大厦及周边商务楼宇34名侨界人士，成为叶青大厦商务楼宇侨界联合会首批会员。联合会作为新的侨联组织设置形式，在2011年成立的叶青大厦侨联基础上，通过把叶青大厦侨联纳入联合会团体会员，吸纳楼宇周边涉侨组织、人员，把商务楼宇侨联的组织架构立体化、架起来，实现自体性侨联向区域性侨联发展的转变，服务对象从单一的归侨侨眷扩展到华人、归国留学人员等更广泛的新社会阶层人士。地理区域也从单一的叶青大厦扩展到东湖地区周边的商务楼宇群。

（杨粤宁）

【“2018首都海归青年双创加速营”启动】 11月25日，由中国科协海智办、北京市科协、北京国际科技协作中心、北京海归科协和朝阳区侨联等单位组织的“2018首都海归青年双创加速营”在京举办开营仪式。该营以服务海归青年创新驱动发展为主线，构建成果展示推介、技术对接、创新创业咨询的服务链，促进科技创新成果与产业化需求深度融合；聚焦国外未归来的高精尖群体（硕士、博士），鼓励其回国开展创新创业；营造国际科技创新氛围，激发海外（归国）科技工作者的科技创新热情，引导其实现报国志向，服务北京科技创新中心建设，打造首都国际创新创业智力生态圈。

（杨粤宁）

【区侨联七届五次全委（扩大）会议】 11月27日，区侨联以学习贯彻落实第十次全国归侨侨眷代表大会精神，总结工作、凝聚共识、振奋精神为主题，召开七届五次全委（扩大）会议暨基层组织工作会。区侨联委员、基层侨联主席及骨干、侨务干部近100人参加。

（杨粤宁）

【京师律师事务所侨联成立】 11月30日，京师律师事务所侨联成立大会在北京市朝阳区京师律师大厦召开。中国侨联基层建设部部长张毅，市侨联党组书记赵宏生、区侨联主席曾旭以及京师律师事务所宋晓江、张凌霄等出席成立大会。

（杨粤宁）

朝阳区青年联合会

【概况】 北京市朝阳区青年联合会（简称区青联）内设秘书处作为日常办公机构。区第六届青联于2018年8月17日换届成立，由青少年工作和劳动模范、科技教育卫生、金融、经济、公共管理和政法、社会组织和社会中介、文化体育宗教、新闻出版与传媒8个界别组成，其中经济界别下设经济1组和经济2组。年底，有委员282人，其中常务委员会47人，主席1人、副主席10人。

（武　爽）

【温暖工程】 1月，团区委联合区委教育工委、区少工委面向全区中小学生发起“好书伴成长”为新疆维吾尔自治区和田地区中小学生捐书活动。区青联委员田明发动北京市汽车物流商会主动承担本次市内书籍的整理运输工作，一周完成29万册书籍的整理、打包、运输任务。2月，区青联组织开展2018年“青春助跑·青春助学计划”寒假入户慰问活动。21名青联委员走访一对一结对帮扶对象23名，完成青春助学助困补贴发放4.6万元。3月，团区委、区青联与河北省张家口市康保团县委对接，组织开展“心暖相牵·送爱到家”朝阳—康保对口捐衣助学活动。活动根据康保县实际需求，通过线上认捐、线下收集形式募集冬衣791件、字典2000本、书包1000个和各类学习用品，集中送往康保县。5月19日，区青联举办“童心圆梦迎六一·朝阳青联委员家庭日”主题活动。邀请区青联委员结对家庭、区内精准帮扶青少年家庭89人参加活动。7月，区青联组织开展2018年“青春助跑·青春助学计划”暑假入户慰问活动。20名青联委员分别走访一对一结对帮扶对象22名，发放青春助学助困补贴4.4万元。10月14日至16日，团区委带领区青联六届委员等11人赴内蒙古自治区乌兰察布市卓资县开展“牵手京蒙地青春建功行”对口支援活动。团区委、区青联一行参观熏鸡博物馆和生产线，重点围绕地区特色产业就当地农牧业发展调研交流。区青联委员与当地创业青年分享创业经历、交流成功经验。团区委与卓资团县委共同签署《京（朝阳）蒙（卓资）共青团共建协议》，承诺双方建立定期交流机制、协商研究对口支援工作；医疗卫生界别委员在县人民医院开展骨科义诊。团区委、区青联向卓资县旗下营镇捐赠价值9万元的安全水井及配套设施1座，可解决全村75户166人吃水难问题；对10名贫困中学生开展助学帮扶，向卓资县教育局捐赠助学金1万元；向旗下营小学全校学生捐赠价值1.8万元的爱心书包和300本字典。

（武　爽）

【区青联五届十一次常委会】 3月8日，区青联召开五届十一次常委会议。审议通过关于2017年度考核优秀委员的建议，同意增补马程浩等18人为朝阳区青年联合会委员。传达全国青联《关于新形势下推进从严治会的规定》《全国青联委员履职规范》及北京青联相关文件精神。

（武　爽）

【区青联五届五次全委会】 3月8日，区青联召开五届五次全委会议，团市委副书记、市青联主席郭文杰，区委副书记甘靖中，市青联秘书长林宇出席。会上邀请北京青年榜样宣讲团成员、朝阳区青联委员王威、谷梁围绕学习践行党的十九大精神及自身故事宣讲。郭勋作2017年度工作报告。郭文杰、甘靖中致辞并讲话。

（武　爽）

【访问交流】 5月23日至29日，应北京大学台湾校友总会邀请，由区青联牵头、区青联副主席孙博洋带队，14名创新创业青年人才代表赴台开展为期7天的交流。在台期间，代表团参访“中华杰出青年促进会”“中华工商业联合会”等机构，并就组织概况、队伍建设及人才培养经验等方面问题沟通交流；代表团走进台湾高校及创新创业企业，旨在加强两岸在青年协同创业、青年创新人才培养等重点领域的学习与合作。12月4日至5日，区青联秘书处党旻赴江苏盐城市参加第六届中韩公共外交论坛，作为论坛嘉宾出席论坛开幕式，参与平行论坛——“民间交流夯实中韩民间情感基础”的交流谈论。12月18日至22日，中韩青少年友好访问团赴韩国首尔江南区开展为期5天的交流访问。访问团由区青联秘书处孙鸿艳、陈经纶中学团委书记吴敏带队，陈经纶中学9名学生代表组成。访问团一行参访江南区政府、德昌宫、仁寺洞等韩国历史名胜和江南区观光信息中心、韩流文化街等现代科技和文创产业。

（武　爽）

【区青联六届一次会议】 8月17日，区青联召开六届一次常委会议，同意刘苗苗担任六届区青联常务副主席，武爽担任秘书长，通过界别组组长、秘书长名单和《朝阳区青年联合会微信工作群管理暂行办法》。下午，区青联召开第六届委员会第一次全体会议。来自朝阳区的近300名青年代表共议朝阳青联发展大计。会议通过五届青联工作报告，选举产生六届青联领导集体。团市委副书记、市青联副主席王洪涛，区委副书记甘靖中，区总工会常务副主席姬文革，团市委统战部副部长国潇冉以及各兄弟区青联代表出席会议。12月19日，区青联召开六届二次常委会议，审议通过委员区域化协作片、委员提案、委员家访等工作制度，部署2019年工作。

（武　爽）

【区青联界别组活动】 9月20日，为纪念改革开放40周年和朝阳区建区60周年，团区委组织区青联委员、社区青年汇社工、优秀创业代表等450人在香河园地区文化中心开展“优秀青年话剧观赏”活动，观赏《朝阳门外·雅宝路》剧目。9月26日，区青联组织第五届常委在朝阳规划艺术馆参观“朝阳区建区60周年发展成就展”。11月7日，区青联开展“走进中国航天”主题活动，区青联主席团、常委、各界别秘书长等20人参加活动。活动通过对天津大运载火箭基地、航天五院无人机生产基地和航

▲ 10月14日至16日，区青联向对口扶贫村捐赠安全水井及配套设施　武　爽　摄

天器总装测试中心等实地参访、专家讲授、座谈研讨的方式，让青联委员近距离学习航天知识，了解中国航天，感受航天精神。11月27日，区青联邀请张梓琳和马恒两位委员举办学习“手账——让进步成为习惯的秘籍”活动。以手账文化为载体，由讲师带领青年学习手账记录技巧，运用社工小组工作方法，帮助青年提升行动力，定制个人新年规划。

（武　爽）

朝阳区工商业联合会

【概况】 北京市朝阳区工商业联合会（简称区工商联）与中共朝阳区委非公经济工作委员会（简称区委非公经济工委）合署办公。内设办公室、宣传科、组织科和会员科4个科室，编制17人，实有15人。区工商联直属会员近1900家，团体商会（协会）会员35家。

（何　婷）

【区工商联专委会会议暨新会员颁证仪式】 1月19日，区工商联举行六大专委会会议暨2017年度新会员颁证仪式。市工商联党组副书记、副主席佘运高，市工商联会员处处长张高峰，区委统战部副部长、区委非公经济工委书记、区工商联党组书记、常务副主席王素荣等领导出席会议。区工商联六大专委会的主任、副主任和新会员企业代表参加会议。会上围绕区工商联“1+2+6+N”的组织架构以及六大专委会管理制度、加强规范化建设、强化联络合作、发挥专委会作用及2018年工作计划交流探讨。

（何　婷）

【2018年新时代女性影响力论坛】 3月7日，区工商联女企业家专委会在叶青大厦举办“2018年新时代女性影响力论坛”主题活动。区工商联38家特邀顾问单位的女性领导，女企业专委会委员，女企业家会员和党组织负责人，以及社会各界女性同胞代表120余人参加活动。活动中举行区工商联女企业家专委会成立授牌仪式，启动“2018年度又忙又美励志女性人物选拔计划暨全球女性领导者峰会”活动，并发布活动内容。

（何　婷）

【中央统战部和全国工商联领导调研非公党建】 4月12日至13日，中央统战部副部长，全国工商联党组书记、常务副主席徐乐江在北京市调研非公企业党建工作，听取朝阳区工商联关于非公党建工作及民营企业开展党建工作情况汇报，实地查看党组织活动场所和党建陈列室，并与企业基层党组织负责人和员工代表座谈交流。

（何　婷）

【“榜样传承青年担当”主题活动】 5月3日，区工商联在对外经济贸易大学图书馆报告厅举办“榜样传承青年担当”——朝阳新老青年创业者携手走进新时代，共创未来新辉煌主题活动。全国工商联副主席、区工商联主席叶青，全国工商联经济部副部长罗力、会员部副部长李树林、宣教部副部长刘檀，北京市工商联党组副书记、副主席佘运高，北京欧美同学会秘书长王璞，区领导陈宏志、陈涛、王志勉等出席活动。区委统战部、区工商联特邀顾问单位、区工商联青年企业家专委会成员、区工商联会员企业家、区委非公经济工委直属基层党组织负责人，区工商联全体机关工作人员和对外经贸大学学生等1000余人参加活动。活动现场，区工商联青年企业家专委会正式授牌成立并发布专委会系列活动，创新开展创业导师、创新榜样的评选认定，邀请对外经贸大学专家学者担任青年创业顾问，建立结对帮扶机制助力青年企业家茁壮成长。

（何　婷）

【“益企·互助·共赢”推介会】 5月31日，区工商联举办2018“益企·互助·共赢”推介会暨重点产业政策解读会。区委统战部副部长、区委非公经济工委书记、区工商联党组书记、常务副主席王素荣出席推介会，区工商联特邀顾问单位、区工商联会员企业代表、区工商联机关干部等100余人参加会议。推介会现场，区工商联科技创新专委会正式授牌成立并发布系列计划。区发改委相关负责人现场做“重点产业项目政策解读”。在路演环节，推介会将科技研发和精准扶贫相结合，进行相关内容推介。北京握奇数据股份有限公司和中商惠民（北京）电子商务有限公司现场举行意向签约仪式。

（何　婷）

【“党建·文化行”主题活动】 6月28日，区委非公经济工委举办“永远跟党走心中有力量”——纪念建党97周年党建·文化行主题活动。区委社工委、区委农工委、团区委、区工商联特邀顾问单位相关委办局、平房乡党委等单位有关领导，以及区工商联部分退休人员，区委非公经济工委直属基层党组织书记、党务工作者、党员代表、区工商联会员企业负责人代表300余人参加活动。区工商联文教卫体专委会正式授牌成立，发布专委会系列活动。活动通过诗朗诵、情景剧等形式，激励非公系统广大党员干部在新时代担当新使命、展现新作为，强化非公经济人士的政治担当，是在广大非公企业中实施理想信念教育实践工程、深化“两学一做”学习教育的具体举措。

（何　婷）

【全国工商联调研组到区调研】 7月11日，全国政协副主席、全国工商联主席、中国民间商会会长高云龙率领全国工商联第一联系调研组赴朝阳区调研，考察工商联会员企业，看望工商联机关干部，与企业家座谈交流，了解区工商联、商会组织和民营企业情况。市政协副主席、市工商联主席燕瑛，市委统战部副部长、市工商联党组书记、常务副主席赵玉金，区领导王灏、叶青、王志勉及全国工商联相关部门负责人和市、区相关工作人员一同调研。调研组先后实地察看区中小企业市场发展商会、区工商联机关和叶青大厦楼宇商会党员活动中心，并在叶青大厦与企业家代表座谈交流。

（何　婷）

【主题沙龙活动】 8月13日，区工商联联合区金融办组织会员企业开展主题为“党建引领作示范，营商环境创一流”沙龙活动。活动突出精准对接，为有融资需求的会员企业与金融机构搭建平台进行现场沟通洽谈。区委非公经济工委副书记、区工商联副主席马序松，区金融办党支部书记、副主任陈群出席活动。活动通过前期的项目需求汇总，来自会员企业、创业园区企业、所属商会会员企业的代表与金融机构代表就信贷政策和企业融资需求进行详细的介绍和交流。

（何　婷）

【重庆市工商联到区考察】 8月16日，中共重庆市北碚区委常委、统战部部长吴萍，区工商联专职副主席明道良一行8

人到朝阳区考察，与朝阳区工商联（商会）座谈交流。中共朝阳区委统战部副部长，区委非公经济工委书记，区工商联党组书记、常务副主席王素荣出席座谈会。会上，双方介绍两地经济社会发展情况、非公经济发展概况，就加强工商联、商会组织建设，服务“两个健康”，服务党委政府中心工作进行友好交流，并围绕发挥两地优势、促进两地经济合作进行探讨。两地工商联（商会）签订友好商会协议书。

（何　婷）

【重点调研课题推进会】 10月14日，区工商联（区委非公经济工委）召开重点调研课题推进会。全国工商联研究室主任、中国民营经济研究会副会长、博士林泽炎，市工商联党组副书记、副主席余运高，中央党校（国家行政学院）、中国社会科学院、国务院发展研究中心专家、《中国工商》杂志、企力智库专家、朝阳区重点课题企业负责人、直属党组织负责人等20余人出席会议。推进会明确调研主题方向，突出问题导向，坚持深入企业调研，本着求真务实态度，凝聚共识，形成合力，为实现质量高、实效强、可操作性好的调研报告奠定坚实基础。

（何　婷）

【主题党日活动】 10月15日，区工商联机关党支部与全国工商联研究室党支部、全联书业商会党支部、全联农业产业商会党支部在区工商联会员企业、区委非公经济工委直属党组织所在企业洛娃科技实业集团公司，共同开展“加强和改进非公有制企业党建工作”主题党日活动。全国工商联研究室主任林泽炎、副主任沈丽霞，全联书业商会党支部书记郭继恩，全联农业产业商会党支部书记赵光学，区委统战部副部长、区委非公经济工委书记、区工商联党组书记、常务副主席王素荣及各党支部的党员干部、朝阳民营企业党组织书记代表共同参加活动。与会人员参观洛娃科技实业集团公司展览室，并以“加强和改进非公有制企业党建工作”为主题开展座谈。

（何　婷）

【非公党建课题调研开题】 10月23日，区委非公经济工委召开2018年度非公党建课题调研开题报告会。区委非公经济工委特邀指导专家、课题调研单位党组织书记、执笔人50余人出席会议。开题报告会采取开放式、互动式、小组式的方式对21家单位课题进行指导和研究，确定以问题和需求为导向，深入调查研究，切实了解民营企业在发展过程中遇到的瓶颈问题，求创新、求突破、求效率、求专家，凝聚共识，形成集体智慧，为疏解非首都功能中民营企业提质增效、产业转型升级提出切实可行的意见建议，为提高区域党建工作水平、推动区域非公经济健康发展奠定坚实基础。

（何　婷）

【精准扶贫洽商会暨推介会】 11月14日，区工商联举办“万企帮万村”精准扶贫洽商会暨“益企互助共赢”推介会，精准对接企业产业优势和帮扶地区需求，以产业帮扶促进对口协作帮扶地区经济发展。河北省张家口市阳原县、康保县、河北省保定市唐县、内蒙古自治区卓资县、新疆生产建设兵团十四师四十七团、北京市密云区相关部门及朝阳区工商联特邀顾问单位代表和50余家会员企业代表参加推介会。

（何　婷）

【区领导走访党外人士】 12月11日，区领导王灏、黄晓伟、李长萍带领有关部门主要负责人，走访区工商联副主席、慈铭集团创始人兼总裁韩小红。分别参观慈铭奥亚医院、慈铭大数据中心，了解慈铭医疗大数据平台运行情况。听取慈铭集团企业经营发展情况汇报并了解现阶段的困难和需求。

（何　婷）

【民营企业发展专题报告会】 12月12日，区工商联举办纪念改革开放40周年民营企业发展专题报告会。区工商联会员企业、区委非公经济工委直属党组织、工商联机关干部等150余人参加报告会。报告会邀请全国工商联原副主席、中国民营经济研究会会长庄聪生做民营企业发展专题报告。

（何　婷）

【参政议政专委会成立】 12月25日，区工商联人大代表、政协委员参政议政研讨会暨参政议政专委会成立仪式在区委统战部举行。市工商联党组成员、副主席郑勇男，区领导黄晓伟、王文远，区委统战部常务副部长胡杰华，区委统战部副部长、区委非公经济工委书记、区工商联党组书记、常务副主席王素荣，区政协提案委员会副主任杜彩云等领导出席会议。区工商联参政议政专委会成员、区工商联人大代表、政协委员、区工商联执委和区工商联机关工作人员等50余人参加会议。

（何　婷）

▲11月14日，区工商联举办“万企帮万村”精准扶贫活动　　区工商联　供稿

【区领导送“服务包”到企业】 12月25日，区委副书记、代区长文献带领区住建委、区商务委、区人力社保局等委办局负责人到链家集团总部，为企业送上量身定做的包含4个方面13项政策支持的“服务包”。

（何　婷）

【区工商联十一届三次执委会议】 12月28日，区工商联召开十一届三次执委会议。会议由区委统战部副部长、区委非公经济工委书记、区工商联党组书记、常务副主席王素荣主持。市工商联党组成员、秘书长周立明，区委常委、统战部部长、区直机关工委书记黄晓伟出席会议。全国政协常委、全国工商联副主席、区人大常委会副主任、区工商联主席、叶氏企业集团董事长叶青向十一届执委会作题为“把牢政治方向，引领健康发展，致力改革创新，开创新时代工商联事业新局面”的工作报告，部分副主席现场述职。

（何　婷）

【民营企业座谈会】 12月28日至29日，区发改委、区工商联联合召开3场民营企业座谈会，涉及科技文化创新、中介服务机构等主题，为企业解读有关政策，19家企业的负责人参会（含区工商联会员企业9家）。

（何　婷）

北京朝阳年鉴
Beijing Chaoyang Yearbook
2019

法治

政法委工作

【概况】中共北京市朝阳区委政法委员会（简称区委政法委）是区委领导和管理政法工作的职能部门，在区委领导下开展工作。年内，区委政法委贯彻落实中央、市委、区委各项决策部署，以“2018年中非合作论坛北京峰会”服务保障为核心。深入开展矛盾纠纷排查化解、“疏解整治促提升”、提升群众安全感专项行动，深入推进平安朝阳建设、法治朝阳建设、过硬队伍建设，严格执法、公正司法，全面履行维护政治社会大局安全稳定、促进社会公平正义、保障人民安居乐业的职责使命，创造安全稳定的社会环境、公平公正的法治环境和优质高效的服务环境。举办政法系统党支部书记培训班和第六期优秀中青年干部培训班，提升干部工作能力。

（蔡广培）

【领导检查调研】 1月15日，全国人大社会建设委员会副主任委员、十三届全国人大常委会委员、中央政法委副秘书长、最高人民检察院检察官遴选委员会副主任景汉朝一行到区委政法委调研队伍建设情况。听取区委政法委队伍建设情况汇报，市委政法委副书记萧有茂汇报北京市政法队伍建设情况，座谈交流政法队伍建设情况。中央政法委政法队伍建设指导室主任、最高人民检察院检察官遴选委员会委员朱其高，中央政法委政法队伍建设指导办公室综合指导处处长尚进等一同调研。3月12日，市委常委、政法委书记张延昆带队检查指导朝阳区社会面防控工作，慰问参加全国“两会”安保工作人员，市有关部门领导张玉鲲、衡晓帆、张洪波、李维杰，区委常委、政法委书记张维刚一同调研。4月10日，市委常委、政法委书记张延昆，市高级法院党组书记、院长杨万明，市检察院党组书记、检察长敬大力到小红门派出所调研公安系统政法办案智能管理系统建设工作，市有关部门领导苗林、衡晓帆、李中水，区委常委、政法委书记张维刚，副区长、公安朝阳分局局长牛国泉一同调研。5月15日，区召开监察体制改革专题调研会，研讨深化监察体制改革、扫黑除恶相关工作。区领导张维刚、席成坡、牛国泉、靳学军、张朝霞，政法系统相关领导，区纪委区监委相关领导参加调研。6月4日，市委常委、组织部部长魏小东带领北京市扫黑除恶专项斗争第三督察组督察朝阳区扫黑除恶工作。市有关部门领导张革、毛百战，区领导王灏、何明、张维刚、席成坡、牛国泉等一同督察。

（杨　晨）

【国家安全教育日宣传活动】 4月15日，朝阳区2018年度“4·15全民国家安全教育日”集中宣传活动在蓝岛大厦门前广场举行。活动现场，国家安全朝阳分局、公安朝阳分局、区司法局、国土朝阳分局、区环保局、区金融办、区科委、区文化委、区保密局、区信息办等10余个部门以“护航新时代”为主题，通过制作宣传展板、宣读倡议书、发放宣传品、现场解答等形式，围绕政治安全、经济安全等8个方面内容，向市民介绍国家安全总体战略、国家安全法律体系等知识。区委政法委常务副书记、维稳办主任赵红伟主持，区委常委、区委政法委书记张维刚，区人大常委会副主任牟燕东，副区长、公安分局局长牛国泉，区政协副主席王文远出席活动。

（杨　晨　车　莹）

【纪律作风督查巡查员聘任】 9月29日，区委政法委举行纪律作风督查巡查员聘任仪式。区党代表、区人大代表、区政协委员、区监委特约监察员、区居民群众代表等30名纪律作风督查巡查员接受聘书。特约督查巡查员代表、北京京都律师事务所高级合伙人刘铭，区政法单位代表、公安分局纪委书记李斌分别表态发言，赵红伟主持仪式并讲话。区委政法委班子成员，公安朝阳分局、区检察院、区法院、区司法局相关工作主管领导出席会议。

（刘　清）

【司法责任制落实】 年内，区委政法委确定10项推进司法体制改革工作要点，纳入区委重点督查事项，制定完成任务时间表、路线图。全年召开法治领域改革领导小组会议4次，围绕全面落实司法责任制、认罪认罚从宽试点、“两法衔接”“公益诉讼”等重点工作探索改革举措。公安朝阳分局加快建设新型办案团队，建立工作制度，完善刑事办案监管体系。区检察院推进“认罪认罚从宽”系列改革试点工作。区法院推进双桥法庭选址建设工作，深化内设机构改革，优化审判工作格局，提升信息化应用水平，破解“执行难”难题。第三季度，在解决“两至三年基本解决执行难”工作中，区法院“四项核心指标”全部达标。区司法局推进朝阳特色公共法律服务站建设模式，11月底完成诉调对接中心建设，12月挂牌成立区公共法律服务中心。

（杨　晨）

【法治建设推进】 年内，区委政法委推进区法治建设工作，贯彻落实《关于全面推进朝阳区法治建设的意见》，制定《全面推动朝阳法治建设三年行动计划（2018—2020）》。区委常委会审议通过《朝阳区党政主要负责人履行推进法治建设第一责任人职责的实施细则》。法治政府专项小组确立和完善行政执法公示、执法全过程记录、重大执法决定法制审核等工作制度，推动实现基本建成法治政府的规划目标。优化公共法律服务，探索建设“朝阳律师”忠诚、专业、担当的品牌。加强社会治理体系建设，提升“朝阳群众”品牌内涵，建设有示范性全国基层社会治理和法治建设品牌。强化法学会自身建设，加强区法学会秘书处建设，协调编制，落实经费。健全完善各项工作制度，制定工作细则、信息报送制度。搭建服务管理新平台，建立微信公众号。

（邱　静）

【执法监督】 年内，区委政法委制发《朝阳区扫黑除恶专项斗争法制协调组分方案》《朝阳区扫黑除恶专项斗争重大案件研判协调机制》《关于在扫黑除恶专项斗争中黑恶势力犯罪案件认定的实施办法》，细化工作措施，完成黑恶势力犯罪案件认定工作，规范办案中对黑恶势力案件的认定标准，提高涉黑涉恶违法犯罪打击能力。全年重点研究督办市级、区级挂账案件20余件，落实党内联合办公等制度，研究解决政法工作重点难点问题50余项。

（杨　晨）

社会治安综合治理

【概况】朝阳区社会治安综合治理委员会是协助区委、区政府领导协调全区行政区域内社会治安综合治理工作的常设议事机构。朝阳区社会治安综合治理办公室（简称区综治办）是其办事机构，区综治办与区委政法委合署办公。下设综治基础科、综治指导科。主要职责是贯彻中央和首都社会治安综合治理方针、政策，结合朝阳区实际研究制定社会治安综合治理的工作措施，组织、协调、推动各街乡、区综治委成员单位开展社会治安综合治理工作；协调区委、区政府领导处理朝阳区有关社会治安及社会秩序的重大问题；协调有关部门完成在朝阳区进行的重大活动安全保卫工作任务。年内，区综治治理工作紧紧围绕全区中心工作，以深化平安朝阳建设为主线，坚持把专项治理和系统治理、综合治理、依法治理、源头治理相结合，深入推进更高水平的平安朝阳建设。以增强人民群众获得感、幸福感、安全感为目标，加快推进扫黑除恶专项斗争、提升群众安全感、社会面防控、雪亮工程、社会治安重点地区整治等各项重点工作。

（宛 煜）

【综治业务培训】 4月11日至12日，举办2018年度综治系统干部培训班。邀请中央政法委相关领导、中国人民大学心理学教授围绕重点难点工作辅导授课。43个街乡主管领导、综治办主任以及重点成员单位主管领导150余人参加培训。11月1日至2日，举办扫黑除恶专项斗争暨提升群众安全感工作培训班。邀请中央政法委基层社会治理局、北京市委政法委、北京市统计局领导专题授课。43个街乡和相关委办局相关人员参加培训。按照《关于进一步加强街乡社会治安巡防队建设的实施意见》总体部署，区综治办制发巡防队演练总方案和实施方案，在朝阳区社区学院举办治安防控知识测试，组织考试成绩前6名的街乡巡防队开展知识竞赛活动，东湖街道“东湖哨兵”获第一名。

（宛 煜）

【综治领导责任制落实】 年内，区综治办推进2018年度社会治安综合治理工作。研究制定《朝阳区2018年社会治安综合治理工作要点》《2018年朝阳区社会治安综合治理责任书》《2018年朝阳区社会治安综合治理任务书》。2月23日，召开朝阳区2018年社会治安综合治理委员会全体会议，动员部署2018年度综治工作。区主要领导、区综治委主任与各街乡、各综治委成员单位主要领导分别签订社会治安综合治理责任书和任务书，强化考核评价结果运用，制作并下发扣分原因统计表，督促街乡梳理分析，完成整改工作，修改完善《朝阳区社会治安综合治理工作考核办法（试行）》。

（宛 煜）

【重大活动社会面防控】 年内，区综治办制发《朝阳区2018年中非合作论坛北京峰会社会面防控工作方案》《朝阳区2018年中非合作论坛北京峰会群防群治力量部署方案》《朝阳区2018年中非合作论坛北京峰会社会面防控督查工作方案》等工作方案。8月20日，在朝阳公园召开全区专群安保力量集结演练暨“2018年中非合作论坛北京峰会”安保维稳工作誓师动员大会。“二区、五线、二十六地”以及使馆区、奥林匹克园区、北京商务中心区、长安街沿线、各类繁华场所等重点点位和重点区域，启动社会面等级防控机制，发动各类群防群治力量79万余人次。确保春节、全国“两会”、共和国部长植树等重大活动社会面安全稳定。全年启动一级超常防控等级7次，二级加强防控等级25次，动员治安志愿者等各类群防群治力量500万余人次。

（宛 煜）

【扫黑除恶】 年内，区综治办制发《朝阳区关于开展扫黑除恶专项斗争的工作方案》，成立朝阳区扫黑除恶专项斗争领导小组，组建区扫黑除恶专项斗争办公室，在全区范围全面启动为期三年的扫黑除恶专项斗争。全年召开全区大会3次，动员部署扫黑除恶专项斗争工作，明确各单位主要负责人为扫黑除恶专项斗争第一责任人。区委政法委的统筹公检法等机关加强在司法程序方面协同联动、沟通会商，提高办案质量和效率，全年公安朝阳分局开展4个波次行动，抓获涉恶犯罪人员990余人，侦破相关刑事案件480余起，打掉团伙80余个。区检察院办理恶势力犯罪案件19件86人，提起公诉4件21人。区法院宣判2起涉“恶势力”案件。

（宛 煜）

【治安重点地区整治】 年内，区综治办整治6个市级、29个区级、30个街乡级挂账社会治安重点地区。完成市级6个地区挂账问题销账指标，完成区级、街乡两级挂账地区部分整治工作任务。加强20个市级城乡接合部重点村综合整治工作。建立安全隐患台账，落实整改责任部门和责任人，开展取缔出租公寓、封存大院、清理低级次产业、重大火灾隐患、预防煤气中毒等专项整治行动，疏解流动人口14945人，完成总任务量的117.8%。三间房乡可防性案件发案57起，比上年下降50.4%；治安案件受理981起，比上年下降16.08%；接城管热线举报4164件，比上年下降44.81%，达到市级验收“摘牌”标准。

（宛 煜）

【“朝阳群众”品牌效应】 年内，区综治办按照常住人口不少于3%的比例发展社会治安志愿者，构建区、街乡、社区（村）三级治安志愿管理体制。动员社会单位1200余家，最大限度动员群众参与平安建设。开发运行“朝阳群众”App，注册用户6.7万余人，“朝阳群众”利用App向公安机关提供各类线索12000余条，打击突出违法犯罪，消除重大安全隐患。聘请北京市社科院首都综治研究所开展“朝阳群众”品牌研究工作。组织2次“朝阳群众”App工作室实地考察，搜集先进事迹和典型经验150个，制作完成一部“朝阳群众”专题片和一本“朝阳群众”专门书籍。聘请北京市社科院首都综治研究所专题研究“朝阳群众”品牌效应，对接首都综治研究所和区广电中心，向各街乡和相关委办局征集“朝阳群众”典型经验和典型事迹。开展实地调研走访和共同研究，从理论和实际不同层面和角度，阐述“朝阳群众”历史发展、现实作用以及未来展望。

（宛 煜）

【“雪亮工程”建设】 年内，区综治办坚持统筹调度“雪亮工程”，完善朝阳区公共安全视频监控建设联网应用及运维工作组及其办公室、资金监督小组等机构职责，建立健全工作会商、专题研究、现场办公、督导检查、点位联审等机制。把雪亮工程纳入全年综治工作考评体系，定期考核和督导检查。制发《区视频监控技术标准》，为43个街乡2个管委会等各项目主体提供建设依据。总结“朝阳区视频监控建设七步法”工作流程，明确各项流程的主责部门和申报建设路径，实现视频监控建设全流程统一管理。全年22个单位完成点位评审等环节，审核申报点位6223个，审定规划点位4013个，核减不合理拟建监控点位2210个，划定重点区域183个。协调区信息办推动区高清视频监控数据机房、区级智能应用平台、区综治平台、原有区级视频监控系统升级建设等。区综治图像平台与区科学维稳体系、综治信息化平台、43个街乡原有图像平台、北京商务中心区管委会平台及部分派出所平台实现互联互通。实现区级（区、街乡）视频共享平台与公安机关（分局、派出所）视频共享平台互联互通等任务。

（宛　煜）

【规范化建设】 年内，区综治办制发《朝阳区2018年社会治安综合治理工作要点》《2018年朝阳区社会治安综合治理责任书》《2018年朝阳区社会治安综合治理任务书》。定期督促检查各单位落实综治工作情况并纳入年终综治考核。修订完善《朝阳区社会治安综合治理工作考核办法（试行）》。制定完善《朝阳区关于社会单位门前责任制工作的实施意见》，按程序组织推进。制发巡防队演练总方案和实施方案，举办治安防控知识竞赛活动。开展“2018年中非合作论坛北京峰会”安保维稳工作誓师动员大会，组织全区巡防队及相关安保力量集中演练。推进第三批基层综治中心规范化建设，完成178个基层综治中心规范化建设工作，43个街乡494个社区村实现全覆盖并完成百度地图标注工作。完成20个“平安示范”居民小区创建工作，在15个钻窗入室盗窃案高发社区安装防爬刺装置。

（宛　煜）

【群众安全感提升】 年内，区综治办部署《朝阳区深化社会治安综合治理提升群众安全感2018年专项工作实施方案》《朝阳区深化社会治安综合治理提升群众安全感2018年专项工作重点整治台账》，落实“一把手”工程，整合各方面力量和资源，解决群众反映强烈的突出问题，约谈排名靠后的街乡主要领导，组织开展“前五帮后五”活动，“一对一”帮扶群众安全感偏低街乡，加强宣传工作，制作硬质宣传横幅360条、宣传袋30000个、宣传折页16000册，下发各街乡。年度群众安全感指数97.5%，比上年提高2.2%。

（宛　煜）

【铁路护路】 年内，区综治办完成春运、全国“两会”及“2018年中非合作论坛北京峰会”期间铁路护路联防工作。制发《朝阳区铁路护路工作所有资金审批办法》。完成铁路两侧安全隐患整治、安全示范路段建设、广播警示柱安装、护路工作站升级改造、爱路护路主题宣传等各项任务，确保铁路沿线安全稳定。

（宛　煜）

▲ 5月26日，区综治办组织铁路护路宣传活动　　区综治办　供稿

【信息宣传】 年内，区综治办编发《朝阳综治信息》45期，被首都综治办采用3期，在《前线》杂志发表文章1篇。撰写市级调研报告《加强基层综治中心规范化建设研究》并上报首都综治办，统筹区综治委各成员单位和各街乡认领撰写《关于进一步拓宽社会力量参与首都社会治理渠道和方式的问题研究》《满足群众安全服务更高需要的新思路、新举措探索》等综治重点调研课题报告95篇。参加平安中国微电影、微视频、微动漫比赛作品征集评选活动，收集街乡及成员单位创作的《“朝阳群众”公益宣传片》《全国首家律师特邀调解团队进驻法院》《朝阳检察在行动之两法衔接》等微电影、微视频、微动漫51部，其中《“朝阳群众”公益宣传片》《街口》《红袖标》《朝阳群众小桔灯》等20部优秀作品推送首都综治办。麦子店街道微电影《街口》获“十大微电影奖”，来广营乡微电影《红袖标》获“最佳微电影奖”，区委防范办《三只小猪之邪教惊魂记》获“最佳微动漫奖”及“优秀动漫创作奖”。亚运村街道毛秀忍、来广营乡刘玉祥获首都最美治安志愿者称号。

（宛　煜）

维护稳定

【概况】 朝阳区维护稳定工作领导小组办公室（简称区维稳办）为区维护稳定工作领导小组的常设办事机构，负责全区安全稳定维护工作，下设情报信息科、协调指导科、网络舆情科。年内，区维稳工作以维护新时代社会大局持续稳定为主线，以坚决贯彻落实中央、市委、区委各项决策部署为主责，紧紧围绕“矛盾纠纷排查化解、‘疏解整治促提升’服务保障、深化社会治理提升群众安全感”三大专项行动和重大活动敏感时期安保维稳任务，全面提升防范和抵御重大风险能力、情报信息预测预警预防能力、预防和化解社会矛盾能力，整体提升维稳工作正规化、体系化、法治化、智能化水平，完成全国“两会”、中非合作论坛等重大安保维稳任务，确保朝阳区政治经济社会和谐稳定。

（李渊峰）

【重点维稳】 年内，朝阳区针对元旦、春节及党的十九届二中全会、全国“两会”、马航失事四周年、中美贸易争端等重大活动和事件，启动“统筹指挥联防联动、战时综合会商、情报信息分析研判、社会矛盾动态排查化解、重点人分类稳控管控、社会面防控专群、突发事件应急处置、四级督察督办”等战时工作机制，完成各项维稳工作。

（李渊峰）

【中非合作论坛北京峰会维稳】 年内，区维稳办制发《朝阳区2018年中非合作论坛北京峰会维稳安保总体工作方案》《朝阳区2018年中非合作论坛北京峰会社会面防控工作方案》《朝阳区2018年中非合作论坛北京峰会社会面防控督查工作方案》等方案预案。启动“情报信息共享、维稳信息分析研判、社会矛盾动态排查化解、重点人分类稳控管控、专群结合协同联动、突发事件应急处置、战时综合会商、四级督察督办”等八项战时工作机制，完善战时组织指挥体系。围绕“2018年中非合作论坛北京峰会”4779个重点点位和275个重点区域，与公安部门双对接、双同步、双报告。举行专群安保力量集结演练暨“2018年中非合作论坛北京峰会”安保维稳工作誓师大会，发动各类群防群治力量79万余人次。完善重点区域视频监控设施建设，开展群防群治队伍培训，完善督查检查等工作机制。完成中非合作论坛北京峰会维稳工作。

（李渊峰）

【维稳情报信息】 年内，区维稳办搜集各类涉稳信息1256件，发送预警短信息24万余条，平均每月2万条，落实领导批示800余件，上报市维稳办报告52份，编写报送每日维稳信息217期，月分析11期、专项分析2期。

（李渊峰）

【社会风险评估】 年内，区维稳办组织街乡、各成员单位开展风险评估报备工作。全区报备金融风险防范、涉军风险防范、秀水非吸等项目79个，确保重大决策应评尽评。修订《朝阳区重大决策社会稳定风险评估实施细则》，制发《朝阳区2018年重大决策社会稳定风险评估工作实施方案》《关于在重大决策社会稳定风险评估工作中加强第三方评估的实施方案（试行）》，完善工作机制。围绕“三大专项行动”中心任务，重点完成“疏解整治促提升”项目风险评估工作，排查梳理整促亮马河景观廊道建设，雅宝路环境整治、文化三里屯、地下空间和群租房整治等重点项目44个，逐一分析风险点，建立完善《2018年朝阳区“疏解整治促提升”重点项目风险防范工作台账》。推进社会稳定风险评估项目审核工作，严格评估结果运用，对朝阳区“疏整促”项目、广渠路南侧环境整治项目、平房乡拆迁腾退项目等43个项目开展专家评审，对重大风险项目作出不实施或调整决策方案、降低风险等级后再行决策的结论。

（李渊峰）

【社会矛盾化解】 年内，区维稳办化解潘家园肿瘤医院综合楼建设居民上访、秀水非吸案投资人聚集、乐视涉稳风险、大宗商品交易所等重点社会矛盾。全年组织开展大排查1次，专项排查5次，与相关部门会商研判、梳理汇总市、区级重点矛盾“和平街中日医院质子楼”“潘家园肿瘤医院综合楼”“常营朝阳医院分院选址”“永安里旧城改造”等13件，13件矛盾全部化解，保证重点工程顺利进行。

（李渊峰）

【重点区域防控】 年内，区委书记王灏，区委副书记、代区长文献专题调研使馆区周边维稳安保工作，并提出要求。区委政法委召开使馆区周边防控专项工作会7次，实地调研3次，制定工作方案，细化措施26项，确保使馆区安全。对位于繁华商圈或反恐防恐重点区域，风险防控压力较大9栋高层建筑，明确工作目标和组织领导，细化18个职能部门以及4个属地街乡职责分工，围绕高层建筑重点部位、重点人员、重点单位等9个领域制定风险防控措施，确保重点区域防控安全。

（李渊峰）

【金融风险防范稳控】 年内，区维稳办对P2P爆雷频率激增及涉众型经济案件投资人群体聚集上访频繁发生情况，制定整体工作预案，组建金融处非专班，排查约谈涉事公司，接待稳控投资群体。坚持定期会商，全年组织召开金融类企业涉稳风险防范工作维稳专题会7次，成立现场指挥部，处置投资人群体现场聚集情况3次。发布《金融检察白皮书》2期，接访非法集资类案件集体访180余批6000余人次。区法院审结涉众型经济犯罪案件90余件，挽回经济损失3亿余元，审结民间借贷、互联网金融、融资租赁等案件2.38万余件，审结破产清算类案件110余件，组建“金团队”开展金融风险防范普法活动。

（李渊峰）

【互联网维稳】 年内，区维稳办监测舆情信息380054条，编发舆情日报215期、月报11期、重大敏感问题专报3期。配合制定朝阳区政法工作依法办理、舆论引导、社会面管控“三同步”工作机制。开展中非合作论坛安保维稳工作专题培训，43个街乡区级舆情员、区委宣传部、公安分局网安大队、信息办等单位负责人参加培训。

（李渊峰）

流动人口和出租房屋管理

【概况】 北京市朝阳区流动人口和出租房屋管理委员会办公室（简称区流管办），是区政府管理流动人口和出租房屋管理委员会的常设办事机构。下设流动人口管理科。主要负责统筹协调全区流动人口和出租房屋服务管理工作，指导监督各街乡、各部门开展流动人口和出租房屋服务管理工作，考核各街乡、各部门有关流动人口和出租房屋服务管理工作的落实情况等。年内，朝阳区流管系统全面贯彻落实中央、市委政法工作会议及区委十二届六次、七次全会精神，结合区委、区政府重点工作任务和“疏解整治促提升”工作要求，以加强流动人口服务管理、提高流动人口规模调控能力为目标，以夯实基层基础、加强规范化建设为主线，以加强流动人口服务保障和出租房屋安全为抓手，健全、创新各项管理工作机制，提升流动人口和出租房屋管理水平。全年整治违法群租房1600余户，涉及人员9500余人，制发《朝阳区流管工作规范》《关于切实加强出租房屋管理工作的通知》。

（庞晓斌）

【流动人员管理】 3月，全区出动流动人员管理员3.98万余人次，检查流动人口44.45万余人次，排查到京非正常上访人员30余人。全区检查出租房屋14.4万余户，整改出租房屋隐患3100余处。

（庞晓斌）

【流动人口和出租房屋排查】 8月至10月，区流管办开展区流动人口和出租房屋基础数据核查工作。区流管办会同公安分局组织全区43个街乡46个派出所、

456个流管站的2871名流管员，发动社区（村）力量5000余人，按照“专群结合、以专带群，分片承包、责任到人”的方式，对全区流动人口和出租房屋开展排查。10月底，全区有流动人口底数207万人，出租房屋42.1万户，同比分别增加53.1人、3.7万户。年内，区发改委和区流管办共同推进全区实有人口（户籍人口、人户分离和流动人口）和房屋基础信息采集试点工作。流动人口数据平台新增流动人口10万人，核销13.6万人，新增出租房屋登记8.2户，核销4.5万户。

（庞晓斌）

【违法群租房治理】 年内，区流管办制定《朝阳区2018至2020年违法群租房专项整治工作方案》，提出坚持“党委领导、政府主导、属地统筹、部门尽责、专群结合、综合治理”的工作原则，加强组织体系建设。成立联席会，强化统筹协调和部门联动，实现“街乡吹哨、部门报到”，推动全区违法群租房的整治工作。把打击“黑中介”纳入扫黑除恶专项斗争工作中，全区受理房屋租赁黑中介性质案件6件，开庭审理、宣判各1件。检查房地产经纪机构2000余户，其中列入经营异常名录1400余户。公安朝阳分局核查涉及中介机构涉黑涉恶行为线索10余条。区流管办全年对328户点位下发督办通知单，247户完成整改。全区整治违法群租房1600余户，涉及人员9500余人，其中街道地区治理违法群租房820余户，涉及5000余人，农村地区整治违法群租房840余户，涉及4400余人。

（庞晓斌）

【流动人口培训】 年内，区流管办组织开展“流动人口百场培训”工作。培训内容包括实用技能、文明礼仪、法律法规、卫生防疫等相关知识，同时与流动人口居住证、登记卡办理工作相结合。全区开展培训102场，培训流动人口10140人。

（庞晓斌）

法治政府建设

【概况】 朝阳区人民政府法制办公室（简称区法制办）是区政府负责法制工作事务的工作部门，对区政府法制工作负有统筹规划、指导、协调、组织和监督职责。内设综合调研科、行政执法监督指导科、行政复议科、行政应诉指导科、规范性文件审查科，编制23人，实有21人，空编2人。年内，推进建设职能科学、权责法定、执法严明、公开公正、廉洁高效、守法诚信的法治政府。加强依法行政能力建设，召开全区依法行政工作会，举办处级干部法治政府专题培训班，开展全区依法行政培训。深化政府法律顾问制度建设，加大区政府重大行政决策的合法性审查力度，加强规范性文件审查备案工作。修订《北京市朝阳区行政执法资格管理办法》，开展行政执法案卷评查工作，促进执法规范公正文明。加强行政复议和行政诉讼工作，促进社会和谐稳定。区法制办获“北京市政府法制工作先进集体”荣誉称号、执法监督指导科科长丁红获“北京市政府法制工作先进个人”荣誉称号。

（解天泉）

【区政府常务会会前学法】 4月23日，区法制办开展区政府常务会会前学法工作。邀请市法制办党组书记、主任李富莹以“新时代的法治呼唤”为题作专题辅导授课。9月18日，邀请生态环境部政策法规司司长别涛以“贯彻习近平生态文明思想推进朝阳区生态环保建设”为题作专题辅导授课。12月18日，邀请中国政法大学国家监察与反腐败研究中心执行主任、中国政法大学法治政府研究院副教授曹鎏作“监察法”专题授课。

（解天泉）

【依法行政工作会】 5月16日，区法制办召开全区依法行政工作会。部署年度重点工作，并开展为期3天的业务培训，邀请市法制办、北京市高级人民法院、中国人民大学、中国政法大学等专家分别就重大行政决策、行政规范性文件管理规定、行政复议案例解析、行政诉讼法司法解释等内容授课。全区各委办局、街、乡主管领导及法制科室负责人150人参加培训。

（解天泉）

【处级干部法治政府建设专题培训】 6月13日至15日，区法制办联合区委组织部、区委党校举办2018年处级干部法治政府建设专题培训班。邀请中国人民大学教授王旭、中国政法大学教授张锋、市法制办法制一处处长王鸿剑、市法制办执法监督处处长史凯、朝阳法院行政庭庭长朱军巍等领导和专家，分别就《中华人民共和国宪法》、十九大报告法治部分、《北京市公共信用信息管理办法》、行政执法相关问题等内容作专题授课，区法制办副主任南田、安果丽分别讲解区绩效规范行政行为考评指标和行政复议、应诉中的相关问题。全区各委办局、各街乡法制工作主管领导100人参加培训，区法制办主任田志刚作开班动员。

（解天泉）

【重大行政决策案例评价】 11月12日，区法制办首次开展重大行政决策案例评价工作。评价选取2016—2018年间12件区政府重大行政决策事项，涉及发展规划、环境保护、医疗养老、文化科技、拆迁改造、民生教育等领域，区发改委、区文化委、区环保局、区水务局、区城管委、区卫计委、区住建委、区教委、区房管局、区质监局、区科委、区文创办参加会议。评价会邀请行政法领域的专家中国人民大学教授王旭、中国社会科学院法学所研究员李洪雷、中国政法大学法治政府研究院副教授曹鎏分析解读决策案例。

（解天泉）

【行政复议】 年内，区法制办新收行政复议申请662件，比上年上升4.4%；审结案件632件（含上一年结转84件），纠错率20.1%。涉及“疏整促”专项案件58件，占案件总量8.8%。

（解天泉）

【行政应诉】 年内，以区政府为被告的行政诉讼案件496件，比上年减少15%。案件类型主要涉及不服行政复议决定、不履行法定职责、信息公开、征收决定，征收补偿、行政赔偿、公房承租人变更等10类。

（解天泉）

公 安

【概况】 年内，北京市公安局朝阳分局（简称公安朝阳分局）完成全国“两会”、中非合作论坛北京峰会等各类安保勤务2799起。开展网上巡检，公开警示散布谣言网络账号。开展反恐宣传培训，开展校园防范恐怖袭击培训。会同区委政法委、应急办等单位在“4·15”全民国家安全教育日、“5·12”全国防灾减灾日、“12·21”反恐怖法颁布三周年，组织开展反恐宣传和演练。全局47个派出所，成立社区警务队173个、打击办案队47个、综合指挥室47个，建立警务社区400个，划分警务网格1531个，社区民警由665人增加至1485人，接待群众6.4万人次，就近出警3.1万件，调解矛盾纠纷1.4万件，配合开展清理整治7878次，提供破案线索195条，抓获违法犯罪嫌疑人1092人。在28个派出所41个高发案社区开展集中宣传推广活动。检查出租房屋1.2万户，排查流动人口2.8万人，核查关注群体580余人次。打击处理各类流动人口违法人员280余人次，消除治安、消防隐患4627处。办理居住证129万张，办理居住登记卡105.5万张。完成各类大型活动安保任务542项1980场次。查处各类违规养犬行为1347起，全年收犬2774只。全年受理公民出入境证件36.4万余件，港澳台居住证1980张。举办北京市港澳台居民居住证首发仪式。 成立公安朝阳分局使馆区安全管控支队。升级“朝阳群众”App，注册用户7万人，搜集各类线索4577条，辅助破案243起，抓获违法犯罪嫌疑人455名，消除安全隐患518件。96名新警入职上岗。15个集体和455名个人立功受奖，推出“优秀支部书记工作室”17个、“先进共产党员示范岗”181人次、“警营身边好人故事汇”82人次，“朝警先锋”张超、徐占胜分别获评市公安局“最美警察”荣誉称号，常营派出所被授予“北京市工人先锋号”荣誉称号，王跃东获“首都劳动奖章”。公安朝阳分局被公安部评选为全国移动警务建设应用示范单位。

（王　晖）

【非法吸收公众存款案破获】 1月9日，公安朝阳分局破获恒耀惠荣公司非法吸收公众存款案，抓获公司实际经营人程某某等111人。该案涉及投资人2万余名，涉案资金2亿元人民币。

（孙　静）

【北京影视招聘连环诈骗案破获】 1月15日，公安朝阳分局破获“12·16”北京影视招聘连环诈骗案。打掉以刘某某、钱某、白某某为首的3个诈骗犯罪团伙，抓获涉案人员53名。经审查，犯罪嫌疑人对以招聘影视助理、导演助理、跟组演员等为幌子，长期实施诈骗活动犯罪事实供认不讳。

（隋新宇）

【3处特大聚众赌博窝点破获】 1月25日、6月5日、10月23日，公安朝阳分局打掉分别在潘家园松榆里、南磨房南新园、高碑店北花园3号院5号楼3个棋牌室3个特大赌博窝点，抓获涉案人员615人，收缴赌资、筹码100余万元。拘留处理涉赌违法嫌疑人员494人，其中刑事拘留涉嫌开设赌场的吴某某、宁某某等9人，行政拘留涉嫌为赌博提供条件的晋某某及赌博人员陈某等485人。

（张　雪）

【与11家医院签约共建协议书】 2月13日，公安朝阳分局举行与安贞医院等11家医院签约共建仪式。在加强警民共建，落实爱警措施，维护医院良好治安秩序等方面达成协作意见。分局党委书记、局长牛国泉代表分局与11家医院领导签订共建协议书。市公安局、区卫计委及分局相关领导出席签约仪式。

（陈　光）

【假币诈骗犯罪案破获】 3月11日，公安朝阳分局破获北京市首个制贩假币、组织“克隆”出租车换假币诈骗犯罪团伙。抓获犯罪嫌疑人26名，查扣“克隆”出租车19辆，收缴假币71万余元和制作假币的设备。

（隋新宇）

【伪造信用卡诈骗案破获】 5月13日，公安朝阳分局破获使用伪造信用卡实施信用卡诈骗犯罪团伙案，抓获嫌疑人白某、黄某某，起获POS机23部，各类信用卡、储蓄卡281张，账本17册，串并案件数千起。

（孙　静）

【2名境外在逃嫌疑人被遣返】 6月8日，经公安部国际合作局和市公安局“猎狐办”协调，俄罗斯、韩国两国执法部门配合，公安朝阳分局遣返高某、丁某某2名境外在逃犯罪嫌疑人。

（孙　静）

【团伙运输贩卖毒品案破获】 8月21日，公安朝阳分局破获吕某某团伙运输、贩卖毒品案。抓获吕某某、陈某某、张某某，起获毒品海洛因701.76克，毒资13.5万元人民币。经审查，吕某某对其父子通过货运方式从缅甸运输毒品海洛因到北京贩卖的犯罪事实供认不讳。

（许燕黎）

【合成作战中心投入使用】 11月，朝阳区合成作战中心在刑侦支队办公楼六层投入使用，办公面积1400平方米，设有核心作战区、自由研判区、反诈中心、警企实验室、技侦网安数据建模室、物证室等6大区域6项职能，常设席位66个、警企合作席位12个，深度融合情报、反诈骗、涉案影像等大数据警务与打击破案功能，构建起“打击主导、警种主建、全局共享、服务实战”多部门多警种多层面合成作战模式。

（隋新宇）

【公民证照受理服务升级】 12月10日起，公安朝阳分局启动延时自助办证服务，于工作日17时至24时、节假日9时至24时为群众提供自助签注及取证服务，节假日日均办理150余件。

（王　辉）

【首起特大骗取出口退税案破获】 12月25日，公安朝阳分局破获北京市近10年来首起特大骗取出口退税案，抓获吴某坚、吴某伟等主要犯罪嫌疑人8名。该案涉及虚假出口合同109单、出口手机10.98万台、出口退税发票761份、票面金额7938.94万元，涉及退税款1153.52万元人民币，涉及上下游企业虚开增值税专用发票价税3亿余元。

（孙　静）

【黄赌违法犯罪严打】 年内，公安朝阳分局以“忠诚·2018平安系列行动”“无差错行动季”为牵动，围绕“2018年中非合作论坛北京峰会”“回天利剑”等专项重要工作，组织开展针对性和区域性打击黄赌违法犯罪行动。打掉黄赌等团伙（窝点）827个，抓获违法犯罪人员4031人，全部做拘留以上处理。

（张　雪）

【自行车盗销团伙案破获】 年内，公安朝阳分局开展打击防范自行车被盗“春雷4号”专项行动。组建2级打击小分队，采取视频巡控与蹲守、人脸识别打击等方法，打掉盗销自行车违法犯罪团伙（窝点）115个，抓获处理涉案嫌疑人525人，收缴被盗自行车519辆。

（陈　静）

【旅馆业人脸识别试点应用】 年内，公安朝阳分局开展旅馆业人脸识别设备区域性测试。以“2018年中非合作论坛北京峰会”住地和北京商务中心区为重点，涉及旅馆149家，在人证合一比对、数据采集、系统对接方面运行正常。

（郭咲琳）

【基础设施安全防护】 年内，公安朝阳分局梳理全区广播电视、供电、供水、供气、供热、通信等基础设施单位重点线路；指导各基础设施行业主责部门制定完善的工作方案和突发事故处置预案，落实专业处突、抢险保驾，督促基础设施单位部署巡线和保驾力量1900人次；组织派出所、街乡综治办、基础设施单位，加强辖区重要基础设施点位控制和沿线巡防，清整消除“地上、地下”隐患44处，确保全区基础设施和线路安全运行。

（刘顺利）

【涉医案（事）件处置机制】 年内，公安朝阳分局开展“深化打击整治涉医类诈骗扰序类违法犯罪专项行动”。在40所二级以上医院启动“挂号、就医高峰勤务”。加强医院内部反恐防恐和“人防、物防、技防”措施。落实《涉医案（事）件三级响应处置机制》，明确派出所属地责任和治安、刑侦、巡警分级响应职责，化解医疗纠纷85件。全年未发生因医患纠纷引起的重大群体性事件。

（刘顺利）

【派出所警务工作改革】 年内，公安朝阳分局为130个7×24小时警务室更换配备灯箱标识、民警辅警公示栏和“小雨滴”监控探头。依托“社区警务平台”监测、巡检社区民警工作情况，结合电台点名和实地检查等方式，督促社区民警下社区开展工作。7×24小时警务室累计接待群众6.4万人次，就近出警3.1万件，调解矛盾纠纷1.4万件，配合开展清理整治7878次，提供破案线索195条，抓获违法犯罪嫌疑人1092人。

（张　月）

【可防性案件管控】 年内，区政府划拨1500万元专项资金建设“平安示范”小区。投入500万元为15个钻窗入室盗窃案件高发小区楼体安装“防爬刺”，选定30个小区开展“智慧门禁”试点建设，研发建设区级、街乡级、社区级三级系统平台，在28个派出所41个高发案社区开展集中宣传活动，在全局宣传推广多位优秀社区民警先进工作法。社区可防性案件比上年下降43.2%。入室盗窃案件比上年下降45%。

（张　月）

2018年公安朝阳分局派出所一览表

表1

序号	名称	地址	电话
1	朝外大街派出所	三丰里甲11号	85612407
2	建外派出所	光华里甲2号	65912227
3	三里屯派出所	三里屯南41楼	64166786
4	呼家楼派出所	呼家楼北街16号	65021574
5	安贞派出所	安贞西里三区7楼	64419129
6	香河园派出所	西坝河南里26号楼	64619262
7	和平街派出所	樱花园东街3号	64422553
8	新源里派出所	新源里17号	64674086
9	小关派出所	小关东街5号	64917134
10	太阳宫派出所	西坝河北里8号楼	64212857
11	麦子店派出所	枣营北里1楼	65857190
12	团结湖派出所	团结湖路19楼	85989405
13	六里屯派出所	晨光家园218号楼西侧	85817657
14	双井派出所	垂杨柳中街2号	67716244
15	劲松派出所	大郊亭南街9号院1号楼	67727306
16	潘家园派出所	华威西里29楼	67785877
17	亚运村户籍派出所	安苑北里甲8号	64912193
18	大屯派出所	大屯220号6号楼	64949248
19	奥运村派出所	扶林路甲9号	84913594
20	来广营派出所	来广营乡朝来农艺园院内	84912451
21	花家地派出所	花家地北里8号楼	84716376
22	将台派出所	将台乡将府家园北侧	64362030
23	首都机场派出所	首都机场燕翔东里12号	64561626
24	孙河派出所	孙河乡康营村	64384625
25	东湖派出所	望京花园130楼	64713294

续表 1

序 号	名 称	地 址	电 话
26	南皋派出所	崔各庄乡南皋路	84566382
27	八里庄派出所	十里堡西里 218 号	65561089
28	高碑店派出所	高碑店乡高碑店村	85754153
29	平房派出所	黄杉木店 180 号	85574138
30	东风派出所	东风乡辛庄村甲 28 号	85849101
31	酒仙桥派出所	酒仙桥路 30 号	64371415
32	东坝派出所	红松园北里甲 8 号	65495368
33	金盏派出所	金盏大街（金盏乡政府后）	84333271
34	南磨房派出所	平乐园小区 105 楼	67312979
35	王四营派出所	王四营村 3 号	67364358
36	垡头派出所	垡头北里 12 楼	67381152
37	十八里店派出所	十八里店乡十八里店村 20 号	67471965
38	小红门派出所	小红门龙爪树南里	87690144
39	豆各庄派出所	西马各庄村	85308831
40	黑庄户派出所	黑庄户乡商业大街甲 1 号	85382586
41	管庄派出所	管庄乡双会桥西甲 5 号	65761888
42	常营派出所	幺家店路甲 1 号	65481123
43	三间房派出所	建国路甲 6 号	65420101
44	崔各庄派出所	崔各庄乡马泉营村	64320110
45	南湖派出所	南湖中园 238 楼	64703003
46	小武基派出所	十八里店乡西直河村王村路甲 1 号	87335927
47	奥林匹克公园派出所	安慧北里雅园 1 楼	64910162

（王 晖）

检 察

【概况】 年内，朝阳区人民检察院（简称区检察院）依法全面履职。全年办理刑事、公益诉讼等各类案件 9711 件。其中审查逮捕 3514 件 5151 人，审查起诉 3566 件 4868 人，审查逮捕、审查起诉案件数居全市首位。其中办理危害公共安全案件 439 件 452 人，审查起诉暴恐、邪教类案件 22 件，妥善办理涉外案件 116 件 131 人，依法办理“红黄蓝”幼教虐童案、宋某职务侵占案、“双井打人案”等。受理非法集资、集资诈骗等涉众型经济案件 888 件 2000 人，涉案金额累计 297 亿元，挽回经济损失 7724.36 万元。受理职务犯罪案件 30 件 36 人，提起公诉 23 件 25 人，收到判决 27 件 30 人，加强检察机关对监察机关移送案件流转无缝衔接，通过案件办理发现漏罪漏犯并制发追查函 2 份。公益诉讼线索 29 件，立案 23 件，比上年上升 600%，发出诉前检察建议 19 件，比上年上升 500%，监督行政机关作出行政处罚 14 件。全年主动排查案件 60280 件，针对侦查活动制发各类纠正违法通知书、检察建议 14 份，监督立案 27 人，监督撤案 31 件，提出释放或变更强制措施建议 177 件，采纳率 96%，解除强制措施 170 人，监督移送 34 件，2 起案件获评全市精品案件和优秀案件。提出刑事案件抗诉 16 件，针对刑事案件审判活动制发各类纠正违法、检察建议 12 份，提请民事、行政案件抗诉 2 件，发出再审检察建议 5 份，监督法院改判民事案件 4 件，检察长列席法院审判委员会通报近三年民事、行政诉讼监督情况，全年办理刑事执行监督案件 550 件，纠正监外执行违法 28 件，纠正暂予监外执行不当 2 件，核查判处实刑未执行刑罚罪犯 5 名，均及时监督整改，其中 3 起案件参评全国精品案件。开展防范金融犯罪宣传，连续三年发布《金融检察白皮书》。开展“生活垃圾治理专项监督”，协力有关部门推动清理露天堆放垃圾，清理、腾退土地，专项监督农民工讨薪讨债难问题。全年接访 624 批 7877 人，均实现案结事了、当事人息诉罢访，提前排查“金赛银”非法集资案等集体访案件并做好预测预警预防。优化法治进校园项目，检察长作为法治副校长走进芳草地小学讲解宪法知识，31 名检察官受聘担任区内各中学法治副校长，开展“防范校园欺凌”等主题普法宣传 46 次。推进扫黑除恶专项斗争，全年办理涉黑恶案件 16 件 117 人。落实入额领导干部办案制度，领导干部带头办理 73 件重大疑难复杂案件，建立“机动化办案组”，根据案件类型统一实行捕诉一体。建设轻罪诉讼体系朝阳品牌，作为全市检察机关唯一经验入选全国“政法战线改革之星”评选。全年适用认罪认罚从宽制度 2578 人。建立朝检智库。打造“北大·朝检法治工作坊”新型检学共建项目。全年公开程序性信息6357件，公开法律文书2154份，接待律师来访来电13544人次，全年制作电子卷宗9234件38204册，向律师提供卷宗光盘3185张。朝阳检察官方微信号9万人阅读，阅读总数123万次。区检察院干警张伟、叶萍入选北京市法学会“百名法学英才”培养计划。区检察院获朝阳区首届法治先锋辩论大赛冠军。

（李　阳）

【典型案件】 1月2日，区检察院办理的“张立志生产、销售不符合安全标准的食品案立案监督案件”被评为2017年全市“两个专项”立案监督活动精品案件第一名。3月13日，区检察院办理的徐某某羁押必要性审查案获评2017年度全国羁押必要性审查精品案件，是北京市入选唯一案件。

（李　阳）

【区检察院“四新”建设工作办公室成立】 2月6日，区检察院成立新型办公区、新型办案区、新型管理监督设施和新型专业技术设施“四新”建设工作办公室。区检察院办公室主任任主任，行管局局长、检察技术部负责人任专职副主任，成员由基建、纪检、财务、文秘人员构成。主要职责为推动和保障“四新”检察院建设，确保改革落地生根和发挥改革效果。

（李　阳）

【领导调研】 4月9日，市委常委、政法委书记张延昆到区检察院调研检察系统政法办案智能管理系统建设工作，市检察院检察长敬大力、市高级人民法院院长杨万明一同调研，市区相关单位领导参加会议。5月31日，国家检察官学院副院长徐鹤喃、中国检察官杂志社总编岳向阳等一行，到区检察院调研内设机构改革和捕诉职能配置等工作。听取区检察院内设机构改革实现机构整合扁平化、突出主责主业、案件类型专业化等特点，以及改革后工作成效等工作汇报。8月29日，区领导王灏、文献、张维刚、黄晓伟等到区检察院调研指导检察工作。听取区检察院整体工作情况、党建工作情况、服务区域发展情况、近期改革重点工作、需要研究解决问题等汇报，观看朝阳检察院党建宣传片，王灏提出要求。9月11日，区检察院举行“齐心开展公益诉讼，携手共建美丽朝阳”人大代表调研活动，重点交流农村地区生活垃圾治理及强化行政公益诉讼打好污染防治攻坚战。区检察院党组书记、检察长张朝霞，区人大常委会副主任牟燕东，人大代表，乡政府主要领导等参加活动。9月20日，北京军事检察院检察长朱永军一行到区检察院调研加强军地检察协作工作。张朝霞介绍朝阳院组织体系、机构设置，以及落实司法体制改革、各项诉讼制度改革等具有朝阳特色专业化发展道路。

（李　阳　杨　晨　刘　清）

【防范非法集资宣传】 5月10日，区检察院联合区金融服务办公室、建外街道办事处，举办2018年朝阳区防范非法集资宣传月之防控金融风险攻坚战主题宣传活动。宣传如何识别和预防非法集资犯罪，培养正确投资理念，保护个人权益等内容。5月23日，区检察院邀请20余名区人大代表参加防范非法集资宣传月调研活动。与会代表要求，要培养社会公众正确投资理念，增强企业社会责任感；司法机关及相关单位要通力合作、完善监管机制，对非法集资保持高压态势，从源头防范非法集资；检察机关要加强监督职能，做好追赃挽损工作。

（李　阳）

【公检法司联席会】 6月8日，区检察院与公安朝阳分局、区法院召开公检法联席会议。研讨如何进一步强化公检法之间的沟通衔接、如何在公安机关“侦审合一”分散办案背景下加强证据收集的及时性、证据收集程序和方式合法性等问题，在互通培训经验、共享培训资源等方面达成共识。7月25日，区检察院组织召开刑罚执行工作公检法司联席会。区检察院通报上半年办理的刑事执行监督案件，现场释法说理发出的纠正违法通知书、检察建议书。各单位交流社区矫正交付执行、审前未羁押判处实刑罪犯执行刑罚、暂予监外执行和社区矫正人员收监执行四个方面问题，对区检察院在开展监督工作中，发现的具体个案中法律适用及工作衔接进行沟通。

（李　阳）

【派驻检察室工作推进会】 7月3日，区检察院承办召开2018年全市检察机关派驻公安机关执法办案管理中心检察室工作推进会。集中参观公安朝阳分局执法办案管理中心及派驻中心检察室，体验工作环境和工作模式，介绍朝阳区派驻中心检察室工作经验。市检察院党组成员、副检察长朱小芹主持会议。区检察院、公安朝阳分局等有关领导参加会议。

（李　阳）

【机动化办案组成立】 7月27日，区检察院制发《朝阳区人民检察院关于成立机动化办案组办理“捕诉合一”案件的工作办法（试行）》。从非办案一线部门挑选业务素质优秀的检察官和检察官助理组成“机动化办案组”，解决缓解一线办案部门案多人少压力大等问题，推动司法改革创新性建设。

（李　阳）

【未成年人保护与犯罪预防工作座谈会】 9月26日，北京市未成年人保护与犯罪预防工作专题调研座谈会在区检察院召开。最高检专家咨询委员、北京师范大学刑事法律科学研究院副院长宋英辉，带领《北京市预防未成年人犯罪条例》立法调研工作组，会同团市委青少年发展和权益维护部召开会议。朝阳区从事未成年人保护工作的相关职能部门、群团组织及公检法司等办案机关出席会议。各参会单位围绕朝阳区未成年人基本情况、关爱保护工作、协调配合机制、社会力量参与、专门部门设置等方面，结合工作实际，总结近年来未成年人保护与犯罪预防工作取得的成效；分析监护状况、流浪儿童救助、工读学校、校园暴力、法律援助、社区矫正等方面存在问题，围绕法治教育、社会管理、统筹协作提出意见建议。

（李　阳）

【北大·朝检法治工作坊】 11月22日、12月20日，“北大·朝检法治工作坊”（第一、二期）举办。第一期在北京大学凯原楼以检委会扩大学习会议形式举办，研讨“套路贷”案件疑难问题。第二期在区检察院以“轻罪诉讼制度体系的构建：实体与程序”为主题举办。市区相关领导、法治专家学者、区检察院、公安朝阳分局干警代表、北京市律师代表、北京大学法学院学生代表100余人参加会议。

（李　阳）

【涉嫌非法吸收公众存款案】 年内，区法院判决田某某等10人构成非法吸收公众存款罪。2011年10月至2016年3月，被告人田某某、赵某、邓某某、张某某、陶某某、卢某某、宫某、唐某某、张某、余某未经国家有关部门批准，以六宝（北京）投资基金管理有限公司及有限合伙企业的名义，在北京市朝阳区、江西省、湖北省武汉市等地，以投资项目及短期借款为由，通过邮件、电话等方式公开宣传，并签订回购股权协议，变相承诺保本付息，年化收益11%至31%，吸收2800余名投资人资金人民币77亿余元。1900余名投资人报案，报案协议金额人民币19亿余元。被告人田某某、赵某、邓某某、宫某、唐某某、张某于2016年3月15日被查获；被告人张某某于2016年11月25日投案；被告人卢某某于2016年7月28日经传唤到案；被告人陶某某于2016年11月14日经传唤到案；被告人余某于2016年3月15日经传唤到案。2017年3月22日，区检察院指控田某某、赵某、邓某某、张某某、陶某某、卢某某、宫某、唐某某、张某、余某犯非法吸收公众存款罪。2018年7月10日，区法院作出判决认为，被告人田某某、赵某、邓某某、张某某、陶某某、卢某某、宫某、唐某某、张某、余某法制观念淡薄，向社会公众吸收资金，扰乱金融秩序，数额巨大，其行为均已构成非法吸收公众存款罪，判处刑期从2年至9年有期徒刑不等。

（李　阳）

法　院

【概况】 年内，朝阳区人民法院（简称区法院）制定“广调解、全分流、强速裁、精审判、重执行”15字工作方针，坚持公正司法，服务大局，履行宪法和法律赋予的职责。全年受理各类案件150050件，审结案件150165件，比上年均增长15%，收结案数量居全国法院首位，法官人均结案645件，比上年增长174件。区法院制发《关于为优化营商环境提供司法保障的意见》，区委、区政府制发《关于支持人民法院解决执行难增强司法公信力的意见》。年内，区法院获全国法院文化建设先进单位等省市级以上集体荣誉23项。

（陈瑛洁）

【望京法庭成立】 1月8日，望京法庭成立并对外办公。该法庭除受理望京、东湖地区的民事案件外，集中管辖朝阳区范围内部分涉互联网网民、商事案件，适应新时代人民法庭专业化、综合性的发展趋势。望京法庭有22名干警。其中，员额法官6名；党员14名，占全庭干警的64%；硕士研究生以上学历干警12名，占全庭干警的55%；平均年龄31岁。该法庭全年收案6210件、结案6017件，法官人均结案976件，一审服判息诉率95.11%。

（陈瑛洁）

【案款管理】 7月，区法院与工商银行北京市分行签署《“案款管家”业务合作协议》，委托工商银行开展执行案款收发、清理、管理中的事务性工作。在领款人开立“案款电子专户”后，银行工作人员根据法官确定发还金额，向电子账户发放案款，领款人可持有效身份证件就近到全国任一工商银行网点激活电子账户并领取案款。“案款管家”是区法院首创执行案款管理新模式，提升当事人领取案款便捷性，实现执行案款高效发还，是运用社会化方式破解执行难的探索。10月23日，区法院与工商银行北京市分行，以“金融助力案款管理，合作破解执行难题”为主题，联合召开“案款管家”新闻发布会。

（陈瑛洁）

【刑事审判】 年内，区法院审结刑事案件2860件，判处罪犯3651人。打击抢劫、绑架、故意伤害等危害群众生命财产安全犯罪，判处5年以上有期徒刑154人；审结毒品犯罪案件225件，区法院刑事审判二庭被评为“北京市禁毒工作先进集体”。把涉众型经济犯罪案件办理与化解风险、追赃挽损、维护稳定相结合，审结该类案件207件，比上年增长41.8%，挽回经济损失3.4亿元。严惩贪污、受贿等职务犯罪，推动司法审判与监察机制衔接，审结该类案件27件36人。

（陈瑛洁）

【民商事审判】 年内，区法院审结民商事案件100561件，比上年增长13.9%。化解民营企业等经济主体投资经营纠纷6922件。审结民间借贷、互联网金融、融资租赁等金融案件30131件，发布《金融风险防范白皮书》，维护辖区金融安全。审结破产清算类案件142件，完善市场主体救治和退出机制。统一管理涉“疏解整治促提升”案件，审结一批涉温榆河公园建设等重点工程案件。把涉冬奥会、冬残奥会案件集中到奥运村法庭审理。审结全部涉军停偿案件63件。审结涉住房、医疗、教育、就业等与民生密切相关案件41036件。由少年庭集中审理涉未成年人刑事案件和部分家事案件，审结“红黄蓝幼儿园虐童案”等涉及未成年人的刑事案件81件；加强抚养费、赡养费、涉家暴案件审判工作，维护未成年人、老年人和妇女的合法权益。审结劳动争议案件4808件，比上年增长23.1%，发布《互联网平台用工劳动争议审判白皮书》，维护市场交易秩序。审结消费者维权案件2038件，发布《消费维权合同纠纷白皮书》《涉旅游民事纠纷白皮书》，推动营造诚实信用的市场环境。审结房屋预售、买卖、租赁等涉房产交易案件5708件，维护交易公平，促进住有所居。审结医疗纠纷案件264件，建立与北京市医疗纠纷调解委员会等调解机构对接机制，与辖区内10余家医疗机构座谈，发布《医疗纠纷审判白皮书》，区法院民事审判一庭获“全国创建‘平安医院’活动表现突出集体”荣誉称号。

（陈瑛洁）

【行政审判】 年内，区法院审结行政案件987件。支持和监督行政机关依法行政，维护行政相对人合法权益；支持行政机关“放管服”改革，依法审结工商登记等行政案件255件，规范行政许可和审批行为；发布《行政案件司法审判年度报告》，对行政机关执法中存在问题提出的建议，获区主要领导批示肯定。

（陈瑛洁）

【结案执行】 年内，区法院案件40532件，比上年增长14.2%；发放案款46.3亿元，比上年增长28.3%。区委、区政府制发《关于支持人民法院解决执行难增强司法公信力的意见》，区委政法委制定《朝阳区执行联席会议工作规则》；与公安朝阳分局、区检察院加强工作衔接，对7名拒不执行判决、裁定的被执行人判处刑罚，对174名失信被执行人采取罚款、拘留等强制措施；与区教委、工商朝阳分局等单位联动协作，对失信被执行人在教育消费、行业准入等方面采取限制措施，公布失信被执行人11020人次，限制51151人次购买飞机票、动车票、高铁票、参加小客车指标摇号，1365名失信被执行人迫于信用惩戒压力主动履行法律义务，履行金额4.8亿元。依托最高法院“总对总”和全市三级法院联网“点对点”网络查控体系网络筛查被执行人财产，与区房管局等单位搭建信息共享平台，查询到不动产、机动车、证券、银行存款等信息604万条，实现对被执行人主要财产形式的全覆盖。加强与电商平台合作，运用大数据技术估价拍卖标的物，引入网拍专项贷款提高拍卖成交率，开展网络司法拍卖2563次，成交金额23.4亿元，溢价率24.4%，为当事人节约佣金超过1100万元。在北京市法院系统首家引入“案款管家”，由银行为案款管理提供专业金融服务。该模式试行5个月以来，辅助区法院发放案款23.5亿元。

（陈瑛洁）

【信访和审判监督】 年内，区法院接受群众来访889人次，来信457件次；审查各类申诉案件183件，其中驳回申诉75件，提起再审6件，撤诉3件，终结99件；受理当事人申请、检察院抗诉、上级法院指令等各类再审案件72件，审结62件，其中改判29件、撤诉23件、调解3件。

（陈瑛洁）

【执行机制创新】 年内，区法院在执行管理中实行“权力分解”。设立执行指挥中心，适度分离执行管理权与执行实施权，实现权力的相互制约。在执行实施案件中实行“类案分流”。把涉众型经济犯罪案件、金融借款、涉民生等类型化案件交由专门执行团队集中办理，提升执行实施案件办理的专业化水平。在执行过程中实行“事务分离”。成立7个事务工作团队，开展对案件启动、财产查控、评估拍卖、案款发还等节点事项分段集约办理，促进人力资源效用最大化。

（陈瑛洁）

【链家公司冒用个人信息案】 年内，区法院受理原告诉被告北京链家房地产经纪有限公司、宋某某、杨某某，第三人宋某某一般人格权纠纷一案。被告宋某某未经许可，非法自时任链家公司经纪人杨某某处取得原告的个人信息并加以利用。区法院一审判决宋某某与北京链家房地产经纪有限公司连带赔偿原告经济损失10万元并公开致歉。该案肯定公民个人信息的财产价值及人格利益属性，突出信息合法取得者的妥善保管义务，是对个人信息民法保护的有益探索及“互联网+”时代市场秩序的规制。

（陈瑛洁）

【法官培养课堂】 年内，区法院开展“1+4”法官培养课堂。“1”是指“党性修养课堂”，区法院将党性修养放在干部培养的首位，响应市委“街乡吹哨、党员报到”的要求，督促全院620余名党员全部到所在社区报到，加强党员与所在社区党组织的联系，在社区服务中锻炼提升党性修养；“4”是指“窗口实践课堂”“庭审课堂”“专家课堂”“资深法官课堂”，加强青年法官队伍建设，提升青年法官司法专业能力和综合素质，促进青年法官全面成长。

（陈瑛洁）

【智慧法院建设】 年内，区法院把互联网、大数据、人工智能与审判执行工作融合，推动审判体系和审判能力现代化。研发“审执质效规范管”平台，实现办案全程精准管理和实时监督，审判（执行）业务管理部依托该平台，以“一表一册”形式按月公布10类40余项审判数据，定期发布审判态势分析、管理指引和工作专报；完善案件质量评查机制，对4500件案件和15363份上网裁判文书开展专项筛查并制作质量分析报告。建设“类型案件智能审”和“裁判文书智慧眼”平台，上线肖像权、汽车金融、民间借贷、小额贷款等案件办理系统，通过大数据分析和审判要素自动抓取，实现笔录和文书自动生成、裁判标准的智能辅助、文书瑕疵的校核提示、批量案件的集中办理，类案办理效率提升50%。建设“审执工作事务通”平台，为送达、财产保全、事务性文书生成等工作提供技术支持，促进形成辅助事务逐层剥离、集约办理的工作模式。全年通过该平台完成送达15万次，财产保全4461次，生成事务性文书24万份。加强互联网法庭建设，探索在线审理模式，通过远程视频调解、开庭32次。

（陈瑛洁）

【律师调查令线上申请】 年内，区法院借助信息化手段，研发律师调查令线上申请系统，律师可在网上向法院申请调查令，审核通过后直接打印使用。律师调查令是在立案、审判、执行各诉讼阶段，法院应律师的申请审核签发的法律文书，律师可持该调查令向有关单位或个人调查收集证据，有关单位或个人需予以配合。律师调查令线上申请是区法院优化诉讼服务的方式，在为律师参与诉讼提供便利同时，也提高法院工作效率。

（陈瑛洁）

司法行政

【概况】 朝阳区司法局（简称区司法局）内设科室12个，即办公室、法制科、政工科、基层工作科、法制宣传教育科、公证工作管理科、律师业务指导和执业监管科、律师证照和综合科、司法鉴定科、法律援助工作指导科、社区矫正科、安置帮教科。下设科级事业单位3个，即朝阳区法律援助中心、朝阳区阳光中途之家和北京市正阳公证处。下设3个社团组织，即朝阳区律师协会、朝阳区人民调解员协会和阳光司法社会工作发展中心。区19名律师、1名司法鉴定人员入选京津冀司法行政服务北京冬奥会、河北雄安新区法律服务团。区政府研究通过“设立朝阳区公共法律服务中心事项”。完成公职律师、公司律师试点工作，开展“3·15”主题法治宣传活动和残疾人法律援助专项维权服务活动及《中华人民共和国宪法修正案》学习宣传教育活动。向市司法局申报涉外律师177名。新建成社区（村）法律援助联系点148家。举办4期律师事务所主任、书记培训班。开展2期司法鉴定培训班。实施行政处罚11件，作出不予处罚决定5件，撤销立案6件。行政执法检查比上年增长10%。行政复议维持率比上年提高1倍，没有产生行政诉讼败诉案件。社区矫正专案专班获北京市司法行政系统全国“两会”安保维稳工作集体三等功，党组书记、局长王远捷获北京市司法行政系统全国“两会”安保维稳工作个人三等功。区律师行业党委获“2017—2018年度北京市律师行业先进党组织”，区司法局社区矫正科获第十届北京市“人民满意的政法单位”争创奖。三里屯街道白家庄西里社区获第七批“全国民主法治示范村（社区）”称号。三里屯街道人民调解委员会主任董刚、区道路交通事故人民调解委员会主任佟桐被司法部授予“全国人民调解先进个人”称号。区司法局举办“同心共筑中国梦法治文艺京城行”朝阳区2018年法治文艺节目选拔活动，并获北京市2018年法治文艺大赛优秀组织奖。区依法治区办获2018年北京市法治动漫微电影征集展映活动“优秀组织奖”。

（车　莹）

【诉前人民调解委员会成立】 1月19日，朝阳区诉前人民调解委员会成立。有委员9人，职业身份包括法官、律师、调解员、学者。诉前人民调解委员会是人民调解与司法调解衔接的机构，保障朝阳区诉调对接工作。

（车　莹）

【妇女法律援助维权活动】 3月6日至16日，区法律援助中心开展“维护妇女权益，法律援助送温情”妇女法律援助专项维权活动。活动期间，开展“以案释法”维权课堂30余场，受理妇女各类法律援助案件64件。

（车　莹）

【街乡婚姻家庭纠纷调解室授牌】 3月16日，区司法局联合区妇联召开全区婚姻家庭纠纷调解室授牌仪式暨婚姻家庭纠纷多元化解论坛。区委常委、政法委书记张维刚出席。全区43个街乡司法所被授予地区婚姻家庭调解室牌子，并成立调解队伍，建立20人的区婚姻家庭调解专家库。

（车　莹）

【特邀监督员座谈会】 3月21日，区司法局召开2018年度特邀监督员座谈会暨2018年度特邀监督员聘任仪式。区司法局全体班子成员与4名新聘任特邀监督员座谈。围绕司法行政系统职能宣传、司法鉴定监督、探索律师考核机制和利用社会资源开展志愿法律服务等方面交流。

（车　莹）

【律师参与区信访接待】 3月，区司法局推进律师参与区领导信访接待工作。与区内22家律师事务所签订《2018年朝阳区律师参与区信访接待工作协议书》，确立律师参与区信访接待工作内容及相关权利义务。明确律师每周三上午定期参与区信访接待日工作，律师坐堂接访、提供相关涉法服务。

（车　莹）

【公证参与司法辅助事务】 3月，为贯彻落实《关于开展公证参与人民法院司法辅助事务试点工作的实施方案（试行）》。正阳公证处“三步走”参与司法辅助事务工作。“三步走”为主动沟通，建立合作机制；达成共识，明确合作内容；着手实践，开启实质合作。正阳公证处派出2名公证员参与朝阳区人民法院司法文书送达工作。

（车　莹）

【律师重点人教育管理】 3月，区司法局加强律师重点人教育管理。全国“两会”期间，区司法局巡查走访律师事务所17家（包含律师重点人的所6家），约谈律师重点人19人次，召开律师重点人专班工作会议1次，上报工作专报2期，律师重点人管控整体情况平稳。

（车　莹）

【人民调解员婚姻家庭纠纷培训】 4月3日，区司法局、区妇联联合举办2018年人民调解员婚姻家庭纠纷专题培训班。讲解婚姻家庭中常见法律问题及调解过程中如何做好沟通技巧等内容。全区43个街道（地区）司法助理员代表、骨干调解员、妇联主席等160人参加培训。

（车　莹）

【矫正帮教培训】 4月10日至12日，区司法局召开矫正帮教工作培训会。培训矫正帮教工作有关衔接制度、管理措施、档案规定等内容。心理咨询学专家方舟以心理矫治实战技术为主题授课。全区43个街乡司法所所长、司法助理员等86人参加培训。

（车　莹）

【领导调研】 4月23日，全国人大常委会委员、全国人大监察和司法委员会副主任委员张苏军一行到朝阳区三里屯街道白家庄西里社区，调研基层民主法治建设工作。市人大常委会委员陈永、市司法局副局长孙超美、区司法局局长王远捷等一同调研。5月29日，司法部部长傅政华一行到北京市京师律师事务所调研党建工作。参观京师律师事务所党建文化长廊、一站式服务大厅、张丽芳调解室、模拟法庭、党建活动室、公益调解中心、公益法律部等。

（车　莹）

【社区矫正安全隐患排查】 4月23日至7月31日，区司法局开展“警钟长鸣固防线　排查整治铸安全”专项活动。通过开展执法隐患排查、矫正场所安全检查、制度落实检查、各类工作漏洞检查、脱漏管隐患检查5项措施，确保全区社区矫正安全稳定。

（车　莹）

【区村居公益法律顾问培训】 5月7日，区司法局召开“朝阳区村居公益法律顾问经验交流暨培训会”。讲解社区村法律援助示范联系点工作及“村居法律顾问”App相关功能及使用方法。43个街乡司法所长、86家签约村居公益法律顾问的律师事务所主任及律师代表200余人参加会议。区司法局党组书记、局长王远捷、市司法局律师行业综合指导处副处长梁文辉出席会议。

（车　莹）

【诉前调解工作推进】 5月18日，区司法局召开诉前调解工作推进会。区司法局副局长谭水华，区法院立案庭、区律师协会、区人民调解员协会及基层科负责人参加会议。5月24日，区司法局、区人民调解员协会共同举办首次百名诉前人民调解员培训班。培训健全多元化纠纷解决机制，提高人员调解员调解工作能力和水平。5月，王远捷带队与基层法庭座谈。到区法院望京、酒仙桥、亚运村人民法庭调研诉前调解工作，就“社会矛盾化解年”推动《北京市矛盾纠纷多元化解机制建设三年规划》落实、探索和完善诉讼与非诉相衔接的矛盾纠纷多元化解工作机制，强化诉前调解、司法确认、人民调解、行业调解、律师调解等工作与法院交换意见。6月12日至13日，区司法局、区人民调解员协会联合举办第二期诉前调解员培训班，60余名诉前调解员参加培训。

（车　莹）

【司法行政系统培训】 5月24日，区司法局举办全区司法行政系统综合培训班。区司法行政系统举办信息、调研及“七五”普法综合培训。全区43个街乡司法所所长、信息员、普法业务骨干100余人参加培训。

（车　莹）

【青少年权利监督员队伍成立】 5月，朝阳区成立全国首支青少年权利监督员队伍。全国首支青少年权利监督员队伍成立仪式暨朝阳区“阳光地带社区青年汇”揭牌仪式在朝阳区高碑店地区半壁店党群服务中心举行。青少年权利监督员制度旨在有效推动未成年人保护和青少年违法犯罪预警机制前置，队伍成员涵盖社区传媒、朝阳共青团社区青年汇及区预防青少年违法犯罪专项组多家成员单位。首批受聘朝阳区青少年权利监督员31名，任期1年。

（车　莹）

【宪法宣传】 6月5日，区依法治区办、北京四惠交通枢纽和公交总队四惠派出所在四惠交通枢纽联合开展“送宪法进交通枢纽”主题宣传活动。司乘人员、过往乘客1000余人参加活动。发放宪法宣传手册1000余本，工作人员解读《中华人民共和国宪法修正案》相关法条。9月1日起，朝阳区首辆宪法巴士正式上路。这是继宪法讲堂、宪法知识竞赛、宪法征文、制作展映宪法微视频后，朝阳区推出的又一项措施。宪法巴士车身载有朝阳普法标识和宪法宣传标语，以三环主线为主要区域，在9月至10月持续推广。12月4日，区司法局举办国家宪法日宣传暨司法行政开放日活动。区委常委、政法委书记张维刚，北京市司法局公共法律服务规划协调处处长崔冰，区委政法委专职副书记刘红，区法院政治处主任俞里江，区法制办主任田志刚出席活动，王远捷主持会议。崔冰、田志刚为“朝阳区公共法律服务中心”揭牌，王远捷、俞里江为“朝阳区诉前调解中心”揭牌。43个街乡司法所代表、法官、律师、人民调解员代表、社区群众代表100余人参加宪法宣传活动，并参观公共法律服务中心。12月，区各单位通过与街乡、社区结对子，开展法律讲堂、宣传咨询等宪法宣传活动。全区43个街乡、100余家委办局开展法治宣传活动。

（车　莹）

【“法治电影放映月”活动】 6月8日至7月13日，朝阳区第十二届“法治电影放映月”活动举办。放映法治电影500余场，2万余人次观看。这是区依法治区领导小组办公室、区委宣传部、区文化委、区司法局连续12年开展“法治电影放映月”活动。

（车　莹）

【第八届“司法行政开放日”活动】 6月23日，区司法局组织开展以“司法行政在身边——公共法律服务伴你行”为主题的第八届“司法行政开放日”活动。开放日活动体现出“124”特点：“1”即主开放点设立一个讲坛，体现朝阳法律服务特点；“2”即媒体发动和官网互动两种方式结合，做好活动预热；“4”即四类“分开放点”活动异彩纷呈，展示朝阳区司法行政工作风采。

（车　莹）

【未成年人法律援助维权服务】 6月，朝阳区法律援助中心开展以“法律援助关注未成年人健康成长”为主题的未成年人法律援助专项维权服务活动。区法律援助中心组织43个司法所工作站根据各街乡实际，“进一次校园、做一场宣传、讲一堂课”。

（车　莹）

【“七五”普法抽查】 7月3日，朝外街道等4个街乡（地区）接受朝阳区“七五”普法中期抽查。2018年是“七五”普法中期督查评估年，区依法治区领导小组办公室制发《关于组织开展“七五”普法中期检查工作的通知》，以自查和重点抽查相结合方式，在全区开展“七五”普法中期检查工作。7月4日，区“七五”普法中期检查组重点抽查部分行业委办局“七五”普法工作。听取区教委、区法院、工商朝阳分局、区卫计委等4家单位关于“七五”普法工作开展情况汇报，检查各单位“七五”普法中期档案。检查组成员提问各单位“七五”普法规划执行情况、普法依法治理、年度重点普法活动，特别是“谁执法　谁普法”责任制落实情况等并提出意见建议。7月10日，朝阳区完成“七五”普法中期督查检查工作。

（车　莹）

【社区矫正高危行为风险评估内隐测试项目发布】 7月12日，区发布社区矫正高危行为风险评估内隐系统测试项目。区阳光司法社会工作发展中心主任徐胤发布项目。该项目立足朝阳区社区矫正工作实际，以神经生理基础为科学依据，克服受测人群掩饰性、说谎等缺陷，提升社区矫正对象心理状态的评估精确性，健全矫正对象教育信息库，在科学风险评估基础上加强教育针对性，为朝阳区开展社区矫正风险评估及对社区服刑人员实行科学分类管理提供新技术支撑。

（车　莹）

【中途之家“两中心三基地”揭牌】 7月12日，区司法局举行中途之家“两中心三基地”揭牌暨合作基地签约仪式。两中心三基地，即朝阳区社区矫正中心、朝阳区阳光司法社会工作发展中心、中国心理学会法律心理学专业委员会科研转化基地、中国政法大学社会学院实习实践教学基地、康爱公益中途之家培训就业基地。中途之家作为引入社会力量参与社区矫正的载体，链接回归教育社会资源，引入科研教学、心理咨询、社会工作、公益服务等专业资源，多途径集聚社会力量为社区矫正对象提供专业教育服务，实现政府部门管理职能和社会服务职能有机结合。司法部社区矫正管理局局长姜爱东，北京市司法局副巡视员夏涛，区政府副区长王志勉，司法部社区矫正管理局综合处处长郭健，区司法局党组书记、局长王远捷出席会议。朝阳区43个街乡司法所长，区社区矫正管理支队全体干警参加会议。区司法局副局长胡胜利主持会议。

（车　莹）

【军人军属法律援助维权服务】 7月30日至8月3日，区法律援助中心在全区开展以“公共法律服务进军营”为主题的军人军属法律援助专项维权服务活动，通过“开辟绿色维权通道、开展各项维权活动、发放各类宣传资料”等举措在全区形成拥军爱军、军民融合一家亲氛围。

（车　莹）

【法治文艺节目选拔活动】 7月，“同心共筑中国梦　法治文艺京城行”朝阳区2018年法治文艺节目选拔活动结束。活动自5月启动，开展基层选拔赛616场，展演节目4152个，7万余人参与活动。东湖街道《迟到的忏悔》获一等奖，建外街道《人民调解》和麦子店街道《弹唱》获二等奖，呼家楼街道《共享单车》、小关街道《中国脊梁》和高碑店乡《法治赞中国》获三等奖。活动将法治文化融入社会文化和社会生活当中，法治文艺大赛作品围绕宪法学习宣传、“扫黑除恶”“疏解整治促提升”等专项工作创作编排，采取街乡选拔和行业系统推荐相结合的方式选拔，利用区域内资源，打造专业评委、群众志愿者、法治工作者相结合评审团队。

（车　莹）

【第三届律师代表大会代表选举】 8月6日，朝阳区律师协会第三届代表大会代表选举工作完成。依据《北京市朝阳区第三届律师代表大会代表产生办法》和《北京市朝阳区第三届律师代表大会代表选举工作方案》，全区23个街乡选区、38个独立选举小组（即60人以上律所）、1个公职公司律师选举小组，62个投票点，投票选举出代表214人，其中新任代表141人，占65.9%；上届留任代表73人，占34.1%。

（车 莹）

【第三届律师代表大会代表推举】 8月13日，朝阳区第三届律师代表大会代表推举工作完成。依据《北京市朝阳区第三届律师代表大会代表产生办法》，第三届律师代表大会代表通过推举方式产生代表8名，分别由区人大、区政协、区委统战部、区工会、团区委、区妇联各推举1名，区司法局推举2名。这是朝阳区律师协会首次采用推举方式产生代表。

（车 莹）

【社区矫正模式构建研讨会】 8月21日，司法部预防犯罪研究所与区司法局联合举办"新时代社区矫正模式构建研讨会"。与会人员就社区矫正场所建设、社会力量广泛参与以及社区矫正新技术应用三项议题进行研讨。司法部预防犯罪研究所所长高贞，司法部社区矫正管理局副局长李道宁，北京市司法局副巡视员夏涛，区委常委、政法委书记张维刚等领导出席研讨会开幕式。部、市、区领导分别致辞。区司法局党组书记、局长王远捷主持开幕式。

（车 莹）

【公共法律服务站建设】 8月，朝阳区创新"8+35"模式，推进公共法律服务站建设。朝阳区"公共法律服务中心"建设领导小组确定朝外、六里屯等8个地区作为试点，带动全区其他35个公共法律服务站建设，形成"8+35"的朝阳特色公共法律服务站建设模式。

（车 莹）

【司法送达】 8月，北京市正阳公证处发挥司法辅助职能作用，协助酒仙桥法庭完成司法送达。北京市正阳公证处协助朝阳区人民法院酒仙桥法庭集中送达《物业纠纷案件法院传票》。根据酒仙桥派出法庭案件送达量大、送达地址集中、被送达人多为个人的特点，正阳公证处为酒仙桥派出法庭制定特殊送达方案，用8个工作日即完成送达，送达案件74件，其中现场签收6件、当事人明确撤诉4件、补充材料4件、张贴诉讼文件（留置送达）60件。

（车 莹）

【人民调解委员会主任培训】 10月11日至12日，区司法局举办朝阳区、延庆区、河北省张家口市崇礼区三地人民调解委员会主任培训班。培训内容包括强化三地人民调解员法律服务意识、提高矛盾纠纷化解能力和综合素养提升三个方面。朝阳区司法局党组书记、局长王远捷作开班动员，朝阳区司法局副局长朱蕴芳、副局长（挂职）侯俊禹及三地100余名调解委员会主任及骨干调解员参加培训。

（车 莹）

【"村居法律顾问"App推广】 10月，朝阳区村居公益法律服务律师完成下载"村居法律顾问"App工作。年内，为健全政府买单、律所招标、律师服务、村居受益的村居公益法律服务工作格局，区司法局组织推进律师下载"村居法律顾问"App工作。全区238名公益律师全部下载。

（车 莹）

【老年人法律援助维权服务】 10月，区法律援助中心开展以"营造敬老爱老社会氛围，公共法律服务护航夕阳红"为主题的老年人法律援助专项维权服务活动。全区开展各类法律援助宣传100余次，解答老年人法律咨询1500余人次，发放各类宣传材料5000余份。

（车 莹）

【三级公共法律服务平台启用】 12月4日，区三级公共法律服务实体平台启用并对公众开放。旨在坚持"以人民为中心"指导思想，"建一个你喜欢的公共法律服务中心"，通过环境好、服务好、效果好"三个好"，实现工作人员和办事群众都喜欢的目标。区级层面建成一个"朝阳区公共法律服务中心"，对外加挂"朝阳区诉前调解中心"和"朝阳区法律援助中心"两块牌子。街道（地区）层面建成43个街乡公共法律服务工作站。社区（村）层面建成544个公共法律服务室。

（车 莹）

【服务民营企业工作会】 12月17日，朝阳区律师协会召开贯彻落实推进服务民营企业工作会。区律师行业党委副书记、律师协会会长杨光作题为"法治，是服务民营企业的定海神针"动员讲话。大成律师事务所、中伦律师事务所、道信律师事务所分别作题为"服务优秀民族品牌经验""服务民营企业经验""医疗纠纷调解中心工作"的经验交流分享。北京市司法局律师综合指导处处长、市律师行业党委副书记、秘书长萧骊珠，区非公经济工委副书记、工商联副主席马序松，区司法局副局长、律师行业党委书记曹宏，区律师行业党委委员等出席会议。副会长万欣主持会议。

（车 莹）

【民营企业律师服务团组建】 12月，区司法局、区律师协会制发《朝阳区律师协会开展律师服务民营企业专项活动工作方案》，组建以朝阳区律师协会会长为团长、秘书长为副团长的服务民营企业律师服务团。按照分组由10名副会长带队到民营企业，通过下发调查问卷、开展专题调研、对接回访、跟踪反馈等形式梳理服务工作的具体措施、意见建议等，组织律师开展不同形式法律服务。

（车 莹）

【司法鉴定分级管理】 年内，区司法局受理司法鉴定投诉60件，占全市投诉案件40%，作出正式答复49件。自1月1日实行司法鉴定分级管理工作以来，区司法局建立健全全区统一的投诉接待标准，制定工作规范及相应工作机制；谋划组建司法鉴定专家库，为解决重大疑难案件提供保障。在全市首次尝试聘请对不同类别案件有经验的律师作为第三方，参与涉及司法鉴定方面矛盾纠纷化解工作，全年参与调解15次。

（车 莹）

【社会矛盾调节】 年内，区信访诉求人民调解委员会成立，参与信访矛盾问题现场调解。联合区信访办开展风险评估，形成区级台账，组建20人专家调解团处理信访积案。试点期间，全区各级各类人民调解组织排查信访纠纷539次，调解信访纠纷120件，调解成功102件。与区法院建立定期会商工作机制，选派9名人民调解员组建朝阳区诉前人民调解委员会。构建朝阳特色的"三方调解 两员进驻 一站式诉调对接纠纷解决机制"。诉前调解员队伍有200人，调解成功11201件，成功率21%。

（车 莹）

【“疏解整治促提升”专项行动服务保障】 年内，区司法局制发城市规划、拆迁等类别普法连环画和宣传册15万余份。村居法律顾问提供征地拆迁等专项法律咨询服务14998人次，参与调解纠纷794次，为社区（村）委会提供法律意见建议658条次。接待征地、拆迁等公证咨询2700余人次，办理公证事项2584件。

（车 莹）

【刑事辩护全覆盖试点】 年内，区司法局推进刑事辩护全覆盖试点工作，在法院、看守所等场所建工作站，完善沟通、协调机制及规范刑事辩护律师准入及办案质量。刑事案件律师辩护全覆盖试点工作从2017年10月至2018年12月底，受理法院通知辩护案件1086件，相比同期的222件增长4.9倍。

（车 莹）

2018年朝阳区法律服务所一览表

表2

序 号	机构名称	地 址	组织形式	电 话
1	孙河乡法律服务所	孙河乡政府	普通合伙制	85961236
2	酒仙桥街道法律服务所	酒仙桥社区活动中心109室	普通合伙制	64321938
3	劲松街道法律服务所	劲松一区115楼317号	普通合伙制	87735231

（车 莹）

北京朝阳年鉴
Beijing Chaoyang Yearbook
2019

军事

人武部

【概况】 中国人民解放军北京市朝阳区人民武装部（简称区人武部），负责朝阳区的军事工作，受北京卫戍区和中共朝阳区委、朝阳区政府双重领导，既是朝阳区委的军事部，又是朝阳区政府的兵役机关，内设军事、政治、保障3个科。年内，围绕卫戍区党委和区委区政府的决策部署，按照“举旗铸魂、聚集打赢、厉行法治、强基固本、创新推动、坚强班子”思路抓建设谋发展，加强练兵备战、依法从严治军、深化党管武装、加强党的建设，促进各项工作，被中部战区政法委，天津、北京市委政法委和山西、湖北、河北、河南、陕西省委政法委评为“维护国防利益和军人军属合法权益工作”先进单位，被北京卫戍区表彰为先进人武部、征兵工作先进单位。

（赵云华　赵　云）

【征兵工作】 5月12日，区征兵办在北京联合大学举行2018年征兵宣传暨大学生征兵启动仪式，区领导王灏、史连雪、张维刚、牛国泉和北京市教委、北京卫戍区动员处领导及各街乡主管领导、武装部部长、干事，驻区各校主管征兵工作的校（系）领导、负责征兵工作干部、师生代表800人参加。北京联合大学校长李学伟致辞，退役士兵代表、学生代表发言，副区长牛国泉讲话，王灏宣布征兵启动仪式开始。区征兵办举行“牢记主席嘱托，勇担强军重任”为主题的7个文艺节目演出。完成兵役登记，登记率100%。应征入伍青年合格率93.93%。聘任廉洁征兵监督员181人，维护征兵工作秩序。完成2017年度新兵征集任务。8月27日至30日，组织入伍新兵进行役前教育训练，包括基础队列训练、政治教育、条令条例学习等课目。

（赵云华　赵　云）

【民兵防汛】 5月，区人武部调整民兵和驻区部队防汛指挥部领导成员，更新防汛方案，召开驻区部队和民兵防汛工作任务部署会，组成7500人防汛抢险队。6月21日，组织驻区部队和民兵在坝河进行防汛实地演练，提高驻区部队和民兵应对洪灾的能力。

（赵云华　赵　云）

【全面停止有偿服务】 5月，区人武部协调区主管领导召开停偿工作协调会，确立“街乡牵头、机关配合、政府统筹”的工作思路。12月，全区停偿项目按期完成。

（赵云华　赵　云）

【国防教育】 7月30日，区人武部、区双拥办在武警北京市总队共同组织建军91周年双拥主题日活动，区正处以上领导干部135人参加，邀请中部战区联合参谋部情报局处长毛杰作“首都地区面临的空防威胁”讲座。组织各街乡开展主题“传承红色基因，汇聚强军力量”第18个全民国防教育日宣传活动。8月1日，区人武部组织管庄、常营地区党政领导干部、村（社区）班子成员、企业负责人和中小学生120人，在“军营开放日”到部队参观战士宿舍，观看战士队列训练表演等。

（赵云华　赵　云）

【民兵整组】 年内，区人武部完成民兵队伍调整工作。分队整组任务由43个街乡、区教育卫生系统、中华女子学院编组完成。基干民兵党员比例30%以上，专业对口率80%以上，高中以上文化程度70%以上。

（赵云华　赵　云）

【民兵军事训练】 年内，区人武部修订战备预案，实现军地方案无缝对接。区人武部为各街乡拨付资金用于民兵训练保障。6人通过卫戍区军官军事素质认证考核。

（赵云华　赵　云）

▲ 5月12日，朝阳区举办2018年征兵宣传暨大学生征兵启动仪式　　赵　云　摄

【民兵应急分队建设】 年内，区人武部调研民兵应急分队的兵力编成、指挥机构、任务区分、应急装备、使用权限等问题。

（赵云华 赵 云）

【民兵武器装备管理】 年内，区人武部检修训练基地仓库电网、监控系统、铁丝网，对炮库存放的装备进行换季擦拭保养，更新仓库部分消防器材。对库管人员教育管理，坚持每周政治学习和业务学习制度，提高库管人员政治素质和业务素质，武器装备管理连续49年无事故。

（赵云华 赵 云）

【预备役登记】 年内，区人武部完成军队转业干部和退伍士兵的预备役登记工作。

（赵云华 赵 云）

【民兵执勤看护任务完成】 年内，区人武部在全国“两会”、中非合作论坛等期间，组织民兵完成44处桥梁和地下通道的执勤看护任务，历时22天。

（赵云华 赵 云）

【民兵政治教育】 年内，区人武部下发民兵政治教育教材和民兵之歌，结合民兵组织调整和集中训练，安排落实政治教育内容。开展学刊、用刊活动，进行职能任务、形势政策、爱国主义、遵纪守法以及相信科学、破除迷信等教育，全区订阅《中国民兵》《华北民兵》《国防》《环球军事》《中国国防报》等报刊830份，订阅到街乡党（工）委书记、大专院校主管领导、所有专武干部和民兵连，进一步提高民兵的政治素质。

（赵云华 赵 云）

【扶贫帮困】 年内，区人武部与河北省张北县油篓沟镇元山子村商议“储藏窖”使用管理、脱贫措施。元山子村支部书记武继锋介绍村情村况，油篓沟镇副镇长席明云介绍油篓沟镇情况及土地和项目引进程序，朝阳区非公企业负责人介绍企业业务范围，朝阳区委常委、武装部政委史连雪主持会议。北京卫戍区政治工作部群众工作联络处处长喻龙、区人武部部长、区工商联科室负责人、部分非公企业负责人出席洽谈会。

（赵云华 赵 云）

【后勤保障】 年内，区人武部为新兵请领被装、发放行李箱，协调运输车。下拨民兵执勤经费、高校征兵奖励经费等。对中央军委审计署北京审计中心对区人武部审计发现的问题进行整改，规范财经制度。全年未出现违规报销等违反财经纪律问题。

（赵云华 赵 云）

武警北京市总队

【概况】 年内，人民武装警察部队北京市总队（简称武警北京市总队）学习贯彻习近平强军思想，增强“四个意识”，坚定“四个自信”，做到“两个维护”，贯彻军委主席负责制，构建维稳力量布局，重塑部队组织形态，确立阶段规划目标，部队建设在磨合融合中理顺关系。学习贯彻党的十九大精神、习近平新时代中国特色社会主义思想和习近平强军思想，落实党委中心组学习制度，组织团及以上领导干部理论集训。开展军委主席负责制学习教育，组织习主席视察总队五周年纪念活动，开展“学训词、铸军魂、开新篇”活动，开展“传承红色基因、担当强军重任”主题教育和“培育忠诚卫士、锻造忠诚之师”教育。推进意识形态工作，开展“卫士风采”系列文化活动，建设强军网、微信公众号和智慧政工平台。构建新“5+1”力量体系，研究布局首都维稳体系、机动部队和新质力量体系、军事训练体系化、后装保障体系化建设，突出执勤反恐处突常态维稳中心，纠治“积平积弊”，推进“智慧磐石”工程建设，完成全国“两会”、中非合作论坛安保任务。落实战备要求，推进八个体系战备建设。加强实战化训练，组织演习，开展新时代群众性练兵比武，武警总队在武警部队“巅峰”“突击”等年度比武竞赛中取得成绩。研究新体制下部队建设的特点规律，探索对执勤、机动两种类型部队的指导模式，建立“指挥重心在总队、建设重心在支队、落实重心在支队”理念，确立“紧盯支队、做实大队、规范中队、管好用好士官队伍”体系。组织基层主官开展《军队基层建设纲要》千人大培训，推进《抓建基层十条措施》《为基层办实事计划》落实，开展三大典型群体评比表彰，树立大抓基层导向。组织贯彻落实新条令集训，推进安全工作“八个规范”落实，开展暑期百日安全竞赛和季度安全讲评部署。开展专项教育整顿活动，在全总队进行拉网式全覆盖排查整治，夯实部队安全基础。总队执勤第二支队执勤第一大队被武警部队表彰为“基层建设标兵单位”。学习贯彻军委和武警部队的建设会议精神，研究制定总队党的建设措施，召开总队第四次党代会，组织机关党支部和党小组长培训，构建完善各级党组织，逐级召开民主生活会，考察考核党委班子和师团职领导干部，坚持公平公正选人用人。落实整改武警党委巡视问题，推进第二批巡察抓风气专项整治和监察联系点建设，纠治顶风违纪和“微腐败”问题，聚力“五项硬任务”攻坚战，推进反腐工作。探索后装领域纳入区域联勤保障模式，推动军事后装军民融合“十个体系”建设，形成网格化保障格局。推动后装力量体系建设和实战化训练，组织两级保障机关和“一组五队”集中驻训。推进财务、油料、医疗等重点行业专项整治和后装领域重点问题“清仓归零”查纠，按期完成部队停止有偿服务项目。筹措任务经费，调配执勤服装和装备器材，推进抗震加固、营院管线改造工程，组合基层巡检、官兵体检、专项疗养，增强官兵的满意度。

（叶天骄）

【纪念习主席视察总队5周年活动】 1月，武警北京总队组织纪念习近平视察总队5周年系列活动。包括召开纪念大会、宣传教育、表彰“精锐标兵”、开设网上专栏、研讨交流、文艺晚会、摄影书画展、出版纪实专著、主题演讲和歌咏比赛“十个活动”。

（叶天骄）

【全国“两会”安保】 3月3日至15日，全国“两会”召开期间，武警北京总队完成重点目标警卫、交通枢纽维护秩序、社会面武装巡逻、环京卡点警戒、打击恐怖活动、处置群体性事件、抢险救援等任务。

（叶天骄）

【完成多项军事文化外交活动】 4月25日，武警北京总队军乐团完成第五届“和平号角”上海合作组织军乐节巡游表演。4月28日至5月4日，军乐团完成“2018上海之春国际音乐节管乐艺术节”演出。6月21日至25日，军乐团完成第七届哈萨克斯坦国民近卫军“军事号角”国际军乐节演奏表演。

（叶天骄）

【庆祝建党97周年】 7月，武警北京总队开展庆祝中国共产党成立97周年系列活动，组织官兵参观国家博物馆专题展览，参加天安门广场升旗仪式，重温入党誓词、专题党课辅导、歌咏比赛和党史知识竞赛等活动。

（叶天骄）

【强军网上线仪式举行】 7月2日，武警北京总队举行强军网上线仪式。总队按照集约化办网要求，采用国内先进的网站群管理平台，全网信息集中管理、分布式发布，上下无缝联通，实现技术、数据、结构有机统一。

（叶天骄）

【第三届基层“双百”表彰大会召开】 7月4日，武警北京总队召开第三届“百名优秀基层干部和百名优秀士官”表彰大会。会议把握时代主题、聚焦强军目标，减持问题导向、注重攻坚克难，全面固化机制、丰富建设内涵，为当前和今后一个时期总队基层建设理清了思路、明确了重点，指明了方向。

（叶天骄）

【“军魂永铸”战士文艺会演】 7月28日，武警北京总队组织“军魂永铸”战士文艺会演，围绕“初心·追忆”“忠诚·使命”“扬帆·远航”3个篇章，展现总队在人民军队的摇篮中茁壮成长并一路走来的历史足迹，谱写党的十八大以来，总队官兵牢记领袖重大政治嘱托，聚力建设首都维稳精锐之师的崭新时代篇章。

（叶天骄）

【完成中非合作论坛北京峰会安保任务】 9月3日至4日，武警北京总队完成中非合作论坛北京峰会活动现场警卫，国宾摩托车护卫，轨道交通站点、省际长途客运站安检维护秩序，环京检查站卡点武装警戒等任务。

（叶天骄）

【组建新的总队医院】 9月26日，武警北京总队医院成立大会召开。原总队医院、第二医院、第三医院番号撤销，接收特警学院门诊部，组建新的武警北京市总队医院。

（叶天骄）

【北京市总队第四次代表大会召开】 12月4日至6日，中国共产党中国人民武装警察部队北京市总队第四次代表大会召开。大会回顾总队组建以来加强党的领导和党的建设的工作实践，总结引领推动部队建设的宝贵经验，判定总队所处的历史方位及面临的形势挑战，研究确定今后一个时期的发展蓝图和工作任务，听取和审议总队第三届党委报告和纪委工作报告，选举产生总队第四届党的委员会和纪律检查委员会。

（叶天骄）

【全面停止有偿服务】 年内，武警北京总队贯彻落实中央军委、武警部队全面停止有偿服务工作指示要求，按期关停。

（叶天骄）

【主题教育实践活动】 年内，武警北京总队开展“培育忠诚卫士、锻造忠诚之师”教育实践活动。活动围绕4个专题，采取辅导授课、精品小课、讨论辨析、专题串讲、配合活动等形式，主要解决对新时代忠诚的内涵要义认识不高、理解不深，对新时代忠诚的本领要求摆位不正、能力不强，对新时代忠诚的责任担当用力不够、创劲不足，对新时代忠诚的品行修养历练不够、底蕴不深，对新时代忠诚的规矩意识树得不牢、严守不力5个方面问题。

（叶天骄）

人民防空

【概况】 朝阳区民防局（简称区民防局）内设5个科室，包括办公室、工程建设科、工程管理科、法制宣传科和指挥通信科。下属3个纳入机关工资规范管理事业单位，包括人防工程管理所、人防工程综合服务中心和防空防灾通信指挥中心。编制总数87人，其中行政编23人，工勤编2人，人防工程管理所34人，人防综合服务中心18人，指挥中心10人。年内，区民防局坚持以党的十九大精神和习近平新时代中国特色社会主义思想为指导，落实中央和北京市、朝阳区工作部署。9月3日，完成历时8年的人防工程清理整治任务。开展人防工程安全管理、空警报试鸣等工作。

（邱云波）

【领导检查调研】 2月5日，副区长刘海涛检查十里堡2处人防工程，区政府办、安监局、城管局、民防局、八里庄办事处等工作人员参加。3月7日，北京市民防局副局长郭援带领第三督导组到区民防局听取区人防工程综合整治、全国“两会”安保、工程管理与公益便民等工作汇报，检查“两会”行车路线周边人防工程。4月4日，中国人民防空杂志社社长蒲声宝一行3人到区民防局调研“北京朝阳民防”微信平台建设运营情况，区民防局介绍“北京朝阳民防”微信公众平台运行维护、素材采编、内容设置等。7月3日，北京市委市政府安全生产第五督察组督察朝阳区人防工程安全管理工作。8月30日，市民防局党组副书记、副局长李春亭带领东城区、朝阳区、石景山区、通州区相关人员和市局机关部分处室领导，到北京（蟹岛）公共安全体验馆、高碑店乡某社区调研民防建设工作。

（邱云波）

【参观交流】 4月17日，东城区民防局组织部分街道领导、社区书记、主任50余人，参观调研朝阳区社区民防建设工作并交流经验。5月22日至24日，西城区民防局分两批组织部分街道领导、社区书记、主任100余人，参观调研朝阳区社区民防建设工作并交流经验。5月29日，门头沟区民防局党组书记、局长张书军，党组成员、副局长周国良组织部分街道、社区领导等一行15人，参观调研朝阳区社区民防建设工作，并交流经验。6月15日，天津市宝坻区人防办领导一行3人，到区民防局围绕“京津冀”协同训练、拉练工作进行交流。

（邱云波）

【防空防灾应急演练】 4月至5月，区民防局3次参加市民防局组织的跨区拉练驻训和防空袭警报器培训活动。5月28日至6月1日，与天津宝坻区、河北承德县共同开展2018年京津冀人民防空跨区协同训练，完成训练任务。6月26日，区民防局相关人员赴河北省隆化县，参加由天津市宝坻区人防办牵头承办的京津冀人民防空复杂环境下协同训练。9月15日，完成北京市组织的防空警报试鸣任务。10月16日至19日，参加市民防局组织的“京盾—2018”人民防空袭室内推演，完成舆情引导与新闻发布科目演练。年内，完成除夕、元宵节、全国“两会”和中非合作论坛期间应急保障任务。

（邱云波）

【公共安全战略合作协议签订】 6月8日，区民防局与北京（蟹岛）公共安全体验馆举行签约仪式，区民防局与北京预前教育咨询有限公司签署战略合作协议。协议约定，区民防局在防空防灾知识技能上，给予北京（蟹岛）公共安全体验馆专业指导和培训，并授牌为“朝阳区民防宣教基地”；北京（蟹岛）公共安全体验馆为区民防局开展培训教育提供场地使用支持。北京（蟹岛）公共安全体验馆场馆建筑面积7000余平方米，日接待能力2000人次。

（邱云波）

【人防工程普查】 6月，区民防局完成全区人防工程普查任务。填报《设备设施信息普查现场作业表》造册114本，《设备设施维护维修普查表》造册60本。录入人防设备设施基本信息501539项。拍摄人防设备照片10万余张，扫描录入认可文件、行政执法类文件等7881份。制作补装人防工程缺失工程编号标志牌6228块。利用普查数据标绘朝阳区人防工程分布坐标5000余个。

（邱云波）

【人防系统腐败问题专项治理会】 12月14日，区民防局组织召开人防系统腐败问题专项治理工作部署会。区纪委区监委、驻区住建委纪检监察组、区民防局地震局相关领导，民防局全体干部及安全员94人参加。区纪委区监委第一纪检监察室主任郝克敏传达开展人防系统腐败问题专项治理主要精神；区地震局局长、民防局副局长高智通宣读人防系统腐败问题专项治理方案；区民防局地震局党组书记、民防局局长王军和驻区住建委纪检监察组副组长杨艺发言。专项治理工作于11月开始，涉及人防工程建设、拆除、改造、使用审批、资金资产管理等方面的吃拿卡要、贪污贿赂、侵占挪用、滥用职权、玩忽职守、权力寻租、利益输送等问题开展专项治理。

（邱云波）

【人防工程清理整治】 年内，区民防局制定下发《2018年朝阳区人防工程清理整治工作计划》，集中开展非经营性集体宿舍人防工程综合整治。8月，提前完成2018年度和2019年度人防工程挂账整治任务，完成率100%，疏解人口7975人。配合中央国家机关人防办关停中直工程，实现人防工程“零住人”目标。

（邱云波）

【人防工程安全管理】 年内，区民防局开展“两节两会”安全检查、“大排查大清理大整治”专项治理、“春耕”安全生产、“2018年中非合作论坛北京峰会”安全保障等专项检查和执法行动，检查人防工程，发现安全隐患5540处，全部完成整改。开展燃气隐患专项治理，消除燃气隐患70处。在人防汽车库安装公共安全宣传栏320个，设置应急车位804个。完成人防汽车库工程、人员掩蔽工程应急柜安装工作。处置人防工程内水管爆裂、结构渗漏水等积水险情。

（邱云波）

【人防工程公益服务】 年内，区民防局审批人防汽车库工程39处，新增人防停车位9219个。建设便民仓储、益民公社医疗服务等公益便民项目15处。

（邱云波）

【高点监控及人防指挥所建设】 年内，区民防局完成3处高点监控建设和2处高点监控升级改造。完成2处民防指挥所互联互通。

（邱云波）

【人防工程竣工验收备案】 年内，区民防局办理竣工验收备案行政审批41项，办结率100%。

（邱云波）

【人防工程维护维修】 年内，区民防局将公用车库类工程作为维修重点，维护维修防护单元。完成人防工程防水堵漏施工56处。

（邱云波）

【民防宣传教育】 年内，区民防局邀请11所中小学校召开“民防教育进学校”专题座谈会，研究民防教育进学校的内容、形式和方法。利用“3·1”国际民防日、全民国防教育日、“5·12”防灾减灾日等民防主题教育日，在学校开展民防安全教育实践、防空袭疏散掩蔽演练、民防技能运动会等系列活动。组织团结湖小学80多名教师，到北京（蟹岛）公共安全体验馆开展实景模拟教学，在学校建立民防志愿教师队伍。赴朝阳区实验小学雄安校区开展“防空防灾知识进校园”活动。全年开展“进学校”活动37场，涉及师生1070人次。人民网、新华网、北京电视台、《朝阳报》、朝阳有线等媒体报道朝阳民防工作75次。“北京朝阳民防”微信公众平台发布信息137次，点击量为36000余次。

（邱云波）

【依法行政】 年内，区民防局受理行政许可申请659件、竣工备案39件，接待咨询10000余人次。严格落实“双公示”（行政许可结果公示，行政处罚结果公示）要求，公示行政许可事项622件，行政处罚3件。

（邱云波）

【社区民防建设】 年内，区民防局制定下发《2018年朝阳区社区民防建设工作方案》，完成亚运村、来广营、平房等10个街道（地区）的50个社区民防建设工程，在小区广场、公共区域安装疏散掩蔽图32个，在社区配备民防应急柜50个，在小区交叉路口安装140个人防工程疏散掩蔽标识。为社区居民、青少年、“安全家庭”开展民防培训74场，普及人数3800余人，新增“安全家庭”报名748户。完成106个人防工程口部房升级改造任务。

（邱云波）

▲ 3月1日，区民防局在团结湖小学开展“民防技能进校园”活动　　赵云 摄

功能区建设

北京朝阳年鉴

Beijing Chaoyang Yearbook

2019

北京商务中心区

【概况】 北京商务中心区管委会（简称北京CBD管委会）是北京市政府在商务中心区设立的行政机构，代表市政府统一行使北京商务中心区开发建设和管理职能，由朝阳区政府代管。内设机构10个，公务员编制57人。下设北京商务中心区资源发展中心（纳入工资规范管理事业单位），编制16人，实有14人；北京商务中心区公共服务管理中心（全额拨款事业单位），编制17人，实有21人。年内，核心区一期Z3、Z4、Z6项目交地，Z1a中期取得工程规划许可证，清华、正大、三星、中信、泰康、国寿6个项目结构封顶。年内，功能区税收1358亿元，比上年增长12%，占全区60.5%；实现区级收入287亿元，比上年增长5.5%，占全区53.8%。中心区税收484亿元，比上年增长10.3%，占全区21.4%。功能区税收过亿元楼宇147座，过10亿元楼宇24座，国贸中心税收超59亿元。年内，接待各级领导视察调研、省级交流、国内外考察团43场，比上年增长39%。5月，参加2018京交会分会——服务业开放发展思想荟，围绕“深化服务业开放发展，打造服务业开放‘北京品牌’”主题，介绍北京商务中心区在十几年间的发展变化，推介服务业扩大开放试点区建设的工作成果。3月，收到区委组织部《同意北京商务中心区工作委员会委员调整的批复》，增加4名工委委员。

（刘静敏）

【核心区项目建设】 1月22日，北京商务中心区核心区Z14正大项目幕墙完成整体封闭。3月26日，核心区Z13国寿项目玻璃幕墙完成整体封闭。5月21日，核心区Z2b三星项目玻璃幕墙完成整体封闭。6月12日，北京商务中心区地区500千伏变电站选址方案获市政府批复，电站规划条件基本稳定。6月22日，北京商务中心区核心区文化设施项目通过主体结构验收。8月18日，核心区Z1b清华项目外幕墙完成安装。8月27日，核心区Z1a（中期）项目获建设工程规划许可证。12月25日，核心区Z12泰康项目幕墙完成整体封闭。12月30日，核心区西南区域启动土方外运与支护桩施工。

（刘静敏）

【重点项目建设】 1月，国贸中心东楼改造暨交通一体化工程开工建设，国贸站增设换乘通道、新建换乘大厅。4月，国贸公寓改造工程项目获批复，该批复是北京社会投资建设项目行政审批流程改革新政实施后，首个工程规划许可批复。

（刘静敏）

【服务设施建设】 4月4日，北京CBD管委会配合市、区两级开展公共服务领域外语标识核查工作，主要核查国际化程度高、跨国公司地区总部及研发机构云集、外资企业和外籍人士相对集中区域，涉及东三环路、建国路和光华路等10条城市道路。7月15日，北京商务中心区核心区启动《建管并行期交通组织管理实施方案》研究工作。12月12日，中国移动在北京商务中心区开通4.9GHz频段5G基站，频率带宽100MHz，单用户下载速率2.8Gbps，完成4G/5G站点同覆盖。12月15日，北京商务中心区建成市政道路地下管线管理系统，形成113条市政道路（主路、辅路、步道、匝道、隔离带）及8大类地下管线（供水、排水、燃气、热力、电力、通信、广播电视、工业管线）数据成果资料。

（刘静敏）

【重点企业入驻】 4月，北京朝阳文化创意产业发展基金（有限合伙）完成注册，注册资本11亿元。泰禾养老产业发展有限公司完成注册，注册资本10亿元。6月，穆迪（中国）信用评级有限公司完成注册，注册资本0.5亿元。标普信用评级（中国）有限公司完成注册，注册资本1800万美元。7月，惠誉博华信用评级有限公司完成注册，实现全球3大信用评级公司入驻。10月，太平洋油气控股有限公司完成注册，注册资本3000万美元。年内，认定雷诺（北京）企业有限公司、宜人恒业科技发展（北京）有限公司2家跨国公司总部企业。中心区新增企业2800余家，总注册资本438亿元。

（刘静敏）

【环境建设管理】 4月至10月，北京CBD管委会在金桐西路段灯杆设置49组立体花卉景观，更换花卉2.2万余株。12月，通过采用灯带、流星雨灯条、投影灯等形式，对光华路西段、金桐西路、金桐东路221棵行道树进行节日景观亮化。年内，修复区域缺失绿化，更换行道树150余棵，补植缺失绿植约1000平方米。修复区域破损垃圾桶89组，清理交通护栏2000余延米。修复重点区域存在安全隐患的破损石材约1100平方米。修复光华路、金桐西路、郎家园路、兆丰街等区域5000余平方米道路。

（刘静敏）

【普华永道全球大客户主管合伙人峰会朝阳分会】 6月，普华永道举办全球大客户主管合伙人峰会朝阳分会场活动。副区长李国红出席并讲话，普华永道15家全球大客户项目主管合伙人参加会议。会议交流优化营商环境、服务业扩大开放、跨国公司地区总部发展、国家文化产业创新实验区等方面。

（刘静敏）

【北京CBD创新发展年会】 9月13日至16日，北京CBD管委会举办“2018北京CBD创新发展年会”。其间，9月13日，北京CBD国际论坛在北京朝阳规划艺术馆举办。论坛由国务院发展研究中心指导，世界商务区联盟及中国商务区联盟支持，中国发展出版社、朝阳区人民政府与北京CBD创新发展年会组委会共同主办，国研智库、北京CBD管委会联合承办。论坛围绕“开放促发展创新增动能建设国际一流商务中心区”主题，重点解读与探讨推动新时代对外开放与创新驱动方面内容。来自国家相关部委领导与专家、北京市相关部门、国内外友好城市和世界商务区联盟、中国商务区联盟成员单位代表、国内外组织机构与智库代表、区域重点企业代表及媒体代表等，约200人参加论坛。9月14日，2018中国商务区联盟闭门会议在北京郡王府举办。会议由中国商务区联盟主席龙永图主持，近20个商务区的50余名代表参加。会议通过广州市琶洲会展总部和互联网创新集聚区管理委员会、重庆江北嘴中央商务区管理委员会加入联盟的申请，并为其授牌。

（刘静敏）

【中国商务区蓝皮书发布】 9月14日，中国商务区联盟、中国社会科学院城市发展与环境研究所、社会科学文献出版社联合主办中国商务中心区发展高峰论坛暨《商务中心区蓝皮书：中国商务中心区发展报告No.4（2018）》发布会。

2018年度蓝皮书以“CBD：迈向高精尖的产业发展”为主题，立足新时代国家推进创新驱动和经济结构转型的重大背景，研究提出CBD促进产业转型升级、引领经济高质量发展的总体思路、重点任务及对策建议。总体框架包括综合篇、楼宇经济篇、总部经济篇、金融商务篇、文化创意篇、新经济篇、国际经验篇和CBD发展大事记八个篇章，分别从产业的高、精、尖以及营商环境营造四个层面分析中国CBD产业转型升级进展及成就。

（刘静敏）

【全市首个商圈党建工作联盟成立】 9月29日，北京市委社会工委召开全市商圈党建工作联盟建设推进会暨朝阳区北京商务中心区华贸商圈党建工作联盟成立大会，是北京首个商圈党建工作联盟。北京商务中心区华贸商圈党建工作联盟是以党建工作为纽带，依托社区党委和国华置业有限公司党委“融合共享型”党建模式，由属地区域性党组织牵头，商圈内各级各类组织联合联动的新型组织形式。联盟包括商圈内“两新组织”党组织和辖区工商、税务、公安、交通、消防、安监、食药、城管及劳动等职能部门。华贸商圈内有各类独立、联合党组织37个，党组织覆盖率89%，工作覆盖率100%。

（刘静敏）

▲ 9月29日，北京第一个商圈党建工作联盟——北京商务中心区华贸商圈党建工作联盟成立
北京商务中心区图片库　供稿

【产业创新生态合作论坛】 2018年9月20日，由北京商务中心区管理委员会作为指导单位，北京CBD跨国公司俱乐部主办，国安创客、国科创富、《中国科技财富》杂志社承办的2018产业创新生态合作论坛在国安创客北京中心举办。论坛以“创新生态，合作共赢”为主题，聚焦产业升级背景下的创新生态合作，邀请业界人士共同探讨传统产业如何构建和参与新生态建设。

（刘静敏）

【楼宇品质分级评价标准发布】 10月，北京商务中心区管委会开展“朝阳区优化营商环境在行动——百强企业‘服务包’颁发·北京商务中心区楼宇品质评价标准发布”主题活动。发布北京商务中心区楼宇品质分级评价标准，借鉴LEED、WELL、BOMA、绿色建筑评价标识体系中与楼宇品质和物业管理相关内容，从选址与建筑设计、节能与设备管理、室内外环境管理、健康与安全管理、物业与租户管理、创新与因地制宜6方面，建筑规模、楼宇节能激励机制、应急预案、创新运营等73项标准，对楼宇进行科学、系统测评。首批认定国贸中心、北京银泰中心等8个楼宇为六星级超甲级楼宇并颁发标识牌，中海广场、富力中心等10个楼宇为五星级超甲级楼宇并颁发标识牌，一并表彰95位北京CBD楼宇金牌管理员，成立北京商务中心区楼宇联盟。

（刘静敏）

【旧城区改建】 年内，永安里项目签约868户居民，占总户数的92%，非住宅签约5家。化石营项目完成安置房源购置手续，签约和选房大厅建设完毕；配合相关部门开展被征收家庭补偿测算，房屋征收补偿方案通过区长办公会审议。完成金桐东路、金桐西路房屋征收全部安置房源筹措，征收补偿方案准备公示征求意见。金之桥大厦搬迁工作全部完成。

（刘静敏）

【区域人才服务】 年内，北京CBD管委会为9家重点企业申报41个非京生源应届毕业生进京指标，为23家企业申报人才引进需求100余人。提供人才公租房、商务班车、无线北京商务中心区等服务，双合家园人才公租房入住34家企业引进人才约400人，入住率98%。

（刘静敏）

北京奥林匹克公园

【概况】 北京奥林匹克公园管理委员会（简称奥管委）成立于2008年11月1日，为市政府派出机构，委托朝阳区政府代管。设综合处（应急管理处）、综合治理处、大型活动处、市政管理处、发展处、安保交通处和党建工作办公室等7个处室，下设1个城管大队和1个服务中心。公务员编制104人，实有99人；全额拨款事业编制25人，实有24人。主要职责为：负责研究提出奥林匹克公园发展规划和相关政策，组织协调市、区有关部门及奥林匹克公园区域企事业单位落实；参与拟订奥林匹克公园的建设规划；负责奥林匹克公园区域内大型活动的组织管理和服务保障工作；组织协调区属各单位开展奥林匹克公园区域内社会秩序、市政基础设施、城市绿化、市容和环境卫生等工作，统筹奥林匹克公园及周边景观管理工作，实施标准化城市管理；按照全区功能区建设要求，组织、协调、统筹区域内产业发展和促进工作；负责组织协调有关部门及奥林匹克公园区域内的企事业单位，开展食品卫生、防火安全、生产安全、交通管理、社会治安、旅游市场管理等工作等。年内，奥运功能区完成区级财政收入82.03亿元，完成全年任务98.59%。奥林匹克公园实现固定资产建安投资额27.91亿元，完成全年任务176.09%。奥运功能区劳均产出率178.5万元/人，完成全年任务指标101.2%；地均产出率166.4亿元/平方千米，完成全年任务指标105%。公园接待游客2687万人次。在广州保利世贸博览馆举办2018中国体育文化·体育旅游博览会。12月11日，北京奥林匹克公园获2018十大“体育旅游精品景区”称号，在北京奥林匹克公园举行的2018中国网球公开赛获“2018体育旅游精品赛事”称号。12月19日，2018中国品牌旅游发展论坛暨全域旅游成果展在人民日报社报告厅举行，北京奥林匹克公园获“2018中国品牌旅游景区”等称号。

（杨　盼）

【围栏整治】 1月至9月，奥管委开展园区围栏整治提升工作。结合园区安保需求与整体景观，制定“拆一批、改一批、留一批”整治方案。拆除国家体育馆、国家会议中心、北投集团、国学中心等5家单位安保、绿化围栏12000余延米，用1500余组花箱、500余延米北海道黄杨代替原围栏，建设南北畅通步行景观大道。

（赵　杰）

【大型活动承办】 1月至12月，奥管委园区承办大型活动957项，其中会议804项、展览84项、文化活动52项、体育活动17项。包括中非合作论坛北京峰会、北京国际服务贸易交易会等国际性活动111项，国际化占比超11%。策划开展奥园“十八景”全球征集评选等18项奥运十周年纪念活动等。

（李　硕）

【第九届鸟巢欢乐冰雪季】 3月4日，由国家体育场有限责任公司主办，北京奥运城市发展促进会、北京市教育委员会、北京市旅游发展委员会、北京市体育局、奥林匹克公园管理委员会支持的第九届鸟巢欢乐冰雪季活动落幕。北京国资公司旗下鸟巢冰雪乐园6万余平方米，设置单双板滑雪、滑冰、冰球、冬季两项、冰壶、雪地足球、超级雪圈等二十余项冰雪活动。接待游客30余万人次。活动于2017年12月23日启动。

（杨　盼）

【FINA国际泳联世界跳水系列赛】 3月9日至11日，2018年FINA国际泳联世界跳水系列赛北京站在国家游泳中心水立方举办。赛事包含男女单人、双人以及男女混双3米板和10米台跳水等10个项目。中国选手包揽此站比赛全部冠军。

（杨　盼）

【“奥园十八景”全球征集评选活动】 3月28日，奥管委在鸟巢金色大厅举行“奥园十八景”全球征集评选活动新闻发布会。活动于2017年12月启动，2018年8月9日结束，征集阶段收到作品3600余件。通过3轮评选，最终评出18个景观的获奖名称和照片作品。分别为盼梦成真、和光瑞阙、北顶飞霞、鸟巢圆梦、奥运之光、水蕴方圆、七院文华、奥塔流云、仰山胜景、五环同心、一路走红、碑林汲古、花田野趣、银杏叠金、双园接翠、奥海游龙、钻石星辉、冰丝炫彩。

（邸雯昕）

【北京国际长跑节暨北京半程马拉松赛】 4月15日，2018北京国际长跑节暨北京半程马拉松比赛举行。比赛起点设在天安门广场，终点为奥林匹克公园庆典广场。32个国家和地区2万余名跑者参加比赛。中国选手包揽男女组前三名。男子组李春晖以1小时06分02秒的成绩夺冠，女子组马玉贵以1小时14分56秒的成绩夺冠。

（杨　盼）

【第一次花卉栽植工程完工】 4月24日至28日，奥林匹克公园年内第一次花卉栽植工程完工。总施工面积13976平方米。花卉品种包括一串红、孔雀草、木茼蒿、南非万寿菊、粉凤仙、大花萱草、毛地黄、超级凤仙、兰花鼠尾草、牵牛、比哥海棠、康乃馨等31种、97万株。主要区域包括景观大道、湖景东路、国家体育场南路、慧忠路、大屯路、科荟路、丝路金桥景观、管委会办公区等。

（杨　盼）

【上海合作组织第五届军乐节巡游表演】 4月25日，“和平号角—2018”上海合作组织第五届军乐节巡游表演在北京奥林匹克公园举行，中国、俄罗斯、印度、巴基斯坦、白俄罗斯、乌兹别克斯坦、塔吉克斯坦、吉尔吉斯等8个国家的11支军乐团、600余人参与表演。

（杨　盼）

【2018北京鸟巢半程马拉松赛】 5月6日，中国田径协会、北京市国有资产经营有限责任公司联合举办2018北京鸟巢半程马拉松赛，起点奥林匹克公园中心区景观大道，途经水立方、国家速滑馆（在建）、奥运塔等奥运地标建筑，终点鸟巢，来自22个国家及地区近13000名跑者参加。中国选手沙宇超以1小时11分27秒的成绩获男子组冠军，中国选手张陈以1小时31分51秒的成绩获女子组冠军。赛事时值北京奥运会10周年，活动新增亲子跑项目，超过300个家庭参加，有50个家庭是2008年的奥运宝宝家庭。

（杨　盼）

【“中国旅游日”北京市分会场活动】 5月19日，北京市旅游发展委员会、北京市朝阳区人民政府联合主办的中国旅游日北京分会场活动在奥林匹克公园举行。活动主题是“全域旅游，美好生活”，倡导旅游行业优化产品结构。活动现场，市旅游委发布北京“5·19”中国旅游日的惠民政策，多家旅行社围绕京郊景区景点推出旅游线路。

（杨　盼）

【第五届中国（北京）国际服务贸易交易会】 5月28日至6月1日，由商务部、北京市政府共同主办，商务部交流中心和北京市国际服务贸易事务中心承办，以围绕推动服务业和服务贸易“开放、创新、融合”发展为主题的第五届中国（北京）国际服务贸易交易会在国家会议中心召开。120个国家和地区参会，设置5万平方米展览展示区，举办130余场论坛、会议及洽谈交易活动。

（杨　盼）

【第四届北京奥林匹克公园新项目推介会】 7月26日，奥管委举办2018年第四届北京奥林匹克公园新项目推介会在鸟巢文化中心开幕。推介会以“承夏奥十年辉煌启冬奥冰雪梦想”为主题，为奥运功能区内外企业搭建产业互助互惠、融合发展平台，推进园区六大产业发展。300余家体育、文化、旅游、会展和商务公司企业负责人参加开幕式。

（杨　盼）

【奥林匹克公园接待游客超5亿人次】 7月26日，北京市旅游发展委员会党组成员、副主任庹军，朝阳区人民政府副区长刘海涛和朝阳区旅游委主任兰学军在2018年北京奥林匹克公园新项目推介会开幕式仪式上，为进入北京奥林匹克公园第5亿名游客史丹宁颁发证书。至此，奥园接待游客数超过5亿人次。

（杨　盼）

【奥林匹克公园环境整治和景观提升工程】 7月27日至8月27日，奥管委完成中非合作论坛北京峰会环境布置、环境整治、景观提升、城市运行4大类15项景观提升工程。修复破损路面、步道10.2万余平方米，清洗景观大道石材27.68万平方米；清洗遮阳棚、安检房、游客服务中心、标识标牌和农历广场56组“民族之花”等设施800余项；粉刷维修围栏1万延米、座椅710套；维修更换安检房和卫生间设备设施200组、照明设施200余套；更换标识牌1000余块；安装围栏等交通设施2000余米、垃圾桶1700组。绿化景观改造面积约3万平方米，其中花卉栽植2.2万平方米、80余种、210万盆。在国家会议中心四周围栏悬挂花卉1500组，摆放“丝路金桥”主题花坛。设置以“中国鼓”和“非洲鼓”为元素的主题迎宾花坛，以中、非各国国旗主色调红、黄、绿为主的盘龙式花柱90组，花箱1500余组，花球、花堆4处，在园区11条道路绿地栽植时令花卉。

（杨 盼）

【第九届北京奥运城市体育文化节】 8月8日，北京市人民政府、北京奥运城市发展促进会联合主办第九届北京奥运城市体育文化节在奥林匹克公园开幕。

（杨 盼）

【中非合作论坛北京峰会环境保障】 9月3日，2018年中非合作论坛北京峰会首场活动——中非领导人与工商界代表高层对话会暨第六届中非企业家大会在国家会议中心举行。奥林匹克公园作为中非合作论坛核心保障区域，完成外围环境整治、景观提升和安保维稳工作。完成4大类15项环境整治与景观提升任务。对园区大型商业综合体、建筑施工等重点行业和领域加强检查，监督检查覆盖率和隐患整改率均达100%。整治交通乱象，改善交通秩序。组织旅游、工商、公安等部门加强联勤联动，高限处罚各类违法形态。封园期间每天安排400余人次加强巡视和制高点管控。出动1500余人次对主会场周边区域进行全覆盖清洁。

（杨 盼）

【“二一”工程开工建设】 9月10日，“二一”工程开工建设。该项目位于奥林匹克公园中心区中国科学技术馆南B03地块，北临大屯北路，西临湖景东路，东临北辰东路，南临大屯路。项目总用地面积约4万平方米，建筑面积为23.20万平方米，地下4层，地上7层，建筑高度约50米。工程由北投集团代建，设计单位为北京建筑设计研究院，监理单位为帕克国际工程咨询股份有限公司，施工单位为北京城建集团。

（吴呈西）

【2018华夏幸福北京马拉松赛】 9月16日，中国田径协会、北京市体育局联合举办2018华夏幸福北京马拉松赛。比赛起点设在天安门广场，终点设在奥林匹克公园鸟巢。43个国家和地区的3万名选手参加比赛。来自埃塞俄比亚的选手Dejene Debela Gonfa以2小时12分08秒的成绩获男子组冠军。肯尼亚选手Valary Jemeli Aiyabei以2小时21分38秒获女子组冠军。

（杨 盼）

【国庆景观布置工程完工】 9月17日至29日，奥园2018年国庆景观布置工程完工。景观由一个主景观（复兴之路）和两个辅助景观（永恒经典—2008、期盼未来—2022）组成。景观主体及基座由13.5万盆各色花卉以及造型灯箱组成，长50米、宽16米、高10米。

（杨 盼）

▲ 中非论坛奥园景观（摄于8月23日） 曹延伟 摄

【2018国际冬季运动（北京）博览会】 9月19日至22日，北京奥运城市发展促进会和国际数据集团联合举办2018国际冬季运动（北京）博览会在国家会议中心举行。主题为“冰雪力量”，开展荟萃展览、论坛、专业推介、冰雪体验等环节，展览面积3万平方米，530家品牌参展，200余位国内外业内专家参与论坛演讲，超过24000名专业观众到场，访问量153000人次。

（杨 盼）

【国家速滑馆“冰丝带”实现主体结构封顶】 9月底，国家速滑馆“冰丝带”实现主体结构封顶。国家速滑馆在2022年北京冬奥会期间主要承担大道速滑项目的比赛和训练。速滑馆主场馆及东车库工程项目占地面积约17万平方米，总建筑面积9.69万平方米，座位数12000个，包括地下2层和地上3层，计49个施工流水段。建设单位为北京国有资产经营有限公司，设计单位为北京建筑设计研究院，监理单位为帕克国际工程咨询股份有限公司，主体施工单位为北京城建集团，车库施工单位为北京住总集团。

（吴呈西）

【第二十届北京国际旅游节】 10月1日，第二十届北京国际旅游节在奥林匹克公园庆典广场开幕。活动由北京市旅游发展委员会主办。开幕式表演分为“北京欢迎你”“中非丝路情”“融合与创造”“东方与西方”“激情与梦想”五大篇章。旅游节以“中非丝路情相聚在北京”为主题，4日结束。

（杨 盼）

【第十五届中国网球公开赛】 10月1日至7日，第十五届中国网球公开赛在国家网球中心举行。比赛有49个国家和地区的279名球员开展300场对决赛。在男、女单打决赛中，格鲁吉亚选手巴斯拉什维利和丹麦名将沃兹尼亚奇分别夺冠。20万人次观赛，餐饮和纪念品消费总额800万余元。

（杨 盼）

【《中国好声音》总决赛】 10月7日，2018年《中国好声音》总决赛在国家体育场举行，8万名观众观看。

（杨　盼）

【北京国际马术大师赛】 10月12日至14日，第八届浪琴表北京国际马术大师赛在国家体育场举办。251对人马组合同场竞技，参赛马匹总价值人民币过亿元。

（杨　盼）

【“大爱无国界”国际义卖活动】 10月21日，国务委员兼外交部部长王毅的夫人钱韦发起以“听见世界的爱”为主题的第十届“大爱无国界”国际义卖活动在国家体育场热身场举行。王毅和150余位驻华使馆、国际组织驻华机构代表出席开幕式。90家驻华使馆、国际组织驻华机构及60余家中资企事业单位参加，筹得善款600余万元。所筹善款用于为甘肃贫困地区听障儿童植入人工耳蜗。

（杨　盼）

【国家会议中心二期开工】 12月3日，国家会议中心二期（冬奥会新闻中心和国际广播中心）工程开工建设。项目由主体建筑和配套建筑组成，占地面积13.87万平方米，总建筑面积约73.7万平方米，地上总建筑面积约48.7万平方米。主体建筑为会展中心，位于B25、B26地块，地上建筑面积约25.6万平方米，总面积约40万平方米；配套建筑为酒店、写字楼和配套商业，位于B23、B24地块，地上建筑面积约23.1万平方米，总面积约34万平方米。建设单位为北辰实业集团，监理单位为中咨工程建设监理有限公司，施工总包确定为北京建工集团。

（吴呈西）

【国家游泳中心改建工程开工】 12月26日，国家游泳中心2022年冬奥会改建工程开工建设。项目用于北京2022年冬奥会和冬残奥会期间的冰壶、轮椅冰壶比赛场馆。国家游泳中心改建工程包括场馆内部改造和南广场地下冰场建设。场馆内部装修面积约5万平方米，在冬奥会、冬残奥会时提供冰壶比赛场地；国家游泳中心南广场地下冰场建设工程项目总建筑面积为8221.3平方米，地上建筑高度为5.0米，地下建筑高度为-10米，作为2022年冬奥会冰壶热身场以及冰场、冬奥文化展厅、服务配套设施用房等。建设单位为国家游泳中心有限公司，设计单位为北京建筑设计研究院，监理单位为北京双圆工程咨询监理有限公司、诺士诚国际工程项目管理有限公司，施工单位为中建一局集团建筑发展有限公司（主体）、中国建筑一局集团公司（南广场）。

（吴呈西）

【国家体育馆2022冬奥会场馆改（扩）建工程开工】 12月30日，国家体育馆2022冬奥会场馆改（扩）建工程开工。改建后的国家体育馆用于北京2022年冬奥会期间的男子冰球项目比赛和女子冰球决赛，以及冬残奥会冰橇冰球项目比赛场馆。原国家体育馆场馆总建筑面积为8.41万平方米、固定座席数18000个、临时座席数2000个、停车位255个。现扩建部分占地面积为4800平方米，建筑总面积约1.37万平方米，地上建筑面积为8775平方米，地下建筑面积为4951平方米，扩建部分最高点高度为17.1米。建设单位为北京演艺集团有限责任公司，设计单位为北京建筑设计研究院，监理单位为兴电国际工程管理有限公司，施工单位为中建二局三公司。项目计划2020年10月竣工。

（吴呈西）

【北京冰雪文化旅游节开幕】 12月31日，2019北京新年倒计时活动暨北京冰雪文化旅游节开幕式在奥林匹克公园庆典广场举行。活动以“魅力北京冰雪之约”为主题，北京市文化和旅游局与北京冬奥组委文化活动部共同主办。

（杨　盼）

【楼宇建设招商】 年内，奥体文化商务园区新引入中建海外有限公司、中建财务有限公司、北京天润新能投资有限公司等112家企业。

（邸雯昕）

【国家体育产业示范基地建设】 年内，奥管委组织国家体育场、国家游泳中心等重点单位作为发起单位加入“中国体育用品业联合会场馆事业工作委员会”。组织园区国家体育产业示范基地共建单位代表参展2018年中国国际体育用品博览会、2018中国体育文化·体育旅游博览会，加强与其他体育产业基地和区域交流。连续第5年组织开展奥园体育产业发展报告编制工作。

（邸雯昕）

【雪亮工程三期建设】 年内，奥管委实施国家会议中心周边立体化防控系统项目。在国家会议中心周边等重点区域安装17台红外网络高清摄像机，在奥管委指挥中心增设3D图像拼接及监控高低点联动系统等智能化应用。

（龙　昊）

【“奥运十年”访谈】 年内，“北京奥林匹克公园”微信公众号推出大型访谈类栏目“奥运十年”，庆祝2018年北京奥运会举办十周年。以访谈形式回首北京奥运会筹备工作，解读北京奥运会深远影响，为北京冬奥会筹办献计献策等。访谈对象为2008年奥运会时北京奥组委工作人员、媒体记者、场馆运行团队及建设者、运动员、火炬手、志愿者，奥运功能区发展联盟主要成员单位人员，以及参与2022年北京冬奥会新一代奥运

▲ 1月10日，“奥运十年”大型访谈之采访奥运冠军杨凌　　奥管委　供稿

人等。年内，采访前国际奥委会市场开发委员会主席杰哈德·海伯格，奥运冠军杨凌，原北京奥组委文化活动部部长赵东鸣等14位奥运人。

（杨　盼）

中关村朝阳园

【概况】 中关村科技园区朝阳园管委会（简称朝阳园管委会）为区政府派出机构，负责朝阳园的规划设计、开发建设和协调服务等工作，主任由主管副区长兼任。下设办公室、组织人事处、规划建设处、产业促进处、创新创业处、招商处、经济分析处、电子城科技园服务中心，行政编制39名。2015年8月，朝阳区机构编制委员会印发《关于调整中关村科技园区朝阳园管理机构设置的通知》，撤销垡头科技商务区管委会及其下设的管委会办公室，其主要职能和行政编制划入朝阳园管委会。园区企业享受国家、北京市、中关村示范区、朝阳区各类优惠政策。年内，修订《朝阳区高新技术产业引导资金管理办法》并开展项目征集；为阿里巴巴等24家企业量身定制“政策服务包”。持续深化与未来论坛战略合作；成立朝阳园博士后工作站；大疆、瓜子网、自由运动场（Keep）、vivo等企业实现落地。制定2018国际人才社区重点任务实施方案。开展“国际科技研发集聚区”课题调研；启动朝阳园政策区范围调整的研究、北区城市设计方案征集和地下空间规划研究。全年朝阳园实现总收入6362.3亿元，比上年增长14.9%，其中电子信息等四大高新技术产业实现总收入4718.9亿元，占朝阳园总收入74%，比上年增长16.67%；地均产出率、劳均产出率分别为243.8亿元/平方千米、244.3万元/人，比上年增长14.89%、2.39%。加强经济数据分析，园区税源企业9.2万家，是五年前的3倍，有众创空间和孵化器33家，独角兽企业9家；WeWork落户国际电子总部；ABB中国、联发博动等5家企业回迁。开展《中关村朝阳园发展规划（2018—2035年）》研究，起草《朝阳区关于落实39号文的实施方案（草案）》，完成中关村朝阳园北区方案征集评审工作，完成阿里巴巴北方总部及“三国际一未来”重点项目选址工作。大望京中央公园开园，占地7万平方米，标志着大望京区域从科技园区向先进商务区、国际高端要素聚集区方向发展。

（赵　培）

【国际人才社区创新发展调研】 3月7日，市委组织部、市金融局、国开行组成考察团调研朝阳区国际人才社区创新发展基金筹建工作。考察团肯定朝阳望京国际人才社区建设工作。4月13日，市政协副主席兼科技委员会主任陈军率“科创中心为首都高质量发展提供新动能”联合调研组赴朝阳园调研，朝阳园管委会常务副主任苏向东陪同调研。调研组听取朝阳园基本情况介绍。在阿里巴巴集团（北京）总部，参观阿里巴巴北京展厅，听取阿里巴巴在京业务开展情况汇报。在安捷伦科技中国有限公司，参观安捷伦实验室，听取安捷伦在华业务及实验室开放情况汇报。北京妙微科技有限公司董事长许亮峰、北京三角兽科技有限公司创始人马宇驰、中商惠民电子商务有限公司副总裁吴婷分别介绍企业发展情况。

（张浩琦）

【博士后科研工作站揭牌】 4月20日，朝阳园管委会举行博士后科研工作站揭牌仪式。原望京博士后工作站更名为中关村科技园区朝阳园管理委员会博士后科研工作站。北京市人力社保局专家与博士后工作处处长李欣、区人力社保局书记、局长张岩分别致辞，北京市人力社保局专家与博士后工作处副处长雷素华、中关村科技园朝阳园管理委员会常务副主任苏向东等领导出席揭牌仪式。北京兆维电子（集团）有限责任公司、北京奇安信科技有限公司、精进电动科技股份有限公司、北京时代凌宇科技股份有限公司4家企业分站获批成立。各企业分站均与流动站签订联合招收协议，开展博士后研究人员招收工作。

（刘显辉）

【朝阳园北区规划建设】 5月7日，区委书记、区长王灏到中关村朝阳园调研北区建设工作，推进“三国际一未来”与阿里集团北京运营中心项目。6月22日，代区长文献主持召开北区规划座谈会。区发改委、市规土委朝阳分局等相关部门参加。9月27日，朝阳园管委会组织召开朝阳园北区规划建设工作会，北京市规划和国土资源委员会（简称市规划国土委）朝阳分局、弘都院、北京城建设计发展集团股份有限公司（简称城建院）、望京综开公司、未来论坛等单位有关人员参加会议。弘都院介绍北区城市设计方案征集工作，城建院汇报北区地下空间规划研究进展，望京综开汇报国际人才公寓设计工作进展，未来论坛汇报项目的设计工作进展。9月28日，朝阳园管委会会同市规划国土委朝阳分局在中关村科技园区电子城西区望京科技创业园召开中期汇报会，介绍中关村朝阳园北区城市设计方案征集设计进展情况。袁昕和恽爽带领的北京清华同衡规划设计研究院有限公司，Constantine Andrew Koritsas和Ben JOURDAIN带领的Darrenn

▲ 4月20日，朝阳园管委会举行博士后科研工作站揭牌仪式　　胡志虹　摄

Limited 公司，王兰玫和黄新兵带领的艾奕康环境规划设计（上海）有限公司、北京市建筑设计研究院有限公司联合体，傅博和刘晓光带领的华通设计顾问工程有限公司、CallisonRTKL Asia Limited（楷亚锐衡有限公司）联合体等 4 家入围单位分别介绍项目设计情况，细化方案设计过程中发现的问题。会议要求方案设计要突出国际化、创新化的区域特点。12 月 4 日，朝阳园管委会与市规划国土委朝阳分局、弘都院、中关村招标公司组织召开朝阳园北区城市设计征集专家评审会，4 家应征单位参加。最终，华通设计顾问工程有限公司和 CallisonRTKL 获一等奖、Darrenn Limited 公司获二等奖优胜设计方案。12 月 6 日，朝阳园召开朝阳园北区地下空间规划研究项目专家评审会。专家组由高等院校、科研院所、规划编制机构等单位 5 名专家组成。城建院汇报规划方案，通过背景分析、案例比较、需求与限制性条件分析，提出地下空间连通系统布局框架、空间组织策略及开发模式建议，专家组对汇报内容进行研讨论证。

（李伟巍）

【“京沈双创产业加速器”项目】 6 月 4 日，北京朝阳区科技企业孵化器联盟与沈阳双创产业运营管理有限公司合作项目“京沈双创产业加速器”落地沈阳。项目联合搭建北京市首个创新创业服务平台，链接“京沈两地”创新创业领域“飞地经济模式”，探索京沈对口合作。中关村朝阳园管委会组织园区相关孵化机构代表赴沈阳浑南区考察学习。考察团走访锦联产业园、新松机器人总部等园区企业，考察调研浑南区相关众创空间、科技型企业以及特色园区。

（刘昱辉）

【朝阳园政策区范围调整专题会召开】 9 月 6 日，朝阳园管委会召开中关村朝阳园政策区范围调整专题研讨会。听取崔各庄乡、来广营乡、将台乡依托政策区范围调整工作促进乡域产业发展的诉求，研究政策区调整意见和拟划出和新纳入园区范围地块有关情况。会议要求，调整地块应符合朝阳园未来产业发展的定位要求；新纳入地块应能够有效地优化朝阳园空间布局。区发改委、市规划国土委朝阳分局、弘都院、崔各庄乡、来广营乡、将台乡等单位有关人员参加会议。

（李伟巍）

▲ 9 月 8 日，未来论坛召开 2018 未来科学大奖新闻发布会　　未来论坛　供稿

【未来人才高峰对话】 9 月 8 日，北京市人才工作领导小组办公室、朝阳区委区政府、未来论坛共同举办未来人才高峰对话。两场对话议题分别为“人才新趋势，教育新思考”“以生态激活创新”，邀请优秀青年科学家、知名企业和投资界精英，探讨科技创新人才队伍建设、人才交流以及创新发展生态等问题。在闭门会议环节，陈吉宁与科学家、投资人代表进行座谈。

（赵明明）

【国际人才公寓工作推进会】 9 月 20 日，朝阳园管委会组织召开国际人才公寓工作推进会。区委组织部、区财政局、区发改委、区国资委、区住房和城乡建设委、市规划国土委朝阳分局、望京综开公司、管委会规划处和招商处参加。望京综开公司汇报户型配比、财政资金方案等。参会单位根据方案提出修改意见。

（赵明明）

【电子城功能区税源建设工作会】 9 月 28 日，朝阳园管委会组织召开电子城功能区税源建设工作会，东湖街道、酒仙桥街道、望京街道、崔各庄地区、东坝地区、将台地区、来广营地区等 7 家街乡负责人参加。会议通报年内 1 月至 8 月区级收入完成情况，辖区内在售、待售住宅、商业房地产项目情况，辖区内大房产税 100 万元以上楼宇及计划 10 月房产税重点增收企业情况，以及增量企业情况等。

（王仁清）

【未来青年论坛】 10 月 14 日，朝阳区人民政府、中关村朝阳园管委会及未来论坛共同举办的 2018 未来青年论坛在北京朝阳望京昆泰酒店举行，主题为“创新引领未来”。

▲ 10 月 14 日，朝阳区人民政府、中关村朝阳园管委会及未来论坛共同举办 2018 未来青年论坛　　未来论坛　供稿

活动通过主旨演讲、高峰论坛及主题研讨会等方式，邀请全球优秀青年科学家、具有代表性的知名企业和投资界精英，探讨人工智能、基础科研等主题。北京市委组织部、朝阳区相关委办局、区重点企业代表、科研院所与高校代表300余人参加。

（赵明明）

【秋季网络招聘会举办】 10月22日至11月30日，电子城服务中心与智联招聘合作，举办2018年中关村朝阳园企业秋季网络招聘会，为园区60家优质企业提供六周网络招聘服务。招聘辐射人群70万余人次，产生投递量14万人次。职位转化率约20%，平均每5次浏览产生1次投递，高于市场平均水平。

（张冬梅）

【大望京中央公园开园】 11月14日，朝阳园大望京中央公园举办开园仪式。大望京中央公园贯穿北京朝阳大望京科技商务创新区，占地7万平方米，呈带状延伸，设计主题“星云”，由共享、科技、艺术、绿色四要素相互交织呈现。《北京晚报》和北京电视台《北京新闻》栏目分别刊登、播出名为《北京大望京中央公园正式开园，首都国门路上再添新风景》的专题、专访报道。

（苏　珊）

【第三届未来科学大奖颁奖典礼】 11月18日，朝阳区政府、中关村朝阳园、未来论坛共同举办2018年第三届未来科学大奖颁奖典礼暨F2科学峰会。李家洋、袁隆平、张启发、马大为、冯小明、周其林、林本坚7位科学家获奖。李家洋、袁隆平、张启发获“生命科学奖”。马大为、冯小明、周其林获“物质科学奖”。林本坚获“数学与计算机科学奖”。未来科学大奖旨在奖励在大中华区取得杰出科技成果的科学家，让科学家成为偶像，成为公众学习的榜样。区领导王灏、文献、李长萍等出席活动。未来科学大奖捐赠人、监督委员会主席、科学委员会委员、未来论坛理事及机构理事代表出席会议。

（赵明明）

温榆河生态走廊

【概况】 北京市朝阳区温榆河生态走廊建设管理委员会（简称温榆河管委会）为区政府派出机构，负责温榆河地区开发建设管理和协调服务工作。内设办公室、规划建设科、资源利用科、纪检监察室4个科室，公务员编制15人。主要职责：负责研究编制温榆河地区总体规划、控制性详细规划和各专项规划，制定地区发展规划、相关政策和开发建设计划，并组织实施；负责统筹温榆河地区市政基础设施建设、产业发展和生态环境建设，制定地区土地开发建设计划，并组织实施；负责协调建设用地的征地、拆迁、转工、转居工作，制定征地拆迁安置计划和政策；负责温榆河地区开发建设项目的初审和报批工作，并协助相关部门开展对工程项目的财务管理和审计监督工作；负责研究温榆河地区的财政、金融运行态势，组织对外宣传和招商引资工作。北京市朝阳区温榆河生态走廊服务中心为下属事业单位，差额拨款事业编制10人，主要负责区域相关信息化建设和服务，政策咨询和信息发布、追踪及反馈，管委会的后勤保障及服务等工作。年内，完成固定资产投资0.2亿元。

（孙　北）

【温榆河公园一期起步区建设专题会】 9月，副区长杨建海、区政协副主席杨树旗主持召开专题会，统筹推进公园一期起步区前期手续办理和施工现场指挥调度工作。按照市规划国土委、市园林绿化局批复意见深化方案设计，建立信息报送和现场指挥调度机制，梳理公园建设重点工作和时间节点，从项目立项到竣工验收全过程细化工期安排，加快手续办理。

（王　磊）

【领导调研】 10月，副区长杨建海、区政协副主席杨树旗调度温榆河公园一期起步区相关工作，了解项目设计方案、手续办理、拆迁工作、开工方案等工作进展情况，协调解决存在的问题。

（姜海玉）

【温榆河公园朝阳示范区项目园林景观工程】 11月12日，北京温榆河公园建设管理有限公司发布温榆河公园朝阳示范区项目园林景观工程一、二、三标段招标资格预审公告，项目由朝阳区发展和改革委员批准建设[京朝阳发改（审）〔2018〕109号]，招标人为北京温榆河公园建设管理有限公司，招标资金117828.06万元，来自政府投资，工程招标范围为温榆河公园朝阳示范区项目土方工程、绿化工程、铺装及景观工程、园区水电、园区小市政、园区桥梁等。工期要求350日历天。

（姜海玉）

金盏金融商务区

【概况】 北京市朝阳金盏金融商务区管理委员会（简称金盏金融商务区管委会）为区政府派出机构，主要职责为贯彻执行关于金盏金融商务区建设发展的法律、法规、政策，以及区委、区政府的决议和决定；负责组织编制园区总体规划、控制性详细规划和各专项规划，制定园区发展规划、年度计划、相关政策和开发建设计划，并协调实施；负责组织研究园区产业发展规划，对外宣传、招商引资、综合协调等工作，协助区政府做好园区重大项目引进的研究和决策工作；负责协调推进园区开发建设项目的规范审核、报批工作，并对园区规划、土地、建设的相关政策落实进行监督；负责市、区相关专项资金的使用和监督管理工作；负责协调园区市政基础设施、配套服务设施、户外广告、广场绿地和重要景观的建设工作；负责园区信息化建设工作；承办区政府交办的其他事项。编制10人，其中管理岗8人，行政岗2人。年内，优化东区控规调整方案。根据东区开发建设的实际情况，对控规调整初步方案提出关于产业布局、地块分割、生态环境建设、市政基础设施以及教育配套等方面的修改意见与建议，形成东区控规调整初步方案。年内，根据拆迁进度继续推进各项建设工作，东高路完成东坝大街以南段剩余的再生水管线和雨水方沟的施工，为配合中信项目2019年入驻，正在实施东坝大街以北至金盏横三路的电力管线施工。完成金盏纵五路电力图纸的重新设计及深基坑专家论证。督促拆迁，配合金盏乡完成影响第四使馆区建设的坝河北滨河路拆迁统计工作。

（杨　雪）

【招商地产金盏603地块】 1月19日，取得《规划方案复函》[2018年规（朝）审字0001号]。1月26日，取得《人防工程建设方案咨询意见书》。2月8日，取得《人防工程设计审核批准意见书》（2018京防施设审字0089号）。2月10日，取得《用地规划许可证》[地字第2018规（朝）地字0004号]。4月8日，取得《园林审核意见复函》（2018年朝绿规意字011号）。4月20日，取得《建设工程规划许可证》[建字第2018规土（朝）建字0006号]。4月24日，取得《关于朝阳区金盏乡楼梓庄村1113-603地块F3其他类多功能用地项目节能审查意见》[京朝阳发改（能评）〔2018〕7号]。5月8日，取得《人防工程初步设计技术审查意见书》（2018年京防施设审字0089号）。5月16日，取得《消防设计审核意见书》[朝公消审（2018）第0976号]。6月27日，取得《建筑工程施工许可证》[〔2018〕施（朝）建字0197号]。8月10日，完成土护降工程、桩基工程、防水施工。

（齐宏意）

【东区控规调整】 1月29日至3月19日，金盏金融商务区管委会经公开招标确定东区控规调整中标单位。5月31日，召开金盏金融商务区东区控规调整项目始发讨论会，组织设计单位北京市城市规划设计研究院、科可兰建筑设计事务所（北京）有限公司开展东区现状情况实地考察。6月至8月，收集并汇总文件及资料，编制“产业研究”和“城市设计概念方案/控规调整”初步成果，结合朝阳区整体产业发展及控规指标情况进行调整。9月至10月，与市规划院对接，了解分区规划中对商务区的相关要求和定位，结合东区整体情况继续进行初步成果调整优化。11月至12月，按照分区规划要求，优化中期成果，研究减量方案和指标。

（黄高敏　齐宏意）

【北京展拓置业（金茂）金盏604地块】 1月31日，金盏金融商务区管委会取得规划方案复函[2018规（朝）审字0002号]。2月8日，取得人防工程设计审核批准意见书（〔2018〕京防工准字0030号）。2月14日，完成能评[京朝阳发改（能评）〔2018〕2号]。3月7日，完成水评（京水评审〔2018〕33号）。3月8日，取得人防工程初步设计技术审查意见书（〔2018〕京防初审字0038号）。3月23日，取得园林审核意见复函（2018年朝绿规意字009号）。4月3日，签署出让合同补充协议（补缴地下面积）。4月20日，取得建设工程规划许可证（5#商业办公楼）[2018规土（朝）建字0005号]。5月7日，完成环评（朝环保审字〔2018〕0022号）。5月14日，取得建设工程规划许可证（1#、2#、3#、4#、6#商业办公楼）[2018规土（朝）建字0010号]。5月18日，取得5#商业办公楼消防设计审核意见书（朝公消审〔2018〕第1006号）及1#、2#、3#、4#、6#商业办公楼消防设计审核意见书（朝公消审〔2018〕第1036号）。5月30日，取得建筑工程施工许可证[〔2018〕施（朝）建字0157号]。5月31日，取得5#商业办公楼施工图审查合格意见书（房-01105-18-0243）。8月27日，取得1#、2#、3#、4#商业办公楼施工图审查合格意见书（房-01105-18-0243）及6#施工图审查合格意见书（房-01103-18-综合-0187）。12月15日，完成地下二层主体结构施工及1#、2#、3#、4#、5#、6#地下二层主体结构施工。

（齐宏意）

【产业发展研究】 1月至2月，金盏金融商务区管委会开展金盏金融商务区金融商务产业发展研究、文化金融产业的发展研究、金融科技产业发展战略研究3项课题研究。向课题研究机构沟通园区产业需求，提供现有材料，走访部分金融项目。5月，分别形成3项课题研究方案及框架。7月，各家机构分别编制形成课题初稿。10月底，结合朝阳分区规划落地任务，形成课题成果报告终稿。11月初，3项课题研究结题。

（高　昕）

【北京金地盛通金盏602地块】 4月2日，金盏金融商务区管委会取得规划方案复函[2018规（朝）审字0005号]。4月20日，取得地下车库、人防出入口等4项建设工程规划许可证[2018规土（朝）建字0003号]。4月28日，取得南侧两个楼（3#、4#楼）的地上部分的建设工程规划许可证[2018规土（朝）建字0009号]。4月24日，完成能评[京朝阳发改（能评）〔2018〕6号]、取得园林审核意见复函（2018年朝绿规意字015号）。5月14日，完成交评（京交函〔2018〕422号）。5月16日，取得建筑工程施工许可证[〔2018〕施（朝）建字0134号]。6月6日，取得北侧两个楼（1#、2#楼）的地上部分的建设工程规划许可证[2018规土（朝）建字0017号]。6月20日，完成环评（朝环保审字〔2018〕0041号）。10月29日，完成水评（京水评审〔2018〕195号）。12月28日，完成1#、3#、4#楼桩基施工。

（齐宏意）

【西区规划研究】 4月24日至5月14日，金盏金融商务区管委会公开招标确定西区规划研究中标单位。7月至8月，召开西区规划研究专题会。明确西区产业定位，讨论西区市政道路规划。9月，编制完成西区规划市政道路研究初步成果。10月至12月，研究修改初步成果。

（黄高敏　齐宏意）

【温榆河法庭及档案楼项目】 5月3日，金盏金融商务区管委会完成温榆河法庭及档案楼项目防水施工，回填土及消防水池结构。6月24日，工程结构封顶，项目地下二层，地上五层，工程总建筑面积13834.52平方米。11月28日，完成室内二次结构及室内公共区域吊顶工作。12月1日，完成消防系统设备安装，空调通风系统安装，强、弱电桥架安装，配管穿线、燃气直燃机、层间空调主机安装，机电设备整体完成90%。12月29日，完成外幕墙龙骨安装工作，幕墙保温安装完成90%。

（齐宏意）

【中信金盏金融后台综合服务中心项目】 6月4日，金盏金融商务区管委会完成金盏28#地人防质量验收。6月22日，取得《人防工程竣工验收备案合格通知单》[〔2018〕京防（朝）竣备字0027号]。6月底，完成金盏28#地竣工测量并取得测量报告。7月，完成金盏28#地规划测量并取得测量报告。9月初，终结金盏28#地两项基金返退工作。9月11日，取得金盏28#地《消防验收合格意见书》[京公（朝）消验字〔2018〕第1266号]。9月26日，取得金盏28#地全部《规划核验（验收）合格告知书》[2018规土（朝）竣字0015-0023号]。11月，完成金盏28#地项目节能验收工作，组织开展金盏28#地项目建筑物名称核准工作。12月，完成金盏29#地项目正负零规划验线工作，完成金盏28#地项目地名核准工作。

（齐宏意）

【广发金融中心（北京）项目】 11月26日，金盏金融商务区管委会取得广发金融中心（北京）项目建筑工程施工许可证[〔2018〕施（朝）建字0446号]。

（齐宏意）

【基础设施建设】 年内，东高路完成东坝大街以北至金盏横三路拆改移及工作面清表。金盏纵五路完成电力图纸的重新设计，启动东坝大街以南50米电力管线的施工。

（易洪芳）

国家文化产业创新实验区

【概况】 国家文化产业创新实验区以“北京商务中心区—定福庄”一带为核心承载空间，东至八里桥朝阳区与通州区界，南至广渠门外大街—广渠路，西起东二环朝阳区与东城区界，北至工体北路—姚家园路及其东延长线，行政区域面积78平方千米。北京朝阳国家文化产业创新实验区管理委员会（加挂北京国家广告产业园区管理办公室牌子）（简称文创实验区管委会）为区政府的派出机构，机构级别正处级，下设办公室、规划建设科、产业发展科和政策法规科。主要职责：负责国家文化产业创新实验区（不含北京商务中心区）规划、建设、管理等组织协调工作；负责国家文化产业创新实验区内文化产业发展的协调推进工作。年内，在文创实验区登记注册的文化企业（单位）3.9万家。文创实验区规模以上文化企业710家，实现收入1170.7亿元。年内，实验区范围内汇聚人民日报社、中央广播电视总台、中国国际电视台、北京电视台、各省级卫视驻京机构以及凤凰集团、阿里文娱、腾讯影业、爱上电视、万达文化、蓝色光标等知名品牌文化企业，是中国文化传媒类企业最集聚的区域。2017年度、2018年度国家文化产业创新实验区建设发展引导资金支持249个项目，拨付资金13032.2万元。全年文创实验区管委会接待国家相关部委、省市文化产业官方参观考察团80批次、2691人。

（李孟杰）

【实验区中期建设评估】 2月1日，文化部文化产业司委托北京市文化创意产业促进中心评估组到国家文化产业创新实验区开展实验区中期建设实地调研评估，评估组考察朝阳规划艺术馆、莱锦文化创意产业园等重点项目，召开专家评估会。评估认为文创实验区建设发展达到预期目标和要求。北京市委宣传部副巡视员、北京市文化创意产业促进中心主任梅松，文化部文化产业司政策规划处相关人员及有关专家参加评估，黄晓伟出席评估会。

（李孟杰）

【领导调研】 2月3日，市领导蔡奇、陈吉宁、李伟、吉林、杜飞进、崔述强、侯君舒、李伟、牛青山、李颖津、林抚生围绕“习近平视察北京重要讲话精神，优化城市功能和空间布局，积极推进腾笼换鸟，推动传统产业转型升级”主题，调研塞隆国际文化创意园等驻园企业。蔡奇要求朝阳区贯彻中共中央总书记、国家主席、中央军委主席习近平对北京三次重要讲话和中央对北京城市总体规划的批复精神，切实把腾笼换鸟工作作为“疏解整治促提升”的重要内容。3月27日，市人大常委会主任李伟调研齿轮场品牌创业文化园。4月19日，文化和旅游部文化产业司副司长宋奇慧调研齿轮场品牌创业文化园，了解工业厂房转型利用相关政策落实情况和存在问题。5月23日，区政协主席陈涛调研郎园Vintage文化创意产业园、自空间北京商务中心区写字园，并进行座谈交流，区领导黄晓伟、李俊杰、杨树旗、王文远、王玉华一同参加调研。12月13日，文化和旅游部产业发展司副司长宋奇慧，产业促进处、企业发展处相关负责人调研朝阳区文旅产业发展情况，参观考察马蜂窝网络技术有限公司、视觉（中国）文化发展股份有限公司，并与企业负责人座谈交流，区领导李长萍参加调研活动。年内，区主管工作领导刘军胜、黄晓伟、李俊杰、李长萍多次到实验区进行专题调研，了解园区及企业发展情况，协调推进重点项目建设。

（李孟杰）

【服务业扩大开放试点】 2月27日，朝阳区首家外商投资者独资设立的演出经纪机构——爱贝克思（北京）文化传媒有限公司获北京市文化局颁发的“营业性演出许可证”，获准在北京市域范围内开展演出及经纪业务，标志着朝阳区文化领域服务业扩大开放试点工作取得实质性成果。

（李孟杰）

【“精准服务促发展”系列活动】 4月3日，朝阳区文创产业“精准服务促发展”系列活动启动会在京津冀文化产业协同发展中心举办。活动举办15场，千余家企业参与。活动自2017年开展，聚焦政策法规、创新创业、知识产权、财税金融、上市辅导等热点问题，主动对接优质服务资源，成为朝阳区在新时期推动文化创意产业转型升级、提质增效，优化营商营文环境，服务企业和产业发展方面的品牌活动。

（李孟杰）

【知识产权保护服务活动周】 4月20日，2018年国家文化产业创新实验区“4·26”知识产权服务活动周启动仪式在东郎电影产业园举行。成立顾问智囊团，专家学者对接文创实验区范围内重点园区和企业，点对点提供专业培训、法律咨询等知识产权保护服务，解决企业发展实际问题。

（李孟杰）

【参加全国文化创意中心城市（南京）高端峰会】 5月21日，南京市召开2018全国文化创意中心城市（南京）高端峰会，文创实验区管委会主要负责人受邀参加并作经验交流，介绍文创实验区建设发展经验。

（李孟杰）

【全国首个老旧厂房联盟成立】 8月18日，2018全国老旧厂房保护利用与城市文化发展论坛在朝阳规划艺术馆举办。全国23个城市（城区）相关部门、百余家文创园区共同发起成立全国首个老旧厂房协同发展联盟，推动全国老旧厂房保护利用与传承创新发展，促进城市更新转型。市委常委、市委宣传部部长杜飞进，文化和旅游部产业发展司巡视员高政，工业和信息化部工业文化发展中心领导孙星，市领导余俊生、陈冬、赵磊、梅松，区领导王灏、文献、刘军胜、黄晓伟、李俊杰出席论坛。

（李孟杰）

【全市首个文化金融服务中心成立】 8月28日，北京市首个文化金融服务中心——国家文化产业创新实验区文化金融服务中心在莱锦文化创意产业园成立。建筑面积4500平方米，采取“政府支持、资源整合、市场运作、专业运营”模式，首批入驻20家金融服务机构，推出30余种文化金融产品，为文化企业提供政策咨询、信息交流、项目对接、投融资合作等一站式专业服务。

（李孟杰）

【第二批蜂鸟企业名单发布】 9月15日，国家文化产业创新实验区发布第二批（2017—2018年度）“蜂鸟企业”名单，253家文化企业上榜。至此，“蜂鸟企业”有523家。

（李孟杰）

【外媒采访】 10月10日，“北京老厂房的新故事”外国驻京记者主题采访活动在朝阳区举办，20个国家的23家媒体记者走访郎园、莱锦文化创意产业园、朝阳规划艺术馆，了解北京朝阳57家老厂房转型升级为文创园等成果。

（李孟杰）

▲ 8月28日，国家文化产业创新实验区文化金融服务中心在莱锦文创园启用　李孟杰　摄

【实验区发展论坛】 9月15日，2018国家文化产业创新实验区发展论坛在郎园vintage举办。论坛以“创新·融合·协同·共享”为主题，聚焦首都全国文化中心建设，聚焦京津冀文化产业协同发展，聚焦大运河文化带建设，聚焦国家“一带一路”倡议和中华文化“走出去”，聚焦国家文化产业创新实验区高质量发展，进行研讨和交流。文化和旅游部产业发展司巡视员高政，市有关部门领导余俊生、关宇，区领导王灏、刘军胜、黄晓伟、王晰宁、李俊杰出席论坛。

（李孟杰）

【全国首个“文创云园区”发布】 10月26日，文创实验区发布全国首个文化产业云园区——国家文创实验区云园区。云园区以互联网、大数据、云计算为载体，整合线下文化产业发展所需资源要素，实现资源整合、云端汇聚。首批进驻服务商142家，服务内容涉及工商税务、投资并购等12类446项，为文化企业发展提供高效便捷服务。

（李孟杰）

【参加首届中国国际进口博览会】 11月6日，国家文化产业创新实验区参加首届中国国际进口博览会北京朝阳交易分团主题活动，介绍国家文创实验区的建设发展情况，宣传推介朝阳区和国家文创实验区开放创新的营商环境和投资环境。

（李孟杰）

【京津冀文旅项目推介会】 11月8日，“新时代·新文旅·新动能”双滦区“21世纪避暑山庄”文化旅游产业园区招商推介会在国家文化产业创新实验区举办，京冀两地260余家文旅企业对接洽谈，签约18个文旅产业项目。12月27日，“京津冀文化产业合作研讨会暨文旅精品项目推介会”在朝阳规划艺术馆举办，京津冀百余家文旅企业人、行业专家200余人参会。

（李孟杰）

【政策“服务包”配送】 11月，区领导王灏、刘军胜、黄晓伟、李长萍围绕“持续优化营商环境，促进经济高质量发展”主题，调研国家文化产业创新实验区文化科技融合类重点企业掌阅科技股份有限公司、北京思维造物信息科技有限公司，向公司送上政务服务、产业发展、人才服务3个方面15项政策“服务包”。

（李孟杰）

【“智汇三三”沙龙系列活动】 年内，国家文化产业创新实验区举办四期“智汇三三”高端沙龙系列活动，活动围绕“文创新时代——以新技术赋能全球创意产业”“助跑文创独角兽，培育文化产业总部经济”“音乐产业下一程”“文化产业版权保护”等主题，搭建政、企、学三方互动沟通平台，提升文创实验区品牌影响力。

（李孟杰）

经济管理

北京朝阳年鉴

Beijing Chaoyang Yearbook

2019

经济社会发展与经济调控

【概况】 北京市朝阳区发展和改革委员会（简称区发改委）内设科室19个，下设直属事业单位3个，职工总数124人，其中行政编制106人、工勤编制5人、事业编制13人。年内，紧扣“减量精治优环境”工作主线，落实高质量发展要求，统筹推进疏功能、稳增长、促改革、调结构、惠民生各项工作，完成各项工作任务。推进“疏解整治促提升”专项行动，将专项行动与人口调控工作紧密结合，着力补齐公共服务短板，抓好腾退空间再利用。坚持稳中求进总基调，加大统筹协调力度，确保经济平稳运行，主要经济指标保持全市前列。落实北京市优化营商环境“9+N”系列政策，出台进一步优化营商环境三年行动计划，全力优化营商环境。推进构建高精尖产业结构，为企业定制并发放“服务包”，推动上市企业聚集，帮助民营企业纾困解难。对标党的十九大和《北京城市总体规划（2016年—2035年）》明确的目标和任务，加大统筹协调力度，“十三五”规划实现时间过半、任务过半目标。建立《朝阳区扶贫协作和支援合作工作联席会议制度》，持续加大扶贫工作力度，助力对口支援新疆和田地区墨玉县、生产建设兵团十四师四十七团等7个地区打赢脱贫攻坚战。

（王艺潞）

【国民经济和社会发展计划审议通过】 1月9日，区人大十六届四次会议审议通过《关于朝阳区2017年国民经济和社会发展计划执行情况与2018年国民经济和社会发展计划草案的报告》。报告从“规划统筹长效机制进一步加强”“‘疏解整治促提升’年度任务圆满完成”“高精尖经济结构加快构建”等7个方面总结2017年计划执行情况，提出2018年经济社会发展计划总体思路和初步安排。12月4日，区人大财经委第八次（扩大）会议初审通过《关于朝阳区2018年国民经济和社会发展计划执行情况与2019年国民经济和社会发展计划草案的报告》。报告从“以落实总规更加注重减量集约发展”“以功能疏解带动区域协同发展”等7个方面总结2018年计划执行情况，提出2019年经济社会发展计划总体思路和初步安排。

（王丽颖）

【推动企业上市工作领导小组成立】 1月18日，朝阳区成立推动企业上市工作领导小组。主要负责朝阳区企业上市各项工作任务的统筹协调、整体推进、督促落实工作，协调和解决推进朝阳区企业上市工作中遇到的重大问题。领导小组下设办公室，承担领导小组日常工作，办公室设在区发改委，区发改委主任朱晟担任办公室主任。

（王秀程）

【“疏解整治促提升”专项行动】 2月23日，区“疏解整治促提升”专项行动总指挥部办公室制发《朝阳区“疏解整治促提升”专项行动2018年工作计划》，把重点任务以责任书形式分解、细化至部门和街乡。年内，全区拆除腾退总量1016.8万平方米，其中实现场清地净645万平方米，完成市级任务568万平方米的113.6%。疏解腾退空间还绿112.08公顷；整治占道经营商户298个，完成市级任务的100%。完成无证无照经营整治5056户，完成市级任务3600户的140.4%。完成整治开墙打洞1832处，完成市级任务1714处的106.9%。治理和保持540条街巷，完成市级任务的100%。“一绿”试点建设拆除腾退302万平方米，完成市级任务的100%。疏解一般制造业企业36家，完成市级任务34家的105.9%。转型升级商品交易市场39家，完成市级任务18家的216.7%。疏解物流中心5家，完成市级任务2家的250%。建设提升便民网点159个，完成市级任务150个的106%。完成棚户区改造4260户，完成市级任务2400户的177.5%。清理整治地下空间325处，完成市级任务217处的149.8%。疏解教育培训机构14家，完成市级任务的100%。背街小巷环境整治336条，完成市级任务的100%。取缔“散乱污”企业72家，整治群租房1705户，整治建筑物屋顶牌匾标识2386块。

（刘美奇）

【营商环境优化】 3月23日，市商务委和市统计局通报2017年北京市各区营商环境评价结果，朝阳区在全市排名第一。6月14日，区政协召开营商环境建设重点提案座谈会，督办区工商联《关于进一步优化营商环境的建议》提案。区发改委代表提案办理各部门汇报提案办理情况和区营商环境提升总体情况，以及下一步优化营商环境措施。7月至8月，区发改委三次组织区政务服务办、工商朝阳分局等部门赴海淀区、石景山区和西城区调研学习优化营商环境工作。11月5日，区发改委牵头组织有关部门联合召开朝阳区优化营商环境政策解读会，宣传朝阳区优化营商环境措施和成效，500余家企业参加会议。

（王丽颖）

【节能减碳专项资金支持项目】 3月，区2018年节能减碳专项资金支持项目99项，安排资金8191.41万元。

（薛　蕾）

【《携手奔小康行动协议书》签署】 4月3日，朝阳区政府与河北省张家口市阳原县政府签署《携手奔小康行动协议书》。双方从产业合作、教育合作、医疗卫生合作、旅游合作、生态环保合作、劳务合作、干部双向挂职交流等七个方面开展帮扶合作工作。

（田晓晨）

【与湖南省及湘潭市签订框架协议】 6月1日，朝阳区政府与湖南省湘潭市人民政府、湖南省教育厅、湖南省卫生计生委分别签订友好合作协议、教育合作框架协议及卫生与健康合作框架协议。协议要求，双方将全面加强在经济建设、资源、技术、产业、科教文卫等领域合作，推动两地共同发展。

（田晓晨）

【与密云区签署结对帮扶框架协议】 6月8日，区委书记王灏、代区长文献带领区党政代表团赴密云区对接考察低收入农户帮扶工作。双方签署《朝阳区人民政府密云区人民政府结对帮扶框架协议书》，重点从产业合作、劳务协作、基础设施改善、社会参与、人才支援等五大方面进行帮扶。

（田晓晨）

【中国公司双重上市论坛（2018）】 7月12日，由区发改委主办的“中国公司双重上市论坛（2018）”召开。论坛重点聚焦“企业双重上市”主题，设主旨演讲、专题研讨两个部分，股转系统、券商、律所、央企及大型民企资深人士，围绕

"中国企业境外上市路径与选择""双重上市相关风险及解决方案"专题展开讨论。辖区交易所、券商、银行、基金、律所、科研院所等60余家上市相关机构和100余家朝阳区拟上市重点企业，以及各功能区管委会、产业办等200余人出席活动。

（王秀程）

【"十三五"规划中期评估工作完成】 10月25日，区发改委制定的《朝阳区"十三五"规划纲要实施情况的中期评估报告和部分指标调整方案》经区第十六届人大常委会第十六次会议审议通过。年初开始，区发改委会同全区50余个部门开展中期评估工作，经评估，朝阳区"十三五"前半期各项指标任务进展良好，26项主要指标中，2项提前完成规划任务，23项达到进度要求。完成朝阳区"十三五"规划体系中32个专项规划的中期评估工作。

（王弘旭）

【与密云区签署《生态保护和绿色发展结对协作框架协议》】 12月1日，朝阳区与密云区签署《推动生态涵养区生态保护和绿色发展结对协作框架协议》。依托朝阳区发展优势，助力密云区培育壮大生态涵养区主导功能和产业，推动密云区实现绿色发展。

（田晓晨）

【税源建设】 年内，区发改委通过精准服务驻区企业，强化企业经营纳税规范管理，持续抓好重点税种征收等措施，培育涵养优质税源，全年完成一般公共预算收入533.68亿元，比上年增长5%，完成年度任务。

（王丽颖）

【公共资源交易服务中心成立】 年内，区发改委统筹落实区级公共资源交易建设任务，完成区级公共资源交易平台组织机构、人员编制、业务职能、场所资产等整合任务。12月底，朝阳区公共资源交易服务中心挂牌成立并正式投入使用。

（徐振宇）

【人口调控目标实现】 年内，朝阳区常住人口360.5万人，比上年减少13.4万人，降幅3.58%，实现年度常住人口控制目标（13.1万人），连续3年人口下降。全区"疏解整治促提升"专项行动涉及人口49.5万人，实现涉及人口调控目标（28.9万人）。21个专项行动全部完成或超额完成全年涉及人口任务。其中，拆除违法建设涉及人口21.5万人，占道经营、无证无照和开墙打洞整治涉及人口1.9万人，城乡接合部整治改造涉及人口17.2万人，中心城区重点区域整治提升涉及人口0.4万人，疏解一般制造业和散乱污企业涉及人口0.2万人，疏解区域性市场涉及人口1.8万人，疏解部分公共服务功能涉及人口1.3万人，地下空间和群租房整治涉及人口1.8万人，棚户区改造涉及人口1万人，其他专项行动涉及人口2.4万人。

（齐晓燕）

【节能考核】 年内，区发改委组织完成全区2017年度235家重点用能单位、15个行业主管部门、5家功能区管委会、43个街道（地区）办事处节能目标责任评价考核工作。经考核，235家重点用能企业中优秀45家、良好23家、基本完成113家、未完成54家；15家行业主管部门中优秀8家、良好3家、基本完成4家；5家功能区管委会中优秀3家、完成2家；43家街道（地区）办事处中优秀17家、良好10家、基本完成16家。奖励45家考核为优秀重点用能单位资金760万元。

（薛　蕾）

【节能宣传】 年内，区发改委组织开展节能宣传教育活动。会同行业主管部门、功能区管委会、街道（地区）办事处开展全国节能宣传周和低碳日等系列活动。制定《2018年全国节能宣传周、低碳日朝阳区活动安排方案》，制作并发放节能宣传品3万余件。会同区商务委、街道（地区）办事处在社区、商场超市开展10场节能宣传活动，发放节能用能倡议书，发放宣传品2万件，开展社区节能知识大讲堂活动。建立"朝阳节能领航"微信公众号，搭建节能工作政企交流平台，定期发布节能工作动态和节能政策。制作《2018年朝阳区节能减碳政策汇编》，向重点用能单位普及节能法律法规及朝阳区节能政策，提高节能服务水平。

（薛　蕾）

【节能监察】 年内，区发改委制发2018年区级节能监察工作方案。全年淘汰设备、能源利用状况报告审核等5类专项监察，监察数量达31家，下发节能监察建议书2份、责令整改通知书1份。

（田晓晨）

财　政

【概况】 北京市朝阳区财政局内设科室18个，分别为办公室、综合科、预算科、资产管理科、国库科、城乡财政科、行政政法科、教科文科、政府采购办公室、基本建设科、市政管理科、社会保障科、产业资金科、会计科、财政监督科、金融科、法制宣传科和人事科。下设事业单位4个，分别为监督检查所、国库集中收付中心、预算编审中心和绩效考评中心。全局行政编制98人，事业单位人员编制71人。年内，朝阳区一般公共预算收入完成533.68亿元，比上年增加25.5亿元，增长5%，完成全年预算（533.5亿元）的100%。税种情况：增值税完成168.8亿元，比上年增加13.9亿元，增长9%；企业所得税完成126.3亿元，比上年增加4.5亿元，增长3.7%；房产税完成97.8亿元，比上年增加9.2亿元，增长10.4%；城市维护建设税完成43.8亿元，比上年增加3.5亿元，增长8.7%；土地增值税完成20.6亿元，比上年减少8.2亿元，降低28.5%；印花税完成15.9亿元，比上年减少0.2元，降低1.5%。朝阳区一般公共预算支出累计完成563.2亿元，比上年增长9.7%，完成年度预算的104.2%。

（李　伟）

【资金安全监控】 年内，区财政局预算执行动态监控系统监控财政资金支付信息294921条，比上年疑点信息数量下降34.95%，未出现支出关键时点反弹情况。区财政局通过对预算单位开展有针对性业务培训和向纪检派驻组通报疑点信息及开展财政监督检查方式，增强各单位合理合规使用财政资金意识。

（李　伟）

【绩效监督】 年内，区财政局完成2017年度"农村地区环境建设""公共卫生经费"等150个项目绩效自评工作，比上年增加89个项目。组织指导各预算单位开展2018年度绩效目标申报工作，涉及"朝阳区软件正版化工作""医疗设备购置"等414个项目。开展"绿色智慧平安社区建设""国家卫生城区创建经费"等17个项目事前绩效评估工作。

（李　伟）

【资产监管】 年内，区财政局委托专业机构对全区出租、出借国有资产以入户实地核查方式开展摸底调研。通过摸底调研，系统梳理收回资产使用管理情况、资产基本信息、特性等，并形成专题报告上报区政府，为区领导科学决策提供参考。为26家单位对接房源200余处，为区科委、团结湖街道等单位解决办公用房7处。组织相关部门研究资产移交管理措施，探索资产管理新途径。

（李　伟）

【支持经济发展】 年内，区财政局拨付文化创意产业发展引导基金第二期投资款3亿元（2017年已拨付第一期投资款3亿元），支持设立朝阳区文化创意产业发展引导基金，由区财政出资的6亿元已经全部拨付到位。拨付高新技术产业发展、推动企业上市和并购重组资金等6项产业资金，支持企业615家，发挥财政资金对企业引导作用。为发挥朝阳区金融资源优势，着力培育战略性新兴产业、科技服务业等朝阳区“高精尖”产业体系，助力朝阳区科技创新企业发展壮大，及时安排科技创新创业引导基金5亿元，促进经济结构调整和产业转型升级提供资金保障。

（李　伟）

【美丽乡村建设和环境建设资金保障】 年内，区财政局根据朝阳区2017—2018年度确定的10个村分类实施美丽乡村建设工作要求，项目总体实施方案和设计概算确定后，区财政局聘请专业评审公司对10个美丽乡村整治规划方案所涉及的资金进行预算评审。以群众最关心的问题为导向，在资金安排上采取“三个优先”（应急需求项目优先、事关群众项目优先、事关安全项目优先）安排，提高共治共享水平，努力构建覆盖城乡、优质均衡的公共服务体系。加大环境建设资金投入。保障缓解交通拥堵、平原万亩造林工程、区属道路运行维修、垃圾分类工作经费及时到位。

（李　伟）

【社会保障建设资金投入】 年内，区财政局以政府购买服务方式推进困难群众救助帮扶体系建设。全年投入市、区资金534.91万元，完成7000余户困难户核查工作，对400余户个案进行帮扶。落实各类弱势群体救助政策。完成2018年“两节”送温暖资金保障工作。推进社区养老服务驿站建设工作和养老照料中心常态化建设。支持区儿童福利院建设，市区两级预算安排儿童福利院运营相关经费953.79万元。下拨街乡残疾人工作经费3000万元，投入经费1086.29万元保障基层57家示范残疾人温馨家园运转；拨付残疾人岗位补贴、超比例奖励及社会保险补贴经费1701万元；落实市民政局关于“九养”相关政策（9条惠及老年人和残疾人的相关政策。主要涉及弘扬尊老爱老传统美德；社会福利适度普惠和重点特困帮扶结合；解决老年人、残疾人就餐难、照料难等问题；开发新的就业岗位和充实基层为老服务队伍相结合；方便老年人、残疾人日常生活；老年人的精神关怀六个方面），拨付享受助残服务残疾人人员经费970万元。

（李　伟）

【公共卫生服务经费保障】 年内，区财政局加大对重大公共卫生和基本公共卫生服务的扶持力度，专项安排基本公共卫生经费，促进基本公共卫生服务均等化。拨付两癌筛查、孕产妇艾滋病、梅毒和乙肝筛查等相关经费，保障重大公共卫生服务项目有序开展。拨付严重精神障碍患者监护人看护管理补贴，用于补贴监护人照料看管患者的日常生活。联合区卫计委等部门修订《朝阳区门诊使用免费基本药品治疗严重精神障碍管理办法》，调整补助对象范围及免费基本药品目录。拨付门诊使用免费基本药品治疗严重精神障碍患者经费。强化基层医疗卫生服务网络功能，为做好家庭医生签约服务工作提供保障。

（李　伟）

【就业再就业专项资金保障】 年内，区财政局拨付公益性就业组织区级补助、街乡就业工作绩效考核奖励经费、高技能人才培训补贴经费等各类就业再就业专项资金，保障各项就业政策落实。

（李　伟）

【平安朝阳建设和公共文化建设资金保障】 年内，区财政局针对全国“两会”、中非合作论坛北京峰会等重大安保任务，安排公安朝阳分局项目经费。完成人防工程维护维修、普查任务提供资金支持。区财政局合理安排市、区两级财政资金，保障东岳庙传统文化展示、图书馆运行等事项，保障地方特色的群众文化活动顺利开展；保障朝阳区业余体校及全民健身工作的硬件更新和升级，保障全民健身工作经费、业余体校伙食及训练等项目。

（李　伟）

【教育事业经费保障】 年内，区财政局安排教育预算111.3亿元，比上年增长2.8%，重点用于加强学前资金保障，缓解“入园难”“入园贵”等问题。学前教育经费主要投入方向为扩充资源，教师队伍建设，学前教育规范管理、质量提升及无证幼儿园治理和校园安全管理。

（李　伟）

税　务

【概况】 国家税务总局北京市朝阳区税务局（简称区税务局）于2018年7月5日挂牌成立，由原朝阳区国家税务局和原朝阳区地方税务局合并而成。内设机

▲ 7月5日，国家税务总局北京市朝阳区税务局举办新机构揭牌仪式　　郝维龙　摄

构15个，分别为办公室、法制科、货物和劳务税科、所得税科、财产和行为税科、社会保险费和非税收入科、收入核算科、纳税服务科、征收管理科、国际税收管理科、税收经济分析科、税收风险管理局、财务管理科、人事教育科和考核考评科。另设机关党委（党建工作科）、老干部科和纪检组。有事业单位2个，为纳税服务中心（税收宣传中心）和信息中心。派出机构28个，其中办税服务厅3个和税务所25个。全局有干部职工1338人。全年完成各项税费收入2261.56亿元，比上年增收210.86亿元，增长10.3%。其中完成区级各项税费收入500.06亿元，比上年增收28.6亿元，增长6.1%。

（林　洁）

【国税地税征管体制改革】 9月27日，区税务局体制改革后，干部职工按照岗位安排全部到位，实现同一科室同址办公，完成科室职责划转、人员到岗、系统信息配置等工作。机构改革期间，挖掘改革感人故事和先进事迹，收集基层一线、纳税人对改革的看法和理解，分别在人民网、法晚网和《中国税务报》《北京商报》等媒体平台刊登综合性新闻稿件。制作专题宣传片《号角——献给新时代税务人》，在人民网视频头条推出。

（林　洁）

【税务登记】 年内，税务登记户数478044户，其中正常户433156户。比上年新增税源户40881户，跨区转出6012户，跨区迁入2985户。

（林　洁）

【纳税服务】 年内，区税务局统一咨询电话，增加和完善自动语音功能，实现全天候咨询服务，将人工智能技术、人工在线客服系统、税务专用知识库相结合，实现“智能客服+人工客服”协同服务新模式。开展年度纳税信用评价工作，全年评价纳税人323070户，其中A级纳税人12119户，占比3.75%。

（林　洁）

【税收宣传】 年内，区税务局围绕“优化税收营商环境，助力经济高质量发展”主题，开展系列宣传活动。分别到“独角兽”企业、文创园区、高校等，讲解税收优惠政策、举办“精准服务促发展”税收政策培训会、开展税收沙龙活动，参观税务博物馆等宣传税收政策。

（林　洁）

【所得税汇算清缴】 年内，区税务局完成2017年度企业所得税汇算清缴，企业所得税纳税人汇算户数达26万户，比上年增加4万户，实现2017年度所得税汇算清缴累计入库159亿元，比上年减少5亿元。

（林　洁）

【税务营商环境优化】 年内，区税务局将房产交易缴税窗口派驻朝阳区不动产事务登记中心，设置联办窗口，实现一窗式办理，为纳税人提供不动产交易“最多跑一次”服务。全年办理一窗式业务5910份，征收税款3.91亿元。从9月起，二手房过户缴税业务不需现场排队取号，每项业务缩短5—10分钟，实现业务办理再提速。

（林　洁）

【银税互动】 年内，区税务局开展“银税互动”，鼓励诚信纳税人依法经营。联合宁波银行推出“税务贷”产品，以税务机关纳税信用等级评定为基础，银行为信用良好企业提供无抵押信用贷款，最高授信额度100万元，最长有效期限3年。全年为中小企业提供贷款2328万元。

（林　洁）

【风控管理】 年内，区税务局研发“纳税风险信息平台”和“一键式企业查询平台”，通过二次复核、模板式管理等制度压缩违法空间，遏制涉税违法行为。全年完成风控任务351批次，涉及3.14万户次，风险识别命中率98.1%，补缴税款含滞纳金38亿元。

（林　洁）

【社保费和非税收入职责划转】 年内，区税务局成立职责划转工作专班，制定倒排工期表，细化分解各阶段工作目标，督促落实，确保按期完成工作任务。细化社保费和非税征收事项44项。在全局选派79人分4批次参加市税务局社保费征收业务培训和操作培训，分批次派出业务骨干到区社保中心实习。

（林　洁）

【个人所得税改革宣传】 年内，区税务局成立个税改革工作领导小组，下设5个专项组，全程实现集中办公。联合区发改委、43个街乡联合设置20个集中辅导点、90个宣传站，建立税收共治格局。全年发放个税宣传资料10万份、台卡200个。选取税源规模大、自然人多的20个街乡，会同区发改委对经费、人员、政策、专区、信息化等各项保障工作统筹部署、科学配置，帮助纳税人实现在网端的涉税业务办理。开展个税新政策（2018年8月27日至31日，十三届全国人大常委会第五次会议审议通过了修改《中华人民共和国个人所得税法》的决定，新个人所得税法于2019年1月1日实施）辅导90场，9.5万户企业相关人员参加培训。开展主题网络直播2场，16万人次通过在线观看接受培训。

（林　洁）

【减税降费政策落实】 年内，区税务局以多种形式开展减税降费政策辅导，帮助纳税人了解政策、用好政策，调整企业税收成本，充分享受改革红利，激发企业经济活力。全年深化增值税改革三项措施减税21.1亿元，企业所得税六项政策调整减税12.2亿元。

（林　洁）

【政府信息公开】 年内，区税务局依法完成政府信息公开工作，主动公开政府信息1584条，依申请公开61条。

（林　洁）

2018年朝阳区税务局税务所一览表

表3

名称	地址	电话
朝阳区税务局	朝阳区安苑东里三区1号	87426551
第一税务所（办税服务厅）	朝阳区世通国际大厦C座	81400366
第二税务所	朝阳区光华路9号 光华路SOHO二期E座	81400366
第三税务所（办税服务厅）	朝阳区来广营红军营南路甲3号	81400366

续表 3

名称	地址	电话
第四税务所（办税服务厅）	朝阳区十八里店小八里庄 37 号	81400366
第五税务所	朝阳区光华路 9 号 光华路 SOHO 二期 E 座	81400366
第六税务所	朝阳区来广营红军营南路甲 3 号	81400366
第七税务所	朝阳区广渠东路 40 号	81400366
第八税务所	朝阳区管庄乡燕京医药公司东侧	81400366
朝外税务所	朝阳区世通国际大厦 C 座	81400366
劲松税务所	朝阳区广渠东路 40 号	81400366
建外税务所	朝阳区光华路 9 号 光华路 SOHO 二期 E 座	81400366
呼家楼税务所	朝阳区太阳宫中路甲 6 号临 1 号	81400366
八里庄税务所	朝阳区广渠东路 40 号	81400366
双井税务所	朝阳区广渠东路 40 号	81400366
左家庄税务所	朝阳区广渠东路 40 号	81400366
酒仙桥税务所	朝阳区世通国际大厦 C 座	81400366
麦子店税务所	朝阳区世通国际大厦 C 座	81400366
望京税务所	朝阳区来广营红军营南路甲 3 号	81400366
大屯税务所	朝阳区世通国际大厦 C 座	81400366
奥运村税务所	朝阳区来广营红军营南路甲 3 号	81400366
东湖税务所	朝阳区来广营红军营南路甲 3 号	81400366
南磨房税务所	朝阳区华威北里甲 26 号	81400366
高碑店税务所	朝阳区定福庄路 9 号	81400366
十八里店税务所	朝阳区世通国际大厦 C 座	81400366
常营税务所	朝阳区华威北里甲 26 号	81400366
管庄税务所	朝阳区世通国际大厦 C 座	81400366
金盏税务所	朝阳区世通国际大厦 C 座	81400366
来广营税务所	朝阳区来广营红军营南路甲 3 号	81400366

（林　洁）

统　计

【概况】 北京市朝阳区统计局（简称区统计局）与北京市朝阳区经济社会调查队（简称区经济社会调查队，为北京市经济社会调查队的派出机构）合署办公。区统计局内设科室 11 个，编制 64 人（其中行政编制 63 人、专项编制 1 人），有机关工勤事业编制 2 人；下属事业单位 5 个，编制 40 人，均参照公务员管理；下设街乡统计所 43 个，编制 176 人（其中行政编制 105 人、专项编制 71 人）。年内，以“推动经济高质量发展、全面落实首都城市战略定位、实施城市总体规划”为目标，紧扣区委区政府各项部署要求，以第四次全国经济普查为主线，以提高数据质量为核心，以法制建设、统计宣传、队伍建设为保障，重点做好第四次全国经济普查、人口抽样调查、统计监测分析、统计年定报等重点工作，深化改革创新，发挥“智囊库”作用，完成年度工作任务。

（李海林）

【统计信息发布】 年内，区统计局通过区委办、区人大办、区政府办采编信息和《朝阳报》、局队统计网站、《统计经纬》杂志等发布《朝阳区 2017 年国民经济和社会发展统计公报》、统计分析报告 210 篇、统计快报 29 期、统计专报 10 期、专题分析 15 篇、产业监测 7 篇、区域监测 12 篇、经济信息 275 篇。被市局总队采登政务信息 102 篇、分析报告 116 篇、国家统计局内网采登 8 篇、《中国信息报》采登各类宣传报道 9 篇。

（李海林）

【统计服务】 年内，区统计局推动统计“数库”向“智库”转变，为区有关单位提供数据 13.4 万余笔；按月分析消费、投资、工业等重点指标并报送区领导。通过数据分析，系统反映经济运行中长期走势，撰写《朝阳区经济动力转换及质量提升效果研究》《改革开放四十年朝阳区经济社会发展综述》《朝阳区“十三五”规划中期评估分析》等分析报告。其中《朝阳区 2018 年上半年 GDP 完成情况分析》《区域经济总体平稳，效益质量稳步提升——2018 年上半年奥运中心区经济运行情况简析》等多篇分析报告获区领导多次批示。完成立项课题27项，其中《经济运行稳字当头，结构调整亮点呈现——2016年朝阳区经济运行分析及2017年展望》《群众普遍支持，专项行动深得民心，生活环境改善，希望工作坚持不懈——朝阳区非首都功能疏解效果民意调查报告》在北京市优秀统计分析报告评选中获奖，《新理念视角下朝阳区经济发展研究》《2018年朝阳区非公及中小微企业发展状况调查报告》被区委评为优秀信息；首次开展朝阳区人口与经济空间分布关系课题研究；以大数据技术、机器化分析，综合运用地图、动画及图形等可视化手段，呈现经济运行现状和趋势；开展朝阳统计智库研究；首次参加区人大财经委半年初审会，为区人大开展监督提供精准的数据支撑和统计服务；编印《统计经纬》《2018朝阳统计手册》《北京市朝阳区2018年统计分析报告汇编》《北京市朝阳区2018年统计年鉴》。

（李海林）

【经济运行监测】 年内，区统计局强化“打得出、立得住”朝阳统计监测品牌，打造具有朝阳统计特色“拳头”产品。改进经济形势分析会模式，加强对GDP、零售额、投资、工业总产值等主要指标预测分析，增加对经济运行亮点和重点单位的监测分析；跟进“服务业扩大开放”“高精尖”“生态建设”“‘十三五’规划中期评估”等新要求、新领域、新标准，探索监测体系构建工作；完善北京商务中心区、奥林匹克中心区、中关村朝阳园、国家文化产业创新实验区的监测内容，为优化提升首都“四个中心”功能提供参考依据；扩大基于大数据的人口监测方法应用领域，采用调查结果、大数据与部门数据“三位一体”的模式，初步实现对全区及各街乡人口的动态监测。

（李海林）

【统计专项调查】 年内，区统计局组织开展政府绩效管理考评民意调查，撰写分析报告43篇；开展群众安全感调查，撰写分析报告172篇；自主开展群众对美好生活的感受民意调查、非首都功能疏解民意调查及“七有”（幼有所育、学有所教、劳有所得、病有所医、老有所养、住有所居、弱有所扶）民生工程调查；推进全国投入产出调查；开展家庭医生签约服务需求调查、企业发展状况调查、民生实事线索调查等市属调查；协助做好污染源普查工作；完成月度劳动力调查和“四下”（“四下企业”）调查工作交接。

（李海林）

【第四次全国经济普查清查等准备阶段工作完成】 年内，区统计局制定普查方案，明确普查准备、单位核查、正式登记和数据发布四个阶段重点任务和工作机制；成立由区长任组长、44个部门组成的区普查领导小组，组建全区各级普查机构，建立工作例会、部门统筹、督查督办、数据共享、质量控制、信息沟通等工作机制，合理编制经费预算，确保工作经费按时足额发放；采取选聘社区居干、村委会干部，面向第三方公司招募等方式，选调“两员”6161名；采取两级培训模式，强化“两员”业务水平；整理税务部门提供的近38万家企业和个体户名录信息，编制全区清查底册；根据工商、税务、质监、社保、民政等部门资料数据，完善清查底册信息；筹备完成普查员物资5800套、单位清查告知书28.2万份、个体户清查告知书5.54万份、宣传画3000余套等各类清查物资的发放；完成2350台执法移动终端（PAD）设备、7.5万份个体工商户入户宣传品等区级物资的采购和发放；采用“分时期、分层次、边查边录”模式开展“地毯式”清查工作；委托第三方公司，通过大数据网络爬虫、信息校对等经济普查模型算法，实现单位信息的提取和汇总；组织43个街乡开展街乡数据质量推磨式互查，通报检查结果；局队班子成员对街乡单位清查进行划片督导，对踏查情况、异地经营单位的查找、实地描点情况、行业编码等工作跟踪督导。

（李海林）

【年度人口抽样调查】 年内，区统计局开展人口抽样调查。调查国家样本31个、北京样本224个，区级样本扩样后总样本量494个；调查时点为11月1日零时；调查工作成立区、街乡人口抽样调查办公室。选调指导员和调查员1235名；开展培训700余人次；开发签到定位手机软件，了解调查员实际入户情况，利用空户拍照功能，完善对各调查小区空户的查找力度，做到“全程留痕可追溯”。组成6个督导组进行分片督导，检查工作落实情况，监督源头数据采集；委托第三方公司开展事中质量抽查，重点对所有空户、部分平房大院和楼房准确性进行抽查。依据调查资料推算朝阳区2018年末有常住人口为360.5万人。其中：男性182.0万人，女性178.5万人；0～14岁人口33.7万人，15～64岁人口284.0万人，65岁以上42.8人口万人；常住外来人口157.9万人；2018年1月至12月，出生人数33871人，出生率9.22‰，死亡人数20212人，死亡率5.50‰。

（李海林）

【第三次全国农业普查成果发布与研究】 年内，区统计局召开“三农”普查资料开发研讨会。与区农委等部门开展课题研究合作，对农村地区可持续发展、集体

▲ 4月17日，区第三次全国农业普查数据发布　　黄桂俊　摄

经济以及都市型现代农业发展等“三农”问题开展研究；制作《图解朝阳三农普数据》等可视化解读产品，展示十年来朝阳区农村地区基础设施、公共服务、居民生活、都市农业等发展成果；召开“三农”普数据发布会，宣传农普数据成果。《朝阳区第三次全国农业普查主要数据公报》显示，经过对全区19个乡、138个村、233个自然村的普查登记，2016年12月31日，全区有52个农业经营单位；农户3.9万户，其中农业经营户99户，农业生产经营人员0.2万人；实际耕种的耕地面积200公顷，实际经营的林地面积6500公顷；100%村通电，44.9%村通天然气，100%村有电子商务配送站点；100%乡有幼儿园、托儿所，100%乡有小学，39.9%村有幼儿园、托儿所；84.2%乡有商品交易市场，26.3%乡有以粮油、蔬菜、水果为主的专业市场；50.0%村有50平方米以上的综合商店或超市；99.2%户拥有自己的住房，其中拥有1处住房占70.9%，拥有2处住房占22.4%，拥有3处及以上住房占5.9%，拥有商品房占8.0%；100%户使用经过净化处理自来水，85.8%户使用水冲式卫生厕所；平均每百户拥有小汽车71.43辆，摩托车、电瓶车77.04辆，淋浴热水器113.30台，空调195.29台，电冰箱119.63台，彩色电视机154.74台，电脑103.01台，手机273.71部。

（李海林）

【统计数据质量管控】 年内，区统计局落实《关于深化统计管理体制改革提高统计数据真实性的意见》《防范和惩治统计造假弄虚作假督察工作规定》《北京市统计机构负责人防范和惩治统计造假、弄虚作假责任制实施办法（试行）》等文件要求，完善相关工作制度，促进统计工作制度化、标准化、规范化；实施《北京市朝阳区统计局调查队科室及统计所工作考核办法》，实施全过程数据质量管理机制，内抓管理落实、外抓沟通协调，突出统筹联动；完善年定报工作方案，细化工作内容、标准和分工；通过平台、库外、财务增加值三重审核，把关数据质量，在全面审核的基础上，把握指标与历史同期的比较；做好年报和“四上”（“四上企业”）年度审批工作，确保国家“四上”和北京规模以上单位及时更新，应统尽统；将数据质量审核控制关口前移，开展业务培训，加强日常指导和实地走访，开展点对点指导，从源头上确保数据质量。

（李海林）

【统计执法检查】 年内，区统计局完善和动态管理权力清单和责任清单，逐一厘清与行政权力相对应的责任事项、责任主体、责任方式并以责任清单形式向社会公开；强化统计执法，以“疏解整治促提升”专项活动为支撑，对标新增产业禁限目录，开展对非首都核心功能企业统计执法检查，拓展全区统计执法范围；执行“双随机”制度，把拟进行执法检查单位、执法结果通过网站公示；开展统计行政处罚案卷审核，执行统计行政处罚案件“三审制”，确保统计行政处罚决定合法适当。全年完成统计执法363家单位，其中简易程序处罚29起，立案处罚62起；在立案处罚中，销案1起、行政警告7起、行政罚款54起，罚款金额64.9万元。

（李海林）

【统计普法宣传】 年内，区统计局在区委党校处级进修班设置以“保障数据质量深化统计改革，全面推进依法治统”为主题的专题讲座。制定全区统计从业人员教育实施方案，全年参加学习单位4005家，参训率50.4%。开展“七五”普法中期检查工作和“以案释法”工作，多渠道公布统计诚信单位名单和先进典型，扩大统计诚信建设工作社会影响力；创新“北京朝阳统计”官方微信版面和内容，全年推送公众号图文72期92条，总阅读量41261人次。开展第四届朝阳区“统计开放日”活动，以第四次全国经济普查为主线，与第三方机构合作，将统计工作与现代化传媒技术充分融合，推动统计工作更加贴近群众、贴近实际、贴近需求。开展经济普查宣传动员工作，开通普查专题网站平台，开展普查进社区、普查进楼宇、普查进影院等宣传活动。在繁华商圈通过横幅、易拉宝、海报、广播、户外LED大屏等形式滚动播放宣传。自制经普漫画、经普动画、经普宣传片等宣传品，在北京卫视、朝阳有线电视台、《朝阳报》等传统媒体和朝阳统计、地区、部门的微信公众号、经普专网等新媒体平台宣传报道。

（李海林）

审　计

【概况】 北京市朝阳区审计局（简称区审计局）是负责朝阳区审计监督工作政府职能部门，实行双重领导，对朝阳区政府和北京市审计局负责并报告工作，审计业务受北京市审计局指导。行政编制61人（含工勤编制1人），在编57人。内设11个科室，分别为办公室（监察科）、综合科、法制科、信息化办公室、财政金融审计科、行政事业审计科、经济责任审计指导科、经济责任审计科、固定资产投资审计一科、固定资产投资审计二科、经贸审计科。下设审计指导中心，为全额拨款事业单位，人员编制22人，在编19人。年内，区审计局完成审计项目44项，出具审计报告55篇。查出违规金额1.49亿元、管理不规范金额15.50亿元。上缴财政违规金额1.19万元，提出审计建议202条，促进被审计单位建立健全规章制度63项。

（崔月明）

【政策跟踪审计】 年内，区审计局开展2017年疏解非首都功能专项审计调查；围绕市局工作要求，开展政府债务、重点项目落地审计；围绕区委区政府重大政策措施和决策部署贯彻落实工作，完成朝阳区2018年政府措施落实情况跟踪审计。

（崔月明）

【预算执行审计】 年内，区审计局完成对区财政局2017年度组织本级预算执行和决算草案的审计。完成对区统计局、区委党校、798艺术区管委会等17个单位部门预算执行审计。突出决算草案和绩效审计、突出中央“八项规定”贯彻执行情况审计、突出“三公”经费、会议活动费审计，并向二级预算单位延伸。

（崔月明）

【经济责任审计和自然资源资产离任审计】 年内，区审计局完成17个单位30位领导干部审计，其中街乡领导数量分别占总量的65%和70%，任中审计14人占比46.67%。被审计30位领导干部中27位未接受过经责审计。落实《领导干部自然资源资产离任审计规定（试行）》，对6个乡主要领导开展自然资源资产离任审计，推进自然资源资产离任审计。

（崔月明）

【政府投资建设项目审计】 年内，区审计局落实国家审计署《关于进一步完善和规范投资审计工作的意见》，修订《朝阳区审计局政府投资建设项目审计工作规程》，规范审计行为，把握政府投资审计重点，聚焦民生工程，完成保障性安居工程审计，优美大街环境整治工程和广华新城配套学校建设工程等政府投资项目审计，在审查工程造价真实性的基础上，重点审查政策措施贯彻落实、投资绩效、建设单位主体责任落实情况等。

（崔月明）

【专项审计和专项审计调查】 年内，区审计局完成扶贫资金管理使用情况审计工作。赴新疆和田地区审查帮扶资金使用效果，探索对口帮扶专项资金审计监督工作；开展“清空行动计划”等专项审计调查，重点关注资金投入效果，促进被审计单位规范资金管理；开展“百个公园”建设等专项审计调查；开展朝阳区养老服务体系建设情况专项审计调查等。

（崔月明）

【国有企业审计】 年内，区审计局完成审计潘家园国际民间文化发展有限公司资产负债损益及运营情况、朝阳城市建设综合开发公司资产负债损益及运营情况工作。

（崔月明）

【数据分析三年计划制发】 年内，区审计局制发《朝阳区审计局2018年至2020年数据分析三年计划》，从组织机构、目标任务、平台建设、技术支撑、人才培养和制度保障方面对大数据审计应用做出全面部署和安排。明确建立全区一、二级预算单位以及财政、国有企业等数据定期报送制度，建立税务、社保、市场监督等数据获取机制。

（崔月明）

【内审工作指导研究】 年内，区审计局制发《朝阳区2018年内审工作指导意见》。举办各类内部审计培训班6期、参加培训750人次；开展“送教上门”14次、培训人员1280余人。开展学习贯彻《审计署关于内部审计工作的规定》、做好2018年内部审计质量检查和分析工作。开展“新时代内部审计工作创新研究”，提交论文18篇，获全市一等奖1篇、二等奖3篇、三等奖4篇、提名奖2篇，区审计局获市优秀组织奖。

（崔月明）

【信息宣传】 年内，区审计局上报审计信息188篇，被国家审计署、市审计局、区委区政府、相关网站等采用268篇次。区政府采用60余篇次；北京市审计局及其网站等采用137篇次，居全市16区之首；实现国家审计署采用信息“零”突破。

（崔月明）

价格管理

【概况】 北京市朝阳区物价所（简称区物价所）内设科室4个，分别是价格举报中心、价格监督检查一科、价格监督检查二科和价格监督检查三科。年内，区物价所开展价格执行情况检（巡）查，检（巡）查单位2420个。全年行政处罚价格违法经营者207家，经济制裁总额169.55万元，其中罚款158.46万元、没收0.14万元、退款10.95万元。通过惩戒和警示违法经营者，保护经营者和消费者合法权益。

（黄小曦）

【价格监督管理信息系统建设】 1月2日，朝阳区价格监督管理信息系统开通运行；1月8日，电话接听功能对接成功，朝阳专家席开通运行。系统实现国家及北京市“12358”价格监管平台举报业务处理系统数据对接，举报件自动转接，执法程序规范化，案卷文书标准化，提升朝阳区在价格举报案件信息收集、分析预警、价格监管执法等能力，降低价格举报投诉。

（黄小曦）

【价格举报受理】 年内，区物价所接收3838件举报、投诉、信访件。其中，反映机动车与非机动车停车收费问题1787件，占46.56%；反映明码标价问题1108件，占28.87%；反映价格问题608件，占15.85%；反映其他收费问题335件，占8.73%。办结2729件，其中作出行政处罚326件（合并办理后为207件），占11.95%；不予受理991件，占36.32%；纠正628件，占23.02%；无问题458件，占16.79%；移送其他部门149件，占5.46%；无法核实1件，占0.04%；一方拒绝调解94件，占3.45%；双方自行协调和解42件，占1.54%；应视为投诉办结18件，占0.66%；消费者撤回投诉11件，占0.41%；达成调解协议11件，占0.41%。

（黄小曦）

【价格行政处罚案卷评查】 年内，区物价所规范行政处罚行为，结合区法制办及市价监局法制处评卷要求，对价格行政处罚案卷进行组卷并参与评查工作，参加评查5个处罚案卷均被评为市优秀案卷。

（黄小曦）

质量技术监督

【概况】 北京市朝阳区质量技术监督局（简称区质监局）是北京市质量技术监督局设在朝阳区负责本行政区域内质量技术监督管理工作的派出机构。内设科室6个、稽查队1个。有直属事业单位3个，职工总数210人，其中行政编制42人，行政执法编制11人，工勤编制4人，事业编制153人。全年开展行政执法活动2503起，查处案件648起，罚没款191万元，受理投诉举报案件1450件；检验特种设备5.47万余台（件）；检测计量器具7.7万台（件）。

（李　娟）

【《质量发展纲要》落实】 年内，区质监局推进《北京市朝阳区人民政府关于贯彻质量发展纲要（2011—2020年）的实施意见》落实。驻区京东方科技集团股份有限公司以“创新引领产业”为核心的质量管理模式获第三届中国质量奖提名奖；超图软件、洛娃集团等30余家企业申报第三届北京市政府质量管理奖，指导国家会议中心开展“标准提升年”行动，带动区域会展业服务质量提升。

（李　娟）

【特种设备超期使用专项整治】 年内，区质监局开展特种设备超期使用专项整治。采取特检所电话催检、安全员现场核查、特设科针对性监察协同治理机制，全年处罚超期未检使用单位29家，罚金140万元，通过持续不断攻坚，超期率降至2.1%左右。

（李　娟）

【电梯隐患专项整治】 年内，区质监局响应区委“街乡吹哨、部门报到”工作机制，实地指导6个街乡整治电梯隐患问题。全年完成560台电梯整治。

（李　娟）

【重要会议及活动特种设备服务保障】 年内，区质监局完成春节、国庆等重要节假日，以及全国“两会”、中非合作论坛北京峰会等18次重要会议、活动特种设备服务保障工作，确保会场驻地特种设备零故障安全运行。检查会议核心区、会场驻地91家次、出动200余人次，保障特种设备1680台，发现和排查问题隐患56项。会议期间24小时应急值守，随时应对突发事件发生，完成保障任务。

（李　娟）

【工业产品许可证管理】 年内，区质监局开展工业产品许可证管理检查。现场检查辖区31家生产许可证获证企业，检查率100%，网上自查报告公示100%，参加现场评审100%。

（李　娟）

【认证认可和检验检测监管】 年内，区质监局开展认证认可检验检测各类执法检查263起，出动执法人员526人次，处理投诉举报105起，向工商等部门通报情况29件，办结案件142件。定期对辖区内CCC生产企业全面排查，动态掌握企业情况，确保年内100%检查到位。随机抽取在区内开展认证活动，采取现场突击检查，掌握认证机构真实工作状况，并将检查情况上报国家认监委。对辖区全部蔬菜类有机产品认证企业生产基地开展两轮次专项监督检查，准确掌握企业体系运行、有机产品质量控制、证书及有机产品标志使用等情况。

（李　娟）

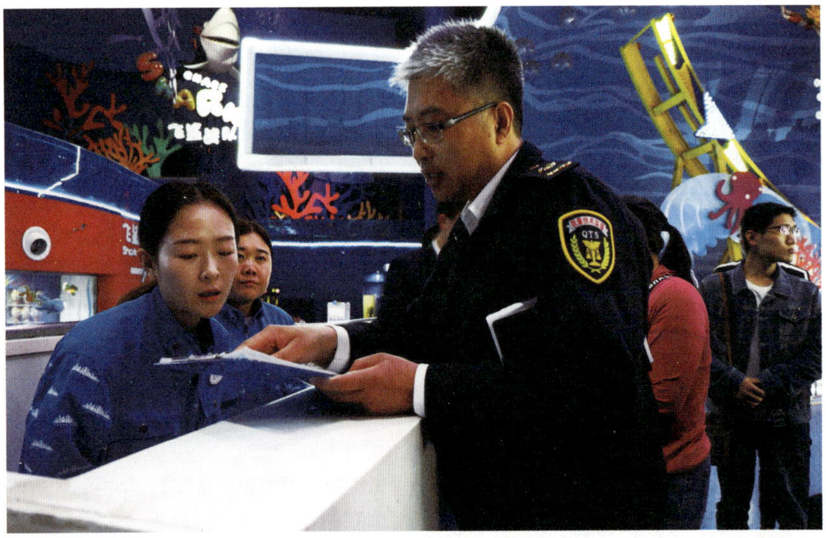

▲ 4月27日，区质监局工作人员对欢乐谷游乐设施安全检查　　李　娟　摄

【大气污染防治专项执法行动】 年内，区质监局以“双随机”抽查和日常执法检查相结合方式开展大气污染防治专项执法行动。重点检查在监督抽查、风险监测中出现不合格的企业，检查辖区内胶黏剂、涂料、车用汽油清净剂、车用尿素溶液、柴油降凝剂等生产企业开展51家次。与企业签订《落实企业主体责任确保产品质量安全承诺书》对发现的潜在问题责令整改，确保大气污染防治相关产品质量安全。开展“蓝天保卫战2018”行动，加强大气环境相关重点产品质量监管工作。全年执法检查191起，出动执法人员382人次，行政处罚生产企业2家。

（李　娟）

【机动车检测机构监管】 年内，区质监局对辖区机动车检测场开展执法检查43家次。在重要假节日前，对辖区内7家机动车检测场开展两轮全覆盖双随机专项检查。检查内容包括计量认证是否在有效期内、检测设备是否在计量检定周期内以及检验报告的CMA标志、编号、授权签字人签字是否符合要求等，经检查未发现违法行为。与区环保、公安等部门协调配合，对6家检测场开展联合检查并建立相互通报机制。

（李　娟）

【计量监督】 年内，区质监局开展春节、中秋、国庆等节假日重点时期计量监督检查工作。重点检查商场超市、大型农贸市场等行业使用的计量器具是否在计量检定周期内，商场超市、农贸市场是否按照要求设置公平秤，节日供应定量包装商品是否符合国家标准规定等。出动执法人员152人次，检查企业76家次，抽查计量器具149台件，抽检定量包装商品4批次，合格率100%。

（李　娟）

【16家单位获资金补助】 年内，区质监局组织辖区46家单位提交标准资助申请，涉及标准数量总数234项，其中国际标准7项、国家标准156项、行业标准64项、地方标准7项。申报单位数和标准数分别比上年增长31%和95%。经联席会讨论决定，对符合条件45家单位给予资助213.66万元。受理25家单位、73项标准，申报北京市标准资助比上年增长47%和73%。有16家单位45项标准获资金补助244万元。

（李　娟）

【国家级服务业标准化试点项目】 年内，朝阳区国家会议中心会展服务标准化示范项目入围国家级标准化示范项目。中国建筑科学研究院（位于朝阳区北三环东路30号）、中国特种设备检测研究院（位于朝阳区和平街西苑2号）、中检华纳（北京）质量技术中心有限公司（位于朝阳区育慧南路3号质量技术监督综合大楼西七层）、北京中金凯德企业管理股份公司（位于朝阳区胜古中路2号院8号楼817）、标准全视角（北京）信息技术有限责任公司（位于朝阳区建国路118号楼14层，建外聚英联盟孵化器A1075号）5家公司入选国家级服务业标准化试点项目。

（李　娟）

【中关村国家自主创新示范区标准创新试点项目】 年内，朝阳区中关村储能产业技术联盟成功申报团体标准创新试点项目。中关村储能产业技术联盟是中关村标准创新示范联盟，被国家标准委批准为第二批团体标准试点项目。

（李　娟）

【行政服务窗口服务】 年内，区质监局落实行政审批改革以及优化营商环境工作中的各项改革措施，加强行政服务窗口业务考核、自查及宣传工作。行政服务窗口年受理量1579件，服务评价满意率100%。

（李　娟）

安全生产监督管理

【概况】　朝阳区安全生产监督管理局（简称区安监局）是北京市安全生产监督管理局设在朝阳区的派出机构。内设科室10个，编制46人（其中行政编制43人、工勤编制3名）；下设事业单位5个，编制114人（其中110人参照公务员管理）；下设43个街乡安监科，编制86人（均为参照公务员管理）。年内，区安监局深化朝阳安全监管模式，开展安全生产“春晖”、安全隐患大排查大清理大整治、建筑施工领域专项整治行动、中非峰会安全生产服务保障工作和城市安全隐患治理三年行动等五项专项行动，完成重点时期和重要活动的服务保障工作。全区首次开展安全生产督查工作，督促安全生产的责任和政策措施的落实。探索“五强化、五注重”（五强化：强化企业安全生产主体责任落实和责任追究，强化生产过程管理的领导责任，强化企业技术管理机构的安全职能，强化安全生产监管部门对安全生产的综合监管，强化企业安全生产属地管理；五注重：注重责任担当，注重政策落实，注重统筹推进，注重手段创新，注重氛围营造）和“四个必查”（指危险化学品储存装卸“四个必查”，即查验车辆道路运输证、查验压力容器是否在检验合格有效期内、查验车辆是否悬挂符合国家标准道路运输危险货物车辆标志、查验相应的购买许可证或证明文件）执法工作模式，落实安全生产各项重点工作措施。全年发生生产经营性道路交通（属同等责任以上事故）、铁路交通、火灾、生产安全等死亡事故46起，死亡60人，比上年分别下降24.6%和13%。其中，生产安全事故发生12起死亡14人，比上年分别下降45.5%和39.1%。开展安全生产培训61511人次。全年开展执法检查12337件，占全市30.2%；行政处罚2771件，罚款2009.6万元。人均检查量138.62件、人均处罚量31.1起、人均处罚额22.6万元、职权履行率16.63%，以上指标均位列全市第一。在市安监局“图文故事——安全人在行动”征文中，区安监局撰写的“走出审批窗口，主动服务企业”故事，被评为“十佳好故事”，在《中国应急管理报》刊登。区安监局危险化学品监管科获“全国安全生产监管监察先进单位”称号。

（范月琼）

【安全隐患大排查大清理大整治】　2017年11月20日至2018年2月8日，区安监局开展“安全隐患大排查大清理大整治”专项行动。突出排查本行业领域、辖区隐患情况，出动检查人员40万余人次，检查点位33万余处，消除一般隐患19万余项，行政处罚660家次，停产停业2748家，关闭取缔1985家，媒体曝光21家，行政处罚369.824万元，处理人员719人，拆除、清理违法建设2854处，拆除面积47.25万平方米，整改“三合一”、高风险群租房重大消防安全隐患3344处和市安委会办公室下发的一、二、三批上账隐患2194处。5月和9月，组织开展两次全区性挂账隐患“回头看”活动，防止隐患发生反弹。

（范月琼）

【安全生产“春晖”专项行动】　1月20日至3月20日，区安监局启动安全生产“春晖”专项行动，服务保障春节和全国“两会”。街乡、部门开展安全生产大检查、隐患排查和对照检查，辖区未发生较大以上和社会影响较大的安全生产事故。全区出动检查组（含委办局、街乡）23756个，检查企业120366家，排查隐患87861项，整改隐患83535项，整改率95.1%，打击非法违法行为992起，停产整顿145家，关闭取缔175家，处罚金额599.3万元。

（范月琼）

【烟花爆竹销售安全保障】　1月29日，区安监局牵头，组织公安朝阳分局、区城管委、工商朝阳分局、朝阳消防支队、朝阳交通支队联合审查拟设置的4个烟花爆竹销售网点地点（分别为朝阳区豆各庄乡朝丰家园15号院北侧空地、朝阳区来广营乡顾家庄桥东北角50米空地、朝阳区平房乡机场二高速北侧石各庄公交站西100米空地、朝阳区三间房乡朝阳北路与定福庄北街交叉口西南角空地）各方面安全条件并对外公示审查合格地点。网点数量从2017年的54个减少至4个（均在五环路以外）。对安全条件存在问题的一律不予许可，从源头上保障网点安全。2月5日，区安监局聘请区安全生产协会专家组会同执法人员，对照标准逐项审查零售网点的选址、安全管理、建筑、电气、消防等7个方面23项内容。对销售网点占用盲道、架空电力线跨越等不符合设置要求的，不予验收通过。明确验收合格前，相关网点禁止配送烟花爆竹。2月10日至20日，安全条件审查和验收结果均为合格。区安监局投入安全保障专项工作经费40万元，保障4个销售网点销售安全。总配送量为4502箱，比上年22791箱下降80.2%；累计销售烟花爆竹4474箱，比上年14588箱下降70.3%。年内，区安监局组织网点从业人员集中培训后持证上岗并组织安保人员岗前培训；强化烟花爆竹销售网点主体责任，要求网点负责人签署安全承诺书并在显著位置张贴；编印《安全监管手册》，加强销售期间特别是高峰期（农历除夕、正月初五）安全监管，明确各销售网点须由1名网点主要负责人和安全管理员现场带班并配足销售人员和应急器材；区安监局每天派出检查组现场检查，确保销售网点落实安全责任。

（夏旭昀）

【政协委员提案办理】　3月14日，区安监局收到区政府办《关于我区煤改电后加强城乡接合部地区的低级次市场、出租大院的散户电加热产品安全的建议》的区政协委员提案办理单，成立由区安监局牵头，区农委、工商局朝阳分局、公安局朝阳分局、各地区办事处协同的专项整治领导小组。制发《城乡接合部地区低次级市场、出租大院住户取暖季安全用电隐患排查整治方案》，5月完成隐患排查整治工作，5月29日形成报告呈请政协委员审阅并签署意见后上报区政府督查室。

（张治国）

【公共管理综合保险推出】　3月31日，区政府推出公共管理综合保险。在党政机关和公办事业单位所有、使用或具有管理义务的建筑场所、设备设施内，或是在由上述单位组织的非商业性活动中，或者在行政区域内发生自然灾害、事故灾难和社会安全事件等突发事件中，发生意外可能获救助和赔偿，18项风险责任，覆盖全区常住人口和各类流动人口，每年赔偿限额1亿元。

（罗　鹏）

【隐患排查治理清单编制试点】 3月至8月，区安委会办公室在三级以上安全生产标准化达标企业中重点选择500家企业，开展隐患排查治理“一企一标准、一岗一清单”编制试点工作。以企业需求为导向，编制符合企业实际的隐患排查清单和岗位操作规程，提高生产经营一线职工安全意识和隐患排查能力。8月底，500家企业完成清单编制工作，试点企业开始运用全市生产安全隐患排查治理信息系统平台开展日常隐患排查治理工作，系统使用率90%。

（唐　璐）

【“街乡吹哨、部门报到”】 4月11日，区安监局制定《落实党建引领街乡管理体制机制创新，实现“街乡吹哨、部门报到”的行动方案》；成立以局长为组长，副处级领导为副组长的工作领导小组；梳理“街乡吹哨、部门报到”工作清单8项；明确“街乡吹哨、部门报到”工作流程7项。全年累计开展“街乡吹哨、部门报到”132次。

（董翠娟）

【应急管理培训会】 4月19日，区安监局召开应急管理培训会，总结2017年应急管理工作完成情况，部署应急演练、安全月宣传、应急执法检查等工作。制发《安全生产应急管理示范企业工作手册》和2017年危化事故演练光盘400余份。会议要求街乡、各单位做好应急管理各项工作。43个街乡安监科科长、执法检查队队长、中石油、中石化、工业、人员密集场所等重点单位负责人240人参加培训。

（甘建玮）

【地下有限空间作业大比武】 4月23日至6月28日，区安委会办公室开展“朝阳区2018年度地下有限空间作业大比武”活动。比武形式从2015年的作业企业一个组别，拓展到企业组和街乡组两个组别，参赛队从10支50人扩展到65支325人。理论考试采取计算机网络答题方式，实际操作考试应用模拟平台全部按照实际操作环境进行，企业组侧重实际操作，街乡组侧重理论知识。6月28日，在北京排水集团职业培训学校召开观摩暨总结表彰大会。

（姜　南）

【非经营性加油站安全专项整治】 4月至12月，区安监局开展非经营性加油站安全专项整治工作。组织各街道（地区）办事处、各行业主管部门开展全面摸底排查，形成非经营性加油站基础台账。组织召开安监、规划、消防、环保等监督部门及市政、体育、环卫等行业部门联席会议和非经营性加油站使用单位工作部署会，明确职责任务，督促开展整治。委托第三方专业机构开展隐患现场确认并形成隐患清单，制定整改方案，明确整改完成时限。组织开展专项监督执法，督促5处存在严重安全条件问题非经营性加油站停止使用，对1处非经营性加油站采取临时查封措施。

（夏旭昀）

【防灾减灾安全生产宣传】 5月12日，区安监局等部门在朝阳公园开展“5·12”防灾减灾安全生产宣传活动。举办防灾减灾动员、防灾减灾宣传、自救互救现场体验、应急逃生模拟体验、反恐演练5个主题活动。设置宣传展台1个，发放《电器用电安全操纵事故预防手册》《家庭安全知识手册》《安全知识手册》《加油站安全常识》《危险化学品安全常识》《危化品安全宣传手册》及其他宣传材料计5000余份，受益群众5000余人。

（甘建玮）

【重大活动安全保障】 5月17日至20日，区安监局完成第二十一届中国北京国际科技产业博览会期间安全保障工作。拉网式排查“科博会”展场周边200米内生产经营单位170家，出动执法检查人员105人次，下达行政执法文书61份，发现隐患176项，隐患整改率为100%。5月28日至6月1日，区安监局完成第五届中国（北京）国际服务贸易交易会期间安全保障工作。制定《第五届中国（北京）国际服务贸易交易会安全生产保障工作方案》，确保“京交会”顺利召开。

（董翠娟）

【科技周主场展览展示活动】 5月20日，由区科委、区委宣传部、区科协联合主办，小关街道办事处、区公共安全馆、元大都公园、中科院天地生科学文化传播中心协办的“科技强国富民创新引领发展”——2018年朝阳区科技周主场展览展示活动在区公共安全馆举行。北京尚德博瑞国际管理咨询有限公司、北京科技报社承办。活动坚持馆内馆外多方联动、社会参与、形式多样、多维宣传的原则，整合市级科普基地、科研院所、科技企业等优质科普资源，集中展示改革开放40年来，特别是党的十八大以来科技创新取得的重大成果和突出成就，宣传朝阳区建区60年来文化助力科普惠民的显著成效。活动当天接待居民参观体验700余人次。

（张凤敏）

【“电动自行车”治理专项行动】 5月至12月，区安监局开展“电动自行车”治理专项行动。通过安装充电桩，建立微型消防站、设立充电保护装置、清理不合格电动车、充电设备等手段，坚决遏制电动车火灾多发的势头。专项行动出动人员13732人次，检查企业10161家，发现并消除隐患8676处，入户清理不合格电动车4787辆，收缴不合格充电器56台。

（张治国）

【专职安全员检查督察】 6月1日，区安监局开展朝阳区专职安全员检查督察工作。检查27个检查队，发现五大类问题，查处涉及严重问题的专职安全员4名，对各检查队问题予以通报整改。

（张　强）

【安全生产培训专项执法检查】 6月1日至30日，区安监局制定《朝阳区安全生产培训专项执法检查工作方案》，在全区范围内开展安全生产培训专项执法检查。检查生产经营单位70家，发现隐患185项，消除隐患185项，下达执法文书数70份，立案30起，罚款25万元。

（董翠娟）

【“六一”科普玩具欢乐汇】 6月2日至3日，由区教委、区科协、六里屯街道办事处主办，区学生活动管理中心、红领巾公园承办的“第十八届红领巾科普游园会暨2018年‘六一’科普玩具欢乐汇”活动在红领巾公园举办。活动以“又学习·又玩耍”为主题，分为“传统文化展示区”“科普互动区”“户外展示区”“安全展示区”“生态文明展示区”“书法、绘画展示区”“玩具交换区”“趣味体能亲子通关区”八大活动区。其间，接待群众参与安全训练约5000人次，发放各类宣传品5000余份。

（袁雨晴）

【暑期小小讲解员志愿活动】 6月12日，区安全馆招募48名学生志愿者开展为期一个月的志愿讲解活动。区安全馆聘请专业老师对学生志愿者进行形体、礼仪、讲解等方面的培训。学生也在讲解过程中，了解消防安全、生产安全、交通安全、人民防空、治安反恐、自然灾害等6个方面的自救互救知识与技能。9月1日，在朝阳师范学校附属小学2018年秋季开学典礼上，区安全馆馆长陈世华为学生讲解员志愿者颁发“优秀小小讲解员”荣誉证书。

（李利华）

【“安全生产月”宣传咨询日活动】 6月15日，区安监局在朝阳公园南门广场举行以“生命至上、安全发展”为主题的“安全生产月”宣传咨询日活动。现场围绕主题设置宣传展板区、现场咨询区、互动体验区、装备展示区、“朝阳安监”微信公众号宣传区5个区域。在各主要场所设立安全生产咨询点45处，张贴宣传海报8220张，发放宣传材料209035件，5万余人参加活动。区安委会副主任、副区长刘海涛，区安委办主任、区安监局局长马海鹰，市安监局财务处处长田志斌等有关领导出席活动。区安监局、消防支队、交通支队、区城管委等23家单位有关领导和工作人员参加现场咨询。

（王莹欣）

【中非合作论坛北京峰会安全生产服务保障】 7月24日至9月15日，区安监局启动“中非峰会”安全生产服务保障行动。区安委会办公室在强化社会面隐患排查的同时，突出住地周边、行车路线沿线以及重点隐患风险管控，检查生产经营单位6948家，消除隐患6352项，确保峰会期间辖区安全生产形势平稳有序。

（范月琼）

【加油站灭火救援行为表彰】 8月2日3时48分至4时01分，位于东四环霄云桥北京霄云桥加油加气站有限公司附近发生一起车辆相撞着火事件。加油站员工全部出动，完成灭火救人，并采取一系列果断专业行动，抢救事故车辆驾驶员生命，保护加油站安全。区安监局给予人民币2万元奖励。北京电视台、《中国应急管理报》等媒体报道此事迹。

（夏旭昀）

【特种作业专项执法行动】 8月，区安监局启动打击特种作业“持假证上岗、无证上岗”专项执法行动。至10月底，通过组织专项联合检查、重点单位督查、联合属地安监科、处级领导带队等多种形式开展专项执法检查，出动执法人员及专职安全员6000余人次，检查企业4973家，发现隐患1383项，下达责令改正指令书522份，立案处罚48起，处罚金额12万元，隐患均已督促整改完毕。

（董翠娟）

【安全生产领域处级领导干部培训班】 9月17日至21日，区安监局举办全区安全生产领域处级领导干部培训班。43个街乡及60家安委会成员单位分管安全生产领导干部103人参加为期40学时集中培训。培训课程设置涵盖中共十九大报告中有关安全生产的阐述、新媒体环境下安全生产应急舆情应对、安全生产信息化与智能化、城市风险识别与控制等各方面与实际工作相关内容。

（邢美珍）

▲ 6月21日，区应急办、区安监局等部门和单位联合开展危化事故应急救援桌面演练 梁博文 摄

【城市安全隐患治理三年行动】 9月30日，区政府办印发《朝阳区城市安全隐患治理三年行动方案（2018年—2020年）》。城市安全隐患治理行动由区安监局牵头，各相关部门、各街乡按照全区统一部署，重点围绕消防、交通、建设施工、城市运行、危险化学品、工业企业、人员密集场所、特种设备、地下空间等行业领域开展为期三年的专项治理行动，依法集中整治一批重大隐患，取缔一批非法场所，拆除一批违章建筑，关闭取缔一批违法违规和不符合安全条件的生产经营单位。年内，全区出动检查人员20807人次，监督检查单位9469家，发现各类安全隐患766条，经属地、安委办筛查上账隐患329条，其中2018年度挂账隐患323条，整改319处，整改率98.76%。为检验隐患治理成果，高标准开展“回头看”核查工作，核查135家次，核查率43.65%。

（范月琼）

【有限空间专项执法检查】 9月，区安监局制发《关于开展有限空间执法检查专项行动工作方案》，于9月12日22时至13日凌晨，集中全区安监系统力量开展有限空间安全生产专项执法检查。出动执法检查人员964人，车辆92台次，没收各类施工作业工具86件，将4名无证作业人员移送公安机关，整改安全隐患52项。

（许海凤）

【安全生产督查】 10月29日至12月6日，区安监局在全区开展安全生产督查。查阅文件资料1.7万余份，个别谈话155次，召开座谈会50次，检查商贸市场、建筑施工、工业、危险化学品、人员密集场所等各类型企业(单位)150家，发现隐患、问题679项，其中问题239项，隐患440项，立案89起，处罚金46.2万元。

（王莹欣）

【移动终端App研发】 10月，区安监局完成移动终端App的研发工作，并安装到执法终端上。其主要功能包括：移动办公、依法行政、绩效考核、四级预警、企业台账和在线学习。

（杨 毅）

【危险化学品安全生产专项执法检查】 12月18日、21日，区安监局开展全区危险化学品企业开展安全生产专项执法检查。出动执法检查人员6人，检查生产经营单位2家、车辆2台次，发现并消除隐患10项，消除率100%。

（许海凤）

【社区（村）兼职安全生产巡查员队伍组建】 年内，区安监局完成社区（村）兼职安全生产巡查员队伍组建工作。全区有兼职安全生产巡查员1302人。6月6日至7日，分两批对全体兼职安全生产巡查员进行岗前培训，制发兼职巡查员检查证，印发《北京市朝阳区行政村、社区安全生产兼职巡查员资格管理办法》《朝阳区行政村、社区兼职安全生产巡查员工作制度》等相关管理制度。

（董翠娟）

【企业台账动态更新】 年内，区安监局完成企业台账系统更新工作。全年完成61385家的审核更新工作，其中新增企业23388家、修改企业信息13167家、核销企业23852家、恢复企业668家、迁入企业167家、迁出企业143家。A类和B类库企业信息完整率均达到95%以上,C类库企业信息完整率50%以上，区局及时审核率96.21%。

（杨　毅）

【跨行业联合专项执法检查】 年内，区安监局牵头组织区住房和城乡建设委、区卫计委、区商务委、区体育局、朝阳消防支队、朝阳食药局等10个部门参加，对建筑施工、宾馆饭店、餐饮、工业企业、体育健身、物业等不同行业领域，开展联合执法检查专项行动8次，出动执法人员138人次、专家13人次，检查生产经营单位35家次，发现安全隐患156项，行政处罚15万元，督促安全隐患整改到位。

（董翠娟）

【联片跨街乡集中执法专项行动】 年内，区安监局组织街道开展联片跨街乡集中执法专项行动。全年开展联片跨街乡执法专项行动6次，出动执法人员210余人次，检查生产经营单位200余家，立案136起，处罚81.65万元。

（张治国　孟　轲）

【加油站贯彻标准改造】 年内，区安监局完成加油站贯彻标准改造34家、上报资金奖励申请50家，完成数量位居全市第一，施工过程全部实现安全无事故。通过施工前审查方案，进场时组织安全培训和应急演练，制发“施工改造十严禁”提示牌，施工期间加强检查，现场监护清罐、吊装等重点作业，施工结束汇总验收。与区环保局配合，确保与贯彻标准改造同步完成环保防渗改造。

（夏旭昀）

【危险化学品领域监督管理】 年内，区安监局规范危险化学品企业安全评价工作，设立20万元安全评价专项资金，以政府购买服务方式选定专业评价机构，全年为40余家危险化学品企业做安全评价服务，全年查处回复涉及危险化学品“12350”及“政民互动”举报35件，信访举报件2件，答复信息公开申请2起，查处回复率100%。全年查处回复涉及危险化学品“12350”及“政民互动”举报35件，信访举报件2件，答复信息公开2起，查处回复率100%。在将台乡酒仙桥村一平房火灾事故发生后，连续接到15起“政民互动”转来的举报，均为反映酒仙桥村起火地点西侧中石化加油站与周边平房及小区距离过近，存在安全隐患，区安监局及时进行现场核查并向举报人反馈情况，举报人无异议。10月，北京巨明城气体设备技术开发有限公司将气体储罐及气瓶设施拆除，转为不带有储存设施经营企业。区财政投入20万元奖励资金用于奖励主动退出企业。全区危险化学品企业总数从379家减至360家。

（夏旭昀）

【危险化学品突发事件处置】 年内，区安监局先后指导完成“4·13”机场二高速金盏桥北侧柴油油罐车泄漏事故、“7·19”处置遗弃在潘家园派出所内的氢氟酸危险化学品突发事件和“9·7”处置南磨房陆翔佳苑废弃氧气瓶事件等涉及危险化学品事件现场处置工作。

（夏旭昀）

【执法装备配备】 年内，区安监局完成执法设备采购及配发。PAD、便携式打印机、移动政务网套餐、执法装备容器等执法装备的采购工作，支出96.9万元；完成执法人员及专职安全员PDA配备，以购买移动网络服务享受终端补贴形式为250名执法人员及198名新入职的专职安全员配备移动执法终端，与中国联通北京分公司签约2年，每年费用123.648万元。

（杨　毅）

【职能部门安全生产督查检查队规范化建设】 年内，区安监局通过制发方案、自查自报、调研摸底、召开现场会、选定试点单位等措施，推进职能部门安全生产督查检查队规范化建设工作。全区21个职能部门督查检查队在自查、区级复查和市局审核环节达标率90.5%。

（董翠娟）

【安全生产培训】 年内，区安监局制发《朝阳区2018年生产经营单位主要负责人和安全生产管理人员安全生产培训考核工作方案》。组织协调行业部门、属地街乡、培训机构开展安全生产培训工作，全年培训27931人。

（邢美珍）

【城市安全风险评估】 年内，区安监局开展危险化学品和规模以上工业企业、人员密集场所、建筑施工项目、生活垃圾处理设施等10个重点行业领域的500家企业开展城市安全风险评估试点工作。完成安全风险辨识和评估分级，建立区域城市安全风险清单，编制城市安全风险评估报告，制发《北京市朝阳区安全风险管理实施办法（试行）》。全区试点企业安全风险评估工作完成率100%，安全风险云服务系统填报率100%。

（李长江）

【安全社区创建与复评】 年内，区安监局开展安全社区创建和复评工作。东风乡成功创建北京市安全社区，望京、香河园、劲松、双井街道国际安全社区复评成功。全区有6个街乡纳入安全社区建设库，11个街乡纳入安全社区储备库。

（罗　鹏）

国有资产监督管理

【概况】 朝阳区人民政府国有资产监督管理委员会（简称区国资委）代表国家履行国有资产出资人职责。区国资委核定编制44人。年内，监管企业资产总额1160.2亿元，比上年增长19.5%；净资产264.4亿元，比上年增长4.2%；全年实现营业收入192.6亿元，比上年增长3.1%；累计实现利润9.7亿元，比上年增长20.8%。

（林春照）

【2018年度国有资本经营预算获批复】 1月31日，2018年度国有资本经营预算获区财政批复，国资预算收入、支出均为13382万元。

(林春照)

【2017年国有资本经营决算完成】 2月6日，完成2017年国有资本经营决算工作，国有资本经营决算收入、支出均为13804万元，收支平衡。

(林春照)

【股利股息上缴】 2月23日，区国资委参股企业朝阳万科完成股利股息上缴入库工作，2018年国有资本收益（国有股股息、股利）上缴5000万元。

(林春照)

【养老公益事业支持】 3月6日，经区国资委党委研究并报区政府同意，朝阳区副食总公司支持劲松街道办事处养老公益事业，将其托管的区粮食局所属劲松八区830号房屋用于辖区养老便民服务。该处房屋建筑面积351.1平方米，改造后成为劲松老年家园分院接收辖区入住老人的养老场所。

(林春照)

【房产租赁批复】 3月16日，经区国资委党委同意，朝阳区副食总公司按照区政府关于“三里屯书屋建设工作调度会”精神，结合区国资委不动产出租管理相关规定，在出租用于建设韬奋书店三里屯店事项上予以租金支持并做好工作对接。9月7日，经区政府同意，批复北京望京新兴产业区综合开发有限公司将望京国际研发园F座、G座出租给北京三快在线科技有限公司用于办公及研发，建筑面积13359.56平方米，租期5年。

(林春照)

【推进国企改革调度会】 3月22日，区国资委传达区委区政府对昆泰集团、朝阳宾馆、朝开公司整合重组，朝建公司以及华阳公司转企改制工作的决策部署，区国资委党委成立由党委书记刘勇、主任王春平任组长的深化国企改革工作领导小组，明确各项目领导负责人。4月3日，区委常委、政法委书记张维刚主持调度会，推进北京朝阳停车管理有限公司党组织及法人经理结构组建、北京市朝阳城市建设综合开发公司与北京市朝阳区建筑工程公司整合重组、能源集团筹建及北京朝京环保能源科技股份有限公司调整等三项工作推进情况调度会。5月17日，区国资委召开国企改革推进调度会。张维刚和李俊杰出席会议，听取国企改革调度会议定事项推进落实情况的汇报，王春平汇报朝阳停车公司组建、朝开公司托管朝建公司、朝京能源公司调整等三项工作的推进落实情况，副主任张浩楠汇报区属国企剥离办社会职能的进展情况，昆泰集团董事长韦平汇报昆泰集团整合重组朝阳宾馆的方案，华阳公司经理孙明明汇报华阳公司的改制方案及理顺和京广中心关系的建议方案。5月22日，区国资委召开朝开公司托管朝建公司专题调度会。张维刚、李俊杰，刘勇、王春平、张浩楠及相关工作负责人参加，会议听取朝开公司关于自身经营情况的报告、重点工程项目开展情况、全面托管朝建公司工作安排及存在的困难和问题。7月3日，张维刚组织召开国企改革专项调度会，朝开公司全面托管朝建公司工作和能源公司调整工作。张维刚肯定前期工作成绩，对朝开公司托管朝建公司工作提出确保稳定、尽快研究人员分流初步方案、推进正常工作、工作组加强指导、依法依规稳妥实施等要求。对能源公司调整工作提出厘清定位，合理明确责任；积极沟通、稳妥推进；立足现状、稳定经营；科学规划、着眼长远；服务大局、统筹协调等五点要求。9月13日，张维刚主持召开国企改革专项调度会。区国资委领导班子成员及相关科室负责人参会，区国资委专题汇报朝开公司托管朝建公司的前期工作进展。张维刚要求积极稳妥处理托管工作中的各项问题，确保安全稳定。

(林春照)

【合同转让批复】 4月8日，经区国资委党委研究，同意弘朝伟业公司转让朝阳区工业局东直门外大街甲26号院2号楼5层501房产，委托北京天健兴业资产评估有限公司评估，房产评估值为4557万元，较账面净值增值1226%。5月7日，区国资委对上述评估结果出具核准批复并要求企业以此评估结果作为转让的定价依据，按照企业国有资产交易有关法律规章操作，落实进场交易制度，区工业局于5月10日在北京产权交易所挂牌，6月6日挂牌结束，产生受让方并以底价成交。

(林春照)

【矛盾排查化解】 4月，区国资委组织开展“国资委系统矛盾化解年”社会面风险防控大排查，发现信访问题7项全部处理。

(林春照)

【企业用地情况推进会】 5月24日，区国资委组织召开区属国有企业用地情况摸底调查工作推进会，部署摸底调查工作，启动土地存量调研工作。各监管企业相关工作负责人及区国资委综合科参加会议。

(林春照)

【事业单位改制转企】 6月6日，区国资委组织召开弘朝伟业公司及蓝岛大厦事业单位改制转企启动会。宣布启动事业单位改制转企工作并下发有关通知。区国资委副主任张浩楠、国资永恒咨询专家、弘朝伟业公司及蓝岛大厦领导及相关工作负责人参会。12月4日，区国资委召开区属事业单位转企改制工作沟通会，就朝阳宾馆、弘朝伟业公司在事业单位撤销工作中存在的人员待遇保障工作沟通交流。研究讨论事业单位撤销过程中退休人员编制转入机关后勤代管有关问题。区编办、区财政局、区人力社保局、区机关后勤服务中心、朝阳宾馆、弘朝伟业公司等相关负责人参加会议。

(林春照)

【国有资本收益入库】 6月8日，经汇总审核、区财政局复核确认，完成2018年国有资本收益入库工作，印发上缴2018年国有资本收益的通知，相关企业于6月8日前完成利润上缴工作，涉及利润收入8357万元。

(林春照)

【公司制改革工作启动】 6月14日，区国资委召开公司制改革工作启动会。宣布启动华阳公司制改革及理顺华阳公司与京广中心关系工作并下发通知。区国资委副主任张浩楠、华阳公司经理孙明明、京广中心经理董玉梅及律师事务所、咨询机构相关人员参会。6月19日，区国资委召开区教育公司组建工作沟通推进会。区教委副主任付琳、赵勇，区国资委副主任张浩楠及相关科室负责人，弘朝伟业公司党委书记、董事长杨士山及相关部门负责人参会。杨士山介绍弘朝伟业公司下属幼儿园经营情况及改制转企工作安排，参会各方就幼儿园设立等工作交流对接，推进区教育公司的组建工作。10月12日，区国资委启动朝开公司和副食公司制改革。朝开公司和副食公司人员分别汇报公司总体情况，区国资委宣读公司制改制通知并传达相关精神。国资永恒专家及律师事务所、会计师事务所代表提出意见。区国资委副主任张浩楠、朝开公司和副食公司领导班子、国咨永恒、康达律所、正衡东亚会计师事务所代表参会。

（林春照）

【朝开公司托管朝建公司专项督导会】 6月21日，区国资委组织召开朝开公司托管朝建公司专项督导工作组进驻会，启动朝开公司托管朝建公司工作。朝开公司介绍托管工作方案，两家公司主要负责人分别表态，布置工作。朝建公司按照托管要求集中收集印章、证照、档案资料等，移交给朝开公司。王春平、宋超荣、张浩楠和督导组成员，朝开公司和朝建公司领导及各部门负责人参加会议。

（林春照）

【微电影《初心》发布】 6月28日，区国资委举办纪念建党97周年主题党课暨主题微电影首映式。微电影《初心》以朝阳国企党员为主角，以国企党员不忘初心、坚定信念为背景，反映朝阳国企党员履行政治责任、社会责任和经济责任的故事。500名党员代表参加首映式。

（林春照）

【2018年国资全年预算完成】 6月，2018年国资预算收入完成全年预算，实现收入14389万元，完成年度预算107.53%。

（林春照）

【企业负责人经营业绩考核和薪酬管理规范】 7月2日，印发《朝阳区国资委监管企业负责人经营业绩考核暂行办法》和《朝阳区国资委监管企业负责人薪酬管理暂行办法》，规范企业负责人薪酬管理工作。

（林春照）

【事业单位撤销】 7月16日，区国资委召开事业单位撤销工作部署会，听取郡王府、朝阳宾馆、金朝阳（国朝）关于撤销工作存在的困难和问题，区编办人员讲解改革总体安排及相关政策，区国资委提出撤销工作要求并督促企业做好相关工作。12月，区国资委经请示区编办完成2018年度系统28家经营类事业单位撤销任务。

（林春照）

2018年28家经营类事业单位撤销改制名单一览表

表4

1	北京市朝阳区国有资产运营管理中心
2	朝阳宾馆（北京市朝阳区人民政府招待所）
3	北京郡王府管理中心
4	北京市朝阳区潘家园国际民间文化管理中心
5	区社区经济管理办公室
6	区街道社区服务中心
7	八里庄社区经济中心
8	安贞社区经济中心
9	朝外社区经济中心
10	双井社区经济中心
11	呼家楼社区经济中心
12	劲松社区经济中心
13	建外社区经济中心
14	左家庄社区经济中心
15	三里屯社区经济中心
16	亚运村社区经济中心
17	酒仙桥社区经济中心
18	和平街社区经济中心
19	潘家园社区经济中心
20	管庄社区经济中心
21	团结湖社区经济中心
22	六里屯社区经济中心
23	麦子店社区经济中心
24	小关社区经济中心
25	机场社区经济中心
26	垡头社区经济中心
27	香河园社区经济中心
28	望京社区经济中心

（林春照）

▲ 6月28日，区国资委系统纪念建党97周年主题党课暨主题微电影首映式 林春照 摄

【资本投资运营公司组建推进会】 8月5日，区国资委召开朝阳区商业国有资本投资运营公司组建工作推进会暨区国资委与国资永恒签署战略合作协议会。与会各方就商投公司组建方向、政策内容、投资经验等做交流汇报，区国资委与国资永恒签署战略合作协议。国资永恒专

家，鼎晖公司相关负责人，京客隆集团和蓝岛大厦相关负责人，区国资委主任王春平、副主任张浩楠参加会议。

（林春照）

【核准资产转让】 8月9日，区国资委核准北京昆泰房地产开发集团有限公司下属乾景房地产开发有限公司将其持有的北京中言房地产开发有限公司49%股权转让资产评估项目，核准后全部净资产评估值为469086.44万元，对应49%股权为229852.36万元。9月7日，区国资委核准北京昆泰房地产开发集团有限公司下属乾景房地产开发有限公司将其持有的北京居业房地产开发有限公司49%股权转让资产评估项目，核准后的全部净资产评估值为472214.47万元，对应49%股权为231385.09万元。

（林春照）

【员工持股试点获批】 10月25日，市国资委批复同意朗昆文化公司为全国首批员工持股试点企业名单，成为北京市9家员工持股试点企业之一。

（林春照）

【房产转让批复】 10月31日，经区国资委党委会研究并报区政府，同意首联集团向京客隆全资首超公司非公开协议转让位于“北京市怀柔区开放路丙46号”房地产，建筑面积为10726.04平方米，土地使用权面积为6666平方米，土地用途批发零售用地。8月31日财务状况，房屋原值2552.49万元，累计折旧1272.50万元，净值1279.99万元。

（林春照）

【2019年国资预算编制工作完成】 10月，区国资委完成2019年国资预算草案编制工作。2019年国有资本经营预算收入规模预计为11151万元，其中上缴利润收入7038万元，股利股息收入3106万元，超收结转1007万元；支出包括8家监管企业9个项目，建议安排资金7384万元；按28%比例上缴公共财政3122万元；国资监管费用建议安排645万元。

（林春照）

【监管企业担保管理暂行办法制发】 11月2日，区国资委制发《朝阳区国资委监管企业担保管理暂行办法》（朝国资发〔2018〕12号），规范监管企业担保行为。

（林春照）

【国有企业剥离办教育职能推进会】 11月27日，区国资委召开国有企业剥离办教育职能工作推进会。通报北京市关于剥离工作的会议精神及区国资委党委会研究事项，确定变更朝建幼儿园举办者，在“三个基本不变”的基础上，将朝建幼儿园纳入教育科技公司的管理体系内。区国资委有关科室、弘朝伟业公司、朝开公司、朝建公司等相关人员参加会议。

（林春照）

【非经营性资产移交】 12月7日，区国资委召开非经营性资产移交尽职调查部署工作会。房地集团介绍尽职调查相关工作，会议要求相关企业配合房地集团做好对接工作，邀请市房地集团与相关监管企业做好前期对接工作。

（林春照）

【企业划转工作沟通会】 12月18日，区国资委召开区机关后勤服务中心下属两家企业整体划转至副食公司相关工作沟通会。区机关后勤服务中心介绍下属两家企业朝政汽车检测场和汽车修理厂因厂房面临拆迁腾退有关情况，申请整体划转到区副食总公司。区副食总公司经理王伟林介绍公司在汽车业务上的优势和前期与后勤检测场进行沟通考察相关情况。会议要求两家单位进一步对接，研究制定完整的移交接收工作方案，与金盏乡对接，尽快确定新厂址，建设新厂房，并明确该事项需报区政府研究决策。

（林春照）

【企业幼儿园划转沟通会】 12月21日，区国资委召开系统企业幼儿园划转相关政策沟通会。听取蓝岛幼儿园和朝建幼儿园园长及骨干教师对于将幼儿园划转到弘朝教育科技公司有关决策安排疑虑和诉求，区国资委传达剥离国企非主业办教育职能和整合组建教育科技公司的有关工作安排和政策要求，解答幼儿园提出的疑虑和问题，确保幼儿园教职员工思想稳定。

（林春照）

【北京CBD国际公司资本增资注册完成】 12月，北京商务中心区国际公司确定为咸宁侯村和郭家场村棚改开发实施主体，由区财政局分两期向北京商务中心区国际公司注资30亿元，作为启动资金先期启动咸宁侯村和郭家场村腾退工作。根据《企业国有资产交易监督管理办法》，确定区国资中心和北京商务中心区投资公司各占90.20%和9.80%。北京商务中心区国际公司将30亿元部分作为注册资本，其余部分作为资本公积，未分配利润进行派送后增资。增资后注册资本为32亿元。

（林春照）

食品药品监督管理

【概况】 朝阳区食品药品监督管理局（简称区食品药品监管局）实行双重管理体制。局领导实行双重管理，以市食药监局党组管理为主，区党委协助管理。主要负责实施食品行政许可和监督管理，药品零售经营许可、保健食品经营许可、医疗器械经营许可、药品经营质量管理规范认证，食品药品监督的稽查制度，查处违法行为，食品药品安全事故应急体系建设、应急处置和调查处理，食品药品检验检测体系、电子监管追溯体系、诚信体系建设等工作。局机关内设12个职能科室，编制51人。下设朝阳区食品药品稽查大队、2个事业单位以及43个街道（地区）食品药品监督管理所。全局实有干部职工236人、食品药品监察员212人。年内，围绕“让首都市民享受更高水准的食品药品安全保障”根本目标，认真贯彻落实习近平总书记关于食品药品安全的系列重要指示精神，按照市局和区委区政府决策部署，以切实保障辖区百姓饮食用药安全为主线，全面落实“一岗双责”，推进党风廉政建设和反腐败工作，完成全年各项目标任务。全年处理49起食品药品突发应急事件，立案1820件，罚没款8031.28余万元，完成20项大型活动食品药品安全保障任务，辖区未发生重大食品药品安全事件。年内，全区43个食药所中33个所被评为市级“示范所”。区食品药品监管局获“2015—2017年度首都文明单位”、北京市三八红旗集体荣誉称号。根据2018年12月28日召开的市场监管分级管理体制改革实施部署会议精神，自2019年1月1日起，区食品药品监管局划归区政府管理。

（肖　洁）

【“健康双清行”主题宣传活动】 7月17日，区食品药品监管局利用“7·17”的谐音“清一清”，开展“冰箱、药箱大清理”

主题宣传活动。通过讲座、走进百姓家中开展“冰箱、药箱大清理”等形式，普及食品药品安全知识，弘扬尚德守法行业风气，提升群众食品安全获得感和幸福感。

（肖　洁）

【安全用药月系列科普宣传活动】 10月至11月，区食品药品监管局联合朝阳医院药事部等单位，走进团结湖街道、建外街道、金盏地区、东坝地区，开展安全用药进社区、进校园系列科普讲座。

（肖　洁）

【首家可经营药品的便利店落户朝阳】 12月1日，在区食品药品监管局、区商务委共同推进下，北京市第一家可以经营乙类非处方药和二类医疗器械的便利店——京客隆京捷便利工体东路店获批开始营业。该店在售药品达60余种、医疗器械35种，基本满足市民用药需求。

（肖　洁）

【食品安全示范区创建】 年内，区食品药品监管局对255项创建评估细则指标细化分解，组织专题培训，200余个现场点位开展自查自评工作，确保评估考核所有指标全部落地实施；借助朝阳有线等媒体、盘古等户外广告屏、局官方微信平台、社区快检服务，以及悬挂横幅、张贴海报、发放一封信等形式营造创建氛围，提高知晓率。6月12日至22日，朝阳区接受市食药安委考评组现场评价验收，顺利通过验收。9月14日，市政协经济委员会视察全市创建食品安全城市工作进展情况，朝阳区代表全市16个区作汇报。

（肖　洁）

【创建国家卫生区】 年内，区食品药品监管局对接区创卫办，成立指挥部和专班组，搭建工作体系，落实区创卫办工作部署，举全局之力完成“创卫”工作中所涉及食品安全工作。做好餐饮业病媒相关工作，由局领导班子成员带队组成自查组，对各个点位自查自纠，通过北京市爱卫会鼠蟑蚊蝇病媒生物防制验收；指导来广营、南磨房、太阳宫3个地区开展食品安全档案及现场检查，指导通过争创国家卫生乡暗访考核；委托第三方机构按照创卫标准对43个街乡食品安全开展监测工作，监测食品经营单位1311户，发现问题7830件，对发现的问题及时整改，确保创建国家卫生区工作中食品安全指标通过验收。

（肖　洁）

▲ 12月1日，京城首家获批“药品经营许可证”的便利店落户朝阳　郭彦伶　摄

【领导调研】 12月25日，北京市人大常委会主任李伟带队调研朝阳区小规模食品生产经营管理情况，到建外街道“N+”便利店、呼家楼街道“一碗面”餐饮店和同乐隆华超市，了解小食杂店、小餐饮店经营和监管情况。区委书记王灏、区人大常委会主任陈宏志、副区长王志勉，区食品药品监管局局长刘立新、副局长齐林枫等一同调研。

（肖　洁）

【营商环境优化】 年内，区食品药品监管局简化食品经营许可变更、二类医疗器械备案等38类办理事项流程，压缩至1个工作日办结；5月29日起，对食品经营许可新办，药品经营许可延续等21类办理事项，压缩至5个工作日办结；与工商部门沟通对接，开展图纸预审服务；7月6日启动餐饮环节即时办理延时服务，工作日延长2小时，周六全天提供受理服务。为“易世达”“合生汇”“环宇荟”等重大项目提供“绿色通道”服务。全年受理食品药品经营许可26861件。

（肖　洁）

【“阳光餐饮”工程】 年内，区食品药品监管局完善《北京市朝阳区食品药品监督管理局推进阳光餐饮工程实施方案》，在全区范围建成阳光餐饮示范街8条。完成“阳光餐饮”建设8150户，其中社会餐饮完成7682户；中小学食堂完成175户；托幼机构食堂完成200户；养老机构食堂完成46户；中央厨房完成10户、集体用餐配送单位完成37户，实现80%以上的中小学校、托幼机构、养老机构食堂达到“阳光餐饮”工程建设要求，确保北京市民生实事工程落实到位。

（肖　洁）

【餐饮业品质提升】 年内，区食品药品监管局向辖区餐饮单位宣传贯彻“一个规范（《北京市经营规范》）、三个导则”（文明服务导则、品质餐饮示范导则和客用卫生间清洁卫生示范导则），提升餐饮业文化品位，鼓励餐饮单位结合地理位置、外部环境、历史传统、时代特色，开展形象景观和主题文化建设，引导餐饮行业健康发展。495家餐饮单位完成品质提升并通过中国烹饪协会评审。

（肖　洁）

【“放心肉菜示范超市”创建活动】 年内，北京京客隆商业集团股份有限公司望京店、北京家乐福商业有限公司双井店、北京时尚天虹百货有限公司新奥分公司、北京易初莲花连锁超市有限公司朝阳路店作为“放心肉菜示范超市”参创单位，通过现场审核，进入第三方消费者满意度调查环节。

（肖　洁）

【食品集中交易市场疏解整治】 年内，区食品药品监管局疏解食品集中交易市场3

家，依法依规打击和取缔非法餐饮单位，治理无照无证餐饮单位1797户。

（肖 洁）

【北京冬奥会食品安全保障风险防范】 年内，区食品药品监管局通过建立对接核查制度、制定实施方案，强化产销两地食品安全协同共管、合作共建、责任共担等方面共识，共同做好进京食品安全保障，提前防范2022年北京冬奥会食品安全风险。6月22日起，全区组织签署食品安全保障协议323份。8月6日至10日，市、区两级监管部门组织联合检查组，赴辽宁省兴城市和庄河市，开展供京食品安全“区域协作基地保障全程监管”对接核查工作。

（肖 洁）

【大型活动服务保障】 年内，区食品药品监管局依托“一部六组六片区”保障体系，完成包括中非合作论坛北京峰会、全国“两会”、国际科技产业博览会、中国网球公开赛等20项大型活动食品药品安全保障任务，保障就餐353646人次。

（肖 洁）

【食品药品等安全监测】 年内，区食品药品监管局开展食品安全日常监督抽检及专项检查7699件，合格率98.7%；食品快检7695件，合格率100%；完成食品风险监测270个批次，合格率99.6%；药品抽检抽验772件，合格率99.87%；化妆品137批次，保健食品46件，合格率均为100%；医疗器械抽检72批次，合格率95.8%。

（肖 洁）

【检验监测能力提升】 年内，区食品药品监管局加强区食品药品安全监控中心实验室规范化管理，完成实验室资质认定整改，通过实验室认可复评审工作。区食品药品安全监控中心具有北京市质量技术监督局授权的141个检验参数，其中药品领域81个检验参数，涉及101个检验方法，食品领域60个检验参数；具有国家实验室认可委托授权药品领域42个检验参数，涉及64个检验方法。全年区食品药品安全监控中心完成药品检验任务882件，涉及朝阳区744件，完成药品基础测试任务55件。

（肖 洁）

【不良反应监测】 年内，区食品药品监管局收集评价药品不良反应监测评价报告2846件、医疗器械不良事件监测评价报告1321件，完成任务率137.6%；辖区内二、三级医疗机构药品不良反应、医疗器械不良事件消除，追踪严重病例补充报告327件；首次全市开展化妆品不良反应监测工作，完成化妆品不良反应报表评价241件，任务完成率125%。区食品药品安全监控中心联合机关相关科室，走访企业20余家。通过增设哨点医院、为大型网络化妆品经营企业开设账号、加强监测走访等方式，形成化妆品不良反应监测工作长效机制。对辖区2家药品生产企业开展药品不良反应报告和监测检查，并督促企业完成整改。

（肖 洁）

【法务助理培训】 年内，区食品药品监管局为片区食药所聘请法务助理，辅助片区法制员开展案件核审、法律法规疑难问题解答、行政执法培训等工作，对片区食药所行政执法的合法性、合理性进行严格把关。制发《片区食药所法制员、法务助理一般程序案件核审工作流程及规则要求（试行）》，为法务助理规范开展工作提供制度保障。全年对法务助理培训8次，审核的一般程序行政处罚案件1594件，提高案件办理质量。

（肖 洁）

【投诉举报处置新模式】 年内，区食品药品监管局为统一、规范“复杂疑难”投诉举报处置行为，在制发《“复杂疑难”投诉举报处置内部工作程序（试行）》《“复杂疑难”投诉举报首办单位工作职责》基础上，实现对“6个片区、43个食药所”培训、指导全覆盖，刊发《“复杂疑难”投诉举报指导专刊》9期，解答疑难问题103个，并汇编成册，实现举报办理“认识统一、标准统一、行动统一”，有效降低复议、诉讼败诉风险。全年办理复杂疑难举报12042件，为各承办单位提供范本。

（肖 洁）

【协同执法保障机制】 年内，全区43个食药所全部与相关派出所建立“协同执法保障机制”，推进两法衔接工作。移送公安机关涉嫌食品药品刑事犯罪案件6件，向检察院发送商请及抄备函15件，配合公安机关鉴定假劣药品79次，会同公安部门开展联合执法19次、召开案件会商7次。

（肖 洁）

【投诉举报处置】 年内，区食品药品监管局受理28338件各类食品药品举报，全部在时限内办结，及时回应社会关切。通过回访，提高举报办理质量和服务质量和举报人对食药监部门的举报办理满意度，办理群众诉求各项指标平均值逐月上升，位列全区42个委办局的第11名。在市局“三率两度”综合考评中，保持优异成绩。在朝阳区优秀诉求处理案例投票评选活动中，区食药局负责办理的“反映无照经营问题”群众诉求得到基层群众认可，票数领先。

（肖 洁）

【违法行为查处】 年内，区食品药品监管局下达一般程序处罚案件1820件，简易程序处罚案件1208件，处罚没款8031.28万元。其中，查办诺天源（中国）贸易有限公司经营用非食品原料生产的食品案、北京美华妇儿门诊部有限公司使用假药案、北京瑞红商贸有限公司经营超范围、超限量使用食品添加剂的食品案、北京治伟商贸有限公司经营禁止经营的食品及不符合食品安全标准的食品案等大案、要案。

（肖 洁）

【食品药品日常监管】 年内，区食品药品监管局深化“一企一策”监管模式，风险分级排查辖区57家食品生产企业，量化分级复评辖区12995家餐饮单位，对辖区901家药店实行分级分类管理，对2家中药饮片生产企业、2家注射剂生产企业开展生产质量管理规范（GMP）跟踪检查，督促整改缺陷16项；对10家药物临床试验质量管理规范（GCP）机构开展日常监督工作，从项目审查入手，规范GCP管理。

（肖 洁）

【专项整治行动】 年内，区食品药品监管局针对社会关注度高、群众反映强烈的食品药品各领域、各环节热点、难点、重点突出问题，以及季节性特征，先后组织酒类产品质量安全、食用植物油塑化剂、农村食品安全、校园周边食品安全、网络订餐、无菌和植入性等医疗器械监督检查、三伏贴、特殊药品等50余次专项整治，净化市场环境。

（肖 洁）

【网络订餐食品安全监管】 年内，区食品药品监管局利用网监系统，对网络食品经营商户开展两轮网络巡查，巡查36720

户次。对网络食品违法行为，立案1203件，罚没款1770余万元，下线各平台违规入网经营者6000余户。

（肖　洁）

【非洲猪瘟防控】 年内，区食品药品监管局制发《关于进一步加强猪肉及猪产品质量安全专项检查工作方案》，9月始，在食品生产、食品流通、食品市场、餐饮等环节全面开展猪肉及产品专项检查，每日向大洋路批发市场、朝来万通批发市场各派驻一名执法人员开展24小时驻守，核验入厂猪肉。全年出动执法人员22504人次，检查大型批发市场563家次、零售市场5280家次、商超和食杂店15167户次、餐饮服务单位15070户次、网络平台39户次、网络平台上经营主体898户次，未发现疫区猪肉及制品，猪肉市场供应量平稳。

（肖　洁）

【疫苗储运使用环节监管】 年内，区食品药品监管局制发《疫苗储运使用环节质量监管专项检查工作方案》，对辖区唯一一家疫苗储存、配送企业进行检查，该企业能够保证在库、在途疫苗储存条件可控。在使用环节，对辖区57家免疫规划接种门诊、24家涉外疫苗接种门诊、26家狂犬病免疫预防门诊、22家产科接种门诊以及区疾病预防控制中心储运使用疫苗情况进行全覆盖现场检查，重点检查疫苗采购、验收、使用管理制度、实际储运和使用记录、检查合格证等情况。经查，未发现异常。

（肖　洁）

【“街乡吹哨、部门报到”】 年内，区食品药品监管局借助“街乡吹哨、部门报到”工作机制，强化科室与食药所的联系对接，帮助食药所解决突出难点问题。全年各部门报到438次、调研125次、解决问题73个。

（肖　洁）

【信息公开与举报受理】 年内，区食品药品监管局主动公开政务信息563条，受理依申请公开信息362件，保障群众的知情权。受理举报奖励申请，落实举报奖励制度，受理举报奖励申请210个，通过审批的奖励金额64645元。

（肖　洁）

【舆情监测与应急处置】 年内，区食品药品监管局理顺舆情处置和食品药品突发事件应急处置流程，全年监测并及时处置舆情信息142条。处置突发应急事件49起，辖区未发生重大食品药品安全事件。

（肖　洁）

【微信公众号】 年内，区食品药品监管局以“朝安安”为北京朝阳食药微信公众号的形象代言人，发布微信内容159期，文章570篇。

（肖　洁）

烟草专卖与管理

【概况】 朝阳区烟草专卖局成立于1996年10月，朝阳烟草公司成立于1998年3月，负责朝阳区行政辖区内的烟草专卖管理、卷烟市场供应和卷烟销售网络建设。内设办公室（安保科）、专卖监督管理科、内部专卖监督管理派驻办公室、法制科、营销网建科、财务科、人事科、纪检监察科（党建工作科）等8个科室，有职工153人。全年办理各类涉烟违法案件219起，查获总烟量2417万支，其中查获假私卷烟1191.26万支。查获违法卷烟总案值1502万元。办理涉烟网络案件3起，刑拘21人。市场净化率96%。全年销售卷烟14.76万箱，实现利税合计11.26亿元。区烟草专卖局获2017年度市级交通安全先进单位和纳税信用A级企业。

（丁　鑫）

【涉烟网络案件破获】 年内，区烟草专卖局破获3起网络案件，分别是“1·16”销售违法卷烟网络案件、“5·23”销售违法卷烟网络案件和“5·30”销售违法卷烟网络案件。1月16日，在各级公安部门配合下，朝阳、丰台、海淀、昌平、顺义、大兴、平谷等区烟草专卖局历时4个多月，破获一起以刘某亮、刘某界、刘某增为首的销售违法卷烟团伙网络案件。查获各类违法卷烟211万支，其中真烟168.18万支、假烟1.38万支、走私烟41.44万支，涉烟总案值1933706.26元，抓捕涉案人员12人，刑拘3人，查获窝点12个，涉案车辆3台。5月23日，在朝阳、顺义、怀柔等区公安部门配合下，破获一起以张某某、王某某、郭某某为首的销售违法卷烟团伙网络案件。查获各类违法卷烟273.92万支，其中真烟237.88万支、假烟11.48万支、走私烟24.56万支，涉烟总案值126.77万元，抓捕涉案人员13人，刑拘4人，查获窝点13个，涉案车辆2台。5月30日，朝阳区局联合顺义、丰台、海淀、昌平等区烟草专卖局，破获一起以陈某明、崔某阁、于某、赵某永、于某坤为首的“5·30”销售违法卷烟网络案。查获各类违法卷烟66.58万支，其中真烟10.42万支、假烟9.52万支、走私烟46.64万支，涉烟总案值57.98万元，抓捕涉案人员10人，刑拘5人，查获窝点8个，涉案车辆1台。

（房　颖）

【部门联席会】 年内，区烟草专卖局组织召开内专销联席会4次，通报各季度规范经营工作开展的情况，以及全市和本区真烟非法流通相关数据，讨论该阶段出现的违法违规经营线索。会议传达国家烟草专卖局、市烟草专卖局对加强卷烟大户监管的工作精神，并组织内管、营销、专卖、

▲ 7月27日，国家烟草专卖局领导到区调研零售户经营情况　　卢　青　摄

法制4部门人员学习国家局对行业内个别单位在卷烟经营、专卖管理监督方面违规问题的处理情况通报，发挥警示作用。

（王漪虹）

【质量管理小组活动】 年内，区烟草专卖局推进质量管理（QC）小组活动，发挥小组成员主观能动性，调动全体员工爱岗敬业、创新服务的责任意识。区局企管办及时引导各创新小组修正活动方向，落实活动内容，切实做到让QC活动服务工作，服务一线，服务零售户。QC小组成果“提高图书周转率”在北京市第七十二次质量管理小组创建活动成果发表赛中获三等奖，“开发客户信息推送软件”获北京烟草QC成果发表赛三等奖，被市烟草专卖局推荐参加中国质量协会和北京市质量协会的成果发表赛。

（丁　鑫）

工商行政管理

【概况】 北京市工商行政管理局朝阳分局（简称工商朝阳分局），主要负责辖区内市场经济主体登记注册、商标广告监管、经济合同监管、市场竞争监管、打击假冒伪劣商品，维护消费者的合法权益以及规范市场经济秩序等工作。有517名正式干部，其中公务员385人，纳入工资规范管理事业编128人，工人4人。分局机关191人，稽查大队38人，工商所288人。下设稽查大队1个，科室15个（内设科室4个），工商所15个，事业单位5个。年内，服务“非首都”功能疏解及行政副中心建设，落实“放、管、服”改革任务着力点，构筑有辖区特色的市场管理体系，推动辖区经济提质增效升级，深化队伍建设和工商文化建设。以挂账的形式督查各项工作进展情况，建立22项研究账、29项实践账、98项调研账，加强作风建设和党风廉政建设，落实“一岗双责”，扎实推进“两个责任”向科所队延伸。推动“街乡吹哨、部门报到”工作机制落实。以创新服务为动力，制作《北京朝阳商标受理窗口服务指南》，帮助申请人快速详尽地了解办事流程和材料要求，成立7个商标品牌指导站。促进信用贷款和信用融资，办理动产抵押登记127件，帮助企业获银行和小额贷款机构贷款54.71亿元。做好大数据信息服务，辅助相关部门查询提供主体数据及街乡数据79万条。制作《朝阳区市场主体监控简报》，为各级领导及时掌握辖区情况和决策部署提供参考。

（吕秉生）

【消费纠纷快速和解平台建设】 1月，工商朝阳分局对2017年企业自行和解情况问题，向朝阳区“‘12315’消费争议解决绿色通道”企业推出“北京消费投诉”App快速和解平台，督促经营者全面落实消费环节首问和赔偿先付制度，提高消费纠纷快速和解效率。年内，“‘12315’消费争议解决绿色通道”企业新增145家，总数428家。

（吕秉生）

【互联网电商平台企业守法经营督导】 2月至9月，工商朝阳分局督促指导亚马逊、聚美优品、尚品百姿和花旺在线（蜜芽网）4家电商平台自行审查1088条格式条款，纠正完善其含有消费隐患部分。

（吕秉生）

【“工商e登记”实行】 3月7日，工商朝阳分局在全区实行内资有限公司设立登记“工商e登记”暨全程电子化工作模式。新设的内资有限公司，通过全程电子化的方式提交设立登记申请，材料齐全且符合法定形式，在1个工作日内即可完成企业设立申请的核准，全年为18664户企业发放电子营业执照。

（吕秉生）

【“新设企业一窗式服务区”开设】 3月26日，工商朝阳分局成立涉及工商、公安、税务、政务服务办等工作职能审批于一身的“新设企业一窗式服务区”。实现新开办企业“只进一门，只对一窗”，后台流程、全程办结。对较为特殊几类公司设立“一窗式现场受理”窗口，全年为3509户企业及分支机构提供现场办理登记。“一窗式服务区”成立后，受到国家工商总局、国务院办公厅派出的督查组、北京市工商局、朝阳区政府领导的重视，朝阳有线电视台、《朝阳报》等媒体报道“一窗式服务区”有关情况。

（吕秉生）

【电子化注销登记启动】 5月4日，工商朝阳分局启动企业电子化注销登记。内资有限公司可在线上递交电子化注销申请材料，并经在线审核后，通过快递寄递方式领取《注销通知书》，完成“全程零见面”注销手续的办理。年内，595户企业办理电子化注销手续。

（吕秉生）

【“多证合一”改革】 6月29日，工商朝阳分局将粮油仓储企业备案、物业服务企业及其分支机构备案、保安服务公司分公司备案、海关进出口货物收发人备案、劳务派遣单位设立分公司备案等24项涉企证照事项纳入“多证合一”改革范围，实现“24证合一”。

（吕秉生）

【综合业务服务窗口设置】 8月13日，工商朝阳分局广告发布登记和动产抵押登记服务事项业务入驻朝阳区政务服务大厅。在登记注册大厅内专门设置综合业务服务窗口。当日，为7户广告发布者办理登记。

（吕秉生）

▲ 7月31日，北京奥林匹克公园商标品牌指导站挂牌　　邹　月　摄

【企业在线查档服务】 8月20日，工商朝阳分局在全市推出面向全程电子化新设企业的在线查档便利化服务，在领取营业执照后的第二日即可在线查询档案。

（吕秉生）

【违法广告查处】 9月20日，工商朝阳分局查处“e代喝”在App上发布违背社会良好风尚违法广告，罚款50万元。

（吕秉生）

【疏解整治任务完成】 年内，工商朝阳分局整治无证无照经营点位3600处，完成全年计划任务的100%；治理“开墙打洞”经营点位1714处，完成全年计划任务的100%；保持无“开墙打洞”街巷540条，完成市级任务的100%。疏解商品交易市场17家，其中停业撤摊市场4家、拆除5家、转型市场3家、升级改造市场5个。核实商品交易市场内7100余个虚数主体。注销或变更14个空壳市场，其中完成注销7个、完成业态变更4个。疏解商户1000余户，疏解经营人员近5000人；支持引导50%的个体商户向小微企业转型。调整经营结构，增加文化服务、维修服务和菜篮子工程摊位50余个。

（吕秉生）

【外商企业和个体工商户增加】 年内，朝阳区新设外资企业1003户，占全市新设外资企业42.37%，比上年提高10.71%；新设个体工商户1722户，占全市新设个体工商户13.29%，比上年增加17.06%。年底，辖区实有市场主体459628户，其中2018年新增31197户，占全市市场总量21.63%，比上年提高3.48%。辖区内资企业375180户，其中2018年新增28431户，占全市23.24%，比上年提高5.76%。辖区外资企业14196户，占全市43.98%，比上年提高3.52%。

（吕秉生）

【损害消费者合法权益行为查处】 年内，工商朝阳分局办理行政处罚案件涉及的案件性质126项，按查办案件性质分类，数量居前五位的分别是：未依法取得营业执照从事经营活动案件699件；涉及经营者向消费者提供商品或者服务使用格式条款、通知、声明、店堂告示等，排除或者限制消费者提出修理、更换、退货、赔偿损失及获得违约金和其他合理赔偿的权利案件238件；经营者与消费者采用格式条款订立合同，经营者在格式条款中免除自己因故意或者重大过失造成消费者财产损失责任案件195件；经营者向消费者提供商品或者服务使用格式条款、通知、声明、店堂告示等，免除或者部分免除经营者对其所提供的商品或者服务应当承担的修理、重作、更换、退货、补足商品数量、退还货款和服务费用、赔偿损失等责任案件173件；生产者（销售者）在商品（产品）中掺杂、掺假，以假充真，以次充好，或者以不合格商品（产品）冒充合格商品（产品）案件170件。

（吕秉生）

【放心消费创建活动】 年内，工商朝阳分局制发《关于进一步扩大“两项维权制度”覆盖面全面深入开展“放心消费创建”活动实施方案》。明确2018年放心消费创建工作的总体目标、重点创建行业和领域、具体方法和工作要求。制发《老年消费知识手册》2000余册。为150余名老年人开展两次老年消费宣传活动。各工商所开展老年人消费安全宣传45场，覆盖老年人2000余人。举办经营者守法经营培训100余场。区内220家企业签署《放心消费创建承诺书》；制定《北京市工商行政管理局朝阳分局朝阳区消费者协会“放心消费在社区”宣传活动月工作方案》，为增加消费者权益宣传力度，增印市工商局的提供消费者权益保护宣传材料40000份，印制“放心消费在社区”宣传袋7000个，宣传海报和宣传画2520张，制作小礼品1000个，印制标语横幅90条。在84个社区开展宣传工作。

（吕秉生）

【投诉举报接收与咨询接待】 年内，工商朝阳分局接待咨询、投诉、举报群众7700余人次，接听群众来电16720余人次；“12315”综合信息采集服务平台处理各类信息67492件，其中投诉54256件，举报13236件；全国“12315”互联网平台接收57158件；接收区政府信息7036件，接收市政府政风热线61件；接收企业虚假登记各类投诉举报427件，其中虚假登记类举报299件，异地经营举报124件。

（吕秉生）

【DID投诉举报电话录音系统建立】 年内，工商朝阳分局在全局建立“DID投诉举报电话录音系统”。该系统可实现多个坐席同时进行拨打和接听，减少热线电话接听难、消费者的合理诉求得不到及时解决的现象。

（吕秉生）

【信息披露机制建立】 年内，工商朝阳分局分别对严重损害消费者合法权益的北京龙宸美容有限公司、北京东霆春分健身有限公司朝阳分公司、金麟俊颜美容（北京）有限公司亚运村分公司、北京荣锦文化发展有限公司、北京京广华通汽车销售有限公司、北京京广华通汽车销售有限公司等425家企业，进行3次信息披露和8次消费警示。

（吕秉生）

【联合监管】 年内，工商朝阳分局与区房管局联合制定工作方案，推动社会共治。联合检查房地产经纪机构2309户，约谈企业31户，制发行政建议书15份，立案处罚7户，发放责令改正通知书3份，发放宣传材料200份。

（吕秉生）

【动产抵押业务网上办理】 年内，工商朝阳分局利用互联网办理动产抵押登记业务56件，主债权金额250793.94万元，办理动产抵押变更登记2件，办理动产抵押注销登记1件。

（吕秉生）

【合同格式条款专项整治】 年内，工商朝阳分局分别专项整治网络合同格式条款、旅游业、培训业、房地产业合同格式条款工作。对合同格式条款检查企业2563户次，检查格式条款2784条，行政指导320次，制发《责令改正通知书》101份，纠正涉嫌违规格式条款100条，办理违反格式条款案件870件。完成《网络学习课程采购及服务合同》《服装定制合同》《零售电商平台消费权益保障基础协议》《居住小区停车位租用合同》《眼镜销售合同》合同示范文本制定。

（吕秉生）

【动产抵押登记】 年内，工商朝阳分局办理动产抵押登记127件，帮助企业获银行和小额贷款机构贷款54.71亿元。办理动产抵押变更登记5件；办理动产抵押注销登记51件。

（吕秉生）

【舆情回应】 年内，工商朝阳分局解决舆情和群众关切的问题。排查64户超市有机蔬菜专柜；排查汽车配件市场39个次、商户 502 户次，对触犯法律行为舆情的企业罚款 30 万元。

（吕秉生）

【违规销售电动车专项整治】 年内，工商朝阳分局关停无照电动车经营主体 164 户，下架违规电动车 271 辆，查扣违规电动车 99 辆，办理电动车相关案件 55 起，罚没款 6.5 万余元。

（吕秉生）

【成立类金融风险防范专班】 年内，工商朝阳分局成立类金融风险防范专班，检查涉嫌非法集资广告资讯信息 2573 条次，约谈、提示、告诫 187 户次。与区风险防控专班共享 158 户 P2P 企业数据和 68 万条法人及股东身份数据；核查 2843 户涉嫌异地注册在朝阳区经营企业，责令 255 户依法整改；对区专班明确的 527 户金融信息服务企业采取迁入管控措施，为公安机关实施边控提供 260 余家企业法人、股东、监事身份信息。

（吕秉生）

【经营企业“双随机”抽查】 年内，工商朝阳分局开展“双随机”抽查工作。抽查 15 次，抽查主体 8567 户，出动执法人员 20290 人次。经查，正常企业 4610 户、发现问题企业 3957 户，将发现问题企业全部列入经营异常名录。

（吕秉生）

【经营异常名录管理】 年内，工商朝阳分局完成对企业（农专）企业信息录入 59890 条。发现公示企业隐瞒真实情况弄虚作假 23 条；无法取得联系企业 12253 条；未依期限公示年度报告企业 47612 条。完成个体工商户标记异常 28282 条，其中未按规定报送年报 28020 条。个体工商户恢复正常状态 3966 条，因被列入信用监管经营异常名录届满三年仍未履行相关义务被列入严重违法失信企业名单企业 7852 条。

（吕秉生）

【外企代表机构申报与违法案件查处】 年内，工商朝阳分局查处外企在华常驻代表机构违反《外国企业常驻代表机构登记管理条例》（国务院令第 703 号）案件 70 起，结案 69 起，罚款金额 104.9 万元。辖区有外国企业在华常驻代表机构申报 1720 户，申报率 90.15%。

（吕秉生）

【企业无违法违规证明出证】 年内，工商朝阳分局对 2976 家企业开具无违法违规证明。其中，申请上市或关联企业上市 835 家、发行或增发股票 52 家、发行债券 41 家、企业并购重组 121 家、申请直销企业 2 家、招投标 8 家、评优评先 33 家、基金管理人备案 12 家、区商务委对企业核查 757 家，对百强外资企业核查 150 家，区委组织部青年委员会换届企业协查 280 家，工商联入会企业查询 24 家，区教委保健所对中小学校食堂管理企业查询出证 33 家，区委统战部协查出证 19 家，国家文创实验区管委会企业查询 268 家，区发改委协查出证 274 家，区人力社保局协查出证 20 家。

（吕秉生）

【非公党建台账建立】 年内，工商朝阳分局在代理机构、各类市场建立党建台账 561 户；建账市场非公主体 14732 户，党员 622 人；党组织 84 个，覆盖率 100%。

（吕秉生）

【商标品牌指导站建设】 年内，工商朝阳分局制发《商标品牌指导站建设方案》。在中关村产业园区朝阳园、商务中心区、莱锦文化创意产业园、五方天雅汽车服务园、北京奥林匹克公园、城外诚家居市场以及燕莎奥特莱斯建设 7 个商标品牌指导站，为企业提供面对面的注册商标、管理商标、保护商标、运用商标等服务。8 月 24 日，北京朝阳有线《朝阳新闻》栏目播出《商标品牌指导站为企业提供面对面指导服务》新闻报道。

（吕秉生）

【冬奥主赛区跨区域商标广告监管执法联动机制建立】 年内，工商朝阳分局与冬奥会主赛场所在地延庆、海淀、石景山工商分局及河北省张家口市崇礼县食品和市场监督管理局建立 2022 年冬奥会主赛区跨区域商标广告监管执法联动机制。联动开展跨区域“双打”和虚假、违法广告专项治理。

（吕秉生）

【重点企业动态监管】 年内，工商朝阳分局开展重点企业动态监管工作。建立 166 个加油站（含开业、存续、装修停业）、81 个车用尿素经营主体、41 个建筑类涂料和胶黏剂经营主体和 9 个燃气经营主体台账，抽检 234 组油样，发现 1 组不合格样品。对 35 个加油站开展油品自检任务 35 组；对销售柴油车车用尿素的加油站开展 16 组抽检任务，发现 2 组不合格尿素；对销售建筑类涂料和胶黏剂经营主体开展 26 组抽检任务，未发现不合格样本，对液化石油气供应点开展流通领域燃气质量抽检 3 组。对辖区随机抽取 3 个加油站开展油气回收在线监控改造和车用燃油质量检查，会同区环保局联合检查加油站车用尿素质量。办结销售不合格车用尿素案件 1 起，并实施 656 元罚款处置。

（吕秉生）

【经营场所安全检查】 年内，工商朝阳分局对辖区专业市场、综合市场、大型商超、专卖店等业态开展公共安全检查。完成对儿童用品类等重要商品抽检任务 182 组，发现 37 组不合格样本。完成对儿童用品、小家电、内墙涂料、照明器材等 14 类商品 85 组商品抽检工作。对 536 组自检任务，有 289 组任务返回检测结果，发现 206 组不合格样本。对辖区 160 个玩具经营户和 10 个批发市场建立主体台账。检查辖区 12 个市场 56 户经营者，出动执法人员 80 人次，发放《行政提示书》90 余份。发现辖区 3 个市场存在销售“三无”玩具情况，均立案查处。

（吕秉生）

【电动自行车质量抽检及违法经营查处】 年内，工商朝阳分局开展电动自行车质量抽检及违法经营专项整治工作。出动执法人员 222 人次，会同检测机构联合检查 45 次，检查经营主体 118 户，抽检电动自行车整车、充电器、电池样本 28 组，立案查处 6 组不合格商品。查处 89 户无照经营电动自行车的主体。行政指导 500 余户次。发现并处置违法行为 2 起，关停无照经营户 27 户，查扣车辆 78 辆。对发现的问题均依法处置，立案 1 起，罚没款 1460 元。

（吕秉生）

【行政处罚案件办理】 年内，工商朝阳分局办理行政处罚案件 11359 起，罚没款总额 7765.65 万元。向公安机关移送假冒注册商标、销售假冒注册商标专用权商品的案件 4 件。行政复议诉讼案件 224 件，其中行政复议案件 118 件、行政诉讼案件 106 件。

（吕秉生）

【平台履行社会责任情况执法检查】 年内，工商朝阳分局组织工商所对 27 家平台经营者的自查自纠情况开展复查。检查重点网络交易平台 12 家，做出行政告诫 14 件。其中，针对平台经营者亮照亮标 4 件，为网店经营者亮照亮标 5 件，区分和标记自营与非自营业务3件，报送经营统计资料1件，规范互联网广告发布形式1件。处置涉网案件543件，罚没款1329万余元。

（吕秉生）

【“依网管网”调研】 年内，工商朝阳分局开展“依网管网”调研，形成《依网管网，促进网络经济健康有序发展》《创新监管思路，实施“依网管网”》《再论“依网管网”之行业公约的制定》等调研文章。上报网监信息40篇。

（吕秉生）

【信息采集】 年内，工商朝阳分局运用大数据技术，设计发放“企业档案查询调查问卷”，完成《优化营商环境推进“互联网+查询服务”》数据分析报告。分析报告被国家工商总局网站的工作动态专栏采用。向市工商局信息中心报送12篇分析命题。累计修改问题数据850余条，持续保证100%的数据问题处理率与数据整体规范率。辅助37个区级、单位其他部门查询提供主体数据及街乡数据79万条。发布7次简报。

（吕秉生）

【档案管理】 年内，工商朝阳分局完成内外资登记档案整理、扫描、装订、入库37168户256828卷5173815页。完成文书及其他门类档案4561卷（件）收集整理和归档工作，接收归档案件档案7396卷。外部查询工商登记档案122827次。

（吕秉生）

【广告宣传和监管】 年内，工商朝阳分局利用“喜马拉雅FM”进行音频普法宣传，播出文字稿件65篇、音频39集，社会受众阅读量近3万人次。对涉及广告法规的相关单位集中培训20次，培训人员2000余人次，培训媒介监测人员及执法干部3次，走访媒介单位10多家。工商朝阳分局组织撰写《信息流广告的前世、今生与未来》《精准投放类广告将经历四个发展阶段》和《精准投放对象是“特定”还是“不特定”？》等广告管理研究报告，其中《对疑难广告费用的思考》被《中国工商报》《工商管理半月刊》等多家国家级媒体刊登。工商朝阳分局监测报纸类广告81147条、杂志类广告25867条。办理广告发布登记、变更登记17户；接到广告类举报信访件187起，核实处理168条。办理广告案件471件，罚没款1597.16万元；约谈北京人民广播电台、《法制晚报》、《北京青年报》《作家文摘》、《中国老年报》、中华网、一点资讯等媒体。行政告诫蚂蜂窝、BOSS直聘等低俗广告宣传行为。对医疗、药品、医疗器械、保健食品等涉及事前需要行政审批相关广告、互联网广告、烟草广告、户外广告等发出工作指导9期、工作提示11次；与通州工商分局合作，服务行政副中心周边广告监管，探讨通惠河—大运河文化产业走廊以及落实“京津冀一体化”广告监管工作。

（吕秉生）

2018年工商朝阳分局工商所一览表

表5

名 称	地 址	邮 编	电 话
六里屯工商所	甜水园北里1号楼	100026	65076946
团结湖工商所	团结湖北头条9号楼	100026	85589300
双井工商所	松榆东里37号楼	100021	87373176
酒仙桥工商所	驼房营路3号（将台派出所南）	100015	64329430
左家庄工商所	西坝河西里28号 英特公寓A座4层	100028	64292464
奥运村工商所	安惠里1区11号	100101	64915551
高碑店工商所	康家园25号	100123	85782132
北京商务中心区工商所	建国路93号 万达广场3号楼一层	100022	58205533-525/599
双桥工商所	杨闸环岛东200米路南	100024	85708720
华威工商所	双龙南里212楼	100122	87312145
大屯工商所	惠新东街8号设计大厦十三层	100029	84644537
望京工商所	望京西园103楼	100102	64702120
安贞工商所	西坝河西里28号 英特公寓A座3层	100028	64433315
十八里店工商所	双龙南里129楼	100021	87313183
崔各庄工商所	崔各庄乡政府东侧	100015	64321040

（吕秉生）

消费者权益保护

【概况】 北京市朝阳区消费者协会（简称区消协）是朝阳区依法保护消费者权益的社会团体，会长由工商朝阳分局副局长张久红兼任，下设15个基层分会，指导和开展消费维权工作。年内，区消协及各消协分会受理消费者投诉39077件，办结35298件，解决投诉率90%。为消费者挽回经济损失5698.17万元。接待来访、咨询22168人次。因欺诈行为得到加倍赔偿 196 件，赔偿额为 48.81 万元。收到消费者表扬信锦旗 16 面。开展多元化调解工作，成立家居建材消费纠纷人民调解委员会，机动车消费纠纷人民调解委员会和电子商务消费纠纷人民调解委员会，发挥消费纠纷人民调解委员会职能。全年成功调解 22 件，挽回经济损失 38.42 万元人民币、1.078 万美元。对严重侵害消费者权益的经营主体实施 3 次信息披露和 8 次消费警示。

（吕秉生）

【“3·15”活动】 3 月，区消协制发《2018 年“3·15”国际消费者权益日活动方案》。在蓝色港湾广场举行“品质消费美好生活”主题宣传活动。副区长王志勉，工商朝阳分局局长于晓军、副局长张久红，以及区发改委、食药监局、质监局、农委等部门和检测机构负责人等参加宣传活动。与区各工商所、各消协分会共同组织开展家装宣传活动 6 次。各消协分会与各工商所共同组织宣传活动 46 场次，发放宣传资料 7000 余册，4425 名消费者和 688 名经营者参加活动。

（吕秉生）

【行业协会助解装修难题】 10 月 8 日至 12 月 31 日，区消协与中国室内装饰协会施工委员会联合开展“家装帮您看”公益活动。为装修业主提供义务专业咨询，现场察看家装质量，做出工程评估，按质量和环保要求给出专业意见。将侵害消费者权益的经营者由中国室内装饰协会纳入“黑名单”。

（吕秉生）

工业 商务服务业

北京朝阳年鉴

Beijing Chaoyang Yearbook

2019

工业产业发展

【概况】 年内，全区规模以上工业企业累计实现工业总产值741.6亿元，比上年增长3.0%。产值总量排名前五行业累计实现产值536.5亿元，比上年增长8.4%，占区域产值总量72.3%，拉动全区工业总产值增长5.7个百分点。其中，电力、热力生产和供应业累计实现产值208亿元，比上年增长15%；开采专业及辅助性活动累计实现产值106.9亿元，比上年增长17.3%；医药制造业累计实现产值87.5亿元，比上年降低9.1%；电气机械和器材制造业累计实现产值75亿元，比上年增长5%；非金属矿物制品业累计实现产值59.1亿元，比上年增长6.5%。前三季度，在热电行业和医药制造业带动下，区域产值增速延续上年增长态势，增速保持在7.5%～9.5%区间运行。第四季度，因为同期基数的提升影响，工业总产值增速回落，跌至全年最低点。

（赵　浚）

【空气重污染应急方案落实】 年内，区发改委调整2018年应急企业名单，在北京市空气重污染7次预警期间，组织165家应急企业落实应急预案，实施停产限产。组织开展2018年度秋冬季工业企业错峰生产和运输工作，每周督查确认企业错峰情况。

（张中来）

【“十三五”时期产业发展规划中期评估】 年内，区发改委完成“十三五”时期产业发展规划中期评估工作，主要规划指标达到中期进度要求，重点任务按计划进行。提出在规划实施新旧动能转换、产业发展质量、产业空间利用、产业营商环境等方面存在的主要问题和困难，并围绕提升产业核心竞争力、强化创新引领、产业空间统筹、优化营商环境、加大对外开放力度等方面提出推进思路和主要措施。

（张中来）

高新技术产业

【概况】 年内，朝阳区高新技术产业发展良好。科技服务业和信息服务业实现增加值1138.8亿元，占全区比重18.7%。规模以上企业营业收入分别为1105.3亿元、1279亿元，比上年增速均超过10%；区级收入分别为10.75亿元、13.75亿元，比上年增长0.56%、23.15%。

（赵　浚）

【2017年重点产业资金安排完成】 年内，区发改委统筹各产业办完成2017年重点产业资金安排工作，安排资金近5.4亿元，支持项目708个。

（赵　浚）

【2018年重点产业资金安排完成】 年内，区发改委统筹各产业办开展两批2018年重点产业资金安排工作，汇集商务经济及服务业、金融、国家文创实验区、文化创意、高新技术、信息服务、中小企业、上市和并购等8项产业政策，安排资金5.1亿元，支持项目656个。

（赵　浚）

商务服务业

【概况】 朝阳区商务局（简称区商务局）是负责朝阳区内外贸易、外商投资、对外经济合作、商务服务业发展和口岸工作的区政府工作部门。主要职能包括推进全区流通产业结构调整，促进商贸服务业和社区商业发展，负责外商投资相关管理及投资促进、货物进出口相关管理、服务贸易和服务外包发展的政策措施并组织实施，统筹推进全区商务服务业发展等。有办公室、研究室、会展产业促进科、总部经济发展科、商贸流通科等10个科室，在编公务员43人。年内，实际利用外资47.1亿美元，进出口总额12735.9亿元，跨国公司地区总部有121家，社会消费品零售额2797.6亿元，新建（改造）便民服务网点159个。

（马伟超）

【第五届京交会分销服务·朝阳板块】 5月28日至6月1日，以“创新分销服务，推动高质量发展”为主题的第五届京交会分销服务·朝阳板块在国家会议中心举办。朝阳板块以“国际服务贸易、总部经济发展、服务业扩大开放、国际一流营商环境”为主要内容，展现朝阳区国际商务和国际贸易枢纽功能、服务业扩大开放综合试点示范区建设成果。其间，绿商网与德国欧诺集团共建“高精尖”科技创新（北京）投资中心，北京渝满电子商务有限公司将与伊尔库茨克油脂联合厂建设中俄蒙国际综合交易中心，普天新能源（北京）有限公司与朝阳区总部企业联合会共同推广普天新能源充电设备应用等19个项目，将在分销服务·朝阳板块签约，签约额1800亿元人民币，

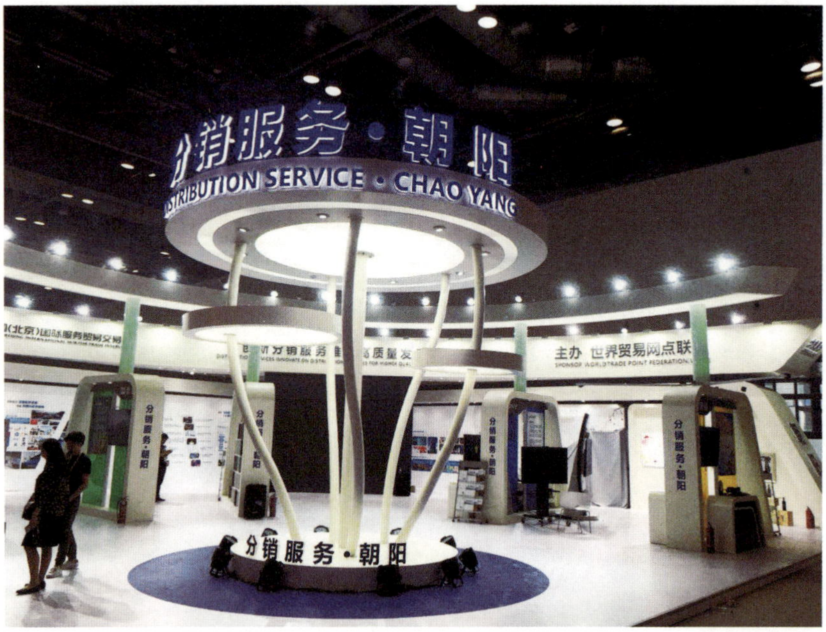

▲ 5月28日，第五届京交会朝阳板块展览展示区域和互动区域　　区商务局　供稿

比上届增长20%，占京交会签约总额27%。召开5场新闻发布会，人民网、北京新闻等主要媒体刊登报道和网络发布400余篇次。

（王贺菲）

【服务业扩大开放示范区建设】 年内，区商务局完成服务业扩大开放试点任务54项，两轮试点政策催生17项新业态，创新10项体制机制成果，推出53个典型示范点。支持罗尔斯罗伊斯（中国）投资有限公司成为北京首家通过服务业扩大开放试点政策设立的外商投资性公司。吸引日本最大唱片公司爱贝克思集团控股公司在国家文创实验区投资设立爱贝克思（北京）文化传媒有限公司。支持益博睿征信（北京）有限公司成为全市首家获企业征信备案的外资征信机构。吸引全球三大评级机构标准普尔公司、穆迪投资者服务公司和惠誉国际信用评级公司设立独资公司。形成全国首家"可视化为侨服务示范基地"、戴姆勒亚洲唯一乘用车设计中心等北京可复制、可推广开放创新成果。朝阳区服务业扩大开放"放宽服务业准入，助推区域高水平开放"典型经验做法在国务院第五次大督查中获国务院办公厅通报表扬。

（马伟超）

【商务服务业发展】 年内，租赁与商务服务业实现增加值1033.7亿元，比上年增长7.8%，高于全区GDP增速1.3个百分点。

（马伟超）

【批发零售业和租赁商务服务业发展】 年内，全区批发零售业和租赁商务服务业形成区级收入176.4亿元，比上年增长7.4%，完成全年任务（175.6亿元）100.5%，占全区（全区533.7亿元，比上年增长5%）比重33.1%。其中，批发零售业实现区级收入90.7亿元，比上年增长5.8%；租赁商务服务业实现区级收入85.7亿元，比上年增长9.1%。两行业保持增长。

（马伟超）

【外资利用】 年内，区商务局新设立外商投资企业750家，合同外资98.4亿美元，实际使用外资47.1亿美元。全年服务业六大领域吸引合同外资87.3亿美元，占总体合同外资的88.7%。其中，科学技术服务领域（全区重点培养"高精尖"行业）吸引合同外资33.2亿美元，比上年增长3.7倍，助推外资整体发展，占总体合同外资的33.8%；金融服务吸引合同外资30亿美元，比上年增长3.1倍，占总体合同外资的28.4%。

（马伟超）

【外资备案便利化】 年内，区商务局与工商银行朝阳支行、中信银行尚都国际中心支行、北京农商行朝阳支行、兴业银行朝阳支行4家银行网点开展合作，将外资备案手续由只能到区政务服务中心办理转变为企业可自主选择就近银行网点办理，压缩办理时间，扩展办理空间。

（马伟超）

【外贸进出口】 年内，全区完成货物进出口总额12735.9亿元，比上年增长30%，占全市总量46.9%。其中，进口完成11544.9亿元，比上年增长30.6%，占全市总量51.8%；出口完成1190.9亿元，比上年增长24.5%，占全市总量24.4%。三项指标均居全市首位。

（马伟超）

【国际经贸交流】 年内，区商务局结合"一带一路"倡议实施，开展经贸洽谈活动。支持雅宝路商会组织31家服装企业赴俄罗斯参加CPM展会；引导绿协举办2018绿色经济财富论坛、雅宝路商会举办迈向新时代——国际经贸合作论坛等活动；组团出访在法国举办的2018中欧企业家峰会；支持中外企业家联合会组织2018中非企业家峰会代表团访问北非摩洛哥，开展国际经贸交流合作。

（马伟超）

【首届中国国际进口博览会北京交易团朝阳分团】 年内，区商务局完成全区789家企业注册工作，注册登记人员1656人，征集签约意向金额超过10亿美元。区商务局组织区内300余家企业到会参观，对接130余个国家近3000家参展商，覆盖货物贸易和服务贸易的相关领域，涉及商务服务、金融服务、文化贸易和科技创新领域，实际完成签约额21.3亿美元。其中，区内19家单位与展位内国际参展商签署采购协议42份，签约金额7.3亿余美元。

（马伟超）

【总部经济发展】 年内，全区引入高精尖总部企业，提升总部能级。区商务局引进具有投融资、结算、研发等功能跨国公司地区总部，促进总部经济实体化发展。引进西门子交通技术（北京）有限公司、穆迪（中国）信用评级有限公司等14家总部企业。认定斯伦贝谢（中国）投资有限公司、慧与（中国）有限公司等5家跨国公司地区总部，跨国公司地区总部累计121家，占全市七成。全区121家跨国公司地区总部实现区级收入44.12亿元。其中，实现区级收入超过5000万元有13家，实现区级收入36.60亿元，占全部跨国总部82.96%。朝阳区总部企业888家，占全市总量22.42%。888家总部实现区级收入179.83亿元，比上年增长8.3%，占全区36%。总部经济及服务业发展引导资金征集并审核通过133个项目，包括总部经济、商务服务业、消费领域、先行先试政策试点、国际性展会和双向国际化等方面，支持资金总额1亿余元。

（马伟超）

【社会消费品零售额】 年内，区商务局培育体验消费，组织品牌特色活动，促进电子商务发展，提升时尚消费品质，扩大服务消费规模，带动消费市场升级，促进区域消费增长。全区实现社会消费品零售额2797.6亿元，比上年增长1.4%，占全市23.8%，总量居全市首位。

（马伟超）

【商品交易市场疏解】 年内，区商务局疏解商品交易市场28家，其中市级任务12家，建筑面积8.5万平方米，摊位2952个，影响从业人员9672人。区级任务17家，建筑面积16.6万平方米，摊位4341个，影响从业人员8111人。

（马伟超）

【电子商务】 年内，区商务局推荐花艺生活等8家电商企业申报2018年第一批商业发展项目。引导二手汽车电商平台公司"人人车"从海淀区迁至朝阳区。培育中粮我买网等重点企业，鼓励电商企业线上线下融合发展。全区网上零售额525亿元，比上年增长11.3%。

（马伟超）

【生活性服务业便民网点改造】 年内，区商务局新建改造便民服务网点159个。其中，新建便利店60余家。建立生活性服务业品牌连锁企业资源库，引导"鑫大洋"、盒马鲜生等企业发展"互联网+生活性服务业"模式，整合每日优鲜、惠民网等企业线上线下便民服务。落实《朝阳区生活性服务业发展三年行动计

▲ 盒马鲜生十里堡店（摄于10月17日） 区商务局 供稿

划》，投入市区两级财政资金6000余万元，支持140个基本服务网点建设。

（马伟超）

朝阳副食品总公司

【概况】 北京市朝阳副食品总公司（简称朝副公司）是朝阳区国资委直接监管的国有企业。主要承担国有资产保值增值、离退休人员及内部退休、待岗人员管理，负责北京市中良实业总公司（区粮食局）委托管理工作。持有北京京客隆商业集团股份有限公司股份1.67亿股，占总股本40.61%；对北京市腾远兴业汽车服务有限公司投资3280万元，占总资本82%；对北京富安小额贷款有限公司投资5960万元，占其总资本18.01%；对北京朝阳停车公司投资1500万元，占其总资本30%。年内，管理职工6412名，在职职工292名（含腾远和临时工），离退休职工6120人（含托管区粮食局离退休职工850人）。全年收入2.68亿元，资产总额10.69亿元，净资产7.92亿元，上缴税费6960万元，上缴国有资本收益870万元。4月，朝副公司与安贞街道办事处签署《房屋使用权置换协议》。年内，朝副公司开发的不动产信息管理系统上线试运行，主要用于不动产信息登记，管理国有房屋资产出租等工作。是区国资委系统首个不动产信息登记系统。与内蒙古卓资县签订帮扶协议，与国家蔬菜工程技术研究中心签订战略合作协议，获农业技术保障。拆除违建17处1732.37平方米。公司劳资（退管）部被北京市妇女联合会、北京市总工会、北京市人力资源和社会保障局评为北京市三八红旗集体。劳资（退管）部主任原东平获北京市三八红旗奖章。

（魏 悦）

【首次利税总额过亿元】 1月数据显示，朝副公司2017年利税总额1.17亿元，首次突破1亿元。2018年，朝副公司实现利税1.01亿元。

（魏 悦）

【烟花爆竹销售】 2月20日，朝副公司完成2018年烟花爆竹销售工作。设置来广营、三间房、平房、豆各庄4个销售点，销售烟花爆竹4335箱，销售额550万元，未发生安全事故。

（魏 悦）

【三里屯三联韬奋书店揭牌】 4月23日，由朝副公司组织建设的三里屯三联韬奋24小时书店揭牌。书店占地面积661平方米。中宣部出版局局长郭义强，市委常委、宣传部部长杜飞进，区委书记王灏以及中国出版集团、北京市广电总局、三联书店等领导出席揭牌仪式。

（魏 悦）

【国有资产出租经验媒体报道】 9月，北京电视台《清风北京——科技加盟巡查整改》栏目宣传报道朝副公司落实巡察反馈的房屋租赁管理问题。包括开发不动产信息管理系统，完善不动产管理，提升监督国有资产出租工作的科学化水平等情况。

（魏 悦）

【公司制改革启动】 10月，朝副公司启动公司制改革工作，出台《北京市朝阳副食品总公司推进公司制改革工作方案》。改制采用整体改制的形式，变更企业的类型由全民所有制变更为有限责任公司（国有独资），即改制前的人员、资产、债务、业务由改制后的公司全部继承，不涉及资产剥离、产权交易、债务重组、企业合并、引入新股东等事项，改制基准日为2018年10月31日，改制后经营范围和主营业务不变，改制工作将于区国资委审批后1年内完成。

（魏 悦）

【物业公司成立】 12月6日，朝副公司收到区国资委《关于北京市朝阳副食品总公司成立物业公司的批复》，同意成立物业公司，建议注册资本2000万元人民币。

（魏 悦）

【非经营性资产分离移交接收工作框架协议签署】 12月28日，朝副公司与北京市房地集团就非经营性资产分离移交接

▲ 4月23日，三里屯三联韬奋24小时书店揭牌仪式举办 张 彦 摄

收工作签署框架协议。公司移交非经营性资产涉及的房屋建筑面积82304.65平方米，交接面积以双方交接时最终确认的实际交接面积为准，资产及相关附属配套设备设施的物权及其他相关权利与义务一并无偿转让给市房地集团，同时公司需支付市房地集团交接款项包括综合补助费（350元/建筑平方米）、公共维修基金（10816586元）、售房款（9938975.01元），费用款项具体金额数据、支付方式及时间将在《移交协议》中进行约定。

（魏 悦）

【经营业态项目6处转型】 年内，朝副公司通过价格杠杆、合作调整等方式调整经营业态项目6处，转型为养老机构、便利店等公益项目。项目包括：劲松地区300余平方米棋牌室，转型为龙振养老机构；金台里地区400余平方米餐饮房屋，转型为呼家楼街道办事处消防站；牛王庙地区500余平方米餐饮房屋，转型为左家庄街道办事处社区养老服务项目。

（魏 悦）

蓝岛大厦

【概况】 北京蓝岛大厦有限责任公司（简称蓝岛大厦）是朝阳区国资委直接监管的国有企业。北京蓝岛大厦于1993年1月18日开业，地处朝阳区朝外大街东大桥路口西南角，毗邻CBD中央商务区繁华的朝外商圈中心，大厦分东、西两个经营区域，总建筑面积4.5万平方米，营业面积2.6万平方米，主营百货零售业务。其前身是朝阳区百货公司，1993年根据朝阳区商业发展的总体需要，成立北京蓝岛大厦，以经营穿戴类为主的20余个品类、1000余个品牌、8万余种商品的零售百货店。截至2018年12月底，公司注册资本1亿元，资产总额33388.3万元，净资产22708.2万元，净资产收益率为0.68%。公司现有在职职工616人（其中在岗职工535人，内退职工81人），退休职工1625人。公司于2008年完成体制改革，蓝岛大厦改制为区国资委单独出资的法人独资公司，企业名称变更为北京蓝岛大厦有限责任公司，构建国有独资法人治理结构的运营模式。公司除总店外，拥有蓝岛金隅百货、通州店两家分店。作为首都窗口行业，北京蓝岛大厦有限责任公司自开业至今，始终坚持“以文兴商”的发展之路，树立“亲和一致、超越创新”的企业精神，打造“一片情”特色服务品牌，遵循“向品牌要效益、向服务要效益、向商誉要效益”的经营宗旨，在大力推进经营工作的同时，坚持把优质服务工作放在重要位置，提升企业凝聚力和认同感，公司注重品牌和企业文化的塑造，蓝岛“一片情”服务品牌，被授予“中国商业名牌”称号，是北京市第一个被国家认可的服务商标。公司先后获“全国文明单位”“中国商业名牌企业”“北京市著名品牌”等700余项荣誉称号，并跻身全国单体百货店销售百强企业行列。

（黄 洁）

【建店二十五周年系列纪念活动】 1月18日，蓝岛大厦开展“我与蓝岛共成长”主题图片回顾、“我眼中的蓝岛”摄影艺术品、“企业发展最有影响力的大事件”等展览。活动以图片墙、摄影艺术作品展等方式，回顾公司二十五年发展历程，庆祝蓝岛大厦建店二十五周年。

（黄 洁）

【获得荣誉】 年内，蓝岛大厦被中央精神文明建设指导委员会保留“全国文明单位”，获中华全国商业信息中心“2018年度全国商业统计信息工作先进单位一等奖”，获首都精神文明建设委员会授予“首都文明单位标兵”荣誉称号，被北京市商业联合会、北京市旅游行业协会、北京市私营个体经济协会授予“北京市优质服务商店”荣誉称号，在第六届全国商业服务业优秀店长选拔大赛和北京市第八届商业服务业技能大赛获优秀组织奖。蓝岛大厦安全保卫部消防组在北京市总工会、北京市安全生产监督管理局举办的“安康杯”竞赛活动中，获2017年度优胜班组。

（黄 洁）

【专业培训】 年内，蓝岛大厦举行专业培训13期。4月26日，公司邀请北京市惠诚律师事务所高级合伙人周勤华律师以“企业单位档案常见违法行为法律风险防范”为题开展档案专项培训会。6月15日，邀请首都经济贸易大学教授、公司外部董事陈立平教授，开展“中国消费环境变化与百货·购物中心的发展趋势”专题培训，阐述、分析中国现阶段零售业的发展状况和发展趋势变化。

（黄 洁）

【营销活动】 年内，蓝岛大厦开展“蓝岛25周年庆——十天欢乐潮登陆蓝岛”“真情相约，佳节相惠”“六天美丽潮，女人花在蓝岛”“踏青季”“五一超品节”“给妈妈的礼物”“相约‘5·20’分享的幸福”“欢乐六一宝贝节”“年中庆”“秋时节七夕缘”“新品迎秋日诚‘惠’有情人”“中秋好礼乐享双节”“积分大冲刺只为等待你”“欢乐圣诞喜迎新年”等系列主题促销活动。举办员工内购惠15场。

（黄 洁）

京客隆集团

【概况】 北京京客隆商业集团股份有限公司（简称京客隆集团）是一家国有控股的以经营日用消费品零售及批发业务为主的香港联交所主板上市公司（股份代号：HK0814）。“京客隆”品牌创立于1994年，集大卖场、综合超市、便利店及社区购物中心四种经营业态为一体。2018年，京客隆集团拥有各业态店铺206家，营业面积279749.38平方米，店铺网络覆盖北京市10余个区县及河北省廊坊地区。京客隆集团下设朝批商贸、欣阳通力、京客隆廊坊、京客隆通州、京客隆首超等控股或全资子公司。年内，有职工6475人，其中在岗职工6419人、不在岗职工56人，有退休人员2187人。京客隆集团拥有先进的物流和信息管理系统，自建有常温和生鲜两个现代化配送中心，配备拆整配零自动分拣系统和整箱商品自动分拣系统能快速完成自动化分拣工作。京客隆集团以质量和效益为先，促“三化”（标准化、专业化、简单化），通过补短板、提质量、促效率、增效益，加强企业经营管理，实现零售批发同步发展。全年京客隆集团实现销售总额140.45亿元，实现利润1.78亿元。拥有App线上用户36.14万人，线下会员317.27万人，实现线上销售总额3.03亿元。京客隆常营店获“第八届首都民族团结进步先进集体”荣誉称号。

（龙芬芬）

【消费者服务】 “3·15”期间，京客隆集团开展“品质消费、美好生活”宣传活动。组织30名公司级义务监督员检验生鲜经营品质。配合属地工商所、食药局、消协、街道和社区等部门向消费者进行食品安全知识义务宣传，发放2014年实施的《中华人民共和国消费者权益保护法》《电器保养知识手册》《保健食品选择及食品要点》等知识宣传单2000余份。

（龙芬芬）

【3家店铺获北京市“放心肉菜示范超市”称号】 4月8日，京客隆西关环岛店、怀柔店和门头沟新桥店3家店铺获北京市连锁经营协会和北京市食品药品监督管理局颁发的北京市第一批“放心肉菜示范超市”称号。3家店铺均建立肉菜类追溯系统，消费者可通过扫描商品二维码查询供货商信息，选购农产品。

（龙芬芬）

【参加首届中国国际进口博览会】 11月5日至10日，北京朝批商贸股份有限公司组团30余人赴上海市参加首届中国国际进口博览会。与多家国际知名厂商现场对接，有合作意向品牌47个，现场与丹麦皇冠曲奇厂家签署2019年采购意向单，金额1500万元。

（龙芬芬）

【获全市首家便利店药品经营资质】 12月1日，京客隆京捷生鲜工体东路店获区食药监局颁发的《药品经营许可证》并对外营业。首批上架70余种非处方药和医疗器械，含感冒药、医用酒精、退烧贴等常用药品和医疗器械，店铺在收银台附近显著位置设置药品专柜、摆放明显标识并安排专人负责引导售卖。

（龙芬芬）

【业态创新】 年内，京客隆集团创新业态，完成11家老旧店铺装修改造工程，新开西坝河店和天竺店两家生鲜加强型超市，京捷生鲜便利店规模拓展到21家；9家便利店入驻通州区城市副中心，3家小型便利店入驻北京工业大学。

（龙芬芬）

【自助收银设备增设】 年内，京客隆集团在47家大中型门店引进自助收银设备，自助结算占店铺总销售额的12.70%，自助客流占总客流的20.30%；实现6家超市和21家京捷便利店全电子价签运行；以实体店为依托，开设劲松和昌平警察学院自助店，自助购物模式实现店铺24小时独立运营。

（龙芬芬）

【线上业务发展】 年内，京客隆自有线上购物平台京客隆App全面改版，新增多项功能，上架商品21459种。12月31日，拥有注册用户36.14万人，实现订单22.94万笔，实现销售额近2080万元。2018年第三方平台实现订单444.3万笔，实现销售2.83亿元。全年线上销售总额3.03亿元，占零售总销售额的6.8%。年内便利店三方平台全面开启。

（龙芬芬）

【对口扶贫】 年内，京客隆集团与河北省唐县马庄尔村签署“万企帮万村”结对帮扶协议，慰问2户深度贫困户，对接当地特色农产品销售。8月，在甜水园店及管庄店推出朝阳区扶贫地区特色农产品专柜，引进河北省张家口市阳原县、康保县、保定市唐县及内蒙古乌兰察布市卓资县等朝阳区对口帮扶地区40余种特色农产品并开展展卖活动，实现销售额30余万元。

（龙芬芬）

▲ 京客隆甜水园店扶贫专柜（摄于8月7日） 龙芬芬 摄

弘朝伟业公司

【概况】 北京弘朝伟业国有资产经营有限责任公司（简称弘朝伟业公司）为朝阳区政府授权的资产运营机构，对原社区办、工业局和物资局三家单位及所属企业的国有资产行使监督、运营和管理职责，并管理授权范围内的城镇集体资产。公司注册资本1000万元。年内，公司在职职工777人，离退休人员8742人。6月6日，弘朝伟业公司所属事业单位朝阳区街道社区服务中心改制转企工作启动。资产总额28.26亿元，净资产9.7亿元，实现营业收入5.6亿元，利润总额1495万元，上交税费6022万元。

（胡基明）

【非经营性资产调查统计】 1月25日，弘朝伟业公司召开非经营性资产培训会暨动员部署会。系统内涉及的国有、集体企业主管负责人18人参加。会议介绍工作内容，解释说明表格填写要求，按照非经营性资产移交标准启动调查统计工作。3月，公司完成10家企业职工宿舍非经营性资产情况调查、汇总和填报工作，并向区国资委提交非经营性资产明细表和处置意见。

（胡基明）

【企业房产承租人税务登记情况统计完成】 1月，弘朝伟业公司组织所属企业登记房产承租人总体情况，包括权证情况、年租金、面积、是否有营业执照、工商及税务登记所在地、统一注册代码等基本信息。1月8日，完成43家单位（含公司本部和地下人防空间）房产承租人税务登记统计。落实《关于进一步加强国资委监管单位房产使用、出租管理的通知》要求。

（胡基明）

▲ 麦子店中心农展北路市场改造前（左图摄于1月5日）与改造后（右图摄于11月20日）　　董　珣　摄

【市场升级改造】 1月至8月，弘朝伟业公司完成劲松中心农光里市场、麦子店中心农展北路市场、六里屯中心金旭菜市场升级改造工程，工程投入资金1500万元，改造项目有改善经营环境、减少经营商户、强化安全设施、调整运营模式、减少小商品和服装鞋帽等非农副产品销售种类等。

（胡基明）

【数据中心开发项目合同书签订】 5月3日，弘朝伟业公司与北京蓝色智慧管理咨询中心签订《弘朝伟业数据中心开发项目合同书》协议。主要包括不动产信息、安全生产信息和人力资源信息三个板块。12月，公司系统170多家企业（包括开业、吊销状态）在数据平台完成注册登记、不动产、安全生产点位、人员信息等数据采集填报工作。

（胡基明）

【朝阳区街道社区服务中心改制转企工作启动】 6月6日，公司所属事业单位朝阳区街道社区服务中心改制转企工作启动。区国资委工作人员、北京市改制专家组成员参加。会议宣读改制通知，北京市专家组成员就改制工作提出相关意见。

（胡基明）

【旭捷大厦消防系统改造完成验收】 6月25日，旭捷大厦消防系统改造工程完成竣工验收，并移交北科公司使用。通过改造完成朝阳消防支队整改要求。工程于2017年6月动工。

（胡基明）

【国有企业用地摸底调查】 6月，弘朝伟业公司按照区政府关于分类研究制定区属国有企业空间转型升级方案，盘活土地存量空间的工作要求，配合区国资委委托第三方专业机构北京市弘都城市规划建筑设计院，对各企业土地使用情况开展调查，重点统计企业营业额、纳税、员工数量、土地、房屋情况，以及企业产业升级发展意愿等，为全面掌握区属国有企业土地存量情况提供数据参考。12月底，完成43家企业的统计工作。

（胡基明）

【北京弘朝教育科技有限公司信息成立】 7月20日，北京弘朝教育科技有限公司注册成立，注册资金2000万元。弘朝教育科技公司主要职能为整合区域教育资源、增加区域学前教育供给量等，探索国企改革和资本化运作。

（胡基明）

【结对帮扶】 7月26日至27日，弘朝伟业公司与区国资委工作人员考察内蒙古自治区乌兰察布市卓资县大榆树乡芦草沟村，对接扶贫工作。了解贫困村的自然条件、帮扶发展项目等，给予2户深度贫困户每户1000元慰问金。公司与芦草沟村委会签订结对帮扶协议。8月28日至30日，公司与新都国际旅行社负责人一行9人，对接乌兰察布市卓资县大榆树乡芦草沟村旅游资源，商谈黄花种植项目工作方案，确定开展黄花种植项目13.33公顷。

（胡基明）

【建筑物屋顶牌匾标识规范】 7月，弘朝伟业公司开展天际线整治行动，规范建筑物屋顶牌匾标识。截至12月，拆除不规范牌匾20处。

（胡基明）

【垡头中心腾退完成】 8月，弘朝伟业公司启动"垡头街道盛和市场疏解项目"腾退工作。公司与垡头街道办事处共同制定工作方案，聘请法律顾问全程参与调解、诉讼等程序，处理威胁"引爆液化气罐"等过激行为。11月，完成80余家商户腾退和7458平方米腾退房屋移交工作。

（胡基明）

北京朝阳年鉴
Beijing Chaoyang Yearbook
2019

金融

金融管理

【概况】 朝阳区金融服务办公室（简称区金融办）是负责促进区金融发展、金融服务工作的区政府工作部门。内设综合科、金融发展科、金融服务科、金融市场科和风险管理科等5个科。行政编制21名。年内，有45家持牌金融机构落户朝阳区，其中法人机构10家、分行分公司11家。全区有金融机构1610家（上年1565家），其中法人金融机构368家、外资金融机构331家（上年323家）、银行类机构904家、证券类机构209家、保险类机构329家，其他金融机构168家。联合区公安分局、区维稳办等部门依法处置中隆洪诚投资人非法聚集事件，组建"防范金融风险打击非法集资工作专班"，有效防范P2P风险。

（邱士明）

【金台金融沙龙】 1月11日，区金融办举办以"对外开放与朝阳金融系列之外资银行在华十年"为主题的第五期"金台金融沙龙"（"金台金融沙龙"是区金融办组织在朝阳区注册的金融单位聚会，每年举办1～2次，2018年是第五年举办）。蒙特利尔银行北京分行行长付姜、汇丰银行北京分行副行长殷雪、华侨永亨北京分行行长叶振威、荷兰合作银行北京分行行长张莉、恒生银行北京分行行长吴萱等8家外资银行负责人出席活动。沙龙围绕北京服务业扩大开放和朝阳区营商环境改善等主题展开研讨。银行诉求主要集中在监管标准和人才政策两方面。

（邱士明）

【法国兴业银行（中国）有限公司入驻朝阳】 1月18日，法国兴业银行（中国）有限公司由西城区迁入朝阳区。办公地址位于左家庄街道启皓大厦（京城大厦东侧），租用两层4000平方米办公楼，注册资金为40亿元人民币或同等外币，该公司作为外资银行总部，增值税体量约3000万元，税收在西城区。8月4日，法国兴业银行（中国）有限公司获中国银行业监督委员会批准成立，是在中国设立分支机构最多的国际银行之一。至此，朝阳区有外资法人银行6家，占全市比重67%。

（邱士明）

【区领导参加博鳌亚洲论坛2018年年会】 4月8日至11日，副区长李俊杰、区金融办主任赵捷及部分驻区金融机构高层参加博鳌亚洲论坛2018年年会。会议期间，李俊杰与国家金融与发展实验室理事长李扬，原外经贸部副部长、中国与全球化智库主席龙永图，京东金融CEO陈生强等座谈交流，为朝阳区金融业发展寻求智力支持，助力朝阳区金融机构加速聚集。李俊杰赴博鳌乐城国际医疗旅游先行区调研，并与慈铭（博鳌）国际医院、博鳌超级医院、和睦家等医疗机构主要负责人座谈办院理念、运营模式等。

（邱士明）

【主题宣传活动】 4月15日，区金融办在蓝岛大厦北门广场举行"'4·15'国家安全教育日"主题宣传活动。区金融办党组书记、主任赵捷等参加活动。区金融办设计制作宣传折页和海报等宣传品，通过剖析讲解非法集资案例、播放金融安全宣传视频、发送宣传品、现场咨询解答等方式向市民介绍非法集资的特征、手段及防范措施等知识。5月15日，区金融办党支部联合区公安、工商、税务、检察等部门以及区烟草专卖局和建外街道办事处等单位党员，在秀水广场开展"与民同心，为您守护"主题防范非法集资宣传月活动。通过宣传展板、悬挂条幅、发放宣传手册等形式，介绍非法集资的特点、表现形式及危害。同时，开展法律咨询和受理群众举报工作，剖析非法集资典型案例，讲解常见犯罪伎俩及其本质，传授防骗知识和自救技巧，展示政府打击经济犯罪、服务民生的坚定决心和显著战果，推动社会各界共同参与打击和防范非法集资。

（邱士明）

【复星联合健康保险股份有限公司北京分公司落户朝阳】 4月，经中国银行保险业监督管理委员会批复，复星联合健康保险股份有限公司第一家分公司——北京分公司落户朝阳，其工商注册及税务关系全部落户朝阳区。公司地址在朝阳复星国际中心写字楼12层，面积621平方米。复星联合健康保险股份有限公司是由复星集团、宜华房地产开发有限公司、西子资产管理有限公司、东银控股集团有限公司等6家股东共同发起设立，复星产业投资有限公司占股20%，专业经营健康险业务。公司注册地广东省广州市，注册资金5亿元。

（邱士明）

【融资性担保公司年度检查】 7月1日至22日，区金融办组织会计师事务所及律师事务所对全区融资性担保公司开展年度现场检查。检查全区14家小额贷款公司、15家融资性担保公司、8家交易所。受理各类变更、备案申请15家次。

（邱士明）

【2018北京CBD国际金融论坛】 9月14日，"2018北京CBD国际金融论坛"在

▲ 9月14日，区领导为新落户金融机构授牌（左四为区委书记王灏） 邱士明 摄

▲ 9月14日，2018北京CBD国际金融论坛　邱士明　摄

朝阳区规划艺术馆三层水云间举办。论坛设政策发布环节、金融机构入驻仪式环节和演讲环节。在政策发布环节，发布《北京市朝阳区关于加快培育发展现代金融服务业的实施意见》（政策十条）和《北京市朝阳区关于深入贯彻新发展理念全面构建金融业双向开放新格局的若干意见》（开放三十六条）两项政策内容。在金融机构入驻仪式环节，邀请标准普尔、穆迪、惠誉和法兴银行（均为2018年入驻朝阳区的金融机构），招商局集团财务公司等机构代表参加。中国证监会、国家金融与发展实验室、中国社科院等单位负责人及中国进出口银行、国际货币基金组织、法国兴业银行、德国安联保险、法国航空航天保险联合体等国内外金融机构全球高层应邀出席论坛。在演讲环节，以“新起点新开放新征程”为主题，邀请国际货币基金组织驻华首席代表睿德等国内外知名专家、学者和知名金融机构高层代表作为演讲嘉宾，围绕金融业双向开放、双支柱监管架构、管理金融风险、开放背景下的产融等4个主题展开演讲。

（邱士明）

【金融产业及人才政策推介活动】 11月22日，区金融办举办朝阳区优化营商环境系列活动暨金融产业及人才政策推介活动。活动现场，区金融办工作人员解读朝阳区新金融鼓励政策——“政策10条”和朝阳区“对外开放三十六条”相关内容。区委组织部工作人员解读朝阳区人才政策相关内容。北京市百余家中外金融机构代表参加活动并就相关内容咨询沟通。

（邱士明）

【标普信用评级（中国）有限公司注册朝阳】 年内，标普信用评级（中国）有限公司在工商朝阳分局注册。注册资本1800万美元，地址在朝阳区建国门外大街甲6号中环世贸D座。标准普尔是世界权威金融分析机构，由普尔先生于1860年创立，1941年普尔出版公司和标准统计公司合并而成，总部位于美国纽约市。标准普尔通过全球18个办事处及7个分支机构提供世界领先信用评级服务，员工总数5000余人。标准普尔为投资者提供信用评级、独立分析研究、投资咨询等服务。

（邱士明）

银　行

中国银行北京朝阳支行

【概况】 中国银行北京朝阳支行下设9个部室、1个营业部和21家经营性网点支行。有职工630人，其中经营管理序列人员69人。

（刘玫均）

【业务发展】 年内，朝阳支行本外币存款日均余额553.99亿元，贷款日均余额159.62亿元；实现计费净收入116136万元，拨备前利润79243万元；净利润59779万元。

（刘玫均）

【中间业务】 年内，朝阳支行实现中间业务收入24498万元。

（刘玫均）

中国银行北京商务区支行

【概况】 中国银行股份有限公司北京商务区支行下辖18家经营性物理网点，均可开办包括对私结售汇、外汇汇款、个人理财、银行卡业务以及对公结算、国际结算、跨境业务、金融机构业务等全部个人、公司金融业务。有职工481人。至年底，实现拨备前利润8.17亿元，本外币日均存款总额折合人民币518.30亿元。

（杨雪巍）

【存贷款业务】 年内，北京商务区支行人民币存款日均余额476.43亿元。其中人民币对公存款（含金融机构）日均余额339.54亿元，人民币储蓄存款日均余额136.89亿元；外币存款日均余额6.10亿美元，其中外币对公日均存款（含金融机构）2.65亿美元，外币储蓄日均存款3.45亿美元。

（杨雪巍）

【中间业务】 年内，北京商务区支行实现中间业务收入本外币折合人民币2.37亿元。

（杨雪巍）

【金融知识宣传活动】 年内，北京商务区支行组织辖区内各单位开展“金融知识进万家”暨“提升金融素养，争做金融好网民”和“普及金融知识，守住‘钱袋子’”等主题宣传活动。通过发放宣传折页、播放宣传片和现场讲解等形式，向群众普及金融安全知识，开展反假币、防范金融诈骗和规范民间借贷行为等系列宣传活动。

（杨雪巍）

【案件处置】 年内，北京商务区支行成功处置各类案件9起。其中，堵截电信诈骗案件2起，涉案金额2.6万元；堵截假钞案件1起，涉案金额99美元等。

（杨雪巍）

中国工商银行北京朝阳支行

【概况】 中国工商银行股份有限公司北京朝阳支行内设11个部室，下辖25家物理网点，7家离行式自助银行。有财富管理中心3家、理财中心22家。所辖25家网点均可开办包括对私结售汇、外汇汇款业务在内的全部个人金融业务，均可开办人民币对公业务、外汇对公存款及对公结售汇业务。年内，拨备前利润实现18.64亿元。支行获“首都全民义务植树先进单位”和“2017—2018全国金融系统文化建设先进单位”荣誉称号。

（赵匀暄）

【存贷款业务】 年内，朝阳支行本外币各项存款余额1060.42亿元。其中，人民币储蓄存款余额501.37亿元，成为工行北京分行系统内首家储蓄存款突破500亿元的经管支行；人民币对公存款余额235.51亿元，外币存款余额5.73亿美元。

（赵匀暄）

【中间业务】 年内，朝阳支行实现中间业务收入6.54亿元，收入总量位列分行第二。

（赵匀暄）

【民生服务】 年内，朝阳支行承担北京地区民生金融服务职能，为60余万户老年客户提供养老金发放服务，为70余万人提供交通罚款和公共事业费代收代缴服务。

（赵匀暄）

中国工商银行北京九龙山支行

【概况】 中国工商银行股份有限公司北京九龙山支行内设9个科室及4个直营团队，有员工411人。下辖16家物理网点，其中财富中心2家、贵宾理财中心13家、金融便利店1家。辖内16家网点均可开办包括对私结售汇、外汇汇款业务在内的全部个人金融业务和人民币对公业务、外汇对公存款及对公结售汇业务。年内，支行实现拨备前利润8.34亿元，比上年增长15439.87万元，增幅22.72%。

（杨宇婷）

【存贷款业务】 年内，九龙山支行本外币各项存款余额493.76亿元，比上年增加135.64亿元。其中，人民币对公存款余额236.78亿元、人民币储蓄存款余额250.18亿元。本外币各项贷款余额148.61亿元，比上年增长11.99亿元。其中，人民币公司贷款余额104.9亿元，个人贷款余额42.82亿元。

（杨宇婷）

【中间业务】 年内，九龙山支行累计实现本外币中间业务收入2.38亿元，比上年增长27.19万元。

（杨宇婷）

中国工商银行北京亚运村支行

【概况】 中国工商银行股份有限公司亚运村支行成立于1998年，地处朝阳区亚奥地区，紧邻鸟巢、水立方、国家森林公园、国际会议中心等重要场所。内设部室8个，其中保障部室3个、前中台部室5个。另设1个银行卡业务直营团队，挂靠1个融工分部。物理网点14个，其中财富中心3家，理财中心11家，均为综合网点。有离行式自助银行3家、附行式自助银行14家。年内，亚运村支行围绕“综合化、群落化、特色化”网点功能布局主线，合并三个网点为一个群落化网点；创新渠道管理手段，加快自助渠道的盘活与优化，低效ATM机占比从2018年一季度18.2%降低到四季度1.01%，分行排名第一名，是2018年服务十大先进支行之一。

（王玉丹）

【存贷款业务】 年内，亚运村支行本外币存款时点余额433.25亿元，较年初增加12.18亿元；日均余额434.22亿元，比上年增加10.99亿元。本外币各项贷款时点余额165.42亿元，较年初增长23.84亿元；日均余额156.18亿元，比上年增加4.25亿元。

（王玉丹）

【中间业务】 年内，亚运村支行实现拨备前利润7.95亿元，分行任务完成率101.39%，比上年增加8554万元。2018年四个季度均超序时完成任务，支行利润增速保持平稳。实现中间业务收入3.05亿元。

（王玉丹）

中国工商银行北京望京支行

【概况】 中国工商银行股份有限公司北京望京支行于2000年8月从中国工商银行北京市朝阳支行分设，10月26日正式对外营业。支行内设11个部室，分别为：综合管理部、财务会计部、国际业务部、内控保卫部、运行管理部、信贷与投资管理部、监察室、公司金融业务部、机构金融业务部、零售金融业务部、个人融资业务部。下设25个支行营业部。

（刘 媛）

【存贷款业务】 年内，望京支行实现利润9.5亿元，比上年增加3694.43万元，增长4.05%；本外币日均存款余额527.15亿元；人民币储蓄存款日均余额360.14亿元，时点余额378.45亿元。对公存款日均余额132.33亿元，时点余额115.49亿元。本外币各项贷款日均281.83亿元，不良贷款余额4578万元，不良贷款率0.21%。

（刘 媛）

【中间业务】 年内，望京支行实现中间业务收入4.69亿元，比上年增加1697.68万元，增长3.76%。

（刘 媛）

中国工商银行北京商务中心区支行

【概况】 中国工商银行股份有限公司北京商务中心区支行内设8个部室，1个团队，1个营业部，12家网点支行，有员工423人。有财富中心1家、贵宾理财中心11家，理财便利店1家，财富中心和贵宾理财中心网点占比92.31%；智能化网点13家，至12月末全部投入运作，智能化覆盖率100%。年内，实现分行口径本外币拨备前利润10.63亿，比上年增长6719万元。本外币存款余额494.15亿元，比上年增加64.22亿元；本外币贷款余额154.13亿元，比上年增加10.85亿元；中间业务收入4.18亿元，比上年下降416万元。北京商务中心区支行营业室获中国银行业协会“千佳服务示范网点”称号。

（张 晗）

【信贷业务】 年内，北京商务中心区支行本外币各项贷款余额154.13亿元，比上年增加10.85亿元。其中人民币对公贷款余额86.67亿元，比上年增加9.94亿元；

个人贷款余额65.99亿元，比上年增加2.38亿元。

(张　晗)

【存款业务】 年内，北京商务中心区支行本外币各项存款余额494.15亿元，比上年增加64.22亿元。其中人民币对公存款余额247.05亿元，比上年增加53.46亿元；人民币储蓄存款210.34亿元，比上年增加8.04亿元。

(张　晗)

【中间业务】 年内，北京商务中心区支行实现中间业务收入4.18亿元，比上年下降416万元。实现代发工资额18.28亿元，信用卡有效客户数净增28035户，国际结算量83.68亿美元，金融资产类托管规模184亿元，新增企网证书客户706户，融e购非金融交易额107.44亿元。

(张　晗)

【风险管控】 年内，北京商务中心区支行实现个人不良贷款清收2873万元，个人逾期贷款余额控制计划1898万元。

(张　晗)

【智慧团创建】 年内，北京商务中心区支行设立“一把手谈服务”，不定期组织网点负责人分享服务感受与心得。组建支行创建服务智慧团，分为PPT核心组、热区营销氛围打造区和服务文化导入组3个组。主要工作是调研支行辖内网点服务现状，学习同业优秀服务经验，采集行业内先进服务信息，提供可行性服务提升措施方案。支行在辖内网点试点延时智能服务。向客户提供智能和自助渠道业务服务，提升该行金融服务的便捷性和人性化，在同业服务中突出该行主动服务特色与服务竞争力。

(张津博)

中国建设银行北京朝阳支行

【概况】 中国建设银行股份有限公司北京朝阳支行下设11个部室（含营业部）、11个营业中心、4个个人金融中心。支行有中长期劳动合同人员406人，其中本科及以上学历人员294人、中共党员154人，平均年龄36岁。年内，立足北京商务中心区区域经济发展和客户发展，发扬支行勇破零单的开拓精神、协作共赢的合作精神、开放阳光的分享精神、锲而不舍的执着精神和精益求精的工匠精神，争当分行系统排头兵。全年实现本外币账面利润19.9亿元。

(马晓婧)

【存款业务】 年内，朝阳支行本外币全口径存款时点余额1302.7亿元；一般性存款余额1200.6亿元。本外币各项贷款时点余额871.9亿元；五级分类不良贷款余额1564.13万元，不良率0.05%。

(马晓婧)

【中间业务】 年内，支行实现中间业务收入5.7亿元。

(马晓婧)

【星级网点建设】 年内，朝阳支行代发工资发放额315.11亿元，比上年新增106.68亿元，位列分行第一，增速51.19%；信用卡年轻客群新增1.1万户，位列分行第三；拓展近200家商户打造11个消费生态圈；所辖营业部、青年路支行、南十里居支行被评为分行五星级网点，其余7家网点被评为四星级网点，6家网点被评为三星级网点，实现星级网点全覆盖。

(马晓婧)

【业务营销】 年内，朝阳支行在分行对公业务中，机构业务、托管业务两项工作位列分行第一名，资管业务、网络金融、科技型企业机遇3项工作均位列分行前五名。在分行“调结构促中收”活动中，支行非保本理财新增额和计划完成率均位列分行第一名；托管业务新增694亿元，规模为7396亿元，新增额位列分行第一名；跨境人民币业务375.75亿元，位列分行第一名；海外项目签约额38.31亿元，超额完成分行任务。

(马晓婧)

【住房租赁业务】 年内，朝阳支行住房租赁与26家企业完成合作意向签约，新增企业及共享房源量812套，实现4笔存房签约。普惠金融贷款余额4.66亿元，较年初新增3.2亿元，实现普惠金融产品种类全覆盖、辖内全部综合网点普惠金融信贷投放。打造“裕农通+”服务模式，落地城区支行首家“裕农通”服务点。金融科技12个平台完成计划任务，其中同业合作平台、安心养老综合服务平台、智慧社区云平台等均超额完成任务。

(马晓婧)

中国农业银行北京朝阳支行

【概况】 中国农业银行北京朝阳支行下辖25个营业网点。年内，本外币核心存款时点余额712亿元，各项贷款时点余额505亿元，营业收入20.57亿元，年纳税1.2亿元。

(白丽荷)

【金融业务】 年内，朝阳支行支持京津冀协同发展，作为京安城际铁路银团牵头行组织项目银团贷款发放；配合区财政局开展财政业务电子化改革；助力小微企业发展，积极创新服务模式，为优质小微企业提供全方位、多层次、立体化的金融服务。开展外拓营销活动，利用超级柜台开展进社区、进企业（机关）、进院校、进商场、进中介、进市场“六进”活动。实现本外币个人时点存款规模达251亿元，个人贷款时点余额56亿元。

(白丽荷)

【个人掌银客户规模增加】 年内，朝阳支行个人掌银客户规模达15.29万户；净增消费电商商户14户，净增产业电商商户404户，净增有效特约商户240户，净增贴码商户2462户，净增个人消费服务商户19457户，净增微信银行活跃客户8870户。

(白丽荷)

【国际金融业务】 年内，朝阳支行国际结算量近30.32亿美元，跨境人民币结算73.43亿元，结售汇客户258户。

(白丽荷)

中国农业银行北京朝阳东区支行

【概况】 中国农业银行股份有限公司北京朝阳东区支行内设7个部门，下设10个二级支行，在建网点1家。年末在岗员工191人。年内，东区支行组织员工到社区开展关于防范金融风险、堵截电信诈骗的宣传活动。向社区居民普及人民币防伪知识和电信诈骗防范知识。

(陈春婷)

【存贷款业务】 年内，东区支行本外币各项存款时点余额290亿元，较年初增加102亿元；各项贷款余额77亿元，比上年增加1.3亿元。

（陈春婷）

【中间业务】 年内，东区支行实现中间业务收入9000万元，较上年下降8%。

（陈春婷）

保　　险

中国人寿北京分公司

【概况】 中国人寿保险股份有限公司北京分公司是中国人寿在京分支机构，内设14个部门，下辖各分支机构79个。年内，分公司实现总保费87.2亿元，比上年下降7.9%。新单保费28.4亿元，比上年下降43.0%；首年期交保费14.4亿元，比上年下降16.6%；10年期及以上首年期交保费6.1亿元，比上年下降43.4%；短期险保费13.3亿元，比上年增长3.5%。全年处理各类赔付、给付金额45.47亿元。公司获“首都金融业创建文明行业规范化服务达标单位”、“首都文明单位”、“首都文明单位标兵”、北京市“纳税信用A级企业”、中国质量万里行“A类单位诚信品牌企业”等称号。公司被《北京青年报》《新京报》等媒体评选为“金牌品牌价值保险公司”和“2018杰出保险品牌公司”。

（王东梅）

【石景山区老年人意外伤害保险项目承保】 年内，中国人寿北京市分公司承保石景山区户籍65周岁及以上7.1万名老年人提供为期一年的人身意外伤害保险理赔服务。只要符合条件的老年人在北京市行政区域或河北省迁安市行政区域内遭遇意外伤害，经过保险公司评估，可获最高6万元的经济赔偿。因意外伤害在门诊、急诊或住院过程中所产生的医疗费用，50元以上部分可获最高8000元赔偿。具体方案为意外伤害身故、伤残保额6万元；意外伤害医疗保额0.8万元（免赔额50元、100%报销）。

（王东梅）

【北京市老年人意外伤害保险政府采购项目承保】 年内，中国人寿北京市分公司承保“北京市老龄协会本级北京市老年人意外伤害保险政府采购项目”。该项目为北京市民政局申请市财政资金为全市约7.5万名困难老年人（包括北京市户籍60周岁及以上享受城乡最低生活保障待遇人员、城镇“三无”人员、农村“五保”对象、优抚对象及无赡养人或赡养人无赡养能力的独居老年人），统一投保老年人意外伤害保险。保费金额120万元，具体方案为意外伤害身故、伤残保额6万元；意外伤害医疗保额0.8元（免赔额50元、100%报销）。

（王东梅）

▲ 4月21日，中国人寿—中网球童成长营　　施　巍　摄

中国太平洋财产保险北京市朝阳支公司

【概况】 中国太平洋财产保险股份有限公司北京市朝阳支公司成立于1994年4月，位于朝阳区左家庄路2号一汽大众院内。公司内设经理室、业务管理科、客户服务科、车险业务一至五科、非车险业务一至四科。有员工近百人。朝阳支公司在北京市拥有合作伙伴百余家，包括专业保险代理公司、保险经纪公司、保险评估公司和兼业保险代理机构等，并与其保持长期良好的合作关系。年内，朝阳支公司完成保费收入43839.75万元，完成全年考核指标，达成预算目标。其中车险完成保费收入35210.68万元，增速1.83%，业务占比80.32%；非车险完成保费收入8629.07万元，增速-28.89%，业务占比19.68%。全年上缴税金134.32万元，支付各类赔款31593.43万元，全险种赔付率72.07%。主要业绩指标达到分公司考核要求。

（杨　静）

【车险经营】 年内，朝阳支公司新增车商渠道、专业代理公司、修理厂和经纪公司数家。交叉销售业务迈上新台阶，年保费突破2000万元，比上年增速31.3%。

（杨　　）

【非车险经营】 年内，朝阳支公司拓展非车险业务，新险种诉讼财产保全责任险业务范围覆盖全市各区，成为分公司项目推广示范标杆单位。新险种安全生产责任险业务比上年增长38%。在朝阳区19个乡举办数百场安全责任险集中宣传活动。公司自主创新设计的险种“宠物犬主责任保险”成为北京市第一个专门以宠物责任为保险条款产品，与北京市养犬办合作向全市推出，完成续保。在产寿险交叉销售领域，推动产险多项产品的销售。在汽车后市场业务拓展方面，正式开单汽车延保项目并引入第三方服务公司协助拓展业务。非车险业务规模连续13年在分公司领先。

（杨　静）

【客户服务】 年内，朝阳支公司开展车险理赔服务工作，关注天气预报并提前做出工作部署，通过短信、微信向客户发送天气变化提醒、应急处理建议及报案定损提示。通报重案和大案情况，关注跟踪重案的核损、核价情况，保持对重案责任划分、理赔流程。全年清理未决案件1277笔并逐笔备注，电话回访3607笔，车险赔付率下降0.37%，未决金额减少1208万元；特约定损员覆盖电话查询、网上查询、柜台查询等11个渠道，日均查勘量115笔，派驻渠道结案率均大于90%。

（杨 静）

信 托

北京国际信托有限公司

【概况】 北京国际信托有限公司（简称北京信托）是北京市国资控股、外资参股的大型金融企业，注册资本22亿元。公司内设机构43个，控股公司2个。有员工279人。年内，信托资产管理规模2226.46亿元，比上年下降26.86%。其中主动管理类规模1248.08亿元，占比56.06%，比上年提升14.9个百分点。全年实际向受益人分配信托收益约116.65亿元。全年实现收入总额15.1亿元，完成年度计划的100.7%。实现利润总额10.8亿元，净利润8.2亿元，完成年度计划的102.5%。年末，公司资产总额116.2亿元，净资产总额87.2亿元；净资产收益率9.6%，股本收益率21.1%。公司各项监管指标全面达标，信托赔偿准备金足额提取，占注册资本金的40.9%。

（汪宇平）

【区域展业布局】 年内，北京信托助力北京“四个中心”建设和京津冀协同发展，服务全国科创中心建设，支持中关村“三城一区”产业园区建设及科技创新工程。年内，为海淀区建设发展基金、昌平区建设发展基金提供近100亿元资金。与中科院行政管理局等签订战略合作协议，持续发行“成长之星”等信托计划，支持科技型中小微企业发展。服务文化中心建设，重点推进通州区宋庄小堡艺术小镇、大兴区西片区建设等重点项目，筹建募集北京文化产业发展基金和助推设立北京文创板。支持北京冬奥会建设，投资太舞冬奥会滑雪场建设和并购项目。与北京房地集团、首开集团、金隅集团、建工集团、住总集团、首创集团、海国鑫泰集团等单位合作，支持北京市建设租赁住房、共有产权等政策性保障住房项目，为疏解非首都功能和北京减量提质发展提供长周期、合理成本、大额度资金支持。

（汪宇平）

【项目合作推进】 年内，北京信托与华夏银行和北京银行合作，新成立华夏银行小微企业公募ABS等项目。设计系列化证券投资类信托产品，“一对一”投资于上海善宽下属基金管理人量子金服发行和管理的私募证券投资契约式基金（FOF）产品；与文投集团旗下龙德基金的项目组合作，推动一点资讯真实股权投资项目；与券商资管试水上市公司纾困项目；推进军工三级保密资质申报工作；与赛领投资等多家券商国际部和银行相关部门建立沟通合作机制。

（汪宇平）

【家族信托】 年内，全国首单遗嘱信托在北京信托落地，开创遗嘱家族信托的先河。通过设立遗嘱，家族信托委托人约定其房产、股权、车辆等财产身故后由家族信托承继，并通过遗嘱公证确保遗嘱法律效力。设立遗嘱家族信托，实现对委托人非现金财产的传承和保护、满足超高净值客户对家族资产传承多元化需求。

（汪宇平）

【慈善信托】 年内，北京信托与北京光彩公益基金会合作发起设立“北京信托·光彩扶贫慈善信托001号”慈善信托项目。通过该项目，北京信托精准发力推进定点帮扶，为扶贫单位或个人“输血”，解决其面临的困难和问题。

（汪宇平）

▲ 10月18日，中国科学院行政管理局与北京信托签署战略合作协议　汪宇平 摄

农业与农村经济

北京朝阳年鉴

Beijing Chaoyang Yearbook

2019

农村城市化

【概况】 北京市朝阳区农村工作委员会（简称区农委），挂北京市朝阳区动物卫生监督管理局（简称区动物卫生监管局）牌子，与中共北京市朝阳区委农村工作委员会(简称区委农工委)合署办公。区委农工委是负责朝阳区农村工作的区委派出机构，区农委是负责朝阳区农村发展和农村经济工作的区政府部门。区委农工委主要职责是贯彻执行党在农村的路线、方针、政策，市委、区委的决议、决定，研究朝阳区新农村建设、城乡一体化和农村改革发展过程中的重大问题，向区委提出报告和建议。区农委主要职责是贯彻执行国家和北京市关于新农村建设、城乡一体化、农村经济管理的方针、政策、法律、法规、规章，结合农村实际，进行综合性调研，向区政府提出报告和建议。协调、指导和推进朝阳区农村改革，指导农村集体经济产权制度改革，研究制定农村经济发展规划和年度计划并组织实施，组织拟定财政支农资金计划并协调相关政策的落实。协调、督促城乡一体化建设的行业（专项）规划和产业发展规划的落实；参与乡域规划调整方案的制定，协调指导农村土地开发建设工作。参与农村基础设施和公共服务设施等农村基本建设和重大项目建设的规划方案制定工作并协调督促落实。研究提出农村产业发展功能定位并指导产业结构优化升级，负责农村经济发展主导产业的培育和重点项目的引进工作。区委农工委、区农委（区动物卫生监管局）行政编制有58名，内设机构13个。年内，农村地区完成区级财政收入86.98亿元，集体经济总收入148.5亿元，人均所得35887元，分别比上年增长13.4%、19.5%、8.6%。

（罗　蕾）

【城乡手拉手结对共建活动】 3月至7月，区农委开展城市地区和农村地区各50个社区“一对一”手拉手结对共建活动，互派社区干部挂职3个月，实现互学、互帮、互建、互赢。

（罗　蕾）

【基层指导】 4月，区农委完成十八里店、9月完成南磨房、12月完成高碑店3个乡村级改革方案审批；指导常营乡完善改革方案，10月获区委区政府审议通过。年内，指导农村地区129个社区“三社一体化”项目书撰写并定稿，组建督导员小组，指导各社区按照项目书内容实施。

（罗　蕾）

【农租房腾退】 5月3日，区农委参加区政府办组织召开的朝阳区农租房工作推进会，市国资委、相关乡等参会。会议提出继续落实北京市政府办公厅《关于做好市属国有企业利用农村土地建宿舍腾退工作的通知》。5月至11月，完成2215户农租房腾退工作，涉及一轻控股、京城机电等11家企业。

（罗　蕾）

▲ 开展背街小巷整治后的平乐园社区（摄于4月8日）　　张玉磊　摄

【农村城市化调研】 9月，区农委研究制定《朝阳区关于实施乡村振兴战略的实施方案》《2018年朝阳区实施乡村振兴战略重点工作分工方案》，先后经第十六次区长办公会和第二十五次区委常委会审议通过。1月至11月，根据各单位落实乡村振兴任务情况，梳理汇总阶段性工作进展，形成乡村振兴战略半年工作总结、第三季度工作总结和全年工作报告并上报市新农办。年内，完成农村城市化工作报告、人大调研议题、政协建议案等调研材料。

（罗　蕾）

【棚改项目拆迁腾退】 11月，管庄乡，崔各庄乡黑桥村、南皋村，金盏乡马各庄村、沙窝村、雷庄村，平房乡，三间房乡D区，小红门乡等6个项目纳入北京市棚改实施项目计划册。11月，农村地区完成腾退4209户，占2018年度任务的102%。

（罗　蕾　张　波）

【非首都功能疏解】 年内，区农委推动黑庄户、十八里店等重点区域集中连片疏解，拆除腾退各类建筑993.1万平方米，达到“场清地净”标准628万平方米，分别占全区任务97.6%和97.4%。严控新增违法建设，对新生违法建设动态清零。拆除清退商品交易市场12家、出租大院（公寓）289个、仓储物流基地5家、废品回收场站11个，分别完成全年任务200%、191%、250%、100%。改造77条背街小巷，封堵620户开墙打洞，规范1667块建筑物屋顶牌匾标识。

（罗　蕾　张　波）

【中央、市级大棚房专项清理整治】 年内，区农委开展中央、市级大棚房专项清理整治，87个大棚类设施农业项目通过市级验收。

（罗　蕾）

【“一绿”试点建设】 年内，农村地区完成四批次试点腾退任务，面积302万平方米，绿化136公顷，涉及人口6.78万人。第一批6个试点乡“三个全部”（拆迁腾退全部完成、农民身份全部转变、规划绿地全部实现）任务基本完成，将台乡安置房实现回迁入住。第二批试点建设，实现东风乡、三间房乡 1986 名农民整建制转居，完成东坝乡、三间房乡整乡腾退。第三批试点建设，小红门乡新村二期集中办理入住，2544 户回迁入住。第四批十八里店乡和王四营乡 2 个试点乡城市化实施方案和乡域规划编制完成。

（罗　蕾　张　波）

【“二绿”试点建设】 年内，区农委委托北京市城市规划设计研究院对“二绿”试点 6 个村进行用地资源梳理、城市化路径研究。非宅部分通过试点政策实现拆迁腾退，住宅部分委托市规划院论证平衡资金用地和安置房用地指标。2017 年 4 月，金盏乡被列为全市 13 个“二绿”试点乡之一。

（罗　蕾　张　波）

【新农村建设】 年内，区农委推进高碑店乡半壁店新农村改造，拆除小郊亭、方家村等“南三村”21 万平方米住宅和 853 个院落。

（罗　蕾）

【首批美丽乡村建设】 年内，区农委推进首批 10 个美丽乡村建设，分别是金盏东村、东窑村、半壁店村、高碑店村、郎辛庄村、郎各庄、么铺村、何各庄村、马泉营村、白家楼村。其中黑庄户乡郎辛庄等 4 个村的道路维修、外墙翻新等项目主体工程完成。朝阳区美丽乡村建设于 2017 年启动。

（罗　蕾）

▲ 高碑店村水乡茶楼一条街（摄于 9 月 20 日）　　张玉磊　摄

▲ 崔各庄乡马泉营村村民住宅（摄于 10 月 25 日）　　张玉磊　摄

【挂账重点村环境治理】 年内，农村地区建成 5 个环境标杆乡，完成 20 个市级挂账重点村和 3 个市级隐患问题突出重点村整治，开展“周末环境卫生大扫除日”“30 天环境整治攻坚战”行动，整改环境突出问题。

（罗　蕾）

【国家卫生区创建】 年内，农村地区取缔 1306 处地戳式垃圾站（垃圾大箱）、18 座生活垃圾中转站，2 座粪便处理站升级改造，试点改造 53 座旱厕，治理 1.8 万余处环境脏乱点，南磨房等 3 个乡通过国家卫生乡验收。

（罗　蕾）

【农村生态环境建设】 年内，农村地区新增改造绿化 15711 亩，启动温榆河公园一期起步区建设，新建改造 6 个（一道）城市公园和 3 个（二道）郊野公园。强化生态功能，服务副中心建设，规划朝南万亩森林公园、黑庄户农业公园等项目。

（罗　蕾）

【农村水环境治理】 年内，农村地区完成 33 条段黑臭水体治理，5 处国家、市级考核断面水质达到考核要求，萧太后河滨水绿色文化休闲廊道竣工。

（罗　蕾）

【农村社会管理】 年内，北京二中朝阳学校等 6 所中小学建成招生，7 所幼儿园建成开园，新增学位 10030 个。妇儿医院来广营院区等 2 所医院实现竣工，太阳宫社区卫生服务中心新址投入运行。新增 5 个养老照料中心。

（罗　蕾）

【农村基础设施建设】 年内，东八间房等 32 条主次支路竣工通车，北工大路等 10 项疏堵工程完工。开展“两灯”问题排查治理，旺角小区周边道路等 74 条道路实现“亮起来”。建成电动自行车集中房（棚）100 处。

（罗　蕾）

【农村社区治理】 年内，农村地区新建小红门乡鸿博家园第四社区、平房乡泓鑫家园社区、将台乡阳光上东社区、东坝乡郑村社区、南磨房乡世纪东方城社区等 10 个农村社区，农村社区总数有 217 个。完成 257 件为民办实事项目，增设老旧小区电梯 300 部，建成 20 个绿色智慧平安社区，一刻钟服务圈覆盖率 83%。实施 129 个“三社一体化”和 35 项农民市民化项目，培育 6 个农村社区典型，提升社区专业化和规范化水平。打造 24 个全景楼栋和 24 个全要素小区，完成 14 个“社区之家”示范点。

（罗　蕾）

【农村文化建设】 年内，农村地区举办文艺作品汇报演出、全民健身系列展示汇报演出及19个单项比赛，带动参与人数80余万人次，形成“乡乡有品牌，村村有亮点，月月有活动”的乡村文化局面。建成平房乡黄渠村等4个乡情村史陈列室，农村地区总数有24个。

（罗　蕾）

【安全保障】 年内，区农委完成中非合作论坛北京峰会等重大活动服务保障。实施安全隐患治理三年行动，消除挂账隐患164处。其间化解61件钉子案、重点案、疑难案。

（罗　蕾）

【媒体宣传】 年内，区农委打造“一把手大讲堂”教育品牌。围绕中心工作策划新闻发布会20场，主要媒体报道1000余篇。举办庆祝建党97周年等活动。制作城市化宣传片，展现新时代农村新风采。

（罗　蕾）

【农村系统党建工作】 年内，区农委制定基层党建7类42项重点任务“进度图”，调度重点工作。落实“街乡吹哨、部门报到”，以太阳宫、将台2个乡为试点进行机构改革，梳理乡党委政府职责清单136项，协同乡、村（社区）两级权责。

（罗　蕾）

【“第一书记”选派工作】 年内，选派第三批村党组织“第一书记”15人驻村开展工作，明确7个党组织软弱涣散村整改标准。

（罗　蕾）

农村经济管理

【概况】 朝阳区农村集体经济办公室（简称区农经办）是区政府农村经济管理部门，正处级，是参照公务员法管理事业单位，编制40人，在职37人，内设办公室、统计科、集体资产管理科、调研科、合同管理科、财务管理科、审计监督科、产业发展科、信息培训科。主要负责开展朝阳区农村集体经济产权制度改革并组织实施；负责农村集体企业和集体经济组织改制的资产评估和资产归属确认；负责农村经济统计工作并对农村经济运行状况进行监测和分析；负责农村集体经济合同纠纷调解仲裁委员会办公室和农村负担监督管理领导小组办公室的日常工作；负责农村土地承包经营权流转工作并对农村土地承包合同和农村经济合同进行监督管理；负责监督、指导农村财务管理、财务公开工作，指导农村集体经济组织开展日常审计工作。年内，农村集体经济总收入148.5亿元、利润10.1亿元，税金13.4亿元，分别比上年增长19.5%、114%、22%；人均所得35899元，比上年增长5.6%。年内，农村地区19个乡与3省5县21个乡镇新签订结对帮扶框架协议，开展多领域协作，助力脱贫攻坚。

（向会娟）

【农村集体经济组织年检】 年内，农村地区开展农村合作经济组织登记证书（统一代码证书）年检工作。实检农村合作经济组织登记证书197个，年检合格率100%。

（向会娟）

【农村集体资金预算管理】 年内，全区17个乡150个村村级预算收入91.7亿元，其中主要资金来源31.1亿元、财政拨款金额38.1亿元、其他资金来源22.5亿元。预算总支出89.8亿元，其中基本支出66.1亿元、专项工程支出21.6亿元、资产（固定资产）支出2.1亿元。预算结余1.9亿元。

（向会娟）

【农村集体经济审计】 年内，区农经办组织开展农村集体经济审计工作。审计380家乡村集体经济组织及其所属企业单位，审计金额3037.67亿元，提出审计建议1963条。

（向会娟）

【村级组织主要负责人经济责任审计】 年内，区农经办组织开展村级组织主要负责人经济责任审计。审计19个乡156个村348名村级组织负责人，出具审计报告348份，审计发现问题金额82.46亿元，整改金额1.98亿元，提出整改建议764条。

（向会娟）

【农村集体经济合同管理】 年内，农村新签订经济合同601份，履行联合预审程序，年租金5.66亿元。规范合同531份，年租金增加2115万元。解除合同1181份，收回集体土地7984亩。

（向会娟）

【农村集体经济合同专项检查】 年内，区纪委牵头成立专项检查组，开展农村集体经济合同专项监督检查。检查19个乡集体经济组织及其所属企业。检查内容以“五查五看”为重点，对土地资源的承包、租赁、合作合同进行监督检查。

（向会娟）

【清产核资结果审核确认】 年内，区农经办规范开展村级产权制度改革清产核资和资产评估结果确认工作。审核确认将台、王四营、三间房3个乡20个村集体资产总额62.3亿元。

（向会娟）

【乡村产权制度改革】 年内，村级改革中，将台、王四营、三间房、管庄4个乡31个村完成或基本完成改革。平房乡、太阳宫乡、小红门乡，以及管庄乡的1个村，进入开展成员身份界定劳动年限统计、清产核资资产评估阶段。南磨房、十八里店、高碑店、东风4个乡改革方案获区农委批复。乡级改革中，常营乡改革工作启动，完成成员界定和劳动年限确认工作，形成清产核资审计报告，12月开展股份量化工作。年内，来广营、孙河2个乡18个村实现收益分配，集体成员享受改革成果。

（向会娟　罗　蕾）

【农村集体资产清产核资】 年内，区农经办开展农村集体资产清产核资工作，涉及全区19个乡级集体经济组织，1个乡级新型集体经济组织，390个乡集体企业，156个村级集体经济组织，123个村集体企业，689个清产核资单位。9月18日，区农经办编制《朝阳区农村集体资产清产核资实施方案》并通过第十九次区长办公会审议。成立以文献为组长的区清产核资工作组，安排清产核资财政专项资金1378.50万元，成立4个清产核资指导组分片包乡指导各乡开展工作，公开招投标选取北京中崇信会计师事务所、北京高商万达会计师事务所、北京中永信会计师事务所、北京正衡东亚会计师事务所4个会计师事务所参与清产合资工作。

（向会娟）

【农民负担检查】 年内，区农经办开展农民负担秋季检查工作。经核查，村级公益事业专项补助资金正常发放。全区144个村1731万元补助资金拨付到位（常营乡10个村全部撤销村级建制，不再拨付补助资金）；各村按照村级公益事业专项补助资金使用要求，专款专用；依法依规收费，无农民负担问题发生。

（向会娟）

【农村经济转型项目启动】 年内，太阳宫莱太花卉市场项目转型，承租方影都文化投资发展有限公司进入办理前期规划手续阶段；实施将台乡国际文化硅谷等5个项目建设。研究产业用地区级统筹实施路径，初步完成实施方案编制。

（罗　蕾）

【集体“三资”管理】 年内，区农经办落实全市清产核资部署，推进产权界定、资产清查等重点任务，摸清662家乡村集体家底。结合基层“两委”换届选举，审计156个村级组织负责人经济责任。清理不规范合同，收回集体土地9578亩，增加收益2115万元。启动集体经济合同专项督查，设施农业问题合同整改规范率92%。

（罗　蕾）

▲ 6月14日，区农经办召开管庄乡村集体“三资”管理专项检查工作会　　王雯婧　摄

种植养殖服务

【概况】 朝阳区种植业养殖业服务中心（简称区种养中心）是负责全区畜牧兽医、农业、农机、水产管理服务工作的区政府直属部门，归口区农委管理，全额拨款正处级事业单位，事业编制47人，设科室10个，下设朝阳区动物疫病预防控制中心、植物保护检疫站（简称区植保站）、鱼种场3个事业单位。主要职能是贯彻执行国家和北京市有关畜牧兽医、农业、农机、水产发展的法律、法规和方针、政策，实施朝阳区动物防疫、农作物检疫工作。负责人畜共患重大动物疫病的诊断、监测、净化，动物疫情预报、预测和强制免疫用药的供应，应急防疫物资和技术的储备及重大动物疫病的扑灭工作。负责动物源性食品安全以及农作物种子及产品产地检疫、水产品产地检疫，农情信息调查、农作物病虫鼠害的预报和防制工作。负责全区农业、农机、水产技术员及动物防疫员的专业知识和相关技术培训工作。负责农业新产品、新技术的引进、示范、推广，以及农业综合信息平台和农村远程教育信息服务系统的建立、维护和管理工作。负责农业标准化生产基地建设和农产品质量安全检测工作。参与全区都市农业型现代农业产业的规划研究，重点项目的立项、业务指导和服务工作。年内，全区畜禽存栏162537头。其中，牛4户存栏194头，羊5户存栏249只，马20户存栏813匹，家禽2户720只，特禽11户602只，其他偶蹄动物7户46只。观赏鸟56户392只；注册犬41185只，鸽子117636羽。动物诊疗机构110家，兽药经营单位11家。肉类储藏分销单位21家。全区农业用地面积1167.59公顷，其中蔬菜226.67公顷、粮食56.33公顷、果树229.66公顷、苗木557.26公顷、花卉49.33公顷、草皮48.34公顷。

（于洪伟）

【重大动物疫病防控工作会】 3月28日，区种养中心组织召开重大动物疫病防控工作会。会议分析动物疫病防控形势，提出2018年动物疫病防控工作要求，通报2017年全区动物防疫责任制考核情况，其中亚运村、南磨房等10个街、乡被评为组织落实优秀单位，香河园、东风等10个街、乡被评为信息宣传优秀单位。

（冯学娣）

【村（社区）级动物防疫员培训】 4月19日，区疫控中心召开村（社区）级动物防疫员培训会2次。邀请区疾病预防控制中心专家讲解非洲猪瘟、羊布鲁氏菌病以及狂犬病的防治方法。1100余名动物防疫员参训。

（韩　颖）

【犬防疫宣传进社区活动】 4月23日，区种养中心、区养犬管理办公室、区农业综合执法大队、区疫控中心在垡头街道办事处联合开展动物防疫宣传进社区活动。在东风乡举办“传递信息拯救生命”狂犬病免疫主题宣传活动。通过解答群众疑问、动物义诊、摆放知识展板、驯犬表演、文艺演出、发放文明养犬宣传用品等形式，宣传狂犬病防疫知识和防疫措施。

（冯学娣）

【动物疫病防控】 4月至5月、9月至10月，春季、秋季动物疫病防控期间，区种养中心免疫口蹄疫3079头，免疫羊布鲁氏病及小反刍兽疫704头，免疫高致病禽流感疫苗1460份，发放二氧化氯等消毒剂21040千克、滴露3600千克、酒精142箱、防疫防护包800个。

（韩　颖）

【狂犬病知识进校园讲座】 5月23日，区种养中心与亚运村街道联合开展“狂犬病知识进校园——如何与狗狗做好朋友”知识讲座。狂犬病防疫志愿者为北京化工大学附属小学180名学生讲解养犬常识及防护知识。

（冯学娣）

【观赏鱼文化宣传】 6月11日至17日，区种养中心在定福庄幼儿园开展为期一周的“观赏鱼科普知识进校园”主题活动，展示多个品种金鱼、鱼盆、生态鱼缸、展板、画册等；在高碑店西区设立观赏鱼文化宣传区，放置生态鱼缸，展示兰寿、虎头、狮头、鹤顶红、合金等金鱼品种。邀请市水产技术推广站专家为居民讲解观赏鱼知识，向居民发放金鱼、锦鲤观赏养殖手册及观赏鱼饲料。

（齐海霞）

【参加市农产品质量安全检测能力验证】 6月19日至24日，区植保站参加北京市农产品质量安全检测能力验证。6个有机磷、4个菊酯和2个重金属参数一次全部检测合格。

（靳　为）

【外埠基地农残检测】 8月至11月，区植保站开展外埠基地农药残留检测，对永顺华河北怀来、蟹岛内蒙古赤峰、蓝美莓内蒙古集宁、中绿河北邯郸的基地进行田间现场检测，检测蔬菜样品36个全部合格。

（靳　为）

【执业兽医培训及考试】 10月21日，区种养中心组织2018年朝阳区执业兽医资格考试。年内，区疫控中心举办2次兽医培训考核会，签约兽医、马场防疫人员、检疫人员、马术运动比赛举办人员150余人参加。

（韩　颖）

【区植保站实验室获三星资质】 10月25日，北京市专家组对区植保站实验室对照《2018年区级农产品质量安全综合质检站等级评定打分表》进行等级评定，获得三星资质。

（靳　为）

【非洲猪瘟防控】 11月28日，区种养中心、区农委、农业综合执法大队、区疫控中心组成朝阳区督查四组到东湖街道开展非洲猪瘟防控督查工作。检查家乐福等超市生猪肉进货渠道，查看“动物产品检疫合格证”，督促经营者落实索票索证及猪肉来源检查制度。12月5日，区委书记王灏调研大洋路批发市场猪肉供应情况，要求落实监管措施，运用电子信息化等手段，确保食品安全。12月11日，副区长杨建海到朝阳北路和朝阳路非洲猪瘟防控检查站点，督导非洲猪瘟防控工作。要求对进京高速路口、主要环路桥和重点道路加强巡查，严防无检疫证明、私屠滥宰和疫区猪肉进入辖区市场。

（冯学娣）

▲ 12月5日，区委书记王灏（左一）调研大洋路批发市场猪肉供应情况　姜　艳　摄

【基本农田利用】 年内，全区永久基本农田912公顷，涉及金盏等8个乡，纳入全国耕地数量红线，实施耕地保护。对全区撂荒的基本农田复垦复耕面积140公顷，涉及41块地。

（于洪伟）

【基本菜田测量及补贴】 年内，区种养中心落实惠农政策，测量4个乡28个地块231.20公顷。菜田补贴面积164.08公顷，发放补贴金额172.98万元。

（于洪伟）

【农业领域“留白增绿”】 年内，农业领域留白增绿任务5.31公顷，完成7.01公顷，涉及5个乡17块地（平房、金盏、黑庄户、崔各庄、东坝），通过市农委验收。

（于洪伟）

【阳台菜园推广】 年内，阳台菜园示范项目推广至8个乡、4个街道、5个机关单位、3所学校、2个公园、3个园区、30个社区、7000余户居民家庭。“用于立体种植的花盆及绿化灯杆”获得国家实用新型专利。

（于洪伟）

【老北京特色蔬菜推广】 年内，区种养中心推广老北京苹果青番茄、心里美萝卜、核桃纹白菜10个品种8.77公顷。

（于洪伟）

【农情上报】 年内，区种养中心报送市农业局信息12条，农情报表152套、农业局蔬菜处平台报表40套、粮食种植报表2套、其他报表128套，数据上报5万余个。

（于洪伟）

【农产品质量安全优质优价培训】 年内，区种养中心对5个乡级管理站、15个园区生产基地、加工配送企业负责人及基层农产品检测员50人进行农产品质量安全优质优价培训。培训无公害农产品认证、优质优价信息平台及预警系统的数据信息填报等。

（李雅娟）

【农产品质量安全监管追溯体系培训】 年内，区种养中心举办农产品质量安全监管追溯项目培训班。19个乡农服中心、基地、市场及企业负责人及农产品质量安全检测员、信息员、内检员，55人参会。培训农产品质量安全与检测、种植业农事记录、标准化基地建设等。

（李雅娟）

【标准化基地建设】 年内，区种养中心对符合条件的2家“菜篮子”工程标准化生产基地进行备案。对2家满5年的农业标准化基地开展复评工作。对符合条件的京朝花园种植基地进行“菜篮子”标准化生产基地评优工作。

（李雅娟）

【“三品”认证管理】 年内，区种养中心对京朝花园、蓝美莓2家企业的4个品种进行无公害产品网上申报、文书申报、现场认定检查。完成3家企业无公害复查换证工作。对永辉超市、京客隆等辖区内大型经营单位进行无公害农产品和农产品地理标志使用专项检查。对14家园区基地的54个无公害、35个有机食品认证品种进行“三品”（无公害农产品、绿色食品、有机农产品）备案；对从事“三品”认证管理的6名检查员、15名内检员进行备案。

（李雅娟）

【农产品质量安全检测】 年内，区种养中心对全区8家生产、加工配送、销售单位全年检验农产品样品189735个，合格率99.8%。其中，蔬菜样品141356个，合格率99.7%；水果样品28131个，合格率100%；畜禽样品20104个，合格率100%；水产样品144个，合格率100%。

（李雅娟）

【观赏鱼创新团队项目】 年内，区种养中心开展锦鲤工厂化循环水养殖试验、观赏龟养殖试验、金鱼小池精养和中草药防治鱼病等技术试验。投入增色饲料7000千克、观赏龟饲料1千克、鱼药173箱、中草药200千克，组织养殖企业（户）培训观摩等活动6次。

（齐海霞）

【增殖放流活动】 年内，区种养中心分别在亮马河、萧太后河段马家湾湿地公园、京城槐园、彩虹养老院4处水域放流鲢鱼、鳙鱼、草鱼、青鱼等鱼种近8万尾，放流面积近81.33公顷。

（齐海霞）

【动物疫病防疫宣传】 年内，区疫控中心利用广播、电视等公共媒体，通过板报、贴画、宣传单等形式，开展非洲猪瘟、H7N9流感、狂犬病、口蹄疫等动物疫病的预防知识宣传。在70余所中小学校发放1.4万册《如何与狗狗安全相处》教育读本。在各街乡发放宣传挂图4万张，狂犬病等宣传册3.53万册。在社区推广应用“互联网＋防疫”App。

（韩　颖）

【动物检疫净化】 年内，区种养中心检测奶牛50头、马匹1662匹，2匹马检出鼻疽阳性，并进行无害化处理。建立“一场一畜一档一证”制度、完善动物产地检疫申报制度。出具动物检疫合格证明4789头（只），动物产品换证7842万千克。完成20个冷库贮藏分销和40家直接分销动物产品的厂家和分销商的登记备案工作，签订责任书60份。

（韩　颖）

【动物疫病监测】 年内，区疫控中心对畜禽及产品、鸟粪、血清等103份样品开展109项次病原学检测，检测结果均为阴性。全年采集草金鱼450尾，抽取45份样品进行45项次检测，检测结果均为阴性。对2699份血清样品进行6801项次抗体检测，其中犬钩端螺旋体抗体34份阳性，犬弓形虫抗体28份阳性，猫弓形虫抗体检测9份阳性。接收各类样品10977份，开展13766项次动物源性产品兽药残留及水产品实验室检测。检测结果畜禽样品1份磺胺类阳性，2份重金属铅高于限量线，12份硝基呋喃类代谢物阳性，水产品1份孔雀石绿阳性，2份磺胺类阳性，13份硝基呋喃类代谢物阳性，其余样品检测结果合格。

（韩　颖）

【马场赛事防疫检疫管理】 年内，区种养中心完成19家马术俱乐部843匹马属动物养殖档案建档和北京市动物健康免疫证的发放。申报马术赛事18场，参赛马匹830匹；发放比赛马匹调运检疫程序告知书等申报材料38份；官方兽医、签约兽医对马匹健康检查46次。

（韩　颖）

【犬只免疫】 年内，区疫控中心对辖区6.5万余只犬只进行2次狂犬病集中免疫注射疫苗并佩戴免疫标识。

（韩　颖）

【病死动物无害化处理】 年内，区种养中心接收各类病死禽383只、犬24只、猫2只、兔1只、猪1只，均无害化处理。未发生抛仍、销售、转运、屠宰加工病死动物事件。

（韩　颖）

【行政许可受理】 年内，区种养中心受理执业兽医师注册464件，兽药许可证核发5件，动物诊疗机构许可证核发25件，动物狂犬病免疫定点单位审批4件，动物防疫条件合格证年度报告1件，兽医师执业证年度报告340件，兽医师执业证注销116件，动物诊疗许可证年度报告83件，种子审核报告1件，农作物种子生产经营许可证2件，农药经营许可证5件，助理兽医师注册46件。

（韩　颖）

【植物检疫】 年内，区种养中心普查全区黄瓜绿斑驳病毒病、瓜类果斑病等危险性有害生物，普查面积81.16公顷，未发现有害生物。

（靳　为）

【调运检疫】 年内，区种养中心进行上海、江苏、浙江、黑龙江、贵州、江西、湖北等13个省市区植物调运检疫工作，检疫53批次45318千克农作物种子，未发现有害生物。

（靳　为）

【毒饵站灭鼠】 年内，区种养中心完成6666.7公顷春季农区灭鼠工作，完成1333.3公顷秋季农区灭鼠工作，毒饵站使用面积2666.7公顷。

（靳　为）

【农药包装废弃物回收】 年内，区种养中心开展农药包装废弃物回收试点推广工作。蔬菜园区包装废弃物回收率90%以上。全区郊野公园、各乡绿化公司及区林业站回收农药包装废弃物30.1万个。

（靳　为）

【农药残留检测】 年内，区植保站检测农贸市场、基地及配送企业、超市等17637个蔬菜水果样品的农药残留情况，合格率99.9%。其中蔬菜样品500批次13935个，合格率99.9%；快速检测水果样品242批次3702个，合格率99.9%。

（靳　为）

【区县农药残留互检】 年内，区植保站完成市农业局“菜篮子”区县农药残留互检工作，分别在4月、5月、8月、10月，抽检海淀区16个基地122个蔬菜样品，密云区19个基地114个蔬菜样品、6个食用菌样品。

（靳　为）

【农业运输车证办理】 年内，区种养中心为10家农业运输单位的39辆汽车办理换领通行证121张。

（王　东）

【“三夏三秋”及秸秆禁烧】 年内，“三夏三秋”农机作业区种养中心投入机具35台次，培训农机操作人员25人次。机播玉米50公顷、机播小麦9公顷，作物秸秆全部综合利用，实现秸秆全面禁烧。

（王　东）

【政策性农业保险】 年内，全区5家农业企业（农户）投保政策性农业保险，保费320332元，其中市财政补贴160166元、区级财政补贴96099.6元、企业（农户）自缴64066.4元。

（王　东）

农业综合执法

【概况】 区农业综合执法大队是区农委直属行政执法机构，加挂区动物卫生监督所的牌子，机构规格副处级。设办公室、组织人事科、法制科、执法一科、执法二科、执法三科、执法四科、执法五科、白鹿公路动物防疫监督检查站、动物收容站、农机安全监理科等11个科（站、室）。负责辖区内动物卫生、兽药、饲料及饲料添加剂、农药、肥料、种子、转基因生物安全、农机、渔政等9项行政执法监督职能。年内，出动执法人员4301人次，执法车辆1687车次，检查管理相对人1217家次，检查农业机械3053台次。查处涉农违法案件163件（其中一般程序案件56件，简易程序案件107件），罚没款金额453010元。受理举报129起，开展联合执法检查119次；开展法制宣传43次，发放宣传材料4万余份；开展培训15次，培训管理相对人984家次，签订责任书272份。收容非犬类无主遗弃动物12只。检疫监督运输外埠动物及动物产品进京车辆2.26万车次，检查活体动物1.12万头（只），动物产品27.39万吨，劝返不符合规定运输车辆40车次，涉及活体畜禽376头（只），动物产品365.08吨。

（张　雪）

【春节农产品质量安全监督管理】 1月10日至12日，区农业综合执法大队抽样12家蔬菜种植、水产养殖单位，对企业生产、销售的蔬菜及水产品进行监督抽样。抽检蔬菜品种16个、22个批次样品，水产品6个批次样品。经检测全部合格。

（张　雪）

【破坏海龟资源违法行为专项执法行动】 1月15日，区农业综合执法大队对北京十里雅园国际花卉市场有限公司和北京十里河天骄民俗文化城有限公司进行打击破坏海龟资源违法行为专项检查。检查未发现经营海龟及相关制品的违法行为。检查过程中进行法制宣传，科普相关法律法规以及常见水生野生保护物种，提高公众抵制非法行为意识，监督经营利用许可证上墙，落实《北京市2018年打击破坏海龟资源违法行为专项执法行动方案》精神。

（张　雪）

【市“两会”期间水产品质量安全保障检查】 1月26日，区农业综合执法大队检查北京市“两会”水产品供应单位——北京水科园水产养殖技术有限公司水产品质量，未发现使用违禁药品以及养殖不规范的情况。检查中，要求企业加强日常规范管理继续完善用药和养殖记录，确保市“两会”期间水产品质量安全。

（张　雪）

【护航春季农机安全生产系列活动】 3月6日至9日，区农业综合执法大队农机检验人员到金盏、崔各庄、孙河、黑庄户乡的8家生产基地和1家园林绿化单位，检验13台拖拉机（检测结果合格），保障春耕期间农机安全生产。3月30日，在蟹岛会议楼召开春耕暨春季农机安全生产工作会，部署农机安全监管工作，开展安全生产工作交流。4月4日，会同小红门乡农服中心，在鸿博郊野公园北门开展春耕备耕暨农机安全规章宣贯活动，发放宣传材料3000余份。4月10日至27日，组织区种养中心、各乡安监科、农服中心等部门，在全区范围内开展春季农机安全生产隐患排查暨农机安全生产联检工作。联检活动检查19个乡35家涉及农机使用单位（农业生产基地、林业站、郊野公园、园林绿化等）1000余台农机具。对不规范单位（农机具存放及使用无专人管理，出入库记录、安全生产会议及教育培训记录不全等）提出整改意见，检查中未发现明显安全生产隐患。

（张　雪）

【“3•15”系列普法宣传活动】 3月15日，区农业综合执法大队会同区疫控中心、区食药监局、区水务局，相关地区办事处、社区医院等相关部门人员，分别在东风地区东润枫景社区、蓝色港湾广场、金盏乡开展防控动物疫病关注狂犬病免疫及农产品基本知识、相关法律法规的宣传。活动宣传市民关注的农产品质量安全及动物卫生防疫知识等。现场发放《狂犬病防治便民手册》《动物卫生便民手册》《农产品质量安全12问》等宣传品8000余份，接受市民咨询50余人次。

（张　雪）

【首例未经批准利用水生野生动物制品案件】 3月20日，群众举报三里屯一家餐厅吧台展示一只绿海龟标本。执法人员到现场进行执法检查，对涉案物品拍照取证和先行登记异地保存处理，并约谈当事人到大队接受调查询问。大队将涉案物品委托海南师范大学进行物种鉴定和价格评估，认定涉案物品的种类、保护级别和价值，并根据鉴定结果进行行政处罚。当事人对鉴定结论和处罚表示认可。此案件是《中华人民共和国野生动物保护法》新法实施后，朝阳区首例“未经批准利用水生野生动物制品”案件。

（张　雪）

【重点水域资源环境保护】 3月27日，区农业综合执法大队联合区公安分局、区水务局执法大队、豆各庄地区办事处、萧太后河河道管理所等部门，对萧太后河豆各庄段进行联合执法检查。未发现电鱼行为、未见地笼等非法捕捞网具，河岸两侧未见可疑人员。通过联合执法维护区域内重点水域的资源环境。

（张　雪）

【春耕暨春季农机安全生产工作会】 3月30日，区农业综合执法大队组织召开春耕暨春季农机安全生产工作会。大队农机监理科、区种养中心农机管理科及各乡农机主管主任、农机监管人员及农机使用单位负责人和驾驶操作人员代表50余人参会。会议部署春季农机安全监管工作，介绍2018年机具补贴政策，布置大气环境治理，秸秆禁烧工作，观看农机安全生产系列教育片，交流农机安全生产工作。预防、减少农机事故发生，保障全区春耕备耕工作有序进行。

（张　雪）

【狂犬病防控研讨会】 4月17日，区重大动物疫病防控指挥部召开狂犬病防控研讨会，区农委、区农业综合执法大队、公安朝阳分局、区种养中心、区卫计委、区疫控中心分管负责人参加交流。会议从加大宣传力度、开展犬注册免疫一条龙、开展联合执法、加大流浪犬捕捉力度、加强被犬咬伤者的治疗、减少流浪犬总体数量、建立各部门内部沟通机制等七方面控制狂犬病的发生和流行。

（张　雪）

【法制宣传周活动】 4月17日至19日，区农业综合执法大队开展放心种子下乡进村宣传周活动。活动包括执法人员进企业、进农户、进基地宣传；检查种子企业产品质量；为农户、种植基地赠送选种、购种小常识等便民手册，讲解识假辨假和科学用种相关知识，提高用种者依法维权和质量安全意识；在超市、市场等人群密集点，开展种子法律法规现场解答。宣传周发放购种常识资料和宣传袋1500余份。

（张　雪）

【沿河警示标牌树立】 4月17日至7月27日，区农业综合执法大队分三批在温榆河、通惠河、亮马河、北小河和萧太后河道沿岸树立警示牌40块，开展防范非法捕捞行为和禁用渔具警示宣传。

（张　雪）

【春季灭鼠行动启动】 4月19日，区农业综合执法大队执法人员为北京蟹岛种植养殖集团有限公司发放春季灭鼠工具和药物。通过培训明确鼠药管理等职责。活动标志全区春季灭鼠工作启动。至4月30日，完成全区4家水产养殖单位灭鼠物品发放和培训工作。发放鼠药15千克、捕鼠器90只、粘鼠板100个、毒饵站25个、警示旗100支。

（张　雪）

【兽药企业法律法规培训】 4月19日，区农业综合执法大队组织召开朝阳区兽药行业培训会，会议要求企业落实《兽药管理条例》，兽药GMP、GSP等规范；对识别兽药真伪进行专题讨论，解读更新兽药产品批准文号、辨别假劣进口兽药和国家禁用兽药；依法要求兽药生产和经营企业落实兽药追溯二维码赋码和出入库信息上传等工作。全区19家兽药生产和经营企业相关负责人参会。

（张　雪）

【渔政执法人员与相对人联合培训】 4月26日，区农业综合执法大队邀请北京市农业局许赞焕、北京市渔政监督管理站王卓分析《中华人民共和国野生动物保护法（2018年修正）》，解读水生野生动物经营利用过程中，从行政许可到行政处罚过程常见问题。执法人员与管理相对人共同参加。会后，37位管理相对人填写《满意度测评表》，其中，“处罚公平公正”“培训及时丰富”“信息公开到位”三项各出现1例“较好”，其余评价项目均为“好”；在《法制培训授课评议表》中，全部项目被评价为“满意”。

（张　雪）

【农药专业培训】 4月26日，区农业综合执法大队组织开展农药生产、经营使用规范专项培训会。全区42家农药生产企业、农药经营企业及农药使用单位（农产品生产基地、有害生物防制机构）45人参会。培训讲解2017年颁布的《农药管理条例》及5个配套规章，解析农药生产、经营、使用三个环节中涉及的法律法规；讨论全市农药市场监管工作中突出问题。会后，与14家管理相对人签订农产品安全生产承诺书和农资生产经营责任书。

（张　雪）

【无公害认证企业质量安全检查】 5月7日，区农村工作委员会制定《朝阳区2018年无公害认证企业质量安全大检查行动工作方案》并部署实施。5月8日至11日，区农业综合执法大队与区农委、区种养中心人员组成2个检查组，对北京方圆平安食品开发有限公司、北京蟹岛种植养殖集团有限公司、北京水科园水产养殖技术有限公司等13家无公害农产品基地进行检查，涉及无公害认证农产品50个品类，认证（养殖）种植面积130公顷。检查发现问题13处，涉及农产品生产记录不完整，农业投入品存储不规范等问题，检查组要求企业进行整改。5月15日至16日，检查组对问题单位进行复查，问题整改完毕。

（张　雪）

【种子生产经营单位培训】 5月10日，区农业综合执法大队在301会议室开展全区农作物种子生产经营单位培训。会议邀请市种子管理站专家授课，以“种子执法中发现的问题”“有关标签的思考”为题，结合检查案件开展培训。全区19家种子生产经营单位、26位负责人参加。北京圣华德丰种子有限公司作为企业代表，签订《朝阳区农作物种子生产经营企业诚信守法承诺书》。

（张　雪）

【动物诊疗行业培训】 5月11日，区农业综合执法大队组织召开2018年度朝阳区动物诊疗行业培训会，全区103家动物诊疗机构负责人参加。会议从履行社会责任、提高职业素质，助推行业发展等方面进行开班动员；介绍全国动物诊疗行业发展形势；对上年执法检查中发现问题进行警示教育，督导企业自查自改。会上，动物诊疗企业负责人签订《动物诊疗机构责任书》《毒麻药品使用责任书》《毒麻药品使用承诺书》。

（张　雪）

【割灌机事故处理应急演练】 5月16日，区农业综合执法大队会同区种养中心、平房乡社会公共事务服务中心，在平房京城梨园郊野公园组织开展割灌机事故应急处理演练活动，全区各乡农机监管人员、涉及农机具使用的生产基地、郊野公园、林业站、园林绿化等单位负责人和驾驶操作人员30余人参加。演练割灌机伤人事故应急处理和处置，主要演练事故报案及受理、启动应急抢救预案、现场勘察制作文书、事故报告、结束应急5个科目。

（张　雪）

【净化河道环境联合执法】 6月4日，群众举报每天早6点，四惠桥下有非法捕鱼现象。6月5日凌晨5点45分，执法大队与通惠河河道管理所人员组成联合执法队，发现非法捕捞行为。队员依法对当事人的非法捕捞工具：地笼3个（每个15米长）、皮筏1个、渔获物（麦穗鱼10.75千克）采取先行登记保存措施，填写《现场检查笔录》，下达《调查通知书》。

（张　雪）

【马术比赛监督指导】 6月16日至17日，北京多美马术文化有限公司在黑庄户乡万通路北侧多美国际马术中心举办“鸟巢之路”京津冀马术巡回赛。6月13日，执法人员实地检查比赛现场，查看北京多美马术文化有限公司饲养马匹的动物健康免疫证以及饲养比赛场地的消毒记录，核对调入马匹检疫证明。提示公司人员在组织比赛期间的动物安全防疫工作，并制作监督笔录。

（张　雪）

【配合市渔政站开展专项检查】 7月25日，区农业综合执法大队配合北京市渔政站执法人员检查北京工体富国海底世界娱乐有限公司。此前该单位被市民举报“涉嫌未经批准利用国家重点保护水生野生动物”。区农业综合执法大队向市渔政站执法人员介绍案件前期调查情况，查看养殖区及涉嫌未经批准利用的两头海狮情况，对举报中反映的患有皮肤病海狮治疗情况进行了解。要求涉事企业做好患病海狮的治疗工作，完善单位内部检查记录，依法开展企业经营活动。

（张　雪）

【首例行政处罚听证会】 7月30日，北京物美超市有限公司北沙滩店涉嫌销售标签不符合规定的农药（驱蚊花露水）案听证会在区农业综合执法大队301会议室举行，这是区农业综合执法大队依据《中华人民共和国行政处罚法》规定举行的首次行政处罚案件听证会。听证程序合法，获得当事人和第三人认可。区农委法制科人员主持，区农业综合执法大队执法五科负责案件调查，北京物美超市有限公司北沙滩店人员作为当事人、上海家化联合股份有限公司人员作为第三人参加。

（张　雪）

【兽药案件查处】 8月3日，区农业综合执法大队查处一家网络无证销售假兽药窝点，查抄药品339种，其中假兽药207种、人用药4种，涉案金额符合刑事追诉标准，移交北京市公安局朝阳分局食品药品和旅游安全保卫大队。案件于5月4日由“12345”市长热线转办，涉案地点隐匿于居民住宅区，历时3个月确定具体位置。

（张　雪）

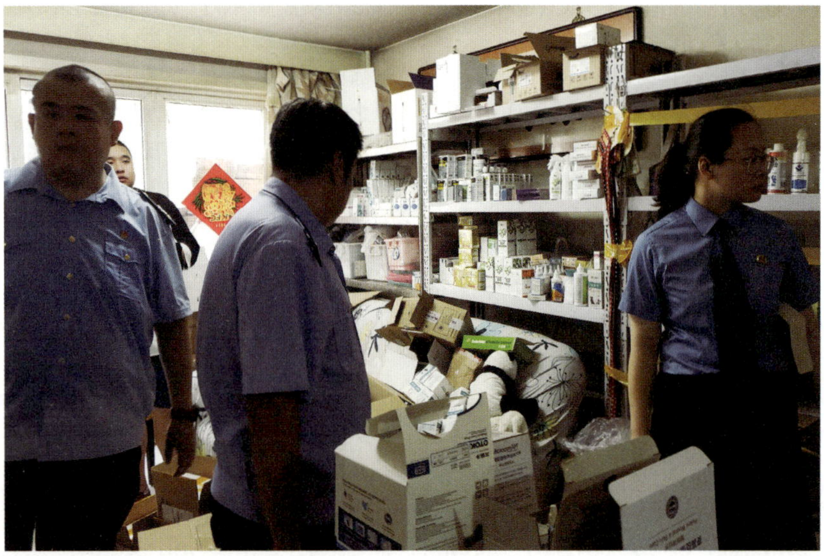

▲ 8月3日，联合执法人员查处“兽药案”违法现场　徐　双　摄

【第十二届“世界狂犬病日”宣传】 9月28日，区农业综合执法大队在东润枫景文化广场开展第十二届“世界狂犬病日”普法宣传活动。活动围绕“文明养犬预防狂犬病”讲解狂犬病危害和防治方法，呼吁养犬人士文明养犬，向市民发放《狂犬病防治便民手册》《了解狂犬病战胜狂犬病》等宣传品5000余份。

（张　雪）

【参与京津冀区域联防】 10月25日至26日，区农业综合执法大队参与由种养中心组织的京津冀“加强区域联防，保证进京动物及产品安全”培训班。北京市农业局、朝阳区农委、朝阳区农业综合执法大队、朝阳区种养中心、朝阳区疫控中心，以及河北唐山、秦皇岛、廊坊、香河、大厂和天津蓟州等区域动物卫生监督机构代表参加，交流各区域重大动物疫病防控及动物源性食品整体工作情况，签订《京津冀加强区域联防保证动物卫生产品安全协议书》。会上，朝阳区介绍重大动物疫病防控和农产品质量安全监管等工作经验，通报津冀地区从白鹿公路站进京动物及动物产品情况。会后，与会代表参观朝阳区水产科技园和白鹿公路动物防疫监督检查站，了解淡水鱼养殖和进京动物及其产品安全监督工作。

（张　雪）

【种企新疆基地执法检查】 10月30日至11月1日，区农业综合执法大队对金扬浦（北京）农业科技有限公司位于新疆维吾尔自治区昌吉回族自治州榆树沟镇的基地开展执法检查。经查，公司种子生产、检验等设施设备齐全，人员数量、资质符合要求，种子包装符合在京销售规范。对种子生产经营档案中部分品种的原始合同、票据未进行详细分类归档等问题提出整改措施。

（张　雪）

【非法经营动物产品行为查处】 11月2日，区农业综合执法大队查封王四营乡非法存储、加工、销售羊产品窝点一处。行动由市公安局环食药旅总队牵头，市食药监局稽查总队、市动物卫生监督所、区农业综合执法大队、区公安分局环食药旅大队、区食药监局稽查大队等部门联合开展执法，出动执法人员20余人，依法查封羊产品近50吨。

（张　雪）

【马术行业培训】 11月14日，区农业综合执法大队联合区动物疫病预防控制中心和北京市马术运动协会举办朝阳区马术俱乐部培训工作会议。各乡动物防疫工作负责人、签约兽医、19家马术俱乐部的防疫工作人员50余人参加。培训会对马匹的疫病防控、环境消毒、跨省调运、比赛报告等方面进行讲解，对签约兽医的申报流程进行阐述，对全国马术市场发展状况进行分析。会上发放《举办动物演艺活动流程告知书》50份，《朝阳区马场防疫赛事服务手册》19本，马场养殖动物卫生防疫、赛事举办问答19本。

（张　雪）

【活禽交易取缔联合执法】 11月17日，区农业综合执法大队配合十八里店乡公共事务服务中心、乡城管和食药所，取缔十八里店乡2个活禽经营场所，罚没活鸡、鸭、鹅、鸽子等动物及动物产品近400只，并进行无害化处理。

（张　雪）

【非洲猪瘟防控督导检查】 11月26日至28日，区农业综合执法大队与区种植业养殖业服务中心、区动物疫病预防控制中心组成5个督导组，对全区43个街乡开展非洲猪瘟防控工作情况全面督导检查。督查以找源头、堵漏洞为目的，采取实地检查、查阅部署文件以及排查登记台账等方式，重点检查各街乡非洲猪瘟防控部署和宣传是否到位，排查禁止饲养生猪情况是否彻底，与外区县接壤路口巡逻是否常态化，农贸市场经营肉类监管是否全面，餐厨垃圾处理是否规范。通过督导检查，提高各街乡对非洲猪瘟防控工作的重视程度，明确属地职责。对发现的问题，按工作职责移交有关部门处理。

（张　雪）

【“12•4”法制宣传活动】 12月5日，区农业综合执法大队以“中华人民共和国实行依法治国，建设社会主义法治国家”为主题，分别在京客隆团结湖店、团结湖北三条社区、白鹿公路检查站宣传普法。活动发放《动物卫生便民手册》

800册、《狂犬病防治便民手册》800册、《动物诊疗机构须知》500页、《保护水生野生动物》500册、无纺布袋800个、围裙300条、《养殖场预防非洲猪瘟“有四招”》500页，解答群众咨询23人次。

（张　雪）

农村人才培训

【概况】 北京市朝阳区农村人才就业服务指导中心隶属于北京市朝阳区农村工作委员会，是一所全额拨款事业单位。事业编制26名，内设科室6个，负责农村人才服务工作，建立人才管理体系，开展农村地区人才需求分析预测，承担农村人才教育档案管理工作；承担农村人才调研工作，指导农村管理干部、社区工作者、农村劳动力的教育培训工作；负责农村人才就业服务工作，搭建就业服务平台，开展就业岗位、就业趋势分析统计，以及农村人才供求信息收集、发布等相关工作；协助农委开展农村社区建设的研究工作，以及农民市民化宣传教育工作。7月至12月，区农村人才就业服务指导中心与北京市朝阳区东方普华职业技能培训学校合作，完成《朝阳区农民市民化项目实施调研报告》。年内，区农村人才就业服务指导中心完成党建阵地二期工程建设及院内整体景观提升，完成中心南大门建设，中心用于展示农村地区党建成果。年内，培养农村实用人才2862人。

（朱海光）

【“三社一体化”项目】 1月25日，区农委和农村地区社会工作协会在蓝调庄园百合厅举办2017年度社区“三社一体化”专业治理工作总结会，农村地区15个地区办事处、129个社区、270人参会。3月20日至27日，完成2017年度“三社一体化”项目工作汇报，并通过评估机构审核。

（朱海光）

【农村人才培养】 1月，区农村人才就业服务指导中心制定《朝阳区农村社会文化类实用人才能力培养方案》。6月11日至13日、19日至21日，与中国社区发展协会合作，开办2期城乡治理现代化研习班，农村地区19个乡、100名工作人员参加，培养农村地区社会治理型人才。社会文化类人才培训：8月1日至2日，开展“朝阳区农村实用人才初级健身操”培训，农村地区7个乡、24名社区健身带头人参加。8月至9月，完成2个班次舞蹈班培训，农村地区9个乡、58名社区舞蹈带头人参加。8月25日，开展“朝阳区农村实用人才朗诵班”培训，农村地区6个乡、21人参加。8月21日至9月21日，开展模特班培训，74人参加。9月25日至10月30日，开展音乐培训，80人参加。11月16日至21日，开展“冬季茶养”——朝阳农村实用人才品茶会活动，以冬季适合饮用的白茶和红茶为专题展开，44人参加。全年培训社区（村）后备干部（含两委班子成员）95名，培养文体活动带头人230名。

（朱海光）

【农村人才调研】 1月至3月，区农村人才就业服务指导中心与北京工业大学组成的课题组，完成《朝阳区农村实用人才工作现状与推进调研报告》，分析人才工作状况，为人才工作提出建议和发展方向。报告指出，各乡存在对实用人才的定义不明确、人才评选标准不清晰、顶层设计与规划不足、人才工作平台建设不充分等问题。

（朱海光）

【社工协会注销程序启动】 3月15日至16日，朝阳区农村地区社会工作协会举办朝阳区农村地区社会工作协会理事会议。理事会依次审议《朝阳区农村地区社会工作协会2017年工作总结》《朝阳区农村地区社会工作协会2018年注销方案》。16日，对参会人员的社会工作能力及社区活动能力提升以及项目运作管理等方面开展培训。

（朱海光）

【人才队伍建设】 年内，区农村人才就业服务指导中心完成《北京市朝阳区农村实用人才等级评定指导意见（试行）》编写、修改工作。农村实用人才2862人，比上年增长122%，其中高级人才40人、中级人才530人。

（朱海光）

【农民市民化培训】 年内，区农村人才就业服务指导中心制定《朝阳区农民市民化示范培训方案》。以社区工作者、社区小教员及活动带头人为培训对象。培训内容包括市民素质之观念培训、市民行为之城市生活能力培训、市民居家生活之兴趣爱好培训三大类、八个培训模块（含插花制作、养花技巧、文明礼仪与道德形象等）。与11个社区合作培训189人，其中养花技巧培训32人、插花制作培训157人。

（朱海光）

【人才工作网站升级改造】 年内，区农村人才就业服务指导中心改造升级朝阳区农村地区人才工作平台网站，完善八大功能区，增设农村人才就业服务指导专栏，形成政策指引、工作宣传、经验交流、资源共享、数据统计于一体的网络工作平台。

（朱海光）

【实用人才讲师团进社区】 年内，区农村人才就业服务指导中心组建朝阳区农村实用人才讲师团（简称讲师团）。从现有人才队伍中开发教师资源，发挥其经验和专业特长。12月，讲师团成员11名，初、中、高级实用人才有6名。讲师团在“东坝点翠”“三间房葫芦镶嵌”“管庄面塑”3个农村实用人才示范基地开展实用人才示范基地特色传统文化进社区活动。对3位具有农村地区民间工艺美术大师、北京市非物质文化遗产传承人等称号的传统手工艺人进行发掘和提升，从历史传承、民间风俗角度帮其挖掘自身手工艺技术背后的文化底蕴，并邀请其授课。课程在来广营乡14个社区开展试点推广。

（朱海光）

旅游业

综述

【概况】 朝阳区旅游发展委员会（简称区旅游委）是负责全区旅游业管理的区政府工作部门，主要负责朝阳区旅游行业促进、产业促进和市场促进工作。行政编制20人，事业编制16人，工勤编制2人。内设机构为4科1室，分别为法制科、产业促进科、行业管理科、安全生产管理科、办公室。下设北京旅游咨询服务中心朝阳服务站，为全额拨款事业单位。2018年，全区有国家A级旅游景区23家；有旅游星级饭店93家、社会旅馆667家，其中五星级饭店26家、三星级饭店29家、二星级饭店11家；有旅行社1108家，其中一般社612家、出境社496家，包括外资社22家；有旅行社分社132家，旅行社服务网点622家；文化旅游示范单位31家。年内，区旅游委深化供给侧结构性改革，加强旅游行业治理体系建设，加强区域合作，持续推动朝阳区旅游业从高速度增长向高质量发展转变。全年旅游综合收入持续保持全市第一，旅游市场秩序整治继续走在全市前列，旅游安全，无责任事故发生。

（张灿锋）

【简化办事程序】 年内，区旅游委结合“放管服”改革，优化营商环境，梳理行政审批相关事项，推动实现审批、备案事项网上办理机制，进一步简化申请及审批手续。全年完成旅行社服务网点和分社新办备案85件，变更地址、名称或负责人35件，遗失补办1件，注销61件。

（张灿锋）

【《北京朝阳旅游地图》制作完成】 年内，区旅游委完成2018新版中英文双语《北京朝阳旅游地图》设计制作工作。地图涵盖朝阳都市休闲旅游各方面内容，展示朝阳区全球化国际大都市旅游形象和旅游国际化城市品牌形象，为广大中外游客提供最新旅游资讯信息。

（张灿锋）

【维护消费者权益】 年内，区旅游委处理住宿业投诉218件、景区投诉34件，维护广大游客合法权益。向市民发放《北京市朝阳区住宿业安全生产指导手册》、朝阳区旅游地图等宣传资料1000余份。向辖区旅游企业印制下发《朝阳区旅游行业法律法规汇编》《朝阳区A级旅游景区安全生产指导手册》《朝阳区住宿业安全生产工作指导手册》1万余份。

（张灿锋）

景区景点建设

【概况】 年内，朝阳区有国家A级旅游景区23家，其中AAAAA级旅游景区1家，AAAA级旅游景区5家，AAA级旅游景区17家。

（张灿锋）

2018年朝阳区A级景区一览表

表6

序号	等级	景区名称		评定A级景区时间	门票价格
1	AAAAA	北京奥林匹克公园	中国科技馆	2012年12月	30元/成人、20元/学生
			国家体育场	2012年12月	普通门票：40元/人 贵宾门票：80元/人 顶美门票：80元/人 全景参观门票：100元/人 普通优惠门票：20元/人 贵宾升级票：40元/人 顶美升级票：40元/人
			国家游泳中心	2012年12月	30元/人
			奥林匹克森林公园	2012年12月	免票
			国家体育馆	2012年12月	未开放
2	AAAA	北京中国紫檀博物馆		2003年	50元/人
3	AAAA	北京市朝阳区元大都城垣遗址公园		2006年4月	免票
4	AAAA	北京朝阳公园		2005年	（一）半价门票：2.5元/人，适用对象：6周岁（不含）—18周岁（含）未成年人、全日制大学本科及以下学历学生实行半票（需出示居民身份证或学生证等有效证件）；持有“最低生活保障金领取证”的游客。 （二）免票适用对象：6周岁（含）以下（需提供年龄相关证明）或身高1.2米（含）以下儿童免票；60周岁（含）以上的老年人持有效证件，可免费入园（大型活动期间除外）；现役军人、武警官兵、残疾军人、离休人员、退休军官、残疾人凭有效证件，均可免费入园。

续表 6

序　号	等　级	景区名称	评定 A 级景区时间	门票价格
5	AAAA	北京欢乐谷	2008 年 11 月	260 元 / 人（6 月 28 日，调至 299 元 / 人）
6	AAAA	蟹岛绿色生态农庄	2009 年 12 月	免票
7	AAA	北京市朝阳区日坛公园	2003 年 1 月	免票
8	AAA	北京市朝阳区团结湖公园	2005 年	免票
9	AAA	北京市朝阳区红领巾公园	2005 年 12 月	免票
10	AAA	蓝色港湾国际商区	2010 年	免票
11	AAA	北京蓝调庄园	2012 年	免票
12	AAA	北京市朝阳区北小河公园	2014 年	免票
13	AAA	北京市朝阳区大望京公园	2014 年	免票
14	AAA	古塔郊野公园	2014 年 11 月	免票
15	AAA	将府郊野公园	2014 年 9 月	免票
16	AAA	北京市朝阳区庆丰公园	2014 年 8 月	免票
17	AAA	兴隆郊野公园	2014 年	免票
18	AAA	北京市朝阳区四得公园	2015 年 12 月	免票
19	AAA	北京市朝阳区白鹿公园	2016 年 9 月	免票
20	AAA	北京陶瓷艺术馆	2017 年 1 月	免票
21	AAA	圣露庄园	2018 年	免票
22	AAA	斯普瑞斯奥特莱斯	2018 年 3 月	免票
23	AAA	京城梨园	2018 年 12 月	免票

（张灿锋）

【A 级旅游景区新增1 家】 年内，区旅游委会同区园林绿化局推进旅游景区建设项目实施。对条件相对成熟的京城梨园郊野公园景区化工作纳入工作重点，通过实地踏勘、专家初评、学习交流、现场指导等多种方式，进行全面升级改造。年内，京城梨园郊野公园通过国家 A 级旅游景区评定验收。截至年底，朝阳区国家 A 级旅游景区增至 23 家，其中 AAAAA 级 1 家、AAAA 级 5 家、AAA 级 17 家。

（祁媛媛）

【老年旅游接待基地建设】 年内，区旅游委在全区旅游景区中开展老年旅游接待基地申报工作。指导蓝调庄园、蟹岛绿色生态农庄 2 家 A 级旅游景区申报老年旅游接待基地，经市旅游委评定审核，成为全市 2018 年北京市首批老年旅游接待基地。

（祁媛媛）

旅游节庆活动

【概况】 年内，区旅游委以“5・19”中国旅游日和第二十届北京国际旅游节为契机，鼓励旅游企业出台优惠举措、丰富特色产品，积极倡导文明旅游，完成“中国旅游日”北京市分会场和第二十届北京国际旅游节活动。

（张灿锋）

【“中国旅游日”北京市分会场活动】 5 月 19 日，由市旅游委和区政府共同主办的 2018 年“中国旅游日”北京市分会场活动在奥林匹克森林公园南门举办。活动现场设置“5・19”中国旅游日成果展示区 5 个和现场旅游服务区 4 个。通过旅游资源展示、厕所革命成果展览、惠民旅游和文明旅游宣传、法律政策及旅游政策咨询等活动形式，展现朝阳区旅游发展成果，引导市民游客文明出行、文明旅游。

（李　黎）

【参加北京国际旅游节】 10月1日，市旅游委主办以“中非丝路情、相聚在北京”为主题的第二十届北京国际旅游节在奥林匹克公园开幕。活动现场，有20个国家和地区的30支表演队参加表演，来自劲松、三里屯、呼家楼、东湖等街道团队代表朝阳区表演京剧、模特秀和广场舞。区旅游委同时在展台宣传朝阳区旅游资源，推介精品旅游线路，引导市民游客文明出游。

（李　黎）

旅游公共服务

【概况】 年内，区旅游委完成A级旅游景区旅游厕所提升改造11座。在全市率先完成公共服务设施改造工作，超额完成市旅游委任务指标18%：新增移动卫生间24座，完成984.63平方米旅游标识牌更新，更新改造游客服务中心2座，完成182延米无障碍坡道改造，新增休息座椅309个、垃圾桶445个，A级旅游景区旅游环境得到改善。

（祁媛媛）

【旅行社备案业务实现网上办理】 5月18日，区旅游委旅游企业“零跑腿”服务平台——朝阳区旅行社备案业务网上办理系统正式推出。依托朝阳区网上办事大厅系统平台加入朝阳区旅行社备案业务网上办理系统，具有旅行社分社和网点设立、变更、撤销3个功能，包括2大类、6个具体事项。企业在系统上填写基本信息并上传相关资料扫描件，从业务受理到制证15个工作日全部网上完成，备案登记证明可通过快递送达企业。平台制定业务运行流程图和具体标准，公开办事过程关键节点信息和办事结果。

（祁媛媛）

【旅游厕所提升改造完成】 年内，区旅游委推进2018年区政府为民办实事和旅游公共服务设施建设。截至9月底，完成A级旅游景区旅游厕所提升改造11座，在全市率先完成公共服务设施改造工作，升级改造数量超过市旅游委下达任务指标的18%。截至年底，区内旅游景区新增移动卫生间24座、休息座椅309个、垃圾桶445个，完成984.63平方米旅游标识牌更新，完成2座游客服务中心和无障碍坡道182延米改造工作，A级旅游景区旅游环境得到改善，进一步提升游客舒适度和满意度。

（祁媛媛）

旅游监督管理

【概况】 年内，区旅游委加强旅行社监管，加强重大节日等安全检查，优化旅游市场环境，维护朝阳区旅游市场良好秩序。开展源头清查行动，以奥林匹克公园为重点区域，加强检查旅行社门市、社会旅馆等经营场所及清查旅游公交假站牌、街头非法揽客等问题。

（张灿锋）

【春节假日旅游工作会】 2月6日，区旅游委组织区假日旅游工作相关成员单位和辖区重点旅游企业，召开2018年春节假日旅游工作会，副区长李俊杰出席会议并讲话。李俊杰指出，假日旅游工作要坚持“区政府统一领导、区应急办和区旅游委牵头负责、各部门各负其责、街乡参与防范”总原则，对做好春节假日旅游工作提出要求。

（付兴建）

【节前安全生产检查】 2月8日，区旅游委主任兰学军带队，对奥林匹克公园和奥林匹克森林公园“戏雪”项目开展春节前安全检查。2月9日，副区长刘海涛带领区旅游委、区社会办、区安监局、区城管执法局、公安朝阳分局、朝阳消防支队主管领导对机场街道天衢商务酒店开展安全生产检查。2月13日，副区长李俊杰在兰学军及相关部门陪同下，对朝阳公园国际风情节和北京欢乐谷开展全面检查。2月14日，李俊杰带领由区旅游委、区安监局、区质监局、朝阳消防支队、公安朝阳分局、区食药局、工商朝阳分局等相关单位组成的联合检查组，对北京亚奥国际酒店开展节前安全检查。4月27日，李俊杰在区旅游委相关人员陪同下，全方位检查朝阳公园大型活动组织情况和安全生产工作情况。9月20日，李俊杰带领区旅游委、区质监局、南磨房乡政府等相关部门负责人到欢乐谷开展中秋节前安全生产检查。各景区节前旅游秩序和安全生产工作稳定有序。

（付兴建）

【“两会”安全生产检查】 3月15日，市安监局联合市旅游委在区旅游委陪同下，检查朝阳区旅游行业全国“两会”期间安全生产工作，对朝阳区旅游环境和旅游秩序安全稳定给予肯定。

（付兴建）

【安全生产培训会】 5月22日，区旅游委组织召开2018年朝阳区旅游行业“安全生产月”暨安全生产工作培训会。培训会动员部署“安全生产月”活动，邀请市旅游委安全处、执法大队和朝阳消防支队、公安朝阳分局、区安监局、区食药局、区质监局等相关单位以及市旅游委安全检查专家结合实际工作授课。辖区所有宾馆饭店及旅游景区安全生产负责人参加培训。

（付兴建）

【防汛检查】 7月4日，区旅游委防汛分指挥部常务副指挥兰学军带领区文化委、区体育局、区园林绿化局等成员单位开展朝阳区红领巾公园和朝阳公园防汛专项联合检查。各公园防汛工作准备充分，应对措施得当，得到检查组肯定。

（付兴建）

【非法“一日游”联合整治】 7月，朝阳区开展旅游综合监管执法。区旅游委联合公安朝阳分局、工商朝阳分局、区城管执法局、区交通支队、区食药局、市交通执法总队直属队、奥林匹克公园管委会、奥运村街道办事处、亚运村街道办事处、大屯街道办事处等相关单位开展严厉打击非法“一日游”专项行动，整治北京非法“一日游”利益链条中存在的黑票提、黑导、黑社、黑车、黑店、黑网等“六黑”乱象。全年出动执法检查人员4650人次、车辆820台次，检查导游880人次，批评教育410起，检查旅行社770家次、旅游车辆1590辆次、景区和购物及演出类场所410家次。查扣“黑车”75辆，查处旅游业内违章580起、景区周边非法散发小广告60起，收缴非法“一日游”宣传展板16块、非法“一日游”广告名片1万余张，对

4家违反规定旅游经营者给予行政处罚，处罚金额3.5万元。

（付兴建）

【“119”消防宣传月活动启动】 11月9日，区旅游委联合市旅游委、朝阳消防支队等单位，在朝阳公园南门举办题为“全民参与，防治火灾”旅游行业2018年“119”消防宣传月活动启动仪式。现场播放旅游消防安全提示和消防安全宣传片，发放《旅游突发事件应急手册》《中国公民海外安全出行手册》《消防安全常识二十条》等宣传资料5000余份。

（付兴建）

【旅游环境秩序综合整治工作会】 11月14日，区旅游委组织召开2018年旅游市场秩序整治培训会。区旅游委主任兰学军对旅游市场秩序整治、旅游行业扫黑除恶、今冬明春火灾防控等工作进行动员部署。会议邀请市文化和旅游局执法大队、朝阳消防支队、区城管执法局、公安朝阳分局、区安监局、北京市交通总队直属队、区法院等相关单位结合实际工作授课。43个街乡地区办事处，区星级酒店、规模酒店，A级景区，旅行社等相关单位负责人参加会议。

（付兴建）

旅游宣传

【概况】 年内，区旅游委确定消夏戏水旅游、大运河文化带朝阳段、乡村旅游新业态、红色旅游景区、旅游开放单位等重点宣传方向，着力宣传朝阳区商务旅游、奥运旅游、都市休闲旅游、朝阳旅游30路等亮点旅游资源，展现朝阳都市休闲旅游示范区形象，提高朝阳区旅游知名度。参加全国重要旅游展会。开展旅游咨询进社区活动，热心为社区居民和游客提供旅游咨询服务，推荐合理旅游线路，受到居民和游客好评。

（张灿锋）

【参加旅游博览会】 6月15日至17日，区旅游委参加在国家会议中心举办的第十五届北京国际旅游博览会。朝阳区以奥运旅游为宣传主题，结合夏季都市休闲旅游、商务旅游系列活动，重点推介朝阳区旅游资源、旅游产品和旅游线路。10月20日至22日，参加在中国国际展览中心举办的2018北京国际旅游商品暨旅游装备博览会，区旅游委获优秀组织单位奖。年内，区旅游委组织旅游企业参加广州国际旅游展览会、海峡国际旅游博览会、中国会议与商务旅行论坛暨交易会、山东（济南）国际旅游交易会、宁波国际旅游展、广东国际旅游产业博览会、中国—东盟博览会旅游展、中国国际旅游交易会、海南世界休闲旅游博览会、第五届中国（深圳）国际旅游博览会等展会。参展期间，根据展会地区特点，确定宣传方向，推介朝阳区旅游产品、资源及相关政策，展现朝阳区现代化、商务大都会旅游城市形象，吸引游客。

（李　黎）

【旅游资源专题宣传】 7月至12月，区旅游委在《旅游》杂志开展朝阳区旅游资源专题宣传，内容包括消夏戏水旅游、大运河文化带朝阳段、乡村旅游新业态、红色旅游景区、旅游开放单位等，将朝阳区丰富的旅游资源以专题形式向市民推介。

（李　黎）

【旅游咨询】 年内，咨询中心组织旅游咨询进社区活动8场。走进三里屯街道、高碑店乡、东湖街道、麦子店街道、奥运村街道、亚运村街道，旅游咨询员与游客面对面交流，向市民提供旅游咨询服务，接待6000余人，发放宣传资料万余册。

（李　黎）

旅游区域合作

【概况】 年内，区旅游委开展旅游对口帮扶，推进旅游区域合作。帮扶内蒙古自治区乌兰察布市卓资县完成《卓资县全域旅游发展规划》，拍摄河北省保定市唐县旅游宣传片。以旅游网站、微信公众号、咨询中心为平台，开展旅游业务培训，拓展共享资源，搭建旅游就业、人才交流平台，畅通合作渠道。

（张灿锋）

【与朝阳市签订旅游合作协议】 8月17日，区旅游委与辽宁省朝阳市旅游发展委员会签订旅游合作协议。协议确定双方结为友好合作单位，推动两地旅游部门和企业间合作，在旅游产品开发、宣传营销、信息共享、人才培养、专家共享、工作交流等方面，互相支持、合作共赢、共拓市场、共促发展。

（李　黎）

▲ 8月17日，北京市朝阳区旅游委和辽宁省朝阳市旅发委签约仪式现场　　李　黎　摄

【密云区低收入人群帮扶】 10月31日，区旅游委组织全体干部赴密云区尖岩村开展帮扶活动。通过慰问困难党员，采买低收入农户农副产品，对低收入群众实施帮扶。

（李　黎）

【对口帮扶地区旅游从业人员培训】 11月20日至23日，区旅游委举办朝阳区对口帮扶地区旅游从业人员培训。培训以乡村旅游与民俗旅游为主题，安排知名专家教授授课，赴怀柔、延庆实地学习考察，以提升对口帮扶地区旅游从业人员队伍素质，提升旅游行业管理水平和服务质量，促进当地旅游产业发展。来自河北省保定市唐县、张家口市康保县以及内蒙古自治区乌兰察布市卓资县三地旅游行业28人参加培训。

（李　黎）

【帮扶唐县拍摄首部旅游形象宣传片】 年内，根据对口帮扶地区河北省保定市唐县旅游发展需求，区旅游委协助唐县拍摄旅游形象宣传片。制定拍摄方案，安排拍摄公司赴唐县进行采风，完成唐县秋、冬、春、夏四季美景拍摄工作，制作完成《唐尧封邑・寻幽唐县》旅游宣传片。

（李　黎）

【帮扶卓资县编制全域旅游规划】 年内，区旅游委根据内蒙古自治区乌兰察布市卓资县旅游发展需求，完成重点帮扶项目——《卓资县全域旅游发展规划》编制，并通过专家评审。《卓资县全域旅游发展规划》是乌兰察布市域内第一个全域旅游发展规划，对于全市旅游发展具有重要指引作用。

（李　黎）

城乡规划与建设

北京朝阳年鉴
Beijing Chaoyang Yearbook
2019

城乡规划

【概况】 4月，北京市规划和国土资源管理委员会朝阳分局（简称市规土委朝阳分局）挂牌成立，是北京市规划和国土资源管理委员会派出机构，不再设立北京市规划委员会朝阳分局，标志着朝阳区城乡规划和国土资源管理事业进入新阶段。市规土委朝阳分局作为朝阳区履行城乡规划管理和土地、矿产资源管理职责的工作部门，具体负责全区规划国土的日常管理和执法工作。内设办公室、法制科（信访与信息公开科）、规划编制与城市设计科、规划实施与土地利用科、市政交通科、综合审批科、规划土地核验科、土地整理与耕地保护科（地质环境与矿产科）、地籍地名科、财务科、机关党委（党建工作科、人事科）、纪检办公室12个科室。下设北京市朝阳区规划和国土资源执法队1个行政执法机构及北京市朝阳区不动产登记事务中心、北京市朝阳区规划设计服务中心、北京市朝阳区土地利用事务中心、北京市土地整理储备中心朝阳分中心、北京市土地整理储备中心商务区分中心5个事业单位。有在编人员292名，其中公务员67名、机关工勤5名、行政执法编44名、事业单位编176名。区不动产登记事务中心有参照公务员法管理人员119名，区规划设计服务中心有工资规范事业单位人员20名。年内，市规土委朝阳分局围绕“北京城市总体规划在朝阳落地”，加快推进分区规划编制，做好轨道交通建设等专项规划，贯彻落实减量发展要求，落实审批制度改革，持续优化营商环境。

（史　策）

【分区规划】 年内，市规土委朝阳分局牵头起草《朝阳区落实北京城市总体规划实施工作方案》，成立朝阳区落实北京城市总体规划实施工作领导小组，领导小组办公室设在市规划国土委朝阳分局。动员区内25个委办局（含功能区管委会）和各街乡开展38项专题研究支撑分区规划编制。分区规划成果修改形成报审稿，并组织开展分区规划公告工作。

（史　策）

【专项规划】 年内，市规土委朝阳分局编制完成《朝阳区停车专项规划》，规划82个点位，提供车位约3万个，重点缓解居住区基本车位不足。开展编制《市政基础设施专项规划》《区域海绵城市专项规划》及《综合管廊建设专项规划》。

（史　策）

【重点项目规划研究】 年内，市规土委朝阳分局完成中关村朝阳园北区城市设计方案征集，同步开展该区域控规综合编制工作。完成阿里巴巴北京中心项目用地指标公示、一期土地成本审核、核发一期钉桩结果和二期一级规划条件。配合完成“三国际一未来”（科技创新金融中心、国际研发聚集中心、科创人才交流中心和技术创新总部聚集地）的前期规划研究。开展温榆河公园规划研究。配合开展棚户区改造、绿化隔离地区试点乡等方案研究。

（史　策）

【建设项目规划管理】 年内，市规土委朝阳分局组织协同平台会5次，涉及19个项目。办结朝阳区建设项目370件，包括选址及规划条件142件，用地规模约317.9公顷；建设用地规划许可证（建设工程）32件，用地面积约239.5公顷；建设工程规划许可证（建筑工程）196件，建筑面积约639.731万平方米。核发其他案卷330件。

（史　策）

【市政交通重点项目】 年内，市规土委朝阳分局推进三元桥、双井等站一体化研究。配合开展3号线、7号线东延、28号线（原北京商务中心区线）等轨道交通线路研究和用地调查等，完成28号线定线工作。研究京沈客专星火站临时占地，并核发临时占地复函。核发东坝地区东坝中街、东坝东一路等7条道路污水及再生水管线工程项目规划许可证，核发东郊农场保障房周边香江北路、崔各庄北路等4条道路的雨污水管线工程规划许可证，许可管线长度9800米。梳理国贸地区、四惠公交枢纽、高碑店中心站、慧忠里大屯中心站、定福庄西中心站等20个重点地区和站点的规划及用地情况。

（史　策）

【地名规划】 年内，市规土委朝阳分局完成东坝南区、孙河组团及东坝北西区棚改项目地名规划，其中东坝北西区棚改项目地名规划是首个与控规结合的地名规划。

（史　策）

【地名命名研究】 年内，市规土委朝阳分局完成全区第二批、第三批无名路道路命名及方案研究，完成全区无名路清理。基本完成全区第二次地名普查过程中形成的业务、成果、文书等档案整理。配合区地方志办完成区地名志部分篇章数据资料收集及基础编纂。

（史　策）

【乡村建设管理】 年内，市规土委朝阳分局开展王四营、东坝、平房、管庄、东风等5个乡的农民安置房方案研究，其中王四营乡孛罗营农民安置房规划获市政府批复。确定管庄等8个乡的棚户区改造实施方案，其中6个乡纳入棚户区改造。核发乡村规划条件6件，用地规模约42.25公顷；核发建设工程规划许可证（乡村）9件，建筑面积约54.89万平方米。

（史　策）

【规划核验】 年内，市规土委朝阳分局办理规划验收65件，建筑面积249.6万平方米；规划验线33件，建筑面积154.4万平方米。十八里店周庄安置房、平房乡牛角地定向安置房、小红门肖村公共租赁住房、双桥农场限价商品房、来广营自住型商品房等保障房项目通过规划验收，建筑规模约25.2万平方米。依托全过程监督平台，启动对23个社会投资项目的全过程监督，建筑面积160.5万平方米。

（史　策）

【监察执法】 年内，市规土委朝阳分局对巡查、检查中发现的在施违法建设下发《责令停工通知书》18起次。依法查处属规划职责范围内的违法建设，下发《限期拆除决定书》8起次，限期拆除3.63万平方米。依职责向区城管、乡政府等部门移送违法建设案件81起次。配合相关部门协查76件。配合城管部门及属地政府对30处进入城管执法程序的违法建设出具书面认定，认定面积约16.54万平方米。首次利用卫星查处违法建设24件，其中18件分别移送区城管执法局和乡政府处理。

（史　策）

【课题调研】 年内，市规土委朝阳分局组织开展“朝阳区‘十三五’时期连片疏解空间梳理及研究”，梳理研究全区通过城市化任务能腾退出的空间；开展“朝阳区‘十三五’时期空间优化布局与土地资源利用发展规划中期评估”；开展“大数据模拟朝阳区人口、通勤与城市政策研究”，运用大数据研究方法及土地利用—交通模型、CA模型等城市研究模型，研究不同情境下朝阳区人口、就业、土地利用、职住关系等问题，对2020年、2035年朝阳区发展情景预测，提出城市政策建议；开展“朝阳区大数据规划管理试点社区研究”，搭建实景真三维模型进行综合研究平台示例，实行城市数据全方位立体化管理；开展“朝阳区市属国有企业存量用地优化利用试点研究”，摸清北京首都农业集团有限公司、北京住总集团有限责任公司、北京汽车集团有限公司、北京一轻控股有限责任公司、北京电子控股有限责任公司、北京祥龙资产经营有限责任公司、北京对外经贸控股集团有限责任公司七家一级企业底数，选取试点项目解析，研究提出实施建议。

（史　策）

国土资源管理

【概况】 4月，北京市规划和国土资源管理委员会朝阳分局（简称市规土委朝阳分局）挂牌成立，负责朝阳区国土资源管理相关工作，不再设立北京市国土资源局朝阳分局。年内，市规土委朝阳分局推进商品住宅用地供应，落实耕地保护责任，查处各类违法用地案件，落实土地督察整改工作，推进不动产登记。朝阳区位于北京市区的东部和东北部，介于北纬39°48'~40°09'、东经116°21'~116°42'之间。东与通州区毗邻，西与海淀、西城、东城三区毗邻，南与丰台、大兴两区毗邻，北与顺义、昌平两区毗邻。全区土地面积454.7812平方千米。

（史　策）

【土地储备开发】 截至年底，土地储备返还一级开发成本累计约54.8亿元，偿还到期政府债券累计8亿元、债券利息累计26.62亿元，债务余额累计486.23亿元，均为政府债券。以上累计数据起始于2002年。年内，重点推进王四营、东坝、孙河、将台等项目征地拆迁，共完成497户15.95万平方米住宅、100家37.81万平方米非住宅、72户0.43万平方米国有单位宿舍搬迁腾退。

（史　策）

2018年度北京市朝阳区土地利用现状汇总一览表

表7　　　　单位：公顷

类　型	面　积
总计	45478.12
耕地	2476.47
园地	645.17
林地	3468.31
草地	11.83
城镇村及工矿用地	34196.69
交通运输用地	2253.87
水域及水利设施用地	2066.18
其他土地	359.6

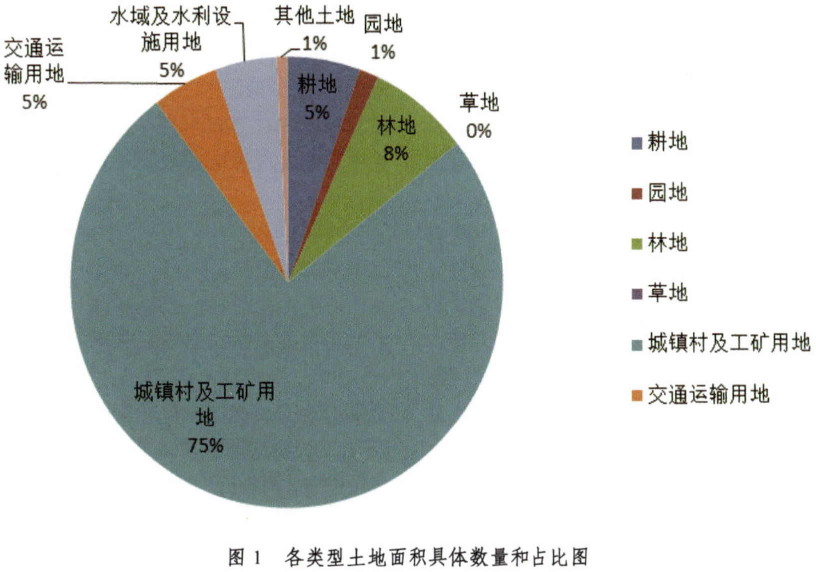

图1　各类型土地面积具体数量和占比图

【土地利用总体规划】 年内，市规土委朝阳分局完成土地利用总体规划动态维护项目1件，涉及用地总面积5.79公顷，规划动态维护面积约0.61公顷。

（史 策）

【城乡建设用地减量】 年内，市规土委朝阳分局完成市级下发的2018年度城乡建设用地减量任务。上报城乡建设用地减量地块797个974公顷，并通过市级部门审核。上报地块中，涉及违法用地拆除地块38个29公顷，往年平原造林的地块121个223公顷，留白增绿中地块111个134公顷，其他组织各乡上报的拆迁腾退地块527个588公顷。

（史 策）

【土地供应计划及实施】 年内，市规划国土委出让涉及朝阳区土地13宗32.43公顷，出让总价款182.86亿元。其中，现状项目办理出让5宗0.8公顷，新建项目办理出让8宗31.64公顷。划拨土地供应9宗，面积是37.52公顷。

（史 策）

【保障性住房用地供应】 年内，保障性安居工程用地计划供应26公顷，实际完成26.01公顷，完成2018年保障性安居工程供地计划。其中公租房2宗8.32公顷，棚改安置房2宗17.69公顷。

（史 策）

【土地市场交易】 年内，公开供应一般经营性用地6宗，分别为朝阳区崔各庄乡马泉营村29-L02等地块R2二类居住用地、A33基础教育用地、A8社区综合服务设施用地（马泉营香江西项目），朝阳区崔各庄乡2909-0603地块F1住宅混合公建用地（电子城西区北扩项目2-4地块），朝阳区崔各庄乡2909-0604地块F1住宅混合公建用地（电子城西区北扩项目2-5地块），朝阳区奥林匹克公园中心区B23等地块B4综合性商业金融服务业用地、F3其他类多功能用地，朝阳区东坝乡单店村1108-006地块R2二类居住用地（单店西组团2号地西侧居住部分），朝阳区将台乡1016-030地块R2二类居住用地、1016-033地块F2公建混合住宅用地（亮马J地块）。总供地体量35.81公顷，建设用地35.81公顷，建筑规模94.48万平方米。其中土地储备朝阳分中心为主体的项目供应4宗，供地体量14.44公顷，企业为主体的项目供应2宗，供地体量21.37公顷。

（史 策）

【征地及农用地转用项目用地管理】 年内，市规土委朝阳分局完成建设项目征地结案3件，面积为92.3813公顷。完成集体土地征收前期、农用地转用前期5件，总用地面积为70.1768公顷，其中农用地11.7554公顷、建设用地58.4214公顷。

（史 策）

【耕地保护责任书签订】 年内，全区签订区乡级耕地保护责任书14份，乡村级耕地保护责任书51份。

（史 策）

【矿产资源管理】 年内，市规土委朝阳分局完成21家矿业权年报统计工作及矿业权勘查开采公示。

（史 策）

【不动产登记】 年内，区不动产登记事务中心受理业务约23.31万件，档案查询量约5.95万件，发放不动产权证书、证明18.18万本，服务企业、群众约120万人次。设立的抵押担保主债权金额约35198亿元，收取不动产登记费约4152.3万元，代收房改房、经济适用住房、两限房上市等土地收益约6.5亿元。

（史 策）

【地籍管理】 年内，市规土委朝阳分局受理土地权属审查115件，出具土地权属审查书113份。其中，出具国有建设用地土地权属审查告知书75份，涉及宗地面积451.66公顷，出具集体土地权属审查告知书38份，涉及宗地面积219.91公顷。

（史 策）

【土地出让批后监督管理】 年内，市规土委朝阳分局完成外业巡查任务238宗地。发现闲置土地项目28宗，其中4宗项目取得建筑工程施工许可证，24宗项目依照北京市政府2017年第2次、第3次闲置土地认定联席会议议定处置方式，在推进处置。

（史 策）

【土地执法监察】 年内，区规划和国土资源执法队立案查处违法用地14宗，其中下达行政处罚决定9宗，涉及土地面积163.15亩，罚款为56.26万元。通过2017年度土地卫片执法检查工作市级部门的验收，违法占用耕地面积占新增建设用地占用耕地总面积的比例（问责比例）为0。履职到位率100%，整改到位率99.5%。

（史 策）

建设工程

【概况】 朝阳区住房和城乡建设委员会（简称区住建委）是负责朝阳区住房和城乡建设行政管理的区政府工作部门。内设10个机构，有公务员编55人。下设事业单位3个，分别为朝阳区建筑行业管理处、朝阳区建设工程施工安全监督站、朝阳区建设工程质量监督站。年内，完成住房保障推进、棚户区改造、安全质量监管、环境保护、老旧小区综合整治、固定资产投资、优化营商环境等任务，全区住房和城乡建设事业保持良好发展势头。配套用房竣工9项，装饰装修工程竣工126项。在望京昆泰酒店召开2018年朝阳区建设系统安全质量工作会。检查31家站点《预拌混凝土绿色生产管理规程》执行情况，无不合格站点。

（高雅琪）

【工程质量监管】 7月，区住建委成立商品混凝土搅拌站监督组，检查辖区内31个预拌混凝土生产企业质量及绿色施工等行为。年内，抽查各种建材400余组，重点检查使用“瘦身钢筋”、非蒸压硅酸盐砖等伪劣建材情况，高强钢筋、预拌商品混凝土、预拌砂浆、防水卷材及用于电气安装的主要设备、材料、成品和半成品等材料进场验收、见证取样检测及不合格材料处理情况。检查在施结构、装饰装修、保障性住房及季节性施工质量。监管装配式混凝土建筑项目施工质量。监督辖区内城市道路工程质量。对城市道路工程抽查78次，对市政工程竣工验收监督3项。检查在施住宅及公建工程水污染防治质量行为105次。依据《北京市社会投资建设项目联合验收暂行办法》，配合其他行政部门对北京市社会投资建设项目实施联合验收，在建设项目完工后，将由政府各行政主管部门分别依法独立实施各类专项验收的模式，转变为“统一平台、信息共享、集中验收、限时办结、统一确认”的“五位一体”验收模式。监督房建工程1381项2038.26万平方米，市政工程171项17.30亿元。截至年底，在监房建工程1545项2357万平方米，在监市政工程171项17.30亿元；房建工程竣工60项238.72万平方米，市政工程竣工 3 项 0.18 亿元，在监工程未发现重大质量安全隐患。全年办理质量监督注册房建工程 164 项 319 万平方米，质量监督注册市政工程 2 项 0.6 亿元。对质量违法行为进行行政处罚 115 起，罚款 99.9 万元。对安全违法行为实施简易处罚 95 起，罚款 9.5 万元。

（朱烨南　林　湖　高雅琪）

【工程建设】 年内，全区开复工施工工程 925 项，比上年增加 20.1%，建筑面积 2994.37 万平方米，比上年减少 4.3%，道路管线长 458.11 千米。其中房建工程 737 项 2731.73 万平方米，拆除工程 13 项 11.71 万平方米，市政工程 102 项 8.96 万平方米，道路管线 365.42 千米，地铁工程 34 项 89.83 万平方米，施工线路 67.81 千米，老旧小区综合改造工程 40 项 123.29 万平方米。竣工、终止工程 287 项 468.36 万平方米，道路管线 23.72 千米。其中房建工程 232 项 401.98 万平方米，拆除工程 8 项 6.93 万平方米，市政工程 22 项 0.4 万平方米，道路管线 23.72 千米，老旧小区改造工程 23 项 57.35 万平方米，地铁工程 2 项 1.7 万平方米。

（王　娜　高雅琪）

【保障性住房建设】 年内，全区新开工建设各类保障性住房 4035 套，完成开工任务的 106%；竣工建成各类保障性住房 12967 套，完成全年任务的 118%。开工建设管庄乡畅悦园、东坝乡锦安家园共有产权房项目 2852 套。小红门乡 37 号、40 号地，黑庄户乡、十八里店乡集体土地租赁房项目均取得立项。

（李媛媛　高雅琪）

【危旧房屋改造】 年内，朝阳区继续完成酒仙桥、垂杨柳、茶家坟、豆各庄二号院、甜水园二期、京棉危改三期等 6 个危旧房改造项目。酒仙桥项目完成房改售房，处于修订征收方案阶段，启动征收预签约工作，电子球场回迁楼建设工程完工。甜水园项目启动棚户区改造征收程序，处于入户调查阶段。垂杨柳、茶家坟、豆各庄二号院、京棉危改三期 4 个项目处于完善方案和办理前期手续阶段。

（路旭冉　高雅琪）

【棚户区改造】 年内，化石营旧城区改建等 15 个项目纳入 2018 年棚改工作年度计划，平房乡棚户区改造项目等 6 个农村地区棚改项目新增纳入 2018 年棚改工作实施计划。全区棚改项目总占地面积约 4806 公顷，涉及农（居）民约 48912 户。全区完成征收（拆迁）4260 户。其中，十八里店白墙子项目 121 户，永安里旧城区改建项目 24 户，南磨房乡广渠路项目 117 户，中直安慧项目 4 户，孙河前苇沟组团项目 2412 户，三间房南区项目 290 户，东坝北西区域项目 754 户，亮马 J 地块 24 户，平房乡棚改项目 210 户，金盏乡马各庄、沙窝、雷庄项目 100 户，三间房 D 区项目 12 户，小红门乡棚改项目 92 户，管庄乡棚改项目 100 户。

（路旭冉　高雅琪）

▲ 10 月，管庄乡畅悦园共有产权房项目施工现场　　时　彬　摄

▲ 9 月，垡头焦化厂棚改安置房项目竣工　　时　彬　摄

2018年朝阳区棚户区改造和环境整治实施项目一览表

表8

序号	项目名称	项目性质	涉及居民总户数
1	中直安慧职工住宅（小关北里43号）工程	新增棚户区	149
2	永安里旧城区改建	新增棚户区	942
3	十八里店白墙子	新增棚户区	964
4	东坝北西区域	新增棚户区	5964
5	孙河乡前苇沟组团棚户区改造土地开发	新增棚户区	6125
6	广渠路苏家沟程家住宅	新增棚户区	9
7	化石营旧城区改建	新增棚户区	850
8	南磨房乡广渠路（含大郊亭3号院）	新增棚户区	525
9	南磨房东郊市场	新增棚户区	951
10	甜水园旧城区改建	新增棚户区	731
11	酒仙桥旧城区改建	危改	7041
12	亮马J地块公益用地棚改	新增棚户区	150
13	管庄乡小寺村	新增棚户区	390
14	管庄乡重兴寺村	新增棚户区	30
15	三间房乡南区	新增棚户区	2700
16	平房乡棚改	新增棚户区	3220
17	金盏乡马各庄、沙窝、雷庄	新增棚户区	2993
18	三间房D区棚户区改造和环境整治	新增棚户区	2562
19	小红门乡棚改	新增棚户区	7991
20	管庄乡棚改	新增棚户区	3800
21	崔各庄乡黑桥村、南皋村	新增棚户区	2001

（高雅琪）

▲ 11 月，地铁 7 号线垡头站完成建设　　时　彬　摄

【轨道交通建设用地拆迁】 年内，朝阳区承担地铁 3 号线、地铁 7 号线东延线、地铁 12 号线、地铁 17 号线、地铁 28 号线共 5 条新建地铁线路的前期征地拆迁协调，里程共 86.26 千米，设车站 52 座。5 条新建线路实现进场施工。其中，地铁 3 号线、12 号线东坝车辆段实现腾退集体土地上建筑面积共约 52.7 万平方米，地铁 17 号线完成 1.58 万平方米的拆迁。完成地铁 14 号线南新园小区环保搬迁。地铁 7 号线垡头站实现通车运营。承担京沈铁路客运专线征地拆迁协调，该线朝阳区段全长 26.5 千米，设有星火站、动车运用所及望京隧道特大桥等重点工程。星火站的征收奖励期结束，征收完成率 92.7%，并交付施工用地；动车运用所完成交地；望京隧道全部贯通；沿线各乡拆迁基本完成。

（王　晶　高雅琪）

【房地产开发管理】 年内，区住建委继续全面启动北京市房地产开发项目监管平台和北京市新建商品住宅小区建设方案管理信息系统，实现对房地产项目开发的全过程动态监管。召开专题会、座谈会对房地产开发项目跟踪服务，实施存在问题开发项目和正在办理手续开发项目的专项协调跟踪制度。实行教育配套设施预警机制，完成配套设施审核、整合和收缴。审核新建居住小区 10 个、总建筑面积 192.30 万平方米（含住宅建筑面积 112.74 万平方米、配套面积 29.23 万平方米），并网上公示。审核房地产开发项目手册 18 项，实地检查涉及项目。

（张　煜　高雅琪）

【房地产开发配套设施收缴】 年内，朝阳区收缴各类配套设施 63 所、总面积 23.12 万平方米。其中教育配套设施有 14 所 19.88 万平方米（幼儿园 7 所 2.76 万平方米、九年一贯制学校 3 所 6.21 万平方米、小学 3 所 3.87 万平方米、中学 1 所 7.05 万平方米），卫生配套设施有 9 所 0.45 万平方米、文化配套设施有 13 所 1.42 万平方米，民政配套设施有 3 所 0.84 万平方米，其他社区服务配套设施有 24 项 0.53 万平方米。与相关部门托管配套设施 53 所 22.97 万平方米（教育配套设施 14 所 19.88 万平方米，卫生配套设施 9 所 0.45 万平方米，文化、民政及其他配套设施 30 所 2.64 万平方米）。

（郝一方　高雅琪）

【房地产开发企业资质管理】 年内，区住建委办理各项资质审批 239 件，其中新设立 37 件、暂定延期 75 件、变更 46 件、重新核定 81 件。全区有开发企业 399 家，其中一级 15 家、二级 19 家、三级 18 家、四级 221 家、暂定 126 家。

（张　煜　高雅琪）

【区域劳务联动监管体系落实】 年内，区住建委落实“一项纲领、两个体系、三色预警、四方责任、五级备案”工作机制。会同区人力社保局、43 个街道（地区）办事处、各省（直辖市）驻京建管处、各建筑集团总公司落实区域劳务用工联动监管体系运行。召开联动监管单位、各层级参建企业管理人员参加的培训部署会 2 次，累计 300 余人参训。

（苏志成　高雅琪）

【劳务用工监管】 年内，区住建委会同区人力社保局、各街道（地区）办事处实现对区施工项目劳务及劳动用工规范管理情况动态联动监管。对监管工地开展劳务巡查 1167 次，组织各建筑集团总公司、各省（直辖市）驻京建管处开展联合检查各 1 次。协调解决工程合同（工程款、劳务费）纠纷 9 起，配合区人力社保局劳动监察大队调处解决农民工工资纠纷 21 起。

（苏志成　高雅琪）

【建筑行业从业卡发放】 年内，区住建委继续发放建筑行业从业卡。从业卡具备务工履历记录、教育培训记录、不良信息记录、考勤记录、数据分析等功能，并将上述功能量化为个人综合积分，根据综合积分将从业人员划为 A、B、C 三级，实行逐级晋升制。2016 年起试点实行，在行业内首次实现对工人个体的客观评价。全年发卡 44527 张，发至全区 316 个工地。

（苏志成　高雅琪）

【优质工程评选】 年内，全区申报“朝阳杯”工程的项目 34 项 336.24 万平方米。最终，获 2018 年度建筑结构“朝阳杯”工程 25 项，其中金奖 21 项、银奖 4 项；获 2018 年度竣工结构“朝阳杯”工程 3 项，均为银奖。区质量监督站监督工程获 2018 年度全市建筑结构“长城杯”工程 55 项，其中金奖 37 项、银奖 18 项；建筑竣工“长城杯”工程 12 项，其中金奖 7 项、银奖 5 项。

（王艳霞　高雅琪）

2018年度“朝阳杯”工程获奖一览表

表9

建筑结构“朝阳杯”金奖工程（21项）

序号	工程名称	建设单位	施工单位	监理单位
1	中国出版创意产业基地A区项目	北京鲲鹏大雅实业投资有限公司	北京市朝阳田华建筑集团公司	北京新森智业工程咨询有限公司
2	朝阳区垡头地区公租房项目第二标段东区	北京市保障性住房建设投资中心	北京市城乡建设集团有限责任公司	北京逸群工程咨询有限公司
3	朝阳区垡头地区公租房项目第二标段西区	北京市保障性住房建设投资中心	中建一局集团第五建筑有限公司	北京逸群工程咨询有限公司
4	朝阳区垡头地区公租房项目（第三标段）工程	北京市保障性住房建设投资中心	中铁城建集团有限公司	北京逸群工程咨询有限公司
5	朝阳区来广营乡动感花园二类居住用地棚户区改造安置项目	北京城建投资发展股份有限公司	北京城建建设工程有限公司	北京华城建设监理有限责任公司
6	A座办公商业楼等5项（世纪东方嘉园E、F、G地块项目）	华瀚投资集团有限公司	北京市朝阳田华建筑集团公司	北京市建拓工程管理有限公司
7	朝阳区东坝驹东经济适用房A地块	华瀚投资集团有限公司	北京市朝阳田华建筑集团公司	北京旭日明建设工程监理有限公司
8	朝阳区东坝驹东经济适用房B地块	华瀚投资集团有限公司	北京市朝阳田华建筑集团公司	北京旭日明建设工程监理有限公司
9	1#楼等9项［朝阳区小红门乡公共租赁住房（配建商品房）］	北京首开住总安泰置业有限公司	北京城建北方建设有限责任公司	北京金海城工程建设监理公司
10	3#楼等2项［朝阳区小红门乡公共租赁住房（配建商品房）］	北京首开住总安泰置业有限公司	北京城建北方建设有限责任公司	北京金海城工程建设监理公司
11	朝阳区金盏乡长店组团农民安置房三期项目3002-007地块I标段	北京金色朝阳房地产开发有限公司	北京市朝阳田华建筑集团公司	北京高屋工程咨询监理有限公司
12	3#棚户区改造定向安置房等8项（朝阳区来广营乡动感花园二类居住用地棚户区改造安置项目）	北京城建投资发展股份有限公司	北京城建六建设集团有限公司	北京华城建设监理有限责任公司
13	金盏乡长店组团农民定向安置房二期3002-001地块西区II标段	北京金色朝阳房地产开发有限公司	河北建设集团股份有限公司	北京高屋工程咨询监理有限公司
14	朝阳区百子湾保障房项目公租房地块第二标段	北京市保障性住房建设投资中心	北京建工集团有限责任公司	北京英诺威建设工程管理有限公司
15	朝阳区百子湾保障房项目安置房地块第一标段	北京市保障性住房建设投资中心	北京城建集团有限责任公司	北京蔷薇工程监理有限责任公司
16	3A研发楼等8项（中关村科技园区电子城西区E5研发中心三期项目）	北京中关村电子城建设有限公司	中国新兴建筑工程总公司	北京方正建设工程管理有限公司

续表 9

序 号	工程名称	建设单位	施工单位	监理单位
17	北京市朝阳区百子湾保障房项目公租房工程第一标段	北京市保障性住房建设投资中心	北京住总集团有限责任公司	北京英诺威建设工程管理有限公司
18	京旺家园配建学校	北京六合天地置业有限责任公司	北京市朝阳田华建筑集团公司	北京大正建设监理有限公司
19	朝阳区百子湾保障房项目安置房地块第二标段	北京市保障性住房建设投资中心	北京建工集团有限责任公司	北京蔷薇工程监理有限责任公司
20	0S-06A 地块综合性办公楼（朝阳区北土城中路北侧 0S-06A 地块 B4 综合性商业金融服务业用地项目）	北京城奥置业有限公司	北京城建亚泰建设集团有限公司	北京方正建设工程管理有限公司
21	定福家园 A-1# 住宅楼等 7 项	北京城建房地产开发有限公司	北京城建北方集团有限公司	北京华城建设监理有限责任公司

建筑结构“朝阳杯”银奖工程（4 项）

序 号	工程名称	建设单位	施工单位	监理单位
1	亚运新新家园丁 1A# 等 5 项	北京京伯房地产开发有限公司	中建一局集团第五建筑有限公司	北京建院金厦工程管理
2	朝阳区平房乡新村建设（三期）项目 B-2 地块 A-5# 楼、A-6# 楼及 2# 地下车库	北京聚鑫城房地产开发有限责任公司	北京建工四建工程建设有限公司	北京首建工程咨询监理有限公司
3	华润饭店 B1 楼等 9 项（华润饭店改扩建项目）	华润饭店有限公司	中国建筑第八工程局有限公司	北京赛瑞斯国际工程咨询有限公司
4	南磨房乡石门定向安置房项目（中 -1#、中 -2#、中 -8#、南 -1# 楼，配套商业及车库工程）	华瀚投资集团有限公司	北京市朝阳田华建筑集团公司	北京百城建筑工程监理有限责任公司

竣工结构“朝阳杯”银奖工程（3 项）

序 号	工程名称	建设单位	施工单位	监理单位
1	3# 住宅楼（自住型商品房）等 5 项	北京锦泰房地产开发有限公司	中建二局第三建筑工程有限公司	北京建工京精大房工程建设监理公司
2	朝阳区垡头地区公租房项目城市蓄水池工程	北京市保障性住房建设投资中心	北京市朝阳水利工程有限公司	北京市中冠水利工程监理有限公司
3	B-2 商业楼（朝阳区来广营乡土地储备地块 B1—B3 租用居住及商业金融项目）	北京方兴融创房地产开发有限公司	中建二局第三建筑工程有限公司	北京中联环建设工程管理有限公司

（高雅琪）

【施工安全监管】 年内，区住建委开展安全教育、“安全生产月”活动，1518家参建单位参加。47128人次参加“农民工夜校”安全生产知识培训。开展防汛、防火等应急演练605次，42813人次参加。排查318项危险性较大分部分项工程，完成专家论证236项。排查大型机械设备717台，全部合格。配合市、区相关部门开展深基础、危险性较大分部分项工程、施工现场扬尘治理、建筑垃圾运输、预防煤气中毒、禁止燃放烟花爆竹等专项检查。办理建筑起重机械设备登记编号备案146台，其中塔式起重机100台、施工升降机35台、物料升降机11台。使用登记备案93台，其中塔式升降机52台、施工升降机35台、物料升降机1台。检查施工工地4129个次，责令整改139个次。限期整改2088个次，行政处罚753起，罚款271.2万元。其中，简易处罚463起，罚款52.1万元；立案处罚222起，罚款219.1万元。发生建筑施工安全生产亡人事故3起，死亡3人，未发生较大突发事件和施工安全生产事故。以政府购买服务形式委托专业单位对朝阳区危险性较大分部分项工程开展专业检查评估。邀请行业专家对深基础工程和大型机械进行专业评估，监测深基础工程55项，专项检测塔吊85台、模架工程15项、起重吊装工程19项。依法开展夜间施工许可审批27次。豆各庄1号地农租房腾退安置用房项目等20项工程获“北京市文明安全工地”称号，其中国家速滑馆项目等9项工程获“北京市文明安全样板工地”称号。

（王　娜　高雅琪）

【施工工地扬尘治理】 年内，区住建委与区环保局区、区城管执法监察局成立建筑工程联动办公室，专项负责建筑施工扬尘工作。区住建委成立环保管理组与区城管执法局联合办公，完善施工扬尘检查、处理机制。提出“未施工的裸露土方100%苫盖，建筑垃圾100%密闭存放，扬尘治理领导小组成员、渣土消纳许可证（建筑垃圾消纳许可证）及准运证备案运输车辆信息等100%公示，非道路移动机械100%登记上账”等要求。要求全区各建筑工地在围挡上方设置喷淋降尘设施。

（王　娜　高雅琪）

【施工许可监管】 年内，区住建委核发建设项目施工许可证486项，建筑面积653.94万平方米，比上年增加124.51%；市政道路管线18.78千米，比上年增加178.58%；投资234.9亿元，比上年减少65.89%。其中，新建项目有77项，建筑面积是452.14万平方米，合同金额为180.33亿元；装饰装修项目有394项，建筑面积是201.80万平方米，合同金额51.96亿元；市政工程有15项，道路管线有18.78千米，合同金额2.61亿元。查处违法施工案件76起，罚款72.15万元。

（王晓颖　高雅琪）

【招标投标监管】 年内，区住建委办理施工、监理招标投标246项。其中，施工工程有162项281.57万平方米，市政道路及管线有30.34千米100.77亿元，监理工程84项。

（王晓颖　高雅琪）

【建筑节能与建材管理】 年内，区住建委完成建筑节能专项验收备案46个项目134个单体。完结建材采购备案38个项目，累计完结396个项目。补缴“两项基金”1个项目，共11.03万元，其中新型墙体材料专项基金是10.71万元，散装水泥专项资金0.32万元。受理“两项基金”返退31个项目，共1991.54万元，其中新型墙体材料专项基金1878.95万元，散装水泥专项资金112.59万元。“金茂绿创中心”项目的高标准建设承诺项目申报书及技术方案等通过评审，确定示范面积为0.95万平方米，相对节能率61.25%，符合奖励要求，向该项目拨付50%奖励资金378.6万元。

（陶　赛　高雅琪）

【公共建筑超电耗限额管理】 年内，超电耗限额管理工作涉及朝阳区112家企业。区住建委完成全区超限额公共建筑能源审计告知书送达。55家单位向市住建委提交限额管理异议材料并调整限额值。

（梁志伟　高雅琪）

【公共建筑绿色化改造】 年内，全区有5个公建项目申请综合验收，项目核定面积49.14万平方米。通过市住建委专家综合验收，节能率均达到奖励资金申请条件，申请奖励资金1474.34万元，全部拨付至改造单位。区住建委受理赛特集团有限公司等6家单位节能绿色化改造奖励申请，改造面积45.83万平方米，改造内容涵盖给排水系统、动力系统、照明系统、供暖通风空调系统、监测与控制系统等。

（陶　赛　高雅琪）

【建筑垃圾废弃物资源化综合利用】 年内，区住建委搭建平台并组织建筑垃圾再生产品推广会及活动15次，涉及企业40余家，促成建筑垃圾处理企业与项目达成合作意向20项。5个建筑垃圾处置点位年度处置建筑垃圾439.3万吨，再生产品产量360.93万吨，再生产品销售量216.1万吨，再生产品库存量139.57万吨。

（陶　赛　高雅琪）

【老旧小区综合整治】 年内，区住建委履行参建单位维修保修职责，协调剩余项目的财政评审，组织剩余抗震加固改造工程竣工验收，向参建单位拨付资金。老旧小区加装电梯开工315部，完成195部。区住建委启动8个小区的老旧小区综合整治试点工作，分别为南磨房地区办事处紫南家园小区、双龙南里小区，劲松街道办事处磨房北里一区、农光里重汽小区，香河园街道办事处西坝河东里小区，潘家园街道办事处磨房南里小区，常营地区办事处连心园小区（G区）、民族家园小区（G区）。常营民族家园和连心园小区增设电梯工作基本完成，其余6个小区进行前期招投标。

（杨立军　高雅琪）

【房屋私自拆改执法检查】 年内，区住建委实施信息共享、执法联动工作机制，配合区“住改商”联席会完成整治任务1714户。受理房屋私自拆改信访事项696起，调查处置696起。工作中化解群体性矛盾5项，未发生矛盾激化情况。

（段玉霞　高雅琪）

【信访与信息公开】 年内，区住建委接待处理群众信访事项654件次，其中纸质书面投诉信136件（市住房城乡建设委转信69件、区转信4件、直投信63件），依托网上办公系统接收3065件（信访系统385件、政民互动2680件）。办复3661件，办复率为98.44%，其余58件处于办理阶段。接待集体访9批次63人，主要涉及危改拆迁补偿、保障房建设、房屋质量、施工扰民、工程款纠纷、老旧小区综合整治等。信访工作总体形势平稳，未发生越级访、大规模集体上访等突发性事件。信息公开386项，其中主动公开209项、依申请公开177项。

（徐家琛　高雅琪）

【行政诉讼和复议】 年内，区住建委办理行政诉讼案件16件、民事诉讼1件，其中12件正在诉讼中，1件驳回原告诉讼请求，2件驳回起诉，1件原告撤诉，1件要求区住建委重新答复。区住建委办理行政复议案件15件，其中2件驳回复议申请，6件维持区住建委，6件要求区住建委重新答复，1件要求区住建委重新处理。

（刘晓亭　高雅琪）

【建筑业企业和人员获奖】 年内，按照市建设行业诚信企业评定实施方法，北京天图设计工程有限公司、北京中建华腾装饰工程有限公司、北京金盛艺建设工程有限公司等20家企业被评为诚信企业，北京蓝天建设有限公司、江苏省国立建设发展有限公司等17家企业被评为诚信3A企业。市建筑业联合会组织开展“2018—2019年度北京市优秀建造师第一批评选活动”，北京市朝阳田华建筑集团公司的何文华、刘利军、王唯伟、宋卫国4人通过市建筑联合会审核。

（王艳霞　高雅琪）

【监理人员分级管理】 年内，区住建委实行《朝阳区监理人员分级管理办法（试行）》，开展建设工程监理人员分级管理培训考评。监理人员通过业务培训，获得相应等级胸卡。经所在企业任命或委托，持胸卡人可担任朝阳区内各类项目总监理工程师、非强制性监理项目总监、总监代表及各类项目专业监理工程师或监理员。与区监理协会联合举办监理分级管理第十期培训，34家企业的198人参训，174人通过笔试和面试。自工作启动至年底，区监理协会举办培训班10期，150余家监理公司的7248人参训，6432人取得相应等级资格证书和胸卡。

（王艳霞　高雅琪）

【建筑业企业资质及人员管理】 年内，区住建委受理新设立建筑业企业资质变更184家、增项77家、升级12家、新设立1家、延期27家。截至年底，纳入朝阳区管理的建筑业企业765家，其中特级2家、一级103家、二级437家、三级143家、不分等级80家，涵盖建筑工程施工总承包等30个施工专业。完成二级建造师执业资格初始注册279人，变更注册451人，注销553人，延续注册438人，增项32人，遗失补办6人，重新注册301人。办理企业负责人、项目负责人和专职安全员“安全生产考核证”续期2633人。

（陶　赛　高雅琪）

2018年朝阳区建筑业企业统计表

表10　　　　单位：家

序　列	专业类别	特　级	一　级	二　级	三　级	不　分	合　计
施工总承包	建筑工程	1	15	20	19	0	55
	公路工程	1	1	0	0	0	2
	水利水电工程	0	1	1	0	0	2
	电力工程	0	1	1	2	0	4
	矿山工程	0	2	0	0	0	2
	石油化工工程	0	0	1	0	0	1
	市政公用工程	0	6	11	5	0	22
	机电工程	0	1	6	0	0	7
	通信工程	0	0	1	0	0	1
小　计	涵盖9个专业	2	27	41	26	0	96
专业承包	地基基础工程	0	2	4	3	0	9
	建筑装修装饰工程	0	37	297	—	0	334
	建筑幕墙工程	0	1	9	—	0	10
	预拌混凝土	—	—	—	—	23	23
	古建筑工程	0	0	1	1	0	2

续表 10

序 列	专业类别	特 级	一 级	二 级	三 级	不 分	合 计
专业承包	钢结构工程	0	1	4	6	0	11
	模板脚手架	—	—	—	—	8	8
	消防设施工程	0	4	13	—	0	17
	防水防腐保温工程	0	2	21	—	0	23
	起重设备安装工程	0	1	0	1	0	2
	建筑机电安装工程	0	8	6	43	0	57
	电子与智能化工程	0	13	32	—	0	45
	环保工程	0	0	3	18	0	21
	隧道工程	0	1	0	0	0	1
	公路交通（公路安全设施）	0	3	0	—	0	3
专业承包	铁路电务工程	0	1	0	0	0	1
	民航空管及机场弱电系统工程	0	2	1	—	0	3
	输变电工程	0	0	0	23	0	23
	城市及道路照明工程	0	0	5	22	0	27
	特种专业工程	—	—	—	—	27	27
小 计	涵盖 20 个专业	0	76	396	117	58	647
施工劳务企业		—	—	—	—	22	22
合 计	涵盖 30 个专业	2	103	437	143	80	765

（高雅琪）

说明：2015 年 1 月 1 日起，全国执行新的《建筑业企业资质标准》（建市〔2014〕159 号）

2018 年朝阳区建设工程竣工一览表

表 11

一、商品住房

序号	工程名称	工程地址	建筑面积（万平方米）	工程总投资（万元）	开工日期	竣工日期	建设单位	设计单位	施工单位	监理单位
1	六里屯 8 项工程	朝阳区六里屯	4.66	60639.6	2014-03-12	2017-12-29	北京京发置业有限公司	悉地国际设计顾问（深圳）有限公司	中国建筑第八工程局有限公司	北京兴电国际工程管理有限公司
2	首城东郡 2 号住宅楼工程	朝阳区东坝南区	1.22	3004.86	2015-07-27	2017-12-28	北京首城置业有限公司	北京维拓时代建筑设计股份有限公司	北京城建亚泰建设集团有限公司	北京中外建工程管理有限公司
3	中粮瑞府 3 项工程	朝阳区孙河乡西甸村	0.59	2065.18	2014-12-23	2018-03-29	北京正德兴合房地产开发有限公司	华通设计顾问工程有限公司	中国建筑第八工程局有限公司	建研凯勃建设工程咨询有限公司

续表 11

序号	工程名称	工程地址	建筑面积（万平方米）	工程总投资（万元）	开工日期	竣工日期	建设单位	设计单位	施工单位	监理单位
4	六公主坟棚户区改造地块2项工程	朝阳区湖光中街	5.25	17503.64	2015-11-01	2018-08-10	北京昆泰房地产开发集团有限公司	华诚博远（北京）建筑规划设计有限公司	中建一局集团第三建筑有限公司	北京双圆工程咨询监理有限公司
5	山水文园6项工程	朝阳区南磨房	6.9	9213.08	2008-11-04	2018-12-06	山水文园凯亚房地产开发有限公司	北京世纪安泰建筑工程设计有限公司	北京城建五建设集团有限公司	广州广保建设监理有限公司
6	广华新城18项工程	朝阳区大郊亭4号	64.65	176645	2012-10-17	2018-12-17	中央国家机关公务员住宅建设住宅服务中心	中国中建设计集团有限公司	中国建筑股份有限公司	北京时创工程项目管理有限责任公司
7	望京K7区5项工程	朝阳区望京南湖北一街	6.38	30645.65	2015-06-04	2018-12-18	北京城市开发集团有限责任公司	北京市建筑设计研究院有限公司	北京百键开发建设有限公司、北京金港建设股份有限公司	北京北辰工程建设监理有限公司
8	景粼原著38项工程	朝阳区孙河乡北甸西村	16.60	59919.3	2016-10-21	2018-12-29	北京昭泰房地产开发有限公司	北京天鸿圆方建筑设计有限责任公司	江苏南通二建集团有限公司、北京城建北方集团有限公司	北京中城建建设监理有限公司

二、办公用房

序号	工程名称	工程地址	建筑面积（万平方米）	工程总投资（万元）	开工日期	竣工日期	建设单位	设计单位	施工单位	监理单位
1	全球气候变化与环境科学研究中心1项工程	朝阳区华严里	2.8	10651.12	2014-04-15	2017-12-12	中国科学院大气物理研究所	中外建设计与顾问有限公司	中国建筑第六工程局有限公司	北京航青工程建设监理有限责任公司
2	A座办公楼等5项工程	朝阳区来广营清河营	8.65	25949.45	2015-06-11	2018-01-03	中铁房地产集团海外地产发展有限公司	北京市建筑设计研究院有限公司	中铁城建集团第一工程有限公司	北京华城建设监理有限责任公司
3	日坛中学分校综合培训楼工程	朝阳区南十里居38号	0.2	689.09	2012-11-19	2018-01-08	北京市朝阳区教育国有资产管理中心	北京多方建筑勘察设计有限公司	新兴福田建筑工程有限公司	中经国际招投标有限公司
4	北京市对外贸易学校图书馆（一期）工程	朝阳区来广营乡清河营村甲3号	0.94	1860	2006-08-21	2018-01-11	北京市对外贸易学校	中国建筑技术集团有限公司	南通永峰建筑安装工程有限公司	北京帕克国际工程咨询股份有限公司
5	中国民用航空局1项工程	朝阳区金盏乡	2.3	15774.36	2015-12-23	2018-01-26	中国民用航空局清算中心	华东建筑设计研究院有限公司	北京住总集团有限责任公司	北京菲尔建设监理有限公司
6	科研楼工程	朝阳区酒仙桥路4号	2.56	13598.39	2011-06-23	2018-01-29	中国电子科技集团公司第十一研究所	信息产业电子第十一设计研究院科技工程股份有限公司	中国新兴建筑工程总公司	北京希达建设监理有限责任公司
7	10项工程	朝阳区来广营	15.08	67550.25	2015-03-25	2018-03-01	北京太极云计算科技开发有限公司	筑博设计股份有限公司	中国建筑第八工程局有限公司	北京同发建设工程监理有限责任公司
8	中关村科技园电子城西区二期12项工程	朝阳区中关村电子城西区二期A6地块	18.14	101756.51	2014-12-29	2018-03-05	北京融新创达投资开发有限公司	北京维拓时代建筑设计有限公司	中城投集团第六工程局有限公司	北京金海城工程建设监理公司
9	中关村电子城2项工程	朝阳区酒仙桥路万红里	6.04	18902.52	2016-01-07	2018-03-19	北京电子城有限责任公司	北京构易建筑设计有限公司	中建一局集团第二建筑有限公司	北京京龙工程项目管理公司
10	10项工程	朝阳区亮马桥路南侧	6.59	53766.08	2013-08-10	2018-04-08	北京京发房地产开发有限公司	清华大学建筑设计研究院有限公司	中建一局集团第二建筑有限公司	北京帕克国际工程咨询股份有限公司

续表 11

序号	工程名称	工程地址	建筑面积（万平方米）	工程总投资（万元）	开工日期	竣工日期	建设单位	设计单位	施工单位	监理单位
11	国家游泳中心赛后运营工程	朝阳区天辰东路 11 号	2.1	15300.95	2010-03-15	2018-04-24	北京市国有资产经营有限责任公司	中建一局集团建设发展有限公司	中建一局集团建设发展有限公司	北京帕克国际工程咨询股份有限公司
12	姚家园新村 E 地块 12 项工程	朝阳区平房乡姚家园村	7.04	34045.23	2015-10-12	2018-04-25	北京市聚鑫城房地产开发有限责任公司	北京燕华建筑设计有限公司	北京住总集团有限责任公司	中国水利水电建设工程咨询北京有限公司
13	中日友好医院 2 项工程	朝阳区和平里樱花东路 2 号	0.84	5947.23	2016-05-09	2018-05-30	中日友好医院	中国中元国际工程有限公司	北京市第三建筑工程有限公司	北京银建建设工程管理有限公司
14	清真礼拜寺工程	朝阳区潘家园	0.39	2707.02	2016-03-18	2018-08-09	北京市朝阳区伊斯兰教协会	北京卓建国际建筑设计有限公司	北京东航建筑工程有限公司	北京蔷薇工程监理有限责任公司
15	消防站 2 项工程	朝阳区六里屯	0.31	1203.5	2012-04-01	2018-11-07	北京市朝阳区公安消防支队	北京中天正通工程设计有限公司	北京城建八建设发展有限责任公司	北京方正建设工程管理有限公司
16	中信金融后台综合基地呼叫中心 14 项工程	朝阳区金盏乡金盏北区第三街	10.8	37294.15	2015-11-11	2018-11-12	中信金盏（北京）投资有限公司	北京市建筑设计研究院有限公司	中建二局第一建筑工程有限公司	北京华捷工程建设管理有限公司
17	太阳宫乡商业金融用地 7 项工程	朝阳区太阳宫乡	5.41	22826.52	2016-09-12	2018-12-18	绿地集团北京京凯置业有限公司	中国建筑设计研究院有限公司	北京六建集团有限责任公司	北京银建建设工程管理有限公司

三、商用房屋

序号	工程名称	工程地址	建筑面积（万平方米）	工程总投资（万元）	开工日期	竣工日期	建设单位	设计单位	施工单位	监理单位
1	柏阳景园 C 区商业工程	朝阳区王四营乡	1.98	1988.4	2003-08-15	2018-01-25	北京柏基置业有限公司	太平洋建筑设计工程有限公司	北京城乡欣瑞建设有限公司	中国建筑设计咨询有限公司
2	崔各庄 4 项工程	朝阳区崔各庄乡大望京	13.54	87082.15	2015-03-02	2018-03-05	北京航投置业有限公司	中国航空规划设计研究总院有限公司	中国建筑一局（集团）有限公司	北京星舟工程管理有限公司
3	3 项工程	朝阳区洼里 5 号	6.04	8643.31	2014-09-04	2018-03-22	北京运达通汇文化产业有限公司	北京东方筑中建设规划设计有限公司	中铁建设集团有限公司	中航工程监理（北京）有限公司
4	来广营乡土地储备地块 1 项工程	朝阳区来广营乡	1.31	6302.80	2016-09-09	2018-08-30	北京方兴融创房地产开发有限公司	北京市建筑设计研究院有限公司	中建二局第三建筑工程有限公司	北京中联环建设工程管理有限公司
5	大望京村 2 号地 4 项工程	朝阳区崔各庄乡大望京村	12.45	72773.72	2014-04-01	2018-09-10	北京中言房地产开发有限公司	中国建筑技术集团有限公司	中国建筑一局（集团）有限公司	北京双圆工程咨询监理有限公司
6	东坝南区 3 项工程	朝阳区东坝乡七棵树村	3.27	8082.31	2015-01-05	2018-09-18	北京恒兴盛房地产开发有限公司	北京建筑设计研究院有限公司	中铁建设集团有限公司	北京华兴建设监理咨询有限公司
7	华都中心工程	朝阳区新源南路 8 号	0.92	3700	2013-08-21	2018-10-15	北京华都饭店有限责任公司	中国建筑设计研究院	中国建筑第八工程局有限公司	北京双圆工程咨询监理有限公司
8	洼里 2 项工程	朝阳区洼里 5 号	12.34	39372.48	2014-09-04	2018-11-05	北京运达通汇文化产业有限公司	北京东方筑中建设规划设计有限公司	中铁建设集团有限公司	中航工程监理（北京）有限公司

续表 11

序号	工程名称	工程地址	建筑面积（万平方米）	工程总投资（万元）	开工日期	竣工日期	建设单位	设计单位	施工单位	监理单位
9	大成饭店改建工程	朝阳区丽都花园路5号	10.06	63451.16	2016-03-22	2018-12-27	北京大成饭店有限公司	华东建筑设计研究院有限公司	中国建筑第八工程局有限公司	中咨工建设监理公司

四、限价商品房

序号	工程名称	工程地址	建筑面积（万平方米）	工程总投资（万元）	开工日期	竣工日期	建设单位	设计单位	施工单位	监理单位
1	东坝南区限价商品住房1项	朝阳区东坝乡七棵树村	1.47	6212.15	2015-01-05	2018-06-25	北京恒兴盛房地产开发有限公司	北京建筑设计研究院有限公司	中铁建设集团有限公司	北京华兴建设监理咨询有限公司
2	双桥农场限价商品住房1项	朝阳区双桥东路康中街6号	1.32	2414.13	2012-12-20	2018-12-24	北京亿本房地产开发有限公司	福建广宇建筑设计院	北京东航建筑工程有限公司	北京联华建筑事务所

五、定向安置房

序号	工程名称	工程地址	建筑面积（万平方米）	工程总投资（万元）	开工日期	竣工日期	建设单位	设计单位	施工单位	监理单位
1	京棉新城危改小区6项工程	朝阳区平房乡黄渠村	9.83	28762.09	2013-03-16	2017-08-24	北京市聚鑫城房地产开发有限责任公司、北京城建房地产开发有限公司	北京国科天创建筑设计院有限责任公司	北京市朝阳田华建筑集团公司	北京福浩工程咨询有限公司
2	定福家园农民安置房9项工程	朝阳区东坝	9.41	24282.93	2015-10-08	2017-12-30	北京首开天成房地产开发有限公司	北京城市开发设计研究院有限公司	北京金港建设股份有限公司、北京市朝阳田华建筑集团公司	北京金海城工程建设监理公司
3	定向安置房5项工程	朝阳区亮马桥路南侧	2.75	7508.83	2013-08-10	2018-04-10	北京京发房地产开发有限公司	清华大学建筑设计研究院有限公司	中建一局集团第二建筑有限公司	北京帕克国际工程咨询股份有限公司
4	平房乡定向安置房2项工程	朝阳区平房乡黄渠村	2.10	4551.73	2014-01-20	2018-08-24	北京城建房地产开发有限公司	华通设计顾问工程有限公司	北京城建一建设发展有限公司	北京华城建设监理有限责任公司

六、经济适用房

序号	工程名称	工程地址	建筑面积（万平方米）	工程总投资（万元）	开工日期	竣工日期	建设单位	设计单位	施工单位	监理单位
1	武警边防部队机关经济适用住房15项工程	朝阳区青年路	6.13	18806.74	2014-03-16	2018-01-19	中国人民武装警察边防部队后勤部	中建一局集团建设发展有限公司	北京城建远东建设投资集团有限公司	北京华厦工程项目管理有限责任公司

七、公租房

序号	工程名称	工程地址	建筑面积（万平方米）	工程总投资（万元）	开工日期	竣工日期	建设单位	设计单位	施工单位	监理单位
1	小红门乡公共租赁住房9项工程	朝阳区小红门乡肖村	13.58	35340.24	2015-12-01	2018-09-20	北京首开住总安泰置业有限公司	北京城市开发设计研究院有限公司	北京住总集团有限责任公司	北京方亭工程监理有限公司

续表 11

八、市政工程

序号	工程名称	工程地址	建筑面积（万平方米）	工程总投资（万元）	开工日期	竣工日期	建设单位	设计单位	施工单位	监理单位
1	东郊农场外部市政2项工程	东郊农场二号路	1.94	1610.9	2016-03-02	2017-12-11	北京市东郊农工商联合公司	北京市市政专业设计院股份公司	中房创通建设集团有限公司	北京四方工程建设监理有限责任公司
2	大屯绿隔产业用地热力管线工程	朝阳区辛店村路	0.02	76.69	2015-10-15	2018-01-23	北京华汇房地产开发中心	中国城市建设研究院有限公司	北京西亚建筑市政工程有限责任公司	北京正远监理咨询有限公司
3	天然气中压管线市政工程	亮马河北路路永中南侧	0.18	125.6	2015-09-18	2018-03-21	北京爱家房地产开发有限公司	北京市公用工程设计监理有限公司	北京天兴燃气工程有限公司	北京市公用工程设计监理有限公司

（高雅琪）

宝嘉恒基础设施投资有限公司

【概况】 北京宝嘉恒基础设施投资有限公司（简称宝嘉恒公司）隶属于朝阳区国资委，企业性质为国有一人有限公司，注册资金119966万元。公司设八部二室，包括前期计划部、拆迁一部、拆迁二部、工程部、项目管理部、财务部、审计部、开发经营部、党总支办公室、办公室。有在职职工56人，其中正处级干部3人、副处级干部4人、中层干部11人、职工38人。宝嘉恒公司作为朝阳区基础设施建设核心企业，主要负责朝阳区域内主次干路的拆迁建设任务，对道路两侧的土地资源进行开发及建设。年内，完成青年路南延、望京交通枢纽、龙爪树路拆迁，实现华腾园路、郭家庄路等道路竣工通车。完成速滑馆南路、速滑馆北路、定福庄西路南延等20条道路招标，取得常营中街、常营南街等34条道路30项规划手续和26项规划成果，取得电子城西区北扩规划三路、香江北路等道路57项招标图纸、清单控制价专家审核意见。全年净利润761万元，上缴税金530万元。

（郝　晶）

【主干路拆迁】 年内，宝嘉恒公司完成青年路南延、望京交通枢纽、龙爪树路拆迁工程。完成化工路集体企业拆迁42000平方米、宅基地拆迁15000平方米、国企拆迁7300平方米及树木伐移。

（郝　晶）

【次支路续建】 年内，郭家庄路、华腾园路、双桥东路实现竣工通车。孙河西路、孙河组团一号路基本完工。温西路、孙河北路、单店南路（Ⅰ标、Ⅱ标）、康各庄路、幺家店路（五环外）部分完工。宝嘉恒公司完成郭家庄路、华腾园路、嘉轩花园南街等9条道路交通，完成郭家庄路、华腾园路、幺家店路6号标道路绿化工程，完成华腾园、广和里西路、广和路、双桥东路、郭家庄路、东高路路灯工程，完成郭家庄路、幺家店路、华腾园路电力拆改，完成速滑馆北路、郭家庄路、幺家店5和6标通信改移工程，完成孙河北路、孙河西路、郭家庄路等7条道路树木伐移工程。

（郝　晶）

【道路新建】 年内，广和里西路基本完工，速滑馆南路、速滑馆北路、广和路部分完工。宝嘉恒公司完成广顺北大街北延拆迁工程，完成速滑馆南路、速滑馆北路、广顺北大街北延等9条道路树木伐移工程。

（郝　晶）

【架空线入地】 年内，宝嘉恒公司完成三里屯路、秀水西街、日坛北路、光华路、芳草地西街、朝外市场街、三丰路、朝外头二条道路架空线入地工程。

（郝　晶）

【道路和管线移交】 年内，宝嘉恒公司完成23条竣工道路向区城管委的移交工作，完成19条道路向区环境卫生服务中心的移交工作，完成79条道路随路建设

▲ 11月，郭家庄路完工通车　　洪　峰　摄

的排水管线的移交工作。

（郝　晶）

昆泰房地产开发集团有限公司

【概况】 北京昆泰房地产开发集团有限公司（简称昆泰集团）成立于1992年，注册资金3亿元，是朝阳区国资委监管的国有独资公司。集团有全资子公司14家、控股公司1家、参股公司2家、分公司6家、参股基金2家，有开发项目和自持物业20余个。昆泰集团开发建成昆泰嘉瑞中心、昆泰国际中心、昆泰大厦、昆泰商城、丰联广场、泛利大厦、联合大厦、三亚昆泰酒店、青城山昆泰山庄、大望京中央公园等近百万平方米的大型公建项目，拥有昆泰酒店、昆泰嘉华酒店和昆泰嘉禾酒店3家自营高端酒店，静安综合市场、昆泰慈云市场等多家专业化市场和商业设施，发展成为横跨房地产开发建设、酒店管理、商业运营管理等领域的综合性企业。年内，昆泰集团到内蒙古乌兰察布市卓资县大榆树乡狮子沟村开展结对帮扶考察，初步确定项目帮扶协议各项事宜并草签扶贫项目协议书。参加外交部第十届“大爱无国界——听见世界的爱”国际义卖活动，捐款20万元。截至年底，昆泰集团资产总额315亿元，实现营业收入17亿元，实现利润总额2.8亿元，上缴税金6.8亿元，国有资本收益3457万元。

（王　宸）

【区人民代表大会第四次会议接待】 1月9日至12日，朝阳区第十六届人民代表大会第四次会议在昆泰酒店召开。会议接待朝阳区人大代表431人、政协委员360人。

（王　宸）

【全国政协会议接待】 3月3日至15日，昆泰酒店从2013年起连续第六年成为全国政协会议接待驻地，此次接待文艺、医卫、民进、民革四个界别的322名政协委员及240余名工作人员。

（王　宸）

【大望京中央公园项目获奖】 5月8日，昆泰集团开发的大望京中央公园622地块配套建筑获2018亚太房地产大奖（Asia Pacific 2018）最佳休闲类项目大奖。该项目位于大望京国际科技商务区绿化景观公园622地块内，地上二层、局部挑空，由凯达环球建筑设计咨询有限公司（Aedas）主持设计。12月，由国际设计公司AECOM及北京市园林古建设计研究院有限公司联合设计的大望京中央公园，获2018年度杰出景观设计奖——艾景奖。该奖项是由世界人居环境科学研究院领衔设立并打造的具有世界影响的创意设计专业奖。同时，大望京中央公园内由凯达环球建筑设计咨询有限公司（Aedas）主持设计的昆泰朗悦空间，在伦敦举办的国际房地产大奖（The International Property Awards）上，获国际最佳休闲建筑设计奖。国际房地产大奖被称为“房产界的奥斯卡奖”。

（王　宸）

【中国非遗创意秀新闻发布会】 5月19日，北京朗昆文化产业发展有限公司、中影华腾（北京）影视文化有限公司主办的“Memory 5D+《五维记忆》中国非遗创意秀”新闻发布会，在大望京嘉瑞文化中心的朗悦空间举办。中宣部、文化和旅游部、国家文化产业创新实验区等单位领导与业界专家、名流等近百位嘉宾参加。活动方对朗昆文化公司及嘉瑞文化中心项目活动场地环境表示肯定。

（王　宸）

【乾景公司获一级开发企业资质证书】 7月17日，北京昆泰房地产开发集团有限公司子公司北京乾景房地产开发有限公司获由住房和城乡建设部颁发的一级房地产开发企业资质证书。

（王　宸）

【湖光壹号项目】 8月31日，昆泰集团开发建设的第一个纯住宅地产项目湖光壹号（原六公主坟项目）开始客户验收交付。该项目2015年11月1日开工，位于望京地区，西起南湖渠西路，东至规划一路，北起规划绿地和现状变电站，南至湖光中街，建设用地面积3万平方米，总建筑面积15.5万余平方米，主要由4栋住宅楼组成。

（王　宸）

【“一带一路”国际高峰论坛事务1.5轨研讨会接待】 10月23日，北京昆泰嘉华酒店完成“一带一路”国际合作高峰论坛事务1.5轨研讨会各项接待任务。

（王　宸）

【大望京中央公园开园】 11月14日，由昆泰集团子公司北京乾景房地产开发有限公司开发建设的大望京中央公园开园，区国资委、中关村朝阳园管委会、东湖街道办事处、崔各庄乡、区园林绿化局领导及昆泰集团全体班子成员出席开园活动。公园于2017年5月开工，2018年4月30日竣工。公园将自然景观与现代科技融合，把城市核心变成休闲绿洲。公园绿化面积5.75公顷，包括大型音乐喷泉、生态湿地、休闲广场、艺术廊架、电子互动场景体验区、极限运动场地、服务配套设施等，集艺术、科技、商务、文化与一体，绿化种植乔灌木6000余棵、花卉地被近万平方米。

（王　宸）

华阳经济开发公司

【概况】 北京华阳经济开发公司（简称华阳公司）是区政府投资的国有企业，职能为扶持全区集体经济发展和新技术开发，会同其他省市的兄弟公司开展经济联合、对外根据国务院和市有关部门的规定开展活动。公司有2家下属企业，分别是华阳安派能源科技（北京）有限公司和北京市朝阳华阳饭店服务公司。有2家参股企业，分别是北京京广中心有限公司和北京华阳房地产发展有限责任公司。公司有职工16人，设办公室、经营部、财务部。6月，华阳安派公司取得质量管理体系、环境管理体系、职业健康管理体系相应资质。12月31日，公司资产总额1.43亿元，比上年增加12%；净资产9539.53万元，比上年增长1%。全年实现收入1517.18万元，实现利润478.03万元，上缴税金356万元。

（杨　静）

【三级企业成立】 5月，华阳公司与张北县小二台镇的七里河山庄有限公司达成长期经营合作协议，并联合京广商务管理分公司一同投资开发“张北依娜湖酒店管理有限公司”，在华阳安派能源科技（北京）有限公司下注册成立，成为华阳公司的三级企业。

（杨　静）

朝阳城市建设综合开发公司

【概况】 北京市朝阳城市建设综合开发公司（简称朝开公司）是朝阳区区属国有房地产开发企业，内设12个职能部门及11个项目部或参照项目部模式管理的子公司。朝开公司有在职职工43人，其中专业技术人员24人、具有中高级职称专业技术人员14人。年内，朝开公司资产总额为163.1亿元，净资产为5.9亿元，实现营业收入2.05亿元、利润总额3988万元，上缴税金2800万元。朝开公司承担酒仙桥旧城区改建项目、地铁14号线南新园环保搬迁项目、奶西村棚户区改造项目、甜水园旧城区改建项目、中国社科院东坝职工住宅代建项目、广华新城小区配套学校代建项目、朝阳区档案馆新馆代建项目、北工大老旧小区综合整治项目及豆各庄、七棵树、驹子房保障房建设等任务。实施对朝阳区建筑工程公司（简称朝建公司）的经营权托管。朝建公司是朝阳区直属国有建筑企业，企业资产总额2.94亿元，企业净资产96.99万元，营业收入1.78亿元，其他业务收入133.37万元，累计亏损3232.14万元，实现纳税额2064.06万元。

（耿　宁）

【安全生产】 年内，朝开公司完成春节、“两会”及“2018年中非合作论坛北京峰会”期间的服务保障，完成安全生产标准化二级达标，并被区国资委评定为2019年安全生产管理组长单位。开展安全隐患大检查9次，检查单位共145家，发现各类安全隐患320处，下发整改通知120份，隐患整改率100%。

（耿　宁）

【酒仙桥旧城区改建项目】 年内，酒仙桥旧城区改建项目占地面积约42公顷，朝开公司控股北京电控阳光房地产开发有限公司为实施主体，负责指挥部后勤保障及前期手续办理、资金筹措、房源准备、配合征收等，建成回迁房980套。

（耿　宁）

【地铁14号线南新园环保搬迁项目】 年内，朝开公司负责实施南新园小区4栋住宅楼347户居民环保搬迁。该项目为北京市首例环保搬迁类民生项目，实际签约率89%。

（耿　宁）

【奶西棚户区改造项目】 年内，朝开公司控股的北京永辉鸿景房地产开发有限公司负责实施奶西棚户区改造项目，占地面积约227公顷，建设内容包括房屋征收、市政建设、外迁安置及经营性用地上市等。住宅拆除工作全部完成，非住宅完成腾退约26万平方米。

（耿　宁）

【甜水园旧城区改建项目】 年内，朝开公司控股的北京甜水园开发公司为甜水园旧城区改建项目实施主体，负责筹备安置房源、筹措资金、配合推进房屋征收部门工作等项目启动征收工作。

（耿　宁）

【社科院东坝职工住宅项目】 年内，朝开公司负责中国社科院东坝职工住宅项目。该项目位于东坝中心地区，占地面积10.3万平方米，总建筑面积21.9万平方米，总投资约7.6亿元。该项目各项手续齐备，护坡桩、止水帷幕、土方基本完成。

（耿　宁）

【广华新城小区配套学校项目】 年内，朝开公司负责广华新城小区配套学校项目。该项目位于大郊亭4号，占地约5.2公顷，建筑面积约9.7万平方米，办学规模为72班十二年一贯制学校，为北京市重大项目。

（耿　宁）

【区档案馆新馆项目】 年内，朝开公司负责区档案馆新馆项目。该项目位于南磨房乡南磨房路，占地面积约1.3万平方米，总建筑面积约4万平方米，为北京市重大项目。项目具备开工手续并待进场施工。

（耿　宁）

【北工大老旧小区综合整治项目】 年内，朝开公司负责北工大老旧小区综合整治项目。该项目为2017年朝阳区老旧小区综合整治工作试点工程，总建筑面积3.8万平方米。朝开公司完成楼本体改造、景观园林绿化、管线改造、电力增容及安防、路灯、停车系统升级改造，并完成验收移交手续。

（耿　宁）

【环境整治工程】 年内，朝建公司承接朝阳区亚运村、小关、安贞街道环境整治工程，包括墙体清洗、墙体涂料粉刷、围栏油饰、地面更换铺装等。4月1日开工，6月30日竣工。

（朱美英）

田华建筑集团公司

【概况】 田华建筑集团公司（简称田华集团）是国家壹级资质建筑施工企业，履行对朝阳区农口建筑业管理、服务的协调职能。集团设工程技术部、质量标准化办公室、安全部、经营部、财务部、培训部、宣传部、行政人事办公室、总务部、党办，有在职人员60人。年内，集团实现产值29亿元，开复工面积370万平方米。

（吴　国）

【将台乡回迁安置房交房入住】 7月14日，田华集团负责施工的朝阳区“一绿”试点将台乡回迁安置房工程交房入住，此工程是全区首例获50万平方米以上全市群体结构“长城杯”金奖项目。

（吴　国）

房屋管理

【概况】 朝阳区房屋管理局（简称区房管局）挂北京市朝阳区住房保障办公室和北京市朝阳区人民政府征收办公室两块牌子，是负责全区房屋管理、住房保障和住房制度改革及房屋征收拆迁管理工作的区政府部门管理机构。主要职责为贯彻执行国家及北京市有关房屋管理、住房保障、住房制度改革、房屋征收的法律法规和政策，负责全区房屋市场管理工作，承担全区房地产经纪活动监督管理的责任等。区房管局有职工739人，其中公务员54人、全额拨款事业编151人（含纳规）、差额拨款事业编358人、自收自支事业编167人、企业人员9人。区房管局内设14个行政科室，下设3个工资规范管理单位、10个全额拨款事业单位、9个差额拨款事业单位、4个自收自支事业单位及1个企业单位。年内，区房管局办理房屋征收项目15个。其中中直职工住宅项目签约比例100%，永安里、亮马J地块项目签约比例90%以上。首次采取趸租方式为相关单位进行租赁住房专项配租。启动全市以区为主规模最大公租房分配工作，开展朝阳区百子湾、焦化厂公租房项目网上登记，涉及房源7768套。完成1.3万余户家庭资格复核，2852套共有产权房申购登记，发布公租房配租房源1693套，1413户家庭选定住房。第一季度疏解人口2719人，清理面积约5.6万平方米，巡查普通地下室27297处，现场整改319处，责令改正102处，全年普通地下室清理整治挂账任务提前完成。打击“群租房”违法行为。成立朝阳区政务服务中心房管分中心，全局涉及物业管理、房地产市场、地下空间管理等7个业务科室21个大项、45个子项的对外服务事项全部进驻，实现一窗式办理，变“群众跑路”为“数据跑路”。接待群众来访1981批次2742人次，办理各种渠道信件901件。供暖设备维修更新投资1110余万元。完成全区1200余个物业服务项目落实安全生产责任制情况的专项检查和评估。完成城镇房屋防汛、公房供暖等工作。实现国有资产增值2000余万元。

（黄　静）

【房屋征收审核管理】 1月8日，区政府作出亮马J地块项目征收决定。J地块项目选房工作结束，124名被征收人完成选房。4月16日至11月1日，酒仙桥旧城区改建项目各产权单位启动房改售房。5月21日，甜水园旧城区改建项目经区政府确认纳入征收。6月6日至7月1日，征收部门在征收范围内开展入户调查和实地查勘。7月4日，区政府对地铁17号线潘家园西站项目作出征收决定，并于一个月内完成征收工作。7月4日，区政府对京沈客专星火枢纽站项目作出征收决定，签约期内共完成签约89户，签约率92.7%。8月2日，地铁3号线项目经区政府确认纳入征收。12月17日至29日，进行第一阶段入户调查和实地查勘。12月29日，征收部门公示项目未登记房屋调查情况。至12月31日，分钟寺项目累计完成签约1021户，占项目总户数的85.44%；永安里旧城区改建项目累计完成签约871户，占项目总户数的92.46%。

（黄　静　王宝林　侯立明）

【房屋供暖】 3月20日，2017—2018年采暖季停暖。此供暖季2017年11月7日点火，历时134天，冬供燃气消耗3302.38万立方米，燃气费8586.19万元，总耗水量9.53万立方米，水费90.58万元，总耗电量1206.07万千瓦时，电费905.32万元，全冬总耗能（水电气）共9582.09万元。全年供暖费指标为11595万元，实收12723万元，指标完成率109.73%，完成率比上年提高3.1个百分点。

（黄　静　郭梦滢）

【城镇房屋防汛】 6月1日至9月15日，区房管局组织43个街乡及全区1200余家物业服务企业召开朝阳区2018年度房屋防汛部署工作会，完成直管公房5间平房挑修、6幢楼房屋面大修，21个物业项目123栋楼的屋面防水、6个物业项目的排水管线抢险维修资金支取审核，完成8个房管单位7栋楼的屋面防水工程，组织开展7次防汛演练。汛中，检查平房8294间次，检查楼房12079幢次；接到来电反映房屋漏雨问题35次，均处理。

（黄　静　韩　娜）

【“朝房啄木鸟”微信公众平台上线】 8月，区房管局召开“朝房啄木鸟”微信公众平台上线新闻发布会，市住房城乡建设委、中介行业协会、房地产经纪机构、新闻媒体及门户网站代表参会。“朝房啄木鸟”公众号提供备案中介机构查询，房屋买卖租赁须知，中介陷阱警示，开展扫黑除恶宣传，发布住房保障通知公告等信息。

（黄　静　高　博）

【共有产权住房申购启动】 11月12日，城志畅悦园、锦安家园共有产权住房项目申购工作启动。其中城志畅悦园项目房源656套，销售均价29000元/平方米；锦安家园项目房源2196套，销售均价37000元/平方米。截至11月27日申购结束，有71961户家庭网上申购，其中35875户家庭申请城志畅悦园项目、36086户家庭申请锦安家园项目。

（黄　静　杨莉莉）

【经适房限价房剩余房源收购】 11月，全区完成经适房、限价房剩余房源收购，此次收购涉及锦都家园、东湾家园、首开畅颐园、恒大江湾、首城东郡汇、恒大名都、远洋润园、福润四季、景和园、泰和园、悦和园、丽景园12个项目414套房源。

（黄　静　杨莉莉）

【区政务服务中心房管分中心成立】 12月11日，区政务服务中心房管分中心成立。截至年底，办理物业服务合同备案及变更业务3件，经纪机构变更备案业务5件，分支机构变更备案业务5件，预售许可延期2件，现房销售备案业务2件，非居住租赁合同备案业务1件，房改备案业务25件，公有住房售房单位支取售房款业务2件，售后公有住房专项维修资金提取业务7件。完成政民互动124件、信息公开13件、司法查询17件、信访2件。

（黄　静　国　佳）

【共有产权项目面向园区非京籍配售】 年内，锦安家园和城志畅悦园2个共有产权住房项目首次面向朝阳园和北京CBD管委会区域企业中符合限购政策的非京籍无房家庭开通优先申购，通过购房资格审核的家庭为1712户。

（黄　静　闫慧敏）

【公租房租金补贴发放】 年内，全区取得公租房租金补贴备案资格家庭814户，完成补贴发放46538户次，发放金额6083.96万元。

（黄　静　杨莉莉）

【保障房资格复核】 年内，全区取得保障性住房备案资格家庭4970户，完成74批次各类资格复核1.47万余户。

（黄　静　杨莉莉）

【市场化租房补贴发放】 年内，全区发放市场租房补贴16529户次，发放金额2082.03万元。

（黄　静　杨莉莉）

【非京籍及民进中央无房职工配租工作启动】 年内，全区统筹632套公共租赁住房房源缓解全区仓储物流、快递单位非京籍职工、消防支队及民进中央无房职工住房困难。配租401套，回退231套。

（黄　静　杨莉莉）

【公共租赁住房配租】 年内，朝阳区采取实时配租、快速配租等形式，公开发布百子湾、焦化厂、管庄北二里、燕保汇鸿家园、瑞湾家园、高井公租房等公租房项目配租公告，面向朝阳区保障房轮候家庭，筹集房源共9461套。管庄北二里、燕保汇鸿家园、瑞湾家园、高井公租4个项目1293户家庭完成选房入住。至11月27日，百子湾和焦化厂公租房项目共有5531户家庭完成意向登记。

（黄　静　杨莉莉）

【征收补偿决定书工作】 年内，针对朝阳区在施的永安里旧城区改建项目、分钟寺桥西北侧回迁安置房项目、小关北里公交场站项目、亮马J地块棚户区改造和环境整治等征收项目，区房管局征收补偿科作出并送达补偿决定书62份，法院强制执行5份，行政复议及诉讼案件应诉答辩85件，无一例败诉。

（黄　静　朱文生　纪　冰）

【政府信息公开】　年内，区房管局政府信息主动公开310条，全文电子化率100%，主要涉及房屋征收、保障性住房摇号、选房、执法结果公示等。政府信息依申请公开共接待申请人千余人，受理并答复政府信息公开申请1182条，主要涉及物业管理、住宅专项维修资金审批、商品房预售、房屋拆迁、征收、直管公房管理等。

（黄　静　徐　昊）

【房屋租赁政策宣讲月活动】　年内，区房管局与北京房地产中介行业协会共同开展房屋租赁政策宣传活动，7个街乡的11个社区、部分房地产经纪机构、新闻媒体参加。活动期间，发放宣传品6万余份，现场约谈、查处“黑中介”10余家。

（黄　静　高　博）

【房地产经纪机构监管】　年内，区房管局巡查经纪机构790家，抽查经纪机构30家，公示信用不良机构51家，房屋租赁涉诉问题突出61家，取消网签资格5家，受理经纪机构投诉、提供咨询、信访接待2000余件，转办执法248件。

（黄　静　高　博）

【物业管理行业监管】　年内，区房管局开展物业项目服务专项检查、安全专项检查、综合检查共348次。处理解决物业类信访投诉、政民互动投诉2097件，对物业服务企业服务不规范行为责令整改，开展行政执法调查处理29件。会同街乡开展物业管理纠纷协调32次，涉及26个物业项目。

（黄　静　李肖红　蔡　铭）

【品牌物业建设】　年内，区房管局拟定住宅项目物业服务基础标准和A级标准，对120个物业项目开展业主满意度调查及物业服务质量测评。开展朝阳区物业管理调研，分析物业管理现状和特点及工作中存在问题和形成原因，并提出意见建议。

（黄　静　李肖红　蔡　铭）

【商品住宅专项维修资金管理】　年内，区房管局对申请人开展业务培训和案例解析80余次。完成资金审核988件。为219个小区的居民解决电梯、消防、屋面防水等重要设施设备和房屋的维修问题。

（黄　静　李肖红　蔡　铭）

【城镇房屋安全检查】　年内，区房管局检查房屋建筑12738.3万平方米，其中完好房10950.07万平方米、基本完好房1675.85万平方米、一般破损房97.23万平方米、严重破损房14.2万平方米、疑似危险房0.98万平方米。检查电梯20913部、二次供水水泵9105台、避雷设备39965个。

（黄　静　韩　娜）

【普通地下室清理整治】　年内，区房管局完成普通地下室清理整治挂账任务51处，涉及人口2719人，清理面积55788.3平方米。巡查检查普通地下室27297处，现场整改319处，责令改正102处。办理普通地下室登记备案433件。

（黄　静　韩　娜）

【行政复议诉讼】　年内，区房管局收办行政复议、各类诉讼案件共326件，其中行政复议案件43件、行政诉讼案件213件、民事诉讼案件70件。

（黄　静　魏　嘉）

【房改售房核准】　年内，区房管局为264家单位办理房改售房核准、备案，涉及4834套32.94万平方米。

（黄　静　阴世红）

【公房专项维修资金审核】　年内，区房管局审核已售公房专项维修基金1092.1922万元，涉及69家单位；已售公房提取房改售房款审核615.6921万元，涉及12家单位。

（黄　静　阴世红）

【房产测绘】　年内，区房管局完成商品房实测项目24个174万平方米。完成商品房预测项目17个119万平方米。完成大产权实测项目13个51万平方米。

（黄　静　张　兴）

【存量房网签管理】　年内，区房管局完成全区自行成交存量房网签5312笔，注销网签信息486笔，购房资格核验5699笔。

（黄　静　国　佳）

【房屋交易】　年内，朝阳区购房资格核验业务64036件，存量房网签业务41772件，存量房网签合同注销业务1647件，信息变更业务1767件，合同注销业务274件，在建工程抵押信息确认业务67件，住房租赁备案业务667件，预查封业务138件。

（黄　静　国　佳）

【房产实测绘成果审核】　年内，区房管局完成房产实测绘成果审核业务206件，涉及楼栋718个、建筑面积共1106万平方米。

（黄　静　董　薇）

【直管公房房屋及设备修缮】　年内，区房管局完成27幢25611.4平方米楼房防水，7幢7659.67平方米上下水更新，55幢700平方米楼房屋面补漏，23处厨房、厕所及地下室渗漏维修。完成房屋、设备养护维修53670户次。挑修24间666.9平方米，翻修1间15.9平方米。完成电梯更新15部，电梯改造8部。泵房无负压更新5处，泵房改造6处，泵房大中修24处。

（黄　静　崔芳静）

【直管公房管理】　年内，直管公房租金收缴率98.46%，实现房屋管理电子化、系统化。区房管局四类租别签订租赁合同560处，合同年租金比上年上涨约2200万元。测绘363处，钉牌1241处2234块。全局售房6902件，出证6477件，发证6200件。收回房屋9处597.72平方米。

（黄　静　李伟宁）

【房屋行政执法】　年内，区房管局完成各类房屋行政执法检查654次，出动人员1675人次，接听接待来电来访547起。下发责令改正通知书324份，立案418起，处罚169起，不予处罚187起，撤销立案126起，罚款220.8万元，结案255起。

（黄　静　顾旭亮）

【房屋鉴定】　年内，区房管局完成鉴定744项，其中公益类免费项目2项43平方米、公共维修基金鉴定项目131项149万平方米、工程检测项目50项7万平方米、电梯检测561部。

（黄　静　孙　东）

【供暖中心微信公众号成立】　年内，供暖中心设立“朝房供暖左家庄站”“朝房供暖劲松站”“朝房供暖团结湖站”三个微信公众号，关注人数6637人，通过微信平台缴费4737笔。

（黄　静　郭梦滢）

公用事业

供　电

【概况】　国网北京市电力公司朝阳供电公司（简称朝阳公司）成立于1987年，是北京市电力公司（简称北京公司）直属供电企业，负责朝阳地区内的电网规划建设、运行管理、电力销售和162.65万客户的供电服务，负责为约占全市2/3的星级饭店、外交驻华使馆区、奥运中心区、中央商务区、大型商业区、工业、农业、涉外企业及居民生活和重大政治活动和城市运行安全供电的任务。朝阳公司设11个职能部门、3个业务支撑与实施机构，下设33个班组、6个供电营业所、4个农村供电所。负责10千伏开闭站259座、小区配电室1927座、箱式变电站986座、配电变压器1142台、10千伏架空线路345条2717千米、10千伏电缆线路1311条6057千米。年内，实现安全生产无事故，累计安全生产长周期3595天。完成售电量186.99亿千瓦时，比上年增长5.05%。完成线损率6.37%。完成接电容量74.71万千伏安。电费回收率100%。城网供电可靠率99.98%，农网供电可靠率99.94%，电压合格率99.99%。最大负荷401.8万千瓦。朝阳公司蝉联"全国文明单位""首都文明单位标兵"称号，获中国安全生产协会评审的"全国安全文化建设示范企业"称号，获国网公司"安全工作先进集体"称号、取得国网公司地调安评工作最佳成绩，获国网公司营销先进单位及北京公司营销服务功勋单位称号，供电服务指挥中心获评国网公司10家"建设标杆单位"之一。蝉联北京公司第三届"承发包杯"有限空间作业大比武冠军。获北京市城管委第二届有限空间作业大比武一等奖，获北京公司第一届配电自动化技能竞赛团体第一名。论文《实现一流党建引领一流企业发展的"五维嵌入"机制构建》获国网公司2018年度管理创新奖二等奖，《运用数字化手段开展公司持续审计监督创新实践》获国网公司2018年度管理创新奖三等奖。获北京公司2018年度管理创新奖二等奖1项、三等奖3项。取得授权发明专利6项、实用新型专利3项。

（朱锦标）

【电网规划】 年内，朝阳公司完成朝阳区2035年电网中长期规划报告和空间布局规划报告，电网规划纳入分区规划，并取得政府支持文件。推进北京商务中心区电网规划建设，完成500千伏变电站投资划分协议签订。筹划地区过渡用电事宜，落实110千伏移动变电站基础施工建设。在北京公司率先完成冬奥会配套速滑、奥体工程全部规划前期手续并确保开工。开创架空线入地"朝阳模式"，区政府全资投入15亿元，启动2018年"五区一路"（三里屯、雅宝路、亮马河、北京会议中心周边、奥运核心区地区，广渠路周边）入地工程。完成2019年5个地区、2020年6个地区的现场方案编制。

（朱锦标）

【电网建设】 年内，东苇、康营项目投产。完成"煤改电"配套工程。团结湖工程、王双切改工程完工发电，缓解北部、东部区域重载现状。"冬奥会"速滑、奥体工程开工，奥体工程管控质量得到国网公司认可。加快北京商务中心区地区配套110千伏变电站建设，郎家园110千伏变电站启动土建改造。百子湾、黄港、常营3项工程按计划进行。实施架空线入地工程，完成雅宝路、三里屯地区8条道路送电、5条道路撤线拔杆工作。

（朱锦标）

【经营管理】 年内，综合线损率完成6.37%，较上年同期下降0.75个百分点。10千伏分线合格率86.40%，较年初提升19.46个百分点。0.4千伏台区合格率71.62%，较年初提升38.41个百分点。可控成本预算完成率100%。建立业财协同机制。开展远程数据监督，推进审计发现问题整改在线管控。实现配网抢修指挥、客户服务指挥等业务融合。初步实现"前端贴近、后端支撑、营配融合、管理穿透、作业智能"的供电服务新模式。发挥智能配网支持中心作用，实现数据共享。实现触电案件零发生。实体化建设智慧代维服务中心，代维新签率76.83%，续签率比上年提高17%，转化率提升，累计代维户数1520户，比上年增长659户。开展综合能源服务，签订服务协议60户。

（朱锦标）

【安全生产】 年内，朝阳公司完成保电任务54项，保电240天。"1+N"（公司综合巡检组+各专业兼职及集体企业巡检组）专业巡检体系覆盖作业项目2483个，比上年增加29.93%。下发违章通知单29张，违章率比上年下降41.21%。安全生产大检查发现隐患1345项，治理完成1211项，治理完成率90%。输电移动作业手机软件完成巡视任务4万项，与政府联合执法15次，排查隐患572处。开展"压降配网故障""煤改电回头看"等专项行动，消除缺陷隐患5820处，治理异常台区317台，分换装232台，百台异常率比上年降低41.4%。加装断路器728台，隔离故障、避免整条线路停电149次，实现配网故障降低39.7%。完成"一体双核"（省级统一部署配电自动化主站系统，同时在前门和通州设置两个核心节点，互为备用、随时切换）系统建设。智能配电网提升"百日专项行动"处理缺陷3264台，自愈功能投入率等6项指标为100%，非故障段平均恢复时间从57分钟缩短至5分钟，实现从遥控到自愈的转型。成为北京公司架空线路带电作业综合检修首家试点单位。

（朱锦标）

【客户服务】 年内，朝阳公司完成"三零"（零上门、零审批、零投资）服务3915件，节约客户成本1.2亿元，平均送电时长4.73天，助力"获得电力"指标世界排名从98位上升至14位。创建低压报装"1+1"团队模式，创新应用"方案设计一体化移动作业终端"（PDA），打造"和颐酒店""福寿苑"等典型案例，代表北京公司承办国网公司优化营商环境现场会。电力报装窗口进驻区政务服务大厅，开展电力协同服务。开展高压"临电三省"服务，推出"1+2"高压业扩管理模式，出台"客户工作日"，21天完成北京首个试点项目"甜水园房地产"送电。开展"情系万家，电暖京城"等主题活动112次，建立社区服务微信群192个，线上客户端绑定客户11.09万户，线上缴费率86%。受理"95598"工单比上年降低23.96%，投诉比上年降低34.27%。完成接电容量74.71万千伏安，报装结存容量压降率为57.98%。购电下发平均时长由9.23分钟压降至4.18分钟。推进"三供一业"（供水、供电、供热，物业管理）移交工作，协议签订率100%。20个老旧小区改造项目取得立项核准，白家庄等3个老旧小区改造项目开工。

（朱锦标）

【营销基础业务】 年内，朝阳公司实现全采集覆盖率99.7%、整台区全采集率96.7%。当年电费回收率100%，累计收回143户陈欠电费3870.32万元。完成营业普查收入701万元，追补电量226.91万千瓦时。建成公共充电桩100台，完成公交外电源工程4项。开展要客定向服务13次，完成全电厨房改造、设备租赁等项目8项，综合能源收入701万元。

（朱锦标）

【信息通信】 年内，朝阳公司信息网络、信息系统、通信网运行平稳，未发生六级及以上设备事件、信息系统事件，调度生产通信业务保障率100%。完成“18001”“18002”信息通信保障。

（朱锦标）

供　水

【概况】 朝阳区水务局供水管理科负责制定全区城乡供水规划、计划并组织实施，负责全区城乡供水安全、供水突发事件处理，指导全区公共供水单位及自建设施供水单位供水设施的安全运行，指导全区供水行业规范管理，组织全区供水行业特许经营的具体实施。12月，地下水埋深31.34米，较上年同期回升0.24米。年内，新水用量31288万立方米，控制在市级指标33440万立方米以下。再生水用量20302万立方米。完成102个老旧小区内部供水管网改造，完善约18万人供水专业化管理。加强城镇供水规范化管理考核，推行社会化专业管理，辅助乡村做好农村生活饮用水消毒设备日常运维，完成全区55处村级供水站水质抽样检测。处置各类供水应急事件300余件，全区未发生较大及以上供水安全事件。

（马艺鸣）

【全区水资源工作会】 3月22日，区水务局联合区农委召开水资源工作会，部署朝阳区机井排查、取水许可延续、自备井置换、机井封填、农业机井智能计量和老旧小区管网改造相关工作。会上，区水务局通报全区机井排查、取水许可延续、自备井置换、老旧小区管网改造、机井封填和农业机井智能计量工作开展情况。各地区办事处相关负责人参会。

（马艺鸣）

【鲁店北路等市政供水管线施工】 5月18日，双桥东路、双经东路和鲁店北路（通惠灌渠—扬州水乡）管线实现进场施工。5月26日，鲁店北路（化工桥—扬州水乡）管线实现进场施工。鲁店北路（化工桥—扬州水乡）供水管线的建设可以解决豆各庄、黑庄户地区富力又一城、扬州水乡、朝丰家园、玲珑墅、怡景城花园等住宅小区自备井置换问题，为黑庄户南部地区、北京“菜篮子”工程提供水源。双桥东路（广渠路—大东路）、双经东路管线作为黑庄户北部双桥农场地区供配水干线，为康城、燕保双桥家园和华润双鹤药业等居民小区和单位解决自备井置换水源问题。

（马艺鸣）

【三间房地区道路供水干线及小区自备井置换工程施工】 5月26日，市自来水集团在三间房地区多条道路供水干线及小区自备井置换工程进场施工。三间房地区由于市政自来水管网不完善，域内多个小区由自备井供水。区水务局与市自来水集团、三间房地区办事处建立自备井置换工作机制，动员具备条件的居民小区和单位开展置换报装。年内，定福庄北街、长营南路西延、黄渠南路西延等3条管线完工。双柳巷、双柳新居、绿岛苑和福怡苑等4个居民小区自备井置换内部管网改造工程完工。

（马艺鸣）

【垂杨柳西里小区自来水管线改造项目】 9月10日，双井街道垂杨柳西里小区自来水管线改造项目为2017年党政群共商共治区级民主协商会议议定项目，主要内容为改造双井街道垂杨柳西里5号楼和13号楼内部自来水管线。8月1日至21日，进行工程施工及监理单位招投标，9月8日召开工程启动会，11月完工。

（马艺鸣）

【再生水利用】 10月，全区再生水利用量1.75亿立方米。区水务局在河湖景观补水、市政杂用、用水等领域推广利用再生水，新建项目绿化、景观、道路场地浇洒等用水基本取用再生水。

（马艺鸣）

【自备井置换完成80家】 11月，全区完成自备井置换80家，其中居民小区22家、公建单位58家，改善约6.5万人的用水品质。

（马艺鸣）

【大中型水库移民完成】 12月3日，朝阳区2018年大中型水库移民工作完成。经核定，全区核定登记农业户口水库移民227人，农转非水库移民培训补贴人口687人，各街道、地区办事处将水库移民后期扶持金13.62万元和农转非移民培训补贴38.472万元全部发放至个人。

（马艺鸣）

邮政通信

【概况】 中国邮政集团公司北京市朝阳区分公司（简称区分公司）隶属中国邮政集团公司北京市区分公司（简称市分公司），承担朝阳地区的普通邮政业务和邮政速递物流的经营、服务及相关设施、网络规划、建设、运行管理工作任务及邮政金融代理业务。区分公司有从业人员3502人（含寄递事业部），内设综合办公室、工会、监察室、党建工作部、人力资源部、财务部、市场部和监督检查与安全保障部等。下设商函局、邮票公司、发投分局、电商分销局、代理金融局和包裹业务局6个专业局（公司）。下辖13个邮政支局、123个营业网点，其中金融网点49个、18个投递网点、24个寄递事业部营业部、13个主题邮局。有邮运机动车288辆、普邮投递道段400条、包快投递道段270条、寄递事业部道段534条。主要经营函件、包裹、特快专递，报刊，集邮，邮送广告，邮政电子商务，邮政储蓄，代理保险，邮政汇款、代销基金、债券、代收（水、电、燃气）、代发（养老金、工资）等业务。年内，区分公司业务总收入56588万元，完成预算102.37%，城区排名第一，比上年增长3.58%，高于全市平均增幅2.05%。经营利润完成-5327万元。区寄递事业部收入24200万元。职工收入比上年增加1.24%，其中一线职工收入比上年增加2.11%，高于管理人员收入增幅5.03个百分点。

（管　军）

【《戊戌年》特种邮票首发】 1月5日，中国邮政发行《戊戌年》特种邮票2枚。区分公司在朝阳剧场举办邮票首发仪式，开展邮票专题展览，举办“最美生肖、邮我做主”首届京津冀地区“生肖”邮票设计大赛颁奖仪式。

（管　军）

【水岸南街邮政支行营业】 1月16日，区分公司所属北苑邮政支局水岸南街支行对外营业。

（管　军）

【志愿服务主题邮局开展扶贫】 2月7日，区分公司所属志愿服务主题邮局与垡头街道办事处共同到河北省唐县军城镇曹家庄村开展“春节送温暖”活动，送近百条棉被等物品。

（管　军）

【甘露园小学开学典礼活动】 2月26日，区分公司参加朝阳区甘露园小学“不忘初心，永跟党走——邮票看世界 心向十九大”开学典礼。活动中，展示参与集团公司《戊戌年》特种邮票首发活动中学生的作品，并为现场500余名师生解读十九大主题邮票。

（管　军）

【全国“两会”邮政通信服务保障】 3月，区分公司所属北苑、农光里、双井、望京等邮政支局为6个全国两会住地提供邮政服务。投递各类报刊邮件96308件，收寄邮件、包裹及特快专递26982件，出售各类邮品344235枚（册），服务1065人次。

（管　军）

【2018公园半程马拉松比赛服务】 5月13日，区分公司所属亚运村邮政支局以“一带一路”主题邮局名义，与市体育总会合作开发亚运村街道界内奥林匹克资源，参与2018公园半程马拉松比赛，提供现场邮政服务。

（管　军）

【《全国助残日》纪念邮票首发式】 5月20日，区分公司所属垡头邮政支局以北京志愿服务主题邮局名义，举行《全国助残日》纪念邮票首发式暨朝阳区邮政分公司“志愿助残小分队”成立仪式。

（管　军）

【全国集邮文化巡回展北京（站）活动启动】 6月6日，主题为“不忘初心 筑梦前行”的庆祝改革开放四十周年全国集邮文化巡回展活动暨北京（站）启动仪式在北京朝阳规划艺术馆开幕。中华全国集邮联合会、市分公司、市集邮协会等单位领导出席。区分公司在仪式现场设立服务点，提供现场综合邮政服务及邮票邮品零售、戳记加盖，并设立现场DIY自创卡打印服务。

（管　军）

【夏季中国北京婚博会服务】 6月23日，2018年夏季中国北京婚博会在国家会议中心开幕，区分公司所属亚运村邮政支局为其提供邮政服务。

（管　军）

【志愿服务主题邮局服务残疾人职业技能竞赛】 6月30日，北京市第九届残疾人职业技能竞赛朝阳赛区保健按摩初赛开赛，应区残联邀请，区分公司所属志愿服务主题邮局为参赛选手提供一对一的参赛引导、检录签字、拿取物品等志愿服务。

（管　军）

【十大惠民便民新举措】 7月，区分公司推出十大惠民便民服务新举措。包括在所属各邮政支局提供交通线路查询服务，义务指路。继续执行军包、大学生包裹上门收寄服务，为复转军人、毕业大学生提供收寄包裹业务，执行相应的邮政资费优惠政策。利用爱心包裹、爱心书箱等帮扶救助平台，支持爱心捐赠，为留守儿童、贫困地区儿童等送温暖。在朝阳邮政各支局营业厅内，设置残疾人、军人绿色服务窗口。设专门场地，为环卫工人、志愿服务者、交通指导员等提供爱心座椅、茶歇等便利条件。各支局营业厅内提供应急打印、紧急电话、无线WiFi、移动充电设备、医用急救箱、废旧电池回收箱、便民工具箱、打气筒、书报架、便民雨具等服务。朝阳邮政各支局接受社会集体及个人爱心衣物、爱心图书捐赠。对朝阳区内的孤寡老人、残疾人、行动不便的老人提供上门报刊订阅及信件、包裹投递服务。对于因行动不便而无法前来办理需本人亲自办理的金融业务，提供双人上门家访认证。以社区居民为服务对象，定期开展邮政知识、金融知识、集邮知识等讲座。

（管　军）

【《如懿传》临时邮局开业】 8月，区分公司成立《如懿传》临时邮局，聘请演员周迅为临时邮局名誉局长。《如懿传》临时邮局是中国邮政首个以热播剧直接冠名的主题邮局。

（管　军）

【邮政成为电子废弃物正规处置渠道】 9月9日，北京邮政在所属志愿服务主题邮局启动新便民、环保服务内容——电子废弃物回收，向全社会发起“共同参与绿色环保，邮政助你幸福生活”倡议。区分公司所属水碓子、亚运村、垡头、望京支局试点并启动此项服务。

（管　军）

▲ 9月9日，朝阳区志愿服务主题邮局启动电子废弃物回收服务　　李　晨　摄

【中国农民丰收节邮政展台布展】 9月23日，是首个中国农民丰收节。农业农村部在北京农展馆举行庆祝活动，区分公司所属水碓子邮政支局负责农业非物质文化遗产展演区域的中国邮政展台布展。

（管　军）

【寄递事业部成立并运作】 10月，朝阳区寄递事业部成立并运作。整建制划转人员2319人，有营业部24个。在“邮速一家人、一家亲”思想影响下，邮速双方在营揽投网、营销资源、营销队伍、客户资源、客户体系和党、纪、工、团等方面融合发展。

（管　军）

【邮速双方完成“双11”包裹投递】 11月11日至23日，“双11”购物狂欢节期间，邮政和寄递事业部完成各类邮件182.4万件。

（管　军）

【用户满意度达标】 年内，区分公司所辖网点全部实现电子化服务，所有网点开办信件、印刷品、包裹、汇兑等普遍服务业务。通过发征询意见函测得用户综合满意度在90分以上，高于市分公司要求。

（管　军）

【绿色包装项目】 年内，区分公司所有邮政营业网点全部销售新型绿色包装箱，开始使用45毫米窄胶带，按照箱子大小和实际重量，采用一字、十字、工字和井字封装法，杜绝无理由过度封装和使用胶带。

（管　军）

【邮政惠民生活驿站】 年内，区分公司利用区域网点多、面积广、服务人群惠及整个朝阳区的特点，引进便民产品，解决居民日常需求，组建邮政惠民生活驿站10个。

（管　军）

【主题邮局建设】 年内，区分公司新成立3个主打文化品牌的主题邮局，分别是美术文化主题邮局、大运河主题邮局及老旧厂房主题邮局。

（管　军）

▲ 6月，亚运村支局邮政惠民生活驿站开业　　李　晨　摄

城乡管理

市政管理

【概况】 朝阳区城市管理委员会（简称区城管委）位于松榆东里甲38号，2017年10月9日挂牌成立，是负责朝阳区城乡环境建设、城市管理的综合协调、市政基础设施、市政公用事业、市容环境卫生、能源日常运行、交通、拆违控违等管理的区政府工作部门，加挂朝阳区城乡环境建设管理委员会办公室、朝阳区交通委员会牌子。年内，在原朝阳区市政市容委承担职责基础上，整合朝阳区发改委煤电日常运行管理和行业管理职责、朝阳区水务局城市河湖管理范围内（不含水域）环境卫生管理职责、朝阳区商务委再生资源回收行业管理职责、朝阳区园林绿化局城市建成区区管道路两侧绿化带环境卫生管理职责，增加地下管廊综合监督管理职责、新能源汽车充电桩（站）建设和运营管理职责。人员编制284名，其中行政编制86名、机关工勤编制5名、事业编制193名。内设机构18个。下设事业单位6个，分别为朝阳区市政基础设施协调中心、朝阳区渣土管理站、朝阳区控违拆违督察队、朝阳区停车管理事务中心、朝阳区交通运行协调指挥中心、朝阳区道路养护中心。开展实体化综合执法平台试点建设，43个街乡及北京奥林匹克公园管理委员会建立实体化综合执法中心，全区街巷实名设立街巷长。启动“朝阳城市管理服务”公众号。拆除各类违法建设1006.9万平方米。启动建筑物屋顶牌匾标识规范工作。高安屯建筑废弃物资源化利用中心项目建设完成。完成28个小区老旧供热管网改造和供暖保障工作，完成2017年至2018年采暖季供热126天、2.04亿平方米。供应1.6万户农村住户35万瓶液化气，享受政府平价气。采取“永”“临”结合方式，实施“道路点亮”工程，完成全区74条无路灯道路路灯安装。

（武　兴）

【控违拆违督察队成立】 1月，区城管委在三级（区，街乡，社区、村）工作制度基础上，增设朝阳区控违拆违督察队。该机构为区城管委（区环境办、区交通委）所属事业单位，机构规格相当正科级，经费由区财政全额补助，属公益一类，纳入工资规范管理，核定事业编制人员20名，其中队长1名、副队长2名。是全市控违工作中首支区级层面专项工作督察队。

（武　兴）

【老楼通入天然气工程完成】 2月12日，完成和平里西街21号院18户通入天然气工程，标志着朝阳区结束老楼未通天然气历史。年内，完成和平里西街21号院，双花园小区，高碑店5号院，管庄地区的491电台宿舍楼、北京701厂宿舍楼、北内集团宿舍、广播设备制造厂宿舍1508户老楼通入天然气工程，居民全部用上清洁能源。

（武　兴）

【“朝阳群众管城市”移动服务平台启用】 8月，“朝阳群众管城市”监督管理平台启用。监督管理平台设曝光平台、街巷空间、便民服务功能，让普通群众在任何时间、任何地点，可一键反映相关城市管理问题，还可直接注册成为线上小巷管家，共同参与城市治理。截至12月，平台实现全区43个街乡全覆盖，注册街巷长1892名，曝光、接报城市治理问题1153件，整治完成80%以上。

（武　兴）

【南武圣庙地块环境整治完成】 10月30日，区法院强制执行区档案馆新馆建设拆迁地块一遗留户，该地块所有地上建筑全部拆除。区档案馆新馆建设选址位于2009年“边角地”环境整治南武圣庙项目区域范围，该项目于2009年11月启动拆迁，截至2017年，滞留居民1户。由于双方对拆迁补偿要求差距过大，多次调解无效，未能达成协议。

（武　兴）

【背街小巷环境整治】 11月，区城乡环境建设管理委员会办公室完成336条背街小巷环境整治提升工程，其中祁家豁子街、十里堡路、高原街、牛王庙村前街等多条街巷完成特色精品建设。背街小巷环境整治三年行动于2017年启动，涉及43个项目实施单位，预算总投资6.59亿元。

（武　兴）

【“公共服务设施管理”App上线】 12月，朝阳区公共服务设施管理App上线。截至12月底，完成北辰路、鼓楼外大街、北中轴景观大道、北辰东路、科荟南路等104条道路公共服务设施二维码推广工作。区城市道路公共服务设施信息化平台和手机软件系统试点开发工作启动于2016年，包括建立朝阳区城市道路公共服务设施二维码数据库，推进公共服务设施区级行业主管部门、设施产权单位、应急处置队伍信息对接，以达到设施问题快速流转、设施权属快速核实、设施问题快速处置、完善流程管理和数据分析目的。

（武　兴）

【清扫保洁新工艺推广】 年内，区城管委推广清扫保洁新工艺，“冲、扫、洗、收”组合工艺作业面积达到可机扫面积91%

▲ 8月9日，纯电动大型多功能扫尘车在通惠河北路北京电视台前进行洗扫冲刷模式作业
张　晶　摄

以上。全区机械化作业率92.5%、新工艺作业率90.8%，城市道路尘负荷平均值控制在14克/平方米以内。

（武 兴）

【屋顶牌匾标识重设】 年内，区城管委开展屋顶牌匾标识重设工作。在尊重企业视觉识别（VI）的基础上，在位置、颜色、规格上指导牌匾标识设置单位做好设计方案。截至年底，全区规范工作全部完成，规范牌匾标识6840块，包括屋顶牌匾4399块，其中市属企事业单位97块、区属企事业单位195块，提前完成拆除任务，规范整治数量位全市前列。同时完成雅宝路地区、红军营南路、区政府周边道路牌匾标识精品街项目建设。

（武 兴）

【实体化综合执法平台试点建设】 年内，43个街乡及北京奥林匹克公园管理委员会全部建立实体化综合执法中心，进驻人员600余名，形成“重心下移、问题导向、实体运行、科技支撑”的管理格局。制定《朝阳区智慧城市实体化综合指挥中心建设实施方案》，选定实体化办公场所，办理建设工程前期手续。

（武 兴）

【控违拆违】 年内，区城管委拆除各类违法建设1006.9万平方米，完成市级任务的177.30%。其中，达到“场清地净”标准建筑面积645.03万平方米，完成市级任务的113.56%；达到“场清地净”标准腾退土地面积818.7公顷，完成市级任务的144.14%。遏制新生违法建设，全年累计拆除疑似新生在施违建44处、建筑面积6.24万平方米，实现“动态清零”工作目标。

（武 兴）

【架空线入地工程】 年内，区城管委在全市核心区以外地区率先启动电力架空线入地，完成三里屯、雅宝路地区9条区属道路电力架空线入地及22条区属道路路灯架空线入地工程。选取民族园西路和安苑路开展“电力、路灯、电车和通信”四线合一小型管廊试点建设；完成和平里北街（朝阳段）等100条、92千米道路通信架空线入地整治任务。

（武 兴）

【道路配套设施工程】 年内，区城管委实施“道路点亮”工程。采取“永”“临”结合方式，解决有路无灯问题，全区74条无灯道路全部点亮。有路名无路牌道路400余条，安装路名牌约2180块。消除道路设施安全隐患，排查治理地下管线1.7万余米、地下设施井安全隐患7400余处；完成区属道路地下空洞检测85千米、应急点位检测100处、区管桥梁安全检测134座。

（武 兴）

【建筑垃圾资源化处置】 年内，区城管委制发《朝阳区建筑垃圾资源化处置工作实施意见》《建筑垃圾资源化处置临时设施建设导则》。完成PPP模式高安屯建筑废弃物资源化利用中心项目建设并投入试运行，年处理建筑垃圾能力1000余万吨。建成9处建筑垃圾资源化就地处理设施，分别位于孙河乡上辛堡村沙黄路北、东坝乡、十八里店乡西直河村康华路东、十八里店乡西直河村康华路西、十八里店乡横街子村老君堂中路东、金盏乡马各庄坤江市场、小红门乡小红门北路路北、平房乡姚家园桥东北角、循环经济产业园西北侧。全年处置建筑垃圾240余万吨，生产再生产品210余万吨，销售利用150余万吨。

（武 兴）

【老旧管网改造】 年内，区城管委完成西坝河小区、荟康苑小区、胜古家园小区等28个小区老旧管网改造，涉及供暖面积244.22万平方米、室外管线23.7千米、室内管线200千米，惠及居民近3万户。

（武 兴）

【电力保障】 年内，区城管委开展迎峰度夏（指进入到夏季后电力负荷达到高峰，有关部门为顺利度过夏季，迎接电力负荷高峰而采取一系列措施）和电力消除隐患工作。以支援用户产权小区停电恢复为重点，采取“优先抢修、恢复供电”原则，排查输电线路、地下变配电站、用户内部电气设备安全隐患，治理高压输电线路隐患42处、低压配网架空线路隐患78处，并在全市率先对隐患严重的7处建筑实施断电措施，协调解决欠费断电问题。

（武 兴）

城管执法监察

【概况】 朝阳区城市管理综合行政执法监察局（简称区城管执法监察局）是负责朝阳区城市管理行政执法与监察的区政府执法机构。其前身为朝阳区城市管理监察大队，成立于1998年12月。2004年底，全区所有街乡均设置城管执法队，2008年奥运会后，在奥林匹克森林公园设置4个城管执法队。2018年城管体制改革，区城管执法监察局内设党委办公室、行政办公室、机关管理科、法制科、宣传科、综合协调科、装备科、财务科、人事科、教育培训科、综合考核科、群团办、执法处置中心、拆违督导办公室、督察队、综合执法队、北京商务中心区执法队、朝阳园执法队、798执法队、工体执法队等20个科、室、直属队。每个街乡设执法队1个，奥林匹克森林公园设执法队4个，其行政关系隶属所在地街道办事处、乡政府（地区办事处）、奥林匹克森林公园管委会，对外以区城管执法监察局名义行使执法权。区城管执法监察局机关及直属队负责本系统城管执法工作的法制指导、指挥调度、统筹协调和督促检查，负责全区范围内重大案件、跨区域案件、专业性较强案件的执法工作。年内，区城管执法监察局围绕疏解非首都功能、大气污染防治、创建卫生城区等中心工作，以“工作基础看台账、执法绩效看热线、队伍形象看风纪”为导向，开展环境秩序综合整治。全年完成重大活动环境保障工作70余次。全年结案50500起，职权履行率72.60%，4月超额完成全年任务数；罚款1734万元，比上年上升57%；热线举报68792件，比上年下降33.9%，呈现“五降一升”，即热线举报、突出违法形态、占道经营类举报、重复举报、超时案件下降，案件办结率提升。印发《执法行为规范》《执法人员岗位履职基本准则》《重大行政执法案件审核工作实施细则》《城管执法机关执法全过程记录实施细则》等文件，规范城管系统执法人员履职行为。获北京市2017年度市级交通安全先进单位、首都环境建设样板单位、群众诉求十佳处理单位称号。

（滕 青）

【露天烧烤等违法经营整治】 6月5日，副区长刘海涛与区城管执法监察局局长聂宏伟等带领区城管执法监察局综合执法队、工体执法队等相关部门在全区范围内开展错时执法。重点开展夜间执法，整治区内露天烧烤、店外经营大排档、

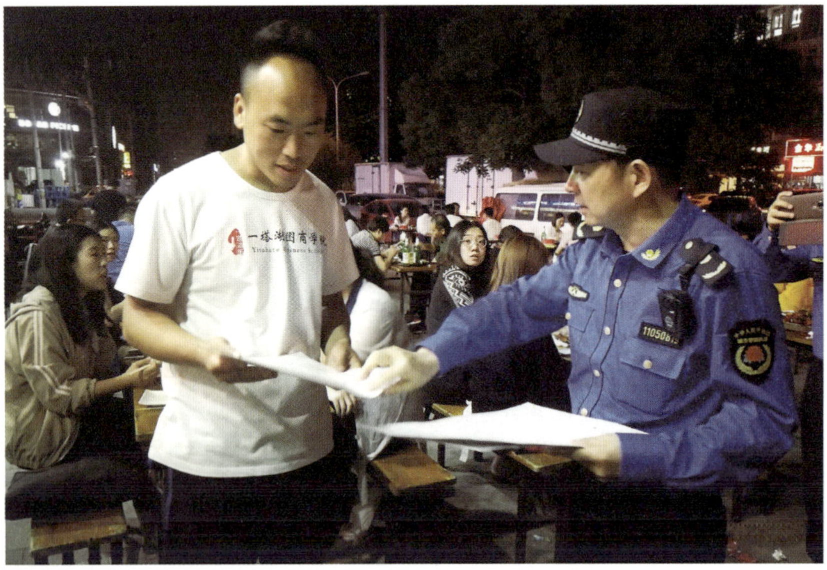

▲ 5月9日，三间房执法队对新房路玲珑山底商占道经营大排档进行查处　　宋彦例　摄

夜间施工等违法行为，当日全区执法系统处理无照经营、露天烧烤、大排档等违法行为94起，处罚10起。年内，区城管执法监察局建立实地摸排、宣传告知、错时执法、强化督查等工作措施，整治露天烧烤、大排档等违法经营行为，立案428起、处罚32.9万元，热线举报比上年下降47.9%。

（滕　青）

【大气污染防控执法】 8月6日，区城管执法监察局制发《关于开展2018年夏秋季大气污染防控专项执法月工作的通知》，按照“精治、法治、共治”要求，以防治细颗粒物污染为重点，针对扬尘、挥发性有机物治理等难点问题，整治施工扬尘、泄漏遗撒、露天烧烤、露天焚烧违法行为。年内，区城管执法监察局立案查处大气污染类案件2495起，处罚922.3万元。对各级督察、检查组反馈的78处问题全部整改完毕，处罚104.32万元；移送有关线索540条；共享处罚信息875条。

（滕　青）

【行政处罚裁量基准文件汇编完成】 10月10日，区城管执法监察局完成《北京市朝阳区城市管理综合行政执法监察局行政处罚裁量基准文件汇编》，发至全局系统，明确行政处罚遵循原则、种类和量罚幅度，以及从轻或从重处罚条件，使基层执法队执法有章可循，保障行政处罚行为合法和适当。

（滕　青）

【环境秩序整治】 11月1日至12日，区城管执法监察局制发《关于城市副中心行政办公区周边及主要进出路线环境整治提升工作方案》。整治辖区7条道路、3条轨道交通周边环境秩序类问题，确保边整治边形成长效管控机制。

（滕　青）

【异地联合执法】 年内，区城管执法监察局组织局机关直属队和各街乡执法队跨区域开展异地联合执法行动，打破区域管理弊端，在小红门等重点地区突袭式集中查处无照经营、露天烧烤及占道经营大排档等行为。通过连横合纵，联系属地城管、公安、食药等部门，实现全要素整改与多元共治同步进行。

（滕　青）

【扬尘治理管控平台搭建】 年内，区城管执法监察局在区住建委视频监控系统搭建扬尘治理管控平台，整合环保、住建、城管等部门施工现场综合管理职能。会同区环保局、区住建委成立联合督导组，建立联合办公机制，实现施工扬尘高效治理。

（滕　青）

【占道经营整治】 年内，区城管执法监察局按照“分解认领任务、紧抓时间节点；定期分析形势、实时专题调度；及时现场督导、实行一地一策；严格考核通报、分级约谈整改”原则，查处占道经营行为41735起，罚款493.6万元；热线举报比上年下降64.24%，全区月举报量达到动态清零；298处年度挂账重点点位销账工作于7月底提前超额完成。

（滕　青）

【餐厨垃圾治理】 年内，区城管执法监察局组织全区城管系统集中开展餐厨垃圾夜查行动。全年检查点位627处、餐厨垃圾运输车辆600辆，立案801起，罚款97.9万元,实现全区餐厨垃圾管理执法“两升两降一提高”目标，即违法行为立案、处罚同比上升，群众举报、媒体曝光同比下降，餐厨垃圾管理水平明显提高。

（滕　青）

【拆违控违】 年内，区城管执法监察局办理各类违法建设案件563件，涉及违

▲ 7月18日，区城管执法局督察队、工体执法队联合三里屯、团结湖、左家庄、呼家楼、朝外执法队对工体球赛进行保障　　赵　萌　摄

法建设880余处，办结176件。全区城管系统参与拆除违法建设3259处，面积550.93万平方米。

（滕　青）

【法制教育培训】 年内，区城管执法监察局开展层级培训3期，全区城管执法人员全员受训率100%。开展集中培训1期，涉及各部门负责人、主管法制队长、法制员、法制骨干250人。开展各街乡城管执法队“城管小课堂”23期，街乡执法队选报的小教员轮训6期，通过网络实时回答各类疑难问题200余件。

（滕　青）

数字化城市管理

【概况】 朝阳区城市管理监督指挥中心（简称区城管监督中心）是负责城市服务管理监督与评价工作的区政府行政机构。行政执法专项编制人员95名，事业编制5名。年内，区级系统平台上报城市管理类案件955378件，问题解决率90.72%。“81890”为民服务系统受理各类诉求340033件，比上年下降0.46%，其中咨询105017件，工商类咨询占咨询类诉求59.72%；举报投诉235016件，办结率99.40%，满意率55.63%。

（朱　婧）

【非紧急救助服务工作会】 6月28日，区城管监督中心召开朝阳区非紧急救助服务工作会。市非紧急救助服务中心主任王传颂、副区长刘海涛对做好群众诉求工作提出要求，奥运村街道办事处、黑庄户地区办事处、区卫生计生委等典型单位作经验报告。各街乡、职能部门主管领导、主责科室负责人、具体责任人等293人参加会议。

（朱　婧）

【区领导接听市民电话】 11月2日，代区长文献、副区长刘海涛带队到北京市政府热线“12345”参加第五季“听民意解民忧”活动。朝阳区受理问题184件，其中6件非朝阳管辖，其余178件诉求全部办结。监督中心经对市民回访，合理诉求解决85%，合理诉求满意度52.71%。

（朱　婧）

【网格化城市管理工作培训】 11月8日，区城管监督中心召开朝阳区网格化城市管理工作培训会。培训包括网格化城市管理工作标准和考核评价、新增建筑、区政府热线、区城市运行综合数据库等工作。全区相关委办局、43个街道及地区办事处网格工作人员160余人参加培训。

（朱　婧）

【土壤污染防治纳入监督】 年内，按照《北京市土壤污染防治工作方案2018年重点任务分解》和《2018年北京市朝阳区土壤污染防治工作方案》要求，区城管监督中心将北京市双桥电镀厂等土壤污染地块纳入网格化城市管理平台，开展监督工作。全年上报案件38件。

（朱　婧）

【“疏解整治促提升”专项行动】 年内，区城管监督中心开展“疏解整治促提升”专项行动，强化监督无照经营游商、店外经营、人防工事、公房地下室四类案件力度，梳理长期、反复出现的问题点位，形成台账。全年上报案件80399件，梳理出案件高发点位203处，对问题数据统计分析，包括问题数量、变化特点、高发区域、长期挂账反复出现重点问题及点位、工作建议等，向市城管委报送专项分析报告12篇。

（朱　婧）

【“街乡吹哨、部门报到”区级运行机制建设】 年内，区城管监督中心在网格化城市管理系统运行基础上，通过明确哨源、制定工作机制、细化类别标准、规范流程等措施探索建设“街乡吹哨、部门报到”区级运行机制。全年处理常态化案件160万余件，其中启动区级哨1724件，包含“媒体舆情哨”1523件、应急处突“预警哨”190件、区级协调“指挥哨”11件，办结779件，办理中945件。

（朱　婧）

【边界数据更新】 年内，区城管监督中心开展全区街乡及社区（行政村）边界更新工作。变更40个社区、行政村网格图层信息，涉及9个街乡、调整162个网格；完成地理信息系统图层制作，并纳入网格化城市管理系统及二级闭环系统。

（朱　婧）

【城市部件数据普查】 年内，区城管监督中心开展城市部件普查工作。完成市城管委基础数据更新考核指标，及时掌握朝阳区部件信息，数据普查分队完成城市部件普查596688个。

（朱　婧）

【人民网“地方领导留言板”受理】 年内，区城管监督中心受理人民网“地方领导留言板”留言372条，比上年上升41.4%。其中，给区委书记留言256条，给区长留言116条。主要类别为：城市管理90件、房屋及地下室出租49件、道路交通47件、拆迁问题40件、社会治安27件、企业经营21件、物业管理21件、劳动和社会保障15件、住房问题14件、规划建议12件、行政执法10件、公共服务7件、文化医疗7件、环境保护3件、园林绿化3件、户籍管理2件、公共安全1件、公共设施1件、房屋及地下室出租1件、其他1件，涉及19个地区办事处、20个街道办事处、22个委办局。办结率100%，反馈率70%。

（朱　婧）

交通运输管理

【概况】 北京市朝阳区交通委员会（简称区交通委）贯彻落实国家、北京关于交通方面的法律法规、规章和政策，位于松榆东里甲38号，2018年在朝阳区城市管理委员会挂牌。年内，广化大街、东八间房路等20条主次支路竣工通车，朝阳公园南路等10项疏堵工程全部完工。开展共享单车停放秩序专项整治工作，挖潜机动车停车位，实现路侧停车电子收费。北京市公安局公安交通管理局朝阳交通支队（简称朝阳交通支队）隶属于北京市公安局公安交通管理局，对朝阳区道路交通依法实施管理。位于百子湾西里303号，内设机构7个，包括办公室、勤务指挥科、安监科、交通科、事故科、法制科、科信科；下属单位7个，分别是呼家楼大队、高速路大队、东外大队、亚运村大队、劲松大队、双桥大队、机场大队。支队全员888人，其中民警884人、职工4人。年内，优化调整386、430、455、571、659、939、857、669、322、667、647、924等12条公交线路，增加公交线网覆盖率。办理驾驶证换证34509个，驾驶审验12376人，核发临时号牌12650面、异地代检手续7687份，核发检验合格标志30698个，换办进京证17956张。北京市交通委员会朝阳运输管理分局（简称市交通委朝阳运输管理分局）承担辖区内交通行业管理的具体工作，位于下甸厂坡村16号，为市交通委派出机构。辖区地面公交企业2户，涉及运营线路267条，配备运力6096部。公交枢纽2个、公交场站132个；出租汽车企业58户（不含个体车辆），注册车数6181辆，从业人员8172人，其中出租汽车驾驶员7997人；省际客运站3户，省际客运企业4户，运营车辆69辆，从业人员489人；旅游客运企业17户，运营车辆733辆，从业人员910人；汽车租赁企业639户，运营车辆22939辆；货运企业4085户，营运车数26918辆，合计载重量120320.67吨；维修企业654户，其中一类企业249户、二类企业275户，三类企业130户，从业人员22441人；水运企业16户，运营游船872艘，从业人员150人；汽车驾驶员培训学校3户。11月27日，因市机构改革，原北京市交通委员会运输管理局朝阳管理处（简称市交通委运输管理局朝阳管理处）更名为市交通委朝阳运输管理分局。5月1日起，朝阳区按照《北京市机动车停车条例》，实施新收费政策。

（武　兴　岳　玥　刘天一）

【广化大街通车】 1月1日，广化大街建成。广化大街规划为城市主干路，南起化工路，北至广渠路，全长1.85公里。工程于2017年8月25日开工，北京市公联公路联络线有线责任公司承建，投资金额4942万元。修建后道路红线宽45米，主线为双向六车道，两侧各设绿化隔离带3.5米，非机动车道3.5米，人行道4米。

（武　兴）

【旅游客运企业属地管理主体变更2家】 1月1日，北京润成天合汽车客运有限公司、中国天鹅国际旅游公司属地运政管理主体分别由东城管理处和西城管理处调整至市交通委运输管理局朝阳管理处。

（薛海林）

【旅游包车和省际客运车辆车证换发】 1月31日，市交通委运输管理局朝阳管理处完成辖区1593部旅游客运车辆2018年度旅游包车证换发。2月7日，市交通委运输管理局朝阳管理处完成辖区236部外埠进京省际客运车辆2018年度跨省市公路运输客运证换发。

（王　帅）

【出租汽车提前报废补贴办理】 2月28日，区出租汽车提前报废补贴申请工作完成。市交通委运输管理局朝阳管理处受理企业提前报废车辆补贴申请43户次，审核申报车辆2111辆，申报补贴资金2111万元。

（曹　楷）

【自行车肇事逃逸案侦破】 3月1日9时35分，在朝阳北路三间房东路北口，发生自行车肇事逃逸案。宣某驾驶三轮车由东向西逆向行驶过程中，其车辆前部与由南向北步行的麦某身体接触，造成麦某倒地受伤，经医院抢救无效于当日死亡，宣某事后驾车逃逸。事故发生后，民警立即对现场勘查，3月7日将肇事人宣某抓获，并查获肇事车辆，宣某交通肇事案告破。

（岳　玥）

【国贸地区交通综合整治】 3月21日至12月31日，区交通委联合区交管、城管、公安等部门印发《国贸地区交通综合整治工作方案》，开展国贸地区交通综合整治工作。至年底，各执法部门现场处罚各类交通违法行为4.7万起。其中，现场处罚违法停车3100起，清拖违法停车1120辆，处罚非机动车、行人3000起，扣留电动车1200辆，扣留两轮摩托车810辆，查处非法运营大巴车75辆、非法运营中巴车28辆、非法运营小客车575辆，粘贴《违法停车告知书》9万余张。相关属地街乡在高峰时段安排交通协管员配合站点文明引导员疏导车辆。通过捆绑式执法，国贸桥至大望桥沿线各类违法行为明显减少，交通秩序出现好转。

（武　兴）

【服务业务新增2项】 3月28日，市交通委运输管理局朝阳管理处运政科在办事大厅增加现场预约服务业务。工作人员为行政相对人开具预约单，行政相对人可按预约日期和时段前去办事，减少排队等候时间。6月19日，为进一步方便行政相对人，市交通委运输管理局朝阳管理处微信公众号"朝阳运管"预约功能开通，行政相对人业务办理更加便捷。

（王　帅）

【路侧停车电子收费改革完成】 3月，区交通委制发《朝阳区路侧停车管理改革方案》。7月，全区96条道路、7424个路侧备案停车位通过POS机方式实现路侧停车电子收费，在全市率先完成路侧停车电子收费改革。

（武　兴）

【旅游客运企业属地管理主体变更】 4月1日，北京风雅创捷旅游汽车客运服务有限公司、四达国际旅行社有限公司、北京青年旅行社股份有限该公司等3家旅游客运企业属地运输行政管理主体分别由市交通委房山运输管理分局、市交通委运输管理局丰台管理处调整至市交通委运输管理局朝阳管理处，北京首汽（集团）股份有限公司、北京石化出租汽车有限公司企业属地运政管理主体由市交通委运输管理局朝阳管理处调整至东城管理处。

（薛海林）

【郊区客运更新车辆现场勘验】 4月10日，市交通委运输管理局朝阳管理处现场勘验北京民航机场巴士公司更新的郊区客运车辆工作。经勘验，18部车辆全部符合更新要求。

（宋高旭）

【省际客运年度质量信誉考核】 4月20日，市交通委运输管理局朝阳管理处对辖区客运企业4户、客运站3家完成2017年度质量信誉考核初评。经考核，达到AAA标准企业3家、客运站3家，AA标准企业1家。

（薛海林）

【共享单车停放乱象治理】 4月，区交通委制发《朝阳区共享单车停放秩序整治方案》，明确各方责任和工作标准，加强对占用绿化、盲道、机动车道和非机动车道车辆清理力度。清理违规停放共享单车25万余辆。全年施划停车区域3500余个，容纳自行车停放超过7万辆，改善四环内共享单车停放秩序乱问题。

（武　兴）

【维修企业质量信誉考核】 4月至5月，市交通委运输管理局朝阳管理处对辖区430户机动车维修企业经营资质、安全生产、维修质量、服务质量、环境保护、遵章守纪和企业管理等方面开展综合考核。评出AAA级企业174户、AA级企业201户、A级企业55户。

（徐海滨）

【出租汽车调度站管理考核办法推进会】 5月10日，市交通委运输管理局朝阳管理处组织召开工作会，推动实施3月20日出台的《北京市出租汽车调度站管理和服务考核办法（修订）》。解读新修订条款，就规范首都机场出租汽车调度站管理和服务提出要求。交通执法总队机场大队、首都机场股份公司公共区管理部、首都机场物业管理公司、泰祥交通科技有限公司负责人出席会议。

（宋高旭）

【出租汽车营运证件换发】 5月16日至31日，市交通委运输管理局朝阳管理处出动142人次，入户检查辖区出租汽车企业58户、营运车辆（含个体车辆）6149辆、驾驶员8071人，现场监督企业整改营运设施配置不标准、车辆卫生等问题210余处。通过初检和复检，辖区出租车辆和驾驶员全部合格，准予换发营运证件。

（曹 楷）

【通惠河龙舟赛许可】 5月28日，市交通委运输管理局朝阳管理处根据北京市交通委员会运输管理局5月28日调整下放权责事项“通航水域岸线安全使用及水上水下活动许可”程序性规定，许可审批龙禹神州（北京）航运旅游开发股份有限公司筹办通惠河龙舟赛，并发放行政许可决定书。

（王 帅）

【安全宣传及培训】 6月16日，市交通委运输管理局朝阳管理处、北京市长途公司、四惠客运站联合对省际客运行业开展防灾减灾、自救逃生知识及行业法规宣传活动。发放交通安全宣传品300余份。6月20日，市交通委运输管理局朝阳管理处举办喷烤漆房安全使用现场培训会。中国船级社喷烤漆房安全综合评价负责人对喷烤漆房安全使用进行现场培训，12家重点维修企业技术负责人观摩学习。

（薛海林 徐海滨）

【“安全生产月”应急演练活动】 6月，市交通委运输管理局朝阳管理处配合北京市“安全生产月”，组织开展应急演练活动。6月8日，市交通委运输管理局朝阳管理处组织北京冀贵汽车贸易有限公司开展消防及逃生应急演练活动。活动对灭火器使用方法进行培训，现场模拟办公区域着火点及烟雾，组织员工紧急疏散撤离。北京冀贵汽车贸易有限公司46名职工参加演练，7家重点维修企业负责人观摩学习。6月20日，市交通委运输管理局朝阳管理处组织首都机场出租车调度站开展消防应急演练。演练现场模拟出租车发生自燃，工作人员发现后报警，引导车辆、人员疏散，进行5千克灭火器灭火、35千克灭火器实射、消防栓出水实喷灭火等实际操作。6月21日，市交通委运输管理局朝阳管理处

▲ 6月21日，市交通委运输管理局朝阳管理处举办化危企业“安全生产月”应急演练活动 周 丹 摄

组织开展危险货物运输应急演练。模拟场内医疗废物在车厢内自燃，对事故发生后的报告、清场隔离、救援处置等环节开展演练。辖区全体危险货物运输企业负责人观摩演练。6月，市交通委运输管理局朝阳管理处组织红领巾公园和朝阳公园2家游船单位开展2018年水上交通安全应急演练。活动通过场景模拟方式开展，10余艘船舶、30余人次参加演练。

（徐海滨 宋高旭 张 昊 李 磊）

【机场公交运力不足应急演练】 7月2日，市交通委运输管理局朝阳管理处在北京首都国际机场T3航站楼组织出租车、机场巴士开展运力不足应急演练。演练现场模拟受北京市发布红色汛情（大暴雨）天气预警影响，市内部分道路断路，造成首都机场出租调度站台旅客积压严重，出现后续出租汽车运力及机场巴士线路车辆运力不足情况。首都机场和奇华、金银建等出租汽车调度中心参加演练。

（宋高旭）

【“航海日”宣传活动】 7月13日，市交通委运输管理局朝阳管理处在朝阳公园开展2018年“航海日”宣传活动。海事执法人员通过现场讲解、发放宣传材料等方式，向市民讲解水上交通安全基本常识。活动发放宣传材料和纪念品100余份。

（李 磊）

【首批无障碍网络预约出租车上线运营】 7月20日，首约科技（北京）有限公司首批新型无障碍网络预约出租汽车获车辆道路运输许可证并上线运营。首批

▲ 7月20日，首批无障碍网络预约出租车上线运营 曹 楷 摄

无障碍网约车150部，车辆型号为众田牌ZTP5030XFZ福祉车，车身张贴无障碍标识，车内预留轮椅存放空间，并配置轮椅升降通道，便捷特殊人群乘车。

（曹　楷）

【北京龙舟交流赛活动巡查】 7月21日至22日，“2018年北京龙舟交流赛”活动在通惠河高碑店湖举行。市交通委运输管理局朝阳管理处出动海事执法人员4人次，完成比赛期间巡查工作。

（李　磊）

【首家出租汽车公司巡游车转网约车】 8月1日，北京双环出租汽车有限公司完成巡游车转网约车相关手续，并举行网约车发车仪式，推出“双环@首约”品牌。北京双环出租汽车公司成为辖区第一家与网约车融合发展的巡游车企业。

（曹　楷）

【巡游出租车燃油附加费调整】 8月10日，市交通委运输管理局朝阳管理处完成辖区出租企业6276辆巡游出租汽车上调1元/运次燃油附加费工作。

（曹　楷）

【四惠客运站售票厅设立警务室】 8月12日，四惠客运站售票厅设立警务室，方便乘客在警务室开具身份证明，购票乘车。

（薛海林）

【中非合作论坛北京峰会运输服务保障】 8月28日至9月7日“2018年中非合作论坛北京峰会”北京峰会期间，市交通委运输管理局朝阳管理处机场科出动执法人员20人次，检查营运车辆35辆；出动运行车辆65车次，运送代表122人次，运送随车行李221件，安全行驶3900千米，完成首都机场抵离运输服务保障工作。

（宋高旭）

【安贞路改造】 9月10日，安贞路升级改造工程启动，11月30日改造完成，并正式通车。道路全长近700米，由双向两车道改为双向六车道，为城市主干路；清理腾退路中央绿化带及停车场，变中间停车场为路侧停车。工程由北京市政路桥管理养护集团有限公司承建，投资2560万元。安贞路改造前，中间设置20米中央绿化隔离带，绿化带两侧为7米行车道，机非混行，早晚高峰拥堵严重。安贞路改造后为五幅路形式，双向六车道，机非分隔，主路为双向四车道，宽16米，两侧辅路宽7米，同时设置3.5米非机动车道，2.5米人行步道，保障机动车通行效率，优化步行和自行车出行环境。

（武　兴）

【水上交通安全知识进校园】 9月12日，市交通委运输管理局朝阳管理处到北京师范大学奥林匹克花园实验小学五年级四班，开展以“水上平安交通、安全伴我成长”为主题水上交通安全知识宣传教育活动。活动制作宣传图板6块，发放宣传纪念品40余套，受教小学生40人。

（李　磊）

【公交绿色出行宣传活动】 9月20日，市交通委运输管理局朝阳管理处在建外SOHO开展“优选公交绿色出行”主题宣传活动。通过宣传展板展示、在客流密集场站张贴宣传画册、发放宣传画及绿色出行纪念品等方式，宣传“绿色出行，从身边做起，优选公交”理念，鼓励、呼吁市民践行绿色出行。

（曹　楷）

【八棵杨西街建成通车】 10月8日，八棵杨西街正式放行通车。八棵杨西街规划为城市支路，南起八棵杨中街、北至八棵杨北街，全长303米、红线宽25米。道路改造工程总投资350万元，建设单位为宝嘉恒公司。八棵杨西街的通车，实现八棵杨北街与八棵杨南街贯通，优化劲松地区路网结构，方便百环家园周边居民出行。

（武　兴）

【危险货物运输企业许可信息核查】 10月16日，市交通委运输管理局朝阳管理处核查辖区10户危货运输企业许可事项。通过实地查验停车场地地址、面积、停车位及停车场相关材料，符合要求9户，不符合要求1户被注销行政许可。

（张　昊）

【“美团打车”获网约车经营资质】 11月7日，市交通委运输管理局朝阳管理处对上海路团科技有限公司（平台名称“美团打车”）北京分公司网约车平台经营许可申请开展现场勘验，确定符合网约车平台申请许可条件。12月21日，“美团打车”获网络预约出租汽车经营许可证，成为朝阳区第5家合法的网约车平台企业。

（曹　楷）

【市交通委运输管理局朝阳管理处更名】 11月27日，市机构编制委员会办公室同意将市交通委运输管理局朝阳管理处调整为市交通委派出机构，更名为北京市交通委员会朝阳运输管理分局。12月7日，北京市交通委员会朝阳运输管理分局行政审批服务专用章、北京市交通委员会朝阳运输管理分局证件专用章等新版行政审批印章启用，原有行政审批印章同时废止。

（刘天一　王　帅）

【慢行系统改造】 年内，区城管委以北京城市副中心廊道沿线、地铁周边、慢行大客流区域为重点，结合道路大中小修建计划，选取广和东街、建安东路、建外南街等道路，通过新建自行车道、施划彩色铺装、设置内嵌式停车、增设阻

▲ 8月15日，朝阳交通支队举办半年工作总结暨中非论坛安保誓师大会现场宣誓　朝阳交通支队 供稿

车设施、隔离设施、更换破损步道砖等设施，优化步行、自行车出行环境，综合治理自行车道125千米。

（武　兴）

【机动车停车位挖潜】 年内，挖掘社会资源，合理利用企业停车设施，开展机动车位挖潜。通过利用闲置空地建临时停车场、结合小区道路微循环改造设临时停车位等方式，在潘家园、垡头、将台、王四营、南磨房等地区建设居住区停车位8202个。启动3批18处立体停车设施建设，管庄光合空间创新园、十八里店大洋路市场、芳林苑小区完成建设，增加车位524个。朝外、酒仙桥、南磨房等地区错时停车位落实300个。

（武　兴）

【道路建设】 年内，区交通委开展朝阳区东部、东南部地区市政基础设施建设，滚动推进70条、109千米道路建设前期项目储备库项目；广化大街、东八间房路等20条主次支路工程竣工通车，朝阳公园南路等10项疏堵工程全部完工；维修养护各级各类道路103.8万平方米。在全市率先制发《关于进一步加强朝阳区代征城市道路用地移交管理相关工作意见》，接收代征道路用地5万平方米、市政配套公共用地0.5万平方米、开发建设单位代建的百子湾路和广百西路等11条道路（约4千米），均统一纳入区级管理。

（武　兴）

【路面秩序管理】 年内，朝阳交通支队全年接警585797起，其中交通事故346127起、交通拥堵33538起、反映206132起。强化路面秩序管理，全年开展夜查“酒后”专项行动150次，查获酒后驾车违法行为1152起，较上年下降6%；醉酒拘留43人，行政拘留590人，其中二次饮酒拘留23人、涉牌拘留166人、非司机拘留343人、其他拘留58人。全年现场执法58万起，非现场执法242万起，非现场执法罚款3亿元。现场处罚闯红灯违法行为3426起，较上年下降31%；处罚“涉牌”违法4795起，较上年下降40%；扣留非法“摩的”、两轮摩托车7302辆，较2017年提升9%；处罚货车违法行为161413起，较上年下降7%。管界发生交通事故70264次，伤514人、亡189人，与上年比，次数下降4.7%，伤人数下降95.9%、死亡人数上升9.2%。在事故总数中，快速处理69950起，占99.6%；一般程序处理314起，占0.4%。

（岳　玥）

【交通安全宣传和培训】 年内，朝阳交通支队组织开展各类交通安全宣教和培训活动1950场次，印发宣传材料120万余份，摆放宣传展板18000余块，悬挂各类横幅26000余条，累计教育群众180万余人次，营造“人人参与文明交通、人人践行文明交通”社会氛围。在广播、电视、报刊等媒体刊播稿件1200余篇。

（岳　玥）

【交通设施改造和道路优化】 年内，朝阳交通支队制定设施改造和道路优化方案135个，新增路口信号灯4处、机动车和分机动车隔离护栏4431米、中心护栏1570米、便道护栏1488米；安装各类交通标志118套，其中禁令标志51套、警告标志24套、指路标志14套、指示标志29套；施划车位210个，施划、复划道路标线26950米；打桩61根；检查保修交通设施372次。

（岳　玥）

【特勤警卫任务完成】 年内，朝阳交通支队完成全国“两会”、市“两会”、“2018年中非合作论坛北京峰会”安保和中央领导出访抵离京、在京出行、多国元首访华等各项交通特勤警卫任务2769次，比上年2754次增长0.5%，其中一级勤务628次、二级勤务384次、三级勤务1757次；出动警力53949人次。

（岳　玥）

【道路环境净化】 年内，朝阳交通支队依托“守护·2018平安行动”“交通秩序百日攻坚行动”，对领导关注、市民反映、舆情报道的北京商务中心区、双桥、京通沿线、东坝、星火西路、芍药居等地区乱停、乱行、“黑车、黑摩的”扰序违法行为开展联合执法；成立弘善家园“缓堵治乱专班”，明确一把手管理责任。全年道路施工行政许可审批527件，整改问题51件，组织施工单位召开安全教育会26次，现场踏勘调整交通导改方案362次，处置跑冒滴漏事件32处。通过道路组织优化、秩序整治、交通文明宣教等措施，改善交通秩序。

（岳　玥）

【交通安全源头监管】 年内，朝阳交通支队重点减压交通死亡事故，提高交通安全防范能力和水平。全年责令限期改正违法超标和发生严重违法单位3829家次；对1046家次单位禁止机动车上路行驶。排查交通安全隐患地点19处，100%治理完成。全年开展创建交通安全示范社区（村）、创建交通安全监管综合平台、全国交通安全日活动和“萌娃说交通”“少年交警队会操比赛”“鲜花送给礼让者清凉赠予守法人”“倡文明 礼让行 保平安”等活动，召开交通管理群众座谈会12次；通过开展各类交通安全宣教和培训、印发宣传材料、摆放宣传展板、悬挂各类横幅等方式，教育群众安全出行。

（岳　玥）

【疏堵治堵机制强化】 年内，朝阳交通支队针对元旦、春节等法定假期等重要节点，结合上年同期警情数据，逐一分析警情，发挥自主警务，精准岗位调整。利用电视监控等科技手段，加强高峰时段疏堵、治堵。制定预防、处置飙车及相关警情工作规范；重新梳理完善“122”警情上报工作规范。为缩短事故处警时间，提高路面通行能力，调整警力投量、投向，突出扁平化、动态化指挥，接警处警问题在支队每月队伍素质形象教育整顿成果上通报，每周进行事故警情处警超时提示，要求责任单位整改。全年接拥堵报警33538起，比上年常量下降4.2%。

（岳　玥）

【交通执法创新】 年内，朝阳交通支队开展执法监督检查活动106次，考核兑现执法不规范问题634起。敏感案件由主要领导专项盯办，确保案件及时、正确、妥善处置。全年支队接待群众行政复议申请586起、立案25起，行政诉讼案件出庭应诉28次，审理行政拘留案卷405宗，审理危险驾驶刑事案卷262宗，接待群众复核213人次、立案168宗，办理国家赔偿案件31宗，审理案件监管案卷1320余宗。

（岳　玥）

【交通安全示范社区（村）创建】 年内，区新建成交通安全示范社区（村）112个，其中优秀社区（村）23个，达标社区（村）89个。新增停车泊位18313个，增设各类交通标志7786面、护栏54775米、交通标线797024米、凸面镜605个、各类隔离桩20560个，拆除地锁9714个，清理僵尸车871辆，处罚各类违法行为8.3万起。

（岳　玥）

【货运行业投诉受理】 年内，市交通委运输管理局朝阳管理处受理货运行业投诉530件。其中，货损、丢货理赔类305件，运费纠纷类87件，时效类73件，其他问题65件，投诉协调满意率100%。

（张　昊）

【违规渣土运输企业治理】 年内，市交通委运输管理局朝阳管理处开展违规渣土运输企业治理。辖区有被通报无建筑垃圾准运资质，违法从事建筑垃圾、土方、渣土运输的货运企业60户。经约谈教育，60户企业均承诺不再从事建筑垃圾运输，并签署《不运渣土承诺书》。

（张　昊）

【窗口事项办理】 年内，市交通委运输管理局朝阳管理处窗口受理各类许可、备案事项20616件，较2017年增长8.4%，其中货运行业15990件，占总受理量77.6%。发放各类证件37958张；解答现场、来电咨询30000余件；整理、制作、归档行政许可、备案档案20000余份。窗口办事群众评价率97.78%，满意率99.93%。

（刘天一）

【执法检查】 年内，市交通委运输管理局朝阳管理处出动执法人员2414人次，入户检查1159户次，采取限期改正措施24件，移送处罚18件，约谈企业17户次，吊销企业2户，注销各类道路运输证件1152件。完成辖区6301辆巡游出租车营运证换发。

（刘天一）

水　务

【概况】 朝阳区水务局（简称区水务局）是负责朝阳区水行政管理工作的区政府工作部门。年内，贯彻落实国家、北京市有关水务工作的法律、法规、条例和政策；管理本区水资源（地表水、地下水、再生水）；监督、指导区供水工作，制定城乡供水规划和计划并组织实施；开展区水土保持工作等。设科室11个，有国家公务员46人，工勤人员1人；局直属基层单位11个，正式职工201人。完成全年防汛、水资源管理等任务目标。完成106千米污水收集管线、11.7千米雨污合流改造和2千米再生水管线建设任务，建成高安屯再生水厂（二期）。完善河长制体制机制，制发《朝阳区河长制工作考核实施细则（试行）》。创新“共商、共治、共建、共管、共享、共赢”河道治理模式。全区新水用量3.14亿立方米，在全市水资源管理制度考核中通过节水型区创建验收，获评优秀。完成“8·8”局地特大暴雨及“7·16”“7·24”强降雨应对工作；完成秋实街、平房五环路涵洞积水治理等工程，实现安全度汛。“朝阳群众小河长”社会服务项目获“2018中国青年志愿服务项目大赛”银奖，区水务局获北京市防汛抗旱先进集体和市执法协调办先进单位，区水务局计划建设科被市总工会、市人力资源和社会保障局授予2018年度“北京市工人先锋号”称号。

（马艺鸣）

【区联合执法警务站验收合格】 2月7日，市公安局环食药旅总队领导带队，会同市水务局法制处，验收公安朝阳分局、区水务局联合执法警务站。验收组实地查看联合执法警务站，检查办公设备配置、制度上墙及台账建立情况，验收结果为朝阳区联合执法警务站达到市级验收优秀标准。

（马艺鸣）

【三丰南巷北段污水管线应急抢修】 4月25日至5月8日，区水务局完成三丰南巷北段区属市政道路下的污水管线应急抢险。该段管线为无主管线，由于年久失修造成塌陷，导致周边区域12栋居民楼、近千户居民日常下水管道出现不同程度堵塞，其中三丰里甲15号楼下人防工程倒灌，一层居民家中出现反水现象，严重威胁楼体安全。区水务局联合朝外街道、区财政局、北京城市排水集团制定应急抢修方案，委托北京城市排水集团完成58.2米、400毫米管径管线进行应急抢修。

（马艺鸣）

【领导调研】 5月8日、11月5日，市委常委、凉水河流域市级河长魏小东到大羊坊沟和小龙河调研水环境治理情况，听取朝阳区河长制工作开展情况及“一河一策”编制情况。5月24日，水利部海委会巡视员户作亮、市河长办副主任刘凯带队现场督导检查朝阳区2018年河长制湖长制工作情况，对朝阳区河长制工作及水环境治理成效给予肯定。6月6日，市委常委、市委宣传部部长、清河流域市级河长杜飞进第二次督导检查清河流域河长制工作。年内，区领导调研河长制工作落实情况20余次，调研半壁店沟黑臭水体治理工作情况，二道沟、青年路沟沿河排水口排污问题，查看北小河流域截污管线工程进展，检查小场沟、朝阳干渠、东晓景排水沟治理情况及存在问题，查看来广营中心沟、战备路排水沟截污情况及来广营中心沟应急治理工程建设情况，督导解决二道沟延静里桥三处居民污水直排入河问题等。

（马艺鸣）

【小场沟综合治理工程完成通水验收】 5月23日，小场沟（五环外方涵出口—小场闸）综合治理工程完成通水验收。该工程为市区重点项目，也是社会共建项目，工程打通行洪通道，于2017年9月20日开工，批复总投资15781万元。治理全长2600米，中宏地产段514米，由中宏地产出资实施，区水务局负责实施2086米。此次河道治理主要内容为河道疏挖整治、绿化工程及电力改移工程，市排水集团负责实施河道沿线污水管道截污工程。5月23日，除中宏地产段外，其余河道主体、建筑物主体完工。

（马艺鸣）

【区水系连通建设工程方案论证】 7月10日，为推进东部廊道地区环境建设，区启动水系连通建设工程。区水务局召开项目专家论证会，市水科院、水文总站、怀柔区、通州区水务局相关专家出席会议。专家组认为项目方案符合规划、符合实施方案深度要求，需分区细化水量平衡及工程布置，分析水系连通工程对防洪的影响、补充汛期运行方案，细化工程运行及管理维护方案、补充年运行管理费。

（马艺鸣）

【全区河长制工作会】 7月13日，区水务局召开2018年河长制工作会。区委副书记、区副总河长甘靖中强调河长制工作要与疏解整治促提升、美丽乡村建设、环保督察等重点工作相结合；要聚焦污水直排、水体黑臭等现阶段水环境治理问题，强化源头防控，水岸共治；加快出台河长制考核办法，强化监督问责。要拓宽社会参与渠道，注重社会监督。区委办、区河长制成员单位主要负责人，各街乡级河长，区水务局有关负责人60余人参加会议。9月6日，区水务局召开2018年河长制成员单位工作会。区河长办主任汇报开展“一河一策”“清河行动”“清四乱”专项行动进展情况，部署河长制工作要点和任务分解。区河长办副主任刘明辉汇报《2018年朝阳区河长制考核办法实施细则》制定情况及三级河道管护资金测算情况。甘靖中参加会议并讲话。区委办、区政府办、区环保局、区财政局等17个相关单位主管人员参加会议。11月16日，区河长办召开全区河长制工作推进会。通报街乡级和社区村级河长巡河App使用情况、第三方检查河道环境问题整改完成情况，部署下一步巡河率和河道问题整改；水环境检查第三方单位人员作辅导培训。11月29日，区河长办召开河长制推进工作电视电话会。会议要求提高“四率”（巡河率、覆盖率、发现率、整改率），以治理“四乱”（乱占、乱建、乱采、乱堆）为抓手，以治污为重点，全面提升水环境质量；区河长办将建立完善周通报、月督促、季汇报工作机制，健全考核问责工作制度。区政府办、区农委、区社会办、43个街乡河长办主任及工作人员80余人参加会议。

（马艺鸣）

【市级创卫病媒检查迎检保障】 7月23日至26日，为做好市级创卫病媒检查迎检工作，区水务局出动保洁人员1546人次、保洁车192车次，清理垃圾514.5立方米、渣土126立方米、杂草25.02万平方米。

（马艺鸣）

【坝河水系景观廊道项目建设】 8月9日，区水务局组织召开《坝河水系景观廊道建设项目概念方案成果》部门联审会。概念方案通过部门联审。8月13日，区水务局组织召开坝河水系景观廊道建设项目概念方案成果验收评审暨合同完工验收会，项目通过验收。

（马艺鸣）

【河长制湖长制专项工作督查】 9月18日至19日，市河长办第二督查组督导检查朝阳区区级、街乡级、社区（村）级三级河长制工作落实情况。督查组采取“四不两直”方式现场检查东南郊清水干渠、大柳树沟、通惠河、马各庄排水沟、黎各庄2处污水处理站、温榆河马术俱乐部等点位，查阅区级、街乡级、社区（村）级河长制工作材料、档案，与各级河长座谈交流。9月19日，市河长督察组召开2018年朝阳区河长制湖长制专项工作督查座谈会。市河长督察组对朝阳区开展河长制基础工作、统筹将河长制工作与区域环境综合整治提升等专项工作相结合工作方法及朝阳群众小河长志愿服务项目开展等工作给予肯定，要求进一步加强河湖问题整改，持续提升河湖水环境。

（马艺鸣）

【“朝阳群众小河长”社会服务项目获奖】 11月30日，“朝阳群众小河长”社会服务项目获2018年中国青年志愿服务项目大赛银奖，成为全国青年志愿服务优秀项目库第一批入库项目。评选活动由共青团中央、中央文明办、民政部、水利部等7家单位与中共四川省委等共同举办。“朝阳群众小河长”项目由团区委与区水务局于2017年3月共同创建。年内组织活动120场，432名小河长志愿者在志愿北京网实名注册，总服务时长6578小时，受益群众3918人次，全年向水务单位反馈有效巡河问题174条，全面助力朝阳区河长制工作落实。

（马艺鸣）

【涉水政务服务进驻区级综合大厅】 12月3日，区水务局落实《国务院办公厅关于印发进一步深化“互联网+政务服务”推进政务服务“一网、一门、一次”改革实施方案的通知》和市区工作要求，在完成前期工作基础上，区水务局窗口进驻区政务服务综合大厅。28项政务服务事项100%进驻区级综合受理窗口、100%实现网上申请，提前实现年内“一网、一门、一窗”工作要求。

（马艺鸣）

防　汛

【概况】 朝阳区人民政府防汛抗旱指挥部办公室（区防汛办）为区防汛应急指挥部的常设办事机构，设在区水务局，承担区防汛应急指挥部的具体工作。主要负责制定朝阳区防汛应急预案，并审查部门、街道（地区）办事处防汛应急预案和重点河道、部位等分预案；负责指挥和协调朝阳区防汛预警和防汛突发事件应对和处置工作；负责朝阳区汛期有关供水、排水的应急调度、抢险、救灾的组织、协调工作；组织开展所属应急救援队伍的建设管理以及应急物资的储备保障等工作；负责全区防汛应急救援队伍建设管理的协调、应急救援培训指导等工作。2018年，全区汛期累积平均降水量560.0毫米，较常年同期偏多31.8%，呈现降水量偏强偏多、降水量空间分布不均、暴雨天数偏多三个明显特点，7月16日、7月24日、8月8日出现3次强降雨。全区落实防汛网格576个，32123个雨水口落实双包单位980个，新建气象水文站点33处。实施防汛隐患消除工程5处，秋实街和平房乡五环路涵洞积水治理工程汛期发挥效益，完成望京街道法制日报社中路积水治理工程、平房乡东坝中路驹子房路口应急度汛工程及重点河道水毁修复工程。

（马艺鸣）

【防汛工作调研】 2月1日，市防汛办到朝阳区调研防汛工作。重点调研朝阳区2017年汛后防洪排涝建设项目——化工路焦化厂段积水治理项目、河道治理亮点工程萧太后河马家湾湿地公园、2016年汛后防洪排涝重点水务工程延续项目——平房乡五环路过路涵积水治理工程，座谈研讨河长制调整防汛指挥体系、提升防汛信息化水平等工作。市防汛办肯定朝阳区雨水口门前双包、雨水口施划禁停标识、防汛消隐工程等防汛工作。4月3日，市防汛办、市交通委等部门组成防汛检查组到朝阳区检查防汛工作。检查组现场检查金家村铁路涵洞、北花园泵站、萧太后河源头广场。检查组肯定朝阳区汛前准备、隐患整改等工作。7月24日，市人大常委会主任李伟到朝阳区调研防汛工作，实地察看北京商务中心区核心区地下公共空间市政交通基础设施及配套项目，肯定朝阳区施工现场各项防汛预案及深基坑加固、排水措施。在区防汛指挥中心，与呼家楼街道连线，询问街道、社区值守情况和老旧小区和平房区强降雨应对工作。9月8日，市水务局督导检查朝阳区防汛隐患排查整改工作。市水务局听取市排水集团关于金泰桥积水治理工程方案汇报，提出泵站应与周边上下游现状雨水管线连通，给周边群众留下更多活动空间的建议。

（马艺鸣）

【防汛抗旱工作部署会】 5月29日，朝阳区召开2018年防汛工作视频部署会议。区防汛抗旱指挥部领导、成员单位、各街乡防汛基层组织相关人员参加会议。区委书记、区防汛抗旱总指挥王灏要求，要进一步开展社会动员和演练，严格应急值守和汛情应对处置，坚守“不死人、少伤人”工作底线，确保安全度汛。区防汛办成立43个街乡8898人抢险队伍。43个街乡储备水泵1011台、发电机105台、救生衣1925件等物资。落实避难场所103处和转移安置点85处，可容纳53万人避险、7万人转移安置。完成清淤清掏排水沟渠、雨水管线17.87千米，清理雨水口、雨水井等7395处。23处老旧房屋、41处低洼院落、6处早期人防工程、33处深基坑等隐患点建立台账，明确责任主体，确保各项隐患整改措施落实。6月5日，区防汛办召开2018年防汛专项分指挥部暨联合办公工作会。区委宣传部、区住建委、区房管局、区城管委、朝阳交通支队、区旅游委、区信息办、区民政局、区农委、区社会办、市排水集团二分公司等单位相关负责人参加会议。区防汛办介绍2018年朝阳区防汛应急预案调整情况，由区委宣传部等8个单位牵头成立8个防汛专项分指挥部，同时调整原“8+1”（区水务局、区武装部、区住建委、区市政市容委、区社会办、区农委、公安朝阳分局、朝阳交通支队8个部门和市排水集团到区防汛指挥中心集中办公）联合办公机制为“2+1”（区社会办、区农委、市排水集团联合办公）联合办公机制，即有预警响应时，农委、社会办、市排水集团二分公司3个部门在区防汛指挥部集中办公。年内，《朝阳区积滞水点防汛应急预案》由2017年的70处核减至38处。

（马艺鸣）

【强降雨应对】 7月16日2时至17日20时，朝阳区出现强降雨，平均降水量117.2毫米；最大降水为清河营郊野公园站152.9毫米。区气象台发布暴雨蓝色预警，区防汛办启动Ⅳ级预警响应及“2+1”联合办公机制（区社会办、区农委、市排水集团联合办公）。全区出动巡查人员6066人次，检查危旧楼房574处、危旧平房198处、易积水路段132条段、在施工地88处，清掏雨水口1846座，出动抢险人员1817人次、车辆147辆次、使用水泵120台、沙袋6600条、编织袋3650条。出现道路短时积水2处、倒伏树木15棵、房屋及阳台漏雨22处，全部采取措施。河道管理部门实时提闸塌坝泄洪。城市运行平稳，无明显灾情险情。7月23日23时至24日14时，朝阳区受台风“安比”影响出现降水，平均降水量75.1毫米，最大降水为四惠桥站96.4毫米。降水期间伴有局地短时大风，其中白家楼、黑庄户都市农汇和朗各庄3个站极大风速达6级。区气象台发布暴雨预警由蓝色升级至黄色预警，区防汛指挥部启动预警响应由Ⅳ级升至Ⅲ级。出动8061人次巡查、车辆245辆次，检查楼房1254处、危旧平房512处、道路易积水路段176条段、在施工地127处，清掏雨水口3037座，检查低洼院落1处。出现超过30厘米积滞水点2处（五环平房桥下、百子湾涵洞），房屋漏雨7处，均妥善解决。8月8日3时至10时，全区平均降水量87.8毫米，达大暴雨级别。最大降雨量和最大雨强出现在黑庄户地区，达214.0毫米，超百年一遇，最大雨强出现在8日8时至9时，小时降雨量达122.6毫米。区气象台发布暴雨预警由黄色升至橙色，区防汛办启动Ⅲ级暴雨预警响应。降雨未造成重大灾情，城市运行整体平稳。

（马艺鸣）

节　水

【概况】 朝阳区水务局供水管理科（北京市朝阳区节约用水办公室），负责区节约用水工作，组织编制节约用水规划和年度计划，下达年度计划用水指标并进行管理；负责全区节水措施的落实、节水技术的推广应用和宣传工作；负责全区建设项目节水设施意见审查及临时用水指标和节水设施竣工验收审批工作；组织全区累进加价水费的收缴工作。设朝阳区节约用水管理中心，为局属全民所有制事业单位。年内，组织区内30个相关部门、43个街乡协助市水务局对朝阳区开展节水型区创建验收工作，11项考核指标全部达标，朝阳区通过验收。实施水资源管理双控行动，安装远传计量水表；加大节水型单位（企业）创建力度，开展水平衡测试工作，优化区域用水结构。在企业、居民家庭等换装高效节水器具2万套（件）。

（马艺鸣）

【“世界水日”和“中国水周”宣传活动】 3月22日，区水务局在亮马河承办由市水务局、共青团北京市委员会、朝阳区政府共同主办的以“节水护水，你我同

▲ 7月24日晨，平房乡抽排积水　　区水务局　供稿

行”——第二十六届“世界水日”、第三十一届“中国水周”为主题的“世界水日”和“中国水周”系列宣传活动暨节水护水志愿服务启动仪式。市政府副秘书长陈蓓、市水务局局长潘安君、团市委副书记李健等领导出席，北京青年政治学院、北京水利水电学校等大中小学水务志愿者、朝阳群众小河长代表、朝阳区水务工作者、青联委员、青年干部、社区青年汇社工等250余人参加活动。活动以进机关、进社区、进农村、进公园、进部队、进家庭等“七进”形式，举办主题宣传活动50余场，发放宣传材料和宣传品近5万份，受众100余万人次。

（马艺鸣）

【节水宣传周活动】 5月12日至19日，区水务局联合区双拥办、豆各庄乡、京客隆集团及北京青年政治学院等单位开展以“实施国家节水行动，让节水成为习惯”为主题的节水宣传周活动。活动采取“1+6+N”运作模式（1场节水主题嘉年华、6场节水主题活动、N种线上主题互动），开展系列主题节水宣传，增强全民节水、爱水、护水意识。其间组织主题宣传活动80余场，发放宣传材料和宣传品近7万份，发送移动短信330万条，受众500余万人次。

（马艺鸣）

【粮田、菜田、鲜果园高效节水工作会】 6月26日，区水务局联合区农委、区园林绿化局召开粮田、菜田、鲜果园高效节水工作会。区水务局副局长娄立仓主持会议，各有关地区办事处相关工作负责人参加会议。水资源科、节水办对各地区永久基本农田规划建设方案提出意见，对农业高效节水工作提出要求。娄立仓强调，各地区办事处在永久基本农田规划建设过程中要进一步落实“以水定地”原则，结合农业生产地块内水源实际情况，因地制宜确定灌溉水源，发展雨养农业、生态景观农业；各地区办事处要抓紧完成辖区内农业地块信息核定，为实现农业用水精细化管理夯实基础。

（马艺鸣）

【节水型区创建通过验收】 10月30日，北京市“节水双创建”第一小组验收工作会在西城区节约用水办公室召开。由东城、西城、朝阳、海淀4区组成第一验收小组，经评议，朝阳区50个单位、10个社区全部达到市级节水型单位和社区创建标准，通过市级验收。

（马艺鸣）

【特殊行业管理工作会】 12月13日，区水务局召开朝阳区特殊行业管理工作会，区工商局等6个部门相关人员参加会议。形成《朝阳区特殊行业用水联合执法工作方案》，决定用2个月时间、分4个阶段开展联合执法检查。

（马艺鸣）

消　防

【概况】 朝阳区消防支队隶属于北京市消防总队，负责全区城内消防安全工作，主要承担《中华人民共和国消防法》及其他相关法律赋予的火灾预防、监督执法、灭火和应急救援等社会管理、公共服务职能。10月9日，北京市朝阳区公安消防支队称谓在转制过渡期间更改为北京市朝阳区消防支队，转为国家综合性消防救援队伍行政编制。支队机关设司令部、政治处、后勤处和防火监督处。下辖22个消防中队、1个搜救犬队。年内，接警出动8317队次。其中，火警3449队次，出动消防车19789车次，97925人次；抢险救援3458队次，出动消防车3986车次，28191人次。完成全国“两会”、国庆69周年、中共十九届四中全会、中非合作论坛等重大保卫以及各种节日、大型活动场所的消防安全保卫任务。全年执行勤务2625次、出动13719车次、61642人次。望京中队获首都文明单位，望京消防中队指导员王震宇立北京市公安局二等功、获北京市公安局优秀共产党员称号。

（荆天毅）

【火灾扑救】 4月27日2时28分，总队作战指挥中心接到报警：酒仙桥百分百商城发生火灾（到场核实为酒仙桥村20号），中队6部消防车、24名官兵赶赴现场，“119”指挥中心先后调集总队、支队两级全勤指挥部和望京东中队、望京中队、亚运村中队3中队、17部消防车、90余名官兵到场实施处置。火灾于3时16分被扑灭。现场过火面积100平方米，燃烧物为生活用品、被褥。保护毗邻建筑约500平方米。起火原因为电线老化引燃，火灾造成4人死亡、3人受伤。10月24日22时39分，总队作战指挥中心接到报警，大鲁店北路甲15号发生火灾。豆各庄、垡头、梨园中队、富力又一城消防站4个中队、14部消防车到场处置。23时23分火势基本扑灭，次日2时22分火场清理完毕。此次火灾由电器线路故障引发，火灾燃烧物质为书籍，过火面积20平方米，无人员被困、人员伤亡。

（荆天毅）

【消防宣传培训】 11月8日，区消防支队在东北师范大学附属中学朝阳学校举行“全民参与防治火灾”为主题的消防救援演练暨“119”消防宣传月活动启动仪式。各街乡、委办局、派出所主管消防

▲ 11月8日，朝阳区消防支队在东北师范大学附属中学朝阳学校举行“全民参与防治火灾”为主题的消防救援演练暨“119”消防宣传月活动启动仪式　　陈　冰　摄

工作领导和全区社会消防安全重点单位、中小学师生代表1300余人参加启动仪式。其间，43个街乡分别开展“119”宣传月活动130余场次，“两微一信”关注人群8万人次，推送各类消防安全信息7800余条。在全区消防安全薄弱地区安装640块消防宣传栏，在人员密集地区设立安装宣传电子屏1100块，为1700余家重点单位张贴消防安全温馨提示、厨房消防安全要点。启动朝阳区全民消防培训计划，对全区20万群众开展宣传教育培训。全年开展各类消防宣传教育培训2430次，发放宣传资料120万余份，张贴海报70万余份。

（肇　禹）

【城乡接合部重点地区整治】 11月，区消防支队抽调消防监督员30人，配合区公安、派出所、安监、城管、流管办等执法人员，带领协管员和保安，开展昼夜重点防火检查。对重点地区出租房屋逐一摸排，指导派出所民警和流管员与房东签订《出租房屋消防安全隐患告知书》，发放《一封信》16500余份、张贴各类消防安全提示18000余份；对3367处上账隐患开展两轮“回头看”，摸排城乡接合部村民宅基地出租房15757处、16.76万间，排查出风险隐患15.7万余处；对15处重大（突出）隐患单位、25处区域隐患挂账督办、项目化整治，推动完成整改销账8件。

（顾兆平）

【消防安全监督机制完善】 年内，区消防支队依托防火委平台，与街乡、委办局签订消防工作责任状85份，制发文件、通知、通报120余份；依托“街乡吹哨、部门报到”机制，发挥“朝阳群众”品牌效应，逐级包干、部门联动、以专带群、捆绑作业，“实名制”充实三级网格。以北京会议中心、中国国际贸易中心有限公司、万达文华酒店为试点，分类型打造“六化一体”（消防安全组织制度规范化、标准管理统一化、重点部位警示化、培训演练经常化、检查巡查常态化、设施器材标识化六个标准化为一体）标准化管理单位1786家；强化重点单位日常管理，全覆盖落实“户籍化”管理要求。加强事故调查和责任追究，出具认定书108份（一般47份，简易61份），9起因火灾致死案件中8起移交刑侦部门。建立火灾数据每日通报、周总结、月分析及半年、年度专题报告制度。

（顾兆平）

【重大消防安全保卫任务保障】 年内，区消防支队完成全国“两会”、中非合作论坛北京峰会等政治性活动，中超、CBA、中网等体育赛事，以及各类展览演出、节日庆典等活动消防保卫任务。上勤156次，其中政治勤务67次。中非合作论坛消防安全保卫工作中，涉及朝阳区会场1处、启用住地27处；勤务出动警力335人次，其中防火警力117人次，灭火警力218人次，消防车32部，中非合作论坛期间未发生敏感火灾。

（顾兆平）

【消防专项治理】 年内，区消防支队开展春夏、冬春火灾防控专项治理工作，开展人密场所、施工现场、校外培训机构、非法“一日游”等10余项消防专项整治行动。启动“消防专项行动”，开展消防车道治理、可燃杂物清理、电动车管理、消防器材配备、全民宣传培训，完成消防车道整治175处，清理可燃物1400余吨，清理违规电动车191处、1200余辆，增配灭火器116处、4600余具。全年检查单位6.37万家，其中督促整改隐患13.3万处，临时查封4038家、责令“三停”（停止施工、停止使用、停产停业）756家，罚款3197.85万元，拘留499人。

（顾兆平）

【消防行政审批】 年内，区消防支队受理消防行政办事事项7298项，消防行政许可事项3618项，其中建设工程消防设计审核173项，建设工程消防验收1702项，公众聚焦场所投入使用、营业前消防安全检查1743项；消防备案事项3280项，其中建设工程消防设计备案56项，建设工程竣工消防验收备案142项，建设工程施工现场消防安全备案3082项。

（姚国才）

【消防队站建设】 年内，区消防支队完成天坛家具厂、太阳宫消防站建设工程；朝阳区消防指挥中心及百子湾特勤消防站和小红门消防站取得《前期工作函》、北工大消防站取得《设计方案审查意见函》；完成区级消防训练基地和消防主题公园选址工作；望京东消防中队、酒仙桥消防中队改建工作完成立项。

（韩成龙）

生态文明建设

北京朝阳年鉴

Beijing Chaoyang Yearbook

2019

生态环境保护

【概况】 朝阳区环境保护局（简称区环保局）是朝阳区人民政府环境保护行政主管部门，依法对朝阳区环境保护工作实施统一监督管理，业务工作接受北京市环境保护局指导。编制188人，实有175人。其中，局机关内设科室9个，编制37人，实有34人；行政执法机构1个，为北京市朝阳区环境执法监察大队，编制54人，实有48人；纳入机关工资规范管理事业单位3个，包括朝阳区机动车排放管理站、朝阳区环境影响评价评估中心、朝阳区生态与环境保护信息中心，编制67人，实有65人；全额拨款事业单位1个，为朝阳区环境保护监测站，编制30人，实有28人。年内，区环保局开展环境保护精细化管理，完成中央和北京市环保督察反馈问题整改和环境质量改善任务指标。开展核与辐射安全监管，完成危险化学品和危险废物环境管理、环境风险防范和化解工作、重大活动服务保障。开展第二次全国污染源普查、智慧环保建设，教育培训干部队伍，提高环境保护能力。完成汛期环境应急工作，开展汛期环境安全隐患排查，督促企业落实环境安全主体责任，消除环境安全隐患，完成节假日期间保障工作，防止发生环境污染事件。区环保局获市总工会首都劳动奖状。北京市环境保护局、北京市人力资源和社会保障局共同授予区环保局、环境卫生服务中心、亚运村街道办事处等5个单位首都环境保护先进集体称号，授予郭全亮、谢竭娟、武轩等12人首都环境保护先进个人称号。

（高　宇）

【空气重污染橙色预警启动】 1月11日、3月9日、11月14日，区环保局接市空气重污染应急指挥部启动空气重污染橙色预警通知，按照《朝阳区空气重污染应急预案（2017年修订）》工作要求，开展工作部署，提前加大执法、督查力度，检查限产停产企业限产停产情况。检查停产限产单位600余家次，停限产单位均能按照应急预案要求落实停限产工作。

（高　宇）

【第二次全国污染源普查工作部署】 3月21日，区环保局召开第二次全国污染源普查工作动员部署会，启动第二次全国污染源普查。普查标准时点为2017年12月31日。普查对象为区域内污染源单位和个体经营户。范围包括：工业污染源，农业污染源，生活污染源，集中式污染治理设施，移动源及其他产生、排放污染物设施。普查分四个阶段：2018年3月底前为前期准备阶段，组建普查机构、编制普查方案、开展普查宣传；6月底前为清查建库阶段，清查各类排污单位、开展入河排污口名录排查、锅炉调查；12月底前为全面普查阶段，开展入户调查并汇总形成普查数据库；2019年为总结发布阶段，发布普查成果、提出利用建议、建立污染源数据库。4月17日，召开第二次普查动员部署会和技术培训会。各街乡污染源普查工作负责人约200人参加培训。

（高　宇）

▲ 3月21日，区环保局召开第二次全国污染源普查工作部署会　　区环保局　供稿

【领导调研】 3月22日，市人大常委会副主任张清等一行到朝阳区调研大气污染防治工作。现场调研十八里店乡横街子村、黑庄户乡郎各庄村“无煤化”工作，到王四营乡调研基层环保工作开展情况，听取朝阳区大气污染防治和无煤化工作汇报。副区长王志勉，区农委、区发改委、区社会办、区环保局、朝阳供电公司及街乡领导一同调研。3月27日，市人大常委会主任李伟带队到朝阳区三间房乡和呼家楼街道调研“疏解整治促提升”“蓝天保卫战”等工作，区发改委、呼家楼街道汇报工作情况，区环保局汇报工作进展和有关问题。4月11日，副市长杨斌专题调研全市大气污染防治工作。在农展馆西门北侧调研机动车遥感监测，在农展馆空气质量自动监测子站调研精细化管理情况，在麦子店街道办事处召开全市大气污染防治专题调度现场会。各区政府和北京经济技术开发区管委会分管领导以及市环保局、市住建委、市城管委、市交通委等部门领导一同调研。11月26日，副区长杨建海到十八里店、黑庄户、王四营地区检查空气重污染应对工作落实情况。

（高　宇）

【挥发性有机物整治】 4月25日，区环保局开展挥发性有机物专项整治。制定汽修、家具、印刷、药业、机械制造业等行业挥发性有机物排放企业专项检查方案，实行“一个行业、一个标准、一个方案、一个原则”，明确监管重点。联合区发改委和42个街乡（机场街道环保管辖权限归顺义区）检查289家挥发性有机物排放企业。其中，已停产或搬迁违法企业150家，重点执法监察继续生产企业139家。

（高　宇）

【旅游车辆专项整治】 5月21日，区环保、交管、交通、公安、城管等执法部门，会同旅游行业主管部门、亚运村街道办事处多部门联合开展亚运村奥体中路旅游车辆专项整治。出动20余人次，检查旅游车辆36辆、清理旅游车辆36辆。

（高　宇）

【环境宣传日活动】 6月5日，区环保局在朝阳区公园南门开展以“美丽中国，我是行动者——低碳生活，守护美丽朝阳”为主题的环境宣传日活动。活动分“守卫蓝色天空”“呵护碧水蓝天”“共建绿色家园”3个互动区，现场感受一支烟对周围细颗粒物（$PM_{2.5}$）数值带来的变化，体验动感单车减少的碳排放，区别优质水源和污染水源之间不同，播放环境日主题宣传片和“建设美丽朝阳我们一起行动”优秀作品集锦，设立展板14块。发放各类宣传材料2000余份，现场为群众提供咨询100余人次，参加活动群众200余人。

（高　宇）

【生态环境保护专题培训】 6月21日，由区环保局、区委组织部、区委党校主办的区处级干部生态环境保护专题培训班在区委党校举办。聘请生态环境部、市环保局领导解读党的十九大生态文明建设和环境保护重要精神，习近平生态文明思想，大气、水污染防治工作及新时代背景下生态环境保护形式、政策法规等。培训为期2天，区生态和环境保护委员会成员单位分管处级领导约100人参加培训。

（高　宇）

【有机物覆盖绿化裸地】 10月11日，区环保局开展扬尘污染源头治理，完成8.8万平方米绿化裸地有机物覆盖。有机物来自城市园林绿化过程中产生的有机物废弃物，经过收集、筛选、处理及腐熟工序后，覆盖绿化裸地。应用该项技术，使园林裸地、道路绿化带裸地、公园裸地减少夏季水分流失，延迟冬季土壤表层冻结，抑制杂草生长，降低后期除草、浇水频率。有机覆盖物还能吸附空气中扬尘，改善空气质量，有助于“海绵城市”构建，从源头控制扬尘污染。

（高　宇）

【遥感检测设备增配5台】 年内，朝阳区增配移动式遥感检测车2台并投入使用。该设备可检测过往机动车排放的二氧化碳、一氧化碳、碳氢化合物、氮氧化合物以及不透光烟度尾气，拍照车辆，自动识别车辆车牌号码。区环保局向尾气排放检测超标车辆车主动邮寄《机动车排放检测超标告知书》，车主也可以通过市环保局官方网站查询车辆尾气检测结果。在高速路进京方向增设黑烟车电子抓拍系统3套，逐步提升区域移动源排放监管水平。全年利用移动式遥感检测设备检测车机动车195万余辆。

（高　宇）

水环境治理

【概况】 年内，朝阳区水务局（简称区水务局）监督和指导区排水、污水处理、水环境治理工作，管理和保护区河道、湖泊、坑塘、堤防。完成水环境治理、河长制工作等任务目标。通过生态环境部、住建部黑臭水体整治专项督察和巡查，完成市政府第二个三年治污方案《北京市进一步加快推进污水治理和再生水利用工作三年行动方案（2016年7月—2019年6月）》。完成温榆河、萧太后河等34条黑臭水体治理，清河沙子营、坝河沙窝、通惠河新八里桥、亮马河七棵树、通惠河高碑店湖5处国家、市级考核断面水质达到考核要求。萧太后河滨水绿色文化休闲廊道项目完工，完成全区水系蓝线规划。

（马艺鸣）

【萧太后河综合治理项目】 1月3日，区委书记、区总河长吴桂英带队到萧太后河马家湾湿地公园调研。吴桂英强调，萧太后河项目已经成为全市水生态环境的亮点和名片，治理过程中各基层党组织积极作为，体现了党建的引领作用。区相关领导、相关委办局主要负责人及街乡级河长90余人参加调研。9月6日，市委书记蔡奇就推进留白增绿工作到朝阳区萧太后河调研。萧太后河是连接中心城区和城市副中心的重要排水通道，因两岸污水直排，一度沦为“牛奶河”。萧太后河综合治理项目于2016年11月15日启动，2017年6月15日完工，工程投资114673.8万元。

（马艺鸣）

【领导调研】 1月4日，市委组织部部务委员阎晓东调研十八里店乡大羊坊沟水环境治理工作开展情况、实施进度、河道截污措施及下一步水生态环境提升方案。5月10日，市长、市总河长陈吉宁带队调研朝阳区水环境治理及河长制落实情况，并现场查看前苇沟污水处理站设备运行及污泥处置环节等情况。5月25日，副区长刘海涛到管庄乡巡视咸宁侯排水沟环境清理、管线维护工作。9月27日，市水务局总工程师段伟带队到区水务局，专题研究黑臭水体等项目管线建设。12月11日，区委常委、区纪委书记席成坡率队实地检查崔各庄乡、金盏乡、东坝乡3个河道问题点位，约谈负责人。

（马艺鸣）

【坝河沙窝国家地表水考核断面治理】 3月15日，区总河长王灏主持召开坝河沙窝断面治理专题会。区环保局、区水务局分别就沙窝断面水质不稳定情况作汇报。针对坝河流域污水处理能力不足造成坝河沙窝断面氨氮指标未稳定达标情况，采取加装水质提升设施、治理污水口、联合执法等综合措施，实施坝河沙窝断面综合治理工程。9月，同步协调排水集团建设高安屯再生水厂二期工程，实现每日10万吨污水处理能力。10月，坝河沙窝国家地表水考核断面实现达标。

（马艺鸣）

【大羊坊沟治理工程】 3月15日，区委召开大羊坊沟治理专题工作会，研究制定大羊坊沟治理工程方案。大羊坊沟位于朝阳区东南郊，起自左安门外饮马井，流经通州区后在大兴区汇入凉水河，全长13. 5千米，宽度在12～20米之间，流域面积18平方千米。大羊坊沟污水应急治理工程包括3部分：污水压力输水管线工程，新建压力管道直径250～500毫米，长度约6.3千米；污水泵站工程，新建2座一体化泵站，设计规模分别为0.5万立方米/天、1.5万立方米/天；调蓄池工程，新建调蓄池1座，有效容积2161立方米。工程总投资11921.70万元，6月23日完工，北京城市排水集团有限责任公司承建。

（马艺鸣）

【生态问责通报会】 3月29日，市委、市政府通报中央环境保护督察移交生态环境损害责任追究问题问责情况，区水务局于3月30日召开党组（扩大）会，就“朝阳区水务局在北运河水系水环境治理工作中，针对地表水监测断面水质不达标问题，未在规定时间内完成任务，对朝阳区水务局党组给予通报问责”问题，通报处理意见，要求端正思想认识、分析问题原因、研究解决措施。

（马艺鸣）

【黑臭水体治理】 5月28日至6月11日，为做好生态环境部、住房城乡建设部对北京市开展的黑臭水体整治环境保护专项行动督察工作，区水务局完成自查材料，并协调市排水集团、属地街乡开展现场自查。迎检期间，区水务局领导分头带领4个水务所、分4个片区对全区33条黑臭水体涉及的河道、沟渠开展实地检查，对发现的问题现场协调解决，立查立改；封堵排水口5个，清理垃圾渣土745立方米、水面漂浮物846立方米、杂草7.9万平方米，出动巡查人员561人次、保洁人员2649人次、保洁车辆207车次。迎检涉及的18个街乡对河道两岸上开口外30米范围内清运垃圾8299立方米、水面漂浮物2912立方米、杂草41267平方米，出动巡查人员1845人次、保洁人员2442人次、保洁车辆91车次。10月22日至11月2日，生态环境部和住房城乡建设部专项巡查朝阳区黑臭水体整治工作。

（马艺鸣）

【水环境治理专题会】 5月31日，区委召开专题会，听取区水务局、区环保局工作汇报，区领导王灏、甘靖中、王志勉、杨建海和10余个相关部门、街乡参加会议。区水务局局长路军汇报区水务局近期水环境治理工作开展情况、存在问题和工作建议后，会议对水务、环保工作进行讨论和研究。王灏要求针对朝阳区在北京市地表水排名相对较差问题，要认真分析原因，研究对策，提升区域水体质量，到年底前基本形成治水管水格局。

（马艺鸣）

【街乡推进河长制工作典型案例】 7月，东湖街道启动区北小河周边环境综合治理。拆除北小河两岸烟酒超市、防汛物资仓库、移动设备间等违建设施。其中，腾退河荫中路11号违建洗车房，建成河岸1万平方米绿化、150米健身步道、20个休闲长椅、20余个步道景观。北小河望京西路至广顺北大街段南北两岸改造工程改造河岸约810米、南北两岸绿化面积约5.3公顷，通过增加滨水步道和基础配套设施、种植特色植物、局部修缮破损硬质等措施，河道两岸生态环境整体提升。该工程于5月31日施工，9月30日竣工并通过验收。年内同时对北小河两岸破损公示牌进行修复，及时更新信息，组织社区开展捡拾白色垃圾活动；南湖中园北社区举办“培养小河长保护水环境”暑期活动，带动青年家庭参与北小河管护和水生态文明建设。河道两岸建设成为“公共开放、现代时尚、自然活力”的滨水绿地。8月，左家庄街道将辖区内亮马河分成新源西里、新源里和顺源里3个河段，分别设立“河段长”和由社区志愿者担任的“河段管家”，同时发动沿岸10家社会单位确定“河段岗长”。通过“河长、副河长、河段长、河段岗长、河段管家”“四长一管家”工作体系，组织志愿者行动10余次，发现、处理共享单车落水、河面漂浮垃圾等现象56起，劝阻乱搭乱建游泳换衣棚11起，清理河道垃圾300余次，形成全社会共治共管水环境良好氛围。

（马艺鸣）

【望京沟治理工程完工】 10月28日，朝阳水利工程有限公司完成望京沟污水口治理工程。在排水口设置闸门，新建一体化泵站，望京街（大中电器）排水口污水提升为望京东路污水管线，切断入河污染源。项目投资411.66万元。中水建管（北京）工程咨询有限公司监理。

（马艺鸣）

【河长制工作区长专题会】 11月28日，代区长文献召开河长制工作专题会。会议研究河长制巡河、问题督查督办等有关问题。文献指出：要建立各级河长任务书、台账以及通报制度，做到及时提醒；属地建立河道管理台账，巡河纳入网格监督工作，通过第三方检查、网格监督和日常巡河，做到发现问题全覆盖，及时上报难整改问题；务必全面完成34条黑臭水体治理任务，要在2019年3月完成朝阳区17个街乡77条小微水体治理任务，实现全域消除黑臭水体，保障萧

▲ 治理后的北小河玉兰花畔景观全景（摄于9月） 区水务局 供稿

太后河等流入城市副中心9条河道水环境还清。副区长杨建海、李国红，成员单位和街乡相关人员参加会议。

（马艺鸣）

市容环境管理

【概况】 年内，朝阳区城市管理委员会（简称区城管委）加强管理，实现辖区内各级党政机关和驻京部队生活垃圾强制分类全覆盖。在全市率先引入“真空排导”模式，53座旱厕改造完成投入使用。336条背街小巷环境整治提升工程完工。规范建筑物屋顶牌匾标识6840块。69条、78千米道路通信架空线完成入地整治。

（武　兴）

【垃圾分类示范片区创建】 3月，左家庄街道新源西里社区、潘家园街道松榆里社区、八里庄街道十里堡社区试点“二维码+分类袋”垃圾袋分类垃圾工作，涉及8栋居民楼、1134户。自3月底，为每户居民每日免费发放2只10升分类袋（厨余垃圾、其他垃圾各1只）及专属二维码，指导员通过扫描垃圾袋上二维码，确定投放居民，评定厨余垃圾纯净度，给予相应积分。年内，在垡头、潘家园、双井、建外、朝外、八里庄、六里屯、呼家楼、团结湖、三里屯、麦子店、左家庄、酒仙桥、望京、东湖、高碑店、南磨房、黑庄户18个街道（地区）办事处及10个美丽乡村创建垃圾分类示范片区。截至年底，垃圾分类示范片区覆盖率42%。

（武　兴）

【环境卫生清洁日行动】 4月，区城管委制定《朝阳区关于开展环境卫生清洁日行动的工作方案》。以“五一”国际劳动节为契机，在全区范围内开展环境卫生清洁日行动。清扫、擦拭、消毒、整理背街小巷、居民小区、机关、企事业单位、学校、部队院内和房前楼后、阳台楼道、地下室、自行车棚、地下车库等环境卫生死角，确保无乱堆物料、无共享单车乱堆放、无积存垃圾、无白色污染、无张贴（喷涂）小广告、无蚊蝇滋生。

（武　兴）

【厕所升级改造】 7月，全市首个采用飞机和高铁冲厕装置的太阳宫地区牛王庙公厕投入使用。11月，黑庄户乡、太阳宫乡、南磨房乡53座旱厕试点真空排导技术升级改造完成，完成无管网地区三类以下公厕升级改造。

（武　兴）

【地铁口周边环境治理】 7月，区城管委按照“综合施策、一站一策、示范带动、试点先行”原则，推进地铁口周边环境专项治理。完善《朝阳区地铁站口周边环境专项治理工作方案》，以分级分类为指导，选取十里河站、金台路站、青年路站为试点，全面启动治理工作。年内完成辖区内全部81个地铁站点、303个出入口环境提升、整治工作。

（武　兴）

【重大活动环境保障】 9月，区城管委完成中非合作论坛北京峰会环境保障工作。其间道路铺装16万平方米、设置花坛70个；组建应急队伍80支，出动18.5万人次，清理垃圾渣土5.4万吨、共享单车近2万辆。年内，完成全国“两会”等环境保障任务60余次。

（武　兴）

【“一街一路”重点环境建设项目】 11月，“一街一路”沿线建筑夜景照明工程全面启动，项目实施主体为区城市管理委，批复金额4660.84万元。“一街一路”沿线环境建设项目于2016年6月启动，工程施工单位是区园林绿化局，截至年末，长安街及其延长线杨闸村、东会村三角地6.7万平方米绿化完工，批复金额3219.47万元；八里桥公园改造提升工程启动，批复金额10547.61万元；广渠路郭家场村北侧、管庄木材市场约14.3万平方米绿化节点全部完工，批复金额7619.09万元；小郊亭桥南侧、王四营段9.3万平方米绿化基本完工，批复金额5780.61万元。

（武　兴）

【渣土消纳管理】 年内，区城管委严格渣土消纳准运行政许可，规范消纳建筑垃圾3400余万吨。开展夜间常态化联合督导执法检查120次（其中区领导带队检查69次），城管执法局查处违规运输车辆1480起，交通执法五队查处非法改装渣土运输车辆676起，环保局查处尾气超标渣土运输车辆632起，交通支队查处大货车超载等违规车辆136625起。3100余处环境脏乱点整治到位。

（武　兴）

【农村地区垃圾收集运输管理】 年内，为减少农村地区垃圾收集、运输过程中满冒、遗撒现象，区城管委按照“统一领导、按需配置、有朝阳特色”要求，全面取缔、替换1306处地搓站、箱站等不规范垃圾收集设施及不符合现有标准垃圾运出车辆。

（武　兴）

环境卫生

【概况】 北京市朝阳区环境卫生服务中心（简称区环卫中心）是朝阳区环境卫生专业作业服务队伍，区属全额拨款正处级事业单位。主要负责全区环境卫生服务性、技术性和事务性工作，担负全区主要干路的清扫保洁、喷雾降尘、垃圾清运、粪便抽运及无害化处理、公厕管理与保洁、垃圾分类等环卫作业生产工作。中心内设12个科室，下设环卫一、二、三、四队和第一、二、三、四清洁车辆场、环卫开发服务中心及北京朝环生态资源科技有限公司等10个基层作业单位，职工6902人。11月，成立北京朝环生态资源科技有限责任公司，为区环卫中心下属国有独资公司。全年清扫道路3335万平方米，其中机械作业面积1732万平方米。有作业车辆1700余辆，道路“冲、扫、洗、收”新工艺作业覆盖率达到92.1%；人工作业面积1603万平方米，保洁过街天桥150座，地下通道56座，保洁清掏果皮箱10321个；管理密闭式清洁站251座，清运农村地区垃圾中转站23座，管理公共卫生间1055座。清运生活垃圾日均5500余吨，处理粪便日均1000余吨。

（张香玲）

【重要活动环境保障】 2月15日至21日，区环卫中心启动春节环境卫生保障工作方案和应急预案，加强组织领导，增加作业人员，提高作业频次，加大检查力度。出动作业职工52390人次、作业车辆10660车次，清运生活垃圾38500余吨、粪便5200余吨，出动检查人员1680人次，完成春节期间环境保障。3月3日至20

日，区环卫中心成立全国“两会”期间环境保障指挥部，制定专项保障工作方案。出动职工10.4万余人次、作业车辆3.2万余车次、检查5000人次，清理生活垃圾约11.29万吨，清运粪便1.57万吨，使用中水5.6万吨。6月7日，区环卫中心为朝阳区创建国家级卫生乡镇开展环境保障工作。各作业单位以“街乡吹哨、部门报到”为标准，加强责任区内道路、公共厕所和密闭式清洁站管理，开展联合检查专项行动。出动作业职工35人、作业车辆4辆，清理垃圾8.1吨。9月25日至27日，区环卫中心开展以“干干净净迎国庆”为主题的环境卫生大扫除活动。重点进行道路冲洗，提高作业频次，清扫责任区易产生卫生死角区域，擦拭、整理；捡拾白色污染，减少道路扬尘污染；精细保洁公共卫生间。出动人员15600人次，清理背街小巷972条，清理白色污染15千克、非法张贴小广告15000张。

（张香玲）

【空气重污染应急响应】 3月10日、24日，市空气重污染应急指挥部发布空气重污染蓝色预警。区环卫中心立即启动蓝色预警应急措施，在清扫保洁常规作业基础上，在北京商务中心区、区政府周边、奥运场馆等重点区域道路增加1次机械清扫保洁作业，减少道路扬尘污染。其他道路加大作业力度，严禁使用大扫帚作业，减少扬尘污染，杜绝垃圾、树叶等焚烧行为。作业车辆悬挂空气重污染标牌，严禁车辆挂带、遗撒，检查重型柴油车等车辆，严禁冒黑烟车辆出场。4月1日12时至2日12时，区环卫中心出动道路清扫保洁职工4200人次、作业车辆929车次，使用再生水4861吨，自查240人次。

（张香玲）

【防汛保障】 7月16日至17日，北京普降大雨。区环卫中心启动防汛应急工作预案，各道路作业开展雨前道路雨水箅子上废弃物清扫、推水作业，检查密闭式清洁站、公厕、出租房屋等设施防雨情况。一线干路环卫工人冒雨清扫路边泥沙、落叶、纸屑等垃圾，及时疏通路面积水，防止排水管网堵塞。出动道路作业车辆460车次、作业人员3600人次，出动自查人员140人次。

（张香玲）

【北京朝环生态资源科技有限责任公司成立】 11月21日，北京朝环生态资源科技有限责任公司（简称朝环生态公司）成立。注册资金3000万元，由区环卫中心全额出资注册，是区环卫中心下属国有独资公司。公司设临时党支部，党员3人。设董事会，其中董事长1人、董事3人。设监事1人。公司实行董事会领导下总经理负责制，设总经理1人（董事长兼任）、副总经理2人、总经理助理1人。内设部门5个，包括综合办公室、人力资源部、财务部、企业管理部、企业运营部。职工16人。公司主要承担朝阳区垃圾分类、大件垃圾收运、再生资源回收及环卫一体化作业等环卫相关业务。

（张香玲）

【垃圾收集设备引进】 12月24日，区环卫中心引进深圳“地埋式”垃圾收集设备，在高原街西藏中学投入使用。与传统垃圾收集点相比，智能“地埋式”垃圾收集点实现地上地下联动模式，解决传统垃圾站暴露带来的视觉污染、蚊蝇滋生、臭气扰民等诸多“邻避效应”问题，使垃圾站点更环保、卫生和实用。该设备采用酷似“充电桩”外观，地下设置6个垃圾桶，其他垃圾容量1100升、厨余垃圾120升，实现密闭、环保、高效的生活垃圾收集、中转及运输，大大提高垃圾缓存能力。同时设有垃圾满溢提示，人工智能化控制设备升降，装满后自动拉出地面，检测系统可自动提醒作业人员清运，解决“堆桶问题”。配备设备急停保护、防漏电保护措施及多种智能硬件，可除臭、自动灭火、通信传输，使垃圾收集处置更加安全、便捷、高效。

（张香玲）

循环经济

【概况】 朝阳循环经济产业园管理中心（简称循环经济产业园）为区政府直属事业单位，机构规格相当正处级，经费形式为全额拨款，业务归口区市政市容委管理。主要承担朝阳区固体废弃物无害化处理和垃圾处理循环利用项目规划、建设和管理工作。编制44人，内设科室9个。园区内建有高安屯卫生填埋场、生活垃圾焚烧发电厂、餐厨垃圾处理厂、医疗垃圾处理厂、电动汽车充换电站、朝阳生活垃圾综合处理厂焚烧中心、生物处理中心试验项目、废旧物资回收中心。年内，建筑废弃物资源化利用中心项目竣工。园区消纳垃圾162.56万吨。其中，填埋场填埋残渣26.45万吨；高安屯生活垃圾焚烧发电厂处理生活垃圾62.68万吨；朝阳生活垃圾综合处理厂焚烧中心处理生活垃圾73.43万吨，上网电量2.91亿千瓦时；高安屯卫生填埋场年处理渗沥液3.72万吨，填埋气收集处理71.93万立方米；高安屯生活垃圾焚烧发电厂年上网发电2.43亿千瓦时。园区全年接待社会各界人士参观497批次、20321人次。获北京市中小学生社会大课堂资源单位、2017年度市级交通安全先进单位、2017年度区级交通安全先进单位、国家资源循环利用基地、全国安康杯先进单位等荣誉。

（李　强）

▲ 12月24日，“地埋式”垃圾收集设备在高原街西藏中学投入使用　　靳自强　摄

【参观考察接待】 3月28日，循环经济产业园接待上海市奉贤区政协副主席及11名政协委员参观考察。3月31日，接待中国雄安集团总经理杨忠一行调研参观。5月30日，湖北省住房和城乡建设厅副厅长傅继成带领17个市（州）城管局（委）领导干部25人，到循环经济产业园学习垃圾处理工艺技术。6月7日，四川省成都双流城管委一行9人，到园区学习烟气处理工艺与设施运行等方面经验。7月9日，湖南省道县工业园区领导干部和县领导干部70人到循环经济产业园，交流学习园区运行模式和管理方法。9月11日，海南省环保厅环保主管部门领导干部20人，到循环经济产业园考察生活垃圾焚烧厂基本建设及运营情况。9月18日，四川省攀枝花市50余名领导干部到循环经济产业园，参观调研固体废物处理及园区规划管理等问题。9月18日，河南省焦作市工信委60余位领导干部到循环经济产业园，考察交流企业节能减排和清洁绿色发展等问题。11月13日，山东省历城区50名领导干部到循环经济产业园，考察交流企业节能减排和清洁绿色发展等问题。年内，循环经济产业园接待社会各界人士参观497批次、20321人次。其中，政府部门参观70批次、1802人次，企业参观23批次、887人次，同行业参观115批次、3908人次，居民参观103批次、5295人次，外宾参观28批次、1221人次，学生参观143批次、7020人次，媒体参观15批次、188人次。参观人群中，学生、居民、同行参观人数居前三位，分别占34.55%、26.06%、19.23%，超过总人次数量80%。全年接待市文明办组织的一日游居民参观43批次2203人。接待埃及、缅甸、伊拉克、阿尔及利亚、布隆迪、赤道几内亚、马达加斯加、多米尼加、巴拿马、洪都拉斯、厄瓜多尔、老挝、蒙古、孟加拉、菲律宾、老挝、毛里求斯、叙利亚、斯里兰卡和阿富汗、厄瓜多尔、阿根廷及来自非洲法语国家等国家约400名官员、学员到朝阳循环经济产业园参观交流，旨在贯彻落实“一带一路”倡议，学习中国循环经济发展经验，促进中外经济技术交流合作。

（张春黛子　范海建　王小文）

【垃圾分类主题活动】 3月29日，北京市市政市容管理委员会宣传教育中心在循环经济产业园启动“垃圾分类我们一起来”系列主题活动。组织北京市数千名居民全方位了解北京市垃圾处理现状，循环经济产业园为实地参观地点之一。4月12日，首都文明委和市城管委主办、循环经济产业园承办的2018年“垃圾文明一日游”在循环经济产业园启动，首批参观者为芳草地国际学校100余名学生，12月6日活动结束。此项活动自2010年起举办，每年4月起启动，历时24周。

（李晓峰）

【媒体采访】 6月4日，中央广播电视总台《东方时空》栏目组一行5人到循环经济产业园，采访园区中心示范园休闲散步居民对园区的认知和感受，采访园区管理中心主任皮猛关于产业园发展及环境整治方面情况。7月9日，日本驻华媒体“每日新闻社中国总局”一行3人到循环经济产业园，采访园区人员，了解中国垃圾处理高速发展现状。

（范海建）

【餐厨垃圾处理厂改造项目】 6月25日，高安屯餐厨垃圾处理厂深化改造项目前期审核审批手续完成，获区发改委立项批复。项目总投资10479.46万元，8月8日开工，12月13日土建工作完成，设备安装完毕，进入点动调试状态。项目按照环保标准高、处理工艺高、工程质量高“三高”标准改造，具有高科技含量等特点。

（彭旭阳）

【“环保宝”微信公众号上线】 7月12日，“环保宝”科普微信公众号上线。内容涵盖科普知识、寓教于乐、环保游览、零废弃商店、大众环保、低碳公益行6个板块，涉及各类资讯和互动体验等20余种程序。

（王　涛）

【建筑废弃物资源化利用中心项目竣工】 12月13日，朝阳区建筑废弃物资源化利用中心项目建设完成，进入设备调试阶段。该项目位于循环经济产业园内，占地面积21.4万余平方米，采用PPP模式建设，是朝阳区首个建成符合规划和环保要求的建筑垃圾处理项目。工程投资24791.45万元，北京建工集团有限责任公司承建，北京华厦工程项目管理有限责任公司监理。建设内容包括建筑废弃物处理系统、焚烧炉渣处理系统、资源化产品生产系统及配套设施，采用多级破碎+多级筛分+资源化利用组合工艺，生产厂房全密闭，严控粉尘、噪音等污染，符合或低于国家及北京市标准，实现生产废水零排放。设计年处理垃圾123万吨，其中建筑垃圾约100万吨、焚烧发电厂炉渣约23万吨。

（张丹丹）

【异味防控与环境监测】 年内，循环经济产业园开展园区异味防控与环境监测。全年园区自查发现异味问题10次、发现问题38余处，发放整改通知单，做到即时即改；引进第三方定期监测园区环境及二噁英，全年监测70余次，监测结果均达标。

（王小文）

【安全检查】 年内，循环经济产业园落实安全生产责任制，层层签订《安全稳定责任书》，定期检查各设施单位安全情况，排查安全隐患，重点检查责任制落实、安全生产基础资料管理、消防安全、特种作业、职业健康管理、防洪防汛、危化品等方面落实情况。全年检查81次，发现隐患6项，全部整改。加强项目施工现场安全管理，整理备案各类建设项目安全协议11份，开展重点项目现场检查16次，发现并整改安全问题66项，整改率100%，全年无安全问题发生。

（范海建）

【信息化建设】 年内，完善园区媒体宣传平台。全年园区网站发布各类数据、新闻、图片、视频等新闻1169篇（包括环境监测数据），网站点击量14.67万人次；微信平台发布信息73条，关注量1045人。

（张　娟）

【浓缩液处理试验项目研究】 年内，循环经济产业园与北京大学、北京金晨曦环保科技发展有限公司合作，以3座垃圾渗沥液处理设施为试验对象，开展以“絮凝”为核心工艺的浓缩液处理试验项目研究。实验结果为出水指标全部达到北京市最新地方标准，为浓缩液规模化工程建设和设备应用提供理论基础，攻克废弃物处理行业处理渗沥液浓缩液难题。

（刘　瑾）

园林绿化

【概况】 朝阳区园林绿化局（朝阳区绿化委员会办公室）隶属于朝阳区人民政府，

是贯彻执行国家和北京市城市绿化及林业工作方针、政策、法律、法规，根据首都绿化总体规划制定并实施全区绿化建设发展规划和年度计划，负责全区园林绿化建设和管理，负责组织协调全民义务植树活动及群众绿化工作，并负责直属事业单位建设和管理的政府职能部门。年内，全局有在职职工 797 人，其中公务员 43 人、事业编 754 人。内设局机关科室 10 个，下设基层单位 17 个。全区落实新一轮百万亩造林绿化面积 1047 万平方米，林地面积 11310.25 万平方米，森林面积 10170.37 万平方米，林木绿化率 26.14%，森林覆盖率 22.35%；园林绿地面积 15068.93 万平方米，绿地率 48.23%，绿化覆盖率 48.22%。完成花卉常态化项目、国庆节及中非合作论坛峰会花卉布置，使用花卉 566 万株（盆）。完成新建和改造小红门芳林公园、金茂府百子湾公园、丁香园绿地等 25 个大中小微公园建设。实施驼房营路、酒仙桥路、老迎宾线等 14 条重点道路景观提升。完成北窑地小区、新纪家园等 10 个老旧小区改造项目，北京市第八十中学白家庄校区、将台地区社区服务中心等屋顶绿化 2 万平方米。审批林木和城市树木伐移项目 656 件，总株数 44.88 万株。批准危险树认定申请 46 件，砍伐危死树 183 株。审核临时占用林地项目 8 件，面积 12.56 万平方米。区园林局备案占用林地项目 17 件，面积 51.39 万平方米。配合市园林绿化局完成全市古树名木普查。全区未发生森林火警、火灾。组织安全教育培训 21 次、应急演练 19 次。组织养护管理培训。区森防办组织森林防火及野保业务培训。完成创建花园式社区 8 个和花园式单位 10 个。园林绿化监督管理所隶属区园林绿化局，是公益一类财政全额拨款事业单位，主要职责是参与市、区规划部门对附属、公共绿地的验收备案；负责林地绿地、林木树木许可审批后的监督检查；承担辖区林地、绿地专项巡查检查，对侵占绿地、毁坏林地、林木及设施等违法案件，协同区城管执法监察局行使处罚等。年内，完成批后监督工作 218 项，其中城区 136 件、农村 82 件。巡查全区林地 400 余处，现场检查立水桥公园被举报事件及该公园自拆施工部分 33 次；对“博洛尼”事件中的博洛尼家居馆下达限期拆除通知书 10 次，现场巡查 44 次。开展卫星遥感影像判读核查，涉及全区 750 块 401.52 公顷，检查 373 块地块现场情况，确认增加林地 84 块，有林地、林木审批证 73 块，无林木审批手续 216 块，涉及生态林 182 块、城市公园 8 块、郊野公园 26 块，涉及面积 145.57 公顷。全年收入 2155.73 万元，支出 2155.09 万元，固定资产 526.6 万元。园林绿化综合服务中心隶属区园林绿化局，是差额拨款行政支持类事业单位。主要职责为协助科室做好绿地控制线范围内建设情况监督检查，负责统计工作，协助市绿化工程质量监督站进行质量监督。年内，配合区园林绿化局规划发展科对 31 个项目进行绿地率审核，其中 5 个含有代征绿地项目进行备案，涉及代征绿地面积 20.37 万平方米，数据库中全区 372 块 2254.96 万平方米代征绿地动态情况更新 2 次，接收代征绿地项目 3 个，总面积 3.28 万平方米。接转投诉情况 122 件，全部办理回复。质量监督小红门污水处理场等 12 个质量监督备案建设施工工程，接受质监工程绿化面积约 32 万平方米。组织工程实体和资料监督 60 余次，参加 2 个工程的竣工验收。郊野公园管理中心隶属于区园林绿化局，是行政全额拨款事业单位。主要职责是负责组织落实郊野公园行业标准，制定朝阳区郊野公园管理办法和措施；负责业务指导、监督和考核朝阳区郊野公园的景观保护、绿化养护等管理服务工作；负责郊野公园专项补助资金的管理使用。年内，检查考核全区郊野公园工作 4 次。举办北京市朝阳区郊野公园第一届树木修剪技能大赛，管庄乡综合成绩排名第一。

（张吉庆　刘晓柳）

【第十二届“春分• 朝阳”文化节】 3 月 21 日，以“春暖朝外古韵传新”为主题的第十二届“春分 · 朝阳”文化节在日坛公园举办。活动包括非物质文化遗产展示、传统民俗食品展示、民俗体验等，展现改革开放 40 周年和建区 60 周年以来朝阳区和朝外街道生活、文化、经济等方面的发展变化。1000 名中外游客参加。

（张佳佳）

▲ 3 月 21 日，第十二届“春分 · 朝阳”文化节民俗表演在日坛公园举办　李生辉　摄

【植树活动】 3 月 31 日，中直机关，中央国家机关各部委、单位和北京市 162 名部级领导干部，到朝阳区十八里店丹枫公园地块参加 2018 年共和国部长义务植树活动，栽植油松、银杏、国槐、玉兰等树木 1200 余株。 4 月 9 日，朝阳区侨界人士及志愿者 350 余人到望和公园参加全民义务植树活动，栽植黑枣、连翘、丁香、山桃、金叶接骨木 400 余株。 4 月 11 日，北京卫戍区官兵 380 余人到孙河乡沙子营村参加全民义务植树活动，栽植国槐、玉兰、碧桃、榆叶梅等树苗 1150 余株。 4 月 14 日，全国政协机关

工作人员约400人到十八里店乡小武基公园参加全民义务植树活动，栽植白皮松、油松、银杏、柿子等苗木1700余株。

（冀晓娜）

【第六届北京二闸清明踏青节】 4月4日，第六届“北京二闸清明踏青节”在庆丰公园举办。活动分为节目表演和展区互动两部分。其中，表演有开路圣会、舞狮圣会、群英同乐小车圣会等；互动展示区有图书募捐区、清明节展示区、双井特色历史展示区、传统互动区和趣味互动区等。活动由区委宣传部，区文委、双井街道办事处及区园林绿化局等共同主办，得到双井街道文化中心、北京民俗博物馆、中国民间艺术体验馆等单位支持。接待游客5000余人次。

（冀晓娜）

【第二十一届海棠花节开幕】 4月10日，以“海棠枝头秀　花开一叶新”为主题的第二十一届海棠花节在元大都公园海棠花溪开幕。元大都公园海棠花溪总面积16.4万平方米，是北京市海棠品种最多、数量最大的海棠园，有28个品种5000余株。景区分为西区和东区，西区保留原有景区的特色，东区集中展示新优品种。海棠花节由区园林绿化局和亚运村街道办事处主办，开幕当天游客约2万人。赏花时间到4月20日。

（程丝雨）

【古树复壮】 年内，区园林绿化局使用区财政拨付的专款60万元聘请市园林绿化局古树名木专家及专业古树名木复壮公司，对三间房生物研究所、呼家楼光华路东段、望京航空干部培训学校、南磨房国管局、潘家园武圣路等地的44株古树实施科技复壮。

（张吉庆　刘晓柳）

【林木有害生物防制】 年内，全区林木有害生物防制以美国白蛾、春尺蠖、国槐尺蠖、蚜虫等为主，普遍防制6次，防制面积9333万平方米，未发生严重疫情。

（张吉庆　刘晓柳）

【野生动物及林地保护】 年内，区森林公安处接举报176起，其中行政立案14起（1起为刑事后期转行政），行政罚款645074元，补种树木119株，没收野生动物活体162只、死体11只、野生动物制品3件。办理刑事案件5起、行政许可审批20件。行政检查600余次。各类案件法定时限立案率及办结率100%。开展各类专项行动3次。组织“爱鸟周”“防灾减灾日”及“11·9”全国消防日等宣传活动，发放法规手册、粘贴画等资料万余份。在十里河天娇文化城、潘家园市场、北京华声天桥民俗文化市场、雅园国际古玩城、小武基花鸟鱼虫市场等地宣传，发放材料1000余份。每日汇总野禽监测数据，全年发现雁鸭类3000余只、小鸟类3.8万余只，未发现禽流感病例。

（英　嵥）

【森林防火】 年内，全区19个地区办事处及3个有林单位落实森林防火指挥机构，由主管林业主任或单位主要领导任总指挥，调整森林防火第一责任人。组织森林防火宣传周活动，在林地明显位置新增宣传牌、禁放牌1127块，重点火险区实行挂双牌管理。购置发放马甲1000件、工具840把、灭火弹1015枚，安装电子语音宣传杆50根。召开全区森林防火总结动员会，将任务责任落实到具体单位、领导和工作人员，签订森林防火责任书22份。每周森林防火检查不少于2次，发现火灾隐患限期消除率100%。组织4次全区性森林防火检查。区域未发生森林火警、火灾。

（英　嵥）

【绿化资源管理】 年内，区园林绿化局审批林木和城市树木伐移项目656件，总株数44.89万株，其中林木采伐许可249件、采伐1.51万株、立木蓄积8138.12立方米；林木移植许可292件，移植43.26万株；城市树木伐移审批115件，砍伐354株，移植837株；结合汛期危险树、枯死树排查清理，批准危险树申请46件，砍伐危死树183株。审核临时占用林地项目8件，面积12.57万平方米；市园林绿化局审批占用林地项目16件，面积24.59万平方米。区园林绿化局备案占用林地项目17件，面积51.39万平方米。朝阳区有15种古树名木677株，其中古树有589株（一级61株、二级528株），名木有88株。

（任宇晴）

【新一轮百万亩造林建设工程】 年内，朝阳区实施新一轮百万亩造林主体工程完成，完成1047万平方米，其中新增384.68万平方米。建设6个一道绿隔地区城市公园、3个二道绿隔地区郊野公园、3个小微公园和2个城市公园及城市森林型景观生态林建设，五环路朝阳段沿线景观提升。完成新一轮百万亩造林留白增绿专项任务105.07万平方米。留白增绿专项任务重点分为纳入新一轮百万亩造林绿化工程中的地块项目，及单独立项的留白增绿地块项目。十八里店乡小武基公园、城市森林型景观生态林建设豆各庄乡地块、崔各庄乡黑桥公园、小红门芳林公园等纳入造林项目。单独立项的留白增绿任务涉及东风、将台、平房、王四营、黑庄户、南磨房6个乡。

（刘丽莎）

2018年朝阳区注册公园一览表

表12

名　称	地　址	电　话
日坛公园	日坛北路6号	85619984
团结湖公园	团结湖南里16号	85973603
红领巾公园	朝阳北路145号	85839070
元大都城垣遗址公园	惠新东街	84648252
四得公园	将台西路	64353759
北小河公园	师家坟村156号	64708518
庆丰公园	厂坡村甲2号	67785955

续表 12

名 称	地 址	电 话
大望京公园	望京东路甲 6 号	84762518
望和公园	北四环东路 77 号	84765181
奥林匹克森林公园	科荟路 33 号	64529010
朝阳公园	朝阳公园南路 1 号	65940972
中华民族园	民族园路 1 号	62063646
丽都公园	芳园西路 6 号	64360541
北京金盏郁金香花园	金盏西人街路北	51781888
朝来农艺园	来广营乡新生大队西侧	84913534
太阳宫公园	太阳宫乡太阳宫北街 1 号	52018583
北焦公园	化工路东口 1 号	67374074
南湖公园	阜通西大街	8477582 转 8010
东一处公园	司辛庄东路东侧	65730048
望湖公园	望京北路 51 号院	64785880
八里桥公园	管庄乡建国路 1 号	65716210
立水桥公园	安立路	85759918
兴隆公园	高碑店兴隆庄甲 8 号	85759918
百花公园	北花园村委会	85765898
鸿博郊野公园	小红门乡小红门南里	87604036
镇海寺郊野公园	小红门乡小红门南里	87604036
老君堂郊野公园	十八里店老君堂村	67473294
海棠郊野公园	十八里店老君堂村	67473294
古塔公园	王四营乡	87390858
白鹿郊野公园	王四营乡	87390858
将府公园	将台乡东八间房临甲 10 号	64331580
东坝郊野公园	东坝地区东五环外	65491802
常营公园	幺家店路北侧	65481631

绿化一队

【概况】 绿化一队隶属朝阳区园林绿化局，为全民所有制差额拨款事业单位。主要职能是管理园林绿地、美化城市环境。内设办公室、财务组、预决算组、生产组、工程组、巡查班、材料组，下设 24 个生产班组、1 个孙河苗木基地，下属 1 个三产企业——北京绿林停车场。截至年底，全队有在职职工 112 人，其中管理人员 24 人、专业技术人员 21 人、工勤人员 67 人。年内，养护范围西起东二环，东至温榆河，南起分钟寺，北至北五环。绿化养护面积 432.17 万平方米，其中特级绿地 68 条 293.93 万平方米、一级绿地 110 条 103.23 万平方米、二级绿地 68 条 22.44 万平方米、三级绿地 3 条 12.58 万平方米。养护道路树木 97.19 万株。养护检查 12 次。完成会议、调研、检查等活动环境保障工作 64 次。安排专人负责病虫害巡查管理，采取预防为主和综合防制相结合方法防制病虫害。组织养护知识、夏季修剪培训。完成儿童主题公园后期改造、2017 年启动的区级重点道路（劲松中路、劲松南路、潘家园东路、延静里西街、百子湾南东段、金台西路、石佛营路、紫南家园南侧路）绿化施工、2017 年启动的老旧小区绿化改造工程（碧水园小区、东草园五巷、紫南家园小区）施工、2017 年启动的优美大街环境整治工程二批三批绿化施工（朝外北街、黄杉木店路）、2017 年启动的京哈铁路沿线环境整治双花园代征绿地景观公园工程、2017 年启动的执法占地分钟寺绿化恢复工程、萧太后河系综合治理和滨水绿色文化休闲廊道项目工程（四环至双丰铁路）、区纪委监察委园区绿化工程、2018 年区级重点道路绿化美化项目、2018 小微公园改造项目、2017 年启动的广渠路沿线环境整治项目（2017 年第一批）、2018 年执法占地姚家园绿化恢复工程等。绿化改造面积约 20.66 万平方米，栽植各类乔木 3534 株、各类灌木 3.59 万株、绿篱色块 29.21 万株、宿根及时令花卉 348.98 万株、水生花卉 38.23 万株、草坪及地被植物 3.85 万平方米。配合地铁建设、电力改造交通疏堵等城市建设项目进行树木伐移，协助部门落实北京城市总体规划，勘测现场 50

续表 12

名 称	地 址	电 话
东风公园	东风乡将台洼	84301669
太阳宫体育休闲公园	太阳宫乡太阳宫西路 1 号	52018583
朝来森林公园	来广营乡新北路 999 号	84913598
清河营郊野公园	来广营乡	84919962
勇士营郊野公园	来广营乡朝来绿色家园东（北苑东路东侧）	84911106
京城梨园	平房乡姚家园路与东五环路交汇处东南角	85574810
京城槐园	平房乡北小河路东	85574810
京城体育休闲公园	平房乡政府北	85574810
京城森林公园	平房乡黄杉木店路两侧	85574810
杜仲公园	三间房乡金卫路	85368639
金田郊野公园	豆各庄乡于家围北村 478 号	85362178
黄草湾郊野公园	北湖渠路、辛店路路口西南	64919736

（凌利军）

余次，勘测面积 2 万余平方米。移伐各类树木 400 余株，涉及绿地面积 13.34 万平方米，恢复往年占地面积绿化 6225 平方米。配合团结湖、双井、六里屯、潘家园、劲松等街道和常营、东风、十八里店等乡，开展“背街小巷”整治工程。增加安全标识 100 余个、灭火器箱 7 个。开展各类大检查 120 次，未发生安全责任事故。

（高 慈）

【广渠路路段绿化项目】 4 月 10 日，绿化一队施工的广渠路路段绿化项目开工，6 月 20 日竣工。工程由北京市建筑设计研究院有限公司设计，北京德轩工程管理有限公司监理。绿化面积 2.5 万平方米，栽植常绿乔木 622 株、常绿灌木 870 株、落叶乔木 333 株、落叶灌木 297 株、色块 261 平方米、花卉 5176 平方米、攀缘植物 2568 株、草坪 1.0945 万平方米、地被 3900 平方米。工程投资 1604.5 万元。

（李 伟）

【优美大街环境整治绿化工程】 4 月 15 日，绿化一队施工的优美大街环境整治绿化工程开工，4 月 28 日竣工，位于朝外北街、黄杉木店路路段。工程由中外建华城城市建筑规划设计有限公司设计，北京远东工程项目管理有限公司监理。改造面积 1128 平方米，朝外大街栽植乔木 39 株、灌木 132.8 平方米、花卉 158.5 平方米，建挡墙 12 立方米；黄杉木店路整理绿化用地 761.17 平方米，栽植乔木 152 株、灌木 274 株、花卉 9100 株、丹麦草 501 平方米。工程投资 56.16 万元。

（李 伟）

【老旧小区绿化改造项目】 4 月 30 日，绿化一队施工的老旧小区绿化改造项目竣工。工程于 2017 年 11 月 1 日开工，位于碧水园小区、东草园五巷小区、紫南家园小区。工程由海淀区园林工程设计所和北京易景道景设计工程有限公司设计，北京铭正洋林绿化工程监理有限责任公司监理。绿化面积 1.63 万平方米，整理绿化用地 3876 平方米，栽植乔木 279 株、灌木 1.13 万株、宿根花卉 2642 平方米、攀缘植物 11 株、地被 840 平方米、草坪 4143 平方米，移植树木 24 株，建园路 2567 延米、路牙 1577 延米、防腐木座椅 42 立方米。工程投资 473.93 万元。

（李 伟）

【区级重点道路绿化工程】 6 月 26 日，绿化一队施工的 2018 年区级重点道路绿化工程开工，9 月 30 日竣工。工程位于朝外大街、日坛北路、华威南路、朝外市场街路段。工程由北京腾远建筑设计有限公司设计，北京佳益工程咨询有限公司监理。绿化面积 3876 平方米，整理绿化用地 3876 平方米，回填土 150 立方米，栽植乔木 154 株、灌木 119 株、色带 661 平方米、宿根花卉 1723 平方米，移植灌木 242.94 平方米、月季 44 平方米，铺草坪 1156 平方米，建铁艺栏杆 497 米、成品座椅 7 个、路牙 48.32 延米、灌溉 PE 管 236.5 米、成品花卉容器 A16 个、成品花钵 48 个、成品花卉容器 B36 个，铺装 162 平方米。工程投资 289.14 万元。

（李 伟）

【花卉常态化项目】 6 月 27 日，绿化一队布置的朝外大街、建国路、老迎宾线、东二环路、东三环路、东四环路等 15 处花卉常态化项目开工，10 月 2 日竣工。项目由区园林绿化局建设，北京德轩工程管理有限公司监理。完成地栽花卉 134.58 万株 1.2 万平方米。建立体花坛 80 座，组合容器花钵 191 组，使用花卉 40 余种。工程投资 698 万元。

（张玲玲）

【绿化美化项目】 7 月 11 日，绿化一队施工的朝阳区二道沟、常怡园、草房西路、常和路一带绿化美化项目开工，10 月 1 日竣工。项目由北京市园林古建设计研究院设计，达华工程管理（集团）有限公司监理。绿化面积 2.4 万平方米，栽植常绿乔木 2 株、常绿灌木 3954 株、落叶乔木 31 株、落叶灌木 1421 株、花卉 1267 平方米、色带 28754 株，铺草坪 1.33 万平方米，土建 330 平方米。工程投资 750.46 万元。

（李 伟）

绿化二队

【概况】 绿化二队隶属区园林绿化局，是全民所有制差额拨款事业单位，位于柳芳北里小区。主要职能是管理园林绿地，美化城市环境，城市园林绿地建设，城市园林绿地管理与规划。内设行政办公室、人财部、工程部、合约部、养护部、巡查部等8个部门，下设8个班组。截至年底，全队有在岗职工102人，其中管理岗14人、专业技术岗14人、工勤岗74人。年内，绿化二队固定资产总值2148.72万元。养护绿地范围东至南春路，西至京藏高速路，南至四惠桥，北至昌平界。养护面积495.97万平方米，管辖道路331条，承担朝阳区多处重点区域环境保障。布置养护任务80余项。应急抢险处理倒树和大的树枝折断130余处。处理市、区及信访件6件，不重复政民互动件700余件，各种电话举报件500余件，回复满意度100%。联合属地办事处联合养护执法14次，协调突发应急状况26次，配合城管、属地办事处整治“拆墙打洞”，接收交通疏导工程项目3个。配合树木伐移还建工作6件。申报审批流程项目28件，延续申报地铁17号线、12号线等标段建设工作。完成2018年朝阳区内花卉常态化项目（施工）、2017年启动的优美大街环境整治工程（第二批、第三批绿化）、2017年启动的太阳宫优美大街绿化提升工程、2017年启动的酒仙桥路优美大街环境整治工程、2018年小微公园绿化美化项目（施工）、2018年区级重点道路绿化美化项目（施工）、朝阳区第三阶段中小河道治理工程绿化施工、望京体育文化广场园林景观工程项目、酒仙桥街道电子城区域环境提升工程、太阳宫地区2018年靓丽工程项目（霄云路沿线及海航万豪酒店东侧）、2018年河湖水域沿线（麦子店街道东直门干渠枣营段）第一标段、太阳宫莱太花卉口袋公园绿化景观工程项目、萧太后河系综合治理和滨水绿色文化休闲廊道项目景观标段一、朝阳区奥运村街道2017年启动的河湖水域沿线环境整治工程等，施工面积60.31万平方米。栽植乔木2.18万株、灌木15万株、时令花卉771.66万株、色块（带）61.25万株、地被植物18.35万平方米、竹子3208丛、水生植物35.22万株、藤本植物44株，铺草坪14.92万平方米。组织安全教育培训8次、防火防灾防汛演练3次。未发生安全责任事故。

（刘晓兰）

【优美大街环境整治绿化工程】 3月16日，绿化二队施工的优美大街环境整治绿化工程（2017年启动的第二批绿化）开工，4月14日竣工。工程由区园林绿化局建设，泛华建设集团有限公司设计，北京远东工程管理有限公司监理。绿化面积6932平方米，栽植乔木220株、灌木297株、花卉6.61万株、色块（带）39.19万株、竹子7333丛、地被3725平方米，铺草坪9557.8平方米。挖管沟土方734.4立方米，安装UPVC50管1020米、UPVC管2557米、PE50管358米、VB708取水阀38个（包含阀箱），检修井5座（含阀箱及检修阀），新建道牙355.5延米，修复道牙620延米，新建挡墙103.2米。工程投资229.7万元。

（任　爽）

【小微公园绿化工程】 6月27日，绿化二队施工的2018年小微公园绿化美化项目工程开工，10月5日竣工。工程包括丁香园、酒仙园、多味斋绿地、三环路国美电器南侧绿地、育慧南路绿地、圣馨家园北侧绿地、华汇2号地代征绿地、燕莎绿地。工程由区园林绿化局建设，中外园林建设有限公司及北京市园林古建设计研究院有限公司设计，北京达华工程管理（集团）有限公司监理。绿化面积8.34万平方米，栽植乔木2854株、灌木2103株、色带25.42万株、花卉96.13万株、竹子3308丛、地被植物20.12株，铺冷季型草坪2.34万平方米。工程投资5154.44万元。

（任　爽）

【道路绿化美化工程】 7月13日，绿化二队施工的2018年区级重点道路绿化美化项目工程开工，10月31日竣工。工程包括东风中心路、和平里东街、金榆路、酒仙桥北路、柳芳街、太阳宫北街、驼房营路、育慧南路。工程由区园林绿化局建设，北京腾远建筑设计有限公司设计，北京佳益工程咨询有限公司监理。绿化面积5.12万平方米，栽植乔木4301株、灌木3.87万株、色带1.38万株、花卉18.41万株，铺冷季型草坪3.4万平方米，土建工程挖土方6219立方米、回填土方4.26立方米、堆驻地形6346立方米，给水工程安装快速取水阀169个。工程投资1913.16余万元。

（任　爽）

【望京体育文化广场园林景观工程】 11月，绿化二队施工的望京体育文化广场园林景观工程竣工，工程于2017年7月17日开工。工程由望京街道办事处建设，北京市城美绿化设计工程公司设计，北京德轩工程管理有限公司监理。绿化面积1.99万平方米，栽植乔木595株、灌木361株、色带2.02余万株、花卉3.33余万株，铺冷季型草坪1.3万平方米。工程投资1984.45万元。

（任　爽）

【养护补植】 年内，区绿化二队对北苑路、东直门大绿地、坝河南路、北辰西路、奥林西路、北四环路、驼房营路、东四环路、京承高速、京顺路、酒仙桥路、南春路、三环路、裘马都公园、北苑公园、农展北路、安立路大绿地、姚家园北路等道路进行苗木补植。其中，栽植乔木3300株、灌木7.41万株、色块及地被59.57万株、月季2.52万株，铺草坪12.7万平方米。

（刘孟然）

大黄庄绿化队

【概况】 大黄庄绿化队隶属区园林绿化局，是公益二类事业单位，经费形式为自收自支，主要经济来源为绿化工程建设及房屋租赁收入。主要职能是承担区域内道路及园林绿地设计、规划、管理、维护与提高，负责全区道路路树及绿地更新、养护、美化和巡查及全区城市公共绿地、道路苗木的病虫害防制工作等；贯彻执行有关城市道路、园林绿化的法规政策宣传等。内设行政办公室、资产安全办公室、财务室、养护组、工程组、业务组等6个管理部门，下设8个班组和2个苗木基地。截至年底，全队有在职职工103人，其中在编人员86人、编制外人员17人。年内，养护投资7210.55万元，承担朝阳北路、朝阳路、京通路、东南四环路、高安屯、温榆河大道、五环路等道路绿化养护，面积595万平方米。养护道路内有乔木9.09万株、灌木4.62万株、月季7720.91平方米、绿篱色块4.56万平方米、草坪99.97万平方米。完成2017年区级重点道路二期（四惠枢纽南路）、朝阳区东高路（朝阳北路—东坝南二街）道路绿化工程、朝阳区农村区域环境整治（朝阳区人民法院小红门审判区）绿化提升项目和温榆河绿道（朝阳段第二分区）建设工程等上年遗留工程的现场施工、工程项目结算报审及竣工资料整理。完成2018年幺家店道路绿化工程项目及2018年朝阳路、京通路花卉常态化项目。五环路（朝阳段）沿线景观提升工程大黄庄绿化队施工部分进场。圃地购入落叶乔木8200余株、紫薇等灌木1500余株、北海道黄杨等绿篱色带17.16万余株、宿根花卉3.67万余株，自行培育宿根花卉14万余株。开展安全专项整治6次。完成安全生产标准化二级达标验收，由市园林绿化工程质量监督站颁发资质证书。

（王爱华）

【花卉常态化项目】 6月27日至10月20日，大黄庄绿化队施工完成2018年朝阳区花卉常态化项目。工程由区园林绿化局建设，北京北林地景园林规划设计院有限责任公司设计，北京德轩工程管理有限公司监理。工程完成朝阳北路整理绿化用地面积5196平方米，栽植花卉海棠、孔雀草、凤仙、夏堇、世纪红叶等25.23万盆；京通路整理绿化用地面积1600平方米，栽植花卉夏堇、凤仙、孔雀草、海棠、香彩雀8万盆。工程投资144.61万元。

（张　骁）

【绿化保障任务】 8月25日，大黄庄绿化队完成中非合作论坛绿化保障任务，更换京通路（紫檀大绿地，盛世龙源桥区）和朝阳北路（金榆路—白家楼桥）花卉，栽植时令花卉4万余株。

（陆　阳）

北花园绿化队

【概况】 北花园绿化队隶属区园林绿化局，是全民所有制自收自支事业单位。主要职能是承担区域内道路及园林绿地设计、规划、管理、维护与提高；负责全区道路路树及绿地的更新、养护、美化和巡查及全区城市公共绿地、道路苗木病虫害防制工作等；贯彻执行有关城市道路、园林绿化的法规政策宣传等职能。内设办公室、财务部、后勤部、生产部、养护部、巡查部、工程部、合预部。截至年底，全队有职工32人，其中管理岗11人、专业技术岗4人、工勤岗9人、编外职工8人。年内，养护道路绿地面积333.38万平方米，其中特级道路20条68.74万平方米、一级道路31条90.07万平方米、二级道路96条102.72万平方米、三级道路6条13.27万平方米、五环路1条58.58万平方米。补植乔木1.7万株，其中碧桃445株、紫叶李371株、法桐296株、国槐136株、白蜡135株等；灌木12.68万株，其中大叶黄杨4.4万株、女贞42767株、锦带17557株、棣棠15013株等。补植竹子300棵、花卉45.14万盆、地被类2.6万平方米、草坪6万平方米。为共和国部长植树活动、小武基公园全国政协植树活动提供树苗。完成2018年重点道路工程、北京市小红门芳林公园、百子湾公园改造项目景观、2018年常态花卉、小微公园绿化美化项目工程施工。安全生产管理二级标准达标。

（伏乃红）

【道路绿化工程】 6月26日，北花园绿化队施工的道路绿化工程开工，9月30日竣工。工程位于厚金路和金蝉西路，由区园林绿化局建设、北京腾远建筑设计有限公司设计、北京佳益工程咨询有限公司监理。绿化面积4000余平方米，在隔离带区域作业。其中，金蝉西路整理绿化用地面积3173平方米，栽植常绿乔木3株、常绿灌木550株、落叶乔木49株、落叶灌木314株、色块（带）8775株、花卉1.5925万株；厚金路绿化工程整理绿化用地面积1650.23平方米，栽植常绿乔木3株、常绿灌木11株、落叶乔木36株、落叶灌木44株、色块（带）8312株、花卉1.5772万株，铺草坪390平方米。喷灌工程安装快速取水阀15个、泄水阀6个、检修闸阀2个、PE管499延米、过路拉管448延米。厚金路工程投资90.28万元，金蝉西路工程投资49.47万元。

（呼朝勃）

【苗木引进】 年内，北花园绿化队引进花灌木榆叶梅、太阳李276株，大规格苗木银杏、元宝枫及常绿乔木233株。入圃的苗木属一级苗，引进苗木成活率98%以上。

（袁素真）

林业工作站

【概况】 林业工作站隶属区园林绿化局，固定资产总值280万元。主要职能是负责辖区林木有害生物防制、预测预报、检疫工作，依法开展林木种苗生产、经营的监督管理工作，负责拟定全区果树、林木种苗产业发展规划以及管理规范和技术标准，并组织实施；负责组织指导果树、林木种苗新品种和新技术引进、试验、推广、技术培训等工作；负责林果及蜂产品质量监督管理、跟踪检查标准的实施与技术指导服务工作；负责开展林木种苗与食品安全方面法律法规、林业果树技术、林木有害生物防制与建议技术培训，并指导街乡林业工作；负责全区枯死树鉴定工作。2017年，区机构编制委员会同意为区林业工作站（区林业保护站、区林木种子苗木管理站）增加财政补助（全额）事业编制10名，所需编制使用原区园林绿化局绿化三队编制。经调整，区林业工作站财政补助（全额）事业编制增至27名。截至年底，区林业工作站有职工17人，其中管理人员8人、高级工程师3人、工程师3人、初级技术人员3人。年内，开展街乡监测专题培训。购置诱芯1000余个和测报工具放置到全区120个测报点。形成以国家级中心测报点为龙头，市级测报点为主体，区级测报点为补充的三级测报网络体系，实现主要林木有害生物实时动态监测。完成系列重大活动期间林业有害生物防控。完成服务全区33家种苗生产经营单位。办理林木种子生产经营延续6家。行政执法80项，涉及有害生物防制、植物检疫、木材运输、种苗管理、食品安全监管等。完成行政检查310次，集中检查苗木基地、重点绿化工程、木材市场、花卉市场。专项检查2个重点木材市场300余家木材经销商，未发现苹果蠹蛾、红脂大小蠹等检疫性、危险性林业有害生物。开具“产地检疫证书”120批次，产地检疫苗木8000株，检疫面积200公顷。开具“植物检疫证书”1600批次、“木材运输证”1500批次。四率指标完成情况是成灾率0、无公害防制率100%、测报准确率98%、种苗产地检疫率100%。全区没有发生美国白蛾灾害。果树面积257.7公顷，年总产量129万千克，产值1068万元。全区初步形成以国有苗圃为主体，社会育苗为补充的苗木生产体系。全区有苗圃33个，新办证1家，延续办证12家。区林业工作站向苗木生产企业免费提供标签，种苗标签使用率98%以上。

（刘传敏）

【林木有害生物监测】 年内，全区有国家级中心测报点1个、市级监测测报站1个、市级监测测报点55个、区级监测测报点14个。区林业站划出重点监测和巡查区域，制定主要病虫发生分布图、测报站点分布图、踏查线路图。发布短期有害生物发生情况及发生趋势预测分析，给各街、乡及有林单位发布林保情况12期600余份。

（张　磊）

【林木有害生物应急防制】　年内，北京绿宜生植物养护科技有限公司作为朝阳区19个乡镇地区林木有害生物应急防制队，除治发生林木有害生物比较集中的区域。在美国白蛾幼虫网幕发生第三代时期配备2台高射打药机防制。应急防控美国白蛾30次，防控面积60公顷，其中人工剪除美国白蛾网幕40株，防控面积约10公顷，没有出现疫情蔓延和集中连片林木叶片"吃光"现象。应急防控其他病虫害32次，防控面积58公顷，其中防制大叶黄杨白粉病24公顷、各类蚜虫12公顷、各类网蝽8公顷、各类红蜘蛛14公顷。辖区内无病虫害"吃光、吃花"现象，无扰民事件发生。

（张　磊）

【果园管理】　年内，全区果树面积257.7公顷，年产量129万千克，产值1068万元。以有机果园建设为基础，建设集生态示范、科普教育、赏花品果、观光采摘于一体的主题观光果园。重点果园推广果实套袋90万个，推广有机肥233.3公顷，推广果树现代新技术种植40公顷，推广苹果、樱桃、桃等品种10个。林业工作站标准化管理重点果园，使用生物农药，指导监督林果产品生产企业建立食用林果产品生产记录制度。抽检7个基地25批次样品，合格率100%，未发现农药超标现象，达到无公害食品要求，完成无公害果品认证。

（高宝宽）

日坛公园

【概况】　日坛公园是全民所有制差额拨款事业单位，位于朝阳门外使馆区，是北京文物古迹五坛之一，是明清两代帝王朝拜太阳神的地方。公园以北区皇家古典园林古朴典雅与西南景区亭榭山水秀丽风光为特色，园内存九处明清皇家祭祀文物古建筑、一处马骏烈士爱国主义教育基地及一批建于二十世纪七八十年代的江南特色景区景点。全园占地面积20.62万平方米，绿化面积13.26万平方米，水面面积4700平方米，绿化覆盖83%。公园管理处内设财务部、政工部、行政部、人事部、后勤部、园务部、工程部、文保部、安保部、外协部、游客中心11个部门，下设服务班、巡查班、绿化卫生班、维修班、后勤班5个班组。截至年底，公园有在职职工60人，其中管理岗23人、专业技术岗8人、工勤岗29人。年内，园内有树木1.14万株、乔木5110株（古树44株）、灌木6250株、月季950株、攀缘植物5000株，竹子14201棵、绿篱6000延米、宿根花卉8000平方米、草坪7.45万平方米。全年接待游客346.05万人次。

（席珍梅　张　琳）

【义务植树日宣传活动】　4月1日，日坛公园开展全民义务植树日绿色宣传活动，鼓励市民通过植树造林、认建认养树木绿地、购买碳汇、参与绿化宣传咨询等形式履行植树义务。

（张　琳）

【花卉布置】　年内，日坛公园在中秋节和国庆假期，更换玉馨园、环路主要节点、南门附近小菊18700株、凤仙23400株、孔雀草26600株、香彩雀5500株、串红6300株、比格海棠200株、小丽花25株、金叶薯200株、夏堇5000株、彩叶草4600株。

（李　颖）

团结湖公园

【概况】　团结湖公园是全民所有制差额拨款事业单位，位于东三环北路，毗邻北京商务中心区，是具有江南特色的国家AAA级旅游景区，免费开放。公园总占地面积12.3万平方米，其中绿地面积4.2万平方米、水面面积5.4万平方米、道路面积0.8万平方米、建筑占地面积0.4万平方米、铺装面积1.5万平方米，绿化覆盖率80%。公园管理处内设财务办公室、园务办公室、行政办公室，下设司机班、后勤班、服务班、园务班、游船班、工程班。截至年底，公园有在编职工39人，其中管理人员17人、专业技术人员7人、工勤人员15人。年内，园内有树木2.3万株，其中乔木2214株、灌木1.94万株、其他1456株。完成"5·12"防灾减灾日及"11·9"消防日宣传活动。承担外围绿地27万平方米养护任务。承接位于长安街延长线（朝阳段）杨闸村带状公园绿地及东会三角地绿化，面积6万平方米；2018年小微公园（大屯北小河滨河公园）绿化美化项目，面积9000平方米。全年接待游客500万人次。

（李洪静）

【绿化改造工程】　5月16日，团结湖公园施工的管庄乡杨闸村及东会村东侧三角地绿化改造工程开工，6月14日竣工。项目总占地面积6.1万平方米，其中杨闸村占地3.9万平方米、东会村占地2.2万平方米。工程由北京市建筑设计研究院有限公司设计，北京远东工程项目管理有限公司监理。工程投资合同金额3206.63万元。

（张天明）

【绿化景观提升工程】　6月6日，团结湖公园施工的绿化景观提升工程完成预验收。工程于2016年8月3日开工，2017年9月底主体工程完工。工程位于通州区北运河南岸，北起玉带河中街，南至潞阳桥西路，总面积4.5979万平方米。工程由北京市园林古建设计研究院有限公司设计，投资合同金额1306.94万元。

（张天明）

【花卉布置】　年内，团结湖公园在东、西门外两侧摆放立体花钵，在东门假山背面路边摆放彩色花带，使用三角梅、黄小菊、粉菊、品种菊、鸡冠子、世纪红火炬5085盆。

（张天明）

红领巾公园

【概况】　红领巾公园是全民所有制差额拨款事业单位，位于东四环与朝阳北路交会处东北角。公园总面积41.99万平方米，其中绿地面积14.66万平方米、水面面积12.86万平方米，绿化覆盖率94%。公园管理处内设财务部、行政部、政工部、园务部、工程部、外联部、后勤部、安保部。截至年底，公园有职工58人，其中管理人员22人、专业技术人员10人、工勤人员26人。年内，园内有乔木3984株、灌木63217株、月季9298株、竹子434平方米、绿篱色块98369株、宿根花卉289817株、水生植物13712.1平方米、草坪116766平方米。公园举办第十八届红领巾科普游园会，协助部门举办各类文化活动41项。全年接待游客579万人次。

（刘　琳）

【辛店路改造工程】 4月5日，红领巾公园施工的辛店路改造工程开工，4月25日竣工。工程由泛华建设集团设计，北京远东工程项目管理有限公司监理。改造面积7670.3平方米，工程投资213.26万元。

（李印超）

【花卉布置】 4月28日，红领巾公园在公园花坛和花池内栽植海棠、串红、鼠尾草等花卉3万余盆。

（张　洋）

元大都城垣遗址公园

【概况】 元大都城垣遗址公园（朝阳段）是全民所有制差额拨款事业单位，位于中轴路东西两侧及中华民族园南侧。公园总面积67.01万平方米，其中绿化面积43.65万平方米、水面面积6.49万平方米、建筑占地面积6.03万平方米、铺装面积10.84万平方米（含园路），绿化覆盖率82%。公园管理处内设行政办公室、业务办公室、经济办公室、综治办公室等9个办公室。公园有在岗职工66人，其中管理人员22人、专业技术人员7人、工勤人员37人。年内，园内有树木20.72万株，其中乔木1.43万株、灌木15.98万株、月季与攀缘植物3.3万株；有竹子1.07万株、绿篱色块35.65万株、宿根花卉14.53万株、草坪37.27万平方米。公园外接养护绿地60.65万平方米。全年接待游客453万人，总收入7970.02万元，固定资产总值1.54亿元。

（于红艳）

【京藏高速绿化改造工程】 6月26日，元大都城垣遗址公园（朝阳段）施工的京藏高速绿化改造工程开工，9月30日竣工。工程南至裕民路，北至北五环路，北京腾远建筑设计有限公司设计，北京佳益工程咨询有限公司监理。改造面积5.2284万平方米，工程投资1025万元。

（温晓峰）

【立体花坛布置】 9月20日，立体花坛布置开工，9月28日竣工，投资79万元，监理单位为北京德轩工程管理有限公司。花坛位于民族大道南侧，北中轴路两侧，公园四海宾朋景区东侧和海棠花溪景区西侧的城台上。布置为立体花墙，花墙正面高6米，上长18米，下长20米，呈梯形状。主题为“和平盛世”，西侧花墙以天坛和城门为主题，东侧花墙以多彩飘带和和平鸽为主题。摆花用金叶反曲景天1.79万株、金黄孔雀草7254株、红叶红海棠5670株、橙色孔雀草8900株、黄色孔雀草1.49万株、绿叶粉海棠3366株。

（温晓峰）

四得公园

【概况】 四得公园是差额拨款事业单位，位于四环路四元桥东南角，东临机场路辅线，西靠机场高速路，南接坝河，北邻将台西路。公园总占地面积16.13万平方米，其中绿地面积11.9万平方米、水面面积5700平方米、铺装面积1.77万平方米、其他面积1.89万平方米，绿化覆盖率73%。公园内设财务部、行政部、园务部、工程部、安保部、文化活动部、体育中心、游客服务中心。截至年底，公园有在岗职工30人，其中管理岗22人、工勤岗8人。年内，园内有乔木3511株、灌木2.4万株、宿根花卉1019平方米、绿篱2070平方米、竹子250平方米、草坪10.5万平方米。全年接待游客189万人次。

（崔显红）

【花卉品种新增】 年内，四得公园在园内重要景观地点种植阿波罗、硬金、粉色印象等品种郁金香4200株，栽植岷江、索邦、拉曼等品种百合800株。

（崔显红　孙慧君）

【花卉布置】 年内，四得公园在“五一”“十一”假期，在公园东门、南门、五环广场摆放景观花坛3处，园区内地栽鲜花4处，有孔雀草、串红、玫红色凤仙、彩叶草、鼠尾草、黄色三色堇、彩球、铁树、斗球、龙船花、天冬草等7万余株，投资约15万元。

（崔显红　杨朝晖）

北小河公园

【概况】 北小河公园是全民所有制差额拨款事业单位，位于东湖地区，东至望京西路，西至京承高速路，南至北小河，北至利泽西街。公园总占地面积24.8万平方米，其中陆地面积24.1万平方米、水域面积7000平方米，铺装面积5.29万平方米，绿化覆盖率80%。公园管理处内设办公室、财务室、综合保障部、生产组、合约部、工程养护组。截至年底，公园有在岗职工28人，其中管理岗18人、专业技术岗6人、工勤岗1人、编外职工3人。年内，园内有乔木4303株、灌木1.15万株、竹子2005平方米、绿篱色块260平方米、宿根花卉1.3万平方米、草坪6.7万平方米。公园举办防灾减灾科普知识宣传活动、“3·15”普法活动、禁烟宣传活动、“爱国卫生伴我行，健康快乐大步走”、“欢乐冬奥·冰雪家庭”、第三届“炫动东湖”体育节趣味健步走、“优化营商环境·政策宣讲进公园”等活动。承担社会养护绿地87.16万平方米。完成朝阳区2017年环境优美大街——宏昌路、2017北小河环境整治工程、东湖街道2018年亮丽环境整治工程（花坛摆放）、望京街道2018年亮丽环境整治工程（花坛摆放）、朝阳区杨柳飞絮治理试验示范项目。全年接待游客97万人次。

（张阿青）

【利泽中二路绿化改造工程】 3月16日，北小河公园施工的利泽中二路绿化改造工程开工，4月14日竣工。工程由泛华建设集团有限公司设计，北京远东工程项目管理有限公司监理。工程绿化面积1229.65平方米，投资52.82万元。

（安　琪）

【花卉布置】 “五一”前夕，北小河公园在东门区、园路两侧、儿童广场等区域布置花卉，栽摆一串红、木茼蒿、康乃馨、三色堇、四季海棠等花卉3.5万株。

（王　新）

【京承路景观提升工程】 6月27日，北小河公园施工的京承路景观提升工程开工，7月27日竣工。工程位于京承高速两侧，北京山水心源景观设计院设计，建研凯渤建设工程咨询有限公司监理。工程绿化面积3888平方米，投资68.6万元。

（安　琪）

庆丰公园

【概况】 庆丰公园是全民所有制差额拨款事业单位，位于东三环中路，通惠河北路南侧。公园总面积20.21万平方米，其中陆地面积20.01万平方米、水域面积2000平方米，绿化覆盖率约85%。公园管理处内设党务办、办公室、劳资办、文化资源开发部、工程养护部、安全部、财务部。截至年底，公园有在职职工28人，其中管理人员13人、专业技术人员9人、工勤人员6人。年内，园内有乔木3.23万株、灌木29.65万株、竹子2.13万株、花卉15.12万株、冷季型草坪11.38万平方米。公园完成双井地区广和路、广和里北街及广和里西路市政道路工程包括广和路、广和里北街及广和里西路三条路种植，总投资126万元。组织普法、禁毒宣传等活动。神木厂“神木”被请入园内。全年总收入2728.69万元，接待游客55万人次。

（刘　岚）

【百子湾重点道路绿化工程】 4月30日，庆丰公园施工的百子湾重点道路绿化工程竣工，工程于2017年10月26日开工。工程位于百子湾周边，区园林绿化局建设，北京福森园林设计有限公司设计，北京中城建建设监理有限公司监理。工程绿化面积8000平方米，投资220万元。

（刘　岚）

【背街小巷绿化工程】 4月30日，庆丰公园施工的背街小巷14条道路绿化工程竣工，工程于2017年10月26日开工。工程位于双井街道辖域，双井街道办事处建设，中国航天集团建设有限公司设计，北京东方华太建设监理有限公司监理。工程绿化面积7000平方米，投资240万元。

（刘　岚）

大望京公园

【概况】 大望京公园是全民所有制差额拨款事业单位，位于崔各庄乡辖区内，北靠北小河，东南临京顺路，东北至五环路，西接望京东路。公园总占地面积33.04万平方米，其中绿地面积25.98万平方米、铺装面积4.58万平方米、水面面积2.34万平方米、管理用房面积1258平方米、景观建筑面积128平方米，绿化覆盖率87%。公园内设工程部、生产部、养护部、财务部、综合部、安保部。人员编制有34人，在职职工有28人，其中管理人员18人、专业技术人员5人、工勤人员5人。年内，园内有树木8.84万株，其中乔木1.01万株、灌木7.83万株，有月季9738株、攀缘植物150株、竹子6.03万株、色带4070平方米、宿根花卉59.51万株、草坪22.91万平方米。园外养护78条118.9万平方米道路绿地。全年接待游客16.4万人次。

（许秋珩）

【义务植树宣传活动】 4月1日，大望京公园联合绿化二队开展以“2018年爱绿e起出发”为主题的义务植树宣传活动。活动中，由大望京公园和绿化二队组成义务宣传队，向游客宣传义务植树活动内容和意义，讲解咨询问题。

（许秋珩）

【小微绿地工程】 7月12日，大望京公园施工的香江北路小微绿地工程开工，9月15日完工。工程东起康营东路，西至兰花苑西路，全长1.5千米，北京市园林古建设计研究院设计，达华工程管理（集团）有限公司监理。道路绿化面积2065平方米，投资220.9万元。

（蔡抒平）

【花卉布置】 年内，重大节日期间，大望京公园在园区内栽植时令花卉9.16万株，种类有牵牛、孔雀草、串红、红叶红海棠、小菊等。国庆节和重阳节分别在公园正门口摆放2个花坛，使用花卉1980盆。

（郭　莹）

望和公园

【概况】 望和公园是全民所有制差额拨款事业单位，位于望京地区西南部，由南、北两大园区构成，是望京地区最大的城市休闲公园。公园总占地面积38.6万平方米。望和南园位于北四环与京承高速相交的望和桥东北角，占地面积22.5万平方米，其中绿地面积18.54万平方米、园路及铺装面积3.95万平方米。望和北园西侧紧邻京承高速路，北侧和北小河公园隔河相望，东侧为南湖社区，南侧为城铁15号线，总占地面积16.1万平方米，其中绿地面积11.47万平方米、园路及铺装3.65万平方米、湖面面积9765.7平方米。年内，园内栽植油松、华山松、白皮松等常绿乔木2413株，栽植白蜡、银杏、栾树等落叶乔木1.41万株，栽植大叶黄杨、沙地柏等常绿灌木19.01万株，栽植丁香、迎春等落叶灌木1.1万株，有水生植物8.07万株、竹子7010株，有草坪22.63万平方米。

（望和公园）

【义务植树宣传活动】 4月1日，是首都第34个全民义务植树日，朝阳区全民义务植树宣传启动仪式在望和公园南园举行，主题是“2018爱绿一起出发”。由首都绿化委员会办公室、区绿化委员会主办，区绿化委员会办公室承办，望和公园协办，市林业碳汇工作办公室、北京林学会、北京绿化基金会、市园林科学研究院、北京屋顶绿化协会等19家单位及市民、周边企事业单位、志愿者服务队约700人参与。

（望和公园）

【“互联网+全民义务植树”基地落成】 12月21日，北京市首个区级“互联网+全民义务植树”基地在望和公园落成，

▲ 12月21日，“互联网+全民义务植树”基地在望和公园落成　冀晓娜　摄

首都绿化委员会办公室及全市16个区绿化委员会办公室领导参加落成活动。

（望和公园）

奥林匹克森林公园

【概况】 奥林匹克森林公园（简称奥森公园）位于北京城中轴线北端，南起科荟路，北临清河，东至安立路，西至林萃路。公园占地约680公顷，以北五环为界，分为南、北两园。南园面积约380公顷，北园面积约300公顷，横跨北五环路的生态廊道将南北两园连为一体。公园水面面积67.7公顷，绿化面积484.8公顷。园内有乔灌木59万余株、植物品种278种，绿化覆盖率95.61%，是北京市区最大的城市公园。由隶属于区国资委的北京世奥森林公园开发经营有限公司管理，是国家AAAAA级旅游景区。年内，首都150余名劳动模范代表在劳动广场植树造林。全年接待游客1137.25万人次。

（陈迎双）

【第三届北京新年徒步大会】 1月6日，市徒步运动协会、区人民政府、区体育局共同承办的2018（第三届）北京市新年徒步大会暨朝阳区“用脚步丈量朝阳的发展”系列活动启动仪式在奥森公园举行，主题为“学习贯彻十九大精神，全民健身走进新时代”。新年徒步大会是市徒步协会与朝阳区共同打造的新年元旦伊始品牌赛事活动，以绕奥森公园10公里的长走运动为第一站，约2000人参加。

（陈迎双）

【第七届春花节】 3月22日至5月4日，“第七届奥林匹克森林公园花卉观赏季——春花节”举办。分批开放的春花品种包括山桃、山杏、连翘、榆叶梅、玉兰、樱花、海棠、碧桃、丁香、黄刺玫、绣线菊等30余个品种10万余株，山坡、林下大面积种植二月兰、蒲公英、鸢尾等野花地被。

（陈迎双）

【第34届公园半程马拉松北京公开赛】 3月24日，“人民体育 健康中国”马拉松系列赛第34届公园半程马拉松北京公开赛在奥森公园起跑。此届马拉松由市体育局、市体育总会、人民网主办，是“健康中国”马拉松系列赛事2018年第2站比赛。

（陈迎双）

【2018奥森半程马拉松赛】 3月25日，来跑吧·2018奥森春季半程马拉松赛暨特步321跑步节系列赛在奥森公园南门举行。比赛为北京世奥森林公园开发经营有限公司与北京来跑吧体育文化发展有限公司共同打造的“健康奥森系列赛”首站。半程马拉松有1000人参赛，健康跑（5千米）有700人参赛，分为男子半程马拉松、女子半程马拉松、健康跑3个组别。

（陈迎双）

【“为爱而走”慈善健走活动】 5月19日，2018年“‘为爱而走’奥森5KM慈善健走暨爱加一公里血友病关爱行动”在奥森公园举行，社会各界近5000名志愿者以行走的力量呼吁全社会关注血友病及其他弱势儿童群体。民建北京市委、民建朝阳区委、民建企业之家、有爱有未来外企志愿行动志愿者代表等参与。

（陈迎双）

【“爱心相随一路相伴”活动】 5月20日，第28个全国助残日，中国残疾人福利基金会在奥森公园举办“爱心随行一路相伴”——2018年全国助残日公益徒步活动，近千名社会公众陪伴近百位残疾人完成10千米徒步挑战。中国残联领导等参加。

（陈迎双）

▲ 3月25日，奥森春季半程马拉松起跑　　李　颖　摄

【“成大杯”第三届中国家庭乐跑大赛】 5月13日，由国家卫生健康委疾控局、国家卫生计生委人口文化发展中心指导，中国家庭报社、中国卫生信息与健康医疗大数据学会家庭健康专委会和中国人口福利基金会护航疾控基金主办，国家卫生健康委户外健身协会跑步分会协办的“成大杯”第三届中国家庭乐跑大赛在奥森公园举行，首都各界近800个家庭共2200余人参赛。

（陈迎双）

【全民营养周活动启动】 5月13日，中国营养学会、市体育总会联合主办的2018年全民营养周启动仪式暨北京市全民健身与营养社区行启动活动在奥森公园举行，仪式以“北京、上海、广州、西安”在“东、南、西、北”同时共跳“全民营养歌”的方式开启。

（陈迎双）

【“朝阳贞石园”开园】 6月8日，“朝阳贞石园”开园仪式在奥森公园国际区举行。“朝阳贞石园”位于奥森公园南园西门区，占地面积约1000平方米，集中展示朝阳区流散在各处的石雕、墓碑、寺庙碑、纪事碑等30个。

（陈迎双）

【“奥运文化展”“北京奥林匹克塔建设展”开展】 6月12日，北京奥林匹克塔内“奥运文化展”和“北京奥林匹克塔建设展”开展。“奥运文化展”位于北京奥林匹克塔内一层大厅南侧门区域，为永久性展览。展览总长60米，面积约600平方米，全部采用开放式设计理念，内容包括“奥运起源”“筹备奥运”“奥运五环”“体验奥运”“奥运项目”“奥运场馆”“奥运北京”“展望冬奥”“奥运火炬”9个板块。北京奥运城市发展促进中心、北京冬奥组委新闻宣传部等单位领导出席揭幕仪式。

（陈迎双）

【第32届奥林匹克日活动】 6月23日，中国奥委会2018年第32届奥林匹克日活动在北京、张家口、承德、大同、哈尔滨、海阳、深圳、西宁等8个城市同步启动。活动以“全民奥林匹克”为主题，在北京站主会场，跑步爱好者在奥森公园南园进行5千米休闲跑，中国奥委会、中国银行领导及里约奥运会中国女排冠军运动员魏秋月出席，并为参跑群众代表颁发证书。

（陈迎双）

【首届“国网杯”网球公开赛】 6月23日，国家网球中心举办首届“国网杯”网球公开赛，由北京世奥森林公园开发经营有限公司主办，北京中国网球公开赛体育推广有限公司联合发起，是首个同时启用布拉德球场、中网比赛场地C场和中网训练场地P片比赛的业余赛事。

（陈迎双）

【第七届百亩葵花展】 6月23日至7月22日，“第七届奥林匹克森林公园花卉观赏季——百亩葵花展”在花田野趣景区向游人开放。葵花展引进种植23个观赏向日葵品种，包括大面积种植的“油葵”“欢乐小炮竹”“帕蒂小葵”“黑天鹅”“三阳开泰”“桃之春”“好运多”“绿天使”“醉云长”“满天星”“柠檬碧翠”等，是北京城区内种植规模最大、品种最全的向日葵观赏区。

（陈迎双）

【森林演出季基层文化展演活动】 9月9日至30日，为庆祝朝阳区建区60周年，2018北京朝阳森林演出季朝阳区基层文化展演活动在奥森公园开展。历时近一个月推出90场演出、40个现场展览、45部宣传片展示，覆盖观众约12万人次，参与演出团队900余支、演员9000余人，涉及108个社会单位。参演作品1025个，其中原创作品129个，形式有音乐、舞蹈、戏剧、朗诵等。

（陈迎双）

▲ 9月，朝阳森林演出季基层文化展演在奥森公园开展　李颖 摄

【代表团考察】 9月17日，国际奥委会协调委员会主席带领国际奥委会代表团到北京奥林匹克塔考察。11月22日，天津市党政代表团登上北京奥林匹克塔了解北京城市空间布局和绿楔规划建设情况。

（陈迎双）

【第七届秋日波斯菊展】 9月22日至10月23日，“第七届奥林匹克森林公园花卉观赏季——秋日波斯菊展”在花田野趣景区向游人开放。

（陈迎双）

【中国网球公开赛】 9月30日至10月7日，中国网球公开赛在国家网球中心举行，2018年中国网球公开赛升级为ATP/WTA综合赛事，2000余名运动员、20万名球迷及中外媒体记者参与。中国网球公开赛成为世界上收视率最高的WTA赛事，观众人数超过很多更加成熟的美国赛事。

（陈迎双）

朝阳公园

【概况】 朝阳公园是一处以园林绿化为主的综合性、多功能大型文化、休闲、体育、娱乐公园，是国家AAAA级旅游景区、北京市重点公园和精品公园，是北京市四环以内最大的城市公园。园区北至亮马桥路，西至朝阳公园路，东至东四环路，南至朝阳公园南路。规划总面积288.7公顷，其中水面面积68.2公顷、陆地面积220.5公顷，绿化覆盖率87%。建筑占地面积10.4公顷，道路广场铺装面积21公顷，绿化面积145公顷，其他占地面积44.1公顷。公司内设13个部室、8个基层部门。全园有职工1971人，其中在岗职工633人、退休职工1281人、内退职工57人。年内，俄罗斯索契市副市长到访交流国际性活动举办经验。购入114辆新能源作业用车，主要用于园内卫生清洁、垃圾清运及园林绿化作业。全年门票收入1385.5万元。绿化保洁部班长薛翠松获市总工会、市人力资源和社会保障局颁发的首都劳动奖章。

（孔雁）

【文体活动】 2017年12月14日至2018年2月11日，“《KOOZA》全球巡演”在公园北门外广场演出69场，活动由北京东天卓鹏文化有限公司与加拿大太阳马戏团共同举办。2月16日至21日，2018年第十五届“北京朝阳国际风情节”在朝阳公园举行，主题为“风情世界·悦享新春”，由朝阳公园主、承办，北京金艺舟国际文化传播有限公司协办。风情节包含国际风情展演、昆明风情展、特色美食、礼品街区等模块，英国、荷兰、比利时等9个国家及中国云南少数民族艺术家们为游客演出，接待入园游客48.9万余人次。4月4日，以“关注小环境共享大健康创建卫生区”为主题的朝阳区群众性环境卫生整洁行动暨健康素养主题宣传月活动启动仪式在朝阳公园举行，区卫生和计划生育委员会主办。市、区单位领导及六里屯、团结湖、东风、麦子店街道（地区）办事处领导和居民代表100余人参加。5月11日至21日，“2018年北京书市”在朝阳公园下沉广场举行，书市由市新闻出版广电局主办，北京发行集团、北京出版发行业协会承办，以“坚定文化自信共建书香京城”为主题，以“建设书香北京，让书香溢满京城”为主旨，举办各种签售、讲座、新书首发式、互动、演出、教育咨询等近百场文化活动。中国出版集团、北京出版集团、北京发行集团、北京联合出版公司、北京出版发行业协会成员书店等300余家国内出版发行单位展销40万种古今中外正版出版物及文化用品。5月12日，区应急办主办的全国第十个防灾减灾日现场宣传主会场活动在朝阳公园万人广场举行。区应急、公安、民政、水务、地震、安监等30余家单位及街乡主要负责人，及消防、武警、交管、卫生、民防、城建、扫雪铲冰、民兵、应急志愿者等17支应急队伍代表参加。5月18日，由市残疾人联合会主办的2018年助残日活动在朝阳公园红砖路广场举行，主题为“全面建成小康社会，残疾人一个也不能少”。5月20日，是经联合国确定后的首个“世界蜜蜂日”。中国蜂产品协会主办以“感恩蜜蜂，与爱同行”为主题的蜂产品推广活动在朝阳公园融合广场举行。斯洛文尼亚驻华大使馆、中华全国合作总社、国家林业局等单位领导出席，蜂产品行业从业者及关心蜂产业的社会群众300余人参加。5月28日，由区爱国卫生运动委员会、区卫生和计划生育委员会、区疾病预防控制中心联合主办的朝阳区世界无烟日暨《北京市控制吸烟条例》三周年现场宣传活动在朝阳公园喷泉南广场举行。以“烟草伤肺又伤心”为主题，包括义诊咨询和有奖问答等，300余名人员参加。6月1日，由国务院反拐部级联席会议办公室主办、公安朝阳分局协办的“关爱儿童，反对拐卖”为主题的宣传活动在朝阳公园礼花广场举行。国务院妇儿工委办公室、全国妇联等国务院反拐部级联席会议成员单位，市妇儿工委、市妇联等单位负责人出席。6月1日至18日，由北京希肯琵雅国际文化发展股份有限公司主办的朝阳公园大马戏活动在朝阳公园万人广场举行，包括狮虎、黑熊、猴子、小狗等表演。6月3日，2018 EliteRun精英跑活动在朝阳公园红砖地广场举行，比赛由中国企业体育协会与每步科技（上海）有限公司联合主办，有中国石油、中国银行、中国移动等企业的30支队伍200余人参与。“美疆基金会”是公益合作方，获冠亚季军的队伍将比赛奖金以企业名义捐赠给基金会，为边疆的贫困儿童送温暖。6月5日，由区环境保护局主办的“六五环境日”主题宣传活动在朝阳公园南门广场举行。以“美丽中国，我是行动者”为主题，包括知识展板、主题实践等。6月15日，朝阳公园配合区安监局在朝阳公园南门外广场举办“北京市朝阳区2018年‘安全生产月’宣传咨询日”活动。7月6日，由市旅游发展委员会主办，市旅游服务中心和区旅游发展委员会共同承办的“2018系列旅游咨询日”活动启动仪式在朝阳公园喷泉广场举行。优秀咨询员代表、旅游企业以“公益至上、游客为本、诚实守信、便捷优质”为主题发言。市民和游客参观“旅游咨询服务区”“惠民旅游服务区”“智慧旅游体验区”等展区。7月7日，“第五频道爱跑北京站”活动在朝阳公园红砖路广场举行。由中视体育、第5频道和CCTV5+主办，博信（北京）会展有限责任公司承办，有280余名跑步爱好者参与。8月20日，区综治办牵头在朝阳公园东3门广场举办“朝阳区中非论坛安保维稳工作誓师动员大会”，公安、消防及各街乡巡防队约2600人参加。9月15日，2018年第二十届“北京希望马拉松——为癌症患者及癌症防治研究募捐义跑”活动在朝阳公园礼花广场举行。由国家癌症中心、中国医学科学院肿瘤医院和中国癌症基金会主办，加拿大驻华大使馆、国家体育总局人力资源开发中心、区卫生和计划生育委员会、北京肿瘤学会协办。活动为癌症患者及癌症防治研究募捐，所得款项主要用于帮助贫困患者和支持中国癌症防治研究事业。有16家企业、团体、院校作为代表献爱心。设立捐款箱，5000余名爱心人士参与。10月13日至14日，由戴姆勒公司主办，北京盈朗文化艺术有限公司承办的戴姆勒家庭日活动在朝阳公园沙排主赛场周边广场和海沙节沙区举行，戴姆勒公司近8000余名员工及家属参与。10月20日，第二届中国企业24小时精英挑战赛北京站在朝阳公园万人广场开幕。上海埃棵斯体育科技有限公司主办，金北方移民、诺亚财富、印乎设计、波波酱酒共同合作，800余名跑步爱好者参与。10月30日，第一辆代表世界最前沿科技成果的“新石器无人驾驶物流车”在朝阳公园北部园区与游客见面，并上路试运营，探索无人配送、移动售卖的商业模式。12月21日至23日，莫斯科新年集市活动在公园下沉广场开市。由莫斯科市对外经济与国际关系部发函，经市人民政府外事办公室拟定，朝阳公园协助举行。包括观看莫斯科演员演出、售卖俄罗斯传统产品和品尝民族菜肴，现场摆设的10米高圣诞树成为吸引游客亮点。

（孔　雁）

【生态文明主题体验活动】 5月13日，朝阳公园通过内部及首都生态文明宣传教育公众号平台招募30余名家长和小朋友参加“大地母亲节日快乐”主题活动，宣布朝阳公园生态基地2018年“爱绿一起”系列生态活动开幕。6月30日，开展“来自树里的燃料”主题活动，通过首都生态文明宣传教育公众号平台招募10余个家庭现场参与互动。活动带领大家探索朝阳公园绿色生态基地，解密公园内松树种类及所能提取的能源，体验该能源用途的多样性。7月28日，在北部生态水溪景区，开展以“爱莲说”为主题的生态体验活动。大家通过观察演绎不同的荷花造型，老师讲解荷花品种与辨识、荷花的水下呼吸系统、藕间连丝的显微结构。8月25日，在泰国亭景区，开展以“夏叶寻宝”为主题的生态文明体验活动。孩子们按照“树叶寻宝图”寻宝探险，辨识植物种类，学习植物分类知识。9月15日，在野鸭岛景区开展以“我的小鸟朋友”为主题的生态文明体验活动，老师围绕《北京公园内常见的鸟类图鉴》教授如何观察鸟类、讲解鸟类有趣行为背后的科学知识，教授如何用望远镜观察发现常见小鸟。10月20日，开展以“飞翔的果实”为主题的生态文明体验活动。老师引导孩子们了解园内臭椿、白蜡、元宝枫、杜仲等树种种子进化过程，讲解演示植物会飞翔的知识。

（孔　雁）

【第十届海洋沙滩嘉年华】 6月30日至8月31日，由北京京视体育发展有限责任公司主办，朝阳公园和北京金艺舟国际文化传播有限公司协办的“第十届海洋沙滩嘉年华”在朝阳公园沙滩主题乐园开放，历时 68 天接待游客 6.96 万人次。

（孔　雁）

【有机覆盖物铺设】 10 月至 12 月，朝阳公园在园区内铺设新型环保覆盖物，解决园区内黄土露天问题。该材料是由林业有机废弃物经过收集、破碎、筛选、杀菌、腐熟、染色等工艺加工而成。有机覆盖物可以减少扬尘，在两至三年之后自行降解，作为肥料增加土壤肥力，不会造成污染。散铺地点 10 余处，包括龙门吊、健步路林下、激流勇进、蒙古大营南营等。铺设总面积 44852 平方米（散铺面积 41819 平方米、固化面积 3033 平方米），围栏总长度 3182 延米。在游客重点活动区域，进行固化铺设。

（孔　雁）

中华民族园

【概况】 北京中华民族园又称北京中华民族博物院（简称民族园），是自收自支、独立核算的民办事业单位。位于北四环与北辰路（中轴路）交会的西南角，东至北辰路西红线，西至北辰西路，南至北土城路北红线，北至北四环路南红线，是博物馆与公园相结合的旅游景区。总占地面积 28.2 万平方米，其中绿地面积 17.26 万平方米，绿化覆盖率 61.2%。道路、广场面积 2.96 万平方米，水面面积 4.3 万平方米，建筑面积 4.1 万平方米。行政主管单位为市民政局社团办，行业管理隶属区园林绿化局、市文物局、区旅游委。园内有青海贵南藏族队、四川阿坝羌族队、云南德宏傣族队、贵州松桃苗族队、青海互助土族队、云南丽江纳西族队、内蒙古赤峰蒙古族队、云南大理白族队、湖南湘西土家族队等 9 支少数民族队伍。民族节庆活动主要有傣族泼水节、羌族端午暨瓦尔俄足节、白族“金秋乐”庆丰收暨中秋节、藏族雪域高原风情节等。专题演出活动有“少数民族体育项目展示及体验”“少数民族服装服饰展演”“鼓舞中华　民族鼓文化展演”“少数民族红歌会”“少数民族非物质文化遗产展演”等。民族园内设行政、人事、财务、物业、安保、工程、活动、环境、文物、信息、社教、经营 12 个部门。截至年底，全园有在职职工 318 人，其中正式工 35 人、专业技术人员 19 人。年内，园内有乔木 4033 株、灌木 9026 株、月季类 2072 株、攀缘类 5926 株、竹子 130170 株。种植水生植物 7 种 120 盆，宿根花卉 1.32 万株，一、二年生草花 1.63 万株，绿篱 3000 株 340 平方米，草坪 2.25 万平方米。种植粮食作物 11 种 2800 平方米，种植经济作物 30 种 2.2 万株。伐除病死树 64 株。“中小学生社会大课堂”开展实践少数民族非物质文化遗产项目的课程。全年接待游客 16.23 万人次，其中免票 4.05 万人次。门票收入 708.48 万元，总收入 935.69 万元。与上年相比，游客量增加 14.30%，门票收入增加 0.87%，总收入增加 13.47%。

（汪　昆）

【“五一”庆祝活动】 4 月 29 日至 5 月 1 日，民族园开展“五一”假日演出活动。内容主要有“少数民族歌舞大联欢”“傣族泼水节”“少数民族服饰展演”等，接待游客 5000 余人次。

（汪　昆）

【汶川地震十周年纪念活动】 5 月 12 日，由中华民族园主办，北京羌族文化发展基金会、北京弘羌文化传媒有限公司协办的“辉煌重建、感恩中国”汶川“5·12”地震 10 周年纪念活动在民族园羌族景区举行。主要内容有地震 10 周年汶川羌族地区重建新貌摄影作品展，在羌族祭山塔前祭奠汶川大地震中遇难同胞仪式，羌族原生态歌舞、羌笛等表演。在京羌族人士、记者、游客等 200 余人参加。

（汪　昆）

【土家族摸泥节】 6 月 22 日，由中共湘西州委宣传部、州文广新局、州旅发委，湘西自治州工商联主办，湖南华夏投资集团有限公司承办的“2018 第五届湖南土家摸泥节”在民族园开幕。园内各民族同胞表演“少数民族生活服饰秀”，与游客一起跳民族集体舞，互相摸泥“示爱”。摸泥节以“摸泥节庆＋文创集市＋文旅扶贫”形式，打造面向全国融文化、旅游、经贸为一体的大型文旅扶贫平台，北京为起始站，6 月 22 日至 8 月 30 日相继在长沙、张家界、芙蓉镇、红石林和凤凰等地结合当地特色开展民俗活动，主要包括非遗文化展演、多民族摸泥狂欢、摸泥风情巡游等。

（汪　昆）

▲ 6 月 22 日，2018 第五届湖南土家摸泥节在中华民族园举办　　布依凡　摄

【少数民族非物质文化遗产展演】 6 月、8 月，民族园举办“少数民族非物质文化遗产展演”，包括藏族刺绣、羌族刺绣、白族扎染、土家族挑花绣、苗族银饰、傣族编花带、水族马尾绣、纳西族东巴文化、土族盘绣、蒙古族摔跤等。接待游客约 1.5 万人次。

（汪　昆）

【少数民族红歌会】 7 月，民族园举办“少数民族红歌会”庆祝党的生日。歌会由 20 余个少数民族演员以朗诵和表演唱的形式，把具有民族特色的多首红歌串联起来。接待游客约7000人次。

（汪　昆）

▲ 7月，民族园举办少数民族红歌会　　布依凡　摄

【国庆黄金周活动】 10月1日至7日，民族园开展国庆黄金周假日演出活动，主要有“多彩中华民族风情秀”“鼓舞中华　民族鼓文化展演”“圣歌妙舞　庆祝改革开放40周年藏族风情展演”等。接待游客万余人次。

（汪　昆）

【野生动植物保护】 年内，民族园保护并利用园内野生地被植物，如紫花地丁、地黄、夏至草、二月兰、旋复花、蒲公英、附地菜、鸭拓草、车前草、点地梅、蛇莓、包茎苦荬、田旋花等，形成生态多样性植物景观。使用低毒农药，种植农作物、果木，湖水为地下水无污染，吸引多种野生鸟类在园内生活，常见鸟类品种有池鹭、绿头鸭、斑鸠、杜鹃、燕子、伯劳、翠鸟、啄木鸟、百灵、红嘴蓝鹊、灰喜鹊、喜鹊、北红尾鸲、山雀、麻雀、燕雀、八哥等。

（汪　昆）

北京朝阳年鉴
Beijing Chaoyang Yearbook
2019

科技

科技管理

【概况】朝阳区科学技术委员会（简称区科委）是区政府主管全区科技工作的综合职能部门。区知识产权局与区科委合署办公，负责全区知识产权保护组织协调和专利工作。内设办公室、综合科（知识产权科）、计划管理科、高新技术产业发展科。下属朝阳区生产力促进中心、朝阳区知识产权服务中心、朝阳区知识产权快速维权中心3家事业单位。年内，出台《关于深化科技体制改革加快朝阳区科技创新体系建设的实施意见》；引导社会资本投资科技创新创业领域，制定《北京市朝阳区科技创新创业引导基金管理暂行办法》《北京市朝阳区科技创新创业引导基金设立及实施方案》；推动朝阳国际研发创新聚集区建设，研究制定《朝阳国际研发创新聚集区建设方案》；成立朝阳区科技创新体系建设领导小组，推动全区科技创新工作发展。全区有孵化器和众创空间88余家，其中市级以上孵化器9家，国家认定众创空间18家，北京市众创空间48家。有国家高新技术企业3629家，科技部“独角兽”企业23家。北京12330朝阳区分中心获2017年度“优秀分中心”称号，望京科技园工作站获“优秀工作站”称号、“人才服务奖”，文创实验区分中心获“优秀工作站”称号，尚8系列文化创意产业园工作站获“产业服务奖”。朝阳区生产力中心获科技部“2017年生产力促进服务贡献奖”，刘璐荣获“2017年生产力促进服务精英奖”。

（倪秀菊）

【“独角兽”企业23家】4月，科技部火炬中心、中关村管委会、长城战略咨询、中关村银行联合发布《2017年中国独角兽企业发展报告》。报告显示朝阳区有“独角兽”企业23家，总估值327.8亿美元，分别占全市的33%和12%，其中猫眼电影、阿里音乐、惠民网、人人贷、网信理财5家公司估值在20亿美元以上。

（林真民）

【区人大科技专业代表小组会议】5月29日，区人大教科文卫体委员会第八次会议暨科技专业代表小组第一次会议在鼎桥通信技术有限公司举行。参会人员参观北京鼎桥通信技术有限公司展厅和研发实验室，听取区科委代表区政府所作区人大常委会关于科技创新工作情况报告审议意见办理情况汇报，围绕明确全区科技定位、做实管理服务工作、整合资源、产学研合作及科技成果转化落地、科研院所交流合作等方面提出意见建议。教科文卫体委员会7名委员、科技专业12名人大代表、教科文卫体办公室工作人员及区科委、中关村朝阳园管委会、区科协等单位领导出席会议，鼎桥通信、时代凌宇孵化器公司负责人参加会议。

（夏春玲）

【区校发展合作联盟需求对接会】6月7日，区科委、区生产力中心联合首都科技条件平台中科院基地、北大基地、北工大基地、北师大基地、中国建材集团基地等单位共同举办首都科技条件平台“百进千”暨朝阳区—高校发展合作联盟需求对接会。会上，市科委解读首都科技条件平台及创新券政策，各基地、领域中心重点介绍各自科技资源情况和服务特点，以及服务企业典型案例。企业针对技术研发、检验测试等40余项需求与领域专家进行对接，部分需求达成初步合作意向。

（刘悦镔）

【知识产权课题项目验收】7月2日，2017年度朝阳区科委软科学研究项目——朝阳区知识产权政策完善及知识产权示范城市发展评估项目通过专家验收。验收会上，专家组肯定项目成果，并结合朝阳区知识产权政策体系和示范城市复核工作提出意见建议。

（夏春玲）

【科技型中小企业评价】7月11日，科技部2018年度科技型中小企业评价工作完成。全区1421家科技企业完成网站注册工作，其中1053家企业依据《科技型中小企业评价办法》通过评价审核，纳入全市科技型中小企业库，占北京市入库企业总数的13%。

（周迎辉）

【小微企业政策宣讲活动】11月14日，区科委、区生产力促进中心在时代凌宇大厦举办“小微企业该有哪些福利政策”主题宣讲活动。会上，区生产力促进中心向企业介绍首都科技条件平台朝阳工作站平台、创新券、技术合同登记等业务，为中小企业解答政策申报时遇到的问题。30余家企业、50余人参加活动。

（刘悦镔）

【科技计划项目管理办法修订】年内，区科委修订完善2016年《北京市朝阳区科技计划项目经费管理办法》，重点围绕项目立项、实施、验收（结题）等环节增删改补22条内容，突出项目管理过程“简、精、放、实”等特点。《北京市朝阳区科技计划项目管理办法》自2018年1月1日起施行，涵盖科技计划项目全过程管理。

（邢　杰）

【市级众创空间认定14家】年内，市科委公示第五批北京市众创空间认定名单。朝阳区国安创客、星空时间、Solink众创空间、北大资源文化双创园等14家机构获北京市众创空间称号。截至年底，朝阳区有北京市挂牌众创空间48家。

（刘悦镔）

科技活动

【概况】年内，区科委支持举办OTEC海外学人创业大赛、高校技术转移全球校长论坛等大型创新创业活动。推动技术创新和技术交易，全区国内专利申请37703件，专利授权22304件，分别比上年增长11%和15%，其中发明专利及授权分别占总量58%和41%。推动科技成果转移转化，技术合同输出7384项，比上年增长12.7%；技术合同成交额1035.3亿元，比上年增长11.3%，占全市20.9%。吸纳本市技术合同5111项，成交额173.7亿元，成交额同比增长34.3%，占全市14.2%。新增市级科普基地5家，包括融创空间、北京市方志馆、帕皮科技学院、中国国家地理（北京）科技文创基地等4家教育基地和中船蓝海星（北京）文化发展有限公司1家研发基地。截至年底，全区有市级科普基地60家，包括科普教育基地50家，科普传媒基地7家，科普研发基地3家。各基地在科技传播、科学普及工作中发挥主阵地作用，开展群众性科普活动。

（李小骏）

【科技“三下乡”活动】 2月1日，区科委到豆各庄乡，开展文化科技卫生“三下乡”活动。活动选取百姓较为关切的先进技术及科学知识，设计“科学”流言终结者行动系列展板、“科学答人”线上趣味问答，发放农村和社区居民素质提升手册等宣传资料150余份，150名群众参加活动。

(邢　杰)

【全民国家安全教育日活动】 4月15日，区科委在蓝岛大厦北门广场开展朝阳区2018年度“4·15”全民国家安全教育日集中宣传活动。活动重点围绕政治安全、经济安全、国土安全、文化安全、科技安全等内容开展宣传教育，居民代表宣读“不忘初心众志成城共同维护国家安全”倡议书，号召全区人民树立国家安全意识。

(王　倩)

【科技周主场活动】 5月20日，由区科委、区委宣传部、区科协联合主办“科技强国富民创新引领发展”——2018年朝阳区科技周主场展览展示活动在元大都城垣遗址公园举办。活动上，为北京市第八十中学“飞行器科学实验室”、东北师范大学附属中学朝阳学校“创客教育实验室”、朝阳实验二小“电子实验室”和双井街道九龙社区、八里庄街道罗马嘉园社区2家社区科普体验厅授牌。近千名学生及社区居民参与体验人工智能、虚拟现实等科技产品，观看科技社团学生创新成果等活动。

(邢　杰)

【绿色朝阳公益科普宣传活动】 5月22日，区科委“绿色朝阳从我做起”2018公益科普活动在望京街道西园四区休闲广场举行。工作人员向群众讲解空气净化、节能环保、资源综合利用等知识，宣传朝阳区清洁空气行动取得成效，展示绿色节能、低碳生活小窍门，发放节能环保宣传手册、环保购物袋，并邀请社区居民在“绿色朝阳从我做起”倡议板上签名，共同参与环境保护。9月19日，由区科委主办，北京节能环保中心、《节能与环保》杂志社承办的“绿色朝阳从我做起——关注空气质量”大型公益科普宣传活动启动。活动在望京西园四区设主会场1个，在茉藜园、翠城福园等社区设分会场16个。主会场安排清洁空气专家讲座、空气治理知识竞答、环保沙画现场表演、空气净化技术展示、守护蓝天宣传材料发放等5项内容，周边社区200余名群众参与活动。

(邢　杰　刘伟凡)

【科普基地建设】 6月19日，市科委公示2015年度命名北京市科普基地复核结果及2018年北京市科普基地命名结果，朝阳区新增市级科普基地5家，包括融创空间、北京市方志馆、帕皮科技学院、中国国家地理（北京）科技文创基地等4家教育基地和中船蓝海星（北京）文化发展有限公司1家研发基地。至此，朝阳区有市级科普基地60家，占全市14.15%，包括科普教育基地50家、科普传媒基地7家、科普研发基地3家，涵盖中国科学技术馆等国家级综合性场馆、奥林匹克森林公园等大型场馆、北京排水科普馆等专业性场馆。

(邢　杰)

【医疗卫生专业协同合作平台交流会】 6月27日，区科委、区卫生计生委联合举办2018年朝阳区医疗卫生专业协同合作平台对接交流会。区科委、区卫生计生委领导肯定搭建医疗卫生专业协同合作平台重要性，提出发挥驻区优秀医疗机构科研优势，以联合研究带动区内基层医疗单位科研能力提高、提升区域医疗卫生服务能力的工作要求。驻区及区属13家医疗机构科研工作负责人参加会议。

(邢　杰)

【科技工作调研】 10月8日，区委常委、副区长李长萍到区科委调研全区科技、知识产权工作并座谈。李长萍听取全区科技工作总体情况及下一步重点工作汇报，与区科委班子成员就区域科技创新发展定位、科技创新引导基金设立、高新技术产业发展等内容进行交流研讨。

(夏春玲)

【科技扶贫对接交流】 10月23日至26日，区科委领导带队，与科技、科普专家一行9人赴内蒙古自治区卓资县开展帮扶对接交流活动。区科委与卓资县签订扶贫工作协议，中国农大、北京自然博物馆、北京排水科普馆专家培训当地科技人员、学生科学技术、科普知识，朝阳区农业企业——北京蓝美莓农业有限公司考察走访当地草莓种植合作社、融合农业园区，解决当地农户生产技术难题。10月25日至26日，区科委领导带队扶贫对接工作小组一行6人到河北省唐县开展帮扶对接交流活动。区科委与唐县交流健康扶贫、教育扶贫、电商扶贫、金融扶贫等方面工作成效及难点问题。

(刘伟凡)

【中关村留学人员项目推介会】 12月12日，中关村留学人员精品项目推介会暨2018年中关村海外人才考察团优秀项目展示专场在望京留创园举办。区科委、中关村海外人才创业园协会、望京留创园领导出席活动，中关村海外人才考察团成员、朝阳区孵化器联盟成员单位、首创基金等20余家金融机构100余人参加。区科委授予公司宝、瀚海博智等29家孵化机构“朝阳区众创空间”牌匾，朝阳区众创空间资源一体化平台上线，望京留创园北京博汇特环保科技股份有限公司、杉数科技（北京）有限公司等多家高端精品项目进行现场路演。

(刘悦镔)

【科普体验厅建设】 年内，在区科委支持下，三里屯街道“文化三里屯、智能科技吧”社区科普体验厅建设和亚运村街道冬奥主题社区科普体验厅建设完成。两处体验厅面积均达到100平方米，面向社区居民并带动辐射周边社区，为百姓提供科普活动固定场所。

(邢　杰)

知识产权保护

【概况】 年内，区科委发挥知识产权联席会议作用，加强行政与司法衔接，与区法院签署知识产权保护合作框架协议，围绕知识产权纠纷诉前、诉中委托调解及资源共享等方面开展合作。围绕全国“两会”、中非合作论坛等重要节点，检查蓝岛大厦、秀水街市场等商场专利商品；加强秀水、城环城汽配城2家商场开展国家级知识产权保护规范化市场培育，增强商户知识产权保护意识，提升市场知识产权管理水平。加强重点展会执法。全年查处假冒专利及专利标识不规范案件573件，调解纠纷115件，分别同比增长16%和51.3%。出台《朝阳区知识产权保护服务分中心、工作站管理办法》，成立中护航创客知识产权保护服务工作站，设立知识产权公益图书角和中国北京朝阳（设计服务业）知识产权快速维权中心服务站，形成全区2家分中心、7家工作站知识产权举报投诉和维权援助体系。依托国家级平台——中国北京朝阳（设计服务业）知识产权快速维权中心，成立北京市朝阳区（设计服务业）知识产权纠纷人民调解委员会。年内完成22件知识产权纠纷调解工作。

（李小骏）

【知识产权举报投诉工作交流会】 3月2日，朝阳区知识产权举报投诉工作交流会在798艺术区朝阳快速维权中心召开。北京市12330工作站讲解2018年分中心、工作站工作要点和考核指标，就各分中心及工作站具体工作提出意见。朝阳区分中心、文创实验区分中心，望京科技园、三间房动漫产业园、尚8系列文化创意产业园、东朗电影创意产业园、铜牛电影产业园、竞园国际影像产业基地6家工作站学习2018年信息员考核指标，讨论2018年工作。

（曾　娟）

【知识产权专题培训】 3月13日，区知识产权局在北京国创产业园开展知识产权专题培训。培训以专利申请布局和知识产权政策解读为重点，园区内煋邦数码、零微科技等近20家创新创业企业参加培训。

（李　莹）

【中小学知识产权教育推进会】 4月19日，区知识产权局与区教委共同举办朝阳区中小学知识产权教育推进会。区知识产权局解读《朝阳区中小学知识产权教育工作方案》，国家知识产权局专利局专利审查协作北京中心和中国人民大学附属中学专家在知识产权基础知识、中小学知识产权教育实践等方面对试点学校领导、老师开展讲解培训，与会人员就学校在推进知识产权教育工作中难点、热点问题开展交流。国家知识产权局专利局专利审查协作北京中心专利服务部主任刘以成、区知识产权局副局长伏巍、区教委副主任王彪出席会议，10所朝阳区中小学知识产权教育试点学校相关负责人参加会议。

（倪秀菊）

【知识产权宣传周】 4月23日，朝阳区2018年“4·26”知识产权宣传周启动仪式在铜牛电影产业园举行。发布朝阳区2017年知识产权发展情况报告白皮书，区知识产权局与银行、评估公司、担保公司等金融机构签订合作框架协议，朝阳知识产权微平台上线。北京市12330、区知识产权局、朝阳国家文化产业创新实验区管委会、区知识产权联席会成员单位领导及企业代表参加活动。4月24日，区知识产权局在秀水街市场和北京城环城国际汽车配件城举办知识产权进市场活动。悬挂宣传横幅、张贴知识产权宣传画、发放宣传材料、发放宣传品，开展知识产权宣传。4月25日，区知识产权局联合区食药局在东坝乡举办知识产权进社区活动。北京卓华知识产权代理有限公司专家为居民讲解知识产权基础知识，区食药局工作人员向居民介绍如何选购保健品、真假药的辨别等食品药品安全知识。发放宣传材料、宣传品300余份，80余名居民参加活动。 4月26日，区知识产权局在北京工业大学开展知识产权进校园活动。在校内醒目地点设置宣传横幅、LED显示屏，张贴知识产权宣传海报，区知识产权局围绕专利申请、创新创业等问题为学生答疑。发放知识产权宣传材料300余份，解答咨询200余人次。4月26日至27日，区知识产权局指导北京市和平街第一中学朝来校区开展“4·26”世界知识产权日系列活动。利用校园广播台向全体师生进行知识产权宣讲，举办知识产权知识竞赛，学生会科技部向各班赠送《中国知识产权报》。200余名学生参加活动。

（倪秀菊　王　倩　陆　晶）

【企业专利维权实务培训】 4月24日，区知识产权局与高文律师事务所联合举办企业专利维权实务培训。企业与服务机构人员就实际遇到的各类知识产权问题开展交流。北京华大智宝电子系统有限公司、中科院微电子所等区内重点企业及服务机构30余名代表参加培训。

（陆　晶）

【知识产权案件庭审旁听活动】 4月26日，区知识产权局联合朝阳区人民法院知识产权庭开展知识产权案件庭审旁听活动。中国传媒大学等高校以及部分企业代表20余人参加庭审旁听。

（曾　娟）

【知识产权战略推进工程试点城市推进会】 4月27日，区知识产权服务中心和市知识产权局在望京科技园举办朝阳区中小企业知识产权战略推进工程试点城市工作推进会。市知识产权局和区知识产权服务中心分别解读《中小企业知识产权集聚发展示范区认定和管理工作实施方案》和《朝阳区中小企业知识产权战略推进工程试点城市工作方案》，介绍认定条件、申报材料、认定程序等，中关村朝阳科技园和朝阳区（设计服务业）知识产权快速维权中心分别介绍知识产权托管工作和知识产权快速申请和维权相关业务。区内50余家孵化器、众创空间、创客空间等单位代表参加会议。

（傅凌云）

【知识产权纠纷人民调解委员会成立2家】 7月13日，朝阳区（设计服务业）及知乎知识产权纠纷人民调解委员会成

▲ 4月23日，朝阳区知识产权局与金融机构签约　　倪秀菊　摄

立仪式在朝阳快维中心举行。市司法局副局长马燕、市知识产权局副巡视员周立权为2家调解委员会授牌，区知识产权局和区法院签署知识产权保护合作框架协议。北京市12330、朝阳区12330工作站、重点企业和知识产权服务机构40余人参加成立仪式。

（李 莹）

【获国家知识产权示范和优势企业】 8月15日，国家知识产权局发布《关于确定2015年度国家知识产权示范企业和优势企业通过复核企业及2018年度国家知识产权示范企业和优势企业的通知》，朝阳区域内中国昊华化工集团股份有限公司和中国冶金科工集团有限公司2家企业成为国家知识产权示范企业，中国石化工程建设有限公司等6家企业成为国家知识产权优势企业。至此，朝阳区国家级知识产权优势示范企业增至35家，其中国家知识产权示范企业12家，国家知识产权优势企业23家。

（陆 晶）

【知识产权沙龙活动举办】 9月6日，区知识产权局在北京德和衡律师事务所举办知识产权沙龙活动。参会人员实务培训和经验分享企业在海外实施专利、商标、计算机软件著作权等知识产权布局和战略时应掌握的相关法律知识和国际规则，知识产权诉讼保护策略和风险防控，以及企业如何应对涉外知识产权纠纷等相关内容。光华集团、杰华生物、迈锐数据等企业代表50余人参加活动。

（李 莹）

【企业境外专利业务研讨会】 9月14日，朝阳知识产权服务中心（快维中心）联合高文律师事务所举办中国企业境外申请、实施、保护专利权国际研讨会。会上，来自加拿大、印度和德国专利律师、专利代理人分别围绕加拿大专利法实践与美国比较及实践技巧、印度知识产权局及专利架构工作发展以及欧洲和德国专利申请制度比较等方面进行介绍和分析，分享世界前沿知识产权动态、海外专利申请和诉讼经验。区内高新技术企业、知识产权服务机构和外经贸大学代表30余人参加会议。

（李 莹）

【中护航创客12330 工作站成立】 10月17日，朝阳区中护航创客知识产权保护服务工作站签约揭牌仪式及双创知识产权专题培训在中护航大厦举行。市知识产权局副巡视员周立权，区委常委、副区长李长萍出席会议。北京市12330、区知识产权局与中护航创客（北京）科技发展有限公司签署12330工作站共建协议，中护航创客12330工作站揭牌成立。区科委（知识产权局）授权中护航设立中国北京朝阳（设计服务业）知识产权快速维权中心服务站，挂牌朝阳区区级众创空间。周立权、李长萍围绕12330工作站建设、知识产权精准服务企业和人才、打造国际范人才高地等方面发表讲话。北京市12330、区知识产权局、区委组织部、中关村朝阳园相关领导及区内企业近100人参加活动。

（夏春玲）

【知识产权高端管理人才培训】 10月17日至18日，区知识产权局在蓝调庄园举办知识产权高端管理人才提高培训班。邀请朝阳区人民法院、北京国策方略知识产权研究院等单位知识产权专家围绕企业知识产权战略管理与运用、企业“走出去”知识产权策略及商标、著作权和商业秘密保护运用等内容授课。学员们就如何利用知识产权提升创新成果价值、国内外知识产权诉讼保护策略和风险防控等问题进行交流。区内国家知识产权优势示范企业、北京市专利试点示范企业等重点企业知识产权主管40余人参加培训。

（李 莹）

【“12330服务日”活动】 11月16日，北京市12330联合朝阳区12330分中心、融创动力文化创意产业园举办“12330服务日”活动。针对融创动力园区内企业提出商标申请、专利资助奖励政策、著作权纠纷等问题进行解答。10余家企业参加活动。

（曾 娟）

【知识产权保护培训会】 11月20日，北京12330联合朝阳区12330分中心在北京服装学院创新园举办服装领域知识产权保护培训。培训邀请首都保护知识产权志愿专家讲解服装领域知识产权保护，解答企业遇到的知识产权保护问题。10家企业参加培训。

（曾 娟）

【专利信息利用能力提升培训班】 11月26日至27日，区知识产权局在蓝调庄园举办专利信息利用能力提升培训班。培训班邀请中国专利信息中心、国策方略知识产权研究院和北京奥凯知识产权服务有限公司专家讲解专利信息在企业技术创新中应用、专利检索实务和自建专利专题数据库等内容，学员们就如何利用专利推动企业技术创新、如何进行快捷专利检索等问题与专家交流。区内国家知识产权优势示范企业、北京市试点示范单位等重点企业知识产权主管40余人参加培训。

（王 倩）

【知识产权课题项目专家验收会】 11月27日，区知识产权局组织召开“朝阳区国际化知识产权服务需求与资源调研”项目专家验收会。经专家评议，携创科

▲ 10月17日，中护航创客12330工作站成立，市知识产权局副巡视员周立权（左）、区委常委、副区长李长萍（右）揭牌 夏春玲 摄

技承担的北京市知识产权“一区一特色”专项工程实施项目——“朝阳区国际化知识产权服务需求与资源调研”项目通过验收。区科委主任、知识产权局局长冯守华、市知识产权局协调处副处长陈军参加验收会。

（夏春玲）

【知识产权金融培训】 12月6日至7日，区知识产权局联合市知识产权局在蓝调庄园举办2018年朝阳区知识产权金融培训会。培训会邀请北京银行、北京东鹏资产评估事务所、北京知识产权运营管理有限公司、北京首创投资担保有限责任公司、区知识产权服务中心专家分别讲解科技型中小企业银行融资、知识产权质押融资操作实务、知识产权金融及运营实务、知识产权质押担保实务、朝阳区知识产权政策。区内国家知识产权优势示范企业、北京市专利试点示范单位、高新技术企业知识产权主管和财务负责人140余人参加培训。

（陆　晶）

【知识产权保护】 年内，区知识产权局查处假冒专利及专利标识不规范案件573件，调解纠纷115件，分别比上年增长16%和51.3%。朝阳（设计服务业）知识产权快速维权中心受理快速申请案件710件，授权423件，一次性授权率98.31%。新增外观设计专利快速预审服务备案企业23家，备案企事业单位131家。

（王　倩）

防震减灾

【概况】 朝阳区地震局（简称区地震局）是负责全区防震减灾工作的区政府职能部门，正处级，参照公务员法管理事业单位，内设办公室、监测震防科和应急救援科，编制12人。业务受市地震局指导，与区民防局合署办公。负责地震观测网点的建设、维护和管理工作，地震监测数据的采集管理、分析会商，微、宏观异常情况跟踪调查及提出地震预测意见；负责地震应急避难场所的建设、管理，开展地震应急志愿者队伍和基层地震灾情速报队伍地震应急演练，组织地震灾害调查与损失评估。年内，升级改造应急避难场所1处，达到国标Ⅰ类标准；新建应急避难场所1处，达到国标Ⅱ类标准；建成防震减灾科普教育基地2个、区级防震减灾科普示范学校3所。金盏乡新建地震宏观监测站点1处。应对河北省廊坊市永清县4.3级震情，做好舆情引导，维护社会安全稳定。培训43个街乡地震应急志愿者骨干2300余人。开展“5·12”防灾减灾系列宣教活动，在街乡、社区（村）、社会单位、中小学校开展宣传教育活动和地震应急演练。严格震情会商，完成2018年年中及2019年度北京地区及首都圈地区地震趋势会商报告；检查维护45处地震监测台点。被中国地震局评为2018年度全国地市级防震减灾工作综合考核先进单位，局长高智勇被评为2018年度全国市县防震减灾人员考核先进工作者。被北京市地震局评为2018年度北京市区级地震部门综合考核先进单位。组织全区防震减灾科普示范学校骨干参加市中小学防震减灾科普创客大赛，报送作品141件，获知识挑战赛二等奖。推荐朝阳区公共安全馆及北京（蟹岛）公共安全馆参加第五届北京市防震减灾科普讲解大赛，获最佳组织奖，4名选手分获最佳形象奖、最佳新人奖、优秀奖和新星奖。

（李振山）

【廊坊永清震情应对】 2月12日18时31分，河北省廊坊市永清县发生4.3级地震。震情发生后，区地震局启动有感地震应急响应机制，按照市地震局发布震情口径做好舆论引导和答复群众；及时与区安委会、区社会办、区农委和区房管局等单位沟通；重点关注老旧小区，加强危房、工棚检查，做好排查加固；关注区域内群众舆情，跟踪了解、收集社情民意，向区政府、市地震局上报处置情况，维护社会安全稳定。

（李振山）

【防震减灾宣传】 4月中旬，区地震局在北京市第九十七中学开展以“认识地震、科学避险”为主题的“防震减灾校园行”示范活动。5月7日至13日，区地震局开展防灾减灾宣传周活动。制定《朝阳区地震局2018年“5·12”防灾减灾日系列活动工作方案》，举办以“行动起来，减轻身边的灾害风险”为主题系列防灾减灾宣传活动，举办防震减灾科普大讲堂。5月23日，区地震局在对外经济贸易大学附属小学开展以“地震科技创新，萌启科普校园”为主题的防震减灾科普示范学校建设活动。7月下旬，区地震局以“增强防震减灾意识、提升防震避险能力”为主题组织街乡、社区干部群众，在北京（蟹岛）公共安全体验馆开展“7·28”唐山地震纪念日活动。

（李振山）

▲ 4月中旬，区地震局在北京市第九十七中学开展防震减灾宣传活动　　董彦迪　摄

【地震应急演练】 4月至5月，区地震局结合地震安全示范学校建设，到北京市第九十七中学、对外经济贸易大学附属小学开展地震应急演练，增强师生防灾

意识，掌握避难逃生、自救互救基本技能。5月9日，区地震局在垡头街道翠城雅园社区开展“5·12”防灾减灾应急演练示范活动，包括群众应急疏散、应急指挥、自救互救、现场救援、次生火灾处置、疏散安置现场管理、应急物资发放等7个项目，提高街道和社区应对地震灾害应急处置能力。

（李振山）

【应急志愿者队伍建设】 4月至10月，区地震局组织专家教练到各街乡开展应急志愿者培训43期，培训基层地震应急工作骨干2300余人，首次实现一个年度内全区43个街乡地震应急工作骨干和第一响应人培训全覆盖。培训以常见灾害风险常识和安全意识养成、灾害自救互救知识和实用技能为主要内容，采取理论教学与实践操作、互动体验训练相结合方法，使应急志愿者掌握地震应急救援基本知识和技能，达到初级应急救援员标准。

（李振山）

【三级地震应急预案】 年内，区地震局完成全区地震应急指挥部成员单位、街乡和社区三级地震应急预案修订工作，实现“一案两图三保障”（地震应急预案，地震灾害风险图、地震应急疏散图，队伍、物资、制度保障）。

（李振山）

【应急避难场所建设】 年内，落实《北京市“十三五”时期防震减灾规划》要求，继续推进地震应急避难场所建设。升级改造奥林匹克森林公园地震应急避难场所，达到国标Ⅰ类标准；建设完成来广营立水桥公园地震应急避难场所，达到国标Ⅱ类标准；更新升级朝阳公园应急避难场所标志牌，实现集科普宣传、指示标志于一体；结合朝阳区社区应急管理规范化试点工作，在立水桥公园避难场所设置防震减灾宣传设施。

（李振山）

【防震减灾科普教育基地建设】 年内，区地震局根据国家地震局和北京市地震局关于“防震减灾科普教育基地建设”精神，鼓励民营企业和社会组织主动承担和开展防震减灾科教工作。与北京预前教育咨询有限公司签订战略合作协议，将北京（蟹岛）公共安全体验馆建成“北京市防震减灾科普教育基地”，并依托该基地开展宣教活动。协调区科委、区科协专项资金，在来广营地区立清路第一社区按照市级标准建设防震减灾科普教育基地1处，引进防震减灾宣传VR视频系统，提升基地科普宣传科技含量。

（李振山）

【地震安全示范学校建设】 年内，根据市地震局关于加强防震减灾科普示范学校建设有关精神，新建对外经贸大学附属小学、北京市第九十七中学、和平街一中（朝来校区）3所防震减灾科普示范学校。组织原有4所市级示范校开展自查，考核学校近两年来防震减灾科普教育工作，完成上报自查报告。

（李振山）

▲ 奥林匹克森林公园应急避难场所标志牌 陈红卫 摄

【综合减灾示范社区创建】 年内，根据市民政局、市地震局、市气象局综合减灾示范社区创建工作精神，落实2018年创建综合减灾示范社区活动，向市民政局推荐综合减灾示范社区12个。

（李振山）

【信息公开】 年内，通过政府信息公开系统、市地震局网站、区民防地震局信息网等多种渠道主动公开工作信息68篇，宣传地震科普知识。按程序答复依申请信息公开3件。

（李振山）

气象服务

【概况】 朝阳区气象局（简称区气象局）是由朝阳区政府和北京市气象局双重领导，并以上级气象主管机构领导为主的管理机构。正处级事业单位，内设办公室、业务管理科、社会管理与法制科、气象台，职工总数20人，其中在编9人。承担辖区内气象数据收集整编、预报服务、预警服务、科技服务、气象科普、气象防灾减灾、科研及行政管理职能。年内，被市科委、市科协授予“2018—2020年北京市科普基地”称号。被首都精神文明建设委员会评为2015—2017年度“首都文明单位”。

（戴 健 林 鹏）

【全年气候】 年内，平均气温为13.7℃，比历年平均值（采用1981—2010年气候平均值，下同）12.4℃偏高1.3℃。冬、春、夏、秋季平均气温分别为-1.3℃、15.5℃、27.5℃、13.7℃，与历年同期平均值-1.8℃、13.7℃、25.2℃、12.5℃相比，分别偏高0.5℃、1.8℃、2.3℃、1.2℃。极端最高气温为39.4℃，出现在6月29日；极端最低气温为-12.7℃，出现在1月23日。年度降水量为639.5毫米，比历年同期平均值559.1毫米偏多1成。冬、春、夏、秋季降水量分别为0.0毫米、64.8毫米、543.6毫米、31.0毫米，与历年同期平均值8.3毫米、70.3毫米、397.3毫米、83.3毫米相比，冬、春、秋分别偏少1倍、不足1成、6成，夏季偏多近4成。1日最大降水量为103.8毫米，出现在8月8日；最长连续降水日数为4天，降水量为124.2毫米，出现在7月16日至19日；最长连续无降水日数为145天，出现在2017年10月23日至2018年3月16日。日照时数为2590.7小时，接近常年平均值2492.5小时。年度冬、春、夏、秋季日照时数分别为620.4小时、678.7小时、630.3小时、672.7小时，与历年同期平均值541.4小时、726.8小时、633.7小时、590.6小时比，冬、秋季分别偏多1成，春季偏少不足1成，夏季接近常年。

（李珊珊）

【异常天气及气候】 5月、6月、8月，气温明显偏高，5月平均气温为22.4℃，比常年平均值20.4℃偏高2.0℃，6月平均气温为27.1℃，比常年平均值24.4℃偏高2.7℃，8月平均气温28.0℃，比常年平均值25.0℃偏高3.0℃；4月降水量为53.1毫米，比常年平均值23.9毫米偏多1.2倍。2017年10月23日至2018年3月16日最长连续无降水日数达145天，为1959年建站以来最长连续无降水时间。6月26日14时40分前后至16时强对流天气影响朝阳区，受其影响，朝阳区部分地区出现大风、冰雹和短时强降水，全区自动气象站监测到的瞬时极大风速为23.3米每秒（九级，烈风，金盏站），机场、崔各庄、金盏、孙河、东坝等地均监测到冰雹现象。全区因大风导致树木倒伏366棵，冰雹砸中私家车2辆。6月30日17时30分前后，朝阳区开始出现强对流天气，将台、三间房、平房、东风等区域出现冰雹，部分地区出现7~8级短时大风。大风导致双井街道出现倒树、断枝5棵，南磨房倒树1棵。7月16日，朝阳区出现大范围雷雨天气，首都机场出现大面积航班延误，取消航班13架次。8月8日出现罕见大暴雨，黑庄户地区出现百年一遇特大暴雨，6小时降水214.0毫米，最大小时降水量122.6毫米为历史罕见，为近7年来北京最强降水强度。降水造成黑庄户乡部分房屋漏雨、短时疏散低洼院落人员120人、积水断路5处，其他街乡积水断路8处，十里河地铁站一出口附近发生塌陷。

（李珊珊）

【气象信息员队伍建设】 6月14日，区气象局组织召开街乡气象协理员防灾减灾工作会。会议总结2017年气象工作，介绍2018年气象灾害防御工作，预测2018年汛期天气形势，进一步明确街乡协理员汛期气象工作职责，推动街乡、社区（村）开展气象灾害防御工作，43个街乡气象协理员出席会议。

（戴　健）

【主要暴雨天气过程】 7月16日凌晨至18日凌晨，朝阳区出现暴雨天气，全区平均降雨量119.8毫米，最大降水量出现在来广营乡的清河营郊野公园站152.9毫米，最大小时雨强出现在管庄（17日7—8时），为34.2毫米/小时。全区43个自动气象站中38个超过100毫米，2个超过150毫米；受台风“安比”减弱后外围云系及冷空气影响，7月23日至24日，朝阳区出现大暴雨过程。全区平均雨量74.5毫米，最大累积降水量出现在四惠桥站95.5毫米。最大小时雨强出现在东坝站（7—8时）46毫米/小时。8月7日21时开始至8日11时30分，朝阳区出现1次强降水过程。全区平均降雨量达90.6毫米，最大降水出现在黑庄户站214.0毫米，达特大暴雨量级。43个区域自动气象站中有1个站累积降水量超过200毫米，20个站超过100毫米，30个站超过50毫米。

（张子曰　戴　健）

【气象科普】 年内，区气象局结合“3·23”世界气象日、“5·12”防灾减灾日，组织开展进学校、进社区和开放日等系列科普活动，利用VR设备展示气象灾害形成过程。5月19日至22日，北京气象科技周期间，通过VR设备、便携式自动气象站等仪器，向公众展示气象数据采集、人工影响天气飞机作业、泥石流和城市内涝等气象灾害，普及科学避险方式等内容。

（戴　健）

【气象灾害预警信号发布】 年内，区气象台发布各类预警信号127期。其中大雾预警7期，道路积冰预警1期，雷电预警28期，大风预警51期，高温预警9期，暴雨预警16期，暴雪预警1期，冰雹预警3期，持续低温预警6期，沙尘预警4期。

（戴　健）

【气象服务】 年内，区气象台发布预报、预警、科普类微博1300余条，发布微信1000余条，影视天气预报245期；一周环境气象趋势预测50期；制作发布天气情况330期，包括天气预报、雨情分析、重要天气等；制作发布气象信息专报及各类活动专报138期，包括节假日气象旅游服务、气候预测、特色服务、中高考天气服务等。

（戴　健）

【气象站网建设】 年内，区气象局与区水务局合作，新建和改造气象水文站点33个。在原有26个自动站基础上增加至59个自动气象站，实现43个街道、地区气象站点全覆盖，平均站点距离为3公里左右。

（李珊珊）

【气象科普园区建成】 年内，区气象局依托区民生实事项目，由区政府投资的气象科普园区完成建设工作并投入使用。园区主要包括海绵城市雨水花园示范区、

▲ 3月23日，区气象局举办“世界气象日”开放日活动，科普人员为酒仙桥中心小学师生、居民70余人讲解台风云系

戴　健　摄

生态新能源区和气象文化长廊展示区3个区域，与气象科普馆形成“一园一馆一长廊”开放式气象科普宣教基地。为突出气象能源理念，园区利用新技术、新材料，通过海绵城市、光伏太阳能、雨水收集等生态策略，展示气候对地球文化影响，倡导自然可再生能源充分利用。以温度为主题，在气象文化长廊展区，设计“温度的历史”“温度的变化”“科技的温度”“生活的温度”“世界温度”“中国温度”“朝阳气象”7个展示单元，结合树木年轮、化石、古代温度计、邮票，从不同角度认识温度。

（程月星）

【气象执法与行政服务】 年内，区气象局开展全区气象执法检查148次，其中施放气球安全检查21次、气象设施和气象探测环境保护检查2次、防雷安全检查125次，检查易燃易爆场所100余家。执法检查中发现违规行为立案5起，均结案。办理行政事项164件，其中行政审批事项50件（防雷装置设计审核28件、防雷装置竣工验收9件、升放无人驾驶自由气球或系留气球活动许可13件），行政服务事项气象证明114件。全年无超期办结、无投诉事件发生。

（戴 健）

【科研及学术交流】 年内，区气象局申报区科委社会发展计划科研项目“朝阳区城市大风灾害时空分布特征及风险区划研究”获立项。承担北京市气象局科研项目3项，其中科技项目2项、科技标准项目1项。组织业务人员发表文章、参加国内学术交流会议，论文《2017.7.13朝阳区强对流天气分析》和《冬季地表温度预报模型的建立及在道路结冰预报中的应用》参加北京市综合气象业务交流会，分别获得一等奖和二等奖。

（戴 健）

【降水类天气现象观测实现自动化】 年内，区气象局降水类天气现象观测实现自动化。安装并试运行光电式日照传感器，实现20类观测项目（气温、气压、相对湿度、风向、风速、降水量、浅层至深层9层深度地温、草温、降水类天气现象、能见度、视程障碍现象判别、日照）自动化观测。

（戴 健）

教育

北京朝阳年鉴

Beijing Chaoyang Yearbook

2019

综　述

【概况】 2018年，朝阳区有幼儿园270所，小学83所，中学89所。幼儿园、小学、中学教职工36436人，在校生275303人，毕业49194人，招生79233人。年内，区教委健全学前教育政策体系，制发并实施《朝阳区第三期学前教育行动计划》《朝阳区幼儿园视频监控管理办法（试行）》等8项政策。持续扩充基础教育优质资源，制发《朝阳区义务教育优质均衡发展三年行动计划（2018—2020年）》《朝阳区特殊教育提升计划（2018—2020年）》。接收教育配套学校12所。进一步开展课程和教学改革，制定《朝阳区义务教育阶段学校课程设置方案评审标准》《朝阳区中小学校本课程审核管理办法》，规范义务教育校本课程开发与实施。小学和初中就近入学比例分别保持在100%和96%以上。推进践行和培育社会主义核心价值观，推行《朝阳区义务教育阶段年级德育工作指南》，开展"学规范、正行为、养习惯"系列主题教育。建立学生体质健康数据库，学生体质健康优秀率提前达到市2020年目标。推进第四轮名校长名师培养工程（双名工程）建设，推出学科教学名师39名和班主任育人名师典型15名。评选各类区级教育教学骨干4600余人，比2015届增加14%。职业教育转型升级。与区发改委、区财政局等5部门联合制发《朝阳区职业教育改革发展行动计划（2018—2020年）》。2018年，朝阳区获"中国可持续发展教育20年最具影响力地区"、首批"国家义务教育质量监测结果应用试验区"称号，区教委获"全国学生资助工作推荐学习单位""北京市禁毒工作先进集体"称号。

（张　明）

【微信公众平台订阅号升级】 1月1日，"北京朝阳教育"微信公众平台订阅号完成二次升级改版，完善微信菜单栏功能。每周推送由3期增至5期，公众号首次完成单篇信息阅读数10万多的目标，粉丝数增至11万人。

（韩　旭）

【援建项目雄安学校挂牌】 3月1日，北京市第八十中学雄安校区、北京市朝阳区实验小学雄安校区挂牌。两校为市教育援助雄安首个项目。北京市第八十中学雄安校区占地面积42000平方米，建筑面积24000平方米，运动场面积14000平方米；教职工193人，包括专任教师172人；可容纳学生1650人（初中825人、高中825人）；首批招生890人。北京市朝阳区实验小学雄安校区占地面积27000平方米，建筑面积14800平方米，运动场面积9400平方米；教职工145人，包括专任教师144人；可容纳学生1800人；首批招生365人。

（黄阳艳）

【首届"千家书香家庭"评选表彰】 4月至10月，区教委在全区范围内开展首届"千家书香家庭"评选活动。105个校区参与，覆盖区内6万个学生家庭，2.7万个家庭上传读后感、亲子阅读照片、名篇朗诵等作品4.8万件。11月29日，召开活动表彰交流会，表彰优秀组织奖学校25所、书香家庭1160个。各中小学德育干部、部分书香家庭代表200余人参加表彰交流会。

（乔春江）

【社团嘉年华活动】 5月27日，团教工委首次在东北师大附中朝阳学校举办主题为"我与社团共成长 活力绽放新时代"朝阳区中小学生社团嘉年华活动，展示小学生升入初中后在社团成长成果。72所中小学150个社团成员、师生及家长3000人参与活动。活动分操场展示和礼堂会演两部分。操场展示由各类社团通过展板、作品、现场操作、节目表演等形式与参与者互动。礼堂会演中，各社团展示舞龙舞狮、京剧、合唱、舞蹈、科技制作等社团作品。

（蒲小雨）

【社区学习共同体认定35个】 5月，区社区教育领导小组办公室完成社区学习共同体认定工作。确定安贞街道安贞编织协会、南磨房地区完美隔代教育同道读书会等35个社区学习型组织为首批朝阳区社区学习共同体。

（高　健）

【精英足球训练营活动】 7月18日至22日，区教委在绿茵阳光足球主题公园举办"金鹰之夏"——精英足球训练营活动，200余名中小学生参加活动。训练内容包括足球理论知识、足球技能战术、足球文化、足球比赛、足球游戏、团队拓展等，培养队员规则意识、团队意识、尊重对手、服从裁判意识，磨炼顽强拼搏意志品质，提高运动训练水平，实现校园足球立德树人目标。

（徐　芳）

【冬奥同行冰雪精英训练营活动】 7月23日至27日，区教委在"乔波冰雪大世界"举办区中小学生冰雪训练营活动。内容包括滑雪技能培训、观看滑雪项目影片及拼插类动手游戏等。活动普及和推广宣传奥林匹克文化，助力2022年冬奥会。200名滑雪精英小选手参加训练营活动。

（徐　芳）

【京津冀首届校园足球赛】 10月25日至28日，由河北省教育厅、北京市教育委员会、天津市教育委员会主办，河北省

▲ 5月27日，团教工委在东北师大附中朝阳学校举办朝阳区中小学生社团嘉年华活动
东北师大附中朝阳学校　供稿

曲周县人民政府承办的首届京津冀全国青少年校园足球试点县（区）校园足球争霸赛，在曲周县尚书中学开幕。人大附中朝阳学校、金盏学校、明远教育书院实验小学、楼梓庄小学4所学校代表朝阳区参加比赛，最终明远教育书院实验小学获小学男子组冠军，金盏学校获体育道德风尚奖。

（周　杰）

【教育支援】 10月，区教委派遣31所学校37名教师分别到河北省唐县、阳原县、康保县，内蒙古自治区卓资县，新疆维吾尔自治区和田墨玉县、新疆生产建设兵团第十四师四十七团有关学校开展为期1至6个月支教送教活动。年内，区3所职业学校（北京市求实职业学校、北京市劲松职业高中、北京市电气工程学校）与河北省、新疆维吾尔自治区、内蒙古自治区等7个地区9所学校签署协作帮扶协议。全年开展大型培训及技能比赛活动4次、200余人次参与，其中建档立卡学生50余人、跟岗学习干部教师5人、短期送教32人，领导干部交流77人次，并依靠3所职业高中优势向342名建档立卡学生提供职业技术培训、专业培训和岗前培训机会。

（王　静　李联启）

【政民互动系统来件办理】 年内，区教委办理政民互动系统来件5037件。来件诉求主要涉及学前、义务教育阶段招生入学，空气净化装置配备，教育资产管理和使用等方面。区教委办结率、反馈率、解决率、满意度均高于区平均值，在全区政民互动工作通报中，区教委被认定为受理量较大且办理较好单位。

（宫　超）

教育管理

【概况】 年内，区教委围绕朝阳区“十三五”时期教育发展规划任务要求，深化教育综合改革，以办好人民满意教育为目标，以建设法治型政府为重点，稳步推进区教育设施专项规划编制工作，健全财务、审计及普法宣传教育机制，落实安全主体责任和监管责任，持续推进校园消防标准化建设，推进依法治教、依法治校建设，全力做好预算、决算及学生资助等工作，为促进区域教育事业全面发展发挥基础性、保障性作用。年内，工程项目结算审计644项，审定金额5.92亿元，审减金额1157万元，审减率1.92%；全区使用国家财政资金3088.27万元，资助学生349755人次。

（张　明）

【义务教育学校管理问卷调查】 4月2日至20日，区教委组织15个义务教育学区的41所学校（小学23所、普通中学18所）参加市义务教育学校管理现状抽样问卷调查。问卷设干部、教师、学生及家长4套，内容涵盖入学招生、均衡分班、学籍管理、学校课程、德育工作、学生学习、教师管理、师生关系等方面，调查结果为全区贯彻落实教育部《义务教育学校管理标准》提供数据支撑。510名干部、1043名教师、1981名学生和2669名家长参加问卷调查。

（张清军）

【优质教育资源扩充】 4月，区教委启动2018年优质教育资源扩充工作。在调研论证基础上，制定2018年朝阳区优质资源扩充工作方案，修改完善整合工作流程，联系学区委领导和责任科室负责人，入校宣布资源调整决定，明确资源调整工作纪律要求。北京中医学院附属中学、朝阳区左家庄第二小学等13所学校采取整体并入、纳入一体化管理等方式，实现学校转型升级。5月至6月，完成学校校名变更。9月，学校校级干部调整到位。至12月底，资源调整学校实现平稳过渡，教育教学及管理工作有序开展。

（张清军）

【因学致贫专项排查】 5月3日，区教委开展因学致贫专项排查工作。排查范围涉及区内基础教育学校436所、学生26万余名，重点关注建档立卡、低保和低收入、领取困难补助金、农村特困救助供养、孤残、烈士子女以及遭遇自然灾害或突发事件等特殊情况家庭。经排查，未发现因学致贫现象。

（姜　春　李　钰）

【食堂改造】 8月底，朝阳区教育国有资产管理中心完成22所学校和幼儿园食堂10000平方米装修改造及设备更新工作，经区卫生防疫部门检查验收合格，投入使用。改造后，食堂可解决11000余名师生就餐需求。

（彭友雄）

【中小学生课后服务推进工作视频会】 9月17日，区教委召开中小学课后服务推进工作视频会。会议解读《朝阳区中小学课后服务工作实施意见》，要求学校课后服务工作坚持“自主自愿”和“因地制宜”原则，在需求调研基础上，确定学校服务方式、时间、安排等，科学合理制定课后服务实施方案。区教委将加强统筹规划，强化管理，督促学校建立完善弹性离校制度，为有需求学生及家长提供课后托管服务。全区146所学校负责课后服务工作干部教师在各分会场参加会议。

（张丽娟）

【教育配套单体设计项目审批】 年内，区教委完成22个教育配套单体项目审批工作。分别位于东坝、和平街、高碑店、孙河、垡头、黑庄户、小红门、劲松地区，包括高中1所、完中1所、九年制一贯学校2所、小学5所、幼儿园13所。

（赵　彩）

【中小学校章程建设】 年内，按照全市统一部署，对全区学校章程建设情况进行调查摸底，涉及全区公办中小学校179所。遵循法制统一、坚持社会主义办学方向原则，制发《朝阳区中小学校章程管理办法（试行）》《朝阳区推进中小学校章程建设工作方案》，启动全区中小学校章程制定、审查工作，实现“一校一章程”目标。

（杨金重）

【国家财政资金资助学生】 年内，全区使用国家财政资金3088.27万元，资助学生349755人次。其中，学前教育资助幼儿190人次，资助金额25.46万元；义务教育公办校资助323869人次，资助金额2691.89万元；民办校资助学生24235人次，资助金额170.98万元；普通高中资助387人次，资助金额61.47万元；职业高中资助1074人次，资助金额138.47万元。

（陈玉洁　马恬静）

师资队伍建设

【概况】 2018年，区教委强化教师思想政治教育、职业道德素养和师德师风建设。在全区中小学、幼儿园、职业高中、校外教育机构中开展2018—2020年“做新时代‘四有’（有理想信念，有道德情操，有扎实学识，有仁爱之心）好老师和‘四个引路人’（做学生锤炼品格的引路人，做学生学习知识的引路人，做学生创新思维的引路人，做学生奉献祖国的引路人）”学习实践活动。在人员编制只减不增原则下，建立“区管校用”编制管理机制。构建区、学区、学校和个人联动的“学研训用”教师培训模式，完成第二届青年教师基本功展示和中职教师开展信息化教学能力比赛及“学科教学”等基本功培训，选派4批区级优秀青年教师参加国内高校精品课程轮训。落实《朝阳区教育系统“十三五”时期人才队伍建设规划》《2016—2020年朝阳区教育系统“双名工程”实施意见》，推进第四轮“双名工程”（名校长名师培养工程）。关爱教师，推进“4H”计划，即健康计划、家庭关怀计划、住房计划、人力资源开发计划。截至年末，全区有正高级教师24名、特级教师234名、北京市学科带头人63名，北京市骨干教师355名，占全市1/6；市、区、校等各级各类骨干教师占专任教师48.3%。

（张　明）

【首届博士学术论坛】 1月16日，区教研中心举行“博研苑”启动仪式暨首届博士学术论坛。中心选派33名特级、正高级、市学科带头人和市骨干教师与全区77名博士教师结对，为博士教师提供教学设计与实施、课堂教学实践研究等方面支持。区教研中心、人大附中朝阳学校、北京中学等学校博士教师做专题发言。会议提出，导师团队将为博士教师成长提供支持与服务。教研中心部分教科研员及全区博士教师200人参加论坛。

（何爱英）

【拔尖青年教师后备人才遴选】 1月至9月，区教委开展拔尖青年教师后备人才遴选，具备3年以上教龄新入职青年教师810人申报，通过资质审核、笔试选拔、面试答辩、听课评价、师德考核等环节，103名拔尖青年教师入选后备人才库。

（么　丹）

【名师讲堂】 1月至12月，区教委在朝阳有线推出52期《名师讲堂》节目，由参加2017年学科教师和名班主任特色展示活动的名师分别在“升学指导”“特色课程”“班级管理”“名师风采”等栏目开展讲座。全年38名学科教师和14名班主任面向朝阳区教师、学生、家长和社会开展讲座，分享教育教学经验，发挥优质教育资源的示范辐射作用。

（张婉月）

【高校基地培训骨干教师】 3月至10月，区教委开展骨干教师高校基地培训工作，618名骨干教师分5期赴浙江大学、湖南师范大学、安徽师范大学、苏州大学等高校进行培训。培训以专家指导、名师引领、教学交流等方式，学习“新考改·深课改专题”“课改考改背景下的素养培育”“教师专业素养与教育理念更新”等内容。

（张婉月）

【朝阳区名师展示】 3月至11月，区教委组织38位学科教师和14位班主任进行名师展示及名班主任展示活动。学科教师及班主任特色展示活动贯穿5个学段、覆盖中小学所有学科，以及幼教全科、职业培训、教师培训、教研指导与实践等，展示形式有主报告分享、班会展示、教育沙龙、微论坛等，参与观摩活动的教师超过5000人次。

（张婉月）

【组建第六批特级教师工作室】 5月29日至30日，区教委组织第六批“特级教师工作室”工作方案论证会。经过专家现场论证，最终确定32个工作室为朝阳区第六批特级教师工作室。在组建中，对工作室做到“起点高、基础强、标准精、实施严”，确保工作室工作良性发展。

（张婉月）

【名班主任工作室组建】 5月至7月，区教委开展朝阳区第二批“名班主任工作室”主持人申报工作。13名区级班主任名师通过申报，其中小学段5个工作室、初中段4个工作室、高中段4个工作室。通过申报的工作室将开展指导德育课程建设、开展专题研讨、组织德育课题研究以及承担德育活动指导任务等工作。

（张婉月）

【完成新教师培训】 6月至11月，区教委在劲松职高常营校区组织2018年新入职教师715人进行新任教师岗前培训。分三批对新入职的700余名中小学幼儿园教师进行拓展培训，对区内小学、初中、高中6所学校进行新任教师进行追踪。组织“朝阳区第一届‘扬帆杯’教学技能培训与展示”活动，组织新入职教师代表61人参加北京市新任教师教学风采展示活动，一等奖、二等奖获奖总人数位列全市第二。

（张婉月）

【教师志愿服务队义务支教】 7月22日至28日，区教育工会志愿服务大队开展“蓝粉笔”乡村教师培训公益行动。在中国航空技术国际控股有限公司爱心基金支持下，选派17名区优秀教师赴贵州省安顺市关岭自治县、普定县2个贫困县，利用暑期开展为期1周的乡村教师义务培训。培训根据对方需求，采用同课异构、讲座、座谈等形式，围绕大班额环境下教与学方式的变革、信息化的深度整合、留守儿童的心理健康建设等内容，培训乡村教师近5000人次。

（赵　光）

【特级教师学年考核】 8月30日至9月5日，区教委本着“谁使用、谁管理、谁考核、谁奖励”原则，完成对朝阳教育系统在职在岗北京市特级教师、教师579人进行2017—2018学年度考核工作，其中在职特级教师168名、北京市学科带头人62名、北京市骨干411名。

（王志斌　王秉超）

【导师带教】 9月5日，区教委启动导师带教和市级研修合作共同体项目。聘请北京市知名特级教师、正高级教师及学科知名专家导师69人，与从全区遴选出的市学科带头人和学科骨干225名学员，组成涵盖学前、小学、中学、职成多个学段和学科带教团队，促进教育人才进一步成长。

（张婉月）

【学科名师教学特色展示】 10月，区教研中心举办“2018年区名师工程学科名师教学特色展示专场”，英语地理教研员宋波、中学化学教研员商晓绪、语文学科教研员马妍和学前教育教研员黄培4名教研名师分别进行成长历程分享、学科教学特色展示等。区“导师带教”“市级教研员工作站”等项目特聘导师、学员、学科教师和教研员400人参加活动。

（何爱英）

教育教学

【概况】 年内，区教委有直属单位16家，教辅中心4家。区教委教育教学工作围绕朝阳教育强区战略部署，推进教育公平和提升学生综合素质，完成“整体构建，统筹实施，做有效德育”工作目标与任务。坚持均衡发展和质量提升，以改革促发展。健全学前教育政策体系。推动学校管理标准化建设。制定义务教育学校管理标准化建设推进方案，59所学校成为北京市首批义务教育学校管理标准达标校。继续推进教学改革，推广马芯兰“翼课程”数学课程改革项目。围绕知识目标、能力目标、激活点、隐藏点、拓展点制定教学目标，形成翼课程“五维度目标分析法”，编辑教学主题课例教案107个。完成35所小学和19所初中校教学管理工作调研和视导，落实管理要求，加强教学监控，提高课堂实效，完善点面相结合、全部学科与薄弱学科相结合教学视导管理指导模式。以5所高中为主，成立资源联盟，开发高考资源课程600余节，采集1212名中小学教师和2637名中小学生数据，开展课程改革现状调研。完善学区化教研工作机制，在15个学区294个校址（园）开展教学研究和教学指导，听课657节。推进网络教研，利用网络平台为教研员录课近40次、教研直播活动12节次，点击数12000余次。高考一本上线率66.15%，比上年提升5.45%；2项科研成果获区教育教学成果奖、1项成果获区教育教学成果提名奖。年内，朝阳区作为唯一地级市（城区）在第三届全国基础教育信息化应用展示交流活动中展示教育信息化工作成果。

（张　明）

【中小学养成教育三年行动计划】 3月，区教委落实中小学养成教育三年行动计划5大行动计划，分别是：明确学生良好习惯培养计划、教师育人能力提升计划、学校养成教育提升计划、家校养成教育协同计划、行政管理机制健全计划，并将重点任务细化为25个行动项目和50项行动任务，力求培养学生良好行为习惯、树立理想信念、提升综合素养，建立并完善以社会主义核心价值观为引领的中小学养成教育制度、机制。为推动落实各项任务，增强养成教育的针对性和实效性，11月7日，区教委在北京市朝阳区实验小学召开朝实学生行为规范60条经验推广工作会，构建学校、家庭、学生三方联动工作机制。推广该校养成教育经验60条。朝阳区各小学主要领导及主管德育工作负责人260人参加会议。

（乔春江）

【硕博教师论坛】 7月15日，中国科学院附属实验学校举办第二届硕士、博士教师论坛。论坛围绕“学习教育理论，规范教学行为，助力专业成长”主题展开，12名硕士和博士教师代表从“能力源于生活 知识提升能力”“小模型大物理”“古今对话 感受历史”等角度发表见解，和与会教师分享教育教学心得。学校35岁以下青年教师40余人参加论坛。

（王　芃）

【高中创新发展项目评审】 9月6日至7日，区教委组织2017—2018学年度普通高中学校创新发展项目成果评审。评审对象为22所完中学校和12年一贯制学校，由各学校分别提交1项2017—2018学年度创新项目工作方案和工作总结。收到项目22个，涉及教学、德育、课程建设、文化建设等内容，评审专家根据学校项目开展情况、取得成果及目标达成度，对22个创新发展项目进行赋分，并将评审得分记入学校年度绩效考核总成绩中。

（王圆圆）

【课改实验学校颁牌】 9月26日，区教委举行3个课改项目实验学校颁牌仪式。仪式上，认定清华大学附属小学商务中心区实验小学、呼家楼中心小学、北京第二外国语学院附属中学等29所学校为“小学生阅读素养提升项目”课改实验学校；认定星河实验学校、芳草地国际学校富力分校、北京市第八十中学实验学校康营分校等28所学校为“马芯兰‘翼课程’数学课程改革项目”学校；认定北京市朝阳区芳草地国际学校、北京市朝阳区实验小学、北京教育学院朝阳分院附属学校等26所学校为“英语情境化教学项目”学校。

（苏宏杰）

【第五届语言文化龙门阵决赛】 10月28日，区教委和区语委联合举办区第五届语言文化龙门阵决赛暨“朝阳杯”邀请赛。邀请雄安新区学校小学生和家长组成2支代表队，北京市朝阳区芳草地国际学校、北京市朝阳区酒仙桥第二小学、中国人民大学附属朝阳学校、北京市朝阳区芳草地国际学校世纪小学、北京市朝阳区爱迪外国语学校、北京市第九十四中学朝阳新城分校组成6支代表队，参加邀请赛。比赛立足京津冀协同发展战略、传承弘扬中华优秀传统文化，设讲述成语故事、抢答、共答等环节。芳草地国际学校闫语时家庭获特等奖，酒仙桥第二小学於玥家庭、人大附中朝阳学校赵熙睿家庭获一等奖。

（高　健）

【优秀团队表彰】 10月30日，区教研中心表彰中心优秀团队。崔各庄学区、八里庄学区2个教研工作站获物理、语文、数学学科研究部“卓越团队”称号；幸福村学区、东坝学区、望京学区、垂杨柳学区4个学区教研工作站获文史、英语、生化、综合学科研究部“优秀团队”称号。全体教科研员参加表彰会。

（何爱英）

【生物模型设计与制作评展】 11月3日，区青少年活动中心举办“朝阳区第七届中学生生物模型设计与制作评展”活动，近7000名学生参加活动，遴选出28个学校代表队近200名师生参加生物模型作品评展、生物模型知识大挑战、北京自然博物馆社会公益实践和活动分享4大主题板块展示。评选出模型作品最佳创意奖6个、最佳实践团队奖3个、最佳辅导员奖3个、优秀组织奖7个。

（张　弛）

【社会实践挑战赛】 11月8日，区教委组织中学生社会实践挑战赛区级选拔赛。收到13所高中校98项学生作品，其中创新创意类15项、志愿公益类17项、社会参与类26项、研学旅行类40项。按照社会属性、实践属性、自主属性、挑战属性评选标准，评选出北京市日坛中学“青少年慢性疲劳综合征现状调查及预防保健操的设计与推广”、北京市陈经纶中学“多多峡谷志愿服务”等6个项目获区级一等奖，北京市第十七中学“缓解北京首都机场高速拥堵的方案”、北京市朝阳外国语学校“星旅—小丫公益”等20个项目获二等奖，北京市陈经纶中学“关爱空巢老人志愿服务”、北京市日坛中学“贝壳与梦想——在体验中学习”等16项获三等奖，朝阳外国语学校、北京市第八十中学、日坛中学获组织奖。

（王圆圆）

【京湘基础教育论坛】 11月15日至16日，区教研中心举办京湘基础教育论坛。两地10个学科31名教师，结合立德树人教育理念及高中课程标准，推荐31节文化课参加同课异构交流及教学研讨。教育部基础教育课程教材发展中心、北京教育考试院、区教委分别以“普通高中课程修订的定位与突破”“新高考改革背景下高中教学与学习方式变革”“新高考背景下朝阳区课程改革实践与思考”为题作专题报告。论坛为京湘两地建立教育战略合作关系、发展共赢奠定基础。

（何爱英）

【校外教育60周年成果展示周开幕式】 12月5日，朝阳区青少年活动中心在北京市第八十中学举办“甲子跨越 筑梦朝阳”2018朝阳区校外教育60周年成果展示周开幕式。通过历史回顾、基本经验、新时期展望3个篇章回顾区校外教育60年历程，展现校内外教育育人成果，同时发布2018年朝阳区中小学高水平学生社团新地图。

（张 弛）

▲ 12月5日，朝阳区青少年活动中心在北京市第八十中学举办2018朝阳区校外教育60周年成果展示周开幕式　区教委　供稿

【互动课堂建设】 年内，112所实验校130个校区参加区信息中心互动课堂实验项目，使用率98.5%。全年上传资源30019件，随堂测试93099次，学生参与461493人次，研究性网络学习1403人次。建立微信工作群115个，涉及107所学校，解决问题1090件，召开互动课堂交流展示56场次。研究课题“促进区域性互动教学与混合型学习数字化云平台的构建和应用”获北京市基础教育教学成果奖二等奖。

（于瑞利）

学前教育

【概况】 年内，朝阳区有幼儿园270所（包括北京市示范幼儿园30所），其中公办幼儿园110所（事业单位13所、其他部门4所、地方企业14所、教育部门33所、部队6所、集体40所），民办幼儿园160所。开设教学班3185个；幼儿离园19165人、入园33051人、在园82723人。教职工14973人，其中专任教师7706人。全年教育经费投入70843.37万元，其中国家拨款70825.21万元、自筹经费18.16万元。新建幼儿园20所，增加学位2900个。全区有北京市示范性幼儿园30所，北京市一级一类园116所、一级二类园19所、二级二类园23所，有北京市社区早教基地50个。

（张 明）

【自办学校（托幼场所）安全检查】 1月，朝阳区社会力量办学管理所开展自办学校（托幼场所）安全检查。制定房屋安全、消防、取暖、卫生等方面安全检查项目59项，排查全区9所自办学校和201所自办托幼场所假期前安全情况，未发现房屋安全问题，对部分学校（托幼场所）存在消防通道堆放杂物等问题，现场反馈并监督整改落实。

（姜 彤）

【第三期学前教育行动计划启动】 3月15日，区政府召开第三期学前教育行动计划启动会。区政府发布《朝阳区第三期学前教育行动计划》，明确未来三年学前教育发展主要目标，重点实施8项工程，初步形成以公办幼儿园为示范、普惠性幼儿园为主体、各类民办幼儿园为补充，普惠多元新时期学前教育发展新格局。各街乡主要领导和主管领导、相关委办局主管领导、各公办、民办幼儿园党政正职、民办幼儿园举办者、幼儿园责任督学等500余人参加会议。

（林 莉）

【幼儿读书月活动】 3月30日至4月25日，松榆里幼儿园举办以“知理懂礼 快乐阅读”为主题第五届幼儿读书月活动。小班开展绘本亲子阅读、亲子阅读角创设、快乐倾听活动，中班开展亲子制作图书评比、晒晒我的小书架、改编故事、故事大赛活动，大班开展绘本推荐、童话剧《三打白骨精》巡演、绘本故事小小辩论赛活动。600名幼儿、教师、家长参加活动。

（周立光）

【幼儿园级类标准培训】 4月8日至10日，区教委按照市托幼园所分级分类验收标准，对全区200余所各类型幼儿园进行级类标准培训，指导级类申报工作，推动区第三期学前教育行动计划“级类管理全覆盖”工作。760人参加培训，144所无级类幼儿园提交级类认定申请。

（丁振鹏）

【优秀传统文化教育活动】 12月29日，和平街幼儿园举办主题为“师生情、亲子情、家园情”优秀传统文化教育活动。幼儿在室内“百福屋”“版画屋”“纸艺工坊”“花馍店”“自然工坊”“颜色工坊”等多个游艺区，参与剪纸、拓“福”字、做花馍、包饺子等活动；户外与家长滚铁环、走高跷，猜灯谜，在北京特色“小吃一条街”品尝汤圆、糖葫芦。全园教师、幼儿及家长700人参加活动。

（李 莉）

【幼儿园新增20所】 年内，经区教委批准，新成立幼儿园20所。公办幼儿园8所，分别为朝阳区金盏乡皮村中心幼儿园、朝阳区孙河乡新堡中心幼儿园、朝阳区三间房乡新房村中心幼儿园、朝阳区东八间房村幼儿园、朝阳区蓝天官庄中心幼儿园、朝阳区崔各庄乡黑桥中心幼儿园、朝阳区黑庄户乡郎各庄村幼儿园、朝阳区教育国资中心幼儿园。民办幼儿园12所，分别为朝阳区美派幼儿园、朝阳区考威小规模幼儿园、朝阳区顺美小规模幼儿园、朝阳区蓝杉树双语幼儿园、朝阳区格瑞特双语幼儿园、朝阳区中加幼儿园、朝阳区启乐思双语幼儿园、朝阳区京旺小金星幼儿园、朝阳区力迈米克幼儿园、朝阳区梧桐树双语幼儿园、朝阳区向日葵北纬蓝天幼儿园、朝阳区为依双语幼儿园。

（郝　晋）

基础教育

【概况】 年内，朝阳区有小学83所，教学班4783个，在校生143429人；教职工7515人，其中专任教师7050人；小学入学率100%，巩固率100%，毕业及格率100%。中学89所，其中初中10所、高中2所、完全中学13所、九年一贯制学校37所、十二年一贯制学校27所；教学班2051个，其中初中1549个、高中502个；在校生49151人，其中初中36280人、高中12871人；教职工13948人，其中专任教师11325人，北京市特级教师234人（在职）、北京市骨干教师355人、北京市学科教学带头人63人；初中入学率100%，巩固率100%。校外教育单位1个，教职工113人。设立义务教育学区15个，实施集团化办学单位1个（芳草地国际学校教育集团）。中小学教师学历合格率100%，高级专业技术职务教师（公办）3027人（小学707人、初高中2320人）。中小学（公办）占地总面积420.98万平方米，建筑面积276.91万平方米，纸质图书869.36万册。全年中小学教育经费总投入83.07亿元。7月至8月，区内33所小学、45所中学700名学生参加市第十五届运动会，获金牌209枚、银牌153枚、铜牌149枚，金牌数和团体总分名列全市第一名。

（张　明）

【经典阅读活动】 1月1日，奶子房小学在图书大世界开展经典阅读活动。阅读分为三个梯度，即低年级阅读绘本，培养阅读兴趣；中年级阅读短小故事，学习阅读技巧，通过阅读理解完成叙述、编排课本剧；高年级阅读名著，通过学习阅读技巧，快速理解大意，摘抄精彩段落，能叙述表演、编排课本剧。180名学生参加活动。

（梁秀珍）

【精彩课堂项目论证会】 1月10日，区教委举办第三届社会主义核心价值观融入课堂教学——初中、高中精彩课堂项目论证会。论证会依据课程内容是否融入社会主义核心价值观、融入学科特点、融入手段自然和授课教师行为是否符合社会主义核心价值观4条标准，对2017年录制初中50节、高中40节精彩课堂进行论证。论证结果显示，初中精彩课堂核心价值观与课程内容融入更加自然，实现从学科教学到学科教育转变；高中精彩课堂注重学科特点，凸显重要性和必要性的前瞻性研究。精彩课堂视频资料推荐为学校德育工作参考资料。

（乔春江）

【六年级学业水平抽样监测】 1月17日至18日，区教委开展六年级语文、数学、英语3个学科学业水平抽样监测，了解该学段学生3项课程标准学业水平达成情况。监测采用笔答+实践（英语口语交际能力）方式进行，全区138所小学（含部分民办学校）校中16972名学生参加抽样监测和问卷调查，其中抽调8896份试卷进行网阅，完善学业水平抽样数据库，分析教学目标完成情况，为改进教学管理及教学研究奠定基础。3月16日，召开监测质量分析会。会议听取全区六年级学业监测质量分析报告及语文、数学、英语3个学科抽样监测数据分析，全区整体监测水平呈现稳中有升态势。会议提出，学校教学工作要把握小学教育教学特点，着力提升学生关键能力，减轻学生过重学业负担；要增强教师职业幸福感，继续提升六年级学业水平质量。138所参加抽监测小学（含一贯制学校小学部、部分民办学校）校长、教学主管279人参加会议。

（苏宏杰）

【杨柳教师成长基金会成立】 1月26日，在垂杨柳中心小学举行的“勠力同心再续征程”新春教师风采展示会上，特级教师郑丹娜捐出所获“北京市人民教师奖”奖金10万元，成立杨柳教师成长基金会。基金将用于学校青年教师成长，助力实现百年名校教育梦。

（郑秋玲）

【“穿越时空”闹元宵】 3月2日，祁庄小学举办“穿越时空”闹元宵主题活动，活动以“银票”兑换形式开展，集文化、课程、传统教育于中华传统节日“元宵灯会”，涉及九连环、诸葛锁、华容道、投壶、套圈近20个传统游戏体验项目，结合学校掇绣特色项目，进行“融容文化”框架下“项目式学习”和“主题性实践”。100名家长参与活动。

（夏凤蕊）

【“百家大讲堂”活动】 3月23日，新升小学开展家长“百家大讲堂”活动。家长结合个人职业特点、兴趣爱好开设制作饼干、寿司、水果拼盘和茶艺、鉴赏翡翠、素描等课程；与学生探索磁铁秘密，传授心肺复苏术；组织学生参与消防安全演习，讲堂内容涉及环保、安全、科普、艺术、法制、健康自护等多个领域。为促进家校协同教育，学校不定期组织开展大讲堂活动。

（来国星）

【“一课一问”交流展示】 3月23日，北京师范大学朝阳附属学校举办首期“一课一问”教师交流展示。7名不同学科教师阐述教学策略研究及实践收获，开展课程问题研讨。“一课一问”是学校为充分利用课前2分钟而提出教学策略，充分体现提问艺术在课堂教学中重要作用。教师在每节课前2分钟提出一个问题激发学生思考，学校收集问题后集中展示，由各学科教师互相学习，研讨“好的问题如何提出”。

（王韫琦）

【软件辅助教学】 3月，陈经纶中学分校教师在课堂教学中启用GeoGebra几何画板动态数学软件辅助教学。该软件可以结合几何、代数与微积分教学，在平板上面画点、向量、线段、直线、多边形、圆锥曲线及函数图像。学生通过应用GeoGebra动手操作，提升主动探究发现问题和解决问题能力，使教学过程更直观，有启发性，学生掌握知识更牢固，难点易突破，学习效率高的特点。

（刘　杰）

【首届中小学生无土栽培种植大赛】 3月至7月，朝阳区香河园少年之家举办区首届中小学生无土栽培种植大赛。50所中小学校、500名学生参加比赛。学生通过“实践过程”“种植成果”“我的启示”3个板块，亲身经历植物生长过程，锻炼查阅资料、制定计划、动手操作、观察记录、实验探究、解决问题等方面能力。参赛的50所中小学、500名学生和100位教师均获奖。

（尤艺霖）

【在线直播课程引进】 4月17日至5月29日，楼梓庄中学引进超级思维导图在线直播课程。课程包括高效记忆、科学实践、创意写作、逻辑思考、同理心、公共演讲6方面内容。通过网上远程授课，学生与教师线上交流互动，运用思维导图发现分析问题。课程指导学生初步学会运用思维导图分析自身学习状态、制定学习计划、梳理知识框架，培养高效思维习惯。

（裴建军）

【学校更名7所】 4月，经区机构编制委员会批准，北京市朝阳区左家庄第二小学更名为北京市朝阳区实验小学左家庄分校，北京市朝阳区新源西里小学更名为北京市朝阳区实验小学新源里分校，北京市朝阳区定福庄第一小学更名为北京第二外国语学院附属小学定福分校，北京市朝阳区张家店小学更名为北京市朝阳区十八里店小学南校，北京市民族学校更名为北京市陈经纶中学校民族分校，北京工业大学附属中学英才分校更名为北京市陈经纶中学校劲松分校，北京青年政治学院附属中学更名为中央美术学院附属实验学校，北京市朝阳区甘露园小学更名为北京市朝阳区芳草地国际学校甘露园分校。更名学校办学范围、办学性质不变。

（张志达）

【学校合并5所】 4月，经区机构编制委员会批准，北京市朝阳区大山子第二小学并入中央美术学院附属实验学校，北京市草场地中学和北京市奶子房中学并入北京市陈经纶中学分校，北京市朝阳区田华小学并入北京市陈经纶中学崇实分校，北京中医学院附属中学并入北京市和平街第一中学，合并后学校办学范围、办学性质不变。

（张志达）

【首届文化节风筝大赛】 5月10日，北京市第九十四中学朝阳新城分校初中部举办首届文化节——“传承文化，放飞理想”风筝大赛。大赛立足体现“知识性、趣味性、实践性、自主性”原则，以课程建设和学科整合为核心开展活动，民间传统艺人现场指导。大赛评出最佳设计奖6名、最佳技术奖2名、最美文化墙2名。403名师生参加活动。

（金　都）

【高中生物教师基因工程实验技能培训】 5月25日，区教研中心组织高中42名生物教师参加基因工程（PCR）实验技能培训。培训以使用PCR扩增试剂盒为内容，专题讲解“PCR应用与拓展”，引导教师掌握PCR应用于病原体检测、转基因食品检测、基因表达量研究、基因在不同组织中表达差异、药物疗效考核、耐药性研究等知识，提高“基因工程”等高中生物选修模块教学能力。

（何爱英）

【中小学班主任基本功展示】 6月9日，区教委开展“夯教育基石，展育人风采——2018年朝阳区中小学班主任基本功现场展示活动”。15个学区、40所小学、30所中学、3所职业高中校113名优秀班主任参加活动。每名班主任通过带班育人方略、教育情景问答、教育魅力展示等3种形式做全方位展示。活动评出一等奖28名，其中小学15名、初中6名、高中4名、职高3名；二等奖47名；三等奖38名。

（乔春江）

【中考改革首次执行】 6月24日至26日，全区6551名初三应届学生参加市中考改革后首次升学考试。考试科目设置为语文、数学和英语3个科目必考，从物理、化学、思想品德、历史、地理和生物学科中选择3个科目考试，其中物理、生物（化学）须至少选择1门，其他科目任选的“3+3”模式。中考改革使走班选课、分层分类教学成为学校新常态，鼓励学生选择性学习和有个性发展。

（张清军）

【初中劳技学科操作评价试点】 6月，区教研中心以日坛中学初中部为试点，开展初中劳技学科操作性评价试点工作。评价分网络问卷答题（占30%评价分值）和实际操作检测（占70%评价分值）。试点目的是通过回顾与梳理学生常用理论知识，检测学生材料计算、图样绘制、锯割打磨等常规技术操作，提高学生安全意识、创新意识、合作意识，提高劳动技术素养。

（何爱英）

【首届望京学区足球社团嘉年华活动】 7月7日，首都师范大学附属实验学校举办以“足球促友谊·运动展风采”为主题的首届望京学区足球社团嘉年华活动。活动邀请北师大三帆中学朝阳学校、对外经济贸易大学附属中学、望京实验学校3所足球传统校，通过开幕式展示、我爱足球主题班会、足球体验活动、校际友谊赛、闭幕式分享等环节，普及足球知识、提高足球技能、促进学校足球社团发展。

（庄　强）

【低段乐考闯关活动】 7月10日，陈经纶中学崇实分校开展低段课程考试改革，组织第一届“乐学乐考，乐在其中”闯关活动，低段学生和家长共同参与。活动设置桌游PK、射艺体验、萌宝篮球、生活礼仪、智感科技等20余类选考项目，学生自主选择、自主展示、挑战自我，体验学习成就感。

（韩君英）

【陈经纶中学自助图书馆落成】 8月31日，北京市陈经纶中学举行“百年经纶·书香朝阳”校园自助图书馆揭幕仪式。自助图书馆位于校园文化广场北侧，学生随时在自助图书馆服务机上借书、还书和办理借阅证。自助图书馆服务机最大容纳图书量402册，学校全年可提供60000册图书上机借阅，一星期补书2次，3个月更换1次。

（黄　杰）

【“未来学校”成立】 10月19日，呼家楼中心小学在酷车小镇举行“未来学校”成立仪式。“未来学校”借助智能设备混合学习项目因子式合作学习基地，着眼构建未来教育跨校式学习中心，培养学生实践能力和创造力，落实核心素养。中科院院士探月总设计师孙家栋、国外教育专家以及全国PDC联盟学校教育同仁800余人出席活动。

（李祉瑞）

【特级教师项目式学习展示活动】 10月19日，北京市第八十中学举行以“点亮一盏灯”为主题的第十二届教学基本功大赛特级教师项目式学习展示活动。正高级数学特级教师王贵军，正高级物理特级教师韩叙虹和化学特级教师吴卫东合作展示一堂项目式学习课程。课程由真实情境出发，以项目为主线，以科学实验为基础，用问题驱动课堂，以原理、分析、设计、实践、改进、再修正为课堂逻辑，融合化学、物理、数学3个学科知识与理念，最终回归理性思维。北京市第八十中学教育集团校教师代表、高校及研究院专家450人参加观摩。

（方　媛）

【区第十三届中小学生秋季运动会】 10月27日，朝阳区第十三届中小学生秋季运动会在北京市第八十中学举办。本届运动会首次引入旋风跑、抬小猪、投包入框、众星捧月、齐心协力等趣味体育项目，设置个人项目65个、集体项目6个，扩大学生参与度。116所学校4000余名学生参加比赛。

（徐　芳）

【少先队优秀课例评选】 10月至11月，区少工委开展少先队优秀课例评选活动。活动包括少先队仪式教育、传统礼仪教育、民族团结教育、感恩教育、社会主义核心价值观教育等，收到参评课例89件。11月2日，经专家评审，北京市朝阳区劲松第三小学李梅、北京市朝阳区孛罗营小学车江、北京市朝阳区芳草地国际学校苏菲、北京景山学校朝阳学校石晓宇、北京市朝阳区高家园小学张羽、北京市朝阳区黄胄艺术实验小学沈静、中国传媒大学附属小学张振宇等27位辅导员课例获一等奖。

（高云平）

【可持续发展教育研究获荣誉】 11月11日至12日，在教育部中国可持续发展教育研究中心举办可持续发展教育20周年总结大会上，北京第二外国语学院附属中学、北京市朝阳区白家庄小学、北京市朝阳区十八里店小学做大会发言，介绍学校推进可持续发展教育研究成果。区教委获评“中国可持续发展教育20年最具影响力地区”荣誉称号；北京市朝阳区教育研究中心、首都师范大学附属小学、北京市朝阳区白家庄小学、中国传媒大学附属小学、北京市朝阳区垂杨柳中心小学、北京第二外国语学院附属中学、北京第二外国语学院附属小学、北京市朝阳区牌坊小学、北京市东方德才学校和北京市陈经纶中学分校10个单位获“中国可持续发展教育20年卓越团队”荣誉称号；刘洁、祖雪媛、付晓洁、陈春红、金云峰、陈素琴、钟亚利、王文娟、魏小娟、张丽荣、张冬云、胡爱国、王红、乔湘平、冉样丽、孙文娜、双晶文、何培祥等学校领导获“中国可持续发展教育20年卓越个人”荣誉称号。

（何爱英）

【首届校园诗词大赛】 11月16日，平房小学召开首届校园“续读名家诗词 铭记中华精髓”中华诗词大赛。大赛分诗词对接“如流水”、眼疾手快“文思涌”、风险投资“技高超”、一字多句“飞花令”4个板块。三至六年级学生混合组成风华队、一鸣队、先锋队和龙吟队。先锋队获首届校园诗词大赛团体冠军。

（战　静）

【高校招生办招生方案解答】 11月26日，区教委邀请北京大学、清华大学、中国人民大学等14所高校招生办领导和区普通高中学校校长、教学副校长40人进行座谈。座谈会上，高校招生办负责人解答基层学校在高招方面遇到的问题，并与基层学校进行交流。此次会议是普通高中学校首次与高校对接，邀请高校进校园对师生进行高校招生政策宣讲，将大学资源与生涯教育对接，帮助高中学校深入了解高校新高考改革背景下的招生方案，促进高中学校构建适合学生全面和个性发展特色课程体系，探索具有学科特长和创新潜质优秀学生培养途径。

（王圆圆）

【检察院与学校共建签约】 12月4日，区教委在芳草地国际学校日坛校区举行芳草地国际学校与区人民检察院检校共建签约仪式暨“红领巾心向党 我与宪法共成长”国家宪法日宣传教育活动，旨在普及宪法知识，弘扬宪法精神。区人民检察院副检察长与校长签订检校共建协议。

（李　景）

【首批义务教育管理标准达标校验收】 12月10日至21日，北京市义务教育管理学校标准市级项目组专家到区开展义务教育管理标准达标校验收工作。项目组专家经过听取学校办学工作汇报、访谈中层干部和师生代表、查阅相关档案等方式进行验收，认定朝阳区59所学校为北京市首批义务教育学校管理标准达标学校，黑庄户中心小学、中科院朝阳实验学校等6所学校代表朝阳区接受专家验收。

（李筑恒）

【“构建未来理想学校”学术研讨会】 12月15日至17日，北京中学召开以“改革学校形态，培育时代新人”为主题的第五届“构建未来理想学校”学术研讨会。会议聚焦全球未来教育和未来学校发展变革，研讨学校管理、学习方式变革、课程创新实践等热点问题，为促进区域中小学校发展和教育教学变革建言献策。校长夏青峰做“改革学校形态，培育时代新人”办学经验报告；学校教师向参会人员展示语文、英语、数学、政治、历史、地理、物理、化学、生物9个学科21节课及“亚欧大陆桥”“DNA的秘密”“节气中的智慧”等跨学科主题课。500名区骨干教师与外国教育专家顾问团围绕“理想课堂教学”主题进行研讨交流。

（李　明　周　慧）

【激活生命课程文化展示】 12月19日至20日，楼梓庄小学举办“感恩十年·激活生命”课程文化展示。16节课和11个特色社团分别从阅读、体验、表达3个层面，展示基于“习作教育”理念下“激活生命”10年课程成就，市区12位专家和学生朱炳畅、徐谦涵进行“激活生命”课程主题演讲。300余名家长参加活动。

（刘　爽）

高等教育

【概况】 年内，辖区内有高等教育学校15所。其中，教育部直属高等教育学校6所，分别为中央美术学院、北京化工大学、北京中医药大学、中国传媒大学、对外经济贸易大学、中华女子学院；市属院校9所，分别为中国音乐学院、北京工业大学、北京第二外国语学院、北京服装学院、北京联合大学、北京青年政治学院为普通高等院校，北京信息职业技术学院、北京经济管理干部学院、北京劳动保护职业学院为高等职业院校。

（张　明）

【化工大学学科建设】 1月12日，北京化工大学“面向高端装备及医学器件的先进制造学科创新引智基地”项目获批2018年度新建高等学校学科创新引智基地立项。该评选由教育部、国家外国专家局举办，全国62个基地入选。目的是在特色优势方向上提升中国高端装备的研究水平。1月17日，北京化工大学—中日友好医院生物医学转化工程研究中心揭牌。研究中心以“共建、共管、共同发展”为合作原则，通过“医工结合、优势互补、学科交叉、共同培养、协同创新”的合作模式，在生命科学领域全面布局。

（肖　勇）

【北工大成立学部3个】 3月28日，北京工业大学文法学部、城市建设学部、材料与制造学部成立。3个学部以相近的学科群为基础，按照集成学科群体优势，搭建创新平台，激发基层学术组织活力，促进学科交叉，发展新型学科，优化学科结构和拓展学科领域，通过实体和虚体相结合的方式组建。文法学部包括人文社会科学学院、外国语学院、高等教育研究所、北京知识产权学院/北京知识产权研究院，拥有社会学、外国语言文学、教育学3个一级学科硕士学位授权点和社会工作、教育、法律3个专业硕士学位授权点，社会学与高等教育学为北京市重点建设学科。城市建设学部包括建筑工程学院、环境与能源工程学院、城市交通学院、建筑与城市规划学院和城镇污水深度处理与资源化利用技术国家工程实验室，拥有动力工程及工程物理、土木工程、化学工程与技术、交通运输工程、环境科学与工程、城乡规划学等一级学科博士点6个和化学、动力工程及工程热物理、建筑学、土木工程、水利工程、化学工程与技术、交通运输工程、环境科学与工程、城乡规划学等一级学科硕士点9个。材料与制造学部包括材料科学与工程学院、固体微结构与性能研究所、循环经济研究院、机械工程与应用电子技术学院、激光工程研究院，拥有力学、机械工程、材料科学与工程等一级学科博士点3个和力学、机械工程、仪器科学与技术、材料科学与工程等一级学科硕士点4个。

（刘典华）

【首个外国留学生联合培养项目签署】 4月8日，北京服装学院与成都纺织高等专科学校签署合作协议。根据协议，双方开展外国留学生联合培养“3+2”项目。该项目是针对服装艺术设计专业外国留学生单独成立的专科升本科项目，符合条件的外国留学生在成都纺织高等专科学校开展为期3年专科学习的基础上，可进入服装学院开展为期2年的本科学习并获得毕业证书及学位证书。项目2018年实施，有效期5年。

（付　佳）

【“藤蔓计划”专场活动】 4月27日，北京第二外国语学院与中关村一带一路产业促进会联合举办国际青年创新创业计划（“藤蔓计划”）2018留学生实习对接会暨非洲专场活动。80家在京企业现场招聘，北京16所高校近500名留学生参加宣讲及现场对接活动。对接会前，北京第二外国语学院与中关村一带一路产业促进会联合签署战略合作协议，共同为“一带一路”倡议培养和输送高层次复合型国际化人才。学校将选送优秀留学生在中关村企业实习和接受培训。“藤蔓计划”通过实习对接、精准派送、考察培训、创业孵化、国际青年企业家培养计划等方式，在企业机构、留学生及国际青年之间搭建创新创业的桥梁和平台，为“一带一路”沿线国家优秀留学生提供在华实习就业机会。

（王　薇）

【服装学院成立中心4个】 5月9日、6月6日和9月21日，北京服装学院分别成立奥运服饰文化研究中心、敦煌服饰文化研究暨创新设计中心、无障碍服装研究中心。奥运服饰文化研究中心结合研究生培养和课程教学实践，制定研究生奥运服饰文化专业研究方向，以项目教学的形式将奥运服饰文化纳入教学体系。中心成员包括学校2008年北京奥运会服装主创团队，同时外聘中央美术学院、清华大学美术学院的专家与新生设计力量，以及国内外的奥运服饰研究专家。敦煌服饰文化研究暨创新设计中心与敦煌研究院、英国王储传统艺术学院、敦煌文化弘扬基金会联合成立，旨在开展敦煌服饰文化研究、当代创新设计和研发、研究和创新设计成果推广，搭建敦煌服饰文化艺术保护研究、文化传承、创新设计、人才培养与交流、社会传播、产业化转化等的国际化学术平台。无障碍服装研究中心通过多学科交叉和技术整合，聚焦无障碍产品研究、服装设计、先进材料应用等前沿领域；开展标准化建设，系统研究特殊需求服装的设计标准、制作标准、安全标准等。6月7日，成立中国传统工艺振兴计划协同创新中心。中心由北京服装学院与恭王府博物馆联合举办，设传统服装服饰研究所、传统织绣染研究所、传统工艺理论研究所、传统工艺美术研究所，以非遗为桥梁、协同创新为目标，利用传统服装服饰制作技艺、传统纺织印染绣技艺等非遗资源，搭建资源置换平台。

（付　佳）

【全国养老服务机构院长培训班】 5月11日至13日，举办2018年第一期全国养老服务机构院长培训班。培训班由中国社会福利与养老服务协会主办，北京劳动保障职业学院承办，为第七届中国国际养老服务业博览会环节之一，29个省112家养老服务机构负责人及管理人员160余人参加。培训重点讲授养老服务业发展趋势及国家相关政策法规、全国养老服务机构标准化试点建设主要内容、国家养老院服务质量建设专项行动重点要求等，其间学员参观北京市养老服务人才培训学院实训室。

（彭雪松）

【《中央美术学院美术馆藏精品大系》发布】 5月28日，中央美术学院举办由中央美术学院编纂、上海书画出版社出版发行的《中央美术学院美术馆藏精品大系》（十卷本）新书发布会。该书为大1/8开本，全书四色印刷，包括“中国古代书画”“中国现当代水墨”“中国现当代油画”“中国现当代版画”“中国现当代雕塑”“中国当代艺术”“中国现当代素描卷”“中国新年画、漫画、插图、连环画、绘本现当代摄影”“外国艺术”10卷。首次梳理以学校美术馆藏品为主要部分艺术作品，收录1300余名艺术家的2000余件作品。作品时限上至宋元、下迄当代，以明清绘画、20世纪前半叶中国油画、1949年以来的现实主义风格绘画为主。除作品图版外，还收录有作品著录、研究文献及艺术家简介等资料。

（牟亚利）

【临床医学院及中医药中心揭牌】 6月8日，北京中医药大学第六临床医学院（房山医院）揭牌。医院由北京中医药大学与房山区政府合作共建，按照临床医学院功能理念建设学院型医院。医院占地面积31195.5平方米，建筑面积31676.26平方米，设急诊、内科、外科等78个科室及4个分院和1个医疗共同体。编制800个床位，年门诊量91万人次。职工

1414人。12月8日，中国—德国中医药中心（魁茨汀）在北京中医药大学附属魁茨汀医院揭牌。中心为国家中医药管理局2018年中医药国际合作专项之一，旨在探索开展中医药医疗服务、中医药人才培养、中西医科研合作、中医药标准化建设及中国文化传播等。

（王丹凤）

【全国城市型、应用型大学建设论坛】 6月8日至9日，北京联合大学举办以“深化内涵式发展，建设一流应用型大学”为主题的第二届全国城市型、应用型大学建设论坛。论坛围绕产教融合、专业建设与本科教育、学科建设与科学研究、与所在城市及区域经济社会发展的关系、应用型大学德育议题，探讨应用型大学建设模式。论坛邀请30余名专家领导作主旨讲话和主题报告。教育部、市教委、北京市高等教育学会及16个省、自治区、直辖市40余所高校、企事业单位、科研机构嘉宾和媒体代表150余人参加论坛。

（王 岩 刘永武）

【院系调整】 6月，北京青年政治学院完成院系调整。院系结构由“系部制”向“二级院制”转变，组建青年工作学院、学前教育学院、信息传媒艺术学院、现代管理学院、马克思主义学院、国际学院和人文素质教育中心的“六院一中心”架构。

（王玉江）

【援助发展中国家学历学位教育项目学生毕业】 7月11日，中华女子学院首届商务部援助发展中国家学历学位教育项目2018届社会工作专业硕士（女性领导力与社会发展）学生毕业。毕业学生21人，分别来自阿尔及利亚等9个发展中国家，2016年入学，通过全日制学习方式，获社会工作硕士学位。该项目2016年启动，主要面向发展中国家女官员招收，是商务部现有援外培训项目唯一以“性别平等和妇女赋权”为宗旨的项目。

（杨莉锋）

【学生事务服务中心升级启用】 10月17日，北京联合大学学生事务服务中心经升级改造后重新启用。新学生事务服务中心占地近800平方米，设服务区、办公区、学习交流区、阅读区、自助办理区。改造包括在中心内边角空间设置座位，改善灯光环境，提高空间的明亮度和空间感，自助服务机器功能整合，学生可自主办理报到注册、中英文成绩打印、信息查询、在校证明等事务，还可办理助学贷款、勤工助学、校园卡、公交卡、户籍等各项学生日常事务，也可在此休闲交流和进行学习讨论。

（王 岩）

【北工大召开学位与研究生教育大会】 11月28日，北京工业大学召开首次学位与研究生教育大会。会议梳理北工大研究生教育40年来的发展历程及取得的成就，总结学校学位与研究生教育在中国研究生教育发展的新形势和新要求下面临的机遇和挑战，提出今后研究生教育改革发展的任务和如何全面提升研究生培养质量、推进研究生培养国际化进程改革举措。会议为6名获“北京工业大学学位与研究生教育荣誉奖”、21名获“北京工业大学学位与研究生教育突出贡献奖”导师颁奖。学校领导、专任教师代表及学生代表300余人参加会议。

（刘典华）

【首批埃及学历留学生毕业】 6月28日，北京信息职业技术学院2018级埃及学历留学生毕业典礼举行。25名埃及留学生完成机电一体化专业课程学习，取得学校颁发的高职专科学历毕业证书。该届毕业生为2015年埃及MEK基金会与信息职院合作开展留学生教育的首批学生，毕业后将在北京交通大学攻读学士学位。

（赵燕平）

职业教育

【概况】 2018年，朝阳区有职业高中学校5所，学生（含成人中专）5022人，招生268人（不含成人中专），毕业生656人（不含成人中专）。教职工899人，其中专任教师712人。职业高中占地面积24.93万平方米，产权建筑面积19.99万平方米，图书馆藏书42.92万册，计算机5528台。固定资产总值13.60亿元。设有劲松职高劲松校区、求实职业学校望京校区和北京市电气工程学校将台路校区等18个校区。职业教育全年教育经费总投入4.75亿元。年内，职业教育加快转型升级。对接新时期首都功能定位、产业结构转型升级要求，与区发改委、区财政局等5部门联合制定《朝阳区职业教育改革发展行动计划（2018—2020年）》，优化专业结构与布局，撤销4个专业，压缩500个学位；新增网络信息安全等5个新兴专业。新增4个专业开展“3+2”中高职衔接办学。

（张 明）

【“3+2”中高职衔接办学项目新增4个】 2月8日，区教委同意北京市求实职业学校航空服务、商务助理（新媒体运营助理方向）和北京市电气工程学校数字广播技术、北京市劲松职业高中数字影像技术4个专业分别与北京财贸职业学院、北京电子科技职业学院、北京信息职业技术学院3所高职院校开展“3+2”中高职（3年职高、2年高职）衔接办学项目，为推动技术技能型人才发展，满足学生可持续发展需求打开通道。至此，朝阳区中高职衔接办学项目达24个。

（李联启）

【职业学校增加专业5个】 2月9日，市教委决定为求实职业学校增加电子竞技运动与管理、网络信息安全2个专业，为电气工程学校增加新能源技术服务、网络信息安全专业，园林绿化专业的中草药种植与应用方向3个专业，并进行备案，列入2018年市招生计划。

（李联启）

【入选终身学习品牌项目】 6月30日，劲松职高“舌尖上的美好生活”与安贞街道“安贞社区百姓灯会”等6个项目入选北京市2018年“终身学习品牌项目”，“舌尖上的美好生活”同时入选教育部2018年全国“终身学习品牌项目”。劲松职高秉承“成就师生、服务首都、造福社会”使命，以烹饪技能和烹饪文化为主要培训内容，形成“舌尖上的美好生活”终身学习品牌项目，为企事业单位员工、中小学生、社区居民、国际人士等提供多形式、多层次培训，年均培训6000人次。

（高 健 李婷婷）

【职业教育三年行动计划】 11月9日，朝阳区启动职业教育改革发展行动计划（2018—2020年）。主要内容为：优化职业教育专业布局，建设3所国家级重点校、国家中职改革示范校；优化专业布局，建设以市特色高水平骨干专业为引领的专业集群6个；提升职业学校办学水平，完善办学条件，建设工程师学院3个、技术技能大师工作室9个；聘请30名企业专业技术人员到职业学校兼职任教。增强职业教育服务能力，建立职业体验基地

50个，每年满足10万人次职业体验；健全职业培训工作新机制，发展非学历继续教育，每年完成不少于10万人次企业职工技能提升、创业培训等。

（李联启）

【特色社团展演活动】 11月27日，区教委举办“炫彩社团展风姿，职校学子嘉年华”2018朝阳区职业高中优秀特色社团展演活动。活动展现职业学校学生青春、活泼、向上精神风貌，21个社团245人展示职业学校内涵及特色社团建设成果。

（李联启）

继续教育

【概况】 朝阳区有北京市朝阳区职工大学（又称朝阳社区学院）区属成人高校1所，加挂北京开放大学朝阳分校牌子。学院分别在和平里南口砖角楼5号、北三环东路17号、双龙南里120号3址办学。学院占地面积34700平方米，其中产权建筑面积10400平方米、非产权建筑面积24300平方米。图书馆建筑面积316平方米，藏书79500册。有计算机852台。固定资产总值6413万元，其中教学、科研仪器设备总值2231万元。年内，学院有教职工125人，其中专任教师36人，副教授18人。教育经费投入6800.47万元，其中国家拨款6236万元、自筹经费564.47万元。学院信息化经费投入110余万元，多媒体教室座位2500个，信息化设备资产204万元，网络信息点数630个，校园网出口总带宽250Mbps，电子邮件系统用户数30个，上网课程2890门，数字资源量130GB，管理信息系统数据总量12GB。设4个教学系，27个专业。学历教育在校生1000余人，开放大学在校生2300余人。学院服务22个委办局、8个街乡，全年开展培训项目91个、245个班次、94642人次。年内，区职工大学完成无人机应用技术专业申报并招生。举办混合式教学设计比赛和说课比赛，建立混合式教学工作坊，完成73门课程混合式学习单元的课程设计，混合式教学平台总访问量82647次。开展“深入课堂听评课活动”，提高教学质量。完成各类考试12515考次。举办首届老年学历班毕业典礼暨毕业会演，参加第二届“中英一带一路国际青年创新创业技能大赛”、第三届全国成人高等教育英语口语风采展示等活动。非学历教育开展各类培训项目91个，培训班次256个，培训95978人次。开展179名社区教育工作者培训，为43个街乡培养社区教育志愿者880余人。开展家庭教育指导师培训200余人。编写朝阳故事丛书8册和《生活中的礼仪》等教材3本，开发培训大纲2册，研发传统文化课程50门；为43个街乡图书馆配发社区教育丛书17000册。承办第五届老年教育国际论坛，开展家庭教育专题讲座199场，培训家长、教师3.3万余人次。举办残疾人“温馨音乐沙龙”系列活动近200场，培训残疾人4000余人次。为街乡派送课程130次，受益居民4300人次。开展流动人口培训95场、11210人次。获北京开放大学系统2018年度教务工作先进集体荣誉称号。获第二届“中英一带一路国际青年创新创业技能大赛”北京赛区学生团队二等奖2个，指导教师董巨、李英民获优秀指导教师奖，裁判张阳华获优秀裁判奖，学院获大赛“杰出院校奖”。

（蒋　薇）

【国际文化日活动】 4月21日，区职工大学在双龙南里教学区开展“一带一路”沿线国家国际文化日活动。外籍代表与中国古琴、京剧、传统插花、香道、武术传承人及专家一起，从展示交流、文化讲解、体验互动多个层面开展活动。6个驻华使馆官员、30个国家留学生代表、4个京津冀联盟校及相关教育、文创企业代表近200人参加活动。

（蒋　薇）

【新生入学教育】 4月22日，区职工大学开展2018年春季新生入学教育。远程教育处负责人介绍国家开放大学三级系统办学模式，远程开放教育教学执行性，学院教学要求、纪律要求，解读免修免考、全国网考统考以及毕业条件等内容。140余名新生参加教育。

（蒋　薇）

【非物质文化遗产体验活动媒体专场】 5月5日，区职工大学在双龙南里教学区举行以“体验非遗文化 提升民族文化自信” 为主题的非物质文化遗产体验媒体专场活动。媒体工作者体验剪纸、烙画、画脸谱、古琴演奏、太极拳等非遗项目。学院领导和电视、平面、网络等20家媒体单位新闻工作者近30人参加活动。

（蒋　薇）

【公安朝阳分局流管员培训】 5月14日至18日，区职工大学举办公安朝阳分局流管员培训班。培训设流管员日常行为规范守法守纪和保密制度、“唱响新时代主旋律，做平安朝阳奋斗者”、流动人口和出租房屋治安管理3个专题。公安朝阳分局副局长孙士祥、人口管理和基层工作大队大队长郑明浩等出席开班典礼，3600余名流管员参加培训。

（蒋　薇）

【家庭教育能力提升班】 5月16日，区职工大学举办区家庭教育能力提升班。培训80课时，内容包括：家庭教育指导师的定位与职责、中外家庭教育现状与分析、儿童身心发展规律、儿童学习的基本规律及指导策略等。50名中小学和幼儿园德育干部、专兼职心理教师、团队干部、年级组长参加培训，学员全部通过考试并获“家庭教育指导师”和“家校共育指导师”证书。

（蒋　薇）

【混合式教学现场说课展示活动】 5月22日，区职工大学举办混合式教学现场说课展示。18位参赛教师围绕教学目标、学生分析、教学资源、教学活动、教学评价、导学设计、混合式教学方法设计等方面演示解说，展示转变教学理念、研究教学内容和设计教学能力。学院领导及全体教师30余人参加活动。

（蒋　薇）

【西藏干部培训】 6月4日至13日，区职工大学举办第一期西藏自治区干部培训班。培训以“抓党建促脱贫攻坚”为主题，对拉萨市堆龙德庆区各乡镇、村党建办、经发办负责人以及区直部分部门干部36人进行培训。全年举办培训3期，每期10天，培训111人。

（蒋　薇）

【社区家庭教育指导师培训】 6月14日，区职工大学联合区妇联举办社区家庭教育指导师培训。内容涵盖家庭教育基础知识及素质培养、心理教育、理论提升及实践指导等专业教程。社区家庭教育管理者、社区家庭教育骨干（辅导员）、社区志愿者180人参加培训。

（蒋　薇）

▲ 7月4日，朝阳社区学院在劲松职业高中常营校区举行“扬骨干风采展朝阳魅力”第十四期骨干培训结业汇报演出　门殿文　摄

【骨干培训班结业汇报演出】 7月4日，区职工大学在劲松职业高中常营校区举行“扬骨干风采 展朝阳魅力”第十四期骨干培训结业汇报演出。26个培训班380名学员表演舞蹈、手风琴合奏、诗朗诵等节目，书画、剪纸班学员展示技艺做结业汇报。常营乡、将台乡、东坝乡等19个街乡、社区领导观看汇报演出。

（蒋　薇）

【系列文化体验主题活动】 7月5日，区职工大学双龙南里教学区东方文创学院举行由国家基金管理委员会主办“感知中国”系列文化体验主题活动。学院设中国传统插花、古琴、香文化、传统武术、非遗烙画、剪纸和中国结等传统文化课程。35个国家就读中国石油大学、中国政法大学、北京化工大学、北京理工大学等高校98名优秀中国政府奖学金获得者留学生参加活动。

（蒋　薇）

【学术前沿论坛活动】 9月20日，由市成人教育学会主办，区职工大学承办的“首都成人教育事业改革与发展40年”学术前沿论坛活动在北京开放大学举行。学院院长白新睿出席活动并做专题报告。在京高校和市成人继续教育界6位专家学者做专题报告。学院青年论坛成员30余人参加活动。

（蒋　薇）

【社区教育阶段性工作指导与交流】 9月26日至29日，由区职工大学副校长邵建华带队一行5人赴贵阳电大开展社区教育阶段性工作指导与交流。双方签署京筑教育“6+4”（引进朝阳区6所基础教育学校和4所非基础教育学校到贵阳合作办学）合作办学协议，继续在社区教育及家庭教育指导、交流互派、资源共享、理论研究等方面开展交流合作。

（蒋　薇）

【第五届国际老年教育论坛】 10月19日，区职工大学承办以“老年教育现代化——实践与探索”及“一带一路”、教育文化等为题的第五届国际老年教育论坛。第十届全国人大常委会副委员长、中国关心下一代工作委员会主任、北京东方妇女老年大学首任校长顾秀莲，市教委副主任黄侃，中国成人教育协会副会长兼秘书长张昭文，副区长朱晟，及来自世界各地老年教育专家学者和企业代表300余人出席活动。

（蒋　薇）

【参加国际青年创新创业技能大赛】 10月21日，区职工大学选派2支队伍参加市教委组织的第二届“中英一带一路国际青年创新创业技能大赛”北京赛区比赛。比赛首次纳入成人院校，全市29个院校165人参赛。通过SV模拟运营软件操作和汇报答辩2个环节，学院选派的2支队伍均获学生团队二等奖，指导教师董巨、李英民获优秀指导教师奖，裁判张阳华获优秀裁判奖，学院获大赛“杰出院校奖”。

（蒋　薇）

【“‘一带一路’倡议五周年国际交流日”活动】 11月4日，区职工大学举办以“交流·共融·发展”为主题的“各美其美 美美与共——‘一带一路’倡议五周年国际交流日”活动。展示各国特色传统文化项目，外籍代表与中国昆曲、香文化、太极拳等传承人在文化解读、课程体验、展示交流等方面开展国际文化交流。百余位来自“一带一路”沿线国家驻华使馆官员、在京外籍人士、在华留学生代表、京津冀职业及成人院校代表、非遗传承人、专家学者参加活动。

（蒋　薇）

【老年教育工作委员会成立】 11月15日，区职工大学召开北京老年教育沙龙暨北京市成人教育学会老年教育工作委员会成立大会。学院院长白新睿任老年教育工作委员会理事长，学院科研处主任邢贞良任老年教育工作委员会秘书长。大

▲ 9月27日，朝阳社区学院与贵阳电大签署京筑教育“6+4”合作办学协议　门殿文　摄

会同时举办以“新时代老年教育的实践与展望”为主题的老年教育沙龙活动，与会单位交流研讨开展老年教育实际情况、取得成绩和存在问题。

（蒋　薇）

【社区教育骨干志愿者风采展示活动】 12月5日，区职工大学举办“弘扬志愿精神，成就出彩人生——2018年朝阳区社区教育骨干志愿者风采展示”活动。活动为志愿者弘扬“奉献、友爱、互助、进步”志愿者精神搭建更平台，引领社区居民弘扬志愿服务精神，形成人人奉献、人人参与的良好社会氛围。43个街乡300余名社区志愿者参加活动。

（蒋　薇）

【首届老年学历班毕业典礼暨毕业会演】 12月5日，区职工大学举办主题为“新时代、新梦想、新生活”首届音乐表演专业老年学历班毕业典礼暨毕业会演。学院自2016年率先开展老年学历教育，开设音乐表演、美术、摄影与摄像、应用英语4个专业，235名学员接受系统学历教育。此次会演，是学员们通过文艺表演等形式汇报3年来学习成果。

（蒋　薇）

【社会力量办园系列培训成果展示活动】 12月9日，由区教委主办、区职工大学承办“专业发展 师德先行 不忘初心 砥砺前行——2018年区社会力量办园系列培训成果展示”活动。学院以“一次培训受益终生”理念，结合区域特点，从教师成长实际出发，开展4门公共必修课，设置9个项目576节课程培训。全区1万余名幼儿园教师参加学习培训。区内社会力量办园千余名学前教育工作者参加展示活动。

（蒋　薇）

民办教育

【概况】 2018年，朝阳区有民办学校410所。其中，民办中小学29所44址（完小7所、完中1所、九年一贯制7所、十二年一贯制13所、职高1所），民办幼儿园有160所193址（1979个班，在园幼儿46238人），民办培训学校221所。无办学许可证学校184所（自办学校7所、自办托幼场所177所），在校生16553人。年内，朝阳区民办教育管理继续实行“一科、一所、一协会”民办学校行政管理体制，规范行政审批程序，依法完成行政许可事项156件，备案事项138件。探索社区办园点备案机制，制定《朝阳区社区办园点备案管理办法》，建立事前事中事后监管体系。委托第三方机构，建立民办学校网上审批受理管理系统，建立多部门统一数据管理平台，实现受理、审批、办理全流程网上操作。制定《“E网三公开”工作实施方案》，落实年度报告、信用评价、质量评估结果网上公开。委托民办教育协会，建立民办学校信用评价体系。加强日常监督管理，全覆盖检查民办学校，下发责令整改通知书102件，处理投诉1058件。清理整治自办学校（托幼场所），关停自办园所33所，未批自办学校2所。开展自办学校（托幼场所）食品安全、视频监控检查工作。推进培训机构治理，建立643家机构组成的治理工作台账，开展联合执法。组织协调43名街乡助理，做好开具借读证明政策咨询，配合做好非京籍入学五证联审工作。拉网式检查民办中小学课程、教材及招生工作。

（邢　凯）

【教育协管员和巡查员上岗培训】 3月30日，区社管所开展社会力量办学单位教育协管员和巡查员上岗培训。培训内容包括解读朝阳区社会力量办学单位教育巡查工作方案、社会力量办学单位教育巡查员职责及管理等7项内容。社会力量办学单位教育协管员及巡查员122人参加培训。

（姜　彤）

【民办机构参与中小学学科教学改革项目总结会】 4月26日，区教委召开民办机构参与中小学学科教学改革项目总结会。总结2017年项目实施评估情况，布置2018年主要任务和重点工作。2017年，精诚文化学校、英孚教育机构和区社区青少年教育培训中心3所民办教育机构支持11所小学、4所中学开展学科教学改革，选派教师到校参与英语教学、主题课、社团活动、校本课程、师资培训等26812课时。区教委在细化项目管理与实施、完善项目思路等方面提出建议。15所项目学校负责人参加会议。

（苏宏杰）

【民办学校行业工资专项集体合同签订】 10月8日，区民办学校工会联合会组织244所民办学校签订《工资专项集体合同》，涵盖教职工13085人，签订率93.4%。

（郑　雅）

【教师资质与社保权益检查】 10月底至11月上旬，区社管所开展民办中小学和幼儿园教师资质及社保权益检查。检查包括教师资质、班师比配置、教职工社保缴纳权益记录等项目，共检查民办中小学28所43址和民办幼儿园160所193址，对查出问题当场反馈并要求整改落实。

（姜　彤）

【民办单位资金监管】 年内，区教委委托社会中介机构对2017年拨付民办单位专项资金进行专项审计，涉及幼儿园109所、中小学21所，审计金额20873万元。年检审核监督民办单位2017年财务情况372个，其中一次性通过单位238个、未通过审核单位5个、对129个单位提出规范管理意见并督促整改到位。对使用国有资产承办到期的9所民办幼儿园进行财务考核；对120个非教委二级核算单位财政资金使用方案进行事前审核，涉及金额7104.83万元。

（刘新利）

特殊教育

【概况】 2018年，朝阳区有特教学校、小学附设特教班学校7所，38个班级，在校学生373人，教职工75人，专任教师96人，其中特教学校1所、教学班23个、在校生302人、教职工75人、专任教师69人。残疾儿童入学率100%，巩固率100%。工读学校1所，在校生14人，教学班2个，教职工27人，专任教师18人。民族学校2所，在校京籍学生457人，非京籍学生663人，京籍学生中少数民族学生310人，少数民族学生占67.8%；教职工184人，其中少数民族教职工26人。年内，落实中共十九大“办好特殊教育”“努力让每个孩子都能享有公平而有质量的教育”的要求，制定《朝阳区特殊教育提升计划（2018—2020年）》，保障残疾儿童受教育权利。全年15个学区1492名随班就读残疾学生落实一生一案，覆盖率98%以上。

（张　明）

【自闭症研讨会】 9月21日，北京市以“个别化教育计划制定与实施”为主题的自闭症教育教研活动在朝阳区实验小学新源里分校举行。区特殊教育中心介绍全区在自闭症教育领域开展支持服务工作经验、自闭症基地校作如何通过课上课下服务自闭症个体做法，与会专家结合汇报讨论个别化教育计划制定流程与实施注意事项。有关方面专家及各区县自闭症教育专兼职教研员36人参加活动。

（王桐娇）

【随班就读教师培训】 9月25日，区教委召开2018—2019学年度新任随班就读教师专题培训会。培训会围绕“融合教育环境下特殊学生支持策略”主题，结合融合教育相关法律政策、残疾儿童分类障碍特点、如何采取有效课堂支持策略作专题讲解。120名新任随班就读教师参加培训。

（王桐娇）

【特教班调研工作现场会】 9月29日，区政府教育督导室在新升小学召开区特教班调研工作现场会。新升小学校长作关于特教班工作经验汇报，实地观摩特教课堂、特教资源教室，为做好特教班工作专项调研提供典型示范。

（陈　静）

【特殊教育管理平台建设】 年内，区教委启动“特教宣导网站及信息管理平台”二期建设，植入个别化教育资源。平台包括教委端、学校端2个端口，包含13个板块、35个项目、15个学区、138个校址，建立推行委员会293个，建立特殊学生档案1524个，为1492个学生制定个别化教育方案（IEP），为上级行政部门决策和业务部门开展活动提供依据。

（张　明）

【特殊教育师资培训方案出台】 年内，为满足残疾学生进入到普通学校进行融合教育，区教委制定出台《2018年特殊教育师资培训方案》，规定在普通中小学新任教师入职培训课程中增加一定比例特殊教育通识课程；特教学校、特教班教师继续教育单开系列、单列规划、单设课程；将资源教师、巡回指导教师、特教兼职教研员等专业研究和培训纳入继续教育体系。

（张　明）

【送教上门】 年内，加强送教教师师资培训和专业指导，规范送教上门“评估—设计—训练—再评估”闭环管理流程，明确“有学习能力”“有生活能力”和“远程教学”不同需求孩子的送教内容和送教要求，确保送教服务质量。新增送教上门学生55人，享受送教上门服务对象154人，送教课时13000学时。

（张　明）

教育督导

【概况】 2018年，区政府教育督导室编制13人，在职11人，聘任专职督学23人，学校兼职督学149人，督政兼职督学25人。建立中小学、学前、职高、校外及特教督学责任区33个。年内，区政府教育督导工作在有效落实督政、督学、评估监测职能的同时，凝练出“规范、务实、创新、服务”朝阳教育督导文化。强化队伍标准建设。配备中小学及职高责任督学82人、幼儿园责任督学74人，实现中小学、职高、幼儿园挂牌督导全覆盖。组织43个街乡的督导自评主管和30余名督评人员开展专业化培训，围绕“学前教育三年行动计划”，调研6个街乡、5个委办局，为区委区政府科学决策提供依据。持续推动北京市劲松职业高中、北京市求实职业学校、北京市电气工程学校诊断式督导工作，督导分析北京第二实验小学朝阳学校、华中师大一附中朝阳学校2所引进校，伊顿（棕榈泉）幼儿园、春风化雨（万科蓝山）幼儿园、刘诗昆（望京花园）幼儿园、培基（太阳宫）幼儿园、培基（朝阳无限）幼儿园、青苗（常青藤）幼儿园6个协议到期民办校教学情况，为区教委与相关学校继续签约提供决策依据。在北京市第十七中学、北京市三里屯一中、北京化工大学附属中学3所高中校启动诊断式督导，促进高中学校改进与提升项目，该项目受到教育部教育督导局肯定。首次以信息化方式开展区2018年中小学教育满意度大样本调查。利用“400督导热线”、督导专用信箱，受理群众投诉举报。区政府教育督导室连续2年被教育部基础教育质量监测中心授予“县级优秀组织单位”荣誉称号。区专职督学乔玉红论文《诊断处方太管用了》获首届市政府教育督导论文征集优秀作品活动一等奖，区政府督导室获优秀组织奖。

（张　明）

【诊断式督导教师教学评价项目结题】 1月19日，区政府教育督导室召开诊断式督导教师教学评价工具研发课题结题会。课题完成“指向理想教育文化的教师教学评价工具”研发，该工具从教学设计、教学实施和教学效果3个一级指标和学习目标、学习情境、学习活动、学习环境、师生互动、自主活动、总结应用、情感与习惯、方法与能力等9个二级指标和21个三级指标对课堂教学进行评价。专家认为，诊断式督导教师教学评价指标体系研发项目，聚焦办学质量，指向教育教学核心内容，具有很强学术性、专业性和实践性特点，同意结题。

（苏纪玲）

【春季开学专项督导检查】 2月26日至3月2日，区政府教育督导室围绕开学初学校教学秩序、校园安全、课程设置等常规工作内容，组织责任督学随访督导全区春季开学暨学校安全风险防控情况。督导检查涉及中小学（154所280址）、幼儿园（260所327址）、中职学校（3所13址），共620个校区，督学进学校620人次。督导结果显示：开学教育活动体现“学校、家庭、社会”三融合模式，各具特色；教师提前进行培训，增强业务能力，教师投入教育教学中心工作；安全工作做到“预防、治理、联动”三结合。存在学校周边环境问题突出、师资紧张、教室特别是专用教室面积不足等问题。

（王　茜）

【国家义务教育质量监测】 3月，区政府教育督导室组织全区154所280址中小学校参加2018年国家义务教育质量监测，5月24日完成基础数据上报工作。7月20日，教育部基础教育质量监测中心认定朝阳区为国家级首批“国家义务教育质量监测结果应用实验区”，开展国家义务教育质量监测“诊、咨、督、促、导”多重功能、推动监测结果应用方面探索实践。

（王　茜）

【诊断式督导推进课堂文化变革】 3月，区政府教育督导室在十八里店小学、国美家园小学、樱花园实验学校（小学部）3所实验学校启动“基于诊断式督导教师教学评价指标体系下的教学（教育）实践研究”工作。通过变革课堂文化、推动教学改革方面取得成效，教师教学水平明显提升，课题教学文化持续改善，学生成绩不断提高。7月11日，召开课题实践研究阶段总结会，总结和展示半年工作成果。会议决定，北京市第十七中学、三里屯一中、化工大学附中（初、高中部）、润丰学校、望京实验学校、中国教科院朝阳实验学校加入实践研究。

（苏纪玲）

【与贵阳合作办学项目评估】 5月29日至6月5日，市教育督导室、区政府教育督导室与贵州省贵阳市教委共同评估"京筑教育"合作办学工作，包括北京市润丰学校贵阳分校、北京市朝阳实验小学贵阳分校、北京市日坛中学贵阳分校、北京市朝阳区芳草地国际学校贵阳分校、北京市劲松职业高中贵阳基地校、北京市电气工程学校贵阳基地校、北京市求实职业学校贵阳基地校、朝阳社区学院贵阳基地校8所学校及北京市陈经纶中学分校贵阳联盟校、北京市第八十中学贵阳联盟校2校阶段性合作办学项目。评估结果显示，两地政府加强顶层设计、合作办学基础牢固，科学谋划、多种合作模式有效推进，合作深入开展，办学成效显著。存在学校之间合作深度和效度存在差异，职业教育的专业设置缺乏充分的市场调研，学校教师队伍建设有待进一步加强等问题。评估组向贵阳市教育局相关领导反馈评估结果，提出发展建议。

（王　茜）

【教育督导信息化建设座谈会】 9月21日，区政府教育督导室组织召开教育督导信息化建设座谈会。围绕督导室信息化建设现状、下一步工作思路以及使用过程中的感受、问题、意见和建议等进行交流。区街乡代表、兼职督学代表、区教育信息网络中心及区政府教育督导室相关人员等20余人参加座谈。

（苏纪玲）

【幼儿园视频监控专项督导】 9月，区政府教育督导室组织全体学前责任督学专项督导全区各类型幼儿园330址开展视频监控管理情况，完成《朝阳区幼儿园视频监控管理专项督导工作报告》。督导结果显示：各园均能开展视频监控管理工作，重视安全监控硬件设备设施配备，但存在举办者法律责任主体作用不突出，集团化办园、小规模办园和乡村办园等园所管理行为不够规范，管理人员、视频监控人员和教师队伍安全意识、安全责任有待提高等问题。区政府教育督导室对问题突出幼儿园予以通报。

（王　茜）

【中小学教育满意度调查】 9月至12月，区政府教育督导室启动满意度调查。调查首次涵盖除起始年级外所有公办中小学校、职业高中年级学生及家长、学校全体教师，涉及23万余人。调查内容包括学校管理、师资队伍、德育工作、教学工作、学校环境、教育效果及教育总体满意度等，以问卷形式采取网络无记名方式填答。调查收集有效问卷223675份，整体满意度94.2%。

（吴丹萍）

【幼儿园"小学化"专项督导】 10月，区政府教育督导室开展幼儿园"小学化"专项治理工作。完成全区幼儿园330址实地专项督导检查，督导结果显示部分幼儿园存在"小学化"教学现象，督导结果为教育行政部门提供决策依据。

（王　茜）

【专项督导】 10月至12月，区教育督导室开展中小学社会主义核心价值观、心理健康辅导室、养成教育三年行动计划落实情况专项督导检查。对154校280址实地督导检查。12月底，完成《培育和践行社会主义核心价值观专项督导报告》。督导结果显示：学校重视核心价值观教育工作，并融入学校各项工作中，形成良好的工作机制；精心设计，关注主渠道，努力通过课堂提升价值观教育实效；开展丰富实践活动，整合德育资源，践行社会主义核心价值观。存在学校课程建设中学科配合和综合育人作用有待加强、教师的学科育德实效性有待提高等问题。12月10日至20日，职高督学对北京市劲松职业高中、北京市电气工程学校、北京市求实职业学校开展督导检查。听取学校关于"教学改革与管理"和诊断式督导工作汇报，分校区听课174节，开展教师学生座谈访谈，查阅相关材料。督导结果基本符合要求。

（王　茜）

【督政专项调研】 11月24日至25日，区政府教育督导室组织督政督学和督评人员，对亚运村街道、潘家园街道、和平街街道、常营地区办事处、来广营地区办事处、管庄乡地区办事处等6个街乡及区教委、区国资委、区住建委、区人力社保局、区卫生计生委5个委办局开展推进《朝阳区第三期学前教育行动计划》执行情况专项督导调研。督导调研以实地走访和听取汇报形式，听取11个部门工作汇报，走访亚运村街道和来广营地区办事处2个单位及所管辖亚运村第二幼儿园和来广营朝花华贸城幼儿园2所幼儿园，形成《〈朝阳区第三期学前教育行动计划〉落实情况督导调研报告》。调研结果显示：街乡新增学前教育配套全部办成普惠园，挖潜各类资源增加普惠班，持续规范整治无证园所；委办局能够加大宣传举办普惠性幼儿园和普惠班政策力度，保证新接收小区配套幼儿园办园的普惠性，创新幼儿园管理监督机制。存在区内资源整合力度有待进一步加强，资源分布不平衡，结构性供需矛盾突出，民办幼儿园转普惠性幼儿园数量较少等问题。

（王　茜）

【合作办学学校诊断式督导】 年内，区政府教育督导室运用诊断式督导课题研究成果，对北京第二实验小学朝阳学校6年办学情况开展诊断式督导；复诊督导华中师范大学第一附属中学朝阳学校，梳理2016年以来学校管理情况、中高考成绩、公众满意度、安全及师德等工作，为区教委与相关合作学校继续签约提供决策依据；对北京工业大学实验学校开展诊断式督导后期跟踪指导，为学校配备"一对一"后期跟踪指导专家，开出整改"处方"，帮助学校改进提升。

（王　茜）

文化

北京朝阳年鉴

Beijing Chaoyang Yearbook

2019

综　述

【概况】 朝阳区文化委员会（简称区文化委）是负责朝阳区文化、文物、新闻出版和广播电影电视工作的政府职能部门。内设办公室、文化科、文物管理科、出版发行管理科（审批管理科）、电视音像管理科（调研室）、组宣人事科、财务基建科。编制30人，其中行政编制29人，工勤编制1人。下设行政执法队（简称区文化执法队），为区文化委所属行政执法机构，主要负责区文化领域行政执法工作。设文化市场管理办公室、法制办公室、一分队、二分队、三分队、四分队（798文化执法办公室）。行政执法专项编制27人。事业单位有文物管理所、北京民俗博物馆、图书馆、朝阳京剧文化艺术中心、文化馆、垡头地区文化中心、香河园地区文化中心、国声京剧文化艺术中心、朝阳剧场、紫光影城、劲松电影院、群众文化厅。年内，全区59个街乡文化中心、533个社区村文化活动室公共文化设施实现全覆盖。全年开展各类文化活动8661场，受益人群2800余万人次（线上线下合计）。群众文艺团队发展到3144支，参与人数7.3万余人。有7个项目被列入国家级非遗名录，27个项目被列入市级非遗名录；有5名国家级代表性传承人，17名市级代表性传承人和88名区级代表性传承人。开展多项跨国、省和市内文化交流活动，全国公共文化服务体系示范区示范、引领作用不断增强。

（贾小强　李宏钧　张馨元）

【文化交流】 1月16日至19日，北京9当代舞团在以色列耶路撒冷、特拉维夫、莫丁、雅格等城市开展中华人民共和国文化部2018年“欢乐春节”“中以建交25周年”特别艺术项目《共·生》巡演。2月15日，区文化委联合区对外文化交流协会举办朝阳区国际文化交流项目推介会，推广“漂亮的兵马俑”等优秀文化交流品牌项目。4月17日，韩国国立民俗博物馆民俗研究部高级研究官具汶会等一行到北京民俗博物馆开展“老北京传统民俗玩具专题”交流。4月29日至5月4日，区文化委联合北京国际青少年冰球邀请赛主办方举办中国传统文化体验活动，芬兰、瑞典、拉脱维亚、加拿大、美国、捷克、俄罗斯等国300余名青少年运动员、家长参加。5月8日，北京民俗博物馆与北京妈祖文化交流协会联合举办“妈祖大爱·护平安”系列文化活动暨纪念妈祖诞辰1058周年庆典。6月15日至9月15日，区文化委联合内蒙古鄂尔多斯市文化新闻出版广电局在鄂尔多斯青铜器博物馆举办“华衣冠佩——北京民俗博物馆精品文物展”，展出北京民俗博物馆馆藏161件（套）服饰、佩饰类精品文物。6月18日至24日，区文化委在福建省泉州晋江安海兆泰1988文创园举办“大道无极”端午节中国画作品展，展出钟馗系列作品和当代水墨画80余幅。8月7日，台湾“中华芳香本草学会”理事长曾俊明到北京民俗博物馆参观交流。8月8日，区文化委在北京民俗博物馆举办东岳雅集二十四节气·立秋活动，主题是东巴文化展示与传播。8月9日，日本神户市市长久元喜造一行到北京民俗博物馆参观交流，日本东京都区町村代表团一行9人到北京民俗博物馆参观、体验东岳雅集文化活动。9月9日，新加坡常驻东盟代表（大使）陈汉成（Tan Hung Seng）等12名东盟十国常驻大使到北京民俗博物馆参观访问。10月12日，中国文物学会会长单霁翔等一行60余名专家到北京民俗博物馆参观交流。11月，北京民俗博物馆馆长刘楣洪书法作品《金农画梅诗一首》被刘少奇同志纪念馆收藏，书法作品《王维〈终南山〉》被衡阳市美术馆收藏。

（张馨元　仇宏文　曹彦生　黄俏凤）

【“艺术朝阳”原创作品展】 2月11日，第三届“艺术朝阳”社会主义核心价值观原创作品征集展示暨迎新春慰问演出活动在朝阳剧场举办。副区长李俊杰，区委宣传部、区文化委、区文明办等单位相关领导出席活动。征集活动增加生肖邮票设计板块，征集原创作品110件，评选出27个奖项，其中歌曲《五彩风车》、舞蹈《12345678》、曲艺《幸福闪耀南磨房》、微电影《朝阳朝阳》获一等奖，现场为获奖作品颁奖，并组织优秀作品展演。12月20日，以“砥砺奋进六十载艺术朝阳展华章”为主题的第四届“艺术朝阳”社会主义核心价值观优秀原创作品展示活动在朝阳剧场举行。征集原创作品183部，通过专家评审考核，评选出五个门类原创作品一、二、三等奖。歌曲《萧太后河》、舞蹈《京韵华彩》、戏剧小品《狗年狗事》、曲艺《到咱麦子店走一走》、微电影《至爱》获一等奖。

（杨　帆　徐志浩　李宏钧　黄俏凤）

【“我们的节日”系列文化活动】 4月4日，区“第六届北京二闸清明踏青节”在庆丰公园举办。活动有花会非遗展演、地区优秀文化团队表演、主题文化展览、非遗制作、现代体育项目、传统美食品尝互动体验活动等。6月14日至18日，“我们的节日·端午节”系列文化活动在北京民俗博物馆、高碑店村，以及内蒙古鄂尔多斯市、福建晋江安海镇等地举办。包括端午传统节俗体验、汉服表演展示、传统文化系列讲座、传统花会表演、精

▲ 6月14日至15日，“我们的节日·端午节”活动之包粽子体验　区文化委　供稿

品文物展览等。8月17日，“我们的节日·七夕乞巧惠京城”系列文化活动在北京民俗博物馆举办，包括节俗场景体验，剪纸、毛猴等多位民间艺人手工艺品及制作技艺展示等。9月17日至24日，“我们的节日·中秋节”系列文化活动在北京民俗博物馆、朝阳公园、区图书馆等地举办，以“月圆京城情系中华”为主题，包括中秋习俗体验、猜灯谜、中秋赏月晚会、“大地芬芳”主题歌曲市民合唱音乐会、电子图文展、读绘本活动、主题讲座、《宸冰初见》中秋主题节目录制等。9月25日至10月25日，“我们的节日·重阳节”系列文化活动在北京民俗博物馆、崔各庄东方综合敬老院、朝阳体育馆、区文化馆等地举办，以“孝满京城德润人心”为主题，包括赏九花塔、吃重阳糕、喝菊花酒、太极拳、交谊舞、快闪活动、文艺展示等内容。

（曹彦生　黄俏凤）

公共文化

【概况】 年内，朝阳区优化“3+1”（区级、街乡级、社区村级和地区级）四级公共文化服务网络，提高设施运行效能。探索“文化+”，促进文化融合发展。培育文化设施、文化能人、民办文化机构等10类百个基层文化品牌，建设朝阳文化“新名片”。“城市书屋”入选中宣部创新案例。香河园地区文化中心建设多维剧场、创意图书馆、研修室等设施，创意图书馆接收书籍捐赠1000余册，与社会机构合作开展“文艺工号”项目等实践。建成来广营地区文化中心等示范文化设施12个。三里屯街道引入24小时三联韬奋书店。建成社区流动美术馆57座，实现街乡全覆盖。继续推进百个基层文化品牌创建工程，制发《关于推进公共文化建设品牌创建工程的实施意见》和公共文化设施、传统文化传承基地等配套10类品牌《认定及奖励扶持办法》（简称“1+10”系列政策文件）。完成100个公共文化建设品牌评选认定。香河园地区文化中心收到静水小院剧社赠送的两面锦旗，区图书馆收到社会机构Think First国际幼儿园赠送的锦旗。

（李宏钧　张馨元　黄俏凤）

【国际文化交流项目推介会】 2月15日，区文化委和区对外文化交流协会在香河园地区文化中心共同举行国际文化交流项目推介会。推广“漂亮的兵马俑灯笼”展览、红半天女子鼓乐团以及安贞街道百合花舞蹈队等优秀文化交流品牌项目，现场展示灯彩制作、传统旗袍、花丝镶嵌、雕刻技艺等非遗项目，探索优秀文化产品市场化道路。英国、保加利亚、希腊、法国、波兰、比利时等6国官员及文化机构负责人20余人参加推介会。

（张馨元　黄俏凤）

【社区流动美术馆讲解员培训】 3月13日，区文化委在团结湖文化中心举办“社区流动美术馆讲解员培训”。43个街乡社区流动美术馆工作人员和社区书画爱好者100余人参加培训。培训讲解社区流动美术馆意义和管理办法，艺术作品鉴赏以及讲解员礼仪等。年内，建成57个社区流动美术馆，实现街乡全覆盖。

（李宏钧　黄俏凤）

【“春分·朝阳”文化节】 3月21日，区文化委在日坛公园举办“春分·朝阳”文化节活动。包括坛庙非遗展示活动、24个代表性非遗项目展示体验、地区文化队伍展演、传统民俗食品品尝、传统体育与游艺体验、风貌展示等。700余人参加活动，网络直播观看280余万次。

（张馨元　黄俏凤）

【历史文献资料研究专家研讨会】 4月20日，区图书馆在劲松馆举办第三届业务工作专家研讨会，以“研究朝阳、服务朝阳、立足朝阳、保存朝阳”为工作目标。研讨在新时期、新阶段如何进一步推进朝阳区历史文献资料研究及历史文脉挖掘工作。会后整理编印《朝阳区历史文化研究工作研讨会会议纪要》。邀请李国新、李建平、王岗、郭斌、杨松、李一凡等10余名专家和区档案馆、规划艺术馆等单位参加研讨会。

（仇宏文）

【区图书馆重装开放】 4月22日，区图书馆（小庄馆）经过装修改造重新开馆。朝阳区图书馆（小庄馆）成立于1958年，建筑面积5124平方米，包含一栋主楼（地下一层、地上四层）和一栋配楼（地上三层）。2017年开始整体装修改造，改造后功能定位为：以朝阳区公共文化数字展示中心、公共阅读服务体系运行管理及配送保障中心、典阅业务培训基地为重点职能，兼顾服务周边，提供高品质基本公共阅读服务功能综合性文化空间。特色是：资源保障突出“新鲜”与“精准”，空间设置突出“灵动”与“共享”，科技应用突出“人性”与“融合”，环境布置突出“教育”与“参与”。开馆当日举办换书大集活动，设置读者签名墙，邀请读者体验全新阅读空间。

（张文娟　黄俏凤）

【世界读书日系列活动】 4月22日至23日，区图书馆联合街道及社会机构开展以“阅读行走感受朝阳阅读新气象”为主题的世界读书日系列活动。4月22日，启动阅读行走12小时活动，以VIVA畅读为直播平台全程直播，在4个活动场所直播互动，每个场所设1～4项不同类型活动，包括读书分享会、蓝堡便利蜂换书大集、文化讲座、展览、亲子阅读、三联书店启动等，网络观看200余万人，30余家媒体报道。

（仇宏文）

【潮流音乐节】 4月29日至5月1日，区文化馆在798艺术区玫瑰之名艺术中心举行以“大地芬芳”为主题的第十三届潮流音乐节。音乐节聚焦落实党的十九大精神，以改革开放40年为音乐脉络呈现专场演出，涵盖电子、摇滚、民谣等多种风格，美国、哥伦比亚等8个国家乐队与国内优秀乐队、歌手共同演出19场，接待观众1.2万余人次，“北京时间”等多个网络平台500余万人次观看。

（张馨元　黄俏凤）

【市民音乐厅】 5月4日，“红五月，梦飞扬”——2018年首都市民音乐厅开幕音乐会在首图剧场举办，男高音歌唱家毋攀与北京交响乐团艺术家们共同演绎中外经典名曲。6月1日，在首都图书馆剧场举办首都市民音乐厅儿童节专场音乐会。7月6日，在劲松电影院举办首都市民音乐厅暑期演出。7月13日，在首都图书馆剧场举办首都市民音乐厅之“经典歌剧选段音乐会”。8月10日，在奥加美术馆酒店举办首都市民音乐厅系列演出之“民乐名家名曲音乐会”。9月7日，在首都图书馆剧场举办首都市民音乐厅铜木管室内乐演出，并在国家公共文化云平台上直播。年内，音乐会专场演出16场，惠及人群150余万人次。

（谷京京　黄俏凤）

【参观调研】 5月14日，市人大常委会副主任闫傲霜等市人大议案督办工作组50余人到区文化委调研，实地考察区文化馆，召开座谈会，听取副区长李俊杰作《朝阳区推进全国文化中心建设情况汇报》，研讨朝阳区文化创意产业、基层文化骨干建设以及文化馆发展建设等内容。5月15日，市人大朝阳代表团一行到区文化馆参观调研，研讨区文化馆多元运作模式、创新文化项目以及合作方向等。9月25日，市政协主席、党组书记吉林等一行到区文化馆开展“文化讲堂”主题调研，召开座谈会交流区文化馆创新实践，并提出群众文化就是要扎根基层，走到老百姓身边，调动起群众积极性和主动性等建议。

（张馨元 黄俏凤）

【课题研究】 5月23日，区图书馆与北京大学信息管理系在朝阳城市书屋·宸冰书坊馆内签署合作协议书，启动“北京市朝阳区公共文化服务体系建设准入机制”课题研究。年内，完成前期调研、考察、案例梳理等工作，并形成《北京市朝阳区公共文化服务体系建设准入机制研究——以公共阅读服务为例》报告初稿。

（仇宏文）

【中国艺术家基层惠民培育孵化基地】 7月10日，中国艺术家基层惠民培育孵化基地成立仪式暨“乐动朝阳”首届声乐大赛获奖作品音乐会在垡头地区文化中心举行。朝阳音协主席戴玉强、中国音乐学院教授曲学选、总政话剧团特型表演艺术家车予正等百余名文艺界名家参加仪式。“乐动朝阳”首届声乐大赛获奖选手们表演《越来越好》、第十一届“炫舞朝阳”民族舞大赛金奖舞蹈《红日》等节目。中国艺术家基层惠民培育孵化基地是朝阳区整合原五乡一街文化联盟艺术资源创建的首个市级艺术家基层惠民培育孵化基地，以惠民、育民、乐民为宗旨，通过慕课、成果交流展示、大师讲堂等形式，让更多艺术家走进朝阳开展惠民服务，使基层文艺爱好者得到高端艺术培育。

（张馨元 黄俏凤）

【“铜帮铁底温榆河”老照片展】 7月14日，区文化馆在东窑村文体中心举办“铜帮铁底温榆河”老照片展览，展期1个月。展览以“一米美术馆”形式展出90幅二十年前温榆河黑白老照片，为“村庄复活”提供历史文化考证。

（张馨元 黄俏凤）

【金刺猬大学生戏剧节】 8月3日至19日，北京戏剧家协会、朝阳区文化馆、灵河文化传媒（上海）有限公司在北京9剧场和香河园地区文化中心多维剧场联合举办第十七届“金刺猬大学生戏剧节”展演。四川师范大学北海剧社改编话剧《抓壮丁》获“金刺猬”奖，北京大学原创话剧《一个剧本》获“最佳演出奖”，中国戏曲学院原创戏曲《陈显窥梦》获“戏曲演出奖”。21省市自治区65所大学院校80个剧社报名参加金刺猬大戏节，报名剧目89部，其中改编剧目24部，原创剧目65部，选出14部全国高校优秀剧目展演。现场观看20000余人，网络直播平台观看150000人次。

（张馨元 黄俏凤）

【“文化馆日”主题活动】 8月18日，区文化馆举办朝阳区“文化馆日”主题活动。活动包括“吃瓜行动”“倾听您的话”“文化生活节”等专题互动、“我的朋友卡尔·马克思的基层实践”主题展览、基层艺术孵化公开课等。3000余人参加活动。

（张馨元 黄俏凤）

【北京新舞蹈国际艺术节】 8月18日至26日，区文化馆主办的第四届“THE NEW”北京新舞蹈国际艺术节在北京9剧场、香河园地区文化中心举办。展示来自荷兰、美国、斯洛文尼亚、立陶宛以及中国香港、台湾的经典作品和最新作品。演出9场，开展舞蹈大师课5场和专业工作坊课程25次。开展“专业大师课”社区基层培训活动，区内33个街乡舞蹈队18000余人次参加培训，完成990学时。

（张馨元 黄俏凤）

【对口扶贫】 8月29日至31日，区文化委赴内蒙古自治区乌兰察布市卓资县开展对口扶贫工作。举办文化扶贫扶志讲座，召开座谈会，向卓资县图书馆捐赠爱心图书1000册。9月12日，区文化委赴张家口市康保县文广新局开展对口帮扶，开展座谈、调研、考察，组织非遗项目展演。9月27日，区文化委赴新疆和田地区墨玉县和兵团十四师四十七团开展扶贫工作，在墨玉县举办“送党的声音进深度贫困村”捐赠仪式，区文化委向墨玉县人民政府捐赠150万元扶贫资金支票，为当地贫困户家代表发放电视机，朝阳区文联艺术家向墨玉县人民政府赠送艺术作品，并为当地文化干部、书画爱好者和小学生举办培训讲座。10月至11月，区文化委选派李博纶、朱羿、沈琳英、罗维等4名业务骨干，分别前往河北省张家口市阳原县、张家口市康保县、保定市唐县及内蒙古自治区乌兰察布市卓资县开展为期1个月的挂职交流。

（何 晶 黄俏凤）

【“春雨工程”系列文化活动】 8月至10月，区文化委联合云南省昆明市、贵州省贵阳市和宁夏回族自治区石嘴山市三地组织开展“春雨工程”系列文化活动。8月14日至16日，区文化委联合北京萤火虫爱心公益基金会、昆明市禄劝县则黑乡党委、政府在则黑乡举办“捐书助学·圆梦行动”活动，向则黑乡幼儿园捐赠玩具教具、50名学生发放助学金176000元、乡机关图书室捐赠图书3000册、则黑乡中心小学捐赠图书2000册。9月4日，区文化委和昆明市文化广播电视体育局主办的“春雨工程——文化和旅游部全国文化志愿者昆明行”中华绝技秀专场演出在昆明剧院举行。9月7日，区文化委和贵阳市文化新闻出版广电局主办的“春雨工程——文化和旅游部全国文化志愿者贵阳行”中华绝技秀专场演出在贵阳市小十字星光剧场举行。9月23日至10月27日，区文化委和宁夏回族自治区石嘴山市文化新闻出版广电局开展“春雨工程”北京市朝阳区文化志愿者走进宁夏石嘴山系列文化活动，举办“中国民间佩饰（刺绣类）精品文物展”、阅读主题讲座和朝阳区图书馆四级服务网络及总分馆建设经验交流，向石嘴山市图书馆捐赠图书1000余册。

（李宏钧 黄俏凤）

【“孙敬修”杯学生故事比赛集体项目展评】 10月16日至19日，区第三十届“孙敬修”杯学生故事比赛集体项目展评活动在区图书馆（劲松馆）举办。全区73所中小学、幼儿园102个校区126个节目参赛，参与学生1100余人。参赛学生以舞台剧、课本剧及英语剧等形式在比赛中演绎一段自己阅读故事，分享阅读成果。

（仇宏文）

【《北京市朝阳区图书馆馆藏石刻拓片汇编》出版】 11月22日，区图书馆在劲松馆举办《北京市朝阳区图书馆馆藏石刻拓片汇编》发布会。该书是区图书馆与中国书店出版社合作，考证整理自唐代以来到现代153套石刻拓片资料，并编辑出版，首次较为系统地整理出版朝阳区行政区划内石刻拓片。向国家图书馆、首都图书馆、北京市社会科学院、北京市档案馆、北京石刻艺术博物馆、北京史研究会、北京联合大学北京学研究所等赠送《北京市朝阳区图书馆馆藏石刻拓片汇编》。

(仇宏文)

【“书香朝阳”公共阅读发展智库成立】 11月22日，区图书馆在劲松馆举办“书香朝阳”公共阅读发展智库成立大会。区文化委党委书记、主任高春利为北京大学教授李国新、北京史研究会会长李建平等12位首批智库专家颁发聘书，通过引入专家智库为区域公共文化服务发展建言献策，提升朝阳文化事业整体水平。

(仇宏文)

【公共文化品牌认定】 11月23日，区文化委举办朝阳区公共文化建设品牌认定入围品牌现场答辩。组织专家委员会对2016年以来187个入围品牌开展现场答辩、评审。“十三五”期间，制定《推进城乡发展“六个一百”工程实施方案》，持续推进百个公共文化建设品牌创建工程，实施《关于推进公共文化建设品牌创建工程的实施意见》和公共文化设施等配套10类品牌《认定及奖励扶持办法》。年内，完成100个朝阳区公共文化建设品牌评选认定。

(李宏钧 郑 妍)

【区图书馆理事会成立】 12月4日，区图书馆召开朝阳区图书馆理事会成立大会暨理事会第一届一次会议。区文化委领导、理事会全体成员、监事会全体成员、专业委员会全体成员等参加会议。宣读聘任文件、理事会、监事会、专业委员会组成人员名单，向理事、监事、专家颁发聘书。掌阅科技创始人张凌云、宸冰书坊创始人李琛等13人被聘为首届理事。成立大会后，理事会召开第一次工作会议，审议通过《北京市朝阳区图书馆章程》和理事长、副理事长、秘书长建议名单，听取朝阳区图书馆2018年整体工作情况汇报。张凌云当选为首届理事长。

(仇宏文)

【区融媒体中心文化分中心挂牌】 12月28日，区文化委和区广电新闻中心联合主办的区融媒体中心文化分中心揭牌仪式暨融媒体与文化建设专题研讨会在区图书馆（小庄馆）举行，区文化委和区广电新闻中心相关负责人共同为分中心揭牌，与会专家围绕“融媒体与文化建设”开展专题研讨。融媒体文化分中心包含文化建设成果展示、文化设施数据概览及实景地图、文化活动展示及管理、直播数据管理及监测等功能板块，设有手机客户端和网络平台，居民可通过手机客户端，结合自身需求，选择信息浏览、资讯查询、活动报名、视听学习等多样化服务，并通过大数据整理分析，科学、全面、准确展示朝阳文化成果。分中心与“朝阳文化云”平台双管齐下，建设全方位朝阳文化服务网络综合平台，满足群众多元化文化需求。

(何 晶 黄俏凤)

【城市书屋】 年内，朝阳区新建萤火虫基金会馆、安贞文化服务中心馆、莱锦创意产业园馆、北京中学东坝校区馆、朝阳区委党校馆5家城市书屋，朝阳城市书屋入选2018年中宣部文化创新案例，良阅书房馆获“2018年北京十佳优读空间”称号，宸冰书坊馆获“2017年北京十佳优读空间”和“2017年北京阅读示范社区”，宸冰书坊创始人李琛获2018年金牌阅读推广人称号。2016年，朝阳区将政府公共资源优势与社会力量运营优势结合，建设以人为核心，有温度、有质感的城市阅读新空间——朝阳城市书屋。2018年底，朝阳城市书屋13家，面积6000余平方米，藏书5万余册，分布于艺术园区、北京商务中心区核心区医院、学校、社区地下空间、残疾人就业实践基地等，开展活动200余场、接待及参与活动500余万人次，媒体报道200余篇，成为朝阳特色阅读空间“新名片”。

(仇宏文)

【图书馆服务】 年内，区图书馆办理借书证13913个。图书流通总量120万余册次，接待读者140万余人次。馆藏总量3057758册（件），包括图书2984238册、报刊48312册、电子视听文献19972件。图书配送服务88次84156册。举办活动339次，470万余人参加，其中金台书院国学班授课57场，朝阳文化讲堂27场，展览14场，其他活动241场。“4·23”世界读书日、中秋、国庆期间开展线上直播活动，464万人参加活动。

(曹京燕)

群众文化

【概况】 年内，朝阳区推进文化惠民工程，提升群众文化体验。全年开展各类文化活动8661场，受益人群2800万余人次（线上线下合计）。建设“社区一家亲”“朝阳森林演出季”等多个群众文化品牌，培育社区美育项目，鼓励群众文艺创作，发挥文化育人作用，探索居民文化自治模式，建立文化志愿队伍，构建文化培训体系，加强文化队伍建设。有街乡文联26个，各类群众文艺团队3144支，参与人数7.3万余人。

(李宏钧 郑 妍)

【文化志愿服务】 2月1日至2日，区文化志愿者服务中心开展“我的中国梦——文化进万家”主题送福到家志愿服务活动。组织文化志愿者到北京晨光脑瘫儿童康复中心、区黑庄户精神病托管中心及大柳树精神病康复中心举行慰问演出，表演快板《过新年》、相声《快乐节日》和《幸福时刻》、口技《百鸟朝凤》、魔术、印度舞、歌曲演唱等节目。“社区一家亲”送福到家文化志愿服务系列活动连续开展9年，在每年春节来临前夕送文化服务到基层，为居民送去祝福。

(张馨元 黄俏凤)

【公益电影大讲堂】 2月12日，市新闻出版广电局、中国电影基金会、朝阳区文化委在中国电影基金会影视产业孵化基地共同举办以“阔步迈进新时代光影盛宴贺新春”为主题的公益电影大讲堂活动。邀请央视主持人瑶淼担任主持，电影《百鸟朝凤》主创团队成员现场表演唢呐、秦腔和分享影片拍摄故事与感受，朝阳区100余名观影群众参与互动。年内，全区公益电影放映活动走进养老院、部队、工地、福利院、幼儿园、中小学等，全年放映量1440场。

(张馨元 黄俏凤)

【书画公益课堂】 4月12日，“五乡一街”（王四营乡、十八里店乡、黑庄户乡、南磨房乡、豆各庄乡、垡头街道）文化惠民工程——书画公益课堂在垡头地区文化中心民众讲堂启动。邀请中国书法家协会会员、区文联书法家协会副主席王克祥授课，讲解如何用笔、用墨、用纸等书法知识。书画公益课堂为期6个月100余次课，8000人参加。

（张馨元　黄俏凤）

【“非非演出季”第10季】 4月29日至5月27日，“非非演出季”第10季在北京9剧场和香河园地区文化中心举办。12个剧团演出22场戏剧，展演剧目有9剧社原创悬疑话剧《审判》、三里屯隔壁剧社《这个小明不太傻》、天津陈·戏剧工作室话剧《奥狄浦斯王》等12部。“非非演出季”由北京戏剧家协会、区文化馆、香河园地区文化中心共同主办，10年来，一直坚持“非职业、非商业”初衷为戏剧爱好者提供展示平台，有70余个非职业剧社100余部戏剧作品演出，演出场次200余场，接待观众2万余人次，成为朝阳区亮点百姓戏剧品牌。

（张馨元　黄俏凤）

【“社区互助菜园”居民美育项目】 6月15日，“社区互助菜园”居民美育项目在八里庄街道十里堡南里社区居委会举办启动仪式。十里堡南里、十里堡、甘露园3个社区居民及市农业技术推广站、八里庄街道工作人员200余人参加。“社区互助菜园”是文化品牌“文化居委会”新项目，是“一米田”延伸，致力于让居民从家庭走向社区，由共同种菜、种花到参与社区建设讨论，增强居民社区归属感和主人翁意识，创新运用文化手段改变社区样态，探索文化治理实践。

（张馨元　黄俏凤）

【基层文化展演】 8月1日至9月22日，区文化委、区社会办和区农委联合主办的“北京朝阳森林演出季暨朝阳区基层文化展演”在各街乡文化广场、朝阳公园和奥林匹克公园举办，全区43个街乡900余支文艺队伍参演，90场演出、40个现场展览、46部宣传片播放，1025个参演作品，现场参与观众12万余人。

（张馨元　黄俏凤）

【群众文化作品获奖】 9月15日，第十三届“舞动北京”群众舞蹈大赛暨第十八届群星奖北京地区评选活动在大兴区文化活动服务中心举办。区选送的《向日葵》获舞台舞青年组一等奖，《京韵华彩》获舞台舞老年组一等奖，《小小花腰》获舞台舞少儿组二等奖，《多彩跳跳糖》获广场舞自创曲目三等奖，大屯街道文联千红舞蹈协会获广场舞规定曲目三等奖。区文化馆获第十三届“舞动北京”群众舞蹈大赛“优秀组织奖”“团体银奖”。10月29日，“艺韵北京”群众曲艺大赛在西城区繁星戏剧村壹剧场举办，区选送的数来宝《立城苑采访记》获最佳风采奖，区文化馆获“优秀组织奖”。10月31日，“影像北京”全市书法美术摄影展在中华世纪坛展出，区选送的摄影作品《奥运塔上的喜悦》获二等奖，书法作品《习近平主席引用之十大经典》获优秀奖，区文化馆获“优秀组织奖”。

（张馨元　黄俏凤）

【群众文化干部队伍建设】 10月16日至19日，区文化馆开展基层文化干部100学时培训，43个街乡文艺骨干及区文化委对口支援和扶贫协作地区部分文化干部参加。培训讲解如何打造北京地标“文化三里屯”，全国文化中心建设语境下朝阳区公共文化建设，“十三五”

▲ 4月29日至5月27日，“非非演出季”第10季在北京9剧场和香河园地区文化中心举办　　区文化委　供稿

▲ 11 月 9 日至 22 日，“朝阳区文艺骨干千人大课堂”在区文化馆和香河园地区文化中心举办
区文化委 供稿

期间公共文化数字化建设规划，北京运河文化遗产保护问题与对策，朝阳区文化发展等内容。参观三里屯三联韬奋书店、城市书房、CINKER PICTURES 三刻映画等。11 月 9 日至 22 日，由区文化委主办，区文化馆承办的“文艺骨干千人大课堂”在区文化馆和香河园地区文化中心举行，围绕合唱和舞蹈两门艺术开展培训，区 43 个街乡舞蹈团队、合唱团队队长、副队长 1000 余名文艺骨干参加。培训包括公共课程和专业课程。公共课程以通识知识为主，专业课程围绕合唱和舞蹈分为理论课程和实践课程。培训内容从推动团队作品原创能力出发，贴合学员们实际需求，为提升基层文艺团队综合素质打下基础。11 月 12 日至 16 日，区文化委和区人力资源和社会保障局在中山大学举办第五期公共文化建设高级研修班，43 个街乡主管领导及区文化委系统文化管理干部 50 人参加培训。培训课程着眼公共文化服务前沿，贴合朝阳实际。年内，朝阳区继续开展“艺术朝阳——千场讲座下基层”基层文化辅导培训项目，课程包括舞蹈、声乐、戏曲、书画、摄影及传统文化六个类别，区内各街乡文艺骨干 3 万余人参加，全年培训 1433 课时。开展品牌群众文艺团队认定，完成合唱、戏曲、器乐、模特 4 项认定比赛，4000 余人参与。全区各类群众文艺团队 3144 支，参与人数 7.3 万余人。

（李宏钧）

文化遗产保护

【概况】 年内，挖掘区域历史文脉，多次论证《朝阳区文化风貌保护规划》，深化提炼 40 个街乡历史文脉课题研究成果。加大文物保护力度，编制朝阳区《加强建设项目考古工地文物安全工作管理办法》《关于加强文物安全工作的意见》《文化委文物安全巡查办法（试行）》等，完成贞石园 32 块流散石刻集中保护等工作，开展延寿寺考古发掘、北顶娘娘庙复建等文物修缮保护工程，召开全区文物安全工作会，全覆盖巡查区内文物保护单位及博物馆安全，组织巡查 258 次。传承和保护文化遗产，举办“月圆京城 情系中华”中秋系列、“文化和自然遗产日”等主题系列文化活动，开展节庆文化活动 428 场，惠及市民群众 285.4 万人，配送“传习趣”传统文化活动 292 次，完成 30 家传统文化传承基地认定、挂牌，专项补助 17 家民办博物馆 38 个项目、一次性补助 7 家博物馆。做好大运河文化带保护核心工作，编制《朝阳区大运河文化带保护建设规划》，制定大运河沿岸重点文物修缮计划，梳理完成大运河重点河流历史文脉研究，完成萧太后河展览馆主体工程建设、神木廊房及御碑亭主体建设和神木谣御碑迁址等；挖掘通惠河、坝河、温榆河和萧太后河等河流及沿线文化底蕴，制定并实施“六个一”文艺创作工程，创作现代京味话剧《白鹭归来》、歌曲《萧太后河》等文艺精品。完成配合北京电视台新闻频道《美丽乡村》节目组对中国紫檀博物馆、观复博物馆、今日美术博物馆等 3 家朝阳区民办博物馆专题拍摄工作。

（殷小鹏 黄俏凤）

【非遗传习课堂】 1 月 14 日，“寻找工匠”朝阳区非遗传习课堂（初级）在区文化馆 TNT 剧场举办结课活动，组织学员交流心得和展示成果。2017 年 10 月，朝阳区非物质文化遗产保护中心在全市范围启动“寻找工匠”非遗传习课堂，由非遗传承人授课，免费向群众传授非遗技艺，精选 8 个传统工艺振兴项目，对入选的 82 位学员开展 200 小时课程培训。

（张馨元 黄俏凤）

【北京民俗文化节】 1 月 24 日至 2 月 20 日，第十七届北京民俗文化节在北京民俗博物馆举办。活动由“腊八赠粥品味温情”“福赠春联祈平安名家挥毫迎新春”“子时祈福传递祝福”“我的梦文化复兴梦”四部分组成，包括腊八舍粥、小年免费送春联、东岳庙上子时香、挂福牌、画福布、文化展览、非遗技艺及传统工艺展示体验、民俗表演等，新华社、《北京日报》等多家媒体报道，并在腊月二十三及大年初一引入活动网络直播，在朝阳文化云平台、凤凰有盐等媒体平台分发，接待游客 5 万余名。

（曹彦生 黄俏凤）

【参观调研】 3 月 7 号，市委常委、市委宣传部部长杜飞进等一行到北京民俗博物馆专题调研，参观东岳美术馆、东岳庙庙区等，到传统工艺体验区体验，肯定朝阳区灵活利用古建文物、积极引入社会力量合力促进传统文化传承和发展等做法，区长王灏，区文化委党委书记、主任高春利一同调研。5 月 18 日，副市长王宁现场调研庆丰公园园址，原则同意在庆丰公园内选址建设神木厂历史风貌整体景观。9 月 28 日，区委副书记、代区长文献带队到北京民俗博物馆，检查国庆节期间文物安全。

（曹彦生 黄俏凤）

【神木厂历史景观保护廊房建设专家论证会】 3 月 26 日，区文化委在庆丰公园召开神木厂历史景观保护廊房建设专家论证会。邀请历史、文物、水利、园林等领域 5 位专家对保护廊房建设地点开展专业研讨论证，专家一致认为历史上所有大型皇木都是从庆丰闸上岸存放在南岸皇木厂，将神木厂历史景观保护廊房与皇木文化博物馆项目合并，在庆丰公园内建设符合历史原则，体现大运河文化带重要意义，要充实博物馆内容，为公园增添一处历史文化景观，增加历史文物古迹受众面，扩大社会效益。

（殷小鹏　黄俏凤）

【“中国价值观与首都文化发展要义”座谈会】 3月31日，由区文化委、北京伦理学会、中国人民大学伦理学与道德建设研究中心联合主办的“中国价值观与首都文化发展要义”理论座谈会在北京民俗博物馆举行。讨论成立世界民俗文化研究所、世界民俗文化发展联盟及举办世界民俗文化发展论坛等事宜，研讨民俗文化与中国传统伦理精神、中国价值观与民俗文化外交、文化自信与首都国际交往、首都文化中心建设与中国文化发展战略等问题。中国宋庆龄基金会、中国公共外交协会以及清华大学等20余名高校专家学者参加座谈会。

（曹彦生　黄俏凤）

【国际博物馆日】 5月18日，是第42个国际博物馆日，主题为“超级连接的博物馆：新方法、新公众”。区文化委在北京今日美术馆举办“变革中的博物馆”主题论坛交流活动。首都博物馆、清华大学艺术博物馆等12家知名博物馆、美术馆参加活动，专题研讨博物馆和美术馆学术策划与当下生态、博物馆和美术馆角色与公众关系、博物馆和美术馆运营与管理、全球景观下博物馆和美术馆方向4个主题。北京民俗博物馆、北京中华民族博物馆等17家博物馆举办活动26场。

（殷小鹏　黄俏凤）

【“百草来芳”香乐文会】 5月21日，由北京香文化促进会、中国国际教育电视台、云南民族大学香文化研究院、中国乐器协会民族器乐学会、北京乐器学会和北京民俗博物馆联合举办的“百草来芳”香乐文会在北京民俗博物馆举行，是“香飘千年时代香风——中国香文化成果汇展”闭幕式。活动包括举行“中华香祖神农礼敬仪式”，成立“香礼专业委员会”，古筝演奏家谢迎春等演奏经典曲目。“香飘千年时代香风——中国香文化成果汇展”于2017年12月19日在北京民俗博物馆开展，展期5个月，举办19场主题日活动，多角度展示中国香文化历史、文化内涵，参观群众上万人次。

（曹彦生　黄俏凤）

【“文化与自然遗产日”系列活动】 6月8日，朝阳区贞石园开园仪式在奥林匹克森林公园南园举办，包括“石·史——倾听朝阳石碑故事”讲解、参观等；“传承·创新·弘扬——共筑传统文化的家园”主题活动在崇德堂举办，包括非遗节目表演、对朝阳区首批传统文化传承基地授牌等；“河·灯——跨越萧太后河的历史洪流”主题民俗展览在马家湾湿地公园举办。6月9日至10日，以“守护非遗播种希望”为主题的朝阳区文化和自然遗产日活动暨第五届“芳草非遗嘉年华”活动在北京民俗博物馆举办，包括传统文化展示、互动活动等。

（殷小鹏　黄俏凤）

【参加非遗展览】 6月9日至13日，朝阳区非遗中心在北京市文化局等单位主办的大运河文化带非遗大展暨第四届京津冀非遗联展上，以“文化传承、深入生活”为主题，展出“漂亮的兵马俑”、傅氏幻术、毛猴制作、宫廷补绣等非遗展和互动项目。

（张馨元　黄俏凤）

【首个街乡文化中心非遗传习所成立】 7月31日，北京灯彩非遗传习所在安贞街道文化服务中心启动，这是朝阳区首个街乡文化中心非遗传习所，把灯彩制作与安贞地区灯会传统结合，建设以街乡文化中心为平台专项性非遗传习所。

（张馨元　黄俏凤）

【“民俗文化的传统价值与现代传承”研讨会】 9月9日，由区文化委主办的“民俗文化的传统价值与现代传承”学术研讨会在北京民俗博物馆举行。中国人民大学伦理学与道德建设研究中心主任葛晨虹等10余位专家学者参与研讨。成立世界民俗文化研究所，致力于推广、研究民俗文化，聘任著名艺术家遂岩担任所长。研讨筹备成立世界民俗文化发展联盟、推动中华优秀传统文化走向世界等事宜。

（曹彦生　黄俏凤）

【中华香文化产业战略合作】 11月20日，北京香文化促进会、北京民俗博物馆、中国国际教育电视台、云南民族大学香文化研究院四家单位在中国国际教育电视台签署中华香文化产业战略合作协议。并召开会议，制定推广香行业领域规范和标准、2019年工作计划等，共同致力于培养香文化专业人才，进一步推动中华香文化、香科技、香生活、香产业发展。会上，区文化委书记、主任高春利当选为首届轮值主席，北京民俗博物馆负责2019年轮值单位相关工作推进。

（曹彦生　黄俏凤）

【文化遗产保护及宣传】 年内，完成真武庙二期文物修缮工程，朝阳区贞石园32块集中保护石刻修复、补配及重立，文物库房七幅字画修复工作。安全巡查全区文物及博物馆258次。加大大运河文化带保护，启动神木厂历史景观保护工程，在永通桥加装监控探头，实现永通桥监控全覆盖，粉刷永通桥保护栏杆。向市文物局报送平津闸、永通桥修缮方案。开展区域历史文脉研究，完成孙河古镇、坝河（东坝古镇）、朝阳门石道、萧太后河、永通桥、北小河、亮马河等历史、民俗文脉课题研究。

（殷小鹏）

2018年朝阳区区级以上文物保护单位一览表

表13

级别	名称	地址	电话
国家级	东岳庙	朝外大街141号	65510151
	日坛	日坛北路6号（日坛公园内）	85614261

续表 13

级 别	名 称	地 址	电 话
国家级	清净化城塔	黄寺大街 11 号	62018968
	元大都城墙遗址（朝阳段）	健安东路、健安西路北侧，东起土角楼西侧北京服装学院以东 673 米处，西至京藏高速路	84648252
	大运河（通惠河朝阳段）永通桥、平津闸	管庄乡八里桥村东南、高碑店乡高碑店村西北	85709886、85770796
	四九一电台旧址	豆各庄乡双桥街 9 号院	85363264
市级	十方诸佛宝塔	王四营乡古塔公园内	67376310
	北顶娘娘庙	奥林匹克中心区国家游泳馆南侧	65510151
	顺承郡王府	朝阳公园南路 19 号	65940948
区级	海阳义园（山东会馆）	呼家楼南里 2 号	85976279
	马骏烈士墓	日坛北路 6 号日坛公园内	85614261
	张翼祠堂	豆各庄乡豆各庄村西	65479035
	常营清真寺	常营乡民族家园东路西南侧	65484914
	肃慎亲王敬敏墓	王四营乡道口村西北（现柏阳景园小区西侧）	67376310
	显谨亲王衍璜墓	潘家园东里	87381835
	南下坡清真寺	朝外二条 129 号	85626316
	那桐墓	三间房乡双桥路西里 6 号	65420049

（殷小鹏）

2018 年朝阳区非物质文化遗产代表性项目和代表性传承人一览表

表 14

序号	项目名称	代表性传承人		代表性传承人级别			备注
		姓名	性别	国家级	市级	区级	
1	古琴艺术（九嶷派）	杨青	男		★	★	
2	古琴艺术（九嶷派）	邓红	女		★	★	
3	秧歌（小红门地秧歌）	赵凤岭	男	★	★	★	
4	高跷秧歌	张文秀	男			★	
5	康营子弟大秧歌	尚金强	男			★	
6	康营子弟大秧歌	王池	男			★	
7	北京皮影戏（西派）	刘季霖	男			★	
8	相声	丁广泉	男		★	★	去世

续表 14

序号	项目名称	代表性传承人		代表性传承人级别			备注
		姓名	性别	国家级	市级	区级	
9	快板书	郑思杰	男			★	
10	老北京跤艺	双德全	男			★	
11	“大弓张”举刀拉弓表演技艺	张少杰	男			★	
12	程式八卦掌	司国栋	男			★	
13	老北京掼跤	马贵保	男			★	去世
14	花拳	郭双凤	女			★	
15	杨式太极拳	崔仲三	男			★	
16	混元太极拳	冯 志 强	男			★	去世
17	善扑营功夫	李宝如	男			★	
18	古彩戏法	杨宝林	男		★	★	去世
19	“王氏空竹”杂技表演艺术	王桂琴	女			★	
20	天桥“小老黑”金业勤车技表演艺术	金业勤	男			★	
21	北京盘鹰风筝放飞技艺	倪志辛	男			★	
22	八极拳	王世泉	男			★	
23	绵掌翻子拳	乔新民	男			★	
24	大成拳	李长明	男			★	
25	武子门武术	赵宝森	男			★	
26	武子门武术	蓝士杰	男			★	
27	孙氏太极拳	张大辉	男			★	
28	古彩戏法	罗秉松	男			★	
29	古彩戏法	秦鸣晓	男			★	
30	张三功夫	张晓航	男		★	★	
31	傅氏幻术	傅腾龙	男	★	★	★	
32	七巧板拼图游戏	武元元	男			★	
33	乔装戏	胡金玲	女			★	
34	王氏飞叉	王斌	男			★	
35	宋氏踢毽	井小毅	男			★	

续表 14

序号	项目名称	代表性传承人		代表性传承人级别			备注
		姓名	性别	国家级	市级	区级	
36	傅氏幻术	傅琰东	男			★	
37	北京灯彩	王燕敏	男			★	
38	内画鼻烟壶	马增权	男			★	
39	北京绢花	张志严	男			★	
40	面塑	王 燕	女			★	
41	毛猴	于光军	男			★	
42	北京点翠	肖广春	男		★	★	
43	面塑（张桐人）	张桐人	男			★	
44	面塑（冯三杏）	冯三杏	男			★	
45	北京灯彩	李邦华	男		★	★	
46	北京宫廷补绣	贾大双	女		★	★	
47	泥塑（北京兔儿爷）	双彦	男	★	★	★	
48	杨成贵旗袍华服制作技艺	曾 丹	女			★	
49	北刘动物标本制作技艺	刘嘉晖	男		★	★	
50	爆肚张爆肚制作技艺	张子安	男			★	
51	京绣	吴兰春	女			★	
52	书画装裱技艺	刘长安	男			★	
53	聚元号弓箭制作技艺	杨福喜	男	★	★	★	
54	京作硬木家具制作技艺	杜新士	男		★	★	
55	“金鱼徐”宫廷金鱼养殖技术	徐建民	男			★	
56	于氏风筝制作技艺	杜景耀	男			★	
57	传统裱糊技艺	金学文	男			★	
58	黎光阁书画揭裱技艺	张节光	男			★	
59	黎光阁书画揭裱技艺	王光辉	男			★	
60	老北京传统肉攒术器具	周晓初	男			★	
61	龙鳞装传统装帧技艺	张晓栋	男			★	
62	北京民族乐器制作技艺	满瑞兴	男			★	

续表 14

序号	项目名称	代表性传承人		代表性传承人级别			备注
		姓名	性别	国家级	市级	区级	
63	崔氏虎头鞋制作技艺	崔淑文	女			★	
64	明清硬木家具修复技艺	王岳	男			★	
65	北京宫廷补绣	启燕飞	女			★	
66	剪纸（孙氏）	王磊	男			★	
67	北京兔儿爷	双鑫	男			★	
68	北刘动物标本制作技艺	张二红	男			★	
69	灯彩扎制技艺	马海捷	男			★	
70	聚元号弓箭制作技艺	杨燚	男			★	
71	花丝镶嵌	董瑞京	男			★	
72	古书画修复	楼朋竹	女			★	
73	传统香品制作技艺	罗显富	男			★	
74	旗袍裁制技艺	史立萍	女			★	
75	刻拓制作技艺	王凤兰	女			★	
76	罗氏正骨法	罗金官	男			★	
77	蝴蝶手指穴疗法	李晓明	男		★	★	
78	罗氏正骨法	罗素兰	女	★	★	★	
79	同春堂皮肤病诊疗方法	刘辉	男		★	★	
80	奇经矫正按摩术	满开俊	男			★	
81	刘氏导引术	刘华	男			★	
82	罗氏正骨法	罗金殿	男	★	★	★	去世
83	孔伯华中医世家医术	孔令誉	男		★	★	
84	孔伯华中医世家医术	孔令谦	男		★	★	
85	揉筋肘法按摩	李晨	男			★	
86	刁氏正脊疗法	刁文鲳	男			★	
87	前苇沟五虎棍	邵玉田	男			★	
88	雷家桥聚友同心天平圣会	雷鹏	男			★	
89	梨园箱倌	冯长城	男			★	
90	同心合缘五虎打路	赵宝琪	男			★	
91	东安门公益助善开路老会	康德芳	男			★	

续表 14

序号	项目名称	代表性传承人		代表性传承人级别			备注
		姓名	性别	国家级	市级	区级	
92	安外仰山众友同乐开路圣会	张宪	女			★	
93	奶子房庙会	李运涛	男			★	

说明：国家级代表性传承人 6 人（其中去世 1 人），市级代表性传承人 20 人（其中去世 3 人），区级代表性传承人 93 人（其中去世 5 人）

（杜　洋）

文化市场管理

【概况】 年内，加强行政审批规范化制度化建设，完善各项规章制度，依法办理各项行政许可事项。办理行政审批事项 1699 件，年检初审印刷企业 139 家，年检出版物零售企业 759 家。以服务保障“两节”、全国“两会”、中非合作论坛北京峰会为重点，开展“七个一”（各分队每周走访一街一乡、每周报送一篇工作信息、每月组织一次联合执法、每季度召开一次片区例会、每年上报一篇调研报告、每半年开展一次评价考核、每人每月立案至少一件）专项工作任务，推进“春晖”“安全隐患大排查大清理大整治”“城市安全试点风险评估工作”“城市安全隐患治理三年行动”等专项工作，召开中非合作论坛北京峰会朝阳区文化市场管理（“扫黄打非”）服务保障工作部署会，在全区 300 所中小学校和部分影院、公园设立“扫黄打非”联络站，召开 11 次全区文化市场安全管理工作会议。全区有文化娱乐场所 2212 家，其中歌舞娱乐场所 443 家，互联网上网服务场所 321 家，电影放映场所 63 家，出版物经营单位 1328 家，营业性演出场所备案 24 家，公用天线 33 家。全年行政执法队出动车辆 570 次，执法人员 1931 人次，检查文化娱乐场所 5100 家，全程监管大型营业性演出 58 场次，检查 798 艺术园区内新开展览 500 家次，参展作品 17204 件，视频 352 件，雕塑作品 294 件，论坛 3 个，装置展 251 个，艺术电影 161 部，演出 19 场次，VR 作品 2 个，处理问题作品 7 件。上报信息 64 篇，查缴非法出版物 52 万余册，立案 169 件，结案 155 件，确保文化市场安全。

（杨　迪　崔小彬）

【文化市场“扫黄打非”】 2 月 28 日，区文化市场管理（“扫黄打非”）工作领导小组办公室召开文化市场管理（“扫黄打非”）工作部署会。会议传达第三十一次全国“扫黄打非”工作电视电话会议和市“扫黄打非”工作会议精神，部署文化市场管理（“扫黄打非”）工作及全国“两会”服务保障工作。区委常委、统战部部长、区直机关工委书记黄晓伟出席并讲话，副区长李俊杰主持会议。全区 34 个成员单位和 43 个街乡主管领导参加会议。

（杨　迪　黄俏凤）

【主题宣传活动】 3 月 16 日，区文化市场管理（“扫黄打非”）工作领导小组办公室联合区文化委行政执法队、团结湖街道在团结湖公园开展以“净化首都文化市场，营造绿色人文环境”为主题的“‘12318，健康文化你我他’暨‘扫黄打非’进基层”宣传活动。向市民介绍“12318”举报平台受理范围，讲解文化市场管理领域政策法规，普及“扫黄打非”知识，倡导广大市民自觉抵制非法出版物，参与文化市场监督管理，共同维护文化市场秩序，发放宣传品 1000 余份，参与群众 500 余人。4 月 15 日，区文化委行政执法队参加在蓝岛大厦举办的“全民国家安全教育日”宣传活动。制作印刷出版、网络文化及“扫黄打非”等展板，现场解答群众关于文化市场安全知识提问，发放各类安全生产宣传资料 3000 余份。6 月 15 日，区文化委行政执法队参加在朝阳公园举行以“生命至上，安全发展”为主题的“安全生产月”宣传咨询日活动。发放海报、折扇、消防手册等宣传材料 1000 余份。12 月 4 日，区文化委行政执法队与呼家楼街道办事处联合开展“12·4”国家宪法日宣传活动，制作普法展板，解答法律咨询，发放宣传资料 1000 余份，接受群众法律咨询 50 余人次。寒假期间，区文化市场管理（“扫黄打非”）工作领导小组办公室联合区教委组织全区 70 所中学、118 所小学校观看“护苗——网络安全课”系列课程。

（杨　迪　黄俏凤）

【“绿书签2018”系列宣传活动】 4 月至 6 月，区文化市场管理（“扫黄打非”）工作领导小组办公室联合区教委及 43 个街乡开展“绿书签 2018”系列宣传活动。4 月 17 日，在北京市陈经纶中学分校实验学校举行“绿书签 2018”系列宣传活动启动仪式。活动采取校园宣讲、社区活动、朗诵大赛、图书讲解等多种形式，将线上宣传、线下宣传、媒体宣传相结合，营造保护知识产权、护助少年儿童健康成长良好文化环境。开展各类宣传活动 40 余次，发放绿书签 1 万余张，张贴宣传海报 500 余张。

（杨　迪　黄俏凤）

【“扫黄打非”艺术作品展】 7 月 2 日至 9 日，由区文化市场管理（“扫黄打非”）工作领导小组办公室主办的朝阳区“扫黄打非”艺术作品展在区图书馆（新馆）举办，旨在通过艺术创作形式，弘扬社会主义核心价值观，展示全区“扫黄打非”工作成果。展出“扫黄打非”主题的书法、国画、摄影、剪纸、堆绣等各类艺术作品 123 幅。

（杨　迪　黄俏凤）

【检查调研】 8 月 27 日，区委常委、宣传部部长刘军胜带队检查中非合作论坛北京峰会朝阳区文化市场服务保障工作，检查贵宾住地酒店及其周边文化场所开展安全情况，提出整改意见。10 月，区文化委行政执法队联合全国、北京市、安徽省“扫黄打非”办，专项检查北京甜水园图书文化港。立案调查5家违规出版物经营单位，要求市场管理方严格开展自查，加强宣传引导。

（于甜恬　黄俏凤）

【“扫黄打非”基层站点建设】 9月10日，区文化市场管理（“扫黄打非”）工作领导小组办公室联合区教委、望京街道在花家地实验小学举办朝阳区“绿书签进校园”暨中小学“扫黄打非”联络站授牌仪式。包括开展“护苗·绿书签”活动宣传、学生代表宣读“拒绝盗版，从我做起”倡议书、花家地实验小学作为中小学校代表接受“北京市朝阳区中小学校‘扫黄打非’联络站”牌匾等，1600余名师生参加活动，发放宣传册、记事本、扇子等宣传品2000余份。年内，区“扫黄打非”办联合区旅游委、团结湖街道办事处，在团结湖公园设立“扫黄打非”工作站，在劲松电影院设立“扫黄打非”联络站，实现“五进”（进乡村、进社区、进企业、进学校、进景区）全覆盖。在全区300所中小学设立“扫黄打非”工作站，初步形成“扫黄打非”校园工作网络。

（杨　迪　黄俏凤）

【文化市场执法检查】 年内，区“扫黄打非”成员单位和各街乡出动车辆5000余台次，出动执法人员1.3万人次，检查文化娱乐场所1.5万家次，查封黑网吧8家，没收相关设备265台，取缔游商562起，收缴非法地面卫星接收设施6套、非法出版物（报刊）58.3万册、涉宗教非法物品1310件，取缔黑网吧1处，查扣相关设备6台，立案调查233件，罚款151.8万元。

（于甜恬）

【行政许可】 年内，办理行政审批事项1699件。其中，办理许可事项1237件，包括举办营业性演出许可582件，歌舞娱乐场所设立18件，变更及延续换证193件，电子游艺变更及换证21件，网吧设立1件，变更及延续换证14件，表演团体设立5件，变更及换证5件，出版物零售企业设立及变更许可372件，共用天线变更4件，营业性电影放映单位设立及变更许可22件。办理备案项目462件，包括艺术品经营单位备案121件，演出场地经营单位变更换证3件，个体演员换证0件，市文化局审批演出备案320件。现场核查场所91家，182人次；审核剧本290件。区文化委有审批事项16项，其中许可10项，备案6项，包括举办内地营业性演出审批，互联网上网服务营业场所筹建审批，设立互联网上网服务营业场所经营单位审批，设立娱乐场所审批，设立内资文艺表演团体，出版物零售单位设立变更，电影放映单位设立、变更、注销，有线电视站、共用天线设计安装，出版物发行单位设立临时零售点开展出版物销售活动备案，设立出版物出租企业备案，演出场所经营单位备案，艺术品经营单位备案，个体演员备案，个体演出经纪人备案，单位设立有线电视站、广播电视站初审及有线电视工程验收行政许可。

（白　静）

文化创意产业

【概况】 朝阳区文化创意产业领导小组办公室是朝阳区文化创意产业领导小组下设机构，设在区委宣传部，负责统筹、协调全区文化创意产业发展，日常工作由区委宣传部所属全额拨款事业单位朝阳区文化创意产业发展中心和文化创意产业发展科具体负责。年内，全区规模以上文化创意企业1368家，实现收入1927.8亿元，比上年增长1.4%。尚8文创产业园工作站获由北京市知识产权局、北京12330分中心颁发的“2017年度最佳企业服务奖”。

（杨　光　孟丽霞　武　雯）

【《文化创意企业申请高新技术企业认定指南》制发】 1月，文创实验区管委会、区文创办、区科委联合出台北京市首个《文化创意企业申请高新技术企业认定指南》，旨在帮助朝阳区符合条件的文创企业申请高新技术企业认定，获认定企业3年内可减按15%税率征收企业所得税。

（侯　硕）

【领导调研】 2月3日，北京市领导蔡奇、陈吉宁、李伟、吉林、杜飞进、崔述强、侯君舒、李伟、牛青山、李颖津、林抚生围绕“深入学习宣传贯彻党的十九大精神和习近平总书记视察北京重要讲话精神，优化城市功能和空间布局，积极推进腾笼换鸟，推动传统产业转型升级”主题，到朝阳区调研塞隆国际文化创意园及驻园企业，区领导王灏、黄晓伟一同调研。3月14日，市委常委、组织部部长魏小东，部务委员、办公室主任阎晓东调研塞隆国际文化创意产业园和吉里文化创意产业园。5月14日，北京市人大常委会副主任闫傲霜、侯君舒到莱锦文化创意产业园、朝阳区文化馆调研文化创意产业发展和公共文化服务体系建设等工作，北京市有关部门领导马文、周少勇一同调研。5月23日，区政协主席陈涛一行调研郎园Vintage文化创意产业园、自空间CBD写字园，并座谈交流。

（兰　坤）

【高级经营管理培训】 5月21日至25日，由区委组织部、区委宣传部、国家文创实验区管委会主办，区委党校、区文化创意产业发展中心承办的文化创意产业高级经营管理培训班举办。黄晓伟作开班动员。区相关委办局、街乡主管文化创意产业领导，全区文化创意产业园区（基地）高层管理人员代表等84人参训。培训内容为深入分析新时代文化创意产业发展面临的新趋势、提出的新要求、展现的新作为；解读党的十九大以来国家、北京市层面关于促进文化产业发展相关政策；分析文化与科技深度融合发展变革与趋势；分析当前文化创意产业关注的热点现象等。

（薛博雅　冯　芳）

【首个市文化金融服务中心启用】 8月28日，北京市首个文化金融服务中心在国家文化产业创新实验区正式投入使用。中心建筑面积4500平方米，位于莱锦文化创意产业园CN15号楼。首批20家金融服务机构入驻中心，为文创企业提供文创普惠贷、蜂鸟贷、创业快贷、银担通、税易贷等30余种特色金融服务产品，帮助文创企业便捷、优惠、一站式金融服务。

（周少英）

【国家文化产业创新实验区发展论坛】 9月15日，由国家文化产业创新实验区建设工作协调小组指导，北京商务中心区创新发展年会组委会和中国传媒大学共同主办，中国传媒大学文化发展研究院、朝阳区文创实验区企业信用促进会、北京市朝阳区对外文化交流协会承办以“创新·融合·协同·共享”为主题的“2018国家文化产业创新实验区发展论坛”在朝阳区举办。围绕首都全国文化中心建

▲ 9 月 15 日，2018 国家文化产业创新实验区发展论坛举办　　赵建杰　摄

设，京津冀文化产业协同发展，大运河文化带建设，国家“一带一路”倡议和中华文化“走出去”，国家文化产业创新实验区高质量发展，开展研讨和交流。国家文创实验区发布 2017 年度《国家文化产业创新实验区年度发展报告》、第二批“蜂鸟企业”名单。文化和旅游部产业司和北京市委宣传部、市文化局、市文资办、市文促中心、朝阳区、中国传媒大学等相关领导，白俄罗斯、保加利亚、智利、东帝汶、欧盟、马耳他、巴基斯坦等国家驻华使馆官员出席活动。

（周　密）

【文化创意产业发展引导资金支持】 9 月 26 日，42 个文化创意产业项目获得区文化创意产业发展引导资金支持，支持资金 2698 万元。其中，奖励项目类 34 个，支持资金额度 2330 万元；贷款贴息类项目 5 个，支持资金额度 353 万元；“四板市场”挂牌奖励企业 3 个，支持资金额度 15 万元。

（刘　莹）

【参加文创产业博览会】 10 月 25 日至 28 日，第十三届中国北京国际文化创意产业博览会在中国国际展览中心举办，朝阳展区主会场设在中国国际展览中心 4 号馆，展区面积 636 平方米。朝阳区以“北京朝阳——国家文化产业创新实验区”为主题，采取“1 个主展区 +21 个分会场”模式，展出百余个“文化 +”精品项目，全面展示朝阳区文化创意产业发展新亮点。市领导蔡奇、杜飞进、崔述强、王宁、牛青山等实地参观朝阳展区，肯定朝阳区文化产业发展及文博会参展组织工作。

（关嘉义）

【文化创意产业人才工作】 年内，文化创意产业领域人才获区国际高端商务人才认定商务精英 4 人，青年英才 7 人，“凤凰计划”海外高层次人才引进 21 人，33 名应届毕业生落户。

（刘　敏）

798 艺术区

【概况】 北京 798 艺术区位于朝阳区酒仙桥大山子地区，北京七星华电科技集团有限责任公司所属 718 大院内，毗邻机场高速公路，核心区域占地面积 30 万平方米，总建筑面积 23 万平方米。北京 798 艺术区管理委员会（简称 798 管委会）成立于 2010 年 7 月，是朝阳区政府派驻到 798 艺术区行政管理机构，正处级单位，设有综合协调办公室，主要承担 798 艺术区统筹协调、监督管理、产业促进和接待服务等工作。年内，完成法国总统马克龙、奥地利总统范德贝伦与总理库尔茨、日本首相安倍晋三夫人安倍昭惠等接待工作，举办 798 艺术区文化市场培训会、国际儿童艺术周、798 艺术节等活动。

（季　昕）

【北京 798 国际儿童艺术周】 6 月 1 日至 18 日，798 艺术区举办由区委宣传部、区文化委、区妇联和 798 艺术区管理委员会主办，尤伦斯当代艺术中心、悦美术馆、大千画廊等多家艺术机构联合协办的北京 798 国际儿童艺术周活动。艺术周设“未来巨匠”新媒体互动体验展、“漫游 798，雨蛙老师的自然探索之旅”、“艺术关爱生命，共建一片蓝天”艺术周、“为了母亲的微笑——幸福工程精准扶贫、健康扶贫23载跡录展”、熊滚滚祈福主题展、悦读奇缘亲子阅读活动等“六大主题活动”，突出爱国、友善、和谐、公益、环保等理念。活动有“艺术与科技融合的互动体验”“儿童艺术展携手幸福工程传播公益”“新四军研究会志愿者走进小朋友中间”“特殊儿童艺术展”等环节。通过活动培养儿童爱国主义情怀、培养保护自然环境意识。引导社会各界更加关注素质教育，关注青少年健康成长。

（季　昕）

▲ 6月1日，北京798国际儿童艺术周开幕　　季　昕　摄

【北京798艺术节】 9月27日至10月26日，798艺术区管理委员会、北京七星华电科技集团有限责任公司举办以“纪念改革开放40周年及朝阳区建区60周年”为主题的“2018北京798艺术节”。包括开幕展、主题展、平行展、公共艺术展示、艺术研讨会、涂鸦艺术等多项艺术活动。“行进中的历史”主题展，从回顾中国当代艺术发展历程角度，呈现改革开放40年国家政策对文化发展推动作用。通过艺术节，形成园区重要机构携手共同为园区发展，为营造积极正面园区氛围而努力的态势。

（季　昕）

【北京798当代艺术展走进雄安活动】 11月29日至12月14日，雄安新区容城县与798艺术区管理委员会联合举办“行进中的历史”——北京798当代艺术展走进雄安活动。在雄安新区展出“798当代艺术走进雄安”艺术展，召开“未来的记忆”主题研讨会，探讨当代艺术如何助力城市建设，推动雄安新区文化发展，促进雄安新区与中内外文化艺术交流。

（季　昕）

北京潘家园国际民间文化发展有限公司

【概况】 北京潘家园国际民间文化发展有限公司（以下简称潘家园文化公司）是由朝阳区国有资产监督管理委员会监管的区国有资本经营管理中心下属的国有独资企业，公司设董事会、监事会、经理层、党总支委员会、工会、妇女委员会和共青团组织，下设办公室、董事会办公室、党群工作部、财务部、规划运营部、人力资源部、安全生产部、项目开发部、合规部。员工编制51人。经营范围为销售工艺品及收藏品、字画、家具、日用杂品、珠宝首饰；组织文化艺术交流活动（不含演出）；承办展览展示活动；从事投资及投资管理等活动，并对经营管理的国有资产承担保值增值责任。子公司北京潘家园旧货市场有限公司（以下简称市场公司）员工编制83人。市场占地4.92万平方米，经营面积5.12万平方米，分为地摊区、古建房区、古典家具区、现代收藏区、石雕石刻区、餐饮服务区等6个经营区域，经营摊位3500余个。主要经营潘家园旧货市场及潘家园自营商业品牌打造与经营。子公司北京潘家园古玩艺术品文化传媒有限公司(以下简称传媒公司)员工编制15人。主要从事设计、制作、代理、广告发布；承办展览展示；组织文化艺术交流活动（演出除外）等生产经营活动。“潘家园”品牌被认定为中国驰名商标、北京市著名商标、北京市年度十大商业品牌，市场入选全国十大古玩市场、全球十大“跳蚤”市场、北京市朝阳区文化创意产业集聚区。年内，资产总额71895万元，负债总额7097万元，所有者权益64799万元，利润总额5293万元。潘家园文化公司获2017年度“区级交通安全先进单位”荣誉称号和“北京市青年安全生产示范岗榜样集体”荣誉称号。

（赵　雅）

【新闻发布会】 1月30日，潘家园文化公司召开新闻发布会。介绍企业转型升级阶段成果及未来发展方向。公司总经理全程解读企业转型升级动向，重点向各媒体介绍潘家园文创自营店“潘家园礼物”及市场非遗老字号代表国家级非遗聚元号弓箭，将中国非遗手工艺品、具有丰富文化内涵手工艺品、富含文化创意产品都吸纳进来，增强市场自身传承、发扬民间、民俗、民族文化能力，建设老北京文化地标潘家园2.0版本。

（赵　雅）

【对外交流】 2月16日，潘家园自营文创品牌“潘家园礼物”参展第15届北京朝阳国际风情节，与各国互动交流特色文化。通过文创产品、文旅产业相合作方式传播传统文化。10月18日，潘家园自营文创品牌“潘家园礼物”走进第十五届中国景德镇国际瓷博会。潘家园文化公司借助组团“走出去”扩大市场对外交流，促进商户贸易多元化，推动潘家园服务业开放，弘扬中华传统文化，展现潘家园品牌特色。

（赵　雅）

【春节交易会】 2月17日至21日，潘家园旧货市场举办“春燕争舞潘家园，犬画红梅迎五福”为主题的第十届春节交易会，2000余家商户参加交易会。春节交易会延续潘家园淘宝特色与传统民俗手工艺品相结合的风格，集特色年货、非遗商品展销、民俗表演、专家鉴宝和互动游戏于一体，传统民俗与现代元素交融。春节期间，市场客流量4.2万余人次，销售额45.9万余元。潘家园作为北京文化地标，以传承、发扬“民间、民俗、民族”文化为己任，延续潘家园老北京庙会品牌，积极走入“洋庙会”展现传统文化特色。

（赵　雅）

▲ 2月17日至21日，潘家园旧货市场举办第十届春节交易会　　郭曈曈　摄

【春季晒宝活动】 3月14日，双井工商所和潘家园旧货市场有限公司在潘家园旧货市场甲排前联合开展“赏辨真假玩出内涵”2018春季晒宝活动。面向收藏者提供免费鉴定服务，保护文玩收藏爱好者权益，营造和构建有保障的消费环境。

（赵　雅）

【主题活动】 3月24日，首届“潘家园茶文化博览会”开幕，主要展销茶叶、茶器、茶点三大类产品。4月5日，聚核缘首届潘家园全国核雕名家名作精品展销会开幕。4月12日，第二十四届潘家园全国连环画交易会开幕，全国54家商户参会，参展作品年代、题材跨度大、覆盖广。4月21日，第三届天工轩猛犸象牙展览交易会举办。5月4日，和善第七届潘家园全国核雕名家名作精品展销会举办，现场签售展销1万余件作品。5月8日，国石·赏石艺术博览会暨第六届中国名家赏石精品展举办。全国各地观赏石领域专家、学者、收藏家及石商石友参会。5月12日，第二届潘家园“核桃杨”“松山猛犸象牙展”举办。展品以文玩核桃及猛犸象牙为主，并拓展零售、批发业务，以展览和售卖相结合形式展卖。5月17日，喜乐满收藏俱乐部紫砂壶·名人核雕·文玩精品展销会举办。展会主打苏州名人核雕、宜兴名家紫砂壶及精品文玩杂项。5月26日，“潘家园珠宝玉石文化节”开幕，是潘家园首次自主举办珠宝玉石文化交流展销会，汇聚全国各地玉石文玩行业优秀品牌以及工作室、协会带来众多精品作品。6月2日，大千猛犸大师精品展举办，展品以原牙和摆挂件为主，小工艺品为辅。11月1日至4日，第二十五届潘家园全国连环画交易会举办。同期，潘家园和北京荣亨拍卖有限公司联合举行“连环画拍卖”活动。

（赵　雅）

【陶瓷文化周】 3月29日，“瓷博荟萃名动京华——景德镇陶瓷博览会北京潘家园陶瓷文化周”在潘家园旧货市场开幕。副区长李俊杰、景德镇市市长助理姜峰、故宫博物院陶瓷专家杨静荣等领导专家出席开幕式并致辞。活动主要包括陶瓷文化沙龙、陶瓷工艺展演、陶瓷精品展示等板块，展出品类丰富的仿古瓷与创新瓷，体现当代景德镇顶级制瓷水平。

（赵　雅）

【品牌入驻商场】 4月18日，潘家园首个文创品牌“潘家园礼物”入驻南锣鼓巷。根据南锣鼓巷风格定位，推出具有北京味儿新产品，带消费者重拾老北京历史记忆，领略老北京文化魅力。8月21日，潘家园首个文创品牌“潘家园礼物”快闪店入驻久隆百货，为期半个月，包含茶道、香道、装饰、文创等多个品类集现代创意与古典文化元素于一体的原创商品。11月30日至12月19日，潘家园首个文创品牌“潘家园礼物”快闪店入驻物美大卖场志新桥及中关村两店，为期半个月，包含茶道、香道、装饰等多种集现代创意与古典文化元素于一体的文创商品。“潘家园礼物”是潘家园市场26年积累资源优势而创建的自营品牌。致力于围绕东方美学生活家定位，把更多优秀传统文化精髓以亲民方式融入时下老百姓生活衣食住行当中，实现传统文化生活化。

（赵　雅）

【参加京交会】 5月28日，潘家园文化公司作为朝阳区展团六家企业之一，携“潘家园礼物”自营店文创产品亮相京交会，展示潘家园转型升级最新成果。区委书记、区长王灏，副区长李俊杰等领导到朝阳区展馆参观各家企业展品。

（赵　雅）

【书画义卖活动】 6月30日，潘家园旧货市场与北京淘古趣文化科技有限公司联合主办书画义卖活动。义卖活动募集儿童书画作品200余幅，为特殊儿童筹集善款，所得善款捐赠于慈善基金组织，用于儿童教育发展与医疗行业。

（赵　雅）

【中国·大同潘家园传统文化艺术节】 8月18日，中国·大同潘家园传统文化艺术节在山西大同开幕。汇集曲艺展演、画展、书法展、玉石展等文化活动。大同潘家园是北京潘家园首次与外埠合作开拓的新市场，引入商业综合体经营理念在打造集地摊、坐店、展会多重模式相结合的三晋文化交流平台同时，向文旅产业借力，致力于将大同潘家园建设成一个可以供居民休闲、游客旅游的地方。

（赵　雅）

【红色收藏展交会】 9月22日，中国收藏家协会红色收藏委员会和潘家园文化公司联合主办潘家园第十五届全国红色收藏展览交流会暨“真理的光辉——纪念马克思诞辰200周年红色收藏展览”。展览以党的十九大精神为指导，以从全国征集1000余件红色收藏品中精选出的藏品作为展示主体，以纪念马克思诞辰200周年为主线，呈现“《共产党宣言》与马克思主义的诞生”“马克思主义在中国早期传播”“马克思主义中国化的光辉历程”以及组合雕塑四个部分。全国红色收藏展览交易会连续举办十五届，主要是传承和发扬红色收藏文化。

（赵　雅）

【潘家园市场二十六周年庆典】 12月22日至31日，潘家园旧货市场举办“潘淘荟——潘家园二十六周年庆典”系列活动。活动包括潘家园文化艺术品指数发布会、潘家园首届经典藏品拍卖会、特色促销、展销会、鉴宝讲座等。其中，潘家园文化艺术品指数发布，通过指数可视化呈现行业大数据，把脉文化艺术品行业发展走向，以大数据精准服务投资者、消费者。

（赵　雅）

朝阳规划艺术馆

【概况】 朝阳规划艺术馆（以下简称规划馆）是区委宣传部直属事业单位，下设综合办公室、社会教育部、活动策划部、展陈技术部、文创中心、全国老旧厂房协同发展联盟秘书处、媒体宣传部、运营保障部8个部门，正式员工52人，2010年3月16日正式开馆。年内，接待参观13000余人，接待重要参观团体115个。为“2018北京CBD创新发展年会”提供场地服务、宣传配合、讲解接待等服务。被中央宣传部、全国文联、中央文化与旅游管理干部学院选定为干部培训定点参观学习基地，被授予北京市爱国主义教育基地、北京红色旅游景区及北京市科普基地称号，是“北京地区百家社会单位旅游开放日”定点场馆和区级市民学习基地、爱国主义教育基地、朝阳区文化旅游示范单位和朝阳海外学人俱乐部活动基地，担任全国老旧厂房保护利用与城市文化发展联盟秘书长单位，成为老厂房转型再利用新地标、朝阳区对外交流展示窗口、具有朝阳区特色的公共文化服务平台和文化产业创新示范基地。

（李天然）

【北京国际中老年模特大赛】 1月27日，由区委宣传部指导，区文化委、规划馆联合主办，中国桃花源（湖南·常德）协办的“2018北京国际中老年模特大赛”决赛在T空间举行。390余人参加活动。决赛队伍14支，北京服装学院教授甄祯、国家一级导演吴晓江、著名模特陈娟红等担任现场评委。西城文化馆北京夕阳红服饰表演队《静雅夕阳》、朝阳区彩虹艺术团模特队《不老的时尚》获一等奖，东城区华夏模特队《江南之恋》、西城区西城老教协时装队《古今汉字》获二等奖，朝阳区金色时光模特队《桑榆晚晴别样红》、娴雅艺术团《家和万事兴》、海淀区北京麒麟模特队《水墨风韵》获三等奖。海淀区知性女模特队、东城区中海油海之恋模特队、东城区阳光枫林时装艺术团模特队获网络票选队伍前三名。大赛海选报名辐射北京市16个区76支队伍，1900余人报名参赛。

（李天然）

【媒体宣传报道】 1月27日至28日，《新京报》、人民网、爱奇艺、新浪新闻等50余家媒体报道“2018北京国际中老年模特大赛”决赛。6月2日至6日，联合国环境规划署、生态环境部、新华网、《人民日报》、三沙卫视等20余家媒体专题报道“世界环境日主题活动暨环境艺术作品展览”。8月18日至20日，中央电视台新闻频道、北京电视台、《北京日报》等多家媒体报道全国老旧厂房协同发展联盟成立大会及研讨交流活动。10月23日至28日，人民网、中国新闻网、《北京日报》、北京电视台等多家媒体报道“2018数字创意与技术博览会”。10月28日，北京电视台、《新京报》、《法制晚报》等多家媒体专题报道文博会场全国老旧厂房协同发展联盟合作伙伴计划。10月30日，中央电视台新闻频道直播间专题报道“2018数字创意与技术博览会”及全国老旧厂房协同发展联盟。

（李天然）

【参观接待】 3月8日，北京电视台纪实频道中心主任严崴一行10余人到馆参观。5月17日，全国农业展览馆副馆长王一民等一行8人到馆参观。5月24日，台北市台澎金马各县市同乡会秘书长联谊会一行15人到馆参观，市台联、区台办及国家文化产业创新实验区相关领导一同参观。6月5日，国家行政学院社会与文化教研部主任祁述裕带领“加快推进北京文化法制建设——国家文创实验区文化产业促进条例实践探索”课题小组到馆参观座谈，国家文化产业创新实验区管委会主任丰春秋陪同。8月2日，北京市委常委、卫戍区政委姜勇等一行30人到馆参观；北京日报社党组书记赵靖云、总编辑伍义林等一行10人到馆参观。10月11日，中华女子学院、中国传媒大学、北京化工大学等高校宣传部相关领导一行30人到馆参观，参观结束后开展朝阳区高校宣传工作座谈会。12月6日，国务院参事室一行30人到馆参观调研。12月18日，青海藏文化馆馆长易志刚一行5人到馆参观。12月27日，瑞士驻华

▲ 1月27日，2018北京国际中老年模特大赛在朝阳规划艺术馆举行　　朝阳规划艺术馆　供稿

大使馆文化与媒体处主任俞然非一行3人到馆参观。12月29日，外交部礼宾司副司长范勇等到馆参观。

（李天然）

【教学培训基地】 3月19日，第四期、第五期全国文化厅（局）长培训班，第八期全国地市文化局长培训班100余人到馆参观教学。5月31日，在3D大剧场举行中央文化管理干部学院现场教学点授牌仪式，中央文化干部管理学院文化事业培训部主任刘瑞彪出席活动并授予规划馆“现场教学点”称号。年内，规划馆接待来自文化旅游部、团中央、中央文化管理干部学院、国家发展和改革委员会国际合作中心、清华大学、海淀区委党校、朝阳区委党校等培训参观团46个，分批次组织各省市文化厅（局）长、全国团县委书记、处级干部、军转干部、中青年干部、初任公务员、党员等2575人到规划馆参加培训，培训内容包括朝阳基本区情、朝阳区文化创意产业发展概况和经验、全国老旧厂房协同发展联盟、国家文化产业创新实验区概况等。

（李天然）

【商业活动】 4月23日，捷豹路虎之夜在2号馆、T空间举办，捷豹路虎正式在华发布“双引擎双创新”未来出行战略，旗下多款产品亚洲首秀，豪华高性能子品牌SV正式进入中国市场。5月30日至31日，影视工业网、规划馆联合主办“一录同行”第三届先进影像技术大会（北京站）在2号馆、T空间举办，活动分为“技术演讲”和“设备展览”环节，澳门科技大学电影艺术研究院教授孙武、“霍比特人”电影系列制作总监Gareth Daley等40余位国内外影视一线工作者从影视拍摄、影视设备、电影剪辑等方面展开技术讲解和案例分析，RED、猛犸、大疆等国内外53个影视器材、设备等企业参展。7月10日，纪录片《禅门七日》庆典暨点映式在3D大剧场举办，该纪录片在美国当地时间6月27日获好莱坞洛杉矶电影节最佳纪录片奖。11月30日，中国室内装饰协会陈设艺术专业委员会主办的麒麟训练营公开课在3D大剧场举办，半木品牌创始人兼设计总监吕永中、国家二级心理咨询师张雁涵围绕审美意识、家居设计及心理赋能设计作主题演讲。

（李天然）

【政府活动】 5月3日，“以身许国·青春无悔”——朝阳区纪念“五四”青年节主题活动在T空间举办，第十届全国人大常委会副委员长顾秀莲、教育部关工委常务副主任姚喜双、外交部机关党委（国外局）副书记蔡革、北京团市委副书记袁慧、区委副书记甘靖中等领导及朝阳区系统百余名青年代表参加活动，前驻丹麦大使刘碧伟、外交青年陈喆、登峰造极班组等嘉宾作现场访谈。5月19日至23日，庆祝朝阳区建区六十周年“我爱朝阳”诗联书画展活动在2号馆举办，展出全区各界诗书画家以“我爱朝阳”为主题原创的诗、书、画、楹联等130余件文艺作品。6月2日，联合国环境署驻华代表处、生态环境部宣传教育司、北京市环保局、中国消费者协会联合举办，北京电影学院数字媒体学院和规划馆承办的“战胜塑料污染，建设美丽中国”世界环境日主题活动在T空间举办，100余位来自政府、使馆、国际组织、学术机构企业、媒体等的嘉宾参加活动。圆桌论坛探讨如何从各自行业、机构角度出发做美丽中国行动者，呼吁公众齐心应对塑料污染等环境问题，积极参与生态文明建设。6月6日，“不忘初心，筑梦前行”庆祝改革开放四十周年全国集邮文化巡回展北京启动仪式在3D大剧场举办，展览展出孔子后人孔令金制作的中国孝道邮票展板5块，集邮爱好者手绘的有关中国航母、直升机、高铁等纪念邮票。

（李天然）

【艺术展览】 6月30日至7月15日，“时空共时——王刚、王振林艺术双个展”在T空间举办。展览展出艺术家王刚大地艺术影像，艺术家王振林“悟空”系列，雕塑与油画23件，其中王刚大地艺术影像首次在规划馆数字沙盘放映。7月19日，王振林作品《悟空》落户规划馆空中花园。8月18日至22日，在2号馆和T空间，配合全国老旧厂房保护利用与城市文化发展主题展展出艺术家夏航的《震地者》《机械路霸·水银》等不锈钢雕塑作品。

（李天然）

【全国老旧厂房保护利用与城市文化发展】 8月18日，2018全国老旧厂房保护利用与城市文化发展联盟成立大会及研讨交流活动在3D大剧场举办。23个老旧厂房保护利用先进城市（城区）相关部门及94家老旧厂房改造升级文化产业园区参加活动。16位园区代表分享园区发展模式及运营理念。会上通过联盟章程，选举联盟组织机构，北京市朝阳区当选理事长单位，北京市东城区、南京市、武汉市等22个城市（城区）相关部门当选副理事长单位，秘书长单位设在北京朝阳规划艺术馆，94个老旧厂房改造利用文创园区当选理事单位。以“工业记忆·文化传承·城市更新”为主题的2018全国老旧厂房保护利用与城市文化发展论坛在2号馆举办，北京市委宣传部长杜飞进、工业和信息化部工业文化发展中心副主任孙星、区委书记王灏出席活动并致辞，北京、上海、天津、重庆等17个省市39个城市（城区单位），90余家老旧厂房改造转型知名文创园区参加。北京市国有文化资产监督管理办公室主任赵磊等10位嘉宾分享关于老旧厂房保护利用及文化创新发展等方面经验。活动正式成立全国老旧厂房保护利用与城市文化发展联盟（简称全国老旧厂房协同发展联盟）并举行揭牌仪式，朝阳区黑庄户乡、首农双桥农场与八音和鸣、司麦澳、库克音乐、合纵音乐基地签署北京音乐公园共建协议，发布《朝阳宣言》。8月18日至22日，2018全国老旧厂房保护利用与城市文化发展主题展在2号馆举办，81家园区参展，展示园区简介、园区改造前后对比概况。10月25日至28日，全国老旧厂房协同发展联盟亮相北京文博会主会场，展览遴选50个全国老旧厂房改造转型文化产业园区，全面展示全国老旧厂房保护利用与城市文化发展成就。10月25日，北京市委书记蔡奇参观全国老旧厂房保护利用与城市文化发展专题展。10月28日，全国老旧厂房协同发展联盟合作伙伴计划在北京文博会朝阳新闻中心发布。

（李天然）

【建区60周年展览】 9月12日至10月12日，“砥砺奋进六十载，再创朝阳新辉煌——朝阳区建区60周年发展成就展”在2号馆举办，区四套班子领导，区老领导、各界人士、群众代表等参加开幕式。展览以图文展板、非遗实物及制作，露天电影、供销社等场景复原及媒体互动查询等形式，从党建引领、科学发展、文化自信、民生幸福、和谐宜居、筑梦朝阳6个篇章展示改革开放40年来朝阳区时代风貌，总结展示建区60年。展览期间接待博鳌亚洲论坛秘书长龙永图、北京市副市长张工、区委组织部部长何明等领导，区国资委、CBD创新发展年会、区委社工委、区委教工委、区委农工委、区委政法委、宣传系统等单位及社会参观团体156批次2万余人。

（李天然）

【数字创意文创活动】 10月23日，以“数字技术赋能文旅融合”为主题的2018中国数字创意与技术博览会开幕式暨“数字技术赋能文旅融合专题论坛”在T空间举办。文化和旅游部产业发展司副司长宋奇慧、中国电影制片人协会秘书长王凤麟、区委常委王晰宁等200余人出席开幕式。北京电影学院影视技术系主任刘戈三等6位嘉宾围绕“数字创意产业发展、行业应用解决方案、中国影视工业化之路”等专题与观众分享未来数字影院技术展望、相机矩阵的商业应用、影响多媒体运用等行业动态。发布4D版城市IP电影《漫游朝阳》；国内首个“老旧厂房主题邮局”成立；发布《2018版数字创意新技术清单》，清单涵盖智慧文旅、视听传播、人机交互、成像投影、虚拟增强现实五大领域，包含虚拟生成、人脸识别、动态手势识别、空气投影等21项技术。10月23日至25日，2018中国数字创意与技术博览会期间，规划馆开放朝阳·大数据展示中心、3R体验中心、《漫游朝阳》、数字文化遗产等体验项目，在3D大剧场展映优秀3D4K影片并于T空间举行数字科技与城市生活专题展览。

（李天然）

【雄安新区城市设计应征方案评审】 11月10日至12月31日，河北省雄安新区城市设计征集终期应征方案专家评审会在2号馆举行。12家全球著名规划、建筑、景观设计事务所联合体参与应征并展示模型。活动期间规划馆展区讲解接待领导、应征团队、评审专家16场130人。11月14日，区委宣传部部长刘军胜主持，区委办、区委宣传部、麦子店街道等13个委办局领导在规划馆召开河北省雄安新区城市设计征集终期应征方案专家评审会活动调度会，河北省雄安新区管委会规建局副局长李雪立参加会议。11月18日至20日，河北省雄安新区启动区城市设计征集终期应征方案专家评审会在2号馆召开。11月27日，区委书记王灏、代区长文献带领四套班子主要领导及8个相关委办局领导到规划馆参观河北省雄安新区规划方案，雄安新区管委会副主任张玉鑫陪同参观讲解。12月27日，韩正到规划馆参观雄安新区启动区最新一轮修改后的优秀方案模型，并主持召开雄安新区规划建设工作会议。

（李天然）

▲ 9月12日，朝阳区建区60周年成就展上非物质文化遗产传承人现场演示技艺　李仕达　摄

新闻传播

【概况】 朝阳区广播电视新闻中心隶属于朝阳区委、区政府，是区委宣传部直接领导的事业单位。主要负责朝阳区新闻宣传、舆情处置、应急处突、新媒体建设等工作，形成“一报、一台、一网、一端、两微”全媒体宣传平台，即《朝阳报》、朝阳有线电视台、朝阳新闻网、“北京朝阳”App、“朝闻道”政务微信公众号、“北京朝阳”政府微信公众号。设办公室（保密科）、总编室、人事科、财务科、资料室、新闻科、报纸采访科、报纸编辑科、电视采编科、电视摄像科、电视编辑科、技术保障科12个科室。财政补助事业编制66名，主任1名、副主任3名，科级领导职数15正9副。下属单位有朝阳传媒中心、朝阳传媒影视技术服务中心和三方广播电视技术服务公司。6月19日，朝阳区广播电视新闻中心加挂朝阳区融媒体中心牌子。朝阳区融媒体中心获“2017—2018中国十佳融媒体中心”荣誉称号。

（许　阳　姜丽钧）

【领导调研融媒体建设】 3月7日，市委常委、宣传部部长杜飞进到朝阳区广播电视新闻中心，调研融媒体建设相关工作，实地察看有线电视演播技术升级改造和融媒体中心建设进展情况。杜飞进要求区级层面加大支持力度，在空间、硬件、技术上加大投入，推动区级融媒体中心建设不断走向深入，朝阳区广播电视新闻中心要认真梳理、总结融媒体建设创新做法、亮点经验，为全市推进区级融媒体中心建设提供借鉴。6月19日，区委副书记、代区长文献调研区融媒体中心。文献实地查看朝阳区广播电视新闻中心演播室和区融媒体中心，要求继续拓展发展载体，积极推进融媒体建设步伐，聚焦全市重点工作部署及朝阳区重点工作，做好新闻采访和报道，提升政府媒体平台传播力和影响力。

（高春霞）

【区融媒体中心成立】 6月19日，朝阳区广播电视新闻中心加挂朝阳区融媒体中心牌子。区融媒体中心成立后以中央、市、区领导指示和相关要求作为工作基本遵循，立足区域发展实际，加强顶层设计，形成优化流程再造“朝阳模式”；强化技术驱动，构建“朝阳融媒”系统平台；加强工作创新，实现八方面深度融合；强化阵地建设，打通新闻宣传“最后一公里”。全年接待中共中央宣传部、国家广电总局发展研究中心、北京市新闻出版广电局、各省市区县宣传部及各宣传教育单位调研参观45次572人次。

（李　丹　高春霞）

【区融媒体中心社区行活动】 6月至10月，区融媒体中心举办“讲述朝阳故事 记录华美瞬间”社区行活动。通过线上线下征集、评选、稿件刊登等环节，展示“朝阳群众”眼中60载峥嵘岁月，反映朝阳区60年来取得成绩，利用“朝阳融媒”各平台宣传报道，建设“朝阳融媒”文化品牌，讲好朝阳故事，传播时代精神。

（陈 婧）

【新闻宣传培训】 8月14日至15日，朝阳区广播电视新闻中心举办2018年朝阳区新闻宣传工作培训班。培训讲解融媒体时代新闻宣传和舆情处置方法和技巧，加强全区新闻宣传队伍建设，提高新闻舆论传播力、引导力、影响力、公信力。全区各单位宣传工作主管领导、宣传科长、区融媒体中心分中心负责人等280余人参加培训。

（陈 婧）

【“朝阳群众”在抖音平台上线】 9月30日，“朝阳群众”在抖音平台上线，以短视频方式，突出“朝阳群众”榜样带动力量，弘扬主旋律，传播正能量。年内，发布45条视频，播放量2638.5万，点赞量22.1万。

（陈 婧）

【“北京朝阳”客户端报道】 11月，“北京朝阳”App全新改版升级，服务增至46项。年内，“北京朝阳”App围绕各街乡和部门工作亮点、政策解读、文化活动信息、人物故事等内容发布相关报道4217篇，全年阅读量176万人次。

（姜丽钧）

【改革开放40周年宣传报道】 年内，《朝阳报》开设《讲述·纪念改革开放40周年》专题版面，刊出25期；朝阳有线推出“壮阔东方潮奋进新时代——庆祝改革开放四十周年”系列报道；“北京朝阳”App、“北京朝阳”政务微信推送系列内容250余条。展示朝阳改革开放40年来各行业各领域成果。

（许 阳）

▲ 6月至10月，区融媒体中心举办“讲述朝阳故事 记录华美瞬间”社区行活动 陈 婧 摄

【建区60周年宣传报道】 年内，《朝阳报》出版《朝阳区建区60周年特刊》“六个60”系列180版；朝阳有线推出“庆祝朝阳区建区六十周年”系列报道，开设“朝阳影像志”“今天我出镜”“数字看朝阳”等板块；“北京朝阳”App、“北京朝阳”微信公众号新媒体平台策划制作推送建区系列内容H5页面100余条。从不同角度全面展示朝阳区建区60年成就。

（许 阳）

【“北京朝阳”微信公众号推送】 年内，“北京朝阳”微信公众号推送内容298条，阅读量1546232，粉丝数64142，比上年增长41%。“北京朝阳”微信利用多种形式，全方位报道朝阳建设发展动态，推送百姓民生服务信息，展示特色人文景观，通过线上、线下互动环节，搭建政府与百姓沟通桥梁。

（姜丽钧）

【朝阳新闻网建设】 年内，朝阳新闻网升级网站功能，开展项目运行维护，保障新闻网安全可靠稳定运行。全年朝阳新闻网各栏目更新内容10000余条，图片1000余幅，《朝阳报》电子版更新120余期，视频上传900余条。

（陈 婧）

【新闻安全播出】 年内，新闻播出8212.5小时，其中北京卫视第9频道插播1642.5小时，数字801频道自制节目6570小时。全年安全自查20次，整改安全隐患10处，安全演练5次。全年处置网络攻击事件20余次，处置央视《新闻联播》延长应急60余次。

（刘 洋）

【公共服务平台】 年内，区广播电视新闻中心优化演播室设备配置，提供演播室直播技术支持，录制节目140余场；提供5.1声道录音棚录音制作26次，录音技术保障84次；承接企业宣传片3部，科普动画2部，策划并承接机关单位朗诵比赛1期，提供外拍技术服务2次；共建青少年传媒学院实践基地，自主研发播音主持课程体系，培训学员200余人；联合中国传媒大学老教授协会开展实习实训基地项目，提供校外技术辅导40课时。

（任媛媛）

【教育类节目播出】 年内，北京市三方广播电视技术服务公司制作《对话成长》节目20期，播出32期；播出《朝阳名师讲堂》40期；制作播出《走进朝阳教育》100期，其中“今日校园”板块展示学校39所，“杏坛风采”板块完成2项名优教师典型树推工作宣传，推出名优74人；《校园万花筒》和《社会学堂》各播出39期；全年制作播出教育新闻动态类节目300余条。

（王 潇）

档 案

【概况】 朝阳区档案局为区政府负责全区档案事业行政管理主管部门，区档案馆负责全区档案和有关资料收集、保管和开发利用等工作。区档案局与区档案馆、区地方志办合署办公。编制53人，均为参照公务员法管理。内设办公室、档案业务科、法规科、收集科、保管科、利用科、整理科、信息化科、编研指导科、区志业务科10个科室。年内，征集图片资料3992张、视频资料11段、实体档案资料241件。完成纸质档案数字化项目加工31733件，603215页；清查电子数据69650件，773847页。梳理馆藏民国档案7个全宗395卷，著录修订民国档案文件级目录732条。完成开放鉴定档案初审126487件。向社会开放馆藏1987年形成文书档案25853件。

（周佳琳）

【档案移交】 1月18日，区档案局完成服务保障党的十九大档案移交进馆工作。移交文书档案502件、照片90张、音视频61个、实物8件。3月6日，召开档案移交工作会议，24家区属有关单位人员参加会议，制发《北京市朝阳区档案局关于2018年档案移交进馆有关问题的通知》。3月13日至14日，分两批开展档案移交工作培训，24家区属单位档案人员参加培训。结合《2018年档案移交进馆工作流程》和馆藏档案实体，讲解各门类档案在移交进馆前准备工作，移交进馆时所需各种文件材料填报要求，强调确保档案实体安全和信息安全重要性。

（周佳琳）

【业务培训】 4月18日，区档案局举办全区档案工作主管领导和档案人员档案法制专题培训。全区各街、地区办事处、局处、公司，区委区政府各委、办、局档案工作主管领导、档案员200余人参加培训。国家档案局政策法规研究司司长王岚、北京市惠诚律师事务所资深政府法律顾问周勤华律师授课，讲解档案常见违法行为法律风险防范及档案法修订进展情况。5月7日至11日，区档案局举办全区档案人员岗位培训。培训857人次。其中面授考试79人，网上学习和考试74人，通过两项考试并获岗位培训证书者73人，通过率为98.7%。

（周佳琳）

【“兰台杯·朝阳符号”摄影征集大赛】 5月30日，第三届“兰台杯·朝阳符号”——城乡建设成就摄影征集大赛评审专家组评选收集到的48幅单幅作品和34组系列组照。经评选，在单幅作品中，《国贸桥夜景》获一等奖、《美丽新望京》《四通八达》《朝阳揽胜》获二等奖、《农展馆后湖雪景》《通惠河畔》《蓝调朝阳》等5幅作品获三等奖、《傍晚的奥运塔》《雨水篦子的童话》《朝阳地平线》等6幅作品获优秀奖；在系列组照中，《国贸变迁》获一等奖、《2007年南磨房乡新东郊果品批发市场升级改造前后对比》《康营家园建成前后对比》《萧太后河马家湾湿地公园建设前后对比》获二等奖、《脏街变靓街》《通惠河漂亮啦》《沙黄路区域整治前后对比》等5组作品获三等奖、《建设中的亚投行》《通惠河畔二闸村》《平改坡屋面瓦更新工程》等6组作品获优秀奖。呼家楼街道办事处、南磨房乡人民政府、区房屋管理局等7家单位获优秀组织奖。6月7日，在第十届朝阳区“档案馆日”启动仪式上，市地方志办区县志指导处处长王鹏为获奖者及优秀组织单位颁发奖项。

（周佳琳）

【“档案馆日”活动】 6月7日至8日，区档案馆举办第十届朝阳区“档案馆日”系列宣传活动。启动仪式上，市档案局区县处处长刘立、区档案局局长王春清为朝阳区档案馆成为北京市爱国主义教育基地红色旅游景区揭牌，刘立向5位社会人士颁发朝阳区档案馆“荣誉馆员”证书。捐赠仪式上，接收侯文治、孙雨山两位老先生捐赠的《北京北苑侯氏家谱》《话说豆各庄》等地情资料进馆。活动期间，接待参观群众800余人，发放宣传册3000余张。

（周佳琳）

【档案行政执法检查】 6月至10月，区档案局完成2018年度档案行政执法检查工作，覆盖全区44家立档单位。按照“一次抽、全面查、逐项核”要求，逐月分解落实抽查任务，每月在区档案局网站和区政府内网公布被抽检单位和执法人员名单，为档案工作进入科学规范管理轨道创造有利条件。

（周佳琳）

【创建国家卫生区档案工作】 年内，区档案局制定《朝阳区创建国家卫生区档案工作实施方案》，建立全区创卫档案管理网络，制发《朝阳区创建国家卫生区技术评估量化评价表档案资料指标分解手册》，组织召开全区创卫档案工作部署培训会，参加区工商朝阳分局等组织召开的创卫工作培训会，组织爱国卫生等方面专家，实地指导太阳宫、南磨房、来广营三个乡创卫档案工作。

（周佳琳）

【档案普法宣传】 年内，区档案局制作档案违法案例微电影，宣传《朝阳区“七五”普法规划》，利用“3·15”消费者权益日到街乡社区开展法律知识问卷调查、发放法律法规宣传材料1000余份开展宣传。

（周佳琳）

【档案利用】 年内，区档案局接收区属87家单位移送的主动公开类政府信息电子目录2812条。接待利用者10255人次，调阅档案1032卷、1074件，出具证明6844份，复制档案27869页，接待利用者电话咨询8000余人次。制发《北京市朝阳区档案馆档案利用工作管理实

▲ 6月7日至8日，第十届朝阳区“档案馆日”活动举办　　王　源　摄

施细则》。《细则》共十五条，包括利用馆藏档案范围、利用手续、利用方式以及档案利用信息安全等内容。2010年10月14日制发的《北京市朝阳区档案馆关于查阅馆藏未开放档案的规定》即行废止。

（周佳琳）

【课题研究】 年内，课题“国家综合档案馆馆藏档案信息资源共享模式研究”获国家档案局科技优秀成果三等奖、北京市档案局科技优秀成果一等奖。《新时代基层档案人员不稳定现状及对策研究》获中国档案学会“新时代中国特色的档案学理论与档案工作实践”征文二等奖。课题“馆藏档案电子数据双套制＋异构应急实证研究”“地市级国家综合档案馆开放划控的原则与方法研究”“综合档案馆纸质档案的酸化现状及脱酸研究”在研究阶段。

（周佳琳）

地方志

【概况】 朝阳区地方志编纂委员会办公室（简称区志办），是区政府主管朝阳区域地方志工作机构，为参照公务员法管理的区直属事业单位，编制10人，设区志业务科、编研指导科两个科。年内，区志办坚持依法修志、依法治志、依法用志、依法管志、依法研志，坚持以《朝阳区地方志工作事业发展规划(2016—2020年)》引领推动全区地方志事业均衡发展，深化朝阳志鉴体系建设。《北京市朝阳区志（1996—2010）》通过终审，完成出版。落实《中国年鉴精品工程实施方案》，完成《北京朝阳年鉴》框架和内容调整。制发2017年度《朝阳大事记汇编（季刊）》电子书1000余册。《中国影像志·高碑店村》在北京市朝阳区高碑店村开机。《难忘乡愁——朝阳乡村记忆》出版发行。完成全区乡情村史博物馆影像制作。《北京朝阳年鉴(2017)》获北京市第二届年鉴综合质量评比二等奖。参加全国地方志系统信息化、史志期刊研讨会并作题为“依托《朝阳兰台》报建立宣传方志文化的长效机制”的经验交流。参加全市地方志学术交流和业务培训2次。

（周　娟）

【地名志编纂】 3月1日，区志办、规划朝阳分局、区民政局共同组织召开朝阳区地名志编纂工作动员部署会。市地方志办公室党组书记、主任陈玲，区政府副区长、区地方志编委会常务副主任王志勉出席会议并讲话。区档案局局长王春清主持会议。各承编单位地名志工作主管领导、责任部门（科室）负责人及相关主笔人员165人参加会议。会上发放地名志编纂方案、任务分解书等文件材料。3月21日至22日，区志办、规划国土朝阳分局、区民政局共同举办朝阳区地名志编纂业务培训会。全区62家承编单位地名志工作责任部门负责人、主笔人及相关工作人员150余人参加培训。讲解地名释文中常见问题、如何撰写好地名志释文以及如何有效利用参考资料等内容。发放《北京市朝阳区地名志业务指导手册》以及含有地名志、地名典资料光盘。10月，完成《北京市朝阳区地名志》初稿。

（周　娟）

【年鉴业务培训】 5月，区志办召开全区各年鉴承编单位主笔人业务培训会。培训细化分解2018年度各单位年鉴供稿任务和要求，并向区委政法委、区农委、区社会办等8家按系统收集资料单位颁发荣誉证书，讲解框架调整总体情况和注意事项、条目撰写规范以及如何打造精品年鉴等内容，发放《北京朝阳年鉴（2018）》编纂指导手册、年鉴供稿任务清单、《北京市年鉴编纂参考手册》（区县条目模板分册）等资料。表彰全区年鉴供稿工作先进单位129家。区志办召开《朝阳大事记汇编》主笔人培训会，明确编纂大事记工作定位，从条目收录标准、编写规范、撰写要素、条目报送等方面明确大事记条目撰写要求。年内，继续加强对编辑人员业务培训，组织编辑人员参加全国年鉴主编培训班、北京市年鉴业务培训暨理论研讨会，内容包括年鉴质量建设、精品年鉴编纂、年鉴出版质量以及编辑出版工作中语言文字规范操作、编辑语文知识基本功培养等。指导区统计局、区园林绿化局、区教委等单位专业年鉴编纂出版工作。

（周　娟）

【《北京年鉴》供稿】 5月，区志办完成向《北京年鉴（2018）》供稿任务。供稿全文8000余字，内容为2017年朝阳区概况，包括朝阳区“疏解整治促提升”专项行动、京津冀协同发展、经济建设、城乡建设与管理、社会服务管理和保障、各项社会事业建设、农村城市化建设、精神文明建设、民主法治建设及北京商务中心区建设与发展情况。

（周　娟）

【基层修志】 5月，区志办指导《常营回族乡志》出版发行，《麦子店街道志》通过终审。年内，举办四期“修志课堂”。面向全国和北京市邀请6名地方志专家授课，普及地方志知识，集中解决一批修志瓶颈问题，全年培训人员300余人次。针对性进行业务指导服务。年内，指导亚运村街道、高碑店乡、区水务局等单位修志工作。为中信国安集团有限公司等企业提供方志业务服务。

（周　娟）

【《中国名村志·高碑店村志》发布会】 6月21日，《中国名村志·高碑店村志》编纂情况在北京市人民政府新闻办公室和北京市地方志编纂委员会办公室联合举办的“志载千年——让地方志延续北京历史文脉”新闻发布会上发布。副区长王志勉从“千年漕运古村——高碑店村的前世今生；以党建为引领，农村建设旧貌换新颜发展历程；享誉国内外古典家具一条街；从‘三无村’到‘三有村’巨大变化；独具特色乡村文化旅游和文物胜迹；非物质文化遗产——高跷秧歌发展历程和文化内涵”等6个方面介绍《高碑店村志》记述的主要内容，高碑店村经济合作社社长王娟介绍高碑店村目前保留的风土习俗。村志稿采用纲目体，设类目10个，分目50个，分目下设条目200余个，另设大事纪略、概述、后记等，全书30余万字，图照300余张。

（周　娟）

【《中国影像志·高碑店村》拍摄开机】 10月16日，《中国影像志·高碑店村》在北京市朝阳区高碑店村举办开机仪式。全国人大社会建设委员会副主任委员、中国社会科学院副院长、中国地方志指导小组常务副组长李培林出席并讲话，北京市副市长、北京市地方志编委会常务副主任王宁出席并致辞。中国地方志指导小组秘书长，中国地方志指导小组办公室党组书记、主任冀祥德，北京市地方志编委会办公室主任陈玲，朝阳区副区长王志勉，朝阳区地方志办

▲ 10 月 16 日，《中国影像志·高碑店村》在朝阳区高碑店村开机　　王　源　摄

主任王春清，朝阳区高碑店乡乡长关得志，中央广播电视总台总编室研发部副主编肖阔等出席开机仪式。李培林指出，中国地方志指导小组与中央电视台计划联合拍摄《中国影像志·名镇名村》等，以影像形式再现历史场景，用影像替代文字或图片，丰富新时代地方志利用传播手段，以更加直观、形象、立体方式展示每个中国历史文化名镇、名村历史与现状，让地方志走进千家万户，推动社会主义文化繁荣发展。王宁指出，影像志拍摄再现志书记载的历史文化名村，是实现地方志创造性转化、创新性发展一项新举措，也是振兴乡村文化、推动地方志事业健康发展文化盛事。中国地方志指导小组办公室，北京市地方志编纂委员会办公室，北京市部分委办局，北京市各区地方志工作机构，首批《中国影像志.名镇名村》拍摄单位代表，以及高碑店乡、高碑店村有关领导及人员100余人参加开机仪式。新华社、中央广播电视总台、《光明日报》等新闻媒体报道活动。

（周　娟）

【二轮区志出版】 12月，《北京市朝阳区志（1996—2010）》完成出版工作。志书由正文32编（153章554节）、概述、大事记以及1篇专记和1篇补遗组成，图照384幅，版面字数210万字。2009年12月启动第二轮地方志书编纂工作，2015年12月二轮区志通过初审评议，2017年11月通过复审评议，2018年7月通过终审评议，2018年11月通过终审。

（周　娟）

【年鉴编纂出版】 年内，《北京朝阳年鉴（2017）》完成出版工作。区志办向有关领导、区属单位以及供稿社会单位赠阅2000余册。该卷年鉴是《北京朝阳年鉴》自2005年创刊以来连续出版第13卷，也是创刊以来首次全新改版。改版后的《北京朝阳年鉴（2017）》紧紧围绕区委、区政府中心工作，全面、翔实记录2016年朝阳区政治、经济、文化、社会和生态等方面发展情况和特色亮点。全书31个部分，收录条目4000余条，图片90余张，156.2万字。年鉴赠阅实现全区各单位领导干部、相关部门、图书室、资料室、阅览室、档案室、学校、社区（村）以及区人大代表、区政协委员全覆盖。

（周　娟）

【方志文化宣传】 年内，区志办编发《朝阳兰台》报12期，紧紧围绕朝阳档案方志事业发展进行全方位报道。被京网、“方志北京”微信公众号采用信息10余篇，区县修志动态采用信息20余篇，《用匠人之心修村志 付真情之感著精品——〈高碑店村志〉编纂纪实》《传承漕运史 谱写新华章》2篇文章在《北京地方志》刊登。《北京市朝阳区地方志编纂委员会办公室工作情况介绍》在《方志中国》刊登。在“档案馆日”活动设置“方志角”。发放方志宣传折页、《朝阳兰台》报等1000余份，志书、年鉴1000余册。

（周　娟）

文联活动

【概况】 北京市朝阳区文学艺术界联合会（简称区文联）为区级群众团体机构，有9个协会和1个艺术团，即朝阳区书法家协会、朝阳区美术家协会、朝阳区民间文艺家协会、朝阳区舞蹈家协会、朝阳区文学创作协会、朝阳区摄影家协会、朝阳区音乐家协会、朝阳区油画家协会、朝阳区曲艺家协会和朝阳艺术团。行政编制6人，其中处级领导职数1正1副。负责所属文艺家协会联络、协调、服务和管理工作，负责组织、开展地区文学艺术活动。9个协会及朝阳艺术团有会员、团员6800余名。直属单位有朝阳书画院，行政编制5人，设院长1人。年内，区文联及各文艺家协会围绕纪念改革开放40周年、朝阳区建区60周年开展活动，举办主题文艺创作、比赛、展演等活动40余场次。开展运河文化“六个一”（举办一场“碧水清流向朝阳”书法笔会、绘制一幅《河清朝晖》美术长卷、组织一次“镜头中的朝阳”摄影比赛、推出一首《萧太后河》原创歌曲、打造一部《白鹭归来》京味话剧、开展一系列书法、美术、摄影系列艺术联展）文艺创作系列活动。打造精品加强创作，文学、书法、美术、摄影、舞蹈、音乐等艺术门类创作生产千余件（项）文艺作品。推进基层文联建设。举办“迎新春、送祝福”慰问活动，第四届北京朝阳“悦动高雄·悦动屏东”社区大舞台文化交流活动，第十一届“旋舞朝阳”万人交谊舞展演活动和民族舞比赛等活动。朝阳艺术团完成慰问基层、三下乡、星火工程、双拥慰问等280余场演出任务。区文联获北京市文联系统2018年宣传工作先进单位，六里屯街道秀水园社区被评为全国学雷锋志愿服务“四个100”最美志愿服务社区。

（刘向菲）

【文艺慰问】 2月6日至13日，区文联与区直机关工委和区总工会联合举办“迎新春·送祝福”文艺慰问活动，组织120位书法家和民间艺术家，开展12场迎新春文艺慰问活动，慰问一线干部职工，

▲ 2月6日至13日，区文联与区直机关工委和区总工会联合举办“迎新春·送祝福”文艺慰问活动 巩殿武 摄

送春联、福字、中国结、剪纸等艺术作品5000余份。

（刘向菲）

【首届“乐动朝阳”声乐赛】 6月13日，“纪念改革开放40周年朝阳区建区60周年‘乐动朝阳’首届朝阳区声乐大赛”在朝阳区垡头文化中心举办。比赛以独唱、重唱、组合等为主要形式，征集原创声乐作品，邀请中国音乐学院教授宋一、曲学选及歌唱家吴霜、张华敏等担任评委，评选出8名选手和3个组合，推荐参加第三届北京中老年声乐比赛决赛，独唱选手薛燕、刘丽环获中年组金奖，东湖街道东湖之花组合和大屯街道秋之韵组合获铜奖，豆各庄地区贤之声组合获优秀奖。

（刘向菲）

【“旋舞朝阳”舞蹈系列活动】 6月14日，区文联在垡头文化中心举办第十一届“旋舞朝阳”群众民族舞比赛，各街乡、委、办、局、群团组织、驻区机关、企事业单位、社区居民、驻京部队、驻区中小学校，以及校外青少活动中心、驻区各个舞蹈培训中心等专业和非专业团队61支，共千余名舞蹈爱好者参加比赛。邀请北京市舞蹈协会顾问、朝阳区舞蹈家协会主席方伯年，北京舞蹈学院教授、舞蹈家潘志涛，北京舞协副主席贾洪震、王晨，舞蹈演员蔡芳等为评委。评出《乌丽娅嗦》《草原女民兵》《雪域之春》等金奖8名，《舞韵京华》《假如我能看到妈妈》最佳风采奖2名，《六月清荷》《鼓鼓声声》《穆拉》等银奖14名，《丰收喜悦》《采薇》《春幔长白》等铜奖20名，《谁不说俺家乡好》《美丽新疆》《阿里郎》等优秀奖16名。9月19日，第十一届“旋舞朝阳”交谊舞比赛在朝阳体育馆举办。各街乡、单位40支舞蹈队1200余名舞者参加比赛。河南焦作市、河北泊头市舞蹈爱好者参与展演。交谊舞比赛以“中国标准交谊舞”舞种为主，包括北京平四、中三步、伦巴、探戈、恰恰恰、吉特巴等8种以及各队自选舞种。评出机场街道办事处、麦子店街道办事处、大屯街道办事处等一等奖5名，朝外街道办事处、八里庄街道办事处、东湖街道办事处等二等奖8名，酒仙桥街道办事处、三里屯街道办事处、左家庄街道办事处等三等奖10名，安贞街道办事处、团结湖街道办事处、和平街街道办事处等优秀奖12名，区老教育工作者协会、北京燕郊中标舞队、河南省焦作市中国标准舞代表队等最佳风采奖6名。10月17日，“旋舞朝阳”第十一届交谊舞展演活动在朝阳区体育馆举办。12月8日至9日，第三届国标舞大赛暨朝阳杯京津冀公开赛在对外经贸大学红天体育馆举办，全国10省市区50余支参赛队2000对选手参加比赛，北京电视台、人民网、千龙网等20余家媒体报道活动。

（刘向菲）

【对台交流】 6月，“北京朝阳‘悦动高雄·悦动屏东’社区文化大舞台”交流活动在台湾省高雄市、屏东市举办，组织来自中央民族乐团、中国音乐学院、北京当代芭蕾舞团、朝阳艺术团和朝阳区街乡艺术团文艺工作者40人赴台交流。活动分为3场文艺演出、2场摄影展览及3次民间手工艺展示互动。文艺演出活动包括京剧、民间花会、武术、古琴、川剧变脸、歌唱、现代芭蕾等多个艺术门类。朝阳主题摄影展，展出百余幅作品，展示朝阳区发展变化情况。风筝、毛猴、剪纸、面人、吹糖人等手工艺展示活动让更多台湾同胞零距离体验老北京传统民间艺术，让更多台湾同胞感受到中华民族传统文化精神魅力。

（刘向菲）

【“翰墨朝阳”全国书法大赛】 10月31日，“中国梦·翰墨朝阳”第三届全国

▲ 10月17日，“旋舞朝阳”第十一届交谊舞展演活动在朝阳区体育馆举办 任兴立 摄

书法大赛获奖作品展在798玫瑰之名艺术中心举办，展出作品115件。全国书法比赛由区文联和区书协举办，美国、加拿大、日本等10个国家和地区，以及国内30个省、市、自治区和港澳地区3392名参赛者参赛，收到作品4816件。经评选，潘立文、邵跃晰、韦思扬、尹昱、张占军5名参赛者获一等奖，董晓坤、冯冬梅、冯日昆等10名参赛者获二等奖，包良达、边宗华、陈湖南等20名参赛者获三等奖，常勇钢、陈进、陈东华等80名参赛者获优秀奖。

（刘向菲）

【首届“欢乐朝阳”曲艺原创作品大赛】 12月6日，区首届“欢乐朝阳”曲艺原创作品大赛在朝阳区垡头文化中心举办。征集优秀曲艺原创作品56件，包含单弦、相声、鼓曲、快板、评书、小品、北京琴书等多个曲艺种类，崔琦、刘颖、应宁、杨菲、王岩等曲艺名家担任决赛评委，评选出获奖作品31件，《咱朝阳再创辉煌》《嘱托》《辉煌朝阳在飞腾》3件作品获一等奖，《双桥老太太》《情系红袖标》《坐地铁》等5件作品获二等奖，《共享幸福》《说茶》《演员的自我修养》等8件作品获三等奖，《茶缸子风波》《梦雷锋》《说朝阳》等15件作品获优秀奖。区文联把比赛获奖作品纳入原创作品资源库，安排优秀作品代表朝阳区参加各类文艺比赛及展演活动。

（刘向菲）

【运河文化“六个一”文艺创作活动】 年内，区文联组织区书法家协会、区美术家协会、区摄影家协会、区音乐家协会、区油画家协会、区文学创作协会艺术家，挖掘朝阳区通惠河、坝河、温榆河和萧太后河等主要河流及沿线文化，开展运河文化“六个一”文艺创作系列活动，即举办一场“碧水清流向朝阳”书法笔会、绘制一幅《河清朝晖》美术长卷、组织一次“镜头中的朝阳”摄影比赛、推出一首《萧太后河》原创歌曲、打造一部《白鹭归来》京味话剧、开展一系列书法、美术、摄影系列艺术联展等。通过各艺术门类创作和表现形式，全方面展示运河文化魅力，引导社会各界和广大群众聚焦“一核一城三带两区”总体布局，参与首都全国文化中心建设。11月15日，朝阳区运河文化“六个一”建设暨萧太后河文艺创作成果展暨原创歌曲《萧太后河》新歌发布会在798玫瑰之名艺术中心举办。

（刘向菲）

【“镜头中的朝阳”摄影系列活动】 年内，区文联举办以朝阳区建区60周年、朝阳水系等为主题的“镜头中的朝阳”之润在朝阳、朝阳水系、辉煌朝阳3个系列摄影作品征集和比赛活动，参赛作品11000余幅，评选出《通惠河的一天》《彩墨如画》《京东新画》等优秀作品380幅。举办主题摄影展、艺术联展和巡展，编辑、制作《镜头中的朝阳·润在朝阳》《镜头中的朝阳·朝阳水系》《镜头中的朝阳·辉煌朝阳》3部作品集。10月23日至28日，第八届“镜头中的朝阳·润在朝阳”获奖作品展在北京798艺术区玫瑰之名艺术中心举办。11月22日至27日，“镜头中的朝阳·朝阳水系”摄影作品展在望京昆泰嘉瑞文化中心举办。

（刘向菲）

【文艺作品创作成果】 年内，全区文学创作协会出版《芳草地》报纸4期，组织会员创作文学作品200余篇，其中原创诗歌、散文、杂文、随笔140余篇，创作《白鹭归来》剧本等文学作品。音乐家协会组织创作《我是朝阳群众》《朝阳升起的地方》《萧太后河》《幸福人家》等原创作品。舞蹈家协会组织东风乡舞蹈队参加华北五省市舞蹈大赛，原创作品《京韵华彩》获金奖。

（刘向菲）

【传统文化进社区】 年内，区民间文艺家协会举办社区民间艺术节，弘扬传统文化。在六里屯街道举办民间艺术节，1000余名群众参加活动，100余件非物质文化遗产展示。在东湖街道开展“手工艺韵”民间艺术展示日活动，活动包括剪纸、风筝、毛猴、内画、雕漆、绒鸟、彩蛋、面塑、脸谱、吹糖人十个民间艺术项目，展出民间艺术作品200余件。国家级、市区级非遗传承人、民间工艺美术大师参加活动。

（刘向菲）

【文艺下基层活动】 年内，区文联组织文艺工作者到街道、乡村、社区和军营开展送演出、送展览、送辅导等惠民活动，通过“三下乡”、“八一”双拥慰问演出等形式，邀请刘兰芳、李毓珊、瞿弦和、方伯年、潘志涛、戴玉强、种玉杰、沈莉、秦大唐、哈亦琦等艺术家及各文艺家协会和朝阳艺术团艺术家，开展文艺惠民活动40余场次，艺术家300余人次参加演出。

（刘向菲）

【基层文联建设】 年内，全区29个街乡成立文联，分别是八里庄街道、团结湖街道、东湖街道、安贞街道、劲松街道、望京街道、垡头街道、呼家楼街道、香河园街道、左家庄街道、麦子店街道、潘家园街道、酒仙桥街道、六里屯街道、奥运村街道、机场街道、小关街道、大屯街道、三里屯街道、建外街道、双井街道、朝外街道、崔各庄地区、豆各庄地区、金盏地区、王四营地区、常营地区、管庄地区、将台地区，首个女企业家协会文联成立。在组建基层文联中，坚持把握“成熟一个建一个”原则，以邀请“德艺双馨”艺术家担任文联职务，扩大基层文联影响力和凝聚力，刘兰芳、刘秉义、李谷一、瞿弦和、张筠英、关牧村、戴玉强、田青、方伯年等艺术家担任各街乡文联主席或名誉职务。形成六里屯街道“秀水园社区民间艺术节”、八里庄街道“京剧文化进社区”、安贞街道“欢乐安贞活力无限文化节”、三里屯街道“文化三里屯”、麦子店街道“刘兰芳百姓书场”、潘家园街道“社区书画笔会”、劲松街道“摄影大讲堂”、建外街道“建外那些事”小品大赛、呼家楼街道“金台文化艺术节”、垡头街道“新年音乐会”、崔各庄地区“崔各庄国际文化艺术节”、王四营地区“古塔文化节”、金盏地区“文化艺术节民俗艺术展”、常营地区“群众文化节”等文化品牌。

（刘向菲）

卫生体育

卫 生

综 述

【概况】 朝阳区卫生计生委（简称区卫生计生委）是区政府职能部门，主管全区卫生计生工作，行政级别为正处级，设党委办公室、行政办公室、政策研究室、卫生应急办公室、国际合作科、法制监督科、疾病预防控制科、社区卫生科、医政医管科、中医科、老年与妇幼康复科、精神卫生科（献血办公室）、公众权益保障科（区社会矛盾调处中心卫生计生委分中心）、信息统计科、基层计生指导科（流动人口计划生育服务管理科）、计生家庭发展科、人事科、财务审计科、规划综合科、爱国卫生科、组织人才科、卫生工会22个科室。行政编制83人，实有80人。卫生计生系统有行政执法机构1家，事业单位55家（全额拨款单位11家、社区38家、医院6家）。其中，区卫生计生监督所为区卫生计生委所属行政执法机构，区妇幼保健计划生育服务中心、区疾病预防控制中心、区精神疾病预防控制中心、区紧急医疗救援中心、区社区卫生服务管理中心、区医院管理中心、区卫生国有资产管理中心、区人才服务中心卫生专业人才分中心、区卫生信息中心、区卫生信访服务中心、区卫生和计划生育宣传教育中心为所属全额事业单位。区卫生计生委下属2家区属三级医院（北京市垂杨柳医院、北京市第一中西医结合医院）、4家二级医院（北京市朝阳区妇幼保健院、北京市朝阳区中医院、北京市朝阳区双桥医院、北京市朝阳区第三医院）。年内，区卫生计生系统以“建设卫计强区、打造健康朝阳”为主线，优化医疗资源配置，推进区域优质资源引进，加大区属重点工程建设力度，研究国际医院建设方案，稳步推进医疗卫生体制改革，多举措推进医养结合工作，加强社区基层服务能力建设和区域中医药工作品牌建设，落实公共卫生各项工作，夯实卫生计生保障基础。朝阳区卫生计生委获“北京市基层卫生技术人员岗位练兵优秀组织奖”“2018年北京市第二届公共卫生医师精防岗位技能大赛二等奖”“基层预防艾滋病、梅毒和乙肝母婴传播工作优秀集体”荣誉称号，“2018年健康北京灭蚊行动优秀组织单位”荣誉称号。入选全国医院擂台赛华北赛区健全急危重症救治体系十大价值案例。

（周翔飞　姚　雯）

【信息化建设】 年内，区卫生计生信息化项目投入4000万元。完成市卫生计生系统软件正版化专项工作，完成“朝阳区创建国家卫生区综合管理信息平台服务项目”“朝阳区区域pacs项目社区机构扩点项目”“朝阳区分级诊疗基础支撑平台项目”等28个项目验收，启动“朝阳120指挥调度平台升级改造项目”“朝阳区社区卫生绩效及基本公共卫生服务项目考核平台”“朝阳区区属公立医院管理平台”等18个项目。建设“区域心电图系统”及“区域pacs系统”项目，心电及影像实现远程会诊。被中国信息协会授予“2018年度中国网信事业创新驱动单位”荣誉称号。

（周翔飞　姚　雯）

【专业人才培训】 年内，朝阳区完成驻区及直属医疗机构继续医学教育培训26965人，精选13名社区卫生全科医师骨干赴新加坡参加专业技术课程，精选30名管理及专业技术骨干赴台湾参加管理及专业技术课程交流。精选29名社区卫生全科医师骨干参加国际家庭医师优师团队培训项目，精选66名社区卫生管理及专业技术骨干参加台湾社区卫生情景再现教育基地项目，精选108名业务骨干参加英语、日语培训。

（周翔飞　姚　雯）

【科研项目】 年内，区卫生计生委直属单位申报“示范区儿童乙肝疫苗常规免疫长期追踪及效果评价”“成人乙肝疫苗接种后免疫持久性效果评价研究”“乙肝母婴阻断推广和效果评价”等科研项目107项，批准经费1468.86万元。其中，国家科技项目9项，包括“普通人群乙肝/艾滋病强化干预后新发感染队列研究”“基于社区的MSM人群艾滋病新发感染队列研究”“北京市朝阳示范区艾滋病综合防控工作模式研究”等，经费873.66万元；地方科技项目47项，包括“健康生活体验区对社区失独老人的心理干预研究”“新医改后家庭病床的老年服务对象需求研究”“围绝经期胆固醇代谢异常人群的调查研究”等，经费200.9万元；其他科技项目51项，包括“朝阳区紧急医疗救援能力培训体系建设模式探索”“评价佳达修在中国真实世界使用中的安全性的上市后安全性监测项目”“2018年东风社区精神病人园艺治疗模式初探”等，经费394.3万元。发表SCI收录论文11篇，包括《Prevalence of and risk factors for tuberculosis among healthcare workers in Chinese tuberculosis facilities》《Condom use in combination with ART can reduce HIV incidence and mortality of PLWHA among MSM: a study from Beijing, China》《Characterization of a New HIV-1 CRF01_AE/CRF07_BC Recombinant virus Form Men Who Have Sex with Men in Beijing, China》等。出版《中西医结合论治焦虑障碍》《实用内科学新进展》《感染性疾病和临床微生物学的规范》《腰椎微创外科学》等论著4部。授权专利1项，为一种内镜踏板收集器。直属单位84人担任学术团体主任委员、副主任委员、委员职务。

（周翔飞　姚　雯）

公共卫生

【概况】 年内，全区户籍人口平均期望寿命82.71岁，其中男性80.21岁、女性85.38岁。户籍人口出生上报14483人，计划生育率99.59%，出生人口性别比107.73。全年办理户籍人口一孩生育登记13417例、二孩生育登记7848例、再生育确认（三孩及以上）338例。户籍人口出生19289人，其中男性9989人、女性9299人、性别不明1人，出生率9.15‰；死亡15320人，死亡率7.27‰；人口自然增长率1.88‰。因病死亡14775人，占总死亡人数的96.44%；死因顺位前十位依次为：恶性肿瘤、心脏病、脑血管病、呼吸系统疾病、损伤和中毒、内分泌，营养和代谢性疾病、消化系统疾病、神经系统疾病、泌尿生殖系统疾病、传染病。年内，南磨房乡、太阳宫乡及来广营乡通过国家卫生乡考核验收；全区通过国家卫生区市级暗访考评。

（周翔飞　姚　雯）

【疾病防控】 年内，朝阳区报告传染病24种39871例，报告发病率1066.36/10

万，比上年上升60.42%；报告死亡率1.36/10万，比上年上升22.74%。甲乙类传染病发病率142.74/10万。甲类传染病报告8例，为霍乱，无死亡。乙类传染病报告发病率居前三位的依次为肺结核、梅毒、痢疾，死亡人数前三位是艾滋病、乙肝、丙肝。确诊肺结核1185例，发病率31/10万。登记管理结核病1037例，包括肺结核927例、结核性胸膜炎110例。报告5种性病4363例，其中梅毒1826例、淋病716例、尖锐湿疣754例、生殖道沙眼衣原体感染988例、生殖器疱疹79例，发病率85.85/10万，无死亡病例。报告HIV/AIDS现住病例959例，比上年减少4.39%，发病率7.22/10万，死亡15人。监测报告全国首例霍乱病例并溯源，筛查发现11例霍乱病例，占全国总病例数40.7%。调查处置手足口病和疱疹性咽峡炎聚集性疫情447起、集中发热事件68起、急性胃肠炎聚集性疫情85起。开展禽流感外环境监测，采集39件外环境标本，阳性率为23.1%。接报、调查、处理1例本地狂犬病病例。完善疾控中心—街（乡）、社区卫生服务中心—居（村）委会、社区卫生服务站、二三级医院的三级慢病防控网络。完成农村大肠癌和城市五癌（肺、肝、乳腺、上消、下消）临床筛查任务分别为832人次和1761人次，肿瘤患者随访11370例。新建高血压、糖尿病患者及肥胖自我管理小组56个，培养组长80余人，开展小组活动400余次。实施全民健康生活方式各项活动，督导挂牌示范机构90余家，新培训指导员203人，开展各种活动200余场。新建健康小屋、健康步道等支持性环境3处，新确认市级健康生活方式示范机构14家。开展老年期重点疾病随访干预1500余人、随访双生子1240对、慢性病及危险因素监测工作，完成9972人的现场调查。开展脑卒中高危人群筛查及管理工作，随访干预既往参加筛查的5664人，新筛查1463人，完成追踪核查调查1.1万余人，随访率95.9%。

（周翔飞　姚　雯）

【中小学生生长发育状况】　年内，全区中小学生183725人，身高受检175047人，其中上等57432人、下等3380人；体重受检175047人，其中上等65938人、下等3444人；视力受检174973人，其中视力不良98456人；营养状况受检169467人，其中肥胖33759人、营养不良34603人；贫血受检174394人，其中贫血3692人；沙眼受检173221人，检出沙眼9人；龋齿受检173682人，其中龋齿患者26166人。

（周翔飞　姚　雯）

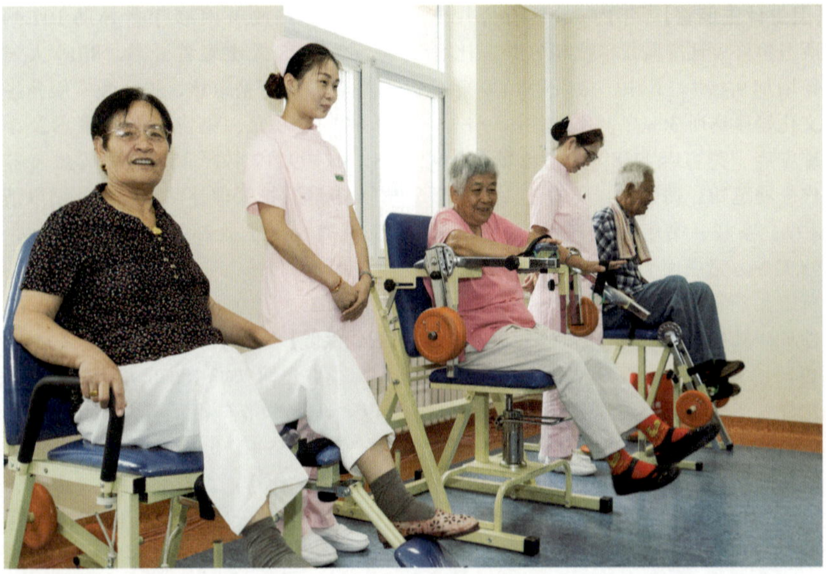

▲ 太阳宫社区卫生服务中心医养结合康复活动（摄于7月20日）　陈伯生　摄

【计划免疫】　年内，全区常规免疫（不含应急接种）接种疫苗1083580针次，其中基础免疫646697针次、加强免疫436883针次；户籍儿童接种662664针次，流动儿童接种420916针次。疫苗报告接种率均在99%以上。接报预防接种不良反应（AEFI）1423例，其中一般反应976例、异常反应259例、偶合症179例、心因性反应9例。水痘、麻疹、麻风、麻风腮、三联分别应急接种1138针次、1804针次、3396针次、509针次。免费接种流感疫苗185941支。其中学生100344支，接种率56.71%；老人79613支，接种率44.17%；保障人员5984支。

（周翔飞　姚　雯）

【三区联创】　年内，区开展“国家卫生区、健康促进区和健康城区”三区联创工作。自制并发放健康传播材料9类70种370216份，覆盖人群138151人次；组织健康教育知识讲座2992场，覆盖人群138151人次；公众咨询活动827场，覆盖人群14.5万人次；微博发送信息949条，微信推送文章646条。出版《朝阳健促工作信息》6期。举办疾控系统健康大课堂5次，覆盖人群1000余人次。开展健康提“素”100天活动，16506人在线学习。创建示范健康家庭493户。创建医疗机构北京市A级戒烟门诊5家，开展简短戒烟干预技术培训，全区医疗机构参加，举办世界无烟日宣传主题活动。完成东坝、垡头、双井、大屯、望京等15个街乡居民健康素养监测和酒仙桥、南磨房2个街乡成人烟草调查。健康教育信息管理系统正式运行，在全市率先实现区域“互联网+”健康教育管理模式，完成注册单位用户账号134个。

（周翔飞　姚　雯）

【爱国卫生】　年内，朝阳区健全爱国卫生工作体系，调整完善新一届区爱国卫生运动委员会成员，形成区、街乡、社区（村）三级爱卫组织机构网络。把爱卫、创卫工作纳入区政府绩效考核及爱国卫生目标管理考核。制发《北京市朝阳区爱国卫生工作管理办法》《北京市朝阳区病媒生物预防控制管理办法》。开展控烟监督检查21106户次。受理举报投诉案件4369起，比上年上升18.59%。控烟专业卫生行政处罚案件846起，比上年上升41.24%。行政处罚罚款金额59.11万元，比上年上升0.36%。

（周翔飞　姚　雯）

【病媒生物防制工作模式调整】　年内，区调整病媒生物防制工作模式，将过去由区统一招投标公司集中对五环内外公共区域开展病媒消杀防制的方式，转为由街乡负责管辖区全域病媒消杀防制工作。追加病媒防制工作经费4200万元。

（周翔飞　姚　雯）

【卫生计生监督】 年内，全区有公共场所卫生许可证应监督单位6161户，比上年增加9.45%。其中，旅店业1089户，文化娱乐场所308户，公共浴室59户，理发店、美容店4238户，游泳场馆249户，展览馆、博物馆、美术馆、图书馆8户，商场、书店210户。监督覆盖率98.72%，完成监督13775户次。公共场所卫生行政处罚1235件（不做处罚18件），其中一般程序723件、简易程序494件，罚款55.1万元。5307个单位量化分级，占比100%，其中A级2089个、B级3083个、C级43个。医疗卫生机构监督检查1585户，覆盖率99.81%，合格率98.26%，处罚188件，罚没款96.9余万元，其中没收违法所得55.1余万元。取缔无证行医88户次，没收药品、器械等25.5包（件），行政处罚74件，罚没款85万元。移送公安部门处理2件，追究刑事责任0人。受理举报投诉案件5764件，处理率100%，完结率100%，查证属实率13.6%。计划生育监督检查85户，覆盖率99.81%，合格率99.43%，完成行政处罚2件，均为一般程序，罚没款金额41650元。未发现非医学需要胎儿性别鉴定和选择性别人工终止妊娠等违法违规行为。

（周翔飞 姚 雯）

【急救护理】 年内，区以政府购买服务方式配备担架员65名。实施区域协同胸痛救治网，全年转运133例。区卫生计生委与市红十字会紧急救援中心、国际SOS国际救援组织形成航空医疗救援合作机制。全网络市民急救救治转运55956件次，比上年增长5%。参与全区含3人以上和/或死亡1人以上各类突发事件98起，伤亡315人（死亡34人）。区卫生计生委承担较大活动保障667件次，参与保障急救车组667辆次、保障人员26223人次，保障时间20913小时。

（周翔飞 姚 雯）

【精神卫生】 年内，朝阳区精神分裂症患者服药率88.7%，报告患病率3.687‰。面访率86.92%，重性精神疾病患者免费体检3727人。重性精神疾病患者建档15770人，其中6类严重精神障碍患者13787人，发现报告率3.69‰，在册管理率95.53%，在册规范管理率90.9%，病情稳定率99.32%，规律服药率80%。发放贫困诊疗费补助102.44万元，1828人次患者受益。8019人通过免费服药资格审核，投入免费服药经费647.17万元，免费服药政策惠及率58.16%。9717名严重精神障碍患者监护人申请看护管理补贴，看护补贴申请率80.31%，发放补贴2083.32万元，申请率80.31%。

（周翔飞 姚 雯）

【妇幼保健】 年内，全区常住产妇34380人，本市户籍产妇18678人；常住活产34958人，本市户籍活产18990人，剖宫产率40.55%，出生性别比（本市）107.48。常住孕产妇死亡率8.58/10万，户籍孕产妇死亡率10.53/10万，常住孕产妇系统管理率95.05%，本市户籍孕产妇系统管理率95.44%。孕产妇住院分娩率100%。常住高危孕产妇管理率99.28%，本市户籍高危孕产妇管理率98.95%。婚检人数4227人，婚检率9.56%，检出疾病252人，疾病检出率5.96%。7岁以下在册儿童20.51万人，其中本市户籍在册儿童13.76万人，外地户籍在册儿童6.75万人。新生儿疾病筛查率99.35%，新生儿听力筛查率96.10%。围产儿出生缺陷发生率28.67‰，孕期监测出生缺陷发生顺位前五位分别是先天性心脏病、外耳其他畸形、多指（趾）、隐睾、唐氏综合征。常住5岁以下儿童死亡率2.60‰，户籍5岁以下儿童死亡率3.05‰。常住婴儿死亡率2.12‰，户籍婴儿死亡率2.37‰。0～6岁儿童健康管理率98.61%，0～6岁儿童系统管理率97.28%。

（周翔飞 姚 雯）

【计划生育】 年内，朝阳区完成流动人口二孩以内生育服务登记17530例、流动人口再生育服务登记113例。流动儿童各类疫苗接种率均95%以上，流动人口免费计划生育手术0人。安装网络版自助发放机，免费避孕药具发放网点1353个。完成四大类24个品种293万余元的免费避孕药具发放任务。免费孕前优生健康检查定点医院1家，孕前优生健康教育人次4188人次，咨询指导639人次、免费孕前优生健康检查定点医院朝阳区妇幼保健院1家。全区免费孕前优生健康检查1885对。符合计划生育奖励扶助政策55759人，发放7827.3415万元。独生子女父母奖励40794人1821.7万元。发放独生子女奖励扶助对象14641人6276.276万元。开展"安欣计划"保险项目，投入560万元为全区失独老人提供每人2000元综合服务保障，惠及2802人。为符合条件的2207人失独家庭兑付640.03万元"暖心计划"养老金。对2190户计生特殊困难家庭（失独、意外伤残）、956户计生困难家庭开展"两节"慰问，投入资金266.8万元。开展"幸福家庭""关爱女孩"等活动，举办健康知识宣传活动230场，参与群众28万人次。组织街乡开展知识课堂、社会实践等关爱女孩系列活动。

（周翔飞 姚 雯）

【重点职业病监测及风险评估】 年内，朝阳区完成国家重点职业病监测及风险评估工作。全区有毒有害工业企业388家，监测到职业病39例，其中职业性尘肺病和其他呼吸系统疾病27例、职业性肿瘤5例、职业性传染病1例、物理因素所致职业病1例、农药中毒5例。完成职业病鉴定7例。完成职业性放射性疾病监测与职业健康风险评估工作和医疗卫生机构医用辐射防护监测。完成29家医院68台次设备性能检测及场所防护检测工作。完成个人剂量监测400家7297人次。

（周翔飞 姚 雯）

医疗卫生

【概况】 年内，全区有医疗卫生机构1641个，其中营利性1076个、非营利性539个。全区有卫技人员52034人，其中执业（助理）医师21167人、注册护士22234人。实有床位23669张。每千常住人口拥有床位数6.6张，卫技人员14.4人，执业（助理）医生5.9人，注册护士6.2人。常住人口360.5万，其中户籍人口211.69万。户籍育龄妇女512108人，其中已婚育龄妇女287669人。年内，朝阳区"互联网+"家庭医生签约服务信息平台建设与应用获第二届全国基层卫生信息化应用创新大赛最具基层使命奖。

（周翔飞 姚 雯）

【卫生改革试点】 年内，区卫生计生委试点推进公立医院薪酬制度改革。联合多部门出台《朝阳区公立医院薪酬制度改革试点工作方案》及《朝阳区公立医院绩效考核办法》《朝阳区公立医院主要负责人绩效考核和绩效工资管理办法》《朝阳区公立医院特殊人才管理办法》《朝阳区公立医院内部绩效考核和工资分配指导意见》4个配套文件，确定公立医院绩效工资水平以及医院主要负责人绩效年薪水平。启动公立医院特殊人才遴选与引进工作，遴选柔性人才31人，其中院士1名、国医大师1名。深化医联体工作。落实紧密型医联体内影像中心建设，实现拍片在社区，诊断在医院。试点由社会办医疗机构牵头建设皮肤病专科医联体。开展责任主任考核，采取交叉互考的方式推进基本医疗服务水平提升。区卫生计生委选派44名卫生健康专干到街乡工作。实现547个村、居委会公共卫生委员会全覆盖。

（周翔飞　姚　雯）

【医政管理】 年内，朝阳区颁发医疗机构设置批准书139家，医疗机构执业登记注册115家，医疗机构登记备案8家。完成医疗机构变更450家，注销12家。办理医师执业注册1680人，变更3888人，医师注销85人。外国医师短期行医171人，学术交流47人。医师多执业机构备案5196人，取消多执业机构备案434人。美容主诊备案179人。盲人医疗按摩备案11人。护士变更注册5903人，延续10081人。

（周翔飞　姚　雯）

【医疗护理】 年内，区医疗机构总诊疗4303.71万人次，其中医院2745.67万人次、社区1243.81万人次、门诊部及以下314.23万人次。出院75.09万人次，其中医院74.31万人次、社区7805人次，平均住院日8.97天。门诊4082.35万人次，急诊218.3万人次，家庭卫生服务3.06万人次，出院75.09万人次。区级医疗机构门诊255.02万人次，急诊22.72万人次，家庭卫生服务1735人次，出院5.11万人次，平均住院日9.89天，床位使用率83.95%，床位周转27.61次，医护比1∶1.05。死亡率1.53%。住院手术1.62万人次。委托朝阳区医学会医疗事故技术鉴定15例，完成鉴定5例，确定医疗事故2例。

（周翔飞　姚　雯）

【社区卫生】 年内，朝阳区运行48个社区卫生服务中心，200个社区卫生服务站。新建东坝第二社区卫生服务中心、将台第二社区卫生服务中心和三里屯第二社区卫生服务中心。全年门急诊12666311人次，出诊服务20108人次，医占比24.67%。家庭医生服务签约1419835人，签约率37.97%。二三级医院对口支援门诊服务39593人次，开展健康教育136次，组织专业讲座48次。双向转诊上转100035人次、下转3063人次。全区建立健康档案3061198份，建档率81.87%，其中电子健康档案3050073份，电子健康档案建档率81.57%。

（周翔飞　姚　雯）

【农村卫生】 年内，区开展乡村医生在职岗位培训，15名乡村医生参加培训。全部通过北京市统一理论考试。培训内容包括国家基本公共卫生服务内容和要求、医学心理学、医学伦理学、卫生法规、公共卫生、全科临床基本知识、传染病相关知识、体格检查和中医适宜技术等。

（周翔飞　姚　雯）

【医养结合】 年内，区推进太阳宫、南磨房社区卫生服务中心康复护理机构转型建设。全区28.94万位65岁及以上老年人接受健康管理，老年人健康管理率68.41%。开展重点老年人健康评估912人次。17家社区卫生服务机构建立家庭病床115人次，执行医嘱7785条。为5种慢性病稳定期老年人提供上门送药服务。免费为126位80岁以上朝阳区户籍老人安装一键式家庭智能呼叫电话。

（周翔飞　姚　雯）

【中医工作推进】 年内，朝阳区制定区级中医药人才培养工作方案。组建46个市区级名中医专家团队，实现全区社区卫生服务中心名中医团队全覆盖。启动首批朝阳区中医药薪火传承育星工程、第六批中医药专家下基层暨学术经验继承工程、第三批中医药特色技术传承工程及第三批砺剑工程和3个名老中医传承工作站。96位中医专家下基层3836人次，诊疗患者1.9万人次。制定中医药服务贸易试点区工作方案，首批推出腰椎间盘突出症黄帝针治疗一站式国际医疗服务包、颈椎病黄帝针治疗一站式国际医疗服务包、优生优育中医诊疗服务包等9个区级中医药国际医疗服务包。北京中医药大学中医药博物馆、中国藏学研究中心北京藏医院藏医药文化展示中心、北京平心堂金阳中医门诊、北京中研万康中医医院、北京弘医堂中医医院5家机构入选北京市级中医药旅游示范基地。承办第五届京交会中医药双语养生讲座，举办首届百姓和驻华使节家属中医药知识风采大赛。完成“朝阳区社区卫生服务中医药工作机构日常监管和绩效考核平台”二期研发，实现基层中医药指标日常监管与考核信息化。

（周翔飞　姚　雯）

【医疗对口支援】 年内，朝阳区医疗对口支援工作覆盖河北（唐县、康保、阳原）、内蒙古（卓资）、新疆（墨玉、47团）、西藏（堆龙德庆）、云南（昆明、东川、禄劝）、湖南（湘潭）等18个省、市、自治区110个点位，选派来自垂杨柳医院、第一中西医结合医院、区妇幼保健院、双桥医院的医务管理、护理管理、普外、影像、妇产等专业的55名医疗专家赴受源地开展工作，其中1年期12人，半年期6人，1个月期37人。接收170人次到朝阳区医疗机构进修学习。

（周翔飞　姚　雯）

【血液管理】 年内，全区自愿无偿献血量48239单位（200毫升/单位），比上年下降25.1%。其中，街头献血27908单位，比上年下降42.8%，团体献血20331单位，比上年增长29.7%。新增3个采血点，采血点9个。全年医疗用血100686单位，比上年增长3.9%。其中，成分输血100679单位，全血7单位，成分输血率100%。血浆77526单位，比上年下降14.3%。自体输血43503单位，自体输血率30.2%。

（周翔飞　姚　雯）

【卫生基础建设】 年内，朝阳区新建、扩建卫生项目6个，其中北京市垂杨柳医院改扩建工程10.9万平方米；朝阳区和平医院改扩建工程8965平方米；北京市第一中西医结合医院来广营院区装修改造工程52181平方米；朝阳区双桥医院改扩建项目64900平方米；朝阳区中医医院装修改造工程一期改造面积15197.79平方米。区财政局投资建设医院主楼等六个项目，投资21782.45万元，改造面积38577平方米。维护安贞、小红门、东风等16家社区卫生服务中心（站），有朝阳区第三医院消防水箱应急改造，垂杨柳医院、区卫生计生监督所锅炉低氮改造项目等维修项目16个，其中含2家医院，1个中心，9个社区站，投入资金1300万元。

（周翔飞 姚 雯）

·朝阳区妇幼保健院·

【概况】 年内，朝阳区妇幼保健院（朝阳区妇幼保健计划生育服务中心）是区卫生计生委直属的二级甲等妇幼保健院，有卫生技术人员432人，其中正高级职称14人、副高级职称31人、中级职称83人、初级师149人、初级士155人。新增绩效综合办公室，中医科、口腔科、乳腺科成为独立科室。组建华威里急救站。磨房南里社区卫生服务站停止营业。松榆西里社区卫生服务站增设口腔科。2月9日，朝阳区妇幼保健院成为朝阳区指定弃婴收治医院，年内收治弃婴6个。3月1日起开设儿科小夜班门诊，出诊时间延至22时。4月7日至8日，举办“第一届全国新生儿肺脏超声学习班”。8月9日起，承担危重新生儿区内转诊，年内接收救治50例。年底医疗设备净值7461.87万元。年内新购置医用设备4993.68万元，其中乙类医用设备1台。业务总收入17689.89万元，其中医疗总收入17593.62万元。医师多执业机构备案6人，人才引进妇产科副主任医师1名。

（王 茜 王海燕）

【医疗卫生】 年内，区妇幼保健院出院7326人次，开放床位139张，床位周转54.33次，床位使用率78.84%，平均住院日5.31天。住院手术2054例。剖宫产率29.95%，无孕产妇死亡，新生儿死亡率0.3‰，围产儿死亡率1.6‰。妇科、产科、儿科、乳腺科均实施临床路径管理，计划性剖宫产、输卵管妊娠手术治疗、乳腺癌、新生儿高胆红素血症等入径221例。年内用悬红细胞453.5个单位，洗涤红细胞94个单位，血浆194毫升，血小板6治疗量，自体输血17人次11750毫升。门诊及住院药占比均为29.9%。开放多种预约挂号方式，年内预约挂号6.3万人次，占门诊总人次的22.2%。新开展项目20项。

（王 茜 王海燕）

【社区卫生】 年内，潘家园社区卫生服务中心门诊103761人次，家庭医生签约16927户，签约30968人。潘家园社区卫生服务中心管理高血压档案5362份，糖尿病档案2162份。潘家园社区卫生服务中心管理0～6岁计划免疫儿童5035人，预防接种42542人次。潘家园社区卫生服务中心0～6岁儿童保健管理4566人，新生儿访视1203人次，儿童入托体检3233人，0～36个月儿童中医药健康管理5345人次。孕产妇建册1133人，孕产妇访视900人次，高危孕产妇追访3585人次。潘家园社区卫生服务中心传染病辖区报告1609例，结核病患者健康管理135人，艾滋病追访179人，管理重性精神疾病患者599人。

（王 茜 王海燕）

【医保总额预付指标完成】 年内，区妇幼保健院办理医保出院4352人次，总费用2673万元，次均费用6144元。医保门诊157万人次，总费用710万元，次均费用453元。完成医保总额预付指标122.68%。

（王 茜 王海燕）

【护理保健】 年内，区妇幼保健院有护士214人，其中本科66人。医护比1∶1.26，全院床护比1∶1.54，病房床护比1∶0.55。新生儿重症监护病房（NICU）床位10张。护理单元10个。落实护理核心制度，运用《任务分派表》开展科室细节管理，编写制度11项，修订24项。落实责任制整理护理，制定管理目标270项，完成210项，完成率79.5%。护理不良事件上报率100%，整改率100%。举办“第四届临床护理带教老师授课比赛”和“健康传播者宣讲比赛”。年内，新生儿科PICC置管110例。组织护理人员外出学习65次，119人次。选派4名护士分别参加重症监护病房（ICU）专科护士资格认证培训及静脉输液治疗专科护士资格认证培训。接收郑州卫生学校护士实习工作，完成15名助产专业护士10个月实习。为9名院外专业人员培训卡介苗接种。

（王 茜 王海燕）

【对口支援】 年内，区妇幼保健院选派1名妇产科主治医师赴西藏堆龙德庆区人民医院妇产科支援1年；选派1名妇产科主治医师赴河北康保县人民医院支援半年，同时选派1名妇产科副主任医师支援1个月。新生儿科接收来自全国各地的新生儿肺脏超声进修人员15人。

（王 茜 王海燕）

【科研成果】 年内，区妇幼保健院发表核心期刊论文16篇，包括《PIWIL1在胃癌组织中的表达及其临床意义》《胎膜早破对新生儿多器官系统的损害与临床管理》《2011—2016年北京市朝阳区新生儿疾病筛查结果分析》等，国外网站杂志3篇，为《Identification of potential biomarkers in cervical cancer with combined public mRNA and miRNA expression microarray data analysis》《Clinical Characteristics, Diagnosis and Management of Neonatal Stroke》《Neonatal lung ultrasound exam guidelines》。“四维超声子宫输卵管造影评判宫外孕保守治疗后输卵管通畅性的临床价值”“超声监测在新生儿肺疾病治疗中的应用研究”2项区级科研项目立项，获得资助金额23万元，医院匹配8万元。在研课题2个，为“CYP450酶代谢基因检测对儿童安全用药指导的研究”“数据驱动的小于胎龄儿（SGA）危险因素分析和预测模型研发”，结题课题2个，形成《朝阳区绝经前期女性应用高频彩超和X线检查进行乳腺癌筛查的比较分析及研究》《合生元母婴营养与健康研究项目总结报告》。

（王 茜 王海燕）

【专业培训】 年内，医务人员外出进修学习216人次，投入资金21.78万元。选派7名医师到外院参加为期3年的“住院医师规范化培训”。选派1名医师赴首都医科大学附属北京儿童医院儿科参加为期1年的转岗培训。选派产科主任及骨干各1名赴北京朝阳医院参加为期3个月的北京市孕产期保健人员能力培训。

（王 茜 王海燕）

【学术交流】 年内，澳大利亚悉尼皇家妇产医院新生儿科主任Lui Kei、意大利佩鲁贾大学教授Gian Carlo Di Renzo到院参观访问，美国/中国台湾教授Tsu.F.Yeh到院查房。美国医院妇产科内分泌博士黄文宇到院学术交流。台湾妇幼卫生协会到院参观交流。

（王 茜 王海燕）

【信息化建设】 年内，区妇幼保健院信息化建设总投入36.73万元，其中安全设备改造占39%。完成医嘱信息共享改造、港澳台居民居住证接口改造，加强围产期高危因素管理。试运行医政管理临床路径210例。试运行就医体验支付系统，年内支付宝缴费2.32万笔，交易780.5

万元；微信缴费 4.33 万笔，交易 1234.8 万元，其中自助一体机交易 14 万元，支付总额占个人自付的 32%。

（王　茜　王海燕）

【扩建改造工程】 年内，区妇幼保健院北部院区拆除、砌筑工程全部完成，机电设备安装工程完成 98%，精装工程完成 98%，室外工程完成 90%。完成南院区新生儿病房扩建改造，增加新生儿床位 20 张。

（王　茜　王海燕）

▲ 即将建成投入使用的朝阳区妇幼保健院北部院区（摄于 12 月 30 日）　　陈伯生　摄

·垂杨柳医院·

【概况】 北京市垂杨柳医院（又名北京微创医院），是区卫生计生委直属三级综合性医院。年内，医院处于新院建设改扩建阶段，开放本院区、东院区及管庄院区 3 个院区。有职工 1146 人（在编 713 人、合同制 433 人），其中卫生技术人员 913 人（正高级职称 48 人、副高级职称 89 人、中级职称 377 人、初级师 221 人、初级士 145 人、见习期 33 人）。医疗设备总值 43148 万元。新购医疗设备总值 10200 万元，其中乙类医用设备 1 台。业务总收入 150329 万元，其中医疗总收入 71597 万元。新增科室骨四科。垂杨柳医院在第六届中国市县医院论坛（珠海）获“最具成长力中国医院 TOP10”称号。在第十二届中国医院院长年会获颁中国医院质量管理（医疗）奖。

（高　雪　任龙喜）

【医疗改革】 年内，垂杨柳医院落实双向转诊工作，密切医联体成员单位间关系，接收上转病人 2014 人次、下转病人 1079 人次。全院药占比 36.44%（门诊药占比 44.88%、住院药占比 28.36%）。出台《北京市垂杨柳医院合理用药专项整治方案》，组织药事委员会成员处方点评，处罚不规范处方。提升急危重症救治能力，被中国胸痛联盟评定为标准版中国胸痛中心；加强绩效管理，引入第三方测评，抽样调查门诊、住院患者，提升患者体验数据真实性与全面性，改善患者就医感受。影像会诊中心每月开展放射远程会诊 2000 余例。开通社区诊间转诊系统及医联体微信会诊平台，畅通转诊渠道。引进学科带头人 5 人，特聘专家 6 人。

（高　雪　任龙喜）

【医疗卫生】 年内，垂杨柳医院门诊 757735 人次，急诊 108908 次，急诊危重症抢救 5970 人次，抢救成功率 99.63%。出院 20634 人次，开放床位 501 张，床位周转率 41.19 人/床，床位使用率 85.75%，平均住院日 7.67 天，住院手术 6627 例。实施临床路径科室 26 个，涉及病种 177 个。全年输血 1531 人次。预约挂号 12.33 万人次，占门诊总人次的 19.92%。门诊、急诊、住院患者抗菌药物使用率分别为 13.54%、36.36%、48.34%。开展新技术、新项目 29 项，涉及 13 个临床医技科室。

（高　雪　任龙喜）

【医保管理】 年内，垂杨柳医院医保出院病人 11500 人次、医保总费用 2.18 亿元。借助信息化强化临床用药规范，加强药费、耗材费用管理，确保合理诊疗，维护医患双方利益。

（高　雪　任龙喜）

【医疗支援】 年内，垂杨柳医院分批派出医护人员对西藏自治区拉萨市堆龙德庆区、河北省康保县、新疆维吾尔自治区墨玉县及北京市怀柔区汤河口、怀北镇等地区开展医疗支援。接收昆明市、康保县、唐县进修人员 35 人次。累计派出主治及以上医师 70 余人次，管理人员 2 人次，诊治患者 3200 余人次。

（高　雪　任龙喜）

【医疗保险赔付】 年内，垂杨柳医院投保医疗责任险及公众责任险，保险费 425622.10 元，上险 893 人。发生医疗纠纷 17 起，其中调解 7 起、诉讼 10 起。年度赔付总金额 1127628.69 元，其中医院承担 914628.69 元。

（高　雪　任龙喜）

【护理工作建设】 年内，垂杨柳医院有护士 402 人，其中本科 183 人、研究生 2 人。医护比 1∶1.03，总床护比 1∶0.77，病房床护比 1∶0.36，护理单元 26 个。100% 开展优质护理。落实责任制整体护理良好。不良事件上报率 100%，整改率 100%。定期组织院内不良事件交流；以教学查房形式对特殊不良事件开展个案讨论。加强护士培训，区级继教项目 24 个，市级继教项目 2 个，外出培训 74 人次。护士进修 9 人，专科护士培训 2 人。承担医学院校教育，专科 34 人，本科 15 人。

（高　雪　任龙喜）

【科研成果】 年内，垂杨柳医院申报 77 项课题，中标 35 项，其中北京市级科研项目 6 项，包括“慢病患者长期用药无缝药学监护与管理”“屈光发育档案的建立及多种干预对儿童近视防控作用的研究”“社区成人 2 型糖尿病患者动脉粥样硬化性脑心血管疾病分级预防技术实施方案”等，批准金额 44 万，匹配金额 19 万；区级项目中标 29 项，包括“社区综合管理对 COPD 伴抑郁患者干预效果的研究”“泌尿系结石微创手术动画演示系统的研发与推广”“加速康复外科在围术期管理的相关研究”等，批准金额 60.5 万元，匹配金额 0 元。在研课题 65 项，包括“朝阳区关于‘适合中国人群的规范化调脂治疗方案’等相关技术的推广应用研究”“基于 ceRNAs 调控网络的糖尿病中医证型表观遗传数据库建立和分析”“绝经期女性子宫内膜病变诊断及预后预测的相关因素分析”等，结题 15 项，包括“骨密度和骨折风险的相关研究”“北京市朝阳区南部医联体慢病诊疗现况调查”“动脉粥样硬化性心血管疾病（ASCVD）防治系统开发及应用研究”等。

（高　雪　任龙喜）

【医学教育】 年内，垂杨柳医院承担华北理工大学冀唐学院教学及带教任务；教师数量 140 余人。承担河北医科大学带教任务老师 7 名，科室分别为放射科和检验科。外送进修 24 人，其中参加北京市骨干医师培训 5 人，参加在职研究生实习 1 人，进修人员科室涉及消化科、心内科、泌尿科、检验科等 18 个科室。出国进修 5 人。

（高　雪　任龙喜）

【学术交流】 年内，垂杨柳医院在京举办“第一届悠扬论坛院际交流会”“第三届高血压病与肾上腺疾病多学科协作研讨会”“中国当代医院管理者厚德医风基业长青暨 2018 年质效双升论道新时代医院发展论坛”“2018 全国医联体建设学术与实践交流大会”“2018 中国医院学科建设大会暨首届微创技术高峰论坛”“2018 全国老年健康服务业年会高龄微创论坛”系列学术交流和培训活动 6 次。

（高　雪　任龙喜）

【信息化建设】 年内，垂杨柳医院信息化建设总投入 3684 万元。成为北京市首家同时通过 HIMSS O-EMRAM（门诊）六级和 HIMSS EMRAM（急诊住院）六级评审的医疗机构。院内移动医疗业务全部开展，院外患者服务端开启，远程医疗开通部分功能。

（高　雪　任龙喜）

【新院建设工程】 年内，垂杨柳医院新院建设工程楼体外立面施工完成，室内装饰装修工程完成 95%，机电工程完成 93%，大市政“九通一平”建设开工，设备仪器进场安装陆续开展。

（高　雪　任龙喜）

·第一中西医结合医院·

【概况】 北京市第一中西医结合医院为区卫生计生委直属的三级甲等中西医结合医院，分本部（CBD）院区、东坝院区、中医院区、老年病院区。编制 636 名，其中在岗职工 950 人（编内 540 人，合同 410 人）。有卫生技术人员 852 人，其中正高级职称 21 人、副高级职称 71 人、中级职称 291 人、初级师 323 人、初级士 146 人。医疗设备总价值 6167.73 万元，其中乙类医用设备数量为 4 台。年内，新购置医用设备总额 2261 万元。业务总收入 56924.37 万元，其中医疗总收入 56484.44 万元。

（贺　蕾　张雪华）

【医疗改革】 5 月 18 日，市第一中西医结合医院联合周边 28 个社区卫生服务中心及 3 家民营养老机构，成立“朝阳区中医药医养结合联合体”。试点开展定期门诊、专家巡诊、健康宣教活动，为 400 余位老年人开展自理能力和养老需求等综合状况评估。12 月 22 日，牵头成立“北京中西医结合心脏康复专科医联体”。年内，完成医院管理 30 个分项管理手册梳理修订。修订医院 18 项医疗核心制度，开展院科两级培训。组织开展《医疗纠纷预防和处理条例》专题培训和考试。增设专病门诊、晚间门诊。设立朝阳区教师门诊专区。中医外科医疗联合体组织举办社区培训会 6 次，培训 200 人。医师多执业机构备案 2 人。引进人才 4 人。

（贺　蕾　张雪华）

【医疗卫生】 年内，市第一中西医结合医院门诊 79.63 万人次，急诊 5.74 万人次，急诊抢救 690 人次，开放床位 390 张，出院 1.17 万人次，床位周转 30.1 次，床位使用率 70.41%，平均住院日 8.52 天。住院手术 2418 例。剖宫产率 47.35%，无孕产妇死亡，无新生儿死亡，无围产儿死亡。门诊药占比 47.77%，住院药占比 25.01%。门诊患者抗菌药物处方比例 8.08%，急诊患者抗菌药物处方比例 34.45%，住院患者抗菌药物使用率 50.93%。两院区输血 583U，无输血不良事件发生。11 个临床专业科室开展 35 个病种的临床路径。预约挂号 9290 人次，占门诊总人次 1.17%。开展新技术、新项目 11 项。

（贺　蕾　张雪华）

【医保管理】 年内，市第一中西医结合医院医保出院 7715 人次。总费用 39007.54 万元，使用率 95.45%。其中门诊费用 27161.12 万元，住院费用 11846.42 万元。

（贺　蕾　张雪华）

【医疗支援】 年内，市第一中西医结合医院派出医师 15 名对口支援怀柔九渡河社区卫生服务中心、怀柔镇社区卫生服务中心。支援河南省淅川县第二人民医院、河北省康保县人民医院、内蒙古卓资县医院以及云南省东川区四家医院，接收进修医生 11 名。派出 1 名放射医师对口支援西藏。派出呼吸科、心内科 2 名医师分别到河北省阳原县及新疆和田地区开展为期 1 个月和 6 个月的医疗帮扶活动。

（贺　蕾　张雪华）

▲ 5 月 18 日，北京市朝阳区中医药医养结合联合体签约仪式　陈伯生　摄

【医疗保险赔付】 年内，市第一中西医结合医院参加医疗责任保险512人，费用35.48万元。发生医疗纠纷7件，调解6件。全年赔付医疗纠纷款31.695万元，医院承担11.695万元。

（贺 蕾 张雪华）

【护理工作建设】 年内，市第一中西医结合医院有护士376人，其中本科生182人，医护比1∶1.18，床护比1∶0.96，病区床护比1∶0.36，ICU床位数6张，22个护理单元。护理管理实施一院两区三级管理模式，统一规范培训常用21项中西医操作。责任制整体护理落实率100%，回访率86.3%。护理不良事件上报率100%。护理中西医继续教育培训39次、操作培训5次，护士长及护理骨干参加院外培训84人次，外出进修护士2名，专科护士取证2名。接收16名老年福祉学院、8名北京市海淀卫生学校实习生的临床实习。

（贺 蕾 张雪华）

【科研成果】 年内，市第一中西医结合医院申报国家级课题2项，为“芪苈强心胶囊改善慢性心力衰竭心肌肥厚PI3K/Akt通路研究”“三七总皂苷通过Vps34自噬通路抑制间歇性缺氧诱导的血小板黏附的研究”，其中“三七总皂苷通过Vps34自噬通路抑制间歇性缺氧诱导的血小板黏附的研究”中标，财政资助经费21万元；申报市级课题32项，包括“电热针灸治疗胃癌前病变的临床疗效研究”“女性外阴白色病变防治的适宜技术研究”“固本调平汤辅助提高哮喘缓解期患者（肺脾气虚型）吸入激素减停成功率的临床研究”等，中标5项，财政资助经费21万元，医院匹配经费17.5万元；申报区级课题9项，其中“气虚质相关疾病早期预警生物标志物的寻找”“自拟活血疮生肌方治疗难治性压疮的临床研究”“针灸医师专科化培养与针灸适宜技术在专科应用的平台建设”等5项中标，财政资助经费60万元。在研课题44项，包括“从医院到社区的中西医结合心脏康复连续性服务模式建设”“太极拳联合西医运动处方对稳定性冠心病患者的疗效观察研究”“梅花针循经扣刺治疗肾虚淤型LUFS的临床研究”等，结题24项，包括“朝阳区关于冠心病二级预防规范干预模式等相关技术的推广应用研究”“宫颈高危型人乳头瘤病毒感染人群的体质辨识研究以及体质干预防治体系的构建”“以西红花为主药利用中医‘君臣佐使’理论治疗严重糖尿病足溃疡的研究”等。与国家体育总局合作慢性心力衰竭运动处方项目，成为北京市国家中医重点专科辐射工程。

（贺 蕾 张雪华）

【医学教育】 年内，市第一中西医结合医院承担长春中医药大学本科生和中国中医科学院中医基础理论研究所研究生的临床实习带教任务。教师49人，其中教授5人、副教授9人。全年脱产学习8人，院外进修15人，出国进修1人。

（贺 蕾 张雪华）

【学术交流】 年内，美国梅奥医学中心心脏康复中心主任、美国临床心脏病学会副主席Randal J.Thomas教授到院围绕“心脏康复现状与未来”主题开展学术交流。医院召开第二届妇产科中医药技术应用研讨会。选派2人参加首届世界中医药科技大会。

（贺 蕾 张雪华）

【信息化建设】 年内，市第一中西医结合医院信息化建设投入39万元。医院信息平台HBI模块整合两院区2018年经营管理数据，“绩效管理专题”投入使用。电子病历检索系统可用于科研调取需要的病历资料。全院推广实施门诊电子病历系统，书写率65%左右。CBD院区手麻系统升级使用。

（贺 蕾 张雪华）

【改扩建项目】 年内，市第一中西医结合医院改扩建项目13项，改建房屋面积3326平方米。实际完成投资额363.76万元，其中财政性投资153.89万元，自有资金209.87万元。装修改造项目均完成并投入使用。

（贺 蕾 张雪华）

·朝阳区第三医院·

【概况】 年内，朝阳区第三医院是区卫生计生委直属二级精神病医院，编制140名，在岗职工300人（编内101人，合同199人）。有卫生技术人员231人，其中正高级职称2人、副高级职称7人、中级职称43人、初级师114人、初级士68人。年底医疗设备净值12014064.62元，医用设备646台。年内，新购置医用设备6023128.21元，医用设备20台。全年总收入12531.65万元，其中医疗收入7614.62万元。医保出院257人次，总费用3646.81万元。引进专家3人。

（陈 浩 朱庆生）

【分级诊疗服务】 年内，朝阳区第三医院派出21名医生到24个社区开展分级诊疗服务备案，在19个社区实际出诊687次，诊疗10564人次。接收上转病人8人、无下转病人。

（陈 浩 朱庆生）

【医疗卫生】 年内，朝阳区第三医院门诊26394人次，出院343人次，平均住院243日。开放床位448张，床位周转次数0.84，床位使用率99.23%。门诊药占比89.41%，住院药占比10.24%，住院抗生素使用率8.849%，门诊抗生素使用率0。预约挂号采用门诊PC端HIS系统内自带的本地窗口预约挂号。开展作业职业康复训练、骨密度检查、脉冲磁疗等新技术、新疗法。

（陈 浩 朱庆生）

【医疗支援】 年内，朝阳区第三医院接收云南省昆明市东川区精神病医院医生1名到医院进修3个月。选派2名主治医师到张家口市阳原县人民医院分别开展6个月和1个月的对口支援帮扶活动。组织专科医生到延庆县大榆树医院义诊，诊疗患者21人次。

（陈 浩 朱庆生）

【医疗保险】 年内，朝阳区第三医院处理医疗投诉36例。参加医疗责任保险人数221人，总费用39051.37元。全年未发生医疗纠纷。

（陈 浩 朱庆生）

【护理工作建设】 年内，朝阳区第三医院有护理人员142名，其中在编护士90名、合同护士52名；主管护师15名、护师78名；临床一线护士112名，其中本科38人、研究生0人。医护比1∶1.73，医院床护比1∶0.32，病房床护比1∶0.27，6个护理单元。落实责任制整体护理，基础护理全年合格率97.8%，精神科重症患者全年合格率95.9%，一级护理全年合格率96.9%，二级护理全年合格率98.3%，三级护理全年合格率98%。不良事件上报66例，整改率为100%。

（陈 浩 朱庆生）

【医学教育】 年内，朝阳区第三医院聘请中华护理学会精神科护理专业委员会主任委员许冬梅定期到院查房。选派护理骨干及管理人员参加专科技术知识管理培训院内23次，院外学习22次。与回龙观医院开展护理合作，在精神专科医院启动“叙事护理——人文与疗愈”活动。派出9人参加并通过北京市精神科医师转岗培训。社区医生心理带教120学时，3人参与带教；北大社工系研究生实习带教120学时，4人参与带教。7人脱产学习。

（陈　浩　朱庆生）

【科研成果】 年内，朝阳区第三医院完成1项区科委项目结题，为“针对朝阳区社区医疗机构医务人员职业倦怠状况的EAP服务效果研究”，申请项目1项，为“社区精神分裂症患者长效针剂治疗模式对照研究”。第一作者核心期刊论文5篇，包括张晓钢等的《精神分裂症前驱期中医症状临床研究》、许婷等的《聚焦社区精神卫生服务》、马良等的《北京市朝阳区严重精神障碍患者同伴支持的探索与实践》，个案报道2篇，为《1例双相情感障碍患者跌倒因素分析及防护》《1例未分化型精神分裂症患者行下肢皮牵引术的术后护理》，第二作者1篇，为马良（第二作者）的《精神障碍患者机构养老需求调查及分析——以北京市朝阳区为例》。

（陈　浩　朱庆生）

【学术交流】 年内，朝阳区第三医院参加2018年北京中西结合学会精神卫生委员会暨王彦恒名老中医治疗焦虑障碍学术经验研讨会。派出2人参加香港社区精神卫生交流会。

（陈　浩　朱庆生）

【信息化建设】 年内，朝阳区第三医院信息化建设投入245万，包括门诊电子病历、门诊医生升级、院感系统、设备系统、物资系统、合理用药处方点评系统等。整体定期网络运维12次，软件修改模板及接口改造35次，信息系统数据处理及信息设备硬件排故维修2500余次。

（陈　浩　朱庆生）

【基础工程建设】 年内，朝阳区第三医院完成DR工程，投入资金（包含二类费）61.34万元；完成柴油发电机置换工程，投入资金（包含二类费）162.26万元；完成双桥院区、大屯院区箱变外壳更换工程，投入资金21.73万元；完成食堂整体改造工程（包含二类费以及燃气拆改装、食堂烟罩两个增项），投入资金234.91万元。

（陈　浩　朱庆生）

·朝阳区中医医院·

【概况】 朝阳区中医医院是区卫生计生委直属二级甲等中医医院，占地6542.74平方米，建筑面积20295平方米，内设9个职能科室、5个临床医技科室。职工345人，编制人员205人。专业技术人员292人，其中正高级职称7人、副高级职称15人、中级职称97人、初级职称173人。有执业医师132人，其中中医类别执业医师94人，占71.21%；药学专业技术人员27人，其中中药专业技术人员21人，占77.78%。年底医疗设备净值1317.16万元，100万以上设备12台。业务总收入24002.58万元，其中医疗总收入23934.25万元。年内，朝阳区中医医院参加国内学术交流170余人次。举行“于娟名老中医传承工作站”“北京市朝阳区小儿推拿教学培训基地”授牌仪式。

（刘　媛　任思洋）

【医疗卫生】 年内，朝阳区中医医院门诊255232人次，急诊12958人次。医院编制床位220张，实有床位213张。出院3617人次，床位周转17人次，床位使用率75%，平均住院16日，死亡率4%。与朝阳医院肿瘤科建立协作关系。新开设儿科门诊。全年预约专家号2473人次。门诊药占比46.7%，住院药占比10%。抗菌药物门诊18283张、处方比率5.63%；急诊2312张、处方比率14.96%；住院644例，使用率17.8%。

（刘　媛　任思洋）

【医保管理】 年内，朝阳区中医医院医保出院2255人次，申报金额10463.19万元，次均费用1.6万元，医保基金使用10463.19万元，使用率91.21%。门诊次均费用534元，住院日均1012元。获得北京市医保2017年度医保管理三等奖。

（刘　媛　任思洋）

【医疗支援】 年内，朝阳区中医医院派出40人支援琉璃庙社区卫生服务中心，其中主治医师39人，副主任医师1人。组织学术讲座8次，业务培训8次，累计支援60天，诊治患者360人次。

（刘　媛　任思洋）

【医疗保险赔付】 年内，朝阳区中医医院参加医疗责任保险292人，总费用106858.15元。发生医疗纠纷数量5次，其中调解3次、诉讼1次、科室和患者协商解决1次，全年赔付21.38万元，其中医院承担金额3.6万元。

（刘　媛　任思洋）

【护理工作建设】 年内，朝阳区中医医院有护理人员103人，其中本科护士35人、研究生护士1人；在编护士53人、合同护士50人；注册护士101人、未注册2人；中医护理人员63人、西医护理人员40人。医护比1∶1.2，医院床护比1∶0.463，病房床护比1∶0.244，5个护理单元。不良事件上报率及整改率均为100%。护士培训30余人次，1名护士参加北京市中医护理骨干人才培养培训班。

（刘　媛　任思洋）

【科研成果】 年内，朝阳区中医医院申报项目8项，中标2项，为“针刺四关穴治疗脑卒中后抑郁（PSD）研究”“固本调平汤辅助提高哮喘缓解期患者（肺脾气虚型）吸入激素减停成功率的临床研究”。其中“固本调平汤辅助提高哮喘缓解期患者（肺脾气虚型）吸入激素减停成功率的临床研究”为北京市中医药科技发展资金项目，资助经费6万元，医院匹配经费6万元；“针刺四关穴治疗脑卒中后抑郁（PSD）研究”为朝阳区科技计划项目，资助经费1万元。在研课题6项，包括“揿针疗法治疗癌性疼痛的临床研究”“重点专科名老中医临床经验整理与继承”“武维屏教授运用‘仲景合方理论’治疗支气管哮喘的合方规律研究”等，结题3项，为“中药活血化瘀涂膜剂外用治疗Ⅰ—Ⅲ期压疮的临床疗效与护理便宜性研究”“金伯华名老中医学术思想传承‘金氏烧山火’手法治疗寒湿痹证的临床热效应研究”“朝阳区居民中医健康素养规范化提升研究”。

（刘　媛　任思洋）

【医学教育】 年内，朝阳区中医医院承担长春中医药大学及北京卫生职业学院毕业实习带教任务，外出进修3人。开展朝阳区中医药师承工程指导老师及学术经验继承人申报；组织第六批师承指导老师及继承人申报，1名指导老师、5名学术继承人通过优选并达成师承协议；金伯华、李书义工作室入选北京市名老中医药专家学术思想抢救挖掘与优秀传承人才培养联动工程；组建北京名中医身边工程区级名中医专家团队。

（刘 媛 任思洋）

【信息化建设】 年内，朝阳区中医医院信息化建设投入36.53万元。日常维护医院信息化系统，修改系统报表11张，增加用户权限11个。升级医保业务系统10次。完成医价平台建设工作。

（刘 媛 任思洋）

·朝阳区双桥医院·

【概况】 年内，朝阳区双桥医院是区卫生计生委直属的二级甲等医院，内设27个临床科室、8个医技科室、4个辅助科室。在岗职工408人（在编169人、合同制239人），其中卫生技术人员380人，包括正高级职称5人、副高级职称20人、中级职称96人、初级师259人。年底医疗设备净值7987.87万元，其中乙类医用设备1台。年内，新购置医用设备总金额2130.13万元，其中乙类医用设备1台。业务总收入28725.1万元，其中医疗总收入28519.98万元。医院编制床位236张，开放床位204张。参与南部医联体、肿瘤医联体，做好分级诊疗工作。公开招聘2次，招聘人员35名。其中高级职称1人、中级职称7人、初级职称27人；硕士研究生5人、本科12人、大专及以下18人。引进骨外科、普外科、肾内科、心血管内科4名专家。

（张冬梅 张建东）

【医疗卫生】 年内，双桥医院门诊500908人次，急诊46038万人次，急诊抢救1058人次，年出院7497人次。床位周转次数36.75次，床位使用率86.17%，平均住院日8.6天。住院手术2866例。剖宫产率35.7%，孕产妇死亡率、新生儿死亡率、围产儿死亡率均为0。9个临床科室、46个病种数量实施临床路径。全年异体输血红细胞量123个单位、血浆6400毫升、血小板6治疗量，自体输血18人次血量21个单位。开展现场、电话、114挂号平台、诊间、网上、微信公众号等预约挂号服务，开放号源比例100%，预约挂号212161人次，占门诊挂号比例41%。开展PCR实验室甲状腺细针穿刺活检术、乳腺穿刺、经尿道输尿管肾盂镜碎石取石术、腹腔镜下肾输尿管切除+膀胱部分切除术、内镜下肠息肉切除术、胃肠超声造影检查、超声引导下可视化针刀闭合手术等8项新诊疗技术。强化药事作用，做到“由收入科室向服务型科室转变；由满足临床患者用药需求向用药服务转变；由单一的医技科室职能向复合型科室职能转变”，强化处方点评、药理点评、药师会诊等工作，处方合格率100%。除中药饮片、疫苗的门诊药占36.45%，住院药占22.82%，全院药占比31.32%。抗菌药物使用规范实行三级管理，其中门诊抗菌药物使用率9.14%、急诊抗菌药物使用率35.81%、住院抗菌药物使用率45.78%。

（张冬梅 张建东）

【医保管理】 年内，双桥医院医保（职工医保）出院人次3239，总费用1.61亿元。医保质量指标综合增速2.24%，服务数量人次增速8.44%，人数增速9.45%。

（张冬梅 张建东）

【医疗支援】 年内，双桥医院选派3名医生到西藏、内蒙古对口支援建设。组织32名专家到怀柔区喇叭沟门医院、渤海镇卫生院开展义诊活动。对河南省淅川县、云南省禄劝县、张家口市阳原县开展精准扶贫，接收3批次29人到院进修学习。参与黑庄户乡、管庄乡应急保障工作保障11次，收住院2人。

（张冬梅 张建东）

【医疗纠纷调解】 年内，双桥医院参加医疗责任保险311人，总费用97048.57元。发生医疗纠纷9件，其中调解9件，全年无赔付。

（张冬梅 张建东）

【护理工作建设】 年内，双桥医院有护理人员134人，其中本科45人。医护比为1∶1.18，全院床护比1∶0.66，病房床护比1∶0.37。护理单元9个。开展100%优质护理，落实责任制整体护理，规定每名护士负责病人数小于8人。全年不良事件上报率及整改率达100%。外送1名护士进修，1名护士参加专科护士培训并取得专科护士证。修订1项质量控制标准、7项护理制度，改进新护士培训方式。

（张冬梅 张建东）

【医生培训进修】 年内，双桥医院派出26名医生参加脱产学习，8名医生到外院进修，5名医生参加骨干医师培训；21名医生参加住院医师规范化培训。

（张冬梅 张建东）

【学术交流】 年内，清华大学继续教育学院医疗卫生高级研修班EMBA培训班分2批56名院级领导到院参观学习，以“小空间、大内涵、绩效助力新医改”等为主题，讲解绩效考核、信息化建设、人才培养、医院管理等方面内容。

（张冬梅 张建东）

【信息化建设】 年内，双桥医院信息化建设投入165.6万元。新增3台自助挂号、收费一体机。增设急诊科护士手持PDA。完善信息管理系统、门诊电子病案系统。推进死亡证、传染病管理模块。升级临床药学、合理用药系统。

（张冬梅 张建东）

【改扩建项目建设】 年内，双桥医院改扩建项目取得《选址意见书》《用地规划许可》《可行性研究报告》等，通过区长办公会。完成建设项目设计及勘察招标、初步设计方案审定、住院楼结构检测；完成周转房《消防设计》报审、建筑结构检测、装修设计招标；完成文化宫地块地上物补偿费工作。签署《委托代建协议》《招标代理合同》《建设工程设计合同》《建设工程勘察合同》。

（张冬梅 张建东）

红十字会活动

【概况】 朝阳区红十字会（简称区红十字会）是区政府直接领导联系的社会救助团体。内设办公室和业务科，有工作人员10名。有43个街道、地区（乡）红十字会，2个红十字工作委员会，5支专业红十字志愿服务队，红十字志愿者1.6万余人。年内，组织社区居民、中小学生4.84万余人参加新修订《中华人民共和国红十字会法》暨应急救护知识竞赛并获组织一等奖；在中国红十字总会组织的“全国红十字防灾避险知识竞赛”中获最佳组织一等奖；获中国红十字会报刊宣传先进集体一等奖；“防减灾大课堂”项目获北京市优秀应急志愿服务项目。

（娄大伟）

【募捐活动】 年内，区红十字会依托街道、地区红十字会、红十字工作委员会，创新募捐救助工作机制，通过会议、开展主题活动、义卖、文艺演出、张贴劝募书等形式开展募捐活动358次，接收社会各界募捐款309.67万元，其中街乡博爱捐款228.27万元、救灾及专项捐款43.4万元、社会单位捐款0.38万元、爱心人士捐款

0.72万元、博爱少儿大病捐款28.92万元、红十字工作委员会捐款0.045万元，北京市红十字会拨款36.85万元。

（娄大伟）

【救助活动】 年内，区红十字会发放博爱救助款304.44万元，款项使用率98%，其中博爱助困138.43万元，博爱助医18.1万元，突发事件73.8万元，少儿大病28.91万元，非典后遗症18.9万元，司法阳光工程10万元，救助社区矫正困难人员189人；特困干警1万元，博爱助学5万元，在中秋节、国庆节期间，为50户因病致困家庭发放救助金10万元，在重阳节期间，把爱心企业捐赠1万块爱心月饼送至朝阳区养老机构、儿童福利机构以及43个街乡生活困难空巢老人和失独家庭。

（娄大伟）

【宣传活动】 年内，区红十字会以宣传新修订《中华人民共和国红十字会法》、社会主义"核心价值观"为重点，利用"红十字会"网站、"博爱朝阳"红十字微信公众号等新媒体宣传"三救三献"（应急救援、应急救护、人道救助和献血液、献造血干细胞、献人体器官组织）工作。举办"人道筑梦与爱同行"大型主题演出活动，创作宣传片1部、优秀志愿者宣传片2部、宣传展板10块；创作沙画《红十字运动的起源》、小品《我有一个愿望》、默剧《阳光下的红十字》、朗诵《我是红十字人》等作品，传播红十字文化理念。组织开展红十字各类主题宣传活动358次，微信公众号推送信息91条，制作《朝阳报》专版1期，在《中国红十字报》、北京电视台、《北京晨报》、《朝阳报》、朝阳有线等媒体播报新闻31条，北京红会网站、区红十字会网以及其他网络媒体刊载信息52条。

（娄大伟）

【志愿服务】 年内，区红十字会开展助老、助困等志愿服务。开展造血干细胞宣传讲座39场，造血干细胞血样采集69例，配型成功进行捐献志愿者10例，占全市（36例）总数的27.7%。在"纪念'5·8'世界红十字日"宣传活动上，表彰叶如陵、何美龙、祁志刚等一批优秀志愿者并为48个基层志愿者服务队授旗，以宣传片形式宣传优秀志愿者的先进事迹。

（娄大伟）

【应急救护教育培训】 年内，区红十字会面向重点行业、重点岗位人员，对城管执法局一线骨干人员开展应急救护知识培训，为执法站点配发应急宣传手册及急救箱。依托朝阳秋实培训学校（朝阳区红十字应急救护培训基地）和北京翱翔营地（朝阳区红十字青少年实践基地）开展应急救护知识的普及培训。对全区43个街乡分别组织开展32人16学时全脱产初级急救员取证培训班，1400余名基层志愿者取得初级急救员资格。各级红十字应急志愿者服务队参与朝阳区"5•12"防灾减灾主题日活动，开展逃生避险演练活动80余次。举办师资继续教育培训4期，培训师资150人次。开办新师资培训班2期，培训新师资50人。应急救护教育取证培训20812人，完成全年工作指标的104%。应急救护教育普及15.1万人，完成全年工作指标的100%。

（娄大伟）

【红十字青少年培养】 年内，区教委红十字工作委员会组织21所学校14000名学生参与全国红十字防灾避险知识竞赛，分别获中国红十字总会颁发的最佳组织二、三等奖。将应急救护知识普及融入中学生军训活动中，8000余名学生接受应急救护知识及自救互救能力的培训。联合区卫计委、区红会开展健康促进校星级检查验收活动，初评推荐五星示范学校10所，四星级学校12所。

（娄大伟）

【扶贫交流】 年内，区红十字会分别与河北省唐县、内蒙古卓资县红十字会签署"对口援建友好合作协议"，建立两地红十字会工作交流制度，实现信息资源共享，加强人道救助协作、应急救护培训协作、红十字青少年和志愿服务协作等五个领域的对口帮扶工作机制。向河北省唐县、河南省淅川县贫困家庭发放救助金各5万元；向内蒙古卓资县、河北省唐县困难家庭捐赠棉被、衣物、急救箱和书包、书籍等价值物资6万余元。接待安徽省阜阳市等红十字会到朝阳区交流学习应急救护培训工作。

（娄大伟）

【关爱生命与健康温暖项目】 年内，区红十字会继续推进"关爱生命与健康温暖工程"项目，各街乡红十字会通过博爱助老、助困、助医、助残及应急安全培训、健康知识普及、志愿服务等形式，为社区困难群体办实事、解难事。发放项目支持资金86万元，各级红十字志愿者开展演出、义诊、法律咨询、义务理发、便民服务等形式的志愿服务活动270余次。

（娄大伟）

▲ 朝阳区纪念"5·8"世界红十字日主题活动　孙宏娟　摄

体　育

综　述

【概况】 朝阳区体育局（简称区体育局）是区政府工作部门，主管全区体育工作，行政级别正处级，下设体育运动学校、第一少儿业余体校、第二少儿业余体校、第三少儿业余体校、体育产业管理中心、郡王府体育中心、朝阳体育馆、体育健身休闲公园、社会体育管理中心、体育总会、体育科研所11个事业单位。区体育局机关编制31人（含工勤编3人），事业单位编制236人。年内，围绕朝阳区“建设三区、建成小康”的战略目标，以市运会决战、疏解非首都功能和筹办2022年北京冬奥会为中心工作，贯彻落实《北京市全民健身条例》，改善体育领域发展不平衡不充分的问题，确保体育行业安全生产，全面推动群众体育、竞技体育、体育产业和市场监管协同共促发展。实现在北京市第十五届运动会中夺得市运会金牌榜和团体总分“双第一”目标。

（胡　珩）

【区代表团参加市冬运会开幕式】 12月5日，以“绽放冰雪激情，传递冬奥梦想”为主题的北京市第一届冬季运动会开幕式在五棵松体育馆举行。市委书记蔡奇宣布运动会开幕，市委副书记、市长陈吉宁致开幕词，市人大常委会主任李伟、市政协主席吉林等领导出席开幕式。区委书记王灏、副区长李长萍、区体育局党委书记李守民及区体育局局长吴晓军出席开幕式，区体育局组织100名参加冬运会的运动员及100名冰雪项目的爱好者参加开幕式。

（胡　珩）

【市运会获金牌总数和团体总分第一名】 年内，朝阳区代表团1182名运动员获北京市第十五届运动会参赛资格，参加包括田径、游泳、足球、篮球、排球等28个大项，实现比赛项目全覆盖。朝阳区以209枚金牌、153枚银牌和147枚铜牌，6673分获市运会金牌总数和团体总分“双第一”，成为北京市运动会60年来首个突破200金的区代表团。朝阳区承办市运会武术散打、武术套路、射箭、射击以及男子排球5个项目的比赛，完成场地服务保障任务。

（胡　珩）

群众体育

【概况】 年内，区体育局贯彻落实《北京市全民健身条例》，推进全民健身和全民健康深度融合，以“疏解整治促提升”和推动体育与园林的有效结合为抓手，完成95片北京市全民健身专项活动场地和6家体质监测三级站建设工作。购置足球、篮球、排球等14大类20000余件器材，扶持街乡开展体育健身活动。以满足群众多元化健身需求为重点，创建北京市全民健身示范街乡，深化“用脚步丈量朝阳的发展”“社区篮球联赛”“全民健身助力冬奥”等区级品牌活动30余项，提升冰雪运动宣传普及人群，发挥体育协会功能，推进“一街乡 一品牌”体育活动，扩大体育人口，推进健身指导进基层活动，加强社会体育指导员、裁判员培训，开展国民体质测试等工作。

（胡　珩）

【群体活动品牌化】 年内，区体育局举办“全民健身助力冬奥”系列活动和“朝阳体育名片”系列赛事活动。“全民健身助力冬奥”系列活动包括以全民健身为主题的“强身健体看冬奥”，以冰雪技能和冬奥志愿者培训为主的“勤学苦练助冬奥”和以群众冰雪赛事活动为主的“流光溢彩炫冬奥”3大板块30余项活动。组织开展社区冬奥会、全民上冰场、冬奥大讲堂、健身指导进基层等活动200余场次，参与人数20万余人次。制作完成冬奥知识展板1440块，印制《冬奥知识300问》20000册发放到全区43个街乡。举办“朝阳体育名片”系列赛事活动，包括“奥运体育板块、传统体育板块、趣味体育板块”3大版块。举办社区篮球联赛、用脚步丈量朝阳的发展等活动和羽毛球联赛、健身操展示大赛等20余项单项体育赛事，为朝阳区百姓搭建全方位健身平台，扩大全区体育人数。其中“用脚步丈量朝阳发展系列长走活动”，全年举办20站，3万余人参与活动。

（胡　珩）

【体育设施建设】 年内，区体育局协调相关部门开展“朝阳区体育场地及其他可利用资源摸查”和“朝阳区非首都功能疏解腾退空间摸底调查”工作。在左家庄街道、小关街道、香河园街道、东坝乡、管庄乡、王四营乡等20个街乡的疏解腾退场地和公园、绿地等地点，完成95片北京市全民健身专项活动场地和6家体质监测三级站建设工作。在亚运村街道、望京街道、六里屯街道、南磨房乡、常营乡等街乡开展新型全民健身路径类器材试点建设工作，完成场地踏勘和器材设计等相关工作，新型器材包含功能训练区、有氧训练区、传统武术区、放松柔韧区等4大区域，覆盖老年人、中青年、青少年等各个群体。购置足球、篮球、排球、乒乓球、手持喇叭等14类20000余件器材，扶持街乡开展体育健身活动。

（胡　珩）

【体育社团培训专业化】 年内，区体育局与团区委、财政局联合举办机关干部职工瑜伽、健身操、健美培训。开展篮球裁判员、足球裁判员、健身操、太极拳、健身气功、棋牌、花毽社会体育指

▲ 4月14日，朝阳区举办“全民健身 助力冬奥”系列活动之群众冰上体验　　孟　夜　摄

导员培训活动，培训社体员1736人，各项目裁判员191人。制作完成《朝阳区百姓健身大讲堂》光盘1500套，增加冬奥知识内容，形成较为系统的科学健身课程体系，发放到全区各社区、村，实现100%的社区、村全覆盖。推广普及《新时代跳起来》健身球操，培训小教员200余名，街乡健身操骨干4000人。

（胡　珩）

2018年朝阳区大型体育场馆一览表

表15

序　号	单位名称	地　址	备　注
1	北京会议中心	北京市朝阳区来广营西路88号	
2	北京金郁金香文化发展有限公司（魔锐水世界）	北京市朝阳区东苇路郁金香花园内	
3	北京市蟹岛绿色生态农庄有限公司	北京市朝阳区金盏乡长店村北凌云600号	
4	北京市城市海景绿色生态农庄有限公司（城市海景）	北京市朝阳区金盏乡长店村北凌云600号	
5	北京森禾源农业发展有限公司（蓝调庄园）	北京市朝阳区金盏乡楼梓庄村南	
6	北京金港展览展示有限公司（金港汽车公园）	朝阳区金盏乡金港大道1号（办公室）	
7	国家奥林匹克体育中心（英东游泳馆）	北京市朝阳区安定路1号	
8	北京欢乐水魔方水上乐园有限公司	北京市朝阳区天辰东路11号国家游泳中心水上乐园	
9	北京水立方游泳俱乐部有限公司	北京市朝阳区天辰东路11号国家游泳中心北区办公楼三层	
10	朝阳区体育健身休闲公园	北京市朝阳区姚家园路77号	
11	北京第二外国语学院	朝阳区定福庄南里1号	体育馆
12	北京竞时天地体育发展有限公司	北京市朝阳区望京科技创业园第十九号至二十号地	
13	朝阳体育馆	北京市朝阳区姚家园路10号	
14	北京市朝阳区陈经纶青少年体育俱乐部	北京市朝阳区朝外大街38号（陈经纶中学内）	游泳馆
15	中日青年交流中心银橄榄体育世界	北京市朝阳区亮马桥40号	
16	北京市朝阳区开发经营公司沙滩主题乐园	北京市朝阳区朝阳公园南路1号	
17	北京郡王府游泳馆	北京市朝阳区朝阳公园南路21号	
18	北京蓝调庄园发展有限公司	朝阳区金盏乡楼梓庄南蓝调庄园	蓝调滑雪场
19	北京嘉乐美时体育有限公司	朝阳区农展南路1号朝阳公园内万人广场	朝阳公园滑雪场

续表 15

序 号	单位名称	地 址	备 注
20	国家体育场有限责任公司	朝阳区国家体育场南路 1 号国家体育场有限责任公司	国家体育场（鸟巢）
21	北京宏昌竣投资有限公司	北京市朝阳区崔各庄乡善各庄村西	善各庄冰雪大世界
22	精英假日（北京）体育发展有限公司朝阳分公司	朝阳区常通路 2 号院 1 号楼 4 层 4F-225	全明星滑冰俱乐部（长楹天街店）
23	北京零度阳光体育文化有限公司	朝阳北路 101 号朝阳大悦城 7F	冠军溜冰场朝阳大悦城店
24	中国国际贸易中心股份有限公司二期物业中心	朝阳区建国门外大街 1 号国贸商城 B2	国贸溜冰场
25	小狼国际冰上中心	北京市朝阳区平房村 48 号	小狼国际冰上中心
26	北京世纪星滑冰俱乐部有限公司	北京市朝阳区北苑路甲 13 号	世纪星溜冰场
27	华星辉煌体育管理有限公司	朝阳区崔各庄奶东村黄港桥	华星国际冰上运动中心
28	华星辉煌体育管理有限公司	朝阳区博大路 8 号润京会所	华星博大路冰球馆
29	远景浩泰体育发展有限公司	朝阳区高碑店兴隆庄甲 8 号	浩泰冰上中心（兴隆森林公园店）
30	精英假日（北京）体育发展有限公司	朝阳公园路 6 号蓝色港湾国际商区 2 号楼首层	全明星滑冰俱乐部（蓝港店）
31	工人体育场	朝阳区工人体育场北路	

（胡　珩）

竞技体育

【概况】 年内，朝阳区代表团在北京市第十五届运动会上，实现建区 60 年来，市运会金牌总数和团体总分“双第一”目标。在田径、游泳、体操、足球、篮球、排球、射击、皮划艇、赛艇、橄榄球、空手道等项目上取得突破。加强对竞技体育人才培养工作的统筹管理，尝试运动项目协会、中心、俱乐部三位一体建设。成立游泳、篮球、排球三个运动项目管理中心，建立朝阳区校园足球联盟，会员 2000 余人。与区教委联合举办朝阳区“阳光杯”中小学生运动会、“移动冰场进校园”等活动。丰富冰雪赛事活动，提升冰雪后备人才实力和水平，在北京市第一届冬季运动会中取得好成绩。

（胡　珩）

【冬运会获佳绩】 11 月底至 12 月底，北京市第一届冬季运动会举办，朝阳区代表团 193 名运动员、20 名教练员参加运动会，实现冰雪项目全覆盖。在冬运会上，朝阳区获 5 枚金牌、12 枚银牌和 9 枚铜牌，金牌总数和团体总分位居北京市第三名。区体育局在外出集训、训练装备、场地租赁、教练员费用，赛事组织、科研保障经费等方面做好运动员和教练员比赛训练保障工作。

（胡　珩）

【冰雪赛事活动】 年内，朝阳区第一届短道速滑比赛、朝阳区第一届冰壶比赛、朝阳区滑雪模拟机比赛、朝阳区滑雪挑战赛等赛事举办，400 余人参加比赛。朝阳区滑雪队在京津冀第一届青少年滑雪比赛暨北京市第二届青少年滑雪比赛中，获得双板大回转比赛男子乙组冠军、第四名、第五名、男子丙组第四名、第五名、女子丙组季军。朝阳区短道速滑队 8 名运动员参加全国青少年短道速滑 U 系列的各站比赛。

（胡　珩）

【体教结合】 年内，朝阳区成立游泳、篮球、排球三个运动项目管理中心，建立朝阳区校园足球联盟，会员 2000 余人。篮球和排球项目在 20 所学校实现竞训项目纳入布点校校本教程。游泳项目业训场地增加到 14 个，长训人数增长到 1000 人。朝阳区被国家体育总局体操运动管理中心确定为全国“快乐体操”项目的示范区，在全区幼儿园中逐步推广和普及。区体育局与区教委联合举办朝阳区“阳光杯”中小学生运动会、“移动冰场进校园”等活动，号召全区中小学生参与健身，培养兴趣，增强体质健康。

（胡　珩）

体育产业

【概况】 年内，朝阳区统筹区域资源，推动体育产业提质升级，合理布局，优化体育产业智慧平台，更新“朝阳区产业单位名录库”，全区体育企业1616家，规模以上体育企业77家，体育企业全年总收入近42.2亿元，体育企业从业人员24346人。其中，冰雪产业总收入2.2亿元，比上年增长16%。发挥体育产业促进会功能，编制《朝阳区体育产业参考》和整理出版《朝阳区体育产业政策汇编》，完成智能场馆项目提档升级，开展冰雪产业专项调研，有21家冰雪企业存在经营成本高，专业教练人才缺乏、流动性大等发展问题，通过整合资源和政策指导，提出解决问题的建议与意见。全年走访企业70余家，组织企业相关人员200余人参观北京冬季博览会，举办2次大型培训活动，促进会员单位相互交流。加强监管，确保体育行业安全生产零指标，贯彻落实《中共中央国务院关于推进安全生产领域改革发展意见》，落实“开展安全隐患大排查大清理大整治上账隐患‘回头看’核查工作”“朝阳区安全生产‘春晖’专项行动”“消防安全专项行动”等专项工作，组织开展“体育经营单位冬季防控”和“夏季游泳场馆安全生产工作”，加强安全生产教育培训工作，组织“安全生产月”活动，开展体育行业行政许可工作。

（胡　珩）

【体育产业促进交流活动】 12月20日，区体育局主办，区体育产业管理中心承办的朝阳区体育产业促进交流活动在奥运塔举行。全区43个街乡、相关委办局、体育专业院校、体育科研机构、体育企业的代表150余人参加活动。区体育局局长吴晓军就朝阳区体育产业发展发表讲话，副局长韩红宣读朝阳区体育产业特聘专家名单。特聘北京大学中国体育产业研究中心主任何文义教授、北京体育大学中国体育政策研究院院长鲍明晓教授、北京体育大学管理学院副院长体育商学院院长林显鹏教授等10人为朝阳区体育产业专家。何文义、林显鹏分别就区块链技术在体育行业的应用研究、京津冀冰雪产业协同发展展开专题演讲。

（胡　珩）

▲ 8月14日，北京市第十五届运动会排球比赛在朝阳体育馆进行（朝阳—东城）

张正晔　摄

【体育产业规划研究】 年内，区体育局研究策划体育小镇，联合北京体育大学、孙河乡政府对孙河乡近千亩待开发土地开展顶层设计规划，利用孙河乡地理区位优势及周边特征，形成体育产业聚集地并探索未来可持续运营项目策划方案。研究设计全民健身服务中心，联合北京大学体育产业研究中心，以北京市朝阳区全民健身场馆设施（高碑店）为主要研究对象，兼顾朝阳区全民健身网状体系及社区站点，综合现有条件和未来发展趋势，提出项目发展定位、主要功能、业态布局、管理机制、运营模式等方面给出发展建议，初步完成全民健身服务中心设计。

（胡　珩）

【体育行业安全监管】 年内，区体育局检查体育经营单位2092家，调集出动检查人员4300余人，领导带队检查18家，组织相关部门联合检查11次，完成双随机抽查检查单位330家，消除隐患问题59处，妥善处理信访投诉案件28起，下达责令限期整改通知书59份，约谈13家单位法定代表人，行政处罚5家存在违法行为的体育经营单位。开展体育经营单位主要负责人和安全生产管理人员宣传教育培训，受众人群5万人次。开展溺水和消防应急演练1200余次，参与人数40000人。

（胡　珩）

社会生活

北京朝阳年鉴
Beijing Chaoyang Yearbook
2019

居民收支

【概况】 国家统计局朝阳区调查队是国家统计局派驻地方的政府统计调查机构，年内，按照国家统计局《住户收支与生活状况调查方案》抽样调查方法，朝阳区抽中的调查户为1000户，既包括城镇住户，也包括农村住户。调查的主要内容包括住户成员及劳动力从业情况、住房和耐用消费品拥有情况、居民现金和实物收支情况、居民家庭食品和能源消费情况等。调查采用日记账和问卷相结合的方式采集基础数据。据调查数据显示，朝阳区经济运行平稳，居民消费价格(CPI)温和上行；居民收入增势稳健，财产净收入增势良好；消费支出增速回升，服务性消费比重近六成，居住支出主体地位稳固，医疗保健支出增长最快。每百户居民家庭拥有家用汽车54辆，摩托车3辆，助力车15辆，洗衣机100台，电冰箱102台，微波炉80台，彩色电视机132台，空调器194台，热水器99台，排油烟机93台，固定电话59线，移动电话222部，计算机96台，照相机58台，中高档乐器15架，健身器材12台，空气净化器（含新风系统）43台，吸尘器35台。

（杨 琪）

【居民收入】 年内，朝阳区居民人均可支配收入70746元，比上年增加5905元、增长9.1%。在居民收入的四项构成中，人均工资性收入41659元，比上年增长10.5%，占人均可支配收入的58.9%；人均经营净收入545元，比上年下降67.9%，占人均可支配收入的0.8%；人均财产净收入14189元，比上年增长9.9%，占人均可支配收入的20.1%；人均转移净收入14353元，比上年增长14.5%，占人均可支配收入的20.3%。

（杨 琪）

【居民消费支出】 年内，全区居民人均消费支出44849元，比上年增加3270元、增长7.9%。其中，食品烟酒支出9043元，占人均消费支出的20.2%；衣着支出2664元，占5.9%；居住支出17028元，占38.0%；生活用品及服务支出2743元，占6.1%；交通通信支出4752元，占10.6%；教育文化娱乐支出4352元，占9.7%；医疗保健支出2958元，占6.6%；其他用品和服务支出1309元，占2.9%。

（杨 琪）

民 政

【概况】 朝阳区民政局（简称区民政局）是负责全区民政事业管理工作的区政府职能部门，主要负责养老服务、低保救助、社会组织、婚登收养、双拥共建、优待抚恤、接收安置、救助管理、征地超转、社区服务、基层政权、行政区划、慈善捐赠、防灾减灾、见义勇为、殡葬服务、孤残保障、福彩发行等民政事业发展的监督管理、服务保障和组织协调工作。行政编制50人、机关工勤编制3人，内设行政科室12个，下设事业单位34个。年内，区民政系统立足“民政为民、民政爱民”理念，扎实推进3项市、区政府工作报告重点工作、4项重要民生实事、落实50余项绩效任务。民政重点领域改革持续深化，养老服务、社会救助、社会组织等工作创新发展，落实年度重点任务39项。销售福利彩票8.3亿元，年销售总量继续保持全市首位。开展“两节”送温暖活动，慰问8.63万人，慰问金额3635.4万元。新增见义勇为人员7人，全区有157名见义勇为人员。

（张 寻）

【养老服务】 年内，区民政局完成养老服务体系、三年行动计划、养老设施等规划编制，落实市区各项惠老政策，发放各类补贴资金2.33亿元；开展居家辐射服务项目288个，实施居家养老“四进”服务9500人次，巡视探访独居老年人6396人，失能老年人家庭照护技能培训11300人次；新建9个养老照料中心、20个养老服务驿站，实现街乡养老驿站全覆盖，全区现有建成及在建养老机构69家、床位1.81万张；在全市建立首个养老驿站内设护理站，率先实施养老机构、养老从业人员信用管理和诚信评价试点，搭建老年大学终身学习平台，打造“朝阳百老汇”品牌，试点养老“一键呼”500户。

（张 寻）

【困难救助】 年内，区民政局筹备建立困难群众救助指导中心，建立街道（地区）困难群众救助服务所15家，为7604户困难家庭建立“一户一策一档”救助台账，精准救助个案帮扶430户552名困难群众（其中老年人178人、残疾人241人、儿童55人、患病44人和其他困难群众34人）；升级救助信息平台，强化动态管理和复审预警功能，享受低保待遇6748户、11663人，特困供养61人，发放低保金15024.46万元，实施临时救助278户次492人次、116.67万元；加大流浪乞讨救助管理，在安贞、建外、垡头、酒仙桥、麦子店等6个街乡试点设立社工救助驿站，提供政策支持、基本补给，探索京籍受助人员安置渠道，救助2521人、分流2502人、护送返乡12人、帮助34名街面流浪人员回归社会和家庭。

（张 寻）

【慈善捐赠】 年内，区民政局开展“中华慈善日”“北京慈善周”“朝阳慈善月”等活动50余场次；救助困难家庭12952户，救助金额1370.74万元；推进捐助站点标准化建设，指导街乡开展爱心义卖、爱心捐款、爱心手拉手等经常性帮扶活动，搭建地区社会单位和个人与困难家庭帮扶联系；接受捐款311643.61元、捐赠物品205092件。

（张 寻）

【防灾减灾】 年内，区民政局举办全国防灾减灾日、国际防灾减灾日宣传活动，获全市民政救灾系统第二届“技协杯”职工技能大赛二等奖；开展防灾减灾大课堂100余课时，培训灾害信息员1200余名，完成1451名国家自然灾害灾情信息员更新；推进减灾示范街乡和社区创建，创建6个市级示范区，麦子店街道被评为北京市综合减灾示范街道。

（张 寻）

【孤残保障】 年内，区民政局出台《朝阳区加强困境儿童和留守儿童保障工作实施方案》，实现街乡儿童督导员、村居儿童主任全覆盖；打造“朝阳儿福”品牌，建立朝阳儿福志愿服务基地，提供志愿服务350人次，接收爱心捐赠款1.2万余元、捐赠物资1866件折合人民币10万余元；落实46名散居事实无人抚养儿童生活补贴，办理收养登记4件，走访入户856户困境儿童，举行“合力监护、相伴成长”等主题宣传活动5次，发展个案54个；落实2.79万残疾人两项补贴，服务保障福利机构303名困境家庭。

（张 寻）

【地退超转】 年内，区民政局为2.16万名超转人员提供多样化服务；完成《朝阳区建设征地超转人员生存现状调查报告》和《朝阳区征地超转人员采暖补贴工作调研报告》两份报告，获民政部2018年民政政策理论研究三等奖；为9882名超转人员发放清洁能源自采暖补贴1656.66万元。

（张　寻）

【双拥共建】 年内，区民政局推动实事项目与专业服务进军营，推出拥军服务大礼包，包含25个拥军实事项目总金额719.64万元，开展消防官兵心理减压及辅导、厨师技能培训、解决官兵饮水问题等服务；开展第六届“双拥杯”篮球友谊赛、创建“节水型军营”“图书进军营”等活动；资格审定155名随军家属，完成随军家属定向招聘；“两节”期间慰问33支驻区部队，300名困难官兵，发放慰问款273.42万元。

（张　寻）

【优抚安置】 年内，全区各类优抚对象4161人，发放各类优抚资金2亿元；核对完善4095名优抚对象的个人信息；在全市率先完成朝阳区退役军人服务管理中心揭牌，实现退役军人服务机构街乡全覆盖，完成优抚对象的数据核查；推进退役军人和其他优抚对象信息采集工作，设置383个采集点，采集信息93838人。

（张　寻）

【军休服务】 年内，区民政局落实军休干部“两个待遇”，开展诗书画影等文体活动，加强军休服务人员队伍建设；出版《军休生活》11期、军休艺苑6期；创建星级军休所，接收军休干部322人。

（张　寻）

【社会组织】 年内，区民政局成立功能型党组织朝阳区社会组织综合党委；推进行业协会脱钩收尾工作，启动行业商会脱钩工作；完善社会组织直接登记工作机制和流程；实现全区43个街乡社区社会组织联合会全覆盖，加强培育扶持力度，开展社会资金配比定向扶持，引导社区社会组织在提供社区服务、扩大居民参与、培育社区文化、促进社区和谐等方面发挥作用。

（张　寻）

【社区服务】 年内，区民政局建立全市首个社工实务实习实训基地，引导社工组织参与对口支援帮扶计划，举办社工公益服务活动5次，帮扶70余名困难群众；深入380个社区开展“志愿北京”与“易时光志愿回馈”志愿服务信息系统培训；规范“96156”社区服务平台建设，实行全时制和全过程监控，采集信息9698条。

（张　寻）

【村民自治】 年内，区民政局强化农村村务公开和民主监督，制定村务公开模板，指导全区19个乡开展农村基层“民主日”活动，结合“村居混居”专题调研工作，推进农村民主政治建设；完成村委会统一社会信用代码赋码工作，全面启动第十一届村委会换届工作。

（张　寻）

【行政区划】 年内，区民政局优化区划布局，开展街乡界线梳理协调工作，推进界线检查和平安边界建设，配合市民政局、区应急办、区城管局等部门做好区级界线确认工作。

（张　寻）

【殡葬服务】 年内，区民政局为1061人发放丧葬补贴金额530.5万元，审批“遗体外运”12件。完成保障清明节群众扫墓服务工作，高峰日接待扫墓群众15.8万人次，疏导机动车30244辆。开展绿色殡葬和“自然葬”等生态安葬模式宣传。

（张　寻）

【婚姻收养】 年内，区民政局办理结婚登记21985对，办理离婚登记10940对，收养登记8件。建设智能咨询服务系统，开展“五四”“爱传承·心风尚”等系列主题颁证活动。

（张　寻）

▲ 5月4日，朝阳区婚姻登记处举办“爱传承·心风尚”之“爱的传承”五四青年节集体式颁证仪式　区民政局　供稿

社会建设管理

【概况】 中共朝阳区委社会工作委员会（简称区委社工委）、朝阳区社会建设工作办公室（简称区社会办）是负责区社会建设管理及街道工作的主管部门。年内，精准对接居民需求，持续推进社区管理体制改革，完善社区基础设施和民生服务体系。全面动员社会力量参与城市治理，人居环境持续优化，基层社会治理体系和治理能力现代化水平持续提升。朝阳区被第四届加强和创新社会治理成果交流大会评选为全国社会治理创新优秀城市，全要素小区建设经验被评选为全国社会治理示范案例。

（杨　旭）

【第三届朝阳社工基本功大赛决赛】 1月17日，“社区有我”第三届朝阳社工基本功大赛决赛举办。本届大赛较前两届，参赛范围从城乡社区工作者扩大到专业机构社工；比赛内容新增社会工作专业知识；比赛方式新设社工创享环节，通过演讲、推介、策划和小品演绎等形式，紧扣时事热点和最新要求，展示社区优秀项目，策划指定活动，解决社区工作中遇到的问题。呼家楼街道获一等奖，东湖街道、奥运村街道获二等奖，其余四个街乡获三等奖。

（杨　旭）

【社会组织党组织书记述党建工作会】 3月23日，区社会组织党组织书记述党建工作会暨2018年第二次社会组织党建联席会召开。区委社会工委书记、副书记，社会组织党建联席会成员，各街道工委副书记、组织科长，部分社会组织党组织书记代表以及党建专家80余人参加会议。述职采取“一述一评”的方式，北京市朝阳区三环肿瘤医院、北京市朝阳区四海归巢社会工作事务所、北京安杰律师事务所、北京福建企业总商会和北京市朝阳区小金星幼儿园党组织书记围绕学习宣传贯彻党的十九大精神、履行第一责任人职责情况、落实社会组织党建重点任务情况、推进党风廉政建设情况、党组织功能发挥情况和创新做法等方面依次现场述职，来自中组部党建所、区党建研究会、博研正通（北京）信息咨询有限公司等单位的党建专家进行一对一点评。区委社会工委书记赵年生总结2017年社会组织党建取得的成果，并对2018年社会组织党建工作提出要求。

（杨　旭）

【社会建设和农村城市化工作会】 3月29日，区委社会工委、区社会办、区委农工委、区农委召开区社区建设和农村城市化工作会。全区社会建设相关部门和各街乡党政正职等参加会议。副区长刘海涛做工作报告。报告回顾2017年全区社会建设工作，分析社会建设工作面临的形势和挑战，部署2018年全区社会建设工作。会议提出2018年社会建设工作要突出“精治、共治、法治”，深化“五化协同”治理模式，全力提升朝阳社会治理社会化、法治化、智能化、专业化水平和城市治理精治、共治、法治水平。

（杨　旭）

【社区社工“三专”试点启动】 3月，社区社工“三专”（专业社工、专业方法、专业项目）试点启动，完善专业社工岗、社区督导岗和社会组织服务平台运行模式。

（杨　旭）

【第四届社会治理创新优秀案例展示活动】 7月12日，区第四届社会治理创新优秀案例展示活动举办。中国社会工作联合会副会长王国英，民政部基层政权与社区建设司城市社区建设处处长李永新，市委社会工委书记、市社会办主任宋贵伦，市委社会工委、市社会办政策法规处处长唐志华，区委书记王灏、代区长文献、组织部部长何明、副区长刘海涛以及朝阳区各相关委办局和街乡领导400余人参加活动。上年，组织43个街乡和相关委办局围绕“社会领域党建、民生服务、城市管理、社区居民治理、社会动员”等五个方面评选社会治理创新项目，评选出最佳项目10个、优秀项目10个、潜力项目10个以及10名先进个人。朝阳区连续四年开展社会治理创新项目展示活动。

（杨　旭）

【党政群共商共治区级民主协商会】 8月24日，党政群共商共治区级民主协商会会议召开，区委四套班子成员，由人大代表、党代表、政协委员、专业学者等组成的议事代表团，全区43个街乡及相关委办局主要领导参加会议，审议双井街道众享生活圈建设项目、和平街街道砖角楼全要素小区建设项目、望京街道花家地北里地下空间有机使用项目、麦子店街道坝河东直门干渠枣营段景观提升项目、将台乡优化丽都商圈发展环境项目等5个项目，经街乡陈述、部门发言、议事代表质询及评分等协商讨论环节，5个涉及推动“疏解整治促提升”、大尺度生态提升、现代化精细化治理、提升民生“七有”优质服务水平和优化营商环境工作的项目均评审通过，被列为2018年区级共商共治项目，由与会代表共同监督完成。

（杨　旭）

【领导调研】 11月10日，市委书记蔡奇、市长陈吉宁到和平街街道实地察看胜古北里三机床小区老楼加装电梯工作，并到居民家中询问改造效果。蔡奇提出老旧小区要突出解决居民生活不便问题。区委书记王灏、区社工委书记赵年生陪同。随后，市区领导一行到团结湖街道调研“社区之家”示范点建设情况，参观“社区之家”（北京市现代商务培训中心），了解“社区之家”服务开展情况，提出要围绕“七有”“五性”做好民生工作。

（杨　旭）

【第八届北京魅力社区评选朝阳落地推广活动】 12月26日，第八届北京魅力社区评选朝阳落地推广活动在垡头地区举办，21个朝阳入围社区的居民参加活动。建外街道、麦子店街道等5个美丽社区在活动舞台一展风采。集中展演舞蹈、小品、朗诵、合唱等节目，表演者既是普通社区居民，又是社区志愿者，共同助力“北京魅力社区”评选表彰活动，展现魅力风采。

（杨　旭）

【社区服务】 年内，朝阳区试点推行社区服务站改革，实践“全能社工＋综合受理”模式，建成12个农村地区星级社区服务站；推动社区减负，清理社区挂牌，规范考核评比、印章使用管理。推进“互联网＋社区服务”，引入各类便民智能终端1026处，逐步实现社区服务社会化运作。动员驻区社会单位开放内部服务设施，建成39个市级“社区之家”示范点。建设深化219个市级“一刻钟社区服务圈”示范点。

（杨　旭）

【基本公共服务】 年内，朝阳区推进义务教育学区化改革，教师在义务教育学区内和集团化办学的学校校区间轮岗交流和资源共享机制日益完善。全区高考一本上线率首次突破60%。370家医疗机构完成医药分开综合改革，深化分级诊疗制度，紧密型医联体实现全区覆盖。社区卫生服务中心优质医疗服务能力持续提升，群众健康指标提高。三级养老服务体系建设持续深化，重点保障特殊困难老年人基本养老服务。街乡文化中心、社区和行政村文化活动室实现全覆盖。

（杨　旭）

【社会保障事业】 年内，城市登记失业率稳定控制在1%以下。三大类七个医疗救助项目的报销比例分别提升10%~20%。落实低保救助政策，升级区社会救助信息平台，强化低保动态管理和复审预警功能，实现低保身份二维码电子查询等数字化服务。落实困难残疾人生活补贴和重度残疾人护理补贴制度。加强困境未成年人社会保护，实现市、区、街乡、社区四级联动。规范超转人员管理，完善超转人员医疗救助服务政策。加强地退人员服务管理，支持街乡经常性开展走访慰问。

（杨　旭）

【疏解整治年度任务超额完成】 年内，城市地区疏解有形市场37家、清理地下空间152处、整治群租房606处、拆除违法建设24.9万平方米，年度任务指标提前超额完成。整治开墙打洞4057户，12个街道实现“开墙打洞”全封堵。治理72处跨区、跨街道、城乡接合部环境秩序混乱点位。“天上有网、地上有格、街巷有长、吹哨有响”的精细化管理综合治理机制初步建立。

（杨 旭）

【安全检查】 年内，朝阳区开展安全生产“护航”“深耕”“金秋”专项行动和安全生产和消防隐患大清理大排查大整治专项行动。通过国务院消防工作督查、市巡查组安全生产专项检查、市环保督察，完成19处占压燃气管线消隐任务，推进4548户“煤改电”。为10998户困难群体家庭安装燃气自闭阀、报警器并更换软管。坚持“摸底、帮扶、稳控”相结合，排查化解矛盾。

（杨 旭）

【智慧治理】 年内，朝阳区运用大数据、物联网、移动互联等技术手段，深化城市管理网、社会服务管理网和社会治安网“三网”融合。发挥“一格统筹”的精细化管理优势，实施“网格化+”行动计划，完善网格化E通车系统。试点推进“厅网站”建设，配齐专职网格化工作督导员，提升网格化体系应用水平。试点开展智慧物业工作，初步实现试点商务楼宇和居民小区物业的信息化管理。

（杨 旭）

【自治共治】 年内，朝阳区出台《关于进一步加强城乡统筹提升社会治理水平的实施意见》、共商共治目录和协商指导手册，100个城乡社区手拉手共建，46个绿色智慧平安社区各具特色。全区446个社区全部建成居民议事厅，推广建设楼院（小区）议事厅、流动议事厅、网络议事厅，发挥其征集需求、凝聚共识、破解难题、协商共治的平台作用，解决百姓身边事。楼门文化阵地在全区1万多个楼门扎根。

（杨 旭）

【社会动员能力】 年内，区级社会动员中心（创享空间）正式运营，三级社会动员平台更加规范。推进“1710”计划，街乡社区社会组织联合会建设实现全覆盖，支持1089个居民团队持续开展社区创享。投入5404万元，购买社会组织服务项目240个，社区公益基金会筹资784万元，支持服务项目52个。开展“金葵朝阳”、一抹蓝天助力计划等主题志愿服务活动2323场，汇聚志愿者18.76万人次。

（杨 旭）

【区域化党建】 年内，朝阳区发挥“一轴四网”统领作用，深化提质、强基、突破、活力工程，统筹推进中共十九大精神学习宣传贯彻工作，创新“五带五学”机制，成立宣讲团，将学习贯彻横向延伸到边、纵向压实到底；深化“走清建树”主题实践，创新“朝阳承诺”动员载体，有6.5万名党员群众在中心工作、重大服务保障中承诺践诺；配备“两专一兼”党务工作者2643人，投入党建经费9460万元，完善“区级有中心、街道有阵地、社区有空间”的阵地建设布局。

（杨 旭）

【社会领域党建】 年内，朝阳区新建社会组织党组织75个，党组织覆盖率达71.2%；按照“B+T+X”的体系，在429个居民党支部开展规范化建设试点工作；完善“十百千万”示范工程和“项目+品牌”的品牌培育机制，分层分类培育1020个党建品牌，实现支部有特色、社区有亮点、街道有品牌的目标。

（杨 旭）

人力资源管理

【概况】 朝阳区人力资源和社会保障局（简称区人力资源社会保障局）是负责全区人力资源和社会保障工作的区政府工作部门。年内，加强人力资源服务体系建设、优化人才发展环境，深化机关事业单位人事制度改革，加强专业技术人员队伍建设。招录公务员392人。首次推出区高校毕业生选培计划，走进北京内、外54所“双一流”高校招生，选育100名朝阳区发展紧缺专业高校优秀毕业生。事业单位招聘1922人。招录非北京生源“大学生村官”（选调生）30人，全部为研究生学历。接收非北京生源应届毕业生800人。接收安置军转干部130余人。

（齐媛媛）

【中关村直通车正高级工程师推荐】 3月至6月，区人力资源社会保障局开展中关村直通车正高级工程师推荐工作，首次将推荐范围从中关村朝阳园拓展到全区企事业单位、非公经济组织，4人获正高级工程师职称。

（唐心童）

【积分落户】 4月16日，区公共服务中心启动北京市积分落户工作受理事项。年内，接听咨询电话30143次；接待服务群体16504人次；区13675家企业30959人完成系统申报注册工作；现场审核出资比例及夫妻关系6396人，受理复查申请6703人；为1348人办理落户申报手续，517人发放落户函件。

（刘晶晶）

【朝阳园博士后工作站启动】 4月20日，区人力资源社会保障局举办朝阳园博士后工作站启动仪式，市、区有关部门领导共同为朝阳园博士后科研工作站及北京兆维电子（集团）有限责任公司、北京奇安信科技有限公司、精进电动科技股份有限公司、北京时代凌宇科技股份有限公司博士后企业分站揭牌，发放资助金50万元。

（唐心童）

【中小学教师职称评审】 4月至10月，区人力资源社会保障局开展中小学教师职称评审工作。全区评审通过正高级教师12人，高级教师341人，一级教师728人，初级教师1364人。

（唐心童）

【工作居住证网上预约】 6月25日，区公共服务中心正式向辖区企业开放北京市工作居住证网上预约系统。年内，为辖区内企业预约4916次，通过预约受理业务量6266人次。

（刘晶晶）

【创业创新大赛】 7月10日，朝阳区开展“中国创翼”创业创新大赛朝阳区选拔赛暨“创业北京”创业创新大赛项目选拔评审会，3个高科技类项目被选拔参加全市大赛，获得1个三等奖、2个优胜奖，劳服中心获得优秀组织奖。

（李 白）

【博士后经费资助】 9月，区人力资源社会保障局开展朝阳区博士后经费资助工作。根据新出台的《朝阳区博士后工作经费资助管理办法》，资助8家设站单位，37名博士后研究人员，资助金额211.5

万元，其中，日常经费资助42.5万元，科研活动资助159万元，设站资助10万元。

（唐心童）

【外国人来华工作许可试点】 年内，外国人来华工作许可接待业务量9377件，受理各项业务7206件，其中，受理A类人才业务量142件。制发外籍人才来华工作许可证4895张。

（唐心童）

【事业单位招聘】 年内，朝阳区事业单位统一招聘公布岗位190个，实际聘用140人；教育系统事业单位公布招聘岗位1932个，实际聘用1527人；卫生系统事业单位公布招聘岗位256个，实际聘用139人。

（唐心童）

【工作居住证办理】 年内，朝阳区新办居住证6899人，聘用单位信息变更5244人，随往信息变更2136人，地址信息变更1215人，其他信息变更413人。

（丁明圆）

【军转安置】 年内，朝阳区接收安置随军家属124人，其中自谋职业118人，政府安置6人。为118名接收的随军家属发放一次性补助354万元。

（杜　明）

【公务员考录】 年内，107家区属单位公开招录公务员392人，其中应届毕业生181人、具有基层工作经历的311人、硕士研究生及以上学历176人。

（王　静）

【纳入规范管理事业单位招考】 年内，51家区属单位公开招录规范事业单位人员116人，其中应届毕业生6人、具有基层工作经历的110人、硕士研究生及以上学历29人。

（王　静）

【高校毕业生选培计划】 年内，朝阳区首次推出区高校毕业生选培计划，划定综合经济、智慧城市、文化创新、生态建设、城市规划、社会治理等6大类领域50余个主要学科方向。设立“朝阳选培计划”公众号开展宣传，吸引20000余名高校毕业生注册微信公众号，7000余人报名。走进北京内、外54所“双一流”高校招生，选育100名朝阳区发展紧缺专业高校优秀毕业生。

（王　静）

【创建示范活动梳理】 年内，区人力资源社会保障局会同主管工委等相关部门梳理汇总区内开展创建示范活动，上报11项市级以上和6项区内活动。

（王　静）

【改革开放杰出贡献表彰人选推荐】 年内，区人力资源社会保障局按照《北京市推荐改革开放杰出贡献表彰人选通知》要求，采取各工委会同党史办、档案局等相关单位组织申报的形式，向北京市人力社保局推荐叶青、刘黎、徐伟、王文和、秦文志等5名改革开放杰出贡献人选。

（王　静）

【职务与职级并行制度】 年内，区人力资源社会保障局为全区56名干部办理职级晋升，其中8人晋升为副科级、2人晋升为正科级、34人晋升为副处级、12人晋升为正处级。

（王　静）

【平时考核】 年内，区人力资源社会保障局发挥考核奖励的“杠杆”作用，把考核奖励与全区中心工作、重点任务紧密结合，平时考核和年度考核紧密结合，奖优罚劣，做到“三倾斜一联动”：“三倾斜”指实施年度考核奖励指标“三个倾斜”，为基层一线、先进模范和重点任务单位增加指标；“一联动”指在组织实施全区年度考核工作过程中，与市主管处室，区纪委监察、工资福利等部门联合就考核中的疑难事项沟通、会商，重点落实处分结果在年度考核中的兑现。

（王　静）

【民办职业技能培训机构审批管理】 年内，区人力资源社会保障局批准新成立1家民办职业技能培训学校，依法注销有效期届满未延续的9所民办职业技能培训学校。

（张　丽）

【干部在线学习】 年内，全区有6678名公务员及参照公务员法管理机关（单位）的工作人员参加在线学习，全部参加考核。科级及以下干部学习学分制考核的申报率、审核率、通过率完成三个100%。

（戴晓霏）

【干部培训】 年内，区人力资源社会保障局举办军转干部、公务员初任培训、正科、副科任职培训、事业单位管理岗新录用人员培训等各类培训33班次、3462人次。

（戴晓霏）

就业与社会保障

【概况】 年内，全力推动区内实现更高质量和更充分就业，加快提升社会保险服务保障效能，扎实构建和谐稳定的劳动关系。区内城镇登记失业率0.72%，登记失业人员就业率70.64%。城镇登记失业人员实现就业2.15万人，其中就业困难人员实现就业1.61万人。全年开发就业岗位12.25万个。认定9家定点技能培训机构，承担本市城镇失业人员、农村转移就业劳动力和外省市来京务工人员等政策性培训任务。审批发放9项区级促进就业政策资金1.3亿元。完成1.56亿元就业专项资金预算。完成全区17.67万家参保单位社保缴费工资申报。各项社会保险基金累计征缴869.1亿元，累计支出417.6亿元。审核支付医疗保险费用138.63亿元。受理劳动人事争议案件21010件。劳动监察部门检查用人单位18368家，受理投诉举报5703件，妥善处置群体突发讨薪事件92起。疏解整治工作全年检查用人单位1.22万家，疏解6064人。

（齐媛媛）

【首例城乡居民刷卡就医结算完成】 1月1日，区双桥医院接诊全区第一位城乡居民医疗险患者，原新农合参保人完成医疗保险费用的刷卡实时结算。涉及总金额33.99元，其中医保内金额33.99元。

（何　京）

【就业援助月专项活动】 1月2日至2月2日，区公共服务中心开展以“就业帮扶，真情相助，不让一个困难群众掉队”为主题的就业援助月专项活动，走访就业困难人员和零就业家庭1834户，联合区残联、各街乡组织开展主题招聘日、残疾人专场招聘会、综合招聘洽谈会等17场活动，帮扶2109人次，援助1509人实现就业。.

（刘晶晶）

【跨省异地就医直接结算情况调研】 1月5日，由人社部社保中心异地就医工作组、中国社会保障杂志、北京市医保中心组成的调研组，到首都医科大学附属北京安贞医院实地走访调研异地就医住院费直接结算情况，开展北京市主要医院跨省异地就医直接结算蹲点工作，在医院的入院登记，出院结算，病房，医保办等地，了解群众诉求，现场解答问题，提出解决方法。8月25日，国务院大督查民生调研组到首都医科大学附属安贞医院和中日友好医院实地调研跨省异地就医直接结算工作。朝阳医保中心专题汇报区跨省异地就医直接结算情况。督查组会同医院工作人员召开座谈会，了解工作运行过程中存在的问题，并到结算窗口和病房，与异地患者面对面交流，实际解决异地患者面临的问题。同时提出对外埠参保地要加强政策宣传和加大信息化建设。

（何　京）

【“春风行动”专项活动】 2月下旬至3月底，区公共服务中心举办以“促进转移就业，支持返乡创业，助力增收脱贫”为主题的“春风行动”专项活动，发布岗位信息15369个，发放宣传材料19739份，为8910人提供各类指导和帮扶，联合区妇联、区总工会、各街乡召开主题招聘日、妇女专场招聘活动、送岗进社区等各类活动35场，帮扶1614人实现就业。

（刘晶晶）

队（区医保监察队）其他机构编制事项均不变。

（韩运旗）

【社会保险个人权益查询】 5月1日起，区社保中心为辖区内43个街道社保所及区公共服务中心配置新型权益记录查询机。年内，通过柜台打印个人权益记录61528人次，自助终端194203人次，网上服务平台393592人次。

（赵东辉）

【北京朝阳社保中心微信公众号开通】 5月16日，“北京朝阳社保中心”微信公众号正式开通。年内，用户关注量75177人。

（赵东辉）

【新参保单位网上登记】 5月18日起，新参保单位可以直接通过北京市社会保险网上服务平台开展网上登记，全区12366家新参保单位申报。

（赵东辉）

【联合调解室成立】 5月，区劳动人事争议仲裁院与区劳动保障监察队在劳动监察受理大厅成立联合调解室，由朝阳仲裁院派驻两名工作人员现场调解简单案件，

▲“春风行动”专项活动　　刘晶晶　摄

【劳动监察大队更名】 4月18日，原北京市朝阳区劳动监察大队更名为北京市朝阳区劳动保障监察队（简称区劳动保障监察队），原加挂的北京市朝阳区医疗保险监察大队更名为北京市朝阳区医疗保险监察队（简称区医保监察队）。更名后，区劳动保障监察

满足劳动者快速维权的现实诉求。自成立至2018仲裁年度截止，调解成功447件。

（王丽婕）

【区劳动保障监察队CBD工作站启动】 7月18日，区劳动保障监察队北京商务中心区工作站正式启动。北京商务中心区工作站设在建外街道，旨在落实“街乡吹哨、部门报到”工作机制，将执法力量下沉，提高劳动保障监察快速反应能力，快速查处建外、朝外、呼家楼三街道辖区内发生的投诉举报案件及突发事件。

（韩运旗）

【速裁工作】 8月，区仲裁院制定《仲裁案件简易处理暂行办法》，成立速裁工作小组，在立案阶段繁简分流，对于调解不成、能够送达被申请人的简单案件及集体案件，通过笔录送达庭前文书、快审、快裁的方式处理劳动争议，节省当事人时间成本，减轻审理庭压力。年内，以速裁模式审结劳动人事争议案件103件。

（王丽婕）

【仲裁建议书制度】 8月，区仲裁院推行仲裁建议书制度，对于在案件调处过程中发现存在明显用工偏差的企业，送达仲裁建议书，提出法律风险警示，帮助用人单位分析管理中存在的不足之处，提出改进建议，预防和减少劳动纠纷的产生。

（王丽婕）

【基层调解员培训】 10月30日至31日，区仲裁院分批组织街乡、企事业单位劳动人事争议调解组织调解员开展业务培训，组织调解员学习劳动争议案件处理中具有典型意义的案例，学习《北京市调解组织工作办法》中“委托调解”“引导调解”等相关内容。

（王丽婕）

【《仲裁与诉讼衔接办法》签订】 12月7日，区仲裁院与区法院共同签订《北京市朝阳区劳动人事争议仲裁与诉讼衔接办法》，《仲裁与诉讼衔接办法》主要包括裁审衔接工作原则、程序规范、工作制度建设、信息共享机制、交流平台建设、组织制度建设六个方面内容。

（王丽婕）

【定点医药机构新增】 12月24日，北京市医保中心公示2018年新增基本医疗保险协议管理定点医药机构名单，公示的487家医药机构名单中，朝阳区128家。

（何　京）

【城乡劳动力职业培训】 年内，区人力资源社会保障局认定9家定点技能培训机构，承担本市城镇失业人员、农村转移就业劳动力和外省市来京务工人员等政策性培训任务。全区开展技能培训81523

人，其中女性25593人、本市城镇劳动力19394人、本市农村劳动力4918人、外省市来京务工人员44175人、其他人员13036人；非等级培训53110人，职业资格培训28413人，其中初级工培训19995人、中级工培训5563人、高级工培训2543人、技师培训275人、高级技师培训37人。年内审批职业培训补贴5445人492.1万余元。其中本市城镇失业人员2887人、本市农村转移就业劳动力88人、外省市来京务工人员2470人；失业保险基金负担168.1万余元，财政就业专项资金负担323.9万余元。

（张　丽）

【劳务协作技能扶贫】 年内，区人力资源社会保障局对河北省唐县、康保县、阳原县、内蒙古卓资县、新疆墨玉县、新疆建设兵团十四师四十七团开展技能帮扶，举办培训班40期，培训当地劳动力1892人，其中建档立卡贫困劳动力773人、致富带头人265人、创建劳务实训基地16家。

（张　丽）

【就业资金审批】 年内，区人力资源社会保障局审批发放9项区级促进就业政策资金1.3亿元，涉及546家单位，惠及各类人员1.76万人。

（朱　琳）

【失业金发放管理】 年内，区人力资源社会保障局对失业保险待遇发放从区级核定到街乡发放开展线上线下的链条式监督检查，除每月定期抽查失业金核定情况外，实地抽查街乡失业保险待遇系统发放状态、发放手续、数字证书权限管理，现场指导并督促纠正发现的问题。

（朱　琳）

【就业资金审计】 年内，区人力资源社会保障局委托第三方审计公司审计拨付到街乡的2017年度社会公益性岗位补贴以及自采暖补贴资金使用管理情况，审计资金4796万元。审计结果显示，各街乡基本能按照政策规定管理和使用资金，对个别单位出现资金未及时发放到位等审计问题，及时督促，并全部整改到位。

（朱　琳）

【2017年度就业补助资金专项检查】 年内，区人力资源社会保障局全面梳理检查2017年度就业补助资金管理使用情况，从资金运行监管情况、资金支出落实情况、信息公开保护情况三方面做自查汇报。通过自查进一步完善资金运行管理制度，推动就业补助资金管理使用更加规范、便捷有效。

（朱　琳）

【城镇职工社会保险】 年内，全区基本养老保险、失业保险、工伤保险、生育保险和医疗保险的参保单位数分别为13.57万户、13.40万户、13.77万户、13.37万户、13.35万户，比上年分别增长11.23%、11.20%、11.14%、11.32%、11.53%。基本养老保险、失业保险、工伤保险、生育保险、医疗保险参保人数分别为348.94万人、269.15万人、247.88万人、238.63万人、370.88万人，比上年分别增长6.74%、7.77%、7.80%、8.85%、7.07%。各项社会保险基金累计征缴869.1亿元，累计支出417.6亿元，分别完成全年征缴指标和支出预算的104.21%、95.13%。

（赵东辉）

【社会保险稽核】 年内，区社保中心稽核参保单位1474户，稽核参保人员4.95万人，补缴金额9721.91万元。

（赵东辉）

【城乡居民基本养老保险】 年内，全区城乡居民基本养老保险参保人数3.39万人，收缴保费44786万元；支出养老金2.30万人，支出金额38573万元。

（赵东辉）

【社会保险关系转移】 年内，全区养老保险关系跨省转入7670人，转入金额3.88亿元；转出2.03万人，转出养老保险金额6.60亿元；医疗保险关系跨省转入5695人，转出1.31万人。

（赵东辉）

【机关事业单位基本养老保险】 年内，朝阳区机关事业单位养老保险缴费单位656家，参保人数4.68万人，基金累计收入13.83亿元，职业年金累计收入6.11亿元；退休人数2.65万人，基金累计支出18.89亿元。

（赵东辉）

【城乡居民基本医疗保险】 年内，全区通过缴费或免缴费认证完成2019年度城乡居民基本医疗保险参保缴费39.93万人。

（赵东辉）

【跨省异地就医住院费用直接结算】 年内，朝阳区54家医院开展跨省异地就医住院费用直接结算业务，审核结算跨省异地就医直接结算住院费用81724笔，涉及金额27.39亿元，与29个省级行政区完成直接结算业务。

（何　京）

【打击欺诈骗取医疗保障基金专项行动】 年内，区人力社保局、区卫生计生委、市公安局朝阳分局、区食品药品监管局联合开展打击欺诈骗取医疗保障基金专项行动，核查票据3000余份，处理通报有问题医药机构5家，约谈门诊就医异常参保人60人，追回各项违规费用100余万元。

（何　京）

【医疗保险审核】 年内，区医保中心审核支付医疗保险费用138.63亿元，比上年增长17.04%。基本医疗类费用审核支付133.52亿元，比上年增长18.70%，其中门诊类审核支付73.22亿元，比上年增长13.16%，住院类审核支付61.70亿元，比上年增长23.64%，手工类审核支付3.71亿元，比上年下降3.26%；生育类医疗费用审核结算19.52亿元，比上年下降1.00%；工伤及其他类医疗费用审核支付1.32亿元，比上年下降2.22%；拒付、追回各类医疗费用678.77万元。

（何　京）

【医疗保险总额控制】 年内，朝阳区医疗机构基金累计申报127.30亿元，比上年增长12.59%。其中总额预付医疗机构基金申报97.66亿元，占比76.71%，总量控制医疗机构基金申报1.62亿元（含精神病住院费用），占比1.27%，社区医疗机构基金申报28.03亿元，占比22.02%；总额预付基金同期指标使用率104.60%，比上年上升7.87%，总量控制基金同期指标使用率87.15%（不含精神病住院费用），比上年下降50.2%；社区医疗机构基金申报同比为21.46%，比上年下降9.72%。

（何　京）

【医保医师管理】 年内，朝阳区医保医师备案人数16618人，医保医师培训12次，涉及1219人次；考核医保医师12次，违规扣分医师2539人，表彰在医保医师管理做出突出贡献的25家医疗机构及321名医师。

（何　京）

【职业技能培训】 年内，区人力资源社会保障局开展技能人才培训97664人，男性 64017 人，女性 33647 人。其中培训在职职工 59945 人，失业人员 5659 人，农村人员 15359 人，其他 16701 人。其中等级培训 23147 人，其他适应性培训 74517 人。认定 10 家定点培训机构的 18 个工种承担本市政策性职业技能培训工作，全年培训 5445 人，其中本市城乡劳动者 2975 人，外省市来京务工人员 2470 人。审批职业培训补贴资金 492.183 万元。

（黄　姗）

【劳动人事争议仲裁】 年内，区仲裁院受理劳动人事争议案件 21010 件，首次突破 20000 件，比上年增长 3834 件。

（王丽婕）

【劳动监察执法】 年内，区劳动监察部门检查用人单位 18368 家，立案 7449 件，其中巡查立案 2292 件；受理投诉举报 5703 件，妥善处置群体突发讨薪事件 92 起，做出行政处罚 449 件，送达处罚金 232.34 万元，做出行政处理 11 件，各项处理金额 1123.36 万元，组织重大案件听证 3 件次。申请法院强制执行案件 50 件。为 2221 名劳动者追讨被拖欠工资 2378.02 万元，其中为 909 名农民工追回拖欠的工资 1593.97 万元。开展各类专项检查行动 4 次，内容涉及农民工工资支付、清理整顿人力资源市场秩序、工程建设领域政府投资项目联合执法、用人单位遵守劳动用工和社会保险法律法规情况等方面，出动执法人员 700 余人次，检查用人单位 3128 家，涉及劳动者 9.97 万余人，为 1046 名农民工补发工资 1181 万余元。开具企业守法证明协查函 762 份，审查合格后开具守法证明 420 份。协助审核审查企业 1105 家。

（韩运旗）

【劳动监察“两网化”建设】 年内，区劳动监察“两网化”（实行网格化管理和推进网络化信息系统建设）管理系统完成用人单位信息采集 24618 家，其中更新用人单位信息 21391 家，新采集 2777 家。

（韩运旗）

【医保监察】 年内，区医保监察队立案查处骗取社会保险金案 560 件，处理骗取社会保险金行政处罚案件 3 件，责令退回被骗取的医疗保险基金 18.5 万余元，行政处罚金额 92.3 万余元。向公安机关移送涉嫌骗保犯罪案件 2 件。除骗保案件外，办理拒绝社会保险稽核巡查案件 14 件，未代扣代缴社会保险费案件 5 件，欠缴社会保险费划拨案件 3 件，划拨欠缴的社会保险金额 12.7 万元。

（韩运旗）

【劳动用工书面审查】 年内，区劳动保障监察队书面审查用人单位 3053 家，补签劳动合同 565 份，责令 8 家用人单位补办社会保险登记，责令用人单位为 25 名劳动者补办社会保险登记。

（韩运旗）

【社会化退休人员休疗养活动】 年内，区劳服中心组织 1500 名社会化退休人员开展休疗养活动。活动兼顾大、中、小型企业，街乡社保所退休人员，侧重于特殊工种以及退休三年以上（含三年）的人员。组织人员观看爱国主义教育片，游玩金海湖，开展联欢会，提供棋牌室、保龄球馆、游泳馆、唱歌活动室、舞蹈教室等多种设施场地。

（李　白）

民族　宗教

【概况】 朝阳区民族宗教办公室（简称区民宗办）是主管全区民族宗教事务的正处级政府职能部门，行政编制 15 人。设主任 1 名、副主任 2 名，内设综合科、民族科、宗教科。全区有汉族、回族、满族、蒙古族、朝鲜族、藏族等 56 个民族，少数民族人口近 20 万人（含流动人口）。区内有民族工作重点街道、民族乡各 1 个，民族村 11 个；民族中、小学校 7 所；生产经营清真食品单位 130 余家。区内佛教、道教、伊斯兰教、天主教、基督教五大宗教均有信徒。有少数民间信仰者和犹太教、巴哈伊、摩门教等外国宗教信徒。有宗教团体 3 个，分别是朝阳区伊斯兰教协会、朝阳区天主教爱国会、朝阳区基督教三自爱国运动委员会；有宗教活动场所 20 处，其中道教宫观 1 座（北京东岳庙）、伊斯兰教清真寺 10 座、天主教堂 1 座（平房教堂）、基督教堂 1 座（朝阳教堂）。有依法批准的基督教固定活动处所 6 处，外国人集体宗教活动临时地点 2 处；有宗教教职人员 49 人，信教群众 10 万余人。年内，区民宗办推出朝外街道“三 RONG”工作法、麦子店街道“中外民族过大年”活动等多个民族团结进步亮点品牌。解决历时 13 年的南上坡清真寺落实宗教房产问题等，维护全区民族团结、宗教和睦。黑庄户乡万子营西村、万子营东村、孙河乡康营村获北京市民族村经济发展进步奖；全区 10 个先进集体、21 名先进个人获首都民族团结进步表彰。

（马　丽）

【领导调研】 1 月 25 日，市民委副主任范宝带队检查调研朝阳区清真餐饮企业。检查紫光园（常营店）、中发源、西部马华（白家庄店）清真餐饮企业。3 家清真餐饮企业总体运营良好，清真食品原材料生产储存环节、流通环节、餐饮服务环节都符合规范要求。范宝要求，要树立“用文化管企业”“以文化兴企业”理念。10 月 25 日，区政协主席陈涛和副主席杨树旗、王文远带领区政协主席班子成员和民族宗教界别政协委员到区民宗办调研宗教工作。区委统战部副部长、区民宗办主任梅诗曙汇报工作。宗教界政协委员围绕学习贯彻《宗教事务条例》，依法依规开展宗教活动，开展国旗、宪法和法律法规等“四进”宗教活动场所活动等交流研讨。

（马　丽）

【慰问东岳庙道教界人士】 2 月 6 日，区委常委、统战部部长黄晓伟到东岳庙道教活动场所慰问东岳庙住持袁志鸿和教职人员。袁志鸿从依法开展正常道教活动，加强道团自身建设，坚持宗教中国化方向，挖掘和弘扬道教符合时代发展的中国优秀传统文化，引导宗教与社会主义社会相适应等方面汇报工作。黄晓伟要求，要把握宗教的中国化方向这一主题，使道教跟上时代步伐，不断加强道教自身建设，服务社会、服务首都、服务朝阳；各有关部门要重视东岳庙道教生活区改造提升工作，东岳庙道教要落实好各项安全责任制度。

（马　丽）

【“四进”清真寺活动】 6 月 13 日，区民宗办在常营清真寺举行“四进”（即国旗、宪法和法律法规、社会主义核心价值观、中华优秀传统文化进清真寺）清真寺活动启动仪式。全区伊斯兰教全体阿訇、9 所清真寺寺管会成员及部分骨干乡老 100 余人参加启动仪式。市宗教局四处处长丁希松，市伊协副会长、阿訇王崇恩，区民宗办副主任马舍尔巴和常营乡乡长方泽等领导出席活动。区民宗办向全区各清真寺发出倡议，倡议开展“四进”清真寺活动，推进区伊斯兰教中国化不断取得新进展。现场举行升国旗仪式、向清真寺赠书活动。全区10所清真寺（含未开放的松榆里清真寺）全部升起国旗。

（马　丽）

【穆斯林群众欢度开斋节】 6月16日，是中国信仰伊斯兰教的回族、维吾尔族、哈萨克族等10个少数民族的传统节日——开斋节。上午，全区7371名中外穆斯林群众分别在八里庄、常营等9座清真寺参加节日会礼庆祝活动，共同欢度这一传统节日。区领导黄晓伟、牛国泉、李国红以及区委统战部、区民宗办有关领导分别到南下坡、常营、八里庄等清真寺向穆斯林群众祝贺节日，并向清真寺送去慰问金。各清真寺所在街乡领导分别到辖区清真寺向各地穆斯林群众表达节日祝贺。

（马　丽）

【松榆清真寺投入使用】 8月22日（古尔邦节），松榆清真寺正式投入使用。松榆清真寺位于潘家园街道武圣东路五号院1号楼。该清真寺为原南上坡清真寺异地还建项目，2016年4月开工建设，总投资3402.75万元。松榆清真寺占地面积2500平方米，总建筑面积3980平方米，使用面积约3000平方米。其中大殿面积780平方米，可容纳550人礼拜。备用殿面积350平方米，重大节日期间可容纳1000余人，可基本满足松榆里地区及周边穆斯林群众8000余人宗教需求。

（舒晓蔓）

【穆斯林群众欢度古尔邦节】 8月22日，是中国信仰伊斯兰教的回族、维吾尔族、哈萨克族等10个少数民族的传统节日——古尔邦节（宰牲节）。上午，全区3704名中外穆斯林群众分别在松榆清真寺、南下坡、常营等9所清真寺参加节日会礼庆祝活动。全区9所清真寺宰牲88只。区领导黄晓伟、李国红、牛国泉以及区民宗办等部门领导分别到松榆清真寺常营清真寺向穆斯林群众祝贺节日，并向清真寺送去慰问金。各清真寺所在街乡的领导分别到辖区清真寺向穆斯林群众祝贺节日。

（马　丽）

【民族传统体育获佳绩】 8月23日，朝阳区代表团在北京市第十届民族传统体育运动会上，参加珍珠球、蹴球、板鞋竞速、民族健身操、绫球、夹包、推铁环、花式柔力球、冰蹴球、健身腰鼓和自选项目等11个大项比赛，获一等奖1个、二等奖10个、三等奖18个，奖牌总数远超上届。北京市16个区及天津市、河北省3900余名各族运动员参加12个竞赛项目和6个表演项目角逐。朝阳区派出28支参赛队伍350人参加比赛。

（马　丽）

【天主教、基督教界欢度圣诞节】 12月25日，全区3710余名中外信徒分别在基督教朝阳教堂、平房天主教堂、中国国际青年交流中心欢度圣诞节。平安夜，2200余名信教群众到基督教朝阳堂参加教堂举行的圣诞礼拜仪式；平房天主教堂信徒850余人参加宗教活动；中国国际青年交流中心的基督教涉外临时活动场所560余人参加圣诞崇拜活动。区领导张维刚、黄晓伟、牛国泉、牟燕东、张永新等分别到教堂看望慰问宗教界人士和信教群众并向信教群众表示节日祝贺。

（马　丽）

老龄事业

【概况】 朝阳区人民政府老龄工作办公室（简称区老龄办）是归口民政局管理的全民所有制事业单位，机构规格正处级，编制21人，内设协调督查科、政策法规科、养老工作科。主要负责推动朝阳区老龄事业发展和老龄事务管理工作，同时承担朝阳区老龄工作委员会办公室职责。年内，按照“一统三优五模式”的工作思路，不断完善全区老龄政策体系，提升养老服务质量，医养结合工作有成效。

（周长勇）

【领导调研】 1月15日，区委副书记、区长王灏先后到恭和老年公寓、区儿童福利院、南磨房社区卫生服务中心，调研养老卫生工作。其间，实地察看老年公寓生活区、活动区、就餐区、医疗区以及露天平台花园等，询问护理人员构成、老年公寓的服务项目、收费标准等，并指出下一步工作方向。3月14日，市委常委、政法委书记张延昆一行到劲松老年家园调研养老工作。市民政局副局长李红兵，区长王灏、副区长李俊杰，区民政局局长、老龄办主任李靓，劲松街道工委书记杨丙章、办事处主任孔钢城等陪同调研。张延昆强调，社区养老既要关注老人食宿和医疗问题，也要加强对老人的精神慰藉，打造温馨、快乐养老环境。7月12日，民政部社会福利中心党委书记、副主任甄炳亮，全国老龄办权益保护部维权处处长张宝，民政部社会福利中心调研宣传部主任崔炜一行到朝阳区调研居家养老服务老年人维权保障工作，区民政局副局长武宁、区老龄办副主任王军陪同调研。甄炳亮指出，要针对社区居家医养结合存在的困难，推进落实家医签约、家庭病床等工作，解决部门之间信息资源共享问题，惠及更多老年人；要提前研究备案制以后养老机构优惠政策落地问题，提前与消防、安全、发改等部门做好沟通。

（敖婷婷）

【救助慰问】 2月，区老龄办开展“温暖行动在朝阳”——真情关爱老年人活动，对全区2100名70岁以上生活在低保边缘的困难老年人以每人500元的标准实施一次性救助，投入105万元。3月1日，部分区政协委员到东风地区社区走访慰问89岁热心公益的老党员冯瑞雪、百岁老人史秀珍和独居照顾患病儿子的82岁老人贾宝兰。

（敖婷婷）

【养老驿站评审】 4月19日，市老龄办、区民政局召开朝阳区社区养老服务驿站评审会议。市老龄办基层指导处处长黄春旺、区老龄办副主任王军等参加评审。经评定，符合开业运营条件的小关街道世纪嘉园社区养老服务驿站等12家驿站，准予报市老龄办公告备案。7月26日，区老龄办开展第二批养老驿站备案评审工作。市老龄办基层指导处处长黄春旺、区老龄办副主任王军和相关街乡民政科负责人参加。经评定，符合开业运营条件的6家驿站，准予报市老龄办公告备案。10月30日，区老龄办召开第三批养老驿站备案评审会。市老龄办基层指导处处长黄春旺，区老龄办副主任王军，区民政局、区老龄办工作人员及相关街乡参加。经评定，符合开业运营条件的8家驿站，准予报市老龄办公告备案。年内，朝阳区通过评审备案驿站14家，超额完成市部署的开业运营12家养老驿站的工作任务。

（敖婷婷）

【养老驿站服务】 5月16日，北京市首个社区养老驿站内设的护理站——朝阳区华威西里社区养老服务驿站护理站启用。护理站设有处置室、治疗室等，可同时为驿站内的老年人和驿站签约居家老年人提供基础护理、术后病人护理、慢性病护理、肿瘤病人护理4大类服务。还提供营养指导、中医养生调理、就诊绿色通道等健康维护和疾病管控服务。年内，有110个养老驿站实现服务网上记录，在部分养老驿站配备107个自助服务终端，方便老年人就近查询、办理服务。

（敖婷婷）

【老龄委全体会议】 5月24日，区老龄委召开2018年第一次全体（扩大）会。区政府副区长、区老龄委主任李俊杰出席会议并讲话，区老龄委领导、成员单位委员及43个街乡主管领导百余人参加会议。会议总结2018年老龄工作进展情况，李俊杰就继续深化居家养老服务体系建设，探索专业化运营机制，深化推进医养结合试点工作，构建“互联网+”养老服务模式，维护老年人合法权益，发展老年文化教育事业等提出下一阶段主要任务和今后工作要求。

（敖婷婷）

【一键呼叫试点】 5月，区民政局选取潘家园街道独居高龄老人作为试点，免费安装“一键呼叫”智能装置。“一键呼叫”智慧养老服务系统在999急救中心设有专属服务器、通信线路和专属坐席，可确保老人在红色急救键发出求救信息后，999急救中心能第一时间接收到。还设有“一键医生”“一键便民”“一键养老”“一键投诉”等按钮，便于对接居家服务。有500余户老人享受到“一键呼叫”智慧养老系统带来的便利。

（敖婷婷）

【老年运动会】 9月20日，区民政局、区老龄办和区八里庄街道办事处在绿无限公园联合举办老年运动会，235名老人参加活动，年龄最大者76岁。有定点投篮、巧转呼啦圈等9个个人及集体项目，活动项目突出趣味性，适宜老年人参与，充实老年人晚年生活。

（敖婷婷）

【养老驿站运营监管培训】 9月21日，区老龄办召开社区养老服务驿站运营服务监管工作培训会，区老龄办副主任王军和工作人员及驿站运营负责人200余人参加。会上，区老龄办养老工作科负责人解读《北京市社区养老服务驿站运营扶持办法》，部署驿站运营服务监管工作。王军就驿站运营和监管提出工作要求。驿站第三方监管机构北京鼎兴达科技有限公司工作人员专题培训监管手机软件平台使用。

（敖婷婷）

【信用管理平台投入运行】 9月27日，全市首个养老服务业信用管理平台在朝阳区投入运行。管理平台归集全区61家养老机构3000名养老服务从业人员的诚信评价信息，内容包括机构基本情况、内部管理、安全管理、经营能力、社会责任、公共信用及从业人员资格资历、教育培训经历、服务水平、荣誉信息、不良信息等10万余条数据。

（敖婷婷）

【文艺慰问演出】 10月12日，区民政局、区老龄办在北京秦乐园剧场举办以“营造敬老爱老社会氛围，纪念改革开放40周年”为主题的全区老年专场文艺慰问演出活动，区孝星代表、老年人代表及老龄工作者400余人观看演出。活动有老年优秀节目展演和专业团体参演，节目涵盖歌唱、小品、京剧等多种形式。

（敖婷婷）

【老年人法律援助维权宣传】 10月12日，区民政局、区老龄办联合“北京德恒律师事务所”“北京扶老助残基金会”在潘家园地区举办老年人法律援助维权宣传服务活动，300余名老年人参加活动。活动现场专业律师解答老年人关心的赡养、婚姻、继承、财产、欺诈等问题，并发放各类维权宣传品。

（敖婷婷）

【敬老月系列活动】 10月16日，区民政局、区老龄办在人民日报社报告厅举办以“孝亲敬老，爱在朝阳”为主题的孝亲养老推介会暨首届孝亲养老论坛活动，市民政局副局长李红兵、市老龄办纪委书记李勇及区委区政府、区人大、区政协相关领导、街乡主管领导、老年人和养老服务商代表200余人参加活动。活动中播放区养老工作成果宣传片，表彰年度百名孝星，发布启动朝阳孝亲网及养老服务大数据平台，邀请专家围绕居家养老、智慧养老等方面开展探讨交流。敬老月期间，区民政局、区老龄办依据《朝阳区2018年“敬老月”系列活动方案》，针对全区户籍困难老人推出“365”孝亲服务套餐，包括助餐、助医、助洁、助行等10个方面的服务项目。依托街乡对60周岁以上困难老人的服务需求意向开展调查摸底，完成服务需求分类统计，并以此为依据，优选各类服务商，精准开展相关服务。

（敖婷婷）

【孝亲敬老园建设】 年内，朝阳区建成5处孝亲敬老园（团结湖街道孝亲敬老主题公园、建外街道建外休闲敬老公园、东湖街道利泽公园、东坝地区丽富嘉园孝亲文化园、平房地区京城体育休闲公园）。全区建成孝亲敬老园29处。

（敖婷婷）

【“孝星”命名推荐】 年内，区老龄办全面启动朝阳区“孝星”暨“孝星榜样”评选推荐工作，经层层推荐和审核公示，评选区级“孝星”100名，市级“孝星”1名。

（敖婷婷）

【巡视探访服务】 年内，区民政局、区老龄办为全区4800余名有需求的独居老年人开展免费巡视、探访服务，实现养老巡视探访全覆盖。服务人群面向全区80岁及以上独居老年人、与重度残疾子女共同居住老年人、无子女或子女不在本 市独居老年人、身体状况和精神状况较差独居老年人等。开展巡视探访员集中培训，安排培训合格人员通过电话和上门开展工作。重点询问、提醒或评估老人健康状况、精神状态、安全情况、卫生环境、居住环境等五方面25项内容，并记录、汇总、处理巡访情况，全面了解、评估巡访对象的困难程度及不同需求。完成1.15万名巡视探访需求调查，开展服务8516人，实现巡访信息平台动态记录8400人。

（敖婷婷）

【“四进”服务】 年内，区老龄办开展“四进”服务，为老年人提供医疗、餐饮、保洁、洗浴上门服务。43个街乡全部完成服务评估，36个街乡开展服务（7个街乡经摸排没有服务对象或服务需求），享受服务人数968人次，累计服务42846人次。

（敖婷婷）

【失能老人照护培训】 年内，区老龄办开展失能老年人家庭照护人员培训，完成培训课程内容设计、配备师资力量，41

个街道完成培训，培训人数12593人，累计培训27.12万课时。

（敖婷婷）

【精准帮扶调查】 年内，区老龄办针对符合条件的老年人、儿童和残疾人等特殊福利群体开展“精准帮扶”需求调查工作，其间，培训全区600余名入户调查员和督导员，合格后发放调查员工作证，组织入户实施调查，完成145935名调查对象的入户调查工作。

（敖婷婷）

【老年优待证变更养老助残卡】 年内，区老龄办启动老年优待证变更养老助残卡工作，完成部分60～64岁老年人信息比对工作，发放养老助残卡，其中正式卡14.2万余张，临时卡2万余张。

（敖婷婷）

【老年优待服务】 年内，区老龄办发放80周岁以上居家养老服务补贴12.25万人次1.23亿元，月发放补贴资金超1000万元；完成高龄津贴平台统发工作，核报90周岁以上高龄津贴10.62万人次1008.9万余元；核报95周岁以上高龄医疗补助492人次120.05万余元；免费为300名高龄老人办理城乡居民基本医疗保险。完成特殊老年人养老服务招标工作，补贴资金167.9万元，计划服务1300余人；开展送节日温暖等“五个一”活动，补贴资金73.52万元，惠及1800余人。

（敖婷婷）

残疾人事业

【概况】 朝阳区残疾人联合会（简称区残联），是经区委区政府批准成立的残疾人自身代表组织、社会福利团体和事业管理机构融为一体的残疾人事业团体。代表残疾人共同利益，维护残疾人合法权益，开展各项业务和活动，直接为残疾人服务。承担政府委托的部分行政职能，发展和管理残疾人事业。内设康复部、教就部、组联部、宣文部、办公室、财务室6个科室，下辖北京市朝阳区残疾人综合活动中心、北京市朝阳区残疾人劳动就业服务所、北京市朝阳区就业保障金征缴审核中心3个事业单位。辖区43个街道、地区（乡政府）均设立残联，390个社区（村）成立残疾人协会，形成三级组织工作网络。年内，完成残疾人基本状况和需求专项调查，举办“爱眼日”“爱耳日”和预防脊柱裂和脑积水疾病宣传活动，完成残疾人证办理、按比例安置残疾人就业审核，组织2398名贫困残疾人健康体检并建立康复档案。走访慰问困难残疾人1.78万人次和残疾人机构148家，发放慰问金（品）927.84万元。成立朝阳区邮政分公司“志愿助残小分队”。区残疾人就业保障金征缴审核中心获北京市人民政府颁发的“北京市就业创业工作先进集体”称号。区残联在北京市第十届残疾人运动会中，以39块金牌的成绩，位列全市金牌榜第一名，并在开幕式上展示200人参加的太极拳方阵节目。区聋人柔力球队表演的24式太极柔力球在北京市第十届民族传统体育运动会中获得第二名。在北京市残疾人联合会举办的第四届专门协会“到残疾群众中去，与残疾人交朋友”主题展示活动中，朝阳区盲协的“名厨助残进社区，盲品美食心连心”活动、聋协的“十指传声，你我同行营造信息交流无障碍”系列主题活动、肢协的“肢残人党员先锋队主题活动”分别获最佳活动案例奖。盲协的“八一”聆听军乐团演出活动、肢协的“让幸福来敲门”系列主题活动、精协的“身心律动·幸福一家”精残亲友情绪舒压“喘息”活动分别获优秀活动案例奖。盲协的助残日“触摸世界公园”主题活动、“听见我的声音·你的眼睛”世界读书日阅读春天公益活动、智协的“牵手蜗牛进校园”活动分别获参与活动案例奖。在北京市第九届残疾人职业技能竞赛中，区残联以总分212分获得北京市残联团体第一名。3人分获摄影主播、保健按摩和电子商务第一名，12人获优秀选手奖，李春琰获拼搏奖。

（张燕燕）

【创新创业训练营】 2017年12月至2018年3月，区残联举办“创新创业训练营”，30名残疾人参加。训练营引入第三方专业机构布客教育全程参与和追踪辅导，有宏观与区域性经济发展趋势与政策解读、工商注册法规与流程解读、企业财务管理实务、企业运营与管理、创新思维工作坊等课程，实地参观西城区残疾人双创基地“希联圆梦”、36氪创业孵化基地酒仙桥氪空间创业社区。创业导师提供全程创业服务，3名学员实现创业。

（张燕燕）

【首届互联网残疾人主播培训】 1月22日至26日，区残联主办，喜马拉雅FM承办的首届互联网残疾人主播培训班开班。21名肢体、视力、智力和精神残疾人学员参加培训。喜马拉雅的专业讲师为学员讲解互联网平台政策与法规、声音规范与美化、音频的录制与后期、节目路演上线及维护等课程。经培训，4名学员签约喜马拉雅FM，成为听书录音员。

（张燕燕）

【就业援助月残疾人专场招聘会】 1月23日，区残联会同区人力资源社保局在区残疾人职业康复中心举办以“就业帮扶，真情相助，不让一个困难群众掉队”为主题的就业援助月残疾人专场招聘会。月白科技、瑰丽酒店等25家用人单位提供146个残疾人就业岗位，200余名残疾人参加。现场提供职业技能培训、职业测评预约、职业指导、就

▲ 3月1日，区残联举办第十九次全国“爱耳日”宣传教育活动　　区残联　供稿

业创业及政策咨询服务，发放宣传材料100余份，收到简历222份，初步达成就业意向27人。

（张燕燕）

【“爱耳日”宣传活动】 3月1日，区残联在兴隆公园举办以“听见未来，从预防开始”为主题的第十九次全国“爱耳日”现场宣传活动。宣传耳聋预防的重要性与必要性，普及防聋治聋知识，教育引导大众养成良好卫生习惯和健康生活方式。专家现场解答爱耳、护耳等问题，并对部分人员开展听力测试。发放500余份宣传材料。斯达克等四家助听器公司现场展示听力残疾人适用辅具。

（张燕燕）

【社区残疾人康复协调员培训】 4月9日至18日，区残联举办社区残疾人康复协调员业务培训班，分三批培训全区43个街道、地区（乡）残联的596名残联理事长、康复专干，社区工作者、康复协调员。培训内容包括残疾人的健康与康复管理、肢体残疾人常用辅助器具的适配，肢体残疾人社区康复、关注残疾人心理健康等。

（张燕燕）

【全国助残日残疾人专场招聘会】 5月9日，区残联在区残疾人职业康复中心举办“就业帮扶，有你有我”全国助残日残疾人专场招聘会。应届毕业大学生及27个街乡的86名残疾人参会。IBM、和睦家医院、北京瑰丽酒店、北京市蓓蕾幼儿园等22家招聘单位提供涉及人力、软件开发、客服专员、行政助理、保洁、装配工等66个适合残疾人的就业岗位。现场为求职者提供求职登记、政策咨询、岗位推荐、手语翻译、职业能力测评预约等服务。收到简历195份，达成初步就业意向34人，建立求职档案5人。

（张燕燕）

【残疾人体育骨干培训】 5月29日至31日，区残联举办残疾人体育骨干素质教育培训班，70余名残疾人骨干参加培训。培训讲解冬奥历史沿革、运动伤害急救及冬季项目模拟冰壶球的判罚、积分、战术等知识，并开展现场实操。

（张燕燕）

【“爱眼日”义诊活动】 6月4日至6日，第23个全国“爱眼日”期间，区残联联合北京华德眼科医院开展“爱眼护眼、预防花眼”义诊活动，八里庄街道、六里屯街道、团结湖街道、高碑店乡210名贫困残疾居民参加活动。现场医生为有需求的居民检查视力、验光、筛查白内障及适配老花镜，免费发放老花镜210枚。工作人员现场解答政策。

（张燕燕）

【稳定期精神残疾人康复照料培训】 6月11日至12日，区残联举办区稳定期精神残疾人日间康复照料工作培训班，全区43个街乡残联理事长、康复协调员、精神残疾人康复工作人员和精防医生170余人参加。区残联副理事长刘显威部署全区开展精神残疾人日间康复照料工作，北京安定医院的医生李斌系统讲解精神残疾人社区康复工作，朝阳区第三医院副院长马良讲解稳定期精神残疾人日间康复照料中精防医生所起的作用和工作安排。

（张燕燕）

【基层残疾人工作者手语小教员培训】 8月，区残联委托北京瀛诺无障碍助残发展服务中心在蓝调庄园举办基层残疾人工作者手语小教员培训班。培训分三期累计15天，43个街乡残联50名学员参加培训。培训采取全封闭教学模式，学习人际交往、家庭生活、文化生活、康复医疗、社会保障、法律维权、教育就业、无障碍等八个方面手语内容，学习词汇630多个，句子100句，对话练习11组。培训班会为43个街乡残联各孵化一名手语小教员，通过手语小教员在各街乡开展手语培训活动，提升各街乡残疾人工作者手语服务技能水平。

（张燕燕）

【盲人保健按摩培训】 10月22日至24日，区残联举办2018年朝阳区盲人保健按摩企业法人经营管理及服务能力提升培训班，全区27家盲人保健按摩企业法人和管理人员40余人参加培训。培训以手把手授课方式，讲授太极按摩手法、4S管理、互联网+盲人按摩服务、员工心态等内容，并介绍残疾人就业及服务相关政策。

（张燕燕）

【规范残疾评定工作】 11月28日，区残联在职康中心召开朝阳区进一步规范残疾评定工作部署会。朝阳医院、航空总医院等9家残疾评定医院负责人参加会议。会议围绕“12月24日北京市新版残疾人证管理系统即将上线及残疾评定实行医生双人签字”等相关事宜部署和研讨。

（张燕燕）

【扶贫支援】 12月19日，河北省康保县副县长胡年余，县残联理事长张兴军到朝阳区残疾人职业康复中心就贫困残疾人扶贫协作和对口支援工作开展交流。区残联理事长赵玲，副理事长刘显威接待陪同参观区残疾人职业康复中心设施及服务，并交流学习残疾人居家无障碍改造，残疾人基本辅具，技能提升培训等扶贫项目。

（张燕燕）

【残疾人证卡办理】 年内，区残联入户鉴定63人次，办理新证2219件，办理残疾人证事项3341余件，全区持证残疾人53830名。

（张燕燕）

【康复服务】 年内，区残联完成为750名有康复需求的残疾人提供社区和居家康复服务。21个街乡购买专业康复团队的残疾人社区康复训练项目，43个街乡分别开展精神残疾人日间康复照料、智力残疾人独立生活能力训练、肢体残疾人康复知识培训等，5621名残疾人和家属参与活动。设定脊髓灰质炎及脊髓炎肢体残疾人康复干预项目等11项惠及3643名残疾人康复服务定向购买项目，为5751名残疾人提供辅助器具咨询、适配、指导使用等服务。

（张燕燕）

【就业服务】 年内，朝阳区新增残疾人就业562人。建立9家残疾人帮扶性就业基地，54名智力、精神和重度肢体残疾人通过帮扶性就业基地实现就业。

（张燕燕）

【残疾人教育培训】 年内，区残联协助区教委开展2018年新生入学信息采集及适龄未入学籍补录工作。六一儿童节慰问全区残疾儿童少年386人。协助区特殊教育中心为24名送教上门学生拨付送教经费10万余元。组织43个街乡筛查全区适龄未入学残疾儿童106人。为14家机构60名残疾儿童申请彩票公益金助学金，118名学生享受助学补助政策，25名学生享受中、高等院校新生奖励。12名残疾高中生考入普通高等院校，1名残疾人考入特教学院。

（张燕燕）

【残疾人就业审核】 年内，区残联完成按比例安排残疾人就业单位4680家（其中，网审591家），核定录入残疾人信息13227人。

（张燕燕）

【社会保障】 年内，6395名残疾人享受生活补助，21491人享受护理补贴，9870人享受居家养老（助残）服务，2139人享受城镇个体就业社会保险补贴，3948人享受城乡居民养老保险补贴。256名困境家庭残疾人入住福利机构，落实市残联喘息式托养试点工作，15名残疾人享受喘息式托养服务。

（张燕燕）

【政府购买助残服务】 年内，区残联投入资金1913万元，购买88个助残服务项目，涉及居家康复、心理疏导、就业培训、文化体育、法律维权等多个领域。开展服务6550余次，受益残疾人及亲友4万余人次，服务对象满意度达到96%以上。

（张燕燕）

【残疾人基本状况和需求专项调查】 年内，区残联完成残疾人服务需求调查工作。调查社区（村）620个，残疾人53762人，完成调查51001人，其中入户调查48886人，入户率95.85%。在残疾人需求响应方面，有23409名残疾人提出55236项需求，响应率100%。

（张燕燕）

【残疾人维权】 年内，信访法援室接待残疾人来访384人次，接听解答及处置残疾人来电321人次，网上回复、处理残疾人政民互动418件、网信2件。受理残疾人法律救助案件9件，开展“庭院式”法律服务讲座活动43场。

（张燕燕）

【助残志愿服务】 年内，区残联完成43个街乡助残分队实名注册志愿者50名的要求。在志愿北京平台上注册志愿者总数2484人，服务总时长29325小时，发布项目430个。参与活动残疾人6200人次，志愿者2050人。建立全部由残疾人组成的朝阳区残疾人志愿者服务队，拥有300余名残疾人志愿者。

（张燕燕）

【温馨家园整体托管】 年内，区残联举办两期基层残疾人工作者温馨家园业务培训班，180名残疾人工作者参加培训；在16家残疾人温馨家园试点整体托管，建立“专业机构+温馨家园评估指标体系+线上线下相结合考评方式”工作机制，日常监管全区55家温馨家园。

（张燕燕）

【残疾人雇主培训】 年内，区残联举办2场残疾人雇主培训会，朝阳区900余家安置残疾人就业单位的人力资源部门负责人及残疾人就业项目负责人参加培训。在介绍相关政策同时，邀请肢体、盲人、智力等专门协会主席与残疾人雇主对话，开展手语培训、轮椅舞蹈互动，引导用人单位深入了解残疾人特性，开发残疾人就业岗位。

（张燕燕）

【残疾人证（卡）核发管理整治】 年内，区残联集中整治全区残疾人证（卡）核发管理。通过北京市残疾人证卡管理系统对1024名在职、退休残疾人工作者和亲属（配偶、父母、子女）输入身份证号开展核查，核查结果为：持证残疾人工作者有368人，其中367人持证情况属实，1人注销。持证残疾人工作者家属220人，其中218人持证情况属实，2人注销。加强办证人员纪律教育和职业道德教育，与所有参与办证工作人员签订《廉洁办理残疾人证（卡）承诺书》。与每一位残疾人工作者签订承诺书：《承诺书1》为残疾人工作者承诺本人持证真实有效；《承诺书2》为残疾人工作者承诺亲属持证真实有效；《承诺书3》承诺除已上报人员外，本人和亲属都未持有残疾证。

（张燕燕）

【UFE精神障碍社区康复服务模式试点】 年内，朝阳区成为中国残联UFE精神障碍社区康复服务模式四个试点地区之一。八里庄、团结湖、东风、香河园先后有109名精神残疾人参与。精神残疾人通过UFE项目活动在日常生活技能学习、社交技能学习、精神疾病知识及信息分享、休闲娱乐、动手动脑练习、自尊自信培养、情感支持及其他健康生活方式等方面都有不同程度提高。

（张燕燕）

慈善事业

【概况】 北京市朝阳区慈善协会（简称区慈善协会）成立于2005年，是非营利社会团体。其主要任务是广泛动员社会力量，多方筹措慈善资金，实施助医、助学、助老、助残、助困等慈善救助活动，在重大自然灾害、突发公共事件发生时实施紧急救助。内设办公室、捐助科、宣传科。年内，区慈善协会募集善款1077.39万元，使用善款1370.74万元，实施救助项目255个，惠及困难家庭12952户。召开2018年“朝阳大爱 慈善暖心”慈善事业发展年会。在“爱暖朝阳”慈善故事征集活动中，作品《别样小花终绽放》获一等奖，作品《来自天堂的嘱托》获二等奖。

（王东明）

【助医项目】 1月4日，区慈善协会实施“重大疾病慰问”项目。为患有“癌症放化疗”“肾透析”“肝肾移植”“再生障碍性贫血”“血友病”五种重大疾病84名困难群众送去慰问金，使用善款30.40万元。6月5日，实施2017年度市慈医疗卡项目。惠及低保老人220名，使用善款7.46万元。

（王东明）

【助学项目】 1月4日，区慈善协会开展“爱心成就未来——逐梦行动”助学项目。对24户低保、低收入持证的普通高中在读学生实施每人2000元帮扶，使用善款4.8万元。1月24日，向团结湖街道三四条社区贫困学生家庭发放专项助学资金，救助三四条社区贫困学生3人，使用善款0.35万元。10月9日，帮助12名工会系统困难家庭学生，使用善款3.6万元。

（王东明）

【助困项目】 1月16日至26日，区慈善协会实施第十二届“朝阳慈善情百姓新春大联欢”项目。全区4264名困难群众与服务志愿者共度新春，活动使用善款157.59万元。2月6日，联合朝阳区精神文明建设委员会办公室实施“朝阳区志愿者关爱冠名慈善捐助”项目，为朝阳区16名生活困难志愿者帮扶救助，使用善款8.8万元。6月14日，联合区政协定向开展帮扶昆明市东川区贫困家庭，惠及121户贫困家庭，使用善款72.61万元。6月26日，实施困难党员帮扶项目，使用善款448.9万元，惠及3805名困难党员。年内，实施分会救助项目226个，使用善款171.36万元，惠及困难家庭591户。

（王东明）

【募捐活动】 1月24日，区慈善协会接收团结湖街道三四条社区“助学筑梦”冠名捐助金0.5万元。利用“捐一元钱，献一份爱”活动募集善款19.39万元。7月30日，接收中共叶青大厦委员会善款20万元，继续用于北京市朝阳区“学叶堂”冠名慈善捐助金。年内，接收区委组织部捐赠区管党费224.45万元。接收中复电讯善款6.59万元，继续用于“中华复兴勿忘国魂”冠名捐助金。利用43家分会所建立的慈善网络，募集善款114.31万元。

（王东明）

【助老项目】 2月7日，区慈善协会开展“携手夕阳关爱失能老人”春节慰问活动。为43名65岁至79岁之间贫困失能老人送去生活慰问品，使用善款1.29万元。6月12日，继续开展失能老人救助项目。为18名失能老人提供家政、医疗服务，使用善款4.21万元。11月14日，开展“九九敬老情 暖暖慈善爱”项目，使用善款25.78万元。

（王东明）

【慈善关爱活动】 6月5日，区慈善协会开展“我爱我家”系列慈善关爱活动。其中我爱我家之“一辈子的爱”为1095名具有朝阳区户籍的低保、低收入家庭0~14周岁（含）青少年儿童发放一床爱心被，使用善款16.43万元；我爱我家之“幸福满屋”为115户具有朝阳区户籍的低保、低收入家庭0~14周岁（含）的青少年儿童家庭拍摄影集（成长影集或全家福），使用善款4.6万元。

（王东明）

【“接送大学生回家过年”项目】 6月12日，区慈善协会联合团区委合作开展“‘阳光温暖回家路’——送大学生回家过年项目”。为朝阳区在校的11所大学300名贫困大学生报销往返车票。使用善款6.82万元。同期实施“‘阳光温暖回家路’——接大学生回家过年项目”，为朝阳区低保、低收入家庭中在非京大学就读的3名贫困大学生报销往返车票，使用善款446元。

（王东明）

【共产党员献爱心活动】 6月29日，区慈善协会启动朝阳区“共产党员献爱心”捐献活动，截至8月3日，全区111559名党员、18997名群众参与捐献活动，募集善款654.10万元。年度捐款总额首次突破600万元，连续八年位居全市16个区首位。

（王东明）

【“学叶堂”项目】 8月1日，中共叶青大厦委员会与区慈善协会成立“学叶堂”冠名慈善捐助金，联合新东方教育科技集团，共同开展“学叶堂”项目，为朝阳区低保低收入家庭100余名初一至高三学生提供课余时间接受专业名师指导，使用善款33.10万元。

（王东明）

【慈善组织认定】 8月14日，经朝阳区民政局审核批准，朝阳区慈善协会被认定为朝阳区首家慈善组织。8月28日，经朝阳区民政局审核批准，朝阳区慈善协会获得公开募捐资格。

（王东明）

【中华慈善日活动】 9月15日，区慈善协会在北京蟹岛度假村开展以“快乐慈善，爱满京城”为主题的慈善北京周“中华慈善日”主题公益活动。全区43个街乡及全市社会组织百余家开展慈善义卖，义卖物品有书画、绿植、残疾人等特殊群体手工编织等，包括100余种1万余件物品。购买义卖物品可获赠《爱暖朝阳慈善故事获奖作品集》。朝阳区一些特殊群体和社区志愿者表演歌舞。

（王东明）

精神文明建设

【概况】 北京市朝阳区精神文明建设委员会办公室（简称区文明办）是区委、区政府精神文明建设工作的综合协调部门，也是区精神文明建设委员会办事机构，设在区委宣传部。北京市朝阳区关心下一代工作委员会办公室设在区文明办，主要职责是负责朝阳区关心下一代工作委员会的日常工作，内设公共文明引导行动协调指导小组办公室（简称公共文明协调办）。呼家楼街道呼家楼北社区党委书记殷金凤和中日友好医院皮肤科副主任、主任医师张晓艳获第六届首都道德模范荣誉称号。于渊莘入选1月“中国好人榜”敬业奉献好人，邢拥和“6·15”朝阳见义勇为群体分别入选5月及8月“中国好人榜”见义勇为好人。12人（1个群体）入选“北京榜样”周榜样人物，其中“6·15”朝阳见义勇为群体获“2018北京榜样”特别奖，苑永萍获“2018北京榜样”十大年度人物。34所学校获评“北京市中小学文明校园”。“青少年传统文化成长营”获评“2018年首都未成年人思想道德建设创新案例”。

（孙 翀）

【第三批首都学雷锋志愿服务站（岗）申报】 1月，56家街道、地区、委办局和社会组织提交申报首都学雷锋志愿服务站（岗）材料，申报首都学雷锋志愿示范站58个，示范岗45个，服务站72个，服务岗144个。

（庞永顺）

【寒假社区文明小使者活动】 1月至2月，寒假期间，区文明办联合区委教工委、区教委、团区委、区妇联面向中小学生开展“我的中国年——践行传统美德·争当‘社区文明小使者’主题教育实践活动”。在全区150余所中小学校和43个街乡开展活动，10万余名中小学生参与，推选三星级以上首都级“社区文明小使者”候选人1755名。

（王 峰）

【第一批文明特色街巷创建和命名】 3月，区文明办联合区城管委、区社会办、区农委启动2018年第一批朝阳区文明特色街巷创建申报工作。6月，制发《关于命名第一批朝阳区文明街巷的通知》，按照基层申报、实地测评、部门联审、会议审议的工作流程，确定17个街道、6个乡推荐的86个候选名单。7月24日，区文明办联合区城管委、区社会办、区农委召开2018年朝阳区第一批文明街巷“五优”典型评审工作会，择优确定了三里屯西街等30条文明街巷，孙美霞等5名优秀街巷长；贾瑞斌等10名优秀小巷管家；5个优秀共建单位；工商银行望京科技园支行等5个商户优秀文明商户；中鼎纪元（北京）建筑设计有限公司等5个优秀设计团队。

（庞永顺 李 娟）

【政协委员提案办理】 6月，区文明办完成关于区政协十三届二次会议第132099号委员提案《关于贯彻落实〈志愿服务条例〉充分发挥朝阳区志愿服务组织作用的建议》办理答复工作；完成关于区政协十三届二次会议第132153号委员提案《关于促进人文环境协调发展打造〈大尺度生态环境建设示范区〉的建议》办理答复工作；协助完成关于区政协十三届二次会议第132804号党派提案《关于坚持国际标准，提升朝阳区生态环境质量的建议》办理工作。

（庞永顺）

【公益广告宣传】 6月至11月，区文明办邀请北京国际广告传媒集团等3家单位开展朝阳区原创公益广告设计工作，设计完成主题鲜明、地域特色突出、文化氛围浓厚的朝阳区原创公益广告作品41幅。全年印发“图说我们的价值观”“时代楷模”“讲文明树新风”等主题公益广告海报24万余张。

（黄建祥）

【文明委全委（扩大）会】 7月17日，区文明办召开2018年文明委全委（扩大）会。会议贯彻落实中央文明委第一次全体会、全国文明办主任会，以及首都精神文明建设大会精神，总结部署全区精神文明建设工作。区委书记、区文明委主任王灏出席会议并讲话，区委副书记、区政府副区长、代区长、区文明委主任文献主持。区四套班子领导出席大会，区二级班子主要领导参加会议，各街、乡设立电视电话会议分会场。

（李 娟）

【“创卫”志愿服务主题宣传活动】 7月26日，区文明办联合区“创卫”办，在太阳宫乡举办“‘创卫’进行时，文明加速度”朝阳区志愿服务主题宣传活动。活动通过小短剧、专家讲授、现场问答等形式普及“创卫”知识，表彰2015—2017“首都文明家庭”、文明街巷“五优”先进典型、第一批文明街巷先进代表。区委宣传部常务副部长毕重伟，区委宣传部副部长、区文明办主任张爽，区妇联党组书记、主席蒋东燕，太阳宫乡党委书记李华，区卫计委党委副书记、调研员陈开红等领导出席活动，“创卫”办、社会办、农委、城管委等相关部门负责领导，43个街乡主管领导、科长、先进典型代表、社区群众等300余人参加活动。

（李 娟）

【纪念北京奥运会十周年系列主题活动】 8月3日，区文明办联合团区委等部门在北京奥运博物馆举办“志愿朝阳·拥抱冬奥”纪念北京奥运会十周年系列主题活动。活动现场，2008年北京奥运会志愿者代表分享故事，传递2008年奥运志愿精神。播放《朝阳区纪念奥运十周年百场系列志愿服务》专题视频，聚焦2022年冬奥会和全国文明城区、卫生区创建工作，累计参与志愿者5000余人。区委常委、宣传部部长刘军胜，市志愿服务指导中心研究培训部部长陈永伟，区委宣传部副部长、区文明办主任张爽，区体育局局长吴晓军，团区委书记郭勋，北京奥林匹克公园管委会党组常务副书记、常务副主任杨洪福等领导出席，各街乡团组织代表、部分单位团员代表、优秀志愿服务组织代表、优秀志愿者代表200余人参与活动。北京电视台、新华网、人民网等新闻媒体宣传报道活动。

（李 娟）

【“向国旗敬礼”主题教育活动】 9月27日至10月7日，以庆祝新中国成立69周年为契机，区文明办、区委教工委、区教委面向全区广大中小学生联合开展“向国旗敬礼”主题教育活动。全区201所中小学校、4所职业高中，17.6万余名中小学生参与活动。通过线上教育展示和线下教育实践相结合方式，在全区中小学生中开展革命传统教育和爱国主义教育。

（王 峰）

【乡情村史陈列室建设工作推进会】 12月18日，区文明办组织召开全区乡情村史陈列室建设工作推进会，区委常委、宣传部部长刘军胜出席并讲话。会议参观高碑店乡高井村乡情村史陈列室，观看市委宣传部、首都文明办联合制作的专题片《美丽乡愁》，区委宣传部副部长、区文明办主任张爽介绍全区乡情村史陈列室建设情况，区委农工委、高碑店乡、崔各庄乡、高碑店乡半壁店村相关领导作典型发言。区委农工委、区教委、区文化委、区财政局、区档案局和各乡主管领导、各乡情村史陈列室负责人40余人参加会议。

（李 娟）

【文明城区测评】 年内，区文明办部署文明城区测评相关工作。7月13日，在昆泰嘉华酒店组织召开朝阳区文明城区测评培训部署会。全区32个委办局主管领导及43个街乡主管领导和科室负责人120余人参加会议。8月10日，在昆泰嘉华酒店组织召开朝阳区文明城区测评实地考察工作会。区教委、区社会办、区农委、区城管委、区旅游委、区体育局、区城管执法局、区环卫中心及43个街乡主管领导和科室负责人100余人参加会议。8月31日，召开2018年朝阳区迎接北京市文明城区测评动员部署大会。以视频会形式，设1个主会场和43个分会场，毕重伟主持会议，区委常委、宣传部部长刘军胜做迎检动员部署。全区36个委办局主管领导及43个街乡主要领导、主管领导、科室负责人和社区（村）负责人400余人参加会议。9月5日上午，组织召开朝阳区迎接文明城区测评问卷调查工作调度会。24个街道主管领导和科室负责人参加会议。9月初，完成首都文明办实地测评工作。

（李 娟）

【“文明朝阳”新媒体信息发布】 年内，区文明办利用文明朝阳微博、微信宣传平台，开展重点工作、重要节点、重点信息的宣传发布工作。全年发布微信773条，微博485条。其中，包括道德模范、榜样人物先进事迹宣传，文明城区常态长效建设，背街小巷整治，文明街巷选树，未成年人思想道德建设，公共文明引导服务，学雷锋志愿服务，创建全国卫生城区，社区卫生大扫除等重点工作。全年编发原创信息196条。

（李 娟）

【志愿者专项帮扶】 年内，区文明办在全区开展2017年度“朝阳区志愿者关爱冠名慈善捐助金”专项帮扶申请工作。2月5日，召开志愿者关爱冠名慈善捐助金评审会，区文明办副主任、评审小组副组长吴晓曼主持会议，区委宣传部副部长、文明办主任、评审小组组长张爽，慈善协会副会长、评审小组副组长杨小朋，区文明办、区社会办、区农委、区民政局、团区委及6家捐款企业代表15人参加会议。听取刘玉杰等16名困难志愿者情况介绍，审议并同意春节前由区领导、捐款企业、区慈善协会等分组对困难志愿者走访慰问开展帮扶。2月，组织开展朝阳区第一批困难志愿者走访慰问工作，慰问困难志愿者16名，发放慰问金8.8万元。12月7日，在昆泰嘉华酒店组织召开2018年度“朝阳区志愿者关爱冠名慈善捐助金”专项帮扶工作部署会。各工委、相关委办局负责科长及43个街乡主管领导和科室负责人100余人参加会议。区文明办副主任张昱说明2018年困难志愿者专项帮扶工作；张爽围绕“朝阳区志愿者关爱冠名慈善捐助金”专项帮扶工作提要求。

（李 娟）

【“美德少年”选树】 年内，区文明办联合区教委、团区委和区妇联，在全区开展“新时代好少年——学习和争做美德少年活动”，推选“朝阳区2018美德少年”20名、“朝阳区2018美德少年”提名30名，其中，马晨溪、李恩泉分别被评为首都第二季度和第三季度“新时代好少年”。评选结束后，刊发《朝阳区2018年美德少年》朝阳报专版，编印下发《2018年朝阳区美德少年事迹汇编》，面向街乡、社区（村）开展事迹巡展，引导未成年人学习榜样、见贤思齐。

（董姝媛）

【百名“好家长之星”推选】 年内，区文明办联合区教委、区妇联、区社区学院，组织开展第三届朝阳区“好家长之星”评选活动。全区推举出“好家长”3972名，推荐区级“好家长之星”候选人235名，最终评选出赵静、刘玉英、果明、谢帮秀、杨雅琳、勾晓荣等100名“好家长之星”。

（王　峰）

【新童谣征集】 年内，区文明办在全区组织开展“好少年唱响新时代”新童谣征集推广活动，征集到262首原创童谣，报送首都文明办106首参评，2首推荐至中央文明办参评。其中，《小少年 大梦想》获北京市“好少年唱响新时代”新童谣征集推广活动一等奖。

（李孟阳）

街道 地区（乡）

北京朝阳年鉴

Beijing Chaoyang Yearbook

2019

安贞街道

【概况】 安贞街道位于朝阳区西北部，东起安定路、安定门外大街，与和平街街道相邻；西与海淀区花园路街道、西城区德胜街道相交；南至外馆斜街、外馆西街、黄寺大街，与东城区和平里街道接壤；北与亚运村街道、奥林匹克公园公共区南部相接。辖区面积3.6平方千米。下辖10个社区。年内，辖区常住人口70385人，户籍人口18504户、45463人，流动人口11365人；新出生人口388人、死亡人口312人。有规模以上企业约199家。有医院3所，社区卫生服务中心1个、社区卫生服务站3个。有大学1所，九年一贯制学校1所，职业学校1所，幼儿园8所，国际学校1所，特殊教育学校2所。途经辖区公交线路26条，有地铁8号线、10号线贯穿其中。有280平方米为民服务大厅、2000平方米地区文化中心、有4处文化广场、1处24小时自助图书馆、1处24小时图书自助借阅机，以及近300平方米“灯彩（北京灯彩）”展陈室与1600平方米“读聚时光”青少年阅读体验基地。年内，街道抓住服务保障全国“两会”、中非合作论坛北京峰会和创建国家卫生城区等重大任务契机，全力疏功能、补短板、促改革、谋发展、惠民生，加快推进高质量发展，完成全年各项任务。中央和市、区级媒体报道368次。完成区级财政收入5.59亿元。

（初鑫月）

【社区管理体制改革】 2月2日，安贞街道在安华里社区、安外社区召开社区管理体制改革成果展示会，区委常委王晰宁一行听取街道社区管理体制改革进展情况汇报，肯定机关干部和社区工作人员大胆创新、敢于突破工作作风，希望再接再厉，建成朝阳区深化社会治理创新示范点。街道通过调整社区规模、服务站改革和减负增效三项举措，改革社区管理体制；以党建引领，提升活力，培养“社区百事通办”；完善管理制度，覆盖居民“大需求”和“小需要”；精细化管理社区，形成“一社区一品牌、一社区一特色”。

（初鑫月）

【防灾减灾宣传】 5月11日，安贞街道开展“行动起来，减轻身边的灾害风险”主题宣传展示活动。通过发放宣传材料、展板展示、应急设备演示、救援装备展示，以及播放地震避险常识、消防安全常识、预防电信诈骗和校园安全等10个主题宣教视频等形式，向居民宣传应急避险常识。50余人参加“一网打尽”模拟演练和体验活动。活动发放宣传材料1000余份，解答问题30余个。

（初鑫月）

【领导调研】 7月16日，区委副书记、代区长文献到安贞街道调研“街道吹哨、部门报到”机制落实情况。在综合管理执法中心，文献一行听取街道工委书记陈伟航关于试点开展“街道吹哨、部门报到”机制落实情况汇报，现场观看“社区吹哨、科室报到”平台系统演示。在试点工作中，安贞街道探索提出“社区吹哨，科室、社会单位、党员报到”的“一吹三报到”机制，总结梳理“七步工作法”（将“街乡吹哨、部门报到”流程划分为哨源形成、街乡分析研判、街乡吹哨、区级平台受理、部门报到、评价监督和结果反馈等七个阶段），建立街道综合执法平台暨“吹哨、报到”流转平台，开发“吹哨、报到”大数据管理系统，形成“1+4+N”制度体系[1个街道实施方案；4个具体工作实施方案，即党建联盟治理、社区管理体制改革、平台建设和人员保障方案；N个工作附件（最终共梳理14个附件）]和“1+3+N”实践成果（以安贞路缓堵项目改造为案例，为朝阳区“街乡吹哨、部门报到”工作提供安贞经验；以靓丽楼院项目为案例探索“社区吹哨、科室报到”实践成果；以外馆社区立体停车楼项目改造为案例，探索“社区吹哨、联盟单位报到”实践成果；以安贞西里2区26号楼焕新项目为案例，探索“社区吹哨、党员报到”实践成果）。11月28日，区委书记王灏一行到安贞路调研安贞路缓堵工程。陈伟航介绍安贞路缓堵项目进展情况。区城管委主任刘炳起介绍落实“街乡吹哨、部门报到”工作机制过程和安贞路改建重点和难点问题。王灏提出四点要求，即以群众满意为标准，解决老百姓“最后一公里”问题；加快安贞医院门口摄像头安装进度，落实安装停车导视牌工作，交管部门要抓紧推进道路验收；在道路通车前，要增加温馨提示，帮助居民熟悉新道路；继续深化和引领“吹哨、报到”工作，形成效果。

（初鑫月）

【文化服务中心开放】 7月31日，安贞街道文化服务中心向居民开放。该中心为综合性文化服务中心，集文化馆、24小时图书馆、美术馆、简史馆、非遗馆、艺术培训中心于一体，包含18个文体艺术服务空间，可举办舞蹈、声乐、书法、国画、经典诵读等培训、展览、讲座以及开设手工作坊体验课程。当日，百姓书场、非遗传习所、中央歌剧院基层服务站、北京文化发展基金会艺术青年社区服务团、安贞历史陈列馆、史超齐摄影工作室等一同开放。

（初鑫月）

▲ 7月31日，安贞文化服务中心揭牌　　史超齐　摄

【榜样人物基层巡演进军营】 8月14日，安贞街道举办2018年安贞街道榜样人物基层巡演进军营活动（本次活动是道德模范事迹基层巡演第四次走进军营，也是安贞街道“八一”双拥系列活动的组成部分）。区委宣传部副部长、区文明办主任张爽，区民政局副局长徐宏桢，中央军委科技委等驻区部队领导出席活动。军地双方领导为榜样人物和榜样团体代表颁奖；现场发布新书《身边榜样前行力量》，并举行授书仪式。

（初鑫月）

【交流互访】 8月28日，广东省珠海市吉大街道党工委书记孙成等一行7人到安贞街道学习考察。通过参观实地点位、召开座谈会，双方交流分享街道运行机制、老旧小区改造、背街小巷整治等基层治理工作方面经验做法。

（初鑫月）

【中秋灯会】 9月20日，安贞街道联合10个社区、辖区社会单位、驻区部队和学校，以“改革春风百花好和美安贞团圆乐”为主题，在安贞文化服务中心共同举办第十四届中秋灯会，歌颂改革开放40年来地区变化，记录地区居民生活方式各种改变。活动现场，地区居民参与看灯展、猜灯谜、体验做花灯、制作冰皮月饼、百姓书场等12项主题活动，现场制作花灯430盏。

（初鑫月）

【结对帮扶】 11月20日，安贞街道工委书记陈伟航一行6人前往对口扶贫单位——新疆维吾尔自治区墨玉县芒来乡、托乎拉乡和扎瓦镇调研。了解2018年帮扶项目进展情况，实地察看各乡镇扶贫车间和深度贫困村，慰问贫困户和贫困儿童，为贫困儿童赠送价值7.5万元笔记本电脑和书包。陈伟航一行与墨玉县芒来乡、托乎拉乡和扎瓦镇座谈，听取扶贫工作进展情况，了解扶贫动态数据录入、脱贫项目收益以及工作困难。座谈交流中，陈伟航一行提出关于扶贫思路、2019年扶贫项目以及建立扶贫工作长效机制建议。

（初鑫月）

【疏解整治】 年内，安贞街道拆除各类违法建设面积4554.9平方米，清理违法群租房51户，疏解整治重点人防工程15处，调减流动人口1270人，完成黄寺新安民盛市场疏解工作，清退商户摊位46个，腾退土地面积3300平方米。利用疏解腾退空间，建设文化服务中心和安华怡园养老中心，提升服务，弥补短板。同步压茬做好城市修补、留白增绿和腾退还绿等提升工作，硬化修缮道路9500平方米，补植补种1600平方米。招募小巷管家14名，完成10条背街小巷整治。

（初鑫月）

【社区减负】 年内，安贞街道以“居站”分设推进服务站改革为牵引，探索“三理三创三体系”社区体制改革，让社区从“行政末梢”转向“治理中枢”，实现功能归位，推进社区减负。开展“社区减负”“社工绩效考评”等课题研究，完善《社工规范管理制度》，夯实社区治理基础。以工资调整和筹备社区“两委”换届为契机，开展“全能社工”成长营活动，通过听、讲、谈等8个板块30余场体验式培训和20个社工微创投项目，赋能增效，培训政务类、民情类和项目类三类全能社工。

（初鑫月）

【养老服务体系建设】 年内，安贞街道健全综合养老服务体系，新增安华怡园养老照料中心1处，养老床位达106张，初步形成“2+6+3”（南北片共2家照料中心、6家驿站、3家医院）基础养老服务设施格局，开展助餐、助洁、助浴、助医、教育培训、短期照料服务2万余人次，为辖区100户空巢、独居老人免费安装紧急救助服务设备。开展针对低保老人“四进”服务316人次。开展“敬老月”和“养老服务大集”系列活动，受益人群7000余人次。

（初鑫月）

【创建国家卫生区】 年内，安贞街道以朝阳区创建国家卫生区为契机，以治理区域环境乱象为重点，以“纵深治理大城市病，塑造高颜值城市环境”为目标，按照“全面动员、全域创建、共建共享”思路，搭建“创卫”组织体系，召开“创卫”工作推进会16次，组织各类人员培训会11次，现场拉练指导21次，累计开展督查巡查2242人次，发现并整改问题8960个。每周开展周末大扫除活动。辖区359家社会单位、党员和志愿者4792人次参加大扫除活动，清理垃圾316吨。

（初鑫月）

2018年朝阳区安贞街道社区居委会一览表

表16

名 称	地 址	电 话
安贞里社区居委会	安贞里二区20号楼	64454202
涌溪社区居委会	安贞里二区20号楼	64454202
安贞西里社区居委会	安贞里二区20号楼	64437232
五路居社区居委会	安贞西里甲1号国学园内	64420391
安华里社区居委会	安华里二区14号楼	64246378
安外社区居委会	安华里二区14号楼东头	64248551
安华西里社区居委会	安华西里一区21号平房	64268241
外馆社区居委会	安华西里二区2号楼外	64260100
黄寺社区居委会	黄寺大街28号院	82070950
裕民路居委会	中东里一号院	62353337

（初鑫月）

奥运村街道

【概况】 奥运村街道位于朝阳区西北部，东抵来广营乡；西接海淀区；南与亚运村街道和大屯街道接壤；北临昌平区。辖区面积19.6平方千米。下辖13个社区。年内，辖区户籍人口26184户、66465人（其中少数民族人口4346人），流动人口39450人，外籍人口1089人；新出生人口781人、死亡人口398人。奥运村街道地处奥运功能区核心区域，辖区内有“鸟巢”“水立方”等7个奥运会竞赛场馆和奥林匹克森林公园，有中国科技馆、中科院感光所及天文台、国家动物博物馆、中国环境科学院等中央、部委企事业单位17家，有三星级以上酒店5家。有北顶娘娘庙、龙王庙、弥陀古寺等历史古迹，是集商业、文化、旅游、休闲为一体的发达区域。有党政机关6个、军事单位5家、事业单位35家、规模以上企业268家。有小学5所、中学4所、三级乙等医院1家、社区卫生服务中心1家、社区卫生服务站2家。途经辖区公交线路47条，地铁5号线、8号线、15号线贯穿其中。有建筑面积300平方米为民服务大厅、1100平方米地区文化中心、6处24小时自助图书馆，绿化率47.8%。年内，完成66家党组织、3033名在职党员报到工作。完成13个社区党委换届选举工作。选举出党委书记13名、党委副书记26名和党委委员54名。2018年，街道坚持优质提升，精心打造、实现疏整促、环境秩序、社会治理工作全面提升。实现地区财政收入10.9亿元，代征个人出租房屋税1317万元。街道获“2018年首都绿化美化先进单位”称号。

（王志华）

【精准扶贫】5月29日，奥运村街道在国家体育场召开扶贫工作新闻发布会。6月1日，奥运村街道工委倡议“我在康保有只羊”公益扶贫行动，将工作落实于民政科，全程参与康宝调研、扶贫会议研讨、扶贫方案制定、领养协议草拟、框架协议签署及捐赠领养组织等环节。年内，街道1085名党员群众认领667只羊，为当地提供就业岗位186个。

（陈文霞）

【创建国家卫生区】 6月20日，奥运村街道工委成立由6人组成的“创卫”工作专班，人员于6月25日到岗。年内，街道将“创卫”工作融入日常工作，探索并形成“创卫”工作内容全覆盖、宣传动员全覆盖、培训会议全覆盖、巡查检查全覆盖、制度保障全覆盖工作格局。全年举办大型“创卫”宣传活动15次，设置各类“创卫”宣传标语323条；开展“创卫”会议和培训70余场次；坚持“走动式工作法”，出动1000余人开展拉练检查10余次、全民大扫除32次，辖区整体环境卫生水平和精细化管理程度明显提升。街道在市级两次验收工作中均取得好成绩。

（陈冬云）

【国民体质测试】 6月23日，奥运村街道文化服务中心组织辖区12个社区居民301人参加国民体质测试，合格率96.1%。

（陈 永）

【企业员工安全生产培训】 7月至9月，奥运村街道动员辖区生产经营单位主要负责人和安全管理人员参加区安监局组织的安全管理培训班。同时街道安监科根据行业特点组织开展8次从业人员安全生产岗位培训。岗位培训通过集中授课、课堂互动以及事故警示相结合等方式，向从业人员讲授法定安全生产权利和义务、各岗位危害因素与个体防护、用电安全、燃气安全和初期火灾应急处置等内容。全年培训从业人员808名。

（任炎明）

【“龙之跤子”全民摔跤友谊赛】 8月6日，奥运村街道在国家网球中心举办奥运村民间奥林匹克体育大赛之“龙之跤子”全民摔跤友谊赛。街道领导和嘉宾为获奖选手颁奖。

（王志华）

【中非合作论坛北京峰会服务保障】 8月30日至9月5日，中非合作论坛北京峰会期间，奥运村街道构建指挥体系，细化街道各类工作方案与责任分工，做到每个区域、每个路口、每个制高点、每个小区出入口均由处级领导、机关干部、社区居干、群防群治力量实名制负责。在全地区启动社会面一级超常防控，部署治安志愿者、专职巡防队、治保积极分子、专职保安、社会单位等群防群治力量25000余人，确保社会面安全稳定。

（凌 军）

【奥运社区大舞台活动】 10月17日至20日，举行以“携手未来，助力冬奥”为主题的社区大舞台活动。来自全市的64支代表队参加合唱、非遗项目、舞蹈、戏曲、管乐以及时装等比赛项目。在闭幕式上，“民间奥林匹克体育大赛暨奔向2022系列活动”和“奥运社区大舞台·携手未来助力冬奥”品牌活动吉祥物——“冰雪娃娃”首次与公众见面。

（陈 永）

【环境整治】 10月至12月，完成龙祥嘉园小区环境整治工程，铺设石材2800平方米，翻建自行车棚5个（共630平方米），安装路缘石5280延米，安装树池座椅16个、木亭2个，施画车位204个，铺设柏油路5600平方米，铺设透水砖

▲8月6日，奥运村民间奥林匹克体育大赛之“龙之跤子”全民摔跤友谊赛颁奖仪式 夏波广 摄

7200平方米。年内，完成关西街西段、联通昊普门前路、军民共建路、科荟前街、清林西路等背街小巷整治，累计铺设柏油路面47294.2平方米，修补人行步道22810平方米，更换路牙7294.7延米，建筑外立面粉刷59.24万平方米，施画停车线11738.8延米。

（栗朝阳）

【空气重污染应对】 年内，落实《奥运村街道空气重污染应急预案》，开展环保督导督查。出动人员630人次，车辆366车次，志愿者816人，动员社会单位自查90家，检查六小门店300家。治理道路遗撒、绿地斑秃导致扬尘6处，摆放共享单车2500辆。开展环保宣传3次，悬挂宣传横幅4条，发放宣传手册800余份、宣传品300个。粘贴宣传海报180张。

（栗朝阳）

【河长制和街巷长制落实】 年内，奥运村街道召开河长制工作专题会议5次，在河道显著位置安装河长制公示牌3块，组织宣传活动3次，发放宣传册200余份。使用“河长”App巡河。街道级河长、社区级河长巡河983千米，巡河351人次。落实“街巷长制”，每周开展巡街巡巷工作，发现问题上传至“朝阳城市管理服务”平台，街巷执行人收到问题件后及时解决处理。

（栗朝阳）

【工会服务】 年内，奥运村街道工会开展冬季送温暖和夏季送清凉活动，覆盖职工5000余人次；慰问一线职工和困难职工100余人。开展各类职工活动15项，包括单身联谊、游泳比赛、观影活动、摄影活动、职工素质拓展等活动，覆盖职工1.5万余人次。

（郭宝玉）

【疏解整治】 年内，奥运村街道完成“疏解整治促提升”各项年度任务。组织联合执法80余次，出动2000余人次，治理占道经营7起，完成全年任务100%；治理无证无照餐饮单位8家，完成全年任务160%；查处无照游商200余起，暂扣三轮车180余辆，其他无证无照经营整治26家，完成全年任务130%；治理“开墙打洞”36家，完成全年任务100%；治理群租房83户，完成全年任务122.06%；劳动保障监察企业206家，完成全年任务103%；拆除违法建设面积18024平方米，完成全年任务130.52%；调减人口1592人，完成全年任务183.41%。

（凌 军）

【经普工作时点清查】 年内，奥运村街道统计所完成清查法人和产业活动单位8554家，占核查底册库总数的75%；清查个体工商户540家，占底册总数的61%。按照时间节点完成经济普查任务。

（岳美丽）

【党政群共商共治工程】 年内，奥运村街道召开楼院议事会和社区议事会，征集居民意见208条；召开社区层面议事协调会13次；召开街道级议事协商会1次。人大代表、政协委员、社会单位代表、党员代表、居民代表52人参与问计问策，产生街道级项目15项，投入资金768.25万元。社区级党政群共商共治工程46项，投入资金145.9万元。完善居民议事厅三级议事平台，培训议事代表提升社区建设能力，引导多元主体参与党政群共商共治工作。

（王 萌）

【楼门文化】 年内，奥运村街道以“奥运家文化”为主题建设楼门文化。新增楼宇信息窗90处，推出社区级精品楼门48处。通过网上评选，评出街道级优秀楼门5处。

（王 萌）

【《奥韵时讯》报及微信公众号宣传】 年内，奥运村街道编辑发放《奥韵时讯》报27期28万份。其中社区特刊12期、常规刊12期、“奥运社区大舞台”特刊1期、“我在康保有只羊”特刊1期、“创卫”特刊1期。“掌上奥运村”推送微信171条。

（张丽丽）

2018年朝阳区奥运村街道社区居委会一览表

表17

名 称	地 址	电 话
国奥村社区居委会	林翠东路2号院西门圆房子内	84370050
双泉社区居委会	域清街2号院5号楼	62957853
林翠社区居委会	林翠路9号院（京师园）5号楼底商5–18	58213290
总装社区居委会	安翔北里10号院	66355671
万科星园社区居委会	万科星园小区西门北侧圆房子内	84924006
绿色家园社区居委会	媒体村天居园5号楼1层	84916766
风林绿洲社区居委会	大屯路科学院南里风林绿洲f12号楼4单元一层	64863674
科学园社区居委会	科学院南里东街2号楼2层	64843032
北沙滩社区居委会	北沙滩8号院5号楼西侧一层	64842312
南沙滩社区居委会	南沙滩66号院1号楼1单元旁三层	52071971
大羊坊社区居委会	双营路11号院1号楼东北角	64528614
龙祥社区居委会	清林路1号院世贸奥临花园7号楼三层	84940730
拂林园社区居委会	红军营南路天月园1号楼1–2拂林园社区（筹备组）	84928981

（王志华）

八里庄街道

【概况】 八里庄街道位于朝阳区中西部，东起青年路与平房乡接壤，南以京通快速路及电厂铁路线为界与高碑店地区相邻，西至大望路及金台路与建外、呼家楼街道相连，北临二道沟河与六里屯街道相望，辖域面积4平方千米。下辖14个社区。年内，辖区常住人口118446人，户籍人口31228户、83659人，流动人口33072人，外籍人口1715人；新出生人口520人、死亡人口138人。辖区有社会单位6462个，其中中央单位14个，市属单位20个，区属单位26个，私营及其他单位6402个。区域交通便利，东四环路横跨南北，朝阳路贯穿东西。地铁1号线、6号线、14号线驶经辖域，18条公交线路可达办事处所在地红庙路口，其中4条以红庙为起点，有53条公交途经地区。紧邻北京商务中心区核心区，中国纺织科学院、国华置业、北京SKP、北京京棉集团有限责任公司、朝阳区青少年活动中心、莱锦文化创意产业园等单位位于辖区。年内，街道以党建工作为引领，开展“疏解整治促提升”、背街小巷整治、社会动员、安全维稳、民生保障等重点工作。完成2510名在职党员和21个基层党组织回社区报到工作，街道工委建立“3+1”制度和“三单式”服务模式（“3+1”制度，即组织在职党员每年在社区作出一个承诺、提出一条建议、参加一次活动、力所能及办一件实事。建立健全社区需求清单、党员服务清单，深化推广“居民点单、社区下单、党员接单”的“三单式”服务模式，形成以社区为交换平台的服务供需对接机制），为在职党员在社区发挥作用搭建平台。实现地区一般财政收入18.12亿元。街道获“2017年度市级充分就业街道”称号。

（尹建军）

【“地瓜社区”】 1月6日，位于八里庄街道甘露西园小区内、总面积1500平方米的“地瓜社区”运营，可为周边近1万名居民提供开放式沙龙、图书阅读、社区大学、运动健身、迷你电影厅、亲子活动屋等服务。年内，举办各类社区文化活动200余次，吸引周边社区居民4000余人次参与，成为居民家门口“共享客厅”。该“地瓜社区”项目被评为朝阳区第四届社会治理创新优秀项目。

（于长河）

【全市首家商圈党建工作联盟成立】 9月29日，成立朝阳区首个CBD华贸商圈党建工作联盟，也是北京市第一个商圈党建工作联盟。该联盟是以党建工作为纽带，商圈内各级各类组织联合联动的新型组织形式，旨在坚持党建引领，服务商圈发展，推动商圈文化，优化营商环境，维护各方利益，形成推动区域经济社会发展、共建共治共享良好格局。CBD华贸商圈党建工作联盟依托社区党委和国华置业有限公司党委构成的融合共享型党建模式，通过“一核七会双机制”（“一核”代表华贸商圈党建工作联盟的区域性党建组织的核心地位；“七会”是结合华贸商圈从业人员特点划分的特色载体，包括归国留学人员联合会、非公经济人士主题Club、新的社会阶层人士联谊会、华贸职工之家、华贸女企业家联合会、华贸青年汇、行业发展协会共七个群团组织；“双机制”是建立工作协调机制和服务保障机制两项长效机制）模式探索，把商圈内不同系统、不同行业的松散经济实体紧密凝聚在一起，形成一个商圈党建综合体。

（肖　潇）

【疏解整治】 年内，八里庄街道完成28条背街小巷环境整治提升项目和8个老旧小区环境整治提升项目，拆除违法建设面积15315平方米，疏解人口1131人；围绕打好蓝天保卫战，完善污染源台账14类，完成裸地硬化5000平方米；围绕打好碧水攻坚战，落实河长制，完成沿河57处排污口纳管改造，配合相关单位做好通惠河、二道沟河流域环境治理工作；围绕打好动静交通组合战，打通辖区“断头路”，设立单行线3条，规范道路路侧停车试点9处，在重点道路加装机动车与非机动车隔离护栏；清理无证餐饮26家，清理账上违法群租房11户，超额完成区政府年度任务指标；引入“门前三包”精细化管理制度，实施“管罚分离”，实现“三化”，即环境秩序管理常态化、规范要求法治化和管理方法效率化。

（张成林　张　雪）

【精准扶贫】 年内，八里庄街道结合对口帮扶地区内蒙古自治区乌兰察布市卓资县实际，采取“输血”与“造血”齐抓方式，实施精准扶贫。经实地考察，针对卓资县旗下营镇四道沟村实际，采取建立小杂粮加工厂（经营范围为小杂粮收购、加工、销售及小杂粮种植）方式扶贫。同时，为拓宽当地特色农副产品销售渠道，引入“卓资山苏宁易购电商扶贫实训店”（可辐射卓资县8个乡镇），以苏宁易购App的中华特色馆作为卓资县特色农副产品上行通路。开展“暖冬行动”，为当地小学生捐赠冬衣、更换学生宿舍家具。依托八里庄街道辖区内2个社区卫生服务中心，为当地医护人员提供交流学习机会，为旗下营镇中心卫生院更新价值25万元的2台医疗设备，改善当地医疗条件。

（张熹蒙）

【社会保障】 年内，八里庄街道为辖区455户低保户发放保障金800余万元；为292户发放采暖救助金；为463位高龄老人发放高龄津贴46万余元；审核通过享受残疾人护理补贴1097人、残疾人生活补贴319人。

（刘艾菁）

【老旧小区物业管理】 年内，八里庄街道更新辖区物业服务企业底账，根据物业服务企业服务水平、管理状态、小区现状和居民需求，重新划分物业企业及小区类型，制定街道物业服务三年提升规划，提升小区物业综合服务质量。完成甘露西园小区和机二委小区全要素小区升级、延西小院小区停车治理以及京棉地区、甘露园小区等23处区域物业服务提升工程，辖区环境明显改善。

（李　昂）

【创建国家卫生区】 年内，八里庄街道建立“1+6+14+N”（成立由党政主要领导任双组长的“创卫”工作领导小组和由副职领导牵头的6个专项工作组，以14个社区居委会和N个辖区单位为主体）的“创卫”工作体系，推进工作落实。全覆盖检查辖区餐饮、商超、小区、垃圾中转站等各类“创卫”重点点位，实行“问题挂账、整改销账”机制。加强“创卫”宣传工作，组织开展“创卫我们一路同行”“迎中秋同创卫”、大碗茶故事会等多类“创卫”宣传活动10余场。通过“看见八里庄”和“八里庄街道创卫办”微信平台，宣传街道“创卫”工作做法及成效。在辖区显著位置悬挂“创卫”横幅150余条、张贴海报2000余张，向辖区居民、社会单位发放一封信、宣传手册等资料4000余份，营造“创卫”氛围。

（李婉童）

【消防安全】 年内，八里庄街道建设微型消防站和小型消防站，建立社区消防联动网络并配备专业消防队伍，提升辖区灾害事故防控与救援能力。

（马思来）

【社区规范化建设】 年内，八里庄街道落实《八里庄街道推进社区减负增效工作方案》要求，改革会议召开形式，利用互联网+云动指挥中心，以召开街道与各社区视频会议形式，落实社区规范化建设要求，提升社区参与效率和覆盖范围。完成社区无序挂牌清理工作；改革社区服务站，打通为民服务“最后一公里”。完成十里堡南里和城市华庭社区“两站合一”融合办公，实现一口办理；完善社工队伍梯次配备，建立正职、副职后备干部培养机制，开展“七彩葫芦娃”项目，提升社工综合素质。

（于长河）

【志愿服务】 年内，八里庄街道设立小巷管家，发动群众参与环境治理，形成多元共治，建设美丽家园。采用政府购买社会组织服务项目形式，改善社会治理结构，满足居民多元化、个性化需求，申报社区公益金项目33个，购买社会组织服务项目8个。加强志愿者培训和素质提升，提升志愿服务水平。辖区应急志愿者队伍增至18支，其中以张文志愿者应急突击队及红庙社区“平安红”治安巡逻志愿服务队为首的应急志愿者队伍表现突出，分别获“金葵朝阳十大优秀志愿者”和“金葵朝阳优秀志愿服务团队”奖项。

（于长河）

【文化建设】 年内，八里庄街道加强地区文化建设。先后举办“演教合一”京剧赏析会、9场大型文教活动、流动美术馆和社区互助菜园等项目。委托专业社会组织，开展“八里庄街道社区教育大课堂”，分别在文化中心和地瓜社区，每周举办培训班5个班次，培训人员2000余人次。

（许　蔷）

▲ 5月19日，八里庄街道甘露园社区开展助残日活动　　刘　杨　摄

2018年朝阳区八里庄街道社区居委会一览表

表18

名　称	地　址	电　话
红庙北里社区居委会	红庙北里53号楼南平房	65014186
红庙社区居委会	慈云寺1号院东区国际3号楼C座201室	65046519
华贸中心社区居委会	建国路89号院15号楼2层	52036920
延静里社区居委会	延静西里22楼东侧平房	65014362
远洋天地家园社区居委会	八里庄西里59号楼南侧配楼2层	85866626
八里庄西里社区居委会	慈云寺北里118号楼东北角	65570478
八里庄东里社区居委会	八里庄东里12号楼后	65569064
城市华庭社区居委会	十里堡甲3号院2号楼1层	85789902
十里堡社区居委会	十里堡东里126楼2层	65577555
十里堡南里社区居委会	十里堡甲2号院1号楼北侧平房	65577308
朝阳无限社区居委会	甘露园1号楼2单元1层	85739508
甘露园社区居委会	甘露园南里18楼后	85781756
甘露园中里社区居委会	甘露园中里12号楼南侧2层小楼	85740338
罗马嘉园社区居委会	朝阳北路107号院39号楼4层	85904039

（于长河）

朝外街道

【概况】 朝外街道成立于1954年。位于朝阳区西部，东起工体东路、东大桥路与呼家楼街道接壤，西至朝阳门南北大街与东城区朝阳门街道、东四街道相连，南至光华路与建外街道为界，北至吉市口八条、工体西路、工体南路与三里屯街道、东城区东直门街道相邻，面积2.2平方千米。下辖7个社区。年内，辖区常住人口58017人，户籍人口11912户、41788人，流动人口6843人，外籍人口1389人。有回族、满族、蒙古族、藏族等21个少数民族，人口5011人，新出生人口291人，死亡人口168人。有外交部、司法部、民建中央、中石化等国家机关及企业，有英国、朝鲜等13个国家的大使馆。域内商务楼宇众多，商业服务业发达，是北京重要的商业繁华街区和北京商务中心区休闲消费功能区，分布有昆泰、蓝岛等大型商业企业和驰名中外的雅宝路、悠唐广场、侨福芳草地等众多消费娱乐场所。有医院2所，社区卫生服务中心1个，社区卫生服务站5个，社会管理中心1个，社区服务中心1个。地铁2号线、6号线贯穿其中。有500平方米政务服务中心、2000平方米地区文化中心、8处文化广场和7处社区文化活动室。年内，开展“疏解整治促提升”、创建全国卫生城区等重点工作。实现区级财政收入28.5亿元。朝外街道获“第八届首都民族团结进步先进集体”和“首都文明单位标兵”称号，街道司法所被评为“北京市十佳司法所”，街道安全生产检查队被评为“北京市安全生产专职安全员队伍先进集体”，街道社保所获“北京市工人先锋号”称号。

（黄瑞玲）

【精准扶贫】 2月，朝外街道与河北省张家口市阳原县要家庄乡结为帮扶对子，重点帮扶深度贫困村——小庄村。街道建立对口扶贫工作机制，由社区建设办公室负责实施。经多次沟通协调和调查论证，确定实施“菌菇种植”和“林下养鸡”两个项目，帮扶要家庄乡。8月16日，朝外街道将100万元扶贫资金拨付给要家庄乡政府，其中“林下养鸡”项目35万元、“菌菇种植”项目65万元。10月26日至27日，街道办事处主任孟凡森带领7个社区党委书记以及辖区中石化、昆泰集团、京客隆、中粮我买网、齐化基金会等7家社会单位负责人到要家庄乡考察调研。7个社区与要家庄乡10个贫困村签订结对协作框架协议书。

（黄瑞玲）

【特色文化活动】 3月21日，朝外街道以“春暖朝外，古韵传新”为主题，在日坛公园举办第十二届“春分·朝阳”文化节活动。活动现场，台上有中外艺术家带来鼓乐、黄梅戏、服装大秀等文艺演出，台下有来自聚元号、泥人张、老北京兔儿爷等35家非物质文化遗产手艺人现场展示。来自古巴、印度、希腊、匈牙利、白俄罗斯驻华使馆20余名使节及亲属现场参与，共同感受中国传统民俗魅力。6月15日，开展以“粽情朝外·品卫端午”为主题的第二届端午文化节活动，将传统端午卫生习俗和“创卫”时代背景有机结合，赋予传统佳节新内涵。

（黄瑞玲）

【街道政务服务中心迁址】 4月，街道政务服务中心新址迁至朝外雅宝里15号楼街道政务服务中心一层大厅。服务窗口由原设置22个整合为10个。同时，根据业务相似性开设综合业务窗口，按照政务服务标准化建设要求配置叫号机等各类便民服务设施，优质服务地区百姓。

（黄瑞玲）

▲ 12月24日，朝外街道文联成立　　刘宝年　摄

【原创话剧《朝阳门外·雅宝路》演出】 9月19日至22日，原创话剧《朝阳门外·雅宝路》在香河园地区文化中心首演，并成功演出4场。《朝阳门外·雅宝路》是区委宣传部、区委社会工委、区文化委和朝外街道共同策划并携手北京厚浪文化，以立足朝阳、书写朝阳为目标，共同推出的大型原创话剧。

（黄瑞玲）

【党政群共商共治工程】 11月30日，朝外街道召开党政群共商共治工程2018年总结评议暨2019年立项大会。会上，开展2018年度10项街道级项目满意度测评，满意度99%。表决通过2019年度8项街道级项目。年内，街道投资330万元，完成10项街道级项目、7项社区级项目，梳理出《朝外街道党政群共商共治工程指导手册》和《朝外街道党政群共商共治工程优秀案例选编》。

（黄瑞玲）

【《微法典》首发式】 12月3日，朝外街道举办地区普法宣传系列丛书《微法典》首发式。《微法典》包括婚姻篇、继承篇、劳动篇、房产篇和生活篇等五篇。

（黄瑞玲）

【街道文联成立】 12月24日，朝外街道在昆泰嘉华酒店举行朝外街道文学艺术界联合会（朝外街道文联）成立大会暨揭牌仪式。中国广播艺术团国家一级编剧、中央电视台戏曲频道制片人赵保乐任街道文联主席。中国表演艺术家游本昌、国家一级演员梅派青衣李玉芙、国家一级演员石维坚、中国书法研究院院长张杰担任街道文联顾问。

（黄瑞玲）

【“街乡吹哨、部门报到”机制落实】 年内，朝外街道落实“街乡吹哨、部门报到”工作机制，形成“五个一”成果，即新建一处党群服务中心、汇编一套工作制度、整合一处综合执法中心、建立一个信息化平台、形成一批实践成果。打通吉祥里西区断头路、化家胡同背街小巷治脏见新、修复三丰南巷无主污水管线塌陷等一批群众关心老大难问题得到解决。

（黄瑞玲）

【环境整治】 年内，朝外街道完成“疏解整治促提升”任务。拆除违法建设14处、违法建设面积1413平方米，完成年度任务197%；开展天际线整治，拆除109块、12960平方米违规广告牌匾。提前完成27家挂账无证餐饮单位、8处占道经营、28处群租房整治任务；清理3处住人人防工程，实现地区无违规住人人防工程；引入第三方完成吉祥里108号楼“吉祥公社”便民惠民项目建设；完成6个社区16条背街小巷整治任务，改造化家胡同、芳草地北巷、三丰胡同三条等16条街巷胡同1.2万平方米道路；采用防粘贴工艺粉刷线杆380平方米，绿化景观3600平方米，背街小巷环境和宜居水平明显提升。

（黄瑞玲）

【社会保障】 年内，朝外街道开展“四进家庭”服务（医疗、餐饮、保洁和洗浴服务进家），服务地区老人758人次。办理残疾人证67人，肢体残疾人康复治疗37人，盲人定向行走培训5人，为110户残疾人实施家庭无障碍改造。新办残疾证、补换残疾证、残疾增项、残疾等级升级等61人次，肢体残疾人康复治疗26人，帮助500名残疾人在辅具平台注册、购买辅具，为16名残疾人申请个体就业保险补贴，为75名残疾人申请燃油补贴，为3名残疾人申请扶残助学补助。实施医疗救助208人次，发放救助金40.65万元；教育救助4人次，发放救助金2.4万元；慈善救助20人次，发放救助金7.15万元；临时救助5人次，发放救助金1.9万元；红十字会救助10人次，发放救助金3.14万元。落实帮扶政策，发放低保金322.11万元；为78名重度精神病人家庭监护人发放年度监护补贴16.68万元；为417名残疾人发放护理补贴51.9万元，发放生活补贴57.74万元；为7名困难老人办理入住福利机构补贴；接收并安置1名成年孤儿；为95岁以上高龄老人免费参保和报销医疗费11万余元，为90岁以上老人发放高龄津贴20.7万元，为80岁以上老人发放养老助残金200余万元。

（黄瑞玲）

【平安建设】 年内，朝外街道执法检查4003家次，发现一般隐患3156处，开具责令整改通知单1252份，全部落实整改；行政处罚存在较大安全隐患的生产经营单位，立案43起，罚款21.95万元；委托专业力量完成7个社区风险评估，提前掌控风险点；实施雪亮工程视频监控、智能门禁、C级防盗锁、防爬刺等项目建设，完善立体化治安防控体系，可防性案件发案数比上年下降44%；“交通安全示范社区”创建工作实现7个社区全覆盖；完成全国“两会”、上海合作组织峰会、中非合作论坛北京峰会等重要时段维稳安保工作。排查化解各类矛盾隐患78件，完成上账信访矛盾化解任务；群众安全感满意度测评指标年均94%以上；街道指挥中心处理各类案件42355件（其中网格案件39948件，比上年增长36%；政民互动案件2407件，比上年增长60%）。

（黄瑞玲）

【创建国家卫生区】 年内，朝外街道召开“创卫”专题会20次，爱国卫生专干例会11次。动员辖区居民3000余人、287个社会单位参与“创卫”活动。发放“创卫”宣传品、问卷等6000余份。清理堆物堆料80.7吨，清理地下车库、自行车棚83处，清除非法小广告2879处，规范“门前三包”240家。区“创卫”工作系统下发督导任务212条，整改率99.05%。7月通过市级病媒防制验收，12月通过“创卫”市级暗访验收。

（黄瑞玲）

2018年朝阳区朝外街道社区居委会一览表

表19

名称	地址	电话
芳草地社区居委会	东大桥路23号院	85619525
吉庆里社区居委会	工体西里4号楼南侧平房	65538102
吉祥里社区居委会	朝外大街北侧112号楼旁	65514388
三丰里社区居委会	三丰里14号楼南侧小楼	85612610
体东社区居委会	工体南路甲1号平房院	85611495
雅宝里社区居委会	朝外大街甲14号楼北侧	85628668
天福园社区居委会	天福园8号楼东侧平房	85611185

（黄瑞玲）

大屯街道

【概况】 大屯街道位于朝阳区西北部，东邻来广营乡、望京街道，南与亚运村街道、小关街道、太阳宫乡相连，西北与奥运村街道相接，辖区总面积10.013平方千米。下辖15个社区。大屯街道具有人口多、社会单位多、高档小区多等特点。年内，辖区常住人口14.6万人，户籍人口32283户、83143人，流动人口4.21万人；新出生人口615人、死亡人口827人。辖区有法人单位6443家，个体工商户451个，产业活动单位621家。辖区有道路49条，其中市管道路8条、区管道路21条、社区道路20条。有大学3所，中学3所，小学8所，幼儿园19所。有医疗机构47个、养老机构1个，养老驿站5个。途经辖区公交线路10余条，有地铁5号线、15号线贯穿其中。有2处为民服务大厅、7处街道级文化活动中心、1处文化广场，绿化面积395.92万平方米，绿化覆盖率41.06%。年内通过“党建群”项目创新基层党建方式方法，242个“党建群”，968名骨干、13502名成员，其中党员7767人，成为推动地区发展中坚力量。完成全国“两会”、中非合作论坛北京峰会等重大活动服务保障工作；地区科普和体育事业综合发展，形成“北银极”和“社区体育嘉年华”等品牌；实现地区财政收入18.15亿元，完成指标的102%，比上年增长7.38%；征收个人出租房屋税2130万元，增收71万元，比上年增长3.5%。大屯街道获“首都环境建设样本单位”“北京市就业创业工作先进集体”“北京市单位团体无偿献血先进单位”“首都绿化美化先进单位”等称号。

（刘语桐）

【领导调研】 1月10日至26日，团市委信息中心调研员曾海伦、团市委国际联络部副部长崔竞，到大屯街道调研机关干部常态化下沉等工作，发现、提炼基层团组织建设经验做法，为2018年做好基层组织建设年工作提供现实依据和决策支撑。11月8日，副区长王志勉一行到拥军路实地查看大屯街道“开墙打洞”整治工作。调研现场，街道工委书记吉旭初汇报整治“开墙打洞”工作总体思路、方法步骤、治理数量和取得成效。王志勉详细询问大屯街道在开展群众工作、提升城市环境等方面的做法和规划，肯定大屯街道“开墙打洞”整治工作成果。12月11日，区委书记王灏一行走访调研辖区民营企业慈铭体检集团。调研组实地走访慈铭体检健康管理中心，了解民营企业发展现状。企业负责人和相关工作人员介绍企业基本情况、产业布局、企业文化、党建工作以及发展规划。双方交流企业现状、存在问题以及政府扶持民营企业相关事项。12月20日，王灏到太阳飘亮购物中心，走访调研“众享大屯”便民服务站。肯定大屯街道利用疏解腾退空间，根据百姓需求主动补足便民服务和生活服务缺位，建设“众享大屯”生活服务品牌等工作。

（刘语桐）

▲ 9月30日，大屯街道欧陆经典社区养老驿站启动　　唐晓彤　摄

【获得荣誉】 3月16日，区妇联、区司法局领导共同为大屯街道颁发“婚姻家庭纠纷调解室”工作铜牌。7月，大屯街道“新新家园社区五色花志愿者服务体系”获“朝阳区社会领域基层服务型党组织十大优秀品牌”称号；大屯里社区党委、安慧东里社区党委获“朝阳区优秀基层党组织”称号；新新家园社区“爱‘新’行动——志愿服务联盟”、秀雅社区“秀雅诗社”获“朝阳区社会领域优秀基层队伍”称号；大屯里社区党委书记王淑美等28人获“朝阳区社会领域‘红色头雁’”称号；慧一社区第三党支部书记王连振等280人获“朝阳区社会领域优秀党员志愿者”称号；北京首佳物业管理有限公司党支部书记王雪丽获“北京市社会领域优秀党务工作者”称号。

（刘语桐）

【精准扶贫】 8月2日，大屯街道启动对口扶贫单位河北省张家口市康保县邓油坊镇西村提供的“梅花鹿马鹿养殖”帮扶项目，举办挂牌揭幕仪式。11月22日至23日，组织部分科室负责人、社区书记、辖区企业和投资企业负责人等近50人，赴康保县邓油坊镇和忠义乡考察梅花鹿养殖产业延伸意向、投资酒厂项目和新能源技术课题项目并达成初步协议。12月25日，邓油坊镇西村农民得到“梅花鹿马鹿养殖”帮扶项目第一笔分红7万元。

（刘语桐）

【志愿服务】 8月21日，大屯街道成立物业联盟党员志愿服务队，开展物业联盟“物业党员送服务圆梦居民微心愿”主题活动。联盟党员认领29个包含卫生清扫、管道疏通等5大类16小项居民微心愿。

（刘语桐）

【养老驿站开业】 9月19日，大屯街道慧忠北里第二社区养老驿站开业。驿站集呼叫服务、日间托养、文化娱乐、精神慰藉、健康管理、助洁助医、助餐助浴等服务功能为一体，为服务辐射范围内老年人提供优质服务。驿站服务辐射至慧北一和慧北二2个社区，约4000名老年人。9月29日，欧陆经典社区养老驿站挂牌开业，驿站由北京市朝阳区福寿苑养老照料中心负责运营，服务辐射周边欧陆经典、嘉铭园、秀雅、育慧西里4个社区，约1万余名老年人。

（刘语桐）

【安全保障】 9月，大屯街道构建“1+9+14”（1个领导小组综合协调调度，9个专项工作小组监督落实，14个社区重点看护）指挥体系，完成中非合作论坛北京峰会期间安全保障工作。其间，组织动员辖区居民志愿者、社会单位保安、内保、停车管理员、楼门组长、和谐促进员等各类志愿者1812人参与中非合作论坛北京峰会社会面防控工作。实名化管理辖区9个重点路口和18个制高点，网格化实名部署群防力量，实现点线面联动联防，确保辖区安全稳定。

（刘语桐）

【公共法律服务站成立】 12月3日，大屯街道公共法律服务站在安立路第五大道路口正式挂牌成立。法律服务站集法律援助、人民调解、法律咨询、“两类”人员管理、普法宣传等多功能为一体，为群众提供“一站式”公共法律服务。

（刘语桐）

【疏解整治】 年内，大屯街道拆除违法建设面积1.8万余平方米；整治开墙打洞194处，完成率100%。清理无证无照300余人、占道经营点位8处；整治违规广告牌匾82处、面积3500余平方米；检查“门前三包”单位5000余家，规范2000家；清理堆物堆料550次，规范店外经营400余次，处罚5.35万元；清除小广告2万余张，停机处罚51个非法小广告宣传号码，立案43起；取缔非法停车场3个；登记流动人口总数43280人，其中新登记11390人，核销流动人口10610人。出租房登记14315户，其中新登记1294户，核销4713户；完成95户群租房治理，疏解人口481人。清理人防工程和普通地下室9处，涉及人口412人；完成紫薇天悦东侧路加装交通隔离墩158延米、完成融华世家东侧路整治加装隔离桩123个；处理网格案件990件。地区可防性案件全年发案79件，比上年下降35.4%。

（刘语桐）

【社区建设】 年内，大屯街道征集金点子项目158个，其中61个项目获选实施。连续三年获好成绩的优秀项目独立运行，不再重新申请资金支持。相关经验得到社会认可，河南省郑州市、天津市、北京市东城区等地机关及社会组织先后到大屯街道取经、交流。大屯街道“亚运新新家园社区工作法”入选民政部“全国100个优秀社区工作法”。

（刘语桐）

2018年朝阳区大屯街道社区居委会一览表

表20

名 称	地 址	电 话
慧忠里第一社区居委会	慧忠里甲316楼北侧	64980308
慧忠里第二社区居委会	慧忠里B区108楼东南侧	64959011
慧忠北里第一社区居委会	慧忠北里411楼104号	64869360
慧忠北里第二社区居委会	慧忠北里108号楼1层0106	64864019
安慧北里秀雅社区居委会	安慧北里秀园17号楼110室	64950058
安慧北里安逸社区居委会	安慧北里安园6号楼104号	64951098
大屯里社区居委会	大屯里115楼208号	84806303
安慧东里社区居委会	北苑路178号光大名筑8号楼2单元0118号	64826118
欧陆经典社区居委会	北苑路172号万兴苑6号楼103室	84853151
育慧西里社区居委会	育慧西里小区居委会办公楼	64979709
嘉铭园社区居委会	嘉铭园A区5号楼2单元101、102号	84858717
育慧里社区居委会	成慧路二号院1号楼1单元1层	84634647
世纪村社区居委会	育慧北路8号三区1号楼101号	84633844
亚运新新家园社区居委会	辛店路亚运新新家园物业一层	51737167
金泉家园社区居委会	朝阳区金泉家园1号楼	84806303

（刘语桐）

东湖街道

【概况】 东湖街道位于朝阳区东北部，东至机场高速中心线，与崔各庄乡接壤；西至地铁13号线西侧，与来广营乡接壤；南至北小河北侧沿望京西路中心线至湖光北路、宏泰西街中心线及原崔各庄乡与望京街道界线至机场高速，与望京街道办事处接壤；北至五环路中心线，与来广营乡、崔各庄乡接壤，辖域面积5.388平方千米。下辖7个社区。年内，辖区常住人口75480人，户籍人口15536户、39477人，流动人口21218人，外籍人口3475人；新出生人口512人、死亡人口114人。有法人单位4188家，其中中央单位14家、市属单位11家、区属单位40家、其他单位3256家，有外商投资企业188家、港澳台商投资企业178家。有医院7所，社区卫生服务中心1个，社区卫生服务站1个。有中学4所，小学4所，幼儿园11所，国际学校1所。有养老机构2所。地铁13号、14号、15号线贯穿其中。有406平方米为民服务大厅、2054.87平方米地区文化中心、25处文化广场和3台24小时自助图书机，绿化覆盖率42%。街道落实区委区政府工作部署，与任务指标对标对表，筑牢意识形态安全、落实全面从严治党主体责任、严守安全生产底线、狠抓生态环境红线，以望京国际人才社区建设为契机，助力地区经济发展和民生福祉提升，“七彩东湖”建设实现稳步发展。年内，完成区级财政收入85875.64万元，比上年增长7.45%，征收房产税1800.42万元，比上年增长7.29%。

（王 妍）

【花园式社区和单位创建】 3月至10月，东湖街道完成首都绿化美化花园式社区和单位创建工作。栽植景观月季5800平方米，绿化面积4.1万平方米，绿化覆盖率42%；举办“市花月季进社区”“义务植树”“家庭花卉养殖培训”“阳台小菜园”“挂树牌、认树种”等活动；完成果岭里社区及博雅大厦、洛娃大厦2家单位首都绿化美化花园式社区和花园式单位创建工作。

（高 洁）

【文化建设】 3月至12月，东湖街道开展第三届“魅力东湖”文化节系列活动，包括“创卫”原创作品征集活动、“学习用典”街道第二届书画比赛、东湖街道好节目培育活动等20项文化活动，惠及居民约2万人，获区级以上奖项12项。9月21日，街道在奥林匹克森林公园北园棋园广场举办2018年东湖街道森林文化演出活动，500余人参与活动。数来宝《东湖创卫忙》展示东湖街道“创卫”工作成果，草裙舞《草原风情》展示非洲大草原异域文化。

（张玉兰）

【教育培训】 5月至12月，东湖街道举办“礼仪东湖”和“未成年人教育”大课堂。“礼仪东湖”项目获朝阳区2018年社区教育品牌项目。开展街道级教育活动16场次，社区级活动近40场，参与人数2万余人次；举办“送人玫瑰手有余香”文化素质培训，组织优秀文化骨干和普通文化爱好者参加培训。培训内容包括戏剧、声乐、民族舞、交谊舞、书法、国画、钢琴等内容，创编主题小品《狗年狗事儿》、原创小合唱《东湖好》、舞蹈《清荷》《相聚》等品牌节目。小品《狗年狗事儿》、合唱《东湖好》分别获朝阳区原创作品大赛一等奖和二等奖。文艺培训和讲座累计200余课时，培训居民7000余人次。

（张玉兰）

【区域化党建】 年内，东湖街道接收基层党组织报到21家，在职党员报到2953人，组织在职党员“双报到”志愿服务活动38次，参加活动5780人次。调整街道党建协调委员会机构，将向工委报到的21家党组织纳入党建协调委员会。修订委员会章程，成立东湖地区物业党建联合会、园区企业党建联合会。推动社区党建协调委员会建设，开展志愿服务、关心关爱、资源开放等5类11项活动。建设“东阅书院”等新党建品牌，推广“我在您身边，服务零距离”工作法等品牌，其中可视化支部获“北京市非公企业优秀基层党组织”称号。街道工委落实两新组织“两个覆盖”（党的组织覆盖和工作覆盖），制定《东湖街道常态化制度化联系指导非公企业党建工作方案》，完善更新1128家非公企业党建工作台账，新建非公党组织10个，单独建立正式党组织19个，建立联合党组织75家，建立功能型党组织25家，覆盖企业993家，企业覆盖率88%。创新“两新”党建工作方法，联合43家物业单位成立党建联合会，加强党建带动工会、共青团、妇联、侨联等工作枢纽建设，联合区人才中心落户街道楼宇服务站，举办各类服务联谊活动50余场次。

（安坤）

【群众安全感满意度提升工程】 年内，东湖街道完成望馨花园平安示范小区创建，完成望京西园小区楼体防爬刺及慧谷根园防爬刺安装工程。维修更换南湖东园、利泽西园一区、望京西园社区单元门禁59套。加强“东湖哨兵”队伍建设，配备治安巡逻车10辆，微型消防车2辆，配备统一标识马甲、反光棉服、袖标，对讲机、执法记录仪、肩闪等装备。发动志愿者、治保积极分子、社区治安员、社会单位等群防群治力量8.6万余人次，加强重点时段和重要点位巡控值守。

（杨宇）

道3400米。加装22个防倒灌蝶阀，解决雨污混排问题，创建无排污街道。通过“街乡吹哨、部门报到”工作机制，协调区水务局、区园林绿化局、区环保局、区城管委、区规土委、区城管执法局、区环卫中心等部门，彻底拆除沿岸违法建设、废弃建筑物面积1500余平方米。

（许秀强）

【党政群共商共治工程】 年内，东湖街道召开各级议事协商会63次，发动议事代表577人参与问需；组织《向前一步》（北京电视台制作的一档人和公共领域沟通的节目）边看边议活动，推广望湖社区议事厅、望京西园二区楼院议事厅运营标准，提升议事厅规范化水平；以掌上议事厅微信平台不断拓宽议事渠道，优化功能及栏目设置，实现对接志愿北京、手机识别身份证、添加乐居东湖百事通等功能。投入资金546万元，完成10项街道级、14项社区级项目，涵盖环境秩序、社会安全、公共事务、社区建设等方面，解决老百姓身边问题，7万余人受益。通过各级议事协商、发放《东湖街道党政群共商共治问需登记表》等，征集问题和建议408条，确定2019年街道级党政群共商共治项目7大项15小项。

（张红）

▲ 10月18日，东湖哨兵值勤　　李娜 摄

【疏解整治】 年内，东湖街道完成常住人口调减1168人。整治人防工程15处，涉及人口460余人；整治群租房45户，涉及人口260余人；清理普通地下室9处，涉及人口150余人；整治占道经营6处、拆除违法建设33处、面积3102.86平方米，涉及人口180人。

（杨宇）

【居民亲水休闲空间建设】 年内，东湖街道投资2800万余元建设居民亲水休闲空间。开展绿化改造、景观提升，建设“东湖印”儿童小迷宫、文化大篷车等休闲场地设施。建设“玉兰花畔”东湖段滨水城市森林公园，新建标准滨水健康步

【安全生产监督管理】 年内，东湖街道结合有限空间、危化、工业、餐饮、学校、重点行业领域隐患排查治理工作，检查生产经营单位8154家次，出动检查人员16308人次，排查安全隐患5402处，立案31起，行政处罚19.6万元。开展安全

生产宣传、培训、演练活动100余场，发放宣传材料13500余份，悬挂宣传标语、条幅、张贴宣传海报等470余条，摆放展板70余块，2万余人受教育。

（冯歆宇）

【社区治理】 年内，东湖街道成立物业党建联席会及物业协会。成立长城物业党支部，强化党组织在物业服务行业领导作用，加强物业行业自律自治。东湖街道被市住建委选定为“北京业主”App业主共同决策和物业合同网签平台试点，指导上京家园小区（居民1890户）成功运用手机软件召开业主大会临时会议选举产生业主委员会和监事会；指导小区规范使用住宅公共维修资金，推进利泽西园一区、上京家园等小区依法使用住宅公共维修资金维修电梯和消防设施，消除安全隐患；开展业委会成员培训，指导规范业委会开展自治工作；组织慧谷根园、望京明苑业主开展业主自治，指导业主共同决策小区公共收益使用等涉物权重大事项。“东湖好管家破解社区治理难题”案例，在区第四届社会治理创新优秀案例评选中获优秀案例。

（张维超）

【“掌上社区”建设】 年内，东湖街道推行“互联网+”社区，提升社区服务管理水平。掌上议事厅微信平台实现居民办事网上预约、流程条件查询、活动报名、随手拍、掌上调查等功能；掌上社区大数据实现居民信息动态管理、分类检索、精准服务，提高社区精细化管理水平；智慧东湖小程序使社区工作者能够以手机为终端，实现入户走访、需求采集、问题处理等功能；各社区开通公共服务综合信息平台，实现计生、房管、残联等19项业务一门通办。

（张　红）

【“全要素小区”建设】 年内，东湖街道利泽西园一区社区康都佳园小区创新形成“六聚六起来（党委引领聚力，多方统起来；议事协商聚智，居民动起来；项目撬动聚能，物业干起来；矛盾化解聚和，法治强起来；文化促融聚神，人心连起来；服务助力聚情，家园暖起来），建设全要素小区”做法，破解中高端商品房小区社会动员难题，成为全区全要素小区建设标杆。全年媒体报道70余次，接待市、区及外省市交流考察团34次。各社区对照“五好十有十无”标准查找短板，形成“居民吹哨、社区报到”“社区吹哨、科室报到”“街道吹哨、部门报到”三级联动，功能、空间、环境、人文、管理等要素逐步升级。

（张　红）

【社会治理模式创新】 年内，东湖街道国际人才社区建设之社会治理协同实践模式创新项目获批区人才重大项目，通过引入组织健康和团队沟通与协作国际认证课程，开展社区访谈调研、需求分析、行动学习以及研修活动等，明确社区发展目标和路径，形成社区发展三年行动计划、职责清单、岗位职责说明书等文件，提升社区工作者对社区发展目标的认知和团队战斗力。该项目被评为区人才重大项目唯一优秀项目。

（张　红）

【“四可”特色社区文化建设】 年内，东湖街道建设“四可”（可看、可玩、可融、可感）特色社区文化，促进居民融合。社区利用公益金、创享计划、领头雁计划等，广泛开展社会动员，共建“四可”特色社区文化，实现楼门文化从宣传阵地到情感纽带转变。志愿者自发成立浇花群、铲小广告群、书画群、书屋群等，共同构建和谐邻里关系，激发居民家园情怀。辖区利一社区舍得书屋、精致楼门规划师、望湖社区流动美术馆等项目，通过绿植、手工、墙贴等楼门文化新形式，吸引数万人次参与。

（张　红）

【“五社”联动模式】 年内，东湖街道构建联合会、动员中心、公益储蓄分中心、志愿者协会四位一体社会动员网络。以联合会承接创享计划、动员中心运营项目为契机，由4名抽调社工带动社区协调员小组，指导社区社会组织规范发展，引导居民参与社区事务，实现“五社”（社区、社工、社会单位、社会组织和社区居民）联动互动。创享计划支持提案42项，动员中心项目支持提案39项。新增社区社会组织65家，比上年增长55.1%。新增备案社区社会组织42家，总量146家。开展活动5000余场次，15万余人次参与。创享计划“有里有面党员志愿服务队”入选区社会组织参与社会治理区级优秀案例，西园二区议事厅、好邻里1+1、舍得书屋等社区社会组织事迹被多次报道，形成社区社会组织有效助力社区发展态势。

（张　红）

【抚恤优待与助老服务】 年内，东湖街道为伤残军人、老复员军人、军退职工等发放护理费、定期补助、抚恤金、奖励金、优待金、工资93万余元；完成252名超转人员资金统发工作，退役军人及其他优抚对象信息采集1348人；审核办理老年证304人，发放60～64岁老年养老助残卡3068张，为273名65岁以上有需求老年人提供免费健康体检服务，为76名老人发放高龄津贴8.3万元；将利泽公园改建为“孝亲敬老”主题公园。完成宜居环境、乐居无忧——适老化改造项目和地区102户80岁以上老年人家居环境适老改造。

（范红仔）

【助残帮困】 年内，完成412名持证残疾人需求核查工作，为36名残疾人办理“残疾人证”；为21名困难或重度残疾人申请“两项补贴”（困难残疾人生活补贴、重度残疾人护理补贴）；为19名个体就业残疾人申请保险补贴173692.74元，为2名残疾人申请扶残助学金1.05万元，为11名残疾儿童办理机构康复补贴128665.5元；协助265名残疾人成功申请配发辅具；为162名享受“两项补贴”残疾人完成测算，走访慰问残疾人家庭142户，慰问金额8.63万元；组织200余名残疾人参加春秋季户外康复活动；通过政府购买服务完成温馨家园项目托管；通过多种方式服务辖区残疾人310人，覆盖率75%，全年服务残疾人2239人次。

（范红仔）

【社会保障与就业服务】 年内，东湖街道挂失补办社保卡858张、换卡413张、第二次申请领取58张、补换二次申请发卡1324张、新参保发卡778张；城乡居民基本养老保险缴费成功续保缴费完成42人，城乡居民基本医疗保险新参593人、续保143人、减员401人、变更信息281人次，补缴116人；变更定点医院1200余人次、办理异地就医36人次。报销药费426份219.59万余元；协助异地养老认证500余人。慰问退休人员85人，接受自采暖补贴申请35人30975元。开展“优化营商环境，提升就业服务”主题系列就业政策宣讲活动，为辖区企业、居民提供“精准、优质、高效”就业政策方面指导和服务。完成充分就业社区创建工作，失业人员实现就业226人，就业困难人员实现就业158人，开发就业岗位531个，失业人员免费技能培训34人。

（赵红曦）

【“炫动东湖”体育节】 年内，东湖街道开展第三届“炫动东湖”体育节系列活动，包括第十二届“和谐东湖杯”乒乓球赛、第六届“东湖杯”国际业余围棋邀请赛暨第二届望京国际人才业余围棋邀请赛、“欢乐冰雪健身季”冰雪体验等10项活动，吸引多国体育爱好者参加，凸显国际化特色，获区级以上奖项15项，惠及地区百姓2500人。

（张玉兰）

【环境治理】 年内，东湖街道开展宣传活动162次，联合执法67次。取缔占道经营游商摊贩挂账点位6处，规范违规户外广告牌匾106块、“门前三包”250处，非法小广告停机240个，立案查处施工单位12起、餐厨垃圾问题25起，罚款18.69万元；街道投资100余万元用于改造防汛管线、道路，改造消除易积水点13个；完成交通安全示范社区创建工作。在主要干道雨水口、学校周边和公交站施画禁停线；在南湖东园北社区、果岭里社区、利泽西园一区社区新增居民区停车位53个。在利泽西园社区、望湖社区协调错时停车位54个。完成社区区间道停车位改造、慢行系统建设，在交通路口设置阻车装置、在所有小区出入口设置提示标志，规范地区交通秩序；打通启阳路、望京东路两条断头路，实现路网贯通，形成交通循环。

（赵梓轶）

【劳动监察】 年内，东湖街道劳动用工书面审查单位34家，劳动监察立案62件，调查重点企业薪酬17家，调解地区劳务纠纷108起，为200余名劳动者协调解决劳动单位拖欠劳动报酬200余万元。

（殷康国）

【法律宣传】 年内，东湖街道组织法律宣传活动40余次，发放宣传材料3万余份，举办法律讲座17场次，开展律师进社区服务160余次，受理法律咨询300余人次，法律热线接听来电咨询100余人次。街道人民调解委员会调处矛盾纠纷300余件。

（万 孟）

【信访与矛盾纠纷化解】 年内，东湖街道完成专项矛盾排查工作6次，接待群众来访116人次，接听群众来电（含“96105”朝阳区政府便民热线）82次，接收市、区转来信访信件9件；开展日常信访与矛盾纠纷排查19次，发现信访与矛盾纠纷近300件次，排查化解社会矛盾29批次，完成4起集体访协调化解工作。初信初访化解率90%以上、重信重访化解率90%以上、重点矛盾结案率90%以上。

（万 孟）

2018年朝阳区东湖街道社区居委会一览表

表21

名 称	地 址	电 话
望京花园社区居委会	望京花园130楼2层	64743804
利泽西园一区社区居委会	利泽西园一区104楼106	64758250
望湖社区居委会	利泽西园二区209楼101室	64721670
望京西园社区居委会	望京西园一区116楼东南侧黄色二层楼	64794570
南湖东园北社区居委会	南湖东园一区临123号	64791990
南湖中园北社区居委会	南湖中园一区117楼底商3单元102号	64709041
果岭里社区居委会	广泽路6号院东门外	84727412

（王 妍）

垡头街道

【概况】 垡头街道位于朝阳区东南部，东至北京炼焦化学厂东墙，与豆各庄地区办事处相邻；南至规划中翠城小区公共服务配套用房西南侧边线和化工路，与十八里店、王四营地区办事处接壤；西至厚金路和翠城小区规划区域西侧，与南磨房、十八里店地区办事处相接；北至金蝉北里、垡头北里和北京染料厂、北京炼焦化学厂北墙，与王四营地区办事处相连。辖域面积5.32平方千米。下辖14个社区。年内，辖区常住人口96583人，户籍人口14400户、36867人，流动人口12580人，外籍人口263人；新出生人口325人、死亡人口455人。有社区卫生院1个、社区卫生服务站2个，大中专院校2所、中小学4所、各类幼儿园4所，有养老机构3个，商业楼宇2处。有化工路、垡头路等22条主要道路。途经辖区公交线路13条，地铁7号线贯穿其中（12月30日，地铁7号线垡头站开通）。有2000平方米为民服务大厅、4处文化广场和2处24小时自助图书馆。绿化率为32.54%。年内，垡头街道深入学习贯彻党的十九大精神和市、区决策部署，按照区委“六个深刻把握”“五个新作为”要求，牢固树立“四个意识”，坚定“四个自信”，以街道工委提出的“六讲”要求为思想统领，以打好“疏解整治提升攻坚战”“矛盾风险化解战”“精细治理持久战”和“民生福祉发力战”为抓手，持续提升地区发展质量，建设“人文、宜居、和谐、幸福、平安、美丽”新垡头。全年拆除违法建设面积12623.47平方米，整治开墙打洞399处、群租房19户。完善财务审批流程，实现地区财政收入12371.92万元，比上年增长53.09%，征收房产税111.52万元，比上年增长39.66%。垡头街道司法所所长、街道人民调解委员会主任王久全获司法部“坚持发展‘枫桥经验’实现矛盾不上交试点工作表现突出个人”称号。

（李 楠）

【创建国家卫生区】 7月23日，垡头街道通过市病媒防制专项验收。12月12日，通过市爱卫会“创卫”暗访验收。

（高　尚）

【退役军人服务管理中心成立】 8月，垡头街道退役军人服务管理中心成立。主要承担辖区内退役军人就业创业扶持、优抚帮扶、走访慰问、信访接待、权益保障等事务性工作。该中心设立14个退役军人和其他优抚对象信息采集点，年内录入信息1430人。

（乔　愔）

【祈东家园社区成立】 10月21日，垡头街道祈东家园筹备组召开党员大会，成立社区党委。11月24日，完成首届祈东家园社区居委会选举工作。

（罗　晋）

【疏解整治】 年内，垡头街道协调各职能部门，到辖区内地势低洼、年久失修、部分房屋下沉开裂、多次发生河水倒灌和险情的陶庄1号院入户讲解解危排险房屋腾退安置政策，确保腾退政策落实到位；协调区国资委、区商务委、弘朝伟业公司等单位，完成盛和市场7000平方米拆违任务（该市场存在占用规划道路、安全隐患多、环境秩序乱以及扰民现象严重等问题），疏解商户100余家。

（王　勇）

【化工路升级改造】 年内，垡头街道协调相关部门，启动位于辖区的化工路（该路建于20世纪60年代，建成后始终未改造）升级改造工程。为加快拆迁改造进度，街道主动配合拆迁公司做好社会单位引导动员、移伐路侧有主树木和拆迁腾退等工作。

（宁艺玮）

【翠成道路纳入规范管理】 年内，辖区内翠成周边道路因未实现规划，6万名群众出行依靠南杨庄路等3条社区内部道路，出行难、停车难，交通秩序混乱。垡头街道推动道路移交工作。实现3条道路通过市交管局验收并纳入规范管理。辖区住总集团建成停车场4个，增加车位1000余个。群众出行和停车难得到缓解，交通秩序明显改善。

（宁艺玮）

【精准扶贫】 年内，垡头街道实施“六到位”（组织领导到位、调研对接到位、资源整合到位、温暖传递到位、帮扶资金落实到位和宣传发动到位）工作法开展精准扶贫工作。街道对口帮扶项目为河北省保定市唐县军城镇曹家庄脱贫项目。垡头街道在教育、就业、基础设施建设等方面投入帮扶资金100万元，用于曹家庄村幼儿园建设和入股河北省唐龙纺织集团资产收益项目等，帮助村民脱贫。

（陶炎鑫）

▲ 10月21日，祈东家园社区党委会成立　　垡头街道宣传科　供稿

2018年朝阳区垡头街道社区居委会一览表

表22

名　称	地　址	电　话
垡头一区社区居委会	垡头一区6号楼北侧	67382011
垡头二区社区居委会	金蝉里19号楼1层11号	67367009
垡头三区社区居委会	金蝉里16号楼北侧	67365471
垡头东里社区居委会	垡头东里东院11排房南侧	67365570
垡头西里社区居委会	垡头西里24楼北侧	67360853
垡头北里社区居委会	垡头北里17号楼北侧	67374703
翠城馨园社区居委会	翠城馨园34号楼南侧	67383900
翠城雅园社区居委会	翠城馨园237号楼北侧	67202700
翠城趣园社区居委会	翠城馨园103号楼	67363500
翠城盛园社区居委会	翠城馨园143号楼	67376900
翠城熙园社区居委会	翠城馨园420号楼1层	67371136
翠城福园社区居委会	翠城馨园501号楼底商	87156463
双合家园社区居委会	双合中路3号院c14楼2层	84727412
祈东家园社区居委会	祈东家园1号院1号楼东侧底商	87302677

（李　楠）

和平街街道

【概况】 和平街街道位于朝阳区西北部，东以城铁13号线为界，南起北二环路，西至安外大街，北至元大都公园。辖域面积4.54平方千米，辖区内有健安北路（北土城路）、樱花东、西街、和平东、西街、青年沟路、和平北街、东土城路、北三环东路、兴化路10条主要大街。下辖9个社区。年内，辖区户籍人口25341户、84713人，流动人口18204人，外籍人口984人；新出生人口553人、死亡人口775人。有党支部102个、党员4180人。辖区内有中国计量科学研究院等14家科研院所，有中国特种设备检测中心等中央企业45个，有北京化工研究院等市属企业25个，有中国交响乐团、煤矿文工团2家文化艺术团体，文化经营单位20家，有北京化工大学、中医药大学、北京服装学院3所高等院校，1所成人教育学院，2所中学，2所小学，2所幼儿园，4所幼儿培训机构。有9个200平方米以上社区文化活动室，1个820平方米社区文化活动中心，1个社区图书馆。有中日医院和玛丽妇婴2所医院，10个各具特色医疗机构，6个社区卫生服务站，1个社区卫生服务中心，1个寸草春晖养老院，占地2500平方米。3个公交车总站，途经辖区公交线路51条，有5号、13号线2条地铁线路。绿化面积77.91公顷，绿化率34%。年内，街道落实区委十二届六次全会部署，统筹推进疏功能、稳增长、促改革、调结构、惠民生、防风险各项工作，完成全年各项任务。完成区级财政收入6.25亿元，比上年增长6%，完成全年任务量的100.1%。完成个人出租房产税收入1131万元，比上年减少8%。

（王熙磊）

【安全生产】 1月20日至3月20日，和平街街道开展安全生产“春晖”专项行动，出动检查小组416个，检查生产经营单位1332家，发现安全隐患476项，隐患问题全部完成整改，立案处罚4家，罚款金额1.8万元。

（齐 明）

【党政群共商共治工程】 1月，和平街街道开展党政群共商共治工作。建立三级议事厅体系台账，街道拥有社区级居民议事厅9个、小区级居民议事厅20个、楼院级居民议事厅40个，各级议事代表628人。围绕集、议、决、督、评5个环节，设立相关要求和标准，完善居民利益表达和利益诉求的重要途径，提高社区治理水平，增强百姓获得感、幸福感、安全感。年内，各社区召开各级居民议事厅会议324次，通过街道、居委会、居民三方共商共治，提出议案并解决问题108起。投入和整合各类资金517万余元，完成党政群共商共治为民办实事全部项目（81项）。

（董 静）

【“12331”主题宣传日活动】 3月15日，和平街街道食药所开展“12331（北京市食品药品监督举报热线）——助力健康中国梦食药安全伴你行”主题宣传日活动。活动通过展板展示、现场咨询、发放宣传资料等形式，宣传“12331”，鼓励投诉举报，强化社会共治。现场参与活动800余人，发放宣传材料和宣传品1000余份。

（张海光）

【社区创享计划】 3月，和平街街道以“多彩、精致、和谐社区建设”为主题，以培育本土创新型人才为根本，打造基于居民需求、解决居民困难、发挥居民力量的专业项目管理队伍。“社区创享计划”启动发放征集令2000份，收回有效征集令1790份，聘请社会学专家协助指导社区审核、分析各类金点子，通过评审确定32个项目，以召开项目发布会形式，向各社区、居民和企事业单位公示。32个项目于9月全部结项。

（董 静）

【“全要素小区”建设】 3月，和平街街道以煤炭科技苑小区为“全要素小区”建设试点小区，建立“三位一体”会议制度。实现居委会、物业公司、业主委员会三方联动，搭建小区议事平台，全年召开议事会24次，整理出社区缺乏宣传载体、存在僵尸自行车等不足之处，通过社区党组织发挥居民自治作用，开展僵尸自行车清理、文明环保宣传等活动4次。在小区居民楼内设立书画展示栏，优秀照片展等宣传阵地，建设5个特色楼门，在楼门里设立宣传展板，张贴《市民公约》和社区小报等。

（董 静）

【劳动用工审查】 4月23日至6月11日，和平街街道开展用人单位劳动用工情况书面审查工作。以金基业大厦和企发大厦2栋写字楼租户为主要审查对象，审查单位70余家，涉及劳动者1000人，其中立案60家单位并要求其限期内改正。其中未健全职工名册4家，劳动条款缺失3家，劳动合同交付26家，未建立职工花名册27家。

（左艳菊）

【流动人口素质培训】 4月27日，和平街街道以流动人员“创业应具备的条件与素质”和“心理健康与危机”为培训内容，邀请朝阳社区学院老师为地区流动人员授课，地区120名流动人员参加培训。

（孟 娟）

【区域化党建】 4月，和平街街道区域化党建工作结合辖区“三多三重”（老旧公共设施多，城市建设管理任务重；教育文化科研院所多，区域化党建任务重；老年人、特殊群体多，公共服务任务重）特点，以党建协调委员会为平台，以“六大行动”（开展“领航行动”，为地区发展把方向；开展“绣花行动”，为地区发展补短板；开展“幸福行动”，为地区发展强根基；开展“聚治行动”，为地区发展聚合力；开展“平安行动”，为地区发展护好航；开展“最美行动”，为地区发展增颜值）为抓手，调动近百家辖区单位，实施项目、需求和资源清单213项，分别在基层党建、社区治理、城建城管、民生保障、安全维稳、文化文明等六个领域开展六大行动。街道实施“依托红色爱心连锁服务超市，深耕基层区域化党建”项目，红色爱心连锁服务超市由街道工委牵头，带领社区党委、辖区单位党组织、社会组织、在职党员、离退休老党员等，结合地区“三多三重”现状，坚持在党建引领基础上科学设计服务项目。红色爱心连锁服务超市采取“六步工作法”（第一步，集思广益，开展摸底调查；第二步，党委统筹，做好宣传动员；第三步，支部牵头，建立供需两库；第四步，党员带头，扎实开展服务；第五步，社工配合，做好支持保障；第六步，社会协同，广泛动员参与）开展工作。在各社区全面推开分超市建设工作。各社区在按照“六步工作法”开展工作的同时，开好“两会”（社区党委会、支部书记会）、建好“两库”（需求库、供给库）、填好“两册”（志愿者手册和受助者手册）、设好“两线”（电话线、微信），推进分超市建设工作。调动24个职能科室70家社会单位参与，注册志愿者648名，受助人员201名，为“五老”群体提供各类服务3042次，服务时长5066小时。

（王琳琳）

【创建国家卫生区】 4月，和平街街道开展“关注小环境共享大健康创建卫生区”爱国卫生主题月活动。街道领导及机关干部110人、社区干部270人、共产党员1135人（含市、区双报到56人）、志愿者570人、居民群众和辖区单位职工660人，2800余人参加活动。出动各类车辆200余台，清理街巷31条、居民小区63个，清理堆物堆料、垃圾22吨，清理地下车库、自行车棚33处，清理白色污染112千克，清除非法小广告960张，规范“门前三包”106家，清理安全隐患22处。年内，按照“创卫”迎检进度安排，重点做好病媒生物防制、环境卫生整治、健康宣教培训等工作，签约北京金恒益消杀公司落实病媒防控工作，每月开展病媒消杀作业；响应“健康北京灭蚊行动”，组织发动地区群众开展清查室内和庭院积水，落实翻盆倒罐，清除病媒滋生地；发动社区开展爱国卫生宣传，制作“创卫”宣传海报6种3000张，印制《致居民一封信》3种14000份，印制宣传折页5种19450册，制作宣传条幅66条、宣传栏16处、展板3期118块。

（单明媛）

【邻居文化节】 7月7日，和平街街道以“岁月如歌·文化睦邻”为主题，在北京服装学院礼堂举行第十三届邻居文化节开幕式。开幕式现场，以改革开放40周年为主旋律，通过合唱《共筑中国梦》《生活是这样美好》以及傣族儿童舞蹈、模特表演等文娱节目，让大家感觉时代变迁和文化发展。本届邻居文化节分为勤学启智、风采展示、健体福民、科技生活及魅力社区5大板块，共计20余场活动，于12月19日闭幕。举办邻居文化节，是和平街街道从群众生活实际出发，为地区居民展示自我风采，享受文化乐趣提供平台的“文化名片”。

（赵瑞俊）

【“六星少年”和“最美家庭”评选】 7月，和平街街道启动“争当六星少年寻找最美家庭”推选活动，评选产生“六星少年”180名、“最美家庭”180户。

（潘丽红）

【街道退役军人服务管理中心成立】 8月26日，和平街街道退役军人服务管理中心成立。主要承担辖区退役军人就业创业扶持、优抚帮扶、走访慰问、信访接待、权益保障等事务性工作。年内，完成3300名退役军人信息采集。

（郑学宁）

【食品药品监督管理示范所挂牌】 10月24日，市食品药品监督管理局基层处示范所验收组（简称市局检查组）到和平街验收申报示范所工作。检查接待厅、档案室、谈话室、检测室、办公室等，查阅各项规章制度、企业档案、食品药品快速检测抽检凭证、党风廉政建设、政治理论和业务学习记录，了解辖区概况、人员配置、日常监管和专项治理等工作情况，重点是优化营商环境、部门报到、风险防控等方面措施及市局相关要求落实情况。11月15日，和平街食品药品监督管理示范所挂牌。

（张海光）

▲ 7月7日，和平街街道第十三届邻居文化节开幕　高砚钧　摄

【交通治理】 10月25日，和平街街道开展青年沟路东段交通治理。安装中心隔离护栏480余延米，防止机动车乱停乱放。在各出入口处加装机非隔离护栏、增设大理石球、阻车桩等，确保进出该路段车辆和行人不因路口占道停车影响通行。重新施画人行横道线、消防通道线、交通标线等，明确机动车通行区域。

（孟　娟）

【街道政务服务中心成立】 11月22日，和平街街道政务服务中心成立。政务大厅位于小黄庄甲12号楼，建筑面积440平方米。设有前台办公区、居民等候区、咨询自助服务区、服务保障区、后台办公区、会议培训室和档案室。社会保障事务所、住房保障科入驻政务大厅。

（陈荟群）

【社区书记工作室建成】 11月，和平街街道投资48万余元建成优秀社区书记工作室。工作室位于和平街8区3号楼东侧平房，占地面积74.6平方米。设有展示区、咨询辅导区和实践活动区3个功能区域。配有电脑、多媒体、电子阅览屏、办公桌椅等，可为50余名党员、群众提供观摩学习、研讨交流、现场教学以及读书读报等服务。

（王琳琳）

【社会救助】 年内，和平街街道发放最低生活保障金558.21万元。实施补充医疗救助8人次，发放救助金16631.37元。实施教育救助14人次，发放救助金8.54万元。实施临时救助4户，发放救助金1.6万元。实施城市特困人员供养2人，发放供养金8.49万元。“两节”慰问困难户650户，发放34万元慰问金、慰问品。慈善救助困难群众5人次，发放救助金1.6万元。为6位60周岁以上困难受助老人发放慈善医疗卡救助金2488元。为5名低收入家庭学生发放助学金1万元。为193名残疾人发放生活补助136.48万元，为722名残疾人发放护理补贴119.22万元。

（郑学宁）

【为老服务】 年内，和平街街道为辖区内5305名居民办理60～64岁老年人信息采集工作；为3047名老人发放北京通养老助残卡；为563名90岁以上老年人发放58.43万元高龄津贴；为9名100岁(含)以上高龄老年人发放慰问金7200元；为爱老、敬老2名榜样人物发放奖金2000元。完成69名经济困难和计生困难家庭老年人失能评估，给予助医、助洁、助浴、助餐“四进”服务207人次，服务补贴19075元。为674名独居、高龄以及其他困境老年人提供关怀访视、生活陪伴、心理咨询、不良情绪干预等精神慰藉巡视探访服务。为673名居家失能老年人家庭照护人员提供看护相关技能培训服务。为20名困难失能老人提供居家康复护理服务。针对6145名60周岁及以上经济困难、失能、高龄、失独等老年人，持证残疾人和市政府文件规定的困境儿童，实施入户精准帮扶需求调查服务。投入68万元，惠及老年人3339人次。居家养老新增人员832人，变更459人，享受居家养老服务5773人，服务金额600万元；服务项目30多项。

（郑学宁）

【疏解整治】 年内，和平街街道投资59万元完成砖角楼北里11号楼西侧胡同与东城区交界治理改造工程；投资31万元完成砖角楼北里6号楼院内环境提升工程；投资287万元完成小黄庄社区居委会楼院和西苑7号、8号楼小区环境整治工程；投资26.55万元完成胜古家园社区环境整治工程；投资250余万元完成辖区13处旱厕改造工程。完成23条背街小巷环境整治改造工程，按照“八有八无两化一创建”标准，整治拆除违法建设15处，封堵开墙打洞104处，粉饰楼房外立面19685平方米，修补道路3280平方米，铺装硬化8234平方米，绿化美化1290平方米，修建围墙2650平方米，防小广告粉刷1680平方米，修复台阶1400平方米，新建护栏2458平方米，更换铁艺大门21个。年内，调减流动人口219人。

（徐　子）

【公租房保障】 年内，和平街地区申请公租房备案通过188户，申请公租补贴备案33户，申请市场部补贴27户。公租房补贴复核293户，东郊农场限价房复核154户、251人，市场租房补贴资格复核54户，公租房补贴年审停发补贴64户。

（徐　子）

【就业服务】 年内，和平街街道社保所针对就业困难群体开展一对一职业指导与跟踪帮扶，实现有就业意愿的就业困难群体就业率达96%；全年组织招聘会8场次，完成辖区内110家企业用工调查，宣传失业人员自主创业小额担保贷款及经营性房租补贴政策，做好已实现自主创业并申请小额担保贷款人员跟踪服务。帮助629人实现再就业，登记失业人员就业率达81.16%，完成年度考核指标的104%。

（陈荟群）

2018年朝阳区和平街街道社区居委会一览表

表23

名　称	地　址	电　话
和平家园社区居委会	和平街8区3号楼北侧平房	84291139
和平东街社区居委会	和平街15区西门外南侧平房	64226424
胜古庄社区居委会	胜古中路皇姑坟小区2号楼南侧平房	64452943
胜古北社区居委会	安定路12号院国典华园2号楼105室	64437323
樱花园社区居委会	樱花园社区24号楼7门102、103室	64443929
小黄庄社区居委会	和平街西苑15号楼西侧平房	84270383
十四区社区居委会	和平街14区14楼北侧平房	84258576
砖角楼社区居委会	砖角楼北里5号楼院内平房	64219740
煤炭科技苑社区居委会	和平街13区34号楼101、102室	84264316

（王熙磊）

呼家楼街道

【概况】 呼家楼街道位于朝阳区中心地带，东与八里庄街道交界，南与建外街道为邻，西与朝外街道接壤，北与团结湖街道、三里屯街道毗邻。辖区总面积2.8平方千米，占北京商务中心区区域1/3。下辖10个社区。年内，辖区户籍人口21542户、63512人，流动人口25000余人；新出生人口251人、死亡人口807人。年内，辖区有中央单位74家、市属单位203家、区属单位367家、社会单位6000余家；有医院4所、社区卫生服务中心1个、社区卫生服务站5个、社区服务中心1个；有老年乐园1个、老年日间照料点10个、养老驿站5个；有科研院所4个、大学1所、中学1所、小学3所、幼儿园4所；有社区公园3处、健身园19处。主要交通道路有朝阳路、朝阳北路、光华路、东三环中路、东大桥路、金台西路、金台路、针织路。辖区公交线路四通八达，途经辖域公交线路58条，345路在小庄设有总站。地铁10号线在辖区设有金台夕照站、呼家楼站，地铁6号线在辖区设有呼家楼站、东大桥站。有480平方米为民服务大厅、有1处文化广场和1处24小时自助图书馆。辖区绿化率40%。2018年，街道围绕市委抓好“三件大事”、打赢“三大攻坚战”和区委当好“五个排头兵”要求，以建设“五型”班子和“五有”队伍为抓手，真抓实干，统筹促进区域发展。年内，10个社区全部完成换届选举工作，呼北社区成为全区首家完成党委和纪委换届选举的社区，率先实现选优配强带头人队伍目标。完成区级财政收入24.14亿元。呼家楼街道被中共北京市委讲师团评为“2018年度北京市理论宣讲示范基地工作先进单位”。

(杨常有)

【殷金凤工作室成立】 3月，殷金凤工作室（位于呼家楼北里甲一号楼南侧平房）落成，7月16日投入试运行。殷金凤工作室旨在发扬和传承“创新实干、为民解难、坚守担当、初心不变”的殷金凤精神，突出“主阵地、微智库、试验田、朋友圈、俱乐部、共享+”六大功能定位。工作室有党建阵地、运行中心、领头雁工作坊、多功能厅、心灵港湾、成长俱乐部六个功能区域，可为地区居民百姓、社区工作者、非公企业及社会单位员工提供学习培养、交流互动、基层实操、社区党建研究、基层治理研究等服务。

(谭 瑞)

规划人车分流交通微循环并建成呼北、小庄、呼家楼南里（以下简称呼南）等5个智能存车处；建成关东店北街、呼南、小庄3个社区综合服务中心，为地区居民提供蔬菜生鲜、智能存车、洗衣维修、智能快递、养老助残等服务，让居民在家门口即可满足日常生活基本需求。

(谭 瑞)

【楼门文化建设】 年内，呼家楼街道完成90栋楼、326个楼门文化建设任务，实现具备条件的楼门文化建设100%全覆盖。通过楼内宣传栏、楼院宣传画重点宣传绿色生活、传统文化等内容，提升居民社区文化、社区共识认同感和居住安全关注度。

(谭 瑞)

【社区创享计划】 年内，呼家楼街道以“多彩精致和谐社区”建设为主题的创享计划收集金点子125个，最终形成提案58个，转换率46.4%。以“公益让生活更美好”为主题，举办呼家楼地区第三届社区公益节活动，辖区20余家社会单位、300余名居民参加。通过宣读公益倡议书、发布创享计划徽标及企业“0”元项目认领，号召公益从我做起，从现在做起，成为公益精神践行者，投身公益、爱护环境、拥抱健康，以全新的社区理念，共同建设商务、文化、平安、宜居、幸福的呼家楼。

(谭 瑞)

▲ 9月26日，呼家楼街道殷金凤工作室揭牌 胡波涛 摄

【“全要素小区”建设】 年内，呼家楼街道建成呼家楼北里（以下简称呼北）文苑和呼家楼西里（以下简称呼西）27号、28号院宜居精品楼院，升级老旧小区物业服务。在小庄小区新安装20个球形高清摄像头，小区门口增设人脸识别系统，

【区域化党建】 年内，呼家楼街道工委深化“一轴两区三点四级五服务”区域化党建工作模式，开展“三进三送三平台”楼宇服务活动30余场，全年新成立“两新”党支部15家。健全街道、社区两级党建工作协调委员会，57家“双报到”单位全部纳入到其中，引导1724名在职党员回社区报到服务，举办环境整治、政策宣讲等活动40余场。市人大常委会主任李伟到呼北社区报到，参加节前大扫除等活动4次，并肯定基层党建、社区治理等工作。地区1000余名在职党员志愿者，在“创卫”和中非合作论坛北京峰会服务保障工作中发挥先锋模范作用。

(赵 堤)

【党支部规范化建设】 年内，呼家楼街道工委研究制定党建“1+4”工作方案，完成8大类41项基层党建工作重点任务，迎接市委组织部等专项调研10余次。开展“五有”党支部自查整改专项行动，重点以支部工作手册、党建经费使用等内容，组织业务培训10余次。确定21个“样板”党支部，279个党支部严格落实“三会一课”等基本组织生活制度。呼南社区呼西拆迁党支部探索形成“三送、三学、四慰问、四机制”工作法，有效加强人户分离党员教育管理，97名分散居住党员无一人失联，相关经验做法得到区委常委、组织部部长何明批示，并在全区推广。原支部书记姜延年被评为“北京市优秀共产党员”。

(赵 堤)

【疏解整治】 年内，呼家楼街道继续开展“疏解整治促提升”专项行动，提前完成全部9项指标任务，拆除违法建设面积1900平方米，整治无证无照经营企业7家，疏解教育机构1个，劳动监察企业212家，清理地下空间和群租房45处，实现地下空间违规住人、群租房动态清零。完成朝阳医院、人民日报社周边区域及辖区内35条背街小巷综合整治，总长7750米，修复地面面积18964平方米，补植绿化面积150平方米，拆除违法建设面积约3000平方米，封堵不合格门店70余家。做好辖区金台北街、呼北、呼南和呼家楼北街等处架空线规范梳理工作，营造宜居环境。提升金台路、金台北街和呼南、呼北社区边界秩序，完成关东店北街、呼家楼新街等7个社区交通安全示范社区创建，建立街巷长及小巷管家制度。

(杨常有)

【劳动监察】 年内，呼家楼街道开展“农民工劳动合同签订春暖行动”专项检查，督促企业及时与农民工签订劳动合同；开展“治欠保支80天攻坚战”专项检查，在辖区9家工地建立执法台账，确保农民工工资支付；日常巡查辖区单位210家，监察立案60起，薪酬调查企业48家，处理世纪财富中心、丽贝亚建筑公司等工人讨薪事件20余起，确保地区劳动关系和谐稳定。

（顾　潇）

【社会保障】 年内，呼家楼街道开发就业岗位2956个，走访跟踪服务用人单位178家，带动61人就业，实现城乡登记就业困难人员就业率77.48%、就业困难求职人员就业率84.35%；开展高龄老人、生活困难家庭及人员、残疾人等帮扶工作，元旦、春节期间走访慰问4855人。发放低保金3696人次385万元，实施基础医疗救助212户次62万元、入学救助21户10万元；建成5家社区养老驿站，开展居家养老服务24723人次；组织200余名残疾人参加节日文化活动，举办残疾人精品文艺节目展演，为27名残疾人提供职业康复训练；完成退役军人及其他优抚对象信息采集工作。

（孟静心　张　琰）

【精准扶贫】 年内，呼家楼街道与河北省保定市唐县羊角乡建立对口帮扶关系。本着“优势互补、互惠互利、平等协商、共赢发展”原则，签订帮扶协议。呼家楼街道小庄社区、辖区企业中复电讯有限公司分别与羊角乡马庄尔村等结成帮扶对子，向贫困村捐赠图书1000余册、书包和文具各100份，专业医疗设备1台。

（杨常有）

【综合执法】 年内，街道开展清理堆物堆料、打击游商摊贩、非法运营等多项执法工作做出行政处罚1074起，罚款15.6万余元。开展天际线整治行动，通过与企业协调、查处违规，整治完成泰康金融大厦、民生大厦、亿利生态广场、春平广场、复星国际等处67块大型广告牌匾。

（郭志峰）

【创建国家卫生区】 年内，呼家楼街道成立“创卫”专办，细化184项指标任务，健全“一册两账”，突出病媒防制活动，开展“万户灭蟑工程”，设置公益广告72块，改造化石营、农丰里地区旱厕4个，组织卫生清洁月、周末大扫除活动，区域环境卫生显著提升。

（杨博雅）

【志愿服务】 年内，呼家楼街道依托社会组织联合会，培育志愿者队伍97支，组织公益活动626场，7400余人参与。

（刘　畅）

【融媒体分中心建设】 年内，呼家楼街道全面建设融媒体分中心，刊发宣传稿件580篇，其中国家级8篇、北京市级82篇，区级57篇，中国文明网·北京朝阳站稿件刊用量193篇，朝阳政务内网发布文字及图片新闻280条。

（刘　畅）

【群团特色活动】 年内，呼家楼街道以“金台艺术节”系列活动为龙头，开展“最美家庭”“青春自护·假期安全”青少年自护教育知识讲座、楼宇沟通会等工会、群团特色活动，为政府、社会单位和居民群众搭建共建共享共治平台。

（张贵庄）

2018年朝阳区呼家楼街道社区居委会一览表

表24

名　称	地　址	电　话
小庄社区居委会	金台里2号楼北侧平房	85996939
新街社区居委会	新街大院2号楼东侧平房	65067802
关东店社区居委会	向军南里5号楼北侧	65021910
关东店北街社区居委会	圣世一品28号院内	65861972
东大桥社区居委会	东大桥路8号SOHO尚都南塔1层	59003781
金台里社区居委会	金台北街甲1号	85994144
核桃园社区居委会	中纺街28号院核桃园北里11号楼	65061163
呼家楼北社区居委会	呼家楼北里平房甲1号	65950122
呼家楼南社区居委会	呼家楼南里22楼南侧平房	65022156
金台社区居委会（原人民日报社区）	金台西路2号院12楼	65369875

（杨常有）

建外街道

【概况】 建外街道位于朝阳区西南部，东起西大望路，西至建国门立交桥，南起通惠河，北至光华路。辖区面积4.4平方千米。下辖9个社区。年内，辖区户籍人口13230户、37269人，流动人口11347人，外籍人口1960人；新出生人口277人、死亡人口421人。辖区有法人单位11722个，有国贸饭店、建国饭店、秀水街等知名单位；有40个外国驻华使馆、2个代办处，2个外交公寓群；有社区卫生服务站5个；有初中1所、高中1所、小学2所、幼儿园5所；有养老机构1个。绿化率30%。途经辖区公交线路46条，地铁1号、2号、10号、14号线贯穿其中。有750平方米为民服务大厅、2400平方米地区文化中心、2处文化广场和1处24小时自助图书馆。年内，建外街道以“疏解整治促提升”为主线，以重大活动服务保障为重点，完成年度各项工作任务。完成8个社区党委换届、1个社区党委成立工作；完成退役军人信息采集工作，完善服务对象档案和数据库；完成全国“两会”、中非合作论坛北京峰会服务保障任务。累计防控值守55天，出动安保志愿者2万余人次。实现区级财政收入76.3亿元，比上年增长25.08%；征收小房产税4591.6万元，比上年增加87.06%。街道获“2017—2018年度北京市职业卫生安全健康宣讲活动优秀组织单位”和“首都文明单位”称号。

(孙贞英)

【“三八”妇女节活动】 3月5日，建外街道在外交公寓举办“融·九州巾帼 汇·四方姿彩”庆“三八”妇女节活动。街道妇联邀请到古巴、加蓬、巴基斯坦、密克罗尼西亚、汤加、牙买加、马尔代夫、哥斯达黎加及北京英联邦协会等20余个国家驻华使节和家属参加活动，欢度“三八”妇女节，展现中外女性风采。

(刘 丽)

▲3月5日，建外街道举办“融·九州巾帼 汇·四方姿彩”庆“三八”妇女节活动 赵 宸 摄

【人大代表集中联系选民月活动】 7月17日至25日，区人大建外街道工委组织开展“代表集中联系选民月”活动，代表们分别到6个选区与选民面对面交流、座谈。全国政协人口资源环境委员会委员、京能集团总工程师、市人大代表关天罡参加光华里选区代表集中联系选民活动。

(张怡坤)

【街道成立40周年展览】 12月18日，建外街道举办“建外四十年与改革开放同行”展暨建外街道楼宇党建南片中心站启动仪式。区委组织部常务副部长张中华、区委社会工委副书记闫培文，建外街道工委书记田华、办事处主任杨立亭，街道处级领导以及地区人大代表、政协委员、社区书记，部分非公企业党支部书记等出席仪式并观展。

(曾少卿)

【平安建设】 年内，建外街道提升立体化防控体系建设，迎接首都综治委、区检察院以及昆明、雄安、佛山等地领导参观交流10余批次；以国贸桥和大望桥区域为重点，协助相关部门完成治安防控和交通治理工作，国贸桥交通等秩序明显改善；以居民小区和早晚上下班高峰时期为重点，实施24小时治安巡逻防控。巡防队多次完成各类勤务活动；拆除群租房38户，超额完成年度任务（年度任务33家）；对接派出所，落实101名有吸毒史人员的管控。

(崔 捷)

【国贸桥交通秩序治理】 年内，建外街道破解国贸地区交通治理难题，在持续开展联合执法同时，多次组织人大代表、政协委员共同呼吁。市委书记蔡奇、市长陈吉宁专程到现场调研，公安、交通、城管等部门联合发力，街道主动发挥属地保障作用，全年取缔无照经营1675起，查处违法违章行为651起，3条公交线路迁出国贸桥。在各方共同努力下，黑车、黑摩的明显减少，路面交通和环境秩序明显改善。

(崔 捷)

【计生服务】 年内，建外街道出生人口216人，计划生育率100%，办理一孩生育服务登记272件，二孩生育服务登记95件，办理独生子女证9件，报批再生育服务登记1件；独生子女死亡特别扶助新进入5人、年审57人。独生子女伤残特扶新进入6人，年审87人；发放独生子女父母奖励费27170元，一次性经济帮助、一次性奖励、特别扶助金等各类奖励扶助金30多万元；规范辖区药具免费发放网点30个。

(刘耀东)

【“一中心四驿站”建设】 年内，建外街道推进“一中心四驿站”（“一中心”是街道养老照料中心，“四驿站”是南郎、光华里、建国里和永安里社区4个养老服务驿站）建设。完成街道养老照料中心升级改造，取得经营许可证。南郎、光华里、建国里社区3个养老服务驿站已投入使用；永安里社区养老服务驿站按计划开工建设。驿站开展信息采集、健康管理、短期照料、教育培训、文化娱乐等各项服务，累计达到18700余人次。

(张 雯)

【文化建设】 年内，建外街道坚持用文化凝聚力量、温暖人心、促进融合、服务发展。以“多彩舞台魅力建外”文化艺术节为平台，举办“七一”表彰暨建党97周年文艺会演、庆祝改革开放40周年暨建外街道建街40周年主题沙龙以及“建外那些事”小品大赛等一系列活动。组织开展“百姓周末大舞台”惠民演出5场，地区文化活力进一步激发。《我和我的祖国》红歌快闪被中央电视台、北京电视台和多家网络媒体报道。

(朱砚君)

【安全生产】 年内，建外街道检查各类企业19496家次，排查并消除安全隐患9715处，安监、消防立案138起，处罚金额170.3万元。联合消防查封各类违规经营场所27处，“三停”19家，治安拘留违法动火人员11人。组织并参与各类宣传活动40余次，发放消防安全及安全生产宣传材料4万余份，张贴宣传海报7000余张，悬挂横幅300余条，组织并发动地区企业开展应急演练100余次。全年未发生安全生产亡人以及火灾亡人事故。

(王梦晗)

【环境整治】 年内，建外街道开展病媒生物监测16次，检查单位200余家，地区环境卫生质量明显改善，顺利通过市级病媒生物防制工作检查验收。整治提升永安里中街及24条背街小巷，拆除违法建设50余处、面积4363平方米，粉刷20栋楼房外立面5.66万平方米，铺装路面1.72万平方米，砌筑围墙围栏3950平方米，增加绿化植被1968平方米，背街小巷面貌明显改善。实施老旧小区改造提升工程，光华里外交部小区增加居民停车位210个，建设公共休闲设施15处。北郎东光辉里小区完成1650延米架空线入地，栽植苗木、花卉等近2000平方米，粉饰外立面6500平方米，居民生活环境品质明显提升。落实“蓝天保卫战”要求，开展大气污染防治行动。以在施工地扬尘防治为重点，设立空气质量监测站2个，配备空气质量监测设备10套；落实区委、区政府关于“留白增绿”要求，完成永东街心花园绿化整治工作；落实全国第二次污染源普查要求，通过建立台账、落实点位、明确责任，走访筛查辖区社会单位1万余家，完成713处点位数据录入。辖区100栋商务楼宇、46栋居民楼6000余户全部实施垃圾分类。

（刘耀东　曹晓惠　陈梦云）

【城市智慧党建系统投入使用】 年内，建外街道与市、区、街道已有党建系统相结合，与日常工作相结合，与智能手机相结合，研发街道城市智慧党建系统，将街道党员、支部、楼宇等信息数据化，用统计图形式展现党建基本情况，实现通过建设创新型机制和平台解决党建工作问题。该系统于10月试运行，12月投入使用。

（曾少卿）

【社会保障】 年内，建外街道开发就业岗位2009个、召开再就业招聘会2场，帮助401名失业人员实现再就业；职业指导新增失业人员419人，组织245名失业人员参加免费技能培训，56名失业人员取得技能证书，为228名失业人员办理灵活就业保险补助审批手续；发放失业保险金152万元、低保金312万元；为160名失业人员办理退休手续；组织6名往届及外地回京考生在街道参加高考；为276人次退休人员报销医药费170万元。

（王军进）

【社区治理】 年内，建外街道完成华侨村“全要素”小区建设；实施并完成永安里首汽宿舍准物业提升工程，居民停车难和电动车充电难等问题等到缓解；实施家园文化凝聚工程，完成铁路文化、航空文化等76个楼门文化建设；实施民生项目，完成涉及日常生活、社会安全等6大类53个民生项目和20个社区创享计划项目。

（乔　池）

【经济普查】 年内，建外地区底册中法人及产业单位21285家，联系并完成纸介质报表填报单位15857家，实际查找率74%；个体经营户965家，完成收表和录入489家，完成率51%。

（王　佳）

【信访受理宣传】 年内，建外街道接待群众来访96批次，受理网上信件23件、纸信3件、区访件21件。开展各项矛盾排查8次，发放信访宣传品约6万份（册），受众群众约5万人次。领导干部参与接访14批17人次。

（张前民）

2018年朝阳区建外街道社区居委会一览表

表25

名　称	地　址	电　话
建国里社区居委会	建国里三道街1号楼南平房	58783621
永安里社区居委会	永安里灵通观10号楼东侧	58783637
南郎社区居委会	建国路88号建外现代城文化教育活动中心	58783660
秀水社区居委会	东大桥路57号楼平房	58783635
北郎社区居委会	光华路6号院外	58783533
光华里社区居委会	光华里12号楼南平房	58783508
北郎东社区居委会	蓝堡国际公寓D座S213	587836828
永安里东社区居委会	建外SOHO15号楼B1-1580	58783610
大北家园社区居委会	南郎家园小区北侧二楼	58789736

（孙贞英）

劲松街道

【概况】 劲松街道位于朝阳区西南部，东与南磨房地区相邻；西与双井街道和东城区龙潭街道相连；南与潘家园街道、南磨房地区接壤；北与双井街道相接。辖域面积5.2平方千米。下辖13个社区。年内，辖区常住人口17.8万人，户籍人口31321户、76098人，流动人口12616人，外籍人口934人；有汉族71006人、满族2122人、回族2005人；新出生人口736人、死亡人口790人。辖区有法人单位9832家，其中在辖区实地经营法人单位4708家、注册地在辖区法人单位5124家。中央单位9家、市属单位69家、区属单位166家、其他单位9588家；有医疗机构30所、社区卫生服务中心1个、社区卫生服务站5个；有职业高中1所、中学2所、九年一贯制学校3所、小学1所、幼儿园11所；有养老机构3个。

建有1900平方米为民服务大厅。途经辖区公交线路37条，地铁10号、7号、14号线贯穿其中。辖区有2座电影院、2处文化广场、1处图书馆和13个社区图书阅览室。辖区绿化率33.3%，有3处街心公园。年内，街道领导班子深入贯彻党的十九大精神，紧抓“减量精治优环境”工作主线，落实区委区政府各项决策部署，扎实推进各项工作提质增效。持续深化“七个劲松”（平安劲松、宜居劲松、和谐劲松、幸福劲松、文化劲松、活力劲松、廉洁劲松）建设。年内，疏解人口1237人；实现地区财政收入7.66亿元，完成全年任务的135.8%，比上年增长42.6%；完成小房产税税收649.52万元，比上年增长22.27%。4个社会领域先进基层党组织、5支社会领域优秀志愿服务队、26名社会领域优秀红色头雁、347名社会领域优秀党员志愿者获区表彰；劲松街道获“2018年北京市全民健身示范街道”称号。

（沈丽娟　李　军）

【工会活动】 元旦、春节期间，劲松街道工会组织辖区万余名会员参与抢票观影活动；开展“送温暖”活动，走访慰问辖区9名一线困难职工和机关、社区、事业单位350余名工会会员。6月8日，街道工会召开工会代表大会，选举产生7名出席区工会第十四届代表大会代表。7月至9月，街道工会在劲松电影院举办“劳动法律宣讲素质工程公益大讲堂”，辖区300余名工会会员参加活动。北京潮阳律师事务所律师志愿者邵桐，向参训人员宣讲《中华人民共和国劳动法》《中华人民共和国劳动合同法》相关内容；开展为地区6000名工会会员“送清凉”活动；投资近2万元，为符合条件的13个社区和26家企业建立工会暖心驿站。10月至12月，街道工会组织街道机关、社区和事业单位工会会员开展摄影采风和为地区工会会员“冬季送温暖”活动。

（徐文峰）

【为老服务】 2月，劲松街道在和谐雅园酒家举办“真情服务社区亲情温暖万家”迎春饺子宴活动。活动历时9天，辖区944名老人参与活动。元旦、春节期间，慰问辖区老人595名。9月，与长者友善公司合作建设的养老辅具展示指导中心正式营业。该中心系北京市首家街道级老年辅具产品服务平台，为地区70余名老人提供100多种养老辅具租赁服务及使用培训，满足老年人多样化、多层次的辅助器具服务需求。年内，街道与龙振、爱依、青檬、乐成等专业机构合作，引导养老照料中心和驿站开展居家养老辐射服务。为1300名地区老人提供助洁、助浴、助餐、志愿帮扶、精神关怀等服务。组织为老教育培训40场。与北京工业大学合作智慧养老适老化服务创新项目，与北京四海归巢社会工作事务所合作共建“亲情一线通”养老服务品牌。

（孙大力）

【安全生产】 2月8日，劲松街道召开安全稳定工作部署会。街道处级班子成员、机关职能科室负责人、社区居委会主任、社会单位代表、安监专职工作人员120余人参会。办事处副主任凌云通报2017年街道安全生产情况，部署2018年重点工作。街道党政一把手分别与社区、社会单位代表签订《2018年度安全生产责任书》，街道工委书记杨丙章提出安全生产工作要求。6月15日，在富顿中心广场开展安全生产宣传咨询日活动。6月25日，街道协调北京排水集团公司、化工机械厂、朝阳区公共安全馆，在化工机械厂组织“安全生产月”应急演练暨“安全技能进工厂”活动。6月29日，举办“安康杯”安全生产知识竞赛。年内，街道在辖区企业推广安全生产责任保险投保工作，指导187家企业签订安全生产责任险投保协议。全年出动检查人员1980人次，监督检查社会单位2600余家次，发现、整改安全隐患5234项，约谈187家生产经营单位，立案30起，收缴罚款14.9万元。

（刘　友）

【领导调研】 2月11日，区委常委、区纪委书记席成坡带队到街道检查安全生产工作。席成坡一行到京客隆劲松店、劲松电影院，检查消防通道、消防设施、安保设备及春节期间安全防范工作。3月14日，市委常委、政法委书记张延昆一行到劲松老年家园调研养老工作。办事处主任孔钢城汇报街道老龄人口规模及养老工作情况，北京龙振养老服务中心负责人张玉介绍老年家园运作等情况。张延昆强调，既要关注老人食宿、医疗问题，也要加强精神慰藉，打造温馨快乐养老环境。5月21日，区委常委王晰宁到劲松街道调研老旧小区改造、垃圾分类、绿化建设及税收等重点工作。王晰宁参观地区优秀非公党组织、中共北京四海归巢教育中心党支部，肯定四海归巢党支部党建创新成果。10月9日，区领导文献、李长萍到劲松养老照料中心调研基础设施建设与管理、人员配备等情况。

（沈丽娟　孙大力　雷加润　刘长鑫）

【社区建设】 3月12日，劲松街道召开2017年度社区党委书记述党建暨社区“三委”班子述职述德述廉会。13个社区党委书记、居委会主任分别述党建述职述德述廉。3月16日，街道完成13个社区上年度考核测评工作。评选出优秀社区4个、优秀社工44名、社区级“小蜜蜂”奖13名及街道级“银蜜蜂”奖2名。5月，与北京工业大学文法学部签订战略合作协议，开启政校合作新模式。年内，招聘录用社区工作者5人。31名社工通过区社会工作者水平考试，社工持证率46%。年内，完成劲松中社区全要素小区建设、农光东里28楼全景楼院建设。建设精品楼门38个、精品楼院4个。获批104万元18个政购建设项目。劲松中社区、八棵杨56号院、劲松八区北院3个智能车棚投入使用，劲中智能急救站建设落成，社区智能化水平再上新台阶。

（张　盈　刘长鑫）

【精准扶贫】 5月15日至17日，劲松街道工委书记杨丙章、安贞街道办事处主任董健率考察团赴新疆维吾尔自治区和田地区墨玉县，实地考察对口支援和扶贫协作项目。11月20日至24日，由劲松街道、安贞街道、建外街道、常营乡党政主要领导组成的街乡考察团一行25人，到墨玉县对接对口帮扶工作。年内，劲松街道向墨玉县贫困群众捐赠价值50万元的服装鞋帽、课外书籍和学习用品。帮助墨玉县雅瓦乡确定肉鸽养殖繁育扶贫项目，投资200万元保障项目实施。

（马小勇）

【党建工作交流】 5月25日，西城区广内街道办事处主任史峰带队，到劲松街道大郊亭社区居民活动中心调研。社区党委书记闫刚介绍社区将闲置地下室由扰民点改造为集多功能于一体的“复合型”公共服务平台情况。双方就闲置地下空间开发、合理利用等沟通交流。8月15日，街道组织辖区基层党员干部到中关村朝阳园党群活动中心，开展以“学党史，忆初心”为主题的党日活动。街道社会工作党委负责人、社区干部、党员代表、非公党支部党员代表100余人参加活动。12月14日，湖北省枝江市马家店街道工委书记杨卫民一行到街道座谈交流社区建设与基层社会治理及“两新”组织党建工作。街道工委书记杨丙章介绍探索党建工作新思路，建设“宜居劲松”等方面情况。杨卫民表示，学习借鉴劲松街道工作理念与方法，实现党建工作形式和内容向“精细化”转变，整体提升马家店街道党建工作水平。

（沈丽娟　刘长鑫）

【网格化管理】 6月4日至6日、11月20日，劲松街道举办两期网格化管理“二级闭环”系统操作工作培训班。13个社区相关人员参加培训。全年接收、派发、处理网格件39609件（其中一级平台网格案件31532件、二次派件8077件），接收、派发、处理二级闭环系统16874件网格案件。网格管理注重发挥专职网格化工作督导员作用，推行网格案件日统计、周分析、月汇总通报制度。

（杨　洁　石玉玲）

【垃圾分类】 6月5日，劲松街道在劲松五区公园召开垃圾分类示范片区创建表彰会暨萤火虫环保大讲堂启动仪式。副区长刘海涛、市城管委固废处副处长张红樱，区社会建设办公室等相关部门以及街道工委、办事处领导出席活动。辖区党政机关、企事业单位、居民代表等300余人参加活动。表彰垃圾分类示范单位12家、先进个人78人。与会领导与萤火虫爱心公益基金会及中环创新科技发展（北京）有限公司相关负责人，共同宣布街道萤火虫环保大讲堂活动启动。年内，街道在辖区13个社区及社会单位推广垃圾分类工作。将餐余垃圾集中收集、运输、消纳作为垃圾分类重点工作推进，将餐饮单位分为大、中、小三级管理，与大型餐饮单位签订餐余垃圾收集运输协议。开展餐厨垃圾执法检查39次，立案39起，罚款2.24万元。地区225家餐饮单位中的148家签订收集运输协议，餐余垃圾收集量每月稳定在220吨左右。65家餐饮单位签订废弃油脂集中收运协议。街道成立垃圾清运专业运输队，有效解决垃圾混装混运、二次分拣不到位等问题。

（陈伟光）

【基层党建品牌创建】 6月22日至7月27日，劲松街道举办社会领域党组织庆祝建党97周年党史知识竞赛。地区非公经济组织及社会组织5支代表队参赛。经过决赛，华腾国际商务楼宇党支部获一等奖；五洲妇儿医院党支部、百环社区党委获二等奖；劲松中社区党委、劲松北社区党委、和谐雅园社区党委获三等奖。6月25日，街道“双中心”（共产党员+促进中心和社会工作服务促进中心）被评为“朝阳区社会领域‘十百千万’示范工程十大优秀服务品牌”，在朝阳区社会领域纪念建党97周年暨基层服务型党组织建设成果交流会上受到表彰。8月21日，街道召开2018年党建工作协调委员会工作会。42位地区党建工作协调委员会成员单位党组织负责人和社区党委书记参会。会议审议通过《劲松街道党建工作协调委员会章程（修订）》。

（刘长鑫）

▲ 6月5日，劲松街道召开垃圾分类示范片区创建表彰会　陈玉娜　摄

【禁毒宣传与模式创新】 6月24日，劲松街道作为国家禁毒委社区戒毒和社区康复示范点召开记者会，接受近40家媒体专访。年内，劲松街道与北京天康戒毒所合作共建，引入2名戒毒康复专家，探索预防与管控、康复与就业相结合模式；为提高群众特别是青少年识毒、防毒、拒毒意识和能力，通过在辖区人流密集地点设立禁毒宣传站，利用展板、条幅宣传禁毒法律知识，向居民发放《禁毒宣传册》等方式，开展以“珍爱生命、远离毒品”为主题的禁毒系列宣传活动。

（苏明超）

【《街区整理与更新规划》编制】 8月，劲松街道与城市复兴（北京）商业发展有限责任公司合作，启动《劲松街道街区整理与更新规划》编制工作。旨在通过梳理区域历史文化、区位、基础设施、人口、产业功能、公共空间、专项任务进展等基础情况，开展超大城市科学治理体系基层探索，形成区域产业、基础设施、公共空间设计思路建议，推进“疏解整治促提升”工作，为地区可持续发展及科学决策提供参考。

（陈伟光）

【断头路打通】 10月8日，在劲松街道、北人集团、区城管委等单位共同努力下，辖区断头路——八棵杨西路竣工通车，有效缓解了东三环路、广渠路等交通主干线压力，百环家园小区、华腾园小区8000多户居民及周边50余家单位出行拥堵问题得以解决。

（陈伟光）

【党政群共商共治工程】 12月5日，劲松街道召开2019年党政群共商共治议事协商会暨2018年党政群共商共治工作总结会。街道处级领导班子成员、区人大代表、区政协委员、区党代表、街道级议事代表、机关科室及辖区事业单位负责人、社区书记、主任等100余人参会。会议播放2018年街道党政群共商共治工作总结片，劲松街道全年投资800余万元，按期完成党政群共商共治全部项目；议事代表、区人大代表、区政协委员、区党代表等就街道各项目完成情况评测；会议确认 2019 年 30 项拟建项目。街道工委书记杨丙章、办事处主任孔钢城分别提出工作要求。

（李 军 焦 妍）

【老旧小区改造合作协议签署】 12月24日，劲松街道与北京愿景明德管理咨询有限公司就老旧小区综合改造提升及物业化工作签署战略合作协议。协议自 2019 年 1 月 1 日起实施。由北京愿景明德管理咨询有限公司负责辖区老旧小区整体规划及改造提升，解决老旧小区安全、卫生、绿化、交通、停车、便利服务等一系列民生问题。

（陈伟光）

【疏解整治】 年内，劲松街道完成农光里市场升级改造，涉及面积 6236 平方米，减少摊位 412 个，疏解从业人员 400 余人；完成地区 51 户拆墙打洞整治、拆除 2 处占道经营市场及部分临建房屋，疏解人口 1237 人；街道投资 1025 万元，完成农中宏宇老旧小区环境整治工作。修补建筑物外立面 3945 平方米、外墙粉刷 10 万余平方米、内墙粉刷 7 万余平方米、小广告防粘贴粉刷 1650 平方米、绿化改造 9440 平方米、绿化补植 6362 平方米；街道投资 449 万元，完成劲松中社区、劲松西社区实施区域环境综合提升工程。完成整治广告牌匾 18.88 平方米、整治底商外立面 114.29 平方米、清洗粉饰建筑物 2553.25 平方米、清运渣土 2356.06 立方米、绿化美化 1450.7 平方米、修建围墙围挡 162.7 平方米、防小广告粉刷 3500.18 平方米、安装护栏 2520.32 平方米、梳理架空线 3183 米。粉刷防小广告涂料 26430.53 平方米、围栏栏杆 762.9 平方米；街道投资 128 万余元，完成整治、维修二环路、三环路等主要大街外立面、路面和公共服务设施等。粉饰楼体外立面 14273.93 平方米、新建地下室挡板 191 平方米、窗挡板 156 平方米、围墙铁艺粉饰 1436 平方米、地面硬化 169 平方米、渣土外运 158 立方米；街道投资 620 余万元，完成磨北滨河路等 15 条背街小巷环境整治。铺装硬化路面 3950 平方米，粉刷围墙 17455 平方米，更换护栏 690 延米，整治广告牌匾 200 平方米，绿化种植 260 平方米，拆除违法建设面积 720 平方米，架空线梳理 5300 延米。全年开展执法行动 165 次，实行“1213X”网格式长效管理模式（“1”即 1 个群租房整治指挥部，负责统一协调组织联合整治行动。“2”指 2 支队伍，即一支由流管、综治、公安、消防、工商、房管等专业力量组成的综合整治队伍，在日常及联合整治行动中负责执法工作；另一支由物业、楼门组长、治安积极分子等组成的非专业队伍，负责日常监督，发现问题及时上报。“13”指 13 个社区居委会组成的社区群租房整治小分队，负责日常宣传、接访、监督、检查、劝导、上报工作。“X”指发动辖区居民群众，通过拨打举报电话、报警电话，或提供相关信息等方式参与群租房整治）。整治群租房 150 套，疏解人口 1600 余人。

（陈伟光 刘雄辉 王木杰）

【志愿服务】 年内，劲松街道依托朝阳区公益储蓄中心网站，开展志愿服务活动发布及志愿服务报送工作。新增志愿者 650 人，发布公益活动 15 次。4 月，招募社工 8 名，成为区应急志愿服务队应急志愿者，参加蓝天救援队应急知识与技术培训。6 月，在第六届金葵朝阳志愿者表彰活动中，劲松街道获优秀分中心称号。组织开展北京奥运 10 周年“薪火相传，志愿十年”纪念活动；中非合作论坛北京峰会期间开展“文明出行，我为中非站岗”活动；中秋节、敬老月期间开展“用绘画温暖老人”活动；配合团员报到工作开展“周末大扫除”活动；联合北工大开展“青春奋斗正当时”“青春路标”“青春读书会”等活动，高校团员志愿者 200 余人次参与。劲松街道青年志愿服务队被评为朝阳区优秀志愿服务团队。劲松街道和社区青年志愿服务队发布志愿活动 45 次，报名参加志愿服务人数 400 余人次。

（吴佳倩 金 钊）

【大气污染治理】 年内，劲松街道推进煤改电、煤改气工作。组织联合执法，查处非法使用小煤炉、小锅炉等违法行为。收缴小煤炉 22 个，蜂窝煤 33 吨。源头治理施工扬尘和渣土运输道路遗撒，采取定期巡查、早晚检查、日间巡控、夜间设卡等措施加强辖区施工工地、征而未建地块管控，纠正防尘措施不落实 296 处，处罚 9 处。配合区环保局完成东南郊灌渠裸露地块 1 万平方米绿网覆盖。完成 127 家社会单位污染源普查登记工作。街道成立洒水队，租赁大型洒水车 1 台、购置小型洒水车 2 台，定时在辖区道路洒水降尘。

（陈伟光）

【平安建设】 年内，劲松街道投入资金 3.5 万元，完成 5 个社区级综治中心规范化建设任务；投入资金 88.9 万余元，在辖区重点部位和老旧小区增加 134 个监控探头、入地监控线 2300 余延米；投入资金 89 万元，在辖区可防性案件高发地段安装 6 路动态人脸识别系统。完成老旧小区 1038 个门禁日常维护工作；组织各类执法力量和群防群治队 5 万余人次完成全国“两会”、中非合作论坛北京峰会等重大活动期间社会秩序维护工作。

（苏明超 李 曦）

【消防安全】 年内，劲松街道开展消防安全专项检查 90 余次。建立微型消防工作站 52 个，开展消防宣传演练 30 余次，发放宣传材料 10 万份，提升辖区群众消防意识，掌握消防知识、逃生技能。为 60 岁以上老人家庭安装独立式烟感报警器 4200 个，实现年内辖区无火灾亡人事故。

（苏明超）

【劳动监察】 年内，劲松街道完成辖区内 4 家建筑企业工伤保险趸缴工作。劳动监察 585 家社会单位，疏解人口 56 人。劳动保障书面审查企事业单位 69 家。完成 2 名知青及子女返城工作。完成 7 名社会青年高考工作。完成北京市人力资源和社会保障局安排的 25 家企业薪酬调查工作。配合劳动监察队处理用工纠纷投诉案件 33 起，其中配合区劳动监察队处理举报投诉 30 起，跨区配合 3 起。

（周俊义）

【社会保障】 年内，劲松街道实现失业人员就业 767 人，登记失业人员就业率 71.55%。为 801 名失业人员提供职业指导服务，组织 97 名失业人员参加免费技能培训，开发就业岗位 2629 个，走访跟踪服务用人单位 199 户。为 342 人办理城乡居民养老保险参保和续保手续。为辖区居民补办社保卡 3197 人次，为 1157 人办理城乡居民大病医疗保险，为 7449 名“一老一小”、城镇无业人员提供大病医疗保险服务。为低保家庭 537 户、998 人及高龄老人、困难人员按时发放各类保障金、救助金 1582 万元。审批退休 239 人，新接收退休人员 546 人，为企业退休人员变更定点医院 2173 人次，为退休人员、一老一小、低保、失业等各类人员手工报销药费2856人次。

（王丽丽）

【计生服务】 年内，劲松街道办理流动人口生育服务确认单一孩295个，二孩137个，三孩2个；办理户籍人口生育服务确认单一孩491个，二孩293个，再生育服务确认单8个。办理独生子女证21个。发放独生子女父母一次性奖励439人，43.9万元。发放独生子女费70135元。孕前免费体检57人，发放叶酸89人。为665户办理安康保险。街道出资10万元，为伤残特扶家庭送去慰问品；为失独家庭购买体检卡、订阅健康时报。街道投资13万元，开展“春风化雨”——失独老人关爱计划，组织失独老人开展系列趣味活动。投入8万元，开展流动人口健康宣传活动，2万余人参与活动。

（张艳平 刘 丽）

【创建国家卫生区】 年内，劲松街道开展系列“创卫”活动。举办“创卫”培训会3次，灭蚊、灭蟑知识宣讲5次，开展病媒生物监测12次。组织周末大扫除33次，累计出动人员5500人。清理街巷90余个、居民小区40余个，清理堆料垃圾100余吨、白色垃圾310千克，清除非法小广告2700张；开展冬季灭鼠活动，灭鼠投药覆盖率和到位率100%。街道出资为辖区203家社区单位提供灭鼠、灭蟑消杀服务和病媒生物督导；张贴控烟宣传海报纸200张。向六小门店、餐饮单位等单位发放“禁止吸烟”标识2000张。投入资金2万元，在社区增设控烟宣传展板50块，在13个社区户外LED屏循环播放健康知识66条。

（张艳平 何 静）

【交通整治】 年内，劲松街道完成大郊亭黄辛庄路、劲松东社区、劲松北社区，劲松西社区交通安全示范社区创建工作。投入资金60万余元，增加停车位148个，增加隔离护栏750延米，施画停车位线1.8万延米、消防通道线1.4万延米、禁停网格线46处、人行横道线6处、增设交通标识牌109个，增设减速带160延米、各类指示牌51个、转弯镜5个等交通设施。取缔黑收费停车场1处，纠正违规收费行为9次，拆除清理占用停车位杂物及地锁470余处，治理非法运营黑车29辆，查扣“黑摩的”92辆，清理僵尸车36辆，开具《违法停车告知单》8933张，整顿辖区共享单车秩序乱点17处，清理共享单车2920余辆，清理占压人行道和停车位杂物42处。发放文明交通宣传品2000份、悬挂文明交通宣传条幅70处。

（苏明超）

【文体活动】 年内，劲松街道组织文化活动60余场次，3万余人次受益。组织地区文艺团队和个人参加朝阳区“炫舞朝阳”民族舞、声乐等比赛活动。“炫彩劲松”合唱团获“朝阳区优秀文化团队”称号。在劲松电影院举办“百姓公益大舞台”演出活动13场，辖区幼儿园、学校、社会单位、社区等200余支文体队伍、3200余名演员参与活动。在劲松电影院开辟“炫彩劲松”微文化展示空间，成立社区流动美术馆，举办诗书画展、摄影展、美术作品展等。举办“炫彩劲松”社区趣味运动会，坚持每月播放3场公益电影。全年举办摄影培训讲座22场次、摄影采风5次。开展群众性健身项目普及教学活动300余学时。劲松街道被北京市体育局授予“2018年北京市全民健身示范街道”称号。

（廖 欢）

【统计调查】 11月1日，劲松街道开展2018年人口抽样调查工作。调查抽中劲松北社区、农光里中社区、农光东里社区、劲松西社区、八棵杨社区、百环社区6个社区12个调查小区。参与调查总登记户数1134户，登记人口2843人。年内，街道启动第四次全国经济普查工作，完成辖区16822家法人和产业活动单位、1679家个体经营户清查工作。查找法人和产业活动单位10308家、个体经营户871家。单位数量位居全区第五名。

（郝 薇）

【食药监管】 年内，劲松街道开展多种形式食品药品安全法规和相关知识宣传教育活动。发放宣传册、宣传折页、宣传品1500余份，受益群众300余人。开展专项检查67项。接待申请咨询450余人次，受理许可申请材料34份，发证34份。完成食品流通现场核查115份，餐饮服务现场核查142份。接投诉703件，其中“12331”转办614件。政民互动61件，自接28件。办结案件616件。一般程序案件79件，罚没款275.5万元，简易程序案件56件。完成食品药品快速检测和抽样送检工作，快速检测样本193个，检测结果均合格。抽样送检样本205个，合格样本202个，合格率99%。

（沈丽娟 刘文利）

2018年朝阳区劲松街道社区居委会一览表

表26

名 称	地 址	电 话
劲松北社区居委会	劲松二区218号楼	67790796
劲松东社区居委会	劲松三区321号楼	67756254
劲松中社区居委会	劲松五区507号楼	67794210
劲松西社区居委会	劲松八区813号楼	87714607
农光里社区居委会	朝阳区农光里142号楼西侧	67354935
农光里中社区居委会	朝阳区农光里212号楼1层	67354936
农光东里社区居委会	朝阳区农光东里10号楼北院	67356577
南磨房北里社区居委会	磨北临甲120号	67313633
八棵杨社区居委会	东三环南路54号院东门外甲9号楼4层	87735585
大郊亭社区居委会	广渠路珠江帝景208楼北A156	58634292

续表 26

名 称	地 址	电 话
和谐雅园社区居委会	武圣北路 6 号院 1 号楼	67775535
百环社区社区居委会	广渠路百环家园 10 号楼	87728617
西大望路社区居委会	硬盘沟路 9 号院	67799895

（沈丽娟）

酒仙桥街道

【概况】 酒仙桥街道位于朝阳区东北部，东至酒仙桥北路与崔各庄乡接壤，西至酒仙桥路、将台路与将台地区相接；南至亮马河与东风乡毗连；北到京顺路与东湖街道、望京街道相邻。辖区呈哑铃状，酒仙桥路贯穿辖区。辖区面积 5.3 平方千米。街道下辖 10 个社区，有党组织 137 个，党员 4387 名。年内，辖区常住人口 95846 人，其中户籍人口 23567 户、67663 人，流动人口 17412 人，人户分离 9138 人，境外人口 1446 人；新出生人口 457 人、死亡人口 808 人。辖区内有企业 3379 家，重点监管企业有 138 家，医院 4 家、社区卫生服务站 1 个、科研院所 3 个、中小学及幼儿园 12 所、养老机构 1 处、文化活动场所 3 处。年内，街道工委、办事处按照区委区政府“六个深刻把握”“五个新作为”要求，以建设“绿色、民生、文化、平安、和谐”酒仙桥为工作目标，全力疏功能、调结构、稳增长，保持“扎实、务实、真实、朴实”精神状态，营造“正气、义气、和气、勇气”良好氛围，完成年度各项工作。实现区级收入 18.1 亿元，比上年增长 13.26%；小房产税税收收入 677.8 万元，同比增长 15%。街道表彰 27 户“最美家庭”并颁发证书。街道红色直播间获“2018 年北京市社会领域优秀党建品牌”称号，街道侨联获“北京市示范侨之家”称号。

（李满飞）

【领导调研】 2 月 12 日，北京市副市长阴和俊一行到位于酒仙桥街道的北京燕东微电子有限公司调研。阴和俊一行实地检查、督导电控集团北京燕东微电子有限公司六英寸生产车间安全生产情况和节假日安全保障措施及应急预案制定和落实情况。阴和俊表示，北京市将加大力度支持电控公司京东方、燕东公司、北方华创公司工作，建设高质量的北京电子工业。

（陈宏伟）

▲ 4 月 18 日，酒仙桥街道表彰 2018 年“最美家庭” 娇 丽 摄

【环境治理】 3 月，街道成立地区环境检查小组，重点整治机场高速沿线（大山子出口），798 艺术区、东风北桥等重点区域。清理卫生死角和暴露垃圾；检查自管背街小巷 9 条、施工工地 1 处、开墙打洞 25 处；抽查地区 12 家供暖单位 15 座锅炉房，巡查地区景观布置，5 条主要大街安装灯笼 1532 个，更换维修损坏灯笼 14 个。开展环境专项整治行动，出动执法人员 300 人次，执法车辆 85 车次，清理整治无照经营、店外经营行为，拆除违法广告、灯箱以及违法建设等。全国“两会”和中非合作论坛北京峰会期间，街道坚持每日检查辖区内重点街区 10 余次，规范辖区环境秩序，确保辖区环境整洁。全年出动执法人员约 2000 人次，拆除违法建设面积 300 余平方米、违规广告牌匾 10 余块，查处违规经营、占道经营、无照经营 200 余家，拆除私装地锁 60 余个，查扣黑摩的 4 辆、清理“僵尸车”2 辆，检查规范辖区“门前三包”单位和在施工地等近百家。

（陈宏伟）

【红驿老年文体大学授牌】 6 月 6 日，由酒仙桥街道工委、办事处主办，乐居老年公寓负责运营的“酒仙桥街道红驿老年文体大学”在乐居老年公寓举行授牌典礼仪式。6 月 13 日，《朝阳报》以“酒仙桥老人家门口就可‘上大学’”为题报道。

（陈宏伟）

【庆“七一”表彰活动】 6 月 26 日至 28 日，酒仙桥街道开展庆“七一”表彰系列活动。表彰地区 10 家优秀党建协调委员会成员单位、3 个优秀基层服务型党委、7 个优秀基层党建品牌、10 支优秀小红帽志愿者队伍、34 个优秀基层服务型党支部、20 名优秀党组织书记（领头雁）、270 名优秀党员、9 名优秀双报到党员、101 名优秀基层党务工作者、5 个优秀党支部。

（陈宏伟）

【红色直播间】 6 月 29 日，酒仙桥街道以“变迁一甲子筑梦酒仙桥”为主题的红色直播间在京津冀文化产业协同发展中心演播厅开播。直播邀请 6 位来自不同领域嘉宾，畅谈酒仙桥街道60年来的发展变化。9月，街道与红演圈有限公司策划制作红色直播间基层党建活动，主题为“我的中国心我的中国梦”，在各大网络直播平台直播。邀请8位嘉宾，以“访谈+互动”模式讲述自己的爱国故事，365万名观众同时观看。年内，红色直播间受众突破千万人次。

（陈宏伟）

【炫舞朝阳】 6月，酒仙桥街道怡思苑社区舞蹈队、南路社区舞蹈队、高家园社区舞蹈队、大山子社区舞蹈队参加区第十一届“炫舞朝阳”民族舞比赛。怡思苑社区舞蹈队和南路社区舞蹈队获铜奖，高家园社区舞蹈队和大山子社区舞蹈队获优秀奖，街道文化服务中心获优秀组织奖。10月，参加区第十一届“炫舞朝阳”万人交谊舞展演活动。街道交谊舞队获团体三等奖和最佳组织奖。

（陈宏伟）

【非公企业党组织成立】 7月至12月，酒仙桥街道辖区非公企业北京每日优鲜便利购电子商务有限公司、北京周同科技有限公司、北京朝阳国医之家中医医院、创业黑马（北京）科技股份有限公司党支部和北京盛世宝文化科技有限公司先后成立党支部。

（陈宏伟）

【旧城区改建】 11月，酒仙桥街道启动旧城区改建项目。在房屋征收范围内集中开展未登记房屋入户调查登记和实地勘察工作。经产权人、承租人信息反馈和区征收部门审核更正后，公示被征收住宅房屋情况调查结果。12月，再次公示被征收住宅房屋情况调查结果，以保障产权人、承租人合法权益和被征收房屋权属信息准确。

（陈宏伟）

【志愿服务进社区】 年内，酒仙桥街道举办志愿服务进社区系列活动。邀请北京市志愿服务培训讲师程浩为青年志愿者培训志愿服务知识。街道团员、社区团干及非公企业团员青年16人参加；团工委联合社区青年汇和结对高校对外经贸大学金融学院的志愿者20余人，到驼西社区乐居老年公寓开展“敬老·爱老”志愿活动；团工委联合南路社区与北京邮电大学网研团委组织26人，为南路社区的老街坊做大扫除；街道团委与北京航空航天大学新媒体艺术与设计学院学生联合开展青年“朝YOUNG课堂”之“高效表达——口才是这样练成的”活动，20名团员青年参与。

（陈宏伟）

2018年朝阳区酒仙桥街道社区居委会一览表

表27

名 称	地 址	电 话
高家园社区居委会	高家园小区118号楼	64309142
大山子社区居委会	大山子北里小五楼	64309134
电子球场路社区居委会	三街坊2号楼旁平房	64309151
红霞路社区居委会	六街坊11号楼6单元	64909146
中北路社区居委会	酒仙桥路11号院后平房	64309139
酒仙桥东路社区居委会	驼房营南里兆维小区综合楼	64309168
怡思苑社区居委会	南十里居15号院8号楼	64309129
驼房营西里社区居委会	驼房营西里临甲8号	84707693
南路社区居委会	酒仙桥11街坊20楼旁平房	64309156
万红路社区居委会	酒仙桥北路5号物资局家属院内	84572022

（陈宏伟）

六里屯街道

【概况】 六里屯街道位于朝阳区东部，东起京包铁路，与东风乡、平房乡接壤；西至朝阳体育馆，与团结湖地区相邻；南以二道沟河为界，与八里庄、呼家楼、高碑店地区相望；北以农展南路为界，与麦子店地区相邻。辖区面积4.4平方千米。下辖11个社区。年内，辖区常住人口114633人，户籍人口24854户、61038人，流动人口24352人，境外人员1013人，有汉族56838人、满族2078人、回族1886人、蒙古族348人；新出生人口585人、死亡人口664人；有法人单位1316个，其中中央单位15家、市属单位38家、区属单位85家、事业单位56家，其他单位1122家；有医疗卫生机构16个，其中医院9个、社区卫生服务中心1个、社区卫生服务站6个。有大学1所、中学3所、小学3所、幼儿园9所；有养老机构4个。途经辖区公交线路30余条，地铁6号、14号线贯穿其中。有300平方米为民服务大厅、700平方米地区文化中心、4处文化广场和2处24小时自助图书馆，绿化率29.23%。年内，六里屯街道围绕“疏解整治促提升”中心工作，拆除违法建设面积10904平方米，完成全年任务912.41%；清理群租房19处，完成全年任务的127%；“疏解整治促提升”专项行动涉及人口1892人，完成年度进度358.3%。完成碧水园小区、秀水园小区和十里堡北里小区环境整治工作，涉及居民楼44栋，惠及居民8000余户；建成延静西里2000平方米微小公园。完成区级财政收入3.8854亿元，比上年增长

30.33%，征收房产税469.88余万元，比上年增长30.5%。六里屯街道获“2017—2018年度北京市职业安全健康宣讲活动优秀组织单位”称号。

（陶梦月）

【非公党建服务联盟启动】 3月1日，六里屯街道举办2018年非公党建服务联盟四大工程启动仪式。启动仪式由街道工委主办，非公党建服务联盟的七大专业委员会协办。非公党建服务联盟以“推动地区发展、服务社区百姓、企业互助共赢”为目标，以“党建引领、多方参与、共享资源、共谋发展”为理念，搭建政府服务企业、企业互助服务、企业服务社会平台。18位非公党建特约联络员接受聘书。北京国龙影业投资股份有限公司董事长陆兴东、北京维拓时代建筑设计有限公司党委书记李振龙、明方教育创始人庞海欧等企业代表发言致辞。

（陶梦月）

【铁路沿线安全隐患整治】 3月27日，六里屯街道联合公安、消防、安监、城管等单位，开展京包线铁路六里屯段安全保护区及沿线周边安全隐患排查整治专项行动。以铁路安全保护区内生活垃圾（可燃易燃品）、违章建筑以及破损护栏及沿线物流寄递经营单位为重点，开展专项检查。清理可燃易燃堆物1处、乱堆乱放共享单车20余辆，发现并上报6处护栏破损点，检查、规范3家物流寄递单位安全经营秩序。

（陶梦月）

【书香朝阳校园启动】 5月11日，区文化委、区教委、六里屯街道办事处和北京图书批发交易市场共同主办“助力全民阅读·书香朝阳校园”公益项目暨庆祝“北京阅”甜水园图书文化港成立25周年启动仪式。区图书馆副馆长谢刚，六里屯街道工委书记谭国忠等领导及甜水园图书发展有限公司相关负责人参加活动。北京市日坛中学实验学校学生现场朗诵《声韵训诂，古韵今声》。

（陶梦月）

【最美志愿服务社区揭牌】 5月18日，六里屯街道以“服务、创新、尚艺”为主题的全国志愿服务“四个100”最美志愿服务社区揭牌仪式暨文艺志愿服务展示活动在秀水园社区星月广场举行。活动由市文联、区文联、街道文联等共同主办，由中国文联文艺志愿服务中心参与指导，实现国家、市、区、街道四级文联组织联动和互动。

（陶梦月）

【基层党组织和在职党员“双报到”】 4月14日，六里屯街道启动基层党组织和在职党员“双报到”工作，44家驻辖区基层党组织和2900名在职党员完成报到工作。为切实发挥“双报到”党员作用，街道工委创新实行“五单”（群众下单，由社区居民提出服务需求和意见；入户寻单，由“双报到”党员主动收集民意；建立党委订单，党组织研究确定工作开展情况；多方办单，由多方力量统筹资源解决问题；监督考单，由多方监督考核群众需求单落实情况）工作法，通过菜单式定制服务，引导“双报到”党员从“8小时党员”延伸为“24小时党员”，变“隐形党员”为“在线党员”。

（陶梦月）

▲ 4月14日，六里屯街道启动在职党员双报到工作　　六里屯街道　供稿

【创建国家卫生区】 5月至6月，六里屯街道按照摸清底账、重点约谈和全面宣传三个步骤开展病媒生物防制工作。在摸清底账环节，街道“创卫”工作领导小组与第三方专家，督导检查甜水园街、水碓子街、朝阳北路三条重点大街沿线开展病媒生物防制情况，形成整改台账；在重点约谈环节，街道“创卫”工作办公室约谈87家经检查存在病媒防制问题的餐饮单位，并发放督办单，督促其整改落实；在全面宣传环节，制作10种病媒生物防制工作手册，内容包括“创卫”一封信、病媒防制工作要求、杀虫剂使用指南等。由社区根据点位发放至辖区相关单位和门店负责人手中。

（陶梦月）

【安全生产】 6月，六里屯街道开展第十七个全国“安全生产月”系列活动。在朝阳北路、石佛营路等主要路段护栏、隔离带等醒目位置悬挂安全生产宣传横幅、标语；组织物业、施工单位员工及学生等观看警示案例教育宣传片，张贴安全生产宣传海报，营造“安全生产，你我共建”氛围；各社区在小区花园、宣传栏，利用横幅、居家安全手册、电子屏宣传安全生产生活政策和知识。动员有条件的社会单位，在营业区域显要位置张贴宣传海报，利用电子屏滚动播放安全标语口号，提高企业一线员工和社会公众安全意识。11月19日至22日，区安全生产第六督查组进驻六里屯街道，调阅街道安全生产有关文件、档案、会议记录、执法检查案卷等资料，检查安全生产责任落实情况，与辖区内6家企业安全生产负责人座谈，了解企业安全生产开展情况、工作亮点以及存在问题。督导组分别到中央公园广场、便宜坊、甜水园图书文化港等辖区重点单位，检查经营现场、配电室、中控室、疏散通道、应急设施及安全生产责任制度、员工培训记录、日常巡查检查记录等文件。

（陶梦月）

【中国医师节表彰会】 8月19日，六里屯街道召开庆祝首届“中国医师节”暨优秀医师、医保星级服务表彰大会。区人大代表王婷婷、六里屯街道工委副书记张洪源、区卫计委领导、朝阳医院领导专家及全体中层以上干部、优秀医师代表、部分医生代表参加会议。区社区管理中心书记杨静、区医疗保险事务管理中心定点医疗机构管理科负责人宣读表彰决定，表彰“优秀医师”“星级服务个人岗”和“医保星级服务集体”。

（陶梦月）

【精准扶贫】 10月10日，六里屯街道工委书记谭国忠率领街道纪工委书记、办事处副主任、5个社区的书记和主任，以及辖区企业和社区卫生服务中心负责人，赴内蒙古自治区乌兰察布市卓资县复兴乡开展结对援建工作，并与复兴乡政府领导、当地干部群众交流座谈。辖区企业北京京发置业有限公司与围子村建立结对关系，八里庄南里社区、秀水园社区、碧水园社区、道家园社区、六里屯北里社区分别与隆胜德村、拐角铺村、罗家营村、旧德义村、圪塔村建立结对关系并签订帮扶协议。六里屯街道向复兴乡政府捐赠精准扶贫资金100万元。

（陶梦月）

【信访督察】 10月13日，中央信访督察组到六里屯街道实地督察甜水园二期危改项目信访积案有关情况。督察组听取区住建委相关工作汇报及街道补充汇报。督察组分两组了解案情，一组到拆迁区域实地检查，一组与该案上访群众代表面谈。督察组听取街道工委书记谭国忠关于信访工作情况汇报，检查信访工作档案资料。

（陶梦月）

【党政群共商共治工程】 12月4日，六里屯街道召开2018年党政群共商共治大会暨区域化党建工作总结会。街道处级领导、科室议事代表、社区议事代表以及区人大代表、区政协委员、区党代表、特邀律师、党建协调委员会成员单位代表等70余人参加。会上，街道办事处主任王健作2018年共商共治工作情况汇报，提出2019年工作建议。年内，街道推进五大类共计50项民生工程落地，其中包括街道层面9项、社区层面41项，投入资金1744.2万元，其中230万元用于整合社会资源。

（陶梦月）

【社区保障与救助】 年内，六里屯街道开发就业岗位2984个。组织296名失业人员参加免费技能培训，98人取得职业资格证书。实施“4050”就业困难人员就业援助，实现591名登记失业人员再就业，就业率67.24%；发放失业金、军退人员工资、高龄老人津贴、低保医疗救助、工伤人员补贴及药费、养老金、失业和退休人员自采暖补贴等800余万元；办理新参保续保854人，减员317人，异地就医直接结算备案10人，异地就医手工报销备案7人，发放社保卡719张，信息变更297人次，定点医疗机构变更448人次，医药费手工报销270余人次，金额443.3万元；全年审批补充医疗救助5人，救助金额1.82万元。审批临时救助4人，救助金额2.4万元。为238户低保家庭发放供暖补贴34.6万元，为287名严重精神障碍患者监护人发放看护补贴48.52万元，为285名残疾人发放生活补贴15.55万元，为727名残疾人发放护理补贴11.98万元。

（陶梦月）

2018年朝阳区六里屯街道社区居委会一览表

表28

名　称	地　址	电　话
秀水园社区居委会	水碓子北里4号楼南侧平房	85977937
碧水园社区居委会	甜水园北里6号楼北侧平房	65060726
甜水园社区居委会	甜水园东里甲8号	65046013
道家园社区居委会	道家园甲4号北侧	65920781
八里庄南里社区居委会	八里庄南里8号楼1层南侧	85831049
八里庄北里社区居委会	公园1872小区215楼一层	85918762
晨光社区居委会	晨光家园B区324楼	85842390
十里堡北里社区居委会	十里堡北里11号楼西侧	85812168
六里屯北里社区居委会	丽水嘉园1号楼	65863627
炫特家园社区居委会	炫特家园1号楼B2座	85857787
甜水西园社区居委会	甜水西园甲12号楼	85972199

（陶梦月）

麦子店街道

【概况】 麦子店街道位于朝阳区中东部，东起东四环；西至东三环；南临朝阳公园南路、农展南路；北接机场高速路。辖区面积6.8平方千米，下辖5个社区。年内，辖区常住人口10228户、45149人，户籍人口9048户、22480人，流动人口6170人，外籍居民9210人；有汉族21621人，少数民族1455人；新出生人口167人、死亡人口251人。辖区有公立幼儿园、小学、中学各1所，各类民办学校和教育机构11所；社区卫生服务站3所，社区养老驿站3处；社区服务中心、国际社区服务中心各1个。地铁10号、14号线途经麦子店街道，有公交站点45个。绿化覆盖率72.6%。辖区有法人单位4386家（沿用上次经普数据），有第三使馆区（使馆区内有美、法、日、韩等13处外国使馆），有上合组织、中国·东盟中心等多处涉外机构，区域具有涉外主体多元化典型特征。年内，麦子店街道坚持以群众期盼为导向，以环境建设为重点，以安全宜居为关键，以文化文明为保障，以治理有效为基础，以人民满意为根本，持续推进“疏解整治促提升”工作，在“街乡吹哨、部门报到”社会治理体制机制方面实现创新突破，街道获全区党风廉政民意测评满分，全区排名第一。完成区级财政收入31.6亿元。街道自创微电影《街口》获中央政法委“平安中国十大微电影展评”第二名。街道获“首都民族团结先进集体”“北京市综合防灾减灾示范街道”“北京市人力资源和社会保障系统优质服务窗口单位”“北京市2017年市级交通安全先进单位”等称号。

（曹荣贵）

【领导调研】 4月2日，市编办副主任吴松元，区人力社保局局长、区编办主任张岩一行到麦子店街道调研指导“街乡吹哨、部门报到”工作机制落实情况。11月3日，萨尔瓦多共和国总统萨尔瓦多·桑切斯·塞伦和多位政府官员一行20人到六里屯街道社区服务中心，参观交流社区服务、基础功能设施配置等。

（戴德生）

【“5•28”火灾事故】 5月28日13时30分许，麦子店街道枣营北里社区31号居民楼通风竖井处发生火情。14时31分火情被扑灭，无人员伤亡。经核实，过火面积约180平方米，因火灾发生在“塔楼”通风竖井处，有36户居民正常生活受到严重影响，108户居民受到不同程度影响。

（戴德生　顾　莹）

【环境治理】 年内，麦子店街道落实河长制、街巷长制，组建98名街巷长、小巷管家街巷管理队伍，坚持“每日巡、经常访、随手做、实时报、及时记”。街道两级河长巡河235次，处理巡河发现问题40件，发挥“街乡吹哨、部门报到”机制和党政群共商共治机制作用，做实做细做好环境改造提升、老旧小区治理和垃圾分类工作，实现社区环境治理共建、共管、共治、共享。全年拆除违法建设面积6925.06平方米，完成区挂账任务的396%；拆除广告牌匾97块，6732平方米。整治背街小巷5条2100米，新增改造绿化面积1.9万平方米，新建改建口袋公园10处，修补沿河步道1100延米，完成架空线梳理1600延米，粉刷居民楼道3.6万平方米，铺设道路5万平方米。

（董建英）

【特色小区建设】 年内，麦子店街道建设以农南2号楼院、枣北社区为代表的全要素小区和以枣北麦子店街6号楼为代表的全景楼院。实现街道492个楼门文化全覆盖。依托霞光里30号院环境整体提升等项目，推进霞光里社区、枣南社区绿色智慧平安社区创建工作，以及农南社区、枣南社区老旧小区物业转型升级。

（尉全金　董建英）

【社区安全治理】 年内，麦子店街道依托“雪亮工程”推进视频监控系统升级改造，采取人防、物防、技防相结合方式，修复更换社区高清监控摄像头68个，更新楼宇对讲系统24套，为2400户家庭安装独立烟感报警器。组织联合执法300余次，清理违法群租房80户、住人地下室5处，疏解人口760人。

（金哲浩　王　正）

【安全生产】 年内，麦子店街道完成2268家经营单位安全检查，检查人防工程97处，整改隐患2507处，立案72起，行政处罚71.6万元。创建交通安全示范社区2个，新增停车位140余个，施画交通标志线、消防网格线3100延米，更新护栏2000延米，安装减速带、凹凸镜、指示牌等125处。

（金捍东　王　正）

【劳动保障监察】 年内，麦子店街道完成劳动监察检查单位525家，完成指标率263%；完成劳动监察立案120家，完成指标率200%；完成68家单位“书面审查”及“用工规范一条街”审查，完成率136%。妥善处理讨薪事件15起，涉及金额2812万元。

（李　京）

【精准扶贫】 年内，麦子店街道与内蒙古自治区卓资县卓资山镇签订帮扶协议。街道投入资金120万元，动员社会单位投入资金25万元，协调全国农业展览馆为贫困地区搭建经济平台，通过援助农产品深加工项目、修建道路、衣物捐助等多渠道做好精准扶贫工作。

（戴德生　顾　莹）

【困难家庭慰问】 年内，麦子店街道完成辖区325名生活困难居民生存状况核查及复核，发放慰问金34.59万元、慰问品1097份，涉及家庭921户。慰问残疾人家庭606户。

（戴德生　顾　莹）

【创建国家卫生区】 年内，麦子店街道加强“创卫”组织体系建设，整改各类卫生问题709个。开展周末大扫除常态化，发动党员群众2000余人次，清理垃圾60余吨。开展地区病媒生物防制巡视检查120余次，督促整改425处，整改率92.4%。街道垃圾分类工作区级考评排名第四。

（王书平　董建英　马学军）

【“五有五化”标准落实】 年内，麦子店街道按照“五有五化”（有居民议事空间，促议事常态化；有议事协商队伍，促主体多元化；有议事协商主题，促议案具体化；有议事协商规则，促决策民主化；有落实共治机制，促治理长效化）标准，建立居民议事厅常态运行机制，通过实体、网上、移动等多类型议事厅建设，新建议事厅5个，实现楼院（实体）议事厅全覆盖。

（尉全金）

【计生服务管理】 年内，麦子店街道办理一胎生育登记167份，二胎生育登记67份，流动人口生育服务联系单153份，再生育审批6份，信息录入并上报新生儿出生203人。审核发放独生子女父母一次性奖励8.1万元，独生子女费11855元。发放扶助金7.61万元。为地区443户计划生育家庭办理“创建幸福家庭生育关怀”安康计划保险。

（王书平）

【社区文化建设】 年内，麦子店街道举办“百姓书场”启动仪式暨第八届国际社区文化季活动，开展中华传统文化体验课程6次，汉语学堂教学38课时，参与外籍居民达800余人次。成立“麦家百姓曲艺团”，创立文艺作品两部。街道获得“庆祝朝阳区建区60周年”2018年北京朝阳森林演出季朝阳区基层文化展演活动金奖、优秀组织奖，模特表演《中国结》获最佳表演作品奖。持续开展“中外居民过大年”“国际社区文化季”“国家主题文化周”系列文化品牌建设。

（李会应　白广冀）

【为老服务】 年内，麦子店街道在农展南里社区养老驿站试点建设救助工作站。完善“三二一”养老体系（3家养老驿站，

2家养老照料中心，1家老年大学），依托老年大学和3个老年驿站，开设国学艺术、外语新媒体、健康养生等主题课程。落实老年优待政策，办理老年优待证200人，发放高龄津贴17人。

（刘　丹）

【就业与服务保障】　年内，麦子店街道城镇登记失业人员就业率69.67%，完成102%；城镇登记就业困难人员就业率72.03%，完成106%；就业困难求职人员实现就业93.75%，完成117%；开发就业岗位639个，完成114%；建立企业用人需求档案103个，完成101%。全年为142名失业人员办理就业登记手续。街道获“北京市人力资源和社会保障系统优质服务窗口单位”称号。

（余国柱）

【法律服务与援助】　年内，麦子店街道指导社区人民调解组织，化解物业、邻里、婚姻家庭等矛盾纠纷542件，涉及当事人1084人，调解成功521件，成功率96%，形成调解卷宗38卷，简易协议72份。分别在枣北社区、枣南社区和朝阳公园社区设立法律援助示范联系点。法律顾问协助审查工程、采购、服务等各类合同217件，出具修改意见书216份。

（杨　靖）

【社区党建】　年内，麦子店街道工委会专题研究党建工作12次，召开党员干部教育大会10次。制定街道、社区党建协调委员会章程、议事规则及工作制度，制作“三会一课”教学课件，完善《麦子店街道社区党支部规范化评定标准》，启动“百名领头雁”党建人才培育工程。建成1个优秀书记工作室、6个优秀书记工作驿站，深化培育“麦穗公益”党建品牌。转入及新增党组织10个，新增党员181名，地区法人单位基层党组织报到44个，在职党员报到1072名。编印《麦子店街道社会领域党建工作手册》，完善6个楼宇服务站、建立5个非公企业党建活动阵地。为12个社会组织派出社区党委成员，聘用20名退休老党员担任非公企业党建工作指导员。

（王建新）

【党风廉政建设】　年内，麦子店街道召开党风廉政建设专题部署会8次，新建廉政文化阵地3处。修订完善办公用品采购、公车管理使用等制度文件5个。落实全程纪实工作，做到纪实清单与责任主体、纪实内容与时间节点、主管领导与分管科室清单内容“三统一”，实现“一人一岗一清单”。组织签订《党风廉政责任书》195份。探索实践监督执纪“四种形态”，紧盯在脱贫攻坚、疏整促、重大项目推进和为群众服务当中不作为、慢作为、乱作为问题，开展23项专项检查。下发监督检查通报单160份，约谈18人次，谈话函询9人次，通报3次，召开指定内容组织生活会3次，立案1件，处分1人。

（徐进华）

▲ 9月21日，麦子店街道启动“感知节气魅力，弘扬文化养老之道”项目　《读卖周刊》　供稿

2018年朝阳区麦子店街道社区居委会一览表

表29

名　称	地　址	电　话
霞光里社区居委会	霞光里30号院5号楼二层	51302817
枣营北里社区居委会	枣营北里30号楼	65928551
枣营南里社区居委会	枣营南里21楼前平房	65089525
朝阳公园社区居委会	朝阳公园西路9号北小楼	65383824
农展南里社区居委会	农展南里3号楼	65915230

（曹荣贵）

潘家园街道

【概况】　潘家园街道位于朝阳区东南部，东与南磨房乡、十八里店乡相接；西与东城区隔河相望；南与丰台区相邻；北与劲松街道相连。辖区面积3.4平方千米。下辖12个社区。年内，辖区常住人口约13万人，户籍人口32050户、78934人，流动人口3万人；新出生人口648人、死亡927人。有国家方志馆、中国医学

科学院肿瘤医院、肿瘤研究所、北京工业大学研究生院等不同隶属关系企事业单位1400家。潘家园旧货市场、北京古玩城、天雅古玩城、河南大厦、陕西大厦、广西大厦坐落其间。有中、小学校和幼儿园11所。有老年公寓1处、夕阳红驿站4处、温馨家园2处；社区教育中心、文化中心、图书馆、老年大学各1所，居民活动站12处、社区文化广场2处。途经辖区公交线路30余条，有地铁10号、14号线贯穿其中。有762平方米为民服务大厅、1316.55平方米文体中心、2170平方米社区服务中心。年内，潘家园街道潜心打造宜居、平安、幸福、文化、活力家园体系。聚焦重点，深入推进“疏整促”行动；打造亮点，改善提升地区环境品质；消除盲点，夯实筑牢安全防线；攻克难点，创新推动社会治理；关注热点，持续增进民生福祉；党建引领，促进地区全面发展。实现区级财政收入23412.77万元，完成全年任务指标的100.7%。潘家园街道获“北京市2018年首都文明社区先进单位”称号。

（高 辉）

【领导调研】 3月14日，市委常委、政法委书记张延昆到潘家园街道华威西里社区养老服务驿站调研“加快养老机构建设、推进医养结合服务模式”。驿站负责人详细汇报驿站运营情况、医养结合服务模式以及下一步发展方向和目标。

（高 辉）

【疏解整治】 年内，潘家园街道发挥“街道吹哨、部门报到”工作机制优势，完成市、区挂账疏解整治任务。拆除违法建设102处、面积14260.27平方米，完成率505%。整治占道经营29处，疏解人口130人；整治无证无照餐饮9处，疏解人口48人，完成率100%；整治其他无证无照经营69处，疏解人口138人，完成率144%；整治区挂账开墙打洞后续不符合标准的点位，拆除牌匾标识，取缔无证无照商户，250个点位全部销账，达到“三有六无”（有恢复、有美观、有清理；无经营牌匾、无经营标语、无经营设施、无经营人员、无经营行为、无经营证照）标准。完成兆佳小商品市场市挂账疏解任务，疏解摊位151个，涉及人口120人。完成劳动保障监察220家，完成率110%。整治地下人防工程4处，完成率110%。关停住人工程6处，清理人员180人、房间112间、面积3350平方米。整治违法群租房21户，疏解人口94人，完成率162%。全年疏解人口710人。

（高 辉）

【消防安全】 年内，潘家园街道开展消防安全专项整治，出动检查人员3294人次，检查社会单位7022家次，消除消防安全隐患2119余处，新建微型消防站1个。开展消防培训、演练114次；张贴宣传画1.62万张，发放致居民一封信等宣传品3.5万余份。

（高 辉）

【安保维稳】 年内，潘家园街道在全国“两会”、中非合作论坛北京峰会等重要会议和活动期间，启动社会面防控4次，发动各类群防群治力量12万余人次，确保地区安全稳定。

（高 辉）

【区域化党建】 年内，潘家园街道工委建立“一核三益”（始终坚持非公党组织政治领导核心地位，把方向、定战略、谋发展，始终坚持非公企业发展旨在谋求企业效益、职工利益和社会公益三方共赢）非公党组织全服务模式，松榆西里社区“1262”（“1262帮帮团工程”是松榆西里社区党委结合社区实际和在职党员回社区报到工作需要提出的基层党建工作模式。“1”是一个核心，即社区党委、各党支部是核心；“2”是指2个工作机构，即社会建设协调委员会分会、党建协调委员会分会；“6”是指建立6支志愿服务队伍，即环境卫生、治安巡查、文化建设、民事协调、民主协商和志愿帮扶6个帮帮团服务网；“2”是指“横向到边”的沟通协调机制和“纵向到底”的责任落实机制）区域化党建工作体系、邻里守望服务站等多个党建新品牌。其中“一核三益”非公党组织全服务模式被评为朝阳区社会领域党建十大品牌之一，获2017年北京市非公有制经济组织党建优秀创新品牌二等奖。全面使用“党员E先锋”平台，“双报到”党员3996名。党员关系转接、信息、党组织信息等完整达标率99%以上。组织在职党员参加活动88次、3005人次。地区9个商务楼宇中3个建立中心站，配备专职党务工作者6人、非公党建指导员8人。建立商务楼宇独立党组织22个、联合党组织15个，非公企业党组织覆盖率100%。60余个草根社会组织成立临时党支部，建立台账14个。新成立正式非公党支部3个，发展、转正党员2人。以区域化党建协调委员会为平台，分别与街道和社区两级党建协调委员成员单位签署共建协议87份，形成有效资源43个，确立党建项目21个，为群众办实事88件。

（高 辉）

【廉政监察】 年内，潘家园街道成立监察组，在12个社区党委设立监察员，在非公党委等各级党组织设立纪检委员140人。结合社区纪委换届，选任4名干部作为社区专职纪委书记，实现地区7500余名党员和800余名行使公权力人员监察全覆盖。建立纪检谈话室，规范谈话审理工作，确保谈话审理工作安全。开展“作风建设年”活动，集中学习、观看《向前一步》及《六大纪律》宣教片、参观《纪律教育在身边》宣教展、制作《潘家园街道“清风朝阳·纪律教育在身边”主题纪律教育学习资料汇编》、组织纪律作风检查。

（高 辉）

【社区服务】 年内，潘家园街道成立“帮帮团”，建设“互联网+”一刻钟社区服务圈；升级改造智能车棚13处；规范便民菜站2处；5个社区服务站实现“一站多居”改革。编制完成《潘家园街道社区服务站全能通手册》。

（高 辉）

【平安示范小区建设】 年内，潘家园街道完成5个平安示范小区建设，安装监控探头25个，设监控室3个，新建小区大门门头及门禁系统3个、机动车电子识别系统3套，完成地区1703套门禁系统日常维保工作。群众安全感全区排名第9位，上升3个百分点，街道系统排名上升7名。

（高 辉）

【保障性住房复核】 年内，潘家园街道受理公租房、市场补贴房及公租补贴新申请家庭405户。公租补贴复核、公租房入住前复核、合同到期以及限价房签约前复核458户。变更及资格终止家庭124户，发放选房通知单95户，受理市场补贴签约68户。

（高 辉）

【矛盾纠纷排查化解】 年内，潘家园街道开展矛盾纠纷排查14次，排查出矛盾纠纷 60 件。接待信访群众 132 批 857 人，因肿瘤医院新建项目，接待居民来访 25 批 517 人次；办理各类信访案件 14 项，涉及信访人员 143 人次。办理网上政民互动案件 4456 件，受理北京市网上信访信息系统 19 件。摸排上账矛盾纠纷 21 件，化解销案矛盾 11 件，化解结案率 52.4%。开展各类法律宣传 35 次，开展法律咨询 60 次，发放宣传材料 1.6 万余册，受教育群众 2 万余人次。

（高　辉）

【安全生产】 年内，潘家园街道开展“春晖行动”和“三大行动”（安全生产执法行动、治理行动和宣传教育行动）等安全生产专项行动。安全生产执法检查 250 家单位，完成全年任务 100%；立案 46 起，比上年增长 39%；处罚金 22.3 万元，比上年增长 172%；开具各类执法文书 296 份，约谈企业 50 家，消除各类安全隐患 400 余处。检查社会单位 4000 家，完成全年任务 100%，消除各类隐患 1232 处。开展“三大行动”回头看等专项行动，持续跟踪地区 26 处挂账隐患和 128 处非挂账隐患整改落实情况，确保隐患及时消除。

（高　辉）

【民生保障】 年内，潘家园街道完成 126 名失业人员技能培训，创建充分就业社区 8 个。城镇登记失业人员实现就业率 62%，完成年度任务指标 100%。办理 664 名灵活就业人员社会保险补助手续，487 名社会化退休人员档案及社会保险接续手续。办理 6100 名城镇居民“一老一小”参统和缴费。发放各类人员社会保障卡 3063 张。办理 60 岁以上老年人证（外埠）489 人；发放 90 岁高龄津贴 437 人和 100 岁以上高龄津贴 11 人，43 万余元。发放北京通养老助残卡 5259 人。成立北京市首家养老驿站 + 护理站，建设“智慧 + 健康 + 医养”社区养老驿站新模式。开展 9 个特色居家养老服务项目，受益老人 1 万余人次。接待个人劳资纠纷问题 3 批次，涉及 18 人次，金额 67.7 万元。

（高　辉）

【环境整治】 年内，潘家园街道补绿增绿 1080 平方米，修复小区道路 80 米，改造排水管线 120 延米，增设安装公共设施 122 处，整治改造提升“背街小巷”10 条，启动松榆里社区垃圾分类试点。全国“两会”等重大会议及活动期间，完成景观布置和小广告清理以及集中整治绿地、清理垃圾等工作。街道城管执法队全年立案处罚 1280 起，罚款 30 万元。处理城市网格化管理案件 35712 件，结案率 99.2%；拆除二环、三环及驻京单位等市区挂账违规牌匾 117 块，取缔新生露天烧烤点位 7 处。查扣“黑摩的”300 辆，清理僵尸车 24 辆。取缔游商 404 处。严格管控工地扬尘、路边烧烤、烟道直排等污染源，建立日巡查制度，做好重点点位普查工作（普查重点：辖区 28 个生活源锅炉房、150 余家餐饮企业和 4 家汽修企业）。至年底，潘家园街道市、区挂账任务 7 个点位环境整治全部达标，开墙打洞反弹治理全部销账。

（高　辉）

【街巷长制落实】 年内，潘家园街道辖区 12 条主要大街设立“街长”、25 条背街小巷设立“巷长”，设立街巷长公示牌，实名招募 55 名小巷管家参与环境秩序整治。有效推广“朝阳群众管城市”平台，发现并处理问题 110 余件，使用率和问题处理完成率均位于试点街道前列。

（高　辉）

【精准扶贫】 年内，潘家园街道经考察调研，结合对口帮扶贫困地区内蒙古自治区卓资县卓资巴音锡勒镇实际，决定在巴音锡勒镇十股地村幸福院东援建 1 个草原驿站（农家乐）项目，建成后可辐射周边 300 户村民。潘家园街道确定 5 个社区、辖区 1 家非公企业与巴音锡勒镇 6 个自然村结对帮扶，帮扶资金 200 万元（2018 年、2019 年分别支付 100 万元）。项目采用租赁或委托经营方式运营，年收益用于发展壮大村集体经济和贫困户产业扶持。

（高　辉）

▲ 4 月 19 日，潘家园街道与内蒙古自治区巴音锡勒镇召开扶贫座谈会　　骆　红　摄

2018 年朝阳区潘家园街道社区居委会一览表

表 30

名　称	地　址	电　话
松榆里社区居委会	松榆里 26 楼 104	87379160
磨房南里社区居委会	磨房南里 31 号楼	67347090
松榆西里社区居委会	松榆西里 61 号楼西侧	67303065
武圣农光社区居委会	榆北路 7 号院 9 楼 2 层	87379079

续表 30

名　称	地　址	电　话
松榆东里社区居委会	松榆东里 15 号楼 014 室	67358840
武圣东里社区居委会	武圣东里社区居委会	67321802
华威西里社区居委会	华威西里甲 42 号楼	87771754
华威北里社区居委会	华威北里甲 32 号楼	67790170
潘家园社区居委会	潘家园 27 楼 2 单元 204	87783342
华威里社区居委会	华威里翌景家园 2 号楼 1A	87731033
潘家园南里社区居委会	潘家园南里 11 号楼北侧平房	87715076
潘家园东里社区居委会	潘家园东里 1 号楼北侧 30 米	67705015

（高　辉）

三里屯街道

【概况】 三里屯街道位于朝阳区中西部，东起东三环北路；西至春秀路与东城区相接；南临工体南路；北濒亮马河。分别与呼家楼街道、朝外街道、左家庄街道、麦子店街道和东城区东直门街道接壤。辖区面积 2.9 平方千米。下辖 7 个社区。年内，辖区常住人口 5.8 万人，户籍人口 13716 户、37246 人，流动人口 1.8 万人，境外人口 2000 人；新出生人口 296 人、死亡 460 人。辖区有社会单位 4500 余家（其中法人单位 3763 家）；驻华使（领）馆 97 家；有联合国开发计划署、联合国难民署、联合国儿童基金会、世界卫生组织、国际劳工组织等联合国驻华机构及国际组织驻华机构 15 家；有涉外宾馆、饭店 5 家；有中央单位 28 家、市属单位 47 家、区属单位 33 家。辖区有北京联合大学机电学院 1 所大学，北京市八十中学、三里屯一中 2 所中学，白家庄小学、朝阳实验小学、三里屯小学 3 所小学，有 61599 部队幼儿园、北京幸福天使幼儿园 2 所幼儿园和北京法国国际学校、北京英国学校 2 所涉外学校；有武警北京总队医院、三里屯社区卫生服务中心、三里屯第二社区卫生服务中心、善方医院、三里屯佳美口腔门诊部、国宗中医门诊部、北京长虹医院、北京曹开镛中医门诊部、北京市红叶齿科医用器材厂口腔诊所。有幸福夕阳托老中心 1 所、日间照料室 10 处。辖区内有街巷 40 条，其中主要有工体北路、工体东路、新东路、三里屯路、东三环北路等 8 条。辖区地处北京商务中心区功能区辐射区，有“一街四圈”（酒吧街、三里屯 SOHO 商圈、机电院商圈、太古里商圈、工体商圈）特色功能区，是对外交往重要窗口地区。年内，三里屯街道集智聚力，探讨构建“一河、一街、一区、三园、一基地”文化体系。围绕太古里、三联韬奋书店、城市书屋和三点三文化广场形成商圈和文化联合体，注重内涵提升，辐射周边区域，突出“三里屯”时尚、共享、融合的国际化街区特点。升级举办三里屯文化艺术节，成功融入企业文化、校园文化以及国际元素，读书季、舞蹈季、演出季、音乐季“四季”版块交相辉映。年内，完成 6 个社区党委、1 个党总支换届选举工作，参选党员 2495 人，选举出党委成员 35 人，其中党委书记 7 人、副书记 10 人，委员 18 人。全年实现区级财政收入 17.93 亿元，完成区级税源建设任务。

（梁　悦）

【三联韬奋书店三里屯店开业】 4 月 23 日，三联韬奋书店三里屯店正式开业，党史研究专家、原中央文献研究室副主任金冲及中宣部出版局局长郭义强，市委常委、宣传部部长杜飞进，市新闻出版广电局、中国出版集团公司、中国出版传媒股份有限公司、中国书刊发行业协会、区委区政府、三联书店、区相关部门及三里屯街道主要领导出席开业仪式。

（梁　悦）

【领导调研】 4 月 23 日，全国人大常委会委员、全国人大监察和司法委员会副主任张苏军到白家庄西里社区调研基层民主法治建设工作。5 月 15 日，首都综治办治安防控工作处处长范军、市公安局指挥部政治处主任张薇薇、市公安局指挥部视安处处长解丹等及相关专家一行，到三里屯街道参观指挥监控中心，督查调研“雪亮工程”建设工作。8 月 8 日，司法部、北京市和朝阳区司法局领导以及香港大学考察团成员一行到三里屯街道司法所调研社区矫正安置帮教工作。9 月 11 日，中宣部部长黄坤明一行视察三里屯西街整治情况。11 月 13 日，湖南省妇儿工委委员、省妇联副主席卢妹香一行到三里屯街道交流教育文化工作。12 月 3 日，中组部副部长齐玉带队调研街道党建工作，实地调研三里屯西街整治情况。

（梁　悦）

【环境整治】 年内，三里屯街道完成第二使馆区周边环境提升工程（包括铺装透水砖、路缘石、树框石，安装石凳、木凳，增设垃圾桶、挡车桩、指示牌、花箱，清理绿网、增加绿化面积等）；提升亮马河南路西段环境秩序（内容主要包括：道路修补、绿化补植补种、公共设施升级改造等）；完成“背街小巷”治理二期工程（包括 12 条“背街小巷”楼体外立面粉刷、围墙修补及绿化美化等）；依法开展综合执法行动（主要包括：清除违规牌匾标识和广告设施、查处无照经营和占道经营、整治开墙打洞、架空线入地、落实“门前三包”以及大气污染防治等内容），全年组织联合执法 21 次，拆除违法建设 50 处，面积 8742 平方米。

（梁　悦）

【区域化党建格局构建】 年内，三里屯街道形成“六全四有”（“六全”，即一轴四网体系全统筹、基层组织全带动、管理力量全报到、共商共治全程议、社会各界全参与、百姓呼声全响应；“四有”，即天上有网、地上有格、街巷有长、吹哨有响）党建引领基层社会治理体系。坚持以党建为统领，构建“一轴四网”全统筹，提升城市治理的精治、共治、法治水平，增强地区居民获得感、幸福感和安全感。突出抓好商圈党组织建立，形成“五动四合三清单”工作机制（“五动”，即规范商圈党建责任体系，增强凝聚发动的内在动力；规范商圈党建推动模式，发挥参与齐动的资源优势；规范商圈党建载体建设，夯实互联互动的服务基础；规范商圈党建管理流程，强化持续推动的制度保障；规范商圈党建宣传途径，突出典型带动的组织影响。“四合”，即注重工作结合、推动区域整合、促进资源聚合和实现文化融合。“三清单”，即资源清单、需求清单和项目清单）街道工委围绕楼宇党建工作，拓展阵地建设，提高楼宇党组织覆盖率。建立独立党支部38个、选派楼宇党建指导员14名，非公企业党组织覆盖率92.2%。排查所属党员的党组织关系，查找人户分离、失联党员，经过梳理确认，地区无失联党员。

（梁　悦）

【“关爱联盟”项目平台搭建】 年内，三里屯街道落实关爱联盟项目。在2017年120家企业认领社区项目105个基础上，发挥党建引领作用，调动辖区非公企业参与社区建设积极性，创新服务形式和内容，围绕“志愿+”模式，搭建“五个平台”，分别为：围绕“党建+志愿”模式，搭建推动区域化党建发展的平台；围绕“专业服务+志愿”模式，搭建鼓励企业践行社会责任平台；围绕“随手公益+志愿”模式，搭建动员全民开展志愿服务平台；围绕“回馈激励+志愿”模式，搭建创新回馈激励平台；围绕“文化融合+志愿”模式，搭建文化带动社会建设平台。

（梁　悦）

【党政群共商共治工程】 年内，向地区人大代表、政协委员、社会单位与居民群众广泛征求意见建议，发放建议案表1000余份，征集各类意见建议100余条。涉及日常生活、环境秩序、公共服务、社会安全、社区建设等5大类。街道及社区层面27个项目均在规定时间内高标准完成，路面硬化、自行车棚改造、环境整治、楼道粉饰等工程得到居民群众和社会单位一致好评，群众满意率100%。

（梁　悦）

【社区创享计划】 年内，三里屯街道举办2017年三里屯街道社区创享计划成果展示会暨2018年社区创享计划启动仪式。60个社区居民提案项目及团队、7个企业提案项目，1300余人直接参与服务，开展活动近700场，受益居民1.5万余人次。

（梁　悦）

【计划生育服务】 年内，三里屯街道登记流动人口5629人，比上年度调减2225人，完成年度指标任务（1502人）的158.14%。登记办理户籍人口《生育服务登记单》一孩258人、二孩152人、再生育3人；流动人口《生育服务登记单》一孩65人、二孩34人、再生育1人；办理独生子女父母光荣证18人。

（梁　悦）

【安全生产】 年内，三里屯街道完成全国“两会”、中非合作论坛北京峰会等重点时段、重大任务期间安全服务保障工作，检查生产经营单位4700余家次，整改各类安全生产隐患5000余处，约谈企业负责人100余人次，立案处罚58起，罚金31.7万元；配合区安全生产第六督查组完成涉及6大类、39项安全生产工作的全面督察工作；为地区3100户弱势群体家庭发放安装独立式烟感报警器；培训辖区企业主要负责人和安保部经理1000余人次，发放安全宣传材料2万余份。

（梁　悦）

【文化建设】 年内，三里屯街道举办“三里屯第十七届文化艺术节”。其间，开展“四季”（读书季、舞蹈季、演出季和音乐季）主题活动，融入共建单位企业文化、校园文化以及国际元素，举办书香文化周、百姓同乐会、森林演出季、三里屯好声音、西班牙之夜、印度主题日等系列活动。全年举办演出、讲座活动39场，获评“2018年度北京市‘十大文化消费地标’”。

（梁　悦）

▲ 4月22日，三里屯第十七届文化艺术节开幕　　三里屯街道　供稿

【食品药品监管】 年内，三里屯街道完成辖区2096户单位建立台账工作，开展专项整治30余次，立案67件，办结65件。罚没款入库191万余元，抽检食品96批次268户次，全年调查处理投诉举报、来信来访、政民互动、市长信箱、网格案件900余件。食品流通许可新办、延续和变更20家，现场核查66户，餐饮服务单位许可延续和变更111家。

（梁　悦）

【就业服务】 年内，三里屯街道开发就业岗位1723个，完成年计划的113.88%；城乡登记失业人员就业率75.16%，完成年计划的105.29%；城乡登记就业困难人员就业率75.56%，完成年计划的111.12%；建立企业用人需求档案160户，完成年计划100%；城乡劳动者技能培训57人，完成年计划的105.56%；申请创建充分就业社区6个，完成年计划的120%；自主创业11人，带动就业43人，完成年计划的100%。

（梁 悦）

【保障性住房审批】 年内，三里屯街道完成备案家庭公租房84户、公租房补贴27户、市场补贴27户。各种变更申请75户、终止资格13户。完成保障房复核公租房207户、市场补贴复核45户、签约57户、廉租补贴复核17户；公租房选房单发放122户。新件申请45户。

（梁 悦）

2018年朝阳区三里屯街道社区居委会一览表

表31

名 称	地 址	电 话
幸福一村社区居委会	三里屯太平庄南里甲三号	64165638
幸福二村社区居委会	三里屯幸福二村甲5楼一层	84604871
北三里社区居委会	三里屯甲一号一层	64177960
中三里社区居委会	东三里屯中三楼院	64162902
东三里社区居委会	三里屯中十一楼南侧平房	64173175
中纺里社区居委会	中纺里9号楼北侧平房	65929071
白家庄西里社区居委会	三里屯南路4号楼一层	65912776

（梁 悦）

首都机场街道

【概况】 首都机场街道位于朝阳区东北部，东邻顺义区界内首都机场T3航站楼；西接顺义区天竺镇；南与顺义区天竺镇楼台村相邻；北至顺义区界内空港保税区。辖区面积12.23平方千米。下辖4个社区。年内，辖区常住人口28580人，户籍人口7066户、22963人，流动人口5592人，外籍人口25人；有汉族21740人、满族417人、回族200人、蒙古族154人，其他少数民族452人；新出生人口256人，死亡人口166人。有法人单位1658个，其中中央单位12家，有中国民用航空飞行校验中心、中国外运北京空运公司、北京航空货运公司等；市属单位10家，有中华人民共和国首都机场海关、中华人民共和国北京出入境边防检查总站、北京市人民政府口岸办公室、首都机场工商行政管理分局、首都机场公安局等；区属单位7家，有北京市朝阳区首都机场社区经济管理中心、北京竞飞工贸有限责任公司、北京空管汽车维修服务有限责任公司等，其他单位1628家。有医院1所，社区服务中心1个，中学1所，小学1所，幼儿园4所。途经辖区公交线路13条，有地铁机场快轨线贯穿其中。有260平方米为民服务大厅、2300平方米地区文化中心、2处文化广场和2处24小时自助图书馆，绿化率43%。年内，严格按照“四个一流”和“五个当好”要求，紧扣“减量精治优环境”工作主线，以建设“四个国门”为目标，以群众期盼为导向，攻坚克难，创新作为，不断推进地区高质量发展，各项工作取得新成绩，全面提升群众获得感、幸福感、安全感。实现区级财政收入13136.73万元，比上年增长6.4%；征收房产税1659万元，比上年增长2.5%。

（杨 征）

【党政群共商共治工程】 年内，首都机场街道党政群共商共治工程通过征集意见、建议、初选协商及问政会等多渠道听取地区群众意见、建议800余条，最终确定首都机场地区路灯安装工程、北平里小区健身园环境提升工程、首都机场地区路平工程和西平街道路改造工程4个街道级项目，投入资金626.8万元；南路西里社区城市基础设施安装改造工程、南路西里社区燕翔西里小院停车秩序维护项目、南路东里社区城市基础设施安装改造工程、南路东里社区基地花园沙坑提升工程、南路东里社区公共文明意识提升项目、南平里社区城市基础设施安装工程及西平里1号楼车棚改造项目7个社区级项目，投入资金17.91万元。

（杨 征）

【党建模式创新】 年内，首都机场街道工委落实基层党组织和在职党员“双报到、双服务”工作，接收机场高速、边检等报到单位党委9个，报到党员1023名；推出“三个一”（提一条建议、作一个承诺、参加一项服务）活动，形成“双向服务、相互学习”党建模式；落实“一规一表一册一网”要求，建设“B+T+X”（B代表标准、T代表特色、X代表先进）工作体系，增设副书记、纪检委员各1名，机关各支部书记均由处级领导干部担任；制定《2018年机场街道党风廉政建设和反腐败主要任务分工方案》，分层签订党风廉政责任书。制定个性化责任清单，将落实主体责任向基层科队站所、社区延伸；落实“周督办、月检查、季考评”制度，开展21个专项监督，规范工作行为，实现履职留痕和执纪监督工作常态化。

（杨 征）

【文体建设】 年内，首都机场街道举办摄影、戏曲、声乐、传统艺术4个类别50课时讲座，培训2000余人。开展交谊舞、合唱、民族舞3支队伍100课时专项培训。组织居民创作楼门文化季刊，创办集萃坊（由书画、音乐、摄影爱好者组成），搭建逸品朗读网上阅读平台，丰富居民文化娱乐生活；举办朝阳森林演出季首都机场街道专场展演，参与观众及演员达1000人次，演出直播视频网络点阅近

▲ 9月29日，首都机场街道举行传承红色精神诗歌朗诵会　　王建磊　摄

9万次，获得最具风采奖、优秀组织奖，其中工装秀《把爱写在蓝天上》获得优秀原创作品奖。在“2018年朝阳区品牌团队认定”比赛中，街道炫舞蓝天交谊舞队获一等奖、优秀组织工作奖；飞旋舞蹈队原创作品《雨中花》获第十一届“旋舞朝阳”民族舞比赛银奖；西平街社区民乐队原创作品《机场欢歌》获优秀作品奖，获得1万余元乐器奖励；在区体育局主办的“和谐杯”乒乓球赛中，获街乡组团体一等奖。

（杨　征）

【机关规范化建设】　年内，首都机场街道建立街道法律顾问制度，聘请法律顾问协助街道处置各类涉法事务，审核合同43份。完成政府信息主动公开144条，开展自查整改2次，全年未收到政府信息公开申请；落实固定资产报废及申购流程，配合第三方机构盘点固定资产；为公务车申请安装移动设备终端，执行公务车辆节假日拍照封存及OA签批制度；开展街道内网机房迁移及改造项目，通过保密终端调试，建成街道独立保密机房；重新修订《机场街道网络信息安全管理规定》《首都机场街道信息公开保密审查工作规定》；落实软件正版化工作，配合区信息办将街道网站集成到区政府网站，迁移原有内容；完成重要文件存档275卷1064件，通过2018年区档案局《档案室规范化分类管理办法》实地检查。

（杨　征）

【疏解整治】　年内，首都机场街道完成陆联通市场腾退拆除工程，腾退商户560户，拆除建筑物11784.67平方米；采取集体户核减、劳动监察、无证无照经营和“开墙打洞”治理等措施，封堵“开墙打洞”89户，疏解人口1123人；拆除存量违法建设16处，面积819平方米，完成年度挂账拆违任务。

（杨　征）

【社区服务】　年内，首都机场街道依托居民议事厅，动员居民讨论、制定、张贴楼门公约，融合居家安全知识宣传、孝亲敬老文化传播等元素，共同建设精品楼门，营造和谐邻里关系。从设施与功能、空间与交往、生活与生态等角度，整合社区办公用房、“微心苑”服务社等场所，搭建居民交往与社交平台。完成南平里45～47号楼全要素小区建设和燕翔西里18楼全景楼院建设；成立文创工坊（由8位能工巧匠组成），将废旧家具及物品等变废为宝，用于志愿者积分兑换、困难家庭慰问及义卖等，成功推出“自如行计划+”品牌；开展阳台美化、芽苗菜种植技能培训，建设南路东里社区家风家训文化园，提升居民爱绿护绿意识和能力；激发社会单位、一刻钟服务商及志愿者活力，启动公益超市，为居民提供公益服务以及定期开展环境卫生大扫除等公益活动，提升居民参与度和归属感。

（杨　征）

【就业与劳动保障】　年内，首都机场街道完成就业九项重点指标；申请社会公益性组织人员市、区两级专项资金672726元；完成8人死亡退费处理，追回多领各类养老金19363.17元；为4617名退休人员提供药费报销服务，报销药费300余万元；为3040人提供“一老一小”及无业人员参加医保相关手续；为1448人因丢失、损坏等原因办理补换医保卡手续，上交换卡工本费28960元；为37户60人提供医疗救助、临时救助、丧葬补助服务200人次，发放各类社会救助资金49万余元；劳动保障监察161户。开展“依法参加工伤保险，保障职工工伤权益”宣传活动，发放各类材料240余份，现场解答咨询50余人次，举办培训班1次，受教育农民工100余人；完成80家企业《劳动合同履行情况季报》；办理民航系统临时工工龄认定9人次；参加区劳动仲裁院培训会2次，协助完成调解案件1件；动态排查施工工地，依法成功处置欠薪纠纷2起，涉及劳务费20万余元。

（杨　征）

【人口卫生管理服务】　年内，首都机场街道办理京籍和流动人口相关业务573条，报送特别扶助34户46人，发放独生子女父母各项奖励款物11万余元；安康保险投保631户1561人，其中低保25户45人，特扶25户44人；暖心计划兑付21人；免费发放叶酸150盒；孕前优生检查、“生育后期关爱”健康体检、流动已婚育龄妇女免费体检活动覆盖75人次；组织32名干部参加红十字会应急救护培训；组织100名居民参加造血干细胞培训；完成献血任务，成功献血41人，献血单位47个；落实避孕药具管理职责，16台自助发放机、67个药具发放网点，发放药具20000余盒；完成学龄前流动儿童查漏补种、外来务工人员接种麻疹、流脑疫苗1000余人；督导检查辖区内4所幼儿园、2所中学诺如病毒等传染病预防控制工作落实情况；设立机场道口、机场国泰两个检查站，防止私运来自疫区的猪肉进入地区；完成2018年度1%人口抽样调查工作，区级样本点南路西里社区登记240户，登记人口556人；南平里社区登记199户，登记人口513人。

（杨　征）

【环境治理】　年内，首都机场街道整治背街小巷5条，招募小巷管家14名，发现各类环境问题434项，解决434项，解决率100%；平整道路2.7万平方米，修整绿地2900平方米；督促动力能源公司更新地下管线5500延米。更新垃圾桶280套，新建居民废弃家具回收点4处，统一规范装修垃圾点50处；清掏小天竺路、西平街、南平街等重点路段雨水箅子411个；发放电动自行车临时号牌1688个；开展污染源普查工作，排查工业源289处，生活源锅炉37处，餐饮企业146家，汽修单位8家；应对空气重污染天气11次，签订露天烧烤承诺书56份；组织餐厨垃圾消纳法律法规培训1次，发放餐厨垃圾消纳承诺书83份，规范餐厨单位54家，签订餐厨垃圾清运合同66家，油脂消纳合同42家；治理占道经营挂账点位5处，销账率100%；规范门前三包单位900余次；喷涂类小广告7400余处，没收广告传单3200余张，清理条幅、广告牌103块；办理各类热线举报177件，督办、信访件99件，区监管通知单642件，网格单1098件；制作案卷288卷，罚款14.69万元。

（杨 征）

【安全服务保障】 年内，首都机场街道完成全国“两会”中非合作论坛北京峰会期间安全服务保障工作；与顺义区天竺镇、机场集团建立“一个三方、两个双边”协调机制，强化交叉领域双管双控；开展“春晖”和“三大行动回头看”等专项工作，排查各类隐患617处，督促完成整改612处，立案58起，行政处罚21.6万元；检查流动人口940人，排查出租房屋581户，查处违法群组房4处；签订综合治理责任书480份、交通安全责任书200份、烟花爆竹责任书32份；新接收社区矫正1人、刑满释放5人，按期解除社区矫正1人、解除安置帮教8人；开展社区矫正人员电话报告30次，指纹报到8次，社区评议31次，心理测评并制定相应矫正方案22次；开展“两类”人员日常排查走访180人次；人民调解接待案件120件，接待人员350人次，达成书面协议31件，完成司法确认29件；诉前调解纠纷成功4件，未出现因纠纷调处不当引发民转刑案件或群体性事件情况；加强食品药品监管，监督检查单位606家次，罚款15.98万元。

（杨 征）

【精准扶贫】 年内，首都机场街道与内蒙古自治区卓资县红召乡结成帮扶对子。辖区南路西里社区、南路东里社区、南平里社区和西平街社区等4个社区和1家企业（北京利来商贸有限公司）分别与红召乡厂汉脑包村、官庄子村、红召村、东风村、下股子村等5个贫困村签订帮扶协议，并拨付帮扶资金100万元。

（杨 征）

【助残帮困】 年内，首都机场街道慰问驻区武警部队生活困难官兵，地区贫困户、低保边缘生活困难老人，城镇低保及城市特困人员，地区持证烈属及革命伤残人员等优抚对象247人次，发放慰问金30.66万元；开展“春风送暖”和“冬衣送暖”社会捐助活动，募集衣物1200余件；发放定期抚恤金、伤残抚恤金、义务兵优待金、医疗减免、过节费等40余万元；开展退役军人、优抚对象信息采集工作，采集审核2895人；办理老年证112人，发放老年优待卡339人，临时卡446人，发放高龄补助6.44万余元；为69名残疾人办理残疾证申请、迁移，发放残疾儿童少年康复补助14万元；为150名残疾人发放磁性护腰、助听器和电动轮椅；建立精防日间照料室，为44名持证精神残疾人员提供康复服务和日间照料。

（杨 征）

2018年朝阳区首都机场街道社区居委会一览表

表32

名 称	地 址	电 话
南路西里社区居委会	燕翔西里2号楼北侧平房	64571565
南路东里社区居委会	东平里5号楼北侧平房	64571579
西平街社区居委会	西平街9号楼东侧平房	64579204
南平里社区居委会	南平里23号楼西侧平房	64573848

（杨 征）

双井街道

【概况】 双井街道位于朝阳区中西部，东起东四环与南磨房乡接壤；西至东二环与东城区（原崇文区）相连；南至劲松大街和广渠路与劲松街道相邻；北至通惠河与建外大街为界。辖区面积5.08平方千米。下辖12个社区。年内，辖区户籍人口28533户、72494人，流动人口30016人，外籍人口（来自102个国家和地区）2670余人；新出生人口551人、死亡313人。辖区企事业单位199家，幼儿园11所、小学5所、中学2所、老年大学1所、医院3所、社区卫生服务站5个，属于北京商务中心区商务生活服务功能区。主要交通干道有广渠门外大街、广渠路、东三环中路、东四环中路、东三环南路、百子湾路。轨道交通10号线设双井站。双井街道是北京商务中心区服务保障区、居住人口高度密集区、老工业基地转型升级区、先锋文化聚集区，是连通首都功能核心区与市行政副中心重要廊道。年内，双井街道紧紧围绕全区中心工作，团结带领街道广大干部群众，聚力攻坚、担当奉献，全力以赴优功能、强管理、提品质、促发展，高标准完成各项任务指标，地区经济社会保持健康持续发展。整体形成社会稳定、人居和谐、经济稳定发展的良好局面。街道12个社区（其中党委11个，党总支1个）换届选出新一届党委成员82人，实现年龄结构、知识结构和任职配备三优化。完成辖区创建国家卫生区各项工作任务。实现区级财政收入6.04亿元，比上年增长近6%；完成小房产税征收2195万元。双井街道获“北京市劳动保障监察工作先进单位”“北京市工人先锋号”和“北京市社会领域优秀党建活动品牌”等称号。

（苏　明）

【环境治理】 年内，双井街道落实党政群共商共治项目，完成北京商务中心区总部公寓小区宜居环境提升工程、惠林路、惠力路、惠力东路环境优美大街工程、“一路三街”22条背街小巷整治工程以及广渠路双井段环境提升工程，拆除牌匾5800余平方米，建筑物粉饰18万余平方米，绿化美化13000余平方米，建筑物清洗2500余平方米，铺装硬化21300余平方米，道路铺修7500余平方米，小广告防粘贴处理4700余平方米，安装各类护栏、围栏4200余平方米，新建围墙1600米，安装交通设施、围墙安装交通设施400余处。完成东郊站、垂杨柳、北莱园、百子湾等10座旱厕改造工程，改善居民卫生条件。推进广和里、垂东、垂西等老旧小区环境整治工程，各标段均完成道路铺装和楼道粉饰，达到工程总量50%以上。全年拆除违法建设面积9727平方米，完成挂账任务（1900平方米）的512%。取缔占道经营挂账点位7个、整治无证无照餐饮单位51家、治理“开墙打洞”7处，完成全年指标。完成群租房治理65户，人防工程整治18处，劳动保障监察224家，均按指标完成。结合第四次全国经济普查，建立重点企业、商务楼宇和异地经营三本台账，定期跟踪访问，向企业提供服务包、政策包，改善地区营商环境。

（苏　明）

【机构改革试点】 年内，双井街道作为朝阳区街道系统机构改革试点街道，组建工作专班，细化4大类12项具体任务并逐项抓好落实，确保试出特点、试出成效、试出经验。启动大部制机构改革，坚持扁平化管理，按照内设机构“6+3+1+1”（6个办公室：综合办公室、党群工作办公室、城市管理办公室、社区建设办公室、平安建设办公室、民生保障办公室；3个中心：党群服务中心、市民活动中心、便民服务中心；1个综合执法队；1个纪检监察机构）要求，制定机构改革工作方案，构建科学规范、职责清晰、权责一致、运转协调的新型街道管理体制；探索协管员队伍改革，制定《协管员队伍规范管理试点工作实施方案》，研究“1+N”制度细则（1个《双井街道协管员队伍规范管理暂行办法》；“N个制度实施细则”，即《双井街道协管员绩效考核细则》《双井街道协管员廉洁自律有关规定》《双井街道协管员培训学习制度》《双井街道协管员请销假制度》《双井街道协管员问责制暂行规定》《双井街道协管员薪酬管理实施细则》《双井街道协管员招录用工实施细则》等），按照“三减、三增、五统一”原则（“三减”即减岗、减员、减重合。简化岗位设置，在保留原有岗位职能的基础上，将27类协管岗位合并为城市运行保障和部室统筹使用两大综合类人员。协管员额定总数按照与现有行政编1:1的比例进行确定与精简。将原来具有交叉性的职能进行整合，减少同一类别工作的重复性。“三增”即增资、增效、增活力。参考社会平均工资提高薪酬待遇，在横向上丰富工资结构，纵向上合理划分等级。对于职责相近的协管员进行重新分类，承担职能由单一性向多元性转变，大幅提升工作效率。以党建为统领加强协管人员队伍建设，探索建立协管员党组织和工会。“五统一”即统一招录、统一使用、统一考核、统一培训、统一核薪。按照区统一发布招录信息、统一考试，街道填报招录计划、组织面试、择优录取的权责，实施人员招录。明确街道作为协管人员的使用单位，对规范管理的协管员统筹使用，按照类别和要求合理分配。由街道统一组织对在职协管人员进行考核考评，科学量化考核指标。完善岗前与岗中培训机制，区级部门和街道按职能分别开展专项培训。强化绩效考核与薪酬核定的结合力度，建立职级晋升机制，增强激励效果），规范管理协管员队伍；完成城市管理综合执法平台建设，通过“实名常驻、联片派驻、吹哨进驻”方式，实现13个区级部门和执法力量分级、分类进驻中心，有效整合行政执法资源；推动多网融合工作，依托朝阳区街乡网格化二级闭环系统和全模式V6平台等，探索建立统一的“一单式办理体系”，将案件及时列单上账、快速分级分类办理；建立街巷长制、小巷管家队伍建设实施方案，实行定路定人定责；探索“门前三包”管理新模式，形成“服务—管理—执法”三级体系；改革社区服务站，实施标准化、专业化、网点化服务窗口建设，加快形成开放式服务体系；制定《双井街道社区工作准入制度》，完成社区牌子清理。与此同时，延伸“街道吹哨、部门报到”工作机制，探索“社区吹哨、科室报到”“社区吹哨、社会力量报到”“楼门吹哨、党员报到”工作机制，实现“赋权、明责、下沉、强基、聚能、增效”的实际成效。

（苏　明）

【平安社区建设】 年内，双井街道深化绿色智慧平安社区试点，制定以“行走的光环”“九龙南为老服务”为主题的特色建设方案。完成富力D区“全要素小区”和百子园6号楼“全景楼栋”建设，在垂杨柳北里38楼院与黄木庄3号楼实施准物业改造升级。围绕“一区一精品、一门一故事”，在地区508个楼门、1个楼院开展楼门文化建设。加强社区人才培养，调整社工队伍年龄结构，招录社工20人。核查161名在职社工档案信息，结合社区后备人才库，合理配备社区干部，选拔出社区正职4名、副职6名，轮岗35人，为社区换届选举奠定基础。在12个社区实施社区创享计划，确定社区项目36个和“0元认购”项目1个。完成13个区级政府购买服务项目立项。实施“井美益站”和“井上添花”服务，开展各类活动175场次，服务地区居民近万人。完善朝阳区社会志愿工作体系，志愿者人数增至4340人，创建九龙南社区“一路有你”等社区志愿服务品牌队伍。

（苏　明）

【公共服务】 年内，双井街道政务服务中心成立。广和里社区养老服务驿站投入运营，九龙南社区新建养老驿站1家。依托“向阳花坊”延伸特色服务，开展“四进”养老服务，服务老人6000余人次。全年开发就业岗位2581个，办理生育登记714人，发放优抚、军工、退养等双拥保障资金318万元，审核保障类住房、公租补贴等各类申请352户。指导首府、富力家园等小区筹备成立业主委员会。开展家庭文化节系列活动，促进家庭和睦、社会和谐。

（苏　明）

【精准扶贫】 年内，双井街道到对口扶贫地区河北省唐县白合镇考察调研4次，入村入户了解情况，建立互访协商机制和双方领导会晤制度。与白合镇签订帮扶结对协议书，确定帮扶项目并落实100万元扶贫资金。实施精准扶贫，双井街道组织辖区5个社区和1家实力较雄厚企业与白合镇6个贫困村签订结对帮扶框架协议。动员辖区单位和居民捐赠衣物6000件和粮油100份，并将物资全部送至贫困户家中，助力白合镇脱贫摘帽。

（苏 明）

【文化建设】 年内，双井街道成立街道文学艺术界联合会，整合地区文化资源，推动文化事业发展。提高街道“微春晚”、生肖设计大赛、踏青节等品牌影响力，吸引5万余人参与活动，中央电视台、北京电视台、《北京晚报》等媒体予以报道。邀请专业艺术机构到学校、社区和养老机构演出，举办第六届北京二闸清明踏青节、公益电影放送等各类文化活动40余场，指导协助社区开展各类文化活动36场。组织社区京剧、合唱、民乐、模特、广场舞、交谊舞队参加区级比赛、展演，其中民乐队获朝阳区品牌认定一等奖。

（苏 明）

安全管理能力。成立兼职安全生产巡查员队伍（由29人组成），将安全生产工作队伍向社区延伸。

（苏 明）

【应急体系建设】 年内，双井街道结合地区实际，制定分类应急处置预案。开展防汛、火灾、人员疏散等应急演练60余次；梳理地区重点防汛点位，与辖区7家单位签订防汛疏散场地协议，提前做好汛期疏散准备工作；妥善处置“5·3”火灾事故及相关工作，保障城市安全有序运行。

（苏 明）

【社会治安防控体系完善】 年内，双井街道完善立体化社会治安防控体系。以构建“五张网”[社会面治安防控网、重点行业和重点人员治安防控网、（社区）治安防控网、机关和企事业单位内部安全防控网和信息网络防控网]为重点，建立全天候社会治安防控天罗地网。注重发挥物防、技防等手段作用，推进“雪亮工程”“平安示范小区”和“防爬刺”工程建设等工作；开展扫黑除恶专项行动。涉黑涉恶案件立案16起，破案16起；核实走访涉金融类企业400家，防范互联网金融风险和非法集资风险；完成人口房屋信息采集试点工作；开展“七五”普法工作，完善公共法律服务平台。

（苏 明）

【区域化党建】 年内，双井街道工委深化“一轴四网”区域化党建工作体系，有序推进全国城市基层党建示范区创建工作；推行“一规一册一表一网”，加强支部规范化建设；开展商务楼宇服务站督导，落实非公企业党的组织覆盖和工作覆盖，完善社会组织党建功能覆盖，在做强、做活、做实、做全上下功夫；做细做实“双报到”工作，完成27个单位党组织、2776名在职党员报到工作；发挥党建引领作用，做好工会、共青团、妇联等各项工作。坚持“党管武装”原则，建立和完善地区民兵组织体系；推进社区卡品牌建设，成立“社区卡公益商户联盟”，提质升级社区卡服务平台，持卡用户增至4.6万人、入驻商户200余家。7名社区榜样人物通过社区卡公益积分实现微心愿，广和里社区居民高庆仙夫妇长期资助远安县残疾学生来京观看升旗仪式微愿望，受到社会各界和相关媒体关注。社区卡项目获“北京市社会领域优秀党建服务品牌”和“朝阳区社会领域党建‘十百千万’示范工程十大优秀服务品牌”称号。

（苏 明）

▲ 2月2日，双井街道举办第四届“社区微春晚” 王依帆 摄

【安全监管】 年内，双井街道依托“春晖”行动开展各类安全生产检查近8000家次，清理可燃物200余吨，消除隐患745项，整改率94.8%。落实安全生产责任制，组织413名辖区企业负责人和安全管理人员参加教育培训，提高安全发展意识和

2018 年朝阳区双井街道社区居委会一览表

表 33

名 称	地 址	电 话
广和南里社区居委会	广和南里二条 14 号楼平房	67747556
垂东社区居委会	垂杨柳北区 14 号楼西门	67754505
垂西社区居委会	垂杨柳西里 6 号楼西平房	87772862
广外南社区居委会	广渠门外大街 22 号楼平房	67751339
广泉社区居委会	广渠门外大街甲 28 号楼 15 楼	87753405
双花园社区居委会	双花园西里甲 8 号楼	67398192
光环社区居委会	双花园南里 2 区 6 号楼	87721692
富力社区居委会	富力城天力街 3 号楼	58621739
九龙社区居委会	百子湾路 32 号院南区 5 号楼	58263287
九龙南社区居委会	百子湾南 2 路 76 号院 5 楼	87724721
大望社区居委会	西大望路 19 号金港国际 5 号楼	87755016
百子湾社区居委会	百子湾后现代城 4 号楼	87732860

（苏　明）

团结湖街道

【概况】 团结湖街道位于朝阳区中西部。东至水碓子东里、水碓子东路、朝阳体育馆西侧与六里屯街道相接；西至东三环北路与三里屯街道相望；南至呼家楼北街和二道沟北侧与呼家楼街道相邻；北至农展馆南路与麦子店街道相隔。辖域面积 1.23 平方千米。下辖 6 个社区。年内，辖区常住人口 41064 人，户籍人口 13482 户、34008 人，流动人口 6701 人；新出生人口 296 人、死亡人口 155 人。辖区有 22 条街巷，团结湖路纵贯南北，与农展馆南路、团结湖北路、姚家园路、团结湖中路、团结湖南路、朝阳北路依次相交，各楼区间道路相互贯通，共同构成辖域交通网络。多家银行、邮局、新华书店、京客隆超市等服务设施分散于团结湖路东西两侧。辖区内有中轻国际工程有限公司、国家烟草局培训中心等央属单位与北京青年报社等市属单位。有中专 1 所、中职 1 所、中学 1 所、小学 2 所、幼儿园 2 所、托老所 1 所、医院 4 所。年内，团结湖街道围绕“五湖四海”工作目标，持续深化美丽、宜居、智慧、平安、文化团结湖建设，提升服务能力。完成退伍军人及其他优抚对象信息采集 1594 条。全年完成区级收入 29735 万元，比上年增长 5.14%；个人出租房屋房产税征收 1685 万元，比上年增长 10.56%；红十字会募集捐款 70743 元。中路北社区获“北京市社会领域先进基层党组织”称号。

（王艺漫）

【社会矛盾化解】 3 月，团结湖街道举办领导干部“接访月”活动，每天 1 名处级领导带班接访。6 月至 7 月，以“坚持以人民为中心，推动法治信访建设”为主题，开展信访条例宣传月活动。全年开展社会矛盾大排查 3 次，处理信访事项 1329 件，信访件办结率 95%，处理区政民互动交办件 1213 件；预防重大信访矛盾隐患 2 件（分别为紫荆豪庭北侧垃圾楼扰民问题和博瑞大厦某公司职工讨薪问题）。全年未发生集体访情况。

（王艺漫）

【街道妇联改选】 6 月 12 日，团结湖街道妇女联合会召开第二届第二次执委会议。会议增补邓改霞为执委，选举邓改霞为新一届妇联主席。

（王艺漫）

【为老服务】 10 月，团结湖街道为地区 3100 户老年人家庭安装独立式烟感报警器。年内，辐射居家养老项目服务 6300 人次；医疗、餐饮、保洁、洗浴“四进”项目服务 816 人次；政府购买社会组织服务项目 3 个，服务 1160 人次；开展养老服务创新项目 2 个，扶持规范 6 个社区为老服务组织发展。10 月，在一二条社区建成街道孝亲敬老主题公园。公园面积 500 平方米，既是地区居民文化活动的文娱园、老人健身的健康园，也是地区孝亲敬老文化和为老服务政策宣传园。

（王艺漫）

【区域化党建】 年内，在基层党组织和在职党员“双报到”活动中，团结湖街道将报到的 32 家党组织，全部纳入团结湖地区两级党建协调委员会。依托“三联三动”（“三联”，即联支部、联楼门和联居民；“三动”，即组织带动、人员发动和创新驱动）工作法，实现“关系在单位，活动在区域，奉献双岗位”的“双报到”党员动态教育管理模式。在职党员参与地区建设 256 人次、动态管理 423 家企业台账，派驻 83 名指导员开展对接指导工作。

（王艺漫）

【工会建设】 年内，团结湖地区建立独立工会 9 家，百人企业 4 家，新增工会会员 850 人。工会会费税务代收平均申报率 93.3%，平均缴款率 99.9%。全年集体合同签订32份，覆盖企业292家，工资集体协商建制率100%。百人以上企业建制率、已建立工资集体协商的企业续签率达100%。职代会建制率和厂务公开建制率达100%。京卡办卡率100%。开展建会单位培训2次，覆盖会员200人。开展职工活动40场，服务职工1万人次。慰问困难职工36人，发放慰问金2.96万元；为10名在册会员申请一次性抚慰金11230元；完成职工互助保险投保51820元，出险理赔7份，理赔金额3785.65元。联合6个社区联合工会及15家建会企业，设立22个暖心驿站服务点。街道总工会在夏季“送清凉”活动中，向辖区340家建会单位4000名工会会员发放清凉包4000份。

（王艺漫）

【环境治理】 年内，团结湖街道整治背街小巷25条，规范新铺透水砖4.5万平方米，补植新增绿地8000平方米，新增挡墙栅栏4000平方米，外立面粉刷1.5万余平方米，楼内粉刷防粘贴涂料2万平方米，新增挡车柱2300余个，规范底商和外立面170余处、1000余延米。全年拆除违法建设18处、面积1560.7平方米。取缔无照经营和擅自摆摊设点500余起；检查“门前三包”单位980家次；规范“门前三包”单位520家；清理店外堆物堆料450次；规范店外经营274次；拆除屋顶户外广告21处；没收街头擅自散发广告2000余张；清除张贴、喷涂广告350余处；核录非法小广告284个；完成案卷303卷，其中力度卷13卷，罚款金额111560元，简易程序罚款10350元。

（王艺漫）

▲ 2018年，团结湖创建交通安全示范社区　　李　由　摄

【社会治安综合治理】 年内，团结湖街道组织各类治安志愿者2万余人次保障社会面防控；化解社会矛盾1起；升级改造模拟探头50个，新增监控探头15个，安装综治视联网系统，更换智能门禁69个；地区可防性案件发案14起，比上年下降53%；查扣“黑摩的”137辆，治安拘留扰序人员121人。清理群租房56户，核减流动人口742人。

（王艺漫）

【交通秩序优化】 年内，团结湖街道三四条社区创建交通安全示范社区。拆除私装地锁56个，核发电动自行车临时牌照2500余副，设置共享单车停车点28处，与社会单位签订交通安全责任书2000余份，开展交通宣传活动30次。

（王艺漫）

【消防安全检查与宣传】 年内，团结湖街道成立消防安全检查组121个，出动检查人员3468人次。开展联合检查36次，检查单位1814家。查处消防隐患153处，整改152处。组织消防培训61次，培训3105人次。开展消防宣传活动65次，受教育人数3406人次。发放各类宣传材料3790张。检查人防工程2800次，发放人防工程安全检查整改通知单540份，排除安全隐患6起。

（王艺漫）

【食品药品监管】 年内，团结湖街道开展食药安全知识培训4次，参加培训400人次；组织联合执法20余次，查抄取缔无证照餐饮商户7家。调查处理食药投诉举报案件300件，处理率100%。行政处罚案件55件，其中罚款9件，金额36.8万元。食品药品安全监督巡查“四品一械”1000余次；开展食品药品快速检测抽检240件，委托检验机构检测抽检100件，全部合格。

（王艺漫）

【劳动监察】 年内，团结湖街道巡查劳动用工单位120家，书面审查用人单位55家，巡查用人单位102家，完成11家单位市级薪酬调查，查处用工违法行为立案42件，结案率100%。查处拖欠工资事件6起，帮助6名来京务工人员解决劳动纠纷。

（王艺漫）

【应急演练】 年内，团结湖街道组织初级急救员取证培训110人；应急救护普及培训1700余人；组织辖区中小学生避险逃生技能培训和演练活动12次，400余人次参加。

（王艺漫）

【人口计生服务】 年内，团结湖街道开展计划生育免费技术服务需求调查，推进“生育后期关爱”行动，100%完成计划目标人数。办理生育服务单539件、独生子女父母光荣证12件、流动人口生育服务联系单137张，办证准确率100%。发放各类计划生育奖励政策资金934人次，27.103万元。落实144名特别扶助人员各项扶助政策。完成2018年流动人口动态监测抽样调查工作，涉及2个社区的40个样本家庭。开展健康大课堂、户外宣传、知识讲座等活动16次，受益居民2000余人；辖区居民健康档案宣传覆盖率80%，全人群家庭医生签约宣传覆盖率达50%，重点人群中老年人家医签约体检通知到位率达90%。发放免费婚检卡30余张，发放叶酸210盒。完成67名高危孕产妇追访和1名5岁以下儿童死亡情况调查工作；完成辖区流动人口、娱乐场所、吸毒人员等高危人群宣传干预工作。

（王艺漫）

【劳动就业与社会保障】 年内，团结湖街道辖区城乡劳动力实现就业355人，就业率83.33%，其中就业困难人员实现就业258人，就业率85.15%；职业技能培训86人，实现自主创业9人，带动就业

39 人，创建充分就业社区 6 个，采集空岗信息 2034 个，走访跟踪服务用人单位 120 户，就业困难求职人员实现就业比例 82%。街道接收社会化退休人员档案 232 份，办理退休审批手续 150 人次，办理城乡居民养老保险参保缴费 82 人，医疗参保 334 人，享受免缴费补助 233 人；慰问低收入登记失业人员 21 人，发放慰问金 1.05 万；手工报销退休、退养等人员药费 632 笔，报销金额 211 万元；医疗救助 2 人，救助金额 6 万元；办理社会保障卡补换卡业务 3629 笔；组织开展社会化退休人员健康养生、健步走等活动 12 次，慰问辖区困难、高龄社会化管理退休人员 209 名；为辖区 2 名高中复读生提供高考报名服务保障。

（王艺漫）

【助残帮扶】 年内，团结湖街道走访慰问地区困难残疾人 300 余户，发放慰问金 14 万余元；为地区 7 名残疾儿童发放康复补助 14 万余元；安置残疾人就业 7 人；为地区 2 名低保残疾人子女及残疾人学生申请“扶残助学”补贴；为 57 名残疾人办理城乡居民养老保险缴费补贴审核。为享受低保待遇家庭 105 户 171 人发放低保金 218 万元，停止享受低保待遇家庭 11 户 22 人；受理临时救助 10 户 4.47 万元；入学救助 5 人 2.22 万元；医疗救助 168 户 208 人，救助金额 24 万元；核发丧葬补贴 11 人 5.5 万元；申请清洁能源补贴 67 户 9.4 万元。捐赠衣物等 2147 件，收集善款 4000 元。发放优扶对象医疗减免费用 1.08 万元，伤残军人抚恤金 69 万元，定补资金 12.9 万元。

（王艺漫）

【双拥共建】 年内，团结湖街道召开军政座谈会 4 次，组织军事日 1 次，举办国防教育讲座 2 次，支出双拥经费 10 万元，慰问辖区部队 6 次，组织军民联谊活动 4 次。

（王艺漫）

2018 年朝阳区团结湖街道社区居委会一览表

表 34

名　称	地　址	电　话
一二条社区居委会	团结湖北头条 4 号楼东侧	65824358
三四条社区居委会	团结湖北三条 16 号楼	85971899
中路北社区居委会	团结湖南一条 8 号楼	85982265
水碓子社区居委会	团结湖水碓子 24 号楼	85986788
南北里社区居委会	团结湖路 21 号楼 1 单元	85989524
中路南社区居委会	团结湖中路南一条 5 号楼西侧	85989095

（王艺漫）

望京街道

【概况】 望京街道位于朝阳区东北部，东起机场高速路与酒仙桥街道、将台乡接壤；西至京承高速路与来广营乡、大屯街道相望；南起北四环路与太阳宫乡为界；北至湖光北街、宏泰西街与东湖街道、崔各庄乡相邻。辖域面积 10.36 平方千米。下辖 22 个社区（含 1 个坝北平房区、1 个南湖渠三巷待拆迁区）。年内，辖区常住人口 17.4 万人，户籍人口 35650 户、93050 人，流动人口 63257 人，外籍人口 8400 人；新出生人口 966 人、死亡人口 548 人。辖区有法人单位 5364 个，其中中央单位 35 家、市属单位 61 家、区属单位 541 家、其他单位 4667 家；有医院 6 所、社区卫生服务中心 1 个、社区卫生服务站 8 个；科研院所 2 个；大学 4 所、中学 7 所、小学 6 所、幼儿园（托儿所）27 个；养老机构 2 个。途经辖区公交线路 48 条，地铁 13 号、14 号、15 号线贯穿其中。有 3200 平方米为民服务大厅 1 处、地区文化中心 1 处、文化广场 2 处、24 小时自助图书馆 7 处。绿化率 36%。年内，团结湖街道坚持“减量精治优环境”主线，以国际人才社区建设为标尺，强化科学化统筹水平；以疏整促为抓手，强化城市精细化治理水平；以“社会矛盾化解年”为契机，强化安全基础和风险防范能力；以深化社区分类治理、回应民生诉求为重点，力促群众安全感、满意感、幸福感提升。年内，完成 47 项市、区挂账重点任务。实现地区财政收入 42.75 亿元，比上年增长 17.97%；征收房产税 3355.86 万元，比上年增长 4.9%。街道获“北京市全民健身示范街道”称号。

（项　悦）

【精准扶贫】 4 月 18 日，望京街道办事处主任胡建东等一行 5 人到河北省康保县张纪镇考察对接结对扶贫相关事宜。胡建东代表街道工委、办事处为柴家村送去 5 万元慰问金，走访慰问 2 户贫困家庭，为每户家庭送去 500 元慰问金。10 月 10 日，召开由社会单位和企业负责人参加的扶贫工作协调会。推动企业与 2 个贫困村精准对接。10 月 31 日，街道工委书记商建英带领机关、社区、社会单位代表 18 人，再次到康保县张纪镇，会同张纪镇举行“望京·张纪扶贫对接座谈会暨扶贫款项捐赠仪式”。会上，望京街道向张纪镇捐赠光伏项目款 100 万元，望京园社区与结对村签订扶贫协议。年内，发动党员群众捐赠保暖用衣 12527 件，企业捐助过冬用煤 311 吨（价值 23.35 万元）。

（项　悦）

【“双创建”誓师大会】 5 月 22 日，望京街道举行创建国家卫生城区、创建食品安全示范区双创誓师大会。办事处主任胡建东，区食药局副局长王卫，街道主管领导、相关科室、各社区负责人以及辖区 800 余家餐饮单位负责人参加会议。会上，望京街道食药所

▲ 5月22日，望京街道召开“双创建”誓师大会 孙贤婷 摄

所长刘国栋、计卫办主任廖丽丽、城管执法队队长汪配枝分别部署创建“食品安全示范区”“国家卫生区”及餐厨垃圾贮存清运和病媒防制相关工作。北京冠月易得餐饮管理有限公司（宴稼厨房）店长代表辖区餐饮企业表态发言。胡建东提出全面提升“两个创建”知晓率、满意率和支持率；强化基础工作，高标准，高质量推进“阳光餐饮”工程，以创建促规范；强化问题导向，抓住重点问题督促整改，注重建立长效机制；强化依法依规，杜绝无证和超范围经营等4点要求。

（项　悦）

【安全生产专项行动】 5月，望京街道开展安全生产“夏安”专项行动。出动检查239组次，检查企业3589家次，排查隐患1377项，整改隐患1273项。年内及时核销生产经营单位台账。全年检查生产经营单位5233家次，发现隐患4550处，督促整改4550处，整改率100%，检查覆盖率99.48%。立案处罚56起，行政罚款30.6万元。

（项　悦）

【国际人才业余围棋邀请赛】 6月24日，望京街道与东湖街道联合在九朝会举办“2018年第二届望京国际人才业余围棋邀请赛”。职业九段围棋国手郑弘、职业五段棋手汪洋、北京韩国人会会长金容完、韩国著名围棋国手李昌镐弟弟李英镐出席邀请赛。世界各地100余名业余围棋爱好者参赛。街道文联队获冠军，文化与旅游局棋友队获亚军，区委机关队与东湖精英队并列第三名。

（项　悦）

【寸草春晖养老照料中心投入运营】 6月27日，望京街道寸草春晖养老照料中心投入运营。该中心建筑面积1593平方米，设有房间30间、床位60张，是集生活、健身、娱乐、医疗于一体的公寓式敬老院。可为入住老人提供日间照料服务和助餐、助洁、助医、助行、专业护理、康复、助浴、心理慰藉、生活照料等服务。

（项　悦）

【纪念建党97周年暨表彰会】 6月28日，望京街道工委在北京青年政治学院礼堂举办“纪念中国共产党成立97周年暨七一表彰大会”。街道工委各基层党组织班子成员、党建协调委员会成员以及优秀共产党员代表、2017年发展的共产党员等400余人参加会议。街道工委副书记、办事主任胡建东宣布表彰决定，街道领导为望京西园四区社区绿化养护服务先锋岗等10个优秀党员先锋岗、望京西园三区社区志愿巡逻队等20个优秀党员志愿服务队、刘东文等15名优秀共产党员、张铨等20名优秀党支部书记、花家地社区党委等20个先进基层党组织颁奖。

（项　悦）

【党建共建“手拉手”活动】 8月24日，望京街道开展党建共建“手拉手”活动。街道领导班子成员、首开望京物业服务公司党委班子成员、街道相关职能科室负责人、金隅国际物业公司负责人和中建一局物业公司总经理等50人参加会议。双方签订《党建共建协议书》，承诺通过共建活动平台、分享工作资源、交流工作经验、解决实际问题等途径，实现党的建设与企业发展良性互动。9月，街道工委召开地区党建协调大会，辖区中央美院、望京医院、青年政治学院、经济管理学院、首开物业、中建一局、思源集团等16家单位主要领导参加会议。会议协调、部署改善辖区营商环境事宜。年内，街道领导带队走访辖区惠普、雀巢等6家世界500强企业、方恒国际和望京实业等国有企业以及万科时代、望京SOHO等大型民营企业，动员辖区企业分担任务，形成“共建、共享、共赢、共同发展”政企合作模式。

（项　悦）

【首届望京国际艺术节】 9月25日，望京街道在望京SOHO广场举办“美好生活，智汇望京”——北京望京国际人才社区建设发布暨首届望京国际艺术节开幕式。街道领导班子成员、辖区居民近千人参加活动。26日至28日，街道在民航干部管理学院礼堂、文博学院等地举办古典交响乐、京剧国粹、非遗原生态民族展演、流行（摇滚）音乐、群众文化演出、古代书画精品特展、央美专家社区行等特色文化活动，推出望京文化新名片。艺术节开幕式直播在线观看人数超过110万人次。

（项　悦）

【为老服务】 10月17日，望京街道以“孝满京城、德润人心”为主题，开展重阳节敬老助老活动。街道工委书记商建英、副书记谷雨带领梦想艺术团成员到寸草春晖养老照料中心与老人们共度重阳；开展“迎重阳，送健康”义诊服务活动。北京市第一中西医结合医院主管院长和4名专家，为院内老人提供老年康复、中医老年病、精神心理卫生、针灸等义诊服务；花家地南里社区以“融合绽笑脸 社区一家亲”为主题，在青年政治学院礼堂举办社区建设成果展示暨九九重阳节主题活动，通过“最美笑脸”项目展示、社区五好家庭展示、花家地南里社区建设成果展示和残疾人温馨家园展示4个板块，呈现居民生活幸福、家庭邻里和美融洽、残疾人平等融合共享的风貌；望京西路社区与街道家好养老驿站以“九九重阳，敬老爱老”为主题，在望京西路文化广场举办联谊活动；街道为地区39位60岁以上低保老人发放价值2万余元慰问品，为地区13位70岁以上低保老人、38位70岁以上特殊困难老人送上生日礼物和节日问候，为地区1位百岁老人送上百岁礼包。

（项　悦）

【创建国家卫生区】 10月30日，望京街道召开“创卫迎接市级暗访再动员再部署大会”。街道领导班子成员、机关干部、食药所所长、工商所所长、卫生监督望京站站长、22个社区书记和主任、70余家辖区物业公司负责人等160余人参加会议。会上，街道办事处副主任王微提出：强化“创卫”工作处级领导包片、机关干部包社区工作机制；建立、打通社区垃圾应急处置通道；强化条块联动、开展全域病媒消杀工作；重点区域每日巡查等六项“创卫”迎检工作措施。部署《望京街道“创卫”市级暗访验收重点任务部署方案》，针对“创卫”“一票否决项”和问题严重项等关键指标，明确包片领导、科室和社区责任，强调发挥各科室、部门、社区和物业联动机制作用，提出抓住重点、突破难点，确保问题有整改、整改有监督、成果能保持等要求。

（项　悦）

【南湖西里社区环境治理】 11月，望京街道工委、办事处针对媒体反映南湖西里社区物业管理不作为、小区环境差、道路破烂不堪、安防设施形同虚设等问题成立专班，落实并延伸“街乡吹哨、部门报到”工作机制，采取社区协同物业、动员党员参与等措施，清运易燃废弃物、杂物、堆物堆料43吨，清理粉刷10栋楼内小广告；街道工商、城管、消防、安监等部门开展联合执法，规范整治“门前三包”单位6家、拆除违规牌匾4处、整改安全隐患单位12家、关停2家，消除隐患55处。街道主要领导回应媒体回访、亲自接待“问北京”反映人。排查小区23栋楼1560户楼道堆物堆料、违法建设等问题，建立台账，制定整改时间表；会同恒安物业制定“家园建设提升”方案效果图，广泛征求民意并立即实施；在各社区内设立环境投诉电话，第一时间接听并整改；联系相关部门和媒体，组织小区居民和辖区单位代表，研究解决老旧小区物业不作为和收缴物业费等问题，探索“共商共治、共建共享”社区长效治理机制。

（项　悦）

【基层党组织和在职党员“双报到”】 年内，望京街道接收37个基层党组织报到、4692名党员报到，组织报到党员开展社区环境清洁日、服务保障活动等107次。阜荣街社区党总支实施“红色港湾连心桥”项目，签订“三带头、三示范”承诺，提升党组织服务群众能力。街道成立侨联党支部，在街道为民服务中心开设为侨服务窗口，为侨眷提供便利服务。

（项　悦）

【疏解整治】 年内，望京街道按照“优环境促提升精治理”工作思路，取缔升级低次级市场，清理整治地下室、群租房、开墙打洞、占道摊亭，拆除违法建设，疏解人口近4万人。拆除账内外违法建设面积14102平方米，整治“开墙打洞”73处，取缔街道自设便民摊亭33处、规范34处，7处挂账乱点全部销账；完成97处146块屋顶牌匾整治和宏昌路优美大街建设，完成利星行广场17700平方米留白增绿建设项目，周边4个小区近万户居民受益；完成11条背街小巷环境整治；完成望和益民市场疏解工作，疏解商户400家。

（项　悦）

【平安社区建设】 年内，望京街道投资800万元，增设高清监控探头398个。创建望京园、南湖西园等五个交通安全示范社区。优化调整道路、完善交通设施、增加智能车辆识别装置等；开展“春晖、夏安、圆冬”三大行动，建立定期会商、挂账督办、隐患排查、责任追究等机制，立案123件，罚款245.978万元；开展各类培训和消防演练300余次，为居民安装独立式烟感报警器3200个，投资150万元安装电动自行车充电桩53个。

（项　悦）

【“全要素”社区建设】 年内，望京街道投资260万元拆除花北145处开墙打洞等违法建设，实现小区无违法目标；按照全要素社区建设标准，建成阜荣街嘉美风尚全要素小区。依托中央美院，建成花家地北里社区“全要素艺术博物馆”，满足居民多样化需求。推进“地瓜社区”建设，通过“楼宇微自治”方式，实现“天上地下、院里院外、楼上楼下”全方位系统建设“全要素”样板间。

（项　悦）

【花南党建项目模式】 年内，望京街道花家地南里社区（简称花南社区）党委协调有关单位整合社区资源，投资30万元，打造“一室五园一库一课一册”（“一室”，即荣誉室；“五园”，即名人园、雷锋园、法治园、文化园和先锋园；“一库”，即建立“党建智库”；“一课”，即社区党员线上线下开展党课学习；“一册”，即党建工作手册）花南党建项目模式。

（项　悦）

【国际人才社区建设】 年内，望京街道围绕“硬件设施达到国际化水准、软件服务营造‘类海外’的人文环境”目标，成立专项工作办公室，明确三年内完成城市安全、靓丽景观、国际文化、生活服务等4大板块29项具体任务（项目）。至年底，“一路一带一水”(一路：路长1.8千米的望京街。一带：为望京街沿线区域。此区域不乏外国总部企业、已形成国际化的社区和国际学校，并选择首批试点的国际人才生活区、国际人才工作区、国际人才摇篮区。一水：绿色望京水岸。位于望京辖区内长达2.88千米的望京沟）品牌项目“吹哨”4次；望京街优美大街建设、望京沟综合治理项目已实施；以国际人才社区为牵引、国际化元素为支撑的“望京国际水岸”设计方案成形；以挖掘并讲好望京故事、营造类海外环境为目标的望京街国际化提升方案初定；以望京街为试点的智慧交通体系建设项目有序推进；辖区22个社区实施分类治理，创建市级规范化社区、绿色智慧平安社区各1个、建成“全要素”小区和“全景楼洞”各2个；望京街作为“一路”起点，完成疏解大市场2.5万平方米；投资2000万元，建成2.2万平方米望京体育文化休闲公园并对外开放；万科时代中心作为“一路”终点，“腾笼换鸟”改造升级工作进展顺利，按计划于2019年6月完成；完成望京交通大队装修改造和2个交通节点、4条断头路疏堵改造。

（徐　罡）

2018年朝阳区望京街道社区居委会一览表

表35

名 称	地 址	电 话
望京西园四区社区居委会	望京西园四区414楼107室、108室	64706915、64728177
望京西园三区社区居委会	望京西园三区304楼二层	84726031、64716249
望花路东里社区居委会	望京中环南路11号院5号楼后	64735021
望花路西里社区居委会	望花路西里9号楼2单元101号	84715085、64712257
花家地社区居委会	花家地小区9号楼附属楼社区居委会	84726244、84712151
花家地北里社区居委会	花家地北里停车场东北角	64730512、64738824
花家地南里社区居委会	花家地南里2号楼一层	64725778、64733093
花家地西里社区居委会	花家地西里109号楼、115号楼	64716251、64716250
花家地西里三区社区居委会	花西三居委会平房院	64718832、64719483
南湖东园社区居委会	南湖东园210-1-101、217-110	64706917、64706921
南湖中园社区居委会	南湖中园215号楼4单元101室	64706923、64734325
南湖西园社区居委会	银领国际122楼101 201	64718559、64704359
南湖西里社区居委会	南湖西里5号楼东侧社区居委会	64721671、64709018
方舟苑社区居委会	方舟苑5号楼101	64780405、64780673
大西洋新城社区居委会	大西洋529楼4层	64727607、64720193
爽秋路社区居委会	广顺南大街21号蓝色家园小区西门外	64773107-808（801）
圣星社区居委会	圣馨大地C座101室	64729766、64753155
望京园社区居委会	华鼎世家304楼103室	84727640
南湖西园二区社区居委会	南湖西园二区季景沁园5号底商2层	52039158、52039054
望京西路社区居委会	望京西路50号院7号楼一层	64738615、84784239
望京东园五区社区居委会	望京东园503楼2层	84781519、84422826
阜荣街社区居委会	嘉美风尚小区1号楼2单元旁	84763124、84763512

（项 悦）

香河园街道

【概况】 香河园街道位于朝阳区境西部，东与左家庄街道相邻；西与和平街街道相望；南与东城区接壤；北与太阳宫乡交界。辖域面积2.5平方千米。下辖9个社区。年内，辖区常住人口43703人，户籍人口14143户、33791人；流动人口10317人，外籍人口324人；有汉族31323人，回族929人，满族1091人；新出生人口275人、死亡人口407人。辖区有煤炭总医院、社区卫生服务中心1个、社区卫生服务站3个。有幼儿园9所、小学3所、中学2所。有北万怡园光熙长者公寓养老照料中心、柳芳南里社区养老服务驿站、西坝河南里社区养老服务驿站3个为老服务机构。途经辖区公交线路29条，地铁13号线贯穿其中（地铁12号、17号线在建）。有地区级文化中心1个，街道级文化中心1个，绿化覆盖率32.73%。年内，香河园街道紧紧围绕“减量精治优环境”主线，开展“疏解整治促提升”、城市管理、社区建设、基本公共服务能力提升等重点工作，促进地区各项社会事业发展。实现地区财政收入3806.96万元，比上年增长26.39%；征收房产税903.08万元，比上年增长16.82%。

（刘 颖）

【领导调研】 4月17日，市人大常委会副主任庞丽娟、侯君舒，区领导陈宏志、李俊杰、朱春霞等一行30余人到香河园街道中心幼儿园，督办、调研“落实学前教学三年行动计划，完善学前教育公共服务体系建设”议案办理暨学前教育供给保障情况。5月23日，区领导王灏、何明、马继业率领相关委办局领导及24位街道工委书记到香河园街道调研民生重点工作落实情况。王灏一行到柳芳南里社区实地查看柳南10号楼加装电梯运行和楼门文化情况，入户与居民交流。街道工委书记董云增汇报街道重点工作推进情况、办事处主任刘秀芹汇报街道“街统格办”治理模式情况。王灏肯定香河园街道在推进民生工程，提升居民获得感、幸福感、安全感方面所做努力，指出在社会动员和精细治理方面的经验方法值得借鉴。

（刘 颖）

【精准扶贫】 5月9日和9月28日，香河园街道领导组织朝阳区教育国有资产管理中心、太阳宫医院、煤炭总医院和北京热力集团等单位负责人等到对口帮扶地区河北省保定市唐县川里镇石北村考察扶贫项目。确定2018年帮扶项目为“屋顶分布式光伏发电”项目，拨付帮扶资金100万元。发动社会单位参与帮扶工作，太阳宫医院为川里镇石北村卫生站赠送价值2545.4元基本药物；北京热力集团为川里镇捐赠电脑30台；煤炭总医院与石北村签订结对帮扶协议；香河园街道5个社区（光熙门北里社区、柳芳北里社区、西坝河东里社区、西坝河南里社区、西坝河中里社区）与川里镇5个贫困村分别签订结对帮扶协议。

（刘　颖）

【人大代表集中联系选民月活动】 7月26日，香河园街道开展“人大代表集中联系选民月”活动，区人大代表董云增、曾庆玉、刘荣、何剑雄、白勇涛和选民代表20人参加。代表们实地查看柳芳南里10号楼老旧小区加装电梯情况。街道工委副书记冉精智汇报街道2018年上半年工作完成情况，重点介绍创建国家卫生区、“疏解整治促提升”、“街统格办”等工作进展情况和下步打算。代表们就“创卫”工作、“七五”普法、坝河治理、医养结合、养犬管理、垃圾分类管理、交通秩序规范等群众关注的热点难点问题座谈交流。

（刘　颖）

【文体活动】 10月21日，香河园街道在清华附中朝阳学校举办2018年地区运动会。区总工会副主席汪涛、街道工委书记董云增及街道领导班子全体成员出席运动会开幕式。各基层工会、机关工会、社区、社会单位等31支职工代表队900余名职工参加运动会开幕式表演，500多名运动员参赛；年内，街道启动“多彩香河园·魅力西坝河”首届坝河文化艺术节。挖掘以“勤勉、包容、创新、和谐”为主要内容的坝河文化内涵，凝聚“我住香河园、共爱西坝河”共识；地区文化中心以坝河文化为核心，结合地区特色，举办“百姓周末大舞台·共享坝河盛世”“传承非遗节气·品鉴坝河文化”以及争创“坝河品牌团队”等大型主题活动19场次，受益居民1.14万人次；街道依托中心羽毛球场和东里足球场，举办体育赛事3场，涉及中国国际展览中心、金泰大厦等10家企业，惠及200多名运动爱好者；各社区依托传统节日、重要节点，围绕河道治理、坝河环境改善、河边风景举办流动摄影展、广场演出、手工制作等文化活动138场次；街道金叶子舞蹈队等5支队伍携原创作品参加第十届朝阳区“炫舞朝阳”民族舞比赛，获金奖1个、银奖和铜奖各2个。金叶子舞蹈队原创广场舞《礼让斑马线》代表朝阳区参加首都文明办首届广场舞原创大赛并获一等奖。

（刘　颖）

【社区党委换届选举】 12月，香河园街道完成9个社区党委换届选举工作。9个社区有党员3151名，应参加选举党员797名，实际参加投票选举党员795名，参选率99.75%。选举产生新一届社区党委委员49名，其中书记、副书记各9名；选举产生纪委委员28名，其中书记8名、副书记2名。9名社区书记均为连任。在新当选49名党委委员中，社区居干党员34人，占委员总数的69.4%；居民党员12人，占委员总数的24.5%；其他身份委员3人，占委员总数的6.1%；女性委员37名，占75.5%。委员年龄最大72岁、最小30岁，平均年龄48.6岁，比上届下降0.5岁。委员中具有大专以上学历43人，占委员总数的87.8%。9名社区党委书记平均年龄47.3岁，9名社区专职副书记平均年龄40.1岁，均为大专以上学历。

（刘　颖）

▲ 12月21日，香河园街道西坝河南里社区党委换届选举会　　王娇娇　摄

【疏解整治与环境建设】 年内，香河园街道“疏解整治促提升”专项行动6项任务全部完成。拆除违法建设28处、面积5445.57平方米，完成全年任务的927%；整治占道经营9处，完成全年任务的129%；治理无证无照餐饮单位6家，完成全年任务的100%；治理其他无证无照单位8家，完成全年任务的160%；劳动保障检查单位147家，完成全年任务的147%；群租房治理18处，完成全年任务的100%；调减常住人口2272人，完成率278.8%；疏解涉及人口659人，完成率305.1%。疏解腾退空间与完善基本公共服务相结合，建成柳芳空间、南里养老驿站、“悦享+”文化驿站、东里笼式足球场、便民菜站等服务设施，满足居民多元需求。街道投资2065万元，建设左西街、西坝河中街2条优美大街和客车四厂路、左西街1号院、土城沟河路3条背街小巷；完成坝河河岸绿化美化6800余平方米，改善水岸环境；全年组织植绿护绿、节约用水、环境保护、垃圾分类、月末清洁日等宣传实践活动40余次，5000余人次参与，发放宣传品5000余件，鼓励居民参与生态文明社会建设；出动3200余人次，清理小广告2.6万余张、清除卫生死角1300处、清理暴露垃圾1500余吨、捡拾白色污染75吨、清理堆物堆料1100处。拆除社区私设地锁80余个，清理“僵尸”机动车23辆、“僵尸”自行车900余辆、“僵尸”三轮车50余辆。

（刘　颖）

【为老服务】 年内，香河园街道开展养老机构辐射社区居家养老项目，申请补贴经费25.2万元，为地区105位老人提供“助餐、助浴、助洁”3项服务；推进居家养老“四进（进医疗、进保洁、进餐饮、进洗浴）”服务工作，为辖区16位低保、失独等困难家庭老人提供医疗服务13人次，助浴服务64人次，助洁服务211人次，餐饮服务333人次，服务金额31550元，入户随访满意率87%。12月12日，西坝河南里社区养老服务驿站开业。该驿站由香河园街道与区福寿苑养老照料中心合作筹建，建筑面积428平方米，主要设施有老年活动场所、老年餐厅、养老床位等，可为老年人提供日间照料、临时托管、老年餐桌、助浴、助洁、陪同就医等10余项服务。

（刘　颖）

【社区建设】 年内，香河园街道完成街道级、社区级共商共治项目68个，投资1163.93万元解决环境秩序、便民设施、公共服务等民生热点问题。在9个社区内建设全景楼栋9个，居民议事厅覆盖率100%；探索“街统格办”社区治理模式，将辖区11条街（社区外围道路）、49条巷（社区内部道路）、198栋居民楼，细化至51个自治单元格，通过有效运用“正向吹哨”（街长吹哨、格长报到；格长吹哨、楼长报到；楼长吹哨、居民报到）解决难题；规范整治牌匾，拆除辖区违法建设，缓解交通拥堵，解决居民停车难题；完成西坝河东里、柳芳南里、光熙门北里北、光熙门北里南社区“一站一居”服务站改革，提高居民办事效率；为柳芳南里10号楼加装电梯，柳芳南里社区完成“平安示范”小区创建，西坝河南里社区完成全要素小区建设，西坝河中里社区、柳芳北里社区和西坝河东里社区完成“交通安全示范社区”创建，街道“交通安全示范社区”创建率100%。

（刘　颖）

【就业服务】 年内，香河园街道通过入户调查、加强职业培训与指导、跟踪回访用人单位、举办专场招聘会等多种方式促进就业。城乡登记失业人员就业率79.4%；城乡登记就业困难人员就业率79.1%；开发就业岗位1088个；走访跟踪用人单位74个；免费为42人提供技能培训，324人实现就业。

（刘　颖）

【消防隐患排查】 年内，香河园街道召开各类消防协调会22次，组织各社区、各微型消防站开展拉动演练8次。联合区消防支队、辖区民警及各社区，出动人员6700余人次，“地毯式”排查辖区社会单位及老旧居民楼消防安全，检查社会单位550余家、居民楼196栋，对排查出的安全隐患现场整改和限期整改。在辖区内商铺、居民楼内、小区自行车棚开展电瓶充电情况排查整治，排查出室内充电现象60余家次，区消防支队处罚35家，没收违规充电电瓶45块。

（刘　颖）

【创建国家卫生区】 年内，香河园街道成立“创卫”工作领导小组，街道工委和办事处主要领导任双组长，纪工委书记任副组长。领导小组下设办公室，指派1名办事处副主任担任办公室主任，负责“创卫”日常工作，组织落实日巡查、周评比、月排名制度等。全年投入经费1200余万元，街道“创卫”工作通过市级病媒专项检查及暗访验收。全年召开“创卫”工作专题会、专班小组会等40余次，开展各类培训18次，组织各类检查100余次，迎接市区级暗访、督导检查50余次；为营造“创卫”氛围，在街道、社区、小区出入口、大型公共场所等地设立健康教育宣传栏39处49组，制作宣传展板300余块，印制宣传海报2000张、折页1万份，张贴垃圾桶标识贴1200个；街道与专业PCO（有害生物防制）公司合作，开展5轮蚊蝇鼠蟑集中消杀工作，指导、检查地区131家社会单位病媒防制情况。

（刘　颖）

【矛盾纠纷排查调处】 年内，香河园街道排查调处矛盾纠纷11件。接信访件53件（市长信箱和区信访网络信访件34件、自接信访件19件），全部办理完成，办结率100%。

（刘　颖）

【安全生产检查】 年内，香河园街道开展“春晖”“安全生产月”宣传、中非合作论坛北京峰会安全保障、安全生产执法检查等专项行动，检查辖区生产经营单位3141家次，整改安全生产隐患1587处，其中立案22起、行政处罚9.1万元。

（刘　颖）

2018年朝阳区香河园街道社区居委会一览表

表36

名　称	地　址	电　话
柳芳南里社区居委会	柳芳南里6号楼前平房	64607112
柳芳北里社区居委会	柳芳北里甲14号楼	84514269
西坝河南里社区居委会	西坝河南里20号楼前平房	64651709
西坝河中里社区居委会	西坝河中里2号楼前平房	64676023
西坝河西里社区居委会	西坝河西里4号楼	64296921
西坝河东里社区居委会	西坝河东里107号楼东侧	64669324
光熙门北里北社区居委会	光熙门北里甲6号楼平房	64272821
光熙门北里南社区居委会	光熙门北里19号楼前甲20	64286009
光熙家园社区居委会	光熙家园9号楼	59033492

（刘　颖）

小关街道

【概况】 小关街道位于朝阳区西北部，东起育慧南路，与太阳宫地区接壤；西邻北苑路，与亚运村街道毗邻；南至元大都城垣遗址公园，与和平街街道交界；北至北四环东路，与大屯街道隔路相望。辖域面积2.58平方千米。下辖7个社区。有居民工作组53个，居民小区63个，楼房227栋。年内，辖区常住人口6.8万人，户籍人口14645户、47398人，流动人口10110人，外籍人口264人；新出生人口516人、死亡人口1134人。小关街道地处奥林匹克公园周边，定位为奥运功能区，自建奥林匹克文化广场。辖区有小营国际珠宝城、紫光大厦等19处商务楼宇和中国日报社、对外经济贸易大学等2756家社会单位。有企事业单位1903家，其中新闻单位2家、国家级出版社4家、涉外饭店及购物中心15家、中国日报社等中央直属单位32家、北京节能中心等市属单位28家。有核工业北京地质研究院、中国航空工业经济技术研究院等科研院所6家。有各类学校9所，其中高校5所、中学2所、小学2所。有医院3所、社区卫生服务站2个。辖区内主要干道有北土城东路、惠新西街、惠新东街、安苑路、地区北四环路、安苑路沿途绿化景观独特，绿化美化水平高。交通便利，途经辖区公交线路有430路、464路、125路、419路、特16路等，地铁5号、10号线贯穿其中。道路交通用地0.5平方千米，占建设用地比例25%；居住用地1.3平方千米，占建设用地比例65%；公共设施用地0.2平方千米，占建设用地比例10%。地区有奥林匹克文化广场1座（既是周边居民休闲娱乐场所，也是普法宣传广场）。街道政务服务大厅2017年12月18日正式对外办公。实现区级财政收入6亿元，比上年增长6.45%；征收小房产税1152.15万元，比上年增长4.93%。年内，小关街道获“2018年度首都文明标兵单位”“2018年度市级交通管理先进单位”称号。

（佟学艳）

【志愿服务】 3月2日，小关街道举办地区第二届“关之星”志愿者颁奖典礼。区委宣传部副部长、区文明办主任张爽，区文明办副主任吴晓曼、区社会建设办公室副主任闫培文，小关街道工委、办事处班子成员，社会单位代表、人大代表、政协委员等与地区居民500余人参加典礼。颁奖活动以“细微志愿·爱满小关”为主题，将街道工委提出的“细小微实”理念融入志愿者工作。活动表彰20位志愿星、10类15个志愿集体、7位优秀楼门（院）长。获奖集体和个人均经社区推荐、网络投票、评（组）委会评选等多环节确定。为突出“志愿星火传承”，评选活动突出志愿者参与，邀请首届“关之星”获得者（集体）代表参与评审并作为颁奖嘉宾。5月24日，首都文明委发布“北京市第三批首都学雷锋志愿服务站（岗）示范站（岗）名单公示”。小关街道5个项目（岗）入选，分别为：高原街社区党员志愿服务项目、惠新苑社区蓝马甲志愿项目、惠新北里社区“薪火传承”志愿服务岗、街道治安志愿服务岗、街道普惠先锋志愿服务岗。6月4日，区委社工委、区社会建设办公室在垡头地区文化中心举行“志愿服务让生活更美好”第六届优秀社会志愿者风采展示暨朝阳区应急志愿服务响应中心启动活动。小关街道志愿者何永华、志愿者团队，中国现代文学馆志愿讲解员团队分别获“金葵朝阳”优秀文化传承志愿者、优秀志愿服务团队，小关街道获评“金葵朝阳”优秀分中心。

（孙　静）

【为老服务公益行动启动】 4月15日，“为家和谐·为爱传承——为老服务进万家大型公益行动”在小关街道综合活动大厅开幕。活动由北京扶老助残基金会主办，北京爱传承为老服务中心承办，小关街道支持。街道相关领导，老年人代表，爱心企业代表与北京电视台生活频道、《锐观察》栏目和《北京晚报》、《法制晚报》、《公益时报》、《北京社区报》等新闻媒体100余人参加启动仪式。小关街道作为首批落实公益行动为民服务单位，有8位老人接受由首都医科大学耳鼻喉医院提供的助听器捐赠，另有数十位老年人接受公益捐赠礼包。

（方　明）

【廉政文化作品征集】 4月16日，小关街道纪工委以“关—爱清廉”为主题举办廉政文化作品征集活动。旨在通过摄影、书画等艺术形式进一步弘扬正气，鞭挞腐败，倡导清廉之风，在地区营造廉政勤政文化氛围。活动征集包括书画、剪纸、摄影等形式在内的优秀廉政文化作品100幅，在街道办事处宣传栏展示。通过活动，展示小关街道党员干部和群众艺术素养与文化水平，丰富街道廉政文化形式与内容，将廉政教育与党员群众日常文化生活相结合，把“硬”教育变成“软”文化，形成“润物有声”之势，在全地区营造反腐倡廉氛围。

（茹　跃）

【社区文化嘉年华】 5月13日，由小关街道工委、办事处主办，街道文联承办的2018年文化嘉年华活动闭幕。15个精品节目进入决赛并获奖。该活动是小关街道“关爱文化节”系列活动之一。

（孙　静）

【“我是朝阳群众”故事会】 5月16日，区委宣传部、区委社工委、区委农工委、区文明办以“不忘初心、牢记使命、高举旗帜、团结奋进——深入学习宣传贯彻党的十九大精神”为主题，在小关街道综合活动大厅举办“我是朝阳群众”故事会。中国铁路文工团的文艺工作者，通过评书、快板等曲艺形式宣讲一个个感人故事，歌颂朝阳区志愿服务精神。其中朝阳艺术家文化志愿者服务队成员、国家一级话剧演员陈红梅讲述小关东街社区何永华“弘扬国粹培育春苗”的感人故事。

（谷少松）

【拆迁腾退征收工作完成】 6月23日，北京市运输公司下属市运四分公司原场地（小关北里43号院）2011年“安惠职工住宅项目”，腾退土地面积52275平方米，腾退率98.59%。拆除经营用房面积21800平方米，腾退率100%。在2017年8月至9月征收期内，小关街道全程做好应急和处置突发事件准备，确保祥龙公司配合区征收办完成“中直安惠职工住宅工程”征收工作，场内41家住户全部签约征收，征收签约率100%。土地腾退工作进展顺利，未发生越级访、群体访和集体访等事件。

（赵一帆）

【纪念建党97周年暨表彰会】 7月1日，小关街道工委召开纪念中国共产党成立97周年暨表彰大会。授予惠新苑社区安苑东里第二党支部、城建城管党支部等26个基层党组织“红旗党支部”称号；

授予王贵安等35名党务工作者“优秀党务工作者”称号；授予高玉琴等104名党员“模范共产党员”称号；授予王兰萍等104名党员“我身边的好党员”称号。

（谷少松）

【领导调研】 8月7日，区委常委、常务副区长马继业到小关街道调研小关东里10号院“全要素小区”建设、惠新东街社区老旧小区“房前屋后”整治情况。实地走访住总小区、外经贸大学宿舍等老旧小区并了解社区治理情况。区社会办主任宝月凤以及区发改委、区财政局等单位相关负责人、街道工委办事处领导一同调研。

（谷少松）

【精准扶贫】 8月23日至25日，小关街道主管领导带队，联合区种养中心2名畜牧业专家到对口帮扶单位河北省张家口市康保县李家地镇，就当地生产、村民生活以及“对口帮扶”工作等情况实地考察，提出实行“因地制宜、攻坚克难、分阶段、按步骤、扎实推进”的帮扶计划，与李家地镇政府签订“对口帮扶”框架协议。10月18日，小关街道工委书记李钧、办事处主任邢伟带队赴李家地镇处长地乡走访慰问困难群众并实地结对帮扶。街道纪工委书记孙守瑛、武装部长王志宏、机关党总支党员代表、辖区五个社区党委书记及北京住总集团负责人等一同参加。小关街道一行首先到李家地镇座谈沟通扶贫特色产业及帮扶需求，并逐一签订结对协作框架协议。康保县委副书记杨志勇，县委常委、副县长魏宏义等参加座谈会。街道领导与处长地乡党委主要负责人签订合作协议。

（赵一帆）

【安全应急联动机制升级】 年内，小关街道落实“三严”（严密部署、严格机制、严守底线）确保辖区安全稳定。发动辖区社会单位，联合地区派出所、消防队等部门升级“属地—学校”安全应急联动机制，依托对外经贸大学微型消防站及14人巡逻队伍，提高消防隐患排查及突发事件处突能力。联合住总集团和对外经贸大学等重点单位，开展消防演习31次，举办宣传活动16次，覆盖居民1.37万余人次。安全生产责任保险投保完成率109%。城市安全风险评估试点工作完成率137%。安全生产培训完成率114%。

（王欣慰）

▲ 3月14日，小关街道机关党总支到河北省康保县开展扶贫活动　　唐万鹏　摄

2018年朝阳区小关街道社区居委会一览表

表37

名　称	地　址	电　话
惠新苑社区居委会	惠新西街9号院1号楼1层	64810094
惠新北里社区居委会	惠新北里8号楼（居委会）	64810092
高原街社区居委会	高原街4号院门口二层楼	84626490
小关社区居委会	小关北里204楼旁	64969797
惠新里社区居委会	惠新西街18号南院惠新里居委会	64810091
小关东街社区居委会	小关东街3号楼前社区居委会	64304909
惠新东街社区居委会	惠新里226号楼南侧地下室	64921182

（佟学艳）

亚运村街道

【概况】 亚运村街道位于朝阳区西北部，地处奥运主场馆核心区域。东起北苑西路与小关街道相接；西至京藏高速路与海淀区相邻；南至北土城公园与安贞街道为界；北抵安翔北路至炎黄艺术馆北侧路与奥运村街道、大屯街道相连。辖区四面环绕国家奥林匹克体育中心，三面环绕国家体育场（鸟巢）和国家游泳中心（水立方），是奥运功能区重点区域。辖域面积5.13平方千米。下辖10个社区。年内，辖区人口总量65242人，其中常住人口48131人，本区户籍人口17655户、48136人，人户分离4835户，流动人口7089户、17109人，境外人员741人。有汉族45220人，少数民族3211人；新出生人口476人、死亡人口463人。辖区有各级各类单位3481家，其中中央单位85家、市属单位120家、区属单位203家、非公单位3073家。有大学2所、中学3所、小学4所、幼儿园6所、成

人教育学院1所，医院2家。有养老机构2家，有3000平方米文体活动中心1个、1万平方米全民健身园1个。10个社区均设有文体活动室。辖区有70余条公交线路，地铁8号、10号线贯穿其中。年内，亚运村街道坚持稳中求进工作总基调，坚持新发展理念，按照高质量发展要求，推动党建统筹引领、环境质量改善、社会治理创新和民生福祉增进等四项重大工作，努力开创亚运村地区建设新局面。实现区级财政收入13.24亿元，完成全年任务117.9%，比上年增长21.2%；征收房产税68.4万元，比上年增长2.4%。亚运村街道获“北京市文明标兵”和“北京市健康示范单位”等称号。

（黄慧娟）

【文化建设】 9月，亚运村高娃舞蹈团赴欧洲开展文化交流活动。年内，亚运村街道先后举办10个专题80场系列文化活动，开展基层社区教育课程3000课时，覆盖所有社区约1.8万名群众；开展民风民俗体验、文化经典诵读等“我们的节日”主题实践活动34次，弘扬传统文化、践行社会主义核心价值观，参与群众3280余人。

（黄慧娟）

【区域化党建】 年内，亚运村街道按照区街道系统“一三三五”（坚持一个率先、找准三个坐标、聚力三个提升、做到五个突出）工作体系要求，建立台账，形成一级抓一级、层层抓落实工作格局。地区组织学习党的十九大精神等学习活动299次，开展宣讲53场，参加党员2990人。全年召开工委会、工委专题会65次。加强党支部规范化建设，构建“B(标准）+T（特色）+X（先进）”工作体系，开展“五有”党支部自查整改专项行动，调整3个超过3000户居民的社区党委，拆分2个百人支部。开展服务活动千余次，非公企业、社会组织党组织覆盖率分别为88.2%和100%。落实“双报到”工作，接收报到党员2139人、党组织39个，开展活动98次。

（黄慧娟）

【特色街区建设】 年内，亚运村街道完成京藏高速沿线综合整治工程，建成朝阳“西大门”2.1千米景观廊道；完成北郊居住区、华严北里等3处老旧小区改造工程，根据区域特点规划主题，建成“百姓身边的风景”；在创业大厦西侧、健德门东侧新建2处精品小微公园；完成安翔西街等8条背街小巷整治提升工程。其中以突出地区历史文化为特点的祁家豁子街，被评为20条“首都最美街巷”之一（全市892条背街小巷参选）。

（黄慧娟）

【疏解整治】 年内，亚运村街道调控专项人口2628人、拆除违法建设面积4978平方米，整治无证无照餐饮单位50家、劳动保障监察203家、整治开墙打洞18处、清理人防工程6处、疏解培训机构1家、整治游商摊贩挂账重点点位7处，处罚占道经营案件740余件。完成占地1.35万平方米、涉及222家商户的民族珠宝城平稳撤市，完成清理普通地下室7处、整治新增群租房14户等账外任务。延伸“地瓜社区”品牌效应，建成新型文化、党建活动空间2处。与区水务局、区园林绿化局和启皓大厦采用共商共治、共建共享模式，提升亮马河沿岸280米河道绿化景观，以河长制巡河建立边界秩序提升长效机制，为实施亮马国际风情水岸建设提供借鉴和示范。聘请社区志愿者担任“河段管家”，街道社区级河长巡河260余人次，巡河里程400余千米，清理河道垃圾300余次，形成全社会共治共管水环境良好氛围。启动新源西里社区创建花园式社区工作，升级改造辖区内绿地3000平方米。在辖区32条大街小巷设置街巷长，招募“小巷管家”63名。开展专项执法检查26次，查处施工工地、露天烧烤、焚烧垃圾等“环保类”违法行为。

（黄慧娟）

▲ 9月21日，亚运村高娃舞蹈团赴欧洲文化交流　　杨　颖　摄

【社区建设】 年内，亚运村街道完成安慧里、安苑里、祁家豁子3个超大型社区拆分重组，优化社区管理幅度，完成50%社区服务站改革。重点建设丝竹园社区北郊小区议事厅，在京民社区试点开展“我议、我行”社区议事厅效能提升项目，选出议事代表22人（其中在职党员3人）并成立社区议事班子。全年开展文明养犬、墙体彩绘等团队活动6次。完成党政群共商共治项目50项，完成4个楼院373个楼门文化建设（其中精品楼门文化6个）。完成北郊居住区和华严北里2号院全要素小区建设，通过增设新能源车位、增加小区绿化面积、修缮自行车棚、更换智能门禁系统等方式，提升生活环境质量。实施“三建一育”（建组织、建机制、建平台、育文化）、“三清一整”（清阳台、清楼道、清屋顶、整死角），建设安翔里45号楼和华严北里2号院7号楼2处全景楼院。招录新社工45名，开展“高效沟通”社工服务能力提升、“幸福家庭”促进家庭和谐心理服务等培训13次。持证社工人数增至73人。

（黄慧娟）

【社会服务保障】 年内，亚运村街道发放低保金、失业金、残疾慰问、医疗救助、独生子女奖励等2100余万元；开发就业岗位966个，城镇登记失业人员就业率68.41%，困难人员就业率68.75%，实现就业人数310人，完成全年指标；完成保障性住房来访咨询1500余人次、审核各类保障房材料400余件；完成统计年报和第四次经济普查工作，清查底册单位6797家，个体户685家，入户登记单位2823家，登记率达71.96%，街道系统排名第5名；开展计生政策宣传活动，完成一孩生育服务登记506件、二孩生育服务登记201件，开展流动人口健康促进活动10次，落实创建全国健康促进区相关工作。

（黄慧娟）

【精准扶贫】 年内，亚运村街道多次与对口支援单位河北省康保县屯垦镇、闫油坊乡实地对接，结合受援地区资源情况和帮扶需求，确定有针对性扶贫协作项目，在经济脱贫基础上，以文化惠民、产业扶贫、结对帮扶等形式，带动屯垦镇和闫油坊乡实现精准脱贫。成立屯垦镇在京务工人员办公室，实施“屯垦人在京之家”安心工程，完成300多名屯垦镇在京务工人员信息统计工作。

（黄慧娟）

【平安建设】 年内，亚运村街道全方位消除各类安全隐患。编制完成地区高层居民楼消防水源情况台账、为2300余户60岁以上居民安装烟感报警器；加强微型消防工作站建设，组织各类消防演练45次；排查电动车消防隐患，发放电动车消防宣传资料2000余份；持续开展环境整治“三清一整”（清楼道、清阳台、清屋顶、整死角）和“天井”行动，整体提升环境质量；开展“雪亮工程”，加强物防、技防和人防建设，及时更新维修门禁系统，为辖区85户失独家庭更换门锁锁芯。地区发生可防性案件11起（破案5起），与上年的28起下降60.7%，8个社区实现“零发案”。安翔里社区毛秀忍被评为2018年“首都最美治安志愿者”。

（黄慧娟）

【安全监管】 年内，亚运村街道以康正程市场、唐人街工地等为重点，组织联合执法“重点查”50余次。全年开展消防、有限空间、地下空间、在施工地、食品药品各类安全生产“普遍查”4500余家次，排除隐患1300余处，行政处罚案件135起，罚款140万元。地区安全生产事故起数和死亡人数均为零；食品药品抽检合格率96%以上。落实企业安全生产主体责任制，编制隐患排查治理清单，签订安全责任书1000余份，组织社会单位主要负责人安全生产教育培训，提升企业安全生产意识，推广安全生产责任保险。街道安全生产检查队获“2018年朝阳区有限空间大比武”一等奖。

（黄慧娟）

【矛盾纠纷化解】 年内，亚运村街道开展法律咨询、法治宣传100余场，3万余人次；调解各类矛盾纠纷506件，调解成功率98.3%；履行属地维稳职责，有效稳控“秀水2号”非法集资案和华严北里小区48号楼长达25年、102户居民房产证纠纷和辖区盘古大观西侧“断头路”问题；加强风险研判、矛盾化解和重点群体稳控工作，化解中华民族园珠宝城租赁纠纷等3起重点矛盾；落实“接诉即办”要求，全年接办政民互动诉求2271件，接待群众来访533批次960人，稳控率100%；成功处置群体讨薪事件15起，涉及薪金273万元。

（黄慧娟）

2018年朝阳区亚运村街道社区居委会一览表

表38

名　称	地　址	电　话
安慧里社区居委会	安慧里一区甲7号楼	64980228
安慧里南社区居委会	安慧里三区3号楼	64932951
北辰东路社区居委会	安慧北里1号楼	64978765
安苑里社区居委会	安苑北里9号楼	64962829
祁家豁子社区居委会	华严里16号楼前平房	62007530
京民社区居委会	华严北里2号院	82070581
华严北里社区居委会	华严北里45号楼	82841857
华严北里西社区居委会	华严北里22号楼	82846462
丝竹园社区居委会	丝竹园小区7号楼11门	64863722
安翔里社区居委会	安翔里小区1号楼	64886323

（黄慧娟）

左家庄街道

【概况】 左家庄街道位于朝阳区西部，东起东三环北路，临麦子店街道；西与东城区接壤，临香河园街道；南濒亮马河，临三里屯街道；北抵静安西街，临太阳宫地区办事处。辖域面积4.17平方千米，下辖9个社区。年内，辖区常住人口80249人，户籍人口25052户、64063人，流动人口19035人，60岁以上老年人口2.2万余人；新出生人口374人、死亡人口357人。辖区有法人单位2671个。有社会单位800余家，其中有国务院军转办、朝阳区国税局等重点社会单位75家；有院校2所（北京市商业干部管理学院、中共朝阳区委党校）；有社区服务中心1所、社区卫生服务站4所；有中学1所、职高1所、小学5所、幼儿园7所；有养老机构5家，其中养老照料中心1家、养老服务驿站4家。辖区内有多条公交线路，地铁10号线贯穿其中。有300平方米为民服务大厅、2700平方米地区文化中心。年内，完成社区“两委”换届选举工作。整治背街小巷18条，楼体粉饰15.77万平方米，围墙粉刷8844.2平方米，道路铺装5000平方米。健全“四长一管家”（即河长、副河长、河段长、河段岗长、河段管家）工作体系，建立街道、社区、居民三级河长制组织体系。实现区级财政收入338590.45万元，征收房产税34742.84万元。新源西里社区获“首都绿化美化花园式社区”称号。

（付庆伟）

【党建特色阵地建设】 年内，左家庄街道形成“一街一园一中心”党建特色阵地，完善各类党员文化志愿者服务队30余支，调动党员群众5万人次参与社会治理；完成39家基层党组织和2039名党员到街道和社区报到；完成党建协调委员会人员调整；发挥区域化党建工作作用，落实街道层面4项、社区层面12项党政群共商共治项目；完成左北四小区、静二小区、曙七小区和新源西里东街小区议事厅规范化建设，引导居民通过民主协商方式解决事务，提升居民自治意识。

（付庆伟）

【安全示范社区创建】 年内，左家庄街道与辖区内企业单位和社区签订《2018年安全生产责任书》630余份。开展电动车充电专项整治、餐饮企业燃气使用情况、高风险电梯隐患排查等专项工作。与地区社会单位签订《2018年防火安全责任书》270余份，指导重点单位和六小门店开展消防安全疏散演练32场，完成地区64家重点单位和六小门店消防安全检查4886家次，发现并消除隐患368处。完成全国“两会”和中非合作论坛北京峰会等重要会议和重大活动期间安保维稳工作，发动“红袖标”24320人次。完成左南里和新源西里社区交通安全示范社区建设和北京市创建食品安全示范区验收工作。开展“法律十进”活动，受教育人数1.1万余人次。以“社会矛盾纠纷化解年”为契机，化解日常矛盾127件。

（付庆伟）

【助老帮困与就业服务】 年内，左家庄街道走访慰问地区低保户、因病致困家庭、军烈属等近20类困难家庭1000余人次，投入资金34.3万余元。发放低保金532.6万元、救助金66.5万元、各类民政对象及优抚对象生活补助金784.9万元。以“四个陪伴”（特殊陪伴、温情陪伴、品质陪伴、安全陪伴）为服务重点，为地区困难群体和老年人提供精细化服务。为地区残疾人提供“陪伴关爱”服务项目，依托养老照料中心为辖区内残疾人提供助浴、助洁、助医等上门服务。全年开发就业岗位2298个，带动就业68人。街道政务大厅开设绿色通道，开展跟踪式、引导式、厅长式服务以及全程陪伴式服务。

（付庆伟）

【环境整治】 年内，左家庄街道坚持决心不变、力度不减、精准发力，完成1个商品交易市场、6处人防工程、8个占道经营、33户无证无照餐饮单位疏解整治任务；完成劳动保障监察170家，整治其他无证无照经营21家，疏解人口930人，整治群租房39户。取缔占道经营490起，拆除静安里5号楼等22处存量违法建设、面积3000平方米，完成全年任务260.6%。推进“创建国家卫生区”工作，清理地下车库、自行车棚130处，清理堆物堆料220吨，清理小广告2600张。与区水务局、区园林绿化局和启皓大厦采用共商共治、共建共享模式，完善亮马河沿岸280米河道绿化景观。落实河长制，明确边界秩序，形成长效机制，为实施亮马国际风情水岸建设提供借鉴。聘请社区志愿者担任“河段管家”，街道社区级河长巡河260余人次，巡河里程400余千米，清理河道垃圾300余次，形成全社会共治共管水环境良好氛围。启动新源西里社区创建花园式社区工作，完成辖区内3000平方米绿地升级改造。在辖区32条大街小巷设置街巷长，招募“小巷管家”63名。加大力度，严格施工工地、露天烧烤、焚烧垃圾等“环保类”违法行为查处，开展专项执法检查26次。

（付庆伟）

【文化服务】 年内，左家庄街道突出“文化+”工作理念，开展“秋日胜春朝”“重温经典之路”“让家成就梦想”等传统文化体验活动1024场次，受益群众4万余人次。坚持错时工作延时服务，全年开放时长4562小时。参与“炫舞朝阳”“北京朝阳森林演出季”等展演9场，获得市、区级奖项9个，其中市级金奖1个、区级金奖1个。全年完成电影放映391场，其中社区放映主题电影15场、公益电影96场，社区文化中心放映公益电影280场。

（付庆伟）

▲ 8月28日，朝阳森林演出季左家庄街道分会场演出　于梦晔 摄

【“一平台四服务”党建项目实施】 年内，左家庄街道工委以党建引领基层治理，启动“一平台四服务”（“一平台”即以区域化党建服务大集为平台；“四服务”即以走问式、组团式、协商式和网格式服务为载体，以党建需求与资源对接为内容，实现辖区内各类组织、各类群体和各类资源深度整合）党建服务项目。形成19项社区需求清单和77项具体服务资源清单。成立文化教育、卫生健康、公益志愿、平安环保、法律政策等五大服务团组，发挥各自优势，服务地区群众。在72个居民党支部中建成“2+1”区域化党建服务网格对子38个，实现就近服务、就近管理和就近凝聚，提升点对点服务效果。

（付庆伟）

【社区服务】 年内，左家庄街道全面推广社区服务站改革，所辖9个社区同步推进“全能社工”建设。树立“左·邻右舍”

邻里形象，完成曙光里社区21号楼精品楼门文化建设。新源西里中街7号楼楼门文化形成“左+壮”特色设计风格。各社区实现楼门文化全覆盖。促进老旧小区准物业转型升级。以左北里38号、39号楼为试点，引入专业物业服务，促进楼院管理提升，与物业公司形成良性互动。引入社会组织，开展左北里社区绿色智慧平安小区多彩阳台项目。与启皓大厦合作，建设2018年市级“社区之家”示范点，启皓客厅、启皓艺社、河岸剧场、食社等向居民开放。全年形成社区创享计划金点子50个。

(付庆伟)

【普法宣传】 年内，左家庄街道开启“一幼、一校、一职高”青少年普法新模式在清华附中小学部设立“法治图书角”、开展法治主题升旗仪式。全年开展法治宣传活动158场次，其中普法大讲堂23场，受教育人数1.1万余人次，发放宣传材料8964份，举办公益法律服务43场，接待咨询253人次。

(付庆伟)

【矛盾纠纷化解】 年内，左家庄街道以“社会矛盾纠纷化解年”为契机，开展矛盾排查12次，排查矛盾9件，全部化解；化解日常矛盾127件，其中形成简易纠纷调解协议123件，卷宗4件；接待群众来访26人次、来电16余次；办理朝阳区网上信访平台信访案件34件，办结33件；办理政民互动案件3876件，办结3792件。全年未发生到市、区集体访和越级访事件。

(付庆伟)

【扶残助残】 年内，左家庄街道办理残疾证及增级变更、残疾关系迁移、补换残疾证、卡、办理一卡通等180余人次；为196人发放燃油补贴5万余元；为72人申报、发放个体保险补贴60万余元；开展残疾人康复、烘焙、绿植、合唱培训以及参观多肉植物等活动。

(付庆伟)

【拥军优属】 年内，左家庄街道落实优抚政策，暖心关爱优抚对象119名、军工93名。完成优抚对象待遇调标和1042万余元供暖补贴发放等工作。元旦、春节和“八一”建军节期间，街道自筹资金15万元，慰问辖区共建部队官兵，为官兵送去书籍和生活用品，为困难士兵送去慰问金。

(付庆伟)

【工会建设】 年内，左家庄街道组建工会80家，其中独立建会32家（含百人企业10家）、联合建会48家，新增会员1921人；全年上缴工会经费3827万元，完成全年任务109%；建立暖心驿站15家、妈咪屋2家、职工之家15家，申报创新工作室2家；京卡搭载服务项目12项、服务8307人次；集体合同签订率98%，工资集体协商建制率95%以上；开展夏季送清凉活动，为职工发清凉包3309份、洗衣券2930张、生日送祝福1051份、电影票7958张；举办地区大型职工运动会；组织会员参加会员互助保障活动；利用冬季送温暖开展“北京工会12351”App注册有礼活动，赠送毛巾4500份。

(付庆伟)

【精准扶贫】 年内，左家庄街道到河北省张家口市康保县土城子镇、哈必嘎乡开展精准扶贫工作，辖区5个社区、1家社会单位分别与结对村签订结对帮扶协议。投入100万元扶贫资金，以“公司+农户”模式形成入股分红长效脱贫机制。

(付庆伟)

【劳动就业与社会保障】 年内，左家庄街道发布企业空岗信息2810条，收录求职人员信息1850条，职业指导1360人，为1650名城乡劳动力推荐就业岗位，1060人实现就业；就业援助城镇失业人员420人。办理享受社会化认证与服务5459人，受理社保卡发放与补换卡业务2500余张，为企业退休人员106人报销金额116万余元，完成社会化退休人员账号采集及变更412人，变更医院1250人，为620名“一老一小”人员申报药费380余万元。关爱社会化退休人员，开展退休人员生活超人大赛、卡拉OK大赛、健步走以及观影等活动，社会化退休人员500余人参加。全年慰问社会化退休和失业困难人员100余人。

(付庆伟)

【人口计生管理服务】 年内，左家庄街道生育登记408人，外来人口生育登记277人，三孩及以上再生育行政确认3例，上报出生人口287人，办理独生子女证16人。独生子女死亡家庭、伤残家庭年审227人。元旦和春节期间开展“情暖万家”“情暖朝阳”活动，投入资金6.85万元，慰问独生子女困难家庭80户。

(付庆伟)

2018年朝阳区左家庄街道社区居委会一览表

表39

名　称	地　址	电　话
新源里社区居委会	源街15号楼旁	84552609
顺源里社区居委会	顺源里4号楼	64637571
三源里社区居委会	三源里10号楼临1号	84541980
新源西里社区居委会	新源西里东街甲11号	84551479
左北里社区居委会	左家庄北里甲38号楼	64683979
静安里社区居委会	静安里甲6号楼	84542961
左南里社区居委会	香中里9号楼北侧	64656209
曙光里社区居委会	曙光里39号楼	84515170
左东里社区居委会	左东里小区14号楼	64656754

(付庆伟)

常营地区（回族乡）

【概况】 常营地区（回族乡）位于朝阳区东部。东与通州区永顺镇接壤；西靠平房乡；南邻管庄乡；北接金盏乡和东坝乡。辖区面积9.3平方千米。下辖12个社区和1个北京像素治理中心。年内，辖区常住人口150073人，户籍人口16251户、35363人（其中少数民族人口7623人），流动人口47135人，外籍人口787人；新出生人口541人、死亡人口152人。有法人单位2167家，其中市属及以上单位30家、区属单位46家、其他单位2091家；有社区卫生服务中心1个、社区卫生服务站4个，社区服务中心1个；有大学1所、职业高中1所、九年一贯制学校3所、中学1所、小学2所、幼儿园11所；有养老机构2所；有1804平方米为民服务大厅、1018平方米地区文化中心、有4处文化广场和5处24小时自助图书馆；绿化率37.41%。途经辖区公交线路15条，地铁6号线贯穿其中。年内，常营地区深刻把握首都城市功能建设新目标、区域发展新优势，全面贯彻从严治党新要求，不折不扣地落实区委区政府和乡党委决策部署，以全面推进城市化为主线，进一步转变发展方式、壮大集体经济、深化城市管理、创新社会治理，为全面实现地区城市化奠定坚实基础。年内，开展乡级产权制度改革、“疏整促”专项行动等60项重点工作。实现疏减人口672人，超额完成年度指标任务。实现区级财政收入2.28亿元，比上年增长28.81%；征收房产税9278.13万元，比上年增长19.25%；人均劳动所得32351元，比上年增长7.1%。年内，常营乡获“全国坚持发展‘枫桥经验’实现矛盾不上交试点工作表现突出集体”“北京市首都民族团结进步先进集体和首都环境建设样板单位”“北京市工人先锋号”等称号。

（杜晓梦）

【乡八届二次党代会】 1月18日至19日，常营乡召开第八届乡党代会第二次会议。93名乡党代表出席会议。会议审议并通过《关于中共常营回族乡第八届委员会2017年度工作报告的决议》《关于中共常营回族乡第八届纪律检查委员会2017年度工作报告的决议》《关于党费收缴使用和管理情况报告》。

（杜晓梦）

【领导调研】 5月30日，区领导王灏、甘靖中、马继业、杨建海及区委、区政府相关部门负责人等到常营公园，实地察看常营环境标杆乡建设成效。7月20日，区人大常委会副主任胡良森带队，组织部分区人大代表以及区住建委等相关部门领导视察调研连心园小区综合整治工作情况。9月5日，区委常委王晰宁实地调研“半马”（半程马拉松）赛道、东方华瑞产业项目、体育公园东大门景观建设情况。11月6日，中央统战部副部长、国家宗教事务局局长王作安到常营清真寺指导宗教工作。市委统战部部长齐静、常务副部长周开让、副部长钟百利，区委书记王灏、区委统战部部长黄晓伟随行调研。

（杜晓梦）

【普法宣传】 6月13日，区伊斯兰教协会在常营清真寺举行“国旗、宪法和法律法规等”四进清真寺活动。市宗教局处长丁希松、市伊协副会长王崇恩、区民宗办副主任马舍尔巴、区伊协会长丁清光、常营地区办事处主任方泽及区内9个清真寺主任、阿訇、骨干乡老参加活动。

（杜晓梦）

【乡人大十七届四次会议】 8月29日至30日，常营乡第十七届人民代表大会第四次会议召开。37名乡人大代表出席会议。会议听取并审议通过《常营回族乡人民政府工作报告》《常营回族乡人大主席团工作报告》。

（杜晓梦）

【全民趣味运动会暨体育公园开园】 9月15日，常营乡举办全民趣味运动会暨体育公园开园仪式。数千名居民到体育公园观看开园仪式、参加趣味运动。常营体育公园位于朝阳北路南侧、西临天街商业区及东十里堡路、南临常营南路。占地面积13.6万平方米。分为运动健身区、休息游憩区和生态养生区，园内设有足球场、篮球场、中心广场和跑道等。其中运动健身区面积约2.2万平方米。包含1个中心体育场，4个网球场、3个篮球场、2个五人制足球场、1个乒乓球场和健身广场。

（杜晓梦）

▲ 常营乡半程马拉松赛道（摄于9月） 陈鸣飞 摄

【乡人大十七届五次会议】 10月18日，常营乡第十七届人民代表大会第五次会议召开。34名乡人大代表出席会议。会议听取并审议通过乡级集体经济产权制度改革方案有关事项报告。报告包括：《关于常营回族乡启动乡级集体产权制度改革工作的报告》《常营回族乡乡级集体产权制度改革工作方案》《常营回族乡乡级集体产权制度改革清产核资工作方案》《常营回族乡乡级集体产权制度改革村成员股人员身份确认和劳龄股劳动年限确认工作实施办法》《关于设立常营回族乡股份合作经济联合社的报告》《常营回族乡关于乡级产权制度改革工作会计师事务所等第三方工作机构选聘情况的报告》。

（杜晓梦）

【慈善大集活动】 11月13日，常营回族乡举办“厘米温暖，慈善助困”首届慈善大集活动。近百个家庭以及辖区爱心企业、公益商户开展义卖活动，筹集善款1726.3元。

(杜晓梦)

【乡级产权制度改革完成】 年内，常营回族乡完善乡、村两级集体经济组织成员代表大会制度，完成乡、村两级集体组织成员代表大会换届选举工作，确定并通过《常营回族乡乡级集体产权制度改革工作方案》等意见；完成清产核资审计评估、股份量化、死亡人员股份兑现等工作；成立乡股份合作联社，建立新型集体经济组织形式，制发《常营回族乡关于加强乡集体资金资产资源管理体制机制的指导意见（试行）》，为确保集体经济平稳运行和集体资产保值增值提供制度保障。

(杜晓梦)

【产业项目建设】 年内，位于常营地区的东方华瑞文化产业项目完成招商并陆续营业。东方和瑞体育文化产业项目取得方案复函。3% ~ 5% 绿色产业项目完成立项批复及规划条件办理，其中青郡电竞产业项目完成地质勘探。剩余21.33公顷产业用地建成冰雪运动公园。

(杜晓梦)

【腾退增绿】 年内，常营回族乡统筹利用腾退空间大尺度“增绿、建绿、还绿”，将常营公园9.53公顷空地纳入城市景观生态林建设工程；建成北京东部首个专业半程马拉松赛道；建成集专业球场、百姓休闲、儿童娱乐于一体的体育公园；实施重点路段环境美化工程，升级改造万象新天中心绿地，建成2万平方米城市街心公园。

(杜晓梦)

【党政群共商共治工程】 年内，常营回族乡召开首届党政群共商共治大会。建成一刻钟社区服务圈2个，成功创建绿色智慧平安社区2个，完成为居民办实事项目27项（包括改善2个农村社区居民用水安全、完成12家公建单位自备井置换准备工作、完成2个农村社区89部电梯安装工作、实施连心园旱厕改造项目等）。以“1+2+N”（建立1个乡级和谐家庭培育中心、建立2个社区和谐家庭俱乐部、在社区内招募N个公约家庭）家建促市民化工作成果为基础，推进2个农民新村社区市民化进程。

(杜晓梦)

2018年朝阳区常营地区（回族乡）社区居委会一览表

表40

名 称	地 址	电 话
连心园社区居委会	常新路6号院	58240346
常营民族家园社区居委会	常营民族家园59号楼底商	65738991
万象新天社区居委会	万象新天115号楼二层	65436225
鑫兆佳园社区居委会	常营乡三间房东路甲9-1号	65431083
苹果派社区居委会	苹果派小区13号楼1单元	65465358
荟万鸿社区居委会	荟康苑3号楼西侧平房	65472571
常营保利社区居委会	常营中路3号院19-19	85074608
住欣家园社区居委会	住欣家园西院215号楼	57914007
畅心阳光社区居委会	五里桥一街3号院首开畅心园1号楼1层	59396208
常营福第社区居委会	常营福第社区	57923997
丽景园社区居委会	丽景园小区1号楼2单元206~208	57845068
东方华庭社区居委会	常通路4号院1号楼3层305	65408501

(杜晓梦)

崔各庄地区（乡）

【概况】 崔各庄地区（乡）位于朝阳区东北部。东邻金盏乡；西接来广营乡；南靠将台乡；北与孙河乡接壤。辖区面积31.7平方千米，其中集体土地19.1平方千米，约占总面积的60%；国有土地12.6平方千米，约占总面积的40%。下辖15个行政村、6个社区。年内，辖区户籍人口13405户、25689人，流动人口约5.9万人，外籍人口1748人；新出生人口364人、死亡人口250人。有法人单位3136家，产业活动单位315家，央属法人单位2家，隶属地方法人单位62家；有公立医院1所、民营医院2所、社区卫生服务中心2个、社区卫生服务站6个；有公立中学3所、小学2所、民办学校2所、幼儿园9所，涉外基础教育学校4所；有养老机构3家；有公共文化活动场所包括村（社区）级文化活动室11个（合计7878平方米），文化广场7个、乡级图书馆1个。途经辖区公交线路29条，机场高速、京承高速、五环路、京顺路、机场轻轨、地铁14号线、15号线贯穿其中。年内，崔各庄地区以“一带六园”生态设计为基础，以“两村两园”建设为引领，深入推进地区生态环境提升工作。完成污染源普查。清理北小河等8条水沟，完成6项截污管线工程施工，清淤排水沟35条、46950米。完善污水站运行维护管理机制，日处理生活污水6900余吨；扎实推进创卫工作，完成马泉营村、何各庄村垃圾中转站改造建设。顺利通过市级病媒工作验收和暗访；启动实体化综合执法平台建设，开展扫黑除恶专项斗争，确保社会安定有序运行。地区可防性案件全年50件，比上年下降65%。市级重点村验收全部一次性通过。2018年群众安全感满意度90.75%，比上年上升1.68%。开展“春晖”行动，检查企业323家，消除安全隐患894项。全年“响应率、解决率、满意度”排名位列全市前十；完成全国“两会”、中非合作论坛北京峰会等重大活动安保维稳任务；深化社区管理体制改革，组建2个新社区，拆分京旺家园为京旺一、二两个社区。实现区级财政收入4.92亿元，比上年增长12.1%；人均劳动所得37866元，比上年增长4.3%；农村集体经济总收入9.6亿元，比上年增长84.8%。年内，崔各庄乡获“首都环境建设样板单位”“北京市安全生产先进单位”，乡城管执法队获“北京市城管执法系统先进执法队”称号，乡档案工作被市档案局评为“北京市区县机关档案工作市级优秀单位”。

（张连星）

【乡四届二次党代会】 1月18日，崔各庄乡第四届党代会第二次会议召开。111名乡党代表出席会议。乡领导班子成员，各科室、村和社区负责人以及辖区企业负责人列席会议。会议听取并审议通过《中共崔各庄第四届委员会2017年工作报告（审议稿）》和《中共崔各庄第四届委员会纪律检查委员2017年工作报告（审议稿）》。会议要求，全乡要以习近平新时代中国特色社会主义思想为指引，紧扣地区发展大局，坚持问题导向，保持战略定力，以落实党风廉政建设责任制和惩防体系建设为抓手，继续在常和长、严和实、深和细上下功夫，切实增强全面从严治党的系统性、创造性、时效性，以党风廉政建设和反腐败斗争新成效取信于民，为确保实现乡党委确立的全乡发展目标做出应有贡献。

（张连星）

【乡人大十七届三次会议】 1月25日，崔各庄乡召开第十七届人民代表大会第三次会议。应出席54名乡人大代表，实出席48名。乡领导班子成员，各科室、村和社区负责人以及辖区企业负责人列席会议。会议审议并通过《崔各庄乡人民政府2017年工作报告（审议稿）》《崔各庄乡人大主席团2017年工作报告（审议稿）》《崔各庄乡关于2017年财政工作报告的决议》和《关于京旺家园配套学校开工建设报告的决议》。

（张连星）

【疏解整治】 2月7日，崔各庄乡拆除望京火车站铁路沿线南侧违法建设面积近2000平方米，涉及违章建筑126间。4月20日，拆除位于善各庄村望京火车站铁路沿线西南侧违章建筑106间。6月13日，完成草场地和东辛店两村架空线梳理。8月16日，东辛店和费家村背街小巷道路整治项目通过乡环境办、项目施工单位和监理单位等联合验收。8月31日，按照“场清地净”销账标准拆除违法建设44处，腾退土地销账面积35.78万平方米，拆除建筑销账面积31.33万平方米，提前完成2018年拆除违法建设任务。年内，崔各庄乡拆除违法建设总面积35.13万平方米，拆除违法违规大棚及“大棚类”设施面积11.64万平方米；完成5个重点村整治工作，清理整治出租大院3处、“散乱污”企业70家，疏解退出一般性制造业企业4家、区域性物流基地及市场2处，涉及人口12105人，完成年度“疏解整治促提升”工作任务。

（张连星）

【领导调研】 2月18日，区长王灏到崔各庄乡费家村暗访。3月10日，市环保局副局长王瑞贤、副区长王志勉以及区环保局、区农委主要领导一同调研崔各庄乡污染防控工作，部署扬尘治理、“散乱污”企业治理、大货车通行管控等工作。5月11日，市农委副书记苏卫东带队调研崔各庄乡美丽乡村建设工作。5月31日，区委常委、政法委书记张维刚带队调研乡党风廉政及社会矛盾化解工作。8月2日，市委社会工委委员、市社会办副主任卢建，市安全监管局党组书记、局长张树森等检查调研崔各庄乡安全生产检查队队伍管理和支部建设等工作。8月27日，张维刚带队调研北京嘉华高强混凝土有限公司、北京三江慧达汽车服务有限公司等乡域内重点地区社会面防控、安全生产和消防安全。11月10日，副市长卢彦及市相关部门负责人调研崔各庄乡黑桥公园发展定位、规划设计和施工进展等情况。11月15日，王志勉带领区水务局、环保局工作人员实地调研崔各庄乡北小河河段治污、污水处理及河长制落实情况。12月3日，副区长杨建海、区农委主任连文胜调研崔各庄乡黑桥村和南皋村棚改工作。

（张连星）

【美丽乡村建设】 3月15日，崔各庄乡召开美丽乡村建设工作推进会，启动何各庄村和马泉营村美丽乡村试点项目建设。4月17日，成立美丽乡村项目建设工作领导小组，设治安、安全保障、清理街道、协调水电排查、应急等17个工作组，确保10月底前村庄面貌整体改观。7月2日，成立以乡长齐宝良为书记、乡党委副书记程振环为副书记的美丽乡村建设项目临时党支部，印发《崔各庄乡坚持党建引领、广泛发动群众、推进“美丽乡村”建设工作方案》。年底，何各庄和马泉营村美丽乡村试点项目建设基础工程基本完工。

（张连星）

【区域化党建】 3月20日，崔各庄乡乡属集团总公司——北京润达嘉瑞企业管理有限公司成立党总支（总支下设4个党支部），乡党委任命杨润忠为党总支书记。4月13日，乡党委召开基层党组织和在职党员“双报到”工作推进会，部署“双报到”工作。4月25日，乡党委召开2018年党建品牌建设暨“三进三民”（“三进”即进村、进社区、进住户，“三民”即知民情、解民困、聚民心）工作会，部署“三进三民”主题实践活动，听取各村（社区）基层党组织服务群众项目和党建特色品牌创建工作汇报。5月22日，中共中央党校财务行政管理局房地产管理处党支部书记张临带队与草场地村党支部开展“手拉手”支部共建活动。共建成员参加草场地村2018年度党建品牌项目汇报会。11月2日，辖区醉库国际文化创意园成立党支部，创意园工会主席秦风武当选支部书记。11月6日，辖区北京盖娅互娱网络科技股份有限公司成立党支部，盖娅互娱合伙人兼商务副总裁严红琳当选支部书记。

（张连星）

【创建国家卫生区】 6月22日，区“创卫”办综合协调组、巡查监督组、区卫计委监督所工作人员和乡食药所、科教文体办、病媒生物消杀公司工作人员检查京旺家园“创卫”工作。7月25日，市爱卫会病媒专项验收专家组评估验收崔各庄乡“创卫”工作并提出整改意见。9月18日，由地区“创卫”办、社会组织联合会、邻里中心和京旺家园第一、二社区共同主办主题为“共建美丽新家园，同筑幸福崔各庄”的“创卫”宣传动员仪式在京旺社区东侧文体广场举行。10月22日，召开乡迎接“创卫”“大棚类”设施农业项目及“黑臭水体”检查工作部署会。会议通报“大棚类”设施农业项目整治结果，明确辖区内台账点位检查时间和“黑臭水体”检查标准，要求加强区环境卫生整治，巩固提升“创卫”成果，迎接验收检查。11月2日，召开乡“创卫”预验收整改和迎检工作推进会，明确第一次“创卫”预验收发现问题整改要求，部署下一阶段“创卫”和迎检工作。11月7日，区政协副主席、区总工会主席、区“创卫”办执行主任张永新带队检查崔各庄乡朝来万通批发市场“创卫”工作。

（张连星）

【和平医院改扩建项目启动】 7月16日，启动和平医院（崔各庄社区卫生服务中心）改扩建项目。项目为北京市“十三五”规划项目和朝阳区医疗规划项目。该医院作为区属公立医院，改扩建后成为北京市第一中西医结合医院分院，是集医疗、预防、保健、康复为一体的中西医结合三级甲等综合医院。项目建设用地面积6947.56平方米，总建筑面积8965平方米，设床位110张。

（张连星）

【崔各庄论坛暨诺奖成果转化高峰论坛】 8月10日，“崔各庄论坛暨诺奖成果转化高峰论坛”在万荷文创园开幕。该论坛由中国科协、OTEC海外学人创业大会组委会和区科委指导，演讲局(Speaker Bureau)、天使汇和万荷艺术文创园联合主办，崔各庄乡人民政府协办。中国科协党组成员、书记处书记陈刚，教育部原副部长鲁昕、工信部科技司巡视员毕开春、市教委副主任叶茂林，区人才工作领导小组副组长、区委常委、组织部部长何明，乡党委书记吴选辉、乡长齐宝良等领导和嘉宾出席论坛开幕仪式。会上，6名诺奖获得者和1名院士就各自研究领域做主题演讲。与会各方共同发出倡议，论坛将在崔各庄乡成立永久会址并定期举办。

（张连星）

【乡人大十七届四次会议】 8月23日，崔各庄乡第十七届人民代表大会第四次会议召开。应出席54名乡人大代表，实出席46名。会议审议并通过《崔各庄乡人民政府2018年半年工作报告（审议稿）》《崔各庄乡人大主席团2018年半年工作报告（审议稿）》，通过《关于崔各庄乡2018年半年财政工作报告的决议》。会议选举苑拓为第十七届崔各庄人民政府副乡长。

（张连星）

【精准扶贫】 10月24日，崔各庄乡对口帮扶考察组赴河北省张家口市阳原县西城镇考察。与西城镇签署结对协作框架协议书，启动精准扶贫工作。根据结对协作框架协议，双方将本着“优势互补、互惠互利、平等协商、共赢发展”原则，在经济、技术、资金、旅游等方面建立友好合作关系。

（张连星）

【棚户区改造腾退】 11月12日，2018年第二十四次区长办公会审议通过黑桥村和南皋村两村改造项目腾退补偿政策。11月21日，崔各庄乡成立黑桥村、南皋村棚改民宅腾退领导小组，乡党委书记吴选辉、乡长齐宝良任组长和现场总指挥。12月4日，发布棚户区改造腾退公告。12月6日，崔各庄乡召开黑桥村和南皋村棚户区改造住宅房屋腾退项目动员大会，全面启动棚改腾退工作。12月18日，崔各庄乡召开黑桥村和南皋村棚改腾退廉政教育大会，乡领导与部分单位代表签订《崔各庄乡黑桥村、南皋村棚户区改造土地开发项目党风廉政建设个人承诺书》。12月21日，项目改造腾退进入预签约阶段。至29日0时30分，两村总预签约率90%以上，完成预签约任务。12月31日，项目启动签约工作。完成黑桥村和南皋村棚户区改造民宅腾退工作。

（张连星）

▲ 12月6日，崔各庄乡黑桥村、南皋村棚改项目启动　　张　峰　摄

【“两委”换届选举督导】 11月21日，市委组织部副部长、市委老干部局（市委老干部联络室）局长（主任）张革，市委组织部地区干部处处长牛力伟，区委常委、组织部部长何明，区组织部常务副部长张中华等领导组成北京市村和社区“两

委”换届选举巡回督导组，督导崔各庄地区村和社区“两委”换届选举筹备工作。

（张连星）

【乡人大十七届五次会议】 11月28日，崔各庄乡召开第十七届人民代表大会第五次会议。乡党委书记吴选辉、乡长齐宝良、乡人大主席胡振俭等49名乡人大代表出席会议。会议审议并通过《大会会议议程》和《大会主席团、执行主席、秘书长建议名单（草案）》《崔各庄乡黑桥村、南皋村棚户区改造住宅房屋腾退补偿安置办法（草案）》（简称《办法》）和《崔各庄乡黑桥村、南皋村棚户区改造住宅房屋腾退补偿安置办法实施细则（草案）》（简称《细则》）；授权崔各庄乡黑桥村、南皋村棚户区改造腾退指挥部在《办法》和《细则》方针和原则基础上，依据实施情况补充、完善《办法》和《细则》。

（张连星）

【疏解整治】 年内，崔各庄乡拆除违法建设面积35.13万平方米，拆除违法违规大棚及“大棚类”设施面积11.64万平方米；完成5个重点村整治工作，清理整治出租大院3处、“散乱污”企业70家，疏解退出一般性制造业企业4家、区域性物流基地及市场2处，涉及人口12105人，完成年度“疏解整治促提升”工作任务。

（张连星）

【生态环境建设】 年内，崔各庄乡开展生态环境提升工程。基本完成黑桥公园一期和何里栖地公园绿化主体工程种植任务；奶东村企业升级改造项目取得施工许可；大望京商务中心项目取得建设工程规划许可证；完成南皋组团定向安置房项目一期、二期项目审计，启动结算付款程序；东郊农场110千伏输变电工程进展顺利，东苇110千伏输变电工程建设完工；清理北小河等8条水沟，完成6项截污管线工程施工，清淤排水沟35条、46950延米；完善污水站运行维护管理机制，日处理生活污水6900余吨。结合开展“创卫”工作，完成马泉营村、何各庄村垃圾中转站改造建设。

（张连星）

【农村土地管理】 年内，规范农村土地承包工作。新签农村土地承包合同25份，续签合同62份，调整合同4份，调增额57.1万元，解除合同136份，收回集体土地88.14公顷。

（张连星）

2018年朝阳区崔各庄地区（乡）村委会、社区居委会一览表

表41

名　称	地　址	电　话
何各庄村委会	崔各庄乡何各庄村	64310510
马泉营村委会	崔各庄乡马泉营村	64387484
费家村村委会	崔各庄乡费家村	84701282
奶东村村委会	崔各庄乡奶东村	84569998
奶西村村委会	崔各庄乡京旺家园二区北门西侧	84565992
南皋村村委会	崔各庄乡南皋村	64368319
黑桥村村委会	崔各庄乡黑桥村	64336747
草场地村委会	崔各庄乡草场地村	84561509
东辛店村委会	崔各庄乡东辛店村	64342036
崔各庄村委会	京旺家园四区南门东侧	64313676
善各庄村委会	京旺家园四区南门东侧	84560307
索家庄村委会	京旺家园四区南门东侧	64363396
望京村村委会	京旺家园一区北门东侧	64381069
东营村村委会	京旺家园一区北门东侧	84160556
北皋村村委会	京旺家园一区北门东侧	84365895
马南里社区居委会	来广营东路马南里社区	84701552
京旺家园一社区居委会	京旺家园3区10号楼底商	84306696
京旺家园二社区居委会	京旺家园6区3号楼	84102598
大望京社区居委会	望京东园七区12-2	84164058
燕保马泉营家园社区居委会	燕保马泉营家园9号一层	84798829
东洲家园社区居委会	广营北路88号东洲家园8号楼	84702292

（张连星）

东坝地区（乡）

【概况】 东坝地区（乡）位于朝阳区东部。东邻金盏地区；西接将台地区；南与平房、常营地区接壤；北靠崔各庄地区。辖区面积24.6平方千米，是北京市十大边缘集团之一。下辖9个行政村、21个社区。年内，辖区户籍人口24423户、54907人，流动人口44295人，外籍人口302人；新出生人口859人，死亡人口415人。有法人单位1059个，其中中央单位3家、市属单位6家、区属单位8家、其他单位1042家；有三级医院1所、二级医院1所、社区卫生服务中心1个、社区卫生服务站7个、社区服务中心1个；有科研院所1个，大学2所，中学4所，小学7所，幼儿园12所；有养老机构1所；辖区内有1000平方米为民服务大厅1个、1700平方米地区文化中心1个、500平方米以上文化广场6处、500平方米以下文化广场20处、24小时自助图书机3处。绿化率29.5%。途经辖区公交线路21条。年内，结合开展“街乡吹哨、部门报到”工作机制试点工作，成立东坝地区城市管理综合执法中心，实现社会治理精细化、数字化；完成全国“两会”、中非合作论坛北京峰会等重大会议活动服务保障工作；将每周五设立为“基层日”，推动科室力量下沉社区，助力基层解决重点难点问题；“创卫”工作顺利通过北京市蚊蟑病媒防制验收和市级暗访。实现区级财政收入3.25亿元，比上年增长33.6%。东坝乡综治办获“2017年度‘疏解整治促提升’专项行动先进集体”称号，乡安全生产检查队获“北京市安全生产专职安全队伍先进集体”称号。

（武　悦）

【乡十三届二次党代会】 1月30日，东坝乡第十三届党代会第二次会议召开，102名正式代表、27名列席代表出席会议。会议听取并审议通过《中共东坝乡第十三届委员会2017年工作报告（审议稿）》《中共东坝乡第十三届委员会纪律检查委员会2017年工作报告（审议稿）》《东坝乡2017年党费收缴、使用和管理情况报告》；乡党委书记黄宏春、乡长于淑杰、党委副书记王小宝、乡纪委书记周滢向大会述职，党代表对乡党委班子及其成员民主评议；部分党代表做履职交流发言。

（武　悦）

【乡人大十七届三次会议】 2月7日至8日，东坝乡第十七届人代会第三次会议召开。会议应出席代表49人，实到代表43人。会议听取并审议通过《东坝乡人民政府2017年工作报告（审议稿）》《东坝乡2017年财政预算执行情况和2018年财政预算草案的报告》《东坝乡人大主席团2017年工作报告（审议稿）》，并形成相应决议。乡党委书记黄宏春提出要政治坚定，保持正确方向；担当作为，围绕发展大局建功立业；扎根于民，坚持人民至上的真挚情怀；强化本领，保持与时俱进的不懈追求等4点要求。

（武　悦）

【城市管理综合执法中心成立】 3月16日，东坝地区城市管理综合执法中心成立。区农委副主任李兴泉、乡党委书记黄宏春共同为东坝地区城市管理综合执法中心揭牌，区食药局以及区工商、交通、消防等职能部门和执法单位负责人出席揭牌仪式。

（武　悦）

【领导调研】 4月18日，区领导王灏、甘靖中、何明、杨建海、刘海涛及区机关相关部门负责人到东坝地区调研“街乡吹哨、部门报到”工作机制落实情况。地区工委书记黄宏春介绍城市管理综合执法队组织架构情况，汇报东坝地区“吹哨”，机场交通大队治理东坝南二街违章占道停车问题，并统筹综治、安监、城管、食药、工商、派出所等单位开展南二街沿线底商综合执法检查情况。王灏一行参观地区综合执法指挥中心，了解大数据综合管理平台建设情况。王灏强调，平台功能要完善，逐步加入人工智能、自动图像识别、一键呼等科技手段；大数据综合管理平台要从最有效、最实用的功能开始建设；综合治理和专项整治要结合起来。4月26日，区政协主席陈涛等一行到东坝调研“一绿”二批试点工作进展情况。陈涛一行到北西区项目腾退现场查看建筑垃圾资源处置全封闭配套设施建设情况，详细了解工程建设进展。乡党委书记黄宏春汇报落实“一绿”二批试点“六位一体”工作任务情况和安置房建设、转工转居、产业用地、绿化、产权制度改革等情况，提出工作中遇到的困难和问题。陈涛表示，要继续发挥区政协的平台作用，帮助东坝乡解决好实际困难和问题。5月3日，区委书记王灏、副区长杨建海到东坝乡郑村码头，实地察看通过社会动员和公众参与、用生态办法解决生态问题、溯源治污、深化治污截污成果，详细了解坝河流域河长制工作方案。

（武　悦）

【建党97周年庆祝表彰】 6月29日，召开庆祝中国共产党成立97周年暨表彰大会，大会授予东风村等3个党总支、红松园等5个社区党委和朝阳三建第一建筑公司党支部等10个党组织2018年“基层先进党组织”称号；授予许颖等9人2018年“优秀党务工作者”称号；授予杨树林等61人2018年“优秀共产党员”称号；授予刘伟栋等21人2018年“优秀在职党员”称号；授予弓世恒等100人“优秀党员志愿者”称号。乡领导班子成员，机关干部，各社区（村）主要领导，党员、在职党员代表以及优秀党

▲ 7月9日，东坝地区“红映坊党群服务中心”启用　　张宇晨　摄

员志愿者代表900余人参加会议。

（武 悦）

【红映坊党群服务中心启用】 7月9日，东坝乡红映坊党群服务中心（简称红映坊）启用。区委副书记甘靖中、区委农工委书记张克斌、乡党委书记黄宏春、乡长于淑杰等领导出席揭牌仪式。红映坊是面向党员、面向群众、面向社会建立的集党员教育管理、党建工作指导、党员学习活动、收集民情民意和开展群众文化综合服务等内容为一体的党建综合体。

（武 悦）

【乡人大十七届四次会议】 7月30日至31日，东坝乡第十七届人大第四次会议召开。会议应出席代表49人，实到代表46人。乡人大代表视察红映坊党群服务中心、坝河休闲公园和东坝建筑垃圾处置中心；听取并审议通过乡长于淑杰所做的《东坝乡人民政府2018年上半年工作报告（审议稿）》；会议明确下半年7项重点工作，即抓好农村城市化、疏解非首都功能、促进经济转型、创建国家卫生城区、探索"吹哨、报到"工作机制、提升民生保障水平和增强政府行政效能。

（武 悦）

【精准扶贫】 10月29日至11月2日，按照乡党委提出的"组织全对接、社会全参与、项目全覆盖"要求，东坝地区组成10人帮扶考察团，赴对口帮扶地区——新疆生产建设兵团47团和新疆维吾尔自治区和田地区墨玉县喀尔赛镇、乌尔其乡考察2017年和2018年对口帮扶项目实施情况，综合考察2019年重点帮扶项目；与喀尔赛镇和乌尔其乡的6个村签订对口帮扶协议。

（武 悦）

【"东坝榜样"表彰活动】 12月13日，东坝地区工委（乡党委）在北京师范大学奥林匹克花园实验小学举行"唱响主旋律歌颂新时代"—— 东坝地区"榜样在身边"主题宣讲暨"东坝榜样"表彰活动。5名宣讲员分别宣讲红松园社区志愿者李振林、金驹一社区吴利、朝阳新城社区书记冯志红等先进事迹；表彰"东坝榜样"20名；评选出"十佳人物"和"优秀人物"各10名。

（武 悦）

2018年朝阳区东坝地区（乡）村委会、社区居委会一览表

表42

名 称	地 址	电 话
七棵树村村委会	东坝家园综合楼4层	65413066
单店村村委会	东坝家园综合楼4层	65497167
西北门村村委会	东坝路41号附近	52056006
后街村村委会	东坝乡后街村白菊电器公司南侧	84312840
东风村村委会	东坝乡东风村大街卫生服务站北侧	84318341
驹子房村村委会	东坝乡驹子房村康各庄路	52070581
三岔河村村委会	东苇路6号附近	84313874
焦庄村村委会	焦庄国际酒店北侧	65780827
东晓景村村委会	东坝乡晓景加油站北侧	65780870
东坝家园社区居委会	东坝家园206号楼3门102	65415175
常青藤社区居委会	常青藤小区15号院1号楼	85379765
坝鑫家园社区居委会	坝鑫家园2号院商业2层	84200092
康静里社区居委会	康静里小区13号楼5单元101	65734994
悦和园社区居委会	悦和园小区12号楼2层	85384681
奥林匹克花园社区居委会	奥园小区723号楼底商	65494272
丽富嘉园社区居委会	丽富嘉园6号楼1门101	65479660
景和园社区居委会	朝新嘉园东里6区6号楼1层	65479712
高杨树社区居委会	富北嘉园4号楼	65479710
朝阳新城社区居委会	朝新嘉园东里3区1号楼	85094344
福润四季社区居委会	福润四季2号院8号楼1层	65479041
金驹家园第一社区居委会	金驹D区116号楼1单元202	65427941
金驹家园第二社区居委会	金驹F区207号楼1单元102	65732411
东泽园社区居委会	红松园路1号院1号楼2层	56357389
红松园社区居委会	东坝乡红松园社区居委会	65745861

续表 42

名 称	地 址	电 话
红松园北里社区居委会	十六局文化宫 2 层	51883689
大街社区居委会	东风村委会 2 层	84327090
朝阳新城第二社区居委会	朝新嘉园东里 1 区 12 号楼	85094344
汇景苑社区居委会	汇景苑 2 区 1 号楼南侧底商	65430514
福园第一社区居委会	福园 D 区 424 楼	65742191
郑村社区居委会	常青藤小区 15 号院 1 号楼	65723060

（武 悦）

东风地区（乡）

【概况】 东风地区（乡）位于朝阳区中部。东与平房乡、东坝乡接壤；西与六里屯街道、麦子店街道相连；南与八里庄街道、六里屯街道相接；北接将台乡和酒仙桥街道。辖区面积 7.38 平方千米。下辖 4 个行政村、10 个社区。年内，辖区常住人口 76156 人，户籍人口 15499 户、35050 人，流动人口 26882 人，外籍人口 1730 人；新出生人口 263 人，死亡人口 245 人。辖区有中国冶金地质总局、北京振远护卫中心、和睦家医院、朝阳区教育委员会、朝阳区房屋权属登记中心等企事业单位；有社区卫生服务中心 2 个、社区卫生服务站 2 个；有中学 2 所、小学 7 所、幼儿园 11 所；有养老机构 2 所；有 350 平方米为民服务大厅和 3300 平方米地区文化中心各 1 处、文化广场 4 处、图书馆 10 处、郊野公园 1 处。途经辖区公交线路 28 条。年内，东风地区坚持政治标准，以领导班子和干部队伍建设为重点，严格落实全面从严治党要求，实现地区“两委”换届工作风清气正；落实“街乡吹哨、部门报到”工作机制，实现“六包”机制向精细化转变和社会治理模式新常态；落实“疏解整治促提升”工作任务，加强城市化建设进程，解决一批百姓关注的问题。完成亮马河南滨河路、华润超市西侧路、场辛路等沿线环境治理工作；落实街、巷长制并建立长效机制，明确辖区 34 条主要道路街长、67 条背街小巷巷长，以河长制工作为抓手，制定 2019 年至 2021 年三年行动方案，按照“一纵四横、多点联网”体系规划，建立三级河道防洪排水系统，治理黑臭水体 6 条，确保 2018 年安全度汛；完成人房采集数据库建立和东风乡退役军人信息采集工作；投资 310.03 万元完成为民办实事项目 11 个。年内，实现区级财政收入 25736 万元，集体经济总收入 16672 万元。石佛营东里小区获“北京交通示范小区”优秀奖，泛海国际南社区获“全国综合减灾示范社区”称号。

（张亚楠）

【乡十三届二次党代会】 1 月 26 日，东风乡召开第十三届党代会第二次会议。46 名党代表出席会议。会议总结 2017 年工作，部署筹划 2018 年工作任务；党代表围绕乡党的建设和发展建言献策，会议决定将 11 件党代表建议作为大会提案办理。

（张亚楠）

【农转非安置】 4 月 10 日，东风乡启动六里屯村、豆各庄村农民整建制农转非安置工作，于 6 月底完成。本次整建制农转非工作，涉及农业人口 151 户 191 人，其中安置劳动力 87 人（含选择自谋职业 11 人）、安置超转人员 91 人、在校生及儿童 7 人，死亡未销户人员 6 名。乡农工商公司在整建制农转非工作中支出经费 16927.12 万元。其中向区人力社保局趸交转非劳动力医疗、养老保险经费 1771.07 万元；补缴六里屯村转非劳动力医疗、养老保险 65.58 万元；支付自谋职业人员一次性安置经费 156.60 万元；支付东风洁洁保洁公司一次性就业补助费 1155 万元；向区财政局支付征地超转人员生活补助费 13778.87 万元。本次整建置农转非后，东风乡无农业户籍人员。

（张亚楠）

【出席区总工会第十四次代表大会代表选举】 6 月 14 日，东风地区总工会副主席刘婷婷主持召开地区工会会议，81 名工会职工代表参加会议。会议以无记名投票方式，选举出席朝阳区总工会第十四次代表大会代表 4 名，分别为尹红、毕淑双、刘婷婷和李晓丽。

（张亚楠）

▲ 5 月 12 日，东风乡泛海国际南社区获“全国综合减灾示范社区”称号　　王 玮 摄

【创建国家卫生区】 7月25日，市级专家组到东风地区检查验收“创卫”工作。检查防蚊蝇鼠蟑设施点位15处，达到病媒防制A级水平。东风地区在检查中获小组第一名。

（张亚楠）

【“亮丽工程”专项行动】 7月25日，东风地区完成以东四环辅路为核心的亮丽工程专项行动，成立应急队伍14支，累计出动人员9870人次。完成建筑物外立面清理、粉刷防护漆2470平方米，粉刷防粘贴涂料面积2020平方米；新建道路、铺装路牙石2490平方米；场地清理2.1万平方米，渣土外运760立方米；裸露土地绿化美化面积230平方米，修整围墙围挡面积30平方米，拆除楼顶违规牌匾2块（320平方米），清理共享单车3000余辆。

（张亚楠）

【树木移伐工程】 8月31日，京沈客运专线朝阳段（东风乡）树木移伐工程竣工。移植树木1.2万余株，还补面积11.19公顷。

（张亚楠）

【《京韵华彩》获奖】 8月，在第九届华北五省（市）舞蹈大赛中，东风地区舞韵舞蹈队代表北京市文联参赛，参赛舞蹈作品《京韵华彩》获创作金奖及表演金奖。

（张亚楠）

【国资中心幼儿园东风苑园开园】 9月26日，朝阳国资中心幼儿园东风苑园开园。该园位于东风乡星火西路东风苑小区10号院3号楼，为一级一类幼儿园，办园规模为8个幼儿班。

（张亚楠）

【交通安全示范社区创建】 10月24日，东风地区投资100万元，完成石佛营东里小区、玫瑰郡小区及亮马嘉园小区第三阶段“交通安全示范社区”创建工作。规范停车位353个（含新增停车位75个），新建交通标识95块，道路画线3.6万余延米。

（张亚楠）

【矛盾纠纷调处】 年内，调解纠纷87起，调解成功79起。制作简单纠纷调解协议28份，制作调解卷宗3份，其中司法确认3份。

（张亚楠）

【环境治理】 年内，东风地区完成“疏解整治促提升”工作任务11项。包括拆除违法建设和屋顶违法广告牌匾，整治无证无照经营、占道经营、开墙打洞、地下空间、出租大院和群租房以及规范办学办园等重点任务。督促泛海集团有限公司完成绿隔区域8个宅基院落、5处非宅院落腾退任务（拆除住宅面积1200平方米、非宅面积32974平方米），腾退土地39568平方米。

（张亚楠）

【保障性住房审核】 年内，东风乡开展保障性住房审核工作，接待来人来电咨询3000余人次，登记领取审核表300余份，完成各类资格审查、复核565户。

（张亚楠）

【回迁居民日常办理业务交割完成】 年内，东风苑社区筹备组完成同将台洼村、豆各庄村、辛庄村涉及回迁居民日常办理业务交割。业务涵盖民政、社保、残联、计生卫生等4大项32小项。交割管理居民1589户3547人。

（张亚楠）

2018年朝阳区东风地区（乡）村委会、社区居委会一览表

表43

名　称	地　址	电　话
豆各庄村村委会	高庙村豆各庄村委会	85811977
辛庄村村委会	东风乡辛庄甲1号	85846040
将台洼村村委会	东风乡将台洼村委会	84315469
六里屯村村委会	东风乡六里屯村委会	65862163
石佛营东里社区居委会	石佛营东里小区113号楼东侧小红楼	85821433
石佛营西里社区居委会	石佛营西里临乙1号	85814852
石佛营南里社区居委会	八里庄北里129号院2号楼3层	85835729
紫萝园社区居委会	石佛营东里136号院1号楼108号	85846204
东润枫景社区居委会	东润枫景28号院6号楼2单元	64366261
观湖国际社区居委会	东四环北路88号院7号楼1单元2层	59283908
公园大道社区居委会	朝阳公园南路6号院4号楼	65306784
泛海国际南社区居委会	星火西路17号泛海国际南社区服务站	85855887
南十里居社区居委会	南十里居41号院5号楼3单元103室	58294239
东风苑社区居委会	星火西路17号楼社区服务中心202室	85904182

（张亚楠）

豆各庄地区（乡）

【概况】 豆各庄地区（乡）位于朝阳区东南部。东邻黑庄户乡；西靠王四营乡和十八里店乡；南邻通州区台湖镇；北接三间房乡。辖区总面积14.16平方千米。下辖12个行政村、11个社区。年内，辖区户籍人口8250户、15978人，流动人口11072人，外籍人口211人；新出生人口229人，死亡人口100人。辖区内有法人单位1555家，其中国有单位21家；有中学2所、全日制小学5所、公立幼儿园4所、私立幼儿园5所；有社区卫生服务中心1所、社区卫生服务站4个，有养老机构2个。有200平方米为民服务大厅1处、6000平方米地区文化中心1处、文化广场6处。绿化率45.1%。途经辖区公交线路8条。年内，豆各庄地区紧紧围绕北京市“四个中心”功能建设，以“减量精治优环境”为主线，加快推进乡域高质量发展，疏功能、减人口、治环境、补短板、稳增长、惠民生等各项工作全面推进，完成全年预期任务目标。产业结构不断优化，“三资”管理更加规范，产群制度改革扎实有序；“一绿”试点任务基本完成，重点项目有序推进，“疏解整治促提升”成效显著；公共服务水平不断提高，文化文明建设不断深入，社区规范化建设不断提升；生态环境持续改善，基础设施不断完善，创卫工作扎实推进，安全管理常态高效，社会秩序总体稳定；坚持党建引领，突出勤政廉政，服务型政府建设日趋完善。年内，地区10个先进党组织、10名优秀党务工作者、99名优秀共产党员和11名优秀志愿者获得表彰。社区为民办实事10个项目全部完工，并通过验收。实现区级财政收入24076.7万元，比上年增长28.7%；征收房产税176.7万元。豆各庄乡获“2018年度北京市交通安全先进单位”称号。

（崔 薇）

【乡八届二次党代会】 1月18日，豆各乡召开第八届党代会第二次会议，93名乡党代表出席会议。机关科室负责人、部分单位主要负责人及非公企业党组织负责人列席会议。会议听取并审议《中共豆各庄乡第八届委员会2017年工作报告（审议稿）》和《中共豆各庄乡第八届委员会纪律检查委员会2017年工作报告（审议稿）》；乡党委班子成员分别述职并开展民主评议乡党委班子及成员工作；会议部署2018年重点工作任务。

（崔 薇）

【文化建设】 2月6日，豆各庄地区举办第十二届“朝阳慈善情、新春大联欢”活动。地区武装部长、残联理事长等出席活动。地区空巢老人、残疾人、困难职工以及武警北京市消防总队培训基地部分受助官兵等100余人，参加吃饺子、唠家常以及观看自编自导文艺演出等。2月7日，豆各庄地区在朝丰家园15号院底商举办“金豆e生活”智慧社区平台启动仪式暨豆各庄首届文化庙会活动。地区组织委员、社区办主任以及各社区主要领导出席。活动邀请京客隆等10多家零售商现场布展，社区文体队伍表演才艺。居民们边看演出、边购年货，感受浓浓年味。

（崔 薇）

【乡人大十七届四次会议】 3月15日，豆各庄乡召开第十七届人民代表大会第四次会议，领导班子全体成员、40名乡人大代表以及各科室和基层单位负责人等120余人参加会议。会议审议并通过《豆各庄乡人民政府2017年工作报告（草案）》《豆各庄乡人大主席团2017年工作报告（草案）》和《豆各庄乡2017年财政收支情况和2018年财政预算报告（草案）》。

（崔 薇）

【领导调研】 4月20日，区委常委王晰宁到地区调研重点工作推进情况。王晰宁先后到社区卫生服务中心、惠民物业、豆各庄中学、马家湾湿地公园等地走访调研，详细询问地区民生、教育、环境等问题。5月14日，王晰宁先后到富力又一城第一社区党建文化长廊、绿丰家园三期工程和宇达创意中心，指导地区党建和安全工作。5月24日，水利部海河水利委员会副主任户作亮带领调研组到马家湾湿地公园，调研萧太后河综合治理与生态修复情况。9月6日，市委书记蔡奇一行到马家湾湿地公园调研。蔡奇察看萧太后河水质情况及公园景观环境建设，称赞昔日“牛奶河”大变样，治污效果好。9月14日，区委常委、宣传部部长刘军胜，区水务局局长路军，区文化委主任、文联党组书记高春利一行到马家湾湿地公园调研辽文化展览馆建设情况，出席“翰墨朝阳·碧水清流向朝阳书法笔会”活动。11月5日，王晰宁到富力又一城第二社区走访调研。实地走访社区服务大厅、居民活动室，详细了解社区党建、创卫及文化活动等相关工作开展情况。12月24日，王晰宁到明德园社区指导“两委”换届选举工作。

（崔 薇）

【节约用水宣传周活动】 5月12日，豆各庄地区与区水务局联合举办“实施国家节水行动，让节水成为习惯”全国城市节约用水宣传周活动。区水务局党委书记、局长路军，豆各庄地区工委书记贾恩松、办事处主任于建国等领导出席活动。大学生志愿者及地区在职党员300余人发出争当“亲水卫士”节水倡议。

（崔 薇）

【创享计划提案大赛】 8月1日，豆各庄地区举办创享计划提案大赛。征集金点子16个，转化为提案项目7个，经过社区、居民、社会组织等多方评测，入围项目7个。7位项目提案人依次介绍项目背景、项目目标、具体措施、预期成效等方面情况。最终评出创享之星奖3个、优秀项目奖4个。

（崔 薇）

【合作经济联合社社员代表大会】 8月28日，豆各庄乡召开合作经济联合社第二届第一次团体社员代表大会。乡集体资产管理委员会成员、合作经济联合社团体社员代表44人参加会议。副乡长刘晓利做合作经济联合社第二届团体社员代表相关情况报告，社员代表审议并通过《豆各庄乡合作经济联合社章程》《豆各庄乡合作经济联合社管委会、监委会选举办法》及候选人名单。选举产生新一届豆各庄乡合作经济联合社管委会和监委会。乡党委书记贾恩松对新一届管委会和监委会成员提出“加强领导、明确职责；加强业务、落实培训；加强沟通、统筹联动；强化监督、民主决策”4点希望。9月，举办乡联社干部培训班（每周培训4次）。

（崔 薇）

【精准扶贫】 10月12日，豆各庄乡党委书记贾恩松带队赴对口扶贫单位——张家口市阳原县井儿沟乡开展扶贫协作工作。双方交流乡域基本情况，签订结对帮扶框架协议书。实地考察上八角村、井儿沟村等地。贾恩松表示，要发挥各自优势，开展多方协作，促进井儿沟乡经济全面发展，打好脱贫攻坚战。11月12日，阳原县委副书记王羽霄、井儿沟乡党委书记程东军等一行15人到豆各庄乡考察参观，乡党委书记贾恩松、乡人大主席杨荣福等领导及乡联社负责人等陪同考察。王羽霄一行参观金田影视产业园区、乡情博物馆、马家湾湿地公园等地。贾恩松表示，豆各庄乡将全

▲ 10月12日，豆各庄乡与张家口市阳原县井儿沟乡签订结对帮扶框架协议　李会娟　摄

力做好扶贫对接工作，与井儿沟乡共同找准症结把准脉，开对药方拔“穷根”，携手打好精准扶贫、精准脱贫攻坚战。

（崔　薇）

【旱厕升级改造】 10月至12月，豆各庄乡将位于南何家路、西马各庄北街、阳光家园的8座旱厕改造升级为水冲式环卫公厕。

（崔　薇）

【辖区主要道路路灯全覆盖】 10月至12月，豆各庄乡完成辖区青青东路、青青南路、青青北路、黄厂大柳树沟南段、金田公园西路等8条主要道路路灯343盏，实现地区主要道路路灯全覆盖。

（崔　薇）

【文化市场环境整治】 11月29日，豆各庄地区启动“街乡吹哨、部门报到”工作机制，调动区执法大队、公安、综治、文化委等部门联动，成功破获1起盗版案件，收缴非法图书46万余册，涉及书籍种类467种。

（崔　薇）

【11乡书画摄影联展】 12月27日，举行朝阳区农村地区书画摄影十一乡联展开幕式。活动由区农委主办、豆各庄乡政府及区诗书画研究会承办。区农委副主任殷伟涛、乡长于建国、区诗书画研究会相关领导、各地区分会会员及书画摄影爱好者参加开幕式。展览秉承“修文德、展才华、健身心”理念，展出书画作品577幅、摄影作品200幅（作品均为基层群众创作）。展期3天。

（崔　薇）

2018年朝阳区豆各庄地区（乡）村委会、社区居委会一览表

表44

名　称	地　址	电　话
豆各庄村村委会	朝丰家园8号院6号楼	67206225
孟家屯村村委会	朝丰家园天达路6号楼	87391357
黄厂村村委会	朝丰家园8号院6号楼	67206288
孙家坡村村委会	朝丰家园天达路6号楼	67206232
水牛房村村委会	朝丰家园8号院6号楼	67373802
马家湾村村委会	朝丰家园天达路6号楼	67206230
南何家村村委会	绿风家园小区院内	85308299

续表 44

名　称	地　址	电　话
于家围北村村委会	绿风西路绿风家园小区	85366353
于家围南村村委会	绿风家园小区院内	85307431
东马各庄村村委会	绿风家园小区院内	85307047
西马各庄村村委会	朝丰家园 8 号院 6 号楼	67206181
石槽村村委会	朝丰家园 8 号院 6 号楼	67206233
青青家园社区居委会	豆各庄 5 号院 131 号楼	85303961
京城雅居社区居委会	南豆各庄 6 号院	87391785
绿丰家园社区居委会	西马各庄路绿丰家园	85309162
文化传播社区居委会	双桥路 9 号院	85366817
阳光家园社区居委会	豆各庄 1 号院	87392814
朝丰家园社区居委会	天达路 8 号院 6 号楼	67287807
富力又一城一区社区居委会	豆各庄广祥街 3 号 a	59644824
富力又一城二区社区居委会	马家湾村萧太后河边	67287591
明德园社区居委会	豆各庄天达路 4 号院 7 号楼	67366769
青荷里社区居委会	豆各庄乡青荷里南山园 4 号楼	67360687
御景湾社区居委会	黄厂路 4 号院 6 号楼 103 室	87301302

（崔　薇）

高碑店地区（乡）

【概况】 高碑店地区（乡）位于朝阳区东部。东邻中国传媒大学；西邻北京商务中心区；南接王四营乡；北靠平房乡。辖区面积 15.08 平方千米。下辖 33 个社区居委会（村委会）。年内，辖区常住人口 96519 人，户籍人口 24982 户、52973 人，流动人口 57537 人，外籍人口 1035 人。有汉族 49627 人，蒙古族 325 人，回族 1000 人，满族 1570 人，藏族、维吾尔族、土家族等民族人口 356 人；新出生人口 676 人、死亡 596 人；有法人单位 8561 个，其中有中国检疫检验科学研究院、中国检疫检验科学研究院综合检疫中心、民航总医院等中央单位 18 家，有华能北京热电有限责任公司、北京国华电力有限公司、北京北排水环境发展有限公司、法制晚报社、北京城建道桥建设集团有限公司等市属单位 8 家；有医院 2 所、社区卫生服务中心 1 个、社区卫生服务站 7 个；有中学 4 所、小学 6 所、幼儿园 6 所；有养老机构 3 个；有 400 平方米为民服务大厅 1 处、3000 平方米地区文化中心 1 处、文化广场 4 处和 24 小时自助图书馆 4 处。绿化率 12.67%。辖区有 127 条公交线路途经或设总站，地铁 1 号、10 号和八通线贯穿。年内，高碑店地区以“减量精治优环境”为主线，加快推进乡域高质量发展，全面完成各项年初既定任务，经济社会持续健康发展。完成地区 4 个村党总支、28 个社区党委（社区纪委）换届选举工作。实现区级财政收入 68371.45 万元，比上年增长 14.52%；征收房产税 1750.1 万元，比上年减少 16.69%。高碑店地区创新社会领域党建工作，推出“通惠河畔 · 爱特”品牌，地区获“北京市社会领域优秀党建活动先进集体”称号。

（何　聪）

【同心桥开通】 1 月 8 日，高碑店地区首座通过属地村委会倡导，由政府、企业和村民共同集资建立的人行天桥——同心桥开通。该桥是连接通惠河南北两岸跨河人行天桥，桥长 60 米、宽 6 米，桥身呈人字形。

（何　聪）

【乡十三届二次党代会】 1 月 27 日，高碑店乡召开第十三届党代会第二次会议。95 名党代表出席会议。会议审议并通过《中共高碑店乡党委 2017 年工作报告（草案）》《中共高碑店乡党委纪律检查委员会 2017 年工作报告（草案）》《高碑店乡 2017 年党费收缴、使用情况报告（草案）》和《中共高碑店乡第十三届委员会关于代表提案审查情况的报告（草案）》。

（何　聪）

【社区儿童中心投入使用】 5 月 31 日，全市首个由村集体出资建成的市级社区儿童中心在半壁店村落成投入使用。国家卫生健康委干部培训中心党委书记蔡建华、市计划生育协会秘书长严进出席启动仪式。

（何　聪）

【乡人大十七届五次会议】 6 月 9 日，高碑店乡召开第十七届人民代表大会第五次会议。39 名乡人大代表出席会议。会议审议并通过《高碑店乡“美丽乡村”建设工作实施方案（草案）》和《高碑店乡“美丽乡村”建设项目公开招标工作的组织实施意见（草案）》。

（何　聪）

【首届民族文化国粹艺术节】 6月13日，高碑店乡在兴隆篮球馆举行“高碑店地区第一届民族文化国粹艺术节”。辖区14个社区推选30余名演员，现场展示《打虎上山》《贵妃醉酒》等14首经典京剧曲目选段。

（何　聪）

【生态水乡建设】 7月11日，高碑店乡政府与北京北排水环境发展有限公司达成战略合作意向，形成以区域水环境建设为主线，以建设千亩生态湿地公园为重点，建设高碑店生态水乡的合作协议。

（何　聪）

【智慧高井大数据平台启动仪式】 8月13日，高碑店乡在高井村道德讲堂举行“智慧高井”大数据平台启动仪式，乡党委书记李云飞及班子成员出席活动。李云飞与高井村党总支青年党员代表共同开启“智慧高井”大数据平台，标志着“智慧高井”大数据平台正式上线以及高碑店乡村级信息资源管理大数据时代开启。

（何　聪）

会议审议并通过《高碑店乡人民政府2018年半年工作报告》，书面审议并通过《高碑店乡人大主席团2018年半年工作报告》，选举山德洪为高碑店乡人民政府副乡长。

（何　聪）

【领导调研】 9月5日，国家卫生健康委干部培训中心党委书记蔡建华、北京市计划生育协会秘书长严进及2名南非儿童专家到半壁店村考察调研社区儿童中心硬件、运营、服务以及信息化建设等情况。高碑店乡副乡长李文、半壁店村党总支副书记方志伟等随行调研。12月14日，外交部机关党委副书记陈岚等一行到高碑店乡调研美丽乡村建设情况。区人大农村工委苏双玲、乡党委副书记陆闻宇、高井村党总支副书记果屹娜、半壁店村党总支副书记方志伟等随行调研。陈岚一行先后到高井村调研家风墙、村史博物馆和道德讲堂，到半壁店村调研村史馆和明德堂，肯定高井村、半壁店村在党建引领、经济发展、民生保障、文化建设等方面工作成果。

（何　聪）

【精准扶贫】 10月17日至22日，高碑店乡党委书记李云飞带领乡领导陆闻宇、马海滨、山德洪，高碑店村、高井村、半壁店村、北花园村、八里庄村党总支书记和天翌物业管理有限责任公司负责人一行，赴新疆维吾尔自治区和田市墨玉县吐外特乡和阔依其乡调研结对扶贫工作。北京市扶贫支援合作指挥部规划发展部副部长倪遥远、墨玉县发改委对口援疆办专职副主任孙振宇随行调研。调研组实地考察当地村民家庭、查看民宅庭园改造项目，参观万亩蔬菜基地、半地下室保鲜库基地、林下作物养殖和纺织厂，走访小学和幼儿园了解教育情况，与吐外特乡和阔依其乡分别签署《结对帮扶协议书》。

（何　聪）

【地区残疾人运动员全运会获奖】 11月4日至8日，高碑店地区4名残疾人运动员代表北京市残疾人联合会参加全国第十届残疾人运动会暨第七届特殊奥林匹克运动会旱地冰壶球预赛暨2018年“国寿财险杯”全国残疾人旱地冰壶比赛听障组赛，北京市代表队获第四名及个人“体育道德风尚奖”，于2019年赴天津参加决赛。

（何　聪）

【法律服务与信访接待】 年内，高碑店乡与6家律师事务所签订公益律师服务协议，实现地区28个社区、5个村公益律师全覆盖；调解纠纷案件222起，调解成功率100%；乡机关聘请法律专家为机关干部、社区主任开展宪法讲座17场次，发放《宪法宣传手册》6600本，张贴宪法宣传海报350余份；全年信访接待群众来乡政府上访218批次、566人次，比上年下降31.9%。处理国家、市、区信访办转来纸信、网信、来访111件，比上年下降81.97%。接收市、区来访抄送件177件，接收处理“96105”朝阳区政府便民热线38件、居民来电10次。做到事事有回复，件件有结果。

（何　聪）

【区域化党建】 年内，高碑店乡党委完成2018年乡党委书记党建项目——半壁店村“共享空间”党群服务中心建设；在高井村建成全市首家村级党建馆，通过大数据模式，实现党务、村务、财务公开，为建设“数字高碑店”起到先行示范作用；依托“党员E先锋”组织开展党的基层组织和在职党员“双报到”活动，接收报到党组织44个、在职党员3405名（其中本乡在职党员回社区报到649人），组织在职党员回社区参加活

▲ 8月13日，高碑店智慧高井大数据平台启动　　董文辉　摄

【乡人大十七届六次会议】 8月16日至17日，高碑店乡第十七届人代会第六次会议召开。41名乡人大代表出席会议。

动200余次；创新“两新”组织中党组织设置，推动以通惠河畔园区为代表的园区党建模式，提升“两个覆盖”（党的组织覆盖和工作覆盖）率。组建非公党组织89个，其中党委2个、党支部87个，服务管理党员637名，党组织覆盖率88%。通惠河畔产业园区“爱特”非公企业党建项目被评为“2018年北京市社会领域优秀党建活动品牌”。

（何 聪）

【社会保障】 年内，高碑店地区举办“脱贫攻坚”“春风行动”等大型综合招聘会3场，提供就业岗位1000余个，133人实现再就业；续缴、新增城乡居民医疗保险297人，续缴、新增城乡居民养老保险6356人，实现新农合与城市居民基本医疗保险并轨；开展养老服务标准化建设，新建高井光明山养老公寓、半壁店嘉和老年公寓；完成1301名持证残疾人情况摸底和需求调查工作；举办“社区教育”活动200余场次，惠及群众1.5万余人次；完成214名非京籍适龄儿童入学材料审核；举办全民健身及文艺活动100余场，参与群众8万余人次。

（何 聪）

【安全管理】 年内，高碑店乡投资800万元建立微型消防站28处、大型消防站2处，为社区（村）配备大型消防车8辆、电动消防车32辆、巡逻车5辆，火情处置能力明显提升。结合开展“三大行动”回头看、“春晖行动”和区安全生产督查，以水、电、气、热安全为重点组织安全隐患排查，累计安全检查2.4万余家次，检查覆盖率99.95%。

（何 聪）

【疏解整治】 年内，高碑店地区拆除兴隆街、四惠东地铁站后街、高碑店铁路夹心等处违章建筑面积8万平方米，完成任务率400%；完成功能疏解任务10项（其中6项超额完成）。疏解还绿2.6万平方米，新建停车场1.5万平方米；整治开墙打洞155处，治理非法办学办园1家、非法培训机构1家，拆除再生资源回收场站1处；开展劳动保障监察203家，整治重点村2个、普通地下室9处，占道经营点位13处、各类无证无照经营点位55处；清理清运堆物堆料、拆违垃圾3626吨，硬化路面、铺设柏油路1800平方米，铺设渗水砖1.5万平方米。全年调减人口6978人。

（何 聪）

2018年朝阳区高碑店地区（乡）村委会、社区居委会一览表

表45

名 称	地 址	电 话
高碑店村村委会	高碑店村1358号院	87741569
高井村村委会	朝阳路高井村甲6号院	85760437
半壁店村村委会	半壁店村	87743221
北花园村村委会	北花园村	65475898
八里庄村委会	康家沟甲30号	65588749
高碑店东社区居委会	高碑店村五区1号楼	85763010
高碑店西社区居委会	高碑店西一区32号楼	85755601
高井社区居委会	朝阳路高井村甲6号院	85772433
西店社区居委会	西店村527号	67043885
方家园社区居委会	方家园村	85768651
半壁店社区居委会	半壁店村280号院	87741051
北花园社区居委会	北花园村委会院内	65475881
八里庄社区居委会	康家沟甲30号	65586729
甘露园南里一社区居委会	康家园23号楼I	85752957
甘露园南里二社区居委会	甘南二区19号楼东	85773316
丽景馨居社区居委会	甘南三区丽景宾馆二层	85758506
花北东社区居委会	花园闸北里13号楼	65745746
花北西社区居委会	大黄庄南里25号楼	65791272
太平庄南社区居委会	朝阳路69号院临甲9号	51386093
太平庄北社区居委会	南太平庄北巷8号	85501889
康家园东社区居委会	高碑店北路甲6号院5楼	51316821
康家园西社区居委会	康家园小区1号楼北院	52029080
兴隆家园社区居委会	建国路兴隆家园29号楼	85768044
通惠家园社区居委会	通惠家园润园4号楼	59679522
大黄庄社区居委会	大黄庄村152号	85762616

续表 45

名 称	地 址	电 话
文化园社区居委会	高碑店民俗文化街 1712	87739893
力源里社区居委会	力源里北街金地名京 6	85723210
小郊亭社区居委会	小郊亭村 268 号	87741211
花园闸社区居委会	花园闸村委会对面	65400766
水南庄社区居委会	西店村 1131 号	87703699
太平庄社区居委会	黄杉木店路 188 号阿曼寓所 1 号楼 2 单元地下一层	58636550
汇兴苑社区居委会	大黄庄西路 3 号院 6 号楼 3 单元 203 号	85781235
古街社区居委会	高碑店村古典家具街五环桥西	85761701

（何 聪）

管庄地区（乡）

【概况】 管庄地区（乡）位于朝阳区东部。东邻通州区永顺镇，南与豆各庄乡、黑庄户两乡毗邻，西接三间房乡，北与常营乡接壤，属 CBD—定福庄国际传媒走廊的一部分。辖区面积 10.15 平方千米。下辖 13 个社区、12 个村。年内，辖区户籍人口 25187 户、63003 人（其中农业人口 6580 人），流动人口 66704 人，外籍人口 252 人，辖区以汉族和回族人口为主（其中回族人口约 3000 人）；新出生人口 782 人、死亡人口 193 人；有中央单位 27 家，有中国建筑材料科学研究总院、中交一公局第五工程有限公司等市属单位 14 家，有区属单位 40 家；有北工大实验学院培训中心、北京科技大学（管庄）校区；有中学 3 所、小学 2 所（含 7 个校区）、幼儿园 10 所；有社区卫生服务中心 1 个、社区卫生服务站 5 个、一级医院 2 个、门诊部以下医疗卫生机构 1 个；有养老机构 1 个；有 200 平方米为民服务大厅 1 处、1700 平方米地区文化服务中心 1 处、有 12000 平方米文化广场 1 处、24 小时自助图书馆 3 处。地区绿化面积 136 万平方米，绿化率 13.3%。京通快速路、广渠路、朝阳路、地铁八通线、京秦铁路、通惠河贯穿全地区，途经辖区公交线路 12 条。年内，管庄地区（乡）紧扣“减量精治优环境”工作主线，团结带领广大党员干部群众，担当作为、攻坚克难，党建引领作用明显，地区经济平稳增长，“疏解整治促提升”成效明显，城乡建设持续推进，社会秩序平稳运行，民生福祉持续提升，政府自身建设能力加强。完成杨闸村南侧、东会三角地绿化建设 7.15 万平方米。完成管庄北里社区和远洋一方润园社区居民委员会换届选举工作。完成郭家场和咸宁侯两个村全部拆迁腾退，拆除建筑面积 90 余万平方米。完成杨闸村、广渠路项目腾退村民回迁安置工作，安置居民 1154 户。实现集体经济总收入 8.42 亿元，比上年增长 5.9%；农民人均劳动所得 44011 元，比上年增长 6.5%。

（张 伟）

【乡八届三次党代会】 1 月 19 日，管庄乡第八届党代会第三次会议召开。93 名乡党代表出席会议，部分乡机关科室、村、社区、直属单位负责人列席会议，区委组织部党代表联络室负责人徐辉到会指导。会前，组织参会人员观看《敢于担当勇作为真抓实干谱新篇》宣传短片，回顾 2017 年各项重点工作。乡党委书记高永荣作《中共管庄乡党委 2017 年工作报告》。报告从领导班子建设、民生事发展业、党建引领和廉政建设等 4 个方面总结 2017 年工作，明确 2018 年全乡重点工作任务；会议审议并通过《关于中共管庄乡党委 2017 年工作报告的决议（草案）》和《关于中共管庄乡纪律检查委员 2017 年工作报告的决议（草案》）。高永荣号召全体党员不忘初心，牢记使命，着力打赢管庄发展翻身仗，为建设幸福美好新管庄再立新功！

（张 伟）

【乡人大十七届三次会议】 3 月 1 日至 2 日，管庄乡第十七届人民代表大会第三次会议召开。50 名乡人大代表出席会议，机关各科室负责人、各村、社区书记和主任列席会议。会议听取并审议《管庄乡人民政府 2017 年工作报告（审议稿）》《管庄乡人大主席团 2017 年工作报告（审议稿）》《管庄乡 2017 年财政预算执行情况和 2018 年财政预算草案的报告》；听取乡政府主管乡长 2017 度工作总结和 2018 年工作计划、乡人大一次会议上代表建议办理情况的报告；讨论通过《管庄乡关于企业退休社员工退休金及相关待遇管理办法》的补充修改意见；补选潘新启为管庄乡人民政府副乡长。

（张 伟）

【“环境清洁日”志愿服务项目启动】 4 月 27 日，管庄地区启动“环境清洁日”志愿服务项目，确定每周五为地区环境卫生大扫除日。活动由地区机关党支部牵头，地区全体党员干部参加。地区事业单位联合党支部书记钟磊宣读倡议书，全体党员在横幅上签名表态。地区工委书记高永荣带队，分组清扫辖区内环境。

（张 伟）

【“绿书签”护苗2018 进校园活动】 5 月 8 日，管庄地区办事处在北京工业大学附属中学双桥分校举行“绿书签”护苗 2018 进校园活动。地区办事处副主任曹阳介绍开展“绿书签”活动的内容和形式，学生代表宣读“拒绝盗版，从我做起”倡议，地区文化服务中心向学生派发“绿书签”和文具，学生们签名承诺“拒绝有害出版物及信息”。

（张 伟）

【背街小巷治理】 5 月 23 日，管庄地区在建东苑社区启动背街小巷治理项目——“社区‘益’起来”。13 个社区的志愿者与和谐促进员代表参加启动仪式。和谐促进员代表李宝祥承诺“从我做起，自觉参加美化街巷清洁行动，用‘随手拍’记录街巷靓丽的点滴改变”。该项目为社区社会组织联合会申请的政府采购公益服务项目，旨在倡导“爱护环境，人人有责”理念。

（张　伟）

【第五届惠河体育节】 5月30日，在管庄地区文化广场举办“全民健身你我同行——第五届惠河体育节开幕式暨朝阳区中部片区体育展示活动”。区体育局、区农委以及朝阳区中部片区7个乡相关领导出席活动，地区办事处副主任曹阳致开幕辞。中部片区7个乡体育代表队及管庄地区体育爱好者用体育精神传递健康，用健身绝活为活动助兴。

（张　伟）

【领导调研】 6月21日，区委副书记、代区长文献带队到管庄乡咸宁侯村（区安全隐患重点村）调研，管庄乡乡长万小兵随行介绍乡域基本情况及咸宁侯村现状。文献实地走访查看宅基地上自建房屋、灭火器配备以及安全出口通畅等问题，了解疏解整治、非宅拆迁、垃圾清运等具体情况。文献要求，要把安全工作放在首位，死盯死守，确保拆迁前村域安全稳定。7月27日，北京市副市长卢彦带队到咸宁侯村调研重点村整治工作。区委常委、常务副区长马继业，区农委主任连文胜、管庄乡党政主要领导随行汇报有关情况。卢彦一行在咸宁侯村村委会听取乡领导相关情况汇报，了解乡域基本情况和咸宁侯村现状及存在问题。卢彦要求，乡、村两级要巩固前期整治效果，加大整治力度，营造整洁安全的村容村貌。

（张　伟）

【第十二届惠河文化节】 6月29日，管庄地区举办“走向新时代展现新风采——‘七一’文艺晚会暨管庄地区第十二届惠河文化节”开幕式。地区领导班子成员、优秀共产党员、机关全体工作人员，社区、村、企业负责人及党员骨干等1000余人出席开幕式。文化节历时4个月，包括举办开幕式、地区文艺会演、广播操比赛、健身舞展示等系列活动。各社区、村文体队伍举办15场分会场演出。本届文化节于10月19日闭幕，1万余名干部群众参与文化节活动。

（张　伟）

【乡人大十七届四次会议】 8月14日至15日，管庄乡第十七届人代会第四次会议召开。50名乡人大代表出席会议，机关各科室科长（负责人）以及各社区书记、主任列席会议。会议听取乡政府副职领导上半年分管工作情况通报以及下半年重点任务分解；听取乡长万小兵代表乡政府所做的上半年政府工作情况通报以及下半年工作安排；听取乡纪委书记陈诚关于下半年党风廉政建设工作部署；会议选举刘晓玉、秦国华、张映雪为管庄乡人民政府副乡长。

（张　伟）

【团员青年“志愿中秋”活动】 9月15日，管庄地区社区青年汇组织首批社区报到团员青年、精准帮扶家庭以及辖区青年志愿者家庭，开展青年生活格志——“志愿中秋·团团喊你来团圆”主题活动。地区团员青年与辖区内17个家庭一起听中秋节故事、制作月饼，为精准帮扶家庭送上一份中秋节祝福。

（张　伟）

【地区文联成立】 10月16日，管庄地区文联成立。区领导甘靖中、刘军胜，区文联主席谢莹，区委农工委书记张克斌、区委宣传部常务副部长毕重伟、区文化委主任高春利，管庄地区领导班子成员、文联成员、企业代表以及地区文学艺术界友人80余人出席揭牌仪式。地区办事处主任万小兵、地区文联常务副主席程度分别致辞。区文联秘书长金童和万小兵共同为地区文联揭牌。

（张　伟）

▲ 10月16日，管庄地区文联成立　　管庄地区办事处　供稿

【疏解整治】 年内，管庄地区拆除违法建设面积39.8万平方米。整治查扣街面占道经营、游街商贩1000余起，清理各种无证无照经营单位142家；清理整治“散乱污”企业125家、违法群租房11户；关停非法自办园5处、农村地区商品交易市场1家；完成劳动保障监察151家；完成城乡接合部公共安全隐患重点区域司辛庄村整治工作。疏解人口42459人。

（张　伟）

【安全生产】 年内，管庄地区健全完善安全生产责任体系，以安全隐患“三大行动回头看”“春晖行动”等专项行动为抓手，以水、电、气、热安全为重点，组织安全隐患排查治理。检查生产经营单位4506家次，下达执法文书4613份，立案31起，罚款12万元，消除隐患2350处。

（张　伟）

【产权制度改革实施】 年内，管庄乡梳理、分析村级清产核资工作存在问题。完成11个村非农用地账务处理、拆迁补偿账务调整问题和12个村清产核资工作。

（张　伟）

【矛盾纠纷化解】 年内，管庄乡信访工作领导小组制定专项方案，协调市、区相关单位综合施策，解决京通苑10号楼电梯和管庄西里74号楼房产证办理问题。

（张　伟）

【创建国家卫生区】 年内，管庄地区利用“环境清洁日”每周组织党员干部群众开展环境卫生大扫除美化环境。各社区（村）出动居民1339人次，社会单位出动人员520人次，清理街巷73条，清理居民小区77个，清理垃圾、堆物堆料180.8吨，清理非法小广告3583张，清理地下车库、自行车棚18个，规范“门前三包”337家。依法关停无照餐饮142家。及时解决环境卫生、食品安全、病媒防制等方面存在问题，完成“创卫”督导任务215项。通过“创卫”各项验收工作。

（张　伟）

2018 年朝阳区管庄地区（乡）村委会、社区居委会一览表

表 46

名 称	地 址	电 话
八里桥村村委会	瑞祥里小区 26 号楼北侧原配电室	85707898、85708932
东会村村委会	管庄乡瑞祥里小区 4-1-103	65459097、65726067
塔营村村委会	管庄乡瑞祥里小区 29-1-103	85708430、85708148
重兴寺村村委会	管庄新村 D 区 1 号楼 1 单元 103 室和 104 室	65730972、65739058
管庄村村委会	管庄乡管庄村委会	65730972、65739058
司辛庄村村委会	管庄乡司辛庄村委会	65486379
西会村村委会	瑞祥里小区 29-1-103	65739232、65486379
小寺村村委会	塔营北街 3 号院 1 号楼 1 单元 101 号	65703627
杨闸村村委会	杨闸环岛东南侧	65708652
郭家场村村委会	郭家场村委会综合办公楼	85390172、85391679
咸宁侯村村委会	管庄乡咸宁侯村 414 号	85365773、51273818
果家店村村委会	瑞祥里小区 4 号楼 4 单元 103 室	85707698、85707645
八里桥社区居委会	东军庄 8 号楼南平房	85701262
管庄北里社区居委会	常意路 3 号院 4 号楼一层	65727639
管庄东里社区居委会	管庄东里 21 号楼 1 层	51164080
管庄西里社区居委会	西里 2 号楼与 3 号楼之间平房	65740261
惠和东里社区居委会	东一时区惠河东里	65485807
惠和西里社区居委会	双柳北街一号院 14 号楼 305 室	65438728
京通苑社区居委会	管庄京通苑 10 号楼东二层	65709460
丽景苑社区居委会	管庄西里 78 号楼（尚东阁）小区东侧	65777481
瑞祥里社区居委会	管庄第二卫生服务中心西侧（瑞祥里社区服务站）	65478541
新天地社区居委会	双桥东路 5 号院 1 号楼 201 室	59121092
远洋一方嘉园社区居委会	朝阳路 5 号院 12 号楼北侧二层	56649591
建东苑社区居委会	管庄周家井建东苑社区 1 号楼东侧	65752017
远洋一方润园社区居委会	管庄地区塔营北街 6 号院 7 号楼 101 室	57911641

（张　伟）

黑庄户地区（乡）

【概况】 黑庄户地区（乡）位于朝阳区东南部。东与通州区台湖镇工业园区接壤；西靠垡头边缘集团与豆各庄乡相邻；南与光机电产业基地相邻；北靠定福庄边缘集团与管庄乡相接。辖区面积24.1平方千米。下辖16个行政村、6个社区、5个直属企业。年内，辖区户籍人口 9950 户、21171 人，其中农业人口 7472 人，非农业人口 13699 人，流动人口 61901 人，外籍人口 140 人；有汉族人口 19670 人、回族人口 1039 人；新出生人口 245 人、死亡人口 187 人。辖区有法人单位1096个，其中中央单位7家、市属单位 5 家、区属单位 1 家；有医院 2 所，社区卫生服务中心 1 个、社区卫生服务站 9 个；有中学 1 所、小学 4 所、幼儿园 3 所；有养老机构 2 个；有 600 平方米为民服务大厅、有文化广场 9 处和 24 小时自助图书机 3 处。途经辖区公交线路 7 条。年内，管庄地区紧紧围绕朝阳区发展定位，以“疏解整治促提升”为工作抓手，真抓实干、攻坚克难，较好完成全年各项任务，保持地区经济社会持续健康发展的良好局面。地区城市化进程取得重大进展，经济发展态势平稳，地区综合治理水平大幅提升，群众生活品质明显提升，乡政府自身建设全面加强。完成第四次全国经济普查中涉及 1441 个法人、54 个产业活动单位和1204个个体经营户清查表的登记、录入及核实工作。郎辛庄村和郎各庄村美丽乡村建设基本竣工。完成区级收入 2.03 亿元，完成区级指标任务 118.11%；实现农村集体经济总收入 2.8 亿元，比上年增长 6%；人均劳动所得 28154 元，比上年增长 7.4%。

（杨　冬）

【养老助残】 2 月 7 日，黑庄户地区在郎各庄文化广场举办养老助残新春联欢会，地区老年人、残疾人及工作人员等 100 余人参加活动；元旦、春节期间，向全乡 500 名持证困难残疾人发放慰问金及慰问品 20余万元；年内，完成残疾人“两项补贴”发放和为残疾人办理城镇个体保险补贴等工作；完成郎辛庄村和双北村养老驿站建设，郎各庄养老驿站对外营业，形成“2 家养老机构 +1 家养老驿站”服务体系。

（杨　冬）

【领导调研】 5月8日，区委书记王灏带队到四合公园了解腾退地块景观提升情况，到双桥东路沿线了解疏解情况，到么铺村调研美丽乡村建设情况。8月2日，市人大常委会副主任张清到黑庄户乡专题调研乡村振兴暨美丽乡村建设情况。区人大常委会主任陈宏志及区农委等领导随行调研。

（杨　冬）

【团组织活动】 5月11日，黑庄户地区团工委举办“五四”青年节暨“青春读书会——带你走进《习近平的七年知青岁月》”主题活动，地区40名团员青年参加活动。8月24日，地区团工委书记杨冬部署团员“双报到”工作，指导团员完成注册志愿者和报到工作。

（杨　冬）

【地区第七届全民运动会】 10月27日，黑庄户地区举办第七届全民运动会。乡机关代表队和地区16个村、6个社区的代表队等近1000名运动员参加运动会。

（杨　冬）

订2017年8月30日黑庄户乡第十七届人民代表大会第三次会议通过的《北京市朝阳区黑庄户乡住宅房屋腾退补偿安置办法实施细则》。年内，黑庄户乡完成历史上第一次大规模拆迁腾退工作，涉及定辛庄东村、定辛庄西村和苏坟村727户住宅房屋腾退工作。

（杨　冬）

【疏解整治】 年内，黑庄户地区拆除违法建设92处，销账面积105.67万平方米，完成全年任务的103.39%，实现辖区“双零”（零违法、零容忍）目标。整治关停无证无照经营单位111家，疏解一般性制造企业12家。关停“散乱污”企业85家；留白增绿3.2万平方米，调减人口4079人，超额完成人口调控计划（计划3794人）指标；集中整治大棚房13处，排查农地农用情况并通过市规土委验收；落实垃圾控量减量要求，垃圾量比上年消减超过50%；完成双南树村垃圾中转站清理整治工作；落实河长制，实现辖区内大稿沟和南大沟全面截污；

▲ 10月27日，黑庄户地区举行第七届全民运动会　　杨　冬　摄

【廉政教育】 11月21日，组织机关副科以上干部、村、社区两委成员、部分代行公权力人员140余人，参观“重整行装再出发——朝阳区纪律教育在身边”宣教展览。12月24日，邀请区纪委常委、区监委委员、案件审理室主任燕海涛，围绕朝阳区拆迁腾退工作中违纪违法案例和代行公权力人员职务违法案例，结合地区定辛庄东村、定辛庄西村、苏坟村住宅房腾退工作开展廉政警示专题教育。

（杨　冬）

【拆迁腾退】 12月5日，黑庄户乡召开第十七届人民代表大会第七次会议，修

辖区100座旱厕全部改造升级为水冲式环卫公厕；完成辖区71条背街小巷整治工作；成立由310人组成的社区和谐促进会，完成景西公寓道路修缮等为民实事项目12个；启动四合公园和萧太后河公园建设；完成黑庄户路、万通路等道路环境整治工作。全年联合执法行动100余次。查处无照经营1179起，取缔露天烧烤、大排档50余个，规范“门前三包”店外经营230余家，拆除户外违规广告牌2000余块（3万余平方米）、灯箱900余个，整治占道违停车辆80余辆。

（杨　冬）

【精准扶贫】 年内，黑庄户乡与河北省康保县二号卜乡、芦家营乡结对协作。黑庄户乡投资215万元在二号卜乡建设一座300千伏光伏电站，带动当地就业和扶贫工作。

（杨　冬）

【产业项目建设】 年内，黑庄户乡利用乡镇企业（原双桥汽车配件厂）老旧厂房，启动音乐产业园规划设计工作，该园规划占地面积约13.3公顷、建筑面积约33万平方米；举办“黑庄户文创峰会”，启动北京电影小镇项目建设，该项目占地面积约3.2平方千米；完成观赏鱼生态养殖池改造约3万平方米。

（杨　冬）

【“三资”管理】 年内，黑庄户乡实施村级财务管理规范化建设，完善乡集体资产监督管理委员会运行程序，健全乡经济合同联预审和重大项目评审机制，全年解除合同187份，签订经济合同22份。结合村“两委”换届和村干部任期审计，加强内控管理，完成23名村组织负责人经济责任审计工作，提出审计意见和整改建议56条。

（杨　冬）

【平安建设】 年内，黑庄户地区完成全国“两会”和中非合作论坛北京峰会等重大活动以及重要节假日等敏感时期服务保障任务。完成郎各庄村、郎辛庄村、万东村、万西村、小鲁店村等5个村城乡接合部重点地区安全隐患专项整治。落实重大决策社会稳定风险评估制度，调解民事纠纷132件，化解各类风险隐患119起。

（杨　冬）

【安全生产】 年内，黑庄户地区开展危险化学品存储点、有限空间、建筑施工领域等方面专项检查，逐一核查791处挂账隐患点位；清理整治“违法群租房”16处、彩钢板房住人及“三合一”场所400余处、废品回收站39处；建立日查与夜查相结合的检查机制，全年联合检查1.78万余家次、开具检查单1.95万余张、排查隐患3.69万余处、约谈重点隐患单位113家，查封单位142家，立案49起，拘留19人，罚款40.1万元；加强安全“七进”宣传及培训工作，普及消防安全知识，受教育群众3.6万余人次。加强食品药品检验抽检和监督执法，全年未发生重大食品药品安全事故。

（杨　冬）

【就业服务】 年内，黑庄户地区城乡登记失业人员就业率66.66%、城乡困难人员

就业率72.34%、就业困难求职人员就业率82.76%。组织76人参加城乡劳动者职业技能培训，10人实现创业，创业带动就业26人。建立77家用工单位台账，与用工单位建立回访制度。

（杨　冬）

2018年朝阳区黑庄户地区（乡）村委会、社区居委会一览表

表47

名　称	地　址	电　话
大鲁店一村村委会	大鲁店一村村委会	85386242
双树南村村委会	双树南村村委会	85373302
大鲁店二村村委会	大鲁店二村村委会	85385253
双树北村村委会	双树北村村委会	85371154
大鲁店三村村委会	大鲁店三村村委会	85383595
定辛庄东村村委会	定辛庄东村村委会	85371426
小鲁店村村委会	小鲁店村村委会	85386256
定辛庄西村村委会	定辛庄西村村委会	85372393
郎各庄村村委会	郎各庄村村委会	85387385
苏坟村村委会	苏坟村村委会	85372287
郎辛庄村村委会	郎辛庄村村委会	85382273
幺铺村村委会	幺铺村村委会	85370621
黑庄户村村委会	黑庄户村村委会	51235285
四合庄村村委会	四合庄村村委会	85381261
万子营东村村委会	万子营东村村委会	85381836
万子营西村村委会	万子营西村村委会	85384093
双桥第一社区居委会	黑庄户乡双桥农场五号井小区	85391807
双桥第二社区居委会	黑庄户乡双桥农场六号井小区	85393238
双桥第三社区居委会	双桥中路12号院燕保双桥家园2号楼一层双桥第三社区服务站	85308361
康城社区居委会	黑庄户乡双桥东路9号院康城物业楼	85375049
怡景城社区居委会	黑庄户乡郎辛庄北路58号院物业楼	85380351
旭园社区居委会	旭园社区家属院甲1号	85384802

（杨　冬）

将台地区（乡）

【概况】 将台地区（乡）位于朝阳区中北部，横跨东四环和东五环路，地处朝阳区丽都、燕莎商圈，毗邻电子城科技园区。东至东八间房北岗子村与东坝乡相邻；西至京顺路与望京办事处、太阳宫乡相连；南至麦子店街与东风乡、麦子店办事处相接；北至将府家园北窑地居民区与崔各庄乡接壤。辖区面积11.45平方千米。下辖3个村、8个社区。年内，辖区常住人口61462人，户籍人口13536户、27758人，流动人口24329人，境外人口2907人；新出生人口238人、死亡人口284人；辖区有法人单位2693个，其中有中国皮革和制鞋工业研究院、丽都饭店7家中央单位，有北京市信息职业技术学院、北京电气工程学校等市属单位12家，有北京市四得公园区属单位1家；有医院、诊所及医务室18家，社区卫生服务中心1个，社区卫生服务站3个。有科研院所1个，大学2所、中学3所、小学4所、幼儿园8所；有地区级养老机构1个、社区级养老机构2个、公建民营养老机构2个；有260平方米为民服务大厅1处、3000平方米地区文化中心1处，有文化广场11处和24小时自助图书馆3处；地铁14号线贯穿其中。年内，将台地区以落实“街乡吹哨、部门报到”机制和承担区机构编制改革工作农村系统试点任务为重点，进一步理清部门权责关系，细化职责清单136项，解决酒仙桥公交站挪移、回收社区活动用房等一批群众最关切、最需求问题，完成“7室1队4中心”机构综合设置改革。落实创卫工作指标和要求，顺利通过病媒生物防制专项验收及暗访验收等关键节点。利用腾退空间，推进“增绿、建绿、还绿”，完成北窑地、环铁西门等区域留白增绿26.66公顷，实现绿色叠层连片目标。聚焦“六治一增”，完成环境提升项目27个，芳园南街、将台路等项目获得区主要领导肯定、媒体报道、群众好评，环境标杆乡建设成果充分显现。实现地区经济总收入74.69亿元、利润总额8.01亿元、税金总额2.72亿元。人均劳动所得4万元，比上年增长6%。

将台地区（乡）获“2018年度首都绿化美化先进集体”称号。

（耿　超）

【乡十三届二次党代会】 1月23日，将台乡第十三届党代会第二次会议召开。96名乡党代表出席会议。会议审议并通过《中共将台乡党委2017年工作报告（审议稿）》《中共将台乡党委纪律检查委员会2017年工作报告（审议稿）》和《将台乡2017年党费收缴、使用情况的报告》，补选黄强为乡党委委员、王育君为乡纪委委员。

（耿　超）

【乡人大十七届三次会议】 1月25日，将台乡第十七届人民代表大会三次会议召开。44名乡人大代表参加会议，部分区人大代表、机关副职领导、科级干部及部分基层主要负责人列席会议。会议审议并通过《将台乡人民政府2017年工作报告（草案）》《将台乡2017年财政财务工作报告》和《将台乡人大主席团工作报告（草案）》。

（耿　超）

【芳园南街环境整治】 2月27日，将台地区召开芳园南街综合整治记者见面会，市委宣传部、区委宣传部、区农委等部门领导以及《北京日报》、北京电视台等18家媒体记者参加见面会。地区以北京市“百街百巷整治”为契机，建立副职领导包街巷整治制度和周例会制度，依托党政群共商共治平台和老旧小区自治管理委员会沟通解决问题。芳园南街南滨河路到将台路段全长875米，基础设施落后，建筑物墙面掉漆、地面铺装破旧、损坏，各种私搭乱建、开墙打洞等情况给周边居民生活带来不便。环境整治拆除私搭乱建19处、拆除违规广告牌匾15块、封堵开墙打洞9处；修复破损台阶、步道4400平方米；统一规范、重新设置牌匾37块；部分围墙安装铁艺装饰（装饰融入将台历史文化设计元素）；重新粉刷14栋建筑物外立面。与区园林绿化局协调更换植被、铺装硬化，加装健身活动器材、座椅、宣传栏等。升级改造芳园里社区办公楼北侧原有小公园，形成3处居民活动场所。引入弘朝伟业、义利等国有企业开设便民菜站、水果店、熟食店等，保障周边百姓日常需求。人行便道安装阻车桩，保障行人交通安全；缓解老旧小区停车难问题，将1处临时空地改造为可容纳300余辆汽车的停车场。

（耿　超）

【将府公园四期开园】 3月29日，将台地区将府公园四期（占地面积21万平方米）开园。区委宣传部、区农委、区发改委相关领导及地区领导等出席开园仪式。中新社、《北京日报》、北京电视台等20家中央和市属媒体，采访地区“留白增绿”超百万平方米、绿地覆盖率近50%、首批“一绿”6个试点乡建设绿色生态屏障386.67万平方米等内容。相关媒体报道及重要网络转载超50余次。

（耿　超）

【“街乡吹哨、部门报到”机制落实】 3月，将台乡、太阳宫乡、东坝乡和常营乡列为朝阳区“街乡吹哨、部门报到”工作农村系统试点单位。3月22日，将台地区召开2018年工作会暨“街乡吹哨、部门报到”工作部署会。制定《将台地区关于加快推进党建引领管理体制机制创新，实现“街乡吹哨、部门报到”的实施方案》，成立工作领导小组，组建工作专班，负责统筹推进、督办各项任务落实。4月，将台地区采取“三定”措施，推进辖区三个“社区吹哨、科室报到”试点社区（芳园里社区、丽都社区和水岸社区）网格化管理。完成将台路步道更新、机动车与非机动车分离和简八楼周边环境改造、新建港湾式公交车站等工作，新建4万平方米驼房营公园。5月至6月，将台乡安家楼管委会、梵谷水郡社区启动“科室吹哨、部门报到”机制，解决辖区交通安全问题并顺利通过“交通安全示范社区”创建验收工作。完成酒仙桥路西侧公交车站向北挪移项目，解决道路拥堵难题。完成芳园南里西区老旧小区改造，实现物业化管理，增加绿化面积，拆除开墙打洞，统一沿街底商广告牌匾，新建可提供350余个车位的临时停车场。11月，制定《将台乡“街乡吹哨、部门报到”问题事项审批准入制度》，将试点工作成果制度化纳入地区工作常态。

（耿　超）

【火灾事故】 4月27日2时许，将台乡酒仙桥村20号一平房起火，3时16分扑灭明火，过火面积100平方米。事故造成4人死亡、1人受轻伤。经消防部门初步鉴定，起火原因为电线老化引起。5月11日，完成善后工作处理。

（耿　超）

【回迁安置房项目】 5月17日，将台地区回迁安置房项目通过验收（不含大市政工程）。项目用地面积22.487万平方米，建设面积51.743万平方米，分3个地块、4个标段、15栋楼。该项目于2015年9月开工建设，2016年12月底完成全部工程结构封顶，是朝阳区建筑史上首例获50万平方米以上群体结构“长城杯”金奖项目。7月8日，将台乡举办“一道”试点回迁安置房项目——将府锦苑小区交房仪式。乡党委书记宋少伟、乡长刘涛等领导，开发公司、物业公司、各建设单位、市装修协会、各村、社区、乡直属企业等单位领导及村民代表等200余人参加仪式。8月29日，将府锦苑小区交付手续办理工作基本完成，1238户腾退百姓办理交房手续3644套，交房率达97.7%。

（耿　超　荣琰琳）

【领导调研】 5月30日，区委书记王灏围绕“加快推进‘疏解整治促提升’专项行动暨展现环境标杆乡建设成效”到将台地区调研，视察将府公园四期工程和将台路环境整治情况；6月11日，全国绿化办和首都绿化办领导一行调研将府公园四期工程情况，参观2017年习近平总书记植树纪念林，听取北京市绿化隔离地区绿化成果等相关情况汇报；6月15日，市人大农村办主任金树东一行视察一道绿隔试点回迁安置房及将府公园四期工程建设情况；6月27日，区委常委王晰宁调研一绿试点回迁安置房、大众汽车颐堤港中心和颐堤港二期项目，走访将府公园四期工程；10月18日，市委常委牛有成一行视察一绿建设成果（将府公园四期工程和将台乡“一绿”回迁安置房）。

（耿　超）

【丽都商圈优化项目】 6月15日，将台乡召开优化营商环境座谈会。区发改委、派出所、工商所、税务等部门、丽都饭店、诺金酒店等12家企业负责人参加会议。会议围绕丽都商圈环境改造、交通治理和产业政策等内容沟通交流。地区工委书记宋少伟提出党建引领，区域参与，地方和企业融合发展；各部门各企业出谋划策，提出好观点，促进地区发展；尽快解决企业提出的问题；地区搭好平台，促进区域资源共享等要求。8月27日，确定将台乡优化丽都商圈发展环境项目为区级党政群共商共治项目。乡党委拟定多维度优化丽都商圈营商环境工作方案，重点做好道路风貌形象提升、健全基础服务设施、织密微型循环路网、统筹利用停车资源等区域提升工作，项目分3年完成。10月19日，召开丽都商圈发展环境工作推进会暨丽都商圈党政群共商共治工作会，丽都饭店、诺金酒店、和睦家、原创文化等涉及酒店、文化、医疗、教育等13家重点企业负责人参会。年内，将台乡负责的丽都花园北路环境提升项目，获批区级资金2300万元，按照建设具有“开放与共享、风情与时尚”特色的国际慢行街要求进展顺利。

（耿　超）

【机构编制改革工作试点】 6月22日，将台乡和太阳宫乡被列为区机构编制改革工作农村系统试点单位。8月23日，将台乡根据区机构编制委员会办公室关于《朝阳区将台乡（地区）机构综合设置试点方案》要求，明确将台乡（地区）机构综合设置方案，设内设机构7个，分别为综合办公室、党群工作办公室、平安建设办公室（人民武装部、司法所）、城乡管理办公室、社会建设办公室、经济管理办公室、运行协调办公室；乡纪检监察机构，由区监委向乡派出监察办公室，与乡纪委合署办公；设事业单位4个，分别为党群服务中心、居民事务中心、社会公共事务服务中心、农村合作经济经营管理站；设城管执法队。

（苗庆林）

【亮马J地块腾退工作完成】 6月23日，将台乡启动亮马J地块内北京供销社朝阳投资管理中心职工宿舍腾退工作，由北京市土地整理储备中心朝阳分中心实施，涉及职工宿舍19户家庭，东五环外福临家园小区为腾退安置房源，安置房屋为两居室现房1套。7月10日，19户被腾退人全部签订协议。

（宋　昕）

【乡人大十七届四次会议】 7月30日至31日，将台乡第十七届人民代表大会四次会议召开。46名乡人大代表参加会议，2名区人大代表应邀出席会议，乡机关副职领导、科级干部及部分基层主要领导列席会议。会议审议并通过《将台乡人民政府2018年半年工作报告（草案）》和《将台乡人大主席团2018年半年工作报告（草案）》。

（王　靖）

【《绿水青山看中国》栏目录制】 10月20日，中央电视台首档生态类大型演播节目《绿水青山看中国》栏目组，在将台乡将府公园开展义务植树活动节目录制。全国绿化委员会办公室处长杨春、首都绿化委员会办公室义务植树处处长杨志华一行参与活动。

（耿　超）

【精准扶贫】 10月20日，将台乡乡长刘涛带队实地走访并与对口帮扶地区——河北省阳原县化稍营镇并建立对口帮扶关系。将台乡投入帮扶资金100万元用于化稍营镇大渡口村设施蔬菜种植扶贫项目。将台乡5个社区、1个直属企业与化稍营镇所属6个贫困村分别签订结对帮扶协议。12月，乡党委书记宋少伟带队考察化稍营镇，再次投入帮扶资金100万元用于2019年肉驴养殖脱贫攻坚产业。同时，捐赠羽绒服80件（折合人民币3万元）、慰问残障家庭2户。是月，将台乡投入帮扶资金100万元，用于2016年与河南省淅川县建立帮扶关系的大石桥乡2019年种植20公顷杏李基地扶贫项目。

（毛　倩）

【社区和村“两委”换届选举】 10月20日，将台地区两个新建社区——阳光上东社区和驼房营北里社区，分别召开党员大会，选举产生第一届社区党委班子。水岸家园等6个社区完成“两委”换届选举工作。12月28日，辖区11个村和社区分别召开党员大会，完成党组织和纪委换届选举工作（其中2个村完成党总支换届选举、2个新建社区完成纪委选举、其他7个社区完成党委和纪委换届选举工作）。

（耿　超）

【地区第四届全民运动会】 10月27日，将台地区举办“共享健康　共筑梦想”第四届全民运动会。运动会设有超级毛毛虫、齐心协力、定点投篮、太空大穿越、集体跳绳和集体拔河等6个项目。来自机关、社区、村、派出所、工商所、税务所、乡直属企业以及辖区社会单位的1800余人参加运动会。

（王　方）

【老旧小区改造】 10月24日至11月15日，将台地区开展规范梳理弱电线路专项行动。安装横向槽道95延米，纵向槽道75延米，梳理光缆31条、有线电视线路3条、监控线5条、网线126条，整理更换散乱、破旧、损毁弱电线路并统一放入槽道，线路由架空转为入地。解决芳园里小区道路、路缘石破损以及环境秩序杂乱等问题，铺装沥青路面1.1万余平方米，铺装路缘石3000延米，铺设透水砖5200余平方米，粉刷围墙2306平方米。

（刘鹏程）

【环境资源利用中心竣工】 11月30日，将台地区环境资源利用中心项目竣工。项目自7月开工建设，总投资1100万元，建筑面积2223平方米，用于将台地区大件垃圾就近处理，运行投产后日垃圾处

▲ 10月27日，将台地区举办“共享健康 共筑梦想”第四届全民运动会　　隈力辉　摄

理量约2.3吨，提升大件垃圾资源化处置利用率，有效缓解噪音、粉尘等对周边居民的影响，实现地区大件垃圾集约化与资源化处理。

（郭海娟）

【“白云馆”捐赠协议签订】 11月，黄锐（日籍华人，中国当代艺术家，是北京798大山子艺术区最早进驻者和大山子艺术节发起策划者，是朝阳区北岗子村环铁内16号黄锐白云馆建设使用人），与东八间房村委会签订捐赠协议，将黄锐白云馆捐赠东八间房村并交由区文化委员会协助管理。捐赠后继续延用“白云馆”名称，同时尊重“白云馆”整体性和艺术价值，保留和保护建筑物及艺术品现状，用于辖区公益事业，作为公共文化艺术功能与文物保护功能公共场所使用。

（耿　超）

【撤制村集体资产处置】 12月23日，将台乡启动撤制村上交乡级集体资产处置工作。原酒仙桥村、原西八间房村成功完成社员代表选举工作，2个撤制村各选出社员代表23名。29日，原酒仙桥村、原西八间房村分别召开社员代表大会第一次会议，产生撤制村处置工作领导小组，高票通过启动上交集体资产处置工作的决议、处置工作方案、资产清查核实工作方案、确认原参加处置人员和劳动年限的决议等事项。

（张春波）

【社会保障与服务】 年内，将台地区加强社会保障体系建设，办理城镇居民医疗保险参险2700余人，实现劳动力就业405人，完成1148名占地超转人员生存认证，采集1029名退役军人信息，申请各类保障性住房105户。

（耿　超）

【疏解整治】 年内，将台地区完成东昌利华市场、亿宏达等租赁地块疏解腾退任务，腾退土地面积11.9公顷，拆除房屋面积7.46万平方米，拆除违法建设面积5万余平方米，完成全年任务的238%；清理出租大院和公寓面积21502平方米，完成全年任务的103%；完成J地块棚户区改造24处，完成全年任务的120%；整治群租房27处，完成全年任务的142%；调减人口2350人，完成任务指标的101%。

（耿　超）

2018年朝阳区将台地区（乡）村委会、社区居委会一览表

表48

名　称	地　址	电　话
东八间房村村委会	将台东路东八间房村委会	52053188
驼房营村村委会	驼房营路3号临驼房营村委会	84561035
安家楼管委会	安家楼村东（林场）安家楼管委会	64372167
水岸家园社区居委会	酒仙桥村甲1号向西300米	64332726
丽都社区居委会	芳园南里西区7号楼1单元101	64375253
芳园里社区居委会	芳园里社区18楼对面社区居委会	64333088
将府家园社区居委会	将府家园北里103楼2单元101室	51373060
梵谷水郡社区居委会	驼房营南路二号院梵谷水郡小区14号楼1层	84706491
瞰都嘉园社区居委会	东四环北路10号院2号楼底商	84797568
阳光上东社区居委会	东四环北路6号阳光上东C区1号楼底商	51303352
驼房营北里社区居委会	将府家园北里131楼111～115	64361852

（耿　超）

金盏地区（乡）

【概况】 金盏地区（乡）位于朝阳区东北部，温榆河畔。北部、东部以温榆河为界，与顺义区、通州区接壤；南部与常营地区、西部与崔各庄地区和东坝地区相衔接。辖区面积50.1平方千米。下辖13个行政村、4个社区。年内，辖区总人口115124人，户籍人口12729户、28944人（其中农业人口11114人，非农业人口17830人），流动人口86180人，外籍人口236人；有汉族83858人、满族1295人、侗族22人、蒙古族406人；新出生人口316人、死亡人口215人。辖区有社会单位16家，其中中央单位有5家、市属单位有4家、区属单位有7家；有乡级企业11家；有社区卫生服务中心1个、社区卫生服务站7个；有大学1所、中学8所（含国际学校5所）、小学5所（含民办3所）、幼儿园3所；有养老机构3个；有405平方米为民服务大厅1处、38.08平方米地区文化中心1处、文化广场10处和24小时自助图书馆5处。绿化率24.48%。途经辖区公交线路17条。年内，金盏地区（乡）以疏功能、稳增长、促改革、调结构、惠民生为目标，开展“疏解整治促提升”重点工作，拆除各类违法建设面积330万平方米；清理占道经营游商摊贩点位7个；清理无证照餐饮单位81家，其他无证照单位40家；清理再生资源回收场站7个；农业领域留白增绿1处。实现经济总收入97577.2万元，比上年增长19.2%；实现利润14236万元，比上年增加1846.5%；实现税金3268.1万元，比上年增长39.3%；人均劳动所得32412元，比上年增长6.9%。年内，金盏乡获“北京市特色乡镇”称号。

（王德铭）

【乡四届二次党代会】 1月30日，金盏乡第四届党代会第二次会议召开。104名乡党代表出席会议，区委组织部党代表联络室徐辉以及机关科队站所、乡直属单位和各村主要负责人列席会议。会议由乡党委副书记戴昌军主持。会议听取并审议《中共金盏乡党委2017年工作报告（审议稿）》《中共金盏乡纪律检查委员会2017年工作报告（审议稿）》《金盏乡2017年度党费收缴、使用和管理情况报告》；乡党委书记陈杰、乡长张晓宁、乡纪委书记孙晔分别述职。

（王德铭）

【乡人大十七届三次会议】 4月20日，金盏乡第十七届人民代表大会第三次会议召开。49名乡人大代表出席会议，各村党支部书记、副书记和村委会主任，乡机关各科室和直属单位负责人60余人列席会议。会议审议并通过《金盏乡人民政府2017年工作报告（审议稿）》《金盏乡人大主席团2017年工作报告（审议稿）》《金盏乡2017年财政预算执行情况和2018年财政预算草案的报告》《金盏乡马各庄、沙窝、雷庄棚户区改造项目住宅房屋腾退补偿安置办法（草案）》《金盏乡马各庄、沙窝、雷庄棚户区改造项目住宅房屋腾退补偿安置办法实施细则（草案）》和《金盏乡马各庄、沙窝、雷庄棚户区改造项目非住宅腾退补偿办法（草案）》。乡长张晓宁、乡人大主席高建忠分别代表乡政府和乡人大分别总结2017年重点工作，明确2018年重点工作任务。乡党委书记陈杰从准确把握当前形势任务，切实增强紧迫感责任感；着重强化党建引领作用，不断提高农村城市化质量效益；突出重点综合施策，大力推动疏整促和生态环境建设；始终坚持压实责任，全力确保各项任务有效落实等四个方面提出工作要求。

（王德铭）

【乡人大十七届四次会议】 8月2日，金盏乡第十七届人民代表大会第四次会议召开。52名乡人大代表出席会议，各村党支部书记、副书记和村委会主任，乡机关各科室和直属单位负责人62人列席会议。会议听取并审议通过《金盏乡人民政府2018年半年工作报告（审议稿）》；选举绳增武为金盏乡人民政府副乡长并举行宪法宣誓仪式；乡党委书记陈杰传达区委十二届七次全会精神，强调进一步强化责任意识、标准意识、协调意识、规矩意识。

（王德铭）

▲ 8月2日，金盏乡召开第十七届人民代表大会第四次会议 邓治远 摄

【精准扶贫】 10月12日，金盏乡人大主席高建忠、副乡长绳增武一行10人到对口帮扶地区——河北省张家口市阳原县东城镇开展结对协作工作，与东城镇政府签订结对协作框架协议书。金盏乡东窑村、皮村、长店村、楼梓庄村、东村分别与东城镇石板梁村、五马坊村、千家营村、七马坊村、水峪口村签署结对协作框架协议书。北京蟹岛种植养殖集团有限公司与东城镇千家营村、中农春雨高科技股份有限公司与东城镇五马坊村分别签署结对协作框架协议书。

（王德铭）

【区域化党建】 年内，金盏乡党委结合领导干部、党务工作者、后备干部和入党积极分子、广大党员实际，开展“四个红色”（红色头雁、红色先锋、红色力量和红色基因）主题培训18次；落实“不忘初心、牢记使命”主题教育要求，开展“一村一策”和“学习日”活动；建立“六个引领”（政治引领、思想引领、组织引领、政策引领、活动引领、宣传引领）工作体系，落实“一岗双责”，推动党建引领系统化；完成84名现任“两委”党员档案材料查阅和资格条件预审，调整村和社区党组织书记7人、副书记8人，安置村委会主任4人；落实“吹哨、报到”工作机制，解决服务群众最后“100米”问题；组织在职党员和在职团员“双报到、双服务”活动30余次，成立在职党（团）员志愿服务队13支，组织开展宣讲活动20余场；建立以村和社区为根据地成立村社党建联合体、以金盏学校为根据地成立金盏地区“聚力·同行”党建共同体、以东北师大朝阳学校为根据地成立党建共建服务联盟等多家区域化党建活动阵地；开展公益市集、红色义诊等志愿活动50余次；开展共产党员先锋岗、共产党员户和党员示范街挂牌活动，为共产党员户挂牌1000余块；组织参观红色教育基地和党建示范基地、党建结对共建活动等22次；规范完善“1+4+9”（1个乡级、4个社区级、9个村级党建活动室）党建活动室。

（王德铭）

【疏解整治】 年内，金盏地区以“稳定为首、稳步推进”为目标，制定《金盏乡2018年“疏解整治促提升”工作方案》。落实河长制要求，实行乡、村两级河长每月现场例会和利用手机软件巡河制度，坚持村级日巡查制度。配合区水务局完成聚焦攻坚管线铺设（温榆河流域10.3千米、北小河流域1.513千米、坝河流域3.1千米）、黑臭水体管线（8.668千米）建设；完成西村、东村、皮村和黎各庄4个村污水处理厂建设；投入资金325万元治理河道沟渠环境，实现全乡入河污水口全部接入污水管线；不间断拉网检查辖区262家在账散乱污企业，开展“降三尘、防三烧”（“三尘”即施工扬尘、道路遗撒致尘、因烧致尘；开展大气污染防治行动，严控“三烧”即秸秆焚烧、露天烧烤、露天焚烧）、集中覆盖裸露地面200余万平方米，建立辖区施工工地台账，坚持月巡查制度。发出告知书300余份、整改书55余份，扬尘问题立案30起、罚款33.9万元。开展夜间专项执法 100 余次，检查渣土运输车 200 余辆，立案查处 74 起。开展联合执法 10 余次，立案查处露天烧烤 5 起；拆除各类违法建设面积 164 万平方米；清理占道经营游商摊贩点位 7 个；清理无证照餐饮单位 81 家，其他无证照单位 40 家；清理再生资源回收场站 7 个；农业领域留白增绿 1 处；完成金盏东村、金盏西村、小店村、黎各庄村重点村整治；调减人口 5572 人，地区治安警情比上年下降 10%。

（王德铭）

【"三资"管理】 年内，金盏乡落实"三资"管理规定，规范合同 170 份、终止合同 155 份；完成全乡 41 个企事业单位资产调查，其中村级企业 10 个、乡级企业 17 个、村组织 13 个、乡组织 1 个；完成马各庄、沙窝和雷庄 3 个村收回集体土地资源项目审核支付工作，审核专项资金疏解合同 209 份，累计审核 1294 次，涉及资金 9.36 亿元；完成 13 个村级集体经济组织公益性专项资金、征地补偿款，13 个村及 12 个乡级集体企业年收益分配等审计工作。

（王德铭）

【棚户区改造】 年内，金盏乡实施马各庄、沙窝和雷庄 3 个村腾退棚改项目，腾退总面积 411.96 万平方米。其中非住宅面积 313.46 万平方米、住宅面积 98.5 万平方米，住宅腾退涉及 1530 余个院落、3586 户、10810 人。

（王德铭）

【美丽乡村建设】 年内，金盏乡投入资金 8800 余万元用于金盏东村和东窑村美丽乡村建设。改造村内排水管线 1.3 万延米、道路 5.2 万平方米、公厕 22 座，美化外墙 10.6 万平方米，规范广告牌匾 1500 平方米，梳理架空线 2.3 万延米，新建市政取水点 18 处、停车场 5 处、公园 6 处。

（王德铭）

【创建国家卫生区】 年内，金盏乡组建"创卫"工作专班，建立组织管理体系和工作机制，细化落实区"创卫"工作指标和要求。健全完善"七小门店"（小餐饮、小食品店、小食品加工店、小歌舞厅、小美容美发、小浴室、小旅馆）管理台账，采取主要领导亲自查、主管领导带队查、职能科室不断查等措施，对存在问题的单位督办整改，下发督办单 26 张，整改问题 422 处，整改率 100%；采购发放灭鼠灭蟑药品 20 箱，布置鼠饵站 700 余个，安装区、乡环境卫生责任区公示牌 58 块，发放《无证无照食品经营单位告知书》213 份，行政处罚 31 家，处罚金额 39.312 万元，警告 36 家；取缔无证无照餐饮企业 81 家；投入资金 16 万余元，加装"创卫"宣传栏 20 处；制作食品安全公示栏 300 余块、食品安全管理制度宣传材料 600 余份、发放"创卫"宣传品和控烟标识 3000 余份。金盏乡"创卫"工作顺利通过北京市病媒防制验收和市级暗访验收。

（王德铭）

【社会服务保障】 年内，金盏地区慈善救助 31 户，发放救助金 25.6 万元；构建"1 中心、2 驿站、3 养老机构"居家养老服务体系；完成楼梓庄村 1640 名农转非劳动力体检、自谋公证等手续办理工作；发放补助金 261 万余元，惠及贫困残疾人 1310 人次；完成金盏地区退役军人及其他优抚对象信息采集任务，采集量 1100 余人；加强卫计服务管理，全年发放各类奖励金额 57 万余元；扩充学前教育资源供给，东窑中心幼儿园基本建成，提供学位 600 个；协调马各庄村、沙窝村和雷庄村三个周转村村民子女就学问题、楼梓庄中心小学停车场建设和外来务工人员子女上学等问题；依托"好学金盏 123"（"1"是全乡一盘棋；"2"是两个覆盖，即全乡地域全覆盖和人员全覆盖，不断提高社区教育工作认知度和参与度；"3"是老、中、青三代人，学校、社区、居民三主体共同参与，努力构建学习共同体）社区教育示范项目，建设学习型金盏，为 62 名 2018 年考入本科院校大学生颁发奖励金 19 万元；抓好农村社区试点建设和绿色智慧平安社区建设，实施农民市民化项目，投入资金 370 余万元，完成 25 项为民办实事工程；立足区域优势，以"金盏地区群众健身体育节"为载体，成功创建北京市体育特色乡镇。

（王德铭）

【信访调解】 年内，金盏地区累计接待群众来信来访 2556 件 2700 余人次，其中直接答复解决 53 件 550 人次，受理区转件 164 件 190 人次，政民互动信访 2339 件，办理率 100%。

（王德铭）

【安全生产】 年内，金盏乡开展安全生产"三大行动"（执法行动、治理行动和宣传教育行动）上账隐患"回头看"工作。完成 184 家上账隐患单位逐家复查工作；安全生产检查企业及社会单位 5382 家次，行政处罚立案 58 起，罚款 25.1 万元；开展消防安全宣传 30 余次，发放各类消防安全提示单 4600 张，张贴各类消防安全海报 1.3 万余张，消防检查企业单位 1.7 万家次，发现隐患 33481 处，下达督办单 35 份，整改率 100%。全年火情比上年下降 50%，突发火情下降 80%。

（王德铭）

2018 年朝阳区金盏地区（乡）村委会、社区居委会一览表

表 49

名　称	地　址	电　话
金盏东村村委会	金盏东村内	84343674
金盏西村村委会	金盏西村内	84333599
楼梓庄村委会	楼梓庄村	84393471
曹各庄村委会	曹各庄村	84391615
黎各庄村村委会	黎各庄村	84317601
马各庄村村委会	马各庄村	65418506
北马房村村委会	北马房村	84311013

续表 49

名 称	地 址	电 话
长店村村委会	长店村	84339965
小店村村委会	小店村	84349120
雷庄村村委会	雷庄村	84340179
皮村村委会	皮村	84331517
沙窝村村委会	沙窝村	84317838
东窑村村委会	东窑村	84393901
金泽家园社区居委会	康各庄路金泽家园 A 区	56521073
金泽家园北社区居委会	金泽家园 B 区 318 号楼	56521025
金盏家园一社区居委会	金盏嘉园 C 区 1 号楼	64180101
金盏家园二社区居委会	金盏嘉园 C 区 1 号楼	64180299

（王德铭）

来广营地区（乡）

【概况】 来广营地区（乡）位于朝阳区西北部。东邻孙河乡、崔各庄乡；西与奥运村街道、大屯街道接壤；南与望京街道、大屯街道相连；北与昌平区东小口镇、北七家镇毗邻。辖区面积 20.93 平方千米。下辖 24 个社区、5 个行政村。年内，辖区常住人口 171038 人，户籍人口 30657 户、67668 人，流动人口 103388 人，外籍人口 854 人；新出生人口 1329 人、死亡人口 298 人。有中央单位 21 家、市属单位 25 家、区属单位 49 家、乡属企业 6 家；有医院 3 所、社区卫生服务中心 1 个、社区卫生服务站 3 个；有大学 1 所、中学 6 所、小学 8 所、幼儿园 18 所；有养老机构 7 个；有约 110 平方米为民服务大厅 1 处、文化广场 3 处和 24 小时自助图书馆 10 处；绿化覆盖率 56.6%。途经辖区公交线路 20 条，有地铁 13 号、5 号、14 号线贯穿其中。年内，来广营地区（乡）落实市十二次党代会精神和朝阳区“建设‘三区’、建成小康”发展目标，以建设“新四乡”为主线，以非首都功能疏解为重点，向突出问题精准发力，加快实现“十三五”规划目标，不断提升地区发展质量、群众生活质量和综合竞争力，全面完成“一绿”试点建设任务，创建成为国家卫生乡，努力在新一轮发展中赢得主动，各项工作走在前列。实现区级财政收入 8.2 亿元；集体经济总收入 9.4 亿元，比上年增长 8.6%；利润总额 7192 万元，比上年增长 5.3%；实现乡属税金 1.1 亿元，比上年增长 26%；农民人均劳动所得 47254 元，比上年增长 7%。来广营乡获“北京市第三次全国农业普查先进集体”称号。

（魏烨繁）

【创建国家卫生区】 1 月 17 日，区“创卫”专家组实地走访复查来广营乡 2017 年 11 月 14 日检查中发现的问题。4 月 24 日、25 日，市“创卫”专家组成员检查指导辖区 3 个社区、10 条街道、20 多家单位、34 个点位，现场指导“创卫”工作。5 月 9 日，区委常委王晰宁及区“创卫”专家一行检查来广营乡“创卫”工作。区相关委办局及奥运村街道、孙河乡等 12 个街乡“创卫”工作负责人现场鉴学、交流工作经验。6 月 11 日，区政协副主席、区“创卫”办执行主任张永新，区卫计委副主任肖志峰率领区“创卫”迎检工作组专家及区相关职能部门，拉练式检查来广营乡“创卫”工作。检查以街道、辖区底商、市场、社区环境秩序为重点，明晰问题整改方向，完善“创卫”相关规章制度。7 月 25 日，市级病媒专家组第七小组验收来广营乡创建国家卫生乡病媒防制工作开展情况。专家组一行检查社区、在施工地、中小餐饮单位等 5 个类型 12 个点位病媒生物防制情况。针对来广营乡病媒防制工作整改检查出的问题，提出指导意见和建议。

（魏烨繁）

【乡十四届二次党代会】 1 月 29 日，来广营乡第十四届党代会第二次会议召开。118 名乡党代表出席会议。会议听取并审议《中共来广营乡党委 2017 年工作报告（审议稿）》，书面审议《中共来广营乡纪律检查委员会 2017 年工作报告（审议稿）》和《来广营乡 2017 年党费收缴、使用和管理情况报告》。乡党委领导班子成员左景全、王刚、芦爽、韩蓉蓉分别述职；党代表邵平、王永春作履职交流发言；会议民主测评乡党委领导班子及班子成员履职情况；大会表决通过乡党委、乡纪委两个工作报告并形成决议。

（魏烨繁）

【乡人大十七届三次会议】 2 月 27 日至 28 日，来广营乡第十七届人民代表大会第三次会议召开。53 名乡人大代表出席会议。会议听取并审议通过《来广营乡人民政府 2017 年政府工作报告（审议稿）》《来广营乡人大主席团 2017 年工作报告（审议稿）》和《来广营乡 2017 年财政资金收支情况和 2018 年财政预算草案的报告》。

（魏烨繁）

【领导调研】 5 月 16 日，区委常委王晰宁调研来广营乡集体经济、民生、文化等事业发展情况。王晰宁听取乡长王刚关于全乡集体经济、民生改善、文化建设等情况汇报，到朝来科技产业园实地了解园区建设和运行情况。参观园区党建中心，详细了解非公企业党建情况。5 月 18 日，区人大常委会副主任胡良森带队调研乡“一绿”试点工作中“六位一体”

任务进展情况及存在问题。8月27日，副区长杨建海实地调研“一绿”试点乡建设和2018年中非合作论坛北京峰会服务保障情况。杨建海一行先后到朝来森林公园三期土储地块和148项目代征绿地，调研绿化美化情况。

（魏烨繁）

【建党97周年表彰大会暨文艺会演】 6月27日，来广营地区举行“庆红色华诞筑朝来信仰”——庆祝中国共产党成立97周年表彰大会暨文艺会演。地区领导班子成员，机关部分党员，辖区基层党组织书记、副书记、委员及党员代表、预备党员代表等约500人参加会议。会上，表彰来广营农工商实业总公司党总支等16个先进基层党组织、谭扬等16名优秀党务工作者、白桂新等121名优秀共产党员。

（魏烨繁）

【乡人大十七届四次会议】 7月30日至31日，来广营乡第十七届人民代表大会第四次会议召开。49名乡人大代表出席会议，部分区人大代表、乡机关科级以上干部、社区党组织书记列席会议。会议听取并审议通过《来广营乡人民政府2018年半年工作报告（审议稿）》《来广营乡人大主席团2018年半年工作报告（审议稿）》《来广营乡人民政府关于十三五规划中期进展情况的报告》。

（魏烨繁）

【社区“八巡工作法”实施】 8月22日，来广营地区召开实施社区“八巡工作法”（“八巡”指巡社情、巡设施、巡环境、巡绿化、巡违法、巡秩序、巡风险和巡安全）工作部署会，地区领导班子成员、各社区负责人以及首席社工师，负责“三社一体化”建设、社区环境工作等社区工作者代表200余人参加会议。年内，“八巡工作法”被评为朝阳区第四届社会治理创新优秀案例。

（魏烨繁）

【党建工作协调会成立】 9月20日，来广营地区工委（乡党委）召开党建工作协调委员会分会成立大会暨“聚力朝来”区域化党建项目启动仪式。区委组织部、区委农工委、来广营地区工委办事处领导及班子成员，北京会议中心等37家地区党建协调委员会成员单位，22个地区分会成员单位领导出席会议。机关科室负责人、各基层党组织书记及部分区、乡党代表、人大代表、政协委员及地区“两会一中心”代表参加会议。成立地区党建工作协调委员会分会是落实区委“一轴四网”党建体系建设，推进区域化党建工作向纵深发展、加强资源统筹、凝聚党建合力的重要举措。“聚力朝来”区域化党建深化项目旨在建造全覆盖的基层组织网络、建立基层党建工作的考评机制、建构互联网+党建模式服务民生、建设符合基层特色的党建品牌，探索党建引领社区精细化治理新模式。

（魏烨繁）

【社区团组织实现全覆盖】 11月19日至20日，来广营地区清苑路第四社区、清苑路第三社区、北苑社区分别召开团支部成立大会。实现地区24个社区团组织全覆盖。

（魏烨繁）

▲ 8月22日，来广营地区召开实施社区“八巡工作法”工作部署会

来广营地区办事处 供稿

【“两新”组织分会成立】 12月27日，来广营地区工委组织召开党建工作协调委员会“两新”组织分会第一次全体会议。确定来广营地区党建工作协调委员会“两新”组织分会首届会长、副会长人选，表决通过《地区党建工作协调委员会“两新”组织分会章程》，地区党建协调委员会“两新”组织分会正式成立。地区工委书记王刚、副书记芦爽、组织委员左秋玲以及20家地区企业和社会单位负责人参加会议。芦爽作《高举习近平新时代中国特色社会主义思想的伟大旗帜，团结奋进，开拓来广营地区非公企业党建工作的新局面》报告；左秋玲宣读来广营地区党建工作协调委员会“两新”组织分会会长、常务副会长、副会长和秘书长、副秘书长建议人选名单；会议通过《来广营地区党建工作协调委员会“两新”组织分会章程》；王刚为地区党建工作协调委员会“两新”组织分会会长、副会长颁发证书，芦爽为秘书长、副秘书长颁发证书；企业代表宣读《关于深化非公企业“一统六联”工作的倡议书》。

（魏烨繁）

【产业集群项目建设】 年内，来广营地区持续做强三大产业集群，高科技集群龙头效应凸显。朝来科技园入驻企业126家，职工1.7万余人，其中高端技术人才1000余人。2018年实现营业收入200亿元，纳税10亿元，租金收益2.5亿元；绿色产业集群持续壮大，清河营休闲服务中心项目完成规划方案调整并通过重新立项核准。商业服务业集群加快提质，朝来体育休闲健康中心、2.16公顷平衡资金项目手续办理进展顺利。

（魏烨繁）

【环境整治】 年内，来广营乡完成五环路沿线企业拆迁腾退工作。开展“大棚房”排查清理整治工作，拆除农业观光大棚房3处及非农用大棚房10处，拆除面积3.1万平方米；整治提升红军营南路和辛店路北湖渠段2两条优美大街、完成奥北小区南区环形路改造提升项目和时代庄园北侧路等12条背街小巷治理；打通北苑中街路和北苑小街路2条断头路，北苑二号路入选朝阳区第一批文明街巷；完善环保台账，实现“散乱污”挂账企业全部清零、空气质量好转和全域“无煤化”三大目标；落实河长制，乡、村河长全年巡查300余次；完成来广营中心沟、紫月亮排水沟、北小河3处截污工程和立城苑雨污管线改造、刘各庄污水临时导流等多项水环境治理工程；落实大尺度绿化要求，完成朝来森林公园三期项目主体工程的80%，148公顷代征绿地土方清运及消纳工程基本完成，疏解腾退空间还绿9处4.84公顷。全年拆除各类违法建设面积8.1万平方米，疏解商品交易市场2家、一般性制造业企业1家，整治开墙打洞44处，清理无证无照经营单位184家，整治群租房210户。清理整治卫生死角200余处，增补绿植3万余平方米，修缮破损步道6100余平方米，完成11座旱厕改造升级工作，投资600余万元设立垃圾箱、建立垃圾中转站等卫生基础设施。城管执法处理各类举报2.6万起，立案查处900余件，累计罚款42万元，拆除广告牌匾450余块。

（魏烨繁）

【安全稳定】 年内，来广营地区组织签订安全生产责任书、承诺书3722份，各层级出动检查人员1.5万人次，安全检查单位8500家次，立案50起，处罚金额20万元；提升消防能力，建成汽车商业街小型消防工作站、新建红军营社区微型消防站，地区微型消防工作站总量78处；加强食品安全检查，全年取缔无证无照经营单位107家，立案73件，处罚109.7万元；构建“打、防、控”一体化治安防控体系，开展扫黑除恶专项行动；地区警务工作站17处，民警驻区率100%。微电影《红袖标》获中央政法委颁发的“全国第三届平安中国优秀微电影奖”称号。

（魏烨繁）

【精准扶贫】 年内，来广营地区动员辖区单位为精准扶贫对口地区——云南省禄劝县、河南省淅川县毛堂乡捐款918万元。落实扶贫资金100万元用于支持河北省阳原县揣骨疃镇脱贫项目，促成辖区单位与该镇6个贫困村结对帮扶。

（魏烨繁）

【民生保障】 年内，来广营地区落实困难群体保障政策，采取多项措施做好就业服务与管理、社会保险缴纳服务工作；支持教育事业，投入资金28.2万元表彰奖励优秀教师100余名；文化服务中心全年接待群众5.5万余人次，老年大学分校吸收学员645人，举办文艺活动30余场；开展第四届“来广营榜样”评选活动，赵玉华等10人获“来广营榜样”称号；协调区财政投入资金711.22万元，完成为民办实事项目22项。地区社区社会组织联合会获朝阳区优秀社会工作平台建设表彰。

（魏烨繁）

2018年朝阳区来广营地区（乡）村委会、社区居委会一览表

表50

名　称	地　址	电　话
北京青年城社区居委会	红军营东路8号院北京青年城南门居委会	84954599
北卫家园社区居委会	北苑路96号北卫家园小区社区居委会	84945589
北苑二号院社区居委会	北京761信箱北苑二号院社区居委会	84936317
北苑三号院社区居委会	来广营红军营南路北卫新园6号楼西侧二层小楼二层北苑三号院居委会	84918952
北苑社区居委会	红军营东路15号院6号楼二层社区服务站	84920511
北苑一号院社区居委会	来广营地区北苑一号院10号楼2单元101、102室社区居委会	66749494
朝来绿色家园社区居委会	朝来绿色家园社区居委会	84950419
红军营社区居委会	来广营乡来北家园12号楼红军营社区居委会	53091552
黄金苑社区居委会	锦芳路1号院5号楼底商（小区院内）	84931521
广达路社区居委会	广达路2号院5-1-101	84364537
莲葩园社区居委会	来广营北苑家园莲葩园社区居委会一层	84925443
立城苑社区居委会	立水桥甲3号院5号楼	84813176
立清路第一社区居委会	立清路第一社区5号院5号楼7单元101室	84673960
茉藜园社区居委会	北苑家园社区茉藜园社区19-101	84926067
清河营中路社区居委会	水岸中街19号院（世华泊郡）18号楼	84920772
清友园社区居委会	双赢路2号院Q4号楼	84967852
清苑路第二社区居委会	清河营东路6号院16号楼	84909931
清苑路第三社区居委会	来广营地区水岸南街8号院3号楼3单元202	84933137
清苑路第四社区居委会	清河营东路3号院A6一层（福熙大道南区）	84923577
清苑路第一社区居委会	来广营地区水岸庄园A1010商业楼四层	84912960
时代庄园社区居委会	红军营东路18号时代庄园小区会所三层	84967984

续表50

名　称	地　址	电　话
新街坊社区居委会	来广营乡双营路6号院城锦苑小区2号楼东侧	84945426
绣菊园社区居委会	来广营地区绣菊园5号楼	84966936
紫绶园社区居委会	北苑家园紫绶园来广营城管队院内一层	13021047238
清河营村村委会	来广营乡北苑东路清河营郊野公园北区村委会	84945372
来广营村村委会	来广营乡来广营村委会	84904455
北湖渠村村委会	来广营乡北湖渠村委会	84856597
新生村村委会	来广营乡新生村委会	84913125
红军营村村委会	北苑中街8号	84923441

（魏烨繁）

南磨房地区（乡）

【概况】　南磨房地区（乡）位于朝阳区东南部。东与高碑店乡、王四营乡、垡头街道相邻；西临东三环与双井、劲松、潘家园三街道相接；南与十八里店乡交界；北至通惠河。辖域面积9.43平方千米。下辖2个村委会、13个社区居委会、7家集体所有制集团公司和1家合作公司。年内，辖区常住人口15万人，户籍人口26558户、62970人，流动人口5万余人；新出生人口714人、死亡人口452人；有社区卫生服务中心3个、社区卫生服务站5个；有大学1所、中学6所、小学4所、幼儿园11所；有1000平方米为民服务大厅1处、3352平方米地区文化中心1处、有文化广场15处和24小时自助图书馆3处。辖区有公交30路、31路、34路、348路、382路、486路、513路、541路、605路、677路、973路、985路、988路南段等公交线路，地铁14号、7号线贯穿其中。年内，南磨房乡紧紧围绕首都“四个中心”功能建设，朝阳“建设三区、建成小康”目标，乡党委实施“六民十八讲”（“六民”为聚民、育民、益民、利民、富民、便民）党建引领工程，抢抓机遇、攻坚克难、担当作为，全面完成全年各项任务，经济社会持续健康发展。完成“国家卫生乡”创建、非首都功能疏解等任务，实现地区社会发展加速推进、环境秩序持续改善、安全保障能力提升、民生福祉有效增进。全年区级财政收入实现6.87亿元，集体经济总收入完成44.08亿元，利润总额完成8.24亿元，上缴国家税金完成4.83亿元。各项经济指标稳居全区农村地区领先地位。南磨房乡获“国家卫生乡”“北京市体育特色乡镇”和“北京市安全社区”等称号。

（杨　婕）

【乡十三届三次党代会】　2月8日，南磨房乡第十三届党代会第三次会议召开。111名乡党代表出席会议。会议听取并审议通过《中共南磨房乡党委2017年工作报告（审议稿）》和《中共南磨房乡纪律检查委员会2017年工作报告（审议稿）》。

（杨　婕）

【乡人大十七届五次会议】　3月28日至29日，南磨房乡第十七届人民代表大会第五次会议召开。39名乡人大代表出席会议。会议听取并审议通过《南磨房乡人民政府2017年工作报告（审议稿）》和《南磨房乡人大主席团2017年工作报告（审议稿）》。

（杨　婕）

【基层党组织和在职党员“双报到”工作】　4月12日，南磨房地区工委（乡党委）召开基层党组织和在职党员“双报到”工作部署会，专题部署基层党组织和在职党员“双报到”工作。年内，完成5000余名市、区单位在职党员报到、700余名自管在职党员回社区报到和71家基层党组织报到。将“双报到”工作与地区“六大为民工程”结合，开展“共产党员当先锋，规范出行我最行”“创卫先锋扮美家园”以及主题党日活动、周末大扫除活动等，服务辖区“疏解整治促提升”、创建国家卫生乡等重点工作。全年开展活动200余次。

（杨　婕）

【乡人大十七届六次会议】　8月8日，南磨房乡第十七届人民代表大会第六次会议召开。40名乡人大代表出席会议。会议听取并审议通过代乡长易湘林所做的《南磨房乡人民政府2018年半年工作报告》；会议部署下半年主要工作任务。

（杨　婕）

【乡人大十七届七次会议】　10月16日至17日，南磨房乡第十七届人民代表大会第七次会议召开。40名乡人大代表出席会议。会议选举易湘林为南磨房乡人民政府乡长。

（杨　婕）

【社区（村）“两委”和企事业单位领导班子换届选举】　年内，南磨房地区（乡）完成社区（村）两委和企事业单位领导班子换届选举工作。按照“选优配强基层班子、强化基层干部梯队设置和人才培养”原则，调整使用企业干部18人、社区（村）“两委”干部61人。

（杨　婕）

【文化建设】　年内，南磨房地区（乡）以庆祝改革开放40周年、朝阳区建区60周年为契机，以地区“文化节”和“体育节”两大品牌活动为载体，结合农村城市化步伐，举办“歌颂十九大、唱响南磨房”合唱比赛等系列文体活动103场。坚持文化惠民，强化文化市场管理。完善公共文化服务体系，完成社区棋苑、乒乓球长廊5处，修缮篮球场、室外活动广场6处，新增健身器材24件。以全市第一名成绩获“北京市体育特色乡镇”称号。

（杨　婕）

【公共服务】　年内，南磨房地区（乡）发挥社会救助、慈善救助作用，累计投入资金27.25万元，走访、慰问各类低保困难人员、优抚对象等群体265户。完善落实职工“普惠、精准、便捷”服务维权机制，累计普惠职工2万余人。开展各项为老服务工作，“温情敬老”服务项目持续发挥作用。优化医疗资源布局，南磨房社区卫生服务中心晋升二级康复医院。引进陈经纶中学九年一贯制学校，为地区增添名校教育资源。

（杨　婕）

【环境整治】 年内，南磨房地区（乡）聚焦重点领域、重点地区、重点项目区域拆迁腾退和综合整治。以广渠路、化工路沿线环境整治工作为重点，完成靓丽副中心廊道22处点位全部整治工作，拆除违法建设面积8万余平方米，存量违法建设挂账任务拆除腾退面积9万余平方米、建筑面积12.8万平方米。清理整治出租大院5处，整治“开墙打洞”房屋46间；南磨房乡作为朝阳环境标杆乡创建工作试点乡，以“六治一增”（“六治”为治违、治脏、治乱、治堵、治水、治气，“一增”为增绿）为主要内容，环境整治项目累计投资7100万元，先后完成紫南大街、百子湾路、北京东站等区域综合整治提升工程，乡域内68处闲散空地、29条背街小巷环境治理工程以及公园、绿化带景观建设和提升工程等；落实“街巷长制”河长制工作机制，分级设立街长、巷长、小巷管家，做到责任到人。制定“清河行动”方案，开展河道巡查治理，整治河道“四乱”（乱占、乱采、乱堆和乱建）。持续开展大气污染治理和水污染防治工作，加大施工扬尘、道路遗撒等违规行为查处力度。开展垃圾分类试点，落实“门前六包”责任制。运用“街乡吹哨、部门报到”工作机制破解难题，实现城市精细化管理。

（杨　婕）

【精准扶贫】 年内，南磨房地区主要领导先后4次带队赴河北省张家口市阳原县辛堡乡开展对口扶贫工作。南磨房地区相关社区、乡属集体企业与辛堡乡6个贫困村分别结成帮扶对子。南磨房乡支援辛堡乡100万元用于建设“春秋大棚”，对接中国扶贫开发服务有限公司、中粮饲料公司、北京二商等国有企业，开展产业扶贫项目考察调研，搭建帮扶平台。

（杨　婕）

2018年朝阳区南磨房地区（乡）村委会、社区居委会一览表

表51

名　称	地　址	电　话
平乐园社区居委会	窑洼湖68号	67303600
紫南家园社区居委会	紫南家园小区207号楼	87351374
双龙南里社区居委会	双龙南里	87320042
南新园社区居委会	南新园26号楼	87322075
百子湾西社区居委会	东石门村6号院	87956922
东郊社区居委会	深沟甲168号院	87705761
欢乐谷社区居委会	金蝉西路南	67377070
百子湾东社区居委会	百子家园109号楼	87715691
山水文园社区居委会	山水文苑东园4号楼底商	87367539
赛洛城社区居委会	百子湾东里113号楼	67713718
百子湾北社区居委会	东四环中路80号大城国际3号楼底	59626002
广百西路社区居委会	广百西路18号院3号楼1单元101号	87152502
世纪东方城社区居委会	紫南家园108楼4层	87362800
楼梓庄村委会	南磨房紫南家园社区2层	87351374
大郊亭村委会	窑洼村68号	67352148

（杨　婕）

▲ 5月3日，南磨房乡与辛堡乡举行结对帮扶签约仪式　　侯　翔　摄

平房地区（乡）

【概况】 平房地区（乡）位于朝阳区中部。东至石各庄、黄渠村与三间房乡接壤，南靠朝阳路、临高碑店乡，西接京包铁路、临八里庄街道和东风乡，北至平房村与东坝乡相邻。辖区面积15.18平方千米。下辖12个社区、4个村。年内，辖区常住人口119654人，户籍人口18965户、41121人，流动人口68904人，外籍人口1127人；新出生人口664人、死亡人口214人；有规模以上法人单位140个；有幼儿园12所、小学6所、中学5所；一级医院1所、社区卫生服务中心1处、社区卫生服务站6处；有养老驿站3家、养老照料中心1家；有10000平方米地区文化广场7处、有230平方米为民服务大厅1处、3000平方米地区文化中心1处；有体育中心1个、郊野公园4个、村级公园3个、在建公园1个。年内，地区坚持党建引领，围绕“强三性、去四化、夯基础、重维护、精服务、稳发展”工作思路，完成“一绿试点”项目腾退、创建国家卫生区、拆违腾退增绿、便民惠民等重点任务，地区环境建设明显改善、民生福祉有效增进。实现区级收入6.18亿元，比上年增加2.31亿元，增幅59.69%；实现集体经济总收入23956.1万元，人均劳动所得39446元，比上年增长6.5%。

（赵　金）

【就业服务】 1月16日至11月20日，平房地区先后举办就业援助月、春风行动、高校毕业生专场等7场大型专场招聘会，为求职者提供多工种多岗位就业机会。活动现场，为求职者提供职业指导、就业政策咨询、社会保险等方面综合性服务，发放《关于新开办企业就业登记和社会保险参保登记合并办理的通知》《社保政策宣传手册》《就业失业政策宣传手册》《就业服务宣传折页》《培训指南宣传折页》《失业人员职业指导流程图宣传折页》《失业人员失业登记流程图宣传折页》等宣传材料。约500名求职者与用工单位现场达成就业意向。

（赵　金）

【乡十二届二次党代会】 1月18日，平房乡第十二届党代会第二次会议召开。96名乡党代表出席会议。会议审议并通过《中共平房乡党委2017年工作报告（审议稿）》《中共平房乡纪律检查委员会2017年工作报告（审议稿）》《平房乡2017年度党费收缴和使用情况报告》和《中共平房乡党委关于在“一绿”试点建设中发挥党建引领作用的意见》。会上，乡党委班子成员分别述职，与会代表民主评议领导班子及班子成员。会议收到党代表意见建议13条。

（赵　金）

【首届社区社会组织公益之星颁奖仪式】 1月30日，平房地区社区办在地区党群服务中心举办平房地区首届社区社会组织公益之星颁奖仪式。地区办事处副主任王建国、林成出席仪式，智耘弘善社会工作事务所主任马月琴、平房地区各社区书记、主任以及各社区社会组织负责人等80余人参加颁奖仪式。此次活动从46个社区社 会组织中评选出定福家园南社区三色花协会、富华家园社区真情缝纫组、国美家园社区集结号爱心联盟、姚西社区银燕助老志愿服务队等12个优秀社区社会组织。会上，王建国、林成为优秀组织颁奖，姚家园西社区、富华家园社区社会组织代表作典型发言。

（赵　金）

【文化活动】 2月8日，平房地区社区社会组织联合会举办地区“新时代新征程新希望——平房地区宣传党的十九大精神暨社区工作者风采”展示活动。地区主要领导及社区工作者100余人参加活动。6月12日，举办“弘扬时代主旋律唱响平房新征程”第六届合唱比赛。各村、社区合唱团11支队伍近600人参赛。6月20日至23日，举办“美丽中国魅力平房”书画展览，展出书画作品150余幅，地区300余名书画爱好者观展。7月至8月，“平房地区暑假快乐营”开班。设置阅读、书法、绘画、手工制作、科技、参观等特色课程，让孩子们在暑期收获更多知识、更多快乐，让职工安心工作解决后顾之忧。10月至12月，举办平房地区社会组织推介交流会、“声动平房”配音大赛培训及比赛、以“拥抱城市化，共享新生活”为主题的2018“同舟共益”党建嘉年华活动以及图书漂流十周年成果汇报演出等活动。

（赵　金）

▲ 12月24日，平房地区举办图书漂流十周年成果汇报演出　　王一民　摄

【乡人大十七届三次会议】 3月30日，平房乡第十七届人民代表大会第三次会议召开。50名乡人大代表出席会议。乡人大主席李登超主持会议。会议审议并通过《平房乡人民政府2017年工作报告（审议稿）》《平房乡人大主席团2017年工作报告（审稿稿）》及《平房乡2017年财政预算执行情况和2018年财政预算草案的报告》。会议期间，收到代表意见建议9件，经乡第十七届人民代表大会议案审查委员会审议，归纳为8件。

（赵　金）

【共青团活动】 5月4日，平房地区团工委举办“爱岗敬业青春无悔”“五四”主题团日活动，地区“青年在线”成员和团干部利用思维导图学习党的十九大精神。5月12日，平房地区团工委举办“五四精神”代代传——党团青年手绘环保布袋主题活动，地区“双报到”

党员和团员60余人参加活动。10月31日，平房地区团工委联合拔萃双语学校高一学生开展“青春路标——思维导图带你读懂共青团十八大报告”培训活动，40余名青年参加活动。11月2日，开展“2018年平房地区团员青年素质教育系列团课——高情商的沟通之道”活动，地区全体“青年在线”成员及各村、社区副职以及团干部75人参加活动。12月17日至18日，平房地区团工委举办“改革开放天地宽，青年奋斗正当时”主题宣讲和“不忘初心、牢记使命”青年干部专题党课，50余名团员青年参加。

（赵　金）

【乡人大十七届四次会议】 5月20日至21日，平房乡第十七届人民代表大会第四次会议召开。46名乡人大代表出席会议。乡人大主席李登超主持会议。会议审议并通过《平房乡“一绿试点”棚改项目住宅房屋腾退补偿安置办法（草案）》和《平房乡“一绿试点”棚改项目住宅房屋腾退补偿安置办法实施细则（草案）》。

（赵　金）

【爱心捐赠】 5月21日，平房地区开展“献爱心、送温暖”募捐活动，募集善款2160元、衣物5572件。6月30日，开展迎“七一”党员献爱心捐赠活动，募集善款91563.85元。9月16日，永旺超市集团为地区残联5个康复基地开展“幸福黄色小票”活动，捐赠日用品价值17800元，用于基地康复人员使用。9月29日，地区慈善分会开展“中华慈善日朝阳慈善公益周”主题活动，各社区（村）募集善款8906元。10月16日，地区为辖区60名90岁以上老年人每人发放重阳节慰问金200元。11月26日，组织各社区、村开展“爱心暖阳”捐赠活动，接收捐赠衣物4174件。

（赵　金）

【特色主题教育】 6月30日，平房地区工委举办“让党徽闪光，为党旗添彩”——迎接建党97周年庆祝活动。地区领导班子成员，机关党支部、各直属支部全体党员，各村、社区领导班子成员，平房村、石各庄村党员代表、“双报到”党员和“双报到”党组织中被腾退人，机关青年在线成员等480人参加活动。10月18日，举办2018年“不忘初心·牢记使命”知识竞赛，22支代表队参赛，评出一等奖1名、二等奖2名、三等奖3名，青年路社区代表队获一等奖。12月7日，举办“尊崇宪法、学习宪法、遵守宪法、维护宪法、运用宪法”——“12·4”国家宪法日主题话剧展演活动，机关党员干部、村和社区负责人等400余人参加活动。展演的反腐主题话剧《正义的铁拳》得到区监委、区司法局和法学会领导称赞。年内，编辑《平房乡党员理论知识学习手册》口袋书1000册，统一配发至党员干部。

（赵　金）

【环境整治】 7月10日，平房乡启动平房村和石各庄村1803个院（其中平房村1502个院、石各庄村301个院）腾退工作，至8月9日（为项目奖励期），完成腾退846个院（其中平房村643个院、石各庄村203个院），剩余957个院于年底前完成腾退工作。年内，平房乡累计住宅房屋腾退面积27.8万平方米，非宅腾退面积12.7万平方米，完成年度腾退任务；拆除违法建设面积23.62万平方米，退出一般制造业企业2家，整治占道经营、无证无照和开墙打洞145家，清理违法群租房75户；利用疏解腾退空间新建临时停车场16处，新建全民健身活动场所11处；定福庄路东侧10.07公顷“留白增绿”项目进展顺利，占地31.35公顷的平房公园项目主体工程基本完工。

（赵　金）

【工会组织建设与会员服务】 8月8日，平房地区总工会召开“双沟通会”，10家未建会企业、2家建会企业及部分职工代表参加会议。会议由已建会企业方代表介绍企业组建工会经验做法，督促未建会企业尽快建立工会组织，维护职工合法权益。9月18日，地区总工会开展“金秋送暖，喜迎双节”会员活动，面向工会会员开展“双节”会员日活动，会员可免费观影、免费购书。9月21日，地区总工会召开第二届委员会第四次全体会议。地区总工会主席高习见向大会报告地区总工会2018年工作，会议审议并通过1项人事决定及4项财务制度。年内，平房地区完成百人建会10家、发展会员1500人，收缴会费501.69万元，建立暖心驿站32家、职工之家12家，开展“双沟通”19次，集体合同建制率88%。

（赵　金）

【乡人大十七届五次会议】 8月30日，平房乡第十七届人民代表大会第五次会议召开。41名乡人大代表出席会议。会议听取并审议通过《平房乡人民政府2017年工作报告（审议稿）》。乡党委书记寇晔明确2018年乡党委工作思路和要求。

（赵　金）

【京城梨园获批AAA级旅游景区】 12月28日，平房地区京城梨园被评定为AAA级旅游景区。京城梨园位于朝阳区平房乡姚家园路与东五环路交会处东南角。按照AAA级标准，重点依托梨园文化资源，通过建立梨园文化展示墙、重新种植地被植物、新添各类指示牌及设施、改建游客服务中心及小卖部、升级改造公共卫生间等措施，完善景点设施建设。12月27日，京城梨园获朝阳区旅游景区质量等级评定委员会审核批复，批准京城梨园为AAA级旅游景区。

（赵　金）

【创建国家卫生区】 年内，平房地区坚持全域“创卫”、全民共享，地区27个职能部门、30余家物业公司、295家餐饮单位、52家“四小”门店、9家便民市场、12个建筑工地共同参与“创卫”工作。规范经营店铺“门前六包”794家。建立“四巡”机制，梳理问题1679件，整改1542件，整改率91.8%；开展环境治理，累计出动11161人次，清理街巷576次，清理居民小区327次，清运垃圾856.2吨，清理地下车库、自行车棚136处，清理白色污染，清除非法小广告，清理大型堆物堆料20余处，集中灭“四害”6次；举办大型宣传活动20余场，在“平房e家亲”发布信息60条，发放并回收创卫调查问卷1990份，搜集意见建议701条；营造“创卫”工作氛围，在近300处点位增补健康教育及创卫口号等宣传内容，建立“创卫”宣传文化墙300余处，发放宣传品8万余份。

（赵　金）

【安全隐患排查】 年内，平房地区开展“春晖”、城乡接合部整治、“三大专项行动”回头看等安全隐患排查治理行动。检查企业9340余家次，消除隐患27000余处，依法行政处罚43家，处罚金额14.9万元，全年地区未发生安全生产责任事故。加强空气质量检测；从源头抓扬尘治理，开展渣土运输车辆专项整治90余次，查扣渣土车450余辆；地区施工裸露土地全部苫盖，苫盖滤网110万余平方米。做好食品药品安全工作，检查单位600余家次，整改260家。

（赵　金）

2018年朝阳区平房地区（乡）村委会、社区居委会一览表

表52

名 称	地 址	电 话
雅成里社区居委会	雅成一里14号楼雅成里社区	85512305、85528027
富华家园社区居委会	黄杉木店路186号院富华家园社区居委会	85750295、85762215、85762392
姚家园西社区居委会	姚家园西里1号院1号楼四层	85529268、85560885
华纺易城社区居委会	青年路29号院1号楼4单元201室	85799621、85799622、85799623
定福家园南社区居委会	三间房西路1号院1号楼1单元地下一层	65761509、65761507
国美家园社区居委会	青年路西里2号院6号楼底一层	85561615、85565387
星河湾社区居委会	四季星河路2号院1号楼2单元一层	85560733、85560820
平房社区居委会	平房村1780号平房社区居委会	85573866、85574096
天鹅湾社区居委会	雅成二里20号楼底商103号	65565920、65565910
青年路社区居委会	青年路西里5号院5号楼底商一层	85563188
姚家园东社区居委会	姚家园东里8号院5号楼3单元101	85798985、85798786
逸翠园社区居委会	姚家园东里中路14号院1号楼二层	85515336、85798550
泓鑫家园社区居委会	东坝中路40号院10号楼2层	65755966
平房村村委会	平房乡平房村386号（煤气站往东20米）	85573505
黄渠村村委会	平房乡黄渠村委会（黄渠公园内）	65765017
石各庄村村委会	平房乡石各庄村1号	65487852
姚家园村村委会	平房乡姚家园村委会	85577136

（赵 金）

三间房地区（乡）

【概况】 三间房地区（乡）位于朝阳区东部。东起管庄乡；西至高碑店乡；南接豆各庄乡；北临平房乡、常营乡。辖区面积8.75平方千米。下辖11个行政村、15个社区。年内，辖区常住人口108250人，户籍人口24031户、66557人，流动人口35922人；新出生人口613人、死亡人口535人；有法人单位7539家，其中中央单位有中国传媒大学、中国水利水电建设工程咨询北京有限公司、中国能源建设集团北京电力建设公司等16家；市属单位有北京第二外国语学院、北京工艺懋隆贸易有限公司等14家；区属单位18家；有社区卫生服务中心1个、社区卫生服务站7个；有大学2所、中学1所、中等专业学校1所、小学3所、幼儿园10所；有养老机构3个、养老驿站3家；辖区建有900平方米为民服务大厅1处、3000平方米地区文化中心1处、文化广场4处和24小时自助图书馆4处。绿化率33.69%；16条公交线路途经地区，地铁八通线贯穿其中。年内，重点开展疏解整治、创建国家卫生区、安全检查等工作，有效改善辖区环境秩序，提升居民幸福感。实现区级财政收入3.35亿元，比上年增长7.9%；集体经济总收入3.8亿元，比上年增长47%；征收大房产税5831.73万元，比上年增长11.82%。三间房地区获“北京市交通安全先进单位”“北京市‘疏解整治促提升’专项行动先进集体”等称号。

（吴 迪）

【乡八届二次党代会】 1月26日，三间房乡第八届党代会第二次会议召开。98名乡党代表出席会议。会议书面审议并通过《中共三间房乡党委2017年工作报告（审议稿）》《中共三间房乡纪律检查委员会2017年工作报告（审议稿）》《三间房乡2017年度党费收缴、使用和管理情况的报告》；乡党委委员分别述职，与会代表民主评议乡党委领导班子和党委委员。

（吴 迪）

【领导调研】 3月15日，市农委经管处处长侯书江一行等到三间房地区调研产权制度改革和“一绿”二批试点转居转工工作，听取三间房地区产权制度改革及转居转工工作整体思路、集体资产资源历史和现状工作汇报。4月3日，国务院办公厅政府信息与政务公开办公室四处处长周兴兵、副处长后向东，市政府信息和政务公开办公室副主任范寅龙等到地区政务服务中心调研，了解三间房地区信息公开、保障房经办、失业登记等窗口政务服务中心运行机制、各职能部门联动、信息公开、为民服务情况。10月24日，市安全监管局副巡视员谢清顺带队初步验收三间房地区“挂牌督办”工作成效。听取关于“挂牌督办”工作汇报并提出指导意见。

（吴 迪）

【治安秩序整治】 3月20日，三间房地区召开市级重点挂牌督办整治工作动员部署会。针对可防性案件相对高发、治安秩序和城市管理秩序相对混乱等突出问题，坚持“综合治理、源头治理、标本兼治、齐抓共管”原则，加大治安秩

序整治力度。年内，可防性案件发案62起，比上年下降49.6%；治安案件受理1130起，比上年下降20.47%；刑事案件受理555件，比上年下降20.71%；城管热线举报案件2443件，比上年下降48.57%。地区群众安全感满意度93%，治安秩序明显改观，环境秩序明显改善，安全隐患基本消除，未发生重大及以上刑事案件、群体性事件和安全事故。

（吴　迪）

▲ 三间房地区街面秩序综合执法（摄于3月24日）　　黎　佳　摄

【乡人大十七届三次会议】 3月22日，三间房乡第十七届人民代表大会第三次会议召开。46名乡人大代表出席会议，各村、社区、乡直属企业和机关部分干部75人列席会议。会议审议并通过《三间房乡人民政府2017年工作报告（审议稿）》《三间房乡人大主席团2017年工作报告（审议稿）》《三间房乡2017年财政预算执行情况和2018年财政预算草案的报告》和《三间房乡人民政府关于办理三间房乡第十七届人民代表大会第二次会议代表议案、建议、批评和意见情况报告》。

（吴　迪）

【疏解整治】 6月，三间房地区完成双桥路优美大街建设。其间，完成取缔无照游商、治理“开墙打洞”、改造不规范商户牌匾、拓宽人行便道、增设花坛、座椅等基础设施和绿化景观建设等环境整治工作，周边环境明显提升。11月，完成三间房地区定福庄街区（包括定福庄东街、中街和西街）环境综合整治工作。整治后，该街区以北京灰砖墙为基底，突出“一街一策”“一道一味”和“一路一品”特色内涵与功能，绿化面积4800平方米，砌筑挡墙2000延米、墙面画面积4000平方米、地面铺装面积1200平方米、新设广告牌匾面积550平方米。增设人行道护栏、加装阻车桩，从根本上解决乱停车问题。定福庄东街以动漫创意为主题，地区与中国传媒大学动画与数字艺术学院合作，建成2400平方米“户外美术馆”。增加快递驿站、便民车等，为周边学生提供方便；定福庄中街以“广院”（中国传媒大学前身为北京广播学院）记忆为主题，绘制“广院”记忆墙，增设公共座椅，留出传媒学生作品展示墙，拓展校园文化；定福庄西街以定福文化为主题，通过绿化种植与浮雕、壁画、花窗等景观体现文化氛围与街巷风貌。年内，地区累计拆除违法建设面积5.4万平方米，整治占道经营、无证照餐饮以及其他无证照经营等近400处，治理开墙打洞305处，清理出租大院和公寓7个、群租房57处，清退一般性制造业企业2家，规范社会办学1家、劳动保障监察企业208家，完成290个点位棚户区改造。疏解人口4678人，完成率106.3%。

（吴　迪）

【“一绿”二批整建制农转非工作启动】 7月1日，三间房地区启动“一绿”二批整建制农转非工作。农转非涉及东柳村、西柳村、金家村、新房村和北双桥村等5个村，涉及农业户籍人口1543人。至年底，农转非工作全部完成。

（吴　迪）

【乡人大十七届四次会议】 7月25日，三间房乡第十七届人民代表大会第四次会议召开。50名乡人大代表出席会议，各村、社区、乡直属企业和机关部分党员干部等75人列席会议。会议审议并通过《三间房乡人民政府2018年半年工作报告（审议稿）》《三间房乡人大主席团2018年半年工作报告（审议稿）》及《三间房乡人民政府办理乡第十七届三次会议代表议案、建议情况的报告》。

（吴　迪）

【精准扶贫】 10月12日，三间房乡党委书记张小锋带队赴河北省张家口市阳原县马圈堡乡开展扶贫协作工作。与阳原县和马圈堡乡有关领导座谈并签署结对协作框架协议书，决定在加强双方对接交流、生态农业协作、公共服务帮扶、旅游产业协同、干部人才交流等五个方面开展合作，共同打赢扶贫攻坚战。

（吴　迪）

【社区（村）“两委”换届】 11月28日，三间房地区工委（乡党委）召开村和社区“两委”换届选举工作动员部署会。地区工委下辖26个基层党组织，11个村党支部和15个社区党委，有党员4089人。年内，完成社区（村）“两委”换届工作。2037名党员参加换届选举工作，选举产生新一届社区（村）党组织成员140名，选举产生社区（村）党组织书记26名、副书记38名。选举产生新一届社区纪检委员45名，其中5个社区设立专职纪委书记。

（吴　迪）

【市政水改造工程】 11月，三间房地区美然动力社区瑞和国际小区成为地区第一个喝上市政水的居民小区。市政水入户改造工程于9月启动。其间，地区社会公共事务服务中心与社区居委会、物业公司合作，完成接入市政水宣传告知等工作。

（吴　迪）

【民生保障】 年内，三间房地区1132名失业人员实现提档就业；开展建筑企业用工监控，处理12起拖欠农民工工资问题，讨回工资150余万元；实现城乡居民养老保险续保宣传率100%和城乡居民基本医疗保险参保率100%；完成2100余名退役军人信息采集工作；落实养老助残等各项优惠政策，为辖区47名残疾人提供康复治疗服务，申请辅具1610件，13人实现辅助性就业。

（吴　迪）

2018年朝阳区三间房地区（乡）村委会、社区居委会一览表

表53

名称	地址	电话
美然动力社区居委会	朝阳北路50号院东侧	65767336
福怡苑社区居委会	定福庄北街福怡苑社区服务站内	65406809
定北里社区居委会	定北街金星小区南侧平房	65407714
定南里社区居委会	定福庄北里一号院4号楼对面	65757725
定西北里社区居委会	定福庄西里1号院定西北里社区居委会	65715419
定西南里社区居委会	定福庄西街定福园小区定西南里社区居委会	65769657
泰福苑社区居委会	泰福苑一区2号楼一层底商 泰福苑社区服务站旁	65407599
聚福苑社区居委会	朝阳路59号院聚福苑小区北门一号楼底商	65407399
三南里社区居委会	三间房南里4号院社区居委会	65756922
绿洲家园社区居委会	建国路18号院1号楼107绿洲家园	65403552
艺水芳园社区居委会	北花园街8号院西侧	65400351
双惠苑社区居委会	水郡长安家园2号院外底商东北角 （人防入口）	65427426
双柳社区居委会	双桥路双柳巷1号楼北侧	65426384
双桥路社区居委会	双桥街西大院12号社区居委会	85366803
双桥铁路社区居委会	双桥街东柳西里北一区14号楼 北侧社区居委会	65758180
三东村村委会	泰福苑一区2号楼一层底商	65755102
三西村村委会	泰福苑一区2号楼一层底商	65762562
定东村村委会	朝阳路59号院聚福苑小区北门一号楼底商	65763494
定西村村委会	朝阳路59号院聚福苑小区北门一号楼底商	65765938
褡裢坡村村委会	泰福苑一区2号楼一层底商	65752388
白家楼村村委会	朝阳路59号院聚福苑小区北门一号楼底商	65758178
东柳村村委会	三间房乡金卫路东柳村村委会	65420301
西柳村村委会	三间房乡西柳村拆迁指挥部 （杜仲公园北门对面）	65400756
北双桥村村委会	三间房乡北花园街6号院天泰北双苑小区 10号楼底商1002室	65400913
金家村村委会	三间房乡水泥构件厂底商3-4号楼	85361288
新房村村委会	三间房乡新房村商业街5号	65758174

（吴　迪）

十八里店地区（乡）

【概况】 十八里店地区（乡）位于朝阳区东南部。横跨三环、四环、五环及京津塘高速路，东南与通州区为邻；西南接小红门乡，西北与东城区接壤；南与亦庄经济开发区毗邻；北邻南磨房乡、王四营乡、垡头街道。辖区面积25.23平方千米。下辖8个村、4个社区。年内，辖区户籍人口18419户、42648人，流动人口16.6万人；新出生人口438人、死亡人口90人；辖区有卫生服务中心和社区卫生服务站9个；有8个银行网点；有大学、中学、小学和幼儿园共19所；有养老院5家；有地区文化中心11处、文化广场9个和社区图书馆1个；辖区主要道路有三环路、四环路、五环路、大羊坊路、西大望南路等，途经辖区公交线路23条。地铁八通线贯穿其中。年内，十八里店乡以“深入学习贯彻市委十二届四次全会和区委十二届六次全会精神，紧抓机遇、稳中求进、攻坚克难，全力落实疏解提升，全力推动提质增效，全力改善环境秩序，全力确保安全稳定，全力保障民生幸福，全力加强自身建设，全面完成区委、区政府下达的各项任务指标，迈出新时代十八里店全面实现城市化、地区群众更加幸福的坚实步伐，奋力谱写新时代十八里店发展新篇章”为总体思路，以“疏解整治促提升”为抓手，以“减量精治优环境”为主线，以推进全乡农村城市化为目标，努力实现“五个突破”（在疏解增绿、改善地区环境面貌上实现新突破；在加快产业结构调整和经济转型发展上实现新突破；在提高社会服务管理水平上实现新突破；在加强地区文化文明建设，提高群众幸福感和获得感上实现新突破；在加强政府自身建设，提高依法行政、科学执政、廉洁从政水平上实现新突破）。全年实现集体经济收入12.2亿元，税金总额4358万元，形成区级财政收入4.1亿元，农民人均劳动所得42517元，累计疏解腾退106万平方米，新增绿化面积133.33公顷，辖区常住人口持续减少，各项工作任务全面完成，地区城市化建设进展顺利。十八里店地区获“首都文明单位”“首都最佳志愿服务组织奖”等称号。地区原创朗诵作品《向着太阳出发》在

北京市第28届农民艺术节“乡村大舞台”总决赛中获综合类节目三等奖。

（焦　健）

【乡十二届二次党代会】 1月18日，十八里店乡第十二届党代会第二次会议召开。97名乡党代表出席会议，地区基层单位及机关科室负责人38人列席会议。乡党委书记张宏明代表乡党委向大会作题为“牢记使命奋发有为全面推进十八里店乡城市化建设的新征程”的2017年工作报告；乡党委委员依次述职；会议表决通过《关于乡党委2017年工作报告的决议》和《关于乡纪委2017年工作报告的决议》，与会代表民主测评乡党委领导班子和党委委员履职情况。张宏明强调，各级党员领导干部要有干事创业的事业心、要有履职尽责的责任心、要有攻坚克难的决心。

（焦　健）

【乡人大十七届四次会议】 1月26日、29日，十八里店乡第十七届人民代表大会第四次会议召开。54名乡人大代表出席会议，乡领导班子成员、部分区人大代表、乡机关科室负责人，各村党总支书记、村委会主任、经济合作社社长，社区和居委会书记、主任，乡属企事业单位负责人列席会议。会议听取并审议通过《十八里店乡人民政府2017年工作报告（审议稿）》《十八里店乡人大主席团2017年工作报告（审议稿）》《十八里店乡2017年财政预算执行情况和2018年财政预算草案的报告》。

（焦　健）

【义务植树】 3月31日，在十八里店乡丹枫公园地块举行2018年“共和国部长义务植树”活动。来自中直机关、中央国家机关各部委、单位和北京市的151名部级领导干部参加义务植树活动。4月13日，全国政协副主席张庆黎、刘奇葆、卢展工、王正伟、马飚、夏宝龙、杨传堂、李斌、巴特尔、汪永清、何维、高云龙和全国政协机关工作人员等400余人，到十八里店乡小武基公园参加义务植树活动。

（焦　健）

▲ 3月31日，“共和国部长义务植树”活动在十八里店乡举行　十八里店地区办事处　供稿

【领导调研】 4月9日，北京市副市长卢彦带领市有关部门领导，北京市16个区主管副区长、市园林绿化局局长等领导到十八里店乡丹枫公园检查春季造林绿化情况。5月9日，副市长隋振江到十八里店乡蹲点调研，座谈了解地区城市化规划优化方案。市政府办公厅、市规划国土委、市城乡办、市住房城乡建设委、市重大办、市规划院等部门相关领导一同调研。隋振江指出，十八里店乡属于城乡接合部，为加快推进城市化进程，市、区有关部门和属地政府要做到精细化管理，严格控制平衡资金和建设规模；加大政策创新力度，先行先试，不断探索招数；主动破解难题，市、区要将国有地、农租房等作为重点，统筹研究解决。6月11日，市委书记蔡奇以“四不两直”方式实地调研十八里店地区“疏解整治促提升”工作，现场察看进度，听取群众意见，举一反三，研究推进工作。蔡奇强调，坚决治理违法建设，对新增违法“零容忍”。推动建筑垃圾资源化再利用、自行消纳。重视街区环境重塑，大力推进“留白增绿”，及时织补各类便民服务网点。9月22日，蔡奇带领北京市16个区和市相关部门主要负责人，到十八里店乡小武基公园查看造林绿化工作。十八里店乡大面积疏解腾退，新建小武基公园，为形成闭合的一道绿隔城市公园环再添新绿。市委副书记、市长陈吉宁，市人大常委会主任李伟，市政协主席吉林一同调研。6月21日，区委副书记、代区长文献带队到十八里店乡吕家营村吕家营工业区实地查看工业区腾退和十八里店乡重点工作进展情况。12月5日，区委书记王灏到十八里店乡检查大洋路农副产品市场食品安全和猪肉供应情况。区委常委、宣传部部长刘军胜等一同检查。5月24日，水利部海河委员会督导组一行到十八里店乡大羊坊沟督导检查河长制工作落实情况，实地查看大羊坊沟水环境和排污治理情况并听取相关工作情况汇报。

（焦　健）

【创建国家卫生区】 5月23日，市病媒专家组、区“创卫”办领导一行到十八里店乡指导病媒生物防制工作。市疾控中心副主任曾晓肯定十八里店乡病媒生物防制工作成绩并提出工作建议。十八里店乡各相关科室负责人及各村督查员听取专家组指导建议并与专家组成员共同探讨解决方案。7月25日，十八里店乡“创卫”病媒生物防制工作通过市级病媒专家组第三组专项验收。

（焦　健）

【庆祝建党97周年文艺演出】 6月29日，十八里店乡以“不忘初心牢记使命”为主题，在武警北京市总队机动第一支队礼堂举办庆祝建党97周年大会暨文艺演出活动。活动以播放纪录片形式，从疏解整治促提升、煤改清洁能源、实施“三大行动”等方面，展现十八里店地区2017年实现跨越式发展取得的成绩。300余名村民演员演出文艺节目，1100余名观众参加活动。

（焦　健）

【重点村整治】 7月8日，十八里店乡党委书记张宏明、乡长姜金平、区农委副主任赵清志主持召开吕家营重点村整治专题调度会。成立吕家营重点村整治工作领导小组，乡党委书记和乡长任双组长，班子成员和吕家营村党总支书记任副组长，成员单位包括办公室、宣传科、监察办、综治办、安监科等10余个单位。领导小组下设办公室及综合协调、纪律保障、环境建设、综合治理、公园建设、宣传报道和机制研究等7个工作组。细化完善《隐患问题突出重点村整治方案》，明确“环境整洁，管理有序，村风文明”工作目标，提出通过整治工作力争实现四方面效果，即实现“四无”（无私搭乱建和新增违法建设；无店外经营、无证无照经营和露天烧烤；无散乱污企业；无暴露垃圾）、“二有”（管理规范有机制，环境建设有亮点）、“两个根本性”（环境秩序和环境面貌有根本性改善、社会管理水平和安全稳定程度有根本性提高）和“一个满意”（让群众满意）。

（焦　健）

【乡人大十七届五次会议】 8月13日至14日，十八里店乡第十七届人民代表大会第五次会议召开。52名乡人大代表出席会议，部分区人大代表，乡机关科室负责人，部分村党总支书记，村委会主任，社区、居委会书记、主任和乡属企事业单位负责人列席会议。乡长姜金平代表乡政府作《十八里店乡人民政府2018年半年工作报告》，部署2018年下半年工作任务；会议选举司洪涛、潘佳瑭为十八里店乡人民政府副乡长。司洪涛、潘佳瑭向宪法宣誓。

（焦　健）

【向人民英雄敬献花篮】 9月30日，十八里店乡10名干部群众代表与首都各界代表一起，同习近平总书记等党和国家领导人向人民英雄敬献花篮，向烈士致以最崇高敬意。

（焦　健）

【精准扶贫】 10月15日至16日，十八里店乡党委书记张宏明带领部分班子成员赴河北省阳原县东堡乡对接结对帮扶工作，与东堡乡党委书记于海琛等乡、村领导座谈，共同确定帮扶工作思路。

（焦　健）

2018年朝阳区十八里店地区（乡）村委会、社区居委会一览表

表54

名称	地址	电话
老君堂村村委会	十八里店乡老君堂村（海棠公园管理处）	87309866
周家庄村村委会	十八里店乡周家庄村	67313703
十里河村村委会	十八里店乡十里河村	67325610
十八里店村村委会	十八里店乡十八里店村	67474039
西直河村村委会	十八里店乡西直河村	67388090
横街子村村委会	十八里店乡横街子村	87301239
小武基村村委会	十八里店乡小武基村	67473450
吕家营村村委会	十八里店乡吕家营村	87692485
老君堂社区居委会	十八里店乡老君堂村君堂好园六号楼	87308880
弘善家园第一社区居委会	弘善家园409楼底商南侧	67049499
弘善家园第二社区居委会	弘善家园315号楼东侧底商	67049045
弘善家园第三社区居委会	弘善家园205号楼底商西	87688292

（焦　健）

孙河地区（乡）

【概况】 孙河地区（乡）位于朝阳区东北部温榆河畔，属北京市第二道绿化隔离带和温榆河绿色生态走廊规划控制地区。东靠顺义区天竺镇；西与昌平区隔河相望；南与朝阳区金盏乡和崔各庄乡接壤；北临顺义天竺空港工业区。辖区面积35.4平方千米。下辖14个行政村（均已完成拆迁腾退，其中9个行政村完成回迁安置，5个行政村1个社区处于周转期）、4个社区。年内，辖区户籍人口11130户、21929人，外来人口8886人，外籍人口1305人。有10个少数民族，其中蒙古族、回族和满族人口居多；新出生人口203人、死亡人口156人；有市属单位6个、区属单位8个、乡属单位13个；有医院2所、社区卫生服务中心1个；有小学3所、幼儿园3所；有养老机构2个；有500平方米为民服务大厅1处、3000平方米地区文化中心1处、文化广场10处24小时自助图书馆1处；绿化率40%。机场高速、机场南线、机场辅路、京承高速、京平高速、京密路、M15号线、来广营北路、康营东路、顺黄路等区域连接路横贯其中，405路、415路、538路、696路、854路、942路、857路等公交车在辖区设有总站，359路、641路、847路、915路、935路、988路等公交车途经辖区。年内，孙河地区（乡）开展“疏解整治促提升”、党建引领吹哨报到机制创新、温榆河公园朝阳段示范区建设、康营家园四期回迁安置房建设、康营家园社区低层住宅电梯加装、村和社区“两委”换届选举等重点工作。“疏解整治促提升”专项行动任务超额完成，智能感知城市运行平台初步构建，温榆河公园一期正式启动，康营家园四期回迁安置房建设完成各项审批手续进场施工，康营家园社区低层住宅电梯加装完成30部，村和社区党组织换届选举工作已完成，居委会换届选举工作已启动。实现地区财政收入4.37亿元；集体经济总收入4.24亿元，比上年增长85.5%；人均劳动所得2.45万元，比上年增长3.8%。孙河乡“聚力归心”工程获区社会领域十大优秀服务品牌、康营家园一社区党委获朝阳区“百个先进基层党组织”称号、康营家园三社区“博爱之家”助老志愿服务队获“百支优秀服务队伍”称号，张有维、杨振彪、李福印、吕栋等10人获“朝阳区社会领域千名红色头雁”称号，李子涛、雷青松等100人获“朝阳区社会领域优秀党员志愿者”称号。

（朱　静）

【乡四届二次党代会】 1月22日，孙河乡第四届党代会第二次会议召开，乡党代表和列席人员130人参加会议。会议审议并通过《中共孙河乡党委2017年工作报告（审议稿）》《中共孙河乡纪律检查委员会2017年度工作报告（审议稿）》。

（朱　静）

【“聚力归心”工程】 2月6日，孙河乡召开“聚力归心”工程启动大会。乡党政领导班子成员，机关科室、直属单位负责人，5个腾退村和4个社区“两委”班子及相关人员参加会议。按照腾退村周转群众集中居住情况，在昌平区、顺义区、金盏乡和崔各庄乡分别设立临时党支部、和美党群服务驿站，在孙河乡康营家园社区设立5个村和美党群服务驿站，为1.3万余名周转群众提供服务。

（朱　静）

【乡人大十七届三次会议】 3月28日，孙河乡第十七届人民代表大会第三次会议召开。乡人大代表、列席代表和旁听代表130余人参加会议。会议审议并通过《孙河乡人民政府2018年工作报告（审议稿）》《孙河乡人大主席团2018年工作报告（审议稿）》和《孙河乡2017年财政预算执行情况和2018年财政预算草案的报告》。

（朱　静）

【义务植树】 4月11日，北京卫戍区副司令员张洪波、副政委孙桂歆率300余名官兵在沙子营村南开展义务植树活动。副区长杨建海，区园林绿化局副局长王礼先，地区工委书记李欣、办事处主任易湘林一同参加植树活动。现场种植各类苗木1000余株。

（朱　静）

【乡人大十七届四次会议】 7月4日至5日，孙河乡第十七届人民代表大会第四次会议召开。会议应到乡人大代表49名，实到乡人大代表44名。会议审议并通过易湘林因工作调动辞去乡长职务、王楠因工作调动辞去副乡长职务的请求。李兴泉全票当选孙河乡人民政府乡长、葛浩全票当选孙河乡人民政府副乡长。

（朱　静）

【领导调研】 9月6日，市委书记蔡奇到孙河乡专题调研“落实城市总体规划，留白增绿，大幅度扩大城市绿色生态空间”相关工作。市领导林克庆、崔述强、隋振江、卢彦，区领导王灏、文献随行调研。10月30日，市委副书记、市长陈吉宁到孙河乡调研城市功能拓展区产业转型升级和温榆河公园建设情况。

（朱　静）

【乡人大十七届五次会议】 10月18日至19日，孙河乡第十七届人民代表大会第五次会议召开。会议应到乡人大代表49名，实到乡人大代表45名。会议审议并通过《孙河乡人民政府工作报告》和《孙河乡人大主席团工作报告》，会议通报孙河乡第十七届人民代表大会第三次会议代表议案和建议办理情况。

（朱　静）

【村和社区“两委”换届选举】 11月29日，孙河地区工委（乡党委）召开村和社区“两委”换届选举动员部署会。乡党政班子成员、机关科室负责人、各村（社区）书记、主任、社长、副书记及党务工作者，乡换届选举工作领导小组及办公室成员等200余人参加会议。会议部署村和社区“两委”换届选举工作，明确时间节点及工作要求。12月22日至29日，辖区14个村党支部、5个社区党委分别召开党员大会，选举产生新一届村、社区党组织书记、副书记和委员，社区纪委书记、委员。完成村和社区党组织换届选举工作。

（朱　静）

【城市管理体系建设】 年内，孙河地区以党建引领社会动员、经济发展、生态环境、平安管理和文化创新等五大体系建设，提升辖区精细化管理水平。丰富党政群共商共治社区管理模式内容，规范、完善社区议事厅工作机制建设，培养公益型、互助型、服务型社会组织。践行“三分治理”（分类治理小区、分层推进自治和分级解决问题）社区治理模式，实施“绿色社区创建”优美环境工程、“智慧社区创建”优质服务工程、“平安社区创建”安居保障工程，整体提升辖区城市管理水平。

（朱　静）

【智能感知城市运行平台建设】 年内，孙河地区创新“街乡吹哨、部门报到”机制，建设智能感知城市运行平台。建立2.5维全域地图，统筹7个子系统，开发“一线助手”并延伸至各类志愿者及工作人员，实现全区域覆盖；成立指挥调度中心。梳理职责清单1235项和社会服务事项522项，划分网格，实名落图，实现扁平处理、“吹哨、报到”机制逐级亮灯，提高问题解决效率；从地区城管分队、控违环境办、综治办、安监科、食药所等职能部门抽调专门人员组成综合执法中心，实现中心实体化、行动一体化、执法规范化目标。

（朱　静）

▲ 11月18日，孙河乡智能感知城市运行平台启用　　高宪龙　摄

【环境整治】 年内，孙河乡通过落实"街巷长制"和"网格划分"带动环境标杆乡建设。开展国家卫生区、国家健康促进区创建工作，提高地区群众环境保护意识，改善地区公共卫生质量。完成优美大街京密路孙河段，老东苇路、沙子营南路及大堤路、泉新路等背街小巷整治等重点环境整治工程。

（朱 静）

2018 年朝阳区孙河地区（乡）村委会、社区居委会一览表

表 55

名 称	地 址	电 话
康营家园一社区居委会	康营家园 D 区	64316011
康营家园二社区居委会	康营家园 B 区	84343782
康营家园三社区居委会	康营家园 24 区	84354291
康营家园四社区居委会	康营家园 14 区	84354330
上辛堡村村委会	已拆迁处于周转期	暂无
下辛堡村村委会 下辛堡社区居委会	已拆迁处于周转期	
黄港村村委会	已拆迁处于周转期	
沙子营村村委会	已拆迁处于周转期	
前苇沟村村委会	已拆迁处于周转期	

（朱 静）

太阳宫地区（乡）

【概况】 太阳宫地区（乡）位于朝阳区中西部。东北与望京街道办事处、将台地区办事处接壤，东南与麦子店街道办事处接壤，与第三使馆区、燕莎商业区毗邻；西南与和平街街道办事处、香河园街道办事处相邻，与国展商业区相依托；南面与左家庄街道办事处接壤；西北与小关街道办事处、大屯街道办事处接壤；辖区面积 5.9 平方千米。下辖 3 个行政村、10 个社区。年内，辖区常住人口 7.6 万人，户籍人口 24057 户、60452 人，流动人口 2 万人，外籍人口 850 人；新出生人口 700 人、死亡人口 196 人；有企业法人单位 4091 个、事业单位 41 个、民营非营利组织 32 个；有中学 2 所、小学 3 所、幼儿园 7 所；有医院 1 所、医疗卫生服务中心 1 所、社区卫生服务站 3 个；有文化中心 1 所、图书馆 1 所、文化广场 3 处、文化活动室 10 处；有 1860 平方米为民服务大厅 1 处、3450 平方米地区文化中心 1 处、文化广场 3 处和 24 小时自助图书馆 2 处。绿化率 42%。途经辖区公交线路 20 余条，地铁 10 号、13 号线贯穿其中。年内，完成全国经济普查工作，普查地区企业单位 4632 家、个体户 554 家。完成尚家楼 48 号院、芍药居 1 号院、牛王庙社区交通安全示范社区创建。实现地区总收入 98340.67 万元，比上年增加 15812.19 万元、增长 19.16%；代征个人房屋出租税 519.89 万元；集体经济总收入 12326 万元，税金 2160 万元，比上年增加 345.3 万元、增长 19%。太阳宫乡获"首都绿化美化先进单位"和"2017 年度北京市就业创业工作先进集体"称号。

（杨 望）

【为民办实事】 1 月 16 日，太阳宫地区完成夏家园社区爆裂自来水主干线抢修工程，恢复居民正常供水。年内，治理新生违法群租房 77 户、人防工程 9 户，维修保养地区 450 个老旧小区门禁系统。完成芍药居北里 118 号楼电力内网改造和新纪家园电动自行车棚改造。改造吉利家园小区和 14 号院小区沥青路面 1.46 万平方米，翻建透水砖 5700 平方米，建筑物粉饰 1.79 万平方米。

（杨 望）

【乡十三届二次党代会】 1 月 26 日，太阳宫乡第十三届党代会第二次会议召开。乡党代表以及列席、旁听人员等 130 余人参加会议。会议审议并通过《中共太阳宫乡党委 2017 年工作报告（审议稿）》和《中共太阳宫乡纪律检查委员会 2017 年工作报告（审议稿）》。

（杨 望）

【产权制度改革】 1 月 31 日，太阳宫乡召开原左家庄村第三次社员代表大会。会议审议通过该村关于三榜公示后劳动年限变化的说明、撤队资产清查核资报告书、资产评估报告书、集体资产处置分配工作方案。5 月 25 日，集中办理原左家庄村集体资产处置兑现款及继承手续工作，为 1928 人办理领款手续和继承手续。6 月 13 日、14 日，召开原五路居和小亮马桥村第一次社员代表大会。年内，原左家庄、五路居和小亮马桥 3 个建制村登记社员 6645 人，完成社员身份界定、社员代表选举和劳动年限统计第一榜公示等工作。

（杨 望）

【助残服务】 1 月 16 日，举办太阳宫地区"残疾人迎新春联欢会"，地区残疾人、残疾人家属及残疾人工作者等 100 余人参加；元旦和春节期间，太阳宫乡走访慰问残疾人 1019 人次，发放慰问金及慰问品 27.87 万元；3 月 3 日，太阳宫乡开展全国爱耳日宣传活动，通过开展知识讲座、设立宣传咨询站、宣传橱窗、展板以及悬挂横幅等营造氛围，发放宣传材料 500 余份。9 月 18 日，太阳宫乡举办肢体残疾辅助器具知识讲座，地区 90 余名肢体残疾人听取讲座。12 月 3 日，

"国际残疾人日"，开展精智残疾人包饺子活动，40余名精智残疾人及家属参加活动。

（杨 望）

【关爱妇女儿童】 2月8日，太阳宫地区妇联慰问困难儿童18人、"单亲特困母亲"14人、"女性低收入困难"家庭12人，发放慰问金1.3万元。

（杨 望）

【社区建设】 2月12日，太阳宫地区召开2017年度社区创享计划总结暨2018年社区创享计划启动大会，地区领导、机关相关科室人员及社区创享计划协调人等80余人参加会议。年内，完成芍药居一社区、夏家园社区地下活动室装修改造工程。以太阳宫社区圣馨家园为试点，推行"全景楼栋""全要素小区"建设，完成人脸识别系统工程。4月3日、5月12日，太阳宫乡分别举行太阳宫地区家园社区创建花园式社区（小区）、圣馨家园小区创建花园式小区启动仪式。

（杨 望）

【太阳宫第九届文化节】 3月2日，太阳宫地区举办"奋进新时代展示新风采"第九届文化节开幕式（文化节于11月20日闭幕）。太阳宫地区党政领导班子成员、机关干部、地区党代表、人大代表和居民等900余人参加开幕式。5月10日，举办以"创建国家卫生乡镇 共建和谐美好家园"为主题的"五月鲜花"专场演出。辖区文艺骨干和居民300余人参加演出。7月，组织辖区居民开展2场"冰雪运动冬奥大讲堂"活动，惠及百姓400余人。8月2日，在太阳宫公园举办主题为"全民健身促健康携手共建卫生乡"全民健身日暨太阳宫8·8健身大家庭"创卫"高潮日活动，200余名演职人员和观众参与活动。年内，开展公益性免费艺术培训及讲座项目200余期，各类文化活动60余场，放映电影100余场，参与居民5万余人次。

（杨 望）

【乡人大十七届四次会议】 3月16日，太阳宫乡第十七届人民代表大会第四次会议召开。乡人大代表及列席、旁听人员79人参加会议。会议听取并审议通过《太阳宫乡人民政府2017年工作报告（审议稿）》《太阳宫乡2017年财政预算执行情况和2018年财政预算草案报告》和《太阳宫乡人大主席团2017年工作报告（草案）》。

（杨 望）

【城市管理指挥中心和综合执法中心揭牌】 4月16日，太阳宫乡召开创建全国卫生乡和环境标杆乡建设工作会，为地区城市管理指挥中心和综合执法中心揭牌。区卫计委副调研员周欣及地区领导等80余人参加。

（杨 望）

【建绿增绿】 4月18日，太阳宫地区开展"同享一片蓝天共建美好家园"2018年义务植树活动，区园林绿化局副局长王涛、地区领导班子成员及机关干部、社区工作人员和辖区武警官兵等200余人参加义务植树活动。年内，完成夏家园社区绿色驿站建设。成立朝师附小"学生绿色基地"，改善绿化2.89万平方米，设立绿地停车场、整修休闲广场、铺装嵌草砖7085平方米，悬挂树牌2000个，建立绿地温馨提示牌40个，种植绿植3400株。

（杨 望）

【社会捐助】 4月，太阳宫地区开展"春风送暖"和"博爱在京城博爱在朝阳"主题社会捐助活动，接收捐助款19514元、捐助衣物4481件。

（杨 望）

【领导调研】 5月10日，全国妇联离退休干部局副局长杜香坤一行调研太阳宫地区妇联工作，并召开"下基层、转作风，直接联系妇女群众"见面会。11月14日，区四套班子主要领导及班子其他成员，区相关委办局及街乡主要领导，实地调研莱太花卉城市公园建设情况。12月18日，市城管委党组书记、主任孙新军，区委副书记、代区长文献一行调研牛王庙公厕改造工程。

（杨 望）

【重点工程建设】 5月21日，太阳宫乡举行太阳宫村回迁楼封顶仪式。年内，完成回迁楼1号楼（28层）、2号楼（25层）和配套楼主体结构建设、外立面装修、门窗安装及雨污水等部分小市政工程；完成太阳宫科技文化创业大厦方案设计和钉桩测绘，太阳宫科技文化创业大厦手续办理进入规划许可证申领阶段；拆除边区阳光汽修、恒川公寓部分违法建设（面积5448.5平方米）；完成拆迁腾退面积5529平方米，实现绿化面积6.6万余平方米。

（杨 望）

【第三届"最美家庭"宣讲会】 5月23日，太阳宫地区妇联举办第三届"最美家庭"宣讲会，地区领导和地区直属企业、社区、妇女之家、非公经济组织妇女代表以及地区"最美家庭"代表等100余人参加宣讲会。

（杨 望）

【公园建设】 6月，太阳宫地区牛王庙湿地公园建设完工，公园占地面积8.8万平方米。9月，太阳宫地区完成日馨公园建设。公园位于圣馨家园小区北侧，占地面积3.2万平方米。公园种植乔木、灌木树1.5万株，种植地被花卉4.1万株，建有小广场3个、景观廊架2个、景墙5个。年内，拆除原花街商铺面积2500余平方米，投资2100万元建成莱太花卉城市公园。公园绿化种植面积6500平方米，有灌木植物1.2万株、植被花卉近5万株，建有景观喷泉、花架廊、园桥、石桥、园路等绿化景观及雨水收集、太阳能发电等系统。全年建城市小微公园6个，实现增绿7.8万平方米。

（杨 望）

【拥军优抚】 7月19日，太阳宫地区（乡）举办慰问武警北京总队机动第四支队活动。邀请北京歌剧舞剧院、太阳宫彩虹舞蹈队到武警北京总队机动第四支队驻地慰问演出，向官兵赠送慰问金5万元，为10名特困士兵发放特困救助金1万元。8月，联合达略律师事务所法律援助中心工作人员开展"法律援助伴军行依法维权在行动"法律援助活动，为军属送去法律知识书籍和法律援助宣传材料，邀请军嫂和军人子女参加暑期社区大讲堂。

（杨 望）

【乡人大十七届五次会议】 7月27日，太阳宫乡第十七届人民代表大会第五次会议召开。乡人大代表及列席、旁听人员82人参加会议。会议听取并审议通过《太阳宫乡人民政府2018年半年工作报告（讨论稿）》，表决通过《太阳宫乡人民政府工作报告决议（草案）》。在各代表团分团讨论中，代表们提出关于医疗卫生、环境综合整治、规范小区物业管理、加快企业转型升级和培养后备干部等方面意见建议。

（杨 望）

【疏解整治】 年内，太阳宫地区拆除违法建设面积1.24万平方米，实现违法建设“零增长”；完成夏家园路、西坝河1号路环境整治工作；完成太阳宫中路、太阳宫南街、西坝河路3条优美大街建设，整治太阳宫新区二号路、新区三号路、丰和园路等10条背街小巷，铺设沥青1.17万平方米，便道铺装和地面硬化1.89万平方米，绿化补植2.25万平方米。加强大气污染防治工作，建立9个细颗粒物（$PM_{2.5}$）监测系统，完成第二次污染普查和“散乱污”企业动态清零；设立“河长环境日”，配备河道巡视员130名，乡级河长巡河25次，社区级河长巡河416次，配合排水集团溯源19次，清理整治排污单位17家，实现辖区单位污水入河“零排放”；完善“六包”责任制长效管理机制，检查规范门前六包34家，现场纠正问题28处；建立健全“街巷长”制，完善地区街巷长工作方案，设置街巷长14名，在“志愿北京”志愿者平台招募80名志愿者组建“小巷管家”队伍，管理辖区内25条大街和5条背街小巷，发布6个小巷管家项目，处理案件50余件；整改环境问题点位60处；开展环境整治和卫生清洁日活动31次，4000余人次参与；完成牛王庙村环境整治工作；完成架空线路梳理和广告牌匾整治；完成14座旱厕改造；完成18处开墙打洞整治任务，清理人防工程9户、治理群租房163户；完成圣馨家园花园式小区和夏家园社区绿化示范社区创建并通过验收。全年疏解人口3388人。

（杨　望）

【创建国家卫生区】 年内，太阳宫乡成立创建国家卫生乡工作领导小组，下设1个办公室和8个专项工作组，制定《太阳宫乡创建国家卫生乡工作实施方案》。投资1.5亿元，完成牛王庙村环境整治、牛王庙湿地公园建设、优美大街建设、背街小巷整治、老旧小区改造、圣馨家园花园式小区和夏家园花园式社区建设等项目以及地区病媒生物防制和创卫宣传等。成立地区城市管理综合指挥中心，区、乡两级协调解决基础设施改造、排污工程、河道治理等问题10余件；配备130名“水环境志愿者”巡视管辖河道，确定每月第二个星期五为“河长环境日”，配备河道巡视员，明确日巡查、月督查、季抽查制度；取缔牛王庙村4家汽修企业，完成地区市级挂账任务；建立“三包”和每月“四个主题日活动”工作机制，乡域环境日常保洁机制、城管联合执法机制、“门前六包”责任制；集中整治“十乱”现象，出动执法人员250余人次、出动执法车辆120余车次；清除、没收非法小广告2000余张；通过专业病媒消杀和综合防制，辖区范围内鼠密度达到国家规定标准，蚊蝇密度达到C级标准，蟑螂密度达到A级标准，其他项不超过标准的3倍；举办地区全民健康生活方式行动日宣传活动，开展食品安全、生活饮用水及公共场所卫生工作宣传。开展“健康知识大讲堂”健康知识讲座78场。制作横幅140条、宣传品万余份，张贴宣传海报4类19种3000余张。

（杨　望）

▲ 6月22日，太阳宫地区开展“创卫”宣传活动　　太阳宫地区办事处　供稿

【“街乡吹哨、部门报到”机制落实】 年内，太阳宫地区将党建引领“街乡吹哨、部门报到”作为社会治理创新“一号工程”，以“一轴四网”为统领，构建社会治理责任链，打通服务群众“最后一公里”；采取吹“增援哨”“精准哨”“合理哨”方式，自下而上收集各类难点问题65项。牛王庙村整治、西坝河排污治理、育慧南路街巷整治通过“吹哨报到”机制已完成；建立城市管理指挥中心子系统，调整社区网格化治理单元；按照“1+3+10+N”（1张闭环流程图、3级指标体系、10大责任模块、N条清单细项）模式，梳理部门责任条目3400余条，实现部门职责零遗漏、责任条目零差错、统筹调度零延误、部门工作零推诿、精准对接零距离；建立处级领导“一包到底”、副主任科员及以上干部包基层支部、机关支部包社会领域支部制度。全年副科级以上干部参加基层支部活动13次，入户119户次，机关党支部与社会领域党支部组织活动9次。

（杨　望）

【安全生产】 年内，太阳宫地区检查生产经营单位2536家次，下达执法文书2536份，整改安全隐患326处，行政处罚10家。开展30余次食品药品专项整治，下达各类文书236份，消除食品药品安全隐患167处，立案45件，罚没款96.5万元。完成牛王庙小型消防站建设，与336家生产经营单位签订《消防安全责任书》672份。

（杨　望）

【劳动就业与劳动监察】 年内，太阳宫地区组织开展招聘会2次，开发就业岗位1315个，失业人员再就业354人，困难人员再就业266人，灵活就业人员3095人。上门开展“四送”服务150户。完成劳动监察单位100家，成立治欠保支工作80天攻坚战领导小组，纠正劳动用工行为，维护劳动者合法权益。

（杨　望）

【养老服务驿站开业】 年内，太阳宫养老服务驿站开业。该驿站集医疗、养老和社工组织于一身，建筑面积930平方米，设休息室8间、床位15席。服务项目有短期托管、日间照料、助餐、助浴、助洁、信息采集与管理、健康指导与管理、精神慰藉、康复训练、娱乐治疗、早期干预、呼叫服务、文化娱乐和夜间陪护等。

（杨　望）

2018 年朝阳区太阳宫地区（乡）村委会、社区居委会一览表

表 56

名称	地址	电话
芍药居一社区居委会	芍药居北里 219 号楼 5 层	84627464
芍药居二社区居委会	芍药居北里 203 号楼	84628185
芍药居三社区居委会	芍药居 11 号楼北侧	84645524
芍药居四社区居委会	芍药居 2 号院	84612696
太阳宫社区居委会	太阳宫南街 7 号院 6 号楼西侧 2 层	64220891
夏家园社区居委会	新纪家园小区 8 号楼东侧服务中心楼内	52036309
十字口社区居委会	太阳宫地区火星园 8 号楼 8–9	64287853
牛王庙社区居委会	新建办公用房和牛王庙村委会一起	64385869
尚家楼社区居委会	尚家楼社区 48 号院内	52087718
惠忠庵社区居委会	太阳宫 1 街 1 号院 10 号楼底商社区	64205711
太阳宫村委会	太阳宫路临时 519 号	64460858
十字口村委会	太阳公公园南门东侧	64625662
牛王庙村委会	太阳宫乡牛王庙村	64365098

（杨　望）

王四营地区（乡）

【概况】 王四营地区（乡）位于朝阳区东南部。东靠豆各庄乡；西邻南磨房乡；南接十八里店乡；北与高碑店乡接壤。辖域面积 15.58 平方千米。下辖 6 个行政村、3 个社区，3 个社区与村实行“村居合一”管理模式。年内，辖区常住人口 59144 人，户籍人口 10696 户、20347 人（农业 9102 人，非农 11245 人）；新出生人口 210 人、死亡人口 181 人；有法人单位 4500 个，其中中央单位 1 家、市属单位 2 家；有社区卫生服务中心 1 个、社区卫生服务站 6 个；有小学 5 所、幼儿园 5 所；有养老机构 4 个；有 200 平方米为民服务大厅 1 处、5400 平方米地区文化中心 1 处、文化广场 6 处、24 小时自助图书馆 2 处。途经辖区公交线路 17 条，地铁 7 号线贯穿其中。年内，王四营乡以“减量精治优环境”为工作主线，城市化进程进一步加速，“疏解整治促提升”效果进一步明显，发展质量进一步提升，环境面貌进一步改善，民生保障进一步强化。实现集体经济总收入 55861.1 万元，比上年增长 3.7%；利润总额 2498.5 万元，比上年减少 181.6%；上缴税金 3698.9 万元，比上年增长 4.5%；人均劳动所得 38058 元，比上年增长 7.7%。王四营乡获“2018 年度首都环境保护先进集体”“北京市劳动人事调解综合示范单位”“北京市‘扫黄打非’‘先进基层示范点”等称号。

（晏　国）

【乡十四届二次党代会】 1 月 16 日，王四营乡第十四届党代会第二次会议召开。99 名乡党代表出席会议。会议听取并审议通过乡党委书记张奎代表乡党委所做的《统一思想，凝聚共识，加快推进王四营地区城市化建设》2017 年工作报告；乡党委副书记苏云华向大会做《中共王四营乡第十四次代表大会代表提案办理情况报告》；乡党委书记张奎、乡长邢志新、乡纪委书记寇学青分别述职。与会代表民主测评乡党委领导班子和班子成员。大会收到代表提案提议 7 件（其中经济发展类 1 件、环境建设类 2 件、社会管理类 1 件、党建类 2 件、其他类 1 件），乡党委（扩大）会议决定将其中 2 件作为大会提案办理，其余 5 件转为代表提议办理。

（晏　国）

【燃气管道泄漏处置】 1 月 24 日，群众反映王四营乡化工路附近有较大的天然气气味，疑似天然气泄漏。地区办事处副主任周瑞祥带领地区安监科、综治办、城管执法队、派出所、消防等部门人员前往现场紧急处置。经核查，确定发生燃气管道泄漏位于化工路消防支队北侧 100 米王四营至三台山次高压管线。立即通知燃气管道责任单位——北京市燃气集团高压管网分公司运行三所开展抢修工作，协助做好该点位封锁戒备并疏导过往车辆工作。25 日 11 时，完成燃气管道检修工作并解除警戒。

（晏　国）

【领导调研】 3 月 10 日，区长王灏到王四营地区督查天气重污染期间环境保护工作，实地查看通惠北干河道整治及尘土苫盖情况。地区工委书记张奎随行汇报。王灏就地区做好全国“两会”服务保障工作提出三点要求：要 24 小时值班值守，做好台账统计，遇到情况及时处理，制定精准措施；落实“散乱污”企业整治，做到清除盲区，不留死角；严查尾气超标，加强机动车尾气治理；“湿化”作业前要清扫干净，加快落实地区绿化工作，为全年污染防治攻坚打好基础。5 月 24 日，区政协主席陈涛等领导一行调研王四营地区郊野公园建设情况。在古塔公园，详细了解园区规划建设情况，听取王四营地区领导介绍王四营历史文化发展历程、古塔公园内景点由来等。区领导要求王四营地区加强公园文化建设，树立朝阳区公园品牌形象。10 月 9 日，区委副书记、代区长文献带领区政府办、住建委、卫计委等相关部门领导调研朝阳区儿童

▲ 5月24日，区政协主席陈涛（前排右二）调研王四营地区郊野公园建设工作　赵河轮　摄

福利院运行管理情况。区领导详细察看婴幼儿活动区、康复区、学前儿童活动室、儿童养护区、图书室和文化课教室，并为孩子们送去礼物。11月30日，副市长隋振江一行到区调研“一绿”试点拆迁工作。现场查看孛罗营村拆迁区域，听取试点拆迁工作汇报。详细了解王四营地区城市规划建设、功能疏解以及孛罗营村拆迁进展情况以及“一绿”试点工作困难和需求，要求王四营地区按照时间节点，高标准、高质量完成孛罗营村拆迁腾退和新村建设，加速推进王四营地区城市化进程，提高人民群众获得感、幸福感和满意度。

（晏　国）

【拆除违法建设】　6月28日，王四营地区启动2018年功能疏解拆违工作。南花园村是地区2018年功能疏解第一个拆违点位，拆违目标占地面积13.86万平方米、建筑面积10.2万平方米，涉及企业34家（其中五环路沿线企业12家，占地面积6.4万平方米，建筑面积3.8万平方米）。当日启动拆违点位4处（涉及企业2家，建筑面积2.44万平方米），地区出动工作人员50余名、挖掘机2台、洒水车2台，拆除南花园村五环路沿线库房。至8月底，拆违工作全部完成。

（晏　国）

【精准扶贫】　10月21日，王四营乡与河北省保定市阳原县三马坊乡签订结对协作框架协议，正式缔结为友好帮扶关系。乡党委书记张奎介绍王四营乡人口概况、经济发展、城市化进程、绿化建设以及党建引领等情况。三马坊乡党委书记唐玉德就三马坊乡党政人员配备、经济发展现状、脱贫攻坚思路以及帮扶需求等情况做说明，希望王四营乡在特色产业建设、人才培育、企业协作等方面给予支持，助力三马坊乡脱贫攻坚在养殖、种植、旅游等多领域取得实效。王四营乡5个村、1家村属企业与三马坊乡及5个贫困村分别签订结对协作框架协议。

（晏　国）

【安全检查】　12月27日，王四营地区采取夜查加日查方式，以辖区内人员密集场所、大型商市场、餐饮单位、出租公寓、出租大院、医院、学校、乡属企业等为重点区域，连续开展节前安全检查行动。包村领导带领包村干部及相关科室分成6个检查小组，深入辖区6个村，开展辖区内公寓、商场市场、餐饮娱乐、桑拿洗浴、企业单位、员工宿舍等人员密集场所安全大检查行动，责令存在问题的相关单位，落实主体责任，立即整改，并主动做好安全隐患排查工作，确保辖区安全稳定。

（晏　国）

2018年朝阳区王四营地区（乡）村委会、社区居委会一览表

表57

名　称	地　址	电　话
王四营村村委会	王四营村	67389215
南花园村村委会	南花园村	67366973
孛罗营村村委会	孛罗营村	87390092
官悦欣园社区居委会	官庄村	67366137
观音堂社区居委会	观音堂村	51352902
白露社区居委会	道口村	87399671

（晏　国）

小红门地区（乡）

【概况】　小红门地区（乡）位于朝阳区南部。东靠京津塘高速公路；西与丰台区、大兴区接壤；南邻北京经济技术开发区；北距南三环约1千米。辖区面积12.41平方千米。下辖4个行政村、7个社区、3个居委会。年内，辖区户籍人口13972户、30686人，流动人口13593人，外籍人口54人；新出生人口239人，死亡人口

185 人；有中学 2 所、小学 2 所、幼儿园 3 所；有社区卫生服务中心 1 个、社区卫生服务站 2 个，有养老机构 2 家；辖区建有 150 平方米为民服务大厅 1 处，500 平方米地区文化服务中心 1 处，文化广场 2 处 3900 平方米，2000 平方米室内文化苑 1 个，“地秧歌文化大院”1 个，篮球场 4 个、足球场 1 个，24 小时自助图书机 1 处，图书馆 1 个（藏书 2 万余册）。有红坊路、博大路、四环路、三台山路、小红门路、小红门一号路、小红门二号路、小红门五号路、成寿寺路、郭家庄路、红坊路等主要道路。途经辖区公交线路 14 条。年内，小红门乡政府以“减量精治优环境”为工作主线，真抓实干、攻坚克难，较好完成各项任务，保持地区经济社会持续健康发展。实现区级财政收入 1.99 亿元，超额完成全年 1.97 亿元总任务，比上年增长 7.6%。实现农村集体经济总收入 12.38 亿元，比上年增长 7.7%；人均劳动所得 30555 元，比上年增长 6.5%。

（李媛博）

【乡十三届二次党代会】 1 月 18 日，小红门乡第十三届党代会第二次会议召开。98 名乡党代表出席会议。会议审议并通过《中共小红门乡党委 2017 年工作报告（草案）》《小红门乡人大十七届一次会议代表提案办理情况报告》《中共小红门乡纪律检查委员会 2017 年工作报告（草案）》和《小红门乡 2017 年度党费收缴、使用和管理情况报告》。乡党委书记、副书记、纪委书记分别述职，与会代表民主评议领导班子及成员履职情况。

（李媛博）

【乡人大十七届三次会议】 1 月 19 日，小红门乡第十七届人民代表大会第三次会议召开。48 名乡人大代表出席会议。会议审议并通过《小红门乡人民政府 2017 年工作报告（草案）》《小红门乡人大主席团 2017 年工作报告（草案）》《小红门乡非住宅腾退补偿办法（修订草案）》《小红门乡 2017 年财政预算执行情况及 2018 年财政预算草案报告》。

（李媛博）

【乡人大十七届四次会议】 8 月 30 日至 31 日，小红门乡第十七届人民代表大会第四次会议召开。48 名乡人大代表出席会议。会议听取并审议通过《小红门乡人民政府 2018 年半年工作报告（草案）》；选举闫博为小红门乡人民政府乡长，陈鹏、袁裕中为小红门乡人民政府副乡长。

（李媛博）

【产业项目建设】 11 月，小红门地区海宁集租房项目 40 号地进场开工。城环城电子商务中心项目基础建设开工。红门国际广场项目进入办理规划建设手续阶段。朝龙五金升级改造项目规划调整为 20 号地集体租赁住房项目并开始项目手续办理工作。

（李媛博）

【疏解整治】 年内，小红门地区确定环境整治工程立项 11 项（包括以鸿博小区交通秩序整治项目、32 条背街小巷整治项目、68 座旱厕改造项目等）。开展环境秩序、环境保护、交通秩序等方面执法行动，查处无照经营 1200 余起，取缔露天烧烤、大排档 380 个，规范“门前三包”店外经营 230 余家，收缴非法小广告 4 万余张，拆除户外违规广告牌匾 326 块 4574 平方米、灯箱 260 个。开展交通联合执法行动 9 次，整治占道违停车辆 130 余辆，处罚 400 余起。建设绿色生态空间，在鸿博郊野公园补植移栽园林花卉植物 3769 株，在公园内外裸露土地绿化补植 3696 棵，修建精神文明建设主题景观墙 119 延米，利用鸿博家园二期 C 区 3960 平方米空地建成小微公园。至年底，11 项环境整治项目全部完成。依托非宅腾退，完成疏解拆除面积 39.55 万平方米（其中疏解工业企业 1 家、商品交易市场 2 家、出租公寓 1 家，拆除群租房 34 处），完成年度任务指标，实现违法建设“零增长”目标。疏解人口 13470 人。

（李媛博）

【“一绿”试点建设】 年内，小红门乡作为北京市第一道绿化隔离地区城市化建设第三批试点单位，严格落实试点建设任务督察制度，统筹开展并完成拆迁腾退、绿化、转居转工申请等相关工作。至年底，已按规定程序启动试点建设前期手续办理工作。

（李媛博）

【回迁安置房入住】 年内，小红门地区新村二期 D 区和 F 东区安置房建设完成并通过验收，总量为 4681 套。12 月，办理安置房入住手续 4615 套，完成办理总量 98.6%。

（李媛博）

【集体“三资”管理】 年内，小红门乡全面实施村级财务规范化管理，完成村级预算编审工作；实施“村账双托管”，执行收支月报制度，实现动态监管；严格履行大额资金、预算外资金审批备案程序，全年完成大额资金审批 47 笔，金额 3512.79 万元；开展 15 家集体经济组织和乡属企事业单位经济审计，提出审计建议 89 条；通过“五查五看”专项检查，完成集体组织申报的 66 份合同联合预审工作。

（李媛博）

【污染源普查完成】 年内，小红门地区加强污染源管控，加大污染企业、施工工地、裸露土地等污染源巡查频次和裸露土地扬尘治理和环保检查力度，配合相关部门，开展督察检查 40 余次，建立“散乱污”企业台账并纳入腾退范围，新建空气指数监测站点 8 个。清查在册污染源企业、设施等，完成全国第二次污染源普查工作。

（李媛博）

▲ 8 月 7 日，小红门乡鸿博家园道路整治工作完成　李　康　摄

【河长制管理体系建设】 年内，小红门乡完善乡、村两级河长制管理体系建设，开展联合检查及治理行动。全年清理河湖垃圾470.5立方米，完成汛前排水沟渠（管线）清淤3.6万余延米，配合治理河道沟渠黑臭水体3600余立方米。

（李媛博）

【创建国家卫生区】 年内，小红门地区办事处成立“创卫”工作专班、媒体反映问题专班、落实街巷长制，统筹开展“创卫”工作。采取召开专题会议、地毯式巡查、现场拉练、宣传动员、实地督察指导等措施，全面提升地区环境质量，以A级水平顺利通过市级病媒验收。

（李媛博）

【安全生产】 年内，小红门乡开展危险化学品存储点、有限空间、建筑施工领域等方面专项检查和联合检查1456家次，开具检查单1456张、排查隐患8914处、处罚单位32家。

（李媛博）

【区域化党建特色项目实施】 年内，小红门乡党委以提升组织力为重点，加强区域化党建体系建设。发挥乡、村（社区）两级党建协调委员会作用，以“红先锋”党建项目为基础，启动“三红（红先锋、红微云、红基石）联动”项目；挖掘地区“红先锋”，展开“五单”（群众点单、会议议单、党员领单、公示晒单、年底评单）行动；围绕群众关心的首都功能疏解、环境整治等方面28项具体问题开展协调治理；开展“红微云”试点工作，利用“两微一端”（微博、微信及新闻客户端）等服务平台开展形式多样的主题活动；建设党组织“红基石”，开展“融合+联动”“队伍+联动”“评价+联动”等行动，夯实党建工作基础。

（李媛博）

【就业安置】 年内，小红门地区通过深挖就业岗位、开展职业技能培训以及分类帮扶就业困难人员等措施，开发就业岗位1003个，用工企业建档30家，实现劳动力就业706人。

（李媛博）

【矛盾纠纷化解】 年内，小红门地区信访来访总体呈下降趋势。信访结案率99%，重大矛盾化解率60%，实现“社会矛盾化解年”工作目标。

（李媛博）

【社区建设】 年内，小红门地区完成5个社区居民议事厅规范化建设。开展社区居民自治活动，完成3个社区农民市民化项目，在2个社区试点开展“三社一体化”（把社区社工队伍与社会组织建设融为一体，以居民需求为导向，以专业的社会工作理念为引导，提高社区服务管理和居民自治能力）治理模式，建设1个绿色智慧平安社区。以社区居民需求为导向，完成充电桩安装、休闲广场地面硬化、污水管道改造等民生项目。全年开展社区教育活动150余次。

（李媛博）

【精神文明创建】 年内，小红门地区开展金秋艺术节、全民运动会、森林文艺演出季等文化品牌活动10余场，以文明城区创建、元旦、春节、劳动节等重要节日为契机举办文体活动42场，参与群众5万余人。

（李媛博）

【工会组织建设】 年内，小红门地区新建工会8家，其中百人以上工会2家、联合工会6家，新增会员620人。工会经费税务代收金额4702762.45元，完成区总工会税务代收工作任务。

（李媛博）

【志愿服务】 年内，小红门地区开展文明城市我先行、志愿服务日、社区治安志愿服务、阳光驿站心理疏导、关爱空巢老人和关注未成年人等7项志愿服务活动，辖区14支志愿服务队伍300余名志愿者参与志愿活动。

（李媛博）

2018年朝阳区小红门地区（乡）村委会、社区居委会一览表

表58

名 称	地 址	电 话
牌坊村村委会	小红门乡牌坊村	87602958
肖村村委会	小红门乡肖村	67680412
小红门村委会	小红门乡小红门村委会	87602960
龙爪树村委会	小红门乡龙爪树村委会	87698014
鸿博家园第一社区居委会	鸿博家园一区9号楼1单元底商	87554601
鸿博家园第二社区居委会	鸿博家园二期B区8号楼底商	67698893
鸿博家园第三社区居委会	鸿博家园二期C区2号楼1单元底商	87676882
鸿博家园第四社区居委会	鸿博家园二期D区1号楼底商	67678366
鸿博家园第五社区居委	鸿博家园二期F区15号楼	67678895
中海城社区居委会	少角中街8号院5号楼底商	87656427
恋日绿岛社区居委会	鸿博家园一区9号楼1单元底商	67693066
三台山居委会	小红门乡三台山甲1号	87601375
四道口居委会	小红门乡四道口	87694800
玉器厂居委会	小红门乡龙爪树街734号	87693193

（李媛博）

人物与荣誉

先进个人

全国（含系统）先进个人（部分）

全国五一劳动奖章
李　明　恒祥基业投资有限公司

全国三八红旗手
刘　黎　北京市朝阳区法院

全国优秀少先队员
刘佳懿　北京市朝阳区八里庄中心小学

全国优秀少先队辅导员
沈　静　北京市朝阳区黄胄艺术实验小学
苏丹青　北京市朝阳区青少年活动中心

国家技术发明奖二等奖
李恒德　九三学社朝阳区委

国家级教学成果奖二等奖
蒋先玲　九三学社朝阳区委
许亦平　九三学社朝阳区委

台盟中央纪念改革开放 40 周年优秀盟员
何　标　台盟朝阳区工委
陈　弘　台盟朝阳区工委
潘　迎　台盟朝阳区工委
郭　理　台盟朝阳区工委

台盟中央纪念改革开放 40 周年优秀盟务工作者
于　英　台盟朝阳区工委

全国归侨侨眷先进个人
曾　旭　北京市朝阳区侨联
刘　峰　北京市朝阳区侨联
杨碧君　北京市朝阳区侨联
岳鸿声　北京市朝阳区侨联
张　璐　北京市朝阳区侨联

全国法院先进个人
任小燕　北京市朝阳区法院

全国法院行政审批工作先进个人
朱军巍　北京市朝阳区法院

北京市先进个人（部分）

首都劳动奖章
章幸农　北京市朝阳区城市管理综合行政执法监察局
李　欣　土地整理储备中心朝阳分中心
翁广达　北京市朝阳区环境保护局大气污染防治科
魏　超　北京市朝阳区环境卫生服务中心技安保卫科科长
刘国中　北京市朝阳区团结湖公园工人
代敏芝（女）北京市朝阳区食品药品监督管理局政务服务中心
邢　凯　北京市朝阳区崔各庄乡东辛店村
靳思源　北京市朝阳区孙河地区社保所
赵轶博　北京金诺佳音国际文化传媒股份公司
屈英健（女）　北京市朝阳区管庄乡八里桥村
董玉平　北京市朝阳区金盏乡人民政府综治办
孙思凡（女）　北京市朝阳区东坝乡人民政府
陈　永　北京市朝阳区奥运村街道办事处文化服务中心
汪鹏燕　北京市朝阳区望京街道办事处
高　平　北京市朝阳区大屯街道办事处城管队
陈桂平（女）　北京市朝阳区麦子店街道枣营北里社区
孙美霞（女）　北京市朝阳区三里屯街道北三里社区居委会
海华春　北京森庆伟业物业管理有限公司绿化队
杨世忠　汉能控股集团应用产品研发总部
焦世鹏　北京洛娃日化有限公司外埠区域销售
李贵生　北京爱知之星科技股份有限公司
贾　巍　北京东方蓝地服装股份有限公司开发
左　晖　北京链家房地产经纪有限公司
刘卫华　北京中复电讯设备有限责任公司商场
王跃东　北京市公安局朝阳分局南磨房派出所
叶　萍（女）　北京市朝阳区人民检察院金融犯罪检察部
智　娟（女）　北京市正阳公证处
邓玉红（女）　北京市朝阳区残疾人综合活动中心
孟祥宇　北京市朝阳区人民法院聘警分队
齐振军　北京市朝阳师范学校附属小学
尹德利　北京市东方德才学校
李凤莲（女）　北京市朝阳区清友实验幼儿园
陆利华　北京世青国际学校
李宏钧（女）　北京市朝阳区文化委员会文化科
李永锦　北京市朝阳区团结湖社区卫生服务中心
沙新野　北京市朝阳区第三少儿业余体校
刘　洋　北京市朝阳区广播电视新闻中心技术保障科
刘栋梁　北京昆泰房地产开发集团有限公司租售中心
薛翠松　北京朝阳公园开发经营公司绿化保洁部
张治国　北京市朝阳区安监局执法二队

2018 北京榜样
詹志芳　台盟朝阳区工委

第八届首都民族先进个人
苏俊武　北京安贞医院

首都民族团结进步奖
曹士明　北京市朝阳区孙河乡康营村
秦建成　北京市朝阳区常营地区办事处

北京市三八红旗奖章
徐华玲　北京市朝阳区检察院
王　敏　北京市朝阳区法院
原东平　北京市朝阳副食品总公司

北京市安全生产先进个人
周　琼　北京市朝阳区安全生产监督管理局
蒋昌启　北京市朝阳区安全生产监督管理局
王　鹏　北京市朝阳区安全生产监督管理局
王世会　北京市朝阳区安全生产监督管理局
张　斌　北京市朝阳区安全生产监督管理局
胥兴洪　北京市朝阳区酒仙桥街道办事处
侯林怀　北京市朝阳区小关街道办事处

首都绿化美化先进个人
王志国　北京市朝阳区园林绿化局
王鹏云　北京市朝阳区园林绿化局
陈　鹏　北京市朝阳区园林绿化局
肖晓晨　北京市朝阳区园林绿化局
徐　谦　北京市朝阳区园林绿化局
冀晓娜　北京市朝阳区园林绿化局
黄　丞　北京市朝阳区园林绿化局
赵立国　北京市朝阳区崔各庄地区办事处
彭　楠　北京市朝阳区将台地区办事处

首都市民学习之星
臧德胜　北京市朝阳区法院

2018“北京青年榜样　时代楷模”
廖鸿程　北京乾成律师事务所

北京市高等教育教学成果一等奖
张金喜　北京工业大学

第十四届北京市优秀思想政治工作者
赵益民　北京京朝出租汽车公司

先进集体

全国先进集体（部分）

全国工人先锋号
北京市朝阳区地方税务局

台盟中央纪念改革开放 40 周年先进盟组织
台盟朝阳工委文教医卫支部

参政议政工作先进集体
致公党北京市朝阳区委

全国侨联系统先进组织
北京市朝阳区侨联

二〇一八年度全国检察宣传先进单位
北京市朝阳检察院

全国知识产权审判工作先进集体
北京市朝阳区法院民三庭

全国法院文化建设先进单位
北京市朝阳区法院

第四届中国青年志愿服务项目大赛银奖
北京市朝阳区团委

北京市先进集体（部分）

首都劳动奖状
北京市朝阳区发展和改革委员会
北京市朝阳区委朝阳区政府信访办公室
北京市朝阳区人民法院
北京市朝阳区环境保护局
北京市朝阳区建外街道办事处
北京市朝阳区十八里店乡吕家营村经济合作社
北京海文资产经营管理有限公司
北京京朝出租汽车有限公司
北京市朝阳区安华学校
北京市朝阳区文化委员会行政执法队

首都文明单位
北京市朝阳区民防局
北京奥林匹克公园管理委员会
北京市朝阳区文化委员会
北京民俗博物馆
北京市朝阳区食品药品监督管理局
北京市朝阳区残疾人联合会
北京市朝阳区民政局
北京市朝阳区建外街道
北京市朝阳区十八里店地区福寿老年公寓

首都文明单位标兵
北京市朝阳区法院
北京市朝阳区园林绿化局
北京市朝阳区国税局
北京市朝阳区财政局
北京市朝阳区图书馆
北京市朝阳区卫生计生监督所
北京市垂杨柳医院
北京市朝阳区朝外街道办事处
北京市朝阳区小关街道办事处

首都文明社区
北京市朝阳区建外街道南郎社区
北京市朝阳区建外街道建国里社区
北京市朝阳区潘家园街道华西社区

北京市朝阳区潘家园街道松西社区
北京市朝阳区潘家园街道华北社区
北京市朝阳区东风地区紫萝园社区
北京市朝阳区泛海国际南社区
北京市朝阳区十八里店地区弘善一社区
北京市朝阳区十八里店地区弘善三社区

北京市节水型区

北京市朝阳区

首都民族团结进步先进集体

北京市朝阳区常营地区办事处
北京市朝阳区团委
北京市朝阳检察院公诉部

首都环境保护先进单位

北京市朝阳区财政局

全民义务植树先进单位

北京市朝阳区园林绿化局
北京市朝阳区北花园绿化队
北京市朝阳区望和公园

北京市工人先锋号

北京市朝阳区国家税务局第一税务所
北京市朝阳区房屋征收事务中心征收补偿三科
北京市朝阳区黑庄户乡人民政府安全管理科
北京市朝阳区水务局计划建设科
北京市朝阳区常营乡人民政府综治办
北京市朝阳区双井街道社会保障事务所
北京市朝阳区朝外街道社会保障事务所
北京美丽年华物业管理有限公司叶青大厦北园项目部
北京蓝调庄园文化发展有限公司营销部
北京市公安局朝阳分局常营派出所
北京市朝阳区人民检察院未成年人案件检察部
北京市朝阳区民政局政工科
北京市朝阳外国语学校语文教研组
北京市朝阳区新世纪幼儿园大班教研组
北京伟达中医肿瘤医院有限公司住院部肿瘤科
北京市朝阳区广播电视新闻中心新闻科
北京京客隆商业集团股份有限公司便利店营运部

北京市三八红旗集体

北京市朝阳区法院刑二庭
北京市朝阳区地税局商务中心区税务所
北京市朝阳区食品药品监督管理局
北京民俗博物馆
北京市朝阳副食品总公司

北京市就业创业工作先进集体

北京市朝阳区残疾人就业保障金征缴审核中心
北京市朝阳区人力资源公共服务中心

北京市检察机关刑事执行监督精品案件

北京市朝阳区人民检察院

北京市模范法院

北京市朝阳区法院

北京市法院十佳人民法庭

北京市朝阳区法院温榆河法庭

北京市法院先进集体

北京市朝阳区法院亚运村法庭
北京市朝阳区法院金融庭

北京市先进人武部

北京市朝阳区武装部

统计资料

2018年朝阳区地区生产总值

表59　　单位：万元

项　目	2018年	构成（%）
地区生产总值	60935117	100.00
按产业分		
第一产业	20853	0.03
第二产业	4042448	6.63
第三产业	56871816	93.33
按国民经济行业分		
农、林、牧、渔业	21651	0.04
工业	3207052	5.26
建筑业	1557992	2.56
批发和零售业	10814159	17.75
交通运输、仓储和邮政业	3442054	5.65
住宿和餐饮业	1178683	1.93
信息传输、软件和信息技术服务业	5133287	8.42
金融业	7724536	12.68
房地产业	4713678	7.74
租赁和商务服务业	10336502	16.96
科学研究和技术服务业	6254608	10.26
水利、环境和公共设施管理业	511397	0.84
居民服务、修理和其他服务业	493400	0.81
教育	2108477	3.46
卫生和社会工作	1438830	2.36
文化、体育和娱乐业	813627	1.34
公共管理、社会保障和社会组织	1185184	1.94

说明：产业划分依据国家统计局2012年制定的《三次产业划分规定》，行业划分依据《国民经济行业分类》（GB/T4754—2011）

2018年朝阳区一般公共预算收支

表60　　单位：万元

项　目	决算数	项　目	决算数
一般公共预算收入	5336837	一般公共预算支出	5632186
房产税	977824	一般公共服务支出	227195
车船税	52442	国防支出	10310
印花税	158858	公共安全支出	664613

续表 60

项　目	决算数	项　目	决算数
资源税	4613	教育支出	966502
耕地占用税	462	科学技术支出	117687
国内增值税（含改征增值税）	1687602	文化体育与传媒支出	131735
其中：改征增值税	975130	社会保障和就业支出	1583014
营业税	4772	医疗卫生与计划生育支出	451958
城镇土地使用税	26810	节能环保支出	196764
土地增值税	205993	城乡社区支出	634209
教育费附加收入	114725	农林水支出	501813
城市维护建设税	437552	资源勘探信息等支出	52930
企业所得税	1262654	商业服务业等支出	33414
环境保护税	2684	金融支出	49539
国有资源（资产）有偿使用收入	180446	国土海洋气象等支出	796
其他收入	2784	粮油物资储备支出	7703
罚没收入	13486	其他支出	2004
行政性事业性收费	4980		
残疾人就业保障金收入	159578		
教育资金收入	28485		
森林植被恢复费	9421		
捐赠收入	18		
政府住房基金收入	648		

数据来源：北京市朝阳区财政局

2018 年朝阳区户籍户数及人口数（按街、乡分）

表 61　　单位：人

项　目	年末总户数（户）	年末总人口					出生人数	死亡人数
			男	女	非农业人口	农业人口		
合计	843639	2116913	1049882	1067031	2026503	90410	23125	19496
街道小计	500942	1341718	665844	675874	1341698	20	12604	13592
建外	13230	37269	18683	18586	37269		277	420
朝外	11912	41788	21493	20295	41788		365	425
呼家楼	21542	63512	31059	32453	63512		493	1150
三里屯	13716	37246	17988	19258	37246		296	460
左家庄	25052	64063	31852	32211	64063		531	718
香河园	14143	33791	16736	17055	33791		292	386
和平街	25341	84713	41585	43128	84713		553	775
安贞	18504	45463	22289	23174	45463		383	618

续表 61

项　目	年末总户数（户）	年末总人口	男	女	非农业人口	农业人口	出生人数	死亡人数
亚运村	17655	48136	23973	24163	48136		476	463
小关	14645	47398	22456	24942	47398		422	403
酒仙桥	23567	67663	34302	33361	67663		565	808
麦子店	9048	22480	11220	11260	22479	1	210	251
团结湖	13482	34008	16892	17116	34008		256	432
六里屯	24854	61038	30227	30811	61036	2	585	664
八里庄	31228	83659	40770	42889	83659		754	1006
双井	28533	72494	35879	36615	72492	2	779	700
劲松	31321	76098	37859	38239	76095	3	736	790
潘家园	32050	78934	39037	39897	78934		648	927
垡头	14400	36867	19003	17864	36867		325	455
大屯	32283	83143	40937	42206	83143		1005	494
望京	35650	93050	46189	46861	93050		1106	524
奥运村	26184	66465	33166	33299	66453	12	781	398
东湖	15536	39477	19820	19657	39477		510	159
首都机场	7066	22963	12429	10534	22963		256	166
乡小计	342697	775195	384038	391157	684805	90390	10521	5904
南磨房	26558	62970	31744	31226	62928	42	715	453
高碑店	24982	52973	26227	26746	51123	1850	676	596
将台	13536	27758	13530	14228	27720	38	327	283
太阳宫	24057	60452	30432	30020	60399	53	811	336
小红门	13972	30686	14509	16177	19101	11585	292	358
十八里店	18419	42648	20125	22523	21288	21360	515	373
平房	18965	41121	20057	21064	33019	8102	664	241
东风	15499	35050	17032	18018	35032	18	442	248
来广营	30657	67668	34301	33367	67650	18	1330	299
常营	16251	35363	17957	17406	35247	116	623	215
三间房	24031	66557	31739	34818	66507	50	613	535
管庄	25187	63003	33369	29634	58314	4689	910	463
金盏	12729	28907	13877	15030	17819	11088	316	215
孙河	11130	21929	10523	11406	17526	4403	202	156
崔各庄	13405	25689	12358	13331	20172	5517	391	250
东坝	24423	54907	28225	26682	50061	4846	1010	415
黑庄户	9950	21171	10321	10850	13699	7472	245	187
豆各庄	8250	15978	8035	7943	15893	85	229	100
王四营	10696	20365	9677	10688	11307	9058	210	181

数据来源：北京市公安局朝阳分局

2018年朝阳区固定资产投资完成情况（项目在地）

表62

项目	单位个数（个）	项目个数（个）	本年新增固定资产（万元）	房屋建筑施工面积（平方米）		房屋建筑竣工面积（平方米）	
					住宅		住宅
合计	102	293	3884544	8481853	3063178	1021676	
按登记注册类型划分							
内资	95	277	2234918	8272441	3063178	921027	
国有	44	118	594403	5260433	2020272	271058	
集体	1	1					
股份合作							
国有联营							
集体联营							
国有与集体联营							
其他联营							
国有独资公司	12	104	921250	1617751	1042906		
其他有限责任公司	30	45	708582	1394257		649969	
股份有限公司	2	3					
私营独资							
私营合伙							
私营有限责任公司	3	3					
私营股份有限公司							
其他	3	3	10683				
港澳台商投资	4	13	1495160				
与港澳台商合资经营	1	2					
与港澳台商合作经营							
港澳台商独资	2	10					
港澳台商投资股份有限公司	1	1	1495160				
其他港澳台投资							
外商投资	3	3	154466	209412		100649	
中外合资经营	3	3	154466	209412		100649	
中外合作经营							
外资企业							
外商投资股份有限公司							
其他外商投资							
个体经营							
个体户							
个人合伙							
按隶属关系划分							
中央单位	23	31	1628987	4173166	1867769	246143	

续表 62

项目	单位个数（个）	项目个数（个）	本年新增固定资产（万元）	房屋建筑施工面积（平方米）		房屋建筑竣工面积（平方米）	
					住宅		住宅
市属单位	29	143	1053600	2678621	1195409		
区属单位	26	86	580117	790845		455723	
其他单位	24	33	621840	839221		319810	
按项目所在地域分							
街道小计	118	2479612	3309328	576335	434528		
建外	5		75726				
朝外	2	5080	9154		9154		
呼家楼	5		660248				
三里屯	2						
左家庄	4	46810	11242				
香河园	1	12168					
和平街	4						
安贞	4	12390	24139		18340		
亚运村	6	25540	34086		34086		
小关	2	24292	84452		46995		
酒仙桥	4	192099	139869		139869		
麦子店	3		510669				
团结湖	10	233866					
六里屯	7		12264				
八里庄	2						
双井	12	50239	233822		8849		
劲松	4		6178		6178		
潘家园	5	24041	120960		52200		
垡头	3		1127122	576335			
奥运村	10	77927	234857		114857		
大屯	7		4000		4000		
望京	8	280000	6990				
首都机场	4	1495160	13550				
东湖	4						
乡小计	175	1404932	5172525	2486843	587148		
南磨房	30	101759	3565380	2399950	9183		
高碑店	17		61776				
将台	2		146850				
太阳宫	3		3505		3505		
小红门	7	16476	30360		30360		
十八里店	6		174907				
平房	11	9878	41084				

续表 62

项目	单位个数（个）	项目个数（个）	本年新增固定资产（万元）	房屋建筑施工面积（平方米）		房屋建筑竣工面积（平方米）	
					住宅		住宅
东风	5	13007					
来广营	11	546549	353328		150808		
常营	7	56670	119272		86235		
三间房	2						
管庄	5	21510	27057		27057		
金盏	17	597689	362490		280000		
孙河	7						
崔各庄	16		157092				
东坝	9	5516	40131				
黑庄户	8						
豆各庄	1		89293	86893			
王四营	11	35878					

2018 年朝阳区房地产开发完成情况（项目在地）

表 63

项 目	单位个数（个）	房屋施工面积（平方米）		房屋竣工面积（平方米）		本年新增固定资产（万元）	商品房销售面积（平方米）	商品房销售额（万元）	待售面积（平方米）		
			住宅		住宅					住宅	一年以上住宅
合计	215	22352857	9139576	1427553	674996	984040	402489	2833956	4857833	1955533	1756389
按登记注册类型划分											
内资	175	20514583	8345480	1427553	674996	984040	384201	2678302	3823320	1454964	1261061
国有	2						10828	13341	488048	130738	130738
集体	2	269315					271	886	6112	2643	2643
股份合作											
国有联营											
集体联营											
国有与集体联营											
其他联营											
国有独资公司	8	2211871	1000506	86499		26208	32123	91966	77862	9816	9816
其他有限责任公司	137	16307080	7033464	1020906	598511	666638	330546	2522442	3092322	1263629	1082639
股份有限公司	4	252798	176676				8541	40327	89340	24447	24447
私营独资											
私营合伙											
私营有限责任公司	21	1333747	134834	320148	76485	291194	1819	8566	59215	18340	5427
私营股份有限公司	1	139772					73	774	10421	5351	5351
其他											

续表 63

项　目	单位个数（个）	房屋施工面积（平方米）	住宅	房屋竣工面积（平方米）	住宅	本年新增固定资产（万元）	商品房销售面积（平方米）	商品房销售额（万元）	待售面积（平方米）	住宅	一年以上住宅
港澳台商投资	26	1302067	754654				16039	143417	818110	399569	394328
与港澳台商合资经营	7	181901	167852				2245	24597	170255	9575	9575
与港澳台商合作经营	9	667617	309193				1934	19577	92775	26387	21146
港澳台商独资	10	452549	277609				11860	99243	555080	363607	363607
港澳台商投资股份有限公司											
其他港澳台投资											
外商投资	14	536207	39442				2249	12237	216403	101000	101000
中外合资经营	3	327000							31835	16945	16945
中外合作经营	5	33563	33563				1078	8682	156481	56228	56228
外资企业	6	175644	5879				1171	3555	28087	27827	27827
外商投资股份有限公司											
其他外商投资											
按隶属关系划分											
中央	7	599369					2755	8133	37427	22504	22504
市属	27	3513686	1340773	345511	231268	243207	53576	399189	166776	44891	44891
区及区以下	181	18239802	7798803	1082042	443728	740833	346158	2426634	4653630	1888138	1688994
按资质等级划分											
一级	16	1126627	844069	115626	75702	175142	35090	189321	860696	222411	222411
二级	20	3627208	883385	146643		46816	34815	102178	983737	86895	86895
三级	26	2473322	713086	19129		76891	34330	275099	836780	276134	276134
四级	92	6203307	2563202	830319	475343	306538	62448	389447	1792916	1089193	890049
暂定	43	6389621	2872869	207753	123951	253737	232609	1872852	126887	73395	73395
其他	18	2532772	1262965	108083		124916	3197	5059	256817	207505	207505
按项目所在地域分											
街道小计	110	6598937	634725	171084	37745	319555	80476	816804	1899577	391816	386575
建外	13	2226374							7437		
朝外	7	139772					73	774	190603	6543	6543
呼家楼	12	293055					81	198	180377	22465	22465
三里屯	2								30987	30727	30727
左家庄											
香河园											
和平街											
安贞											
亚运村	7	840821	73846						215816	107480	107480
小关	2								17730	11000	11000
酒仙桥	4	319531	95570	60144		20608	439	2180	324629	4307	4307

续表 63

项 目	单位个数（个）	房屋施工面积（平方米）	住宅	房屋竣工面积（平方米）	住宅	本年新增固定资产（万元）	商品房销售面积（平方米）	商品房销售额（万元）	待售面积（平方米）	住宅	一年以上住宅
麦子店	7	117785	15000	40000	15000	201222	37197	577048	37668	12269	7028
团结湖											
六里屯	2	46631	22745	46631	22745	60639	1490	4342	9283	3896	3896
八里庄	9	511115	220460				89	223	112665	43225	43225
双井	2	84897					101	190	7497		
劲松	5	90043							85364		
潘家园											
垡头											
大屯	15	785642	77519				1078	8682	275218	55692	55692
望京	12	261478	92345				31960	151988	274895	85988	85988
首都机场											
东湖	4	216786	37240	24309		37086	3360	39520	14711		
奥运村	7	665007					4608	31659	114697	8224	8224
乡小计	157	15753920	8504851	1256469	637251	664485	322013	2017152	2958256	1563717	1369814
南磨房	10	254403	129255				5659	29963	141942	54661	54661
高碑店	3	254988	104079						11225	309	309
将台	6	930233	597175						5981	1784	1784
太阳宫	9	422983	320109				11213	95723	595928	543997	363007
小红门	7	1072019	670001	585967	413645	186325	27183	203109	40039	39939	39939
十八里店	7	393393	317746				10974	14059	503556	102027	102027
平房	12	753429	503341				3078	20703	68906	15804	15804
东风	4	1094887	366838	19129		76891	27243	223965	104734	66954	66954
来广营	13	794636	316497	86499		26208	39818	135845	382530	163978	163978
常营	6	155914	105532				1926	2238	384328	1263	1263
三间房	4	79085					121	185	8847	6512	6512
管庄	3	170532	56169								
金盏	9	1924766	946309	108083		124916			1578	1578	1578
孙河	13	1068488	749031	37839	34201	50031	149627	952012	177712	160939	160939
崔各庄	12	1350442	864059				6153	37811	39076		
东坝	23	1964246	1095190	418952	189405	200114	37946	297043	168732	101310	88397
黑庄户	4	1122987	361275				723	3491	12415	9921	9921
豆各庄	10	1804563	915945						33917	21320	21320
王四营	2	141926	86300				349	1005	276810	271421	271421

2018年朝阳区房地产开发企业主要财务指标

表64　　　　　　　　　　　　　　　　　　　　　　　　　　　　单位：万元

项目	单位个数（个）	累计折旧	本年折旧	资产总计	负债合计	营业收入	主营业务收入	主营业务成本	主营业务税金及附加	营业利润	利润总额	所得税费用	应付职工薪酬
合计	226	1027540.6	145698.4	120187378.2	96071683.1	6179256.6	6100851.7	4060021.6	545252.8	403221.1	410586.1	171904.9	446147.9
按登记注册类型划分													
内资	183	507669.7	68746.9	87431032.2	68578680.6	5387647.9	5337049.8	3852962.0	410353.8	120707.0	127082.7	119308.7	339767.8
国有	1	***	***	***	***	***	***	***	***	***	***	***	***
集体	1	***	***	***	***	***	***	***	***	***	***	***	***
股份合作													
国有联营													
集体联营													
国有与集体联营													
其他联营													
国有独资公司	7	7811.0	860.1	14348832.3	5915464.6	1602204.7	1601526.9	1511296.7	38915.3	37257.3	37294.5	3868.4	20181.5
其他有限责任公司	150	395845.1	56733.9	65671100.6	56367337.3	3321792.3	3272774.4	2063965.0	321360.2	11534.5	16348.2	97903.7	299693.5
股份有限公司	1	***	***	***	***	***	***	***	***	***	***	***	***
私营独资													
私营合伙													
私营有限责任公司	21	14562.3	2659.1	5758791.0	4891222.7	378040.1	377137.7	253223.5	26649.7	59304.5	53180.5	12480.4	14832.9
私营股份有限公司	2	13429.9	1185.5	164110.9	49713.0	39637.6	39637.6	18069.2	19320.9	−3782.0	−3335.9		794.6
其他													
港澳台商投资	29	473663.1	60349.5	24844847.2	21325834.1	623091.1	597689.8	151975.6	119714.6	180339.3	182123.9	48152.2	79195.2
与港澳台商合资经营	5	205722.0	18414.4	14926731.7	13273307.9	216157.4	211800.6	32051.1	12210.3	221866.2	223283.3	43924.7	33919.3
与港澳台商合作经营	12	138627.6	22543.7	2652347.0	2007607.0	132966.5	113789.4	29904.9	69959.5	−52957.7	−51552.8	1930.9	21043.5
港澳台商独资	12	129313.5	19391.4	7265768.5	6044919.2	273967.2	272099.8	90019.6	37544.8	11430.8	10393.4	2296.6	24232.4
港澳台商投资股份有限公司													
外商投资	14	46207.8	16602.0	7911498.8	6167168.4	168517.6	166112.1	55084.0	15184.4	102174.8	101379.5	4444.0	27184.9
中外合资经营	3	11039.4	10323.6	1025445.5	518697.2	15044.6	14671.0	1293.6	2250.6	4209.2	4208.6	99.4	4305.6
中外合作经营	4	20072.4	5902.3	1508382.8	1226349.6	72179.4	70317.6	38354.2	10517.5	−14212.7	−15899.0	332.9	13584.3
外资企业	6	13937.1	266.7	2993693.4	2284496.5	29420.2	29250.1	9924.1	2047.9	−112.3	126.2	1124.3	7033.3
外商投资股份有限公司													
其他外商投资	1	***	***	***	***	***	***	***	***	***	***	***	***
按隶属关系划分													
中央	5	842.9	98.0	2667781.8	2378157.9	10634.1	8368.2	3031.0	742.7	4375.6	4394.0	612.6	6826.9
市属	29	21239.3	2733.1	26138251.1	15688890.5	2514224.4	2508582.7	2125874.4	128202.6	136531.8	134013.3	27219.9	61700.9
区及区以下	192	1005458.4	142867.3	91381345.3	78004634.7	3654398.1	3583900.8	1931116.2	416307.5	262313.7	272178.8	144072.4	377620.1
按资质等级划分													
一级	10	40062.7	8594.6	25278522.0	21396188.0	702827.9	663841.6	351548.1	86726.0	348391.0	343173.8	52873.5	68124.0

续表 64

项目	单位个数（个）	累计折旧	本年折旧	资产总计	负债合计	营业收入	主营业务收入	主营业务成本	主营业务税金及附加	营业利润	利润总额	所得税费用	应付职工薪酬
二级	20	199348.7	15501.0	24339248.5	16200333.9	2120477.7	2115530.0	1865098.8	85718.3	–21131.4	–22125.9	12342.4	56124.6
三级	27	93946.9	10800.7	19824715.8	17820072.7	1102402.8	1089482.1	617636.8	115278.6	15327.3	13760.2	37854.8	144861.4
四级	107	386480.8	66084.6	31616366.1	25249259.8	1724783.2	1706979.3	965516.8	229475.3	130781.5	147866.0	63741.5	98146.4
暂定	44	165547.5	34704.8	15867591.2	12690978.6	456902.4	454337.8	241678.1	19098.6	–95888.3	–98316.1	–2179.2	68491.2
其他	18	142154.0	10012.7	3260934.6	2714850.1	71862.6	70680.9	18543.0	8956.0	25741.0	26228.1	7271.9	10400.3

说明：*** 表示为使个体数据得以保密，该数据不予公布

2018 年朝阳区社会消费品零售总额（按行业结构分）

表 65　　单位：万元

项目	2018 年	增长速度（%）
合计	27975720	1.4
限额以上	22499442	–0.4
批发和零售业	20307718	–1.0
汽车及配件销售	6379400	–15.2
综合零售	3882618	2.9
石油及制品销售	1205042	11.5
家用电器及电子产品销售	4550944	8.2
医药及医疗器材销售	988629	41.0
互联网零售	1016471	19.4
五金、建材、家装销售	527369	–2.3
服装、鞋帽、纺织品销售	589673	4.8
日用品销售	267236	–9.9
文化、体育用品销售	533358	–3.2

说明：增长速度按可比口径计算

2018 年朝阳区城乡个体工商业基本情况

表 66

项目	户数（户）		从业人员（人）		注册资金（万元）	
		城镇		城镇		城镇
合计	67522	46233	110093	76742	222502	152248
农、林、牧、渔业	185	43	283	61	1691	317
采矿业	1	1	2	2	10	10
制造业	491	235	1139	474	1739	695
建筑业	149	100	298	193	486	346
批发和零售业	55316	37740	82269	56548	179319	122531

续表 66

项目	户数（户）		从业人员（人）		注册资金（万元）	
		城镇		城镇		城镇
交通运输、仓储和邮政业	542	227	753	328	3187	1372
住宿和餐饮业	1997	1587	8831	7077	11560	9687
信息传输、软件和信息技术服务业	21	16	32	26	87	82
房地产业	14	10	21	16	43	33
租赁和商务服务业	2923	2253	4199	3244	6098	4285
科学研究和技术服务业	715	423	1109	717	2087	1269
水利、环境和公共设施管理业	15	4	35	10	57	7
居民服务、修理和其他服务业	4158	2880	9085	6532	11773	8239
教育	131	87	254	168	421	250
卫生和社会工作	30	28	60	55	548	513
文化、体育和娱乐业	834	599	1723	1291	3396	2612

数据来源：北京市朝阳区市场监督管理局

2018 年朝阳区对外经济基本情况

表 67　　单位：亿美元

项目	2018 年	增长速度 (%)
新设外商投资企业 (个)	750.0	18.9
合同外资金额	98.4	108.4
实际利用外资额	39.7	-32.4
外贸出口额	181.2	28.6

数据来源：北京市朝阳区商务局

2017—2018 年朝阳区外商投资企业新设立情况

表 68　　单位：个

项目	企业数	
	2018 年	2017 年
合计	750	631
按登记注册类型分		
合资经营	184	152
合作经营	2	2
独资经营	562	476
其他	2	1
按三次产业分		
第一产业		
第二产业	10	7

续表 68

项目	企业数	
	2018 年	2017 年
第三产业	740	624
按客商国别（地区）分		
日本	16	17
美国	58	59
中国香港	356	248
澳大利亚	9	11
法国	10	10
新加坡	31	31
加拿大	17	15
德国	23	15
西班牙	1	2
中国台湾	54	47
瑞典	2	2
泰国	3	2
比利时	2	1
丹麦	3	
韩国	42	43
俄罗斯	8	4
其他	115	124

数据来源：北京市朝阳区商务局

2018 年朝阳区中资银行人民币月末存款余额

表 69 单位：万元

月份	各项存款	单位存款	个人存款	
				储蓄存款
1 月	237288605	121021686	60459292	48595224
2 月	233108379	116938471	61242403	48835222
3 月	232512273	120044013	61455547	48130695
4 月	239162574	120207134	61435827	47818654
5 月	233076860	120010352	62345838	47835165
6 月	239910792	122473421	63520524	48221943
7 月	246105531	125352552	63500419	47917063
8 月	253670557	131190701	64098714	48160153
9 月	251901039	133381775	64616754	48327419
10 月	253398787	129377110	65286553	48672979

续表 68

月份	各项存款	单位存款	个人存款	
				储蓄存款
11 月	256774024	129627077	66394530	49118494
12 月	248558813	129593124	67906792	49992150

数据来源：中国人民银行营业管理部

2018 年朝阳区中资银行人民币月末贷款余额

表 70　　单位：万元

月份	各项贷款		
		境内短期贷款	境内中长期贷款
1 月	91581652	29949314	60839691
2 月	91908695	29456744	61685546
3 月	93496245	30024922	62636474
4 月	94580749	30345799	63503481
5 月	94396856	30746168	62858153
6 月	95561106	31535932	63155717
7 月	97699937	33026244	63901551
8 月	98557036	33433274	64294834
9 月	99809875	34990828	64017479
10 月	99928636	35794044	62804850
11 月	100097061	34891639	63938218
12 月	99089780	33309697	64015736

数据来源：中国人民银行营业管理部

主要统计指标解释

一、地区生产总值

是按市场价格计算的地区生产总值的简称。它是一个地区所有常住单位在一定时期内生产活动的最终成果。地区生产总值有三种表现形式，即价值形态、收入形态和产品形态。在实际核算中，地区生产总值有三种计算方法，即生产法、收入法和支出法。三种方法分别从不同的方面反映地区生产总值及其构成。

二、固定资产投资

本年完成投资：指从本年1月1日起至本年最后一天止完成的全部用于房屋建设工程和土地开发工程的投资额以及公益性建筑和土地购置费等的投资。

本年新增固定资产：指已经完成建造和购置过程，并已交付生产或使用单位的固定资产投资的价值，包括已经建成投入生产或交付使用的工程投资和达到固定资产标准的设备、工具、器具的投资及有关应摊入的费用。

三、房地产开发

房屋施工面积：指报告期内施工的全部房屋建筑面积。包括本期新开工的面积和上年开工跨入本期继续施工房屋面积，以及上期已停建在本期恢复施工的房屋面积。本期竣工和本期施工后又停建、缓建的房屋面积仍包括在施工面积中，多层建筑应填各层建筑面积之和也就是整栋楼的面积（该指标数据取自施工许可证或规划许可证中的面积数）。

房屋竣工面积：指报告期内房屋建筑按照设计要求已全部完工，达到住人和使用条件，经验收鉴定合格，可正式移交使用的各栋房屋建筑面积的总和（该指标数据取自该项目的甲方、乙方、监理、设计四方竣工验收记录单或竣工验收备案表）。

四、社会消费品零售总额

指企业（单位、个体户）通过交易直接售给个人、社会集团非生产、非经营用的实物商品金额，以及提供餐饮服务所取得的收入金额。个人包括城乡居民和入境人员，社会集团包括机关、社会团体、部队、学校、企事业单位、居委会或村委会等。

五、实际利用外资额

指批准的合同外资金额的实际执行数，外国投资者根据批准外商投资企业的合同（章程）的规定实际缴付的出资额和企业投资总额内外国投资者以自己的境外自有资金实际直接向企业提供的贷款。

六、存款、贷款

存款：企业、机关、团体或居民根据可以收回的原则，把货币资金存入银行或其他信用机构保管并取得一定利息的一种信用活动形式。根据存款对象的不同可划分为企业存款、财政存款、机关团体存款、储蓄存款、农业存款等科目。它是银行信贷资金的主要来源。

贷款：银行或其他信用机构根据必须归还的原则，按一定利率，为企业、个人等提供资金的一种信用活动形式。我国银行贷款分为短期贷款、中长期贷款、委托及信托类贷款、其他类贷款等。

附 录

领导干部名录

中共朝阳区第十二届委员会

书　　记　吴桂英（女）（1月免）　王　灏（4月任）
副 书 记　王　灏（4月免）　甘靖中（12月免）
　　　　　文　献（6月任）
常　　委　何　明（满族）　马继业　刘军胜　史连雪（2月任）
　　　　　张维刚　席成坡　黄晓伟（女）　王晰宁（挂职）
　　　　　李长萍（女，9月任）
委　　员（按姓氏笔画排列）
　　　　　马继业　王　毅　王　灏　王雪梅（女，3月免）
　　　　　王晰宁（挂职）　牛国泉　文　献（6月任）
　　　　　孔钢城　孙玉辉（8月增补）　甘靖中（12月免）
　　　　　田志刚（8月增补）　史连雪（2月任）　朱　晟
　　　　　刘　勇　刘军胜　刘海涛　许嘉宁　苏向东
　　　　　李　靓（女）　李云飞　李长萍（女，9月任）
　　　　　李国红（女）　李俊杰（9月免）　杨建海
　　　　　吴　冰　吴桂英（女，1月免）　何　明（满族）
　　　　　张　岩　张士华　张玉鲲（1月免）张克斌
　　　　　张宏明　张维刚　陈　涛　陈宏志　邵水平
　　　　　邵建云（女，7月免）　欧晓勋（女）　周　炜
　　　　　郑　勇（10月免）　赵年生　赵红伟　殷金凤（女）
　　　　　高春利　高智勇（8月增补）　席成坡　黄晓伟（女）
　　　　　康志华（7月免）　董会生　蒋东燕（女）
　　　　　靳学军　谭国忠（满族）
候补委员　连文胜　刘福利

中共朝阳区委工作机构

办公室（党建办）主任	许嘉宁
巡察办	孙玉辉
区委区政府研究室主任	李淑环（女）
组织部部长	何　明（满族，兼）
组织部常务副部长	张中华
宣传部部长	刘军胜（兼）
宣传部常务副部长	毕重伟
网络安全和信息化领导小组办公室（互联网信息办公室）主任	王海涛（4月任）
精神文明建设委员会办公室（挂靠宣传部）主任	张　爽（女）
统一战线工作部部长	黄晓伟（女，兼）
统一战线工作部常务副部长	胡杰华
台湾工作办公室（同时挂政府台湾事务办公室牌子，与统战部合署办公）主任	李　波
侨务办公室（与统战部合署办公）主任	李晓霞（女，4月免） 金晓倩（女，5月任）
直属机关工作委员会书记	黄晓伟（女，兼）
直属机关工作委员会常务副书记	邵水平
社会工作委员会书记	赵年生
农村工作委员会书记	张克斌
政法委员会书记	张维刚（兼）
政法委员会常务副书记、维护稳定工作领导小组办公室主任	赵红伟
社会治安综合治理委员会办公室（与政法委员会合署办公）主任	王春发
流动人口和出租房屋管委会办公室（与综治办合署办公）主任	尹　航（11月免）
教育工作委员会书记	周　炜
非公经济工作委员会书记	王素荣（女）
老干部局局长	蔺　红（女）
党史工作办公室主任	邓献云
党校校长	甘靖中（兼）
党校党委书记、常务副校长	董　伟（5月免） 李燕梅（女，5月任）
保密委员会办公室（挂区国家保密局牌子，由区委办公室管理）主任	金宏图（满族，3月免） 李晓霞（女，4月任）
北京商务中心区工作委员会书记	李国红（女，兼）
北京商务中心区工作委员会常务副书记	张志国
中关村科技园区朝阳园（电子城科技园）工作委员会书记	马继业（兼，11月免） 李长萍（兼，11月任）
中关村科技园区朝阳园（电子城科技园）工作委员会常务副书记	李贺清

朝阳区人民政府、人民团体党政分设工作机构党组织

科学技术委员会（知识产权局）党组书记　冯守华
住房和城乡建设委员会党组书记　张士华
水务局党委书记　路　军
卫生和计划生育委员会党委书记　师　伟
国有资产监督管理委员会党委书记　刘　勇
文学艺术界联合会党组书记　高春利
体育局党委书记　李守民
审计局党组书记　于良佐
统计局党组书记　施咸超
信访办公室党组书记　胡铁闽
工商业联合会党组书记　王素荣（女）
城市管理监督指挥中心党组书记　杨汉安
政务服务管理办公室党支部书记　李晓静（女）
市公安局朝阳分局党委书记　牛国泉（兼）
安全生产监督管理局党组书记　马海鹰
园林绿化局党委书记　李世喆
商务委员会党组书记　邵建云（女，7月免）
陈庆华（女，土家族，8月任）
信息化办公室党组书记　苏建华（7月免）
李容珍（7月任）
民政局党组书记　孙建强（7月免）
李　靓（女，7月任）
北京奥林匹克公园管理委员会党委常务副书记
康志华（7月免）
杨洪福（7月任）
金盏金融商务区管理委员会党组书记　张树宝
城市管理综合行政执法监察局党委书记　聂宏伟
北京朝阳国家文化产业创新实验区管委会党组书记
丰春秋
农村集体经济办公室（农村合作经济经营管理站）党组书记
何志立
种植业养殖业服务中心党组书记　辛　莉（女）
广播电视新闻中心党组书记　孙　帅（4月免）
潘　竞（4月任）
投资促进局党组书记　杨春雁（女，4月免）
马英晖（4月任）
循环经济产业园管理中心党组书记　郭团会（4月免）

中共朝阳区第十二届纪律检查委员会

书　　记　席成坡
常务副书记　高大中
副 书 记　秦　岳　张颖辉（女）
常　　委　燕海涛　马立众　李传永　尚利准　刘　敏

朝阳区监察委员会

主　任　席成坡
副主任　高大中　秦　岳　张颖辉（女）
委　员　燕海涛　刘　敏　马立众　李英辉（女）
唐　蔷（女，8月免）

朝阳区第十六届人民代表大会常务委员会

主　任　陈宏志
副主任　朱春霞（女）　常树奇　胡良森　牟燕东　叶　青
委　员（按姓氏笔画排列）
丁清光　于志刚　马金东　王左敏（女）　王　宁（女）
王志华（女）　王利如（女）　王宝合　王春庆
王清友　韦　平　田树林（女）　付小贺　兰万秋（畲族）
邢平芳　吕　铮　任敬东　刘显威（满族）　刘　勇
孙　立（女）　孙　琦（女，回族）　孙博洋
李革非（女）　李　洋　张明森　陈　岚（女）
陈春玖　郑　晶（女）　郝云峰　侯湘君（女）
徐福寿　殷　宁（满族）　高　峰　姬文革（女）
黄　鹰　曹信红（女）　韩　峰　褚　昱　樊碧发

朝阳区人大工作机构、专门委员会

办公室主任　郑　晶（女）
法制委员会主任　侯湘君（女）
财政经济工作委员会主任　兰万秋（畲族）
城建环保工作委员会主任　邢平芳
教科文卫工作委员会主任　李　洋
代表联络室主任　孙　立（女）
农村工作委员会主任　于志刚
研究室主任　付小贺

朝阳区人民政府

区　　长　王　灏（6月免）　文　献（代6月任）
常务副区长　马继业
副 区 长　李长萍（女，9月任）　王志勉　牛国泉
李俊杰（9月免）　杨建海　李国红（女）
刘海涛　李　懋（9月任，挂职）朱　晟（10月任）

朝阳区人民政府工作机构

办公室主任	赵海东
发展和改革委员会主任	朱　晟（11月免）
	李　欣（11月任）
教育委员会主任	肖　汶
教育督导室主任	王世元
科学技术委员会主任	冯守华
民政局局长	李　靓（女）
司法局局长	王远捷
财政局局长	欧晓勋（女）
人力资源和社会保障局局长	张　岩

机构编制委员会办公室（与人力资源和社会保障局合署办公）

主任	张　岩
环境保护局局长	马　龙
住房和城乡建设委员会主任	张士华
房屋管理局局长	吴熙盛
城市管理委员会主任	刘炳起
农村工作委员会主任	连文胜
水务局局长	路　军
商务委员会主任	邵建云（女，7月免）
	陈庆华（女，土家族，7月任）
文化委员会主任	高春利
卫生和计划生育委员会主任	师　伟
审计局局长	战春燕（女，满族）
社会建设工作办公室主任	宝月凤（女，满族）
国有资产监督管理委员会主任	王春平（满族）
安全生产监督管理局局长	马海鹰
体育局局长	吴晓军
统计局局长	陈庆华（女，土家族，8月免）
	韦小萍（女，8月任）
园林绿化局局长	李世喆
旅游发展委员会主任	兰学军
民防局局长	王　军
金融服务办公室主任	赵　捷（10月免）
民族宗教办公室主任	梅诗曙
外事办公室主任	谭林坤
法制办公室主任	田志刚
信息化工作办公室主任	王　臻（3月免）
	李容珍（7月任）
信访办公室主任	王春增

政协朝阳区第十三届委员会

主　　席　陈　涛

副 主 席　杨树旗　张永新　王文远　连玉明　张兴凯　战春燕（女，满族）

秘 书 长　王玉华（女）

常务委员　（以姓氏笔画为序）

于　欣　马立霜（女）　王　强　王　臻　王小龙　王幼君　王素荣（女）　王鲁宁　玉　红（女，蒙古族）　叶　昊　冯　静（女）　司晓强　任炜东　刘元春　刘宁花（女）　刘苗苗（女）　刘敬疆　闫永红（女）　孙　刚　苏俊武　李　红（女）　李　明　李卫刚　李云燕（女）　李玉立　李冬军（女）　李树东　李秋玲（女）　李海作　吴景刚　杨征军　杨　扬　杨　杰　杨　科　邹　游　宋关福　张　硕　张　维　张　瑞（女）　张劲硕　张学军　张鸿声　陈　霞（女）　陈巴黎（女）　陈立华　所国有　金晓萍（女）　郑　铁　赵建萍（女）　胡杰华　钟　瑾（女）　侯惠荣（女）　袁　媛（女）　顾婷婷（女）　钱晓瑾（女）　徐　伟　徐京玲（女）　殷　峻　高　黎（女）　高吉喜　郭秀芬（女）　唐志辉　黄　征　黄　轶　黄金维　梅诗曙　盛国辉（女）　梁　丹　董　艳（女）　曾　旭（女）　阚存一　霍　超（女）

朝阳区政协工作机构

办公室主任	李冬军（女）
研究室主任	陈　霞（女）
专委会工作一室主任	郭秀芬（女）
专委会工作二室主任	刘元春
专委会工作三室主任	李海作
专委会工作四室主任	李树东
专委会工作五室主任	盛国辉（女）

朝阳区政协专门委员会

提案委员会主任	郭秀芬（女）
学习与文史委员会主任	盛国辉（女）
教育卫生与体育委员会主任	刘元春
文化委员会主任	徐　伟
经济科技委员会主任	李海作
城建环保委员会主任	李树东
社会法制与民族宗教委员会主任	梅诗曙
港澳台侨委员会主任	曾　旭（女）

朝阳区政法、军事系统

人民检察院党组书记、检察长	张玉鲲（1月免）
	张朝霞（女，1月任）
人民法院党组书记、院长	靳学军
人民武装部部长	江汉刚
人民武装部政委	史连雪
交通支队队长	陈义成

朝阳区各民主党派

民革朝阳区委主委 张兴凯
民盟朝阳区委主委 张鸿声
民建朝阳区委主委 王志勉
民进朝阳区委主委 战春燕（女，满族）
农工党朝阳区委主委 马立霜
致公党朝阳区委主委 高吉喜
九三学社朝阳区委主委 张明森
台盟朝阳区工委主委 高　峰

朝阳区各团体

总工会主席 王文军（5月免）
张永新（5月任）
共青团朝阳区委书记 郭　勋
妇女联合会主席 蒋东燕（女）
科学技术协会主席 齐建宗
残疾人联合会理事长 赵　玲（女）
归国华侨联合会主席 曾　旭
工商业联合会主席 叶　青
红十字会常务副会长 赵宁江
文学艺术界联合会秘书长 金　童（女，满族）

朝阳区其他单位

北京商务中心区管理委员会主任 李国红（女，兼）
北京商务中心区管理委员会常务副主任 郭　亮
北京奥林匹克公园管理委员会常务副主任 杨洪福
中关村科技园区朝阳园（电子城科技园）管理委员会主任
马继业（兼，11月免）
李长萍（女，兼，11月任）
中关村科技园区朝阳园（电子城科技园）管理委员会常务副主任
苏向东
金盏金融商务区管理委员会主任 张树宝
温榆河生态走廊建设管理委员会主任 荣学强（满族）
城市管理综合行政执法监察局局长 聂宏伟
城市管理监督指挥中心主任 常敬武
北京朝阳国家文化产业创新实验区管委会主任
丰春秋
政务服务管理办公室主任 吴景刚（回族）
北京798艺术区管理委员会主任 王　毅
市公安局朝阳分局局长 牛国泉（兼）
市规划和国土资源管理委员会朝阳分局局长
李　晋（3月任）
国家统计局朝阳调查队队长 张建萍
市国家安全局朝阳分局局长 安永春
市工商行政管理局朝阳分局局长 于晓军
国家税务总局北京市朝阳区税务局局长 王炯东（10月任）
质量技术监督局局长 杨兆生
食品药品监督管理局局长 刘立新
气象局局长 张沛刚
农村集体经济办公室（农村合作经济经营管理站）主任（站长）
何志立
老龄工作办公室主任 李　靓（女）
档案局（档案馆、区志办）局长（馆长、主任）
王春清（女）
种植业养殖业服务中心主任 马文虎（4月免）
辛　莉（女，4月任）
广播电视新闻中心主任 潘　竞
投资促进局局长 马英晖
循环经济产业园管理中心主任 皮　猛（达斡尔族）
环境卫生管理服务中心主任 陈万明（4月免）
李　罡（4月任）
职工大学校长 白新睿（蒙古族）
农业综合执法大队队长 李杰民

朝阳区街道工委、办事处

八里庄街道
工委书记 张福来
办事处主任 赵国章

左家庄街道
工委书记 苏　静（女）
办事处主任 王海涛（4月免） 孙曙光（5月任）

和平街街道
工委书记 秦　涛
办事处主任 韦小萍（女，8月免） 吴勇刚（11月任）

双井街道
工委书记 董　健（女）
办事处主任 时春岗（12月免）

酒仙桥街道
工委书记 崔少飞
办事处主任 陈文刚

呼家楼街道
工委书记 良　彪（满族）
办事处主任 洪广欣

朝外街道
工委书记 董会生
办事处主任 孟凡森

劲松街道
工委书记 杨丙章
办事处主任 孔钢城

安贞街道
工委书记 陈伟航
办事处主任 董　健

三里屯街道
工委书记　　唐涌涛
办事处主任　　刘晓玲（女）

建外街道
工委书记　　田　华（女）
办事处主任　　杨立亭

团结湖街道
工委书记　　陈　伟
办事处主任　　李亚珉

潘家园街道
工委书记　　张贵林
办事处主任　　杜　磊

香河园街道
工委书记　　云　增
办事处主任　　刘秀芹（女）

六里屯街道
工委书记　　谭国忠（满族）
办事处主任　　王　健

亚运村街道
工委书记　　麻晓晖
办事处主任　　历广权

小关街道
工委书记　　李　钧（满族）
办事处主任　　邢　伟（女）

垡头街道
工委书记　　石延刚（回族）
办事处主任　　关进国

麦子店街道
工委书记　　吴　冰
办事处主任　　李燕梅（女，5月免）　于久翔（5月任）

机场街道
工委书记　　李　琪（12月免）　时春岗（12月任）
办事处主任　　袁自斌

望京街道
工委书记　　商建英
办事处主任　　胡建东

大屯街道
工委书记　　吉旭初
办事处主任　　高敬茹（女，蒙古族）

奥运村街道
工委书记　　郑　勇（10月免）
办事处主任　　韩　军

东湖街道
工委书记　　倪东新
办事处主任　　徐继锋（满族）

朝阳区地区工委（乡党委）、办事处（乡）

南磨房地区（乡）
工委（党委）书记　　张启顺
办事处主任（乡长）　　张启顺（4月免）　易湘林（4月任）

高碑店地区（乡）
工委（党委）书记　　李云飞
办事处主任（乡长）　　关得志

将台地区（乡）
工委（党委）书记　　宋少伟
办事处主任（乡长）　　刘　涛（11月免）　李　勃（12月任）

太阳宫地区（乡）
工委（党委）书记　　李　华
办事处主任（乡长）　　郝宝刚

十八里店地区（乡）
工委（党委）书记　　张宏明
办事处主任（乡长）　　姜金平（11月免）　刘　涛（11月任）

小红门地区（乡）
工委（党委）书记　　王小红（女）
办事处主任（乡长）　　王小红（女，4月免）　闫　博（4月任）

王四营地区（乡）
工委（党委）书记　　张　奎
办事处主任（乡长）　　邢志新（女）

平房地区（乡）
工委（党委）书记　　寇　晔（女）
办事处主任（乡长）　　张志勇

东坝地区（乡）
工委（党委）书记　　黄宏春
办事处主任（乡长）　　于淑杰（女）

金盏地区（乡）
工委（党委）书记　　陈　杰
办事处主任（乡长）　　张晓宁（11月免）

来广营地区（乡）
工委（党委）书记　　左景全（11月免）　王　刚（11月任）
办事处主任（乡长）　　王　刚（11月免）　张继明（12月任）

东风地区（乡）
工委（党委）书记　　郭　君
办事处主任（乡长）　　张军茹（女）

孙河地区（乡）
工委（党委）书记　　李　欣（11月免）　张晓宁（11月任）
办事处主任（乡长）　　易湘林（4月免）　李兴泉（4月任）

崔各庄地区（乡）
工委（党委）书记　　吴选辉
办事处主任（乡长）　　齐宝良

三间房地区（乡）
工委（党委）书记　　张小锋
办事处主任（乡长）　　王立新

常营地区（乡）
工委（党委）书记　刘大庆
办事处主任（乡长）　方　泽

豆各庄地区（乡）
工委（党委）书记　贾恩松
办事处主任（乡长）　于建国

黑庄户地区（乡）
工委（党委）书记　秦　涛
办事处主任（乡长）　顾洪涛

管庄地区（乡）
工委（党委）书记　高永荣（11月免）　万小兵（11月任）
办事处主任（乡长）　万小兵（11月免）　尹　航（11月任）

文件目录

中共朝阳区委文件目录

京朝发〔2018〕1号：关于新形势下落实全面从严治党要求推进干部监督体系建设的意见
京朝发〔2018〕2号：关于印发《中共北京市朝阳区委贯彻〈中国共产党统一战线工作条例（试行）〉实施办法》的通知
京朝发〔2018〕3号：关于深化科技体制改革 加快朝阳区科技创新体系建设的实施意见
京朝发〔2018〕4号：印发《关于进一步推进朝阳区安全生产领域改革发展的实施方案》的通知
京朝发〔2018〕5号：关于印发《朝阳区委2018年工作要点》的通知
京朝发〔2018〕6号：关于印发《朝阳区纪念建区60周年系列活动实施方案》的通知
京朝发〔2018〕7号：关于印发《朝阳区关于开展扫黑除恶专项斗争的工作方案》的通知
京朝发〔2018〕8号：关于加强新形势下党的督促检查工作的实施意见
京朝发〔2018〕9号：关于印发《朝阳区深化拓展监察体制改革工作方案》的通知
京朝发〔2018〕10号：关于印发《朝阳区庆祝改革开放四十周年活动实施方案》的通知
京朝发〔2018〕11号：关于建设新时代高素质专业化干部队伍的实施意见

中共朝阳区委办公室文件目录

京朝办发〔2018〕1号：关于印发《区政协2018年度协商议题》的通知
京朝办发〔2018〕2号：关于在全国“两会”期间开展全区党政领导干部“大接访”活动的通知
京朝办发〔2018〕3号：关于印发《朝阳区推进“一廊”地区“五大提升工程”2018年度工作方案》的通知
京朝办发〔2018〕4号：关于印发《朝阳区推进城乡发展“六个一百”工程2018年度工作方案》的通知
京朝办发〔2018〕5号：关于调整区属企业领导班子和领导人员管理体制有关情况的通知
京朝办发〔2018〕6号：关于印发《中共北京市朝阳区委常委班子2017年度民主生活会情况的通报》的通知
京朝办发〔2018〕7号：关于印发《区委常委会2017年度民主生活会查摆问题整改方案》的通知
京朝办发〔2018〕8号：印发《朝阳区关于加快推进党建引领街乡管理体制机制创新实现“街乡吹哨、部门报到”的实施方案》的通知
京朝办发〔2018〕9号：关于转发《中共北京市朝阳区委党的建设工作领导小组2018年工作要点》的通知
京朝办发〔2018〕10号：关于印发《区委常委会2018年议题计划》的通知
京朝办发〔2018〕11号：关于印发《区委区政府2018年工作重点任务书》的通知
京朝办发〔2018〕12号：关于印发《朝阳区2018年“社会矛盾化解年”工作方案》的通知
京朝办发〔2018〕13号：印发《关于支持人民法院解决执行难增强司法公信力的意见》的通知
京朝办发〔2018〕14号：关于印发《朝阳区党政主要负责人履行推进法治建设第一责任人职责的实施细则》的通知
京朝办发〔2018〕15号：关于印发《朝阳区落实食品安全党政同责的实施意见》的通知
京朝办发〔2018〕16号：关于中共北京市朝阳区委常委分工的通知
京朝办发〔2018〕17号：关于印发《朝阳区扶贫协作和支援合作工作联席会议制度》的通知
京朝办发〔2018〕18号：关于印发《朝阳区党政、人大、政协机关向纪检监察机关移送党员和公职人员涉嫌违纪违法犯罪问题线索的实施细则（试行）》的通知
京朝办发〔2018〕19号：印发《朝阳区关于进一步加强反腐败防逃工作的意见》的通知
京朝办发〔2018〕20号：关于2018年国庆期间进一步强化党风廉政建设做好公共安全和应急管理工作的通知

朝阳区人民政府文件目录

朝政发〔2018〕1号：关于印发《北京市朝阳区政府工作报告》的通知
朝政发〔2018〕2号：关于印发《北京市朝阳区行政规范性文件管理规定》的通知
朝政发〔2018〕3号：关于开展第四次全国经济普查的通知
朝政发〔2018〕4号：关于国税地税机构改革涉及区政府及其部门规范性文件执行问题的通知

朝政发〔2018〕5 号：关于印发《北京市朝阳区爱国卫生工作管理办法》的通知

朝政发〔2018〕6 号：关于印发《北京市朝阳区病媒生物预防控制管理办法》的通知

朝政发〔2018〕8 号：关于公布第五批区级非物质文化遗产代表性项目名录的通知

朝政发〔2018〕9 号：关于印发北京市朝阳区人民政府工作规则的通知

朝政发〔2018〕10 号：关于印发《朝阳区空气重污染应急预案（2018 年修订）》的通知

朝政发〔2018〕11 号：关于开展朝阳区第三次全国国土调查的通知

朝政发〔2018〕12 号：关于印发《朝阳区打赢蓝天保卫战三年行动计划》的通知

朝阳区人民政府办公室文件目录

朝政办发〔2018〕1 号：印发《关于推进公共文化建设品牌创建工程的实施意见》的通知

朝政办发〔2018〕2 号：关于印发《朝阳区贯彻落实北京市第一环境保护督察组反馈意见整改工作方案》的通知

朝政办发〔2018〕3 号：关于印发《朝阳区第三期学前教育行动计划》的通知

朝政办发〔2018〕5 号：印发《关于完善生活垃圾管理体系提高生活垃圾规范管理水平的实施意见》的通知

朝政办发〔2018〕7 号：关于印发《朝阳区蓝天保卫战 2018 年行动计划》的通知

朝政办发〔2018〕8 号：转发区教委关于 2018 年非本市户籍适龄儿童少年在朝阳区接受义务教育证明证件材料审核实施细则的通知

朝政办发〔2018〕9 号：关于印发《2018 年北京市朝阳区土壤污染防治工作方案》的通知

朝政办发〔2018〕10 号：关于印发《北京市朝阳区政府性债务风险应急处置预案》的通知

朝政办发〔2018〕11 号：北京市朝阳区人民政府办公室关于印发《朝阳区城市安全隐患治理三年行动方案（2018 年—2020 年）》的通知

朝政办发〔2018〕12 号：关于区政府领导同志工作分工的通知

朝政办发〔2018〕13 号：关于印发《朝阳区加强困境儿童和留守儿童保障工作实施方案》的通知

朝政办发〔2018〕14 号：关于建立健全企业欠薪预防处置工作机制的意见

朝政办发〔2018〕15 号：关于印发《朝阳区 2018 年政务公开工作要点》的通知

朝政办发〔2018〕16 号：关于印发《朝阳区水污染防治工作方案 2018 年重点任务分解》的通知

朝政办函〔2018〕1 号：关于认真做好 2018 年重大（突出）及区域性火灾隐患挂牌督办工作的通知

朝政办函〔2018〕2 号：关于 2017 年挂牌重大（突出）及区域性火灾隐患销账的通知

朝政办函〔2018〕16 号：关于印发《朝阳区水环境质量限期达标规划（2019—2020 年）》的通知

朝政办函〔2018〕19 号：关于认真做好“三大行动”专项期间火灾隐患挂牌督办工作的通知

朝阳区2018年国民经济和社会发展统计公报

北京市朝阳区统计局
北京市朝阳区经济社会调查队
国家统计局朝阳区调查队

2018年是贯彻党的十九大精神开局之年，是改革开放40周年，也是朝阳区建区60周年。区委、区政府带领全区人民以习近平新时代中国特色社会主义思想为指引，深入贯彻党的十九大精神和习近平总书记对北京重要讲话精神，坚持稳中求进工作总基调，坚持新的发展理念，加快推进区域高质量发展。经济结构优化，环境质量改善，民生福祉增进，社会和谐稳定，各项事业取得了新成绩。

一、综合经济

◇ 经济增长

据初步核算数据显示：朝阳区全年实现地区生产总值（GDP）6093.5亿元，按不变价计算，比上年增长6.5%。其中，第一产业增加值2.1亿元，比上年增长70.5%；第二产业增加值404.2亿元，比上年增长3.3%；第三产业增加值5687.2亿元，比上年增长6.7%。三次产业结构为0.03：6.63：93.34。按年平均常住人口计算，全区人均GDP达到165945元。

◇ 财政、金融

全年完成一般公共预算收入533.7亿元，比上年增长5.0%。其中，国内增值税168.8亿元，比上年增长9.0%；企业所得税126.3亿元，比上年增长3.7%；房产税97.8亿元，比上年增长10.4%；城市维护建设税43.8亿元，比上年增长8.7%。四项税种共完成436.7亿元，占一般公共预算收入的81.8%。

全年一般公共预算支出563.2亿元，比上年增长9.7%。其中，用于社会保障和就业、教育、公共安全、城乡社区、农林水支出分别为158.3亿元、96.7亿元、66.5亿元、63.4亿元和50.2亿元，增速依次为7.8%、-0.2%、21.3%、10.8%和27.2%。上述五项支出合计占一般公共预算支出的77.3%。

年末全区中资银行人民币各项存款余额24855.9亿元，比上年增长4.6%。其中，单位存款余额12959.3亿元，比上年增长5.0%；储蓄存款余额4999.2亿元，比上年增长3.4%。全区中资银行人民币各项贷款余额9909.0亿元，比上年增长13.0%。其中，中长期贷款余额6401.6亿元，比上年增长7.6%；短期贷款余额3331.0亿元，比上年增长21.2%。

◇ 消费

全年实现社会消费品零售额2797.6亿元，比上年增长1.4%。限额以上企业中，汽车及配件销售企业实现零售额637.9亿元，比上年下降15.2%；家用电器、计算机及电子产品销售企业实现零售额455.1亿元，比上年增长8.2%；综合零售企业实现零售额388.3亿元，比上年增长2.9%；餐饮业实现零售额177.8亿元，比上年增长7.8%；石油及制品销售企业实现零售额120.5亿元，比上年增长11.6%；互联网零售实现零售额101.6亿元，比上年增长19.4%；医药及医疗器材销售企业实现零售额98.9亿元，比上年增长41.1%。

◇ 固定资产投资

全年全社会固定资产投资比上年下降7.5%。其中，房地产开发投资比上年下降13.0%。民间投资比上年下降20.3%。在全社会固定资产投资中，基础设施投资比上年下降17.5%。其中，交通运输领域完成投资比上年下降11.3%；公共服务业领域完成投资比上年下降5.9%；能源领域完成投资比上年下降38.4%。

房地产开发投资中，住宅投资比上年增长7.0%；办公楼投资比上年下降26.4%；商业营业用房投资比上年下降9.2%。

从产业投资看，第二产业投资比上年下降35.2%；第三产业投资比上年下降17.1%。

◇ 对外经济

全年实现进出口总额1928.7亿美元，比上年增长33.3%。其中，出口181.2亿美元，比上年增长28.6%；进口1747.5亿美元，比上年增长33.8%。

全年新设外商投资企业750家；新增跨国公司总部5家。全年批准合同外资额98.4亿美元，比上年增长108.4%；实际利用外资39.7亿美元，比上年下降32.4%。

二、行业及重点产业发展

◇ 农业

农林牧渔业全年实现增加值2.2亿元，比上年增长65.7%，占全区GDP的0.04%。

全年完成农林牧渔业总产值49940.5万元，比上年增长50.1%。其中，农业产值2420.1万元，比上年下降51.3%；林业产值43255.8万元，比上年增长88.7%；畜牧业产值132.1万元，比上年下降53.4%；渔业产值1128.2万元，比上年下降46.2%。

全区共有农业观光园11个，接待旅游人数54.5万人次，观光园总收入5.1亿元。民俗旅游接待户30户，接待旅游人数1100人次。设施农业实现收入1807.1万元，比上年下降35.6%；已利用设施农业占地面积909.5亩，比上年下降40.4%。

◇工业

工业全年实现增加值320.7亿元，比上年增长2.7%，占全区GDP的5.3%。

全年规模以上工业企业实现工业总产值741.6亿元，比上年增长3.0%；实现销售产值732.2亿元，比上年增长4.7%；实现出口19.6亿元，比上年增长4.3%。从内部结构看，电力、热力生产和供应业实现工业总产值208.0亿元，比上年增长15.0%；开采专业及辅助性活动实现工业总产值106.9亿元，比上年增长17.3%；医药制造业实现工业总产值87.5亿元，比上年下降9.1%；电气机械和器材制造业实现工业总产值75.0亿元，比上年增长5.0%；非金属矿物制品业实现工业总产值59.1亿元，比上年增长6.5%。上述五大行业共实现工业总产值536.5亿元，占全区规模以上工业企业总产值的72.3%。

全年规模以上工业企业实现主营业务收入833.7亿元，比上年增长4.3%；实现利润71.3亿元，比上年下降16.3%。

◇建筑业

建筑业全年实现增加值155.8亿元，比上年增长4.8%，占全区GDP的2.6%。

具有资质等级的总承包和专业承包建筑业企业完成总产值1556.9亿元，比上年增长17.1%。其中，在京内完成产值675.1亿元，比上年增长7.2%；在京外完成产值881.8亿元，比上年增长26.0%。全年累计签订合同额3917.1亿元，比上年增长24.9%。房屋建筑施工面积8941.1万平方米，比上年增长12.1%。

◇批发和零售业

批发和零售业全年实现增加值1081.4亿元，比上年增长0.4%，占全区GDP的17.7%。

全年限额以上批发和零售业企业实现营业收入17165.5亿元，比上年增长1.0%；实现利润675.4亿元，比上年增长74.1%。

◇房地产业

房地产业全年实现增加值471.4亿元，比上年下降6.9%，占全区GDP的7.7%。

全年房屋施工面积2235.3万平方米，比上年增长3.6%，其中政策性住房841.1万平方米；房屋竣工面积142.8万平方米，比上年下降39.6%，其中政策性住房75.9万平方米。

全年商品房销售面积40.2万平方米，比上年下降60.7%，其中住宅销售面积32.1万平方米，比上年下降58.6%；商品房销售额283.4亿元，比上年下降25.3%，其中住宅销售额266.5亿元，比上年下降20.6%。

◇商务服务业

全年规模以上商务服务业单位实现收入3942.4亿元，比上年增长5.1%。其中，组织管理服务实现收入1065.4亿元，比上年增长1.7%；广告业实现收入795.5亿元，比上年增长3.8%；人力资源服务实现收入748.4亿元，比上年增长17.8%。

全年规模以上商务服务业单位实现利润1208.0亿元，比上年增长49.9%。其中，组织管理服务实现利润1119.5亿元，比上年增长68.5%；法律服务实现利润32.9亿元，比上年增长28.7%；综合管理服务实现利润24.2亿元，比上年下降53.4%。

◇文化及相关产业

全年规模以上文化及相关产业单位实现收入2267.3亿元，与上年持平。其中，创意设计服务、内容创作生产、文化传播渠道分别实现收入893.4亿元、372.4亿元和264.6亿元，增速分别为6.0%、2.9%和–18.9%。

全年规模以上文化及相关产业单位实现利润77.1亿元，比上年下降43.7%。其中，内容创作生产、创意设计服务、文化消费终端生产分别实现利润87.0亿元、21.3亿元和18.6亿元，比上年分别增长1.8%、–16.4%和–20.3%。

◇金融业

金融业全年实现增加值772.5亿元，比上年增长7.3%，占全区GDP的12.7%。

全年金融业单位实现收入3845.7亿元，比上年下降11.7%。其中，保险业、货币金融服务和资本市场服务分别实现收入2683.2亿元、649.3亿元和157.3亿元，增速分别为–19.2%、17.3%和–8.0%。全年金融业单位实现利润2190.3亿元，比上年下降16.7%。其中，保险业、货币金融服务和资本市场服务分别实现利润1570.7亿元、330.7亿元和30.5亿元，增速分别为–21.2%、5.2%和–53.7%。

三、功能区发展

◇CBD功能区

CBD功能区全年完成投资比上年下降58.7%。全年CBD功能区商务服务业单位实现收入3053.5亿元，比上年增长2.9%，占全区商务服务业收入的77.5%；金融业单位实现收入3590.9亿元，比上年下降12.9%，占全区金融业收入的93.4%。全年CBD功能区限额以上批发和零售业企业实现营业收入10691.1亿元，比上年增长0.7%，占全区批发和零售业营业收入的62.3%。

按北京商务中心区（CBD）范围统计，CBD全年完成投资比上年下降36.6%；实现社会消费品零售额376.0亿元，比上年增长6.6%。全年CBD规模以上文化及相关产业单位实现收入543.4亿元，比上年下降3.4%，占全区文化及相关产业收入的

24.0%；金融业单位实现收入 1858.1 亿元，比上年增长 2.3%，占全区金融业收入的 48.3%；限额以上批发和零售业企业实现营业收入 2693.0 亿元，比上年下降 6.6%，占全区批发和零售业营业收入的 15.7%。

◇ 电子城功能区

电子城功能区全年完成投资比上年下降 10.2%。功能区内规模以上工业企业实现工业总产值 195.9 亿元，比上年下降 9.3%，占全区工业总产值的 26.4%。全年电子城功能区限额以上批发和零售业企业实现营业收入 2572.4 亿元，比上年增长 4.4%，占全区批发和零售业营业收入的 15.0%。

1—11 月中关村朝阳园规模（限额）以上单位实现总收入 5332.6 亿元，同比增长 19.2%。其中，技术收入和产品销售收入分别为 1148.9 亿元和 533.7 亿元，同比分别增长 40.8% 和 0.1%。实现利润 595.1 亿元，同比增长 37.6%。实现工业总产值 397.8 亿元，同比增长 12.8%。其中，新产品产值 115.5 亿元，同比下降 9.5%。

◇ 奥运功能区

奥运功能区全年完成投资比上年下降 60.2%。全年奥运功能区规模以上商务服务业单位实现收入 265.9 亿元，比上年增长 9.9%，占全区商务服务业收入的 6.7%；规模以上文化及相关产业单位实现收入 487.9 亿元，比上年增长 4.3%，占全区文化及相关产业收入的 21.5%。全年奥运功能区限额以上批发和零售业企业实现营业收入 2949.4 亿元，比上年下降 0.9%，占全区批发和零售业营业收入的 17.2%。

四、人口、就业和人民生活

◇ 人口

年末全区常住人口 360.5 万人，比上年末减少 13.4 万人，比上年下降 3.6%。其中，常住外来人口 157.9 万人，比上年末减少 10.9 万人，比上年下降 6.5%，占常住人口的 43.8%。从性别构成看，男性人口 182.0 万人，占常住人口的 50.5%；女性人口 178.5 万人，占常住人口的 49.5%。从年龄构成看，0～14 岁人口 33.7 万人，占常住人口的 9.3%；15～64 岁人口 284.0 万人，占常住人口的 78.8%；65 岁及以上人口 42.8 万人，占常住人口的 11.9%。常住人口中：全年出生人数 33871 人，出生率为 9.22‰；死亡人数 20212 人，死亡率 5.50‰；自然增长率为 3.72‰。

年末全区户籍人口 211.7 万人，比上年末增加 1.9 万人，比上年增长 0.9%。全区计划生育率为 99.59%。

◇ 就业和社会保障

年末全区城镇登记失业率为 0.72%，较上年末下降 0.09 个百分点。全年开发就业岗位 12.2 万个，比上年增长 14.9%。城乡登记失业人员现就业人数 2.1 万人，比上年下降 6.9%。

年末全区参加基本养老、基本医疗、失业、工伤和生育保险的人数分别为 348.9 万人、370.9 万人、269.2 万人、247.9 万人和 238.6 万人，分别比上年增长 6.7%、7.1%、7.8%、7.8% 和 8.9%。城镇社会保险各项基金征缴额达 850.1 亿元，比上年增长 18.0%；各项基金收缴率均达到 99.85% 以上。全区农民参加城乡居民养老保险的人数为 2.9 万人，比上年下降 3.7%。全区城乡居民最低生活保障人数为 11663 人，比上年下降 6.9%；最低生活保障金发放总金额为 15024.5 万元，比上年增长 5.3%。

◇ 居民生活

全年居民人均可支配收入达到 70746 元，比上年增长 9.1%。其中，人均工资性收入 41659 元，比上年增长 10.5%；人均财产净收入 14189 元，比上年增长 9.9%；人均转移净收入 14353 元，比上年增长 14.5%；人均经营净收入 545 元，比上年下降 67.9%。

全年居民人均消费支出达到 44849 元，比上年增长 7.9%。其中，居住、食品烟酒和交通通信支出在居民消费支出中所占比重位居前三，比重分别为 38.0%、20.2% 和 10.6%；医疗保健、食品烟酒和居住支出增长最快，增速分别为 22.5%、10.9% 和 10.7%。居民恩格尔系数为 20.2%。截至年末，居民每百户家庭拥有汽车 54 辆，计算机 96 台，空调 194 台，移动电话 222 部。

五、社会事业

◇ 科技

全年专利申请量 37703 件，比上年增长 10.8%；专利授权量 22304 件，比上年增长 14.9%。其中，发明专利申请量 21754 件，比上年增长 11.9%；授权量 9040 件，比上年增长 1.2%。全年技术市场成交量 7384 项，比上年增长 12.7%；技术合同成交额 1035.3 亿元，比上年增长 11.3%。

◇ 教育

年末全区共有幼儿园 270 所，在园幼儿 82723 人，示范幼儿园比例为 25.6%，一级（优质）幼儿园比例为 61.5%，学前三年入园率为 96.7%。

全区共有普通小学 83 所，当年招生 28666 人，在校生 143429 人，毕业生 17652 人；小学入学率 100%，小学规范建设硬件达标率 100%；拥有教职工 7515 人，其中专任教师 7050 人。

全区共有普通中学 89 所，当年招生 17516 人，在校生 49151 人，毕业生 12377 人；初中入学率 100%，初中毕业率 99.92%，初中校硬件办学标准达标率 100%；高中录取率 93.90%，高中毕业率 97.18%；拥有教职工 13948 人，其中专任教师 11325 人。

全区共有职业高中 5 所，当年招生 647 人，在校生 4422 人，毕业生 2063 人；拥有教职工 899 人，其中专任教师 712 人。

◇ 文化

年末全区共有公共图书馆 3 个，社区图书馆 46 个，图书馆馆藏图书达 387.3 万册。全区共有博物馆 36 个，电影院 60 个，街乡级文化服务中心 43 个，社区（村）文化活动室覆盖率 98%。广泛开展基层文化演出，公益性演出 8661 场次；基层数字电影放映 1460 场次；文化广场达到 260 个。

◇卫生

年末全区共有卫生机构1641个。其中，医院168个，社区卫生服务中心48个，社区卫生服务站200个。共有床位23669张，卫生技术人员52034人，其中，执业（助理）医师21167人，注册护士22234人。婴儿死亡率2.37‰，比上年下降0.09个千分点；每十万人甲乙类传染病发病率142.74例，比上年增加4.08例；人均期望寿命82.71岁，比上年提高0.14岁。

◇体育

年末全区共有体育场地1632个；组织各项体育活动参与人数138.0万人；全民健身工程1825个，比上年增加95个；全民健身工程面积168.7万平方米，比上年增加3.6万平方米。获得市级以上奖牌595枚，比上年减少278枚。其中，金牌235枚，银牌195枚，铜牌165枚。

六、资源、环境与城市管理

◇能源消耗

初步核算，全年能源消费总量902.28万吨标准煤，比上年增长1.83%。其中，第一产业能源消费量1.07万吨标准煤，比上年下降13.13%；第二产业能源消费量107.89万吨标准煤，比上年增长4.02%；第三产业能源消费量497.00万吨标准煤，比上年增长0.75%；生活用能296.32万吨标准煤，比上年增长2.94%。全区万元GDP能耗0.1481吨标准煤，按不变价计算，比上年下降4.34%。

◇环境保护

全区空气中悬浮颗粒物平均浓度（PM_{10}）为83微克/立方米，比上年增长1.2%。空气中细颗粒物平均浓度（$PM_{2.5}$）52微克/立方米，比上年下降10.3%。平均每月降尘量8.9吨/平方公里，比上年增长64.8%。

◇环卫

年末全区共有密闭压缩式垃圾转运站251个，比上年减少30个；生活垃圾无害化处理率为100%。全区共有公共卫生间1032个，比上年增加37个；公共卫生间达标率为100%。

◇道路

年末全区城市道路总长度2001.0公里，比上年增加61.0公里。其中快速路240.0公里。新改扩道路长度48.7公里。其中，新建、改建和大中修道路分别为5.1公里、1.9公里和41.7公里。路网密度达到每平方公里4.2公里。

◇安全生产

全年共发生非正常死亡事故156起，非正常事故死亡人数178人。其中，生产安全事故12起，死亡14人；公共安全事故144起，死亡164人。

公报注释：

1. 2018年地区生产总值及各产业增加值、能源消费量和万元GDP能耗数据为北京市统计局反馈的初步核算数据，正式数据以《2019年朝阳区统计年鉴》为准。

2. 本公报中的地区生产总值及各产业、行业增加值绝对数按现价计算，增长速度按不变价计算。按照北京市统计局部署，2017年3季度开始各区县实施地区研发支出核算方法改革，将研发支出未计入地区生产总值（GDP）部分进行补充核算。根据北京统计局反馈的核算结果，朝阳区2010年以来各年度GDP总量予以相应调整。

3. 除特殊说明外，本公报中所有增长速度指标均未扣除物价上涨因素。

4. 本公报中如无特殊注明均为区域口径。

5. 2017年社会消费品零售额按照国家统计局有关制度规定进行了修订，2018年增速按照可比口径计算。

6. 本公报中涉及收入利润等财务指标、工业总产值为快报数据，正式数据以《2019年朝阳区统计年鉴》为准。

7. 规模以上工业划分标准：年主营业务收入2000万元及以上的工业法人单位。限额以上批发业划分标准：年主营业务收入2000万元及以上的批发业法人单位，年经营性单位收入2000万元及以上的批发业产业活动单位，年营业收入2000万元及以上的批发业个体经营户。限额以上零售业划分标准：年主营业务收入500万元及以上的零售业法人单位，年经营性单位收入500万元及以上的零售业产业活动单位，年营业收入500万元及以上的零售业个体经营户。限额以上住宿业划分标准：星级饭店和星级饭店以外年主营业务收入200万元及以上的住宿业法人单位，年经营性单位收入200万元及以上的住宿业产业活动单位，年营业收入200万元及以上的住宿业个体经营户。限额以上餐饮业划分标准：年主营业务收入200万元及以上餐饮业法人单位，年经营性单位收入200万元及以上的餐饮业产业活动单位，年营业收入200万元及以上的餐饮业个体经营户。规模以上服务业划分标准：（1）执行企业会计制度的年末从业人员50人及以上，或年营业收入1000万元及以上（其中居民服务、修理和其他服务业，文化、体育和娱乐业年营业收入500万元及以上）的服务业法人单位；（2）执行行政事业会计制度或民间非营利组织会计制度的年收入合计1000万元及以上的服务业法人单位。

8. CBD功能区、电子城功能区和奥运功能区数据按照朝阳区“十一五”规划确定的范围计算。CBD功能区：按照区“十一五”规划确定的统计口径，CBD功能区地域范围包括建外、朝外、呼家楼、三里屯、六里屯、麦子店、团结湖、八里庄、双井、劲松、潘家园、左家庄、东风、高碑店、平房、南磨房北部、太阳宫南部17个街道和地区办事处；电子城功能区：按照区“十一五”规划确定的统计口径，电子城功能区地域范围包括望京、来广营东部、酒仙桥、将台、东坝、崔各庄西部6个街道和地区办事处及望京高新技术产业区；奥运功能区：按照区“十一五”规划确定的统计口径，奥运功能区地域范围包括奥运村、大屯、亚运村、来广营西部、安贞、和平街、小关、香河园、太阳宫北部9个街道和地区办事处；北京商务中心区（CBD）地域范围涉及建外、呼家楼、六里屯、八里庄、高碑店五个街乡，包括南郎家园社区、北郎家园社区、永安里社区、光华里社区、建国里社区、秀水社区、北郎东社区、永安里东社区、金台里社区、小庄社区、关东店北街社区、核桃园社区、呼家楼北社区、呼家楼南社区、金台社区、东大桥社区、关东店社区、新街社区、道家园社区、甜水园社区、红庙社区、红庙北里社区、延静里社区、华贸中心社区、八里庄社区 25 个社区。功能区数据不包含直报北京市统计局的保密单位数据。北京商务中心区（CBD）社会消费品零售额采用限额以上法人口径进行核算。

9. 人口数据中，常住人口、常住外来人口、常住人口性别构成和年龄构成、常住人口出生人数、出生率、死亡人数、死亡率、自然增长率为北京市统计局反馈数据；户籍人口取自北京市公安局朝阳分局；计划生育率取自朝阳区卫生健康委员会。

10. 本公报部分指标数据取自朝阳区教育委员会、朝阳区科学技术委员会、朝阳区城市管理委员会、朝阳区商务委员会、朝阳区文化委员会、朝阳区卫生健康委员会、朝阳区人力资源和社会保障局、朝阳区财政局、朝阳区安全生产监督管理局、朝阳区体育局、朝阳区环境保护局、朝阳区民政局、北京市公安局朝阳分局提供的相关数据；相关指标增长速度以上述部门上报数据表中的计量单位为准计算得出。

勘　误

《北京朝阳年鉴（2018）》发现 7 处错误，特此更正，并向读者致歉。

1. 第 228 页标题“环保保护”应为“环境保护”。
2. 第 277 页中栏第 47 行第 6 字“、”应删除。
3. 第 327 页中栏第 23 行第 17 字前应加“教委”。
4. 第 327 页中栏第 27 行第 14 字前应加“教委”。
5. 第 327 页中栏第 34 行第 16 字前应加“教委”。
6. 第 327 页中栏第 41 行第 11 字前应加“教委”。
7. 第 467 页左栏第 41 行第 11 字至 16 字“、5 个居委会”应删除。

索 引

说 明

本索引为主题索引，又称内容分析索引，主题词（标目）以《北京朝阳年鉴（2019）》正文中出现的专业名词、名词词组、机构名称为主。

本索引共三部分。第一部分为汉语拼音索引，以音序排列，音序相同时，以第二字排序，以此类推；第二、第三部分为数字索引和英文字母索引。

本索引的文字部分为主题词，主题词之后的阿拉伯数字表示所在正文中的页码，数字之后的小写英文字母（a、b、c）分别表示该页的左、中、右栏。主题词后有多个页码的，表示该主题词均在这些位置出现。

特载、大事记、人物与荣誉、统计资料、附录及正文中的表格、图片等内容不在索引范围内。

汉语拼音索引

A

B

C

D

E

F

G

K

L

M

N

P

Q

X

Y

Z

数字索引

英文字母索引